中国新媒体年鉴 2018

中国记协新媒体专业委员会 编

时代文艺出版社

图书在版编目（CIP）数据

中国新媒体年鉴. 2018 / 中国记协新媒体专业委员会编. —长春：时代文艺出版社，2019.11

ISBN 978-7-5387-6148-1

Ⅰ. ①中… Ⅱ. ①中… Ⅲ. ①传播媒介－发展－中国－2018－年鉴 Ⅳ. ①G219.2-54

中国版本图书馆CIP数据核字（2019）第179497号

出 品 人　陈　琛
产品总监　邓淑杰
责任编辑　杨　迪
装帧设计　孙　利
排版制作　李　楠

中国新媒体年鉴 2018

中国记协新媒体专业委员会　编

出版发行 / 时代文艺出版社
地址 / 长春市福祉大路5788号　龙腾国际大厦A座15层　邮编 / 130118
总编办 / 0431-81629751　发行部 / 0431-81629755　北京开发部 / 010-63108163
官方微博 / weibo.com / tlapress　天猫旗舰店 / sdwycbsgf.tmall.com
印刷 / 三河市万龙印装有限公司
开本 / 880mm × 1230mm　1 / 16　字数 / 1091千字　印张 / 61.5
版次 / 2019年11月第1版　印次 / 2019年11月第1次印刷　定价 / 299.00元

图书如有印装错误　请寄回印厂调换

中国新媒体年鉴 2018
编 委 会

序　言

为媒体深度融合鼓劲加油

中国记协[①]新媒体专业委员会

党的十八大以来，以习近平同志为核心的党中央制定实施了关于推动传统媒体和新兴媒体融合发展的重大战略。习近平总书记亲自谋划、亲自部署、亲自推动媒体融合发展，在全国宣传思想工作会议、党的新闻舆论工作座谈会、全国网络安全和信息化工作会议等重要会议上予以深刻阐述、作出周密部署。中国记协作为党和政府联系新闻界的桥梁纽带，认真贯彻习近平总书记关于新闻舆论工作特别是媒体融合发展的重要论述，紧扣新闻主业，突出内容建设，为建设新型主流媒体、助推媒体深度融合鼓劲加油。

新要求带来新任务，新职能催生新抓手。建立中国记协新媒体专业委员会，是党中央交给中国记协的一项重要政治任务，是中国记协深化改革的一个重大改革项目。对此，中央在相关文件、意见中作出具体安排，中央领导同志在讲话、

① 中国记协全称为中华全国新闻工作者协会。

批示中提出明确要求，中国记协认真贯彻实施。在定位上，新媒体专业委员会是新媒体新闻信息传播的行业性专业委员会，以促进和推动新媒体新闻信息传播事业的健康发展为宗旨。在职责上，新媒体专业委员会要发挥引领服务作用，强化政治引领，推动行业自律，加强联络服务，打造工作平台，成为团结引领新媒体及其从业人员的重要抓手。在组织上，新媒体专业委员会以新媒体业务带头人、新媒体研究专家学者为骨干，涵盖新闻宣传管理部门、新闻媒体、记协组织等方面人才，具有广泛的代表性。

2018年7月27日，中国记协新媒体专业委员会成立，开始把新媒体新闻信息工作者纳入服务范围。在马克思主义新闻观专题培训中，增加新媒体从业人员名额；在“好记者讲好故事”演讲比赛中，强调推荐新媒体选手；在中国新闻奖、长江韬奋奖“两奖”颁奖报告会上，请新媒体获奖代表发言；在“记者大讲堂”“新闻茶座”中，请更多新媒体记者参加；在“走转改”活动中，鼓励新媒体和传统媒体同台竞技。同时，逐步探索引领服务的新载体、新渠道，第一次评选中国新闻奖媒体融合奖项，第一次举办新媒体采编骨干专题培训班，第一次组织新媒体集中采访活动，第一次举办中国新媒体大会，等等，初步建立工作体系，形成联系网络，打造工作抓手。

新传播适应新形势，新平台促成新格局。在推进媒体融合发展的进程中，各媒体以融媒体采编平台建设为抓手，基本形成内容丰富、载体多样、渠道多元、覆盖广泛、影响扩大的移动传播矩阵。比如，人民日报社打造体现主流价值的内容生态、全国移动新媒体聚合平台“人民号”吸纳入驻媒体机构7000余家。新华社服务全国媒体的“现场云”新闻在线生产系统，为入住媒体免费提供基于移动端的全媒体采编发功能，吸引了超3000家媒体和党政机关入驻。中央广播电视总台主打移动直播和新闻视频分发的央视新闻移动网，同时上线4K超高清频道，打造5G创新平台并投入试运行。光明日报社成立融媒体中心，启动全媒体指挥平台，着力打造“掌上的知识分子精神家园”。经济日报社加大移动传播新平台、新阵地建设，逐步构建了以经济日报新闻客户端为主体、社交媒体为两翼、第三方平台为补充的移动传播新媒体格局。中国日报社践行“深度融合、移动先行”

理念，把一份发行70万份的英文报纸转型升级为一个覆盖2亿多海内外用户的全媒体传播平台。解放日报社坚持一体化发展和整体融合转型，将采编力量整体迁入上观新闻客户端，蹚出了一条深度融合、整体转型的路子。天津市以融合发展为契机，推动整合所属党报、电台、电视台，建成“津云”中央厨房，实现了广播、电视、报纸、网站、移动端等全媒体的融合。湖南广播电视台构建“一云多屏”全终端体系，将芒果TV打造成位居视频行业前列的自主平台，突破商业网络视频平台垄断。南方报业传媒集团的“南方号”、湖北广播电视台的“长江云”等也在打造区域性传播平台中作出了成功探索。这些经验和做法，给我们推进媒体融合提供了很多有益启示。

为了更好地发挥新闻评奖对媒体融合的引领示范作用，2018年，中国新闻奖首次设立媒体融合奖项。首届获奖作品中，许多是“爆款”产品、“刷屏”之作。其中，新华社研发推出“点赞十九大，中国强起来”系列融媒互动报道产品，参与人次累计超过5.121亿，总页面浏览量达到31.74亿，总点赞数为1.241亿。同时，还有在突发事件中的应急报道（如，广西日报：《柳州融水突围记》），有在艰险环境中的移动直播（如，新华社：《生死线上的青春绽放》），有对行业乱象的舆论监督（如，上海广播电视台：《网红店假排队现象调查》），有对平凡岗位的深度挖掘（如，中国青年报：《捅山工，这是一个你闻所未闻的职业》），集中体现了媒体融合发展的进展成效。

新年鉴见证新成效，新融合展示新目标。中国记协新媒体专业委员会组织编写《中国新媒体年鉴 2018》，目的是切实履行团结引领职责，紧扣新闻主业、突出内容建设，编撰一套客观记录新媒体行业基本情况和发展变化的大型资料性年刊，集纳推动媒体深度融合和新媒体发展的政策法规，汇聚国内专家学者的最新研究成果，展示新媒体委员单位的典型经验、创新案例等，概述标志性事件、突破性进展。

在中宣部新闻局的指导和支持下，在吸收新闻行业相关年鉴经验的基础上，新媒体专委会秘书处从今年年初开始，先后3次向140多家委员单位和新媒体研究机构发出约稿通知，征集了300多万字的年鉴素材，经过中国传媒大学项目组精心编撰，推出了这本《中国新媒体年鉴 2018》，采用数据化、视觉化表现方式，力争做到内容全面、类型多元、内涵丰富、实用性强。

编撰《中国新媒体年鉴 2018》的过程，也是我们不断深化对习近平总书记关于新闻舆论工作特别是媒体融合重要论述学习理解的过程。坚持内容为王、加强内容建设，保持内容定力、专注内容质量，改革创新内容生产传播机制，才能生产传播更多更优的新媒体产品，让党的声音传得更开、更广、更深入。实践证明，尽管现有的媒体格局、舆论生态、传播技术等都在发生深刻变化，内容为王的基本特征没有变。内容为王，既符合新闻传播的规律，也彰显融合发展的优势，只有坚持内容为王，媒体融合才有坚实的基础，才有发展的源泉，才有可持续的未来。如果读者诸君在阅读《中国新媒体年鉴 2018》的过程中，能够获得这样的感受，那就说明读者和编者能够息息相通、心心相印，领悟到了《中国新媒体年鉴 2018》的宗旨和目的。

感谢大家对中国记协及新媒体专业委员会的关注和支持。

祝媒体融合事业大兴旺、队伍大发展、成效大提升！

目　录

高端论坛研讨 / 001

第五届世界互联网大会在乌镇举行 / 003
媒体深度融合现场推进会在上海召开 / 008
县级融媒体中心建设现场推进会在长兴召开 / 010
2018中国网络媒体论坛在宁波举办 / 013
2018媒体融合发展论坛在深圳举行 / 019
2018新媒体发展年会在济南举行 / 022
2018新概念融媒体作品大赛在上海举办 / 024
第十三届传媒年会在成都举办 / 027
第六届中国网络视听大会在成都举行 / 029
2018中国新媒体大会在京举办 / 031
第六届新兴媒体产业融合发展大会在成都举行 / 035

中国记协新媒体专业委员会大事记 / 037

中国记协新媒体专业委员会成立大会记事 / 047

中国记协新媒体专业委员会成立并启动运行 / 049

在中国记协新媒体专业委员会成立大会上的讲话 / 051
中国记协新媒体专业委员会成立大会主持词 / 055
中国记协新媒体专业委员会筹建工作情况通报 / 057
落实中央要求　提升服务水平　团结服务新媒体在新时代展现新气象新作为 / 062
推进深度融合　主动求新求变　促进新媒体行业健康有序发展 / 071
顺应新时代　着眼新媒体　聚焦新使命　奋发新作为 / 073
融服务于引领之中　确保媒体融合发展方向不偏引导有力队伍更强 / 075
中国记协新媒体专业委员会规则 / 077

2018中国新媒体大会记事 / 081

2018中国新媒体大会在北京召开 / 083
把中国新媒体大会办成业界品牌 / 086
努力当好主流价值观的传播者　新业态新服务的开拓者 / 089
增强“四力”守正创新　多出群众喜爱的融合精品 / 091
面向时代面向未来的创新性举措 / 094
守正创新，让新型主流媒体强起来 / 096
担负起新时代主流媒体的职责使命 / 102
守正创新出精品　做新媒体舆论场的价值引领者 / 107
融媒体的下半场——主流媒体主导内容生态 / 112
以深化改革推进深度融合——解放日报深度融合、整体转型的探索与实践 / 117

中国新闻奖首次评选媒体融合奖项 / 123

第二十八届中国新闻奖媒体融合奖获奖作品 / 125
第二十八届中国新闻奖媒体融合奖项专家评点 / 179
第二十八届中国新闻奖媒体融合奖项精品回顾 / 198
中国新闻奖媒体融合奖项评选办法（试行） / 233

第二十八届中国新闻奖媒体融合奖项初评评选细则 / 239

中国记协新媒体专业委员会委员单位工作综述 / 243

人民日报社 / 245
新华社 / 252
中央电视台 / 257
《求是》杂志社 / 265
光明日报社 / 272
经济日报社 / 278
中国日报社 / 285
科技日报社 / 292
人民政协报社 / 299
工人日报社 / 303
中国青年报社 / 309
中国妇女报社 / 316
农民日报社 / 320
法制日报社 / 326
人民网 / 332
新华网 / 338
央视网 / 343
中国网 / 348
国际在线 / 355
中国经济网 / 359
中国青年网 / 365
中国西藏网 / 370
央广网 / 374
中国军网 / 379
中国新闻网 / 384

中青在线 / 389
人民日报媒体技术股份有限公司 / 393
新华社新闻信息中心 / 399
新华社技术局 / 402
中央电视台新闻中心新媒体新闻部 / 407
中国搜索信息科技股份有限公司 / 413
中国新闻出版传媒集团 / 416
《国际新闻界》杂志社 / 420
《新闻大学》杂志社 / 424
《新闻与写作》杂志社 / 426
《网络传播》杂志社 / 429
北京日报报业集团 / 432
北京新媒体集团 / 437
北京青年报 / 440
千龙网 / 445
津云新媒体集团 / 450
长城新媒体集团 / 455
山西日报社 / 461
山西广播电视台 / 465
内蒙古日报社 / 471
辽宁日报社 / 477
吉林日报社 / 483
吉林省新媒体协会 / 489
黑龙江广播电视台 / 492
上海报业集团 / 498
解放日报社 / 502
上海广播电视台 / 509
东方网 / 514
新华报业传媒集团 / 519
江苏省广播电视总台 / 526
浙江日报报业集团 / 529

浙江广播电视集团 / 536
中国江西网 / 541
江西网络广播电视台 / 545
安徽日报报业集团 / 549
安徽新媒体集团有限公司 / 554
福建日报社 / 559
福建省广播影视集团 / 563
大众网 / 567
山东广播电视台 / 575
大河网 / 579
郑州报业集团 / 582
湖北长江云新媒体集团 / 585
湖南红网新媒体集团 / 588
南方新闻网 / 594
广西日报社 / 596
广西广播电视台 / 603
海南日报报业集团 / 607
海南广播电视总台 / 611
重庆华龙网 / 614
重庆广电数字传媒股份有限公司 / 618
重庆都市传媒 / 622
四川日报社 / 629
封面新闻 / 634
四川新闻网传媒集团 / 640
“四川发布” / 644
成都市广播电视台 / 650
多彩贵州网 / 655
云南日报报业集团 / 665
西藏日报社 / 669
西藏广播电视台 / 673
陕西西部网 / 678

甘肃省新媒体集团 / 684
甘肃省广播电视总台 / 687
新疆都市消费晨报社 / 692
兵团日报社 / 698
兵团广播电视台 / 703

区域进展 / 707

北京市推进媒体融合发展工作综述 / 709
天津市推进媒体融合发展工作综述 / 712
河北省推进媒体融合发展工作综述 / 717
山西省推进媒体融合发展工作综述 / 721
内蒙古自治区推进媒体融合发展工作综述 / 725
辽宁省推进媒体融合发展工作综述 / 729
黑龙江省推进媒体融合发展工作综述 / 730
上海市推进媒体融合发展工作综述 / 735
浙江省推进媒体融合发展工作综述 / 739
安徽省推进媒体融合发展工作综述 / 742
福建省推进媒体融合发展工作综述 / 746
江西省推进媒体融合发展工作综述 / 750
山东省推进媒体融合发展工作综述 / 757
河南省推进媒体融合发展工作综述 / 761
湖北省推进媒体融合发展工作综述 / 767
湖南省推进媒体融合发展工作综述 / 772
广东省推进媒体融合发展工作综述 / 776
广西壮族自治区推进媒体融合发展工作综述 / 782
重庆市推进媒体融合发展工作综述 / 786
贵州省推进媒体融合发展工作综述 / 790
云南省推进媒体融合发展工作综述 / 793

西藏自治区推进媒体融合发展工作综述 / 799
甘肃省推进媒体融合发展工作综述 / 804
宁夏回族自治区推进媒体融合发展工作综述 / 807
新疆维吾尔自治区推进媒体融合发展工作综述 / 813
新疆生产建设兵团推进媒体融合发展工作综述 / 817

人才建设 / 821

清华大学新闻与传播学院新媒体人才培养工作概况 / 823
中国传媒大学新媒体人才培养工作概况 / 828
复旦大学新闻学院新媒体人才培养工作概况 / 838
武汉大学新媒体人才培养工作概况 / 843
四川大学新闻学院新媒体人才培养工作概况 / 846
暨南大学新闻与传播学院新媒体人才培养概况 / 848
南京大学新闻传播学院新媒体人才培养工作概况 / 853
黑龙江大学新闻传播学院新媒体人才培养概况 / 856
兰州大学新闻与传播学院新媒体人才培养概况 / 860

制度文件 / 863

微博客信息服务管理规定 / 865
国务院办公厅关于加强政府网站域名管理的通知 / 868
公安机关互联网安全监督检查规定 / 872

发展综述 / 879

2018年中国新媒体行业发展综述 / 881

专家综述 / 894

主题一：融媒体发展 / 913

主题二：新媒体内容生产 / 915

年度盘点 / 917

书籍简目 / 939

附录 / 951

中华全国新闻工作者协会简介 / 953

地方记协简介 / 955

新媒体有关法律法规文件目录（截至2018年12月31日） / 967

高端论坛研讨

第五届世界互联网大会在乌镇举行

习近平向第五届世界互联网大会致贺信

第五届世界互联网大会11月7日在浙江乌镇开幕。国家主席习近平致贺信。

习近平指出，当今世界，正在经历一场更大范围、更深层次的科技革命和产业变革。互联网、大数据、人工智能等现代信息技术不断取得突破，数字经济蓬勃发展，各国利益更加紧密相连。为世界经济发展增添新动能，迫切需要我们加快数字经济发展，推动全球互联网治理体系向着更加公正合理的方向迈进。

习近平强调，世界各国虽然国情不同、互联网发展阶段不同、面临的现实挑战不同，但推动数字经济发展的愿望相同、应对网络安全挑战的利益相同、加强网络空间治理的需求相同。各国应该深化务实合作，以共进为动力、以共赢为目标，走出一条互信共治之路，让网络空间命运共同体更具生机活力。

习近平指出，本届世界互联网大会以“创造互信共治的数字世界——携手共建网络空间命运共同体”为主题。希望大家集思广益、增进共识，共同推动全球数字化发展，构建可持续的数字世界，让互联网发展成果更好造福世界各国人民。

黄坤明宣读习近平主席贺信并发表主旨演讲

11月7日，第五届世界互联网大会在浙江省乌镇开幕。中共中央政治局委员、中宣部部长黄坤明出席开幕式，宣读习近平主席贺信并发表主旨演讲。

黄坤明指出，习近平主席贺信提出的思想和主张，充分体现了对互联网发展趋势的深刻洞察，对信息时代人类共同福祉的高度关切，对中国与世界各国携手建设数字世界的真诚愿望，为全球互联网发展治理贡献了中国智慧。

黄坤明指出，当今世界，信息技术创新日新月异，数字经济发展活力迸发，极大改变了人们的生产生活方式，引领人类开创了数字世界。面向未来，应当以共进为动力、以共赢为目标，坚持彼此尊重、增信释疑，切实维护各国在网络空间平等的发展权、参与权、治理权；坚持鼓励创新、激励创造，优化发展环境，打造创新高地；坚持取长补短、优势互补，加快推进市场融合、产业融合、技术融合；坚持共担责任、共享成果，携手应对风险挑战，深化网络空间安全合作、发展合作、治理合作，让网络空间命运共同体更具生机活力，更好造福世界各国人民。

黄坤明还会见了出席大会的重要嘉宾，参观了“互联网之光”博览会。本届大会以“创造互信共治的数字世界——携手共建网络空间命运共同体”为主题，来自76个国家和地区的约1500名嘉宾参会。

第五届世界互联网大会成果丰硕

第五届世界互联网大会11月7日—9日在乌镇举行。本届大会将主题设定为“创造互信共治的数字世界——携手共建网络空间命运共同体”，旨在进一步推动世界各国树立互相信任、共同治理的互联网发展观，倡导在数字领域的交流互鉴、合作共享，共同推进全球网络空间的和平与发展。

据介绍，大会分论坛设置了“创新发展”“普遍安全”“开放包容”“美好生活”“共同繁荣”5大板块，共19个分论坛，与会嘉宾将就共同创建和平、安全、开放、合作的网络空间，建立多边、民主、透明的全球互联网治理体系贡献智慧、凝聚共识。

同时，围绕大会主题，“互联网之光”博览会将以“国际、创新、未来、领先、融合”为定位，着力聚焦世界互联网最新发展趋势。此外，世界互联网大会蓝皮书《世界互联网发展报告2018》和《中国互联网发展报告2018》还将继续发布，集中展现国内外互联网领域最新学术研究成果。

记者从世界互联网大会组委会获悉，本届大会在思想交流、理论创新、技术展示、经贸合作等方面取得了一系列丰硕成果。来自76个国家和地区的政府代表、国际组织代表、中外互联网企业领军人物、知名专家学者等约1500名嘉宾齐聚乌镇，围绕“创造互信共治的数字世界——携手共建网络空间命运共同体”主题，纵论网络空间发展大势大计，为推进全球互联网发展治理进程注入新动力、作出新贡献。

据悉，本届大会由联合国经济和社会事务部、国际电信联盟、世界知识产权组织、世界经济论坛、全球移动通信系统协会组织协办，更加广泛地邀请全球互联网领域的代表人物，更加广泛地荟萃国际互联网领域的崭新元素。

值得一提的是，乌镇智慧化应用的不断提升使得大会服务设施更加完善。大会期间，5G体验车、刷脸入场、刷脸支付、视觉AI等40项智慧化项目在乌镇落地运行，乌镇成为展现数字经济最新科技成果的“全方位体验场”。

创造互信共治的数字世界

2018年11月9日，为期3天的第五届世界互联网大会在浙江乌镇落下帷幕。

本届大会以“创造互信共治的数字世界——携手共建网络空间命运共同体”为主题，来自76个国家和地区的约1500名嘉宾，畅所欲言、集思广益，为全球互联网发展贡献了智慧。

“各国应该深化务实合作，以共进为动力、以共赢为目标，走出一条互信共治之路，让网络空间命运共同体更具生机活力。”国家主席习近平在致大会贺信中提出的主张，赢得了会内外中外人士的共鸣。

“互信共治”主题贯穿五届大会

回顾五年来世界互联网大会的主题，从“互联互通　共享共治”“共同构建网络空间命运共同体”，到“创新驱动　造福人类”“发展数字经济　促进开放共享”，再到“创造互信共治的数字世界”，“互信共治”的理念贯穿始终，全球互联网发展的中国智慧，清晰可见。

与会者表示，“走出一条互信共治之路”的思想，体现了习近平主席对互联网发展趋势的洞察，对信息时代人类共同福祉的关切，对中国与世界各国携手建设数字世界的愿望，为全球互联网发展贡献了中国智慧。

中国网络空间战略研究所所长秦安认为，要实现“互信共治”的目标，需要国际社会共同制定网络空间规则，承担网络传播社会责任，提升网络安全保护能力，打击网络恐怖主义。

3天里，涉及互联网与人类文明、公共服务、数字丝绸之路、媒体传播、港澳台、中美关系、数字鸿沟等多个主题的论坛相继展开，嘉宾发言精彩纷呈——

“在海拔五千米的珠峰脚下的帐篷茶馆里，因为通了电，有了手机信号，已经用上了移动支付。”“如果网络空间没有信任，人类的现实空间也不会有信任。”“社交媒体现在已经成为人们最重要的新闻来源，也成为很多假新闻的载体。”……

本届大会上发布的两本互联网发展报告蓝皮书显示，至2018年1月，全球互联网用户达40.21亿人；至2018年6月，中国互联网用户达8.02亿人。

“我们相信无比宽广的互联网必将推动世界各国以文明交流超越文明隔阂，以文明共存超越文明优越，从而，实现不同文明各美其美，美人之美，美美与共，天下大同。”浙江省委常委、常务副省长冯飞说。

数字经济已成全球最富朝气的经济现象

“刷脸”入住的民宿、招手即停的无人驾驶车、在家就能看名医的智慧医疗、不用带钱包走遍全镇的移动支付……如今的乌镇，既是白墙黛瓦、青石板巷、桨声欸乃的千年水乡，又处处闪耀着互联网和数字经济的因子。

新时代的数字经济、工业互联网的创新与突破、人工智能融合发展新机遇……3天的大会上，数字经济成为多场论坛的主角——

“中国是数字经济产业的领导者，在经济、工业等方面的国际地位日益提升。”“数字经济已经像空气和水，如影随形、无处不在。”“面对数字化，应该是拥抱的姿态，而不是视为洪水猛兽的戒惧。”……

与会者思想激荡，在讨论中逐渐凝聚共识：数字经济已壮大为全球最富朝气的经济现象，也成为撬动中国经济高质量发展的新杠杆。

近年来，乌镇所在的浙江省，敏锐捕捉先机，把数字经济作为“一号工程”，数字经济已经成为浙江发展的新引擎。

如今，5G网络时代已经揭开面纱，数字经济将迎来更加如火如荼的发展。

中国电信董事长杨杰在大会上说，当前，数字经济蓬勃发展，成为推动世界经济增长的重要引擎。互联网和数字经济的发展，已经越来越多地体现在经济、社会和日常生活的方方面面，呈现出旺盛的生机和活力。

本届大会还积极搭建务实合作平台，促成中外政府、社会组织、企业等形成了一系列富有影响力的合作成果。

网络信息技术正酝酿革命性升级

微信小程序商业模式创新、华为昇腾310芯片、360安全大脑、百度Apollo自动驾驶开放平台、亚马逊全托管平台、特斯拉智能售后服务……本届大会上，主办方从全球20多个国家的400多项互联网科技成果中挑选出15项发布，涉及人工智能、5G网络、大数据等方面，从技术支撑到场景应用，从万物互联到安全防护，再次惊艳了世界。

人脸识别、无人超市、智慧餐厅、无人驾驶舱、人工智能主播、人工智能医生……“互联网之光”博览会上，来自25个国家和地区的430余家机构展示了引领未来的互联网创新技术成果，从衣食住行各领域展示着未来生活的无限可能。

“网络信息技术酝酿着一次革命性升级。”本届大会上发布的《世界互联网发展报告2018》指出，网络信息技术发展至今，部分细分领域已经接近其理论或物理极限，正在与崛起的人工智能、量子计算等技术加速融合，带动网络信息技术产业链的革新。

大会期间，与会者围绕工业互联网、物联网、人工智能、数字鸿沟、5G网络等主题展开讨论——

“未来，数据的重要性就像土地对于农业时代，能源对于工业时代。”“人工智能还很遥远，它不是互联网的分支，人工智能时代和互联网时代是两个时代。”“如果未来量子计算的位数能延展到数百位，将是划时代的突破。”……

“互联网改变了未来的生活，科技创新改变互联网的本身。”中国工程院院士、中国互联网协会理事长邬贺铨说，感受互联网的脉搏、领略互联网的魅力、探索人类文明的未来，将是世界互联网大会不变的主题之一。

（综合新华社11月9日消息《互信共治　此景可待——写在第五届世界互联网大会闭幕之际》）

媒体深度融合现场推进会在上海召开

9月19日，中宣部在上海召开媒体深度融合现场推进会，中央有关部门、各地党委宣传部，中央和地方主要媒体负责人以及部分高校新闻院系专家学者等170余人到会，认真学习领会和贯彻落实习近平总书记在全国宣传思想工作会议上的重要讲话精神，参观解放日报采编平台并与一线编辑记者交流互动，研究、借鉴解放日报·上观新闻整体转型的探索实践，分享各地各媒体的经验做法，旨在推动媒体深度融合，真正实现“融为一体、合而为一”。中国记协新媒体专业委员会代表参加会议。

推进会上，研讨交流的重点内容主要有以下三个方面：

一｜加快“主力军”进军“主阵地”

近年来，党中央应势之变，提出要持续深化媒体融合发展，着手抓好人才队伍建设，全力打造形态多样、手段先进、具有竞争力的新型主流媒体。上海报业集团、解放日报以及中央、地方多家媒体顺势开展探索与实践，成为本次中宣部媒体深度融合现场推进会的探讨案例。上海报业集团党委书记、社长裘新说，深度融合、整体转型，不是另起炉灶、另搞一套，而是“一支队伍打天下”。解放日报社党委书记、社长李芸介绍说，在推进媒体融合改革过程中，报社将所有采访力量全部迁入上观（即“上观新闻”），大胆探索“一支队伍、两个平台”模式，即，一支队伍服务报纸和客户端两个平台。同时，建立“新闻优先上网制度”，坚持网络优先，不断提升在主流舆论阵地上的传播力和影响力。由此，以融合发展为突破口的改革，使互联网这个导致纸媒“断崖式”下跌的“最大变量”，开始成为报业脱胎换骨的“最大增量”。

二 | 培养用好全媒人才

人民日报社副总编卢新宁认为，主流媒体在铺开“深度融合、整体转型”工作中，“人”的整合最为关键，加快融合步伐，要走出“报纸正规军”与“网络预备役”的误区，将专业人才向主阵地汇集。卢新宁还介绍说，人民日报社也在加大探索，聚焦管理体制、组织架构、用人机制和激励手段等环节，以期促成“你就是我、我就是你”的深度融合格局。新华社副社长刘思扬在推进会上介绍说，为构建一支善用现代传播手段的全媒人才队伍，2017年已组织1000多人参加全媒编辑和全媒记者培训，2018年的培训力量将进一步加大，并同时完善绩效考核方案，以充分调动全社人员的创造性。中国青年报社党委书记、总编辑张坤认为，深度融合不能忘记初心和使命，媒体人需要努力在“守正”中“创新”，将意识形态责任制贯彻落实执行得更严更实。

三 | 多出群众喜爱的融合精品

微信、微博、短视频等新技术、新平台不断涌现，标志着“新阵地”的不断出现，主力军占据主阵地，归根到底要靠精品内容说话。让与会者充满信心的是，网络中点击量过亿的现象级产品大多出自主流媒体。中央广播电视总台央视副台长孙玉胜认为，在多样化的媒体生态圈中，要生存发展壮大，要有自己的特色，也就是要有自己的“生存方式”。与会者表示，提升“内容魅力”、打造“爆款”，需要改变惯性思维和路径依赖，融合精品需要插上先进技术的翅膀，以适应媒体智能化和媒介新格局。

县级融媒体中心建设现场推进会在长兴召开

9月20日—21日，中宣部在浙江省湖州市长兴县召开县级融媒体中心建设现场推进会，深入贯彻落实习近平总书记在全国宣传思想工作会议上的重要讲话精神，总结交流各地经验做法，对在全国范围推进县级融媒体中心建设作出部署安排，要求2020年底基本实现在全国的全覆盖，2018年先行启动600个县级融媒体中心建设。中宣部副部长、国务院新闻办公室主任徐麟出席会议并讲话。中央宣传部、中央网信办、国家广电总局、中国记协和浙江省有关负责同志出席会议，各省区市及新疆生产建设兵团党委宣传部、部分县市区党委宣传部负责同志参加会议，吉林、江西、湖北、四川以及北京市海淀区、河北省武强县、河南省项城市、湖南省浏阳市、甘肃省玉门市党委宣传部作了交流发言。中国记协新媒体专业委员会代表参加会议。

会议指出，加强县级融媒体中心建设，是加强和改进基层宣传思想工作、推动县级媒体转型升级的战略工程。各地各有关部门要聚焦更好引导群众、服务群众，着力打造基层宣传思想工作和精神文明建设的重要平台，打造为民排忧解难、做群众思想政治工作的重要平台，把基层百姓所需所盼与党委政府积极作为对接起来，把服务延伸到基层、问题解决在基层，切实推动基层宣传思想工作强起来。

会议强调，要把准功能定位，坚持分类指导，因地制宜开展工作，努力把县级融媒体中心建成主流舆论阵地、综合服务平台和社区信息枢纽。要做好整合媒体机构、建好采编中心、统一技术平台、加强队伍建设工作。要加强组织领导，健全工作机制，提供政策支持，确保县级融媒体中心建设扎实有序推进。

2011年4月，浙江省长兴县委县政府率全国之先，整合报纸、广播、电视、网络等县级媒介资源，成立长兴传媒集团，用7年时间践行媒体融合，诠释县级“新媒体”，形成了独特的“长兴模式”：

整合机构，创新运作模式。长兴传媒集团自成立以来，一直致力于改革创新、转型发展，成立了包括采访部、广播部、电视部、报刊部、新媒体部、外联部、活动部、制作部、技术部等多部门在内的融媒中心；培养了一支能采会说、能写会编、能拍会摄的全媒体记者队伍，他们冲锋在新闻一线，采集各类信息，供各平台使用；形成了信息互通、资源共享的集约化融媒体运作模式。

聚合渠道，重塑采编流程。为适应媒体融合发展要求，重塑采编生产流程，使传统媒体和新兴媒体互为流量导入口，实现传统媒体与新媒体的渠道整合、内容共享。新闻事件尤其是突发新闻发生后，采访部派出全媒体记者赶往现场，途中第一时间连线广播、发送“即时报”，在网站上推送；抵达事发现场后第一时间传送图片文字，再发“即时报”，再次连线广播，口播最新情况；采访完成后提供影像、图片、文稿至各刊播平台，供广播、电视、报刊、新媒体选用，一次采写、多次编辑、多平台使用，实现了不同媒介对同一信息进行不同形式的差异化报道。

融合媒介，打造五位一体平台系统。推进全媒体运作，核心是推动各媒体平台充分融合，为此，长兴传媒集团与传媒技术公司合作开发了融合广播、电视、报纸、网络、移动端五位一体的“融媒眼”指挥平台系统。在“融媒眼”上，从记者出发，到现场采集，到发送稿件，再到各平台采用状态以及刊播后的收视阅读点击情况，一览无余。系统分为电脑端和手机端，即使不在办公室，依然可以实现云端办公，使得信息充分互通、内容充分共享，大大提高了生产效率。

统合营销，创新经营方式。近年来，传统媒体广告经营严重下滑。长兴传媒迅速转变思路，创新经营方式，将营销与产品生产相融合，变以往卖“硬广”为卖产品、卖服务。融媒中心的活动部是承办各种营销活动的部门。相比社会上的广告公司，长兴传媒优势明显：除了专业属性外，服务更是到位，推行一条龙“全包”。乡镇企业的节庆活动，商家开展的商业庆典等，都愿交给长兴传媒来做。纪录片拍摄服务也是长兴传媒的重要创收渠道，近年来吸引了长沙、湖州、安吉等地的单位前来寻求合作。随着经营和产品融合的不断深入，长兴传媒的创收值也在逐步增长。2015年营收1.9亿元，2016年营收2.08亿元，2017年营收2.16亿元，今年目标营收2.28亿元。

近年来，长兴传媒集团新媒体发展紧跟“潮流”，各类产品异彩纷呈。此外，集团还在今日头条、蓝莓、大鱼、抖音以及新华视频等新媒体平台上注册账号，多渠道宣传长兴。同时，代理运营26个乡镇部门的托管号，打造政务微信矩阵。2017年4月起，长兴传媒集团投入百万元资金，启动“万物生长”学习提升计划第一季，制定了

“七个学”，鼓励员工不断学习成长。集团成立至今，已荣获省以上奖项70余个，其中省级新闻一等奖20多个，获奖总量和质量位列全省县级媒体前茅。

2018中国网络媒体论坛在宁波举办

9月6日，2018中国网络媒体论坛在宁波举行。论坛由中共中央网络安全和信息化委员会办公室指导，中华全国新闻工作者协会、中国网络社会组织联合会、中共宁波市委、宁波市人民政府、中共浙江省委网络安全和信息化领导小组办公室主办，央视网、中共宁波市委宣传部（市委网络安全和信息化领导小组办公室）承办，宁波日报报业集团（甬派传媒）和新浪网协办。论坛开幕式上发布了“中国新闻网站传播力榜”，闭幕式上发布了《2018中国网络媒体论坛共识》。

本届论坛分为致辞、主旨演讲、分论坛三个环节。

一｜有关部门负责人致辞

中央网络安全和信息化委员会办公室副主任高翔，全国人大社会建设委员会副主任委员、中国网络社会组织联合会会长任贤良，中国记协党组书记、常务副主席胡孝汉，浙江省委副书记、宁波市委书记郑栅洁出席并致辞。

高翔同志在致辞中提出，这次论坛的召开，是对习近平总书记重要讲话精神的再一次深入学习。新一轮科技革命带来传播格局深刻变革，主流媒体一是必须坚持正确舆论导向，加强互联网内容建设，越是思想文化相互激荡、价值观念多元多样，越要举旗定向，要坚持以习近平新时代中国特色社会主义思想统领互联网内容建设，坚持正确政治方向、舆论导向、价值取向，让党的创新理论“飞入寻常百姓家”；二是必须坚持创新正面宣传，提升网络媒体传播力、引导力、影响力、公信力，要不断加强传播能力建设，巩固并拓展内容优势与传播优势，要持续推进移动媒体优先发展战略，打造载体多样、渠道丰富、覆盖广泛的移动传播矩阵，要坚持技术引领进步，让网络内容生产搭上技术创新的快车；三是必须坚持融合发展，强化网络阵地建设，意识形态斗争中，要守住互联网这块主阵地，打赢这场舆论战，就必须把更多政策、人才、资源投向互联网，加快主力军向舆论斗争主战场转移的步伐。

任贤良在致辞中提出，自本届论坛起，中国网络媒体论坛由中央网信办作为指导单位，中国网络社会组织联合会主办，形式、内容等各方面都进行了优化和创新，更加旗帜鲜明地强调了党对网上新闻舆论工作的领导，强化了论坛在推进网上正能量传播方面的特殊作用，使老品牌焕发出新时代的新活力。一是用心打造好中国网络媒体论坛这一品牌活动，为政府、业界、学界提供专业交流合作平台。二是加大对网络社会组织参与正能量传播的统筹协调力度，建立健全网络社会组织在宣传引导等方面的协调联动工作体系。三是借助成立专业委员会、举行交流研讨等多种形式，积极搭建网络媒体间沟通、交流、合作的新平台。四是开展专业培训、信息咨询、人才培养、国际和港澳台交流等工作，努力为网络媒体及其从业者提供更多更好的服务。

郑栅洁同志在致辞中表示，积极抢抓新一代信息技术革命的机遇，坚持一手抓数字经济发展，一手抓媒体深度融合发展，形成了经济转型、媒体变革的良好局面。本届论坛是浙江全面学习推动媒体深度融合发展新理念、新思路的重要机会，将充分吸收金点子、好方子，不断创新机制和模式，进一步壮大主流思想舆论。真诚欢迎各类媒体来宁波采访采风，发现宁波发展之好，感受宁波文明之美，体验宁波社会之和，助推宁波成为一座有较高知名度和美誉度的“网红城市”。

胡孝汉同志在致辞中提出，中国记协致力于联系服务网络媒体，一是坚持政治引领，把中央和省级网络媒体纳入“三项学习教育”重点群体，把习近平新闻舆论工作论述作为马克思主义新闻观培训的主要课程，用最新理论成果武装头脑、指导工作；二是推动实践探索，修改《中国记协章程》与《中国新闻奖、长江韬奋奖评选办法》，评选网络媒体优秀人才优秀作品，推动信息内容、技术应用、平台终端、人才队伍共享融通。三是做好联系服务，办好中国记协“好记者讲好故事”、“记者大讲堂”和“一网双微”等网上网下联系服务平台，宣传推荐网络媒体工作者增强脚力、眼力、脑力、笔力的好典型、好经验，促进网络媒体工作者掌握新知识、开拓新视野。中国记协新一届理事会和党组履职以来，把联系服务网络媒体作为重点之一。中国记协第九届理事会增加了33名网络媒体代表，中国记协新一届理事会中，网络媒体代表比例从上一届1.42%提高到10.36%。今年中国新闻奖第一次设立“媒体融合”奖项，在保持网络新闻奖项30个左右名额基础上，又增加媒体融合奖项50个名额，评出了一批重量级、现象级、代表性、标志性的网络新闻和媒体融合作品。

二｜中央新闻单位负责人和有关专家发表主旨演讲

人民日报社副总编辑卢新宁、新华社副社长刘思扬、中央广播电视总台中央电视台副台长孙玉胜、中国工程院院士吴建平、新浪董事长曹国伟等在本届论坛上发表主旨演讲。

卢新宁认为，互联网的出现带来了传播主体空前多元、发布门槛空前降低、信息数量空前增加，迈入智能互联时代，必须在海量信息与海量用户之间建立精准、高效、个性的连接关系，需要让传播变得更加聪明，让信息更好找到需要它的用户。主流媒体必须处理好三对关系：第一是“技术驱动”与“价值引领”的关系，主流媒体要用主流价值驾驭技术发展，要研究开发“党媒算法”或“主流媒体算法”，实现舆论导向与分发效率的总体平衡，实现价值引领与技术驱动的有机统一。第二是“内容定力”与“内容魅力”的关系，主流媒体既要有内容定力，不能被流量和点击量压垮心智；也要有内容魅力，要用生动活泼、通俗易懂的方式在网络空间做好正面宣传，将有意义的主题做得有意思。第三是“平台创新”与“生态优化”的关系。需要构建主流价值引领的新媒体内容生态，将网上和网下的力量凝聚到一起，向建立自主可控的平台发力。期待平台化的探索将凝聚“众人之智”与“众人之力”，增加网上优质内容供给，同时期待平台化的探索，将用社会责任规范“内容创新”与“内容创业”。

刘思扬认为，当前传统媒体与新兴媒体融合发展正在向纵深推进，媒体智能化应突出抓好四个重点：内容产品、平台终端、体制机制和人才队伍，媒体智能化应着力提升硬实力、软实力和巧实力。硬实力的核心是计算能力，要构建一个智能化技术平台，支撑智能应用的大规模矩阵计算，支撑对全量数据的采集、存储、加工和处理；软实力的核心是数据和算法，要构建新型智能数据库，还要将主流价值取向导入机器算法，建立精品内容池，逐步形成以主流价值取向为主、价值与兴趣并重的新型主流算法；巧实力的核心是人机协作，要以智能技术重塑采编流程，贯通新闻生产链条。媒体智能化也必须防止掉入三个误区：内容边缘化、缺乏系统性、技术至上论，必须把握好内容产品、技术、体制机制、人才队伍等四个重点发展方向。

孙玉胜认为，交互是移动新媒体最重要的特征，是媒体的未来。我们要拥抱新技术，但也要防止技术的陷阱，更不能被其所绑架。作为工具的算法可用，但对于内容编排，建议慎用，尤其在所谓“后真相”时代，它进一步鼓励标题党，用情绪，甚至用主观愿望代替事实，使媒体失去公信力。同时还会产生“蚕”效应，作茧自缚，使人变为孤岛，视野变窄，甚至产生错觉和误判。媒体的社会责任不可忽视，除了解决“举旗帜、聚民心、育新人、兴文化、展形象”的认识论问题，也要解决如何全面贴近受众的方法论问题。

吴建平表示，互联网是网络空间最重要的基础设施，互联网体系结构是互联网的关键核心技术，掌握核心技术是解决网络空间发展和安全问题的命门。IPv6下一代互联网为解决互联网体系结构的各种技术挑战提供了新的平台，大规模发展IPv6下一代互联网为媒体发展和连接万物带来历史的发展机遇。

曹国伟表示，社交媒体根本上改变了人们的信息交互方式，极大地提高了信息透明度，但与此同时也带来了一些所谓“后真相”时代的“舆论乱象”。网络新媒体平台有义务行动起来，一是建立完善的新闻甄别和辟谣机制，二是进一步发挥好运营和监管人员作用，三是不断放大主流媒体的声音、强化社区公约的机制，四是通过规范网民在互联网平台的言行，维护好互联网新媒体平台良好的舆论环境。

三｜三个分论坛探讨网络媒体发展趋势与对策

本次论坛分设“智能互联时代的传播新语态”“5G时代的传播新格局”“传媒+：跨界融合推动产业升级”等三个分论坛，深入探讨智能互联时代网络媒体面临的机遇与挑战，分析网络媒体发展动向与趋势，搭建政府、业界、学界相互沟通交流的平台，促进中国网络媒体健康有序发展。

“智能互联时代的传播新语态”分论坛着力于内容领域，探讨了传统媒体在互联网时代的传播新语态。在传媒领域“语态”将在视觉元素、声音内容、表述方式等方面进一步扩展，优质内容价值回归，信息由可读发展为可视化，人工智能由概念进入实操阶段，算法推荐成为一种方法论，改变了信息传播的逻辑和规则。网络媒体要主动适应互联网时代传播理念，着力打造契合新媒体用户接受习惯的传播方式，改变“我说你听”的传统理念。

“5G时代的传播新格局”分论坛主要从技术的角度，充分探讨了5G时代网络媒体的机遇和挑战。大家从峰值速率、用户感知体验、时延、移动速度、流量密度、连接数的密度等方面来解释5G技术相对于4G技术的优势。在5G时代，AI和媒体的结合必将更加深入，移动网络将赋能全行业，成为新的基础生产力。

“传媒+：跨界融合推动产业升级”分论坛是产业论坛。目前，“传媒+产业”模式的机遇悄然兴起，大家从多角度探讨媒体产业的新实践、新模式、新挑战，促进媒体和产业优势发展融合。要利用互联网特点和优势，推进理念、内容、手段、机制体制等全方位的创新，做大做强、做优做实，有效将互联网变量转化为事业发展的最大增量。

分论坛主要涉及内容、技术、产业三个维度，其主题分别是“智能互联时代的传播新语态”“5G时代的传播新格局”和“传媒+：跨界融合推动产业升级”。其中，“智能互联时代的传播新语态”主题论坛从内容出发，就网络媒体如何加强网上内容建设、积极应对传媒变革，以及如何在新常态、新要求下做大做强，展开深入研讨。以“5G时代的传播新格局”为主题的分论坛参与嘉宾，就5G在信息通量上的极大提升对于传播活动、媒体形态带来的影响，以及5G时代网络媒体的机遇和挑战，提出了许多引人深思的见解。以“传媒+：跨界融合 推动产业升级”为主题的分论坛从产业维度入手，多角度探讨媒体产业升级所激发的新实践、新模式和新挑战，以期促进媒体和产业的优势互补融合。

网络媒体论坛不仅举行了一系列精彩、激昂的主题演讲活动，还在论坛开幕式上，以专家解读和视频短片的形式，发布了“中国新闻网站综合传播力榜”，榜单分别为“稿源单位移动端综合传播力2018年上半年榜”、“中央主要新闻网站综合传播力2018年上半年榜”、“省级新闻网站综合传播力2018年上半年榜”和“全国行业新闻网站综合传播力2018年上半年榜”。“中国新闻网站综合传播力榜”以习近平总书记强调的新闻舆论“传播力、引导力、影响力、公信力”为核心指标，旨在引导网络媒体做好新形势下的宣传思想工作，自觉地承担起举旗帜、聚民心、育新人、兴文化、展形象的使命任务。

论坛闭幕式上，与会嘉宾就改进新形势下的网上新闻舆论工作、促进网络媒体健康有序发展，形成了《2018中国网络媒体论坛共识》，并由中央网信办网络社会工作局副局长、中国网络社会组织联合会秘书长赵晖宣读。

首届中国网络媒体论坛是中国记协在2000年“全国新闻媒体网络传播研讨会”上提出建议、全国数十家新闻媒体网站共同发起设立的。2001年6月，中国记协与新华网联合人民网、中国网、央视国际等单位在青岛共同举办首届中国网络媒体论坛。论坛以推进中国网络媒体建设和发展为宗旨，组织开展业务交流、学术研讨活动等。

论坛每年举办一次，由中国记协和中央、地方各个重点新闻网站共同主办，各新闻网站轮流承办。中国记协作为论坛主办方之一，本年度第18次成功主办中国网络媒体论坛。

2018媒体融合发展论坛在深圳举行

9月9日—10日，2018媒体融合发展论坛在深圳举行。论坛由人民日报社联合中共深圳市委、深圳市人民政府、招商局集团共同主办，人民日报媒体技术股份有限公司、人民日报文化传媒有限公司、中共深圳市委宣传部、腾讯公司承办，深圳报业集团、招商局蛇口工业区控股股份有限公司协办。中国记协及新媒体专业委员会应邀参加论坛。

论坛主题为“构建全媒体传播格局”，旨在打造集媒体融合战略研讨、经验交流、技术展示于一体的权威平台。中央部委和各地宣传、网信部门领导，中央及地方主要媒体代表，国内相关领域专家学者，互联网企业人士等近700名嘉宾参会，通过开幕式致辞、主旨演讲、主论坛和分论坛等模块，共同回顾改革开放成果、解读中央最新政策精神，并就媒体融合发展最新成果和现状进行深入交流和探讨。

人民日报社总编辑庹震在开幕式致辞中表示，党的十八大以来，习近平总书记多次就推动媒体融合发展发表重要讲话，作出深刻阐述，提出明确要求，为我们在新形势下推进媒体融合发展指明了前进方向，提供了根本遵循。人民日报将坚持以正确舆论导向引领融合发展，自觉承担起举旗帜、聚民心、育新人、兴文化、展形象的使命任务。坚持以内容优势赢得发展优势。坚持以开拓创新推动深度融合。

国务院新闻办公室副主任郭卫民在致辞时表示，习近平总书记多次对媒体融合作出深刻论述，提出明确要求。媒体融合进入向纵深推进的关键阶段，必须坚定信心，把握机遇，锐意改革创新，勇于担当作为，提升传播技术，强化内容生产，加快实现深度融合，全力打造具有强大引领力、传播力的新型主流媒体。

中央网络安全和信息化委员会办公室副主任高翔说，要坚持导向为先，发挥舆论“压舱石”“定盘星”作用；要坚持受众为本，让互联网成为贴近群众、了解群众、宣传群众的重要渠道；要坚持内容为王，赢得话语优势和发展优势；要坚持创新为要，构建完善的现代传播体系；要坚持人才为基，实现人才队伍的共享融通。

广东省委常委、宣传部部长傅华表示，今年以来，广东坚持顺势而为、乘势而上，有的放矢推进重大融合项目建设；坚持靠船下篙、精准发力，依托传统媒体的实力、优势和资源，加强新闻产品创意赋能，推出一大批融媒体精品；坚持此长彼长、两翼齐飞，推动新媒体与传统媒体影响力融合交汇，做到更深入、更广泛、更有效地为党发声。

深圳市委副书记、市长陈如桂说，近年来，深圳着力构建全媒体传播格局，大力推动媒体管理创新、内容创新、渠道创新，打造了“读特”“读创”“壹深圳”等融媒体平台，进一步提升了主流媒体的传播力、引导力、影响力、公信力。

中华全国新闻工作者协会党组成员、书记处书记季星星在致辞中表示，中国记协坚持政治引领，推动实践探索，做好联系服务，为推动媒体融合发展助力加油。一是中国记协新媒体专业委员会启动运行，引领有了新抓手。二是中国新闻奖媒体融合奖项评选顺利，示范有了新标杆。三是做好党和政府联系新闻界的桥梁和纽带，服务有了新平台。下一步，要继续强化政治引领，推动行业自律，加强联络服务，打造工作平台。一方面，延伸服务手臂，在广度上做文章。建立健全联系各级各类新媒体的长效机制。另一方面，拓展服务范围，在深度上下功夫，拓展新媒体领域影响力。

人民日报社副总编辑卢新宁，人民日报社编委、海外版总编辑牛一兵，新华社副秘书长兼办公厅主任宫喜祥，中央广播电视总台央广副总编辑刘晓龙，解放军报社副社长林乘东，光明日报社副总编辑沈卫星，经济日报社副总编辑张曙红，中国日报社副总编辑高岸明，科技部党组成员、科技日报社社长李平，中国互联网发展基金会理事长马利，招商局集团有限公司董事长李建红，腾讯公司董事会主席兼首席执行官马化腾等出席论坛。

论坛内容丰富，主要表现在三个方面：

一、战略、报告和荣誉等发布与颁发。在9月9日的“舆情与大数据分论坛——数据驱动‘后舆情时代’”中，发布了“人民云”大数据开放共享平台、《趋势与标准：人民网舆情数据中心十年研究报告》，人民数据管理（中卫市）有限公司揭牌，并颁发“人民在线”十年优秀合作伙伴荣誉。

二、进行多项签约仪式。9月10日上午，人民视频三大平台上线暨政务机构签约入驻仪式，全国党媒平台与搜狗公司、哔哩哔哩战略合作签约仪式，人民日报媒体技术股份有限公司与深圳报业集团战略合作签约仪式，人民网股份有限公司与深圳广播电影电视集团战略合作签约仪式陆续进行。

三、针对多议题、多论坛进行主旨发言、主题演讲与高端对话。全部主、分论坛均有多名主要媒体代表，知名企业董事长、CEO，以及一流专家学者参与交流。其中有从融合发展角度结合所在组织机构发展情况进行的主旨演讲；有题为“主流媒体深度融合的目标与路径”“党媒全媒体传播格局的最大变量和最大增量”的主题演讲；有从内容、业务、技术三方面出发，针对“如何增强内容定力，拓展渠道平台？”“如何拓宽业务范围，延展服务价值？”“如何用好技术引擎，弘扬主流价值观？”等议题展开的主旨发言与高端对话；也有从大数据的融合与发展、正能量内容的生产与推广、融媒体中心建设、人工智能传媒应用实践、互联网媒体安全管理与防范、新媒体运营分析与探讨等具象角度切入探讨的论坛对话。

论坛主要从内容、渠道、平台、经营和管理等五大维度出发，经由嘉宾、代表的“头脑风暴”、高屋建瓴的见解，深入探讨媒体融合的成果、现状与发展态势，为媒体融合新时代的发展提供更加清晰的指向。

2018新媒体发展年会在济南举行

10月10日—11日，2018新媒体发展年会在济南举行。年会由中国记协新媒体专业委员会等指导，中国新闻出版研究院传媒杂志社、山东文化产业博览交易会执委会、中共济南市委宣传部联合主办，济南日报报业集团、济南广播电视台和贝壳视频共同承办。

年会主题为“新时代　新媒体　新发展”，旨在搭建政府管理部门、行业协会、传统媒体、新媒体、媒体研究机构的交流服务平台，引导新媒体舆论，传播正能量。中国记协党组成员、书记处书记王冬梅出席年会开幕式并致辞。来自中央网信办、工业和信息化部、中国记协、国家广播电视总局等主管部门的领导，中国新闻文化促进会、中国互联网协会等行业协会的负责人，人民日报、新华社、光明日报等中央及地方主流媒体机构代表，中国人民大学、中国传媒大学、中国社科院、中国新闻出版研究院等新媒体教育专家、学者，以及爱奇艺、快手、美图公司、自媒体等新媒体大咖近500人参会。各位行业翘楚以主题报告、主题演讲、圆桌论坛、分论坛等形式，围绕媒体融合、新媒体发展等热点话题展开面对面的交流互动，分享智慧。

年会主要有以下三方面特色：

一 | 联系广泛

首届新媒体发展年会参会代表十分广泛，主流媒体和商业媒体代表、传统媒体和新媒体负责人，以及知名自媒体人，齐聚泉城、济济一堂，是真正意义上的综合性、跨行业新媒体盛会。10月10日上午，新媒体发展年会举行了新媒体联盟成立揭牌仪式和新媒体发展年会落户济南揭牌仪式。由全国新媒体单位（部门）、商业新媒体平台与机构、新媒体研究机构和新媒体人组成的新媒体联盟，将通过开展系列新媒体活动、对接全国乃至全球性的新媒体产业合作项目，吸引全国性的新媒体资源向济南聚集，搭建高层次新媒体交流平台。

二｜内容丰富

年会共举办5场论坛，其一，是10日下午的两场圆桌论坛，来自光明日报、南方报业、澎湃新闻等媒体代表与来自中国传媒大学的专家学者，围绕“资源共享与融合发展的路径”和“新媒体个性化发展与社会责任”两大主题展开互动交流。其二，是11日上午举行的3场分论坛，分别是新闻客户端论坛、网生内容构建论坛和短视频发展论坛。3场论坛同时开讲，与会嘉宾分别围绕“当前主流媒体客户端发展面临的挑战及对策”“网生内容构建质与量在风口上的撞击”以及“短视频反转‘视’界”话题展开新媒体发展经验介绍和趋势探讨。

三｜特色鲜明

新媒体发展年会力图实现“四个一”合作目标，即：一个平台——搭建政府、新媒体单位（自媒体人）、新媒体研究机构及技术创新机构间的最佳交流平台；一个愿景——把济南打造成新媒体发展年会的永久会场和国内新媒体研究、培训的新高地；一个阵地——成立新媒体产业联盟，引导新媒体舆论，传播正能量；一个品牌——把新媒体发展年会打造成山东文博会最具特色和吸引力的主题峰会和特色品牌。此外，济南日报报业集团以“济南市新闻宣传融媒体公共服务平台”为切入点，努力打造全省乃至全国媒体融合新标杆，将济南日报报业集团优质新闻内容和优势技术作为支撑，各区县齐心协力一心向“融”作为基础，把全市媒体融合发展推进到一个新高度。依托济南日报报业集团强大的新闻采编能力和内容聚合优势，爱济南新闻客户端成功跻身全国党媒新闻客户端第一方阵。

2018新概念融媒体作品大赛在上海举办

2018年11月至年底，由中华全国新闻工作者协会新媒体专业委员会指导，解放日报·上观新闻主办新概念融媒体作品大赛。本次大赛的主题是“伟大时代·城市记忆”，分为三个竞赛组别，分别是：数据新闻组、H5新闻作品组和短视频产品组，独立分类评选，向全国高校、传统媒体从业人员、新媒体从业人员、设计师、编程人员等对融媒体产品有兴趣的人群，通过新媒体表现手法，记录改革开放40年来各地发生天翻地覆的变化，通过自己的视角和感受，来记录下这个时代的记忆。中国人民大学新闻学院、复旦大学新闻学院、中国传媒大学新闻学院、南京大学新闻传播学院、中山大学传播与设计学院以及木疙瘩、西瓜视频、我爱竞赛网等提供学术、技术等支持。

大赛评判主要分为四项：一是新闻，主要评价独创性、融合性、公共性、感染力、与规定主题相关性等；二是数据，主要评价准确性、稀缺性、分析深度、解释力等；三是设计，主要评价信息表达力、美观性、原创度、交互性等；四是技术，主要评价技术难度、兼容适配性等。来自北京、深圳、四川、福建、湖南等省市的媒体从业者和高校师生共提交了1299件融媒体作品参加了比赛。来自新华网、浙江日报、澎湃新闻、厦门日报、北京大学、复旦大学等机构的18件作品脱颖而出，分别获得三个组别的一、二、三等奖。随后，解放日报在上海举办了大赛颁奖仪式。

在颁奖仪式上，复旦大学新闻学院院长米博华在致辞中表示：提出新概念、新媒体、新实践，正逢其时。复旦新闻学院信息与媒体中心和兄弟院校一起举办这场活动，对于教学科研活动和业界有机的对接，学习与实践同步发展，与时代共同前进，具有非常重要的意义。大数据、短视频、无人机、人工智能都是目前最为前沿的学科，复旦大学新闻学院明年也将着力发展这四个学科，欢迎有志之士为复旦新闻学院的发展、为融媒体发展作出应有的贡献。

中国记协书记处书记、新媒体专业委员会副主任委员潘岗向大家提出了四点希望：第一要牢记新闻舆论工作职责使命；第二要坚持精品主导，扩大内容优势；第三要坚持团结引领，加强队伍建设；第四要整合资源，推动媒体融合。

上海市委网信办副主任杨俊表示，媒体融合不仅仅是技术的融合，也是媒体生产流程的融合、媒体和用户的融合、媒体与社会系统的融合。媒体的转型不仅仅是媒体平台的转型，也是媒体人思维的提升、创造力的激发和工作方式的彻底转变。她表示，相信产、学、研三方一定能合作，一定能够激发从理论到实践的媒体改革转型的火花。

解放日报社党委书记、社长李芸介绍了解放日报·上观新闻的融合转型之路，以及举办这次比赛的初衷，提出新闻媒体作为时代的记录者，在历史演进中忠实记录了伟大时代的沧桑巨变。大赛以“伟大时代·城市记忆”为主题，就是要通过创意和作品，通过一个一个片断、一段段记忆，向伟大时代致敬。

获奖作品主题角度多样，多媒体手段丰富，界面风格不一，互动性、沉浸感、科技感十足。厦门日报的H5作品《恋恋厦门》用略带沧桑的方言，将一位离乡多年的华侨的故事娓娓道来，折射厦门改革开放以来翻天覆地的变化。赤子之情、拳拳之心跃然纸上。澎湃新闻的数据新闻游戏《答题｜这一份献给改革开放40年的考卷，敢不敢来战》集意义、美感、互动于一体，改革开放40年来重要数据的指标变化变得有趣好玩，让人耳目一新。

短视频组一等奖获奖作品则对比了40后、60后和80后三代人对房子和家的不同记忆，镜头真实感人，故事生动形象，细节鲜活生动，从家的变迁反映出国的变化。

一等奖获奖作品团队厦门日报社新媒体中心主任赵琳在接受记者采访时说：“一镜到底手绘长卷H5《恋恋厦门》是厦门日报社新媒体中心为庆祝改革开放40年策划制作的，能获得一等奖非常惊喜和意外。”她说：“现场看到很多同行的优秀作品，无论是题材、表现手法还是技术运用都值得我们学习借鉴。”

在评委点评一等奖作品环节，新华网融媒体未来研究院副院长鞠靖说：“内容的载体在发生变化，但好内容的评价标准是不变的。像调查报道、深度报道、特稿会强调细节，好的融媒体产品仍然要关注细节。”他提到，技术是冰冷的，但怎样使用技术、组织技术，在技术的平台上组织素材，这里面是情怀，是新闻人一直以来坚持的。

在颁奖仪式上，来自解放日报社、复旦大学信息与传播研究中心、《新闻记者》

杂志的产、学、研三方就关于“开展媒体深度融合实践与研究”的合作进行签约，共同推进媒体融合在内容生产层面的深化，为媒体转型打造有效模式。

1月12日上午，中国记协新媒体专业委员会代表参加了解放日报社融媒体圆桌会议，和业界专家共同探讨“新媒介、新生产、新格局”。

第十三届传媒年会在成都举办

11月16日—17日，第十三届传媒年会在四川成都安仁古镇举办。年会由中国新闻出版研究院传媒杂志社、四川日报报业集团共同主办，封面传媒承办，四川党建期刊集团、凡闻科技、四川文化传播公司协办。中国记协党组成员、书记处书记张百新出席年会开幕式并致辞。

年会主题为“努力实现由融媒体向智媒体的飞跃”，来自全国人大教科文卫委员会、中国新闻文化促进会等领导机构，主流媒体、新媒体机构，高校、媒体研究机构的400多位嘉宾，带着他们的研究成果和对未来的思考，以主旨演讲、主题报告、论坛、发布会等形式，从智能、智慧到智库三个方面，分别对媒体进行了全面的阐释和展望。

年会围绕“如何实现由融媒体向智媒体的飞跃”，从多角度、多维度直面媒体转型，并针对性地开展了聚焦于“迈向智媒体”的主题论坛、以“历史的回声——媒体报道改革开放40年”为主题的圆桌论坛和展望“新时代　新融合”的融合论坛。其中，主题论坛聚焦于智媒体，来自全国主流媒体、新媒体的负责人、知名专家学者围绕“从传统媒体到智能媒体的技术路线和价值准则”“从融合产品到融合体系的目标路径”以及“媒体智库和智库媒体”等问题进行深入探讨和交流互动。年会的圆桌论坛则聚焦于媒体报道改革开放40年，论坛期间，中国新闻出版研究院科研课题《报道改革开放新闻作品研究》主要成果正式发布，并公布了“报道改革开放40年40文”推选结果，兼顾改革各个阶段、体现不同时期特征的《实践是检验真理的唯一标准》《东方风来满眼春》《深入宝库采明珠——记抗疟新药“青蒿素”的研制历程》等40篇经典文章入选。年会的融合论坛则是对新时代、新融合的展望，与会嘉宾从电视媒体、杂志、出版传媒等多个维度，纵观融合历史，共探进入融合转型深水区的各类型媒体是如何实现精准发力的。

年会上，新华文轩出版传媒股份有限公司与四川日报报业集团正式签署战略合作关系，封面传媒、百度和中国人民大学新闻学院宣布共同成立“区块链媒体实验室”，此外，倍受关注的“年度十大创新媒体机构”也在年会上揭晓。

第六届中国网络视听大会在成都举行

11月28日—12月1日，第六届中国网络视听大会在成都举行。大会由国家广播电视总局、国家互联网信息办公室、四川省人民政府联合指导，中国网络视听节目服务协会、成都市人民政府主办，成都市文广新局、成都市网信办、成都市广播电视台、成都高新区管委会和未来电视有限公司共同承办。大会主题是“凝心聚力　创造美好新视界”，来自中宣部、国家广播电视总局等领导机关、政府主管部门和网络视听界的2000余家机构、6000余位行业领袖及嘉宾参会。11月29日上午，大会开幕式暨主题论坛举行，中宣部副部长、国家广播电视总局党组书记、局长聂辰席出席开幕式，并发表题为《坚定方向　凝聚力量　展现新时代网络视听新气象新作为》的主旨演讲。在大会主论坛上，中央广播电视总台国广副台长胡邦胜、腾讯集团首席运营官任宇昕、湖南广播电视台台长吕焕斌和咪咕文化科技有限公司总经理刘昕，围绕大会主题发表相关演讲。中国记协及新媒体专业委员会应邀参加。大会围绕媒体融合发展、视听数据发布、AI赋能、年轻态综艺、精品内容创作等多个维度，举办了9场主题活动和34场特约活动。300余位行业领军人物发表演讲并参与讨论。

大会主要有以下特色内容：

一、大会是一年一度的中国网络视音频领域最重要的年度盛会，是中国网络视听全行业学习贯彻习近平新时代中国特色社会主义思想，落实践行中央关于建设网络强国、发展网络文艺战略部署的重要会议。

二、大会论坛内容丰富、紧跟前沿。其中有聚焦网络精品创作与生产、聚焦“探索新时代视听节目的创造性转化模式与创新性发展路径”问题的16场主题活动，包括主论坛、精品内容创作峰会、网络电影论坛、视听+体育论坛、影视内容“走出去”论坛、网络综艺论坛等，从多维度、多层面深入探讨这一问题。有探讨媒体融合发展、打造新型主流媒体路径的媒体创新、智慧融媒、主流声音传播等4场论坛。有关注5G时代背景下，人工智能、大数据、虚拟现实等新技术在网络视听领域中应用的6场技术类相关论坛、发布会及展示活动。全部论坛均有多名业界大咖、领军人物以及一流专家学者参与讨论和交流。

三、会议期间发布内容多元，引导创作趋势。开幕式当晚，由咪咕文化科技有限公司冠名赞助举行的“2018网络视听年度盛典”，发布了年度优秀作品榜单，并首次揭晓由国内最高规格评审团特别推荐的“年度特别推荐网络剧”“年度特别推荐网络电影”“年度特别推荐男演员”“年度特别推荐女演员”等年度特别作品及奖项，为网络视听精品创作树立标杆、加强创作导向引导。大会期间还发布了2018网络视听“年度人物”“年度节目”“年度案例”“年度数据”以及《2018中国网络视听发展研究报告》。

四、大会期间配套活动多样。2018中国（成都）网络视听新技术与节目展交会全面展示了网络视听领域的优秀创新成果，汇聚媒体融合、信息与网络技术、影音内容、新兴终端设备等新产品，并重点聚焦网络视听内容创作和5G、4K、人工智能等新技术应用。此外，大会举办的“2018原创Plus”网络影视与节目提案大会暨创投大会相较于过去一年全面升级，带来超过3亿的扶持基金，为广电播出机构、网络视频平台以及影视节目制作公司提供展示、交流和交易的平台。

五、全面展示成都元素。本届大会中的成都元素有很多，比如：“中国网络视听大会投资峰会暨成都高新区专场推介会”“成都平原经济区战略合作暨成都广播电视台品牌战略发布会”“云上新视听盛典——首届成都高校十大最具潜力IP发布暨第五届金沙短片扶持计划优秀作品揭晓”“《选择这里　成就更好的自己》‘蓉漂’人才系列微电影首映式”和“聚变——2018天府TV兴光华融合转型重点项目发布会”等，在全面展现成都元素，展示成都在网络视听领域取得的丰硕成果及欣欣向荣的态势的同时，也将借助网络视听大会平台为成都市加快建设全面体现新发展理念的城市、建设西部文创中心营造浓郁氛围，未来推动更多的成果落地，实现成都与大会的共同进步。

值得一提的是，本届大会特别关注粤港澳大湾区国家战略话题，举办“首届粤港澳大湾区网络视听新媒体产业发展峰会”“粤港澳大湾区网络视听行业发展成果展示区”“粤港澳大湾区网络视听产业商洽会”三项粤港澳大湾区主题活动，通过抓住建设粤港澳大湾区重大机遇，积极探索粤港澳大湾区网络视听新媒体产业协同发展路径，构建产业创新发展合作平台，推动和深化粤港澳大湾区的协同合作，推动香港、澳门地区融入国家发展大局，助力内地网络视听新媒体产业“走出去”。

2018中国新媒体大会在京举办

12月24日，中国记协在北京万寿宾馆举办2018中国新媒体大会，主题为：增强“四力”，守正创新，多出群众喜爱的融合精品。大会由中国记协新媒体专业委员会和人民日报社、新华社、中央广播电视总台等新媒体部门共同承办，宣传管理部门有关领导、中央新闻单位分管领导、中国记协主席和书记处书记、中国记协新媒体专业委员会委员、中国新闻奖首届媒体融合奖项评委代表、获奖团队代表等参加大会。

一 中宣部、中央网信办、国家广电总局、中国记协负责同志出席会议并致辞

中宣部部务委员、国新办副主任郭卫民表示，中国记协举办中国新媒体大会，以改革创新精神拓展工作领域，团结引领广大新闻工作者不断增强“四力”，对加快推进媒体融合，进一步做好新闻宣传工作，具有重要意义和促进作用。要坚持思想领先，坚持精品主导，坚持用户导向，坚持技术引领，坚持以人为本，加快推进媒体深度融合，促进新媒体行业健康发展，把中国新媒体大会办成共话行业前景、促进行业交流、推动行业发展的品牌活动。

国家广播电视总局副局长高建民同志在致辞中提出，新媒体工作者要始终旗帜鲜明讲政治，把党的领导体现到新媒体各领域、各环节；要发挥特色优势，使新媒体成为党开展宣传思想工作的重要增量；要着力提升新媒体内容的思想内涵和审美价值，更好地传播主流价值观；要守正创新，努力做新业态新服务开拓者，始终走在时代前沿、引领风气之先。

中国记协党组书记、中国记协新媒体专业委员会主任胡孝汉同志在致辞中提出，中国记协举办中国新媒体大会，突出政治引领、内容建设和队伍建设，致力于搭建新媒体新闻信息传播工作者交流平台，树立媒体融合内容建设标杆。中国记协及其新媒体专委会将抓好培训教育，加强政治引领；做好奖项评选，立好范本标杆；建好评价体系，推进行业自律；开展品牌活动，践行“四力”要求，更好地服务新媒体事业发展和队伍建设。

中央网信办网络新闻信息传播局副局长符雷提出，信息技术的迅猛发展迫切需要加快提高网络内容从业人员的整体素质，迫切需要加大工作创新力度，用新思路、新政策、新手段解决新领域的问题，用更好更多的新媒体产品丰富网络空间。

二 | 人民日报社、新华社、中央广播电视总台分管新媒体工作负责同志主题演讲

人民日报副总编辑卢新宁提出：中国记协成立新媒体专业委员会，举办中国新媒体大会，积极推动主流媒体从“相加”到“相融”的转变，让新型主流媒体真正强起来。要坚持互联网化这个主攻方向，坚持把握互联网规律、树立互联网思维，对标互联网行业，重构媒体自身。要重视媒体的智能化、平台化趋势，把吸引更多用户作为新型主流媒体强起来的标志。要有效使用“内容优势”，既要有“内容定力”，更需要“内容魅力”，要把“有意义”的做得“有意思”，再把“有意思”的做得“有分量”，用“有谱”“有料”“有范儿”的内容吸引年轻人。

新华社副社长刘思扬提出，新媒体守正创新，要在基础性工作上下功夫，聚焦新闻报道主业，回答好高举什么、反对什么的问题；要在关键要害处下功夫，解决好思想观念问题、体制机制问题、产品生产问题和技术引领问题；要在工作水平上下功夫，加强人才队伍建设，解决好增强“脚力、眼力、脑力、笔力”的问题。

中央广播电视总台央视副台长袁正明提出，本届中国新媒体大会的主题具体务实，总结出了新媒体精品创作的“方法论”：“守正创新”是融合发展的根本方向和路径指引，“增强‘四力’”是融合发展的根本保障，“多出精品”是融合发展的主要着力点和落脚点，而“群众喜爱”则是衡量精品的重要标准。中央广电总台以时政微视频为重点，探索新形态新表达；以大屏联动小屏，探索新媒体互动新体验；以用户为中心，探索新角度新观感；以新技术引领，探索新场景新应用，切实提升内容生

产力、技术驱动力、平台竞争力和生态链接力。

三 | 光明日报社、解放日报社和中国新闻奖媒体融合奖项评委代表专题发言

光明日报社副总编辑陆先高在发言中提出，做强时政评论是主流媒体主导新媒体内容生态的重要手段。需要把握历史大势，凝聚最大共识；需要嵌入事态发展全过程，形成全方位解读与连贯性的舆论引导；需要坚持专业话语，将公共讨论引入社会治理，引导社会共识与中央决策同频共振。

解放日报社副总编辑马笑虹在发言中提出，解放日报推进传统媒体和新媒体深度融合，一是改架构，探索“一支队伍、两个平台”。二是改流程，实现“网络优先”。三是改机制，突出“采编为宝”，推动资源向采编人员集中，分配向优秀人才倾斜。四是强技术，加大技术投入，加快新技术应用，加强技术队伍建设。

中国记协新媒体专业委员会副主任委员、中国新闻奖评选委员会媒体融合奖项召集人曾祥敏在发言中提出，首届媒体融合奖项获奖作品关注重大主题、重大事件、重大活动，同时也关注民生重点、社会热点、基层难点问题，体现了主流媒体的舆论主导、价值引领作用。获奖作品体现了新媒体内容生产体制机制、平台渠道等方面的创新发展，体现出融合、可视、垂直、沉浸、社交、场景等业态特征，在坚守新媒体核心价值观的基础上，实现了对传统叙事、表达、传播等手法的创新突破和要素重组，许多作品成为“刷屏”之作、“爆款”产品，集中展示了媒体融合发展的最新成果。

四 | 举办媒体融合精品创作系列访谈活动

中国新闻奖首届媒体融合奖项分为短视频新闻和移动直播、新媒体创意互动和融合创新、新媒体品牌栏目和新媒体报道界面三个访谈小组，获奖团队代表分享创作经验，评委代表现场点评指导，人民日报社、新华社和中央广播电视总台新媒体部门通过客户端、网站、微信、微博等多种方式图文直播，鼓励社会公众参与网上互动。人民日报海外版侠客岛“岛叔”张远晴、国际广播电台“国际锐评”主编盛玉红、澎湃新闻插图主编李媛、人民日报新媒体中心统筹策划室副主编余荣华、中国搜索党委书

记李俊、新华社总编室融合发展中心副主任郝方甲、中央电台新闻中心主持人王艺、央视网微视频工作室总监唐晓艳、上海广播电视台融媒体中心记者朱厚真、中央电视台综合频道策划吴双、中国日报新媒体中心视频总监张霄，清华大学教授彭兰、新媒体专业委员会顾问周锡生、汪文斌等，通过现场演示和生动讲述，和现场嘉宾和网上观众互动交流。据统计，仅新华社客户端、人民日报客户端、央视网三家参与直播的网友，就分别达到55万、18万和12万人次，600多家各级新媒体转发相关报道，形成了一轮新媒体内容建设学习热潮。

第六届新兴媒体产业融合发展大会在成都举行

12月27日，由新华社和成都市人民政府共同主办的第六届中国新兴媒体产业融合发展大会在成都举行，大会聚焦“人工智能与媒体变革”，搭建交流平台，推动媒体深度交流融合。中国记协新媒体专业委员会应邀参加。

新华社副社长、党组成员刘思扬在致辞中表示：“我们处在信息技术变革大潮之中，新兴媒体发展站在新的起点，媒体变革进程中的诸多难点、痛点和堵点，迫切需要业界学界共同破解。只有以深化媒体融合发展为方向，把握传统媒体向智媒体嬗变的趋势，抢抓信息技术革命带来的机遇，才能走出一条适应时代需要的融合发展之路。”

中国记协党组成员、书记处书记、新媒体专业委员会副主任委员潘岗在致辞中指出，中国记协新媒体专业委员会积极探索工作载体手段，将服务管理更好向新媒体领域延伸，通过组织业务培训、举办论坛研讨等举措，引导新媒体行业健康发展，促进新媒体从业人员素质提升，建设新时代的“记者之家”。并提出四点希望：一是坚持思想领先，牢记职责使命。继续加强新媒体从业人员马克思主义新闻观培训教育，拓展渠道、创新方法，使这项工作常态化、规范化、科学化。二是坚持精品主导，扩大内容优势。引导鼓励新媒体积极发挥内容引领优势，通过融合发展，让新闻报道新起来、快起来、优起来、活起来，以内容创新赢得受众，以内容优势赢得发展优势。三是坚持团结引领，加强队伍建设。发挥评选标准激励机制引导作用，加大对优秀新媒体作品、优秀新媒体从业人员宣传力度，促进多出精品、多出人才。四是坚持技术引领，促进合作发展。中国记协新媒体专业委员会将根据委员单位的需要，做好牵线搭桥的工作，推动跨平台技术合作，鼓励各级各类新媒体强化正面宣传的技术应用，提高新媒体传播力、引导力、影响力、公信力。

大会同时发布了《中国新兴媒体融合发展报告（2017—2018）》和《中国移动应用发展报告（2018）》。

与会嘉宾认为，数据化、移动化、智能化、交互化，是大势所趋，更是现实要求。万物互联的智能时代正在到来，媒体变革和传媒生态将迎来更加广阔的发展空间。

“MAGIC 一下，做短视频更AI。”当天的大会上，现场观众见证了与会嘉宾用声纹解锁媒体大脑·MAGIC短视频智能生产平台。阿里巴巴集团党委书记、秘书长邵晓锋说：“改变世界的不是技术，是技术背后的梦想。”

这一平台是继去年新华社发布的全球第一个智能化媒体生产平台“媒体大脑”的“升级版”，其利用人工智能技术，帮助用户更高效地完成短视频内容创作。该平台由数据工坊、媒资平台、生产引擎、主题集市四大智能设施构成，集中应用了自然语言理解、视觉语义理解、音频语义理解等人工智能技术，是媒体人工智能技术第一次大规模产品化和商业化的应用。

当天，腾讯、支付宝、浪潮、今日头条、360、58同城、拼多多、每日优鲜、携程、趣头条、得到、中关村大数据联盟、北京腾云天下科技、数起科技、博易大数据、数梦科技、码牛科技、成传数字科技等18家大数据公司与新华社新媒体中心共同发布“大数据协作平台”，这是新华社在大数据与媒体应用方面作出的创新探索。未来，新华社将联合互联网企业，将其打造成集纳数据分析计算模型、选题辅助、数据可视化、数据新闻智能分发等功能的智能大数据协作平台。

（编辑　李尚　杨帆）

中国记协新媒体专业委员会大事记（截至2018年12月31日）

2015年

8月，中国记协启动新媒体专业委员会筹备工作，拟建立联系服务新兴媒体工作机构和运行机制。

2016年

1月13日、21日，中国记协先后组织召开两次专家咨询会，邀请中央重点新闻网站、新闻院校等专家学者，就新媒体专业委员会组织架构、工作任务、活动方式、工作对象等进行专题研究。

4月—5月，中国记协先后到北京、上海、广东、浙江、湖南等地调研，对试点省市主要新闻单位及其所属新媒体、有影响的商业网站、筹建新媒体专业委员会条件等进行摸底，形成《中国记协网络新媒体专业委员会试点工作调研报告》。

6月，中国记协起草《关于试点建立省一级网络新媒体专业委员会实施方案》《中国记协网络新媒体专业委员会规程（草案）》《中国记协网络新媒体专业委员会试点工作调研报告》。

2017年

4月27日，中共中央办公厅印发《中国记协深化改革方案》明确要求，中国记协要探索团结服务新媒体的组织形式，将新媒体及其从业人员纳入联系服务范围。筹建新媒体专业委员会成为中国记协落实改革方案的一项新增职责。

4月28日，中国记协启动在北京、浙江试点建立省一级新媒体专业委员会工作。

5月7日—9日，中国记协赴浙江开展新媒体专业委员会试点工作专题调研，了解浙江省新媒体专业委员会试点工作筹备情况，听取相关意见和建议。

7月18日，中国记协赴北京市记协开展新媒体专业委员会试点工作专题调研，了解北京市新媒体专业委员会试点工作筹备情况，听取相关意见和建议。

8月2日，中国记协赴北京新媒体集团开展新媒体专业委员会专题调研，听取新媒体专业委员会筹备工作相关意见建议。

9月1日，浙江省新媒体专业委员会正式成立。会上推选了专业委员会主任委员、副主任委员和委员，通过《浙江省新媒体专业委员会规程》、《浙江省新媒体自律公约》和《浙江新闻奖新媒体作品评选办法》。这是国内首个省级新媒体专业委员会。

9月中旬，中国记协先后组织新媒体专题座谈会、第二次“理事见面日”活动、新媒体专家座谈会、新媒体编辑座谈会等四场座谈交流活动，邀请中国记协新媒体领域常务理事、新媒体单位主要负责人、新媒体领域专家学者、新媒体一线编辑面对面交流，专题听取筹建中国记协新媒体专业委员会等工作的意见建议。

10月—11月，中国记协起草《中国记协新媒体专业委员会工作方案》及其附件《中国记协新媒体专业委员会规程》《中国记协新媒体专业委员会人员组成方案》等文件，再次向中国记协副主席、新媒体常务理事、新媒体行业负责人等征求意见建议。

11月8日，中共中央政治局委员、中宣部部长黄坤明出席庆祝中国记协成立80周年大会暨第二十七届中国新闻奖颁奖报告会，发表题为《牢记使命　勇于担当　谱写新时代党的新闻事业新篇章》的重要讲话，强调：要以时不我待的紧迫感加快推进传播手段建设和创新，推进传统媒体和新兴媒体深度融合，全力打好媒体融合攻坚战，加快推动从“相加”向“相融”迈进，着力打造一批形态多样、手段先进、竞争力强的新型主流媒体和新型媒体集团，提高新闻舆论传播力、引导力、影响力、公信力。要用好用活新媒体，转变思维惯性，改进工作惯性，牢固树立互联网思维，更好适应分众化、差异化、移动化的传播趋势，把策划线上话题与开展线下活动结合起来，把主动推送与互动传播结合起来，着力在精准、特色、有效上下功夫，切实提高网络传播的参与度和吸引力。内容建设永远是根本，好的内容可以自带流量。要加强网络内容建设，用灵思创意和工匠精神，倾心竭力打造融媒体精品，使内容优势和传播优势相互促进、相得益彰。要加强对新媒体工作者的联络服务，维护新闻工作者合法权益，不断提升服务能力，使中国记协成为名副其实的“记者之家”。

12月20日—22日，中国记协对浙江省新媒体专业委员会试点工作实地督导检查，形成《浙江省新媒体专业委员会试点工作督导情况报告》。

2018年

3月23日—26日，中国记协在浙江省杭州市召开了新媒体专业委员会试点工作交流会，来自北京、上海、辽宁、浙江、广东、四川等12个省市新媒体领域专家学者和地方记协有关负责同志对新媒体专业委员会试点及筹建工作建言献策。

5月—6月，拟定《中国记协新媒体专业委员会成立大会方案》《中国记协新媒体专业委员会人员组成方案》《中国记协新媒体专业委员会工作方案》《中国记协新媒体专业委员会规程》（讨论稿）等，报请中宣部指导审批。

5月30日，中共中央政治局委员、中宣部部长黄坤明同志对《中国记协新媒体专业委员会成立大会方案》作出批示，指出：中国记协成立新媒体专业委员会，是建设新时代“记者之家”的改革举措，是团结引领新媒体及其从业人员的重要抓手。

6月—7月，中国记协组织开展新媒体专业委员会委员推荐及审批，启动新媒体专业委员会成立大会筹备工作。

7月27日，中国记协新媒体专业委员会成立大会在京举行。中宣部副部长蒋建国出席成立大会并讲话。中国记协主席张研农主持会议。中国记协党组书记、常务副主席胡孝汉当选新媒体专业委员会第一届主任委员。150多名来自新闻宣传管理部门、新闻单位、新闻行业组织、新闻院校、新闻研究机构等代表当选第一届委员。大会通过了副主任委员、顾问、秘书长人选，通过了《中国记协新媒体专业委员会规则》。

9月6日，2018中国网络媒体论坛在浙江宁波举行，本年度以“智能互联时代的媒体变革与发展”为主题。这是中国记协作为论坛主办方之一，第18次成功主办该论坛，中央网络安全和信息化委员会办公室副主任高翔，中国网络社会组织联合会会长任贤良，中国记协党组书记、新媒体专业委员会主任委员胡孝汉，浙江省委常委、宁波市委书记郑珊洁出席会议并致辞，近700名各界代表参加论坛。本届论坛开幕式发布了“中国新闻网站传播力榜”，闭幕式发布了《2018中国网络媒体论坛共识》。

9月9日—10日，2018媒体融合发展论坛在深圳举行。论坛由人民日报社联合中共深圳市委、深圳市人民政府、招商局集团共同主办。中国记协及新媒体专业委员会参加论坛。中国记协党组成员、书记处书记季星星出席开幕式并致辞。

9月19日，中宣部在上海召开媒体深度融合现场推进会，中宣部副部长、国务院新闻办公室主任徐麟出席会议并讲话。中央有关部门、各地党委宣传部，中央和地方主要媒体负责人以及部分高校新闻院系专家学者等170余人到会，认真学习领会和贯彻落实习近平总书记在全国宣传思想工作会议上的重要讲话精神，参观解放日报采编平台并与一线编辑记者交流互动，研究、借鉴解放日报·上观新闻整体转型的探索实践，分享各地各媒体的经验做法，旨在推动媒体深度融合，真正实现“融为一体、合而为一”。中国记协党组书记胡孝汉及中国记协新媒体专业委员会代表参加会议。

9月20日—21日，中宣部在湖州市长兴县召开县级融媒体中心建设现场推进会，深入贯彻落实习近平总书记在全国宣传思想工作会议上的重要讲话精神，总结交流各地经验做法，对在全国范围推进县级融媒体中心建设作出部署安排。中宣部副部长、国务院新闻办公室主任徐麟出席会议并讲话。中央宣传部、中央网信办、国家广电总局、中国记协和浙江省有关负责同志出席会议，各省区市及新疆生产建设兵团党委宣传部、部分县市区党委宣传部负责同志参加会议，吉林、江西、湖北、四川以及北京市海淀区、河北省武强县、河南省项城市、湖南省浏阳市、甘肃省玉门市党委宣传部作了交流发言。中国记协党组书记胡孝汉及中国记协新媒体专业委员会代表参加会议。

9月27日，中国记协党组书记、新媒体专业委员会主任胡孝汉在北京万寿庄宾馆主持新媒体扶贫宣传策划研讨会，中国记协扶贫办、专委会秘书处和新闻宣传干部培训班学员代表、陇南基层宣传干部等参加座谈，明确了新媒体陇南行集中采访活动基本方案。

9月28日，中国记协新媒体专业委员会印发《中国记协新媒体专业委员会规则》和《中国记协新媒体专业委员会主任办公会议事规则和工作制度（试行）》。经中国记协机关党委批准，新媒体专业委员会秘书处党支部成立。

10月10日，2018新媒体发展年会在济南举行。年会由中国记协新媒体专业委员会等指导，中国新闻出版研究院传媒杂志社、山东文化产业博览交易会执委会、中共济南市委宣传部联合主办，济南日报报业集团、济南广播电视台和贝壳视频共同承办。年会主题为“新时代　新媒体　新发展”，旨在搭建政府管理部门、行业协会、传统媒体、新媒体、媒体研究机构的交流服务平台，引导新媒体舆论，传播正能量。中国记协党组成员、书记处书记王冬梅出席年会开幕式并致辞。

10月22日—28日，中国记协党组成员、书记处书记王冬梅带队，组织新媒体开展“强‘四力’助攻坚”扶贫攻坚集中采访。人民日报官方微博、人民网“国务院扶贫办两微一端”、新华社“现场云”、新华网无人机团队、中央电视台短视频、光明网“钢铁侠”多信道直播团队、经济日报新媒体“抖音”“快手”运营账号、中国青年报微信公众号、今日头条等新媒体优势项目团队深入甘肃陇南地区特别是文县等地开展调研采访。播发各类报道1900多篇（幅、段），累计阅读量1.7亿。

2018年11月，中国新闻奖首届媒体融合奖项评选揭晓。经中央有关部门批准，自2018年起，中国新闻奖增设媒体融合奖项50个名额，分为短视频新闻、移动直播、新媒体创意互动、新媒体品牌栏目、新媒体报道界面、融合创新6类组织评选，推出一批重量级、现象级、代表性、标志性的新媒体作品。《柳州融水突围记》《公仆之路》《“天舟一号”发射任务VR全景直播》《“军装照”H5》《点赞十九大，中国强起来》《侠客岛》《国际锐评》《天渠：遵义老村支书黄大发36年引水修渠记》《领航》《“央广主播的朋友圈”系列H5报道》等获第二十八届中国新闻奖一等奖。

11月7日，第五届世界互联网大会在浙江乌镇开幕。国家主席习近平向大会致贺信。世界互联网大会是由中国国家互联网信息办公室和浙江省人民政府联合主办。中共中央政治局委员、中宣部部长黄坤明出席开幕式，宣读习近平主席贺信并发表主旨演讲。第五届世界互联网大会以“创造互信共治的数字世界——携手共建网络空间命运共同体”为主题，来自76个国家和地区的国际政要、业界领袖、中外互联网企业高管、知名专家学者等约1500名嘉宾参会。中央宣传部副部长、中央网络安全和信息化委员会办公室主任、国家互联网信息办公室主任庄荣文，浙江省省长袁家军，工业和信息化部副部长陈肇雄，浙江省委常委、宣传部部长朱国贤等300余人出席开幕式。中国记协书记处书记王冬梅及新媒体专业委员会代表参加大会。

11月8日，中共中央政治局委员、中宣部部长黄坤明同志在第二十八届中国新闻奖、第十五届长江韬奋奖颁奖报告会上发表题为《增强脚力、眼力、脑力、笔力　守正创新做好新形势下新闻舆论工作》的重要讲话，强调：中国记协要按照“两个所有”要求，认真做好新媒体专业委员会工作，积极探索工作载体手段，将服务管理更好向新媒体领域延伸，通过组织业务培训、举办论坛研讨、发布年度报告、建立传播力影响力评价体系等举措，促进新媒体从业人员素质提升。中国新闻奖媒体融合奖项一等奖首批获奖代表登台领奖。《柳州融水突围记》作者、广西日报记者谌贻照作为新媒体代表，在中国记者节“两奖”颁奖报告会上作了题为《在基层一线践行“四力”铸精品》的交流发言。

11月13日，中国记协“庆祝改革开放40周年　全国新闻界践行‘四力’江苏行”系列采访活动在无锡启动。新媒体专业委员会组织18家新媒体编辑记者参加采访，播发了一批实效性强、影响广泛的新媒体报道。

11月16日—17日，第十三届传媒年会在四川成都安仁古镇举办。年会主题为“努力实现由融媒体向智媒体的飞跃”，由中国新闻出版研究院传媒杂志社、四川日报报业集团共同主办。中国记协党组成员、书记处书记张百新出席年会开幕式并致辞。

11月28日—12月1日，第六届中国网络视听大会在成都举行。大会由国家广播电视总局、国家互联网信息办公室、四川省人民政府联合指导，中国网络视听节目服务协会、成都市人民政府主办。大会主题是“凝心聚力 创造美好新视界”，来自中宣部、国家广播电视总局等领导机关、政府主管部门和网络视听界的2000余家机构、6000余位行业领袖及嘉宾参会。中国记协及新媒体专业委员会应邀参加大会。

12月23日，中国记协在北京组织召开“新媒体陇南行”报道交流研讨会。中国记协党组书记、新媒体专业委员会主任委员胡孝汉作了题为《新媒体编辑记者要到一线增强“四力”》的讲话。中央和国家机关工委办公厅副主任张慧莹，中国记协党组成员、书记处书记季星星，甘肃省陇南市委常委、宣传部长李兴华出席会议并点评发言。中国记协党组成员、书记处书记王冬梅主持会议。人民日报、新华社、中央广播电视总台参加陇南行的新媒体记者分别谈采访收获、经验和体会。会后，新媒体专业委员会秘书处和传媒杂志社汇编出版《新媒体陇南行》专辑。

12月24日，中国记协在京举办2018中国新媒体大会，主题为：增强“四力”，守正创新，多出群众喜爱的融合精品。大会由中国记协新媒体专业委员会和人民日报社、新华社、中央广播电视总台等新媒体部门共同承办，新闻宣传管理部门有关领导、中央新闻单位分管领导、中国记协主席和书记处书记、中国记协新媒体专业委员会委员、中国新闻奖首届媒体融合奖项评委代表、获奖团队代表等参加大会。中宣部、中央网信办、国家广播电视总局、中国记协负责同志出席会议并致辞。中国新闻奖媒体融合奖项一、二等奖获奖者代表交流了经验。

12月20日—25日，中国记协新媒体专业委员会、新闻培训中心在京举办首期新媒体编辑记者培训班。第二十八届中国新闻奖媒体融合奖项获奖代表，中国记协新媒体专业委员会委员单位、地市报等新闻单位的新媒体编辑记者以及中国记协定点扶贫单位、陇南市新闻单位编辑记者代表等150余人参加培训。

12月27日，由新华社和成都市人民政府共同主办的第六届中国新兴媒体产业融合发展大会在成都举行，大会主题是“人工智能与媒体变革”。大会同时发布了《中国新兴媒体融合发展报告（2017—2018）》和《中国移动应用发展报告（2018）》。中国记协党组成员、书记处书记、新媒体专业委员会副主任委员潘岗出席开幕式并致辞。

12月31日，由中华全国新闻工作者协会新媒体专业委员会指导，解放日报·上观新闻主办的新概念融媒体作品大赛结束。本次大赛的主题是“伟大时代·城市记忆”，分为数据新闻组、H5新闻作品组和短视频产品组分类评选，向全国高校、传统媒体从业人员、新媒体从业人员、设计师、编程人员等对融媒体产品有兴趣的人群，通过个人视角和新媒体表现手法记录改革开放40年来的时代变迁。中国人民大学新闻学院、复旦大学新闻学院、中国传媒大学新闻学院、南京大学新闻传播学院、中山大学传播与设计学院等提供学术、技术等支持。中国记协党组成员、书记处书记、新媒体专业委员会副主任委员潘岗参加颁奖仪式。

中国记协新媒体专业委员会成立大会记事

中国记协新媒体专业委员会成立并启动运行

7月27日，中国记协新媒体专业委员会成立大会在北京万寿庄宾馆举行。中宣部副部长蒋建国出席成立大会并讲话。他指出，中国记协成立新媒体专业委员会，是贯彻落实习近平新闻舆论工作论述的重要举措，是适应传播环境深刻变化的迫切需要，是深化中国记协改革的实际行动，有利于落实党对新媒体的领导，有利于提高新媒体专业能力，有利于更好地为新媒体从业人员服务。中国记协新媒体专业委员会要充分发挥引领服务作用，强化政治引领，推动行业自律，加强联络服务，打造工作平台。要加强组织领导，强化责任担当，加强统筹协调，主动担当作为，扎实推进各项工作。中国记协新媒体专业委员会委员、地方记协代表等190多人参加会议。中国记协主席张研农主持会议，中国记协常务副主席、党组书记胡孝汉通报新媒体专业委员会筹备工作情况。

按照中宣部审定的《中国记协新媒体专业委员会规则》，新媒体委员会由新闻宣传管理部门、新闻行业组织、记协组织、主要新闻单位、重点新闻网站、新闻报刊、新闻院校、新闻研究机构等代表组成。经会员单位和有关部门严格推荐，报请中宣部审核批准，共推举产生第一届委员155名。在随后举行的中国记协新媒体专业委员会第一次全体委员会议上，通过了《中国记协新媒体专业委员会规则》。大会选举胡孝汉同志担任主任委员，中国记协书记处书记潘岗、中宣部新闻局副局长张强等8位同志担任副主任委员。会上明确新媒体委员会主要职责：一是贯彻中央和中宣部领导同志指示精神，坚持改革方向，以新思路团结引领新媒体；坚持问题导向，以新举措落实党管新媒体；坚持目标导向，以新机制联系服务新媒体，狠抓工作落实。二是明确工作职责，勇于担当重任。新媒体专业委员会是中国记协所属专门工作机构，是服务于新媒体新闻信息传播的专业性组织，工作职责主要是充分发挥政治引领、培训交流、自律维权、服务联络的作用，推动新媒体新闻信息传播事业健康发展。三是积极改革创新，提升服务水平，要求全体委员处理好本职和兼职、单挑和合作、办事与献策、务实与创新四个关系，为新媒体专业委员会开好头、起好步。胡孝汉同志表示，作为新媒体专业委员会主任委员，一定牢记使命，恪尽职守，勇于创新，不负重托，和全体委员一道，团结服务新媒体新闻信息传播工作者，在新时代展现新气象新作为。

经大会讨论，新媒体专业委员会确定了当前和今后一个时期十项重点工作：一是开展学习贯彻习近平新闻舆论工作论述系列专题培训，二是做好中国新闻奖媒体融合奖项评选，三是开展新媒体新闻信息传播工作状况调研，四是实施新媒体社会责任报告制度，五是打造新媒体传播力影响力评价和发布体系，六是实现中国记协网络宣传服务改版升级，七是推动“记协品牌”拓展新媒体领域影响力，八是筹办中国新媒体大会、论坛等重点活动，九是筹备出版《中国新媒体研究报告》，十是筹备出版《中国新媒体年鉴》。

会议决定，新媒体专业委员会探索实行主任委员总负责、各副主任委员分别牵头重点项目的工作机制，由副主任委员、项目顾问、委员承办人和专职联络员组成项目小组，负责项目实施和管理。目前十个专项工作组已初步完成组建，陆续开展工作。

7月27日下午至30日，大多数与会代表继续参加中国记协组织的“学习贯彻习近平新时代中国特色社会主义思想培训研讨班”。

在中国记协新媒体专业委员会成立大会上的讲话

中宣部副部长　蒋建国

（2018年7月27日）

根据中央批准的《中国记协深化改革方案》，中国记协新媒体专业委员会今天正式成立并运行！这既是中国记协深化改革中的一件大事，又是新媒体事业发展中的一件大事，也是新闻队伍建设中的一件大事。我代表中宣部对中国记协新媒体专业委员会成立表示热烈祝贺！

下面，我就做好中国记协新媒体专业委员会工作提几点建议：

一｜深入学习贯彻习近平新时代中国特色社会主义思想

党的十九大把习近平新时代中国特色社会主义思想写入党章，十三届全国人大一次会议又把这一重要思想写入宪法，使之成为党和国家必须长期坚持的指导思想。坚持用习近平新时代中国特色社会主义思想武装头脑，是党的十九大提出的重大战略任务，也是宣传思想文化战线必须肩负的重要政治责任。

习近平关于新闻舆论工作重要论述是习近平新时代中国特色社会主义思想的重要组成部分。党的十八大以来，习近平总书记立足时代发展潮流，把握媒体变革趋势，就加强和改进党的新闻舆论工作提出一系列富有创见的新观点新论断新要求，科学回答党的新闻舆论工作长远发展一系列根本性、方向性、战略性、全局性重大问题，深刻论述党的新闻舆论工作历史方位、职责使命、目标任务、方针原则等重大课题，把我们党对新闻舆论工作的规律性认识提升到一个新的高度，形成了体系完整、科学系统的重要思想。为帮助大家学习习近平关于新闻舆论工作重要论述，中宣部组织编写了学习讲义（2018年版），作为向广大新闻工作者、高校新闻传播院系师生推荐的案头必备书。

推动媒体融合发展是习近平关于新闻舆论工作重要论述的重点内容之一。习近平总书记强调，媒体融合是一场自我革命。媒体融合不是简单的一加一，而是要发挥传统媒体和新兴媒体各自优势，实现优化整合、深度融合，打造精锐传播力量，推动信息内容、技术应用、平台终端、人才队伍、管理服务共享融通，向移动端倾斜，打造一批具有强大影响力、竞争力的新型主流媒体，形成立体多样、融合发展的现代传播体系。2014年8月，党中央发布《关于推动传统媒体和新兴媒体融合发展的指导意见》，作出重大战略部署。

中国记协新媒体专业委员会成立后，要把贯彻落实习近平新时代中国特色社会主义思想作为头等大事来抓，引导广大新闻舆论工作者特别是新媒体从业人员，按照学懂弄通做实的要求，认真学习原文原著，切实用习近平新时代中国特色社会主义思想武装头脑、指导实践、推动工作；认真学习习近平关于新闻舆论工作重要论述，全面把握科学内涵、思想精髓、核心要义，铸就做好党的新闻舆论工作的“魂”；认真学习中央关于推动传统媒体和新兴媒体融合发展的战略部署，自觉推动传统媒体和新兴媒体融合发展，推动新时代新闻舆论工作不断开创新局面。

在学习宣传贯彻习近平新时代中国特色社会主义思想方面，不少新媒体充分发挥媒体融合发展优势，推出许多喜闻乐见的媒体融合产品，取得了很好的效果。新华网的“学习进行时”专栏、人民日报客户端的专题“习近平总书记的‘家国情怀’”、央视新闻客户端的国际传播作品“工作15小时出席19场活动 习近平总书记的一天”等新媒体产品都获得了第二十七届中国新闻奖。在今年新增的中国新闻奖媒体融合报道奖项候选作品中，就有《公仆之路》《领航》这样的优秀新媒体产品入选。中国记协新媒体专业委员会成立后，要引导新媒体在已有工作基础上，着力在求准求新上深化，注重运用“两微一端”和移动多媒体等新技术新手段，运用生动活泼的形式，增强宣传阐释的效果，推动学习宣传贯彻工作不断往深里走、往实里走、往心里走。

二｜充分发挥中国记协新媒体专业委员会的引领服务作用

新媒体专业委员会成立后，中国记协的工作范围从传统媒体拓展到新兴媒体，在新时代新形势下有了新的职责和使命，就要有新的思路和新的方法，要充分发挥职能作用，把更多新媒体从业人员纳入引领服务范围。

1．强化政治引领。中国记协新媒体专业委员会必须把政治引领作为首要政治任务，发挥好示范引领作用。要分级分类分批次举办培训班，引导新媒体从业人员深入学习贯彻习近平关于新闻舆论工作重要论述，牢固树立马克思主义新闻观，深刻把握党的新闻舆论工作政策方针。要发挥好评选表彰激励引导作用，认真开展中国新闻奖媒体融合奖项的评选表彰活动，加大对优秀新媒体作品、优秀新媒体从业人员宣介力度，促进多出精品、多出人才。要把新媒体从业人员纳入“走转改”“好记者讲好故事”“记者大讲堂”等品牌活动，引导新媒体从业人员把政治要求体现到全媒体采编各环节，在媒体融合发展实践中更好发挥作用。

2．推动行业自律。中国记协新媒体专业委员会要按照“两个所有”“四向四做”要求，团结引领新媒体及其从业人员，推动行业自律和规范管理。要推进新媒体社会责任报告制度试点工作，推动新媒体切实履行信息管理主体责任；针对新媒体领域乱象组织专题评议，通过行业评议、评论言论等方式开展批评、激浊扬清；配合有关部门加强对新媒体从业人员违反新闻职业道德行为的核查处理，通过公开发声、媒体曝光等方式予以谴责，引导新媒体从业人员强化社会责任，规范从业行为，恪守职业道德，遵守法律法规，为媒体融合发展营造健康有序、更加清朗的环境。

3．加强联络服务。中国记协新媒体专业委员会要加强对新媒体从业人员的线上互动、线下沟通，切实维护好他们的合法权益；组织新媒体从业人员开展内容制作、传播技术、运营管理、市场推广等新媒体业务培训，到国内外先进的互联网研发机构、互联网企业、新闻机构调研学习，引导新媒体从业人员掌握媒体融合最新形势，熟悉媒体融合最新政策，了解媒体融合最新经验，全面提高业务素质；面向新媒体从业人员开展联谊活动，搭建传统媒体从业人员和新媒体从业人员、新媒体从业人员之间的交流平台，促进相互学习、共同提高；针对新媒体发展情况开展调查研究，形成高质量的调研报告，为中央决策提供参考，为新媒体行业发展提供指导。

4．打造工作平台。中国记协新媒体专业委员会是新媒体行业的专业组织，工作职能、工作对象、工作范围有了很大变化，要着力打造符合新媒体发展规律和需求的全新工作平台。要举办强化媒体属性、突出创作者的新媒体高峰论坛，展示新媒体行业创新成果，促进新媒体行业交流；打造新媒体传播力、影响力评价体系，对媒体融合和新媒体发展状况进行科学合理的评价；发布既有前沿理论概括，又有创新实践展示，还有典型案例分析的新媒体年度发展报告，为新媒体发展提供政治站位高、引领作用强的行业指导意见，促进和推动新媒体健康发展。

三｜加强对中国记协新媒体专业委员会的组织领导和责任落实

中国记协新媒体专业委员会的成立，标志着我们引领、联系和服务新媒体及其从业人员的工作进入一个新阶段。我们要抓住机遇、乘势而上，主动担当作为，扎实推进各项工作。

1．加强组织领导。中国记协新媒体专业委员会要加强组织领导，配强工作力量，理顺工作机制，狠抓贯彻落实，确保各项工作任务落到实处。中宣部将加强对中国记协新媒体专业委员会的政治领导、工作指导和支持保障，保障委员会顺畅运行。各级党委宣传部门也要加强领导和指导，加大政策支持和保障力度。

2．强化责任担当。中国记协新媒体专业委员会的委员都是新媒体领域的专家、行家，要切实承担好主体责任，把委员会的事当成分内事、自己事、必须管的事，充分发挥自身专业优势，勇于担当、积极作为，多为新媒体专业委员会的工作建言献策，多为新媒体事业发展尽心尽力，用钉钉子的精神把委员会的各项工作一抓到底。

3．加强统筹协调。中国记协新媒体专业委员会由新闻宣传管理部门、记协组织、中央和地方主要新闻单位、重点新闻网站、新闻期刊、新闻院校、新闻研究机构等代表组成，具有广泛代表性。各成员单位要充分发挥职能作用和各自优势，统筹协作、分工负责、密切配合，形成齐抓共管的良好局面。各新闻单位和新媒体主管部门要树立全国一盘棋的思想，积极支持、主动配合中国记协新媒体专业委员会开展工作。各级各类记协组织也要结合自身实际，探索在本地区、本领域成立新媒体专业委员会，和中国记协新媒体专业委员会联动互动、形成合力。

同志们，蓝图已经绘就，关键在于落实。让我们紧密团结在以习近平同志为核心的党中央周围，团结引领新媒体及其从业人员不忘初心、牢记使命，锐意进取、埋头苦干，在新时代展现新气象新作为，唱响主旋律、传播正能量，不断开创新闻舆论工作新局面，为实现党的十九大确定的目标任务作出新的更大贡献。

中国记协新媒体专业委员会成立大会主持词

中国记协主席　张研农

经中宣部批准，今天，我们在这里举行中国记协新媒体专业委员会成立大会。

在全党全国深入学习贯彻习近平新时代中国特色社会主义思想、新闻界学习贯彻习近平新闻思想之际，中国记协成立新媒体专业委员会，有着十分重要的意义。通过探索建立新媒体专业委员会这样一个工作机构，中国记协正在延伸联系手臂，拓展服务链条。广大新媒体工作者也有了自己的“记者之家”，对新闻界来说是一件好事。

5月30日，在中国记协报送的《中国记协新媒体专业委员会成立大会方案》请示件上，中共中央政治局委员、中宣部部长黄坤明作出重要批示，对新媒体专委会指明了职能定位，提出了工作要求。

出席今天大会的领导同志有：中央宣传部副部长蒋建国；国务院新闻办公室副主任郭卫民；我是中国记协主席张研农。出席会议的中国记协领导有：中国记协常务副主席、党组书记胡孝汉；中国记协副主席田进、周树春、张小国、孙继炼、张育新；中国记协常务理事王树成、陶骅、张政；中国搜索信息科技股份有限公司原总裁周锡生。让我们以热烈的掌声欢迎他们!

中国记协成立新媒体专业委员会这项工作，中宣部从一开始就十分重视，给予很多具体的指导和支持。今天，中宣部蒋建国同志在百忙之中亲临成立大会，一会儿还要作重要讲话，提出工作要求。

参加今天大会的还有中国记协新媒体专业委员会委员、中国记协常务理事、地方记协代表等。同时，还特别邀请曾经参与委员会筹建工作的同志，共同见证这个有意义的时刻!

我代表中国记协，向各位委员、各位理事的到来表达热烈欢迎！对大家给予中国记协工作的大力支持表示衷心感谢！

今天上午的会议分两个部分，其中，上半场有三项议程：

一是由中国记协党组书记、常务副主席胡孝汉同志介绍中国记协新媒体专业委员会筹备工作情况。

二是请三位中国记协新媒体专业委员会委员代表发言，围绕中国记协新媒体专业委员会如何有效开展工作提出意见建议。

三是请蒋建国同志作重要讲话。

下面，进行第一项议程，请中国记协党组书记、常务副主席胡孝汉同志介绍中国记协新媒体专业委员会筹备工作情况。

下面，进行第二项议程，请委员代表发言，首先请人民日报社新媒体中心主任丁伟同志发言。

下面请新华社新媒体中心主任、党委书记陈凯星同志发言。

下面请地方新媒体代表、浙江日报报业集团总编辑、浙江省新媒体专业委员会主任委员张燕同志发言。

刚才三位委员代表，对新媒体专业委员会寄予厚望、提出工作建议。下一步，我们将继续在中宣部的指导下，扎实开展各项工作。

下面，我们就请蒋建国同志讲话。大家欢迎！

刚才，蒋建国同志代表中宣部作了讲话，讲话站位高远、内涵丰富、要求明确，对中国记协新媒体专业委员会下一步开展工作具有指导作用。我们将按照有关要求抓好落实，把新媒体专业委员会的工作做实做细，在广大新媒体工作者中，画出最大同心圆，凝聚奋进正能量，在新时代，充分展示中国记协服务新闻界的新气象和新作为。

同志们，以习近平同志为核心的党中央对新闻舆论工作高度重视，对新闻工作者厚爱有加。这让我们充满攻坚克难的勇气、干事创业的豪情、继往开来的信心。新闻舆论工作天地广阔，新闻工作者任重道远。我们将全面贯彻习近平新时代中国特色社会主义思想与习近平新闻思想，团结全国广大新闻工作者，扎实工作、奋发进取，为繁荣和发展中国特色社会主义新闻事业而奋斗。

中国记协新媒体专业委员会筹建工作情况通报

中国记协党组书记、常务副主席　胡孝汉

根据会议安排，我向大家汇报一下中国记协新媒体专业委员会筹建工作的有关情况。

中国记协成立新媒体专业委员会，是中央批准的《中国记协深化改革方案》的明确要求，是落实中央巡视反馈意见的重要任务，是顺应媒体发展趋势、进一步增强政治性先进性群众性的创新举措。在中宣部领导的指导下，中国记协把成立新媒体专业委员会作为改革重点和主攻任务，全力以赴，精心谋划，努力创新，扎实推进。

一　深刻领会中央精神，为新媒体专业委员会筹建工作找准方向

2016年11月7日，习近平总书记会见中国记协第九届理事会与会代表并发表重要讲话，对中国记协深化改革指明“增强三性”的大方向，对记协组织发展建设明确“记者之家”的总目标。2017年11月8日，习近平总书记致信祝贺中国记协成立80周年，再次强调中国记协要保持和增强政治性、先进性、群众性，更好把广大新闻工作者凝聚起来，真正建设成为“记者之家”。中国记协牢记总书记的嘱托，把筹建新媒体专业委员会作为团结引领新媒体及其从业人员的工作抓手，延伸联系手臂，拓展服务链条。

2016年12月，中央批准《中国记协深化改革方案》，提出要探索团结服务新兴媒

体的组织形式，将新兴媒体从业人员纳入中国记协联系服务范围。中国记协把筹建新媒体专业委员会作为落实中央关于深化改革要求的切入点，积极探索服务引导新媒体及其从业人员的有效方式。

2017年2月，中央巡视组反馈巡视情况时，对中国记协引导服务网络等新兴媒体提出明确要求。11月，中央深改办督察深化改革落实情况时，也要求中国记协在联系新兴媒体的理念和方式上要有所突破。中国记协高度重视中央巡视组和中央深改办的要求，加快推进新媒体专业委员会筹建工作，尽力补上工作短板。

2017年11月8日，黄坤明同志在庆祝中国记协成立80周年大会上发表重要讲话，强调中国记协要加强对新媒体工作者的联络服务。今年2月，黄坤明同志在中央文化体制改革和发展工作领导小组第二次会议上指出，要加快推进中国记协改革，确保今年基本完成任务。前不久，黄坤明同志作出批示，希望中国记协新媒体专业委员会团结引领新媒体及其从业人员唱响主旋律，传播正能量，在新时代展现新气象新作为。按照黄坤明同志的指示要求，中国记协把团结新媒体及其从业人员围绕中心、服务大局作为新媒体专业委员会的首要职责，在拓展新阵地、壮大新队伍中，努力彰显新时代的桥梁纽带作用。

二 广泛开展调查研究，为新媒体专业委员会筹建工作夯实基础

2016年初以来，中国记协围绕媒体融合发展现状和从业人员职业需求、宣传管理部门政策指导和记协组织服务情况积极开展调研。先后召开面向新媒体常务理事、业务骨干、一线记者编辑、专家学者等不同群体的7场专题座谈会；由党组书记或书记处书记带队先后赴北京、上海、浙江、安徽、湖北、湖南、广东、四川、陕西、宁夏等10省区市开展调研，实地走访中央主要新闻单位、省级和地市级新闻单位30多家，与新闻一线的业务骨干和编辑记者、各地宣传管理部门和记协的负责同志面对面座谈交流，广泛听取对新媒体专业委员会筹建工作的意见建议。

调研过程中，很多同志对中国记协成立新媒体专业委员会寄予厚望，期待专业委员会在搭建有效交流平台、服务媒体融合发展方面发挥积极作用。这些期盼和呼声，为做好新媒体专业委员会筹建工作注入了原动力。

调研过程中，大家也纷纷为新媒体专业委员会建言献策，贡献了不少好点子。如

加强对新媒体从业人员的教育培训，突出政治性、针对性和创新性；加强对新媒体从业人员的人文关怀，增强获得感、荣誉感和责任感；打造新媒体交流品牌活动，推动创先争优和典型示范；提高专业委员会中一线人员和技术人员比例，增添机构活力等等。这些意见和建议，为做好新媒体专业委员会筹建工作提供了新思路。

三 扎实推进浙江试点，为新媒体专业委员会筹建工作提供借鉴

2017年4月，中宣部、中国记协印发《关于试点建立省一级新媒体专业委员会的通知》，对相关工作进行部署。5月和7月，中国记协党组书记、书记处书记带队分赴浙江、北京开展调研，对试点工作的具体实施予以指导。9月，浙江省新媒体专业委员会率先成立。12月，中国记协书记处书记带队赴浙江对试点工作进行督导。浙江省委宣传部、省记协高度重视试点工作，发扬“干在实处、走在前列、勇立潮头”的浙江精神，试出了新思路，试出了新业绩，试出了新经验。

浙江省委常委、宣传部长葛慧君以及宣传部的多位领导十分关心试点工作，多次提出指导意见，主持召开专题会议，研究试点工作实施方案。浙江记协李丹主席和多位副主席、秘书长多次带队进行调研，摸清需求，听取建议。从2017年4月启动试点，到9月1日成立浙江省新媒体专业委员会，仅用了5个月，充分展现了新时代的浙江速度。在充分调研、广泛听取意见的基础上，省记协起草形成了《浙江省新媒体专业委员会规程》、《浙江省新媒体自律公约》和《浙江新媒体新闻奖评选办法》等文件草案，使相关工作快速步入正轨。浙江省新媒体专业委员会成立后，开展了一系列富有成效的活动。先后与省网信办、复旦大学等合作举办7期专题培训，组织1000多名新媒体从业人员学习政策法规和业务技能；开展“深化走转改 · 喜迎十九大”等采访活动，组织百余名新媒体记者深入一线，讲述浙江发展故事；特聘24名新媒体阅评员，对新媒体及其从业人员行为进行监督；新增80个新媒体新闻奖数额，提高浙江新闻奖新媒体作品获奖比重。

今年3月，中国记协在浙江召开试点工作交流会，来自11个省市记协、部分中央主要新闻单位、重点新闻网站的新媒体部门负责同志，以及新媒体领域专家学者，围绕新时代记协组织如何做好服务引导等话题，深入交流研讨，对浙江试点工作的示范带动作用给予高度评价。

四 努力强化服务引导，为新媒体专业委员会筹建工作积累经验

这两年，中国记协牢记习近平总书记关于建设“记者之家”的殷切嘱托，适应新时代，直面新课题，以筹建新媒体专业委员会为契机，改进引导方式，拓展服务范围，努力展现新气象新作为。

2016年11月，在换届工作中，中国记协提高了理事会中新媒体代表比例，由过去的1.42%提高到10.36%；在新修订的《中国记协章程》中，增加了联系引导新媒体的职能内容，为筹建新媒体专业委员会提供了组织保障和工作依据。

2017年6月和7月，中国记协先后举办学习习近平总书记“11 · 7”重要讲话精神专题培训班和2期马克思主义新闻观培训班，专门安排中央主要新闻单位、重点新闻网站的新媒体部门负责同志和业务骨干参加培训，加强政治引领。

为适应媒体融合发展新变化，中国记协修改中国新闻奖评选办法，在奖项设立、参评渠道、作品审核、评委构成等方面进行改革，将优秀媒体融合作品纳入评选范围，去年就有新华社的《新华全媒头条》、人民日报客户端的《中国一点都不能少》等20余件作品获得中国新闻奖，占获奖作品总数的8%，注重发挥优秀作品的示范作用。

同时，中国记协把工作视线拓展到海外，先后组织中国新闻代表团访问美国、奥地利、德国等国以及台湾、香港地区，围绕媒体融合发展新趋势新对策进行交流和调研；邀请美国南加州大学数字未来中心主任杰弗里 · 科尔等专家学者来华交流，为国内媒体学习先进理念和经验提供帮助。

今年以来，中国记协加大了工作推进力度。1月底，与人民日报媒体技术公司合办媒体融合专题培训班，解读媒体融合发展政策，分享媒体融合获奖作品创作经验。2月初，经中宣部、国评办批准，在中国新闻奖中增设了媒体融合奖项，数额为50个，用来评选表彰新媒体和媒体融合精品佳作。3月底，与湖北省委宣传部、中国传媒大学联合举办“长江云”平台建设研讨会，探讨“新闻+政务+服务”的融合模式，推介典型经验。5月中，再次与人民日报媒体技术公司合办新媒体运营专题培训班，将培训服务延伸到新媒体经营管理领域。5月初，在广泛征求意见的基础上，公布《中国新闻奖媒体融合奖项评选办法》，启动今年的评选工作。7月上旬，首次组织媒体融合奖项初评会，100件入围作品目前正在中国记协网、新华网进行公示。

五 | 精心筹备成立大会，为新媒体专业委员会开好首局

今年以来，中国记协加快推进新媒体专业委员会筹建工作。我们起草了《中国记协新媒体专业委员会规则（草案）》《中国记协新媒体专业委员会人员组成方案》以及《中国记协新媒体专业委员会工作方案》等工作文件，并多次向中国记协新媒体领域常务理事，人民日报、新华社等新闻单位新媒体部门负责人，清华大学、北京大学、中国人民大学等高校的新媒体专家征求意见建议，并报中宣部批准。

按照《中国记协新媒体专业委员会人员组成方案》，中国记协邀请新闻宣传管理部门、中央主要新闻单位、重点新闻网站、新闻行业组织、各地记协、新闻报刊、新闻院校、新闻研究机构等单位推荐委员。经中国记协党组认真研究，共推荐委员150余名，同时提出了主任委员、副主任委员、顾问和秘书长拟任人选，并报经中宣部批准。在下面的议程中，大会将选举主任委员、副主任委员和秘书长，宣布顾问名单，讨论通过《中国记协新媒体专业委员会规则（草案）》。

同志们，经过两年多的探索和努力，中国记协新媒体专业委员会今天迎来了成立的重要日子。在此，我代表中国记协，对中央有关领导同志、中宣部领导给予的关心指导致以崇高敬意！对浙江省委宣传部、省记协率先开展试点表示衷心感谢！向关心筹建工作、积极建言献策的新闻同行道一声感谢！

我们将把今天作为新的起点，认真履行中国记协新媒体专业委员会团结引领、联系服务的职能，展现新气象，实施新作为，为建设新时代“记者之家”奋力前进。

谢谢大家！

落实中央要求　提升服务水平
团结服务新媒体在新时代展现新气象新作为

中国记协党组书记、新媒体专业委员会主任委员　胡孝汉

按照中央书记处审议通过、中央办公厅印发的《中国记协深化改革方案》，中国记协将以增强政治性、先进性、群众性为目标，建立联系新兴媒体工作机构和运行机制，扩大服务有效覆盖面。中国记协随即修改《中华全国新闻工作者协会章程》，新增联系引领新兴媒体职能内容。近一年半来，中国记协积极筹建联系服务新媒体的工作机构，探索团结服务新媒体的组织形式，将新媒体及其新闻信息传播从业人员纳入中国记协联系服务范围。

在中央领导同志的亲切关怀下，在中宣部的正确指导下，在中央新闻单位、各地记协和新媒体的支持配合下，中国记协新媒体专业委员会今天正式成立。这是落实中央关于深化改革要求的重要举措，是团结服务新媒体的重要机制，是团结引领新媒体新闻信息传播从业人员的重要抓手，标志着中国记协朝着建设新时代“记者之家”的目标迈出了新步伐。在此，我代表中国记协，向关心支持新媒体专业委员会的各位领导，以及所有作出贡献的同志，表示衷心感谢！

经会员单位和有关部门严格推荐，报请中宣部审核批准，中国记协新媒体专业委员会第一届推举产生了155名委员。我和大家一样，有幸成为新媒体专业委员会第一届委员，参与推动和见证这个在中国记协历史上、在中国新闻历史上有意义的时刻，一方面倍感荣幸、备受鼓舞，另一方面更感到责任重大、任重道远。感谢组织上和委员们的信任，推选我担任新媒体专业委员会的主任委员。说实话，面对这副重担，我愧感能力不够、经验不足、办法不多。今后，我会多向上级领导请示，多向委员专家

请教，多请新媒体同行帮助。在此，我向大家承诺：一定牢记使命，恪尽职守，勇于创新，不负重托，和全体委员一道，团结服务新媒体新闻信息传播工作者，在新时代展现新气象新作为。

下面，就贯彻落实中央领导同志指示精神和中国记协深化改革方案，推进新媒体专业委员会工作，我谈三点意见。

一 | 贯彻指示精神，狠抓工作落实

党的十八大以来，党中央高度重视传统媒体和新兴媒体融合发展。习近平总书记多次在不同场合与新媒体亲密接触，强调要利用新技术、新应用，创新媒体传播方式。2016年2月19日，在新华社，习近平总书记亲手点击手机屏幕，通过新华社客户端为全国新闻工作者点赞；在人民日报社，习近平总书记听取微博微信客户端工作介绍，并通过新媒体平台发送语音祝福信息。习总书记指出，要研究把握现代新闻传播规律和新兴媒体发展规律，主动借助新媒体传播优势，推动传统媒体和新兴媒体融合发展。习总书记要求，着力打造一批形态多样、手段先进、具有竞争力的新型主流媒体，建成几家拥有强大实力和传播力、公信力、影响力的新型媒体集团，形成立体多样、融合发展的现代传播体系。习总书记强调，要把党管媒体的原则贯彻到新媒体领域，一手抓融合、一手抓管理，确保融合发展沿着正确方向推进，加快构建网络舆论引导新格局。习总书记一系列深刻精辟的论断，体现了对新闻舆论工作新环境、新任务、新规律的深刻洞察，提出了以深度融合打造新型主流媒体，以新媒体传播优势打通信息交流新渠道，以内容建设赢得发展新优势，以新技术引领媒体融合新发展的时代课题，为我们团结服务新媒体新闻信息传播工作者做好党的新闻舆论工作提供了行动指南。

中央政治局常委王沪宁同志和中央政治局委员、中宣部部长黄坤明同志多次提出明确要求。去年11月，坤明同志在庆祝中国记协成立80周年大会上强调，要进一步加强对新媒体工作者的联络服务。今年2月，坤明同志在中央文化体制改革和发展工作领导小组会议上要求，中国记协要按照中央批准方案加快改革步伐，尽快建立联系新兴媒体工作机构和运行机制，确保今年基本完成任务。5月30日，坤明同志再次作出200多字的重要批示，充分肯定中国记协成立新媒体专业委员会的重要意义，进一步指明了团结引领新媒体及其从业人员建设新时代“记者之家”的工作目标，进一步强

调了把党管媒体原则贯彻到所有新媒体传播渠道、所有新媒体信息传播工作者“两个所有”的前进方向，进一步明确了按照“四向四做”要求加强新媒体行业队伍建设的指导方针，进一步提出了发挥新媒体传播优势，唱响主旋律、传播正能量，在新时代展现新气象新作为、作出新贡献的重大使命。

贯彻落实中央指示精神，是我们当前和今后一个时期的重要任务。中国记协新媒体专业委员会将在三个方面下功夫：

一是坚持改革方向，以新思路团结引领新媒体。据专业机构最新统计，我国新媒体运营行业从业人员超过300万，其中，中央和省级主流媒体所办新媒体新闻信息传播工作者，是我们的服务对象。我们要团结引领新媒体新闻信息传播工作者增强“四个意识”，坚定“四个自信”，坚持正确政治方向，做政治坚定的新闻工作者；坚持正确舆论导向，做引领时代的新闻工作者；坚持正确新闻志向，做业务精湛的新闻工作者；坚持正确工作取向，做作风优良的新闻工作者。一方面，通过集中辅导与自主学习相结合、政策教育与业务培训相结合、网下活动与网上分享相结合等方式，着力加强马克思主义新闻观教育，重点学习贯彻习近平关于新闻舆论工作重要论述。另一方面，发挥新闻评奖的导向作用，引导各类新媒体大力加强内容建设，做强网上正面宣传，自觉担负起职责使命。

二是坚持问题导向，以新举措落实党管新媒体。我们要明确新媒体行业自律的原则，坚持正确导向，新媒体没有例外。我们将继续推动落实新媒体行业自律责任，一方面，推动新媒体领域扩大报告制度覆盖面，督促履行正确引导、提供服务、安全刊播、遵守职业规范、保障从业人员权益等社会责任情况，自觉查找履责存在的不足，明确努力方向。另一方面，开展对违反行业自律新闻的专题评议，组织力量对错误思想观点进行批驳，有力引导舆论，帮助新媒体新闻信息传播工作者划清是非界限，澄清模糊认识。推动新媒体新闻信息传播工作者规范从业行为，自觉抵制和反对有偿新闻、虚假报道、低俗之风、不良广告以及新闻敲诈，营造健康有序的新媒体从业环境。

三是坚持目标导向，以新机制联系服务新媒体。中国记协正在努力建设“记者之家”。成立新媒体专业委员会，就是要建设新媒体新闻信息传播工作者之家。我们要发扬“家”的传统，营造“家”的氛围，传递“家”的温暖，推动创新媒体服务机制。一方面，要延伸服务手臂，在广度上做文章。建立健全联系各级各类新媒体的长效机制，与新媒体新闻信息传播工作者广交朋友、深交朋友，组织活动请大家一起参与，部署任务请大家一起落实，调动和发挥大家的积极性、主动性、创造性。另一方面，要拓展服务范围，在深度上下功夫。加强新媒体新闻信息传播工作者权益保护和项目援助，及时帮助解决行业发展中遇到的困难和问题，多做雪中送炭的事情，多做贴心暖心的事情，多提供精准对路的服务，把“记者之家”的温暖送到新媒体新闻信息传播工作者身边。

二｜明确工作职责，勇于担当重任

新媒体专业委员会是中国记协所属专门工作机构，是服务于新媒体信息传播的专业性组织。刚刚通过的《中国记协新媒体专业委员会规则》明确，本会宗旨是：充分发挥政治引领、培训交流、自律维权、服务联络的职能作用，团结引领新媒体及其新闻信息传播工作者，深入贯彻落实中央关于推动传统媒体和新兴媒体融合发展的战略部署，切实履行新时代新闻舆论工作的职责使命，遵守法律法规，恪守职业道德，推动新媒体新闻信息传播事业健康发展。工作职责主要有十条，重点是组织引导新媒体新闻信息传播工作者深入学习贯彻习近平新时代中国特色社会主义思想，建立教育培训长效制度，组织新媒体新闻信息传播工作者深入基层一线调研采访，积极推进新媒体自律，强化维权工作，推动新媒体创先创优工作，开展调查研究，总结推广典型经验做法，组织开展队伍交流，面向新媒体开展联谊活动等。

本会全体委员会议主要职责是制定和修改章程，选举或者调整主任委员、副主任委员，任命秘书长、副秘书长，聘请顾问，审议委员会工作报告，讨论决定重大事项。全体委员会议之外，可不定期召开主任办公会议，职责是筹备全体委员会议，执行全体委员会议决议，制定内部管理制度，承担委员会日常工作。

当前和今后一个时期，要抓紧开展以下几项工作。

一是开展学习贯彻习近平新闻舆论工作重要论述专题培训。习近平新闻舆论工作重要论述是习近平新时代中国特色社会主义思想的重要组成部分，丰富和发展了马克思主义新闻理论，是做好新时代党的新闻舆论工作的科学指南，为新时代新闻舆论工作指明了前进方向、提供了根本遵循。中宣部牵头组织一批有丰富实践经验的新闻工作者和有关方面专家学者，编写了《习近平新闻思想讲义（（2018年版）》，系统梳理和阐述了习近平总书记关于党的新闻舆论工作的重要思想，是加强习近平新闻舆论工作重要论述学习的重要辅导读本。新媒体专业委员会创建伊始，就要把学习贯彻习近平新闻舆论工作重要论述作为最重要的工作，在马克思主义新闻观培训中把习近平新闻舆论工作重要论述作为学习重点，推动新媒体新闻信息传播工作者加强学习，科学理解习近平新闻舆论工作重要论述创新发展的时代背景和针对性问题，准确掌握习近平新闻舆论工作重要论述的基本理论和重要观点，找准开展新闻舆论工作的职责使命、原则方法和任务要求，实现用马克思主义新闻观的最新理论成果武装头脑、指导实践、推动工作的目标。作为新媒体专业委员会委员，要重点学习习近平总书记关于网上新闻舆论、新媒体和媒体融合等方面的重要论述，用以指导我们用好新媒体、管好新媒体、服务好新媒体。各位委员不仅要自己学，还要带动身边的同志一起学；既要运用传统方式，结合工作实际学，又要发挥新媒体传播优势，增强学习阐释效果。

二是做好中国新闻奖媒体融合奖项评选工作。中国记协新一届理事会和党组履职以来，把增设中国新闻奖媒体融合奖项，作为响应新闻界呼吁、改进中国新闻奖评选工作、深化中国记协改革的重要措施来抓。去年，一批现象级新媒体传播作品入选第二十七届中国新闻奖，比如：荣获特别奖的媒体融合新闻专栏《新华全媒体头条》，荣获网络专题奖的《中国一点都不能少》《你好，马克思》《一份延续了68年的忠诚》等等，起到了引导示范作用。我们抓住机遇、不懈努力，获得中宣部、国评办的大力支持，批复同意增设媒体融合奖项并增加50个评奖名额。设立媒体融合奖项是全国新闻界推进融合的重要成果，是中国记协深化改革的重点项目，是新媒体专业委员会加强服务引领的重大举措，对于促进新媒体发展具有重大意义。我们在广泛征求管理部门、新闻单位和业界专家等意见的基础上，形成了《中国新闻奖媒体融合奖项评选办法》，根据新媒体和媒体融合发展的新要求、新特点，分为短视频新闻、移动直播、新媒体创意互动、新媒体品牌栏目、新媒体报道界面、融合创新6大类组织评选。前不久经过初评，推荐100件作品进入定评。其中，既突出党的十九大胜利召开、解放军建军90周年、香港回归20周年等主题宣传，又突出追寻红色足迹、记录公仆之路、树立领袖形象等专题报道，注重把“四个意识”融入丰富多彩的新媒体报道之中，给受众留下感悟互动的空间。特别是推荐了一批重量级、现象级、代表性、标志性的新媒体作品，一批彰显新媒体时代记者职业精神和职业素养的全媒体现场报道，一批代表媒体融合新进展新水平的创新创意成果。下一步，我们将根据评委建议，加快建设科学考核指标体系，尝试长短结合的新媒体评选方式，继续拓展优秀作品报送渠道，完善促进媒体融合的奖项设置，加强对现场新闻、互动传播等内容创新的引导，努力实现“把好方向导向、选好优秀作品、立好范本标杆、守好评奖纪律、总结好评选经验”的“五好”目标。同时，将把新媒体新闻信息传播工作者纳入长江韬奋奖评奖范畴。我们将组织颁奖报告会、作品研讨会，开展先进事迹巡讲宣讲，推动新媒体工作者自我教育、自我激励、自我提高；加强业务培训和交流研讨，总结推广新媒体在内容创新、制作创新、传播创新、机制创新等方面的先进经验，充分发挥优秀作品和先进典型激励引导作用。

三是开展新媒体新闻信息传播工作状况调研。新媒体专业委员会将把调查研究作为谋事之基、服务之道，首先，请各位委员结合各自实际开展调研，从新媒体委员会搭建交流合作平台、新媒体新闻信息传播人员培训激励和权益保障、地方记协新媒体专业委员会建设等方面提出意见建议。我们将认真梳理总结，形成大调研的第一批成果，切实可行的马上推动落实，条件尚不具备的作为参考材料，向上级领导汇报，与相关部门沟通，创造条件逐步落实。其次，采取专业委员会牵头调研与各位委员自主调研相结合的方式，针对新媒体新闻信息传播工作者最困惑、最关注、最期盼的问题，开通意见箱、发放调查表、查看最前沿、走访后备军（高校新闻学院），提高调查研究的针对性，察实情，出实招，求实效。第三，常常“上网看看”“在线聊聊”“网上蹲点”，学会在互联网上发现舆情动向，利用跟帖、论坛、QQ群、微信、微博等网络社交通信工具，及时广泛收集网络舆情，走好网络群众路线。

四是继续扩大新媒体社会责任报告制度试点。2014年以来，中宣部、中国记协等在新闻战线建立媒体社会责任报告制度。人民网、新华网、中国新闻网等一批新媒体陆续加入试点工作，定期发布社会责任报告，自觉接受社会监督，取得了较好的效果。新媒体专业委员会建立后，我们将继续扩大新媒体社会责任报告试点，同时，采取委员点评、定向互评等方式，加强对社会责任报告的政治和业务把关，并提交新闻出版、广电、网信、工商等行政管理部门核实相关内容，由中国记协统一发布。我们将采取召开新媒体座谈会、专家和群众代表评议会、专题研讨会等形式，充分发挥报告作用，通过各种渠道宣传推广新媒体履行社会责任的好经验、好做法。对履行社会责任中存在的问题，剖析成因危害，探讨治理举措，发出行业倡议，推动早日解决。

五是打造新媒体传播力、影响力评价和发布体系。当前，新媒体内容生产领域各种峰会、榜单、评奖越来越多。新媒体专业委员会将积极推动建设导向正确、客观权威、传播效果与社会效果相统一的新媒体影响力评价体系，组织编制“中国新媒体年度发展报告”，建立健全大数据辅助新闻舆论引导机制，发布新媒体影响力榜单，帮助新媒体更好地把握时度效，让舆论引导更精准高效，赢得新媒体评价话语权。

六是实现中国记协网络宣传服务改版升级。中国记协网是中国记协主管主办、服务全国新闻界的网站，是传达新闻战线“三项学习教育”活动部署、交流展示教育成果的平台，是面向社会提供与新闻界相关服务信息的窗口。网站运行十年来，发挥了积极作用。为进一步服务好新媒体工作，中国记协网将按照“完善功能、提升服务”的总体思路改版升级，建设“以用户为导向”的网站，开发建设“在线培训”“网上举报”等平台。上线中国记协网英文版，讲述中国新闻界故事，传播中国新闻奖声音，展示中国新闻界良好形象。加强中国记协微信公众号和微博平台内容建设，更好地满足受众需求。同时，加强对网上各类假冒中国记协名义获取利益的非法活动举报查处力度，以正视听，维护形象。

七是推动“记协品牌”拓展新媒体领域影响力。中国记协举办的“记者大讲堂”“好记者讲好故事”等活动，已经成为广受新闻界关注的知名品牌。我们要更好适应分众化、差异化、移动化的传播趋势，把策划线上话题与开展线下活动结合起来，把主动推送与互动传播结合起来，着力在精准、特色、有效上下功夫，切实提高网络传播的参与度和吸引力。“记者大讲堂”将围绕中央重大决策部署，组织邀请中央和国家部委有关负责同志、研究机构专家学者，为新媒体新闻信息传播工作者进行讲座辅导。同时，邀请新媒体先进代表参与“好记者讲好故事”活动，采取现身说法的方式，讲好故事，分享经验，提高唱响主旋律、传播正能量的能力和水平。

八是积极筹办中国新媒体大会等重点活动。我们将联合相关部门、机构、单位，举办中国新媒体大会，充分利用媒体融合奖项评选和相关资源，凸显内容创作者的重要作用，打造以内容创新为根本、以创造者为核心、强调媒体属性的年度新媒体大会，打造高端影响力。在环节设置上，计划以媒体融合奖项颁奖报告会为开篇，以主论坛和系列分论坛为框架，结合成果展览和业务培训，促进交流共享，形成联动效应，做到会前、会中和会后都有重点和亮点，发挥持续影响力。

三 | 积极改革创新　提升服务水平

按照《中国记协新媒体专业委员会规则》，新媒体专业委员会委员，由新闻宣传管理部门、新闻行业组织、记协组织、主要新闻单位、重点新闻网站、新闻报刊、新闻院校、新闻研究机构等代表组成。《规则》还明确了委员职责：作为委员，有责任参加本会会议和活动，执行本会决议，承担本会委托的各项工作任务，有权利向本会反映情况，提出意见建议，享有大会表决权。在上半场的会议上，蒋建国副部长就发挥委员作用提出了希望和要求，强调大家要切实担当好主体责任，把委员会的事当成分内事、自己事、必须管的事，充分发挥自身专业优势，勇于担当、积极作为，多为新媒体专业委员会的工作建言献策，多为新媒体事业发展尽心尽力，用钉钉子的精神把委员会的各项工作一抓到底。下面，就如何履行委员职责谈几点想法，和大家共勉。

一是关于本职和兼职。新媒体专业委员会各位委员，都是本部门、本单位的带头人、顶梁柱，做好本职工作理所当然、责无旁贷；当委员是兼职，没有待遇，不取报酬，但这个委员作为新媒体的精英、代表，做这份兼职工作也是分内事、自己事、必须管的事。会后，请各位委员、各地记协参会人员及时向上级负责同志报告，汇报中央领导指示精神和中宣部领导具体要求，通报新媒体专业委员会规则中的委员职责义务，讲清楚委员是代表本单位承担中央交付的责任，必须积极参加本会会议和活动，执行本会决议和规定，承担本会委托的各项工作任务，请各位委员多支持，争取本职兼职两不误、双促进。

二是关于单挑和合作。各位委员是新媒体的决策者、指挥者，具有独当一面、单兵作战的素质和经验，在本职岗位上干得风生水起、亮点频现。而150多位委员来自不同部门、不同地区，具有不同个性、不同思路，在新组建运行的专业委员会中，确实有一个统筹协调、形成合力的问题。希望大家同心同德、群策群力、互帮互学，心往一处想，劲往一处使，有经验一同分享，有困难一同解决，众人拾柴火焰高，众志成城事业旺。

三是关于办事与献策。新媒体专业委员会已经成立，很多工作需要探索，很多难题需要破解，从中央领导，到业内同行，再到社会各界，都期待着我们有所作为。希望各位委员一方面当干将、当实干家，把事关新媒体发展的重大事项办好。前面讲的八件事都是大事，也都是难事，有待于各家新媒体、各位委员去完成、去破解，为新媒体发展提供成功案例、提供典型经验、提供丰硕成果；另一方面，当智囊、当智多星，深入调查研究，总结经验教训，积极建言献策，为攻坚克难提供思路、提供方案、提供办法。我们将建立和完善委员履职情况记录和报告制度，及时总结推广大家的好经验、好做法。

四是关于务实与创新。做好新媒体专业委员会工作，既要增强执行力，也要增强创新力。我们联系服务的对象，主要是中央和省级主要新闻单位所办的新媒体，移植了原有的制度和机制，确保了正常有序运行。而新媒体是新事物，委员会是新机构，具有与生俱来的创新动力。创新是新媒体开创新局面、实现新发展的必由之路，也是委员会、委员们必备之能。我们既要务实求稳，发扬“钉钉子”的作风，一锤接着一锤敲，一件事接着一件事办，确保既定的事项事事有着落、布置的任务件件有成效；

又要创新求变，做到因势而谋、应势而动、顺势而为，涉猎新领域，研究新问题，探索新经验，帮助新媒体实现理念、内容、体裁、形式、方法、手段、业态、体制、机制等方面创新。

各位委员、各位理事、各位代表：

中央把服务引领新媒体这么重要的新职能交给了中国记协，而中国记协面临着人手少、经费少的难题。新媒体专业委员会今天刚开张，连“总共才有十几个人、七八条枪”都谈不上。机构只是临时机构，人员多是借调人员。所以，恳请各有关部门指导，有赖各家新媒体“抬庄”，急盼各位委员帮忙。筚路蓝缕，以启山林。只有方方面面支持帮忙，只有我们自身拼搏奋进，才能服务好新媒体及其新闻信息传播工作者。

各位委员、各位理事、各位代表：

从这次大会的情况来看，大家高度重视，积极参与，责任感很强，热情很高，圆满完成了大会预定的各项目标任务，为新媒体专业委员会开好头、起好步奠定了良好基础。我们相信，在中央领导的关心指导下，在全体委员的共同努力下，在新闻界的支持配合下，新媒体专业委员会一定能够行稳致远，努力担负起团结引领新媒体的重大使命，创出无愧于时代要求的业绩，作出无愧于委员职责的贡献，在中国记协历史上、在中国新媒体发展历史上，写下精彩篇章。

拜托大家！

感谢大家！

推进深度融合　主动求新求变 促进新媒体行业健康有序发展

人民日报社新媒体中心主任、
中国记协新媒体专业委员会副主任委员　丁伟

今天是个有纪念意义的日子。很高兴和大家一起见证中国记协新媒体专业委员会成立。这是落实中央要求、推进媒体深度融合发展的重要举措，也是中国记协求新求变的主动选择。

当前，随着大数据、云计算、人工智能等互联网技术的迅猛发展，媒体格局和舆论生态正在发生深刻变化，新闻工作也呈现出新的时代特点。今天，我们不仅有大量的报刊、广播电视播出机构，也有大量移动新媒体平台，新闻工作的内涵、外延都在发生变化。在这样的新形势下，中国记协成立新媒体专业委员会，建立形成联系引领、团结服务新媒体的组织形式和工作机制，非常及时，很有必要。

这几年，我一直在人民日报社从事新媒体方面的工作。借此机会，我想结合实际工作，就进一步推动新媒体行业发展谈几点认识：

第一、做好教育培训，提高新媒体从业者政治意识和业务素质。

不同于传统媒体，在新媒体这块新的舆论阵地上，很多年轻人在担当着生力军。总体来看，他们朝气蓬勃、思想活跃，同时也存在着普遍年轻、从业时间较短、把关能力有待提高等问题。对此，我们有必要下大力气引导新媒体从业者提高政治意识和业务素质。一是加强政治学习，深入开展马克思主义新闻观教育培训，提高其思想水平、理论素养。二是提高从业水平，加强内容制作、传播技术、运营管理等新媒体业务培训。三是提供锻炼机会，组织新媒体从业者深入基层一线调研采访，锤炼脚力、眼力、脑力、笔力，增进对人民的感情。

第二、规范好职业行为，促进新媒体行业健康有序发展。

当前，互联网信息传播空前活跃，新媒体行业蓬勃发展，但繁荣与乱象并存、理性与浮躁同在。网上虚假谣言、不良信息较多，版权意识、社会责任意识薄弱，排行榜过多、评价标准较乱等问题，都对新媒体行业的健康有序发展提出新的课题和挑战。针对发展实际，我们有必要积极推进新媒体自律，开展对违反行业自律行为的专题评议，强化社会责任，规范从业行为；我们有必要进一步扩大媒体社会责任报告制度的实施范围，推动新闻单位举办的新媒体定期报告履行社会责任情况；我们有必要探索制定新媒体行业标准，发布具有广泛覆盖力、权威影响力的新媒体指数、年度发展报告等。

第三、用好新闻评奖，引导激励新媒体产出更多精品力作。

我们欣喜地看到，新媒体作品在中国新闻奖中的比重越来越高。今年，中国新闻奖又增设媒体融合奖项，鼓舞了新媒体从业者。同时，我们也看到，新媒体优质产品的生产还存在一些尚待解决的问题。比如，融媒体“爆款”产品太少，持续生产优质内容的能力不足；只把内容搬到手机上的“搬运现象”仍比较普遍；还有产品同质化现象等。要解决好这些问题既需要各媒体深入推进融合，也需要新闻评奖进一步发挥示范作用。在评奖中继续顺应移动化趋势，加大向移动端倾斜力度；增强创意和技术在评奖中的权重，鼓励新媒体产品多样化。与此同时，在平时工作中，还可以组织新媒体优秀作品及优秀论文的评选，加大对优秀新媒体作品、优秀新媒体工作者宣介力度，推动新媒体创新创优工作。

第四、发挥好行业组织优势，更好团结服务新媒体从业者。

现在，新媒体的快速发展，吸引了大量从业人员，也深刻改变着新闻工作者的从业环境。对很多新媒体从业者而言，工作节奏快、压力大，且长期处于连续运转的轮班状态，可能是一种普遍感受。同时，一些针对新媒体从业者的激励机制还没有跟上。这些都容易导致新媒体从业人员职业荣誉感不强，影响事业心、归属感。对此，我们应该有针对性地提供更多实用管用的服务。组织开展行业文体交流活动，积极开展与国内外同行的交流合作，通过联谊、服务活动凝聚人心。开展研讨、论坛、年会等活动，沟通交流媒体融合与新媒体发展经验。强化维权工作，保障新媒体从业者合法权益，加大对新媒体从业者援助力度。

我们深知，适应媒体融合发展趋势，拓展服务链条，还有很多工作要做。我们愿与大家一起努力。

顺应新时代 着眼新媒体
聚焦新使命 奋发新作为

新华社新媒体中心主任、
中国记协新媒体专业委员会副主任委员 陈凯星

非常高兴见证中国记协新媒体专业委员会的成立，我作为一名新媒体人，首先对大会顺利召开表示热烈祝贺，预祝大会取得圆满成功！

中国记协新媒体专业委员会的成立令人振奋，也使我们充满期待，作为新媒体领域的代表，我将支持新媒体专业委员会工作，在新媒体专业委员会的指导下，为进一步搭建服务媒体融合发展的合作交流平台尽一分力量，共同探索符合新媒体发展规律的生产方式变革和体制机制创新。当前，新兴媒体发展方兴未艾，媒体融合发展不断深化，需要我们顺应新时代、着眼新媒体、聚焦新使命、奋发新作为。

近年来，新华社新媒体中心顺应移动互联网发展趋势，牢牢坚持创新为要，为推进媒体融合发展进行了一系列探索：一是坚持内容创新为本，不断推出现象级新媒体产品。前不久，习总书记发表重要讲话纪念马克思诞辰200周年，我们创作推出《真理的光芒》微政论片，达成刷屏之效。二是创建并持续升级新媒体通稿专线，从服务报纸、电视，到服务网站、客户端，实现通讯社核心职能向新媒体领域全覆盖。新媒体专线推出微视频、动新闻等多种形态的融合报道产品，以互联网形态分发，可直达新媒体用户后台和前端。三是持续强化终端建设，打造自主掌控的主流舆论阵地。新华社客户端是一款首创的门户客户端，总下载量2.8亿，重大时政新闻首发率达80%以上；新华社微信公众号创新内容表达，成为主流媒体第一公众号。四是深化推动业态创新，以“现场新闻”全息直播业态创新和“现场云”服务平台带动全国媒体转型，记者拿起一部手机就能发起一场全息直播，“现场云”免费向各级新闻媒体开放，用户只需开通一个账号，便可一步跨入全息直播时代，已有2700多家新闻媒体和党政机构入驻。

习近平总书记在“2 · 19”重要讲话中指出，“要推动融合发展，主动借助新媒体传播优势”。总书记还指出，“读者在哪里，受众在哪里，宣传报道的触角就要伸向哪里，宣传思想工作的着力点和落脚点就要放在哪里”。中国记协成立新媒体专业委员会，是贯彻落实习近平总书记讲话精神的重要举措，有助于将党管媒体原则进一步贯彻到新媒体领域，既是落实中央精神的需要、推进融合发展的需要，也是促进沟通交流的需要、加强人才培养的需要，体现了中国记协对新媒体事业的关心和支持。由衷期待和新媒体业界同人们一起，在新媒体专业委员会的指导下，共同为推动媒体深度融合发展作出新的更大贡献！

融服务于引领之中
确保媒体融合发展方向不偏引导有力队伍更强

浙江省新媒体专业委员会主任、
中国记协新媒体专业委员会顾问　张　燕

非常荣幸受邀参加今天的成立仪式。首先，我代表浙江省记协新媒体专委会，对中国记协新媒体专委会的成立表示祝贺。

这是新闻界的一件大事。中央批准成立中国记协新媒体专业委员会，充分表明中央对我国新闻事业发展特别是新媒体发展的高度重视、对新媒体从业人员的关怀关注。作为强化行业引导和服务的顶层设计，这既是中国记协作为群团组织的一次重大改革，更是贯彻落实习近平总书记新闻思想的重要举措。专委会的成立，必将更好地融服务于引领之中，推动新闻界把握互联网发展趋势，在推进媒体深度融合的进程中，确保方向不偏、引导有力、队伍更强。

这也是新闻人的一件喜事。近几年来随着新媒体的快速发展，传统媒体与新兴媒体正在深度融合，新闻采编人员也正在向全媒化转型。在党的十九大报道、习近平新时代中国特色社会主义思想的宣传、庆祝改革开放40周年宣传、全国两会、G20杭州峰会、世界互联网大会等一系列重大宣传报道中，产生了一批具有强大传播力、引导力、影响力的融媒体产品，很好地引领了网上舆论，唱响了主旋律，传播了正能量。在推进新媒体发展过程中，无论是传媒本身还是从业人员，都十分期待得到中国记协更多的指导和鼓励。今天成立的新媒体专委会，正是提供了这样的组织保障。我们期待，新成立的专委会能成为新媒体从业人员的娘家，能够为行业的发展、新闻人的进步发挥更直接的作用。

经中宣部批准，作为先行探索，我们浙江省记协被列为首批省级层面改革的试点。在中国记协的有力指导下，浙江省记协去年9月试点成立了浙江省新媒体专委会。一年多来，我们已组织开展了一系列工作，比如，组织从业人员开展多期专题培训；策划组织“深化走转改 喜迎十九大——‘八八战略’新征程”等新媒体主题采风活动；举办全省重大主题报道融媒体创新作品大赛，编印优秀案例集；制定浙江省新媒体新闻奖评选办法，并组织评选出73件作品；举办“智融·2018钱江新媒体发展论坛”……我们的试点工作得到了中国记协具体指导，中国记协党组、书记处领导副书记亲自来浙江指导，并组织召开试点工作交流会。我们的试点工作也得到浙江省委宣传部、省委网信办等的支持，得到了全省新媒体人的积极响应。大家普遍认为，开展试点工作很有必要，进一步加强了对新媒体的引导、激励和管理，有利于增强新媒体从业人员的职业成就感、获得感和归宿感，有利于促进他们政治上、业务上、作风上的全面进步。

因此，我们希望中国记协新媒体专委会成立后，能够从全国层面进行系统谋划，按照习近平总书记关于新闻舆论工作“48字”职责使命要求，按照总书记对新闻工作者提出的“四向四做”要求，加强政治引领、创新延伸服务，经常组织开展重大主题采风、各类专题培训、国内外研讨交流等活动，制定完善新媒体作品评奖等创优激励机制，更好地引领广大新媒体从业人员成为党和人民信赖放心的新闻工作者，为实现“两个一百年”奋斗目标提供更有力的舆论支持。

中国记协新媒体专业委员会规则

第一章　总则

第一条　本会名称是中国记协新媒体专业委员会。

第二条　本会是中国记协所属专门工作机构，是服务于新媒体新闻信息传播的专业性组织，成员来自新闻网站、客户端、微博、微信等新媒体新闻信息传播的单位、机构。

第三条　本会宗旨：坚持以马克思列宁主义、毛泽东思想、邓小平理论、“三个代表”重要思想、科学发展观、习近平新时代中国特色社会主义思想为指导，充分发挥专业委员会政治引领、培训交流、自律维权、服务联络的职能作用，团结引导新媒体及其从业人员深入贯彻落实中央关于推动传统媒体和新兴媒体融合发展的战略部署，坚持围绕中心、服务大局，牢固树立马克思主义新闻观，积极弘扬社会主义核心价值观，切实履行新时代新闻舆论工作的职责使命，遵守法律法规，恪守职业道德，推动新媒体新闻信息传播事业健康发展。

第四条　本会日常办事机构设在中国记协（北京市东城区珠市口东大街7号），信息发布主平台为中国记协网、中国记协微博、微信公众号。

第二章　职责

第五条　组织引导新媒体新闻信息传播工作者深入学习贯彻习近平新时代中国特色社会主义思想和党的十九大精神，增强“四个意识”，牢记新时代党的新闻舆论工作的职责和使命，加强政治学习，提高思想水平、理论素养。

第六条 建立教育培训长效制度，深入开展马克思主义新闻观教育培训，加强新媒体新闻信息内容制作、传播技术、运营管理、市场推广等新媒体业务培训，促进提高新媒体新闻信息传播工作者从业水平。

第七条 组织新媒体新闻信息传播工作者深入基层一线调研采访，持续深入开展“走转改”活动，锤炼脚力、眼力、脑力、笔力，增强对人民群众的感情，树立以人民为中心的工作导向。

第八条 积极推进新媒体自律，开展对违反行业自律行为的专题评议，强化社会责任，规范从业行为，营造健康有序的新媒体新闻信息传播秩序。

第九条 强化维权工作，保障新媒体新闻信息传播工作者合法权益，实施对新媒体新闻信息传播工作者援助。

第十条 组织新媒体新闻信息传播优秀作品及研究成果的评选，推动新媒体创新创优工作。加大对优秀新媒体作品、优秀新媒体新闻信息传播工作者宣介力度。

第十一条 针对新媒体发展实际，开展调查研究，发布新媒体行业权威指数、年度发展报告等，向政府和有关部门提供决策参考，探索建立新型智库。

第十二条 开展新媒体新闻信息传播研讨、论坛、年会、沙龙等活动，沟通交流媒体融合和新媒体发展经验，总结推广典型经验做法。

第十三条 推进对外交往，组织开展对外交流活动，增进友谊，交流经验，扩大共识，增进互信，发挥新媒体在增强国家软实力、加强国际传播能力建设、讲好中国故事方面的作用。

第十四条 开展联谊活动，举办文化、体育等活动，丰富新媒体新闻信息传播工作者的文化生活。

第三章 组织

第十五条 本会由新闻宣传管理部门、新闻行业组织、记协、主要新闻单位、重点新闻网站、新闻报刊、新闻院校、新闻研究机构等代表担任委员。委员由各有关单位推荐产生，任期3年。可根据实际工作需要对委员进行调整。

（一）委员条件：

1．坚持党的新闻舆论工作方针政策，遵纪守法，作风正派；

2．有较丰富的新媒体专业工作经验、较高理论和专业水平；

3．拥护新媒体专业委员会规则。

（二）委员的权利和义务：

1．参加本会各项活动并提出意见建议；

2．参加本会各类会议并享有表决权；

3．执行本会决议；

4．承担本会委托的各项工作任务；

5．向本会反映有关情况，提供有关资料。

第十六条 本会推举主任委员一名、副主任委员和委员若干名，设顾问若干名，秘书长一名、副秘书长若干名。

第十七条 本会根据实际工作需要，下设若干工作机构。

第十八条 委员离开推荐单位时，由原单位推荐接替人选，经主任办公会议表决确认。

委员如有严重违反本规则的行为，经主任办公会议表决通过，取消其委员资格。

第四章 工作机制

第十九条 本会全体委员会议一般每年召开1—2次。

全体委员会议的职责是：

（一）制定和修改规则；

（二）选举主任委员、副主任委员和秘书长，决定聘请顾问；

（三）审议委员会工作报告；

（四）讨论决定重大事项。

全体委员会议须有三分之二以上委员出席方能召开，其决议须经到会委员半数以上表决通过方能生效。

第二十条 全体委员会议之外，可不定期召开主任办公会议。主任办公会议的参加人员为主任委员、副主任委员、秘书长、副秘书长。主任办公会议由主任委员或其委托的副主任委员主持。会议可根据主任委员提议，邀请专业人士、有关单位代表及其他相关人员参加。

主任办公会议的职责是：

（一）筹备全体委员会议；

（二）执行全体委员会议决议；

（三）任命副秘书长及内部机构负责人等事项；

（四）制定内部管理制度；

（五）承担委员会日常工作。

主任办公会议须有三分之二以上应出席人员出席方能召开；主任办公会决议须经出席人员半数以上表决通过方为有效。

第五章　经费

第二十一条　工作经费来源：新媒体专业委员会专项经费；三项学习教育活动经费。

第六章　附则

第二十二条　本规则须提交全体委员会议审议通过，报中国记协核准同意生效。

第二十三条　本规则由中国记协负责解释。

（本规则2018年7月21日经中国记协新媒体专业委员会第一次全体会议通过并施行）。

（编辑　乔立远　李尚）

2018中国新媒体大会记事

2018中国新媒体大会在北京召开

2018中国新媒体大会开幕　聚焦增强“四力”创作融合精品

2018中国新媒体大会12月24日在京召开，100多家新闻单位的新媒体负责人以及新闻院校、新闻研究机构专家学者汇聚一堂，以“增强‘四力’、守正创新、多出群众喜爱的融合精品”为主题，交流媒体融合经验，分享优秀作品创作体会，为开拓新媒体事业献计献策。

按照中央批准的《中国记协深化改革方案》和中宣部要求，中国记协于2018年7月成立新媒体专业委员会，这是建设新时代“记者之家”的改革举措，是团结引领新媒体及其从业人员的重要抓手。举办中国新媒体大会，是中国记协贯彻中央精神、适应业界需求、加强新媒体服务工作的重要举措。

大会设置主题演讲、媒体融合精品创作系列访谈等交流活动。围绕2018年中国新闻奖首次设立的媒体融合奖项，获奖团队和评委代表通过图文直播方式，与场内外观众分享“刷屏”之作、“爆款”产品的创作经验和创新价值。

大会由中华全国新闻工作者协会主办，中国记协新媒体专业委员会和人民日报社、新华社、中央广播电视总台新媒体部门共同承办。

中宣部部务委员、国新办副主任郭卫民表示，中国记协举办中国新媒体大会，以改革创新精神拓展工作领域，团结引领广大新闻工作者不断增强“四力”，加快推进媒体融合，进一步做好新闻宣传工作，具有重要意义和促进作用。

中宣部、中央网信办、国家广电总局、中国记协负责同志出席会议并致辞。人民

要闻 6　2018年12月25日 星期二　人民日报

重庆市江北区观音桥街道人民调解员马善祥——“岗位退了，事业没退”

国网天津滨海供电公司配电抢修班班长张黎明——“黎明出发，点亮万家”

改革先锋风采

范迪安当选新一届中国美协主席

2018中国新媒体大会开幕 聚焦增强“四力”创作融合精品

农闲传技

锲而不舍、持续发力，咬定学习不放松，确保学习培训全员覆盖、一个不落

创新方式方法，拓展渠道载体，切实使学习贯彻工作往深里走、往实里走、往心里走

聚焦时代使命学，围绕时代课题干，努力建设让党中央放心、让人民群众满意的模范机关

⊙《人民日报》对2018中国新媒体大会进行报道

日报社、新华社、中央广播电视总台分管新媒体工作的负责同志到会作了主题演讲。中国记协新媒体专业委员会负责人、中国新闻奖媒体融合奖项评委代表对获奖作品作了评析和介绍。

今后，中国新媒体大会将一年举办一次，力争成为融合精品“博览会”和新媒体同行的“研讨会”。

（新华社记者　余俊杰、王爱华）

（《人民日报》2018年12月25日）

把中国新媒体大会办成业界品牌

中宣部部务委员、国务院新闻办公室副主任　郭卫民

中国记协举办2018年中国新媒体大会，认真贯彻落实习近平总书记“8 · 21”重要讲话精神和对记协工作的指示要求，以改革创新精神扩展工作领域，团结引领广大新闻工作者加快进军互联网主战场，对新媒体行业进一步做好新闻宣传工作，具有重要意义和促进作用。

当前，信息传播技术迅猛发展，带来媒体格局和传播环境的深刻变革。新技术、新应用、新业态不断涌现，传播方式和渠道载体日新月异，促使我国传媒形态丰富多样，除了报刊、通讯社、电台电视台等传统媒体，还有新闻网站、客户端等大量新媒体和商业网络传播平台，短视频、微博、微信、客户端日益成为信息传播的主渠道、主平台。习近平总书记深刻把握时代发展变化大势和社会信息化趋势，作出推进媒体深度融合、推动主力军进军主战场的重大战略部署，强调媒体融合是一场自我革命，要实现优化整合，深度融合、打造精锐传播力量，让分散在网下的力量尽快进军网上、深入网上，打造一批具有强大影响力、竞争力的主流媒体。总书记的重要论述，为我们办好新媒体、占领主阵地指明了前进方向，提供了根本遵循。沪宁同志、坤明同志，专门就推动媒体深度融合、加快主力军向主阵地转移步伐、加强对新媒体及其从业人员的团结引领，作出指示批示和具体部署。

党的十八大以来，主流媒体认真贯彻落实总书记指示精神和中央决策部署，积极投身融合发展实践，加快融合转型步伐，拓展融合传播渠道，初步形成了以中央媒体为龙头、省级媒体为骨干的融合传播格局，打造了一批有特色、有影响力的新媒体平台，推出了大量现象级新媒体产品，极大增强了主流舆论的传播力、引导力、影响

力、公信力。随着新媒体行业快速发展，中国记协充分发挥桥梁纽带作用，将服务手臂和服务范围拓展到新媒体领域，为大家提供相互学习、研讨交流的平台，这一做法很有意义。

下面我就加快媒体深度融合、促进新媒体行业健康发展谈几点希望。

一是坚持思想领先。要深入学习贯彻习近平总书记关于党的新闻舆论工作的重要讲话精神，用习近平新时代中国特色社会主义思想武装头脑、指导实践、推动工作。要坚持政治家办报、办台、办网、办新媒体，把政治意识、导向要求和宣传纪律落实到各级各类传播平台，贯穿到新闻信息采编发布和转载推送全过程。要全面落实“两个所有”，坚持网上网下“一个标准、一把尺子”，建设良好网络生态，营造清朗网络空间。要广泛开展新闻职业道德建设，推动新媒体切实履行信息管理主体责任，引导从业人员遵守法律法规，恪守职业道德，强化社会责任，规范从业行为，不断提高新媒体从业人员的政治素质和业务本领。

二是坚持精品主导。从传统媒体到新媒体，无论传播形式怎么创新、媒体形态如何变化，内容为王、内容制胜是不会变的。推进媒体深度融合，大力发展新兴媒体，就是要坚持实践导向、效果导向，用新办法、新理念做新闻搞传播，以内容创新赢得受众，以内容优势赢得发展优势。要积极发挥内容引领优势，通过融合发展，加快内容生产的供给侧改革，让新闻报道新起来、快起来、优起来、活起来、动起来。希望广大新闻媒体工作者担当职责使命、顺应群众需求，遵循新闻传播规律和新媒体发展规律，不断推出更多符合主流媒体品格气质的融合精品。

三是坚持用户导向。今天，新闻舆论工作所面临的环境已大不一样，人们对新闻信息的需求越来越个性化，分众传播和互动传播已经成为主流趋势。要学习借鉴社交媒体的互动传播方式，加强与用户间的互动交流，吸引用户在互动中参与、在参与中传播，不断增强用户黏性。要精确定位，针对不同群体、不同受众的不同需求，提供更个性化、精细化服务。要充分运用专业评估、抽样调查等多种手段，建立导向正确、标准客观、评估专业的综合评价体系，牢牢掌握推动媒体深度融合、影响行业格局和发展方向的“指挥棒”。

四是坚持技术引领。当前，技术已经由媒体融合的支撑要素变为引领要素，云计算、大数据、物联网、区块链、人工智能等快速发展，推动新闻传播格局发生深刻改变。要密切关注前沿技术，始终保持技术敏感，不断提高运用和管理水平，要顺应移动化、社交化、视频化趋势，把新技术、新运用融入新闻信息生成传播全过程，使其更好地为新闻宣传服务。要加快建设技术团队，把内容优势和技术优势结合起来，摆脱技术上“受制于人”的困境。

五是坚持以人为本。新闻媒体的核心资源是人才，融合发展的关键因素也在人，要对从业人员进行摸底，详细掌握人才队伍的年龄梯队、知识结构、技能水平，有针对性组织开展专题培训、观摩交流、业务研讨、实战演练，引导他们向全媒记者、全媒编辑、全媒管理人才转型。要发挥评选表彰激励机制引导作用，加大对优秀新媒体作品、优秀新媒体从业人员宣介力度，促进多出精品、多出人才。积极举办论坛、巡讲、展览、讲座等丰富多彩的活动，吸引更多新媒体从业人员参与，让新闻工作者更多地受到关爱和尊重。

同志们，推进媒体深度融合，打造新型主流媒体，是党中央交给我们的重大任务，也是时代赋予我们的重大责任。希望我们参会的同志们能够充分地交流，能够共享经验、共谋发展，也希望在新闻界的广泛支持和委员单位的共同努力下，把中国新媒体大会办成共话行业前景、促进行业交流、推动行业发展的品牌活动。

努力当好主流价值观的传播者
新业态新服务的开拓者

国家广播电视总局副局长　高建民

首届中国新媒体大会正好是在我们庆祝改革开放40周年大会刚刚结束之际召开的，举办这样一次活动，共同回望我国新媒体发展的历程，展望未来，十分重要。

习近平总书记指出，当今世界，谁掌握了互联网，谁就把握住了时代的主导权；谁轻视互联网，谁就会被时代所抛弃。党的十八大以来，我国新媒体用户快速增长，产业规模不断扩大。据统计，中国网络视频用户规模已达6.09亿，手机网络视频用户规模达5.78亿；网络短视频呈爆发性增长，用户数量快速攀升，占网民总数的74%。如此庞大的用户规模和影响力，使得互联网日益成为意识形态斗争的主战场、最前沿，成为传播党的声音的重要阵地。特别是在重大主题宣传中，新媒体与传统主流媒体相辅相成、同频共振，作用日益凸显。同时，新媒体也已经成为传播主流价值观的重要渠道，成为社会主义文艺的重要力量。广大新媒体工作人员以习近平新时代中国特色社会主义思想为指引，以正确舆论凝心聚力，以先进文化塑造灵魂，创作出一大批具有传播力、引导力、影响力、公信力的优秀新闻作品和文艺作品，得到了人民群众的称赞。

近年来，广电总局按照中央精神，积极推动新媒体建设发展，鼓励原创精品节目制作传播，每年组织开展“网络视听节目精品创作传播工程”、“中国梦”主题征集推选和展播等工作，引导推动业界创作传播有温度、有高度、有态度的现实题材作品；推动广播电视与新媒体融合发展，提出打造广电智慧媒体、培育广电智慧生态的工作部署，促进荧屏声频与网络视听应用、广播电视终端与移动通讯终端互动融通，实现内容创新、渠道拓展、平台运营、流程再造、组织重构、安全保障等各个环节的协同演进和一体化发展，从简单相“加”迈向深度相“融”。

我们广大新媒体工作者要强化政治责任，始终旗帜鲜明讲政治。筑牢“四个意识”，坚定“四个自信”，做到“两个维护”，把党的领导体现到新媒体各领域、各环节。要发挥特色优势，构建网上网下同心圆，使新媒体成为党开展宣传思想工作的重要增量。要着力提升新媒体内容的思想内涵和审美价值，传播主流价值观。要守正创新，努力做新业态新服务开拓者，在坚定方向、坚守正道的前提下，更加注重创新性发展，深度挖掘受众需求，强化专业运作模式，丰富内容服务样式，积极拥抱大数据、超级计算、人工智能等最新技术，寻找业务创新与技术创新的结合点，更好满足人民群众多样化的新期待，始终走在时代前沿、引领风气之先。

新时代的新媒体发展，肩负着新使命，更应当有新气象新作为。让我们更加紧密团结在以习近平同志为核心的党中央周围，不忘初心，牢记使命，凝心聚力、锐意进取，奋力开创新媒体繁荣发展的新局面，为实现中华民族伟大复兴的中国梦作出更大贡献！

增强“四力”守正创新 多出群众喜爱的融合精品

中国记协党组书记、新媒体专业委员会主任　胡孝汉

今天，新闻战线各方代表济济一堂，共同举办2018中国新媒体大会。举办这次大会得到中宣部领导同志的关心指导，得到专委会成员单位的大力支持。我代表中国记协，代表新媒体专业委员会，对大家在百忙之中赶来参会表示诚挚的欢迎！对大家为开拓新媒体事业作出贡献表示由衷的敬意！

建立新媒体专业委员会，是党中央交给中国记协的一项重要政治任务、一个重大改革项目。对此，中央在相关文件、意见中作出了部署，中央领导同志在讲话、批示中作出了指示。中国记协新媒体专业委员会自2018年7月成立并运行以来，就逐步开展从业人员培训、媒体融合奖项评选、组织主题采访活动等，并把筹备大会提上议事日程。

举办中国新媒体大会，是中国记协贯彻中央精神、适应业界需求，加强新媒体服务工作的重要举措。本届大会主题为：增强“四力”，守正创新，多出群众喜爱的融合精品。这表明：专委会和大会就是要突出政治引领，突出内容建设，突出队伍建设，致力于搭建新媒体新闻信息传播工作者交流平台，树立媒体融合内容建设标杆。

中国记协及其新媒体专委会将落实中央领导指示要求和中宣部部署，服务新媒体建设，努力做好几项重点工作：

一是抓好培训教育，加强政治引领。开展马克思主义新闻观培训教育，是中国记协的一项重点工作。从2018年开始，我们牵头举办的各类培训中，比如全国经济媒体培训班、行业类媒体负责人培训班、新闻摄影记者培训班、晚报负责人培训班等，都

把媒体融合作为重要课程，都把新媒体从业人员纳入培训范围。近期我们正在组织新媒体采编骨干培训班，今天参加大会的就有培训班学员。今后，我们将继续加强新媒体从业人员培训教育，拓展渠道、创新方法，使这项工作常态化、规范化、科学化，引导新媒体工作者坚定“四个自信”，树立“四个意识”，提高政治素质，提升业务本领，锐意创新创造，锤炼优良作风，自觉把增强“四力”、“四向四做”的要求贯穿到工作的各个环节。

二是做好奖项评选，立好范本标杆。中国记协重视树立评奖导向，引领新媒体发展。从2006年开始，中国新闻奖设立网络新闻奖项。10多年来，评选出了一大批优秀网络作品。经中央有关部门批准，2018年中国新闻奖增设媒体融合奖项，评选名额达50个，增幅达到16.7%。同时，强化示范引领，在评选标准中增加“践行四向四做”“增强脚力、眼力、脑力、笔力”等要求。本届中国新闻奖媒体融合奖项获奖作品中，既突出党的十九大胜利召开、建军90周年、香港回归20周年等主题宣传，又突出追寻红色足迹、记录公仆之路、展示领袖形象等专题报道，题材丰富，形式多样，许多都是“刷屏”之作、“爆款”产品，集中体现了媒体融合发展的进展成效。在稍后的主题演讲中，新媒体委员会副主任委员、中国新闻奖媒体融合奖项评选小组召集人曾祥敏同志，将全面介绍中国新闻奖第一届媒体融合奖项评选情况。今天下午，媒体融合奖项一等奖采编团队代表还将和大家共同分享创作经验，评委代表还将现场点评总结，也欢迎大家一起互动交流。希望通过赏析、点评、分享，让大家更多了解好新闻背后的好故事，共同创作更多正能量充沛、传播效果良好的优秀作品。

三是建好评价体系，推进行业自律。中国记协新媒体专业委员会依靠委员、顾问的主动作为，积极探索完善扁平化、垂直化、项目化的服务协调机制，逐步融入中国记协各项事业。中国记协新闻道德委员会把媒体社会责任报告制度推广到新媒体领域，对加强新媒体诚信建设起到积极作用。专委会启动新媒体传播实效评价体系建设，将依托主流媒体自主平台数据资源，运用人工智能、区块链等技术手段，逐步建立导向正确、标准客观、评估专业、体现公益性、体现融合发展科学化水平的综合评价体系，把主管部门指导和受众感受、同行评议统一起来，把符合“四力”标准的新媒体新秀选出来，当好引领新媒体内容建设的“指挥棒”。

四是开展品牌活动，践行“四力”要求。中国记协新媒体专业委员会成立以来，以践行“四力”为主线，组织新媒体参与中国记协品牌活动。比如，在2018年中国记者节特别节目“好记者讲好故事”中，山东广播电视台融媒体中心记者崔真真通过“三双鞋子”的故事，讲述了自己作为新媒体记者增强“四力”的转型历程，受到新媒体同行关注。在中国新闻奖、长江韬奋奖颁奖报告会上，广西日报记者谌贻照作为媒体融合奖项获奖者代表，介绍了自己用好新媒体、在突发事件中做好应急报道的经历，受到中央领导肯定。比如，中国记协组织新媒体参加庆祝改革开放40周年系列主题采访，走进广州、珠海、深圳等开放前沿，寻访山东临沂等革命老区，深入江苏、河南等发展热土，用脚力丈量改革足迹，用眼力发现闪光事例，用脑力感受时代脉搏，用笔力展现发展成就。前不久，中国记协组织的新媒体“强四力 助攻坚”甘肃陇南扶贫集中采访，运用网站、客户端、微博、微信、微视频等各种渠道，采取现场直播、无人机拍摄、交互式游戏等多种方法，一路走一路发，发稿量、点击量、转载评论都颇可观。

中国新媒体大会是新型主流媒体研讨内容建设的平台，以研讨媒体融合奖项优秀作品为特色，突出内容建设和队伍建设。由于我们是首次主办，加上筹备时间和条件所限，还存在许多不足之处，有待今后改进和提高。希望大家共同努力，把一年一度的中国新媒体大会办成专委会委员碰头会、媒体融合工作推进会，办成融合精品“博览会”、新媒体同行的“研讨会”。

最后，祝媒体融合之路越走越宽！祝媒体融合精品越来越多！祝中国新媒体大会越办越好！

面向时代面向未来的创新性举措

中央网信办网络新闻信息传播局副局长　符雷

今天我们聚集在这里，亲历、见证、参与2018年中国新媒体大会，借此机会和大家分享三点感受。

第一点感受，中国记协着眼于团结引领新媒体及其从业人员，积极践行习近平总书记的“四力”要求，坚持守正创新，生产更好更多的融媒体产品，并专门成立新媒体专业委员会推动这项工作，这是中国记协面向时代、面向未来的创新性举措，具有十分重要的意义。总书记指出：网信事业代表新的生产力和新的发展方向。从国际视野来看，互联网诞生仅50年，进入中国20多年，已经在促进新的生产力发展、构建新兴生产关系上发挥越来越重要的作用，客观上挑战传统的政治治理体系、经济发展体系、社会管理体系以及舆论传播体系。从国内传播格局来看，互联网已成为我国正面宣传和舆论引导的主阵地，不断加大人力、物力、财力的政策支持力度，这是历史大趋势。积极适应这种大趋势，不断夯实新媒体平台建设，引领新媒体及其从业人员切实践行“四力”要求，生产更好更多优质内容产品是时代赋予的使命。

第二点感受，我们应充分认识到信息技术迅猛发展给互联网内容建设提出的新要求，迫切需要加快提高网络内容从业人员的整体素质，积极锻造更多高传播力和高影响力的新媒体平台，用更好更多的新媒体产品丰富网络空间。习近平总书记明确提出建设网络强国的“五个要强”，“内容要强”是其中的核心构成，当前互联网已经成为老百姓的主要生活方式和精神生活的重要来源，网络新闻、网络视频、网络音乐、网络文学等用户规模已分别超过了6.5亿、5.7亿、5.5亿、3.7亿，但网络优质内容的供给却不平衡不充分，内容的粗浅化、同质化现象严重，不少无价值、无营养甚至低俗、庸俗的内容充斥其中，迫切需要引领新媒体及其从业人员秉持服务国家、服务社会、服务人民的价值理性和精神追求，提高内容产品质量，加强网上正面宣传，扩大网上正能量的辐射范围。从这个意义上讲，引领新媒体及其从业人员切实践行“四力”要求，生产更好更多的优质内容产品是优化网络内容供给的迫切要求。

第三点感受，认真贯彻落实习近平总书记提出的“四力”要求，切实抓好网络新闻信息从业人员队伍的建设，大力传播时代强音，迫切需要加大工作创新力度。总书记讲“新领域要有新政策，新事物要有新手段”，近两年来，中央网信办以项目为依托，推动深入基层，既突出主题宣传，又着力锻炼队伍，每年网络新闻采编人员不少于5000人次深入基层深入一线；以精品为导向，提升政治素质，网络精品生产既激发队伍创造热情，也提高队伍政治素质，积极探索生产坚持正确政治方向、舆论导向和价值取向有机结合的网络产品；以培训为牵引，增强专业素养，组织全国网信系统加大对网络新闻采编人员教育培训工作，每年培训不少于6000人；以管理促规范，推进完善机制，积极探索互联网新闻信息服务从业人员管理途径。在这一进程中，也特别期待相关部门和媒体平台在发挥各自优势、加强队伍建设、完善体制机制等方面更加深入地协同发力，为提高网络新闻信息从业人员队伍的整体素质、营造积极健康向上的网络空间发挥更具建设性的作用！

守正创新，让新型主流媒体强起来

人民日报社副总编辑　卢新宁

很高兴受邀参加首届中国新媒体大会，如此鲜明地将新媒体列为主题，再次表明了主流媒体改革创新的壮志雄心。

这次会议的主题也是新媒体，自2014年中央提出推进传统媒体与新兴媒体融合发展以来，主流媒体获得最大发展的版块也是新媒体。以人民日报为例，我们的新闻客户端是2014年6月12日上线的，现在的下载量已经超过2.5亿。央视、新华社等兄弟媒体新媒体发力也是在这几年。可以说正是在融合发展国家战略的推动下，我们用旋风般的集体崛起，重构了新媒体舆论版图，改变着中国的新媒体生态。四年甚至更长的时间里，我们用共同的努力证明了我们这些做传统媒体的人、这些有传统基因的人，也可以在新媒体的战场上开疆拓土、英勇厮杀。

但我今天还是想让交流的主题聚焦在融合发展上。因为这是主流媒体面临的最大难题，也是党中央交给我们的时代课题。2018年8月的全国宣传思想工作会议上，习近平总书记再次提到融合发展，并要求推动宣传思想工作不断强起来。如何让传统媒体和新兴媒体不再是“左手一只鸡右手一只鸭”？如何让我们作出新意、作出光彩的新媒体更好赋能我们的舆论引导能力？如何在全媒体舆论场多出精品提升主流媒体影响力？立足新方位，主流媒体也需要跨过“相加”到“相融”，变“惊险的跳跃”成为“光荣的跳跃”，让新型主流媒体真正强起来。

如今看来，这关系未来的关键一跃还有不少挑战，至少有四个课题等待我们一起破解。

第一，媒体融合向纵深推进，下一步主攻方向是什么

推进融合的最大背景是什么？这一点大家有共识，就是移动互联网日益成为信息传播的主渠道，成为新闻热点生成、舆论发酵的主要策源地。当下互联网就像水和电一样，是基础设施，各行各业都离不开。既然这样，融合必然要围绕着互联网来进行，而不是围绕着其他什么来进行。

有人会说，这个还需要说吗，这是最基本的道理。但从当前融合实际来看，这个道理还真需要认真、仔细、彻底地说一说，因为我们需要真材实料的互联网化，而不是敷衍的、表面的、"看起来很美"的互联网化。前几天，我的同事去一家媒体调研，听到一位新媒体部门负责人感叹，采编部门搞考核，有一些记者编辑在部门里排名靠后，部门主任说再这么下去，你只能去新媒体了。传统业务和新媒体业务割裂，传统业务干不好去干新媒体，这是我们要的融合吗？这样的互联网化有出路吗？恐怕没有。

几年来，我们不敢说对该怎么做弄清楚了，至少对怎么做不行有个认识。融合是化学、生物学的重构与演进，不是简单的物理搬家，带着原先的锅碗瓢盆换个地方另开张；融合是在互联网上找差异化发展空间，不是"村村点火、户户冒烟"的重复建设、盲目跟风；融合是全面的，而不只是单兵突进，即使是传统业务的部分，也不应当与互联网隔绝；融合是全员的，而不是少数人转场分灶，多数人"涛声依旧"。记得前不久，主管部门一位领导说，看一家媒体是否真正融合了，只要看看是不是还有领导在分管新媒体，如果有就说明还没有融合。这话耐人寻味、入木三分。正因为如此，强调互联网化这个方向还是很有必要的。

坚持互联网化这个主攻方向，就应当坚持把握互联网规律、树立互联网思维、对标互联网行业，真正重构媒体自身。2018年9月中宣部在解放日报办深度融合现场会，我很受触动，上观和解放日报探索的核心就是坚定走互联网化道路，彻底面向互联网转身。这几年，人民日报以项目为依托，以中央厨房为抓手，推进面向互联网的渠道、生产、数据三个维度的变革，进而努力实现面向未来、适应互联网发展趋势的架构重构。我们提出：走出"报纸正规军"与"网络预备役"的误区，将专业人才向主阵地汇集；摒除"报纸主业"和"网络副业"的偏见，将优质内容向主阵地汇集。编委会不久前刚刚决定，打造一个全新的项目孵化、创新驱动、产业赋能新平台，相信也将对进一步以互联网化为方向、推动深度融合发挥重要作用。

第二，移动互联网进入下半场，怎样继续聚拢用户、留住用户

能否吸引更多用户，是检验新型主流媒体是否强起来的标志。数据显示，中国移动互联网活跃终端量已经突破11亿。毋庸置疑，移动互联网已经成了新闻传播的主场，而且这个主场可能已经进入了“下半场”。伴随着智能手机普及，2013年到2015年随着换机潮带来狂飙突进的用户增长，已经一去不复返，移动互联网用户进入了高位稳态区间。

有媒体同行感叹：“紧赶慢赶作出了夏装，穿了没两天，还没进场，天就凉了。”这个说法有一定道理，进入“下半场”，移动互联网用户拉新、促活难度提高，获客成本大大增加，这让移动互联网参与门槛提高了；但这个说法也不完全对，进入“下半场”，内容本身作为入口的价值空前提升，各类互联网平台都在希望通过更多、更好、更精准的内容提升用户活跃度、延长使用时长，无论是传统内容平台，还是过去做搜索、做浏览器、做电商、做工具的应用，都在做信息瀑布流，争夺用户资源，实现流量变现，这对媒体来说是一个新机遇。

当然，内容价值回升并不会天然带来利好，关键看我们自己够不够努力。当前技术进步方兴未艾，大数据、云计算、人工智能、区块链等快速发展，5G商用在即，这都是我们应当研究的课题，特别是能否顺应智能化、平台化、可视化三个趋势，将是决定我们能不能聚拢用户、留住用户的关键。

首先，媒体的智能化。智能化其实体现在很多方面，当前我们最关心的是信息智能分发，也就是“算法”。如果说“前智能时代”是人找信息，那么“智能时代”就是信息找人。这是信息分发方式的巨大变革，它的本质是向互联网用户的主体性、自主性致敬，是体现互联网精髓的路径选择。当然，算法本身如果不加以控制，也会带来问题，有些问题还很严重。以主流价值来驾驭算法，不是对算法的否定，而是对算法的深入。目前，人民日报新媒体正在进行主流媒体算法的研究，已经进入开发的实质性阶段。我们相信，内容算法将成为智能媒体的基础能力。

其次，媒体的平台化和平台的媒体化是必须重视的趋势。这方面大家体会也很深，不是说大家都要自己去建平台，这需要根据自身实际选择，但平台本身所具有的价值肯定是无可替代的。目前，人民日报重点建设的人民号平台、全国党媒信息公共平台等，也是基于自身职能定位的考虑。

还有就是可视化，如果再聚焦一些就是短视频。有人说是移动加视频，带来了意想不到的化学反应，绝不仅仅是把电视搬到手机上。最近广州落幕的中国国际纪录片节，浙江卫视导演许继峰分享了他拍摄《孤山路31号》的故事。这部纪录片视角和拍摄手法独特，项目开始第一天，他就开通了一个“西泠不冷”公众号，首先以片段的分享，和粉丝互动并接受大家的批评建议，进而也在电视大屏上获得超高收视率，小屏与大屏获得流量闭环。另一位导演张景寻访199个手艺人拍摄了《寻找手艺》，被传统电视台因声音不行、画面不行、不够专业而拒绝，却在“B站”意外走红。还有人民日报新媒体推出的31个《中国一分钟 · 地方篇》系列微视频，以“一分钟”为刻度，用小切口撬动大主题，持续占据微博热搜榜首。现在有种说法，短视频本身已经成了主流媒体，这个说法很深刻。在这方面新型主流媒体该如何布局，值得我们认真思考。据我所知三大台气魄宏大有大手笔，人民日报也在加大力气发展人民网的人民视频项目，人民日报新媒体也将推出全新的PUGC短视频聚合平台。

第三，互联网“原住民”全面入场，如何用好内容黏住“新生代”的心

内容创新是主流媒体推进深度融合的根本，也是我们的本分，总书记强调要“用内容优势赢得融合发展优势”。几年融合实践，我们在互联网传播的大海中学游泳，体会到了水深水浅，也感受到了水温几何。我的一个突出感受是，只有正确定义“内容优势”，才能有效使用“内容优势”。

何为“内容优势”？这四个主流媒体经常说的字到底意味着什么？我感觉有两层意思：首先，面向互联网大潮，我们要坚定自信，坚守政治和社会责任，生产有思想、有价值的内容，这是刚需，是我们的核心优势。同时，我们也要分外清醒，不要“自作多情”以为把传统媒体上的内容搬迁位移就自然有优势，也不要“自说自话”指望有思想高度和价值高尚就自然有效果，不要“自娱自乐”迷恋声音大些调门高些就自然有影响。保持“内容优势”固然需要“内容定力”，但更需要“内容魅力”，要善于把“有意义”的做得“有意思”，再把“有意思”的做得“有价值”。

如何增加内容魅力？我们感觉第一要旨是研究用户需求。当前特别需要关注用户世代的更替。对于移动互联网来说，技术和人群的迭代，往往引发秩序重建和生态变迁。推动新型主流媒体强起来，必须用好内容黏住新生代的心。有人说，“95后”是互联网的原住民，“00后”是移动互联网的原住民。当我们还在反复强调培育互联网思维的时候，“00后”已经是自带网络基因、拥有个性需求、具备创新思维。当下，他们已经开始走进大学，即将进入职场，这群移动互联网的“原住民”将全面入场，即将成为我们所要面对的主流用户群。面对他们，我们需要考虑的是，党的意识形态如何赢得青年一代？

这几年来，人民日报在赢得年轻人上作了不少努力。比如，改革开放40年主题宣传，怎样才能触达更多年轻人？我们精心打造的“时光博物馆”成了年轻人的“网红打卡地”，一经推出就引爆线上线下。在北京三里屯大家冒着寒风，自愿等待四五个小时排队入场，有观众甚至从澳大利亚飞回北京就为了看一眼时光的记忆；在上海长宁来福士广场，大家在雨中排起的长队绕了广场好几圈；在深圳万象天地，一家几代的深圳人一起来到时光博物馆，追忆他们离开老家，追寻梦想的起点和初心，感人至深。时光博物馆吸引的主要人群是都市年轻人，能让他们觉得观看、参与主题宣传是一件很酷的事，值得发微博、发朋友圈向朋友炫耀，背后的规律值得深思。

记得去年有个很火的视频，是一位大学老师在网络综艺节目中的8分钟演讲，叫《菜市场里的“两个中国”》，他分析了短缺时代和丰裕时代成长起来的不同中国人的习惯的差异。年轻人对自身体验、品质感的追求，对时代脉动点的把握与感知，其实就是内容创新应当捕捉的“痛点”。他们需要“有谱的内容”，热点的反转和信息混乱，让主流媒体的权威准确成为稀缺品；他们需要“有料的内容”，在垂直领域中，年轻用户对专业的追求十分苛刻，因为用户本身具有相当高的水准，大路货、温吞水会被自然淘汰；他们需要“有用的内容”，真正的“爆款”都是可以使用的内容，能够获取资讯、表达情感、实现互动，就会赢得更多关注，赢得更多转发；他们需要“有范儿”的内容，陌生化表达，对个性的彰显、个体价值的尊重，内容不仅是满足需要，更能证明自己的存在。

时光博物馆的设计就充分考虑了这些需求，它不仅是个线下快闪店，更成了线上的话题中心，我们制作了大量相关的视频、MV、快闪，全网总讨论量超过30亿次。当然，它最终还是实现了有分量，按照中央领导要求，整体迁入国家博物馆加入“伟大的变革”大型成就展。时光博物馆成了人民日报任仲平文章、中央广播电视总台新闻中的场景，我们专门在头版发表《今日谈》评论，剖析时光博物馆火爆背后的民意。通过这种方式，传播在传统媒体与新兴媒体之间，在线上与线下，在官方与民间实现了有效的同频共振。我们的同事告诉我，时光博物馆里最受欢迎的环节，就是打印一份出生当年的人民日报，这个细节意味深长，可能就是我们融合的初心吧。

第四，“闪击战”打出了声势，未来如何打好真正的战役级别的“阵地战”

几年来，融合发展让主流媒体的优质产能“井喷”，网上那些“亿级”的现象级产品，我们的军装照H5，还有央视、新华社的很多产品，大多数来自主流媒体，以至于商业平台都感叹“精英在党内”。通过一次次的“闪击战”“破袭战”，我们打出了声势。但也感到，内容产品层面的成功融合案例，只是媒体融合发展的一个火花。对主流媒体而言，最大的挑战，就是如何推进新闻生产方式和体制机制的深度融合，打好真正的战役级别的“阵地战”，从而使新型主流媒体占据舆论场上的优势和强势。

我们感觉，除了用技术这个“硬件”和机制这个“软件”，为深度融合“赋能”

之外，“人”是最关键的核心因素，也可能成为最大的制约因素。人是全媒体时代最宝贵的财富。事实上，那些最有创意的策划、最有意思的新媒体内容，往往来自于传统媒体的媒体人，我们的H5军官照创意来自于原北京分社和现在政文部的记者；“中国一分钟”的创意是来自于原来海外版的记者。我们的人出去市场价格都很高，关键是如何留住、用好这些人。而总书记要求的“不断增强脚力、眼力、脑力、笔力”，也需要靠体制机制变革激发人才潜力来实现。

这些年，人民日报不断调整自己的机制，报、网、端三块在打通，策、采、编、发的流程在重构，我们用人机制也稍微灵活了一些。人民日报新媒体启动项目制用人，人民网高薪招贤纳士，都是希望向社会传递我们的决心。但下一步，除了我们自己要努力，更需要管理部用改革为我们清除人、财、物管理的重重障碍。只有最大程度激活人的力量，把主力军稳住了，留住主流媒体优秀人才，吸引更多的人才，提升在全媒体舆论场主流价值的输出能力，才会有“诺曼底登陆”的最终辉煌，而不是“敦刻尔克大撤退”的黯淡无光。

今天，主流媒体正站立于时代的风口。我们现在所处的，是一个船到中流浪更急、人到半山路更陡的时候，是一个愈进愈难、愈进愈险而又不进则退、非进不可的时候。尽管困难重重，但我们依然相信，热情拥抱互联网，善于运用互联网，真正做到“合而为一”，我们就一定能够为主流媒体赢得一个崭新的未来。

担负起新时代主流媒体的职责使命

新华社副社长　刘思扬

先给大家介绍两个短视频：第一个，是前不久南昌广播电视台发布的一条现场云报道，用短视频记录了一位参赛选手为了完成和儿子的约定，手握去世儿子照片，坚持跑完马拉松比赛全程的故事。第二个，是2018年9月广西贺州交警支队发布的一条现场云报道。老人颤颤巍巍过马路，骑摩托的男子只身挡住车流为老人守护。

“现场云”，是新华社着力打造的现场新闻移动直播平台，2017年2月19日正式上线。入驻用户用一部手机，就能通过这个平台开展形态丰富的直播，既可以是视频直播流，又可以是文字、组图、短视频，所有报道自动汇集成一个页面，以H5形式在“两微一端”等平台终端上展示。

这两个短视频，都源于“现场云”用户采集的全媒体素材，这些暖人小故事，经过剪辑加工，在新华社“两微一端”和新媒体供稿线路播发，向其他商业网站和新华社海外社交媒体平台分发，产生广泛影响，视频全网浏览量都很快突破千万人次。广西贺州男子守护老人过马路的视频，通过新华社海媒平台传播后，海外网友浏览量1.5亿，点赞量超过4000万，形成世界级影响。

一条平常的地方新闻，在短时间迅速产生世界级影响，这在过去是不可想象的。随着信息传播技术飞速发展，媒体格局、舆论生态发生深刻变化，通过融合发展促进媒体协作，连接受众、联通世界，成为做大做强主流舆论、塑造良好舆论生态的重要方式。

今天，加入“现场云”的媒体和党政机构用户达2992家，注册采编人员3.3万，每天发起直播379场。到今天为止，“现场云”累计发起直播11万场，发布报道80万条，短视频36万条，突发直播最高访问量超过120万，活动直播最高访问量超过720万。到今天为止，已经有90家媒体的106名采编人员来到新华社“现场云”总部，完成为期1个月的“嵌入式”培训，另有1000多名采编人员接受在线培训。去年“现场云”荣获中国传媒年会“媒体融合特别奖”。

新华社是国家通讯社。过去，我们和用户的关系主要体现在供稿上。新形势下，新华社以媒体融合为契机，通过打造“现场云”平台这样的探索，创新与媒体用户的生产协作方式，整合开放多元分发渠道，免费提供技术平台和培训服务，让更多媒体搭上国家通讯社融合发展的快车，共同做大做强主流舆论。

在2018年召开的全国宣传思想工作会上，习近平总书记提出了“举旗帜、聚民心、育新人、兴文化、展形象”的使命任务。总书记强调，要牢牢把握正确舆论导向，提高新闻舆论传播力、引导力、影响力、公信力，唱响主旋律，壮大正能量，做大做强主流思想舆论。

无疑，今天的思想领域呈现多元多样多变的特点。做强主流舆论成为主流媒体使命所系、职责所在。所谓主流舆论，我以为，是占据舆论主导地位、反映时代主流本质、体现社会发展方向，并且产生广泛影响的思想舆论。主流舆论的“主流”，是价值观的主流、议题的主流，也一定是影响力的主流，体现了鲜明性、准确性、生动性的特性。它要求我们坚定政治方向，站稳人民立场，敢于澄清谬误，努力提升新闻报道的“高度”；要求我们加强调查研究，主动设置议题，把握时度效，努力增强引导舆论的“精度”；要求我们活学活用群众语言，创新传播手段、表达方式，努力体现新闻报道的“温度”。

提升“高度”，增强“精度”，体现“温度”，就是守正创新，就是做强主流舆论。为此，我们要在三个方面下功夫。

第一，在基础性工作上下功夫，聚焦新闻报道主业，回答好高举什么、反对什么的问题

做大做强主流舆论，要高举新时代中国特色社会主义旗帜，突出做好习近平新时代中国特色社会主义思想宣传报道。两年前，新华社成立“第一工作室”，专门负责习近平总书记报道，推出了《领航》《誓言》《大道之行》《那年，我们21》《红色气质》《四个全面》等一大批体现“高度”“精度”“温度”的融媒体产品，在国内外产生强烈反响，其中《誓言》被国家博物馆“复兴之路”收展。我们将进一步完善工作机制，加强习近平总书记报道，既从理论、历史和宏观角度组织好宣传报道，也努力推出更多沾泥带露、形式活泼、文风清新的精品力作，推动习近平新时代中国特色社会主义思想深入人心、落地生根。为了源源不断推出优质内容产品，2018年1月，我们提出“每日有重点，每周有力作，每月有精品”的融合产品生产目标，并通过一系列制度性措施确保实现。2018年以来，浏览量过千万的融合产品超过100个，其中过亿产品48个，较好地发挥了舆论引导主力军、主阵地、主渠道的作用。

做大做强主流舆论，还要聚焦党和政府明令禁止、人民群众深恶痛绝的问题现象，敢于亮剑。这两年，我们加大舆论监督力度，推出校园“毒跑道”、洞庭湖“私家湖泊”等一批有影响的报道，直接推动相关问题解决。我们将按照中央要求，努力在舆论监督和热点问题报道中引领舆论，做到“坚持真理不含糊，明辨是非敢担当”。

第二，在关键要害处下功夫，推进深度融合、整体转型，回答好“融为一体、合而为一”的问题

一是解决好思想观念问题。传统媒体时代，一场重要活动报道，写几条文字稿，拍几张照片、几段视频，纸媒、电视就够用了；融合发展初期，将文字、照片、视频放在一起播发，就是融合了；而现在，我们不仅要多拍照片、多拍视频，还要根据不同受众需求，制作适配不同终端，尤其是移动终端的动图、全景、短视频、轻应用、表情包等，甚至还要与受众互动，根据互动UGC（用户生产内容）内容进行二次传播，拓展的内容、使用的形式、产生的效果都比过去大了几个量级。

最近，围绕纪念改革开放40周年，我们推出《父亲·我们·时代》《留声40年：那些改变你我的故事》《时代记忆通讯社》《我梦想，我奋斗，我奔向》等一大批创意十足、浏览量过亿的融媒体产品，充分体现新媒体时代个性化生产、可视化呈现、互动化传播的特点。

以《留声40年》为例，专家评析：音乐是时代最好的记录方式之一。《留声40年》从最微观视角出发，以大众最熟悉的“音乐”为切入点，以1978年—2018年40年来不同时代音乐为主线，通过“音乐影像展”、六个时代金曲为主题的沉浸式场景车厢形式，将征集的受众感言融于其中，生动、丰富、立体再现了40年中国音乐的发展历程，给人们生活带来的改变，具有“以声见大”的时代高度，意义非凡。

〔UGC内容〕3年前，我们一家人被困在了也门，外面不时传来战机轰炸的巨响，时有时无的手机讯号让所有人都陷入了恐慌，直到看见海上熟悉的灰白战舰和五星红旗，大家激动地相拥而泣。那一天，在回家的船上，不知道谁起了个头，大家边哭边笑地唱起了这首歌。

——新华社客户端用户“W先生”与《我爱你，中国》的故事这些UGC内容二次加工后形成的报道，在新华社微信公众号播发后10多分钟阅读量就达到10万+。PGC（专业生产内容）和UGC相互融合的交互方式，产生了神奇的传播效果。

我们要进一步强化互联网思维，牢固树立一体化发展、移动端优先理念，紧跟移动化、场景化、可视化、智能化趋势，加强传播手段和话语方式创新，让新闻宣传更富时代性、更有实效性。

二是解决好体制机制问题。体制机制问题不突破，就不可能实现真正的融合发展。要通过体制机制改革，彻底破除制约融合发展的障碍。比如，融合发展的基础问题是资源整合问题，为了打破部门分割，做到融通共享，我们正在建设集中统一、融会贯通、高效共享、安全可靠的基础数据库，全面整合新闻信息资源，为融合发展和业务创新提供有力保障。通过深入调研，我们已制定适应融合发展要求的体制机制改革方案。明年，我们将通过一系列体制机制改革，使具有通讯社特色的融合发展新模式更加高效，“融为一体、合而为一”实现突破性进展。

三是解决好产品生产问题。融合发展的成效，归根到底要靠内容产品检验。近年来，我们推动内容与创意、技术、渠道等全方位、全链条融合，加大产品供给，取得重要突破。仅常态化运行的融媒体栏目“新华全媒头条”，就实现年均发稿300多组，新华社两微一端平均点击超300万、传统媒体刊播平均超300家，去年成为首个获得中国新闻奖特别奖的融媒体栏目。随着5G时代到来，视频类产品将迎来大发展。我们提前布局，对加强创新视频业务作出规划，明年新华社原创短视频生产能力将大幅度提升。

四是解决好技术引领问题。先进技术是融合发展的重要支撑。随着人工智能技术异军突起，新闻生产传播模式正在重塑。我们推出全球领先的“媒体大脑”“AI合成主播”、媒体创意工场等重大举措，努力引领新闻业态变革，为优质内容打造提供强大技术支撑。2018年夏天，“媒体大脑”2.0版全面应用于世界杯报道，31天生产短视频3.7万条，最快一条生产仅耗时6秒。哈佛大学尼曼新闻实验室等研究机构评论说，“当美国媒体还在缓慢地引进人工智能技术，中国的新华社早已大步向前”。未来，我们将进一步加大技术创新力度，积极构建以智能技术为基础、以人机协作为特征、以大幅提高生产传播效率为重点的智能化编辑部，推动技术建设与内容建设深度融合，让先进技术为主流舆论插上腾飞翅膀，推动党的创新理论“飞入寻常百姓家”。

第三，在工作水平上下功夫，加强人才队伍建设，解决好增强脚力、眼力、脑力、笔力的问题

增强“四力”是加强队伍建设的关键。为此，我们制定了《关于增强“脚力、眼力、脑力、笔力”的实施方案》。

一是深入调查研究，不断增强“脚力”。调查研究是新华社的优良传统。近年来，我们深入推进“扎根工程”，大兴调查研究之风，在实践中锤炼思想、陶冶情操、转变作风、改进文风，涌现出大批沾泥土、带露珠、冒热气的作品。我们将持续推动采编人员到基层去、到群众中去、到生活中去，用脚步丈量民情，用真心体察民意，密切同人民群众的联系，做党和人民信赖的新闻工作者。

二是持续观察分析，不断增强“眼力”。要学习掌握历史唯物主义、辩证唯物主义的立场、观点、方法，紧紧围绕党和国家工作大局，把中央精神与基层实践结合起来，把国家发展与群众感受结合起来，把先进典型与生活实际结合起来，见人所未见、言人所未言，充分发挥主心骨、压舱石、定盘星作用。

三是强化政治意识，不断增强“脑力”。要始终践行马克思主义新闻观，准确把握时度效，抓住涉及治国理政的战略问题、广大群众关注的现实问题、国内外发生的热点问题，加强议题设置，以主流引领多元，让我们的议题成为引导社会舆论的话题，把人们的思想和行动更好地凝聚到奋斗目标上来，更好地发挥凝聚力量、鼓舞人心作用。

四是改进报道方式，不断增强“笔力”。从实践看，强化用户思维，增强跨界叙事能力，用心用情打造让群众爱听爱看、入脑入心的融合精品，能起到春风化雨、润物无声的效果。我们将继续加大创新创意力度，不断丰富和创新产品供给，推动内容优势源源不断地转化为传播优势，做大做强主流舆论。

守正创新，增强“四力”，是中央对我们的要求，融合发展、移动优先，是媒体发展大势。我以为，媒体融合不是封闭的，而是跨界、开放、包容的；不是单个媒体一家的独奏，而是各类媒体的集体合唱。让我们携起手来，解放思想、转变观念，加快推动深度融合，不断创新传播手段，努力构建全方位、多层次、多声部的主流舆论传播矩阵，合奏出“大珠小珠落玉盘”的传播效果，完成好党和人民赋予的职责使命。

守正创新出精品
做新媒体舆论场的价值引领者

中央广播电视总台中央电视台副台长　袁正明

中国记协举办首届中国新媒体大会，“增强‘四力’，守正创新，多出群众喜爱的融合精品”的主题很具体也很务实：“守正创新”是融合发展的根本方向和路径指引，“增强‘四力’”是融合发展的根本保障，“多出精品”是融合发展的主要着力点和落脚点，而“群众喜爱”则是衡量精品的重要标准。这四个关键词恰好说出了新媒体精品创作的“方法论”。这次大会为我们提供了一次难得的交流机会。在这里，我和大家一起分享总台组建以来在新媒体建设方面的一些探索和实践。

组建中央广播电视总台是中央打造现代新型主流媒体的重大战略举措，也是推进媒体融合发展的重要顶层设计，总的要求就是：要全力打造自主可控、具有强大影响力的新媒体平台，形成融合发展的全新格局。应该说，这是一个责任重大的新使命，也是一次前所未有的大机遇。

中央广播电视总台组建以来，首先提出了“台网并重、先网后台、移动优先”的发展战略。以守正促创新，以创新强守正，以三台整合为契机，着眼于有机融合、优势互补和激发活力，着重从六个方面重点发力。

一是以领袖的高度就是宣传报道追求的高度为标准，聚力打造总台“头条工程”，努力做到习近平新时代中国特色社会主义思想和总书记重要时政报道“天天见、天天新、天天深”。

二是精心培育评论品牌，推出“央视快评”和“国际锐评”，突出“真、短、快、活、强”的特点，不仅在电视上进行传播，也在网络上迅速成为热点，真正做到了重要讲话、重大活动、重大事件必发声，成为时政评论的“轻骑兵”。

三是全力推动重大报道的融合传播，博鳌亚洲论坛三台记者主持人首次以“总台呼号”亮相，此后的“上合组织青岛峰会”“上海进博会”“阿根廷G20峰会”等重大报道亮点频出，广播、电视、新媒体同频共振、深度融合，多终端、多产品、多平台多语种全覆盖，真正实现了“1+1+1>3”的整合传播效果。

四是倾力打造文化精品节目集群，贯通大屏小屏，以融媒体文化产品推动新思想传播，激活传统文化基因，弘扬主流价值，体现了文化创新内容的聚合效应。

五是快速布局5G技术，推出4K频道。改变长期跟随的思维惯性，顺应行业风口，抢占新技术制高点，用新技术赋能融合发展。

六是奠定未来产业新格局，建设长三角总部和长三角记者总站，此后还会有一系列大动作。以前所未有的开拓新姿态，打开发展新空间。

这些战略重点的布局为总台新时代高质量发展奠定了坚实的基础，也为“融为一体、合而为一”的全媒体建设提供了有力的保障。

守正创新要有大格局、大动作，要切实提升四种能力，即：内容生产力、技术驱动力、平台竞争力和生态链接力。

守正创新要有着力点、发力处，台领导有一个流传很广的说法：大象也要学会跳街舞，指的就是要我们在新媒体领域，要善于发力、精准发力、持续发力，以此为抓手，增强“四力”，不断学习和提升新媒体表达能力，创新创优出精品。下面，我想围绕大会主题，结合我们的实践探索，简单给大家介绍一下总台新媒体精品创新的一些点点滴滴。

一、以时政微视频为重点，探索新形态新表达

3集微视频《初心》是央视第一次将党和国家最高领导人的人物专题片，将首发平台从传统电视端移至新媒体平台，全网十天内阅读量达到12.36亿，创下时政微视频传播纪录。《初心》创作伊始就充分考虑到了微视频碎片化传播的新媒体属性和移动端用户的收视习惯，每集片长都不超过8分钟，简洁精要，长短适中。3集短视频不加一句画外音解说，全部用习近平总书记本人在资料片中的自述和历史见证者的回忆，生动具象，引人入胜。值得一提的是，《初心》不是一部旧有视频资料的再剪辑再汇编，而是一种全新的运作与创新突破。在节目的采编过程中，通过资料剪辑增加历史的厚重感，通过实地拍摄提高现实的贴近性，两者相辅相成、相得益彰。2018年以

来，总台共推出时政微视频作品60余条，其中《窑洞里的读书人》《家国天下》《鼓岭！鼓岭！》《从深圳到雄安》等微视频作品形成了“现象级”热播。

二、以大屏联动小屏，探索新互动新体验

大型文化节目的创新一直是我们的强项。围绕《习语近人》《国家宝藏》《经典咏流传》《中国诗词大会》等原创爆款节目，充分构建了全方位的融媒体传播矩阵，通过“一键触发”形成热点，打通内容、平台和渠道，用更亲切更具有代入感的新媒体传播手法、互动玩法吸引年轻观众，实现了现象级传播的效果。比如正在播出的《国家宝藏》结合李白《上阳台贴》”，与腾讯文创《王者荣耀》合作推出游戏角色李白的专属皮肤和文物知识问答互动产品。上线6天，产品总访问量达到2.9亿。2018年播出的大型节目《中国诗词大会》一经亮相就引发了广泛关注，刮起了一股古典诗词的中国风，比赛中一举夺冠的外卖小哥雷海为迅速成为“网红”，俘获了大批网民特别是年轻网民，被誉为“励志楷模”。

三、以用户为中心，探索新角度新观感

重大报道从来都是讲述中国故事最好的机会。比如朱日和沙场大阅兵直播我们搭建了多个特种设备：万象鹰眼、贴地机位、长颈鹿机位等，这些特种机位实时信号让人眼前一亮。整场阅兵的新媒体直播将传统的线性观看变为非线性交互体验，首次尝试“网民做导播，想看哪路看哪路”，直播过程中多种效果、特殊角度、极致体验任你选，真正让网民实现：选你最喜欢的，看你最想看的。去年两会期间，“中国之声”推出的新媒体原创交互式H5“央广主播的朋友圈”系列作品，将一个围绕两会内容生成的虚构朋友圈和真实的央广主播相结合，以大家非常熟悉的朋友圈表现形式，提升了报道内容的亲和力。

四、以新技术手段，探索新场景新应用。

特殊现场永远有着特殊的魅力。在“天舟一号”发射报道中我们应用VR直播的新技术进行了全程全景直播，开创了三个“首次”：首次航天领域VR直播、首次近距离全程直播火箭发射、首次在VR直播中引入专业讲解员，并且创造了100米的史上最近距离，全程直播火箭发射的记录。通过VR技术，观众可以通过屏幕直接感受火箭发射瞬间烈焰扑面而来的震撼冲击效果，还能在火箭吊装、转运等环节获得全方位

的沉浸式体验，仿佛身临其境。前方报道团队一名成员在施工过程中险些出现生命危险，事后很久他在朋友圈写道："如果有人问我：这个时代，你愿意为创新付出能承受的最大代价是什么？我的回答：可以是生命的代价！"2018年4月，叙利亚首都大马士革遭遇美英法"精准军事打击"。在这个空袭之夜，央视记者徐德智在大马士革驻地展开一场来自战地的移动直播，一个人肩负出镜记者、编辑、导播、摄像、卫星传送工程师、新媒体直播多重任务，实时带来战地的最新消息。

在探索实践中，我们深刻体会到，一个新媒体精品的产生考验的是脑力和笔力，凭借的是眼力和脚力，依靠的是思想的高度、发现的眼光、到达现场的脚力和表达方式的创新。脚力、眼力、脑力、笔力是相辅相成、有机统一的。

大家熟悉的微视频《公仆之路》可以说就是"四力"在重大题材创作中的综合体现。十九大这么重大的主题，如何开题，找准聚焦点？微视频《公仆之路》把"人民公仆"作为立意切入点，我们曾用"三个一"来概括它的创新性：一脉相承、一以贯之和一镜到底。中国共产党为人民服务的核心精髓一脉相承，总书记的公仆情怀一以贯之，用一镜到底做到了精准表达。微视频通过精选习近平总书记从政经历中最为典型的场景、图像、声音，综合运用一镜到底、三维投射等多种技术手段，在短短几分钟之内让主人公完成了48年的时空漫游，集中凝练地展现出习近平总书记"永远做人民公仆"的政治品格，再现了他从黄土地到中南海，初心不变、始终如一、为人民服务的公仆历程，全网播放量超过2.5亿次，产生了强烈社会反响。可以说，没有思想的高度，就无法做到精准艺术地表达，没有敏锐的眼力，就无法洞察现实的本质，没有深入一线，深入现场的功力，就不会有切身的感悟。

在探索实践中，我们更为深切地认识到，增强"四力"是我们新闻工作者永远不变的追求。

——要用新思想淬炼脑力，才能获得真知灼见。思想是魂魄是底蕴，是站位高视野远的根本保障。

——要用新视野提炼眼力，才能发现真材实料。有敏锐的发现，才有深入的思考，才能立足大时代，发现真问题。

——要用新实践磨炼脚力，才能传达真情实感。有了铁脚板，才会写出大文章。你离现场越近，观众离你越近。

——要用新表达历练笔力，才会被受众喜闻乐见。以主流话语塑造主流表达，最终赢得观众和用户靠的是千钧笔力。

互联网越来越成为传媒竞争的主战场，战场变了，打法也要变，但不变的是：增强“四力”，守正创新，为观众和用户提供更多更好的内容精品，让互联网这个时代的最大变量，成为主流媒体掌舵新兴舆论场的最大增量。面对新时代新使命，让我们新闻媒体人，共同用行动来回答这个充满魅力的“时代命题”。

融媒体的下半场
——主流媒体主导内容生态

光明日报社副总编辑　陆先高

站在中国改革开放40周年的历史节点，主流媒体都在思考我们的改革与创新。按照习近平总书记对宣传思想工作提出的要求，要巩固壮大主流思想舆论。要加强传播手段和话语方式创新，让党的创新理论“飞入寻常百姓家”。守正创新，是党中央对我们提出的要求，既需要增强脚力、眼力、脑力、笔力，以专业精神和专业能力提升核心竞争力，又需要以开放的眼界打破思维定式和路径依赖。移动互联网时代的新媒体发展，既要顺应技术变革的大势，主动迎接5G时代的到来，让主力军上主战场，又要不畏浮云遮望眼，守住根本，不忘初心。

这个“根本”就是机构媒体的内容优势和历史积淀。如果说，此前的几年，媒体融合大致完成了平台的搭建、资源的整合、流程的改变、技术的升级，那么今天，可以说已进入了融媒体的下半场，开始比拼核心竞争力。我们更需要专注于内容建设，重新寻求机构媒体主导内容生态的可能性。

我结合光明日报融媒体产品矩阵中评论、视频、直播3种类型产品的内容生产，分享我们的思考和体会。

一、评论立端、立网、立报，引导社会共识与中央决策同频共振

作为中央媒体，很难预测突发事件的发生，也很难保证记者能出现在第一现场并第一时间发出事件消息，最有可能的介入点是有了权威确认的信息源后开始发声。到了这时候，最有力量的形态就是时评、言论了。在这个领域，我们追求的最佳境界

是：让社会共识与中央决策同频共振。

光明日报全媒体、多终端刊发的不同形式的评论产品，贯穿着相同的理念：让社会共识与中央决策同频共振，找准社会治理提升与民众诉求表达的契合点。不使用说教口吻，也不简单消费公众情绪，而是站在党报的高度观察，站在民众的视角说话，既让读者心里认可，也为提升社会治理水平提出建设性意见。

这是我们的时政评论努力的方向。重大事件的时评文章，我们会把握三个原则。

第一个原则，把握历史大势，凝聚最大共识。习近平总书记提出的“形成更高层次改革开放新格局”，就是历史大势，也是最大的社会共识。以近来有关“民营经济”的这波舆情为例，在2018年9月所谓“民营经济离场论”出现之前，我们就刊发了一系列坚持市场导向改革的文章，如《亟需以纠正涉产权的冤假错案来安人心、促增长》《民间投资增速重现下滑再促保护产权》等。在“离场论”出现的次日，光明时评就刊发了《改革开放40年：更要坚定市场导向》一文，与人民日报、经济日报相关评论呼应，构成了巨大舆论引导力，最快速度廓清了噪音杂音，三家主流媒体不约而同联袂发声，在一定程度上为中央民营企业座谈会的召开作了舆论铺垫。这之后，光明评论又相继刊发了《发展民企，以竞争中性原则待之足矣》《以善治托底，为民企纾困》等文章，与中央精神保持一致，为善待民营经济反复呼吁。

这些文章，保持了稳定的价值观，形成了稳定的阅读期待，引领了舆论场上相关议题。我们认为，评论不只是输出新观点，更要反复重申基本原则与常识，保持大方向的清晰，这是凝聚上下共识最有力的抓手，既服务于党的新闻工作大局，也起到安定人心的舆论效果。

第二个原则，嵌入事态发展全过程，形成全方位解读与连贯性的舆论引导。对于一些热点事件，光明时评会持续关注，连续刊发评论，在事件发展的不同阶段以不同角度述评，对舆论的动态走向产生持续牵引作用。

以江苏昆山街头反杀案为例，在事情发生的初始，光明时评就发出由专业刑诉律师撰写的文章《反杀案防卫定性：公众朴素正义观与法律并不矛盾》，解析细节，梳理民意，提炼了网民的疑点所在，为昆山案定性提出具体意见；之后云南楚雄发生类似案件，光明时评又发出《楚雄版“反杀案”，再议正当防卫司法实践》一文，着重比较此案与昆山案细节中的区别所在，形成了舆论场前后语境相连的专业意见，解析个案的普遍性意义；在最高法关于正当防卫认定标准的司法解释出台后，光明评论很快又刊发《司法解释鼓励正当防卫体现司法人文关怀》一文，形成舆论与决策的呼应，从案件分析延展为制度建言。由此，光明时评实现了对突发新闻、同类事件关联、制度性解决方案的全面关注。评论紧盯舆论走向，实现了从“追着舆论走”到“领着舆论走”的格局转变。

第三个原则，坚持专业话语，将公共讨论引入社会治理。主流媒体也必须具有专业精神，不说外行话，打破空话、套话等套路，才能带来公众对评论话语的认可。评论需要将朴素认知、直观意见用专业语言表述出来，形成在专业领域内有价值、有分量的意见表达。在山东“于欢案”中，光明网评论员发文《试看于欢案以何种方式被写入历史》，文章提出“法律的诞生，就是对自然正义和人类价值的系统化和制度化”，正是这种将民众朴素情感转译和提炼的语句；国务院国资委印发《中央企业合规管理指引（试行）》，文件刚一发布，具有解读能力的舆论资源稀缺，光明时评刊文《合规管理体系建设是企业发展正途》，以中兴事件为标本解析了企业在走向世界的过程中合规管理的必要性，成为舆论场上少见的专业声音。这些评论，既提炼了民意，也提供了可供涉事部门、单位参酌的专业意见，贴合了社会舆论的时效性，也提供了治理层面的可行性。

在众声喧哗的舆论场，主流媒体评论的影响力来自公信力，公信力则来自对民意的回应、对社会治理建设性意见的表达，这也是主流媒体评论在突发事件舆论引导方面应当承担的职责。

二、报纸制作融媒体短视频，重在题材选择和议题设置

光明日报这样的报纸媒体做音视频产品，难点不只在设备与技术加工能力，还比如音视频素材来源的合法性、传播途径等，都面临考验。但我们也只能迎难而上，在题材选择、思想立意和内容视角上多下功夫，比如体现治国理政思想等重大题材的短视频作品，力争内容差异化，把焦点放在我们最有优势的领域和最有特色的视角上，寻找着力点。

我们成立了重大题材视频工作室，以选题立项、灵活组团形式打破部门界限，力图以机制创新激活内容生产力，让优质采编力量参与撰写和修改脚本，不断提升立意高度和文字表达，争取优势弥补短板。

2018年全国两会，我们推出“光明的故事”系列微视频作品，引发“刷屏式”传播，短时间达到1.4亿次的浏览量。这几个短视频作品，思想立意和特色视角是关键。比如，《朋友习近平》微视频反映了习近平同志在河北正定工作期间与作家贾大山的深厚友谊，创意源于光明日报曾经刊发的习近平总书记的一篇悼友旧文《忆大山》。另一个微视频《光明的故事》则是讲述了习近平总书记在人民大会堂会议合影时为

"中国核潜艇之父"黄旭华让座背后的故事。从我们自身特色和定位入手，抓住习近平总书记与知识分子间的深厚情谊，以小切口、大主题传达出习近平总书记对知识分子的关爱。

如果说，重大题材微视频，我们强调"同类主题、特色视角"，那么，在一些垂直细分领域，则强调的是"特色领域、众筹方式"。通过和今日头条、抖音等商业平台合作，利用互联网众筹，用户参与内容生产，然后在各平台上推送。作为机构媒体，我们既要利用UGC的生产能力，又要体现PGC的优势。强调机构媒体的议题设置话语权，引导和传播正确的价值观。

比如，2018年5—7月，我们组织了"感动毕业季"微视频征集活动，更多采用了PGC的方式，共收到来自全国百余所高校的作品。与此同时，我们的团队将发现的好线索进行追踪拍摄。比如，我们新媒体团队制作了《最后一节班会课》的微视频，表现浙江大学研究生支教团在大凉山留下的感动，分别制作出8分钟版、3分钟版、15秒抖音版。从传播特点看，体现了4个结合：网络与报纸结合，流量与质量结合，小故事与大主题结合，好内容与大平台结合。

回过头看，PGC的好处在于，征集的作品多为学校或专业机构制作，内容和质量总体水平高，参选视频在各平台总播放量超过2400万次。但PGC仍是传统的征集方式，结果是征集的视频制作大部分很精良，但缺少参与的广度，缺少众筹内容的丰富度。于是，在接下来的"开学季"短视频征集活动中，我们希望采用UGC。此时，团队内部出现了分歧：一种意见是与短视频商业平台合作，开设专题广泛征集；另一种意见是不宜采用此方式，担心用户上传的内容有潜在风险，万一视频内容出现问题，责任谁承担？这样的问题我们每天都能碰到，也在不断探索，如何既用好内容众筹的力量，又在内容筛选上体现编辑选优的主导力。

三、选择直播场景，引导手机直播内容生态

手机直播在这几年发展迅速，尽管其内容格调、受众群体广受非议，但一点儿没有耽误其在互联网视频内容传播领域的迅猛势头。作为中央新媒体，如何利用新兴的互联网产品形态和传播渠道，疏导和引领手机直播的内容生态，既是我们的政治任务，也是业务拓展的必要路径。手机直播几乎没有门槛，所以对直播内容场景的选择，是我们唯一要决定的。凭着直觉，我们选择了最熟悉、最擅长表达的领域。

高校是光明日报最具优势的领域，尤其是高校招生的信息传播，有品牌号召力，我们当年就是拿着一份光明日报填报高考志愿的。连续两年，我们推出了"高校招

办主任大直播”，2018年约120期，几乎覆盖了“985”“211”以及地区性和特色高校，约有1亿人次的观看和浏览量，成为高校直播的现象级产品。高招信息是刚需，利用直播的方式介绍学校的历史、现状、学院设置甚至校园食堂等设施，让考生和家长对自己感兴趣的学校专业环境有直观的印象并形成互动，这样的手机直播参与门槛低、互动效果好，显然大受欢迎。而且，在整个融媒体活动当中，考生、媒体、教育主管部门、网络直播主管部门，甚至各个参与合作的手机直播平台，在中央新媒体的资源整合过程中，形成了各方共赢、乐在其中的良性生态。

我们同时还探索了一系列的手机直播：比如推出“致非遗　敬匠心”系列直播，深入非遗文化发源地，走近非遗技艺传承人，让非遗“活”在大众身边，其中介绍天津杨柳青年画的那场直播，在线观看达到530万人次，成为非遗传播史上的奇迹；推出“博物馆奇妙之旅”直播活动，让博物馆以及镇馆之宝立体展现在用户眼前；还有联络网络红人，走进敬老院，慰问改革开放功勋老人，给了平日差异巨大的群体互相认识、了解、认同的机会，社会评价效果都非常良好。

对手机直播传播场景的追求，甚至倒逼我们进行相关技术创新。比如我们自主研制集成的多信道移动直播云平台，业界俗称“钢铁侠”，单兵作战，就能同时实现对16家手机直播平台的信道提供，在全国两会人民大会堂现场这样的特殊场景，主流媒体通过特殊装备占据大部分市场化直播平台的直播覆盖，主导了主题新闻在手机直播领域的传播路径，引起了业界的高度关注，也荣获了最新一届中国新闻奖融媒体二等奖。

今天，光明日报新媒体具备了一定的对外技术输出能力，包括给一些媒体同行、新成立的融媒体中心提供新媒体解决方案和技术支持。这样的尝试和努力，正是因为我们有这样的理念：机构媒体完全可以相互合作，取长补短，尤其是弥补技术、产品、渠道和平台短板，以更能发挥内容生产优势，引导和主导融媒体时代的内容生态。相信只要我们瞄准互联网技术发展大势，深耕垂直领域，不断激发内容生产力，就能在融媒体的下半场走得更稳、更远，就能在提升传播力、引导力、影响力和公信力上体现我们的作为和担当。

以深化改革推进深度融合
——解放日报深度融合、整体转型的探索与实践

解放日报社副总编辑　马笑虹

近年来，解放日报牢牢把握提升主流媒体传播力、引导力、影响力、公信力这一根本方向，坚持改革创新不动摇，以深化改革推进深度融合，探索走出了媒体融合从“相加”到“相融”的关键一步。

一、融合之路循序渐进

2013年，根据上海市委和市委宣传部的部署，解放日报制订新媒体发展五年规划和三年行动计划。作为三年行动计划的重点项目，2013年12月10日，定位为“精品阅读新闻类APP”的“上海观察”开始试运行，2014年1月1日正式上线。

2014年10月，解放日报全媒体采编平台上线，从技术上打通报纸和新媒体内容生产流程，实现新闻信息一次采集、多种生成、多元传播。

2015年4月，解放网试行频道负责制，内容制作权交给各采编部门，以此牵引带动纸媒、客户端、网站三大平台一体化发展。报社鼓励各采编部门积极探索发展新媒体，“伴公汀”“微观上海”等一批有影响的微信公众号相继涌现。

根据上海市委决策部署，2015年10月起，解放日报着手制订改革方案。2016年3月1日，解放日报深度融合、整体转型改革正式实施。

二、坚定不移战略转型

（一）明确目标方向。按照上海市委“脱胎换骨、腾飞发展、深度融合、整体转

型”的改革要求，报社提出了“一个目标”“一套机制”“两大产品”的改革思路。

一个目标：“十三五”期间，解放日报社要成为一家以互联网传播为主要渠道、以报纸传播为重要依托的新型媒体机构。

一套机制：建立适应互联网内容生产规律的新的采编架构、流程，配套建立合理有效的薪酬激励机制。

两大产品：《解放日报》着力成为互联网环境下的精品党报，精准传播中央和上海市委声音，权威解读市委市政府中心工作，强化深度、耐读等纸媒特色；“上海观察”瞄准“更快、更宽、更深”目标，着力成为上海市委在互联网权威发布的第一平台、上海市民及城市利益相关者了解上海的第一选择。

（二）扎实推进改革。解放日报社制订改革方案、落实责任，边探索边实践，边总结边深化，各项改革举措扎实推进。

一是改架构，探索“一支队伍，两个平台”。

深度融合、整体转型启动后，《解放日报》和“上海观察”（后改名为“上观新闻”）同时改版。报社将所有采访力量全部迁入上观，一支队伍服务报纸和客户端两个平台。

“部门制”改为“频道制”。《解放日报》除保留要闻编辑部、新闻编辑部、专副刊编辑部3个纸媒编辑部门外，其余部门全部迁移至上观，组建适应互联网传播形态的大频道。频道设总监，加强重点策划和导向把关。采编人员通过全员竞聘上岗。

栏目成为最基本的内容生产单元。频道下设栏目，栏目设主编。栏目既向上观供稿，也向报纸供稿。栏目由记者编辑自主申报、竞标产生。报社定期对栏目考核，考核不合格的予以淘汰，相关人员或加入其他团队，或重新申报新栏目。目前有栏目60多个。

试点栏目主编负责制。2017年6月，报社通过竞标推出“法治”“公共空间”“运动+”“原点”等7个栏目，进行主编负责制改革试点。栏目主编成为栏目建设的第一责任人，全权负责栏目的策划、采编、人员调配、稿酬分配等。报社以影响力和美誉度为导向，制定栏目考评办法，定期对栏目考核。

新设多个新媒体采编部门。上观编辑中心负责上观首页更新、新闻监控、重要新闻摘编和推送；上观视觉中心在新闻摄影和图片编辑之外，融合组建了设计和视频两支团队；上观数据新闻中心借助柔性组合协作机制，前端技术部分外包，形成融媒体产品的规模化生产；上观运营技术中心负责“上观新闻”内容、品牌运营推广和技术开发。

二是改流程，实现“网络优先”。

建立新闻优先上网制度。报社要求，新闻必须第一时间首发上观。现在记者抱着电脑跑新闻现场，第一时间写稿传稿发稿已成常态。

启用融媒体指挥中心。融媒体指挥中心的主要职能：一是负责每日重大新闻、重要舆情的监控、研判及相应采编决策等；二是负责讨论策划重大选题、重要产品，每天策划并组织实施2—3个重点选题，指挥重点产品的传播推广；三是负责分析评价《解放日报》和“上观新闻”内容的质量控制和传播效果。

三是改机制，突出“采编为宝”。

报社推动资源向采编人员集中，分配向优秀人才倾斜。

实施采编专业职务序列改革。开展首席岗位和采编专业职务序列岗位评聘。首席岗位在待遇上采取年薪制，并在进修、考察、培训、职称等方面享有优先，特聘首席还享有报道项目立项权、策划权、专栏权。在首席岗位以外，为采编人员设置4档1—10级岗位序列。

实施稿酬考核制度改革。围绕传播力、影响力两个核心指标，以鼓励多出各类优质作品为导向，体现强化绩效激励。

四是强技术，立足自主开发。

报社加大技术投入，加快新技术应用，加强技术队伍建设。核心应用立足自主开发，一些相对独立的非核心应用开发交由专业公司完成。目前，包括技术总监、安卓工程师等技术人才，均采用自主招聘模式引进。

三、融合转型初显成效

融合转型以来，解放日报·上观新闻初步实现了“融为一体、合而为一”，在主流舆论阵地上的传播力、影响力不断提升。

（一）优质内容不断涌现。在融媒体采编一体化运作机制推动下，报社着力加强内容建设，报纸、客户端和社交媒体同频联动，探索主流内容的互联网传播，以优质原创内容吸引读者。

创新做好主题宣传，出新出彩凸显亮点。党的十九大前夕推出的“习近平在上海”系列特稿、2017年10月底习近平总书记带领中央政治局常委集体瞻仰中共一大会址的版面处理和“初心”特刊，以及“申言”“解放论坛”等品牌言论栏目，受到各方高度关注和肯定。

聚焦上海中心工作，更深更透更加权威。深耕本地新闻，力求做到最好。在改革开放再出发、打响上海“四大品牌”、优化营商环境、推动长三角更高质量一体化发展等事关上海长远发展的重大新闻上及时发声、权威解读、深度挖掘，较好地发挥了主流媒体的舆论引领作用。

创新内容产品形态，更新、更活、更有传播力。融合转型以来，跨频道、多“兵种”柔性组合的融媒体报道，已经成为重大报道的“标配”。党的十九大、全国两会、上海党代会等重要会议，上观推出丰富的融媒体产品，有的成为网络“爆款”。

打造优质品牌栏目，更有效地提升影响力。上观推出的“李强一周”“申言”等栏目，围绕市委中心工作，以适合互联网传播的表达方式，梳理阐述市委主要领导每周工作重点和精彩言论，传递市委重要声音、决策思路，受到广泛关注，栏目传播力、影响力表现优异。

（二）报网联动两翼齐飞。《解放日报》和“上观新闻”互为依托，一体发展，两翼齐飞。上观实现24小时发稿，及时捕捉热点，迅速传播信息，着力引导舆论，在新闻竞争中抢得先机。上观每天更新稿件近百篇，其中原创稿件占七成左右；产品形态“融媒体”特色凸显，包括短视频、交互式H5、数据新闻等；表达形式更加生动活泼，更易为年轻读者所接受。《解放日报》坚持正确导向，对报纸内容板块、版式版样进行优化升级，进一步突出“党”字，努力传播权威声音；突出“新”字，做深做透新闻；突出“学”字，提升思想性知识性。改革后，读者普遍反映“解放日报更有看头了”。

（三）传播力影响力不断提升。主力军挺进主战场，主流媒体的传播力、影响力不断提升。以近一年来的数据为例，“上观新闻”APP总浏览量、“上观新闻”公众号总浏览量、稿件“10万+”数量和平均浏览量均大幅提升。

（四）上观品牌崭露头角。加强品牌运营，线上线下联动，覆盖多层次人群，“上观新闻”在移动互联网上的品牌效应迅速提升，逐步成为上海的一张“融媒体”城市名片。首届中国国际进口博览会倒计时100天之际，“上观新闻”策划设计了4列“进口博览会地铁专列”。“上观新闻”还登陆东航班机，成为全国首个可在飞机上阅读的新闻APP。

（五）采编队伍活力迸发。栏目制改革，使采编人员的角色意识从被动转为主动；采编专业职务序列改革，使优秀采编人才的晋升通道进一步畅通；首席记者编辑的“球星”作用凸显，好稿数占好稿总量近30%，一批优秀中层干部不当主任当首席；新的考核激励机制，使采编人员参与改革的获得感普遍提升；更多“90后”员工加盟，采编人员平均年龄36岁，队伍更加朝气蓬勃。

四、融合转型三点体会

一是改革方向完全正确。中宣部加快推进媒体融合发展，上海市委高屋建瓴，作出深度融合、整体转型决策，完全体现了习近平总书记“融为一体、合而为一”的要求。市委、市委宣传部顶层设计、资源扶持、全力推进，报社迈出从“相加”到“相融”的关键一步，成为融合转型先行者。

二是主力军转场很必要。党报队伍在政治上可靠、在能力上过硬，值得信任，也能打善拼。通过挺进主战场，采编人员从单一的“纸媒人”变成“全媒人”，主流媒体在互联网主战场的影响力凸显。

三是坚持改革绝不停步。我们将按照习近平总书记提出的新时代宣传思想工作使命任务，守正创新，不断提升新闻舆论工作水平。坚持深化改革不停步，按下改革“快进键”，跑出改革“加速度”，奋力把媒体融合改革向纵深推进。

（编辑　王雷亭）

中国新闻奖首次评选媒体融合奖项

第二十八届中国新闻奖媒体融合奖获奖作品

融合发展是当今世界媒体发展的新趋势，是传媒领域一场重大而深刻的变革，对新闻媒体的采编流程、传播手段和产品形态等都产生了深刻影响。党的十八大以来，党中央十分重视媒体融合发展，作出一系列重要决策、提出一系列重大举措，推动媒体融合发展取得重大成就。

中国记协对媒体融合发展始终保持高度关注。2016年11月，新一届理事会和党组履职以来，把在中国新闻奖中增设媒体融合奖项，作为响应新闻界呼吁、改进中国新闻奖评选工作、深化中国记协改革的重要举措来抓。2017年下半年，中国记协正式提交在中国新闻奖中增设媒体融合奖项的申请，经有关部门批准，从第28届中国新闻奖开始增设媒体融合奖项共50个奖数。在新闻管理、行业协会、业界、学界等各方充分讨论、征求意见的基础上，中国记协制定了《中国新闻奖媒体融合奖项评选办法》，对评奖宗旨、评选项目及基本要求等作出详细规定。根据媒体融合发展的新趋势、新特点，分为短视频新闻、移动直播、新媒体创意互动、新媒体品牌栏目、新媒体报道界面、融合创新等6个评选项目。经过初评、审核、定评等环节，最终评选出特别奖1个，一等奖10个，二等奖15个，三等奖24个。这些获奖作品集中反映了媒体融合发展的新成果、新进展，有利于充分发挥优秀作品示范引领作用。

特别奖

移动直播

两会进行时

一等奖

短视频新闻

柳州融水突围记丨广西日报记者“失联”数十小时，在穿越40处塌方后发回灾区最新画面！

公仆之路

移动直播

“天舟一号”发射任务VR全景直播

新媒体创意互动

“军装照”H5

点赞十九大，中国强起来

新媒体创意栏目

侠客岛

国际锐评

新媒体报道界面

长幅互动连环画丨天渠：遵义老村支书黄大发36年引水修渠记

融合创新

领航

“央广主播的朋友圈”系列H5报道

二等奖

短视频新闻

网红店假排队调查

老外看中国：英国小哥细数“两会”关键词

国台办主任张志军：“台独”之路走到尽头就是统一

一句话，让山水美如诗

移动直播

浙江一小时·急救|记者跟拍直升机到山区接病人

新媒体创意互动

你收到的是1927年8月1日发来的包裹

H5《铁血铸军魂》

新媒体创意栏目

现场新闻

湖湘英烈

新媒体报道界面

最奇妙的一日游　看砥砺奋进的浙江嘉善

春风春雨度关东

融合创新

军报纪念建军90周年特刊·阅兵专号：沙场点兵

廖俊波系列融媒体产品

“钢铁侠”VR直播：全国政协十二届五次会议新闻发布会

总书记说四川话　你听过吗？

三等奖

短视频新闻

绝壁舞者——捅山工，这是一个你闻所未闻的职业

拉孜姑娘创业记

28年的相守，终于迎来了这一天

中国3分钟之《回归20载“一国两制”为香港插上双翼》

修复时光

旗

清明时节捏面燕　忆故人寄相思

移动直播

超燃！俯瞰超级工程“川藏第一桥”159米隧道锚世界第一

红色追寻·足迹——上海：国之重器大揭秘

新媒体创意互动

听，长江说！

国家公祭日新媒体互动H5项目

我为港珠澳大桥完成了“深海穿针”

新媒体创意栏目

夜读

《三·联》原创栏目

财经早餐

民生e点通

新媒体报道界面

“下文”客户端互动式报道——以《下文@所有人：尝一尝第一份高铁外卖》为例

永远的“红色文艺轻骑兵”

VR｜3D全景“新时代湖北讲习所”

融合创新

“一带一路”睡前故事系列视频

“中国人权纪实·2017”中外媒体联合采访报道

《奇迹：全球院士点赞中国》多语种微视频、文章、图书等全媒体产品

他在北京聊两会，却“嗨”爆了新疆朋友圈！

南京“抗战家书”征集暨诵读“抗战家书”活动系列报道

两会进行时

作品信息

作品类型：特别奖 · 移动直播

刊播单位：人民网法人微博

报送单位：中国记协新媒体专业委员会

主创人员：集体

作品时长：308分钟

首发日期：2017年3月15日

作品简介

2017年3月15日是2017年两会胜利闭幕的日子，在这一天的直播节目中，既有前方记者的一线报道，又有后方演播室的高端访谈，还有会场花絮及创意微视频。《两会进行时》是2017年人民网视频直播优先、报道方式创新的重要体现，是媒体融合创新的一次实践，两会信息获得方式多样化，直播时长和观看人数到达到了新闻网站同类产品的顶峰。

手机端展示

使用手机扫描二维码，即可观看本条作品的新媒体展示。

柳州融水突围记丨广西日报记者“失联”数十小时，在穿越40处塌方后发回灾区最新画面！

作品信息

作品类型：一等奖 · 短视频新闻

刊播单位：广西日报微信

报送单位：中国记协新媒体专业委员会

主创人员：集体

作品时长：9分01秒

首发日期：2017年8月14日

作品简介

2017年8月，广西北部迎来局地强降雨过程，柳州融水杆洞乡突发2次山洪，全乡群众被困多日，广西日报记者第一时间赶赴灾区一线，因灾情恶化一度“失联数十小时”，在风雨中用手机记录下了当地乡镇干部组织营救、自救的视频画面，第一时间让外界知晓灾区情况。广西日报紧急成立融媒体专项报道组，通过综合相关事件背景信息，融合图文音视等素材，运用网络语言将短视频编排成为一篇记者突围险境的冒险新闻故事。

手机端展示

使用手机扫描二维码，即可观看本条作品的新媒体展示。

公 仆 之 路

作品信息

作品类型：一等奖 · 短视频新闻

刊播单位：央视影音

报送单位：中国记协新媒体专业委员会

主创人员：集体

作品时长：5分23秒

首发日期：2017年11月23日

作品简介

2017年11月23日，央视推出时政微视频《公仆之路》，以一镜到底的方式，用5分26秒完成48年的时空漫游，再现党和国家领导人习近平从黄土地到中南海，初心不变、始终如一、为民服务的公仆历程。作品用镜头带人们走进了习近平总书记履历中的历史现场，用梁家河窑洞里的一盏灯火、河北正定的街头问政、八闽大地上的访贫问苦等一个个画面，呈现了习近平总书记的人民哲学与公仆本色。

手机端展示

使用手机扫描二维码，即可观看本条作品的新媒体展示。

"天舟一号"发射任务VR全景直播

作品信息

作品类型：一等奖 · 移动直播

刊播单位：央视影音、腾讯视频

报送单位：中国记协新媒体专业委员会

主创人员：吴晓斌 王晓萌 吴双 孟夏兰 马桦 陈涛

作品时长：30分钟

首发日期：2017年4月20日

作品简介

2017年4月20日，我国首艘货运飞船"天舟一号"在中国文昌航天发射场执行飞行任务，这是我国空间站货物运输系统首次实用性亮相。为了让受众身临其境感受我国首单"太空快递"的运送过程和中国航天事业的发展，CCTV1《中国相册》栏目联手央视网，对此次发射进行近距离VR直播，并开创了三个"首次"：首次航天领域VR直播、首次最近距离全程直播火箭发射、首次在VR直播中引入专业讲解员。

手机端展示

使用手机扫描二维码，即可观看本条作品的新媒体展示。

“军装照”H5

作品信息

作品类型：一等奖 · 新媒体创意互动

刊播单位：人民日报客户端

报送单位：中国记协新媒体专业委员会

主创人员：丁伟 余荣华 倪光辉 赵明琪 喻晓雪

首发日期：2017年7月29日

作品简介

为纪念建军90周年，人民日报客户端借助人脸识别、融合成像等技术，制作互动H5《快看呐！这是我的军装照》（简称“军装照”H5），帮助网友生成自己的虚拟“军装照”，共同表达对人民军队的喜爱之情。截至2017年8月7日，H5的浏览次数（PV）超过10亿，独立访客（UV）累计1.55亿。其中，仅8月1日建军节当天的浏览次数（PV）就达到了3.94亿，独立访客（UV）超过5700万。

手机端展示

使用手机扫描二维码，即可观看本条作品的新媒体展示。

点赞十九大，中国强起来

作品信息

作品类型：一等奖 · 新媒体创意互动

刊播单位：新华社客户端

报送单位：中国记协新媒体专业委员会

主创人员：集体

首发日期：2017年10月12日

作品简介

在新华社党组总体部署和社领导亲自指挥下，新华社多部门分社合力研发推出了“点赞十九大，中国强起来”系列融媒互动报道产品，将优质创意权威内容、先进技术深度融合，集用户体验、互动、分享等多重功能于一体，紧扣十九大议程和关键节点，邀请十九大代表和百余名各行业知名人士为十九大录制祝福音频、引领诵读十九大报告。

手机端展示

使用手机扫描二维码，即可观看本条作品的新媒体展示。

侠 客 岛

作品信息

作品类型：一等奖·新媒体品牌栏目

刊播单位：微信公众号

报送单位：中国记协新媒体专业委员会

主创人员：集体

创办日期：2014年2月18日

作品简介

作为人民日报海外版旗下新媒体品牌，“侠客岛”自2014年创办以来，牢固树立“四个意识”，坚持守正持中立场，以时政新闻解读为主业，在微信、微博、门户网站、主要资讯客户端等多个媒体平台落地。

手机端展示

使用手机扫描二维码，即可观看本条作品的新媒体展示。

国际锐评

作品信息

作品类型：一等奖·新媒体品牌栏目

刊播单位：微信平台

报送单位：中国记协新媒体专业委员会

主创人员：王姗姗 盛玉红 雷思海 鲁晓冬 魏东旭 许钦铎

创办日期：2015年6月1日

作品简介

中国国际广播电台新闻中心于2015年6月1日上线微信公众号“国际锐评”（原名“环球锐评”，2018年4月10日按照上级主管部门指示更名）。该公众号以“国际视野、中国立场、民众关注”为定位，以国际政治、财经、军事、科技等题材为主要话题，打造时效强、观点锐、语言活、形态丰、互动多的原创国际时事评论，力争成为国家主流媒体在新媒体传播领域的一面旗帜。

长幅互动连环画丨天渠：遵义老村支书黄大发36年引水修渠记

作品信息

作品类型：一等奖 · 新媒体报道界面

刊播单位：澎湃新闻

报送单位：中国记协新媒体专业委员会

主创人员：黄杨 王辰 李媛 官雪晖 姜昊珏 季国亮 蔺涛 顾一帆

创办日期：2017年4月23日

作品简介

H5还原了老支书黄大发从20多岁的毛头小伙到60岁的花甲老人，青春耗尽，“拿命去换”终于带领村民修通了万米水渠的故事。作品中细节画面和文字较多，例如：第一次修渠失败、一个字一个字认新华字典学习水利知识、挨家挨户走遍7个村民组、带头在腰间绑上绳子吊上悬崖、“为了水，我愿拿命来换”等。

手机端展示

使用手机扫描二维码，即可观看本条作品的新媒体展示。

领　航

作品信息

作品类型：一等奖·融合创新

刊播单位：新华社客户端

报送单位：中国记协新媒体专业委员会

主创人员：集体

作品时长：8分40秒

首发日期：2017年10月17日

作品简介

《领航》是由新华社打造的迎接党的十九大的重磅政论微视频。短片以习近平总书记在参观《复兴之路》展览时引述的三句诗为脉络，将高屋建瓴的思想性、权威的新闻照片、精彩的实地拍摄和先进的三维特效融为一体，评述展现了党的十八大以来，以习近平同志为核心的党中央领航“中国号”巨轮破浪前行，将中国特色社会主义理论和实践不断推向新时代的光辉历程。

手机端展示

使用手机扫描二维码，即可观看本条作品的新媒体展示。

“央广主播的朋友圈”系列H5报道

作品信息

作品类型：一等奖 · 融合创新

刊播单位：“中国之声”微信公众号

报送单位：中国记协新媒体专业委员会

主创人员：夏文 王艺 马文佳 江晓晨 徐冰 马烨

首发日期：2017年3月2日

作品简介

“朋友圈”作品共4期，将视频抠像技术和朋友圈展现形式相结合，并集合广播的声音特点、图文视频的可视特点，在虚实融合方面，实现了多样创新突破。将一个围绕两会内容生成的虚构朋友圈和真实的央广主播相结合，打造成为拟真度极高的交互页面，提升了受众感知与亲和力。

手机端展示

使用手机扫描二维码， 即可观看本条作品的新媒体展示。

网红店假排队调查

作品信息

作品类型：二等奖 · 短视频新闻

刊播单位：看看新闻网及手机客户端

报送单位：中国记协新媒体专业委员会

主创人员：集体

作品时长：5分50秒

首发日期：2017年6月6日

作品简介

2017年，沪上频频出现网红店大排长龙的场面，倒买倒卖的黄牛开出高价的新闻也屡见不鲜， 更有网友爆料黄牛和网红店是狼狈为奸。这是供需不平衡还是恶意炒作？网红店背后是否有不可告人的秘密，记者团队精心策划，兵分多路，以顾客、黄牛、网红店主等多重身份进行实地暗访，发现并记录了该领域的乱象，并进一步探究问题的根本。三个月的卧底，最终汇聚成了网红店假排队调查系列。选送作品为该系列第二集。

手机端展示

使用手机扫描二维码， 即可观看本条作品的新媒体展示。

老外看中国：英国小哥细数“两会”关键词

作品信息

作品类型：二等奖 · 短视频新闻

刊播单位：China Daily中国日报

报送单位：中国记协新媒体专业委员会

主创人员：柯荣谊 张霄 王儒 刘浩 苑庆攀 Greg Fountain

作品时长：4分20秒

首发日期：2017年3月3日

作品简介

该视频节目通过影视特技抠像技术，将方丹缩小后置于办公桌上，通过方丹与桌上物品互动的新颖形式，回顾过去几十年来全国两会的热词，简洁明快地梳理了中国社会经济发展的脉络，最终引出习总书记在十二届全国人大一次会议上关于“中国梦”和“人民”的论述，深刻阐明了“人民是历史的创造者”这一论点。

手机端展示

使用手机扫描二维码，即可观看本条作品的新媒体展示。

国台办主任张志军："台独"之路走到尽头就是统一

作品信息

作品类型：二等奖·短视频新闻

刊播单位：中国之声微博、新浪视频

报送单位：中国记协新媒体专业委员会

主创人员：林骏 杜传 吴桐 王磊

作品时长：1分05秒

首发日期：2017年3月6日

作品简介

该作品是2016年5月20日台湾民进党当局重新上台以来，大陆相关部门第一次就"台独"势力作出明确且坚定的重磅表态。该表态也为后来对台工作及对台宣传确定基调。2017年两会，3月6日晚，参加完台湾代表团分组审议后，张志军接受媒体采访时表示：希望台湾的各界能和大陆一起，共同筑起一个反对和遏制"台独"的"铜墙铁壁"，但"台独"之路走到尽头就是统一。

手机端展示

使用手机扫描二维码，即可观看本条作品的新媒体展示。

一句话，让山水美如诗

作品信息

作品类型：二等奖 · 短视频新闻

刊播单位：浙江新闻客户端

报送单位：中国记协新媒体专业委员会

主创人员：集体

作品时长：6分35秒

首发日期：2017年8月15日

作品简介

“一句话”指的是时任浙江省委书记习近平于2005年8月15日在湖州安吉余村调研时提出的“绿水青山就是金山银山”。作品片头通过山水画的对焦变化产生裸眼3D的效果。片中的转场部分采用了晕染效果实现水墨与实景的切换，做到“无缝对接”。8个地区的实景部分配合诗歌的形式，使用了竖式字幕，更具文艺感。片尾作了升华：“两山”理念已经成为“美丽中国”建设的方向和指针。

手机端展示

使用手机扫描二维码，即可观看本条作品的新媒体展示。

浙江一小时·急救|记者跟拍直升机到山区接病人

作品信息

作品类型：二等奖·移动直播

刊播单位：浙江新闻客户端

报送单位：中国记协新媒体专业委员会

主创人员：周莎莎 胡杨 周旭辉 柳蓬 倪雁强 张小斌 吴耀斌 姚瑶

作品时长：60分钟

首发日期：2017年1月9日

作品简介

“浙江一小时”系列视频直播是在浙报集团领导提出的“能直播的一定直播”理念指导下开设的一档直播栏目，它以记者第一视角体验和感受浙江经济社会高质量发展的现状，用户体验性很强。选送的这一期，关注浙江省空中急救网络，以记者亲历直播的形式见证浙江省打造的“一小时医疗圈”。整场直播非常完整客观地记录了一次空中医疗急救的全过程。

手机端展示

使用手机扫描二维码，即可观看本条作品的新媒体展示。

你收到的是1927年8月1日发来的包裹

作品信息

作品类型：二等奖 · 新媒体创意互动

刊播单位：中国军网、军报记者微博、腾讯新闻客户端

报送单位：中国记协新媒体专业委员会

主创人员：宋明亮 戴斌 张笑 王佳林 杨子姜盼 潘婷 武晓晴

作品时长：3分53秒

首发日期：2017年7月27日

作品简介

为纪念建军90周年，H5产品《你收到的是1927年8月1日发来的包裹》于2017年7月27日上线发布。围绕军报内容进行二次创新，与政工部、网络传播中心联手优化提升产品品质。该H5的文案主要依据是军报上登出的《波澜壮阔90年，难忘的90个第一》。该H5分为文字快闪与答题抽奖两部分，主打文字快闪和试穿军装的创意。

手机端展示

使用手机扫描二维码，即可观看本条作品的新媒体展示。

H5《铁血铸军魂》

作品信息

作品类型：二等奖 · 新媒体创意互动

刊播单位：央视新闻移动网

报送单位：中国记协新媒体专业委员会

主创人员：杨继红 唐怡 郑弘 杜丹 王家乐 梁震 曹艳云 关美璐

首发日期：2017年8月1日

作品简介

央视新闻移动网在中国人民解放军建军90周年之际，精心策划并制作推出拥有最新新媒体展现形式、互动功能的创意H5系列产品《铁血铸军魂》，产品包含《铸魂》《砺剑》《红色记忆》三大板块，与阅兵系列直播《沙场点兵》组成独家创意H5产品集。用户可通过自主切换，实现交互浏览。

手机端展示

使用手机扫描二维码，即可观看本条作品的新媒体展示。

现 场 新 闻

栏目信息

栏目类型：二等奖 · 新媒体品牌栏目

发布平台：新华社客户端

报送单位：中国记协新媒体专业委员会

主创人员：蔡名照 刘思扬 陈凯星 冯瑛冰 齐慧杰 闫帅南 李响 孔唯千

更新周期：每天

创办日期：2016年1月1日

栏目简介

新华社客户端“现场新闻”作为一种崭新的新闻样式，是新华社重大创新产品，成为引领主流媒体推动媒体融合发展的现象级产品。“现场新闻”紧紧依托新华社报道优势和遍布全球的报道网络，遵循新媒体传播规律，大胆创新，精心策划选题，不断优化产品升级。“现场新闻”已经涌现出《37小时，骑摩托穿越粤桂，农民工老苏到家了》《动车时代 体验穿行在大凉山顶的扶贫慢火车》《两会上的“部长通道”》等一大批主题鲜明、形式多样的优秀报道产品。

手机端展示

使用手机扫描二维码，即可观看本条作品的新媒体展示。

湖 湘 英 烈

栏目信息

作品类型：二等奖 · 新媒体品牌栏目

发布平台：新湖南客户端

报送单位：中国记协新媒体专业委员会

主创人员：颜斌 文风雏 赵雨杉 毛晓红 张权 朱晓华 吴名慧

更新周期：每周

创办日期：2015年8月15日

栏目简介

在共和国的英烈中，有一个特别的群体叫“湖湘英烈”，“舍生取义，杀身成仁”是这个群体最为鲜明的特征。自近代旧民主主义革命以来，无数湖湘英烈为了民族独立、国家新生、人民幸福，敢于牺牲，慷慨赴死。新湖南客户端自2015年8月15日上线之日起，就开辟《湖湘英烈》专栏，作为特色频道“湘人”的骨干栏目，用图文、视频、H5等多媒体手段，讲述震撼人心的先烈故事，弘扬敢为人先的湖湘文化、彰显敢于牺牲的湖湘精神，激发湖南人民的自豪感和使命感。

手机端展示

使用手机扫描二维码，即可观看本条作品的新媒体展示。

最奇妙的一日游　看砥砺奋进的浙江嘉善

作品信息

作品类型：二等奖 · 新媒体报道界面

刊播单位：浙江新闻客户端

报送单位：中国记协新媒体专业委员会

主创人员：集体

首发日期：2017年6月20日

作品简介

嘉善是全国唯一的县域科学发展示范点，也是习近平同志2008年确定的基层联系点。产品用虚拟人物结合实景影像的动态方式，设计了一条最美嘉善行程路线。漫画主人公带着表哥乘小船走亲戚，路过包括西塘古镇在内的五个地标，分别对应创新、协调、绿色、开放、共享的“五大发展理念”，彰显嘉善县不断推动嘉善县域科学发展示范点建设的生动实践。

手机端展示

使用手机扫描二维码，即可观看本条作品的新媒体展示。

春风春雨度关东

作品信息

作品类型：二等奖 · 新媒体报道界面

刊播单位：辽宁日报新闻客户端

报送单位：中国记协新媒体专业委员会

主创人员：徐晓敬 杨东 王众心 张馨瑜 邓婷婷

首发日期：2017年10月19日

作品简介

辽宁振兴发展，习近平总书记一路关怀。在传统图片、文字的基础上，这款H5产品融入了视频、音频、背景音乐等新媒体传播手段，将习近平总书记两次参加辽宁代表团审议、到辽宁考察等重大事件，以时间轴的形式呈现在一个作品中，实现了新闻性、互动性、传播性的融合，成为传统媒体增强传播力、影响力的新载体。

手机端展示

使用手机扫描二维码，即可观看本条作品的新媒体展示。

军报纪念建军90周年特刊·阅兵专号：沙场点兵

作品信息

作品类型：二等奖·融媒创新

刊播单位：解放军报客户端

报送单位：中国记协新媒体专业委员会

主创人员：李景璇 乔梦 于美玉 康哲 朱红 任爽

作品时长：7分53秒

首发日期：2017年7月31日

作品简介

“阅兵专号”作为解放军报建军90周年特刊的“点睛之笔”和“定音之作”，突出展示了在习主席带领下，人民军队强军兴军伟大征程中取得的辉煌成就。作品在充分运用军报独家新闻资源基础上进行了深度延拓，将音、视、画相结合，搭配极具感染力的背景音乐，使整个H5战味十足，真正让报纸动了起来、炫了起来。

手机端展示

使用手机扫描二维码，即可观看本条作品的新媒体展示。

廖俊波系列融媒体产品

作品信息

作品类型：二等奖 · 融合创新

刊播单位：人民日报客户端

报送单位：中国记协新媒体专业委员会

主创人员：温红彦 姜洁 赵兵 吴储岐 史一棋 唐天奕 魏哲哲 魏贺

作品时长：平均3分钟左右

首发日期：2017年6月7日9时7分

作品简介

从6月7日至6月22日，人民日报一本政经工作室陆续推出3个系列共10个关于廖俊波先进事迹的创意短视频，分别是“看，他们画出了心中的廖俊波”“廖俊波，见字如面”“廖俊波的人生路”，通过采访廖俊波的生前同事、朋友、亲人，用画简笔画打比方、写信读信、回顾廖俊波人生路等方式，向受众介绍廖俊波生前的感人事迹。

手机端展示

使用手机扫描二维码，即可观看本条作品的新媒体展示。

“钢铁侠”VR直播：全国政协十二届五次会议新闻发布会

作品信息

作品类型：二等奖 · 融合创新

刊播单位：光明日报客户端

报送单位：中国记协新媒体专业委员会

主创人员：杨谷 高赛 刘炼 逯成业 于超然 王春晓

作品时长：16分钟

首发日期：2017年3月2日15时

作品简介

“钢铁侠”多信道直播云台是光明网打造的全媒体报道单兵设备，该云台集新闻信息采集、发布于一体，现场只需一名记者即可快速实现视频、全景、VR等内容的同步直播与录制，通过设备后台的云控制台、云存储及流媒体服务系统，记者还可以一键同步实现PC端、新闻客户端及H5页面等跨平台视频内容的分发与适配，让多种媒体产品在同一平台快速生产聚合。

手机端展示

使用手机扫描二维码，即可观看本条作品的新媒体展示。

总书记说四川话　你听过吗？

作品信息

作品类型：二等奖 · 融合创新

刊播单位：四川观察

报送单位：中国记协新媒体专业委员会

主创人员：高驰 岳学渊 宋小川 李景良 陈彦希 涂丁丁 段海钦

作品时长：3分24秒

首发日期：2017年10月18日

作品简介

如何在以总书记为题材的众多新媒体产品中作出特色和影响力？十九大召开当天推出的原创视频《总书记说四川话 你听过吗？》，以2017年习总书记参加全国“两会”四川团讨论时说的一句四川话——“祝四川人民的生活越来越安逸”为切入点和创意点，整合大量视频画面，生动鲜活地“说唱式”MTV中见人、见事、见主题，把党的十八大以来四川在芦山灾后重建、脱贫攻坚、农业供给侧结构性改革等诸多方面所取得的成就浓缩在3分24秒的原创歌曲之中。

手机端展示

使用手机扫描二维码，即可观看本条作品的新媒体展示。

绝壁舞者——捅山工，这是一个你闻所未闻的职业

作品信息

作品类型：三等奖 · 短视频新闻

刊播单位：共青团中央官方微信公众号

报送单位：中国记协新媒体专业委员会

主创人员：集体

作品时长：5分40秒

首发日期：2017年5月3日10：00

作品简介

出生于1990年的张磊是郑州铁路局月山工务段的一名捅山工，走进太行山深处，他“行走”在悬崖峭壁间，充满惊险和艰辛，捅山工这样一份默默无闻的职业，在背后守护着无数人的生命安全，令人肃然起敬。在具体拍摄上，本片采用了高清升格降格拍摄，使用无人机航拍等设备全面展现了捅山工的作业环境。用户观看视频如身临其境，震撼人心。

手机端展示

使用手机扫描二维码，即可观看本条作品的新媒体展示。

拉孜姑娘创业记

作品信息

作品类型：三等奖 · 短视频新闻

刊播单位：中国西藏之声网

报送单位：中国记协新媒体专业委员会

主创人员：邢兵帅 唐承扬 普穷 王君 侯晓燕 孙汝文

作品时长：4分29秒

首发日期：2017年7月15日11时26分

作品简介

通过短视频新闻与微纪录的形式讲述了在“双创”时代背景下，西藏自治区日喀则市拉孜县青年次央的创业故事。网站从选题策划、报道形式、后期制作、推广运营等方面进行了热烈讨论并制定了《拉孜姑娘创业记》细致方案。采访拍摄了勇敢自信的创业达人次央，欢乐朴实的藏族乡亲，激情活力的大学生“创客”，淳美的乡村自然人文景观等。

手机端展示

使用手机扫描二维码，即可观看本条作品的新媒体展示。

28年的相守，终于迎来了这一天

作品信息

作品类型：三等奖 · 短视频新闻

刊播单位：中国邮政报官方微信

报送单位：中国记协新媒体专业委员会

主创人员：张巨睿 陈颢月 王勤东 毛志鹏 万多多

作品时长：7分00秒

首发日期：2017年9月28日18：36：00

作品简介

作品一经推出，72小时内，被封面新闻、四川新闻网、川报观察、四川在线、同日见证等网络媒体纷纷转载，总阅读量突破10万次。在社会上，特别是在四川当地引起极大的反响，引起了社会各界对雪线邮路的极大关注。同时绝大多数镜头均作为重要素材被新华社编发的《这位邮政人，惊动了新华社》所摘用。

手机端展示

使用手机扫描二维码，即可观看本条作品的新媒体展示。

中国3分钟之
《回归20载“一国两制”为香港插上双翼》

作品信息

作品类型：三等奖·短视频新闻

刊播单位：中国网

报送单位：中国记协新媒体专业委员会

主创人员：集体

作品时长：4分39秒

首发日期：2017年为6月30日10：00

作品简介

《中国3分钟》力求通过刚柔并济的选题，及时表达中国观点，娓娓道来讲述中国故事，在国际舆论场上发出中国声音。《回归20载 “一国两制”为香港插上双翼》时效性强、立意深刻、内容翔实，其评论有力地回应了国际关切，引起海外极大关注。该短视频在向海外受众介绍“一国两制”的同时，以事实说明该项中国基本国策为香港发展带来的切实推动，回应了外媒对“香港经济增速放缓”的关注，信息含量丰富，新闻价值大，为“一国两制”在海外提供了有利的舆论支持。

手机端展示

使用手机扫描二维码，即可观看本条作品的新媒体展示。

修复时光

作品信息

作品类型：三等奖·短视频新闻

刊播单位：陕西头条客户端

报送单位：中国记协新媒体专业委员会

主创人员：潘南冰 刘轩辰 梁欣 王慧 张珂 沈奕

作品时长：3分43秒

首发日期：2017年12月27日

作品简介

“胸怀大局、无私奉献、弘扬传统，艰苦创业”是“西迁精神”的内核。《修复时光》短视频讲述了92岁高龄的陈绍霖老生在20世纪60年代响应国家“三线建设”号召，从上海“西迁”到西安市子午钟表厂工作，退休后仍坚持20多年为群众修表的故事。记者将积累了近7个小时的素材，凝聚成3分43秒的网络短视频，生动展现了陈绍霖老先生的坚守和奉献。

手机端展示

使用手机扫描二维码，即可观看本条作品的新媒体展示。

旗

作品信息

作品类型：三等奖 · 短视频新闻

刊播单位：大河（大河客户端）

报送单位：中国记协新媒体专业委员会

主创人员：集体

作品时长：8分32秒

首发日期：2017年10月16日

作品简介

微电影《旗》纪实反映了两场“国旗耀中原”大型快闪活动，并讲述了一心为民、为脱贫攻坚不遗余力的驻村第一书记，梦想做指挥家的小女孩，在郑州打拼的女白领，为国争光的武术运动员等4个人物因为两场快闪、一面旗帜、一首《歌唱祖国》而心灵相通的故事。视频中还展现了习近平总书记在庆祝香港回归20周年晚会上与大家一起合唱《歌唱祖国》及河南各地群众迎接十九大的喜悦景象。

手机端展示

使用手机扫描二维码，即可观看本条作品的新媒体展示。

清明时节捏面燕　忆故人寄相思

作品信息

作品类型：三等奖·短视频新闻

刊播单位：央视微博秒拍、央视微博、央视新闻+客户端、掌上吕梁客户端

报送单位：中国记协新媒体专业委员会

主创人员：薛琨 郭月秀 杜建勇 张旭峰 张英英 曹莹

作品时长：2分29秒

首发日期：2017年4月3日

作品简介

在山西省吕梁市临县，清明节有捏“燕燕”的民俗，并且很有讲究和特色。清明节前，央视新闻移动网向矩阵号征集清明美食短视频。吕梁广播电视台总编辑与央视新闻移动网清明美食节目组派记者走进当地农村家庭，采访了捏面燕的传承人，详细了解其工艺、制作过程以及传承的意义。短视频由吕梁广播电视台精编后传央视新闻移动网统一包装，在央视新闻+客户端本台矩阵号首发。

手机端展示

使用手机扫描二维码，即可观看本条作品的新媒体展示。

超燃！俯瞰超级工程 “川藏第一桥”159米隧道锚世界第一

作品信息

作品类型：三等奖 · 移动直播

刊播单位：封面新闻APP

报送单位：中国记协新媒体专业委员会

主创人员：李鹏 方埜 余行 崔燃 李智 邓景轩 李俊雅 胡瑶

作品时长：1小时26分47秒

首发日期：2017年5月24日

作品简介

2017年5月，雅康高速的施工正如火如荼。作为重大节点性工程的兴康特大桥，因建设技术难度大被誉为“川藏第一桥”。封面新闻在兴康特大桥建设现场，对川藏第一桥开启首次专题直播，前后方穿插联动，注重直播互动性，让上百万观看直播的网友身临其境直播报道注重精心编导，通过专业细致的讲解，引来全国网友为点赞。

手机端展示

使用手机扫描二维码，即可观看本条作品的新媒体展示。

红色追寻·足迹——上海：国之重器大揭秘

作品信息

作品类型：三等奖·移动直播

刊播单位：新华社客户端

报送单位：中国记协新媒体专业委员会

主创人员：集体

作品时长：约60分钟

首发日期：2017年9月23日

作品简介

新华社独家推出“迎接十九大”大型系列网络直播报道《红色追寻·足迹》。直播团队8天内跨越12000余公里，回访了习近平总书记2012年—2017年5年间进行国内考察的8个省市，通过8天8地8场连续直播生动、具象地宣介了总书记治国理政重大理念，并以年轻人喜爱的互联网可视化方式直观呈现了党的十八大以来在诸多领域取得的巨大成就。

手机端展示

使用手机扫描二维码，即可观看本条作品的新媒体展示。

听，长江说！

作品信息

作品类型：三等奖·新媒体创意互动

刊播单位：长江云

报送单位：中国记协新媒体专业委员会

主创人员：曹曦晴 马丽 周密 王超 董延超 李昕 金若晗

首发日期：2017年1月21日

作品简介

2017年1月21日，湖北省第十二届人大五次会议通过《湖北省人民代表大会关于大力推进长江经济带生态保护和绿色发展的决定》，这是长江经济带地方人大第一件关于生态保护和绿色发展的决定。该作品以这一重大新闻为切入点，以习近平总书记讲话精神为总基调，运用拟人的手法，以长江为第一人称，将整个作品设计成一款答题游戏，展现了“共抓大保护，不搞大开发”的重大主题。

手机端展示

使用手机扫描二维码，即可观看本条作品的新媒体展示。

国家公祭日新媒体互动H5项目

作品信息

作品类型：三等奖 · 新媒体创意互动

刊播单位：江苏交通广播网官方微信

报送单位：中国记协新媒体专业委员会

主创人员：黄信 潘力 孙锴 张雷 耿佳 罗方 施展

首发日期：2017年12月12日

作品简介

2017年12月13日，是南京大屠杀惨案发生80周年，也是第四个南京大屠杀死难者国家公祭日。江苏交通广播网将H5新媒体互动页面的形式，开展“不忘历史，祈祷和平”在线点亮蜡烛的互动创意上报中广联合会交通宣传委员会，得到了行业组织首肯。江苏交通广播网以朋友圈“在线点亮蜡烛”为形式的H5页面，在分享页面加入地点和参与人数。

手机端展示

使用手机扫描二维码，即可观看本条作品的新媒体展示。

我为港珠澳大桥完成了“深海穿针”

作品信息

作品类型：三等奖 · 新媒体创意互动

刊播单位：珠海特报APP、珠海特区微信公众号、珠海邻新闻微信公众号、珠海发布微信公众号

报送单位：中国记协新媒体专业委员会

主创人员：陈嘉平 金阁 伍洲

首发日期：2017年5月2日

作品简介

2017年5月2日，港珠澳大桥沉管隧道最终接头安装成功。为了记录这一世纪工程的关键战役，珠海特区报新媒体中心，运用H5技术，在最终接头下水前夕重磅推出《我为港珠澳大桥完成了“深海穿针”》小游戏，向世纪工程致敬。该游戏通过互动，模拟了最终接头接等过程，让读者可以直观感受最终接头安装的严苛。弥补了平面及视频无法表现的细节。

手机端展示

使用手机扫描二维码，即可观看本条作品的新媒体展示。

夜　　读

作品信息

作品类型：三等奖 · 新媒体品牌栏目

刊播单位：央视新闻客户端、央视新闻移动网、央视新闻微信公众号、央视新闻微博

报送单位：中国记协新媒体专业委员会

主创人员：集体

首发日期：2013年4月

作品简介

《夜读》系央视新闻新媒体品牌文化栏目，每晚10时许推送一期“走心”人文作品，以弘扬中华优秀传统文化、传递社会主义核心价值观、展现新时代真善美为创作初心，以时下新闻为切入点，以丰富多变的文艺作品揭示主题，主打央视主持人朗读，辅以相宜的配乐优选的配图，创作者竭力打磨确保品质。

手机端展示

使用手机扫描二维码，即可观看本条作品的新媒体展示。

《三 · 联》原创栏目

作品信息

作品类型：三等奖 · 新媒体品牌栏目

刊播单位：羊城派移动客户端、金羊网、羊城晚报两微

报送单位：中国记协新媒体专业委员会

主创人员：孙璇 孙朝方 郑华如 鲁钇山 夏杨 钟传芳 谢杨柳

首发日期：2013年4月

作品简介

《三 · 联》原创栏目瞄准移动传播平台，坚持正确舆论导向、价值取向，注重用户意识，恪守“专业化生产、个性化表达”的内容生产准则。至2017年底，该栏目中的原创内容涉及十数个垂直领域，作者群包括羊城晚报专业记者编辑，以及各行业专业人士。该栏目精准定位于体味生活、倡导读书、开拓新知。

手机端展示

使用手机扫描二维码，即可观看本条作品的新媒体展示。

财经早餐

作品信息

作品类型：三等奖 · 新媒体品牌栏目

刊播单位：经济日报微信公众号

报送单位：中国记协新媒体专业委员会

主创人员：陈发宝 乔申颖 王玥 王琳 李盛丹歌 万政 丁鑫

首发日期：2015年5月28日

作品简介

经济日报微信公众号“财经早餐”栏目创办于2015年5月28日，主要汇集24小时内重要新闻特别是财经资讯，是传统主流媒体中创办最早的早新闻资讯集纳栏目。该专栏分为“大事”“政策”“市场”“环球”“生活贴士”“经济课堂”“今日话题”等版块，每天早6点左右推送，涵盖30多条短新闻，包括一期语音早新闻，篇幅不超过2000字，力争抢占用户早间的第一阅读时间，让用户花最短的时间了解最新鲜的新闻资讯。

手机端展示

使用手机扫描二维码，即可观看本条作品的新媒体展示。

民生e点通

作品信息

作品类型：三等奖 · 新媒体品牌栏目

刊播单位：宁波日报报业集团甬派客户端、中国宁波网

报送单位：中国记协新媒体专业委员会

主创人员：集体

首发日期：2013年9月26日

作品简介

为更好地体现新媒体语境下主流媒体的责任担当，回应新时代的受众新期待，宁波日报报业集团充分发挥自身公信力、影响力和传播力，以中国宁波网100余万注册网民、当地116个职能部门和重点民生企业、120余位专家志愿者为依托，采用报、网、端融合的方式，推出了“民生e点通”专栏。

手机端展示

使用手机扫描二维码，即可观看本条作品的新媒体展示。

“下文”客户互动式报道——以《下文@所有人：尝一尝第一份高铁外卖》为例

作品信息

作品类型：三等奖·新媒体报道界面

刊播单位：“下文”APP

报送单位：中国记协新媒体专业委员会

主创人员：集体

首发日期：2017年7月17日

作品简介

“下文”客户端是国内首款对话新闻客户端，是央广基于广播电台互动性强的优势基因，匹配新媒体用户互动化、人格化、碎片化阅读需求和习惯打造的全新产品，主打“对话新闻+人工智能+新闻社群”三大功能，在新闻客户端市场独树一帜。案例中的《下文@所有人：尝尝第一份高铁外卖》聚焦2017年7月17日推出的高铁外卖服务，切中民生关注点、界面清新科技范、对话新闻有颠覆、定制采访接地气，将新媒体形式创新与优质新闻内容、“走转改”精神融合。

手机端展示

使用手机扫描二维码，即可观看本条作品的新媒体展示。

永远的“红色文艺轻骑兵”

作品信息

作品类型：三等奖 · 新媒体报道界面

刊播单位：正北方客户端

报送单位：中国记协新媒体专业委员会

主创人员：集体

首发日期：2017年12月15日

作品简介

2017年11月21日，习近平总书记给内蒙古苏尼特右旗乌兰牧骑队员们回信，勉励他们继续扎根基层、服务群众，努力创作更多接地气、传得开、留得下的优秀作品。为了更好地宣传总书记对乌兰牧骑队员们的关怀，以及60年来乌兰牧骑的发展和取得的成绩，正北方网推出了系列新媒体产品，其中《永远的“红色文艺轻骑兵”》，可圈可点，亮点突出。

手机端展示

使用手机扫描二维码，即可观看本条作品的新媒体展示。

VR|3D全景“新时代湖北讲习所”

作品信息

作品类型：三等奖 · 新媒体报道界面

刊播单位：长江云

报送单位：中国记协新媒体专业委员会

主创人员：集体

首发日期：2017年12月1日

作品简介

2017年11月8日下午，湖北省委书记蒋超良带领省委常委，专程瞻仰武昌农民讲习所旧址，重温入党誓词，表示要办好“新时代湖北讲习所”。而今，“新时代湖北讲习所”不仅开到了全省各级党校、行政学院、干部培训学校、社会主义学院，还开到了田间地头、工矿车间、居民社区、学校军营等。为响应办好“新时代讲习所”的号召，为帮助党员干部群众学习习近平新时代中国特色社会主义思想，长江云迅速作出反应，组织项目专班，策划制作VR3D全景“新时代湖北讲习所”，打造一款便于随时随地观看、学习、传播的掌上大学校。

手机端展示

使用手机扫描二维码，即可观看本条作品的新媒体展示。

“一带一路”睡前故事系列视频

作品信息

作品类型：三等奖 · 融合创新

刊播单位：China Daily中国日报网、China Daily中国日报客户端等

报送单位：中国记协新媒体专业委员会

主创人员：柯荣谊 于熠镭 何娜 张霄 葛天琳 苑庆攀 Erik Nilsson

首发日期：2017年5月8日

作品简介

2017年“一带一路”国际合作高峰论坛首次举办，如何面向社交媒体海外受众阐释好“一带一路”倡议是中国日报新媒体中心在这次会议报道策划上的重点。经过多次头脑风暴和创意比稿，创作团队最终敲定以中国日报外籍记者艾瑞克为女儿每天讲述一个睡前故事的方式，以口语化的表达和充满创意的形式阐述“一带一路”倡议。

手机端展示

使用手机扫描二维码，即可观看本条作品的新媒体展示。

“中国人权纪实·2017”中外媒体联合采访报道

作品信息

作品类型：三等奖·融合创新

刊播单位：法语、德语、西班牙语、意大利语、世界语、希腊语等国际在线，中华网外文网站，境外社交媒体平台，海外落地电台，合作媒体，微博微信客户端，人权纪实多种脸书专页

报送单位：中国记协新媒体专业委员会

主创人员：集体

首发日期：2017年3月30日

作品简介

中国国际广播电台涉人权报道牵头单位西欧拉美地区广播中心组织全台各编播中心百余名多语种记者，深入宁夏、广西、陕西、江苏、青海、河北、贵州、四川、重庆、福建、江西、浙江、湖南、云南等十余个省份，从最接地气的百姓生活和社会风貌入手，提炼当地经济、政治、文化、社会、生态文明建设中的人权因素，讲好中国人权故事，宣介中国人权事业发展取得的成就，树立中国尊重和保障人权的良好国际形象。采访活动自 2017年3月起至2017年11月止。

手机端展示

使用手机扫描二维码，即可观看本条作品的新媒体展示。

《奇迹：全球院士点赞中国》多语种微视频、文章、图书等全媒体产品

作品信息

作品类型：三等奖 · 融合创新

刊播单位：China Matters在Facebook（脸书）和YouTube（优兔）的账号、频道；外文局各语种品牌海外社交媒体账号；中国外文局融媒体中心在腾讯视频、今日头条、哔哩哔哩等平台的频道等

报送单位：中国记协新媒体专业委员会

主创人员：集体

首发日期：2017年10月13日

作品简介

中共十九大召开前夕，国际舆论普遍关注中国共产党在推动中国经济发展、从严治党、全球治理贡献等方面的措施与成效，其中既有积极的期待，也有疑虑与担忧。在此时机，中国外文局融媒体中心在国内外各新媒体平台推出《奇迹：全球院士点赞中国》系列微视频，并迅速辐射至报纸、网络、图书等传播介质，是一次基于中共十九大融合报道的跨媒体、跨机构、跨平台、跨语种、跨国界的全媒体专题国际传播实践尝试。

手机端展示

使用手机扫描二维码，即可观看本条作品的新媒体展示。

他在北京聊两会，却“嗨”爆了新疆朋友圈！

作品信息

作品类型：三等奖·融合创新

刊播单位：先锋961

报送单位：中国记协新媒体专业委员会

主创人员：孙建忠 崔同灏 夏尔福丁·玉山 田原 邵煊 翟晓雪

首发日期：2017年3月9日

作品简介

全国两会期间，新疆人民广播电台两会直播组在“新疆人民广播电台直播新疆”“新广行风热线”“先锋961”“新疆949交通广播”“阳光895”等微信公众平台上，以微信矩阵的方式重磅推出了两会融媒体产品“主持人在北京聊两会，却‘嗨’爆了新疆朋友圈！”制作团队精心策划，从主题创作、搭景布置、拍摄到后期制作完成仅用了两天时间，以最快的速度为广大网友呈现了一个融媒体作品。

手机端展示

使用手机扫描二维码，即可观看本条作品的新媒体展示。

南京“抗战家书”征集暨诵读“抗战家书”活动系列报道

作品信息

作品类型：三等奖 · 融合创新

刊播单位：南京日报微信公众号

报送单位：中国记协新媒体专业委员会

主创人员：集体

首发日期：2017年7月7日

作品简介

2017年，是全民族抗战爆发80周年，也是侵华日军南京大屠杀惨案发生80周年。为铭记这段血与火、痛与泪的民族历史，弘扬抗战精神，在南京市委宣传部的指导下，南京日报南报网于2017年7月—12月开展了南京“抗战家书”征集暨诵读“抗战家书”活动，并对活动进行了全媒体融合传播，制作了系列新媒体产品。

手机端展示

使用手机扫描二维码，即可观看本条作品的新媒体展示。

第二十八届中国新闻奖媒体融合奖项专家评点

一 导向正确、内容创新、专业引领、规则探索

——第二十八届中国新闻奖媒体融合奖评析

曾祥敏

各位领导、各位嘉宾、各位代表：

大家下午好，我谨代表中国记协新媒体专业委员会向各位领导、嘉宾、代表汇报第28届中国新闻奖媒体融合奖评选情况。

经中央有关部门批准，第二十八届中国新闻奖增设媒体融合奖项50个名额。在新闻管理、业界、学界、行业协会等各方充分讨论、征求意见的基础上，中国记协制定了《中国新闻奖媒体融合奖项评选办法》，对评奖宗旨、评选项目及基本要求都做了详细规定。根据媒体融合发展的新趋势、新特点，分为短视频新闻、移动直播、新媒体创意互动、新媒体品牌栏目、新媒体报道界面、融合创新6大类组织评选。

在此基础上，初评会按200%比例，共推荐100件作品进入定评。评审前，评委会组织参评人员集体学习《习近平新闻思想讲义》。中国记协党组书记、新媒体专业委员会主任胡孝汉同志做了专题辅导报告，并就初评工作提出五点要求：一是把握好方向导向，强化“四个意识”，坚持改革创新，以习近平新闻思想统领媒体融合奖项评选，贯穿各类项目，覆盖各种平台，校正各项工作。二是选好优秀作品，注意推荐服务中心大局的重量级作品、刷新传播记录的现象级作品、创新内容形式的代表性作品、体现融合水平的标志性作品，用作品说话，让受众评价，防止层层搞平衡，堵

塞优秀作品推荐渠道。三要立好范本标杆，好中选优，优中选精，把坚持正确舆论导向、有较高业务水准、体现“走转改”精神、努力改进文风的作品推荐出来。四是守好评奖纪律，严把评选标准、严格评选程序，绝不辜负中央、中宣部领导的重托和广大新闻舆论工作者的信任。五是总结好评选经验，勇于探索，善于创新，勤于总结，为做好定评和相关评选工作积累经验。

在100件入选作品中，定评评委们本着评出方向、形成导向、引领发展的原则，立好范本标杆，好中选优，优中选精，评出了50个重量级、现象级、代表性、标志性的媒体融合作品。其中特等奖1个、一等奖10个、二等奖15个、三等奖24个。评选出的一批彰显新媒体时代记者职业精神和职业素养的全媒体现场报道、一批代表媒体融合新进展新水平的创新创意成果，充分体现出了我国媒体融合发展的方向、探索的进路。

总体而言，此次媒体融合奖的作品体现出了内容导向正确、创新多元探索、专业引领、规则探索等特点，但同时，也涌现出一些新命题、新思考。

（一）内容导向正确

作为中国新闻奖的一个重要组成部分，媒体融合奖作品同样应当围绕中心、服务大局，密切关注党和国家的重大事件、活动，同时紧密关照社会民生发展。这次评选出的作品展现了主流媒体把新技术、新理念服务于国家、社会发展和人民生活水平的提升。作品主题鲜明、有思想性、有高度，体现了主流媒体的正向价值引导。

1. 与新闻舆论工作重点同频共振

获奖作品充分关注2017年新闻舆论工作重点、亮点，覆盖了党的十九大召开、习近平总书记重要活动、庆祝建军90周年、全国“两会”等重大活动新闻宣传，全面从严治党、全面深化改革、“一带一路”倡议等重大报道任务。题材具有代表性，以融媒体的方式多角度、多形态地呈现出国家和社会发展的新成果、新风貌和新气象。创意互动类一等奖作品《点赞十九大，中国强起来》系列融媒体互动报道产品，紧扣十九大议程和关键节点，邀请十九大代表和百余名各行业知名人士为十九大录制祝福音频，引领诵读十九大报告。短视频新闻类一等奖作品《公仆之路》，讲述习近平总书记从黄土地到中南海，初心不变、始终如一、为民服务的公仆历程。创意互动类一等奖作品《“军装照”H5》聚焦建军90周年，吸引各年龄、区域、行业的用户积极晒出自己的“军装照”，展现了用户对党和国家、人民军队的拥护和爱戴。融合创新类一等奖作品《“央广主播的朋友圈”系列H5报道》围绕全国“两会”议题展开宣传。

短视频新闻类二等奖作品《老外看中国：英国小哥细数“两会”关键词》通过中国日报英国籍记者方丹，回顾过去几十年来全国“两会”的热词，简明扼要地梳理中国社会经济发展的脉络，最终落脚到习总书记在十二届全国人大一次会议上关于“中国梦”和“人民”的论述，阐明“人民是历史创造者”这一论点。

获奖作品同时关注重大科技突破、世纪工程、人物典型等2017年的重要主题和事件。移动直播一等奖作品《“天舟一号”发射任务VR全景直播》首次记录了我国第一艘货运飞船“天舟一号”的发射过程，展现我国空间站货物运输系统的发展。此外，获奖作品《超燃！俯瞰超级工程“川藏第一桥”159米隧道锚世界第一》《我为港珠澳大桥完成了“深海穿针”》等都集中反映了我国近年来的科技成就和发展。新媒体报道界面一等奖作品《天渠：遵义老支书黄大发36年引水修渠记》讲述老支书黄大发带领村民历经36年，修出一条万米水渠。从小伙到花甲老人，黄大发青春耗尽，只为天渠造福村民，脱贫致富。

2. 同社会民生息息相关

在聚焦重大选题的同时，获奖的融媒体产品也关注社会民生重点、热点、难点问题。短视频类一等奖作品《柳州融水突围记｜广西日报记者“失联”数千小时，在穿越40处塌方后发回灾区最新画面！》报道广西柳州融水杆洞乡突发2次山洪，全乡群众被困多日，成为通信、水、电中断的“孤岛”。记者第一时间赶赴灾区一线，记录了当地乡镇干部和百姓组织营救、自救的事件。短视频类二等奖作品《网红店假排队调查》关注当前社会的热点问题——大排长龙的网红店现象，记者以顾客、黄牛、网红店主等身份进行实地暗访，探究问题的本质。移动直播类二等奖作品《浙江一小时·急救｜记者跟拍直升机到山区接病人》关注浙江空中急救网络，记者亲身体验一位患者的急救案例，展现了浙江省为民打造的“一小时医疗圈”，体现浙江医疗事业的发展水平。新媒体品牌栏目类二等奖作品《现场新闻》紧跟新闻事件，监测社会、释疑解惑，其代表作品《37小时，骑摩托车穿越粤桂，农民工老苏到家了》《动车时代，体验穿行在大凉山顶的扶贫慢火车》等用新媒体技术和应用呈现当代中国社会变迁。

（二）创新多元探索

此次参选媒体融合奖的作品充分体现出了近年来新媒体的发展趋势，从内容这个窗口具体体现出主流媒体在生产体制、机制、传播渠道、用户等各方面的创新发展。获奖产品利用新技术创新报道理念和方法，体现出了融合、垂直、沉浸、社交、场景等新媒体产品发展的众多特征，具有充分的代表性和引领性。

1. 技术探索与融合

技术赋能成为新媒体发展的利器，新技术产生新内容，新技术促进连接——人与人的连接、人与物的连接。短视频、移动直播、无人机、虚拟现实（VR）、增强现实（AR）、H5、人工智能、三维特效、数据可视化等最新技术应用大规模地呈现在作品中。获奖作品充分利用新技术，创新表达、增强交互、加强沉浸。《央广主播的朋友圈》和《铁血铸军魂》极大拓展了H5的技术应用可能，前者融合了H5的技术平台、传统视频抠像技术、微信虚拟朋友圈形态，把两会信息以朋友圈的方式呈现出来。后者以H5技术形成一镜到底的互动呈现，把文字、图片、视频、音频包裹在H5之中，可视化信息流顺畅、信息层次丰富，体现出了较强的交互性、沉浸性和体验的友好性。《公仆之路》利用当前流行的三维动画、场景动画等可视化技术，对老照片进行拆图、抠像等处理，把虚拟和现实场景无缝衔接，信息呈现一气呵成，是近年来利用新技术创新时政和主题报道的代表作品。《“天舟一号”发射任务VR全景直播》《“钢铁侠”VR直播：全国政协十二届五次会议新闻发布会》充分利用虚拟现实技术变革现场直播形态，为用户增强对事件的沉浸式体验。

需要指出的是，技术变革的当下，因为技术的包容性，技术本身在突破边界，形成融合创新，而非单一技术独打天下。这也促进报道者不断突破思维，尝试各种技术融合创新的可能。获奖作品《长篇互动连环画|天渠：遵义老支书黄大发36年引水修渠记》《央广主播的朋友圈》《铁血铸军魂》以及参选作品《无人机航拍：换个姿势看两会》等等，都引领了这一趋势。

2. 创意突破与要素重组

这是一个突破边界、重组要素的时代，从内容角度而言，媒体融合作品表现出对传统叙事、表达、呈现、传播的突破，这一方面基于技术提供的可能，另一方面也在于我们根据用户的体验和观感而对技术的深度挖掘。一切的创意表达建立在技术基础之上，一切的创意表达也都是为信息的呈现和体验的友好性服务，此次的媒体融合奖作品充分体现出了这一特点。

新媒体报道界面一等奖获奖作品《长篇互动连环画｜天渠：遵义老支书黄大发36年引水修渠记》，采用H5连续下拉式的方式，以万米水渠为叙事线索，不仅把水渠的修建经历穿插于其中，更体现出村支书黄大发从20多岁毛头小伙到60岁花甲老人的人生奉献。作品界面设计大气磅礴，“天渠”二字具有视觉冲击力，“一道万米水渠，跨36年建成，过三个村子，绕三重大山，穿三处绝壁，越三道险崖”极为精练地概括出天渠建造的曲折与艰难。事件当事人的讲述音频穿插于下拉式连环画之中，表现出修渠人群体的精神与意志。横划照片集中展现出水渠修造的历史过程，极具现场感，航拍和360°全景充分展现出天渠的艰险，视频则直观呈现出当地村民围绕“天渠”的工作与生活。村支书黄大发的精辟用语以字幕引语的方式，点缀其中。整篇作品叙事完整、整体性强、界面设计精巧，内容与形式很好地结合在一起。

在交互创意上，融媒互动一等奖获奖作品《点赞十九大，中国强起来》运用跨界思维，突破媒介介质，结合线上与线下互动，带来社交感。线上以轻快、移动化的系列音频为主打形态，建构简洁互动界面——名人音频+点赞按钮，设计极简互动方式——点赞+转发，同时发挥明星等正面公众人物的影响力，通过跟着“爱豆”一起点赞十九大、听“爱豆”读十九大报告的形式促进参与和分享。用户还可自主上传祝福音频、诵读十九大报告，信息明确、操作简单的线上轻应用激发用户参与感和社交感，形成十九大主题的社群场景。线下与共享单车OFO合作，扫码用车即播放十九大音频；与中国邮政联合推出个性化电子明信片和加盖人民大会堂邮戳的“党的十九大首日封”实体明信片，将互动融入生活，增强用户的贴近感、仪式感、参与感和沉浸感。

在可视化视觉呈现上，人像抠图、一镜到底、虚拟动画与实景结合等要素重组的创意表达，为视听语言丰富、表现力强的短视频锦上添花。短视频新闻类二等奖获奖作品《老外看中国：英国小哥细数“两会”关键词》，采用人像抠图和虚拟动画技术，将英国小哥方丹的形象缩小后置于办公桌上，通过与办公用品、虚拟人手的萌态互动和一镜到底的动画制作，带用户回顾几十年全国“两会”热词，简洁明快地梳理讲述了中国社会经济发展的脉络，为时政新闻的国际化融合传播、讲好中国故事提供了良好的思路和范本。短视频新闻类二等奖获奖作品《一句话，让山水美如诗》整合绘画、书法、诗歌等中华传统文化元素，采用水彩画的晕染手法转场，无缝连接动画与航拍实景，视觉呈现凸显中华美学，用创意表达紧扣美丽中国的核心主题。

（三）专业引领

获奖作品体现了主流媒体践行马克思主义新闻观，在内容主题、价值导向、融合创新、严整规范等各方面引领专业发展之先。此次获奖的媒体融合新闻作品充分体现了主流媒体“放下身段”、转变语态的积极尝试，但这种尝试是建立在媒体专业基础之上。就传播主题而言，突出舆论工作宣传的重点，关注与人民生活密切相关的话题、事件，凸显了媒体对传播主导权和社会话语权的掌控；从传播效果而言，舆论导向正确、责任意识彰显、使命感突出成为媒体融合获奖产品的气质，引领风气之先，是中国媒体融合产品的领头羊和风向标。

1. 主题鲜明、价值观凸显、专业性强

技术赋能让新闻产品拥有更多想象空间，媒体融合正在重新定义新闻生产，但技术之上，内容始终为王，正所谓融到深处，回归内容，鲜明主题和专业报道是主流媒体精准掌握话语权、发挥舆论引导力的关键。这体现为内容的独家性、价值重要性、角度立意的贴近性、形式的专业性和传播的普适性。

《柳州融水突围记|广西日报记者“失联”数千小时，在穿越40处塌方后发回灾区最新画面！》贴近大众最关心的问题、最迫切需要的信息，生动呈现基层党员干部将人民群众生命安全放在第一位，勇于跑在灾情第一线的独家现场，传递了人民至上的鲜明主题。

随着媒体融合发展中内容生产各环节的破解和重构，新闻的呈现形式愈发多元，主流媒体的专业性体现在内容、呈现形式、用户友好度等多方面。新媒体创意互动类一等奖作品《“军装照”H5》围绕纪念建军90周年这一宏大主题，采用人脸识别、融合成像等技术，通过H5交互页面，帮助网友个性化生成自己的虚拟“军装照”。《“军装照”H5》将宏大主题与每个人联系在一起，照片生成页面主题明确，操作简单，将用户参与感、分享性发挥出来，在社交平台上形成拥军爱军热潮，成为刷新传播记录的现象级作品。

2. 突出责任意识，强化公信力与引导力

强化使命感，彰显责任意识，坚持原则立场，挖掘原创作品的多元形态，强化优质内容的输出，为社会大众提供更为丰富的精神食粮，这是主流媒体肩负的社会责任。中国新闻奖媒体融合获奖作品责任意识，体现了主流媒体的公信力、引导力。

新媒体品牌栏目一等奖获奖栏目“侠客岛”，内容以2000字左右的时政解读文章为主，坚持大事不隔天、观点正能量、话语接地气，不仅在当天第一时间解读朱日和阅兵、“一带一路”高峰论坛、特朗普访华、萨德入韩等重大国内外时政热点，还能积极正面影响舆论，帮助用户正确认识突发事件和舆论热点。“侠客岛”在纪念香港基本法实施20周年座谈会召开当天，发表《【解局】中央定调香港：任何情况下都不允许以“高度自治”为名对抗中央的权力》一文，深究香港特别行政区的历史和制度，解读新提法，直面“港独”问题，站定原则，态度鲜明，彰显使命感和责任意识，获得了极高的用户认可度。准确定位、优质内容、新颖文风，“侠客岛”不仅在国内树立起媒体公信力和舆论引导力，2017年，其文章被境外媒体转引2815篇，成为主流媒体打造品牌栏目的优秀实践范本。

（四）规则探索

此次媒体融合奖是中国新闻奖第一次设定，在作品类别、内容标准、形式规范做了积极的探索和规制。同时，也积极适应新媒体迅猛发展的现实，为规则的调适和逐渐完善留有余地。

1. 标准引领

此次设定的短视频新闻、移动直播、新媒体创意互动、新媒体品牌栏目、新媒体报道界面、融合创新等6类奖项，基本涵盖了新媒体创新发展的各个方面，为媒体创新内容、形式、手段提供了基本依据，建立起媒体融合作品的初步标准和基本规范。评选出的获奖作品既有代表性，又各具特色，反映了媒体融合发展的新成果、新进展，有利于引导媒体转型发展，以新理念、新平台、新方式传播信息，引导舆论。

2. 规则调适

任何一个新事物都有在实践中逐渐完善的过程，媒体融合奖在评选类别设定、标准、要求等方面也有一个逐步调试、渐进完善的过程。一方面新闻传播传统的标准被打破，界限逐渐模糊，另一方面新媒体技术日新月异，产品形态丰富，许多形式和样态都在发展之中。因此，评选的规则和要求也需要根据新媒体实践作出相应的调整。这也是管理者、业界、学界对新媒体发展认识逐渐深入的过程，当然，在这个过程中，在规则制定上要做到既坚守又不保守，既要把握正确舆论导向、坚守专业能力，也需要解放思想、认识融合发展规律。同时，在规则上不能拘泥于具体类别和形态而失之于过细，也不能过于宽泛而失之于无规，这都需要在发展中把握大融合、大趋势，既能代表媒体发展的最新成果，又能引领创新融合的方向。

（五）参评作品问题探讨

1. 新闻性需加强

总体而言，此次媒体融合奖类参选作品在新闻性、现场性方面还差强人意，尤其在短视频新闻和移动直播类中，主题性、成就性、仪式性的展示居多，真正具有新闻性、及时性、现场感的作品占的比例并不大。尤其是突发新闻、现场新闻等新闻主力军未成为参选作品的主要构成，最后的获奖作品也反映出这一问题。一方面反映了我们媒体融合现实发展的一个侧面，在重大主题、重要活动、典型宣传上往往能形成集中规模的创新产品，但在常规新闻报道中还需要提升创新创优的力度。另一方面也反映了报送者对媒体融合奖评选标准和要求的误区，这需要我们积极利用获奖作品引导申报。

2. 内涵需提升

参选作品中体现技术创新的作品多，但把技术、内容、形态有机结合起来，体现融合发展的高水平作品还不够。有的作品只是展现了技术开发的可能性，而在新闻价值挖掘、主题提炼、内容叙事的连贯性、体验的友好性等方面多有缺失，这就使作品的统一性和整体性欠缺。有的作品过于强调单一的技术运用，缺乏融合思维，难以形成综合效应。有的作品和报道方式甚至只是单纯的技术噱头，博人眼球而没有真正在内容和形态上形成创新。由此，作品的主题凝练、人性挖掘、价值引领和故事讲述上缺乏吸引力。

新技术产生新内容，但新技术是为人服务，为内容服务，越是在技术赋能的新媒体时代，越不能落入技术决定论的误区，也不能让技术成为“一招鲜”的手段，而使作品成为炫技苍白的躯壳，难以形成持续的影响力。

3. 摒弃简单效仿

在参选作品中，也存在简单模仿之势，这也间接反映了当前媒体融合发展中作品创新创优的问题。当一种手法、方式和形态成为爆款的时候，跟风之作接踵而至。类似于短视频《红色气质》《公仆之路》图片三维可视化，现场同期声与动画虚拟场景等手法，有作品照猫画虎反类犬。而《央广主播的朋友圈》虚拟朋友圈传递信息的形式，也有作品完全效仿，但在专业性和技术性上差强人意。从中，我们虽然看到主流媒体和爆款产品的示范效应，但也暴露了技术更迭中，媒体的独立创新意识不强，未能独立探索技术开发的可能性和创意的丰富性，盲从跟风，从而违背了创新的本义。

总体而言，中国新闻奖媒体融合奖作品代表了新闻界响应中央号召、积极推进媒体融合发展战略的最新成果，体现了新闻界服务中心大局、推动决策部署的宣传效果，反映了媒体融合发展的新成果、新进展。与当前以中央媒体为龙头、省级媒体为骨干的媒体融合发展格局较为相称，有利于引导媒体创新内容、形式、手段反映群众呼声、引导舆论热点、讲好中国故事，推动广大新闻工作者掌握多媒体传播技术、提高全媒体采编能力。媒体融合奖开局顺利，为以后的评奖奠定了基础。

（作者系中国传媒大学新闻传播学部电视学院教授、博士生导师）

二丨透视中国新闻奖媒体融合奖项的设立

詹新惠

近日，中国记协发布公告，宣布中国新闻奖自2018年起增设媒体融合奖项，设立6个评选项目，分别为短视频新闻、移动直播、新媒体创意互动、新媒体品牌栏目、新媒体报道界面和融合创新，共50个奖数。如何解读中国记协增设的这个奖项？是对过往成绩的肯定还是对未来的期盼，抑或是对当下现状的激活呢？是启动盘还是指挥棒、风向标呢？

（一）网络新闻奖项设立的演变及背后的解读

2006年第16届中国新闻奖首设网络新闻奖，当年设立的奖项有3个：网络评论奖、网络专题奖和网络新闻专栏，获奖作品13个。人民网的《我们怎样表达爱国热情》、新华网的《网民感动总理　总理感动网民——总理记者招待会网上答问》、河南报业网的《焦点网谈》分获评论、专题和专栏一等奖。

1999年10月，中共中央办公厅转发《中央宣传部、中央对外宣传办公室关于加强国际互联网络新闻宣传工作的意见》，指出要把中央重点新闻网站尽快办成全球性名牌网站。同期，各省市、自治区等单位也逐步建立起地方重点新闻网站。面对越来越多的网络媒体和影响力日渐彰显的新闻网站，中国记协在跟踪调研的基础上，在2006年第16届中国新闻奖的评选中，将具有登载新闻业务资质的新闻网站的网络新闻作品纳入评选范围，彰显出对网络新闻报道的认可和对新闻网站新闻业务的鼓励。

随着网络新闻业务的快速发展和网络影响力日益增强，从2008年第18届中国新闻奖开始，网络新闻奖项增加了网络访谈和新闻网页设计，同时网络新闻作品参加新闻漫画、新闻摄影和国际传播奖项的评选。网络新闻作品的实际参评奖项达到8项。

根据有关资料统计，2008年开始网络获奖作品数量激增，所占年度获奖总数比例总体维持在9个百分点上下，只有2014年稍有回落，2015年之后网络新闻获奖作品又开始提升，2017年获奖作品数占到总体数量的11.4%。特别值得一提的是在2014年第24届中国新闻奖中，中国经济网的网络评论《限制“公款消费”本质是制约权力寻租》首获特别奖，2017年新华社的融媒体专栏《新华全媒头条》也获得了特别奖，后者可以看作是设立媒体融合奖项的一次铺路。

分析近十年的网络新闻获奖作品可以看到，一是十年来网络新闻作品的获奖奖项没有变化，但相应的网络与新媒体业务却发生了巨变，新形态、多媒体、多样式的互联网新闻作品层出不穷，但依据目前的网络新闻作品奖项很难对号入座、准确参评；二是2014年之前，大多数网络新闻获奖作品刊播终端主要在PC端，2015年之后获奖作品激增主要源于移动端内容产品逐渐增多，比如2016年澎湃新闻获得的新闻摄影三等奖《亲历尼泊尔震后：整座城市都在艰难愈合累累伤痕》，2017年新华网、新华社新闻客户端获得的新闻专题三等奖《一条天路，一个梦想——藏族“愚公”斯那定珠传奇》，浙江日报报业集团全媒体平台（浙江新闻客户端、浙江在线网站）获得的国际传播三等奖《最燃倒计时！G20，精彩浙江与世界美妙对话》，都是来自移动端的产品，从互联网新闻业务长远发展看，需要为移动端单独设计出参评奖项；三是过去的网络新闻作品奖项是基于PC端网络新闻传播特征和规律设立的，进入移动互联网时代，新闻报道的方式和内容生产的流程都发生了变化，而且移动互联网有自己的传播特征和规律，评判的依据和标准需要重新审度和制定。

（二）媒体融合奖项的三大权重

综观中国记协发布的媒体融合奖6大奖项，凸显出三个权重：

1．移动权重。在《中国新闻奖媒体融合奖项评选办法》（以下简称《评选办法》中明确要求，“原创并在其移动端首发”“应用数字技术、移动互联网技术进行融合传播的新闻作品”。在每一个奖项的具体要求里，也都有基于移动端的严格要求。“短视频新闻”要求是在移动端发布的短视频类新闻作品（含纪录片）；“移动直播”的名称就已经点明了其移动属性；“新媒体创意互动”虽然没有直接指向移动端，但众所周知，用户交互最好的呈现场景自然是移动端，且目前对“新媒体”的理解都是归类为移动媒体；“新媒体品牌栏目”限定的范围是“在自有平台或第三方平台官方账号”，鉴于已有网络新闻专栏奖，相信此次设立的“新媒体品牌栏目”应该是会授予移动平台上的新闻板块（单元）；“新媒体报道界面”确定的是“移动端发布的新闻作品界面”；“融合创新”所涵盖的自然是传统媒体和新兴媒体、PC端和移动端的内容与渠道、生产与消费的全面融合。从6个奖项的具体要求可以看出，“移动”的权重是第一位的，因为用户都已在移动端，移动端内容是他们的第一选择和长期依赖。因此，在媒体融合发展到现当下阶段，mobile first（移动先行）是一种必然选择。

2．视频权重。在《评选办法》里，直接提到视频的有“短视频新闻”，间接关联的有“移动直播”“新媒体创意互动”“新媒体品牌栏目”“融合创新”。无论是直接还是间接，都是针对即将到来的5G时代一种前瞻性的布局。5G将提升移动网络运行速度，可以一秒钟完成一部高清电影的下载，具体到新闻内容生产层面，不仅是现在的短视频可以畅快收看，长视频在移动环境下也没有收视障碍。另一方面，5G的到来指日可待，来自三大运营商披露的信息显示，5G基站已经开始搭建，5G手机已经在研制，5G推行的时间表也已经进入倒计时。因此，视频在媒体融合奖项的评选中必然占据重要的一席。

3．创意权重。“新媒体创意互动”奖项直接指向创意，“新媒体报道界面”极其需要创意，“融合创新”也自然是建立在创意基础上。可以看出，“创意”成为此次媒介融合奖项设立的另一个重要权重。在中国记协给出的媒体融合奖项评选十大标准里，多处强调“即时性强、交互性强、共享性强，技术应用效果好，传播效果好”“体现新闻性、互动性、技术性的高度统一”“界面设计主题鲜明、风格独特、布局合理、互动性强”“鼓励内容呈现方式创新和技术应用创新”，其中互动、技术、传播效果是关键词。媒体融合的核心和关键是技术在内容生产和渠道对接上的创新应用，而要想让技术渗透到媒体融合深处，就必然需要更多的创意和创造，需要以用户为依归，设计更多的交互应用。创意虽然不能在语言上有精准的描述，但作品是可以说话的，好的创意自带流量和传播效果。

（三）迎接全新的融合媒体时代

设立某类奖项，是希望通过嘉奖符合评选标准和话语体系的作品，来倡导主流价值观，在社会上营造出相应氛围，达到舆论风向引导的作用。中国记协在《评选办法》中明确提出，设立媒体融合奖项，是“顺应传统媒体和新兴媒体融合发展趋势”，是“贯彻落实中央关于推动媒体融合发展的决策部署，发挥新媒体传播优势，提高新闻舆论传播力、引导力、影响力、公信力”。

2014年8月《关于推动传统媒体和新兴媒体融合发展的指导意见》出台后，媒体融合发展提升到了国家战略高度。近四年来，无论是传统媒体还是新兴媒体，都在积极探索媒体融合的路径，推进媒体在内容、渠道、平台、经营和管理等多个方面的融合发展。通过媒体融合奖项的评选，及时总结媒体融合的经验，发现媒体融合的精彩作品，梳理媒体融合的经典案例，自然能够推动媒体深度融合，促进各类媒体紧随技术发展步伐不断创新，用优秀的融媒体作品占领新媒体渠道，引领新媒体潮流。

相比中国新闻奖已有的29个评选项目，每年大约280个左右的奖项总量，此次媒体融合奖项设立的类别和数量都超乎寻常，不仅是对新媒体从业者的鼓励和肯定，对媒体融合创新的重视，更是要促进传统媒体与新兴媒体深度融合，让媒体融合常态化、体系化，创作出更多、更好、更有创意的融媒体产品。目前，在一些重要节点及重大新闻事件报道中，或偶有融媒体“爆款”产品涌现，或是少量的优秀H5作品“刷屏”，或偶尔启动中央厨房开展重大新闻报道，缺少持续生产优质融媒体内容的能力，也没有形成完善的、日常化的媒体融合运行机制。相信，通过中国新闻奖这样大规模奖项的设立，能够掀起一场媒体融合创新、创意热潮，迎来全新的媒体融合时代。

（作者系中国传媒大学新闻学院副教授）

三 | 新闻类短视频的内容特征及其应用

宋建武　郭沛沛

当前短视频已成为公众记录生活和自我表达的一种新的内容形式和媒体手段，短视频精短、直观、便捷的视听传播形态，也使其必然成为新闻信息传播的恰当工具。上述特性，使短视频平台正在成为社会信息交互的主要场所。

（一）短视频的界定及内容特征

相较于传统电视机构制作的、通常被结构化为节目的视频内容而言，短视频是一种基于互联网尤其是移动互联网进行信息传播的新的内容呈现方式，“短”是其基本特征，一般认为，短视频的时长不超过5分钟，且构成独立信息单元，以满足用户使用碎片化时间获得资讯及娱乐的需求。本质而言，短视频与文字、图片、语音、传统影像等相同，均属于具备某种特定功能的传播形式，不同的是，短视频能够综合上述媒介形态，是充分利用了多种信息技术的“高阶”媒介。

在内容特征上，我们认为，新闻类短视频具有“新、短、快、实、美”五大特征。

“短”是短视频在时长上的衡量维度。短视频简洁明了的内容，有助于用户使用移动终端时，利用碎片化的时间接受信息；短视频简短精练且相对完整的形式适合用于新闻报道，有利于社会整体传播效率的提升。这既是当下移动传播带来的必然趋势，也是用户的必然选择。

“新”是指新闻类的短视频应当具有新闻性，是对具有社会意义和公共价值的事件或其他新近发生的社会与自然环境的变化以及各种新发现、新事物所作出的记录和报道。

“快”是讲求时效。新闻类短视频的上传和发布都应该是快节奏的，从事件发生到相关短视频在公共平台上出现，要尽可能在最短时间内送达用户。

“实”是对短视频拍摄场景的要求，新闻类短视频作为真实场景的视频记录手段，应当在现场实景连续拍摄记录，用最真实的画面为用户营造“在场”感，而不是事后摆拍或者刻意的炫技。

“美”是审美要求，是指短视频的内容要符合社会主义主流价值观，表达人民群众对美好生活的向往，满足公众的审美需求。党的十九大报告中，习近平总书记强调，要“使人民获得感、幸福感、安全感更加充实、更有保障、更可持续”①，新闻类短视频应该体现的，就是这样的审美价值。

2018年，中国新闻奖首次设立媒体融合奖项，“短视频新闻”成为新增的6个评选项目之一。荣获“短视频新闻”一等奖的作品《柳州融水突围记丨广西日报记者“失联”数十小时，在穿越40处塌方后发回灾区最新画面！》就较好地体现了上述特性。2017年7月广西柳州水灾发生后，广西日报柳州记者站站长谌贻照（“照哥”）在通讯、交通、电力、供水均中断的情况下，用短视频记录下了融水苗族自治县杆洞乡受灾情况，并历经数十小时，突破40余处塌方，突围出来，将已与外界失联超过24小时的杆洞乡情况进行了报道。

这些视频没有精美的画面，没有炫目的制作技巧，没有字正腔圆的播音语言，甚至由于自然条件和环境限制，画面都不能保证基本的平稳，出现一定的抖动和模糊，但却不妨碍它们是最真实的记录、最生动的表达，蕴含了最直击人心的力量。这使得该作品脱颖而出，在全体评委投票中高居榜首。

（二）短视频在新型主流媒体平台构建中的应用

短视频作为公众表达和社会交往的新工具吸引了相当数量的用户参与，已迅速发展为一个新的互联网风口，正在成为一种新的主要传播手段和互联网舆论引导的新阵

① 习近平在中国共产党第十九次全国代表大会上的报告. http://cpc.people.com.cn/n1/2017/1028/c64094-29613660.html

地，一些短视频平台也已经借此时机成为公共信息传播新的重要渠道。对于主流媒体来说，在利用这一新手段生产优质的新闻产品的同时，更应该思考的是，主流媒体在媒体深度融合进程中，能否借助短视频这一新技术新应用，构建自主可控平台。

媒体融合的本质是主流媒体的互联网化[①]，其关键在于自主可控平台的建设。目前主流媒体已充分认识到建设自主可控平台的重要性，纷纷开放部分入口和权限给予其他媒体和用户，尤其近年来注重在视频生产和传播方面搭建自主可控平台。如新华社2017年2月19日推出的智能新闻在线生产系统“现场云”，截至2018年2月12日，该平台入驻机构已达2400多家，覆盖全国省级、地市级媒体，入驻记者、编辑12000多人[②]；人民日报社“人民视频”组建“人民拍客”系统，据了解，目前VIP拍客超过400人，年均可生产短视频内容5万余条，为新闻报道贡献了大量视频素材；中央广播电视总台下属的原中央电视台也开通了央视新闻移动网，聚合了一大批省级和副省级城市的专业电视机构所生产的新闻内容。目前，这些主流媒体的视频平台开放入驻的对象仍以PGC、GGC（政府生产内容）为主，UGC尚有较大发展空间。

从互联网短视频平台兴起的过程看，为每一个社会个体成员提供记录和表达的空间，给予以往最没有表达能力的群体记录生活、表达感受的能力，从而吸引到海量用户，是这些平台得以迅速成长的根本原因。

这些平台的成长告诉我们，互联网空间不应该仅仅是专业精英炫技的场所，它所具备的草根性、原发性等特性，这是人民群众力量的体现。这也是主流媒体在构建自主可控平台的过程中，不可忽视的因素。马克思主义新闻观要求我们“群众办报”，习近平同志指出要“通过网络走群众路线”，这些理念，都要求主流媒体充分认识到人民群众的力量，按照互联网规律，遵循互联网思维，进一步开放平台，在PGC、GGC的基础之上，逐步加大开放UGC所占比例，真正做到“群众办报”，让每一个用户都能成为平台的“记者”，让平台具有随时触达“第一现场”的可能。近日，西藏自治区江达县波罗乡境内（江安村）突发山体滑坡，造成金沙江断流并形成堰塞湖，网上有关灾情的珍贵现场视频资料并不是由专业媒体记者拍摄，而正是由就近最先到达现场的白玉县公安局民警提供；2018年中央电视台有关我国首届“中国农民丰收节”的相关报道视频，部分素材来源于快手平台。这些事例说明，只有构建起人民群

① 宋建武. 融合平台——媒体融合发展的基石. [EB/OL]. http：//www.sohu.com/a/165827917_157267

② 新华网. 新华社“现场云”面向智能化在线生产传播全面升级. [EB/OL]. http：//media.people.com.cn/n1/2018/0220/c40606-29826443.html

众普遍参与的自主可控平台，才能够第一时间向公众提供现场感十足的新鲜资讯，得到人民群众的喜爱和用户的拥簇。

（作者宋建武系中国人民大学教授、博士生导师
郭沛沛系中国人民大学新闻学院博士后）

四 | 中国新闻奖首设的“媒体融合奖项”获奖作品评析

田晓凤　张伟　雷跃捷

（一）重大直播报道技术化

新闻融媒体作品的一大特色是数字技术在新闻报道中的创新与应用。在《中国新闻奖媒体融合奖项评选办法》中明确规定了参评作品的范围为“于上一年度应用数字技术、移动互联网技术进行融合传播的新闻作品”。2018年中国新闻奖的媒体融合奖特别奖——《两会进行时》是人民网法人微博发布的融媒直播作品。2017年两会期间，平台累计直播时长超过120小时，累计观看达1.38亿余人次，其时间之长、规模之大、成果之突出，开创了传统媒体新闻网站长时段直播历史的先河。直播的节目内容丰富，有部长通道、人大闭幕式、总理答记者问等环节的同步直播，还有人民日报记者在两会现场进行的独家点评。前方报道与演播室访谈相互穿插，并配有会场花絮和创意微视频，形式可谓丰富多样。

而这场直播面临的最大挑战就是技术问题，如何在全天候直播的过程中保障信号稳定传输、如何打造可靠的网络环境，人民网在技术层面进行了充分准备。基于2016年研发的移动直播平台这一技术储备，节目团队在极短时间里，搭建了一站式移动直播解决方案，包括内容采集、实时转码、分发加速、网络优化等核心功能。在输出端口方面，除PC端、手机客户端口外，网络电视部为《两会进行时》制作了微信小程序，通过小程序的“两会”和“推荐”两个板块，实现微信实时观看及分享。

两会中的VR直播是2018年获奖作品的又一大亮点。二等奖作品《“钢铁侠”VR直播：全国政协十二届五次会议新闻发布会》是2017年3月光明网“钢铁侠”多信道直播云台首次开展的全国两会报道，这套直播设备一亮相，就引起了广泛关注。“钢铁侠”多信道直播云台是光明网打造的全媒体报道单兵设备，记者通过穿戴式云台，

单人操作该系统集成的平板电脑、VR全景相机、高清摄像头、录音设备等，通过云控制台、云存储及流媒体服务系统，同时为15家平台提供高达3K画幅、4M码流的视频和VR信号，记者还可以一键同步实现PC端、新闻客户端及H5页面等跨平台视频内容的分发与适配，观众无须安装任何软件，就可以通过手机裸眼观看高清VR直播。

在获奖作品中，还有诸如抠像技术、人脸识别、3D空间设计等都得到淋漓尽致的体现，极大地丰富了新闻作品的表现手法。中央出台的《关于推动传统媒体和新兴媒体融合发展的指导意见》中指出“推动媒体融合发展，要将技术建设和内容建设摆在同等重要的位置”，要“以新技术引领媒体融合发展、驱动媒体转型升级”。新传播环境下，新闻生产必须适应新媒体传播特点，依托先进技术，优化呈现和传播方式。通过综合运用多媒体表现形式，实现新闻作品从可读到可视、从静态到动态、从一维到多维的升级，满足多终端传播和多种体验需求。

（二）突发危机事件报道现场化

利用手机开展直播报道，打破了以往广播电视直播装备重、声势大、受各种因素影响、难以深入到突发事件现场的局限。记者手持手机，可以方便地深入到突发事件现场，开展直播报道。受众同步跟随记者的视角和解说，观察突发事件，体验突发事件报道。获融媒短视频一等奖作品：《柳州融水突围记丨广西日报记者“失联”数十小时，在穿越40处塌方后发回灾区最新画面！》，报道的是2017年8月，广西柳州融水杆洞乡突发2次山洪，通信、水、电全部中断，成为“孤岛”。广西日报社紧急成立融媒体专项报道组，记者第一时间赶赴灾区一线，用手机记录和直播了当地乡镇干部组织营救、自救的珍贵视频画面，并结合背景信息，运用网络语言将拍摄的短视频精心编排成为一篇记者突围险境的冒险新闻故事。

这组短视频新闻全面、迅速、准确地采集与传播了新闻现场的关键信息，回应了社会关注，新闻价值巨大，成为很多媒体的暴雨灾情权威信源，获大量转载；在微博、微信、客户端等多条渠道发布，新闻素材得以充分有效利用，呈现形式融合了图文、视频、直播等多种媒体报道形式，现场感强，引发了读者强烈的共鸣。在回应社会关注焦点、及时辟谣的同时，生动呈现基层党员干部在暴雨洪水灾情面前，把人民群众生命放在第一位，勇于跑在灾情第一线，有组织、有纪律、有担当、有作为的优良品质。

如此重大的题材，广西日报反应迅速，充分利用了融媒体报道时效性强、新闻信息容量大的特点，采用新闻事件现场目击加直播的直击报道方式，由于报道及时，真实、现场感强，有效制止了流言及谣言的传播，起到了正确引导舆论的作用，提高了传播的影响力。

（三）呈现方式多样化

融媒体新闻报道的最大优势，就是它涵盖了所有媒体的报道形式，呈现方式丰富多彩，无论文字、图片、音视频还是VR、H5，融媒体作品中都可以灵活运用。在融媒体获奖作品中，可以看到，除了文字稿件、图片、音视频之外，还有很多是“产品”“朋友圈直播”“互动问答”“报告”“思维导图”等新鲜的形式。多种呈现方式，也更加吸引受众注意，提供给他们更多的选择空间。

澎湃新闻制作的《长幅互动连环画｜天渠：遵义老村支书黄大发36年引水修渠记》获得融媒体界面类一等奖，该作品不落俗套，创新了主旋律报道和典型人物报道的表达方式，取得了很好的传播效果。作品是一幅长达17页的H5作品，以水为主线，用下拉式长幅连环画、渐进式动画、360度全景照片、图集、音频、视频、交互式体验等多种报道形式，全景展现了黄大发带领老一代修渠脱贫、带动新一代致富的历史长卷。背景音乐浑厚雄壮，凸显了黄大发的人物形象；民谣、山洪、炸药的音频增加了报道的接近性，让受众有身临其境的感觉；为了提高新闻的真实性，采用村民的同期声，也借由村民之口，评价黄大发为修渠不懈努力、无私奉献的大半辈子，同时配以文字解说，方便受众明白理解。整个H5制作与画风选用了朴实且带有平面装饰意味的黑白风格创作，角色处理采用写实的手法，同时穿插人物照片，生动传神，画面背景与人物主体关系黑白布局得体，以金色作为点缀，稳重大气又不失活跃的细节，提高了事件还原的真实度。在这个新媒体与手机阅读时代，带给了读者更全面立体、更轻松却更震撼的阅读体验。

另外一部一等奖作品《“央广主播的朋友圈”系列H5报道》是央广新闻节目中心新媒体部成员内部创新生产的原创作品。该作品是业内首次使用虚拟朋友圈与主播实拍视频抠像结合的方式，来构建一个适合在受众朋友圈传播的两会报道产品。用户点击链接进入后，好像进入了真正的微信朋友圈，在一个全屏模拟朋友圈的画面中，央广主播王小艺就站在屏幕右下角，通过滑动、点击等肢体动作，口播解读朋友圈里的内容，少了宣传解读式的报道，朋友圈的内容更像是同事朋友之间的交流对话，容纳了图文和音视频等各种内容，生动、有趣又具备良好的内容价值，具有鲜明的新媒体产品特点。虽然不是用户亲自点击，但是王小艺点击朋友圈图片的放大效果、点击朋友圈视频的播放效果，与受众自己的点击感受完全相同，没有丝毫违和感，这一场景象是普通人们的日常生活常态，极易使受众产生沉浸式的体验，必然能吸引受众注意，产生良好的传播效果。

（四）受众参与互动化

观察融媒体类获奖作品可以发现，与其他类型的获奖作品相比，这类作品与受众的互动性更强，受众的参与度更高，这与融媒体作品本身具有的技术手段、呈现方式等方面的优势密不可分。无论是《柳州融水突围记丨广西日报记者“失联”数十小时，在穿越40处塌方后发回灾区最新画面！》《长幅互动连环画丨天渠：遵义老村支书黄大发36年引水修渠记》《“央广主播的朋友圈”系列H5报道》，还是其他诸如《你收到的是1927年8月1日发来的包裹》《最奇妙的一日游　看砥砺奋进的浙江嘉善》等，融媒体获奖作品大部分都呈现出竖屏化的观看特征，只要动动手指，轻轻一划，就可以轻松参与。这与人们选择观看新闻的接收渠道有关，移动互联网时代的崛起，使手机成为人们获取信息的首要工具，竖屏化的呈现更加方便了受众的观看习惯，提高了受众的观看体验。《中国新闻奖媒体融合奖项评选办法》中规定了“原创并在其移动端首发”，契合了新闻产品移动化的趋势。

除此之外，2018年中国新闻奖融媒体获奖作品中，H5作品占了很大比重。在一等奖作品中，除了《长幅互动连环画丨天渠：遵义老村支书黄大发36年引水修渠记》《“央广主播的朋友圈”系列H5报道》，还有人民日报客户端推出的引爆朋友圈的《“军装照”H5》。为纪念建军90周年，人民日报客户端借助人脸识别、融合成像等技术，制作了互动H5产品《快看呐！这是我的军装照》（简称“军装照”H5），只要扫描二维码，选择年代和性别，再上传正面照，就可以生成自己的虚拟“军装照”。流程方便简单，互动性强，实现了“沉浸式传播”。“军装照”H5发布后，立即形成了“裂变式”的传播，不同年龄、区域、行业的网友都踊跃生成、分享自己的“军装照”，在网络上形成刷屏效应。“军装照”H5成为把爱国主义植入融媒体产品的现象级力作，也成为融合报道的经典成功案例。

同样为纪念建军90周年制作的还有由中国军网、军报记者微博、腾讯新闻客户端等联合开发的H5作品《你收到的是1927年8月1日发来的包裹》。该作品依据军报刊登的文章《波澜壮阔90年，难忘的90个第一》进行的二次创新。主体设计成文字快闪与答题抽奖两部分，在文字快闪部分，首先出现在眼前的是一份包裹，显示的是从1927年穿越而来，点击签收后出现了一枚八一军章和一把火炬，作品由此展开，以快闪的形式展示了从1927年南昌起义开始的中国人民解放军90年的光辉历程。观看完毕后受众可以传递火炬，进行转发并参与互动答题。这成为纪念建军90周年众多产品中效果突出的优秀作品。该H5作品上线后，全网总计参与人数达到688万，通过头条问答、微头条等渠道参与传递活动的人数总计约有5400万。

《中国新闻奖媒体融合奖项评选办法》中，在中国新闻奖中设立媒体融合奖项是顺应传统媒体和新兴媒体融合发展趋势，巩固宣传思想文化阵地、壮大主流思想舆论的重要举措，有利于贯彻落实中央关于推动媒体融合发展的决策部署，发挥新媒体传播优势，提高新闻舆论传播力、引导力、影响力、公信力。通过这些获奖作品，我们也确实看到融媒体的强大生命力。习近平总书记曾强调，要研究把握现代新闻传播规律和新兴媒体发展规律，运用互联网思维，推动传统媒体和新兴媒体融合发展，构建立体多样、融合发展的现代传播体系。而作为中国新闻行业的风向标，中国新闻奖此次进行如此重大的奖项新设，更是代表了行业内对媒介融合发展的高度关注，相信有了融媒体作品入驻中国新闻奖，媒体融合结出的果实，将会以更加新鲜娇艳的颜色，展示在大众的面前。

（作者田晓凤、张伟系中国传媒大学新闻学院2016级硕士研究生
雷跃捷系中国传媒大学传播研究院舆论研究所所长、教授、博士生导师）

第二十八届中国新闻奖媒体融合奖项精品回顾

一 《点赞十九大，中国强起来》：用新纪录致敬新时代
——新华社“30亿级”互动产品是如何炼成的

新华社高级编辑、中国搜索党委书记　李俊

“用爱豆（偶像）连接网友，用OFO（共享单车）连接民众，用嘻哈连接二次元，互联网思维无非连接二字。”2017年10月26日，伴随着最后一条微信朋友圈发出，新华社“点赞十九大，中国强起来”系列互动活动的参与人数定格——接力人次5.12亿人次，点赞人次1.2亿，页面浏览量30亿，一项新的互联网纪录诞生了！

迎接新时代，创造新纪录。空前的数据记录了广度和深度空前的连接力，彰显了党的十九大在人民心中的巨大感召力，也展示了新华社在媒体融合和系统化创新中积累的强劲创新力和传播力。

新“三可”打开新思路

“要把可互动、可分享、可体验的窗户纸捅破”，党的十九大新媒体报道如何创新？新华社总编辑何平在一次策划会上对产品研究院提出要求：“互联网传播特别是社交媒体传播，不仅要‘可读、可听、可看’，还要‘可互动、可分享、可体验’。前‘三可’是基本要素，后‘三可’是鲜明特点，这次一定要脑洞大开，有所突破。”新华社副社长刘思扬也勉励我们，要按照现象级标准，打造新“三可”的标志性产品。

2017年8月28日，新华社总编室召开年度创新培训会，经过头脑风暴，明确以音频为突破口，抓住十九大关键节点推出轻应用；9月25日，举行十九大新媒体报道汇报会，明确通过共享单车的使用场景推广音频报道；9月27日，产品设计汇报会，明确增加新华网与中国邮政合作设计的网上党代会首日封，丰富报道内容……

遍布街头巷尾的黄色单车、绿色邮筒和悦耳动听的音频、音乐，共同构成一张连接网上网下、打通虚拟现实的崭新传播网络，为十九大的新媒体报道打开了新思路、创造了新空间。

新思路创造新纪录

博观而约取，厚积而薄发，创新的爆发力从来不是一蹴而就的。

2017年，新华社党组提出从单个产品创新向系统化创新转变，实现从理念、选题、采集、编辑、制作、传播、用户服务的全链条创新，一大批新媒体工作室、项目组脱颖而出。"点赞十九大"策划方案提出后，来自新华网、新媒体中心、音视频部、体育部、产品研究院和各分社的工作室、项目组群策群力，迅速启动。

9月30日下午，第一位嘉宾丁俊晖的"点赞"录音录制完毕；9月30日傍晚，第一条邀请网友参与点赞活动的微信《来，和你的爱豆（偶像）一起为十九大打call》播发，迅速10万+。

10月11日，第一批声音在共享单车上线，伴随着扫码开锁的嘀嗒声，"我们的征途是星辰大海，为十九大点赞，向着美好生活出发……"等悦耳音频自动播放；

10月13日，"点赞十九大，中国强起来"轻应用上线，在骑行时收听祝福十九大音频，在手机上为十九大点赞，在网站上获取十九大个性化首日封、明信片成为海内外网友关注十九大、祝福十九大的新方式。

10月18日十九大开幕当天，伴随着设计精美的"十九大首日封"轻应用上线，海量的数据再次爆发，刷爆了朋友圈，点爆了服务器，烤热了扫码后台，短短7个小时，仅点赞数就超过了6000万次，服务器紧急扩容才抵挡住用户潮水般的热情，成为十九大第一个"爆款"互联网产品。

10月25日，当新一届政治局常委与中外记者见面的高光时刻开始，我们确切知道，一个新的互联网纪录就要诞生了——"点赞十九大，中国强起来"系列互动活动以5.12亿人次创造互动报道产品参与人次纪录，以30亿页面浏览量创造单一活动浏览量纪录，以2亿人次扫码创造扫码关注党代会纪录，以1.2亿点赞量创造党代会点赞量纪录，将H5轻应用的传播极值刷新为30亿级。

活动也创造了多项第一次：第一次邀请党代表、公众人物和网友在线诵读党代会报告；第一次以“进入新时代”为主题组织网友互动活动；第一次用互联网技术推出党代会纪念首日封；第一次将重大报道与线下扫码活动有机结合产生重大影响；第一次大规模以音频为主打形态开展重大报道。

新纪录带来新启示

“点赞十九大”报道为“可互动、可体验、可分享”的传播规律提供了海量数据的试金石，也带来了引人深思的新启示。

第一，“可互动”的关键不仅是互动什么，更要重视如何互动。社交媒体的互动规律，不是深度、多维、多元的“座谈式互动”，而是简洁、简练、简单的“广场式互动”。新华社采取的“强议程、低门槛、广覆盖”的传播策略，为社交媒体“可互动”传播规律探索了有效路径。

新华社领导在产品设计之初就提出，“一流的内容+一流的技术+一流的渠道共同定义一流的产品”。“点赞十九大”不仅用足了新华社微信、客户端、新华网等自有渠道，还在微信、微博、B站、A站等二次元平台以及蜻蜓等音频平台上持续发力，更首次使用共享单车作为互动平台，伴随着扫码开锁的嘀嗒声，悦耳音频自动播放。以图片、音频甚至游戏互动代替传统文字互动，突出“浅互动”“微互动”成为产品互动性强劲的重要因素。

第二，“可分享”的要义是构成传播闭环，充分发挥社交媒体的传播红利，让阅读者成为二次传播者，让新闻自动找到下一位读者。“点赞十九大”充分挖掘微博、微信等社交媒体的传播特点和各具特色的传播优势，先后邀请各界代表108位，录制音频200多段。广泛的代表性形成大大小小、交叉互联的传播圈，迅速形成正能量的“排浪式传播”。

与此同时，在产品设计的时间轴上，采取了不断迭代开发的策略。伴随大会开幕，推出“点赞十九大·党代表篇”特刊，邀请19位党代表点赞十九大；伴随习近平同志在十九大报告中提出“进入新时代”的重大论断，“进入新时代，点赞好声音”互动专题同步推出；与中国邮政合作，发起“点赞赢取十九大首日封”活动，设计精美的首日封和明信片，通过手写签名、摇一摇等“浅交互、低门槛、个性化、高传播”的互动方式迎来传播峰值；会期过半，启动“我是报告诵读者”活动，邀请房方、蒙曼等十九大代表和嘉宾朗诵报告暖人“金句”，吸引大量网友参与互动，形成UGC（用户贡献内容）反哺报道产品的闭合链条……

传播不再是一站式的旅行，不断变化的主题和设计的不断更新，吸引网友体验新鲜感的同时，持续调动分享热情。十九大前后，产品共完成四次迭代，十几次调整优化。传播分析文章指出，新华社“点赞十九大”系列产品富于节奏感地发布产品，始终注意优质议题设置，始终注意网上网下结合，使整个产品高潮迭起，形成滚雪球效应，数字连创新高。

第三，“可体验”的核心不仅要让受众“身临其境”，还要让观众“参与其中”。让先进技术为体验服务，让场景设计以人为本，把复杂的变得简单，把笨重的变得轻巧，把遥远的变得亲近，把严肃的变得亲切。这是让重大报道“可体验”的基本规律。

新华社“点赞十九大”互动产品首次与共享单车合作推出音频互动体验，首次与中国邮政合作推出邮政互动方式，开创了主流媒体打通互联网与现实生活场景开展重大主题传播的先河，是“万物互联”时代OMO（online-merge-offline线上与线下融合）改变新闻传播的探路之作。一辆辆智能单车成为一台台十九大播放器，一张张首日封成为一个个十九大留声机……这是万物互联时代唱响主旋律的新方式。

北大新闻与传播学院院长陆绍阳评价，“点赞十九大”互动与传播界不太重视的流量入口OFO合作，扫码播放十九大语音，产生了奇妙的化学反应，创造了互动报道的新标杆，提供了媒体融合成功的标志性成果。

中国人民大学教授宋建武说，新华社“点赞十九大”系列互动产品是跨界融合的标志性产品。在新媒体时代，在媒体融合格局中，连接力强大的媒体才是强势媒体，才是新主流媒体。

二 | 《领航》：用短视频彰显信仰之美崇高之美

新华社总编室　郝方甲

在党的十九大召开前夕，新华社全媒报道平台第一工作室精心打造了政论微视频《领航》。这部微视频用8分40秒，展现了党的十八大以来，以习近平同志为核心的党中央领航“中国号”巨轮破浪前行，将中国特色社会主义理论和实践不断推向新时代的光辉历程。

微视频推出后，舆论反响强烈。浏览量在24小时内突破2亿次，迅速成为互联网爆款产品。有一位名叫“大海”的网民说：“政治性微视频如此制作，从未见过，大气磅礴，令人沸腾。让我更加坚信只要中国人携手并肩，万众一心，就没有过不去的坎，就一定能抵达目的地。”刚刚，这部作品获得了本届中国新闻奖融媒体类一等奖，之前还获得了新华社创新大奖的一等奖。

在我看来，这些沉甸甸的奖励，并不是对《领航》一部作品的肯定，而是对新华社一段时间以来创新方向的肯定。

十八届六中全会明确了习近平总书记在党中央和全党的核心地位。同时，世界媒体格局、舆论生态、传播形态深刻变革，媒体融合向纵深推进。如何适应传播格局新变化，推出与核心地位相适应的总书记报道精品，是时代赋予新华社的重要课题。

2016年年底习近平总书记在文艺座谈会上指出，要“通过更多有筋骨、有道德、有温度的文艺作品，书写和记录人民的伟大实践、时代的进步要求，彰显信仰之美、崇高之美”。也就是在2016年底，新华社成立了专门负责总书记报道创新的第一工作室，接连推出了《心中的牵挂》《小账本连着大情怀》《大道之行》等融媒体新闻产品。经过一段时间的内容创新探索和机制创新磨合，由新华社总编辑何平直接点题，我们在十九大召开前几个月，开始酝酿创作《领航》。

政论类报道一向是难啃的硬骨头，创新难，特别是短比长难。想要用短短几分钟集中反映五年来中国共产党带领全国人民取得的改革开放和社会主义现代化建设的历史性成就，细思极难。

骨头越硬，越不能硬碰硬。今天我想与大家分享我们是如何通过“加减乘除”四步，提炼出“三句诗，一幅画，一个形象”，最终完成了这一部《领航》。

首先是加法。作为一部政论片，最重要的是思想性。它既要有基于事实的观察思考，也要有对中国发展方略的审视。从十八大到十九大，这五年间作出了哪些努力？取得了怎样的成就？历史方位如何？中国正走向何方？……我们与新华社中央新闻资深记者联席策划，首先把这些问题吃透。

然后做减法，大胆打破政论片固有的思维模式，把本需要用大篇幅才能说清楚的内容，用高度凝练的文字和画面表达出来。一定程度上来说，减法比加法还重要。

《领航》全片没有画外音解说，我们用总书记参观复兴之路展览时引用的三句古诗和十八大时新一届中央领导集体亮相地点——人民大会堂东大厅里的巨幅国画《幽燕金秋图》串场。画中的长城寓意“雄关漫道真如铁”，意味着中华民族百余年苦难征程；高山瀑布及雨雾展现“人间正道是沧桑”；以大海扬帆贴合“长风破浪会有时”。通过对三句诗和一幅画的分解，展现了习近平总书记对中华民族的昨天、今天、明天的思考与指引。

再说除法。八九分钟的时长，作为一部政论片已是高度凝练，但对短视频来说要算“长片”了。如何进一步突出主题、强调中心思想，往往要借助一个或者多个具有象征意义的载体，我们将其称为“除法”。《领航》顾名思义，我们将航船作为贯穿始终的主线，从开头的嘉兴南湖红船，到结尾的“中国号”巨轮，领航的意味及领航者的形象由此确立。

最后，乘法则是指将新闻照片、实地拍摄和三维特效融为一体，让所有创意可视化的新手段为主题和内容服务。

时间所限，更多的创作故事我不再逐一展开。借用《领航》结尾的一句话：每一代人有每一代人的长征路。方向决定道路，融合发展，我们任重而道远，下一程也许更难走，但不断创新、突破自我是唯一的选择。

三 | 《公仆之路》：时政微视频的创新“四字诀”

中央广播电视总台中央电视台　唐晓艳

中国新闻奖作为中国新闻行业的风向标，首设媒体融合奖项。正是乘此东风，《公仆之路》从众多优秀作品中脱颖而出，荣获第28届中国新闻奖媒体融合短视频类一等奖。

刚才大家看到的视频短片就是《公仆之路》的浓缩版，全片原长5分26秒，于2017年11月23日播发，一周内全网播放量达到2.5亿，在微信公众号、朋友圈累计发布、分享超过43万条次，可以说是十九大之后第一部爆款时政微视频，引发了各界的广泛关注与讨论。

自2016年以来，短视频被推到新媒体的风口浪尖，成为不少传统媒体融合发展的前沿阵地，时政微视频是其中最受关注的一支，近些年来涌现出不少佳作，比如新华社的《红色气质》《大道之行》，我们中央广播电视总台央视新闻中心的《初心》等等，即便是我们央视网自己，在这两年发力时政微视频领域，也取得了不小成绩，截至2018年6月，央视网微视频工作室共制作推出时政微视频35期，全网播放量23亿次，平均每支6500万次。其中，《公仆之路》2.5亿次，《家国天下》1.73亿次，《贺新春：长长的记忆》1.69亿次，《崇尚劳动的习近平》1.5亿次，《新时代　致敬英雄》1.3亿次，《习近平为你描绘“新时代”》1.2亿次……

创作过程中，我们总结了时政微视频的创新“四字决”：定魂要“准”，题眼要“凝”，信息要“密”，形态要“新”。在《公仆之路》上，这些标准进一步具化为四个“一”：“一以贯之”的主题表达，将“公仆”作为核心命题；“一脉相承”的深刻内涵，宣示以“人民”为中心的执政理念；“始终如一”的公仆底色，“永做人民公仆”的初心不变；“一镜到底”的创新形态，借助极致表现形成沉浸体验。

下面我就以《公仆之路》为例，对此进行详细的阐释：

第一，定魂要“准”。这支片子推出的时间节点，正是十九大胜利召开之后将近一个月的时间。十九大这么宏大的主题，什么是最核心的表述？我们最后选取了两个词，“新时代”和“人民公仆”。中国特色社会主义进入了新时代，这是十九大带来的崭新境界；但中国共产党人有一个核心不变的东西，就是“人民公仆”的使命与初心。

基于这两点，我们创作了两支时政微视频《习近平为你描绘“新时代”》和《公仆之路》，分别于十九大召开期间和闭幕之后播发，上线时间正好相隔一个月，时长都是5分26秒，切入角度各有侧重，表现形态瑜亮互见。

一支成功的微视频，一定是把主题当作灵魂，聚而不散、凝而不偏。从这个意义上说，《公仆之路》是典范之作。

什么是公仆？在总书记的表述里，公仆是“做一些为老百姓办好事的工作”；公仆是“清清白白做人，干干净净做事，坦坦荡荡为官”；公仆是“当县委书记一定要跑遍所有的村，当地市委书记一定要跑遍所有的乡镇，当省委书记一定要跑遍所有的县市区”；公仆是“永远把人民对美好生活的向往作为奋斗目标”……十九大报告中，总书记203次提到“人民”；《公仆之路》中，总书记以自己的所思、所想、所言、所行，为这个词做了最佳注解，为全体党员和公仆群体做了最佳表率。

第二，题眼要“凝”。《公仆之路》在5分26秒内完成48年的时空漫游，再现党和国家领导人习近平从黄土地到中南海，初心不变、始终如一、为民服务的公仆历程。虽然讲述的是总书记从1969年初插队梁家河到2017年再次当选中共中央总书记不同阶段的经历，但整个片子浑然一体，丝毫没有割裂之感，这正是得益于创作者对于主题的牢牢把握与凝练呈现。

《公仆之路》紧紧围绕“为人民服务，永做人民公仆”的初心使命，精心选取总书记自己的话娓娓道来。在梁家河，网友能听到他讲述自己的信念初心和所知所获；在正定，能听到他“郡县治、天下安，清白做人、干净做事、坦荡为官”的谆谆教诲；在福建这片当时开发开放的前沿热土，他说“爱拼才会赢”；在浙江，他超前提出“既要金山银山，又要绿水青山”的生态观；在上海，他督促其要勇做“全国改革开放排头兵、创新发展先行者”；到了中央、当选为中共中央总书记，更是始终强调要“永远把人民对美好生活的向往作为奋斗目标”，告诫全体共产党人“不忘初心、牢记使命，不忘初心、方得始终”。

总书记的原音朴实无华，在平实叙述中让人自然代入情境，结合历史性的画面，使报道更加真实可感。这样重剑无锋的表达，引来网友的刷屏传播也就在情理之中了。

第三，信息要“密”。短视频并不意味着信息量就要相应减少，反而对信息密度提出了更高要求，我们内部推崇一个公式：画面信息/时长=信息密度，信息密度越高，欣赏价值就越高。

《公仆之路》创作时长将近半年，我们查阅了几乎所有有关总书记的视音频、图片、文字资料，从中搜集整理出每个阶段最能代表他的理念的同期声，整合成和谐统一的一个主题。这是一个由厚到薄又由薄到厚的过程，总书记48年的公仆历程要在5分多钟的时间内塑造完成，这就需要画面语言和同期声极为聚焦凝练，每一句话都要有其信息价值所在，每一帧画面都能让人引发内涵意义联想。片子的信息密度大了，厚度也就油然而生。

第四，形态要“新”。《公仆之路》运用了一镜到底和三维投射技术。一镜到底对创作者来说是一种束缚，但《公仆之路》恰恰是用这种人为的束缚去传神表达一个48年如一的思想境界。习近平1969年来到陕北插队，从一个少年逐渐成长为大国领袖，周围的环境发生了天翻地覆的变化，这么扎实的经历如何用短视频来表现？我们原来是想做18集微纪录类短视频的，但最后却成功压缩进一集短视频中，一镜到底既是破题利器，又是始终坚定不移的最佳选择：一方面，通过连贯的画面和叙事，让受众产生时空穿越的感觉，增添了观赏性和可看性；另一方面，通过巧妙的场景转换，清晰地呈现总书记的人生轨迹，传递了其始终如一为老百姓办好事的价值追求。

纵观整部短片，从那张开向陕北高原、载着知青列车的场景开始，到正定、福建、浙江、上海、中央，一幅幅总书记与人民在一起、为人民服务的照片依次扑面而来，带着岁月的厚重，也带着暖心的温度，致敬创造历史的人民，也致敬为人民服务的总书记。

这部短片不仅是一个人的史诗，更是我们的国家和人民几十年来砥砺奋进的真实写照，总书记的奋斗足迹，也折射着千千万万普通中国人的奋斗历程。我想，这也正是第28届中国新闻奖评委们将媒体融合短视频类一等奖授予《公仆之路》的原因。

四｜《侠客岛》：把新闻做在读者的心坎上

人民日报海外版　张远晴（独孤九段）

信息时代最大的一个特点就是快。节奏太快，一天一个热点，甚至多个热点叠加，很多东西根本来不及消化；变化太快，在看似事实清楚的新闻面前擅自下一个判断，很可能面临迅速反转的尴尬。我们每天接触的文字量、信息量可能比传统阅读时代要高得多，但能沉淀下来的未必比传统阅读时代要高得多，这包括有用的信息、有价值的判断，以及真正能给人启迪的思想。

有个寓言故事，叫小猴子掰玉米，大家都很熟悉，意思是喜好变迁太快，到头来啥都没捞到。套用在信息时代，浅阅读流行，让我们都成了“追风者”，但很有可能变成徒劳无功的“捕风人”。

所以，新闻能不能让自己不再变成易碎品？尤其在浅阅读流行的时代，我们的新闻工作者能否透过新闻的报道和解读，带给读者更深层次的思考？不光告诉大家发生了什么，还能告诉大家为什么发生，怎么看待，怎么应对，由此来达到“解疑释惑，凝心聚力”的效果，这应该是新闻作为国家社会“公器”的一个重要使命。

带着这样的思考，我们创办了侠客岛。

侠客岛创办近5年来，我们有个口号，叫“但凭侠者仁心，拆解时政迷局”。侠之大者，为国为民，我们的文字始终植根于时代，服务于时代，这边是“仁心”所系。所以我们没有“躲进小楼成一统”，摆弄花花草草、养生茶道，而是选择了时政这块硬骨头来啃。意识形态最敏感的前沿，舆论斗争最激烈的前线，但这块阵地非党媒莫属，社会对党媒的期待莫过于你能否在这些领域有态度、有声音，甚至有脾气。

这是侠客岛一直坚持下来的特色，做硬时政，做社会热点的解读。我们不是新闻评论，是新闻解读。不光给你一个观点，还帮你把新闻切开来，讲述来龙去脉，丰富背景知识，把观点蕴含其中。我们认为，新闻不应该成为易碎品，新闻是眼前的历史，是中国发展历程中的鲜活样本，所以，我们希望通过对新闻事件的解读，来折射中国的发展变迁，表达我们对时代的思考。这样，每一个新闻都能因此具备时代的背景，拥有思想的厚度。

在表达上，我们也做了很多尝试，有俏皮、活泼，也有犀利、沉重，但一个基本点就是，大白话、说人话、讲真话，让普通老百姓都能听得懂、听得进，而且还爱听，让每一个新闻都有切身的关怀，拥有情感的温度。

所以这几年间，我们结交了好几百万的忠实粉丝，我们叫作“岛友”，他们叫我们“岛叔”“岛妹”。这些岛友来自五湖四海，遍布世界各地。我们不是因为要了解资讯而聚集在一起，而是因为有共同的世界观、价值观而集结在侠客岛上。侠客岛在他们的眼中，不是一个新闻机构，而是一个活泼泼的人格存在。侠客岛微博有个岛友这样形容我们：“他就像你在火车上时常能遇见的海侃中外局势的迷之大叔，亲切，有料。”我觉得非常形象地概括了侠客岛的受众形象。

除了文章，我们也在陆续举办侠客岛的线下沙龙，每一次沙龙到场只有三四十人，但报名都能破千。2016年，我们第一次办线下见面会，带10多个岛友一起走进中联部，有个福建厦门工作的岛友自费两千多机票跑到北京参加活动，更让人感动的是，他还特地回了趟漳州老家，给我们带了箱青芒过来。这让我们万分感动。我们有10个岛友的微信群，学生、公务员、企业人员、媒体工作者、海外留学生等等，每天都特别活跃，他们除了讨论文章、调戏岛叔岛妹，还自己组织线下聚会交朋友。“岛友”二字已经成为一个非常有识别度的标志，我们接下来还打算给这两个字赋能。拥有“岛友”的身份在侠客岛上能做什么？在现实生活中能做什么？想象的空间非常大。

“物以类聚，人以群分”，新媒体的特点就是要做垂直，侠客岛以“新闻+思想”的特色聚集了一批忠实岛友，这些人有知识、有思考、有阅历，是如今中国社会的中产阶层，他们在舆论场上的声调很高，能获得他们的信任不容易。

如何获得读者的信任？就把新闻做在读者的头脑里，做在他们的心坎上。

五 | 《国际锐评》：打造国际舆论场的中国言论品牌

中央广播电视总台国际广播电台　盛玉红

在2018年首次增设的中国新闻奖“媒体融合奖项”中，“国际锐评”获得融媒栏目一等奖。这个结果，让我们感到既惊喜又振奋，这既是对总台媒体融合传播成效的肯定，更是对团队成员的一种鞭策，激励着我们更好地前行。

国际锐评是中央广播电视总台的新媒体国际时事评论品牌。创办三年多来，我们坚持“中国立场，国际表达”，以习近平新时代中国特色社会主义思想，特别是外交思想、全球治理观等为指导，对国际政治、财经、军事、科技等社交热点进行分析解读，客观理性、“快准精深”地讲好中国故事、表达中国立场，在国内外舆论场上的影响力不断上升。下面以参评本届中国新闻奖选送的两篇代表作为例，简单地作下介绍。

第一篇代表作是2017年3月21日发表的《为中美未来50年相处定调？特朗普这一提法用意很深！》一文，它的背景是2017年1月美国总统特朗普上台执政后，在台湾问题上挑战中国底线，引发外界对中美关系的担忧。同年3月，美国新任国务卿蒂勒森对华首访时说特朗普总统期待与习主席尽早会晤，“为美中关系未来50年的发展确定方向”。蒂勒森这番表态传递出什么信息？“国际锐评”这篇评论指出，这既反映出特朗普有意再现45年前尼克松破冰之旅的历史作用，也有基于现实的判断与考量，为未来中美的力量转换做准备；中美只要能够坐下来面对面地谈，而且还能谈出“约法三章”，就能走出一条不同于历史上大国对抗的新路。这篇评论通过国际台多端发布后，推荐量近200万，并被海内外网站广泛转载。有网友说：“只有中美达成合作共赢的战略布局，才能赢得全世界人民共同赞赏，才是世界人民真正的福音。”

一年多后的今天，蒂勒森已被特朗普解职，白宫里充斥着鹰派人物，中美经贸摩擦升级，美国对华角色定位从合作中竞争转向竞争中合作，谈谈打打或许是未来双边关系的常态。现在回过头来看这篇评论，会有另一番思考和体会。

第二篇评论是2017年8月4日推出的《印军非法越界事件如何解决？中方释放三大信息！》一文，它的背景是6月18日洞朗地区发生印军人员和机械非法越界并滞留事件，引发中印关系紧张，成为2017年周边外交的一个焦点。经过一个半月的交涉后，我外交部8月初发布相关立场文件，向外界澄清事实真相。锐评对此进行了精练准确的解读，既剖析了印方的错误所在，同时体现中国的大局观。文章发布后被广泛转载。有网友说：“造成中印边境对峙的问题完全在于印度的挑衅，解放军有亮剑精神。”这为洞朗事件的解决营造了于我有利的舆论环境。

从这两篇评论可以看出，“国际锐评”的主要特色就是“快准精深”。正因为此，在美国去年8月启动对华301调查时，锐评团队就敏锐地预估到，这可能是美国正式对华发难的前哨战。由于做了充分准备，在2018年4月中美经贸摩擦爆发后，锐评立言发声，用倚马可待的撰写多篇有国际影响力的评论，迄今已发出200多篇，成为中美经贸摩擦舆论战中的“轻骑兵”、西方关注中国立场的“观察哨”。类似《中兴与美国终于签协议了！来之不易，值得各方深思和珍惜》《“贸易恐怖主义”救不了美国》《迎击贸易战，中国仍会“以不变应善变”》《特朗普的讹诈正在贬值》《中美贸易、真相只有一个》等文章，被FOX、BBC、CNN、纽约时报等西方主流媒体转引评述。美国网友Perry在锐评文章《“中国不是美国的敌人”》下面留言说：“中国不是美国的敌人，特朗普才是。”美国网友Morris针对《美国若任性退约，将毁世界和平基石》一文评价说：“我不认为这么做会使美国更伟大，也不认为历届美国总统都很笨，只有他这么一个聪明人。”

应该说，经过三年多的努力与运营，国际锐评在国内外已树立起一定的品牌，关键在于议题设置上突出针对性、立言立论方面突出思想性、分析论证方面突出专业性、语言表达上突出国际化、传播效果方面突出精准性、用户运营上注重大数据。同时，在工作中也有几点思考想与大家分享交流：

（一）与传统评论相比，尺度要不要放宽？

当前新媒体传播领域，存在为博眼球、追点击率而语不惊人死不休的现象，甚至突破禁区与红线，造成恶劣影响。作为传统媒体，在运用新媒体进行形式活泼的评论的同时，尤其要保持政治站位，把握新媒体领域的传播主动权与主导权。谨记接地气不等于没底线，要坚持把关人制度，防止与我不利的言论在网上爆炸式传播。

（二）与传统评论相比，逻辑要不要严密？

有人认为，新媒体评论不必要追求严格的逻辑和论证的严谨，只需要把观点讲出即可。事实上，在新媒体平台，对评论的要求更高，既要在表达上让网民喜闻乐见，在分析论证上又能站得住脚，激发网民认同和转发。

（三）与传统评论相比，文字要不要讲究？

有人认为，新媒体传播以碎片化为主，把意思讲清楚即可，不必在意语言的考究。其实，语言文字恰是传统媒体的长项，应该在新媒体平台发挥优势。很难想象，一篇错别字连天的评论如何让人信服其观点。

应该看到，当前国际传播领域西强我弱的格局仍未得到根本扭转。习近平总书记就推进国际传播能力建设多次发表讲话，要求加强话语体系建设，讲好中国故事，让全世界都能听到听清听懂中国声音。以此为目标，“国际锐评”未来将继续加强对国内外重大事件、重大问题的分析研究，努力创新、勇于表达、融通中外，增强国际传播中文字、图片、漫画、视频、动漫融合传播的影响力、传播力和引导力，不负我们的韶华，不负这个伟大的时代！

六｜互动连环画《天渠》：用心讲述信念的故事

澎湃新闻　李媛

2017年4月23日，澎湃新闻刊发了H5产品《长幅互动连环画｜天渠：遵义老村支书黄大发36年引水修渠记》，17页的H5还原了老支书黄大发从20多岁的毛头小伙到60岁的花甲老人，青春耗尽，“拿命去换”终于带领村民修通了万米水渠脱贫致富的故事。

启动

接到这个任务之后，澎湃新闻成立了一个报道项目组，由一名副总编牵头，政治新闻部、视频新闻部、视觉设计部、交互体验部等派出精兵强将迅速启动报道，前方派了三名记者，后方则全力开展相关资料的梳理和分析，采访期间通过微信群远程开了多次报道协调会，以确定用哪些采访内容和用什么样的话语方式来开展报道。

由于制作时间紧张，前方的采访、拍摄与后方的绘制同时进行，除了一线的记者提供的影像素材外，我搜集了很多黄大发的照片，每天看，不停地看，熟记于脑中，这样有助于进行人物多角度的描绘，包括情绪与肢体语言的表现，所以才能给人物除皱磨皮，重现青年的样貌。（老年现实照片与青年画像的比较，也不知道黄老看到会如何评价）

创作

在设计制作H5的过程中，我们有三点考虑：

1．H5适合手机传播，但是在设计上如何体现出这个故事的特点和思想内涵？我们最终选择了，设计成竖向滑动的观看方式，以故事的核心“渠水”为主线，给读者一种如“水”一般自上而下流淌式的阅读体验，从开始的渠水出现到裂纹、树枝再到马路等，都是向下晕染、无缝衔接的。

2．除了文字、图片和视频以外，选用什么样的话语方式来作为故事主要载体？最终我们选择以交互式插画的方式贯穿始终，一方面是为了弥补现实影像资料不足的缺陷，另一方面，是为了读者能更轻松更直观地了解黄大发的故事，以一种更平易近人的手段去传播到达受众，激发他们的阅读兴趣，而不是灌输教导。

3．如何确定H5的页面数量和每一个部分、每一页的故事细节。根据前方记者的采访素材和以往报道，我们还征求了对黄大发比较熟悉的采访对象的意见，最终将H5划分为7个主题章节的故事来讲述，每个章节大约2页，讲述一个主题。（备用：包括穷则思变、第一道沟、冷嘲热讽、拿命去换、开山劈石、不忘初心、万众一心）

在这个H5的创作过程中，最难的还是人物过去的样貌以及开渠过程的表现，因为过去的素材非常稀缺，于是只能参照现今仅有的素材来融合替换，尽可能营造原有的场景感觉，因此我们采用了黑白装饰画的风格，配以金色点缀，这样可以更充分地提炼并与画面元素重组，又不会觉得生硬，在艺术合理的基础上兼顾故事表达的合理流畅性。同时，在背景音乐之外，我们适时加入了黄大发清唱的当地歌谣，开渠炸石的爆炸声、鸟鸣等，让观感更加立体。从第一次修渠失败、一个字一个字认《新华字典》学习水利知识、挨家挨户走遍7个村民组、带头在腰间绑上绳子吊上悬崖、“为了水，我愿拿命来换”、在卡车下过夜等细节无不令人感动，而最后4名“80后”和“90后”的口述，更是体现了天渠精神的传承。

反响

4月22日—23日，澎湃新闻先是连续两天从一早就推出开机屏海报，以宏大的“天渠”二字为题，背景用动画的形式展现村民带着劳动工具行走于悬崖之上水渠的画面，渠旁就是千米绝壁，场景震撼，山水鸟鸣之声空灵而有“大片”气质，为即将推出的典型报道烘托气氛。

4月23日下午，这一H5产品刊发，沿用大气磅礴的海报封面，以水为主线，用下拉式长幅连环画、渐进式动画、360度全景照片、图集、音频、视频、交互式体验等多种报道形式，全景地展现了黄大发带领老一代修渠脱贫、带动新一代致富的故事。

大约24小时左右，仅在澎湃平台，黄大发系列报道总点击阅读数已经突破300万，网友纷纷向其致敬称“除了感动还是感动”，赞其为“人民的村支书”“真正的共产党人”“新时代的愚公移山”“真实、平凡而伟大”“千千万万个黄支书在基层的坚守汇成了中国共产党人的光辉形象！这才是我们必须传承的精神支柱！”

体会

正如记者在采访手记所写：说起来就是这么简单。每当别人觉得不可思议，问黄大发为什么在漫长的岁月中能够把修渠、通电、改建村里小学的事一件件坚持下来，他还是重复那几句“改变这里的面貌”“得民心的事我就去做”，似乎坚持对他来说是理所应当、自然而然的。至于其后的困难，他只想着如何克服，不会想着如何放弃。

还有记者说：在草王坝村采访时，我喝着村民家的热水，不觉得这水与家里的自来水有什么区别。而当我在擦耳岩极窄的水渠边缘行走时，眼睛完全不敢看外面的悬崖峭壁，就怕一不小掉下崖壁，真正地体会到当时在绝壁凿渠的艰难，方知村里的水有多来之不易，也真正被黄大发及其村民为改变贫穷面貌而表现出的坚定信念和不屈不挠的精神所折服。

值得一提的是，天渠的英文报道被世界经济论坛官网转载，并被法国国家电视二台购买落地播放。可见，主旋律报道只要用心用力用专业去做，挖掘出好的符合新闻规律和人性的中国故事，对于改变西方主流媒体对华报道的方向也有着引导作用。

结尾

平正仡佬族乡扶贫办的熊主任说“如果第二次修渠失败了，他还会第三次修渠、第四次修渠，他就是这样的”。从有人质疑、嘲讽到今天的众人拥护、爱戴，黄大发这一路走得并不平顺，但是“他认准的事情无论如何都要坚持做好，这个精神是现在很多人没有的”，这也寄托着他作为一个村支书、一名共产党员的信念。

对团结村、贵州省乃至全国来说，需要的不是一个黄大发，而是无数个黄大发。

七 | 《“军装照”H5》：善用网络手段，助力主题宣传

人民日报新媒体中心　余荣华

今天，我们仍然会对“军装照”H5的这根传播曲线感到震惊和兴奋。

运用人脸识别、融合成像等技术的“军装照”H5，2017年7月29日推出后，在亿万中国网友的手机上成功“刷屏”。截至8月7日上午，浏览次数（PV）累计突破10亿，独立访客（UV）累计1.55亿。广大网友纷纷通过这个新媒体产品，生成、展示自己的虚拟“军装照”，表达自己对人民解放军的向往、崇敬和热爱。

“军装照”H5的成功，让我们感受到，尽管互联网的发展，使媒体与受众的传播关系发生深刻变化，给主流媒体带来了挑战，但随着媒体融合战略的推进，主流媒体的传播渠道、手段、内容也大为拓展。只要善于利用网络技术的创新手段，就能够助

力主题宣传在互联网上实现传统传播形态难以想象的效果。具体来说，我们有三点收获。

收获之一：要在主题宣传和创新形式的结合点上寻找好创意

人民日报社新媒体中心负责运营人民日报的“两微两端”。每个重大的新闻节点前，我们都会不断开展头脑风暴，围绕主题设计不同新媒体产品，反复讨论，挑选其中最合适的来执行。

作为主流媒体，很多时候，主题宣传的目标、内容是基本确定的。但在实现形式上，新媒体无疑有很大的创新空间。我们的创意，就要从主题宣传和创新形式的结合点上去挖掘。

2017年6月—7月初，中心在两周内讨论建军节报道创意，“军装照”H5创意脱颖而出。我们考虑，人民解放军建军90年，从名称到军装都有很长的历史。传统媒体如果展示，可能就是把一张张的照片和介绍摆出来，但是这种方式传播力不强。设计制作一个H5网页，让大家上传图片，生成各自的虚拟“军装照”，可以在互动中展现情感、传播知识。很多人都有军旅梦，但大多数人都没有机会当兵，没有机会穿上军装，借助这个机会让大家体验穿军装的感觉，我们预感到应该会受网友欢迎。

对我们来说，任何一个新闻产品创意，都要从导向是否正确、传播是否广泛、技术是否可行等方面分析判断。让普通人穿军装是否会有娱乐化倾向？我们仔细分析后认为，恶搞军装肯定不行，但也有“既有高度也接地气”的做法。内容保证准确，页面设计庄重大方，让用户“穿上军装”英姿飒爽，不但不是“娱乐化”，反而是给大家抒发对解放军的崇敬、热爱之情。事实证明，H5推出后，实现了这个效果。不同地域、不同行业的网友都在制作自己的军装照，并配上对解放军的各种褒奖话语广泛转发，网友评论最多的话就是“穿上军装，致敬人民解放军”“解放军的军装，是最美的服装”。

收获之二：要在精准内容和先进技术的结合点上打造好产品

有网友分析说，“军装照”H5的火爆原因，在于虚拟“军装照”的效果特别好，既能对网友的形象进行美化，又保留了网友的面容特征，让用户有很强的代入感。

从专业角度来看，“军装照”H5作为一个成功的新媒体产品，无论是页面内容的准确度、换脸技术的效果，还是超高流量下的平稳运行，都是巨大考验，包含着创作团队的艰辛努力。

首先是内容。作为主流媒体推出的新媒体产品，我们必须保证H5中所使用的“军装照”原始素材的准确。报社军事记者联系研究解放军军服演变等的专家，为我们提供指导，帮助审核素材，细微如领子的形状、袖标的位置都不能有差错。

其次是技术。要让计算机批量化、快速化生成的照片既美观真实自然又保留用户的面貌，在过去是不可想象的。但近年来“换脸换装”的技术日益成熟，重要的是借助主流媒体的影响力，寻找到最合适的合作伙伴作为技术支撑，我们最终选择了腾讯旗下的天天P图团队。

此外，“军装照”H5的运行也离不开充足的资源保障。用户上传一张图片，不到5秒钟就能轻松合成一张“军装照”，背后是巨大的服务器资源在支撑。后端的图片处理服务器在最高峰动态部署了4000台腾讯云服务器。

作为媒体机构，由于机制和人才等原因，很难拥有最新的原创性新媒体技术和最强大的保障资源，但只要抓住核心，发挥优势，完全可以撬动、整合体制内外资源为我所用。“军装照”H5的实现正是如此。“不求所有，但求所用”将是新媒体时代新闻生产的常见模式。

收获之三：在传播目标和用户意识的结合点上实现好效果

从某个角度看，互联网传播与传统媒体传播的最大变化，应该是受众（读者、听众、观众）变成了用户。所以，互联网传播，首要树立的就是用户意识。不管作为传播主体，有何传播目标，都必须考虑能给作为传播对象的用户提供什么。

“军装照”H5的“刷屏”，最重要的还是契合了庆祝中国人民解放军建军90周年的“大势”，满足广大网友的情感诉求，在那样一个时刻，帮助大家表达了对解放军的崇敬之情。正因为此，“军装照”才能够突破性别、年龄、地域、行业等社群壁垒，在全国范围内的不同网络社交圈内不断扩散。有很多人在分享时也提到，当解放军很光荣。正如有专家评价为实现了“看不见的宣传”。

这种对“大势”和公众情感的准确把握，正是用户意识的体现，也是主流媒体推进媒体融合、参与新媒体竞争时的优势所在。

用户意识的第二个关键是，重视参与感和互动性，让用户成为主动的传播者。

在新媒体时代，读者成为用户，可以和新闻产品进行即时互动，参与到产品的生产、传播过程中来。真正成功的传播会在受众间不断扩散，实现“裂变式传播”。“军装照”H5在设计上从一开始就激励用户成为主动传播者。从后台数据看，截至8月12日，网友将“军装照”H5的链接分享给好友或微信群的次数超过4800万次、分享到朋友圈的次数超过1100万次，分享带二维码的个人“军装照”的次数更多。

综合来看，“军装照”H5的空前“刷屏”，正是上述诸多因素共同作用的结果。

这些年来，人民日报新媒体还曾经推出《习近平总书记给大家送元宵节祝福》《两会邀你加入群聊》等H5产品，都取得不错的传播效果。

我们相信，主流媒体的主题宣传，如果能够在保持导向正确、内容准确等传统优势基础上，遵循互联网传播规律，牢固树立用户意识，善于利用创新手段、先进技术、外部资源，就能在速度、广度、深度上不断实现突破。

八 | 《央广主播朋友圈》：小创新带来了大惊喜

中央广播电视总台中央人民广播电台　王艺

“朋友圈”这一系列作品，分别于2017年和2018年两会期间推出，可以说这个系列就是为两会而生的新媒体作品。在这两年见，确实有很多朋友在询问我们是用了什么技术制作这个朋友圈H5的，也有企业来问能不能给帮忙制作这种形式的宣传产品的，其实这个作品所使用的制作技术，限于我们的人力物力，是最简单的，这个稍后再做介绍。今天我首先想聊一聊，我们创作团队，为什么会想到用“主播+朋友圈”这种形式，来做好两会新媒体的宣传。

（一）打造主流媒体“生动、拟人、贴近真实的形象”

每年两会，都是各家媒体既兴奋又头大的时光。兴奋自不用说，感觉苦恼，多半是来自新媒体方面的宣传压力。以我们的广播来举例，每年两会有经典的栏目，有事先设定好预案，有很多可以遵循的经验。可是在新媒体这方面，不少人觉得：似乎网友们只喜欢新鲜玩意，偏向娱乐化，对主旋律的内容根本不闻不问。这有一定的道理，可有句话叫“旁观者清，当局者迷”，如果跳出媒体人的圈子，看看普通网友在网络世界中的“日常生活”你会发现，国家大事、民生问题，网友都很关注，但在互联网社交平台上，大家更喜欢跟“人”而非“一个品牌”去交流（或许这也是为何自媒体会比较火爆的原因之一）。因此，我们2017年春节前，就有了这样的想法——不要再疯狂露出品牌，不要总是说“中国之声”怎么样，我们这次就让网友的注意力从品牌转移到一个人的形象上来。2017年，视频直播及短视频的流行趋势已经非常明显了，这里面除了4G网络发展之外，视频带给大家的沉浸感、画面的生动感，是很多其他形式无法比拟的。基于这两个原因，就有了“这一次要让主播上镜聊两会”的初步想法。

那么为什么要让主播跟朋友圈做虚实结合呢？其实，这种人物在软件界面前的抠像视频并不少见。早在2014年，华尔街日报曾经在YouTube上传了一段视频，讲的是当年微软终止对Windows XP提供安全更新的事件。我想大家可以看一下这个视频——画面中记者站在了Windows XP的桌面界面中，背景就是经典的蓝天白云和青草地。当年关于微软XP操作系统停止更新的新闻很火爆，我们团队的新媒体编辑曾在微博上班的时候，看到了有人转载这个视频，所以这次首先就想到了可以做这样的结合。

另一个问题是，我们为何选择了主播刷自己朋友圈给网友看两会内容的这个形式。在真实生活中，什么情况才会出现“我”拿着手机给“你”看“我自己的朋友圈”？现在好多人发东西都要开始分组了，这一定是最为信任的、最亲密的朋友（否则这里面有什么不愿让外人看的就尴尬了）。因此我们本意就是用这种大家最习惯的、最亲密的、最自然的社交方式来展现两会的内容。

以上的三点思考，为“主播朋友圈”系列“定了形”，也是作品完成之后，我们小团队坐在一起总结经验时，提出的打造主流媒体“生动、拟人、贴近真实的形象”。此前，我们只是在微信微博文章中以小编自居，但这一次，我们尝试真的把“中国之声”的形象变为一个具体的人，她被设定为网友最亲密的好友，由于她是央广的主播，所以在两会期间，她想跟你分享关于两会的新鲜事。我们认为，在新媒体平台上用这种方式向网友传播两会内容，是相对容易的方式。

（二）打造惊喜，引发传播

基本框架形式确定，让作品鲜活生动的“骨肉”需要继续添加。如何让网友接受主播“王小艺”这个好友呢？最直接的办法是打造惊喜，引起用户主动转发传播欲。有一个最根本的惊喜来自于主播朋友圈作品本身，就是虚实画面结合的设计。在影视动画中，虚实结合主要是指虚拟场景、人物与实拍影像之间交互的数字艺术，可以给观众带来视觉上的享受。首次点击查看页面的网友，会产生朋友圈被人控制的错觉，或者对“闯入”微信朋友圈界面的主播产生兴趣。能够达到惊喜的前提是虚拟的朋友圈画面要足够真实，因此我们虚拟的朋友圈界面元素，无论位置、大小、颜色、字体、形状等均与微信程序界面一一对应，在制作上也花费了不少时间在这里。

另外我们认为虚实画面的交互，也是增加惊喜的有效方式。所以在2017年朋友圈四期作品中，我们每一期至少设定了一个惊喜点。

《朋友圈》四期作品创新点汇总

期　数	设计的创新点
1	朋友圈与主播相结合，主播从照片中“走”出来。
2	主播在朋友圈里“顶红包”，加强主播与朋友圈内容的互动性。
3	主播申请加网友为“好友”，若点拒绝出彩蛋，点同意能看到三方视频通话。
4	视频 H5 缺少交互，在视频结束后让网友可以自由浏览朋友圈内容。

作为“80”“90”一代人童年的回忆，游戏《超级马里奥兄弟》中顶箱子出金币的场面深入人心。因此第二期《朋友圈》中设计了一个游戏场景：朋友圈里一位神秘人物分享了游戏《超级马里奥兄弟》中的宝物箱子，主播看到后，击打箱子，画面里飞出无数红包，主播顺手捡起其中一个红包拆开。

再以第四期为例，在视频结尾处，主播会告诉用户这个朋友圈可以随意滑动观看，然后主播“走出”屏幕，留给用户一个可自由操作的朋友圈页面。从技术角度来说，是短视频与虚拟的朋友圈长页面结合，从设计角度来看，则是将虚拟朋友圈的控制权由实拍的主播交给真实用户的一个过程，产生惊喜，是两层虚实交互相关联的典型体现。

2018年朋友圈作品《王小艺跑两会，一切听你的》，我们引入手势识别技术。进入页面后首先是主播的朋友圈界面，当用户点击时，会发觉刚才的画面是摄像机对主播手机屏幕的特写。主播在接下来的视频中要求网友通过给她拍带有不同手势的照片，来“指挥”她做事情，此时主播再次将自己的手机靠近镜头，出现与用户的微信对话。此后，用户要发带有手势的自拍照片，并由系统判断用户手势之后，选择播放不同场景的视频，回应用户选择。上述一系列动作中，用户与主播发生多次虚实交互，并且为了尽可能体现真实感，采用照片手势识别方法，而不是简单提供选项，提升了用户交互体验。

内容方面，如果看过朋友圈第一期的老师肯定会知道，第一期朋友圈完全就是“中国之声”两会广播节目的预热宣传。我们是通过“朋友圈式语言”来打造最接地气的两会“官宣”作品。策划撰写文字内容时，我们避免直接暴露出节目名称，而是通过大家晒娃、晒吃的、晒生活的方式，加上主持人的轻松解读，流畅过渡到节目的介绍与宣传，最终展现的是大家对两会民生话题的期待。生动有趣，而不是强硬塞内容。那么后续几期内容，其核心都来自两会报道及相关素材。包括第三期我们特意模拟了微信视频通话的过程，带大家看大会堂央广直播间。仅仅把素材“朋友圈化”，其实是不够的。为了营造刷朋友圈的氛围，我们还设计插入了很多“小兴趣点”。在作品中，有一些朋友圈里的内容是主播并未详细提及的，这些插空的内容，一部分反映了媒体人在两会期间的生活状态，另一部分则为两会节目服务，可能是某个编辑求助大家，帮忙找采访嘉宾等等，多种多样，为这个虚构的朋友圈增添活力，增强这个虚构朋友圈的拟真程度。这里有个真实的小故事，就是第一期朋友圈里，我们虚构了台内某个编辑的朋友圈发文，说两会期间很饿，所以晒出一些美食图片。当时真有不少这位编辑的好友质问他，是不是给他们屏蔽或者加分组了，因为他们在自己手机朋友圈里看不到他发的这个消息。这些插空内容看起来不起眼，实际上就像是炒菜加的调味品一样，虽然不多，但却能让作品更符合受众的口味。

（三）技术从简，创意先行

最后，我们简单说下制作技术这方面。选择视频与H5结合、主播和朋友圈结合这种方式也是“中国之声”的人员现状所决定。朋友圈制作团队人非常少（可以说仅有三个半人），没有人是相关设计专业出身，而且所有人都有其他两会任务在身，加之两会内容是有时效性的，必须也只能选择最简单的制作技术。一个画面精良的H5，肯定有一定的制作难度，且需要根据不同平台不同配置的手机做兼容，需要投入很多精力物力。但是在H5页面中插入视频，这还是比较简单的。如果一个视频中包含很多实拍画面、特效动画，拍摄和制作的难度会比较大，而使用微信界面利用图形的简单位移和目前非常成熟的人物抠像技术，显然制作难度会降低很多。只有技术从简，我们才有把握作出成品，并在两会期间不断续集。

九 | 《网红店假排队调查》：用新媒体澄清谬误明辨是非

上海广播电视台　朱厚真

去年的6月5号、6号、7号，我和我的团队连续3天推出平均时长为6分钟的调查报道《网红店假排队调查》。三集短片采访到了多位黄牛，领头的上海大妈和参与假排队的群众演员，并从上海几家著名的网红店喜茶、鲍师傅入手逐步铺开，揭露出了雇佣黄牛炒作，已经渗透到房地产、服装、餐饮等行业的事实。从去年2、3月份的时候开始，沪上一直频频出现“网红店”大排长队的场面，类似于“你们不吃会死吗”“到底是供需的不平衡还是恶意的炒作”，这样的质疑非常多。这是我买的第一杯喜茶，从黄牛手上购得，原价大概19元，实际价格80元。我们这则扎实的调查系列报道恰好在准确的时机下成了刺破这个谜团的利刃。

6月5号，我们的第一篇报道发出，当天可以说就炸了，黄牛直指喜茶、鲍师傅假排队，报道直接冲上了微博热搜榜的第五名。从百度指数可以看到，“喜茶”“鲍师傅”这两个词在6月6号形成了一个巨大的波峰。接下来两天，第二集是用暗访的拍摄手法，把商家炒作的这门生意全盘讲清楚，把假排队的整个流程放到了阳光下。第三集，记者深度参与了黄牛的工作生活，展现了黄牛行当的现实利益与生存压力。

三集报道推出之后，人民日报、新华社、央视、今日头条、财经等媒体都对此进行了转载。其中第一集，仅看看新闻官方微博点击量就已达到1155万，三集调查全网累计点击量接近一亿，引起一波社会热议。在给公众还原了真相的同时，也推动了消费者理清自己盲目跟风的思绪，为协助肃清市场起到了作用。

（一）深入挖掘、不止于表面

黄牛的市场，从我的长辈这一代小时候起就有所耳闻，如今更是渗入到各行各业。倒买倒卖、角色扮演、占有市场，处处都有他们。从现场蹲点喜、茶鲍师傅开始，我们的疑问越来越多。这些黄牛和上海的退休阿姨群体、来沪打工的年轻群体到底是如何组织的？操作网红店的时候他们的策略到底是什么？除了咖啡馆、奶茶店、话剧、演唱会，还有什么行业需要黄牛的存在？

我们开始了寻找。为了能够从多个方面得到最一手的消息，为了向公众还原真相，我们无法仅止于作为一个普通消费者来观察这个行当。于是我们将自己扮演成“想要做网红的奶茶店老板”去联系黄牛。为了得到黄牛的信任，预设自己的店铺产品、位置信息、开业时间，以一个小白的身份请求黄牛说出行业的秘诀。之后又以想看看实际效果为名，加入了黄牛的队伍，粽子店、鞋店、房产公司，一个个案例亲身经历，像是在玩一幅拼图，每当契合了一片，就觉得欢欣鼓舞。

在拍摄这些场景的时候，我们也动了十足的脑筋。在粽子店，我们记者兵分两路，一路作为小黄牛，在队伍里偷拍真实情况，一路冒充美食栏目的记者公开采访粽子店老板娘和食客。两路的素材，两个截然不同的视角，黄牛到底在市场上起到了什么作用，带给了消费者怎样的视觉感受，一切就水到渠成了。

这些丰富的场景，尽管在具体的拍摄方面确实是一天就能完成一个，但是获得这些拍摄机会却是非常漫长艰难的。参加了各种假排队的体验，黄牛也会时不时对我的奶茶店到底何时开业产生怀疑，我们甚至制作了几套正式公司才有的流转文本。

从外围观察，到博得信任，了解黄牛从业者的生活状态、分成模式，我们花费了将近三个月。好的报道里有了越来越多的采访对象和事实案例，就能够体现出时间的味道。报道也会体现出一个时代的特征，有被保留下来的价值。

一个选题从策划到结束，到底要花费多久，可能最初很难说得清楚，能不能耐心地等待下去考验着记者的毅力也考验着媒体的实力。拍摄这则调查之时正值上海广播电视台融媒体改革，我从原来的工作岗位来到了现在的深度报道组，主要进行新媒体的报道工作。在这个岗位上，不似以往，没有明确、强行的工作条数要求。对于值得报道的选题，融媒体中心给予了记者足够的时间和团队上的支持，让我们能够深入各类人群，看到各种现象，从更广的角度和更多的维度，去解构一个有价值的选题。

（二）新媒体不代表快速加工

以上对于黄牛假排队、商家雇人炒作的介绍，我们可能并不是独家，很多文字报道都曾经揭露过这一行的潜规则。但是真正实际亲眼见到、亲身经历的消费者并不多。

为了证实到底有没有黄牛在鲍师傅门口肆意插队、分装、加价售卖，记者在人民广场鲍师傅糕点店附近三机位连续蹲点拍摄20个小时，针对几个有衣着特点的黄牛进行连续的跟踪抓拍。后期用左右框对比的方式，再结合黄牛自身对这些行为的解释，他在做什么，是不是在反复排队插队扰乱市场，一目了然。

还有，为了深入了解年轻黄牛的生存状态和内心世界，我们连续几天凌晨5点赶到上海郊区他们的住处，记录他们每天上午、下午两场排队的工作，与他们一起领到了一天50块钱的工资。

如今，大家喜欢看大标题，70秒以内的消息类新闻，但这不代表传统媒体的基本功就要荒废。现在记者们常常拿出习总书记提出的“四力”来要求自己，拿到最一手的证据、最真实的现场画面去印证所知的观点，不管是新媒体新闻还是常规的电视新闻专题，这都是调查类新闻不变的法则。

（三）新媒体的语态和剪辑方式、传播方式

现在有一句话，叫传统媒体跟着网站跑，网站跟着公众号跑。这样传统媒体往往会陷入一种疲于奔命的模式，即一天到晚把常规的新闻改一改，加一些黄字，加一些

音乐变成新媒体进行分发，但这样简单改一改的传播效力往往是大打折扣的。

上海广播电视台融媒体中心成立以后，深度报道组逐渐达成共识，选题和报道处理方式首先考虑新媒体，什么样的开头，是否使用解说，结构编排和长度都以新媒体优先。

这一次的网红店假排队调查也是如此，我们的首发选择了看看新闻网和微博，视频添加了大量悬疑色彩的音乐，增加可看性。为了减少解说的数量，又为第二集添加了十多个说明性的花字，帮助观众理解画面信息。在标题的选取上，我们也与网络编辑老师一起商量，争取迎合网络观众的口味，吸引点击量和转载。在融媒体时代，我们觉得传统媒体追求点击率不是见不得人的事情。

在网络分发之后，我们的新媒体又继续反哺电视栏目。《网红店假排队调查》被二次加工成不同的长度、不同的语态，相继在《东方新闻》《七分之一》等栏目播出，也获得了很好的收视效果。

在上海广播电视台融媒体中心的深度报道组里，几乎都是“90后”的记者编导。我们认为，作为“90后”的记者，我们要敢于尝试更多的表达方式、剪辑方式，让传播年轻化。

（四）遗憾

我们花费了大量的精力跟踪喜茶、鲍师傅等网红店，并且从多个黄牛那里得知了一些商家雇人假排队炒作的信息，甚至抓住了不少网红店雇人假排队的直接证据。报道在全网形成了非常大的舆论场，但是非常遗憾，从舆论关注到推动改变，并没有那么简单。

尽管商家有恶意竞争、虚假宣传的嫌疑，但是在实际的操作领域，证据的完全落实、具体的执法推进都碰到了很多的困难。报道刊发之后，记者也在持续关注各行各业，“黄牛”现象是否会因为舆论的抵制而有所改观。然而现实是，酒香也怕巷子深，雇人充场假排队是一条贼船，眼看着大家都上，不想上也得上。甜头肉眼可见，惩罚难以取证、无从落实，上贼船的人，竟越来越多。

随着时间的推移，商家究竟是不是在饮鸩止渴，能否最终被消费者发现和唾弃，其实不得而知。作为媒体，虽然我们揭露了一些事实，但是要从根本上改变这样的现象，需要的还是监管部门、商家与消费者们的共同努力。

十 | 《英国小哥细说两会》：对外传播新途径新方式新语态

中国日报新媒体中心　柯荣谊　张霄

（一）谁是英国小哥

2016年3月，中国日报推出以手机自拍形式呈现的首部《好运中国：英国小哥侃两会》，迅速引爆了网络空间并在全国各地电视台引发大量报道。

随后我们在2016年全年，推出了更多以“英国小哥”为主角的视频节目，内容从英国下午茶到中国茶文化、中国铁路三个不同的发展阶段，在杭州G20期间，我们推出了一个将中国桥与G20杭州峰会LOGO（标志）结合在一起的视频。

2017年全国“两会”期间，中国日报再次推出特别节目《英国小哥细数“两会”关键词》，英国小哥方丹通过变幻无穷的视频形式再侃“两会”。

该视频节目通过影视特技抠像技术，将方丹缩小后置于办公桌上，通过方丹与桌上物品互动的新颖形式，回顾过去几十年来全国两会的热词，简洁明快地梳理了中国社会经济发展的脉络，最终引出习总书记在十二届全国人大一次会议上关于“中国梦”和“人民”的论述，深刻阐明了“人民是历史的创造者”这一论点。

该视频节目在2017年全国“两会”前数月就进入策划阶段，从脚本撰写、创意呈现、技术支撑等方面制定了工作方案，并进行了多轮拍摄测试。视频最大的独创性在于利用日常办公用品、办公环境来表达相对晦涩的政治概念与政治论述，从而营造了一个特殊的话语空间，且能维持一定的情节点密度。同时，在技术层面，抠像制作水准也与专业特效机构相差无几。

（二）短视频形式新颖，话题性强，引起西方主流媒体关注

这件新媒体视频是中国日报第二次推出的“《好运中国》栏目‘两会’特别策划”作品。在2016年全国“两会”前夕，中国日报曾推出《好运中国》之《英国小哥自拍侃两会》，英国小哥方丹在视频中通过“一镜到底”的自拍方式解读与“两会”相关的大政方针，为主旋律宣传报道开创了新的叙事手法，成为多家媒体借鉴的范本。

本次报道是在原有基础上的又一次突破，在保留原有的“外国人讲述中国故事”的叙事手法之上，运用虚拟抠像等前沿制作技术，实现了艺术与技术、教育性与可看性的高度融合，取得了更好的外宣传播效果，英国广播公司（BBC）报道了中国日报的此项创举。该片是贯彻落实习近平总书记提出的“融通中外的新概念、新范畴、新

表述”“用海外读者乐于接受的方式、易于理解的语言，讲述好中国故事”理念的集中体现。

（三）外宣作品获得国内现象级传播效果，深受各大媒体和网友欢迎

《英国小哥细数“两会”关键词》于2017年全国“两会”召开前夕在各大社交媒体平台中国日报账号同步播发，取得了突出效果，据不完全统计，有效传播量超过5600万次，是2017年两会期间单集传播量最高的视频作品。

3月4日晚，中央电视台新闻频道《东方时空》栏目报道英国小哥方丹连续两年关注中国“两会”，并重点介绍方丹拍摄视频对中国“两会”的热词回顾，视频节目在黄金时间全片播发，进一步扩大了视频内容的影响力。视频引发包括人民日报、新华社、央视网、光明网在内的超过百家媒体转载转发，据不完全统计，二次传播全网有效覆盖量超过800万次。

该视频在中外网友中引发了热烈反响及频繁互动。微信网友“哈勒”评论：“英国约克郡小伙找中国几十年发生巨变的原因，他从两会热词中去找，从一个侧面可以看出中国变化的过程与连贯性。实际上中国的变化是找到了一条正确的道路，找到了正确的中国共产党领导。”脸书网友Ranuka C Perera评论：“大爱这个视频！中国看起来发展成就很显著！”脸书网友Jamphel Dorjee评论：“相信接下来的‘两会’将更广泛地听取民意，并使中国继续保持增长势头。”

（四）引发学界探讨热潮，成为学术研究“标本级”作品，获得广泛认可

作品播发后，包括《中国记者》《党报》在内的专业学术期刊以及“对外传播”“知著网”等行业公众号，纷纷发表文章分析中国日报此项融合报道创新举措，《中国记者》4月刊在“两会报道专题”中，四篇文章均将该片作为分析对象，其中一篇高度评价其为“2017年两会融媒体报道中，内容创意最显理论功底的一件作品”。

在2017年第27届人大新闻奖评选中，该作品获得评委会的高度认可，荣获人大新闻奖一等奖。

“好运中国”是中国日报推出的系列微视频节目，通过创意视频的方式，以在华外国人的视角看待中国改革开放后的变化，从宏观层面梳理中国经济、社会、文化等诸多方面的发展趋势，强调通过对发展脉络的梳理展现执政党的发展理念、发展思路、发展成就，并通过中外两个层面的对比展现当今中国发展的制度优越性及对全人类发展带来的巨大贡献。《英国小哥细数“两会”关键词》视频播发后，在海内外引

起广泛关注，效果积极，并形成话题，二次传播效果显著。

该视频播发后，在短视频报道中形成了一股“微缩”热潮，各家媒体纷纷尝试将主持人或出镜记者通过影视特技微缩后置于场景中的手法，起到了带动传统媒体尤其是平面媒体通过短视频创新报道手段的作用。

十一｜《天舟一号VR直播》：追求最极致的沉浸式体验

中央广播电视总台中央电视台　吴双

2017年4月20日，我国第一艘货运飞船“天舟一号”在中国文昌航天发射场圆满完成发射任务。我们央视综合频道联手央视网，对此次发射任务做了VR全景直播，刚刚大家看到的就是我们VR视频的集锦。各位可以打开手机扫描二维码，进入H5页面，里面有我们的完整VR视频点播，还有一些背景资料、互动环节及同主题的微视频内容。虚拟现实视频可以通过手机端进行全景浸入式体验，当然，如果配合头戴设备（VR眼镜）来观看的话，空间位置关系会显得更清晰，仿佛真的站在100米开外观看火箭发射一样，效果会更加震撼。

这次直播是中国首次航天领域内的VR直播，同时也是我们的一次探索和尝试。在移动互联网时代，传统的新闻业、电视业都受到了巨大的冲击。作为国家电视台的旗舰频道，我们一方面探索未来制作视频新闻的工作方法，视频新闻应该关注哪些内容，又可以与怎样的技术手段相结合，另一方面，我们也在探索，符合新时代融媒体规律的视频新闻，如何与优质的内容相结合，如何与主流价值观和讲好中国故事相结合。

（一）视频新闻不是文字报道的影视版，有着特定的题材、垂直的用户和相匹配的技术手段

随着移动互联网的发展，利用网络传播的视频新闻成了越来越多人主要获取资讯的方式。一方面，移动互联网技术的迅速发展，培养了人们使用手机获取新闻的习惯。而手机上网网速的提升和流量资费的下降，使得在手机端观看视频成为可能。另一方面，随着视频新闻播放平台向流媒体转变，用户拥有了越来越多的主动选择权。

海量的信息和节目，用户自由切换的接收方式，使得传统的新闻再也难以依靠占据报纸的重要版面或者广播电视的重要时段来达到传播效果。新生代喜欢通过多种方式更加直观地获得对客观世界认知的习惯，也要求不同题材的新闻内容根据其受众群体进行垂直细分，匹配以最适合该内容的技术手段，并进行精准投放。

具体到VR技术在视频新闻上的运用。由于VR视频制作成本高昂、制作周期较长，VR技术并不适用于大部分的新闻报道；同时，由于VR视频较强的画面感和视觉冲击力，以及交互性的体验感，目前运用VR技术的视频新闻大量呈现出泛娱乐化的倾向，以及用于报道体育赛事等一过性的现场。而事实上，VR，也即“虚拟现实”最本质的定义性特征是“临场感”，也就是通过某种感觉输入的组合，大脑令身体认为自己处于另一空间。因此，视觉性强、现场感强、可以360度全景展示的题材，就成了最适合运用VR技术的领域。

在我国，航天事业的发展是举国关心的大事，每一次航天发射更是牵动着全国人民的神经。由于航天发射的性质，普通人并没有机会到现场观摩，受众对于火箭发射的现场感到十分神秘，有着天然的向往。对航天发射任务进行VR全景直播，既能让受众体验极强的画面感和视觉效果，近距离直面火箭推进器喷射火焰和气体的冲击力，又能弥补受众不能亲临现场的遗憾，让人们在观看VR视频直播的同时，激发出民族自豪感。

海外比我们较早使用VR全景技术来拍摄航天发射的现场，不过之前都是录制后剪辑，再投放到流媒体平台。美国时间的2017年4月18日，美国宇航局NASA首次对火箭发射进行了全景VR直播，这个比我们的直播早了一天半。可以说，在策划上，我们的VR直播计划和人家是同时进行的。

（二）首次直播的操作标准，追求最极致的沉浸式体验

做VR直播区别于传统新闻报道的重要一点，就是我们更加重视用户的体验。为了追求极致的体验感，这次“天舟一号”发射任务的VR全景直播，开创性地达成了首次最近距离全程直播火箭发射。这次VR直播一共设立了3个机位，用户可以自主选择、切换机位和观看视角。而其中最近一个机位距离火箭发射塔架仅有不到100米的距离，是当时技术条件下，确保发射现场安全前提下能达到的最近距离。上面提到在我们之前一天半，NASA也进行了首次VR直播，但是他的最小观看距离也离发射点有数英里之远。

火箭发射现场需要考虑的因素比较多，首先要确保不对发射任务产生任何影响，

比如设备的电磁信号干扰等，其次是发射一瞬间的冲击力和热量，还有设备的电力支持、视频信号的传输等等。为此，我们VR直播团队提前一个半月就去现场进行了前采和勘测，并与有关单位多个相关部门沟通，制定了技术方案。在直播时，采取了无人值守的三机位来同步收录现场声画，考虑到VR全景视频的体量，现场全部采取有线传输，并提前20天到场施工，在室外铺设了铠装光缆连接现场全景摄像机和远程值守的导播控制系统。为了减少对现场环境的影响，我们对光缆铺设采取了“最小动工，最大保护”的原则，在光缆横跨水泥路面的地段，全部加盖防护罩来进行遮盖，而光缆线路要穿过发射场的铁轨轨道时，我们让缆线穿过轨道下方的排水管道，这样可以做到不开凿，也不裸露。此外，为了确保互联网推送信号服务器的稳定性，我们在直播前进行了多次调试和演练，还与当地多家移动通信运营商进行了洽谈，作出多套备选方案。一切的努力，都是为了给用户带来最极致的航天发射体验。

（三）交互性体验，非专业解说人员平等地交流和人际传播

采用VR全景技术对火箭发射进行直播，受众在观看时，可以选择自己的“主观视角”，不仅在三个机位间随意切换，还可以在VR全景视频中选择自己要观看的角度和具体内容。不同于传统视频新闻叙事中，新闻工作者可以通过镜头的机位、景别和剪辑来直接引导观众，呈现出新闻工作者想让观众看到的内容，VR视频新闻在观看过程中具有极强的随机性和自主性。这一方面给受众带来了新鲜的体验，另一方面，也容易让对专业知识和新闻所报道的环境不甚了解的观众陷入迷茫，不知道在VR全景视频中应该“朝哪看、看什么”。此外，对于航天发射活动的直播，在等待过程中虽然相关工作人员非常紧张忙碌，但对于守候在电脑和移动客户端旁的受众而言，现场最值得观看的，也就是矗立在发射塔架上等待发射的火箭了。而VR全景直播带给观众的是固定地点持续不断的全景画面，并不能像电视直播一样，可以随时切换到第二现场、第三现场或者插入录播画面，为了加强用户在等待时间中的黏性，弥补全景画面对细节展示的不足，我们在VR直播过程中引入了一位交互性的现场解说员，和受众进行交流，并对受众进行贴近性引导。

不同于以往在重大科技类题材报道时出现的专家型解说员，本次“天舟一号”发射任务的VR直播中，邀请了一位“现场工作人员小张”，以更加平等、亲切、接地气的方式，和VR直播的受众们进行交流，进一步增加受众的交互体验和身临其境的感觉。小张的解说中，没有高高在上的宣教，也没有艰涩难懂的术语和枯燥的数据，只是分享他在现场的所见所感，回应受众关注的问题，并以轻松幽默的语态，勾

画出无数一线航天人在前方拼搏、奋斗的身影。有网友表示，小张的解说就像是一位科技工作者，通过VR技术和在线直播，跟自己的家人朋友分享现场工作的趣事。有一位小张的同事，给自己在东北老家的儿子买了一副VR眼镜，小朋友在观看了我们的直播后非常兴奋地告诉爸爸："听你讲了那么多次火箭发射，这回终于像到了现场一样。戴着VR眼镜，跟着小张叔叔的话走，仿佛我当时和你们一起在文昌的发射场。"

（四）产品化操作思路，分阶段性设计了发射前、中、后期全系列内容

节目针对不同阶段和不同受众，准备了背景知识点播、互动小游戏、微视频矩阵等相关板块，无缝覆盖了直播前后72小时，实现了电视、PC端和移动社交媒体的多屏联动，形成同一主题的全方位多层次传播。在发射任务前，围绕飞船调试、火箭吊装、垂直转运等关键任务节点，《中国相册》拍摄、制作了多款微视频节目，以及可供点播的VR全景视频段落，对直播进行提前预热。围绕"中国航天60年""中国首艘货运飞船"等主题，节目组还精心制作了科普性动画片、H5页面小游戏、背景知识点播等，并策划了"家的航天梦"主题图片故事征集活动，我们这次的海报，一家三口在火箭塔架前的背影照片，就是通过这次活动征集而来的作品。在发射当天，我们策划了VR看火箭发射的进校园活动，集中组织小学生在学校内通过头戴设备对发射活动的现场进行观看体验，邀请大家"足不出户就能到发射场进行一场太空之旅"。在火箭发射成功后，我们现场工作团队第一时间回收了全部器材和视频素材，并立刻推出了三机位混剪的集锦视频，在央视网和节目两微端口投放。许多在发射时忙于其他工作的现场工作人员和媒体同人也在当晚观看了我们的VR集锦视频。其中，背景音乐《夜空中最亮的星》，更是打动了许多人的心，大家纷纷为"天舟一号"这位奔向太空的"快递小哥"送上自己的祝福。产品化的操作，丰富了直播活动内涵，增加了新闻报道的维度和立体性，为"天舟一号"、为中国航天事业、也为我们的节目和VR新闻报道"圈粉"不少。

VR技术运用于新闻报道，还有许多可以发展完善的空间。如前所述，并不是所有的主题都适合这一新兴技术手段，但通过这次尝试，更加坚定了我们媒体融合转型的信心。我们要充分发挥传统媒体的内容优势，将优质的资源与创新的技术手段深化嫁接，运用互联网思维和专业电视人的严谨工作方法，作出更多符合新时代传播发展需求的新作品。

十二 | 《柳州融水突围记》：一台手机的突围

广西日报社柳州记者站 谌贻照

广西日报融媒体报道《柳州融水突围记》荣获第二十八届中国新闻奖新增的媒体融合奖项融媒体短视频项目一等奖。笔者就是“‘失联’数十小时，在穿越40处塌方后”发回现场短视频那位记者。

从纸媒的消息荣获第十六届中国新闻奖二等奖，到融媒体短视频斩获中国新闻奖一等奖，年过半百的笔者，在实战中实现从传统媒体向融媒体突破，深切体会到，融媒体时代，新闻人更需要贯彻习近平总书记全国宣传思想工作会议重要讲话精神，增强在一线采访的“脚力、眼力、脑力、笔力”，只有如此，才能厚积薄发，在关键时刻打硬仗、打胜仗。

（一）融媒体时代，需要传统媒体人保持走基层的矫健脚力

《突围》的整个采访历程，就是对一位传统媒体老记者脚力的一次考验和淬炼。

2017年8月12日清晨，广西融水苗族自治县杆洞乡突发特大洪水。笔者看到了山里苗族群众在微信朋友圈发的视频，立刻从柳州驱车8个多小时，翻山越岭赶到灾区现场，发现灾情比想象的更加严重。当晚19：30，笔者发回当地干部群众抢险自救的图文后，乡里电力和通讯中断，从此与外界失去联系。

8月13日凌晨4时开始，杆洞乡爆发第二次山洪，比前一天更猛烈的洪水再次荡涤杆洞，全乡电力、交通、通信全部中断，杆洞变成与外界失联的孤岛。

大雨滂沱中，所带的专业摄影器材根本无法使用。情急之下，笔者只能用一台有防水功能的手机在抢险一线紧急采访：拍摄了暴雨和山洪袭击杆洞街的惊险场面，记录了乡党委政府再次火速启动抗洪抢险预案组织群众紧急撤离到安全地带的画面，抢拍了乡干部组织人员对被困在河边旅社里的15名游客实施紧急救援的感人场景。

上午11时，笔者跟着乡政府调来的挖掘机，一步步往山外掘进，争取第一时间，把灾情传递给外界。但是，直到晚上20时，一行人才走到距乡政府6公里的一处路口。

14日清晨7：30，笔者在3名当地干部的陪同下，再次往外突围，冒险越过40处大大小小的塌方，躲过多处高山滚石的危险，趟过湍急的山间洪流和泥泞，艰难跋涉两个多小时，在9：45分，终于见到前来接应的国家防总领导和市县的救援人员。

没有休息，笔者在极度困顿中，在山另一边的滚贝乡政府赶紧整理突围时沿途所

有拍摄采访的视频和图片，迅速发给正在焦急等待的广西日报新媒体部团队。

在我失联的数十小时里，新媒体团队形成高效运作的融媒体报道机制：在广西云客户端、广西日报法人微博开设《关注广西暴雨洪水灾情——照哥一线直击报道》专题直播。

接到我成功突围发回的视频画面后，新媒体团队迅速对天气、民政、救援等各种素材梳理整合，推送出《柳州融水突围记》，把失联30多个小时的杆洞灾情和现场新闻传递给外界。

走基层的脚力，是党报驻站记者必须练好的基本功，也是传统媒体人的强项。传统媒体记者始终走在路上深入一线调查研究，接地气、知民心，因此也练就了自己走基层的矫健脚力。笔者作为把走基层作为常态的“泥脚记者”，多年来，足迹已经踏遍驻地苗山侗寨的山山水水，每次柳州发生重大灾情和突发事件，都会第一时间赶到现场，及时发回第一手的现场报道。这次能快人一步赶赴灾区现场，其实是出自职业本能的“本色呈现”。

（二）在新媒体前沿绽放传统媒体人知民情的修为

对地方的情况一知半解，用碎片化的认知去“解读”现象，靠浮光掠影的网络采访和没有现场求证的信息去推送某一事件，少数新媒体就是以如此低成本和不严谨的采编作风，将新闻要素缺失的报道变成误导视听的谣言，甚至把“网红”变成“网黑”。

党媒的新媒体，必须保持自己对新闻事实和民情民意的敏锐洞察和清晰判断，这就是“四力”中的“眼力”和“脑力”。

发现新闻本真的眼力，其实都是记者经过无数次现场历练才能淬炼出来的洞察力。这种洞察力不仅基于记者的观察和生活积累，也依靠记者自身的修为和人文积累。这恰恰是绝大多数传统媒体记者的修为。

笔者常年在融水大苗山里采访，熟知山里的地理环境和风土人情，能说侗语，能听懂当地的苗语。2017年8月13日清晨杆洞乡再次暴发山洪时，很多人还在睡梦中，笔者听到村里有人用苗语高喊：“洪水来了！”立刻起床直奔现场采访。

当天晚上第一次突围失败后，笔者在灾区村民家中辗转采访，经过察言观色和座谈发现：受灾群众跟外面失联后，焦虑的心态正在弥漫和扩散。笔者曾在1996年柳州特大洪灾中几天几夜冲在一线做抗洪报道，荣获柳州市抗洪救灾先进个人，深知在灾难降临时，上级党委和政府的关怀和外界的驰援，对稳定民心、提振灾区干部群众抗灾和重建家园士气极其重要。

基于现场的观察了解和判断，笔者决定次日一早再次突围。终于成功将灾区的重大灾情传递给已在山外正在打通险隘往山里突进的国家防总和市县领导，同时建议尽快派救援突击队员运送食品和药物进入灾区，往山外运送伤员，稳定受灾群众情绪。

在新闻现场把握好采访报道的主题，履行好专业责任和对百姓的担当，作为党的新闻工作者应有清晰的脑力。有了这样的脑力，在突发事件前，才不会走错方向，挖错素材。

在《失联》的报道中，因灾情恶化一度“失联”数十小时的笔者，在题材的把握上始终坚持两个基点：1.不渲染、不误报灾情，做实现场采访和事实数据的求证；2.记录当地乡干部组织营救、自救的珍贵视频画面，回应社会关注焦点和可能出现的谣传，呈现基层党员干部把人民群众生命放在第一位、勇敢跑在灾情第一线，有组织、有纪律、有担当、有作为的优良品格。

⊙ 2017年8月12日，本文作者在杆洞灾区采访。（陈伟/摄）

有担当有情怀的报道，总能激发满满的正能量。从报道效果看，《突围》一经发布便引发强烈反响，及时搭建起灾区与外界沟通桥梁，提升救援士气，覆盖微信、客户端和微博等平台数百万网友；成为新华网等央媒及柳州日报等地方媒体对暴雨灾情的权威信息来源，获大量转载；图文音视融媒体融合报道获业界好评。

（三）轻装上阵现场制作乃融媒体决胜之道

《柳州融水突围记》的获奖，我们有三点心得——

1．新闻类短视频应具备的“新、短、快、实、美”五大特征在该报道中得到了充分的体现。由于自然条件和环境限制，视频中画面甚至都不能保证基本的平稳，但不妨碍它成为我们对新闻现场的真实记录、生动表达。

2．该报道的视频，仅我一个人、一台手机拍摄和现场制作。用实战证明了融媒体报道的低成本、小制作同样可以实现好效果。

3．接到突发新闻的线索，前方记者必须争分夺秒赶赴新闻现场，运用全媒体手段，进行图文和视频采访；及时启动前方记者与后方新媒体团队的联动应急采编机制，抢占融媒体的新闻制高点和首发先机。

其实这三点，在情况突变的突发现场，可以归结为一点：轻装上阵现场制作乃融媒体决胜之道。

笔者这次一线采访传回的视频和图片，全部都是用手机拍摄和现场制作的。这也是新闻媒体向外传播失联灾区最全面最有现场感的新闻，充分体现了融媒体时代移动传播最快捷、最及时、成本最低的传播优势。

融媒体时代的记者，笔力应该是全面的。不仅要在文字上善于表达、生动表达，用事实和真感情传播正能量，更需要熟悉运用全媒体手段及时记录传播新闻。

笔者一直以学习的心态提炼自己的笔头表达功夫。在基层采写的消息《融安干部角色转变受欢迎》曾获得第十六届中国新闻奖二等奖。笔者同时也是合格的摄影记者，拍摄的新闻图片大量见报。在从传统媒体向新媒体转变的过程中，笔者一直以小学生的好奇心去学习新媒体表达技能，能熟练使用手机拍摄图片视频并现场编辑制作，娴熟运用H5、微信公众号传播新闻。个人公众号“山水柳州”因唯美的图文推送、轻松活泼的个性表达和正能量放送，拥有总量可观的粉丝，曾获得柳州市宣传部的表彰和奖励。

这次在融水杆洞灾区，笔者无论是在大雨滂沱的洪灾现场，还是在突破穿越塌方突围的途中，全部使用手机拍摄视频和图片，并在朋友的帮助下自己出镜、自己现场播报、现场编辑视频配文，形成在有信号的前提下可供及时传播的移动传播成品。正因为如此，后方新媒体部编辑才能够快速制作融媒体新闻作品，及时向外界传播。

在手机拍摄功能日益强大的今天，轻装上阵现场制作和现场传播，已成融媒体的决胜之道。这次采访中，笔者带去的相机和纸笔因为雨势太大，没有掏出来使用过——其实，用手机全程做图文和视频记录，早已成为笔者作为老媒体人的新习惯。

往外突围时，笔者把车辆和行装全部留在苗族老乡家，只背着一个苗族大婶在我突围前的深夜专门缝补好的轻便小包，带着两台手机（其中一台在翻越大花孖路段的大塌方时掉入泥中死机）和两块专门为此次采访充满电的大容量充电宝历尽艰险出山的。实战证明，这一次在山里面采访和突围，没有这两块充电宝，就没办法记录采访和现场编辑制作采访素材。

中国新闻奖媒体融合奖项评选办法（试行）

一、评奖宗旨

在中国新闻奖中设立媒体融合奖项是顺应传统媒体和新兴媒体融合发展趋势，巩固宣传思想文化阵地、壮大主流思想舆论的重要举措，有利于贯彻落实中央关于推动媒体融合发展的决策部署，发挥新媒体传播优势，提高新闻舆论传播力、引导力、影响力、公信力。

二、参评范围

参评范围为经国家正式批准的报社（报业集团）、通讯社、广播电台、电视台和新闻网站，原创并在其移动端首发，于上一年度应用数字技术、移动互联网技术进行融合传播的新闻作品。其中，新闻网站指新闻单位和新闻宣传主管部门主办的具有登载新闻业务资质的网站。

三、评选项目及基本要求

媒体融合奖项设6个评选项目。参评作品的主创人员人数按各项目规定申报，姓名和排序以发布时署名为准（发布时署笔名、网名的，申报时可在笔名、网名后括号内填报本名；发布时未署名的，按“集体”申报）。申报主创人员为“集体”的，需附主创人员名单。

1．短视频新闻：在移动端发布的短视频类新闻作品（含纪录片）。参评作品按“主创人员”申报，包括策划、采写、编辑、设计、技术等，超过6人按“集体”申报。

2．移动直播：与新闻性事件的发生和发展同步采集现场信号并发布，集现场报道、背景介绍与事态分析等于一体的新闻作品。对同一新闻事件进行的间断性直播选取其中1个完整直播段参评。跨年直播的作品，首次播出时间在上一年度，作品主体部分在上一年度完成的，计入上一年度。参评作品按“主创人员”申报，包括策划、主持人、编辑、设计、技术等，超过8人按“集体”申报。

3．新媒体创意互动：以用户交互为主要特征，发布方与用户方形成完整新闻传播链条的新媒体作品。参评作品按“主创人员”申报，包括策划、采写、编辑、设计、技术及推广等，超过8人按“集体”申报。

4．新媒体品牌栏目：新闻媒体在自有平台或在第三方平台官方账号持续发布且有固定名称的新闻板块（单元）。要求已持续发布一年以上（不含一年），年度内不少于48周，每周不少于3次。参评作品按“主创人员”申报，包括运营团队以及相关策划、采写、编辑、设计、技术及推广等，超过8人按“集体”申报。

5．新媒体报道界面：在移动端发布的新闻作品界面。参评作品按“主创人员”申报，包括界面策划、编辑、设计人员等，超过8人按“集体”申报。

6．融合创新：在媒体融合报道方面有重大创新的新闻作品。参评作品按“主创人员”申报，包括策划、主持人、采写、编辑、设计、技术等，超过8人按“集体”申报。

四、评选标准

1．符合中国新闻奖评选总体标准。

2．即时性强、交互性强、共享性强，技术应用效果好，传播效果好。

3．在全部一、二、三等奖获奖作品中，超长作品不得超过2个。其中，短视频新闻作品不超过10分钟；移动直播作品不超过180分钟；音视频类新媒体创意互动作品不超过30分钟。

4．短视频新闻要求时效性强，新闻价值大，立意深刻；现场感强，音质画面效果好，信息含量丰富；剪辑精心，短小精悍。

5．移动直播要求策划周密，能够全面迅速准确地采集与传播新闻现场的重要信息，音质画面清晰（对重大突发事件的报道可适当放宽），充分体现新媒体直播特征，体现用户的参与性、同场感。

6．新媒体创意互动要求主题鲜明，特点突出；交互性强，社会反响好；技术先进，有传播力、感染力；体现新闻性、互动性、技术性的高度统一。

7．新媒体品牌栏目要求内容选择与栏目定位、发布平台相适应；发布量大、交互性强；编排制作精良，社会影响较大。

8．新媒体报道界面体现新闻性与艺术性的统一，运用图片、漫画、音视频等手段表达新闻主题、展现新闻内容，版面语言丰富，界面设计主题鲜明、风格独特、布局合理、互动性强、色彩协调，便于阅读。

9．融合创新要求作品在报道内容、报道形式、传播渠道等方面有所突破或创新，传播效果好，社会影响大，对推动媒体融合发展有积极引领和示范效应。

10．鼓励内容呈现方式创新和技术应用创新的作品。

五、设奖数额及奖励办法

总设奖数额不超过50个。其中，一等奖不超过10个；二等奖15个左右；三等奖25个左右。

中国记协向一等奖获奖作品的主创人员颁发中国新闻奖奖杯、获奖证书和奖金；向二、三等奖获奖作品的主创人员颁发获奖证书。按“集体”申报的作品，向该作品的刊播单位颁奖。

六、推荐、报送单位和推荐、报送办法

1．推荐单位。本办法参评范围规定的新闻单位均为推荐单位，均可推荐本单位在上一年度原创并首次发布的符合本办法各项目评选标准的作品参加评选。各新闻单位派出的分社、记者站的作品由派出单位统一推荐参评。合作作品由首发单位推荐。

2．报送单位。中央主要新闻单位、中央军委政治工作部宣传局、中国行业报协会、各省（区、市）和新疆生产建设兵团记协是本单位、本地区、本系统参评作品的报送单位。

3．推荐办法、报送办法同第二十八届中国新闻奖。

4．自荐办法。为防止推荐单位因各种原因出现漏报优秀作品的情况，社会单位、个人可在截稿日期前，按本办法规定标准，向中国记协评奖办公室自荐（他荐）不超过1个参评作品。中国记协评奖办公室另行制订办法，对自荐（他荐）作品参评材料进行审核和初评。

自荐（他荐）参评作品，须获得省部级以上或中央主要新闻单位社（台）级新闻奖二等以上奖，且须有2名新闻专业副高以上职称的人士实名推荐。

七、报送数额

人民日报社、新华社按不超过8件报送，中央军委政治工作部宣传局、解放军报社、光明日报社、经济日报社、中国日报社、中央人民广播电台、中央电视台、中国国际广播电台，各省（区、市）和新疆生产建设兵团（含属地内全国性行业媒体）按不超过5件报送，科技日报社、中国纪检监察报社、工人日报社、中国青年报社、中国妇女报社、农民日报社、中国新闻社、法制日报社按不超过3件报送。中国行业报协会按不超过10件报送。非中国行业报协会会员单位的全国性行业类媒体按不超过1件报送。

如超额报送，中国记协评奖办公室将按该单位申报的《中国新闻奖媒体融合奖项报送作品目录》，撤下排序靠后的作品。

八、报送材料

按照《中国新闻奖、长江韬奋奖评选办法》相关规定报送。

申报材料总体要求和申报办法同第二十八届中国新闻奖。

参评材料填报、制作要求：

（一）《中国新闻奖媒体融合奖项报送作品目录》（附件2）。

由报送单位填报。如同一项目有2件（含）以上参评作品，按投票得票多少为序。

（二）《中国新闻奖媒体融合奖项参评作品推荐表》（附件3）。

仅限参评短视频新闻、移动直播、新媒体创意互动、新媒体报道界面、融合创新作品奖项填写。

1．“发布账号（APP）”栏须填报规范名称。

2．“社会效果”栏填写作品发布后的社会影响，转载、引用、互动、点击率等情况以及应用新技术情况。

3．“推荐理由”栏填写报送单位撰写的评语，并由报送单位主要负责同志签名确认。未明确填报的，不予受理。

4．参评“移动直播”奖项，须在此表后附1份1000字以内的直播简介。包括直播意义、直播流程和规模、直播点设定和社会影响等内容。

5．提交参评作品全屏截图打印件。

6．提交参评作品二维码打印件。

7. 提交音视频类参评作品文字稿。

8. 自荐（他荐）参评作品提交省部级或中央主要新闻单位社（台）级新闻奖二等以上奖获奖证书复印件。

9. 参评作品可下载的，使用U盘提供作品原件电子版。文字作品复制为Word文档，音频作品复制为音质效果好的WAV或MP3格式文件，视频作品复制为高清晰的AVI或MP4格式文件。

复制后请务必检查作品内容是否完整；音质、画面是否清晰；播放是否流畅，能够前进和后退。播出时含有的片头、片尾、广告等内容，不得删除。

（三）《中国新闻奖媒体融合奖项参评作品推荐表》（新媒体品牌栏目）（附件4）。

仅限参评新媒体品牌栏目奖项填写。

填报要求同附件3。

（四）《中国新闻奖媒体融合奖项新媒体品牌栏目代表作基本情况》（附件5）。

选取2017年上、下半年代表作各1篇。如代表作为音视频类作品，须附代表作文字稿（代表作不得再参加本届中国新闻奖其他项目评选）。

（五）《中国新闻奖媒体融合奖项新媒体品牌栏目2017年每月第二周作品目录》（附件6）。

填写连续12个月每月第二周（如遇重大节假日或重大事件，顺延一周）任意1天发布的任意1件作品标题。

九、截止日期

（一）纸质材料

组织报送和自荐（他荐）申报文字材料及作品复印件等，请务必于6月4日前以快递方式寄达中国记协。逾期寄达的，不予受理。

快递地址：北京市东城区珠市口东大街7号中国记协新媒体专业委员会（筹备组）

邮　编：100062

收件人：王大璐

电　话：010-61002908

（二）电子材料

申报材料电子版压缩成一个文件包，以“报送单位名称+参评作品名称”命名（如“人民日报社+别眨眼，给你看看一周年的雄安”），邮件主题命名为“报送单位+媒体融合奖项参评作品”（如“人民日报社+媒体融合奖项参评作品”），并于5月28日24时前以邮件形式发至中国记协新媒体专业委员会（筹备组）。逾期发送的，不予受理。

邮箱：5826@vip.163.com

十、初评评委条件和初评委员会的产生

（一）初评委员会负责媒体融合奖项初评。初评评委人数30名以内，由中国记协聘任。

（二）评委聘任条件：坚持新闻的党性原则；组织纪律性强；品行端正，作风务实，办事公道；熟悉新闻业务。

评委实行回避制。各单位申报的评委人选本人或其直系亲属如有作品参评媒体融合奖项的，应当回避。

评委与中国记协评奖办公室签订保密协议，并承担对有关评选信息的保密责任。

（三）评委由三部分人员组成：

1．中宣部新闻局、国家互联网信息办公室网络新闻信息传播局负责人各1位；人民日报社、新华社、中央广播电视总台新媒体相关工作负责人各1位；中国记协书记处书记和新媒体常务理事（10人左右）。

2．新闻单位（不含人民日报社、新华社、中央广播电视总台）从事新媒体工作的负责人和一线编辑、记者代表（13人左右）。

3．新媒体专家学者（5人左右）。

评委候选人由中国记协评奖办公室、新媒体专业委员会确定。

十一、如有未尽事项，由当届评委会主任会议研究决定。

十二、中国记协享有中国新闻奖媒体融合奖项参评作品的使用权。

十三、本办法解释权归中国记协。

第二十八届中国新闻奖媒体融合奖项初评评选细则

第二十八届中国新闻奖媒体融合奖项初评委员会

（2018年7月8日审议通过）

根据《中国新闻奖、长江韬奋奖评选办法》和《中国新闻奖媒体融合奖项评选办法》，结合本届评选会实际，制定本评选细则，经过本届初评委员会通过后施行。

一、评选原则

1．坚持公平、公正、公开原则。

2．坚持评选标准。

3．坚持评选程序，在认真全面审看（听）所有参评材料、充分讨论评议的基础上，以无记名投票方式评选。

4．在同等条件下，统筹兼顾中央媒体与地方媒体、发达地区与欠发达地区的参评作品，关注体现“走转改”精神、努力改进文风的作品。

二、总体要求

1．实到评委超过全体评委人数4/5，方可召开评选会。

2．评选会由评委会主任或主任委托的副主任主持。

3．评委中途离会不能参加投票的，按实到评委投票，离会评委不能委托其他评委代为投票。

4．按设定数额投票，可少投，不能多投。如有多投的，多投选票计为废票。每轮投票结束，在规定得票范围内，按得票数从高到低依次取齐规定数额的参评作品。

5．评委在评选会讨论时，除评选会主持人要求解释清楚的问题外，不得宣传、介绍、点评本推荐（报送）单位推荐（报送）的参评作品。如有违反，主持人要制止并给予批评。

6．从所在单位（地区）没有参评作品的评委中产生6名监票人，负责监督评委投票和工作人员计票。

三、报送数额

本届中国新闻奖媒体融合奖项共设50个奖。其中一等奖10个，二等奖15个，三等奖25个。初评评委会按设奖数额的200%比例，即100件左右报送定评。

各项目报送作品数量，在小组完成对全部作品的审看、评议和第一轮投票后，由本届评委会主任会议根据各项目参评作品质量等情况统筹研究确定。

为调动更多新闻单位的积极性，推荐参加定评的全部作品中，每个报送单位的作品不超过5件。

四、评选程序

（一）审议参评作品资格

1．根据《评选办法》规定，初评办公室要承担对初评参评作品的审核责任，按照“评选范围”“评选标准”“报送要求”等认真审核参评作品，并将符合条件的参评作品提交初评委员会进行评选。

2．初评委员会听取并审议初评办公室关于参评作品和相关申报材料的审核处理情况等，确认参评作品资格。

（二）小组推荐程序

评委分3个小组审看（听）、评议、推荐各项目候选建议作品。

第1组负责推荐短视频、新媒体创意互动、新媒体品牌栏目的候选建议作品；

第2组负责推荐移动直播、新媒体报道界面的候选建议作品；

第3组负责推荐融合创新的候选建议作品。

各小组指定2位所在单位没有参评作品的评委担任监票人，负责监督小组评委投票和工作人员计票。

每小组在充分讨论、评议的基础上，以无记名投票方式按规定数额推荐出候选建议作品。

1．淘汰各项目1/3参评作品。

短视频淘汰21件，移动直播淘汰9件，新媒体创意互动淘汰14件，新媒体品牌栏目淘汰10件，新媒体报道界面淘汰9件，融合创新淘汰32件。

淘汰作品按简单多数筛选，如最后1个名额出现2件并列作品，则2件作品都不淘汰；如最后1个名额出现并列作品超过2件，则对这些并列作品进行最多两轮票决，得赞成票多的作品淘汰。

2．召开评委会主任会议。

统筹协调各小组作品筛选情况，确定需要统筹协调的原则和要求，确定各项目报送作品和推荐候选作品名额。

3．推荐候选建议作品。

每个小组根据评委会主任会讨论情况，推荐候选建议作品。

如某项参评作品数额达不到候选建议作品数，可不受该比例限制，按照评选标准评出不超过候选建议作品数额的作品。评不出的，可以空缺。

候选建议作品须达到小组实到评委1/2赞成票。

如达到规定票数的作品多于该项目候选建议作品数，按得票顺序从高向低依次取齐。如最后1个名额出现并列作品（达到规定票数且票数相同，下同），则对这些并列作品再进行票决，得票多者入选。如票决后达到规定票数的作品仍出现并列，则全部入选。

如达到规定票数的作品少于该项目候选建议作品数，则按缺额数加1的数量（“1”是指补齐缺额数后，排在其后的首位落选作品，下同），从该项目落选作品中按得票顺序从高向低依次取齐后（如“缺额数加1”出现并列作品，则全部进入票决，下同），对选取的作品再票决，达到规定票数者入选。如此轮票决后，达到规定票数的作品数仍少于该项目设定的候选建议作品数额，空缺数额不补。

各项目候选建议作品名单按投票轮次和得票数从高到低排序，出现并列的，按照作品质量讨论确定排序。

4．确定候选作品。

召开评委会主任会议，确定候选作品或处理原则。

（三）评委会全体会议评选程序

1．全体评委听取各小组报告本小组推荐候选作品情况，并进行充分讨论、评议。

2．以无记名投票方式按规定数额推荐报送定评的作品。

报送定评的作品须达到全体实到评委1/2赞成票。

如达到规定票数的作品多于该项目报送名额，按得票顺序从高向低依次取齐。如最后1个名额出现并列作品（达到规定票数且票数相同，下同），则对这些并列作品再进行票决，得票多者入选。如票决后达到规定票数的作品仍出现并列，则全部入选。

如达到规定票数的作品少于该项目报送作品数，则按缺额数加1的数量（“1”是指补齐缺额数后，排在其后的首位落选作品，下同），从该项目落选作品中按得票顺序从高向低依次取齐后（如“缺额数加1”出现并列作品，则全部进入票决，下同），对选取的作品再票决，达到规定票数者入选。如此轮票决后，达到规定票数的作品数仍少于该项目设定的候选建议作品数额，空缺数额不补。

3．各项目报送作品名单按投票轮次和得票数从高到低排序，出现并列的，按照作品质量讨论确定排序。

五、评选后续工作和处罚办法

1．初评办公室在中国记协网完整公示报送定评的作品名单及相关作品的全部申报材料，接受网上评议，公示时间不少于5个工作日。不参加公示或作品相关材料无法公示的作品，取消报送。

2．初评办公室对公示期间收到的举报进行认真核查，如作品有抄袭、虚假、失实，申报材料有造假、虚夸、篡改、伪造及未按规定程序推荐等违规问题，经查实，即撤销该作品入选资格，对相关推荐单位予以警告、通报批评等。

六、评选纪律

初评评委及初评办公室工作人员要严格执行《评选办法》和本《评选细则》，对评选会上的讨论、投票情况要注意保密，如发现评委有钱（物）票交易行为，就委托相关主管单位纪检监察部门介入调查。一经查实，即取消其评委资格并通报所在单位，今后不再聘其参与中国记协主办的各项评选活动。对违纪违规的工作人员给予相应处罚。

七、本《评选细则》经第二十八届中国新闻奖媒体融合奖项初评评委会通过后施行。未尽事宜委托评委会主任、副主任讨论决定，重大事项由全体评委讨论决定。

（编辑　韩国颖）

中国记协新媒体专业委员会委员单位工作综述

人民日报社

一 | 人民日报社新媒体工作综述

2018年，人民日报社新媒体中心在习近平新时代中国特色社会主义思想指引下，牢牢把握学习宣传贯彻党的十九大精神主题主线，坚持正确政治方向和舆论导向，深入推进媒体融合发展，贯彻移动优先策略，大力发展移动新媒体，聚焦做精内容，努力做大平台，汇聚的用户总量达4亿，宣传报道获得新成绩，移动传播体系建设实现新突破，助推人民日报整体传播力、引导力、影响力、公信力的显著提升。

（一）强化“四个意识”，创新时政报道方式，深入宣传阐释习近平新时代中国特色社会主义思想

在移动新媒体领域强化“四个意识”，做到“两个维护”，人民日报社新媒体中心创新开展时政报道，尤其是做好习近平总书记重大活动和重要讲话报道。

人民日报客户端专门推出“学习新时代”专栏，人民日报法人微博主持话题#学习时间#，人民日报微信公众号开设主题板块。在“崇尚英雄　精忠报国”系列报道中，“学习新时代”专栏推出原创文章《习近平的英雄情怀》在人民日报客户端点击阅读量达1735万、点赞近1万。建党97周年前夕，原创时局文章《入党为什么、当官干什么，共产党员习近平这样说》在人民日报客户端点击阅读量超710万。

创新报道形式，灵活运用可视化、互动化、年轻态的方式手法，提升总书记报道的亲和力、传播力、影响力。2018年全国两会期间，习近平总书记全票当选国家主席、中央军委主席，人民日报客户端推出海报《你好！习主席》和《号外！习近平全

票当选国家主席、中央军委主席》，成为当日关注度最高、刷屏最多的爆款产品，仅在人民日报两微、两端的总阅读量就超4300万。总书记进行宪法宣誓后，人民日报社新媒体中心第一时间制作并推出创意H5《你有一条来自人民大会堂的视频邀请》，该产品模拟视频通话方式，重新展现总书记宪法宣誓的庄严场面，推出24小时后总浏览量超过2000万，用户互动点赞超6亿。春节期间，创意互动H5《@所有人，习近平总书记给咱送春联啦》借鉴了送春联的喜庆形式，把传统佳节和领袖的家国情怀巧妙结合，累计点击浏览量超1500万。另外，结合原创稿件《习近平和他的父母》发起了“牵妈妈的手”活动，在全网带动形成了与父母合影、晒全家福、讲述亲情故事的热潮，人民日报法人微博主持微博话题#牵妈妈的手#，总阅读量达20.2亿次，讨论超372万次。

把握移动传播风口，结合重大时间节点，精心制作原创微视频，多角度、多维度展现总书记的思想、形象、魅力、风范。2018年春节期间推出的原创微视频《人民领袖》和《牵妈妈的手》全网播放量分别突破1.57亿、2亿。2018年全国两会前推出的微视频《为了共产党人的使命》《摆脱贫困》全网播放量均超过5000万。博鳌亚洲论坛前制作的微视频《开放的大门不会关上》播放量超7400万。南非金砖会议期间，连续推出3个原创微视频《习近平说中非》《习近平的“金砖金语”》《金色未来》累计阅读播放量达4100万。并尝试运用手机竖屏的短视频新形式开展总书记报道。上海进博会期间，在抖音平台编辑推出时长不到1分钟的竖屏版总书记主旨演讲，点赞超过240万。

深入扎实地做好习近平新时代中国特色社会主义思想宣传，在党的十九大胜利召开一周年之际推出思维导图《习近平新时代中国特色社会主义思想学习导图》，把树状思维导图运用到重大时政报道，以数据化、可视化方式直观展现习近平新时代中国特色社会主义思想的要点要论，很多用户专门下载打印作为学习辅导资料，仅在人民日报两微两端点击下载量超3200万。

（二）把握正确政治方向和舆论导向，浓墨重彩做好重大主题宣传，巩固壮大主流思想舆论

2018年，人民日报社新媒体中心发挥媒体融合传播优势，认真组织开展“新时代　新气象　新作为”“庆祝改革开放40年”“长江经济带”“首届农民丰收节”等一系列重大主题报道。

庆祝改革开放40周年期间，先后推出系列短视频《震撼150秒！40年，中国人

就是这样干出来的！》《生于1978》《献给13亿中国人的短片：这40年，如果没有你……》《2018致1978：四十年，见字如面》。这些短视频作品以鲜明的风格、明快的节奏、流畅的叙事讲述了改革开放40年的发展，受到用户的热烈欢迎。还推出“改革开放公开课”系列微视频和“起点”系列演讲，形成立体生动的短视频产品矩阵。

大江奔流报道期间，新媒体记者亲自出镜，采取多机位方式，开展立体化、全方位、多角度移动直播，带网友直接感受长江沿岸的风土人情，共组织《登顶三峡大坝，感受壮美长江》《乌篷船穿越小三峡，感受“两岸猿声啼不住”》《带你探访重庆三峡移民纪念馆》等移动直播21场，总播放量超720万。港珠澳大桥开通当日，我们运用航拍技术，拍摄制作的微视频《你好，港珠澳大桥！》，仅在人民日报两微两端的点击浏览量就超过2300万、点赞超22万。

注重挖掘闪光点，激发共鸣点，汇聚正能量，以创新表达引发网友情感共鸣，提升传播效果。纪念汶川地震10周年期间，推出的音乐MV《生生不息》受到网友的广泛好评和刷屏转发，仅新浪微博一个平台的播放量就超过6.7亿，创造了新浪微博平台视频播放的最高纪录。重大典型宣传中，策划制作的守岛英烈王继才先进事迹《家就是岛，岛就是国》等3个微视频，总播放量超过6100万，在抖音平台推出后，网友点赞超150万。

积极面向海外用户传递中国声音、传播中国文化。人民日报英文客户端针对海外用户阅读习惯，精心推出三档原创视频栏目。6月23日发布的第一期PD Studio节目，采访中国著名演员、百老汇华裔第一人王洛勇，在访谈中倾情朗诵英文版《出师表》节目在人民日报两微两端推出后，反响热烈，在人民日报两微两端播放量超530万。全国两会期间，面向英文用户推出的短视频《2018两会，老百姓怎么看？》《老外眼中的两会》从国内与海外两个视角，展现中国改革开放成就，在人民日报两微两端总播放量超1000万。

认真落实意识形态责任制，在移动互联网上既善于引导沟通，又敢于担当亮剑，对错误思潮和言论保持高度警惕，有针对性地发声亮剑，澄清误读误解，批驳错误观点。针对互联网个别人对民营企业发展的质疑和“国进民退”的错误言论，人民日报客户端主动发声，开展“支持民营企业在行动”专题报道，推出原创稿件《暖心提气！习近平这些话说到民营企业家心坎里》，深入解读习近平总书记在民企座谈会的重要讲话精神，连续推送人民日报刊发的专访文章，在首屏积极推送各地党政机关和媒体机构在人民号上发布的支持民企发展的稿件，有力引导了网上舆论。

（三）注重内容形式创新，打造标志性品牌和现象级爆款产品，持续提升传播力影响力

2018年，人民日报社新媒体中心高度重视内容和形式创新，在各项宣传报道任务中始终致力于打造高品质标志性品牌和现象级爆款产品，获得上级肯定、业界称赞、用户欢迎。

注重内容创新，实现主题宣传个性化、成就宣传品牌化，让“有意义”的内容更“有意思”。2018年先后制作推出《中国一分钟》《中国一分钟 · 地方篇》及改革开放3集特别版《奋斗中国一分钟》《开放中国一分钟》《创新中国一分钟》等系列微视频，以“一分钟”为维度展现中国和各地、各领域发展成就，仅在人民日报新媒体平台的阅读播放量超过10亿，新浪微博话题#中国一分钟#阅读量超7.7亿。庆祝改革开放40周年报道期间，推出创意互动H5产品“时光照相馆”，运用图像合成技术让网友参与产品生产，通过交流互动让网友体验改革开放初期的不同职业身份，感受时代变迁，点击互动量达4200万。推出的手绘长卷H5“幸福长街40号”，描绘了40年来中国人的共同经历和记忆，内容丰富、画面生动、互动有趣，获得网友热烈转发，阅读互动量超过5600万。

注重品牌运营，动员线上线下同频共振。把人民日报新媒体作为核心资源和品牌，用创新内容提升品牌形象，以优质品牌提升传播效果。2018年两会期间，策划推出了“中国很赞”全民互动活动，由报社编辑自编自唱自演的主题MV《中国很赞》，结合特别推出的手指舞接力挑战，带动了全民的参与热情。线下推出“中国很赞”城市专列，将网友对祖国的精彩祝福留言印制在地铁和火车车厢上，还推出“中国很赞”主题火车票、共享单车、瓶装水、明信片等，以多种运营推广形式，营造点赞中国、加油新时代的浓厚氛围。活动在新浪微博话题总阅读量超11.7亿，参与讨论量超1120万。从国庆节开始，围绕“爱国奋斗”主题，开展“我有中国，中国有我”新媒体主题宣传和网络征集活动，发动广大网民通过文字、照片、视频等方式表达对祖国的祝福、展示改革开放40年来的变化和成就，记录自己为祖国发展付出的点滴努力，新浪微博话题#中国有我#阅读量达57.4亿，讨论量超3600万。

注重情感温度，以共情共鸣聚合正能量。10月下旬，为迎接改革开放40周年，新媒体中心以“我们的改革开放40年”为传播主线，探索采用线上线下结合的“快闪店”形式，创新主题宣传，精心打造了“时光博物馆”创意体验馆，以40年来中国人日常生活的巨大变迁为主线，通过创新的展陈形式、妙趣横生的互动手段，将不同时空进行集中呈现，让普通人重温当年生活，再次感受改革开放给人民生活带来的

最深切的变化，生动诠释改革获得感，鼓舞更多人去为美好生活奋斗，实现了主题宣传润物无声的效果。截至12月31日，推出的北京、上海、深圳三站和国家博物馆展览入馆参观人数超20万。据第三方平台数据显示，对“时光博物馆”的正面好评度高达99.21%，“祖国”“人生”“经历”“那是我”“正能量”成为热门主题词。中央领导批示肯定，专门安排“时光博物馆”参加“伟大的变革”展览。

（四）紧跟业界潮流，优化运营体制，坚定平台化智能化方向，努力抢占移动互联网发展先机

2018年，人民日报社新媒体中心紧盯移动互联网技术发展趋势，将平台化、智能化作为重要方向，上线“人民号”，启动党媒算法、主流短视频PUGC聚合平台等重点项目建设，加快客户端升级迭代和新媒体技术开发，移动传播格局进一步完善，用户规模持续攀升，影响力保持领先。

科学规划产品发展方向，积极推进平台化战略。2018年6月，正式推出全国移动新媒体聚合平台“人民号”，搭建主流媒体自主可控平台，形成兼具主流价值与创新活力的全新内容生态，生产、聚合权威、原创、多元、可信赖的优质新媒体内容，受到业界的广泛关注和积极响应，截至2018年12月31日，已有超过10万余家主流媒体、党政机关、高校、优质自媒体和名人申请入驻，每天各账号提交发布申请的新闻资讯超万条，丰富了人民日报客户端的产品内容，提升了阅读体验。通过不断优化板块设置，人民日报客户端已搭建人民号、人民直播、问政、公益、生活服务、智慧党建等六大平台，进一步强化了客户端的公益服务功能。

跟踪业界技术潮流，积极探索人工智能应用。适应移动互联网发展趋势，把人工智能作为争夺移动网络话语权、提升用户黏性的重要手段。2018年6月份，人民日报社新媒体中心推出写作辅助工具“创作大脑”，同步实现智能写作、智能推荐、智能转换、智能分发等功能，为创作者提供智能化集成化的写作服务。启动打造党媒算法，推动将人工智能、大数据等新一代信息技术应用于新媒体领域，形成领先的“电子信息+新媒体”的产品和服务。

在原有两微一端基础上，2017年10月创办的人民日报英文客户端，持续创新产品、搭建团队、优化内容，实现快速发展、跨越发展。为适应短视频业务迅猛发展的趋势，集中开通抖音账号、快手账号、头条号、百家号，形成覆盖自主平台和社交平台、整合国内渠道与海外渠道、打通中文传播与英文传播的人民日报移动传播全新格局。

截至2018年12月31日，人民日报两微两端汇聚的用户总量达4亿。人民日报客户端用户自主下载量突破2.5亿。人民日报微信公众号用户数超2300万，在微信平台各类微信公众号中，影响力稳居第一。人民日报法人微博粉丝总数超1.3亿，始终保持“中国媒体第一微博”的影响力。人民日报英文客户端用户下载量和活跃度稳步攀升。抖音平台人民日报账号开通不到4个月时间，用户关注量已突破1000万，多个原创微视频播放量过千万、点赞超百万，最高视频播放量近9000万，用户数、关注度跃居媒体类抖音账号首位。

二 | 人民日报社新媒体工作案例

2018年，人民日报社新媒体中心创新改革开放40周年主题宣传报道，精心打造“时光博物馆”创意体验馆，首次采用线上线下结合的“快闪店”形式创新主题宣传，在全网引起广泛讨论，并引爆线下活动，受到现场观众欢迎，成为庆祝改革开放40周年的一个“现象级”活动。

在整个活动的策划、设计和传播上，“时光博物馆”活动摒弃了传统的以宏大叙事为主线的传播，而是聚焦改革开放40年对人民群众生活方方面面的改变，通过让人们重新体验、见证这些改变，触发回忆和共情，达到深入人心的传播目的。

时光博物馆内设5大主题展馆与10项创意互动。5大创意展馆包括：反映改革开放40年来人们衣食住行变化的时光杂货铺、奇妙时空屋、年代照相馆和岁月交通局，以及浓缩当地市民生活图景的属地化特展，即声音博物馆与“丢失的时光”主题影像展。10项深度互动包括：反映人们视听娱乐生活变化的“聆听时光”“岁月流金”主题墙、年代音乐秀表演；反映时代主流意识形态变迁的“中国有我”主题墙；现代技术与旧日时光相碰撞的人民时光机、时光贩售机以及内置在各大主题展馆内的趣味互动，如昵称瓶DIY、红白机大乱斗及时光寻宝大作战等。除此之外，现场游客还可以通过“时光留声机”留下对于往日时光的感言，并有机会参与到时光博物馆主题曲的录制当中。在“时光博物馆”活动现场，由于参观人数太多，大量观众自愿排队4—5小时入场参观。很多现场观众通过微博、微信朋友圈、短视频、视频直播等多种渠道和多种形式，第一时间把自己的时光故事分享给更多人。

作为2018年度最热门的快闪店之一，时光博物馆分别在北京三里屯、上海长宁来福士、深圳万象天地展出，并作为特别环节，参与了国家博物馆“伟大的变革”改革开放40周年大型展览展出，均受到观众线上线下的热情参与和高度评价。线下累计参观人数超过50万人次，线上相关话题互动的总人数超过7亿，成为庆祝改革开放40周年的一个“现象级”媒体活动。尤其难得的是，时光博物馆影响了过去主题宣传最难影响的都市年轻人群体，让他们觉得走进时光博物馆、回顾改革开放40年是很“酷炫”的一件事。这是极大的突破，是近年来主题宣传创新的一次成功尝试，也开创了一个全新的模式。

人民日报今日谈栏目《“时光博物馆”为何打动人心》一文中说：“（时光博物馆）将宏大叙事拆开来看。穿越时光的隧道，人们更加感念共同走过的不寻常道路，感慨发生在自己身边的中国奇迹。”

（人民日报社新媒体中心）

“时光博物馆”专题页二维码

新 华 社

一 | 新华社新媒体工作综述

2018年，在新华社党组的领导下，新媒体中心坚持以习近平新时代中国特色社会主义思想为指导，将学习贯彻党的十九大精神与实现新媒体超常规发展紧密结合起来，与加快推进中心各项工作紧密结合起来。按照新华社社长蔡名照同志提出的建设世界首个智能化编辑部的全新理念，以加快推进智能化编辑部试点建设为主线，紧紧追踪底层技术变革、硬件创新革命、用户使用习惯和使用场景迁移，进一步深化媒体深度融合和系统创新，高度重视传播手段建设和创新，不断提高新闻舆论传播力、引导力、影响力、公信力，采编、营销、党建等各项工作保持良好发展势头。

在2018年度“新华社创新奖”评选出的41件作品中，新媒体中心有10余件作品获奖，从特等奖至三等奖均有斩获。其中“媒体大脑”重大报道应用、全球首个AI合成主播获特等奖，《那年，我们21》融媒互动产品、“留声40年”融媒体系列创意品牌项目获一等奖，“习近平时间”（Xi’s Time）栏目系列英文融媒体报道、参与完成的《伟大的变革——庆祝改革开放40周年大型展览》展呈项目、“时代记忆通讯社”融媒互动产品、“第一工作室”微视频《答卷》《礼物》《保护好眼睛　才能看到爱》《第一粒扣子》等获二等奖，亚运会“游戏新闻”系列融媒互动产品等获评2018年度创新奖三等奖。

（一）以创新方式传播解读习近平新时代中国特色社会主义思想，推出一系列现象级创意融媒体产品

全年推出3首原创时政MV产品，总浏览量超4亿次。两会期间，习近平总书记宪

法宣誓当日推出时政MV《誓言》，嵌入习主席宣誓原声，浏览量超2亿；纪念改革开放40周年推出的原创音乐MV《四十年》，浏览量1.35亿次，让主旋律题材实现可看、可听、可传唱；纪念马克思诞辰200周年推出的微政论片《真理的光芒》实现了文、图、视频、特效、音乐等元素的有机融合，引爆传统媒体和新媒体舆论场；中非合作论坛北京峰会上，推出《3D视效丨习主席主旨讲话摘金句划重点》，采用3D动画技术手段，促进轻量化阅读；世界读书日首创AR新闻《习近平的最大爱好》，结合增强现实技术，广受好评；创意地图新闻《点开看看，习总书记的春节地图》《习近平的万里长江图》紧扣时事热点，生动呈现习近平总书记治国理政历程。

（二）智能化编辑部试点建设取得突破性进展

坚持创新引领，以定义权赢得话语权。“打造智能化编辑部理念及探索”获中国传媒年会2018年媒体融合“最具引领性大奖”，专家指出：“此举是贯彻落实习近平总书记在全国宣传思想工作会议的重要讲话精神，着力加强传播手段和话语方式创新的重要举措。在推进媒体深度融合方面具有前瞻性、引领性意义，并在世界范围内为应用人工智能推动媒体变革提供了宝贵范例。”在社总编室指导下，加快推进智能化编辑部建设试点：“媒体大脑”2.0版成功发布，并实现日常化应用；世界杯短视频在全网实现1.16亿次播放；在全球率先发布AI合成主播，引起业界广泛关注；打造时政动漫自动加工平台，适配新闻生产场景改造，生产成本和周期大大压缩；智能化音箱场景新闻完成开发进入上线阶段，运用语音唤醒等方式，智能分发适配不同生活场景的交互式语音新闻。

（三）持续升级新媒体通稿专线，实现通讯社核心职能向新媒体领域全覆盖

新媒体专线是新华社融合供稿服务平台，为媒体用户提供多种报道形式融合和深度化的新闻信息产品。新媒体专线形态上全媒体、语态上网言网语、样态上兼容各种创新形式，动态兼容AR、VR、MR等移动互联网最新探索，打造“新媒体产品总汇”，日均发稿量突破200条。围绕全国两会、改革开放40周年、上合组织青岛峰会、中非合作论坛、中国国际进口博览会等重大报道积极策划组织报道，推出《数说改革开放四十年》系列、《致敬时代·改革开放人物志》系列、《万件文物凝聚中国改革开放40年时光长廊》《“生于1978”人物故事》系列报道，稿件融合报道特色鲜明，报道新媒体化优势明显，不少产品做到可互动、可体验、可分享，平均采用量较

高，受到用户好评。

（四）“现场云”已建成全国最大的新闻直播平台，正在进一步打造全国最大的短视频协作生产平台

目前入驻媒体和党政机构达3000多家，每天发起直播报道300多场，累计直播近12万场，可同时在用户自有APP和新华社客户端进行展示。“现场云”团队策划了一系列现场云主题联播报道，协同全国媒体开展“春天在这里”“和你在一起”“你很了不起”等多个主题性策划，巧妙地将社会热点和民生关切连接到移动终端，既客观、直观，又丰富、立体，调动起媒体和党政机关参与的积极性。

（五）新华社客户端打造主流媒体自主掌控的意识形态阵地

新华社客户端是一款首创的门户客户端，是我国移动互联网信息服务门户、新闻客户端旗舰和全国政务服务重要平台。将主流算法与新华社深度报道结合起来，以有权威、有价值、有营养的新闻，打造独特竞争优势，重大时政新闻首发率超过80%，每天发布原创新闻3000多条。精心策划推出“学习”频道，专题权威发布总书记重要活动信息，及时报道最新动态，被网民誉为总书记活动的掌上报道集和移动数据库。建立策划机制，推出一批新型新媒体稿件及产品。《90秒带你回顾港珠澳大桥“诞生记”》《国庆出行心里必须有点“数”，这份出行攻略收好了！》等产品瞄准最新移动互联网技术和应用，内容表现力好，读者参与度高，自发传播力强，传播效果好，得到了业内人士和普通读者的一致好评。

（六）新华社英文客户端打造国际唯一开展智能化算法推荐的英文客户端

坚持国家通讯社的外宣平台定位，打造外籍受众了解中国的垂直类资讯分发应用。新华社英文客户端下载量近40万，其中海外用户28.9万，占比超过72%，成为集成中国英文资讯的第一信源，日均播发110余条融媒稿件。打通社内直播信号，实现直播流直推，完成海媒、英文客户端同步直播60余场。打造全球第一个全面报道习近平总书记活动的英文移动融媒体栏目“习近平时间”（Xi’s Time），对习总书记的文字快讯、图文、图集、视频等稿件分类报道、融合展示，对习总书记的重要活动和讲话进行了多维度立体式融媒体报道，对外有效展示了习总书记大国领袖风采和世界级领导人的风范，成为习近平总书记英文报道融媒体传播主要平台。

（七）“新华社”法人微信公众号打造主流媒体的社交化入口

粉丝数量突破2000万，在主流媒体时事类公众号中位居前列。一系列权威发布、受权发布和快讯等报道均实现平台首发。新华社微信公众号全年推送习近平总书记报道相关稿件近300条，阅读量均在“10万+”，不少稿件阅读量突破百万。冬奥会期间，《谁也拦不住，武大靖创世界纪录夺冠！》创下39分钟一万点赞的纪录。通过“早知天下事”和“夜读”栏目培养用户阅读习惯，定期举办“名人夜读”“领读者计划”等活动，邀请艺术家们和演艺明星“献声”，不断提升品牌知名度和用户黏性。推出了一群“网红”编辑，新华社法人微信公众号的评论成为微信公众号中的一大特色。

（八）新媒体营销收入稳步增长

新媒体中心2018年实现主营业务收入5.035亿元人民币，同比增幅为24.94%。实现净利润14352.21万元人民币，同比增幅为41.41%。从思想观念、工作方式、运行机制上坚持采编经营“两分开”，落实到营销工作的全过程，做到在管理、业务、财务、考核、队伍、研发等方面实现“六分开”，真正面向市场转变工作方式和思维方式，发挥好经营主体作用，形成有效的经营工作支撑体系。

一是充分发挥资源和平台优势，全力融入民族品牌工程，全力做好入选企业服务，针对企业需求专门设计个性化合作方案，真正做到了服务标准个性化，个性服务标准化；二是继续拓展直营品牌客户群体，以“广告+活动”的合作方式，重点挖掘装备制造、酒类、汽车、医药、家电、快消、新型互联网企业等行业，以市场化服务挖掘大客户；三是积极把融合发展的创新成果与能力向经营工作延伸拓展，实现从单一广告模式向多元化服务与品牌经营供给侧深度转型，努力构建由大到强、面向未来的新媒体经营格局。

二 | 新华社新媒体工作案例

做好正面宣传，要增强吸引力和感染力。我们在实践中总结出：只有先感动自己，才能感动读者，才能感动时代。“一家人与一群鹤的生死相守”全媒体报道在社领导指导下，用护鹤一家人的感人故事和主题MV《守护绿水青山》，传递“绿水青山就是金山银山”的环保理念。

报道中的微纪录片以电影手法拍摄，从一首众人耳熟能详的歌曲《一个真实的故事》入手，每当熟悉的旋律响起，“走过那条小河，你可曾听说，有一位女孩，她曾经来过，走过那片芦苇坡，你可曾听说，有一位女孩，她留下一首歌……”总有一种力量，让我们眼眶湿润。MV《守护绿水青山》中“谁说青山无言，谁说绿水无情，不论命运定义了多少悲情，我们却执意寻找光明”，两首歌相互映照，直抵人心，有网民表示：这才是社会上真正需要尊重的人。

该报道在各大平台形成现象级话题，新华社微信公众号总点赞数逾20万个，各大媒体均在显著位置转载。网民说：“新时代的年轻人正缺少这种非功利的信仰和精神，基层才是最能锻炼一个人品性和能力的地方。”

（新华社新媒体中心）

中央电视台

一 | 中央电视台新媒体工作综述

2018年，中央电视台新媒体总体发展情况呈现以下特点：第一，新媒体端有关重大主题宣传、重大赛事报道等原创内容增长迅速。央视2018年全年共发起移动直播超过12000场，与2017年相比增加了6188场，总收看人次达39亿；原创微视频共发布近9万条，总点击量达285亿次，较2017年增加205亿次。受2018年世界杯、亚运会带动，2018年央视所有开路频道在CNTV上的直、点播月均点击次数较2017年增长43.5%。第二，两微一端产品数量减少，但受众规模仍保持增势。截至2018年底，央视运营中的APP总数17个，较2017年底减少3个，累计下载量6.69亿次，相对2017年增幅达60.4%，创近三年新高；在新浪微博平台共有223个持续运维的央视官方微博账号，较2017年减少41个，累计粉丝量3.13亿，较2017年增长3100万；在微信公众平台共有213个持续运维的央视官方账号，较2017年底减少8个，累计关注总人数7217万人次，较2017年底提升1137万，增幅为18.7%。第三，央视官方微博的互动总量领跑媒体行业。2018年央视微博账号共发布近25万条博文，总互动量（即转评赞）2.22亿次，较2017年提升4500万次，首次超越人民日报组群，排名媒体行业首位。

（一）央视APP产品数量缩减、下载量增幅创近三年新高

1. 2018年度累计下载量增幅明显

截至2018年底，17个APP产品累计下载6.69亿次，较2017年底提升2.52亿次，增幅创近三年新高（2016年40.7%，2017年38.5%，2018年60.4%）。其中累计下载量前

三的是“央视影音”、“央视新闻”和“CCTV微视”，分别达4.2亿次、9046万次、8502万次，较2017年底增幅分别为50.5%、47.6%、88.9%。

2. 新闻、体育等垂直细分领域APP受优势内容资源带动，竞争力较强

新闻类APP表现主要得益于全台的优势新闻内容资源，并在重大主题宣传中定制大量适合新媒体发布的内容。“央视新闻”“央视新闻+”两个新闻资讯类APP在2018年全国两会报道中推出《从深圳到雄安》《美丽中国说》等原创时政微视频，并打造快讯、独家V观、央视快评、时政特稿等多种产品组合。2018年，央视大力创新融媒体报道范式，聚合自有稿源及矩阵号资源，首创H5形式系列融媒体特刊《两会·号外》，取得较好的传播效果，并带动了产品发展。其中，“央视新闻+”截至2018年底累计下载量达550万次，较2017年底增幅达431%。

据“易观千帆”统计数据，2018年“央视影音”“CCTV5”等月活用户规模随热点内容有较大增长，在2018年6月至7月俄罗斯世界杯赛事期间月均活跃用户数分别达910.8万、200.8万，显著高于年均水平790.7万、149.6万；“央视影音”“CCTV微视”“CCTV5”等APP均提供赛事视频直播，并展开多角度、立体化赛事报道，实现多项创新突破。“CCTV5”推出以“赛事卡”为核心的世界杯报道专区，用户不仅可以观看世界杯赛事的多视角直播，还可以从图文、视频、阵容、实时数据、赛况、竞猜、边看边聊等维度了解单场比赛的各类信息。6月14日—7月15日，“央视影音”“CCTV微视”“CCTV5”三个APP的新增用户达5278万人。

（二）CNTV的PC端和移动端用户访问量双双增长

截至2018年底，央视网多终端全球覆盖用户规模合计14.5亿。

1. 央视开路频道在CNTV的PC端和移动端直、点播总体收视同比显著增长

2018年央视开路频道在CNTV的直点播月均点击次数为4.49亿次，同比增长43.5%。6、7月世界杯，8月亚运会等重大赛事显著带动CNTV访问量。6月受世界杯开赛的强力带动，CNTV直点播收视整体显著攀升，6月17日至23日单周直点播点击次数达3.64亿次。

2018年受世界杯、亚运会的带动，体育频道跃居CNTV的直播收视首位，月均直播点击次数达1.17亿次，同比增长172%。体育赛事频道月均直播点击次数达1914万次，同比增长203%，增幅第一。新闻频道月均直播点击次数达7463万次，创有记录以来新高，同比增长19%，位居CNTV直播收视第2位。综合、财经、综艺、中文国际等

4个频道的月均直播点击次数也突破千万量级。

2. 《今日说法》《百家讲坛》《天网》在CNTV的PC端和移动端月均点播收视时间突破百万小时

2018年，中央电视台各栏目在CNTV的PC端和移动端的点播收视排名前20名中，《今日说法》《百家讲坛》《天网》三档栏目月均点播收视时间突破百万小时量级，分别达130万、115万、106万。创新节目中，《中国诗词大会》收视表现突出，2018年播出第三季，月均点播收视达31万小时，排名第15位；《舌尖上的中国3》《经典咏流传》集中在一季度播出，两节目一季度月均点播收视分别达53.95万小时、20.33万小时。此外，《新闻直播间》《纪录片特别呈现》《动画大放映》在2018年二、三季度上榜，年度榜单也入围前20名。

（三）微视频、移动直播成为央视新媒体端优势内容

1. 微视频围绕热点主题展开宣传

2018年央视新媒体全年发布微视频近9万条，总点击量达285亿次，较2017年增加205亿次。

“央视新闻”新媒体：全年共发布原创微视频3219条，总点击量达11.9亿次。“央视新闻”以独家“V观”为主打产品，聚焦时政新闻。表现突出的是两会期间新媒体精心制作发布70条独家V观时政微视频，在“央视新闻”各平台播放量超2.5亿次。

“央视财经”新媒体：全年发布原创微视频682条，总点击量达3.33亿次。针对纪录片《我们一起走过——致敬改革开放40周年》，“央视财经”新媒体推出“微视频海报”产品，在抖音、快手、微视等短视频平台共发布233条，总点击量达9568.1万次。

中文国际频道新媒体：2018年5月在抖音平台开设官方账号“CCTV4”，集中发布原创微视频。在不到半年的时间里，上百条原创微视频的播放量超2500万次，获得百万粉丝关注。中秋节期间推出的“带团圆回家”主题互动征集活动同名话题词的内容播放量突破42亿，创抖音平台纪录。

体育频道新媒体：在2018年世界杯及亚运会两项重大赛事期间，结合优势视频资源，共发布微视频超8000条，总点击量达68.1亿次。

CGTN：多语种新媒体全平台在2018年共发布时政微视频28条，全球阅读量3.5亿次，独立用户访问量1.99亿人，视频观看量4.44亿次。外宣系列时政微视频在1月1日

正式对外发布，以美、英、澳等西方主流国家海外社交用户和网友为目标人群，海外网络传播量突破预期。在海外最大视频网站YouTube上，习近平相关视频点击量前10条中，CNTV占据7条；习近平出访相关视频新闻在全球最大搜索引擎Google中跻身前十行列。

央视网：2018年共推出时政微视频43条，其中20条获网信办推荐全网首页头条置顶通发，总传播数近9亿次。围绕领袖宣传制作《贺新春：长长的记忆》《家国天下》《新时代　致敬英雄》等多条微视频，播放量均过亿。

2. 自制类移动直播影响力提升明显

2018年，央视加大移动直播投入，共发起移动直播超过12000场，较2017年增加6188场，总收看人次近39亿次。其中，自制类移动直播影响力提升明显，自主策划多场用户关注度高的爆款移动直播。

“央视新闻”新媒体依旧是央视移动直播收看人次最多的平台，全年累计总收看人次近25亿，全年31场移动直播收看人次超过千万级。重大时政报道中，“央视新闻”继续保持较高的影响力。两会期间，20场移动直播收看人次超千万。此外，自主策划的移动直播《152年一次！超级蓝月伴血月罕见来袭　天涯共此“食”》收看人次近5300万，为2018年“央视新闻”单场收视人次最高的移动直播；《当“火星大冲”遇上“月全食”　央视新闻带你五地共赏夏夜星空》收看人次也达3238万。

“央视财经”围绕热点事件，积极策划，共进行297场直播，累计传播观看量达4.47亿次，较2017年提升4500万次。其中，“3·15晚会”作为频道优势资源，全网观看量累计7156万次，创频道历史新高。此外，新媒体直播组和本台VR实验室首次合作，试水VR直播，在“2018凉山彝族传统火把节暨《魅力中国城》文化旅游（西昌）博览会”开幕第一天推出2.5小时的双机位VR直播，网友可360度全景观看现场盛况，观看量25.9万次。

体育频道新媒体抓住世界杯、世界斯诺克锦标赛等重大赛事契机，发起上千场移动直播，全年移动直播总收看人次超过4.4亿，较2017年大幅提升。其中，《星耀金杯　俄罗斯世界杯日间专题节目》总收看次数达4364万；世界斯诺克锦标赛期间，CCTV5共发起80场移动直播，累计观看人次超过1200万。

（四）新浪微博平台央视官方账号发展概况

2018年，新浪微博平台上持续运维的央视官方微博账号共223个，较2017年减少41个。一年中，49个央视官方微博账号停止运维或关停。截至2018年12月31日，央视账号累计粉丝量达3.13亿，较2017年增长3100万。

2018年以来，央视更加重视频道主账号的运维力度，强化频道在新媒体端的品牌影响力，多个央视频道/中心运营的官方微博账号粉丝量出现明显增长。CCTV13新闻频道、CCTV2财经频道、CCTV5体育频道及央视网整体粉丝量增长均达到千万级。CCTV13新闻频道账号整体粉丝量达8492万，较2017年提升2685万，其中，“央视新闻”粉丝量达7944万，较2017年提升2735万，也是央视粉丝量增长最多的官博。CCTV5体育频道账号在世界杯等重大赛事的带动下，整体粉丝量达3842万，较2017年增长1784万；“CCTV5”粉丝量达1837万，较2017年增长980万，增幅超100%。CCTV2财经频道整体粉丝量达5195万，较2017年增长1216万；“央视财经”粉丝量达3023万，较2017年增长750万。

此外，“CCTV4”“央视综艺”等多个频道的主账号粉丝同比增长均超过百万。2018年，央视223个官博发布近25万条博文，获得总互动量2.22亿次（即转评赞），较2017年提升4500万次，排名媒体行业首位。

“央视新闻”全年获得互动总量1.36亿次，排在媒体类官博账号首位。此外，央视栏目账号中，《CCTV信中国》《CCTV国家宝藏》等多个季播节目账号互动量过百万。

2018年，央视账号互动量提升主要得益于对重大时政报道、热点事件的及时跟进，发布具有更多央视特色的博文内容，引发用户高度关注及认可。D&G事件发生后，“央视新闻”微博发布《你真的懂#中国的筷子#吗？》，转发量近28万次，在2018年央视发布的博文中转发量最高。此外，央视新闻发布的《#比心中国#【直播！国庆节天安门广场升旗仪式！】》，获得近45万网友点赞；《直播！国家主席习近平发表二〇一九年新年贺词》获近38万网友点赞。

（五）微信公众平台央视官方账号发展情况

截至2018年底，央视各频道/中心共运维213个微信公众账号，较2017年底减少8个；累计关注总人数达7217万人次，较2017年底提升1137万，增幅为18.7%。2018年，全台微信公众账号总发稿量达10.49万篇、总阅读量达15.77亿次，分别较2017年提升5328篇、4.07亿次。

1. 18个微信公众账号累计关注人数超百万，“央视新闻”累计关注人数突破千万

截至2018年底，央视官方账号累计关注人数在100万以上的微信公众账号有18

个。其中，“央视新闻”累计关注人数首次突破千万，目前达1010万，稳居央视第一位并呈现出较好的成长性，并较2017年底净增163.5万，为全台最高。

从累计关注人数TOP10的构成情况来看，频道号6个，栏目号4个。“央视新闻”“央视财经”“央视综艺”“央视少儿”“央视网”“央视一套”6个频道号集纳全频道资源，尤其在资讯领域表现较为突出，其中“央视网”根据社会热点推出较多原创评论文章，并联合微博、今日头条等多个平台自有账号进行内容联动，带动粉丝增长明显，在TOP10号中订阅数增长最显著。栏目号《中国舆论场》《CCTV生活圈》等保持较好增长态势，节目继续打造融媒体生态链，将电视、互联网、移动新媒体深度结合，以小屏内容拓展了受众在大屏端的收视体验。

2. 央视微信矩阵继续保持在时政、财经、生活服务等多内容板块优势

央视微信公众账号2018年共有6734篇稿件阅读量在10万次以上，较2017年提升392篇，稿件可读性进一步增强。其中，“央视新闻”有4847篇，占比达72%，“央视财经”有1148篇，占比达17%。

从高阅读量稿件内容特征来看，央视继续保持在时政、财经、生活服务等内容板块优势。“央视新闻”发布的“早啊！新闻来了”“独家V观”“独家视频”等均为高阅读量板块，其中2018年“早啊！新闻来了”发布的365篇文章，每篇阅读量均超过10万次。“央视财经”的楼市、股市、“央视财经评论”等板块均有高阅读量文章。

（六）CGTN新媒体创新对外传播内容和形式，拓展对外传播领域

截至2018年底，CGTN新媒体部全平台拥有粉丝总数达1.02亿，其中海外粉丝9915万，占比97.2%。

1. 创新对外传播内容和形式，提升对外传播能力

2018年前11个月，CGNT新媒体部共发布习近平相关新闻3896条，获全球阅读量34.1亿次，总独立用户访问量4.64亿次，总互动588万次，视频观看量4.29亿次（含头条号）。

CGNT新媒体部创新四大主场外交活动报道方式和内容，四场外交活动总阅读量4.7亿次（博鳌亚洲论坛1.74亿次、上合组织峰会1.25亿次、中非论坛9902万次、上海进博会7559万次）。其中，上合青岛峰会期间，《青岛之约》《中亚班列驶向世界》等28场直播全球阅读量2722万次。上海进博会期间，推出中英文双语原创H5产品《指尖上的沧海桑田》，通过6组12张新旧照片的切换，让上海的发展变化在用户的指尖

实现交互互动。

2. 创新对外内容供给形式，自建覆盖63国超600人的全球拍客系统

2018年5月，CGNT新媒体部启动全球拍客项目筹备，截至2018年底已招募全球63个国家共600余名拍客，其中200余名与BBC、CNN、半岛等国际一流媒体有过合作经验。在持续数月的中美贸易摩擦报道期间，CGTN针对性推出5期《没有中国制造的一天》系列微视频，真实展现中国经济发展以及庞大的市场体量给世界经济复苏带来的贡献，获得全球阅读量409万次，独立用户访问量206万次，视频观看量51万次。

二｜中央电视台新媒体工作案例

2018年11月5日至10日，首届中国国际进口博览会在上海举办，习近平主席出席开幕式并发表主旨演讲。央视网通过央视快评、时政特稿、微视频、漫评、高清图集等多种形式，深入解读领袖主旨演讲精髓，全面呈现首届中国国际进口博览会盛况，宣传展示进博会举办的重大意义和重要成果。共发布相关报道1000余条，总浏览量超过3000万次。

首先，高度聚焦习近平主旨演讲，多样态深入解读。11月5日，首届中国国际进口博览会在上海开幕，习近平主席出席开幕式，并发表主旨演讲。央视网多终端同步电视信号全程直播。直播期间，央视网多终端收视人数1132万，收视次数1495万，收视时长82万小时。《【央视快评】海纳百川，推动更高水平开放》，指出习近平主席在首届中国国际进口博览会开幕式上的主旨演讲中以“大海”妙喻中国经济，形象而有力地展示了中国“世界市场”的无限机遇、“不拒众流”的开阔胸襟、“稳中向好”的经济大局。《【央视快评】把握新时代机遇　实现共同繁荣进步》，深入阐释中国期待与世界各国共建创新包容的开放型世界经济的主张。《【央视快评】将世界经济大合唱越奏越响亮》，着力展示进博会是各国贸易合作奏出的“交响曲”，中国不断扩大对外开放、坚决捍卫全球经济一体化成果，赢得了世界各国广泛的尊重与信任。时政微视频《大道至简！习近平告诉你中国为什么坚持开放》，聚焦习近平主席开幕式主旨演讲思想精神，以同期声贯穿，从历史大势、中国选择、中国信心、中国倡议4个角度，阐明中国坚持对外开放的立场和决心。此外，央视网还推出评论员文章《习近平主席进博会主旨演讲为开放“添薪助力”》和图解《耳目一新！习近平妙喻开放合作》等解读性报道。

其次，置顶号外、移动直播、VR、高清图集，全景展现进博会盛况。峰会期间，央视网首页推出置顶号外专区，高度聚焦领袖重要讲话及系列外事活动，集中呈现总台及中央主流媒体相关报道，包括本网《央视快评》《联播+》以及国际在线《国际锐评》、央广网《央广时评》、央视新闻《独家V观》等总台新媒体专栏优质内容，全景式呈现峰会盛况。11月6日—8日，央视网策划推出系列移动直播“小央逛进博”，通过推流和嵌套的两种方式在腾讯、网易、新浪、微博、B站、斗鱼、花椒、映客等平台进行推广，截至11月8日直播累计点击量超过320万次。数据解释性短视频《进博会对世界的意义》，24小时内累计点击量超过150万。微视频《进博会|一镜到底了解进博会主场馆的动力“心脏”》介绍进博会主场馆的能源保障系统。竖屏微视频《随便试吃全球美食　原来你是这样的进博会！》，听段子手朱广权讲述“舌尖上的进博会”。VR视频《VR任意门|虚拟现实！换个姿势逛“进博会”》、VR图集《360°透视进博会》，以360度视角带网友身临其境逛“进博会”。高清图集《“打卡”进博会：各种好看好玩好吃的不容错过》《进博会国家馆：3万平方米“舞台”展世界风采》，介绍进博会上展出的新奇“黑科技”和特色产品。

发力对外传播，主动引导话题，营造良好国际舆论氛围。央视网依托海外社交平台传播优势，对首届中国国际进口博览会相关新闻及时推送，取得良好传播效果。截至11月10日共发布相关帖文582条，总浏览量超过2583万次，总互动人次超过77.1万，视频观看量超过342万次。

（中央电视台）

《求是》杂志社

一 | 《求是》杂志社求是网新媒体工作综述

求是网是中共中央机关刊《求是》杂志重要的网上理论传播平台。网站以“思想建党、理论强党”为办网宗旨，充分发挥中央党刊思想理论宣传优势，积极整合各类理论资源，利用互联网新技术、新应用、新平台、新渠道，努力实现党的创新理论全媒化传播，用思想的力量凝聚网上正能量，在互联网上构筑起党刊思想理论的高地，让党的主张成为信息时代最强音。

2018年，伴随着《求是》暨《红旗》杂志创刊60周年，求是网多项工作取得新进展，社会关注度不断提升，网上理论传播工作打开新局面，中央重点理论网站的优势和特色逐步显现。

这一年，求是网理论文库建设稳健前行，新增各类理论文章8万余篇，全站文献数据累计达80万余篇；编制各类理论专题、网评、导读、话题、综述、图解、H5应用等新媒体产品共2015个，建立专家学者队伍200余人；视频团队重磅发力，全年制作视频245条，累计播放量超过4000万。此外，移动媒体产品关注度突飞猛进，新浪微博包括“求是”“理论旗帜”“是点”等3个账号，还包括“求是网”“求是手机报”“求是网是点”“学而时习”“五当山”等5个微信端账号，以及在今日头条、一点资讯、搜狐客户端、网易客户端、凤凰客户端等商媒客户端开设的求是网媒体公众号。其中，微博账号“求是”粉丝达338.7万，所主持的17个微博话题中，1个微博话题突破亿万量级，9个微博话题突破千万量级，6个微博话题突破百万量级。微信矩阵总粉丝86.1万，“求是网”微信粉丝突破50万。截至2018年12月31日，求是网全年累计浏览量达到2.2亿次，其中累计独立IP数3107.5万个，访问网民覆盖我国各省区市、遍及世界各大洲。

这一年，求是网获得中华全国新闻工作者协会颁发的第二十八届中国新闻奖专题类二等奖和“好记者讲好故事”活动优秀选手奖；获得中央网信办颁发的“2018年网上重大主题宣传和重大议题设置精品项目”奖项；获得中国网络视听节目服务协会颁发的“年度优秀网络音频节目”奖，在建设成为具有传播力、引导力、影响力和公信力的新型主流媒体探索之路上迈出坚实一步。

2018年，求是网在重大主题宣传报道中主要有以下亮点。

（一）深入解读习近平新时代中国特色社会主义思想和党的十九大精神

求是网利用自身理论宣传优势，立足党刊定位，牵头协调12家重点理论网站成立网上理论传播协调组，制定党的十九大精神网上宣传工作方案，在党的十九大主题报道中创新报道思维、主动作为，打造“十九大·理论新视野”品牌项目，实现了理论网站渠道、资源的深度整合，形成了网上理论宣传的传播合力，不仅产生了网上理论传播的第一个关注数达亿级的产品，项目的主专题还获得第二十八届中国新闻奖网络专题二等奖。

求是网着力做好习近平新时代中国特色社会主义思想的全媒化解读。围绕这一主题，求是网制作了一批文字、图片、视频、音频、动漫、H5交互等多形式多样化的专题专栏及融媒体系列产品，旨在努力做到让习近平新时代中国特色社会主义思想“天天见”“天天新”“天天深”，让网上学“习”成为一种时尚、一种流行。

全年共制作总书记相关宣传专题12个，建立习近平总书记系列重要讲话及报道数据库，为深入学习贯彻习近平新时代中国特色社会主义思想打造数据基础；理论综述产品传播力与影响力俱佳，例如《习近平谈抗战：牢记历史是要以史为鉴、面向未来》《习近平为何如此强调崇尚英雄？》两篇文章，在重要时间节点，弘扬抗战精神、传播正能量，引起了网民的强烈共鸣，移动端传播总量达到1000余万，PC端传播总量达到1000余篇，新华网、央视网、中国军网等中央媒体也在其头条区转载；《习近平这样指导党的宣传思想工作》《习近平为“一带一路”正本清源》《习近平关心东北发展：千难万难，只要重视就不难》等文章，做到紧跟、深跟习近平总书记重要讲话，也起到了很好的宣传引导效果；网站原创学“习”产品“学习笔记”及其微信公众号“学而时习”表现不凡，其融媒体产品成为凤凰、网易、腾讯等主要商业资讯网站的头条常客。

求是网还与喜马拉雅FM平台合力推出的《习近平新时代中国特色社会主义思想三十讲》音频产品，将每一讲按照章节拆分成若干组小音频，通过新媒体创新碎片化传播方式，更好地帮助广大党员干部群众学懂弄通习近平新时代中国特色社会主义思想。专辑累积收听量达8500万人次，创造了该平台理论类节目收听量的新纪录，专辑被中国网络视听服务协会评选为2018年度优秀网络音频节目，在基层党员干部群体中产生了积极影响。

（二）精心做好2018年全国“两会”宣传

求是网在2018年全国“两会”宣传报道中发挥特色优势，聚焦大会主题和网民关注，推出系列融媒体产品，取得积极宣传成效。

围绕全国“两会”宣传报道，求是网全景集纳网上优秀理论作品，推出主专题《新时代开启新征程——2018全国两会求是网特别报道》以及5个配套专题《习近平总书记的两会时间》《习近平总书记的人民情怀》《人民领袖习近平》《理解中国政治的“九把钥匙”》《新时代是奋斗者的时代》。

视频产品包括系列微访谈《宪法修改遵循的原则》《如何促进宪法的有效实施》《政府工作报告体现了以人民为中心的发展思想》《依法治军最根本的是要建立起法治的各种体系》《我国现行宪法是一部好宪法》等16集，推出创意微视频《习近平的两会金句》，推出系列动漫产品“小Q系列”共包括《小Q连环话之协商民主》《小Q连环话之政府工作报告》《小Q连环话之新型政党制度》《小Q连环话之宪法宣誓》等总计10集。

编制原创理论综述《错过政府工作报告直播？看这些数字就够了！》《收藏！2018年政府工作报告中的十大金句》《你有一份民生福利“大礼包”，请签收》等共15篇；围绕习近平总书记下团组重要讲话、国家机构改革、宪法修改与依法治国、社会主义民主政治、制度自信、协商民主、依法治国、现代化经济体系等主题发布求是网评44篇；围绕“两会”热点问题、理论研判与政策走向，求是漫评采取作品荟萃与重点选题约稿相结合的方式，发布原创产品《协商民主，彰显中国道路自信》《坚持依法治国，谱写新时代篇章》等共17篇；推出“秒懂两会”系列理论图解9张，系列理论交互性H5产品10个。

（三）着力推进马克思主义大众化创新传播

1．马克思诞辰200周年主题宣传。求是网从介绍马克思生平、阐释马克思著作入手进行先期预热宣传开始，重点做好习近平总书记在纪念马克思诞辰200周年大会上重要讲话的解读与阐释，在PC端开设专题，在微博、微信、手机报开设专栏，产品形式涉及文字、图片、动漫、视频、音频等各种形态，做到全息化、深入化呈现。主要亮点包括：约请全国近15家马克思主义学院院长对马克思主义和总书记重要讲话进行深入解读；在特稿、访谈、视频、漫评、H5、主题海报等各条线抓住重点推进全方位的创新传播，取得了良好的传播效果。

2．《你的马克思已上线》系列动漫微视频。节目在内容编排上贴近时下最流行的“抖音”“快手”的表达方式，结合国外Snapchat、Buzzfeed的直播流呈现技术，以轻松、幽默的科普方式，寓教于乐、深入浅出地向广大网民尤其是年轻群体讲解马克思主义基本原理的金句名篇及丰富内涵，潜移默化引导向上向善的积极人生观、价值观。节目上线后，备受网民关注，全网播放量突破5000万。

（四）创意策划庆祝改革开放40周年主题宣传

1．H5及短视频创新传播。求是网利用腾讯新闻传播渠道，探索重大主题宣传报道的“全媒体打包”模式，推出“1+3”的主题宣传产品，分别是一款H5互动答题小游戏《你有一张改革潮人卡待领取》以及《前方高能！一大波回忆杀正在赶来》《40年来我们一起走过》《感谢成长的路上有你们的陪伴》三个短视频，通过求是微信公众号、企鹅号、腾讯视频等推送，获得较高的评价和点赞率。

2．专家访谈成绩亮眼。求是网联合求是影视中心，在今日头条、中移动咪咕平台推出改革开放40周年系列高端访谈视频《理解中国改革开放的十个关键点》，邀请12位知名专家学者，聚焦改革开放40年来的重大理论点，并进行权威解读阐释。本专辑自2018年11月16日推出以来，在今日头条平台“求是网”官方账号进行首发，先后被人民网、央视网、工人日报等中央媒体，河北共产党员网、金羊网、大河网等各省市区媒体，新浪、腾讯、百度等主流商业媒体转载，产品累计推送覆盖人群超过5亿，全网点击量累计高达1.2亿。

（五）有效做好社会思潮的引导与研判

1．反对历史虚无主义主题宣传。自2018年5月开始，求是网开设的“反对历史虚无主义”特别专题共发布原创及转载作品4800余篇，总阅读量达500万。微博相关话题阅读量达1000余万，微信开设栏目“英雄烈士谱”，发文量为191篇，求是手机报开设“英雄烈士谱”版块，发文量为196篇。其中，在第五个烈士纪念日推出的“缅怀革命烈士，向未来出发”成为爆款，H5推送覆盖人群累计超过8000万，共计410万网民通过H5互动献花，大力宣传了英烈光辉事迹。

2．网络舆情分析研判。对《求是》重点文章的传播情况进行统计与分析，从传播地域、覆盖人群、情感倾向等维度进行分析；对网上热点事件、社会思潮动向、重大时间节点等进行全网舆情监测、分析，及时反馈情况，为意识形态决策部门提供研判参考。

新时代，新作为，新篇章。求是网将以刊网深度融合发展为重要抓手，以做好党的创新理论网上传播为中心工作，下大力气推进党刊优质理论内容的全媒化、时代化和大众化传播，在丰富形式、打造平台、融合渠道上开拓创新，更好地服务党和国家工作大局，服务“两个巩固”，让网上理论宣传更鲜活、更流行、更接地气、更受欢迎。

二 | 《求是》杂志社求是网新媒体工作案例

习近平总书记在全国宣传思想工作会议上强调，要加强传播手段和话语方式创新，让党的创新理论“飞入寻常百姓家”。近年来也有一些不错的节目，做了不错的创新探索，比如《马克思靠谱》《马克思是对的》。作为中共中央机关刊的网上理论传播平台，求是杂志社要求党刊网要运用网言网语准确生动地宣传党的创新理论，把透彻的思想讲透彻，把鲜活的理论讲鲜活。

党的创新理论“飞入寻常百姓家”，单方面说教肯定是无法实现的。互联网秉承的是社交化思维，马克思主义的大众化传播也需要更新思维模式，重在接受度与互动感。在中央网信办网络新闻信息传播局的指导下，求是网综合各种时下流行的传播手段，选择借助创意手绘微动漫作为新的探索形式，打造《你的马克思已上线》系列动漫短视频。

在普通网民的心中，马克思是一位既熟悉又陌生的伟大革命导师。于当下的“90后”“00后”而言，历史上的马克思是一位学习勤勉、善于独立思考的青少年，他的语言慷慨激昂，催人奋进，在职业选择上，他信奉“人只有为同时代人的完美、为他们的幸福而工作，自己才能达到完美。”实际上，马克思的很多思考都能为当前的年轻人提供借鉴。因此最终选择了“你的马克思已上线”作为系列创意短视频的专辑名称，用网言网语、接地气的方式描绘出“身边的导师”形象，表明马克思是大家的，是良师，也是益友。

（一）以巧妙方式潜移默化培育价值观

《你的马克思已上线》系列动漫微视频主要采取短视频、微动漫的方式，在内容编排上贴近时下最流行的“抖音”“快手”的表达方式，结合国外Snapchat、BuzzFeed的直播流呈现技术，以轻松、幽默的科普方式，寓教于乐、深入浅出地向广大网民尤其是年轻群体讲解马克思主义基本原理的逻辑结构和丰富内容，从而影响受众看待问题的方式，潜移默化培育他们的人生观、价值观。节目上线以后，我们也收到了良好的用户反馈，有一位高中政治老师特意来电，提到有学生给他播放了求是网抖音账号发布的视频，他看了认为很适合在思政课作为互动课件使用，因此特意来电申请获得使用授权。

（二）在有限的时间讲最具生命力的内容

《你的马克思已上线》系列以手绘动漫微视频为表现手法，每集不超过60秒，并根据需要剪辑不同版本分发至各平台网络渠道。选题与国家大政方针、重要事件、重要活动和重大纪念日相契合，实现理论内容的紧跟、深跟。比如中秋篇，以马克思如何看待节日，讲解“社会存在决定社会意识”的唯物史观；择业篇则以马克思的中学论文《青年在选择职业时的考虑》为蓝本，为金九银十求职季的大学生们传递“应当选择所热爱的工作”的择业观；科技篇则结合进博会和世界互联网大会，表达如何理解“科技是第一生产力”的内涵。

（三）让专业的人负责专业的制作环节

《你的马克思已上线》系列动漫微视频的立足点和出发点均根植马恩列原著经典，因此选取权威机构的马克思主义权威专家组成项目顾问组，整体负责把关内容选题，给出解读建议，做好内容导向把控。“从年轻人中来，到年轻人中去”，甄选若干名来自知名高校马克思主义学院的青年学者与学生组成项目策划组，根据专家的建议，查找一手资料，撰写新媒体产品脚本逻辑大纲，再以鲜活闪亮的网言网语撰写微动漫脚本，将理论内容碎片化、精准化，同时也生活化、娱乐化。最后由后期制作组依据脚本灵活使用表达手法，制作完成创意微视频产品。

截至2018年底，《你的马克思已上线》系列动漫短视频已经发布5集，全网浏览量突破5000万。互联网时代，马克思主义如何更好地实现大众化，党的创新理论如何实现“飞入寻常百姓家”，在当下媒体融合发展的大潮中，成为广大党的创新理论网上传播工作者的聚焦点和发力之处。求是网在中央网信办网络新闻信息传播局的指导下，借助动漫视频、创意视频、H5、图解等丰富的融媒体方法手段，陆续开展了多方面多层次的有益探索，致力于为马克思主义大众化和党的创新理论网上传播探索出一条新路子，努力把透彻的思想讲透彻，把鲜活的理论讲鲜活。全媒化、多角度、分渠道解读经典理论，讲清楚马克思主义的ABC，展现好马克思主义的巨大生命力和指导性，仅仅是我们进行网上理论传播创新探索的第一步。

（《求是》杂志社求是网）

光明日报社

一｜光明日报社新媒体工作综述

“与真理同步，与时代同行”是光明日报社的社训，光明日报始终走在业界前列，勇于探索前沿领域。因此，光明日报在新媒体领域率先试水，不断探索主流媒体的转型之路，力求贡献出有“光明”特色的经验启示。

光明日报是第一批提出“融媒体”概念的中央媒体之一，光明日报社积极落实上级主管部门关于推进媒体融合工作的要求，主动适应变革，大力推动改革，以自我革命的勇毅担当深入推进媒体融合发展，于2015年4月正式挂牌成立了融媒体中心，统筹报社的“两微一端”建设。2018年，光明日报提出了整体转型、打造新型主流媒体的目标，大力推进“主力军上主战场”进程。因此，2018年也是光明日报新媒体发展的关键一年。

在这一年，光明日报社既在体制机制改革上取得突破，也生产出了一批具有相当能见度的新媒体产品，并拓展了与商业平台的合作深度，积累了宝贵的经验。具体来说，在以下领域取得重要进展。

（一）在融媒体中心的基础上成立全媒体总编室，打通“策、采、编、发、评”全流程，建立跨平台的统一调度机制，实现一个部门统筹报社所有新媒体内容发布的生产模式。光明日报将融媒体中心改为全媒体总编室，下设四个编辑组，对策、采、编、发、评各环节实行一体化全流程再造，启动了统筹报、网、端、微内容生产的全媒体指挥平台。

全媒体总编室的成立，首先是人员结构的优化。报社将来自评论部、科技部、摄美部的骨干人员调至全媒体总编室，实现人员结构的年轻化、专业化，打造了一批具有梯队层次的人才队伍，并完善各端口的人员配置，使得每一个具体平台均有专人负责，打破过去全能型、轮班制的“流水线”生产模式。

在对各新媒体平台进行细致研究的基础上，重新打破结构布局，根据人员的能力特点，适配不同平台，实现各平台的专业化生产。2018年，全媒体总编室设四个编辑组，客户端、微信、微博、视频，并由专人负责统筹。由此，新媒体生产不再将同一内容机械化转载，而是更加凸显策划能力、整合能力、传播效果的针对性生产。

在充实全媒体总编室的过程中，更加重视与报社传统部门联动协作。在报社的统筹安排下，全媒体总编室将客户端各频道与各部门合作经营，将频道管理权限交与相关业务部门，形成原创内容供给与新媒体加工的相互配合。在一些重大选题上，与其他部门合作，形成报、网、端、微联动，报纸版面与新媒体平台形成矩阵式传播形态。

全媒体总编室成立以来，“两微一端”各平台数据表现取得极大提升，内容生产能力得到有效整合，议题设置能力显著增强，机构设置优化的效果已初步展现。

（二）始终瞄准打造“知识分子精神家园”的目标不偏移，打造特色化的内容生产。光明日报始终牢记要作新时代党联系知识分子桥梁纽带的使命任务，将思想文化特色、紧密联系知识分子的优势，在新媒体上更加彰显出来。光明日报、光明网、光明日报“两微一端”分别要做报纸、PC端和掌上“知识分子精神家园”，无论阵地转移到哪儿，始终都要落实好团结知识分子这一重要使命。

2018年，光明日报全力打造“智库”平台、知识分子智媒聚合平台“光明号”和“思想理论融媒体传播工程”。这些平台，既服务于各大型新媒体平台，也对接县级融媒体中心，横向融通教科文卫多领域及新社会组织中的专家资源。通过人才聚合、内容分发，光明日报带动广大知识分子主动来到新媒体领域，形成新媒体平台上重要的发声群体，增强互联网舆论场的思想深度，扩大主流声浪。

人们经常感慨，在互联网上，对科学家的关注远远比不上对明星的热炒力度。2018年，光明日报针对这一现象，对知识分子相关信息进行了新媒体转化，在互联网上推出一批形式新颖、具有互联网传播特征的新媒体产品，取得了较好的传播效果。为了充分发挥党和政府联系广大知识分子的桥梁和纽带作用，光明日报全媒体总编室与报社知识分子联络办公室密切配合，在每位专家、学者去世时，先端后报，推出数十篇追思文章，向知识分子家属传递党的温暖；12月18日，党中央、国务院授予100名同志“改革先锋”称号，为了加深人们对科技工作者的认识，融媒体中心与知识分子联络办公室联合推出“今天我们不找明星脸，来认识一下院士”活动，制作出“找出十位院士，解密科技强国”有奖竞猜H5产品，引导网友参与活动。这些有关知识分子的新媒体产品，在两微一端取得千万级的阅读量，受到广大知识分子好评，也引发了网民的大量关注，让科学家、知识分子走到了互联网的聚光灯下。

（三）打造了一批现象级新媒体产品，对新媒体生产模式作出了自己的探索。从具体产品来说，2018年光明日报新媒体建设成果丰硕，在传播量级上实现重大突破。这些产品，有的属自行制作完成，有的则是借助外部力量进行资源整合的结果，这为光明日报的新媒体发展积累了宝贵经验。

2018年两会报道，光明日报重磅推出重点融媒体视频产品“光明的故事”，选择小切口，挖掘光明独家素材，用讲故事的方式，制作出系列微视频作品《朋友习近平》《要为人民做实事》《光明的故事》等，讲述了习近平总书记与知识分子的友谊、与百姓的深情以及对老科技人员的关怀。触达用户量超过10亿，累计浏览量达1.5亿，传播力实现历史性突破。“光明的故事”由此成为光明日报新媒体产品的品牌，具有极强的“光明”属性，在互联网上极具辨识度。

教育是光明日报报道的传统优势领域，高考是全社会共同关注的话题。2018年高考期间，光明日报新媒体生产部门紧跟考试进度，逐门分科推出《高考试卷解读》系列，第一时间为考生及家长提供专家对高考试题及答题思路的解剖和分析，在社会上引起强烈反响，点击量达到上百万级。

毕业季是高校最浓情的时刻，为了深度挖掘最美好的同学关系、师生关系，营造良好的校园氛围，光明日报2018年与腾讯视频联合推出《毕业季》短视频征集活动，吸引了全国200多所高校参加，征集到作品240余件，各平台总播放量达到2013万。清华大学的《清华零点后》、中山大学的《毕业快闪》、温州肯恩大学的《一封穿梭四年的来信》等十篇作品分获特等奖和一、二、三等奖。正像光明日报社副总编辑陆先高所说，活动收获了线上线下的好评，从传播特点看体现了流量与质量结合，小故事与大主题结合，好内容与大平台结合，网络与报纸结合。腾讯视频总监李莹表示，本次大赛的许多作品比预想的精彩很多，为我们打开了想象空间，体现了青春、校园的美好。作品体现了对理想的追求，也体现了奋斗路上的感动与包容。年轻人的视角、新鲜的表达方式契合了互联网传播的期待。

此外，光明日报还推出了“博物馆体验之旅大直播”“非物质文化遗产直播”等新媒体复合式产品。结合光明日报的传统优势资源，在互联网舆论场与实际场景中，均形成了现象级的传播量级及互动频次。2018年，这些具有相当分量的新媒体产品，是光明日报相关机构设置、流程调整等部署效果的直观呈现，使得光明日报的新媒体传播量级跨越式提升，极大地开拓了光明日报的网络阵地。

（四）不断尝试新技术，通过技术赋能，增强新媒体产品的表现力，丰富新媒体的式样与体裁。2018年，光明日报客户端进一步加大技术研发、内容建设、运营推广的力度。在技术研发上，加大投入，进一步增强人工智能机器人“光明小明”的功能和服务，使其成为媒体领域较为先进的人工智能服务；进一步加大“理论号”的开发，让“理论号”功能更丰富、使用更便捷、体验更友好。在内容建设上，光明日报客户端通过频道制，与大报专业部门形成内容对接，将大报的优质内容生产能力，转化为光明日报客户端的内容优势。

2017年3月，光明日报推出“钢铁侠”多信道移动直播云台，推出即引发轰动。2018年，在一代基础上，光明日报推出“钢铁侠Ⅱ代”可穿戴多信道移动直播云台，不仅具备轨道、摇臂的功能，更可以给超过25家媒体平台实时传输多机位切换的VR直播画面，让主流内容的传播更安全、更广泛、更具观赏性。升级后的“钢铁侠”产品，一时间成为业界话题，引发广泛关注，为新媒体生产方式升级提供了有益探索。

2018年，光明日报新媒体产品，覆盖了包括有声漫画、视频、直播、图解、动画、VR全景、图片等多形式在内的新媒体产品，实现了新闻产品的移动化、视频化、分众化，在网络空间形成了全方位、多层次、多声部的主流宣传报道矩阵。

四、用好商业化、社会化的互联网平台，“借船出海”扩大传播力；加强技术创新的运用，在新媒体平台上构建光明日报传播矩阵。2018年，光明日报进一步加强与腾讯、今日头条、科大讯飞、京东等互联网企业从宏观战略到中观项目、微观产品的全面合作，同时推进大数据建设，加速5G时代技术合作，与高校共建“智媒体技术研发基地”“数据新闻工作室”，完善有声报纸。另一方面，通过内部整合和外包服务，建立包括技术、设计、数据、调查、推广在内的全媒体生产支撑系统。

光明日报通过紧紧把握与外部平台战略合作的机遇，充分利用商业平台渠道资源和技术优势，打好关键报道的重要战役，使一系列优秀的新媒体产品的传播量达到了历史最高。如《光明的故事》系列微视频产品，与商业平台展开深度合作后，在微信插件、今日头条开机屏等重磅位置推出，使传播量几何级上升。同时，基于光明日报优质的内容以及商业的平台和用户资源，光明日报两会等专题在各平台的浏览量均达到千万级。从内容、产品到平台、渠道，全方位、多层级的合作，让好产品集中涌现，让好创意得到激发，让好内容得到多渠道传播。

同时，光明日报积极拓展新媒体事业发展格局，在与商业平台战略合作中，不只单纯进行产品合作，更注重合作层级的提升、合作领域的拓展和合作机制的创新。2018

年，一批重要融媒产品通过腾讯、今日头条、阿里巴巴等多平台，集纳了一批优秀的技术支撑力量，为今后发展积累了宝贵经验。在探索中，各方人员交流在增多、合作频度在加快，这种合作机制和合作模式的探索将为未来融媒体事业发展打开重要思路。

（五）拓展光明日报的影响力，将线上工作与线下工作联动，融合网络空间与现实空间的边界，将主流声音向社会深层传递。光明日报通过举办一些大型活动，实现产品融合。比如，在“诗词中国”传统诗词创作大赛中，光明日报充分运用了报纸、短信、彩信、客户端、二维码、微博、网络视频等媒介手段，征集了5万多首原创诗词和“诗意图片”。之后光明日报又与中国移动动漫基地合作，将优秀作品加工成动漫作品，邀请中小学生推出“吟诵作品”，再将这些作品通过报纸、网络、手机、电视等渠道向用户推送，由用户转发，在传播的过程中，光明日报把很少使用的“报根”都利用起来刊登优秀作品。

同时，光明日报注重新媒体的社会服务功能。2018年5月到7月，光明日报、光明网成功举办2018招办主任光明大直播，在40余天的时间里，共派出了22支直播团队，跨越29个省区市，先后走进108所高校，利用手机直播的方式，完成109场直播，制作短视频200期、刊发相关稿件112篇。截至2018年7月20日，直播观看总量9155.25万人次，网友评论数十万条，微博话题阅读量超过1002万，短视频总点击量达到4500万，单条视频点击量平均超过22.5万次，成为让高校、考生、家长“面对面”的有效渠道，引起社会广泛关注和强烈反响。一系列报道为考生在人生选择的关键时刻出谋划策，也为读者带来权威的招考政策解读和更精准的志愿报考服务，进一步增强了主流媒体的传播力、引导力和影响力。

2018年，对于光明日报新媒体来说，是具有重要意义的一年，是取得丰硕成果的一年，也是值得深刻总结的一年。目前，光明日报新媒体平台渠道正在拓展，内容产品创新力也正在增强。随着相关改革部署的深入推进，将更加有力地推动理顺光明日报媒体融合的体制机制，加快新媒体内容和产品创新步伐。光明日报也将通过不断探索，为掌握网上舆论引导主动权提供新的思路和实践样本，力争使有思想、有深度的主流声音，在互联网上传播得更广泛、更响亮。

二｜光明日报社新媒体工作案例

2018年两会期间，光明日报重磅推出《光明的故事》系列微视频，以光明日报采写的新闻报道为线索，根据新媒体产品特点重新设计，结合光明日报的思想文化特色，制作成了视频产品，重点讲述习近平总书记关心知识分子的感人故事。该产品力求将光明日报的思想特色与理论深度进行新媒体呈现，在互联网舆论场上凸显光明日报的自身特色，将光明日报擅长的文字报道转变为视频形式，并取得更加可观的传播效果。

《光明的故事》的主人公是习近平、黄旭华和姚玉峰。这是一份难得的光明缘，正是有总书记亲切关怀，帮无数人寻找光明的姚玉峰医生登上了一份名为光明的报纸。这是一份温暖的光明缘，如果没有总书记的让座，两位全国道德楷模不会相遇得如此恰逢其时。如果没有这样一台手术，等待中国核潜艇事业奠基人黄旭华的，便会是完全的失明。复明后的黄旭华说，还要再为祖国工作20年！

为更好实现分众化传播，依据不同平台的传播特点，主创团队制作了不同版本的标题和推送内容。在光明日报客户端首发时，微视频标题为《光明的故事》；在社交媒体推送时，又改为《从总书记让座到重获光明，他第一眼最想看到的是……》。通过这种“定制标题”的方式，微视频在各平台得到了广泛传播。

视频发出后3天，累计有105家网站转载此系列微视频。今日头条将开机屏设置为《光明的故事》系列微视频照片，在“新时代”“热点”等多个频道置顶推送系列微视频。腾讯新闻客户端在“新时代”“两会”等频道置顶推送《光明的故事》系列微视频。秒拍、优酷等商业平台也在显著位置对系列微视频进行大力推送。

光明日报推出重大题材的系列微视频作品《光明的故事》引发“刷屏式”传播，系列微视频短时间达到超过10亿的触达量和1.4亿的浏览量。这样的“现象级”传播获得中央领导的批示“新媒体主旋律大有可为”。

（光明日报社）

经济日报社

一 | 经济日报社新媒体工作综述

经济工作是我们党和国家的中心工作，经济宣传是党的新闻舆论工作极为重要的组成部分，经济领域是主流媒体发挥舆论引导作用的主阵地、主战场。作为中央党报、经济大报，站在新起点做好新闻宣传工作，必须坚持守正创新，加快深度融合发展步伐，使传统主流媒体的内容优势向新兴媒体延伸，切实提高经济舆论引导水平和融合传播效果。

（一）认真学习贯彻落实总书记重要讲话精神

经济日报社编委会深入学习贯彻落实习近平总书记在十九届中央政治局第十二次集体学习时重要讲话精神和中宣部媒体深度融合工作推进会精神，在不同层面多次组织集体学习和研讨交流，在全报社（集团）范围内开展脑力激荡；加强顶层设计、创新体制机制，按照中宣部的部署和要求，制定《经济日报社深度融合打造新型主流媒体工作方案》；举办“媒体融合成果秀”“融媒体工作室试点推广座谈会”等，以身边人和事提振广大职工推进深度融合发展的信心；前往上海报业集团、天津海河传媒中心、《中国新闻周刊》等实地调研，借鉴兄弟媒体单位的先进经验；进一步明晰了发展目标和路径，为推进深度融合、转型发展注入了强大动力。

（二）阵地拓展＋内容建设＋机制创新，融合发展取得实效

截至目前，经济日报主报发行量超过96万份，新媒体各平台账号用户总量超过

4500万，报网端微各平台日均传播覆盖面过亿人次。经济日报从传统纸媒发展成为集报网端微于一体的新型媒体集团，形成了“报刊集群＋新媒体矩阵”的新的战略布局，整体传播力、引导力、公信力、影响力明显提升。

首先，主动拓展新媒体阵地，逐步进军主战场。2012年12月31日，经济日报法人微博开通运营，正式开启了移动新媒体建设的新征程。2013年7月，经济日报微信公众账号开通运营；2015年7月，经济日报新闻客户端上线试运行。目前，我们运营各类新媒体平台一级账号30多个，基本形成了“以经济日报新闻客户端为主体、社交媒体为两翼、第三方平台为补充”的新媒体矩阵。

在新媒体的建设过程中，我们大致经历了3个阶段：第一阶段是依赖于微博微信等社交媒体；第二阶段是建立了自有新媒体平台新闻客户端；目前正处于第三阶段，就是紧跟传播技术的发展积极探索产品形态创新，推动自建阵地向平台型、服务型、生态型方向发展。

其次，推进信息生产供给侧结构性改革，突出鲜明的经济特色。我们依托经济日报传统优势，紧紧抓住内容建设这个根本，制定了《关于进一步提高经济宣传能力和水平的实施意见》，大力实施“头版工程”“头条工程”，通过提高报道的质量水平不断推动“四力”的提升，打造了“如何看待当前经济形势”“中经观点”“中经新语”“正本清源理性看”“经济聚焦”“经济时评”等一系列融媒体品牌栏目。

一个典型案例是2018年9月12日晚间，经济日报新媒体平台发表《经济日报批驳“私营经济离场论”：对这种蛊惑人心的奇葩论调应高度警惕》一文，引发各界高度关注，24小时内全网阅读量达3000万次。该文的起因，源于一篇于9月12日发布的名为《中国私营经济已完成协助公有经济发展的任务，应逐渐离场》的网文。经济日报舆情监测机制显示该文对舆论产生了负面效应，并有进一步发酵的趋势。为此，经济日报及时启动全媒体舆情应对机制，采取移动优先、以网对网的策略，组织资深评论员对该错误言论进行批驳。舆情一次采集、选题一体策划、内容多渠道分发的融合生产模式，使之在网上网下都产生了很大反响。

第三，以工作室、项目制为抓手，推动传统媒体和新兴媒体一体化发展。当前，无论是中央媒体还是地方媒体，在融合发展中都面临一个亟待解决的共性问题。那就是，在新媒体部门之外，还有一大批有丰富采编经验、有深厚采编积累、有独到采编视角的新闻工作者，如何让这支主力军加快向主阵地转移？

经济日报社结合报社实际和资源优势，于2018年10月8日成立了总编室融合发展试点工作室，探索“你就是我，我就是你”的融合发展新路。该工作室打破了传统媒体与新兴媒体的界限，从成立伊始就确立了“一支队伍、三个平台、多个产品”的运行机制，避免了分兵为战、各自为政，有利于提高新闻生产效率，培养全媒人才。

该工作室以总编室经济新闻版块为基础，以报社新媒体平台为舞台，工作室成员不仅每天要负责编辑5个左右的报纸版面，还要编写3条左右的微信稿件，同时还要制作发布3个左右的短视频作品。据不完全统计，从10月份至今，该工作室采写的微信公众号稿件在全网的阅读量8000万+，视频播放量超过1.4亿次，获赞量500万+。

在此基础上，经济日报社又陆续成立了“经点科学”“中经大咖上头条”“产业观察”“股市说事”等工作室，新闻生产力得到了极大释放、融媒体精品层出不穷。

四是坚持技术引领，强化支撑体系。和兄弟媒体相比，经济日报的信息化欠账比较多，最开始的时候利用中央财政资金和中宣部的融合发展资金，进行了机房扩建、办公自动化、网络安全、历史数据库等基础设施建设。2017年2月，经济日报全媒体中心正式启动运行。该中心集纳了新闻线索报送、稿件编审发、信息收集、舆情分析、传播效果评估以及内容产品制作等多个技术系统，提升了报社新闻生产的技术支撑能力，成为报社融合发展的枢纽平台。同时，我们密切关注、积极运用前沿技术，孵化新闻传播新形态新产品，研发了经济日报移动聚合直播平台和“中经云端”直播平台（拥有自主知识产权和专利），为后期业务成长预留了空间。

2018年11月5日至10日，首届中国国际进口博览会举行，各大媒体同台竞技，以实战迎接媒体深度融合的重大挑战。经济日报社推出主题为《“不一般”的进博会》的直播报道，从2018年11月4日18点前开通直播，不断流直播到11月10日18点以后，连续144小时直播进博会盛况。这次“6×24”小时不间断直播，挑战了传统直播的时长局限，打破原有的单场直播模式，以多维度创新的展现方式，通过双主持切换、双主持互动、内场外场切换互动，达到一镜到底的直播形式。“直播+展会+新闻”的报道形式，让受众与新闻现场深入交融互动，从最初的现场感过渡到沉浸式体验，具有及时性、纪实性等特点，使新闻报道更加真实，呈现给用户的信息更加饱满。这是经济日报社对全新生产方式使用与创新的一次尝试，最终实现了直播展现总量500多万人次的好成绩。

回顾这几年推进融合发展的过程，经济日报的工作有这么几个特点：一是规划先行。我们成立了融合发展领导小组，按照中央的部署和要求，制定了发展规划纲要和实施意见，推进融合发展的思路和路径一直是比较明确的。二是特色为要。在推进融合发展的过程中，我们一直坚持强化经济特色和专业优势，深度嵌入经济生活，突出财经特色，创新传播方式，发挥经济报道和舆论引导“压舱石”作用。三是善借外力。在前期自身平台影响力尚未显现的情况下，我们塑造“内容供应商”新角色，借用外力拓展传播覆盖面，大量优秀新闻作品被各媒体平台广泛采用。四是注重实效。无论是新平台建设，还是体制机制创新，或者是对外合作方面，这几年我们始终坚持稳打稳扎，不脑袋发热，不重复建设，不贪大求全，更加注重增强融合发展的实际影响力。

几年努力带来明显变化：一是融合发展的意识深入人心。干部职工对加快融合发展的认识进一步提高，融合发展的意识进一步增强。二是媒体形态阵地布局和机制配套逐步到位，为全面进军主战场奠定了基础。三是网络阵地的影响力明显增强，融合发展的效果逐步显现，提振了广大职工推进深度融合发展的信心。

（三）加快构建融为一体、合而为一的全媒体传播格局

几年的实践和探索，使我们深刻地认识到，深度融合不仅是应对互联网挑战的有效途径，也是主流媒体巩固主流地位的必由之路。但客观来说，经济日报社的融合发展，还没有真正实现“融为一体、合而为一”，离中央的要求还有不小差距。下一步，经济日报社将以做优做精经济日报主报、做大做强经济日报新媒体矩阵、全面激发队伍融合发展创新活力为目标，加快构建融为一体、合而为一的全媒体传播格局。

首先，要重构工作流程。强化互联网思维，将“策采编发馈”彻底贯通起来。利用报社已经建成的舆情监测系统，及时收集、分析和研判舆情，增强议题设置能力。完善全媒体中心值班制度，由策划调度报纸稿件为主，真正转为报网端统一策划指挥、扁平化管理，并且按传播规律重点策划移动端精品。报、网、端三个平台一个标准，审核把关全覆盖，同时提高稿件产品发布效率。对报社现有的传播力分析系统进行改造升级，进一步完善自评、他评和社会评价相结合的评价体系。

其次，要调整组织架构。将目前基于报纸生产流程的“部门制”，改为适应融媒体运行的“频道+平台制”。对现有部门进行职能优化和调整；频道、平台设总监，推行总监负责制。频道负责原创产品的策划、采访、编辑、制作，报网端三个平台负责原创产品的发布、推广和平台运营维护。同时新媒体平台将实施目标责任制考核，实行扁平化管理，关键岗位大胆启用有能力的年轻人，以推进用户数和活跃度稳步增长。

第三，要重组采编队伍。将分散在报网端不同平台上的采编力量，整合为一支队

伍。复制推广工作室、项目制试点经验，逐步整合主报、中国经济网记者资源，增强采访力量。加快推行版面编辑、网站编辑和新媒体编辑职能整合，实现采编链无缝衔接。加大人才引进力度，重点引进急需的视频制作、创意策划、产品设计、运营推广等人才。

第四，建好自有平台并积极拓展传播渠道。以构建网上“经济日报”为目标，调整经济日报新闻客户端内容结构、页面风格，使自有平台既保持中央党报、经济大报的气质，又符合网民的阅读习惯。加强新闻客户端主平台阵地的宣传推广，重点针对经济职能部门、行业企业及经济类受众做好推广，形成覆盖广泛、具有较好忠诚度和活跃度的用户群体。加强中国经济网手机端、中经云端两个子平台的培育和推广，与客户端主平台形成互补，扩大经济日报在产业园区等新兴经济领域的影响力、引导力。同时坚持平台建设与内容分发并重，当好“内容供应商”角色。通过战略合作、账号入驻等方式，整合、借用各类第三方平台流量资源，实现传播渠道的拓展和触角的延伸。

第五，改革干部人事制度和绩效考核体系。全面推行新闻专业技术岗位分级聘用制度，加大首席记者、首席编辑、频道主编、项目主管的特聘力度。建立新闻专业技术岗位与管理岗位的“双通道”，推进管理岗位与采编岗位双向流动，培养复合型人才。以促进高质量融媒体产品制作和传播为导向，全面修订采编绩效考核办法。从以单一稿件考核为主转变为以融媒体产品考核为主，大幅提升融合传播效果在考核中的比重。增加优质融媒体产品奖金额度，完善社长总编辑奖，通过以奖代投的方式激发干部职工的活力动力。

第六，加大全媒体技能培训。注重现有员工内部挖潜，针对报社现有人才队伍开展专题培训、研讨交流、实战演练等，提升采编人员的融合理念和业务水平。重点培训视频拍摄、主持技巧、手机直播、H5制作等技能，着力打造可视化传播骨干人才。进一步完善“导师学徒制”采编业务培训，选择一批“新媒体导师”。“新媒体导师”将打破职务、职称、资历等的限制，由在融合报道中表现突出的采编人员担任。

通过深度融合，切实提高经济日报服务党和国家工作大局的能力，实现经济日报在线下线上、国内国际的传播力引导力影响力公信力“此长彼长”、同步提升，成为经济领域新闻舆论工作的主力军和“压舱石”。

二 | 经济日报社新媒体工作案例

2018年11月5日至10日，首届中国国际进口博览会举行。各大媒体同台竞技，以实战展示媒体深度融合的进展和成果。经济日报报道组大胆提出了不断流移动直播的设想，尝试“6×24”小时不间断直播的创新方式。

主题为《“不一般”的进博会》的直播报道，从2018年11月4日18点前开通直播，不断流直播到11月10日18点以后，连续144小时直播进博会盛况，挑战了传统直播的时长局限。同时打破原有的单场直播模式，以多维度创新的展现方式，通过双主持切换、双主持互动、内场外场切换互动等，达到一镜到底的直播形式。以每场次独立的小主题，串联起整个直播的大主题，丰富的画面场景、接地气的主持方式、超大的信息量带入、直播的现场感和互动感给受众留下了深刻印象，得到了业内肯定和社会各界广泛的好评。

这是一次全新挑战。探索“直播+展会+新闻”的报道形式，让受众与新闻现场深入交融互动，从最初的现场感过渡到沉浸式体验，具有及时性、纪实性等特点，使新闻报道更加真实，呈现给用户的信息更加饱满。这是经济日报对全新生产方式使用与创新的一次尝试。为保证进博会报道万无一失，报道组成立了前后方配合的进博会直播报道项目组，制定了直播方案、应急预案，开通了8个直播间接收现场传输，组建了场内和场外两组直播团队，同时给每位上会记者开通了移动端直播账号，作为直播的补充。

为使进博会直播顺利进行，融合团队提前3周在北京挑选人流量超大的展会做模拟直播演练。通过模拟实战演练，确定了现场“作战小分队”的配合战术，熟悉了轻量化设备与无线传输技术，设计了云导播的8机位模式。为确定每个场次的直播脚本，保证直播效果，摄像和主持提前“走场热身”，熟悉进博会展厅路线，与采访对象反复沟通。为确保中午、夜间以及突发情况下直播，报道组还对接了央视财经和上海看看新闻Knews等单位的视频信号。

主会场的一组直播成员均是第一次担任直播的摄像、摄像助理、编导等角色，主持人也多数是第一次出境直播的纸媒记者。直播开始的前一两天，由于工作强度大、时间长，直播团队中有人体力吃不消了，报道组及时补充了网站的一组直播力量。大家迎难而上，两组人员交替进行直播，使6天不间断的直播报道得以顺利完成。多路内容精彩、构图专业、传输稳定的现场信号，从容不迫地回传到云导播间里。展馆内23场精彩的直播，实现了直播展现总量500多万人次的好成绩。

受众在观看直播时，还可以文字方式与现场记者互动，报道收到了众多网友的留言好评。当主题为《一个“吃货”的国际化修养》的报道出现在直播镜头前时，网友们惊呼好看、过瘾，大家纷纷下载短视频传播，把对进博会的报道及时、广泛地传播开来。《“不一般”的进博会》直播报道，成为经济日报媒体深度融合的大胆探索和成功实践。

（经济日报社）

中国日报社

一｜中国日报社新媒体工作综述

中国日报社认真学习贯彻习近平总书记关于推动传统媒体与新兴媒体融合发展的重要讲话精神，坚决落实中央决策部署，坚持改革创新，积极推进媒体融合发展，在构建全媒体国际传播格局方面迈出了坚实的步伐。一是以核心报道为引领，把向世界宣介和阐释习近平新时代中国特色社会主义思想作为国际传播的重中之重，加强整体策划和议题设置，创新内容形式手段，大力提高核心报道水平。二是以体制机制改革为根本，建立健全融合报道机制、全媒体编前会制度、值班主编制度、7×24小时全球指挥体系，完善绩效考核机制，强化新媒体绩效考核。三是以技术创新为动力，引进国际领先的“墨素”系统并进行本土化改造，形成现代化全媒体采编发平台；运用大数据技术，构建支撑精准传播业务的基础数据库、知识库、实体库和用户画像体系，建立中国日报“新媒体实验室”云数据平台，实现对六大洲133个国家共8.4万个网站、1.6亿个社交媒体账户的数据获取与分析，积极探索大数据时代的“精确新闻”之路。四是以渠道拓展为依托，实现了由一份发行90万份的英文报纸，向一个全球全媒体用户数超过1.5亿的媒体集团的转变。其中，中国日报英文客户端成为我国首款下载量达到千万级的英语新闻客户端，用户涵盖140余个国度和地区；中国日报的Facebook粉丝数突破6300万，位列全球主流媒体第二位。

2018年，中国日报社以习近平新时代中国特色社会中国主义思想为指导，进一步以互联网为主战场，在保持和增强纸媒竞争力影响力的前提下，着力打造与新时代相适应的全媒体传播、全球化传播、分众化传播、多语种传播、多业态传播融为一体的国际一流新型主流媒体。截至2018年底，中国日报社新媒体全平台总粉丝数突破1.5亿，总传播量达148亿人次。

（一）强化“核心报道”机制，打造报道习近平总书记的最大英文传播平台

在报网端微全平台推出并做强“学习时代”双语融媒品牌栏目，结合重大主场外交、高访等重要节点，持续推出官方英文会刊、高访专刊、专题、专栏，深入报道习总书记重要活动、重要讲话，解读习总书记重要思想，全年共推出图文稿件、音视频报道近1.7万篇，总传播量达近5亿人次，以平台化、栏目化、机制化、差异化、双语化、产品化、品牌化提高核心报道的凝聚力、传播力和影响力，展现习总书记的大国大党领袖风范，壮大习总书记的国际粉丝群。

其中，Facebook与Twitter（推特）等海外社交媒体平台推出“习近平名言金句”系列栏目，微博、微信等平台推出“学习有方”“核心解读”“学习有声”等栏目，通过视频、图文、九宫格、中英双语等多种形式，多角度、创新性、常态化做好习总书记的重要活动、重要论述的解读报道。双语微信帖文《习主席，您好！》发布一个小时内阅读量即突破10万+。21世纪报“英语学‘习’”栏目广受好评，95.6%的高中读者和93.4%的初中读者对栏目给予高度评价。

同时，着力发挥海外传播渠道优势，围绕习近平主席对西班牙、阿根廷、巴拿马、葡萄牙进行国事访问并出席二十国集团领导人峰会等系列高访，在10余家海外主流媒体网站落地刊发相关多语种稿件100余篇，借助当地媒体渠道与影响力进一步向国际社会展现“习式外交”风范。

（二）坚持移动优先，中国日报客户端不断取得新突破

中国日报客户端于2009年推出，用户覆盖超过140个国家和地区。2018年1月15日，客户端推出新版，着力打造“学习时代”核心报道频道，并应用人工智能、大数据等技术手段，增设“定制阅读”、用户“兴趣图谱”“阅读曲线”等智能和语音板块，新增点赞和编辑互动功能，有力提升阅读体验。

2018年全国两会期间，客户端每天新增下载用户数、日均用户活跃度均创历史同期最好成绩。3月6日，客户端累计下载量达1151万，成为我国首款下载量超过千万级的英语新闻客户端。7月12日，客户端全新上线双语频道，分为两个子栏目——“英语点津”（Better English）和“汉语点津”（Better Chinese），用户可根据自己的阅

读需求各取所需。

客户端始终坚持内容为王，注重创新方式，充分发挥融媒产品首发平台的优势，全面做好视频、3D动画、互动小游戏、H5、动态图表等融媒体产品的首发、首播，生动、形象地讲好中国共产党治国理政的故事、中国人民奋斗圆梦的故事、中国坚持和平发展合作共赢的故事，赢得了大量海外用户的积极评价。特别是在客户端首屏和头条区加大视频和直播推送力度，全年开展海内外视频直播60多场；建立客户端视频频道，发布纪录片、人物故事等原创视频近300个。客户端视频和直播全年的观看和阅读人数超过5000万人次。

截至2018年底，中国日报客户端全球用户下载突破1800万，在苹果商店免费客户端中国市场排名最高达到第16名，位居全国媒体英文客户端第一位，与国际知名媒体BBC等处于同一水平。

（三）做强品牌，中国日报网对外传播可见度、抵达率和覆盖面不断提升

2018年，中国日报网以改革开放40周年为主线，结合全国两会、博鳌亚洲论坛、首届中国国际进口博览会等重要节点，开设100余个中英文专题，全面加大宣传引导力度。

一是加强内容创新，顺应扁平化、视觉化、趣味化趋势，积极创新内容形态，突出内容可视、可听、可互，推出了一批深受海外用户尤其是青年群体喜闻乐见的新闻产品。其中，“CD漫画评论”系列报道围绕中美贸易摩擦，持续刊发英文漫评作品97幅，利用漫画信息浓缩度高、语言幽默犀利的独特作用，强化宣介引导，总阅读量达近2300万人次。

二是发挥对外特色和优势，加强智库建设，打造“外眼看”“中国那些事儿”等系列精品栏目，主动设置议题，强化借嘴说话，邀请中外政要、专家学者、企业高管等权威人士，对中国经济发展、改革开放系列举措、网络空间命运共同体等议题进行权威解读和深度剖析，向全世界展现中国智慧、传播中国方案。全年全网转发稿件超过1000篇。截至2018年12月，中国日报网逐渐与近600名海内外智库人士、专家学者、著名媒体评论员、政商界高层建立了有效合作，其中包括180余名国内专家学者，全年刊发其署名评论文章600余篇，400余名海外专家学者，全年刊发其署名评论文章500余篇。

三是加强借船出海。截至2018年底，与20多个国家的60多家主流媒体网站建立合

作关系，合作媒体数量同比增长62%。全年在各海外主流媒体网站、报纸版面、客户端、社交媒体账号等全平台落地外文稿件3100余篇，同比增长72%。落地稿件语种达到10个，同比增长150%，实现联合国官方语言的全部覆盖。相关原创报道被路透社、美联社、法新社、BBC等海外主流媒体转引41524频次，日均124.3频次。特别是在习近平主席出访报道中，取得海外主流媒体网站头条、社交媒体账号全部送达的良好效果。

（四）加强可视化传播，提升微视频制作传播能力和水平

2018年，中国日报微视频全年播放量达43亿，同比增长1.68倍；开展直播超过460场次，同比增长1.7倍。

一方面，深入实施原创视频精品战略，在重要节点推出系列精品，有力提升短视频产品制作能力、传播水平与品牌影响力。如全国两会期间推出《解码新时代：英国小哥看中国》系列纪录片，总传播量超过7000万人次；为庆祝改革开放40周年，推出18集系列纪录片《发现中国：经济快速发展的背后》，借用外籍记者之口，向国际社会全方位展现了中国改革开放40年来经济社会各领域取得的辉煌成就，总传播量突破1亿人次；英文3D动画《了不起的变革》用一组组数据反映40年来我国经济社会发展取得的一系列历史性成就，立体展示中国以改革开放为引领，迎难而上、不懈奋斗的光辉历程，海外传播量超过1500万人次。

另一方面，稳步发展直播业务，搭建数字新闻现场制作、卫星信号转播、移动视频直播等业务的技术体系，特别是加强海内外联动，开展跨洋直播。其中，围绕中国日报创办的品牌活动“新时代大讲堂”开展全球移动直播，2018年的五场直播活动传播效果显著，直播总观看量超过1000万人次，总传播量突破9000万人次。

（五）深耕内容、创新形式，海外社交平台实现跨越发展

2018年底，中国日报Facebook账号粉丝数突破6300万，与2017年相比，增长率超110%，粉丝数居Facebook平台全球媒体账号中的第二位，总阅读量43亿人次，同比增长105%。中国日报推特账号成长迅速，初步建成多层次内容体系，实现北京、伦敦、纽约7×24小时联动运营，账号粉丝数达310万，同比增长96%。

其中，脸书账号不断优化和建强《学中文，懂中国》等系列栏目，加大直播和视频等报道力度，《感动中国》《航拍中国》《中华有绝技》等系列短视频总阅读量突破3亿人次，系列直播《从零开始学太极》全年推出14期，总阅读量达2750万人

次，受到国际用户的广泛喜爱和关注。推特账号专门开设“这里是中国”（#This Is China）与“事实与偏见”（#FACTS）两个品牌栏目，针对性回应与批驳西方媒体对中国的偏见，共发布原创视频12个，传播量超过270万。

（六）注重品质、坚持多元，微信账号在差异化中实现创新发展

一是中国日报双语微信账号注重加大原创采写力度，强化与读者互动，全年共推出10万+稿件279篇。2018年12月，中国日报双语微信粉丝数达314万，总阅读量达1.6亿人次，位居国内英语类第一大微信公众号。其中，2018年新创设的“外媒说”栏目，注重利用境外媒体的观点与报道内容，特别是做好中美贸易摩擦的舆论引导，稿件角度巧妙、爆款频出，全年共推出78篇，其中20篇10万+，单篇阅读量曾在凤凰新闻客户端达到960万人次。

二是中国日报中文微信账号在积极发挥优势中实现“快稳准”发展。截至2018年底，粉丝数突破60万，实现翻倍增长，全年总阅读量约2200万。一方面，突出发挥“连接中外”优势，突出传达“中国人在国外表现惊艳”的内核，开展差异化报道，全年每月都有“刷屏级”原创内容被人民日报、新华社等中央主要媒体转载。另一方面，加大突发事件报道力度，增设早班，强化海内外联动，确保第一时间发布重磅消息，例如，在蔡英文宣布辞去民进党主席职务、孟晚舟获得保释等重大突发事件的报道中有效地抢占先机。

三是中国日报英语微信账号推进内容改版，并积极加强运营。截至2018年底，粉丝数达到121万，同比增长55%，位居国内英语微信号之首，全年共发布稿件1684篇，总阅读量3340万人次。在内容上，优化完善“学习时代”专栏，通过在题图、文内导引和配图上对栏目进行全方位包装，增加视觉亮点。2018年共发布习总书记相关报道170余篇。

此外，加强专题策划。2018年9月25日在微信公众号平台正式开通账号“图图是道”，围绕改革开放40周年、“一带一路”倡议提出五周年以及中美贸易摩擦，先后推出近10部微动画作品，《改革开放40周年》系列4集微动画（衣食住行），画风清新、别出心裁，总阅读量达到781.4万。推出《螺蛳粉里到底有没有螺蛳？》《媒体人众生相》《被感染艾滋后……》等系列爆款产品，其中组图报道《被感染艾滋后……》用竖图形式，以时间轴为主线，生动、有趣、直观、美观地传播科普知识，讲解艾滋病病毒是如何进入体内、如何感染人体，又是如何在人体内潜伏、扩散的。中间穿插阻断药、安全性行为、积极治疗等一系列知识，生动有趣又不失严谨。该作

品被200多个媒体账号积极转载，仅在微信公众号平台阅读量接近200万人次，全网总传播量超过500万人次。

（七）加强运营、注重时效，微博账号传播力影响力持续增强

2018年12月，中国日报微博账号粉丝数突破4100万，比年初增加了1000万粉丝，继续位列全国报纸类媒体账号的第二位。相关报道全年总阅读量达66.26亿人次。

一方面，加强话题运营管理，推出多个爆款话题，目前已开设“学习有方”“双语世界说”“校园那些事儿”“每天涨点知识”等10多个长期话题，其中“双语世界说”话题阅读量达到8900万。

另一方面，围绕热点话题、重大事件，以第一时间发布、抢第二落点为指导原则，及时开展报道、设置话题，爆款产品不断涌现，取得较好传播效果。例如，话题“外交部回应D&G事件”阅读量超过1亿人次；话题“加拿大民众向中国致歉”阅读量超过4亿人次；微博《暴雨洪涝致广东120.8万人受灾！关注，愿平安！》一文阅读量达到2.7亿人次。同时，坚持“资讯短视频+特色短视频”并行策略，加强原创短视频内容生产，视频和直播爆款频现。其中，短视频报道《如何用一句话跟老外介绍“改革开放”？中国日报总编辑教你这么说……》阅读播放量近400万人次。

二 | 中国日报社新媒体工作案例

为贯彻落实习近平总书记关于精心构建对外话语体系的重要指示精神，中国日报推特官方账号于2018年推出全新的国际传播融媒体产品“这里是中国”（This Is China）。该产品以“中国态度、中国智慧、中国事实”为定位，根据融媒体要求重塑生产流程，以融媒短视频、融媒直播、融媒栏目等多种传播形态，紧跟国际热点、直面社会难点，传播中国立场，宣介中国方案，与戴着有色眼镜的境外媒体展开针锋相对的舆论斗争。

“这里是中国”栏目统筹运用直播、原创短视频、图文等多种传播形态立体式讲述中国故事，始终坚持正确内容导向，注重时效性以及话题的广泛性。其中，融媒短视频、融媒直播风格清新活泼，以快闪剪辑、多渠道分发为特色，着力打造世界了解中国的掌上“直播间”；融媒栏目立足内容创新，充分适应移动化场景下网民的信息需求，与各平台算法有机结合，有效传播中国声音。

栏目同时在Facebook、Twitter、YouTube等多个海外平台落地，并根据各平台特色、结合受众不同文化背景和需求，开展差异化、精准化传播，取得了较好的传播效果，涌现出《两会期间总书记最关心这些人》《总书记的体育情缘》《60秒看中国》《事实与偏见》《英雄在身边》《追梦人》《中国智慧》等一批影响力显著的作品。针对境外媒体大肆鼓吹“中国经济崩溃论”，栏目抓住境外媒体苍白脆弱的所谓“证据”，推出《事实与偏见》系列原创视频《方便面销量上涨就意味着消费降级？》《苹果美国造？贵37%你还买吗？》等系列作品，有力指出了其错误论调中的逻辑缺陷，以事实和数字有理有据地予以驳斥，获得了大量外国知名人士和网友的关注好评。

该产品主要特点包括：一是定位鲜明，注重快节奏、超短视频，符合融媒体传播特色，有效抢占海外用户的碎片化时间；二是分众传播，结合海外舆情大数据分析研判，针对不同时区、不同国家和地区受众对华信息关注焦点，在其阅读高峰期发布相应内容，实现受众触达和有效反馈最大化；三是注重时效，紧跟国内国际重大热点新闻事件，第一时间宣介中国立场、传播中国声音；四是讲究策略，在中美贸易摩擦、朝鲜半岛局势、中国经济转型等海外高度关注的事件和话题中，利用大数据分析结果，抓住关键时间节点，采访专家学者，秉承理性客观的原则，用事实和数字有力回击境外不实报道与炒作；五是扎根人民，积极传播中国社会正能量和暖心故事，把故事带入西方语境，寻求受众的最大公约数，拉近与海外知名人士等各界用户的距离，实现传播效果最大化。

2018年，“这里是中国”栏目聚焦全国两会、改革开放40周年、中国经济和科技成就等热点事件话题，进行直播158场，发布短视频超过500条，图文超过1000篇，海外传播量超过1亿人次，被世界卫生组织、世界银行等国际组织，以及《纽约时报》《每日邮报》等国外主要媒体，还有美国驻华使馆、爱尔兰驻华使馆等外国使领馆等广泛关注和转载。

其中，“事实与偏见”（FACTS）、“英雄在身边”（Everyday Hero）、“追梦人”（Dream Chaser）等话题在海外社交媒体平台受到大量网友关注和好评，他们纷纷留言表示“希望我的祖国能够向中国学习发展经验”“视频很有意义，从另一个角度看问题”。

（中国日报社）

科技日报社

一 | 科技日报社新媒体工作综述

科技日报社主动迎接新时期新闻舆论工作的机遇和挑战，坚持不懈地推动媒体融合发展。从最初探索报网融合，试水机制管理改革，到积极贯彻落实中央确定的移动优先战略，做精做强内容产品，进一步拓宽新媒体渠道建设，构建并完善全媒体时代策、采、编、发全链条工作流程，再到着力打造以中国科技资讯库为根基，科技创新和科学普及为两翼，多平台智能化媒体和智库型媒体为特征的“一库两翼多平台”融合发展架构。如今，一个新闻舆论传播力、引导力、影响力、公信力不断提升的新型主流媒体矩阵在全媒体时代浪潮中不断成长壮大。

（一）因势而谋，创新体制机制适应媒体融合发展大潮

党的十八大以来，党中央作出推动媒体融合发展的战略部署，科技日报社因势而谋，做好媒体融合发展顶层设计，制定并实施《科技日报社三年发展规划纲要（2016—2018）》，着力实现流程优化、平台再造和各种媒介资源、生产要素有效整合，信息内容、技术应用、平台终端、管理手段等互融互通，为推进报社纵深转型发展，开创科技传媒融合发展的新局面奠定坚实基础。

1. 策采编发流程再造，激发媒体融合新动力

策采编发流程再造和融媒体中心建设是媒体融合发展的重要一环，科技日报社基于自身资源条件，积极调动人员能动性，在“策、采、编、发”重点业务环节进行了流程再造，重新架构原有的总编室新闻生产运作模式，让新闻采编全链条重新迸发生

机与活力。

首先，科技日报社重塑了选题策划沟通交流机制，除了记者主动上报选题之外，编辑部门针对发布需求向记者提供选题线索，并在选题策划群里随时“勾兑”。每日上午汇总当日所有采编部门选题接题情况，当日傍晚再回顾选题落地情况。稿件采写完成后，各部门第一时间推送给总编室，总编室将根据内容特点和时效性等分发到不同发布端口，将“移动优先”进行到底；其次，对于重点突发新闻事件，选题策划群实时滚动交流选题落脚点、稿件架构、最新动态等，以保证新闻热点跟踪及时，解读到位；再次，日新月异的信息技术带来传播手段的巨大变革，记者不仅是文字的生产者，更是图片、视频等要素的采集者，基于时效性以及协同办公的原则，后方编辑会进行二次加工和精细化制作，第一时间将最优质产品传递给读者，从而实现“一次采集、多种生成、全媒传播”。

2. **坚持移动优先战略，构建立体传播新格局**

面对舆论生态、媒体格局、传播方式发生的深刻变化，科技日报社因势利导，明确了传统媒体融合发展的转型路径。科技日报社新媒体于2016年筹划上线，以“移动优先战略”为纲领，坚持产出优质内容，现已形成了多端口齐头并进，全面开花的新媒体传播生态。目前已构建三报、三网、两刊、三端、两微、30+公众号的立体宣传格局，具体如下：

三报——主报“科技日报”、子报“科普时报”“大学生科技报”；

三网——中国科技网、中国科普网、大学生科技网；

两刊——《中国科技财富》《前沿科学》；

三端——“创新中国”客户端、“科普汇”客户端、“科技头条”客户端；

两微——科技日报官方微信、官方微博；

30+公众号——以关注科技政策解读、科研经费使用为特长的微信号“锐动源”，以及根据不同版面特色和主题设置的“科技改变生活”“带你去看耿耿星河”“生物圈1号”等多个公众号；

第三方平台号——在近年来流行的大流量平台上都进行了入驻，如：科技日报头条号、企鹅号、一点号、抖音号、大鱼号、百家号等。

在渠道建设过程中，科技日报在内生动力和外延合作上下足了功夫，多管齐下、全面铺开，形成层级化、特色化的融媒体传播矩阵，有效实现分众传播、分类覆盖，用户群体与日俱增。

3. 加强长板运营，开拓融媒发展新路径

科技报道，是科技日报的传播主阵线。加强长板运营，是科技日报牢牢占领科技信息舆论场的法宝。

一直以来，科技日报精耕国际科技新闻，有13个驻外记者站。在新闻传播的主战线上，科技日报积极贯彻落实习近平总书记提出的“讲好中国故事，传播好中国声音，增强在国际上的话语权”的讲话要求，加强国内外科技资讯互联互通，主动与俄罗斯卫星网、《以色列时报》、英国皇家学会、日本科学技术振兴机构等签署了科技新闻与信息交流合作协议，并牵头组建“国际科技传播联盟”，国际传播格局正在形成。

此外，多年来报纸用心维护的精品栏目和特色版面，也奠定了科技日报官方微信公众号以及多个子品牌的内容源，培养出一批科技日报微信矩阵的核心品牌。比如主打24小时环球科技资讯的“全球科技动态”，专注辟谣解惑的“科技改变生活”，关注军事要情的“科报防务”等。除了根据不同领域设置版面和公众号外，一些子品牌的移动端口也各有擅长。如：中国科技网定位为科技创新平台，中国科普网定位为专注科普的全媒体平台，“科技头条”APP实现全国科技公众号信息的智能聚合等。

4. 开展技术创新，促进媒体传播新发展

为适应媒体转型与融合发展，科技日报社科技资讯库由“一库三平台”向“一库N平台”拓展。着力研发中国科技新闻资讯库，打造创新移动新闻产品“创新中国”“科普汇”“科技头条”等APP，继续完善国家科技成果展示与转化平台、政策云平台、科普平台、科技扶贫平台等应用，实现新闻资讯的聚合效应与智能分发功能。

不到两年的时间，科技日报先后开发了新闻传播指数系统等具有自主知识产权的软件系统10多个，形成了30多个软件著作权。建成“新闻传播指数系统（NCI）”“新媒体评价系统（TEI）”等为代表的媒体评价体系，以“科技舆情监测分析系统”等为代表的舆情分析平台，其中“新闻传播指数系统”去年6月在中国报业协会组织的评审中获得“技术产品创新奖”，并已经开始对外应用。

此外，媒体评价体系已经在报社内部运转起来，每月优质新闻稿件的评选参考“新闻传播指数系统（NCI）”等统计数据，“用数据说话”，同时辅以人工主观评价，进一步完善了报社内部人员绩效奖励机制，推动一波波的优质作品推陈出新。

（二）应势而动，匠心打造精品抢占舆论制高点

从一张报、一张网，到媒体矩阵蓬勃壮大，在媒体融合发展的探索中，科技日报社深刻认识到，有品质的价值阅读，是主流媒体生存的根基。借助信息技术成果，生

产优质内容并广泛传播，是媒体的核心竞争力，也是传统媒体融合转型的绝佳路径。

1. 把“冷板凳”坐热，奏响科技主旋律

改革开放40年来，中国的科学技术取得了长足进步，这些举世瞩目的成绩当然值得肯定，但是为了未来的长远发展，我们更应该看到差距和不足。基于这样的研判，科技日报社子2018年4月19日起策划推出了“是什么卡了我们的脖子·亟待攻克的核心技术”栏目，共计35篇报道。

部分文章刊发后即引发社会巨大反响，“卡脖子”一时成为业界乃至街谈巷议的科技热词。6月，科技日报社组织线下活动，邀请院士学者围绕“核心技术受制于人”的话题进行研讨。一些核心观点，例如“除了核心技术我们还缺什么”，在多个平台和公众号阅读量均超过10万，并被200余家媒体和公众号转载，掀起了一场全民反思的热潮，“卡脖子”成为现象级话题，甚至在一定程度上影响了舆论风向，也是一次成功的线上线下联动、全媒体传播的有益尝试。

再比如，围绕改革开放40年的宣传主题，科技日报巧思布局，摈弃了对宏大场面与骄人成绩的颂扬和渲染，从细微处着眼，描绘亲历者记忆中的那些短暂瞬间，折射出一个伟大民族的科技发展历程。自2018年9月26日起，科技日报社推出“改革开放40年·那些不为人知的瞬间”栏目，策划文章共计40篇。在科技日报新媒体各端口首发长篇通讯，另又改写成短篇新闻特写刊发于纸报头版，并附二维码。读者可通过扫描二维码进入科技日报微信端，领略图视文一体化视觉享受。因取材生动、内容独树一帜，受到广大网友的热议与赞赏，达到了很好的社会传播效果，弘扬了时代精神与正能量。该系列在移动端的阅读量超过1000万。

科技报道虽然小众，但科技日报甘于将“冷板凳”坐热，没有人云亦云，而是以个性化声音和党中央保持高度一致，正确引导了社会舆论，体现了科技日报作为党在科技领域舆论前沿的使命、担当。

2. 主动设置新闻议题，大力弘扬科学精神

在媒体纷纷融合转型的大潮中，站在科技报道领域的最前沿，2018年科技日报将科学精神大旗高高举起，继卡脖子系列报道之后，又推出了科学精神系列报道，包括“科学精神面面观”“科学精神论场”“科学精神名家谈”“科学精神连着你我他”等一系列栏目。

“造谣一张嘴，辟谣跑断腿。”科技日报通过通俗易懂的文字、图片、视频等多种传播手段，再通过全媒体平台解读其中的科学道理，为读者拨开迷雾。5月28日推出的《注射流产胎儿细胞：60万元“土豪保鲜针”扎出无知和愚昧》回应了“中

国富豪乌克兰注射胚胎干细胞续命”事件，为公众指点迷津；围绕“酸碱论”骗局，《“酸碱论”明明是骗局，他还在摇旗呐喊》等多篇文章深挖事件背后的科学逻辑，粉碎伪科学。

科学的发展离不开科学精神的牵引和统领，而科学精神又在科学的发展中得以丰富和壮大。弘扬科学精神，传播科学思想，倡导科学方法，普及科学知识，是党媒不可推卸的责任，对科技日报来说更是责无旁贷。

3. 用好融媒传播手段，科学解读澄清谬误

由于互联网的扩散式传播特点，真相往往淹没在海量信息之下，也助长了“以讹传讹”。科技日报已经形成了在热点爆发后，迅速响应、精准策划、深度剖析、全媒传播的新闻报道机制，让科学跑在流言前面。

2018年12月19日，一条人工耳蜗丢失的社会事件引发关注，“20多万”以及“开颅”成为网友最关注的焦点，舆论在第二天发酵并被质疑炒作。第二日，科技日报积极策划，全媒体推出《人工耳蜗丢失需要开颅？专家：没必要，重配要20万也是瞎扯》，试图厘清事实真相，科普人工耳蜗。

（三）顺势而为，稳中求进引领融合发展走向纵深

科技日报作为党媒和中央主流媒体、科技宣传的主阵地，以讲好中国科技故事，传递中国科技正能量为己任，立足于将精品佳作推送给关注中国科技发展的广大受众，向世界展示中国科技长足进步。

1. 提高舆论引导力，彰显主流媒体责任担当

科技日报社加快融媒发展这三年，增强主动策划意识，提高议题设置能力，放大了主流舆论声音，彰显了科技日报社作为中央主流媒体的责任与担当。《科技日报》头版刊发的“两会”评论、微信公众号推出的有关转基因图文报道、“亟待攻克的核心技术”专栏以及策划编辑的钟扬先进事迹报道版面，获得中宣部《新闻阅评》的表扬。

如《东北地下水超采严重，专家呼吁勿蹈华北覆辙》《云南高原湖泊过度开发 洱海环湖生态频遭破坏》等监督性报道被中办作为重要舆情上报中央，习近平总书记等中央领导作出重要批示，引起相关部门和地方政府高度重视，紧急组织力量调查处理，对遏制东北地区地下水超采、保护洱海生态环境起到积极作用。

除了对科技领域的大事小情进行报道之外，也追踪各种社会热点，作出科技解读。比如被中宣部领导点名表扬的《谈“碳九”色变？专家：有一定毒性，但并非剧毒》，事发当日福建记者站记者第一时间跟进采访报道，科技日报微信公众号迅速推

送，对碳九的毒性进行科学解读，以正视听。

紧跟热点科技话题，及时组织撰写评论员文章、时评近百篇，用理性声音引导社会舆论。其中《刹住诺奖得主“站台”的歪风》《张小平想跳槽说明了啥》《国产22纳米光刻机治不了咱们的“芯”病》等在科技界引起强烈反响。

中国科技网和“创新中国”APP打出时政与科技报道“组合拳”，第一时间推出“科技学习”“砥砺奋进的五年”“科技创新助力一带一路”等网络专题与微视频准确报道，通过简明文字+现场图片+现场微视频等形式延伸延展报道内容，有效展示了我国科技发展的历程与成就，让党在科技领域的声音传得更广、传得更深。

2. 打造“全媒体”产品，激发媒体融合新产能

全媒体化是世界传媒业发展的新趋势。针对新变化带来的新挑战与新机遇，科技日报坚持以新技术为引领，创新媒体融合传播手段，加大移动传播新平台、新兴阵地的建设，逐步形成了以中国科技资讯库为根基、科技创新与科学普及为两翼、其他平台为补充的移动传播新媒体格局。

科技日报社、中国科技网现已建成“人工智能”“自动驾驶”等70个热点领域资讯库、国家科技政策资讯库，以及10万个科技成果资讯库，实现了科技资讯库从无到有的突破。2017年10月，科技日报社推出“创新中国”APP，实现了科技日报社智能手机客户端从无到有的突破。2018年12月，“创新中国”移动客户端二期开发完成，与国内29个省市地方记者站建立了直接的内容更新机制，实现了中央主流媒体对地方科技创新宣传工作的直接赋能。2018年9月，“科普汇”APP上线，为移动端科学普及打造一站式的传播平台。

积极发展互动式、服务式、体验式新闻信息服务，努力占领新的舆论场。目前，科技日报社运用全媒体、分众化、多样化的传播形式，以及互动式服务方式，建立了除图文、语音、视频等传统表现方式外，搭建了“创新中国现场秀”“科米直播”等多个视频制作平台，形成了集视频直播、短视频、微视频、H5互动小程序等多元化的传播体系。

在全媒体时代如何再度扬起风帆，推动媒体融合向纵深发展，做大做强主流舆论，巩固全党全国人民团结奋斗的共同思想基础，任重而道远。科技日报社刚刚交出了第一份答卷。

改革永不停步，创新未有穷期。在守正创新的新征途中，科技日报社大胆运用新机制、新技术、新理念、新模式，加快融合发展步伐，不断突破传统媒体发展边界，实现媒体全面转型。

二｜科技日报社新媒体工作案例

科技的发展是一把双刃剑，作为一家中央主流媒体应承担社会责任，正确引导舆论。在新闻事件刚刚爆发之初，可供传播的内容还比较稀缺，如何拔得头筹、抢占舆论主阵地?

2018年11月26日，“世界首例免疫艾滋病的基因编辑婴儿在中国诞生”的消息被某著名新闻网站发布出来。报道称，南方科技大学副教授贺建奎宣布，一对名为露露和娜娜的基因编辑婴儿于11月诞生，并称“这是世界首例免疫艾滋病的基因编辑婴儿，也意味着中国在基因编辑技术用于疾病预防领域实现历史性突破”。这一消息一开始被当作“成果”宣布，经过仔细斟酌，我们敏锐地发现，该研究存在众多问题，随后迅速在微博上发布文章《科技日报四问基因编辑婴儿》，提出技术和伦理方面的四点质疑，同时创建同名微博话题#科技日报四问基因编辑婴儿#，全媒体跟进事态进展。

在深度报道还没办法及时补位的情况，科技日报微博全程跟进这一事件，持续披露各方观点和态度。随着网络爆料和各方记者深入的调查采访，关于南科大、贺建奎等更多细节以及科学家对此事的评价及看法，都第一时间在微博发出，很多一手消息被广泛转载并引发热议，该话题影响力迅速攀升。截至11月27日，《科技日报四问基因编辑婴儿》微博文章点击量达2619万，同名话题总阅读量近八千万。

与此同时，作为以深度见长、重在科学普及的科技日报，临时成立融媒体报道小组。地方站记者和跑口记者纷纷行动，共享社内专家库资源，全采编团队随时沟通采访角度、稿件架构等，根据事件更多最新情况及时调整成文，科技日报全媒体第一时间推出《122位科学家强烈谴责，南科大声明不知情，贺建奎你究竟在搞什么？》回应公众关注点。此外，报纸还配以截至27日当晚事件各方表态的图解，讲述事情全貌。

通过全媒体平台传播后，相关报道引发大批媒体跟进，纷纷转发并质疑，迅速扭转了舆论态势。此外，科技日报社的技术研发团队还对国内外舆情进行了分析，形成了权威的研究报告。这一系列文章、报告，成为对该事件评估与定性的重要参考。

可以说，在世界首例基因编辑婴儿新闻事件中，科技日报社全媒体发力，充分发挥了科技主流媒体的专业性和中央主流媒体的引导力。

（科技日报社）

人民政协报社

一 | 人民政协报社新媒体工作综述

2018年，报社以报纸进入中央主要新闻媒体序列为契机，以“中央厨房”为平台，乘势而上，着力在基础性、战略性工作上下功夫，在关键处、要害处下功夫，在工作质量和工作水平上下功夫，全面践行融合机制，推出了一批有热度、有深度、有特色、有质量的新闻作品，传播力、引导力、影响力、公信力进一步提升，服务党和国家工作大局、服务人民政协事业、服务人民群众的能力进一步提升，取得较好成效。

2018年是人民政协报社成立35周年。2月1日，人民政协报社“中央厨房”正式开通运行。在35周年这个重要时间节点开通运行的“中央厨房”，是人民政协报社发展历程中的一个里程碑，报社借此踏上了融合发展的新征程。作为媒体深度融合的标配和龙头工程，“中央厨房”首先在2018年全国两会这个一年中最大也是最重要的“战役”中“大显身手”。

2018年全国两会报道，人民政协报社充分运用“中央厨房”技术平台和运行机制，打破以往的部门界限，将报纸记者、编辑与新媒体记者、编辑和技术、设计人员等“混编”，按驻地分布、会议程序、关注话题、产品类型等分为若干小组，每个小组配备专业摄影、摄像人员，各小组负责人向“中央厨房”总编调度指挥中心负责，带领小组成员执行中心下达的生产指令。在这一运行机制下，上会的70余名记者尤其是报纸记者，打消了固有的“给哪个版面写稿，版面能给多大位置，能不能见报”的传统思维和做法，主要职责转变为根据会议实际情况提供报道线索、采集选题素材并形成简单的初次产品，产品的最终形态则交由“中央厨房”的全媒体编辑中心、制作中心负责，最终由报社所属的报、网、端、微、屏进行分发，由专门的小组进行传播效果评估和反馈。

从“作者”变身“线索侦察兵”“信息采集员”，从“写手”变身“节目主持人”“出镜记者”“连线主播”，在“中央厨房”运行机制的推动下，编辑、记者的角色被重新划分、职责被重新定位，多元跨界、一专多能成为大家的新标签，浏览量、阅读量、转发量、粉丝数成为大家新的关注点……据不完全统计，2018年全国两会，人民政协报社所属报、网、端、微、屏共计发布会议报道万余条，其中原创稿件1147篇；特别策划的“百姓问题　委员有言”“跟委员上两会”视频节目12个，原创短视频144个，原创《两会新闻联播》2期，原创访谈节目《委员会客厅》24期，微信公众号发文160余篇，浏览量、阅读量、转发量均创历年新高。而成效的背后，人民政协报社收获更多的则是通过探索实践，对原有格局进行重塑，打破了以往“板块分割”的运作模式，解决了以往人员调配不畅、分工不清、多头管理的问题。通过统筹策划、采集、编辑、发布和技术力量，实现了指令畅通、协作有序、流转高效，形成了报道流程平台化、报道内容定制化、报道形式可视化和全景、多维、立体的宣传报道格局，实现了报、网、端、微、屏的一体策划、一次采集、多种生成、多元传播、全天滚动，初步做到了融为一体、合而为一。

全国两会报道结束后，报社及时召开会议，对“中央厨房”技术平台和运行机制的运用进行总结，与会人员普遍反映，全新的实践带给自身全新的感受，这种感受不仅仅是跨界做主持人、做连线、做直播的创新感，还有职责明确、指令畅通、流程简化、运转高效的顺畅感。在年年都会打响的“战役”中，这一仗少了“拖泥带水”，打得干净、漂亮。

根据两会报道总结会议上员工提出的意见建议，报社随后又分期分批组织开展了面向全员的“中央厨房”技术平台和运行机制的培训，力求将全国两会报道中形成的好经验、好做法延续下去，着力巩固提升基于“中央厨房”的全新生产机制，并在之后的全国政协常委会议、专题协商会议、十四次双周协商座谈会、“五一口号”发布七十周年、博鳌亚洲论坛2018年年会、上合组织青岛峰会、庆祝改革开放四十周年、习近平总书记关于加强和改进人民政协工作的重要思想理论研讨会、远程协商会等全国政协重点工作和重大主题报道中予以运用，共计制作发布文字、图片、图表、视频、H5等各类新闻产品近15万个，有210个国家和地区的用户通过互联网，通过报社所属的报、网、端、微、屏，“倾听”中国故事、政协故事、协商民主故事。

二 | 人民政协报社新媒体工作案例

2018年人民政协报社着手策划不同于人民政协报官微的微信公众号，着力打造移动端原创宣传品牌，用新形式新方法报道全国政协重点工作。“有事漫商量”微信公众号因此开通。

“有事漫商量”公众号的定位是有品、有料、有趣、有用，注重互联网思维运用，文字生动幽默，见解独到精辟，图片直观谐趣，突出政协特色的同时兼顾生活性和趣味性，力求给用户以启发。

公众号主要围绕全国政协双周协商座谈会、专题议政性常委会议、专题协商会等重要会议议题，以幽默的文字、有趣的漫画进行全新梳理和形象解读。

公众号开设的目的，一方面是为了让广大用户提前了解全国政协重点协商议题和协商情况；另一方面是引导广大用户对会议议题发表意见建议，经过搜集统计后向会议上报。这是人民政协报社将全国政协工作推向社会大众的努力尝试，也是报社贯彻全国政协领导要求的实践创新。

目前，公众号的内容包括“冒个泡”“说正事”“还没完”三个部分，对应预告、正文、反响三个部分。具体的操作方式是，每次全国政协重要协商议政活动开始前期先发预告，随后围绕议题搜集、整理和编辑相关数据资料，分析议题现状、问题及对策，以文字加漫画的形式发布正文，会议结束后，结合用户的留言和委员的观点，发布反响稿件。

截至2019年5月15日，“有事漫商量”公众号已围绕全国政协“网络环境下知识产权保护”双周协商座谈会、“推进‘四好农村路’建设”远程协商会、“加强幼教师资培养”双周协商座谈会、“著作权法修订”、“创新驱动发展”及“五险一金改革”（源自委员个人提案）等议题，推出15期产品。第一期产品一经推出，就获得10万+的阅读量，其他几期也均有较高阅读量。

从运营情况看，“有事漫商量”公众号取得了以下初步成效：首先，符合当下互联网发展趋势，兼具有品、有料、有趣、有用等新媒体特性，让严肃高深的会议议题变得更接地气；其次，越来越多的用户通过网络直接参与到全国政协的重点协商议政活动中，一方面提升了政协工作的亲和力和影响力，让大家感到政协就在自己身边，另一方面也让政协工作的触角得以延伸至基层，延伸至普通群众；最后，网友的意见建议于会前及时上报，委员的建议和部委的回应在会后及时反馈给用户，真正形成了网络议政的完美闭环，让广大用户领略到中国式协商民主的魅力。

（人民政协报社）

工人日报社

一 | 工人日报社新媒体工作综述

2018年，工人日报社利用全媒体平台，实现了传统媒体与新媒体的融合，以及互动传播，推出了一批鲜活的融媒体产品，形成了具有“三工”特色的主流价值传播矩阵。

（一）与时俱进：以短视频为突破口推进媒体融合

从近期互联网平台呈现的媒体内容来看，大量具有新闻性、趣味性的短视频成为各大媒体在新媒体平台的主要发力方向，处在风口上的短视频新闻也被不少业内人士看好。在这样的大背景下，本报近年来也在短视频领域深耕发力。2018年，工人日报在客户端、微信、微博、抖音等平台累计共推出了上百条原创短视频作品，在视频制作的数量和质量上较之往年均有大幅提升，其中多件作品点击量突破30万次。

2018年十一假期前夕，工人日报抖音号正式上线。首条抖音“工人来了，颤抖吧地球”展现了天南海北的读者刷工人日报微博、微信、客户端以及阅读报纸的场景。这一体现工人日报元素的短视频经剪辑包装后，取得了将近40万的点击量。随后，工人日报又推出了自编自导自演的“我为职工说句话”系列短视频，聚焦职工普遍关心的劳动权益话题。第一期节目主题为《职场如果遭遇“周扒皮”，〈工人日报〉送他一曲凉凉！》反映了职场人在“周扒皮”式老板的高压下，要早出晚归加班。在节目结尾提醒，如果企业不加节制地要求员工加班，工会和《工人日报》会为员工撑腰，获得了较高的关注度。

该系列视频也与报纸上的文字报道进行了有机结合。主创人员将文字报道重新改造，变成了视觉化的语言，推动了媒体融合。如以《工人日报》11月20日刊登的报道《河北一银行“怀孕审批”被工会喊停》改编的短视频《怀孕就得离职？》在抖音平台上取得了50.2万的点击量，也引发了众多网友的跟帖评论。此外，本报策划制作的《港珠澳大桥开通了》《保安佩戴着14枚勋章来开会》《为收费小姐姐打call》等短视频都在抖音平台共计获得了超150万次的点击量，取得了不错的传播效果。

在参加“壮阔东方潮·奋进新时代”纪念改革开放40年主题报道时，工人日报制作的5集系列短片《浦东芳华28》通过讲述小人物的故事反应大时代的发展和变化，展现了上海浦东新区开发开放的速度和高度。视频在工人日报两微一端等多平台推出后，取得了良好的传播效果。第二集《企业发展快了，工会服务职工也得跟上》和第三集《农民工→走向世界舞台的工人发明家，看他如何华丽转身！》被中宣部全网推送，该系列中也有三篇作品获得2018年首都女记者写会短视频大赛奖项。记者蹲点采访的短视频新闻作品《晋江：一座睡不着的小城》展现晋江人夙兴夜寐、“睡不着”的真实图景，诠释了晋江经验“始终坚持在顽强拼搏中取胜”的精神内涵，报道反响良好。人民日报据此融媒体报道刊发《睡不着的晋江人》人民论坛专栏评论。该评论报道被《人民日报》评论部微信公众号转发，总计阅读量超过90w。

2018年5月，中国劳动关系学院劳模本科班的学员在属于自己的节日里收到习近平总书记的回信。习近平总书记在回信中对劳模和广大劳动者提出了殷切希望。本报记者前往中国劳动关系学院，前期调研4个月，拍摄历时2个月，跟拍记录了劳模班学员对“珍惜荣誉、努力学习，在各自岗位上继续拼搏、再创佳绩，用你们的干劲、闯劲、钻劲鼓舞更多的人，激励广大劳动群众争做新时代的奋斗者”等回信精神的回应与改变。该视频具有鲜明的“三工”特色，采访深入，素材丰富，剪辑生动。记者共采访劳模班学员及老师20余人，时刻践行“脚力、眼力、脑力、笔力”的要求，有两名记者拍摄劳模学员在天安门打扫卫生时，还因天气寒冷冻伤手指。该短视频推出后，在中国劳动关系学院师生中引起热烈反响。视频先后被多家媒体转载，有力引导了舆论，引发网友热议。有网友在观看后评论道：“为中国工人点赞！为劳模点赞！”“劳模是民族脊梁，时代先锋，永远值得大家学习。”

（二）精准定位：在重大报道上重点发力

在全国两会报道、中国工会十七大报道、改革开放四十年特别报道等重大采访报道活动中，我们加大力度，探索创新报道机制，运用中央厨房模式或项目制，紧扣主题以及本报特色，推出了一批内容丰富、形式多样的融媒体产品。

在2018全国两会期间，工人日报推出的融媒体报道以原创歌曲MV（1首）、融媒体微视频（20个）、互动式H5（2个）、政策解读H5（9个）为主要内容。其中，融媒体报道多次获得中宣部阅评组表扬，特别是在全国两会后半段涉及重大议程时，融媒体报道反应迅速，弥补了传统媒体报道的一些短板，发挥了重要补充作用。

报社融媒体中心制作的两会赞歌原创歌曲MV——《新时代工人》，歌词正面积极、主题鲜明，以新时代、工匠精神、辉煌成就等为主题词，节奏明快，朗朗上口，在工人日报“两微一端”、网站多个平台推出，营造出产业工人响应两会精神，在新时代展现新作为的良好声势，播出后累计播放超10万次。此外，工人日报结合《政府工作报告》内容制作了互动式的H5问答《如果这些内容是高考题目，你能得几分》在“两微一端”、网站推出后，获得大量转发点击。《两会通道上那些奋斗金句》获得中央网信办全网推送，《习近平两会上这些话与劳动奋斗有关》《总书记下团组，这些金句指明奋斗方向》等H5作品获得中宣部阅评组表扬。“奋斗”“新时代”“改革”是两会重要主题词，两会融媒体推出互动式H5 作品《摇一摇，测测你的工匠气质》，加强互动性。根据每场代表委员和部长通道的特点，工人日报融媒体选择新闻视角给予呈现，先后聚焦建筑工人权益委员提案落地、提高技能人才培养、如何建设制造强国等话题进行了短视频制作，在“两微一端”取得了较好的传播效果。

2018年10月，中国工会十七大在北京召开，这是广大工会干部和职工群众政治生活中的一件大事。工人日报围绕工会十七大的议程、主题，利用客户端、微博、微信公众号、抖音等新媒体平台，对工会十七大展开了翔实的报道。值得一提的是，工人日报此前的会议报道主要是文字+图片，但在这次的会议报道中，报社首次派出了专职负责视频报道的融媒体记者上会。会议期间，工人日报制作了48条原创视频、采访了80余位代表。工人日报抖音号发布12条短视频，总播放量达156万。客户端、微信、微博平台也都根据自身特点和定位，推出了富有“三工”特色的融媒体产品，如本报在微信公众号上发布的《震撼人心！一部波澜壮阔的工运史诗献给你》《鼓舞人心！习近平和职工群众在一起》《温暖人心！工会，一直在你身边！》的“三心”系列图文报道，分别以历届中国工会代表大会、总书记会见慰问劳动模范和职工群众、工会服务职工为主题，在中国工会十七大召开前夕发布，反映了党中央对广大劳动群众的关心爱护，工会竭诚服务职工群众生动实践。

总之，工人日报策划的中国工会十七大融媒体特别报道，全方位展现了中国工会十七大代表风采，较好地讲述了中国故事、中国工会故事、中国工人故事。

（三）重在实践：推动主力军迈入新媒体主战场

背着相机、拎着脚架，时而是镜头后的摄像，时而是镜头前的出镜记者，时而还是电脑前的视频编辑……在过去的一年，工人日报的文字摄影记者们都在逐步适应融媒体的工作节奏，学习并掌握必备的音视频制作技能，积极投身于融媒体报道实践。工人日报也在努力探索新媒体考核评价机制，推动主力军向新媒体主战场进发。

在全国两会、纪念改革开放40年、青岛上合峰会、中非合作论坛、上海进博会、世界互联网大会等重大主题报道中，工人日报记者在兼顾文字采写的同时，也交出了丰富的新媒体作品。在全国两会期间，许多文字记者第一次拿起话筒出镜，尝试了短视频新闻的制作过程。纪念改革开放40年特别报道《两代打工妹的深圳记忆》在报纸刊发的同时，记者还以《找到了！中国改革开放后最早的打工妹！原来她的生活是这样的……》为题对原文进行了重新改编，适应移动端的阅读习惯，并以图文并茂的形式刊发在了工人日报微信公众号上，全国总工会官方微信、人民网、环球网、中国新闻等网站都转载了这篇文章。

在一些突发新闻报道中，工人日报记者也及时反应，主动出击，以“移动优先”为原则，通过工人日报移动端平台，及时推送权威信息。2018年11月28日，河北张家口发生燃爆事故，工人日报记者及时赶赴事故现场，拍摄了大量关于事故现场的图片和视频，后方编辑第一时间在工人日报两微一端发布了最新情况。前后方联动操作，在翔实客观地报道突发事件的同时，凸显了本报特色，收到了不错的传播效果。《张家口“11.28”燃爆事故发生后，仍排队等候卸货的司机有话说》的图文在头条号上浏览量达到37.1万次。在实践中，工人日报也逐渐形成了一套应对突发事件的融媒体报道快速反应机制。

二｜工人日报社新媒体工作案例

中国工会十七大的召开处于特殊的历史节点，我国进入全面建成小康社会的决胜阶段，也是中国特色社会主义进入新时代的关键时期，是我国工会发展史上的一件大事，也是广大工会干部和职工群众政治生活中的一件大事。

中国工会十七大前后，工人日报客户端发布近300条稿件，会议期间客户端每天发布的相关稿件在60条左右。会议期间，工人日报制作了48条原创视频、采访了80余位代表，《“聚焦工会十七大”周农：建功新时代建设新湖南》这条视频被新湖南

（湖南日报客户端）、新浪新闻等转载。

会议期间，工人日报微信公众号发布了56条相关微信，总阅读量超25万。《中国工会第十七次全国代表大会在京开幕》《中国工会十七大开幕式视频收藏版》等单条微信阅读量超过2万。

会议期间，工人日报微博共发布27条相关新闻，其中《新闻早班车》的阅读量近5万。抖音号发布12条短视频，总播放量达156万，其中《保安佩戴着14枚勋章来开会》播放量达33万，《为收费员小姐姐打call》播放量达47万。

工人日报客户端、微博、微信、抖音等立体式的报道，全方位展现了中国工会十七大代表风采，较好地讲述了中国故事、中国工会故事、中国工人故事。在会议报道之前就做了较为详细的预案，多次开会讨论后，将部门人员大致分成了五组：客户端组、视频组、两微组、推广组、抖音组。这样的分组职能上会有交叉重合的地方，但每个人该干什么相对明确，同时还借用了报社驻全总联络站、报社摄影部、中工网等各方力量。正是在各方力量的通力合作下，工人日报融媒体中心大规模地试水视频报道才得以顺利推出并取得不错的传播效果。

工人日报此前的会议报道都是文字+图片，按照以往的程序走，流程上不会有太大变化。而这一次推出的视频报道，是一个全新的尝试。

首先是要在前方设置一个访谈区，访谈区的布置要相对合理，要有背景板、小圆桌等物件，同时还要考虑到摄像机机位的设置、新闻灯的摆放等等。但计划赶不上变化，现场布置几经调整才设置成第一访谈区、第二访谈区。一块大的背景板放在新闻中心当第一访谈区用，一块小的背景板放在上会记者的房间当第二访谈区用。

媒体融合时代，互动是新媒体的一个重要功能，这种互动既包括线上的，也包括线下的。围绕工会十七大，工人日报融媒体中心不仅设置了背景板和访谈区，还准备了工会十七大朋友圈互动板和TV互动板。这种互动板成了会议期间最受代表欢迎的东西，不少代表在我们的互动板前留影，这在一定程度上推广了工人日报客户端，同时也成为我们新媒体报道的素材，最后形成了《中国工会十工七大代表们的“朋友圈”啥样？快来围观！》这样一篇趣味性较强的报道。

在这次工会十七大报道中，还有一些内容要提前准备，比如历届工代会的历史资料和老照片等，都是找报社驻全总联络站、全总资料室等提前拿到，会前报道《震撼人心！一部波澜壮阔的工运史诗献给你》以图文及H5的形式推出，传播效果较好，被全国总工会微信公众号等转载。

在媒体融合的大环境下，我们的报道早已不再是单打独斗那样简单，生产的内容也不能再以一篇稿件、一幅图片来计算。一件融媒体产品，可能会包含文字、图片、视频、音频、H5等多种元素，而这些产品形态的生产制作和加工，都要依据实际情况来定。

2018年10月30日，《工人日报》刊登了一篇稿件《难忘的工代会》，这是一篇融媒体报道作品，随着文章刊登的还有一个扫描浏览相关视频的二维码。这篇文章的主创人员有4人，包括策划、采写、人员联系、视频拍摄、剪辑等等。队伍分成了视频拍摄剪辑组和文字采写组，最后才形成了文字+视频的融媒体作品形态。

（工人日报社）

中国青年报社

一 | 中国青年报社新媒体工作综述

2018年8月29日晚，中国青年报社采编群里发布了一项“挑战”：策划一组关于浦东新区的报道，要主打新媒体，发力移动端。“28岁”的浦东在中国改革开放历程中创下诸多第一，它的成长过程充满了“敢闯”“敢试”的印记。作为一家面向青年的主流媒体，如何向年轻的读者讲述“90后”浦东的故事？67岁的《中国青年报》决定“大胆尝试一把”，放下新闻纸，主打移动端，用全新的表达方式让读者与浦东相遇。两个星期后，前后方报道团队在报社全媒体平台推出短视频、H5、VR等11个新媒体融合产品，《遇见浦东》《浦东20点》等报道因其年轻的表达方式被年轻读者点赞。这标志着这家3年前宣告“脱纸化生存”的传统媒体，已初步进入“实践时”。

（一）青年在哪里，主阵地就在哪里

浦东全媒体报道并不是中国青年报社“移动优先”的第一次试水。2017年年底，中国青年报社首次尝试通过微信公众号向青年用户发出邀请，以“强国体”接龙的方式，众筹2018年新年献词，把舞台交给青年。

“我是中国青年报，一家‘改革再出发’的媒体。我希望与每一位青年近一些，再近一些。推动这片苦难辉煌的土地实现更多梦想，服务中华朝气蓬勃的青年获得更强力量。强国一代有我在！”

短短3天，潮涌而来的留言刷屏。《新时代 我的舞台我的国》成为众多年轻人通过微信集体完成的一次表达，一字一句背后，是一张张青春、生动的面庞。

2018年4月27日，中青报67岁生日当天，头版评论称“《中国青年报》的报道方式虽然发生了颠覆性的变化，但依然有着不变的坚守：‘纸’变了，有公信力的‘报’没有变！‘形’变了，文化传承的‘神’没有变！‘场’变了，服务青年的‘人’没有变！”

一个来自江苏某校园媒体的大学生，在网上送出祝福：《中国青年报》依然在各种网络和移动平台陪伴、影响着我们成长！

这名大学生是中青报牵头发起的中国高校传媒联盟的骨干。校媒联盟聚集了全国几千家校园媒体，与KAB创业教育推广办公室成为直接触达并影响几千万大学生群体的两大重要渠道和平台。而他们背后，更是庞大的青少年社群和用户。

2018年“五四”青年节当天，北京南站出发的G7次“复兴号”列车，满载着近300名“00后”驶向上海。这是中国青年报社为“00后”举办的成人礼。在近6小时的高铁直播中，全国网友在互联网另一端用手机为青春点赞，这场直播及相关视频播放总量超过1500万。

同一天，《强国一代有我在》主题歌及MV在列车开动之际同步发布。这首歌由中国青年报社联合头部音乐平台向社会征集而来，并邀请张艺兴、周冬雨、张一山等受青少年喜爱的正能量明星演唱。一位青年用户在朋友圈里转发时写下这样的话：“想不到，《中国青年报》这么潮！”据不完全统计，《强国一代有我在》MV播放量超过2.5亿。

亿级阅读量的现象级产品越来越多。报社连续四年承制团中央“清明祭英烈 共铸中华魂”活动的H5产品。2018年的作品《今天，请给他们一分钟》上线之后，1398万名网友为英烈默哀，包括世界冠军、知名电竞界人士等“大V”，共青团系统微信公众号也大力转发，由此引发的微博话题阅读量超过5亿次，成为社交媒体中的“爆款”。2018年年底，由团中央出品，中国青年报、中青在线承制的纪念改革开放40年创意MV《青春的回答》收获超过7个亿点击量，系列H5移动短视频主题团课《青年大学习》，总点击量超过7.58亿。

2018年4月，人民网等发布《2017年中国媒体融合传播指数报告》，中国青年报位列全国报纸类榜单的第六名。9月6日，由中央网信办指导的2018年中国网络媒体论坛，发布了《中央主要新闻网站综合传播力榜》，中国青年报的官网中青在线位居第六。人民网发布的《2018全国党报融合传播指数报告》显示，中国青年报的微信公众号的传播力位居全国党报第三，中国青年报官方微博的文章平均阅读量也在全国党报中排第三位。截至2018年9月，中国青年报移动端直接用户突破2000万，诸多移动精品的浏览量过千万。

这场全媒体融合转型探索自2014年启动，从“报网互动”到“报网融合”，“24小时中青报在线”到“24小时中青报随手看”。2017年，中国青年报的中央厨房——“融媒小厨”开张，成为报社全媒体内容制作、分发传播、整合运营的机制平台。

这家正在加速转型的媒体坚信，青年在哪里，新媒体的主战场就要设到哪里；青年想什么，新媒体的观察、呈现、引领就要跟到哪里；青年要什么，新媒体的主责主业就要服务到哪里。

（二）纸媒记者冲向移动“新战场”

“融媒小厨”虽小，却每天8块LED大屏同时启动，中青在线网站、中国青年报官方微博、全国各地直播画面、稿件传播情况实时可见。值班团队针对前方记者发现的新鲜“菜品”及时编辑处理。值班社领导坐镇指挥，决定如何“料理”，运营部门再将一道道“佳肴”分发传播。从“食材”选取到“摆盘”上桌，环环相扣。

曾经只负责为报纸供稿的记者纷纷冲向“移动新战场”，这让全媒体协调中心副主任崔丽感触颇深。在她看来，“全媒体”操作是记者的标配，“一鱼多吃”成为报社融媒体传播的特色。

对于采写的作品，记者先网后报的意识越来越强，回传的短视频越来越多，H5、VR成为内容生产的主角。作为新闻战线上的“老兵”，崔丽也在融合转型氛围的影响下，与年轻同事玩起了精品再造，将见报稿件转化为适合移动端传播的产品，视频和H5成全媒体报道标配。报纸传统采编部门转型为全媒体采编部门，创造了诸多有影响力、传播力和鲜明青年特色的精品。

“融媒小厨”采用“专业主导，三端融合”的内容生产制作模式，每个专业部门都生产全媒体内容，并负责各平台、频道内容的编辑发布，通过全媒体协调机制，形成一个全媒体报道的有机整体，基本实现“信息共享、一体策划、一次采集、多元生成”。

时任《中国青年报》国际部的记者陈婧，原本只是一名文字记者。但后来，她的面孔经常出现在直播镜头中。在同事眼里，不管是中美关系、英国脱欧，还是两会报道、G20峰会，面对镜头，她总能滔滔不绝，“几十分钟没问题”。

“一个人的背后是一支队伍”。在陈婧看来，后方全媒体协调中心、直播组、视频部的同事把控着直播系统和碎片化视频剪辑传播工作。融媒小厨机制，打破了单打独斗和部门的区隔，真正做到了部门和媒介融合。

11月8日，移动融合采编客户端正式投入使用，中国青年报记者通过安装在手机上的移动采编APP，可以实时把采集的视频、图片、文字新闻通过移动互联网发送到报社的全媒体采编系统。同时，“青创头条”移动融合新平台上线，以中青报微博、微信、APP牵头的移动矩阵，以及冰点周刊、共青团新闻联播、高校新闻联播几大移动模块牵引，以举起思想“视觉锤”砸响融媒精品为目标，既定的脱纸化、脱PC化加速融合改革步伐，又向前迈出了一大步。

转战新媒体，许多记者感慨“背包变重了”。以前出门时带的笔、采访本、录音笔“老三样”，远不能满足新媒体的需要。如今，记者的背包里多了拍短视频用的单反相机、三脚架，做直播用的手机、手持稳定器等，甚至还有记者学会自驾无人机玩航拍。

经历4年探索发展，记者适应了用“重”背包打造“轻”型产品。直播、小游戏、VR、MV、表情包等产品轮番登场。两代青年接力修建新老成昆铁路的报道《半个世纪的青春接力》，将单一精品再造转化为多样分类精品，实现一次采集、多元生成，推出H5、视频、海报、音频、原创歌曲等近10个产品。军事部玩起了H5，国际部保持24小时发稿的节奏，共青团新闻中心、高校传媒联盟秘书处分别牵头制作的视频节目《共青团新闻联播》《高校新闻联播》与青年周周相约。

这些“以小见大”“见微知著”的“视觉锤”，一锤一锤砸向“理性”“温暖”“向上向善”“维权”等“钉子”。这些多样化、精准化、分类化的产品可以申请不同级别的传播，供报社50多个微信公众号、近千万粉丝的微博选用，同时向合作平台推广，精准送达数千万甚至数亿用户。

如今，报社各个部门被融媒小厨机制串联起来，20多个融媒工作室先后诞生。2015年以来，记者制作了各类精品视频2387个，制作了H5作品600多个，H5作品总浏览量5亿多人次。

（三）打一场精品战　改革再出发

2018年8月，《解放军报》一篇报道开头说：“这个盛夏，随着一篇题为《我站立的地方》新闻作品的刷屏，边防营长余刚和战友们的戍边故事，令无数国人感动落泪。有人说新闻是易碎品，一群普通官兵的故事，何以打动那么多素不相识的人？”

“刷屏”的新闻作品，指的是中国青年报·中青在线反映西藏山南军分区边防某团六连戍边故事的全媒体报道《我站立的地方》，被1.2万个微信公众号转发。由于报道的广泛传播，报道中提及的一位军人，甚至接到贵阳一个售楼员打来的电话，问他是不是自己几年前接待过的客户。确认身份后，这位售楼员激动地表示敬意。

融合创新中，最重要的还是内容创新。虽然转战新媒体主战场，但传统媒体的“有效性”“高质量思维”，依然是精品内容创新的基础——“融媒小厨”开张运行，以创造一系列有影响力、公信力、引导力和鲜明青年特色的精品为目标，让“融媒小厨”能定制“私房大菜”，真正发挥对青年的思想政治引领作用。

2018年以来，中国青年报·中青在线用“强国一代”理念描述青年，围绕“强国一代有我在”大讨论进行策划。一系列精品图文报道、视频直播、H5、MV、小程序、微视频等线上线下全媒体活动，努力让“青年能懂，青年有感，青年可亲，青年参与”。

“强国一代”表情包刷爆微信朋友圈，单周发送量突破10万；“五四”青年节在“复兴号”上为近300名“00后”举办成人礼直播作为系列新媒体精品之一，多次登上中央电视台新闻联播等重要视听节目；系列短视频《出彩90后》，节目总播放量超过9000万，这些精品报道得到青年用户认可。

运营一年多，“融媒小厨”诞生了一系列有影响力、传播力、引导力和鲜明青年特色的现象级精品。报社内部达成共识，“不去一味追求所谓的流量，要砸就要砸响有意义、有故事、有深度、有温度的刷屏弹”。在融媒小厨的调度指挥下，诞生了《中国面壁者》《出路》等年轻人喜欢的全媒体报道。

为了打造H5作品《梁家河全景带你走近青年习近平》，团队实地走访，大到梁家河的全景、小到屋内的一个摆设，如何呈现，反复讨论碰撞。“头脑风暴”多次后，最终从《习近平的七年知青岁月》一书中得到启发，通过VR全景（720度还原场景）、3D建模、陀螺仪等技术，历时两个月，真实、生动地还原了习近平总书记当时的生活工作状态，至2018年8月获得1600多万点击。

在中国青年报社获得第二十八届中国新闻奖的篇目中，除两篇报纸作品外，还包括中国青年报·中青在线短视频《绝壁舞者》和网评《极恶！拿慰安妇头像做表情包，良心何在！》两个作品。视频部负责人高旭第一时间发了一条朋友圈，在他看来，这是对中国青年报社在短视频领域探索的肯定与鞭策。

“融媒小厨”小而美，有大情怀又经济实用，不仅社会效益明显，也带动了整体品牌运营效益的增加，对中小型的媒体机构和地县市融媒体中心有较大的借鉴意义。“融媒小厨”吸引了200多家中央媒体、行业媒体和地方媒体前来考察。

“不改革，即淘汰。”几年来，报社坚持“全面从严治报抓管理、全媒体融合改革促发展”，采编主力军挺进互联网主战场，报社转战移动端为主的互联网主阵地，守正创新，打好精品战，持续有效提升了新闻舆论的传播力、引导力、公信力、影响力。

如今，“融媒小厨”将再度升级，全力寻找“轻型化”突破口，在全面融合、内容制作、分发传播、整合运营、精品打造、人力资源改革方面创新升级。这家正在加快转型的媒体决定，不仅要成为与青年一起成长的好伙伴、啦啦队，而且要努力成为强国一代的召唤者、陪伴者和引领者。

每天，“融媒小厨”都保持24小时高速运转。为方便大家“头脑风暴”准备的几间会议室，很少有空闲的时候。“精品”“爆款”成为讨论中最常出现的词语，几乎每个人都不止一次向自己和团队发问，“这样的产品青年是否喜欢”，是否能够经受时间的检验。

二 | 中国青年报社新媒体工作案例

为激励当代青年担当历史重任，传播“强国一代有我在、奋斗青春最幸福”理念，报社整合社内外资源在“五四”青年节当天，举办了“开往2049——00后五四成人礼”大型公益活动，并进行全程的全媒体报道。活动社会反响强烈，累计带来3亿多次传播量，进一步强化了本报倡导的“强国一代”品牌，提升了本报的引导力、传播力、影响力、公信力。主要体现在3个方面。

（一）立意高远，主题重大，唱响了“强国一代”品牌

5月4日，在“复兴号”高铁上，首批年满18岁的近300名“00后”和来自西藏的边防战士一起面向国旗宣誓成人，报效祖国；诵读年轻马克思撰写的《青年在选择职业时的考虑》……《强国一代有我在》主题歌及MV在这次活动中同步发布。这些以青年、奋斗、幸福为关键词的报道和活动，产生了广泛的社会影响，“00后五四成人礼”直播及相关视频播放总量超过1500万；《强国一代有我在》主题MV的观看量超过1．8亿；多篇全媒体报道获得上百家新闻网站转载。中国青年报全媒体平台、腾讯新闻APP、一直播、QQ音乐、全民K歌、NOW直播、团中央法人微博和 B站、KK直播、腾讯视频等20余家主流网络直播与音视频平台都同步参与了成人礼直播。人民日报、新华社、中央电视台新闻联播、中国教育电视台、中国日报、央广网、光明网、腾讯、网易等数十家媒体对相关公益活动进行了报道。

中央网信办对《首批00后满18啦，我们开了趟派对专列驰往2049》等3篇作品进行全网推荐，共青团中央微博、微信账号、直播平台发布了相关报道或进行了直播。MV除在中国青年报·中青在线等多个平台传播外，共青团中央、中华全国学联、各地团省委微信公众号进行了转发，30多家视频平台在显著位置推出。

这次活动的总传播量超过3亿多人次，之所以产生重大影响，首先在于创意新，主题重大，与上级精神和宣传主基调相吻合，既与时代同频共振，又积极主动创新，用青年喜闻乐见的方式传播正能量、凝聚强国一代共识，是加强青少年思想引领的全媒体探索。

（二）整合内外资源，勠力同心，提升了本报多媒体产品的创制能力

这次公益活动是报社近年来最具影响力的单体品牌活动之一，项目组提前策划，精心准备，整合资源，攻坚克难，群策群力，勠力同心，水到渠成。

从创意、策划、执行的各个阶段，都受到各合作方的大力支持和一致肯定。中央网信办移动网络管理局、共青团中央宣传部和全国学联秘书处出任活动指导单位，北京市委教育工委、共青团北京市委、北京大学团委、全国铁道团委、腾讯新闻参与主办活动，人民日报微博、团中央微博微信以及腾讯QQ等近30家主流或商业视频平台踊跃参与，中央电视台、中国教育电视台、中国日报、光明日报等传统媒体给予关注。

本报通过与外部资源深度合作，生产了大量全媒体精品，也在本报不擅长的领域，通过深度合作创制了多个“强国一代”精品，丰富了报社全媒体产品种类。

本报和QQ音乐合作创制了《强国一代有我在》MV，作为“强国一代”主题歌，中央网信办全网推广、人民日报官微、共青团中央微博、微信等主流媒体平台积极推广，取得了良好的社会反响。“强国一代”主题歌词曲版权归中国青年报社所有，制作成本和邀请明星由QQ音乐承担，实现了双赢。本报与新东方等机构合作，首次在“复兴号”上开展了“强国一代”快闪活动，快闪视频在后续传播中产生了较大影响。这一模式大大提升了本报资源调动和整合能力，也提升了作品制作水平。专业的人干专业的事，才能出高质量高水平的作品。

（中国青年报社）

中国妇女报社

一 | 中国妇女报社新媒体工作综述

（一）融合格局逐步形成，主流阵地日益壮大

中国妇女报社网络及新媒体起步比较早，1998年建立了官方新闻网站——中华女性网（自2017年5月23日起正式更名为中国女网）；2004年7月创建中国第一家手机报被载入中国新闻史。中国妇女报社2013年1月成立了新媒体中心，目前有15位专职人员，以全员融合为支撑，专责运营网、端、两微、屏以及国务院妇儿工委网站、全国妇联两微等27个平台。

党的十八大以来，按照中央关于传统媒体和新兴媒体融合发展的决策部署，报社在中宣部、财政部的支持下，以经济适用为原则推进融合发展，建成了具有融媒体指挥调度功能的小型中央厨房。整合内部组织架构，统筹采编资源，再造生产流程，建立了一套新的新闻采集、内容分发、产品编辑和媒体发布制度，由融合运营中心统筹调度，新媒体和纸媒采编部门协同配合，快速、多渠道、多形式进行新闻发布。

中国妇女报新媒体矩阵中，中国女网是妇联系统唯一取得国家互联网新闻信息服务许可证的网站，报社对中国女网进行了两次大规模升级改造，将最初的报纸电子版网站升级为具有音视频、互动、移动端分享功能的综合类新闻网站；平台建设踰疾步稳，中国妇女报官方微博、微信一路高歌猛进，其中微博2018年的日均阅读量在妇联系统新媒体中居于首位，具备较高的舆论动员能力；探索知识付费，开展内容创业，建设媒体智库；优化阵地布局，抢抓短视频风口，打造自己的视频直播平台，并在部分妇女之家陆续安装电子阅报屏，把传播触角延伸到千家万户，女报融合发展的更大

格局逐步形成。

2015年，中国妇女报社入选第二批中央媒体数字出版转型示范单位；2016年，“网上妇女之家——中国女性数字传播与服务平台”项目获得中央文化产业资金支持；2018年，“融媒体平台智能化升级”项目获得中宣部媒体融合发展重点项目支持。

（二）重要节点上尝试新模式，优质内容创造影响力

在推进融合发展的进程中，中国妇女报始终把内容建设作为加强传播能力建设的核心环节，通过加强传播手段和话语方式创新，持续推出了一批有思想、有温度、有品质的具有女报特色的融媒体精品。

2018年，《彭丽媛的哪句话，让全世界为之感动》《礼物太别致！彭丽媛收到后都沉醉其中了》《这样的家，才是幸福》《警花教你乘滴滴》等融媒体“爆款产品”屡屡刷屏。中国妇女报微信公众号2018年12月9日刊发的《外媒说，彭丽媛很优雅，是中国优秀的形象大使；网友说，这季4万公里飞行没有糖，但“齁甜了”》，阅读量高达250万次。

在党的十九大、中国妇女第十二次全国代表大会、改革开放40年等重要宣传节点上，中国妇女报融媒体团队不断尝试新模式，有声有色有气势，出新出彩出亮点。

中国妇女第十二次全国代表大会期间，中国妇女报充分利用短视频这一新手段生产出了优质新闻产品。系列短视频《数说新成就》共五集，以数字为角度，从参与决策管理以及经济、教育、健康等不同领域，生动回顾了以习近平同志为核心的党中央对妇女事业和妇联工作的高度重视和亲切关怀，全景呈现各行各业妇女建功新时代的贡献作为，集中展示妇联工作和妇联改革的进展成效，唱响主旋律、弘扬正能量。《来自全国最美家庭的祝福》短视频和抖音，也取得了较好的传播效果。《一个90后妇联小姐姐的一天》，刷新了社会对妇联干部的刻板印象，创作手段耳目一新，充满正能量，广受好评。有网友留言说，“这样宣传主流价值，有站位、接地气、聚人气，点赞！”大会期间的早晚视频节目《阳晨时间》《恬梦放送》，以精致、诗意的制作，清新、自然的播报，获得了网友的点赞。

此外，《向她们致敬》《向前辈致敬》《向历史致敬》等12个致敬系列H5，让广大读者在回忆中感受中国妇女运动的光辉历程，领略老一辈无产阶级革命家的优良家风。

中国妇女报官方微博主持的中国妇女十二大话题讨论#我们的盛会#，阅读量达

1000万+。《这些数据告诉你，中国女人有多厉害》《邀你说，时代女性的精神风貌》《你最钦佩的女性》《文化传播者蒙曼：女性不乏英雄豪杰》《创造多个“第一”的女工程师：呼吁更多男性参与男女平等事业》等微博文章得到了网友的称赞。

（三）发力移动端，弘扬风清气正主旋律

互联网这把“双刃剑”，在推动新的传播革命的同时，也为新闻舆论工作带来了新挑战。2018年年初，歌手PG One的新歌涉嫌“教唆青少年吸毒”和“公开侮辱妇女”，中国妇女报第一时间运用两微一端移动平台，快速反应、主动介入，在网络上积极引导，让正能量的声音在舆论场迅速形成压倒性优势。

在随后的数起涉性别舆情事件，如情感类知名博主Ayawawa侮辱“慰安妇”的“女性性别优势论”、合肥出现“一脱到底”恶俗广告、南宁用女模特裸背当户型广告、未成年人女德班等，以及“女性堕落导致国家堕落”“婚外性无害论”等热点话题的引领中，中国妇女报有效利用“两微一端”移动传播平台，快速反应，精准应对，开展了有理有力的舆论斗争，及时批驳错误言论，维护了国家形象和女性形象，捍卫了家庭伦理和公序良俗，弘扬了社会主义核心价值观，彰显了女性主流媒体的责任和担当，为全社会上了一堂生动的男女平等教育课。

二 | 中国妇女报社新媒体工作案例

2018年12月21日，某商界知名人士在美国陷入“性侵”风波，引发舆论哗然。面对网络上大量的关于婚外性行为是“男人都会犯的错误”“成功人士的标配”等有违公序良俗的言论，中国妇女报官方微博、微信即时推出快评《法律的后面还有道德》，指出该企业家作为一个公众人物，应该对自己的言行有更高的要求，其行为给自己的家庭造成了巨大的伤害，也置企业的商誉和股东的利益于风险之中，从家庭伦理和职业道德的角度讲，他需要反思和警醒的地方还有很多。这一定调在舆论场引发强烈反响和共鸣，被海内外主流媒体和新媒体广泛转发，微博单篇阅读量达1758万。随后，中国妇女报微博又对另一位商界人士所谓“婚外性无害论”进行批驳，提醒公众人物“更应爱惜羽毛，自律自重，对社会道德、伦理规范、法律法规秉持起码的敬畏，而不是为了蹭热点、博眼球就抛出惊人之语，肆意挥霍手中的话语权”，有效扭转了舆论场上的价值取向。

在迈向新型主流媒体进程中，中国妇女报集中发力，精准出击，即评即发，把移动端传播优势和报纸专业内容优势有机结合，扩大覆盖面和影响力，在妇女、儿童、家庭等社会性报道领域拥有相当的话语权和引领力，让网络空间的主旋律更响亮、正能量更强劲，被中宣部《新闻阅评》称作“是从媒体自身特点出发，推进融合发展的成功探索”。

2018年，通过融合发展、多样化传播，中国妇女报正面宣传质量和水平有了明显的提高，引领主流价值的融合精品，屡获殊荣：《喜讯捎给总书记——回访习近平看望慰问过的家庭》大型主题报道，在众多喜迎十九大报道中脱颖而出，荣获第二十八届中国新闻奖（网络专题）三等奖，并获评第三届“五个一百”网络正能量精品；网络专题《温暖而坚定的护佑——改革开放40年来维护妇女儿童权益立法进程》获得司法部2018年优秀新闻作品一等奖；首都女记协女记者短视频大赛中，《母女接力，见证美丽瑶乡发展》《我是一名90后副镇长》《一个90后妇联小姐姐的一天》等短视频作品斩获多个奖项。

（中国妇女报社）

农民日报社

一 | 农民日报社新媒体工作综述

2018年，农民日报在习近平新时代中国特色社会主义思想指引下，坚持正确的政治方向和舆论导向，立足现有条件，整合优势资源，紧紧围绕新时代党的“三农”工作大局，牢牢把握党报姓党、农报属农定位，认清形势、明确任务，在守好纸媒战略后院的同时，加快向媒体融合主战场挺进，取得了传播“农报”好声音、讲述“三农”好故事、推动融合新发展的明显成效。

（一）机制创新，深化改革，加快推进媒体融合向纵深发展

融合发展关键在于融为一体、合而为一。2018年，农民日报树牢“四个意识”，坚定“四个自信”，坚决做到“两个维护”，统筹采编力量，整合优势资源，优化组织结构，推动并初步完成内部机构改革，初步建立全媒体传播架构和媒体融合业务流程运行机制，专业水平和管理效率得以显著提升，有效提高了整体竞争力。

1．加强组织领导，深化体制机制改革。为了强化媒体融合的组织保障和人力支撑，报社专门组建以报社主要领导挂帅的媒体深度融合工作领导小组，以及包括体制机制创新工作组、技术保障与培训工作组、内容创新工作组、运营推广工作组在内的四个媒体深度融合工作专项工作组，同时集结优势兵力，组建融媒体中心运营团队，作为进军媒体融合主战场的排头兵。同时，为了适应融媒体传播规律，理顺新闻生产机制，农民日报还对整个采编系统进行较大程度的调整。以“采编分离”为主攻方向，打破“采编一体”的效率制约，让更有编辑经验的同志专事出报，把更多编辑记

者输送到新媒体主战场上去，输送到采写一线去。报社初步的改革设想：一是要建设要闻编辑部、专刊编辑部、新媒体中心三个编辑中心；二是要前置稿件审核关口，部门主任、分管领导审定稿件后再进入稿库，供不同平台推送；三是要让融媒体中心承担起中央稿库的运转工作。总而言之，要在机构设置上，打破原有纸媒、新媒体相加不相融的部门架构，按照采编分离设置岗位，重塑采编发流程，推进一次采集、全平台同步传播的采编机制。

2．加强技术平台建设，引导全媒体转型。2018年，报社先后上线“农民日报媒体融合业务平台”“农民日报APP后台管理平台”，制定发布“新媒体发稿规范”等指导性文件，努力帮助编辑记者提高新媒体采编水平，丰富原创新媒体作品的表现形式，创造有利条件发挥编辑记者的多方面才能的良好氛围，积极引导传统媒体的采编人员向全媒体编辑记者转型，初步实现“报、网、微、端”齐发力的新闻传播格局。同时，大力实施走出去战略，鼓励青年编辑记者积极参加新媒体业务培训和经验交流活动，以开阔视野，提升水平。2018年，先后组织新媒体中心业务骨干参加“采编+报道　全媒体时代新闻创新实战训练营”“新媒体运营专题培训班”等新媒体业务培训，以及到太仓日报融媒体中心、新浪网、今日头条创作空间等参观学习，有效提升了他们全媒体编辑意识和业务能力。

3．健全激励约束机制，强化人才支撑。媒体竞争关键是人才竞争，媒体优势核心是人才优势。当前，高素质媒体人才的匮乏和人力资源的短缺，已经成为影响报社发展的重要掣肘因素。2018年，农民日报把优秀人才培养和引进作为推动报社媒体融合发展的基础和关键，积极寻求上级有关部门的支持，拓展薪酬发放空间，建立健全绩效考核办法和激励约束机制，形成多元考核体系，激发采编人员运用全媒体技术、成长为全媒体记者的积极性；此外，进一步加强对采编人员的培训和提升，同时创新选人用人机制，加快建立适应媒体融合发展的人才管理体系，激活人才队伍活力，全力打造既有专业新闻素养，又懂新媒体传播运营，还具有互联网思维和实践能力的复合型人才队伍，为农民日报进军媒体融合主战场提供了坚实的人力支撑。

（二）围绕中心，服务大局，不断提升农民日报舆论引导力

过去一年，农民日报紧紧围绕习近平总书记系列重要讲话、全国两会、首届中国农民丰收节、庆祝改革开放40周年、人居环境整治等重大主题，推出一系列内容厚重、形式多样的全媒体报道产品，有力地宣传了党和国家关于“三农”工作的重要精神和政策措施，实现了农民日报在“三农”舆论场重大新闻的“有我在”。2018年全

年，农民日报法人账号在微博微信、今日头条、一点资讯等新媒体平台的粉丝总数达到56.6万，阅读总量超过1.2亿，农民日报的舆论引导力进一步提高。

1．“两微”账号运行稳中有升。“农民日报”和“中国农业新闻”两个法人微信账号的用户数持续攀升，用户总数达到12.2万，同比增长40%。微信推送文章近3000篇，同比增加20%，总阅读数620万。其中阅读数过万的文章23篇，同比增长77%，有2篇经过前期策划，内容为当天社会关注的热点并抢得首发，成为“10万+”的“爆款”文章，分别是2月4日推出的《来了！中央一号文件全文发布！（点击收藏）》，单篇图文阅读量达到19.5万；以及9月26日推出的《中共中央国务院印发〈乡村振兴战略规划（2018—2022年）〉（全文）》，单篇图文阅读量达到11.4万。两个微博法人账号运行平稳，由于后期工作结构调整，微博总体发展水平和去年持平，粉丝总量12.3万，推送微博16000余条，总阅读量突破4000万次。

2．网站专题制作精益求精。2018年，报社旗下的中国农业新闻网围绕党和政府的工作全局、农业农村部的工作中心，积极谋划，精心制作推出50期网络专题。这些专题中既有重大方针政策出台的，如中央一号文件出台、乡村振兴战略规划、脱贫攻坚三年行动意见等；也有十佳农民、贫困地区农产品展销等微观层面的热点或话题的专题，形成了对农业农村经济、政治、社会等领域热点重点的有效覆盖。这50期专题，整体设计精心，内容丰富，体现了网络媒体快速反应能力。其中，《农民专业合作社法迎来首次修改》专题及《最美农技员》专题荣获中国人大新闻奖等奖项。

3．第三方平台传播效果显著。在今日头条平台，“农民日报”头条号粉丝数达到27万，共发布近4000篇图文内容，总阅读次数突破5000万次。12月29日原创文章《170票赞成、1票弃权，新农村土地承包法来了！》在发布后72小时阅读量突破500万，评论3242次、转发6.8万次、收藏7.4万次，成为本年度新媒体平台上的“爆款”文章。在一点资讯平台，粉丝总数达到4.1万，同比增长38%。共发布文章2600篇，总阅读量3265万。

（三）转变观念，提升能力，探索“三农”新闻宣传新形态

2018年，农民日报始终坚持内容为王战略，充分挖掘报社内外部资源，组织编辑记者积极发挥主观能动性，全力编写原创作品，开拓新媒体报道的新模式，综合运用视频、文图、图解、H5等多种手段，进行全方位、多角度、深层次的报道，彰显了农民日报新媒体的权威性，进一步拓展了社会影响力。

1．短视频创作蓬勃兴旺。进入融媒体时代，网络视频成为各类媒体竞争的重要

市场，新媒体视频板块和短视频平台突飞猛进。视频无疑是融媒体发展不可或缺的重要部分。2018年，是农民日报短视频创作蓬勃发展的一年。这一年，为庆祝改革开放40周年，加快视频化、移动化转型，报社隆重推出《三农大家谈》等短视频产品。

2．H5作品出新出彩。H5因为其活泼轻快、灵动多样的表现形式，被视为新媒体传播手段的轻骑兵。2018年，农民日报继续加强H5作品的创作力度，在以往量的基础上更加追求质的提升。2018年12月，为了配合“千万工程”的主题报道中，策划制作VR全景式H5作品《乡村变花园　一起来看看》，以全新的形式展现“千万工程”的傲人成绩；H5作品《农村改革40年——我们的家乡在希望的田野上》以个人化的崭新视角，创新了对规定动作的实现形式，取得了良好的宣传效果；为“中国农业转基因管理”公众号设计制作11个H5产品，增加了转基因宣传的趣味性，获得主管部门的认可。

3．视频“直播”引领风尚。视频直播，消除了新闻传播的边界，让读者深度沉浸和即时互动成为可能。为了丰富用户对于三农新闻的体验，农民日报大力尝试视频直播等手段，引领新闻宣传新风尚。首先，积极调整微博运营思路，积极加入并分享“短视频直播下半场”红利。在第二届茶博会及上海进博会上，我们在微博平台策划并进行了“小编带你逛展会”主持人互动视频直播报道，取得很好传播效果；二是融合报道拓新路。11月末，我们组织实施了“乡村振兴　齐鲁样板”融媒体联动直播系列报道，这是农民日报新媒体与地方媒体单位的第一次融媒体联动直播合作尝试，取得了成功，积累了经验；三是在微博平台开设并主持讨论话题获得关注，增强传播力。在庆祝首届中国农民丰收节期间，在农民日报法人账号开设并主持#首届中国农民丰收节#话题，话题阅读超过816万，极大地扩大了对首届中国农民丰收节的宣传效果。

二｜农民日报社新媒体工作案例

为纪念改革开放40周年，回顾总结40年来农业农村发展的宝贵经验，展望新时代乡村振兴的美好未来，2018年5月—12月，农民日报视频工作室先后采访了顾益康、柯炳生、白美清、张晓山、黄季焜、张红宇、宋洪远等八位“三农”领域的权威专家，并制作推出同名主题短片，共8期，72集。“三农大家谈”系列视频作品一经发布，受到广大“三农”干部、专家学者、农民朋友以及社会各界关心“三农”问题人士的普遍好评。

（一）克服重重困难，网罗“三农”领域最权威的大咖

“三农大家谈”，顾名思义，是一项以“三农”权威专家为主导的人物访谈节目。这之中，采访对象的选择最为关键。对此，报社领导高度重视，组织召开选题策划会，逐一确定采访人物名单。我们在选择人物之时，一方面要看他是否在“三农”领域具有深厚的造诣，同时也要看是否经历或见证了改革开放四十年某项“三农”改革发生发展的全过程；既要突出权威性，也要突出历史感。在名单确定后，我们第一时间协调各专刊部门，列出采访提纲，及时与采访对象取得联系。随后，将视频工作室成员分组，每组负责盯一个或几个采访对象，分头行动，奔赴全国各地展开视频专访。这期间，有些专家因为档期调整问题，一时难以接受采访。我们通过抢先赶赴专家驻地、适当调整采访对象名单等方式，克服重重困难，最大限度地采访到了计划中的“三农”大咖，基本达到了预期效果。

（二）做精做优内容，用知识性和专业性征服读者

“三农大家谈”，核心价值在于它的价值深度，它不是一种即时性、消遣性的视频栏目，而是散发着专业性、知识性的视频栏目。“三农大家谈”所采访的专家，每一位都是“三农”领域最具权威性的代表性人物。以首期嘉宾顾益康为例，他曾任浙江省农业和农村工作办公室副主任，现为浙江省政府咨询委员会委员、省文史馆馆员、农业农村部专家咨询委员会专家，多年来一直倾情于“三农”问题理论研究和实践探索，是全国农经理论与“三农”学科上颇有理论造诣的学术带头人，被誉为省级农民、超级农民。顾益康这期节目共9集，分别从特色农业发展、推广千万工程、深化农村改革、脱贫攻坚等角度，全面梳理和回顾了浙江开展“三农”工作的成绩和经验，对于其他地区具有较强的借鉴意义。

（三）多方协作，积极推广优质原创“三农”可视化内容

“三农大家谈”系列视频作品在农民日报客户端、微信微博及新闻网站同步推出，取得了良好的传播效果。数据显示，这些可视化三农作品点击量明显高于其他文字类作品。《顾益康：一辈子跟“三农”打交道，越打交道越有味道》《柯炳生：关于转基因，我有“五句话”》《袁隆平：科学家育种和培养奥运冠军道理一样》等分

集作品点击量位列报社当月全媒体作品点击量排行榜前列。视频发布后，人民网视频团队曾来到报社洽谈合作事宜，共同推广优质原创“三农”可视化产品。接下来，报社将进一步整合编辑部门的采编资源与视频制作资源的融合，加快推动以“三农大家谈”为代表的农民日报短视频产品取得更好的发展。

（农民日报社）

法制日报社

一｜法制日报社新媒体工作综述

法制日报社于2015年成立融媒体中心，在继续做好传统媒体业务的基础上开拓创新，勇于探索，不断进取，大力推进媒体深度融合，始终坚持一体化发展方向。截至2018年年底，融媒体中心已逐渐完善机制并实现常态化运营。通过强化顶层设计、优化编审流程、再造平台管理，实现各种媒介资源、生产要素有效整合；通过理念观念、内容方法、形式手段等创新，全面提升传播能力。

2018年，法制日报社继续充分发挥《法制日报》作为中央政法委机关报，维护意识形态安全、引导法治舆论和政法舆论的重要作用，努力完成全面依法治国宣传报道任务，使法治新闻宣传工作更好地服务决策、服务基层、服务群众；推进报社运行模式由报纸一家独大向报纸、网站、官微、客户端齐头并进、协同发展转变，变相“加”为相“融”，最终实现“融为一体、合而为一”；采编队伍由传统媒体全面向媒体融合转型，法治宣传主力军全面进入法治宣传舆论工作主战场。

（一）坚持做大做强，打造新媒体矩阵

2018年，法制日报社在原有建设基础上，利用国家新闻出版改革发展项目资金支持，完成入库项目即“全媒体融合法治创新服务平台项目”一期建设，对法制日报客户端进行升级改造；打通网站、新媒体平台发布系统链接，实现一键发布；完成法制日报社媒体融合指挥平台建设，“中央厨房”形态初具。

法制日报社启动“法治号”聚合平台研发并积极推进上线工作。“法治号”是法

制日报社开发建设的中央级法治新闻资讯法律服务聚合平台，兼具法治资讯发布、账号入驻互动、视频直播发布、法律数据查询、公共法律服务、法治舆情监测等功能。报社成立了由社长、总编辑挂帅的领导小组，统筹推进项目建设。

法制日报社扎实推进法制网改版工作。在形式设计上，加大视觉冲击力，首屏新闻滚动图片尺寸增宽至两栏，对图片频道和访谈直播频道采用大图片滚动切换的模板展现，提升了整个页面的视觉效果；在内容设置上，在首页顶部突出展示“全面依法治国”版块，聚焦每日最重要法治新闻，推进报网融合，实现子报子刊入驻法制网。

法制日报社组织入驻互联网商业平台，扩大品牌影响力、内容传播力。截至2018年年底，法制日报社已入驻微信公众号、微博、今日头条、一点资讯、百家号、企鹅号等平台。

（二）提高政治站位，做好内容创新

1. 重要政治专题重点策划，增加大量原创作品和独家报道

2018年全国两会期间，融媒体中心、法制网及社内相关部门共同组成两会报道组，精心策划选题，从前期预热到详细解读，运用多种形式对两会进行全方位多角度报道。精心策划《数字里看政协报告》《“政府工作报告中的十大法治关键词”》等选题来解读多场报告，梳理要点。每天，法制日报微信公众号每天还会出现一组神奇的画风，精心制作装点微信版面。微信公众号“传媒茶话会”在会后还对此进行了报道推送。

2018年4月9日起，《法制日报》开设了“新时代‘枫桥经验’新亮点”专栏，连续刊发本报记者在深入调研采访新时代“枫桥经验”过程中的所见所闻、所思所想。融媒体中心以记者稿件为素材，重新编辑制作，推送了关于“枫桥经验“的电视剧脚本——《寻迹枫桥》，共13集（13篇）新媒体作品。每集脚本中包含对剧情、旁白、画外音的梳理，还穿插相应的剧情漫画，达到了很好的传播效果。

2018年，法制网紧紧围绕政法综治、司法行政中心工作开展宣传。一年来，共发布政法工作新闻报道稿件31600篇，结合重大活动节点、完成70余次综合策划报道和36个政法专题报道，创作新媒体产品40余篇。

2018年，法制网在全国两会、世界互联网大会等多项报道上，做到了网站、新媒体、报纸的融合报道，同策划、同写作、同发布。策划推出的“新时代、新征程，法律人在启航”系列访谈节目，邀请当选全国人大代表、全国政协委员的39名律师做客法制网，参与制作9场视频访谈，传播广泛，反响强烈。

2. 自身特色内容做好宣传，提升业内影响力和知名度

2018年8月1日，是法制日报的38岁生日。融媒体中心共推送《这些照片，我们凑了38年……》《愿有岁月可回头！38岁的她，坚持写了24年的新年献辞！》《当38遇见3、19、55……》3篇新媒体作品，为报社送上生日礼物，回顾我们在记录法治中国建设的过程中作出的努力。

2018年，融媒体中心共参与了两场由报社主办的展会，分别为在7月举办的“全国政法智能化建设技术装备及雪亮工程成果展“和在9月举办的“2018智慧公共安全装备（广州）博览会”。新媒体报道小组集中对展会的开幕式、研讨会上嘉宾们的精彩发言、展会上的酷炫黑科技编发制作符合新媒体传播的稿件，有的稿件还收获了非常高的阅读量，达到了很好的宣传效果。

3. 创新内容宣传形式，增加粉丝黏度

2018年，融媒体中心的精品栏目“漫点普法”全新改版升级，以全新的形象重新出发。栏目更新人物角色，丰富普法内容，同时应对相关热点事件的普法要求，及时推出及时性的作品，例如针对“昆山反杀案”推出《漫点普法加急送 | 正当防卫你真的理解通透了？》，栏目在推送传播的同时，反响强烈，培养了一批死忠粉，增加了粉丝黏度。

2018年，法制日报社创新以通俗易懂的接地气解读重要的节日节点，如国际禁毒日、重阳节、儿童节、国家安全日、中秋节、重阳节、消防宣传日、11·8记者节、12·4国家宪法日等，给高大深奥的专业学科知识以鲜活生命力。2018年全国两会期间，法制网新媒体中心推出的《创意动画 | 60秒解锁两会上的政法君》，获得2018年全国人大新闻奖新媒体三等奖。

在视频创作上，法制网2018年共完成图文直播30场，视频直播20场，会议专访44场，人物访谈18场，原创短视频25个，会议活动拍摄21场，微电影1部，专题片1部，宣传片制作3个，上传处理视频2158个，并参与影视中心司法为民宣传片的拍摄和制作工作。

2018年，法制网继续同中央网信办网评局开展深度合作，完成改革开放四十周年系列动漫漫评和反对历史虚无主义两项重大创新网评项目。酷闪、动漫微视频等作品获得了中央网信办的高度认可和重点推送。

4. 热点事件、舆情事件报道

2018年，法制日报社新媒体部门加大了原创力量的投入，在重大舆情事件、社会热点事件面前没有失声，十万加的稿件中共有三篇由融媒体中心参与采写。分别为

《法制日报详解范冰冰偷逃税问题中法律热点：只有讲明白，法律才会避免误解得到支持》《宝马男持刀砍骑车男反被杀！算不算正当防卫？三位律师有话说……》《滴滴之罪根源是对生命的无视！真以为法律管不了？且看专家分析滴滴究竟该承担什么法律责任？》针对事件中公众关注的痛点，采访权威的专家、律师，权威发声。

法制网两微紧跟重大主题报道，密切关注热点事件，针对问题疫苗、中美贸易战、吉普岛沉船事件等国内外热点新闻，及时采访、发声，完成了一系列原创作品共计500余条。在舆论引导工作上，2018年，法制网共刊发原创评论240余篇。围绕习近平主席系列重要讲话精神策划主题19个；围绕重大主题及节日主题、重要会议、重大法治类主题、热点法治事件等完成的规定动作和自主策划主题近50个，热点社会事件自主策划主题近100多个。制作6个创新形式的网评新媒体作品均获得中央网信办高度认可，指令全网推送。

（三）制度创新，推动媒体融合发展高质高效

1. 采取相关措施，保障融合发展

（1）建立融媒指挥平台。设立媒体融合指挥中心，由报社总编辑兼任指挥中心主任，若干采编部门主要负责人任副主任，每天上午召开例会并实行24小时值班制度，对新闻线索、新闻稿件、新闻产品进行集中策划、采集、编辑、分发、推送，实现“一点采集，多平台发布”的流程机制；于今年年底前建成融媒体指挥平台，将报纸、网站、官媒、产品推送等各平台值班人员集中办公，统一指挥，提高质效。

（2）再造稿件编审流程。以媒体深度融合、全媒体综合运用理念指导日常新闻策划工作，重造稿件发布流程，所有新闻稿件第一时间在新媒体平台发布，加大对稿件刊播时效和传播力、影响力的考核力度。

（3）深入开展“双创”活动。积极拓展对外合作模式，紧跟新媒体技术发展潮流，引进社会资本、管理经验、先进技术，孵化新产品研发、新技术应用、新平台建设项目，开展多种经营活动，增强网站及新媒体平台造血功能，实现报社发展转型升级。

2. 加强培养培训，坚持“人才优先”

（1）完善绩效考核制度。修改绩效考核制度，将考核机制向网络新媒体倾斜，加大对优秀新媒体稿件、媒体融合稿件的奖励力度，鼓励所有的采编部门、记者站、子报子刊记者采写优质、高效、符合新媒体传播规律的稿件，加快推进主力军向主阵地转移的步伐。

（2）建设全媒采编队伍。打破传统媒体与新媒体人员之间的部门壁垒，组织采编队伍进行全员新媒体培训，通过轮岗交流、培训轮训、实战练兵等多种形式，不断强化采编人员新媒体意识，提升采编人员新媒体产品采集能力，实现全员转型，建设一支全媒体采编队伍，使记者不仅能为传统媒体供稿，还能拍照、发微博微信，制作H5、微视频，实现新闻信息一次采集、多次生成、多元传播的效果，全力推进传统媒体与新媒体深度融合，做到“你就是我，我就是你”。

（3）培养大V网红队伍。推进用人机制变革，适应新媒体发展需求，于今年年底前在编辑部门、网站、新媒体平台开展首席记者、首席小编、首席技术官、首席运营官等试点工作，着力培养报社自己的大V和网红队伍，同时邀请知名法学家、政法系统英模和法治类网红、大V入驻报社新媒体平台，壮大报社新媒体的影响力。

（4）加强人员资金保障。通过引进资本、增加投入等方式进一步加大新媒体建设力度，每年计划投入500万至1000万元资金，推动报社新媒体发展提档升级；将报社融媒体中心与法制网融媒体部合并，统一负责全报社融媒体稿件编发；由大报采编部门统一负责报纸、新媒体、法制网的内容生产；每周减少报纸8个版面，把机构、人员整合后节省下来的人员、资金转移到新媒体发展上去。

二 | 法制日报社新媒体工作案例

2018年8月27日晚9时左右，一则视频在各大微信群刷屏：一辆白色宝马车驶入非机动车道，与正常骑行的电动车发生争执。宝马车中一名男子下车对电动车车主一顿拳打脚踢，之后又到车中拿出砍刀砍电动车车主。未曾想，宝马车车主在砍人时，长刀不慎落地，电动车车主抢先一步捡起砍刀，反过来砍向宝马车车主，最终宝马车车主不幸身亡。此视频一经传播，“骑车男算不算正当防卫”这一话题瞬间引发了全社会民众的激烈讨论。8月28日上午，法制日报记者梳理发现后，争论的焦点集中在宝马车主在刀被夺走之后转身跑回车里时，他实施的不法侵害是否已经终止？立刻就网友争议的焦点问题采访了三位律师，就他们发表不同的法律观点写作了稿件《宝马男持刀砍骑车男反被杀！算不算正当防卫？三位律师有话说》。

该作品结构清晰，语言朴实，采访扎实，角度切入精妙，及时回应了民生关注。此外，该作品时效性极强，可谓该事件的视频曝光后，首个发出专业客观法律分析声音的媒体，彰显了党报专业媒体面对舆论热点不缺位、不失声的责任担当。同时该作品形成了舆论对“正当防卫”这一话题关注的高潮，社会效果尤佳。

该稿件发布之后，中国经济网、光明网、正义网、观察着网等微信公众号纷纷转载，社会反响热烈，法制日报微信公人号阅读量迅速达到十万加。

该报道可谓第一时间抓住民众关注的热点事件，利用新闻报道上了一堂全民的法治公开课，持续引发相关讨论。一时间，“正当防卫”也成了民众热议的话题。也正是这种关注的声音汇集在一起，推动着法治一点点向前。2018年9月1日，昆山市公安机关发布公告：以于海明的行为属于正当防卫、不负刑事责任为由对该案作出撤销案件决定。几个月之后，最高法发布《关于在司法解释中全面贯彻社会主义核心价值观的工作规划（2018—2023）》，对未来5年的司法解释工作作出专门部署。《规划》中提到，要适时出台防卫过当的认定标准、处罚原则和见义勇为相关纠纷的法律适用标准，鼓励正当防卫。

（法制日报社）

《宝马男持刀砍骑车男反被杀！算不算正当防卫？三位律师有话说……》报道二维码

人 民 网

一 | 人民网新媒体工作综述

（一）创新表达，主动发声，内容建设迈上新台阶

1. “学习”报道成效显著

2018年，人民网成立“新时代学习工作室”，大力传播习近平新时代中国特色社会主义思想，探索出专家解读、论述摘编、图解、H5链条式的报道模式。以“学习有声”为代表的融媒体作品总访问量已超过5000万。从习近平总书记系列重要讲话中选取掷地有声、耳目一新、言近旨远的精彩话语制作系列“金句”摘编，发人深省、催人奋进，并搭建“学习金句”PC端和移动端响应式专题，展现习近平总书记的语言艺术和领袖魅力。《习近平日内瓦演讲一周年：世界为何青睐“人类命运共同体”》《今年，我和习近平握过手》等策划多次获有关部门的肯定和批示。“新时代学习工作室”团队被推选为“年度重大主题宣传团队”。“习近平系列重要讲话数据库”入选“五个一百”网络正能量精品。

2. 重大报道融合创新

在宣传贯彻党的十九大精神、全国两会、亚洲博鳌论坛、上合组织青岛峰会、中非合作论坛、首届中国国际进口博览会、2018APEC会议、G20峰会、总书记出访及改革开放40周年等一系列重大主题报道中，人民网与人民日报社相关部门融合创新，总网、地方联动，中文、外文协同，采用综述、图片、评论、图解、视频、音频、H5、电子书等多种呈现形式，推出一系列融媒体产品，传播力、影响力显著提升。围绕社会关切、立足百姓视角，推出“长江龙·舞起来”“小城故事多”等众多有分量、有

担当、有情怀、成系列的优秀报道，现场感强、鲜活生动，广受关注和好评。

3. 舆论引导把牢定盘星

2018年，人民网继续在时事热点评论上不断发力，牢牢站稳“互联网第一评”高地。先后推出三评“新经济”、三评“浮夸自大文风”、四评“自媒体账号乱象”等系列网评，引发社会的良性反思和讨论，得到各方肯定，多次受到主管部门表扬。其中三评“浮夸自大文风”系列评论《文章不会写了吗？》《中国人不自信了吗？》《文风是小事吗？》批评了一段时间以来各类媒体、自媒体出现的“哭晕体”“吓尿体”等夸张文风，各平台阅读量超过一千万次，引发国内外舆论关注和称赞。《人民网评：奔驰，你这样做就是与中国人民为敌！》得到外交部回应并最终迫使肇事方道歉。针对中美贸易战、美国的不实攻击等情况加强国际报道和评论，发挥积极引导作用。人民环评、人民房评、人民车评、人民旅评等垂直行业领域的评论品牌均在业界取得了一定的影响力，多篇评论稿件被主流网站、客户端进行推荐。

4. 发力短视频开疆拓土

2018年，人民网筹建人民视听公司，上线人民视频客户端，发力短视频、移动直播，推出《跑者说》《吾是青年》等多款短视频IP栏目。人民网融媒直播《两会进行时》获“第二十八届中国新闻奖特别奖”，是5件特别奖中唯一的融媒直播项目，2018年携手百家党媒再次推出“两会进行时”，总浏览量过4亿。《两会夜归人》树立了讲述类视频节目标杆，入选广电总局“弘扬社会主义核心价值观　共筑中国梦”主题原创网络视听节目。“美丽乡村”大型直播总观看人数超过3.8亿人次。系列微视频《您曾对我说》在各大平台累计浏览量突破2亿。系列手势舞短视频《我们走在大路上》，总访问量达14亿。高考“满分舞”等“爆款”视频，在新媒体平台上的累计点击量超过21亿。人民视频还探索了“央地合作”“媒体+政务”等合作新模式。

5. 舆论监督反响强烈

人民网联手人民日报重磅推出融媒体调查报道《来信调查》，以“行使舆论监督、促进干群沟通、推动政务公开”为己任。以人民网网民留言为采访线索，由人民日报政文部记者和人民视频记者共同采访，分别在人民日报推出文字稿件、在人民视频推出视频稿件，并整合到人民视频的《来信调查》专栏，《地方领导留言板》也为此开辟专题“来信调查@人民日报”，对相关报道进行集纳式呈现。《“冤！太冤了！”五证齐全，何以成了违章建筑》等多篇融媒体调查报道点击量超过4000万，评论过万条。此外，人民网针对行业热点、重大事件，推出多组系列深度调查报道，如探访三江源、随环保督查组深入地方调查等，引发较大社会反响。求真栏目《高考满分零分作文是真的吗？》等报道追寻真相，正本清源。

6. 平台升级积厚成势

人民网的地方领导留言板打通了多渠道的留言路径。前11个月，网民留言及办理各项事物的热度指标稳步增长，各地答复网民留言的总量突破100万项，公开回应网友留言的领导干部新增近300位。甘肃省委确定人民网地方领导留言板为省内新闻网站唯一网络问政平台。各地领导干部在这个平台上的回复总字数达到3亿。2018年人民网对“全国党建云平台”进行全面升级，推出“人民党建云”平台，通过对PC端和移动端的全面覆盖，实现信息发布、学习教育、党务管理三大核心功能的有机整合，入驻单位超过2774家，党支部5977个，党员46273人。人民网在新浪平台的官方微博粉丝数一年内跨过4000万、5000万大关，年内超过6000万，稳居全国网络媒体第一，全年出现几十条过亿级话题；官方微信粉丝量增长百万，超过650万，访问量逆势大涨30%；人民网在主要短视频平台的账号粉丝总数突破600万，其中抖音账号粉丝达466万；手机人民网访问量超51亿。人民网“两微”和抖音账号被关注数在新闻网站中保持领先地位。

7. 国际传播力持续提升

2018年人民网外文原创稿件达到4.5万条次，制作推出285条外宣短视频等新媒体作品，比2017年增长200%。人民网国外合作媒体数量增至87家，原创外文稿件累计在外媒落地突破12万条次，同比增长20%。外宣微纪录片《各国政党代表齐聚小岗见证中国农村改革与扶贫成就》获得中共中央对外联络部的肯定。人民网运营的人民日报海外社交媒体平台粉丝数超过6000万，读者遍布全球120多个国家和地区，全年阅读量超过50亿。其中，关注量4690万的人民日报英文脸书官方账号，继续保持粉丝量、互动量、活跃量在国际媒体中的领先地位；关注量485万的人民日报英文推特官方账号，认证的大V级粉丝超过3700位。

8. 地方频道亮点纷呈

人民网多家地方频道合力参与《40年改革印记》系列融媒体报道获得中央网信办支持肯定；多家地方频道合力参与《全国两会书记省长捎句话》项目，400万人参与、14位书记省长发信；多家地方频道合力参与《“一把手”的学习笔记》吸引120位地方一把手参与；上海频道“给90后讲讲马克思”累计受众人次过亿；广西频道党建系列报道获自治区党委书记2次批示；西藏频道独家报道金沙江滑坡获得国家应急管理部好评；重庆频道“10.28公交车坠江事故”系列追踪报道全网领先；新疆频道与党网推出“党旗映天山 建功新时代”知识竞赛663万人参与；黑龙江频道报道大兴安岭火灾表现突出被评为全省先进。

（二）围绕主业，开拓创新，收入、利润双增长

2018年人民网进一步彰显主流媒体价值，经营成绩快速增长，全年营业收入达到历史最高、利润达到历史较好水平，实现了向新的发展阶段的转型。2018年人民网在平台建设、标准制定、技术研发等方面进行了初步探索，内容审核业务收入较上年同比增幅达166%。

1. 双轮驱动发展取得创新成果

人民网不断加强对关联产业的孵化，围绕与内容主业有良性互动的领域进行资本配置，在视频、第三方审核、大数据等方面进行战略布局，人民视听、人民信息、人民数据等子公司的先后设立助力人民网驱动发展。同时，人民网通过整合产业资源，加强与各行业领军企业的共建共享，各类资本运作稳步推进，上市公司的平台作用得以彰显，资本价值日益提升，实现了国有资产保值增值。此外，人民网在业务系统全年安全、稳定、高效运行的基础上，加大技术研发方面的投入，构建自主可控的人工智能技术团队和技术后台，规划并启动了“智慧聚发平台”等高端技术支持平台的建设，有效提高服务的技术附加值和产品的市场竞争力。

2. 总网及分子公司经营成果丰厚

人民网经营部门强化管理、规范经营、激发团队活力，经营业绩筑底回升。2018年人民网实现营业收入16.94亿元，同比增长20.96%，净利润2.14亿元，同比增长139.23%。地方分公司创新经营管理机制，2018年收入同比增幅超过40%。主要子公司业务重点突出、经营成果丰厚。“人民体育”围绕组织赛事活动，搭建服务平台，电竞、马拉松、冰雪运动等业务初具规模，整体营业收入较上年同期增长超过90%；“人民健康”搭建“六个一”项目平台，业务模式初步形成；人民在线实现向“数据+咨询”的科技密集型转化，整体呈现“经营基础稳固，增长动力强劲”的态势，大数据舆情收入较上年同期有较大增长；“人民科技”初步构建起了“技术+内容+运营”为一体的全新业务体系，自主研发的智能融媒平台和智慧聚发平台初见成效。

截至2018年末，人民网总资产达人民币41.30亿元，归属于上市公司股东的净资产为人民币29.91亿元。人民网实现营业总收入人民币16.90亿元，较去年同期增长20.96%，实现归属于上市公司股东净利润人民币2.14亿元，较去年同期增长139.23%。以广告及宣传服务业务、移动增值业务、信息服务业务三类业务为主的人民网主营业务均呈现快速发展模式。

（三）调整机制，激发活力，催生发展新动力

2018年，面对互联网快速发展和媒体格局深刻变革带来的机遇和挑战，人民网坚守舆论导向、廉洁从业“两条红线”，抓好内容安全、技术安全、经营安全，确保网站运营万无一失。通过加强制度建设，完善体制机制，激活团队活力，更好地承担人民网的职责使命，壮大自身实力。

制定《人民网每周精品奖评选办法》《人民网精品内容创作项目审批及管理办法》等制度，激发优质内容创造力，加强国家支持的重大项目的组织申报和规划统筹，鼓励部门和员工积极融入人民网创新发展。制定修订采编、经营等30多项制度。优化ERP系统，提高财务管理效率，推进集团财务管控系统升级。建立了一套既“简单有效”又“激励激活”的地方管理体系。

功以才成，业由才广。人民网事业的快速发展，关键在人。2018年，人民网召开人才工作会议，提出人才是公司第一资产，要通过建立有效机制发现人才、培养人才、激励人才和凝聚人才，把人民网打造成为员工赋能的平台。人民网记者编辑在业务上体现出来的“全媒体”思维和“一专多能”的工作能力，顺畅了融合报道的联动机制，也不断壮大了媒体融合发展中的高层次人才队伍。在加强前方采访记者跨部门融合的基础上，进一步做好人民网内容中后台编辑人员的融合。通过建立与人民日报社融媒体工作室的对接机制，制定配套政策，鼓励内容、项目、团队合作，在重大报道活动节点中推出了一批脍炙人口、反响热烈的优质融合作品。未来，人民网还将通过加强党的建设，营造风清气正、有事业感召力的工作环境，为员工创造发展机遇，以强大的人才队伍巩固坚实的舆论阵地。

2018年底，人民网初步拟定了未来三年发展战略，将以内容业务为主轴；以技术和资本双轮驱动，孵化产业、掌控数据，形成两翼；打造人民视频、党建平台、地方领导留言板三大移动端产品；形成内容原创、内容运营、内容审核和内容聚合分发四个层次的主体业务体系。通过“一二三四”格局实现人民网的政治价值、品牌价值、传播价值、平台价值、资本价值等“五大价值”。

二｜人民网新媒体工作案例

2018年全国两会，人民网建立党媒传播矩阵，打造人民系的融合报道。在视频直播方面，人民网联合人民日报全国党媒信息公共平台，携手百家党媒，以品牌栏目

《两会进行时》为依托，在PC端、移动端通过视频直播两会，为受众提供全视角、多层次、移动化的两会直播体验。

人民网《两会进行时》大型直播栏目以全面视频化、重点移动化、优先直播化、融入科技化“四化”为报道方针，全方位实时报道两会。此外，联手人民日报全国党媒信息公共平台共同推出“全国党媒报两会”，实现“信息共享、内容定制、平台共建”。通过积极打通地方党媒联络渠道、对接多方需求、解决疑难问题、落实渠道推广，从而有效地推动进展。2018年，《两会进行时》与超过百余家媒体进行合作，在56家党媒客户端、18家党媒PC端落地，有27家地方党媒向栏目投稿，参与联动的媒体及渠道超过100家，实现一次采集、多次生成、多元传播，达到内容生产效率和媒体影响力的双重提升。

全国两会，人民网发挥平台的采写优势，推出开幕式、发布会、部长通道等相关图文消息稿件。人民网直播组推出两会图文+视频直播专题，其中《肖捷：2018年减税降费三管齐下　将提高个人所得税起征点》《十三届全国人大一次会议开幕　出席2970人》《张业遂：国务院机构改革方案将在13日第四次全会上听取说明》《何立峰：“气荒”有惊无险 今冬平稳完成保供保暖》《曹建明：333名国家工作人员为黑恶势力充当“保护伞”被立案侦查》等稿件被推荐至网易首页、百度首页等要闻区域。《周强：全国86%的法院建立信息化诉讼服务大厅　方便群众诉讼》等多条稿件被网易、腾讯、一点资讯等客户端转载。

（人民网）

新 华 网

一 | 新华网新媒体工作综述

2018年，新华网着力提升网上舆论引导水平，加快媒体融合发展步伐，加强国际传播能力建设，深化经营模式转型，有力巩固了党和国家网上舆论主阵地。Alexa国际排名连续三年稳居全球前100位，全面领先国际主要通讯社网站，与CNN、BBC所办网站交替领先。在中国互联网协会、工信部信息中心联合发布的“中国互联网企业100强”榜单中排名18位，连续三年进入前20强。

（一）全面巩固网上宣传主阵地、主力军、主信源地位

2018年，新华网认真履行意识形态工作主体责任，牢牢坚持正确的政治方向和舆论导向，传播力、引导力、影响力、公信力不断增强，中央重点新闻网站排头兵地位进一步巩固。

一是全力做好习近平总书记宣传报道，有力抢占网络终端平台“头部”空间。牢固树立“核心的事就要当核心的事办”意识，把宣传习近平新时代中国特色社会主义思想和党的十九大精神作为全网报道的重中之重。以“学习进行时”专栏为主体，在“快、深、新”上下功夫，深入挖掘阐释习近平新时代中国特色社会主义思想的丰富内涵、精神实质、核心要义，持续推出有思想、有温度、有品质、有创意的原创内容产品。“学习进行时”作为中央重点新闻网站中创办最早、原创量最大、影响力最广泛的“学习”系列栏目，在第二十七届中国新闻奖评选中荣获“中国新闻名专栏”一等奖。2018年以来全网累计推出涉总书记原创报道1000余条，成为众多网络媒体转

载、转引的主要信源。其中“学习进行时”专栏累计推出原创报道260余件，平均转载量超过500家，最高转载量突破1500家，推动党的创新理论广泛占领网络媒体的舆论阵地。

二是精心组织重大报道和主题宣传，充分发挥网上宣传主信源作用。在改革开放40周年、全国两会及重要主场外交活动等一系列重大主题报道中，累计推出大型融媒体专题近百个，组织重大直播访谈1300余场，制作融媒体产品500余个，有2亿人次到新华网互动平台参与互动。特别是在重大活动中独家担纲网络文字直播，发布稿件被转载次数占15家中央主要新闻网站总转载量的50%以上，网上宣传主信源的作用充分凸显。同时，紧紧围绕网民关注热点，敢于发声、善于发声，及时主动回应网民关切，有效引导网上舆论。累计推出50个系列900余篇原创评论报道。其中，仅围绕中美经贸摩擦就连续播发80余篇原创评论，受到上级机关和中央领导充分肯定。围绕长春长生疫苗事件、个别艺人低俗歌词事件、鸿茅药酒事件等社会关注热点，持续发出正面强音，产生强烈社会反响。

三是加强国际传播能力建设，深入构建“内外并重”工作格局。主动对标BBC、CNN等国际主要媒体网站，在全球媒体竞争中积极争夺国际话语权，全球传播力和影响力进一步增强。持续加大外宣视频产品生产，全年推出《中国相册》《上合，风好正扬帆！》等多语种融视频产品260余个，部分产品在海外主流媒体网站实现落地，产生良好反响。围绕脱贫攻坚、环境保护、中美经贸摩擦等国际关注热点，组织评论、访谈、视频等原创报道100余篇，响亮发出中国声音，主动回应国际关切。专访20余位驻华大使，有力宣介中国道路、中国制度、中国成就，外国政要在华公共外交首选平台地位进一步巩固。对外合作传播进一步深化，实现对外重点报道在全球6大洲270余家主流媒体网站终端落地。

（二）加快推动融合发展移动化、视频化、智能化转型

2018年，新华网深入推进内容建设转型，大力推动媒体融合创新，重点在移动化、视频化、智能化方向上积极拓展，加快抢占网络传播和舆论引导的制高点。

一是大力推进移动化转型，移动矩阵建设取得突破性进展。深入实施“两端并举、移动优先”战略，持续推进移动端内容供给侧改革，移动端矩阵效应进一步凸显。加快打造自主可控平台，构建以短视频内容为主体、人工智能技术为支撑的新一代智能化移动传播平台。新华网客户端全面实现技术平台升级，用户日活规模呈爆发式增长。积极抢占移动社交平台，微博粉丝突破5400万，微信用户数突破1100万，移

动端日均覆盖人群超过3.4亿。以优质正能量内容集聚人气，推出“一字标题”“这就是”等移动传播的系列报道，篇篇都是“10万+”，引发业界纷纷效仿，实现了对年轻网民的广泛覆盖和深入影响。

二是加快实施视频化战略，视频业务能力达到行业领先水平。强化顶层设计，优化资源布局，以基础设施、技术平台和人才队伍建设推动视频化转型提速。建成启用国内首个“媒体创意工场”，为视频产品创意孵化、常态化生产打下坚实基础。着力实施“源创计划”“共鸣计划”，构建正能量短视频的原创生产体系和联合生产生态。沿着“权威内容+独家创意+融媒技术”的创新路径，打造《国家相册》《直播联合国》等微视频栏目，推出《在一起》《一家亲》《我梦想，我奋斗，我奔向》等一批“现象级”作品，持续产生“刷屏之效”，总访问量超过15亿人次。

三是优化升级超级编辑部，智能化支撑水平实现全方位提升。加大前沿技术研发应用，重点在云计算、大数据、生物传感、人工智能等领域培育独特优势，平台建设和应用创新取得新的突破。完成超级编辑部4.0一期重点工程建设，“新华云视频”服务平台、超级编辑部云桌面系统、智能化稿源素材中心上线运行，自主研发的新华网媒体云平台、新华睿思数据云图分析平台、生物传感智能感知系统等形成一体化体系，加快推动人工智能技术的全流程应用。不断强化安全体系建设，在日均处置15万次以上网络攻击的情况下，为持续安全稳定运行提供坚强的技术安全保障。

（三）不断丰富全效媒体多元化、专业化、垂直化服务

2018年，新华网在聚焦新闻报道主业的同时，不断创新媒体业态，努力提升服务水平，用更多正能量、高质量的内容和产品，在全媒体时代切实践行育新人兴文化的使命任务。

一是加快智库建设，更好履行党和国家网上“耳目”的职责。强化新华社国家高端智库舆情研究中心功能，“思客”进一步汇聚海内外高端智库、专家学者和行业领袖，推动“政企学研”跨界交流，构建融合知识生产、舆论引导和高端智库职能的新型平台。发挥“在网”“懂网”优势，大数据分析与深度研判相结合的舆情生产模式取得突破性进展，为中央领导和上级机关了解网上社情民意提供了重要参考。

二是提高建网水平，有效服务国家政务信息化工程。在承建中国最大规模政府网站集群的基础上，新华网与承办网站联动传播、资源共享的集群效应初显，实现更大社会影响，取得更好社会效益。2018年，依托行业领先的技术建设和内容运维能力，承办中国雄安官网，助力雄安新区建设；承办中国互联网联合辟谣平台，为整治网络

谣言、净化网络空间持续贡献力量。

三是聚焦数字内容，满足人民群众信息消费新需求。数字内容产业是信息技术与文化创意高度融合的创新业态，新华网依托专业的人才团队、先进的技术设施和丰富的内容生产经验，利用人工智能、混合现实、数字影视、无人机等现代数字技术，推出优质的数字内容和文化产品。策划推出“时间的光辉”系列沉浸式艺术特展策划，借助数字科技手段、采用全息交互形式、营造沉浸式体验，充分展现中国传统文化的精髓，开拓全媒体时代加强宣传思想工作的新路径。

二｜新华网新媒体工作案例

“学习进行时”是中央重点新闻网站中创办最早、原创量最大、影响力最广泛的“学习”系列栏目，在第二十七届中国新闻奖评选中荣获“中国新闻名专栏”一等奖。2018年，新华网依托“学习进行时”专栏，聚合全网优质资源，不断拓展样态领域，形成了核心报道的新格局。

2018年，“学习进行时”专栏不断加大原创报道创意创新力度，努力让核心报道在网上天天见、天天新、天天深。全年共推出原创作品260个，单篇稿件最高转载量达1491家，10部微视频传播量过亿。

一是“快”，紧跟热点，抢占先机，实现热点全覆盖。“学习进行时”工作室紧跟习近平总书记重要活动，在通稿播发后迅速提炼重点、亮点，运用文章、“金句”、微信、微博、图解、H5等各种形式，第一时间为网民带来权威、精准的快热解读，产生先声夺人之效。

二是“深”，抓住重点，系统梳理，保持报道不断档。在习近平总书记地方考察、出访，以及全国两会、庆祝改革开放40周年等重大题材报道中，“学习进行时”工作室主动加强设置议题，准确归纳、提炼总书记重要讲话精神，深入挖掘、系统梳理总书记重要思想的发展脉络和内在联系，推出“习近平两会新语”“习近平改革六字诀”“习近平改革开放‘三示’”等多组系列深度报道。这些系列深度报道视野宏阔、角度新颖，将有关资源集纳整合，充分调动受众的阅读兴趣，释放出全景、立体、多维的报道效果，每组报道均被各大平台、终端置顶、弹窗推送，收获千余万点击量，形成“刷屏”“霸屏”之势。

三是“巧”，深入加工，巧讲故事，提升报道影响力。“学习进行时”工作室不断探索“小切口再包装、碎片化再加工”的报道方式，通过巧抓新闻点、巧讲故事，对通稿进行精加工、深加工，引发二次传播。

同时，2018年，“学习进行时”不断加大核心报道融媒体产品供给力度，以多元化的表达和呈现方式为创新突破之要，努力打破已有套路，推出一大批令人耳目一新的创新产品。

（新华网）

央 视 网

一 | 央视网新媒体工作综述

2018年，央视网在领袖报道方面，形成央视快评、时政微视频、时政特稿、时政漫评等主打产品，《贺新春：长长的记忆》《家国天下》《新时代 致敬英雄》等多支微视频播放量均超过1亿次，时政特稿创下连续22天被全网置顶通发的新纪录；在融合传播方面，多终端世界杯报道视频直点播收视规模达65亿次，与央视体育频道共同推出的《足球道路》全媒体融产品，全媒体传播累计覆盖20亿人次；在视频能力建设方面，世界杯期间，视频直播最高同时在线并发用户数达到658万人，全面超越上届世界杯和2016年奥运会；在用户建设方面，截至2018年11月，多终端月度全球覆盖用户达14.6亿，较2017年增长38%。在第二十八届中国新闻奖中，《央视网零首页十九大特别报道矩阵设计》获得特别奖，短视频作品《公仆之路》以及央视网联手CCTV1《中国相册》栏目组打造的移动直播作品《“天舟一号”发射任务VR全景直播》，均获得一等奖。2018年，央视国际网络有限公司在由中国互联网协会、工业和信息化部信息中心联合举办的“中国互联网企业100强”榜单中排名从2017年的第53位跃升至第33位。

（一）主题主线宣传和内容建设成效显著

1．重点打造“首页首屏首条”工程。紧紧围绕习近平新时代中国特色社会主义思想和重要时政活动，强化主流媒体网站的舆论引导能力。截至12月18日，央视网系列时政报道共有3484篇（条）获中央网信办推荐全网通发，276篇（条）获全网置顶通发。《央视快评》专栏，以习近平总书记活动和讲话为切入点，撰写思想深刻、短小精悍、生动活泼的评论文章，在快、准、优、精方面下功夫，打造具有央视特色的评论品牌。截至12月18日，央视网累计发布《央视快评》169篇，均获中央网信办推荐全网通发，系列稿件在总台自有新媒体平台和两微平台的总阅读量超16亿次，多篇被香港《文汇报》《大公报》连续转载。全年推出原创时政微视频40支，其中17支获中央网信办推荐全网首页头条置顶通发，19支全网首页重要位置转发，总传播数据约8.7亿。《贺新春：长长的记忆》《家国天下》《新时代　致敬英雄》单只传播数据均破亿。时政特稿影响力日益提升，10月1日—22日期间，围绕习近平总书记东北三省考察、国庆假期、十九大召开一周年、改革开放40周年等方面深度筹谋，精心策划，采用金句、金句+解读、综述等表现形式，实现连续二十二天被中央网信办推荐全网头条置顶的新纪录，总阅读量超5000万。时政漫评是目前行业内唯一的，融短评和动漫于一体的网上时政报道产品，2018年以来围绕习总书记活动推出了23个系列漫评共57期作品，其中28期被全网通发。

2．重大主题报道创新出彩。改革开放40周年庆祝大会多终端直播收视用户2575万，视频收视次数4059万次。承建的“伟大的变革——庆祝改革开放40周年大型展览”　数字化网上展馆，以网络手段全要素呈现展览内容，全景式还原现场体验，累计点击浏览量超1亿次，线上线下留言超过176万字。2018两会报道多终端视频直点播总收视次数20.5亿，总收视总时长达1.5亿小时，创历史新高。

3．互联网内容品牌凸显融媒体特色。央视网作为融产品中央生产厨房，与中央电视台共同策划制作爆款产品《平“语”近人——习近平总书记用典》。截至11月7日，《平“语”近人》电视节目及融产品全网累计覆盖人次162.5亿，视频播放量和阅读量超过36.82亿次。其中，融媒体产品播放量和阅读量超过86%。世界杯期间，与央视体育频道推出《足球道路》全媒体融产品，在纪录片《足球道路》讲述背后的故事和足球文化的同时，同步上线有奖竞猜和互动游戏《天天足球》等各类互联网产品，举办“球星见面会”“球迷日”等线上线下联动活动，推出明星球衣等一系列衍生产品、一系列全链条垂直化服务。其中，《足球道路》全媒体传播累计覆盖20亿人次，豆瓣网评分9.4分，并获得了“第24届中国纪录片学术盛典年度收藏奖”。与央视体育频道联合推出前方报道产品《世界杯足迹》，自媒体平台总浏览量超过2.4亿，相关微博话题阅读量超12.5亿，H5产品总访问量超过7000万次，产品形态得到体育频道高度肯定，将沉淀为我台体育赛事报道常态融媒体产品。以融媒体节目和移动直播两种形态，打造《“直播中国”——改革开放40年·致敬美好生活》系列产品，截至目前，抖音话题#直播中国#观看量为22.6亿，微博同名话题阅读量为2234.1万。

4．海外传播效果显著。央视网海外社交平台总浏览量达81.3亿，相比2017年同期增长7.08%；总视频观看量为26.3亿，同比增长14.09%。持续打造外宣文化名片“熊猫频道”，熊猫频道全球粉丝数超2300万，成为全球熊猫主题最大规模账号，Facebook官方出具的统计报告显示，2018年4月—8月，熊猫频道Facebook账号的互动率位居全球第二，仅次于美国《赫芬顿邮报》，超过BBC、CNN、路透社等国际主流媒体互动率位居全球第二。

（二）智能大屏等新媒体平台用户规模快速增长

1．升级建设全新传播格局。央视网升级建设“一网（中央重点新闻网站）+一端（移动客户端）+新媒体集成播控平台（IPTV、手机电视、互联网电视）+市场端口连接”的全新传播格局，为总台最大化连接用户、聚集用户、服务用户。截至2018年11月，央视网多终端月度全球覆盖用户达14.6亿，较2017年增长38%。

2．“央视影音”客户端建设取得新突破。整合成立央视影音运营开发中心，初步形成全网成规模的内容运营体系。目前“央视影音”累计用户下载量超过7.5亿，较2017年同期增长24%，是中央主流媒体中下载量最大的新媒体产品。世界杯期间，央视影音客户端新增激活用户超过4000万，开幕前三日，平均每分钟就有3000人同时下载激活。央视影音客户端视频直点播整体收视次数高达12.7亿次，其中移动客户端单日UV和VV高点为比赛第三日6月16日，分别超过2500万和8600万，刷新单日历史新高点。

3．IPTV、互联网电视、手机电视业务已形成行业领先优势。借助政策扶持和央视资源，央视网多终端业务已形成了行业领先的独特优势。智能大屏终端迅猛发展，IPTV总平台目前已与全国27个地区的分平台及运营商实现对接，“全国一张网”已初现规模，已成为总台打造“自主可控、具有强大影响力的新媒体平台”的宝贵资源；截至2018年11月，IPTV总平台用户数1.05亿，较2017年同期提升53%，增长速度远超全国IPTV用户增长速度，已成为全球最大的IPTV平台。互联网电视激活终端达1.04亿台，居行业首位。与中国移动合作建设的4G手机电视播控平台也是国内唯一，4G播控平台覆盖中国移动4G网络用户数达7亿，聚合直播频道700路，接入内容服务牌照方及聚合内容提供方共计232家，手机电视月度访问用户近6500万。

多终端平台在重大报道中已经成为传播党和政府声音的主阵地。十九大报道期间，IPTV通过EPG首页直播推荐实现直播报道覆盖超2亿人次，互联网电视累计收视

1.57亿次，手机电视累计直播用户超过 2500 万，累计播放次数1.5 亿次。2018年两会报道中，IPTV、互联网电视等智能大屏终端在首页首屏上线“2018两会”专区，统一推荐下发《人民领袖习近平》《央视快评》等重点内容。IPTV世界杯期间直点播收视规模21亿次。

（三）视频技术支撑和应用开发能力有较大提升

1．建设数据中台支撑数字化转型。通过公开竞争招标，联合阿里巴巴等先进互联网企业，集成了统一的数据采集能力、计算能力、萃取能力、交换能力和算法能力，构建了One ID、One Data、One Service的数据管理体系，准确把内容、平台、用户连接起来，提供热点发现、指导调度、内容生产、精准传播、用户运营、效果评估、品牌管理、营销服务等全流程的支撑服务，推进一切业务数据化的进程。目前，“数据中台”已经形成“贯通多终端、统一管理”的数据采集分析体系，实现对央视网多终端覆盖情况及传播效果进行全流量监测、评估、分析，每天用户访问记录超过100亿条。

2．强化视频支撑服务能力和高清用户体验。视频质量全面升级，在借助总台提供的高清信号的情况下，加强技术研发和技术合作，建立自主可控的防盗链服务平台和极速高清视频编码能力。搭建以阿里云私有云为基础的服务节点，并通过专项将私有云和公共云实现联通，通过私有云支撑日常业务公共云补充大流量业务的模式，在大幅提升系统的支撑能力的同时最大化节约成本。在世界杯、G20等报道中，为用户提供安全可靠的高清视频服务体验。特别是在世界杯期间，通过极速高清和智能化服务访问调度，支撑了超过670万用户同时在线高清、流畅的访问体验。

3．全球分发和覆盖能力不断提升。逐步升级全球分发平台架构，支持源站的混合云架构。针对国家领导人出访等重点活动，实现更加精准的海外地区高效覆盖，通过提升当地服务质量和加速内容推送效率等方式，以技术保障全球用户体验提升。

二 | 央视网新媒体工作案例

央视网于2018年2月推出《央视快评》专栏，专栏聚焦宣传“习近平新时代中国特色社会主义思想”这一重大主题，以习近平总书记活动和讲话为切入点，及时撰写思想深刻、短小精悍、生动活泼的评论文章，着力在快、准、优、精方面下功夫，打造具有央视特色的评论品牌，让央视声音占领新媒体舆论场。

秉持一次采集、多次加工、多次传播、多端展示等融媒体理念，《央视快评》在电视、网络以及移动端等多端传播，尤其是在央视《新闻联播》栏目得以播出，极大地拓展了评论的宣传效果，实现了网络新闻作品向电视媒体逆向反哺，为央视的融媒体评论创作开启了一条新路。譬如，2018年7月31日，习近平总书记主持召开中共中央政治局会议，分析研究当前经济形势，部署下半年经济工作。央视网从保持稳中向好态势、精准施策、推进改革开放、稳就业、稳中求进五个方面推出五篇《央视快评》，深入宣传总书记重要讲话精神，五篇《央视快评》被《新闻联播》连续播发，有力地引导了社会舆论对于经济形势的预期。

《央视快评》自推出以来，影响力不断增长，引发强烈反响。截至11月13日，央视网已推出《央视快评》156期，均被推荐在全网首页显著位置通发，不少文章被全网首页头条置顶通发。5月份以来，《央视快评》受到港媒关注，多篇文章被香港《文汇报》《大公报》连续转载。9月27日，《央视快评》在中央电视台建台60周年之际推出的文章《奋力打造具有强大引领力传播力影响力的国际一流新型主流媒体》被《人民日报》在显著位置转载。

（央视网）

中 国 网

一 | 中国网新媒体工作综述

（一）积极运用新媒体、新手段，突出宣传习近平新时代中国特色社会主义思想和党的十九大精神

2018年2月，中国网正式启动“习近平新时代中国特色社会主义思想全球传播和国际实践研究工程”。中国网将以这一工程建设为重点，举全网之力，整合《中国习观》《传习录》等重点融媒体栏目，深耕《碰词儿》《中国精神》等重点微视频产品，举办“青年传习社”等系列活动，与主流智库平台开展深度合作，打造多形态、多语种融媒体产品，形成全方位、多层次、多声部的报道矩阵。

在习近平总书记发表“人类命运共同体”演讲一周年之际，中国网制作发布特别节目《构建人类命运共同体　我们在一起》，从维护和平、医疗援助、文化交流、环境保护、经贸合作、多边外交等方面反映中国积极构建人类命运共同体所付出的实际行动。该视频被182家外国媒体转载，覆盖海外受众达8079.8万人。

2018年全国两会期间，中国网精心打造《同读〈习近平谈治国理政〉》节目，邀请30多位代表委员、海外侨胞和留学归国人员朗读《习近平谈治国理政》第一卷、第二卷的部分章节，并结合自身实际分享感悟体会，制作成时长3分钟的短视频，为深入学习宣传贯彻习近平新时代中国特色社会主义思想营造了浓厚的氛围。全部29期节目在腾讯视频、新浪微博、第一视频、优酷视频、企鹅FM等音视频网站和数十家媒体广泛发布，全渠道阅读量超过410万。

（二）旗帜鲜明、勇于发声，重大主题报道精彩纷呈

2018年，中国网围绕全国两会、博鳌亚洲论坛年会、上合组织青岛峰会、首届中国国际进口博览会、庆祝改革开放40周年等重大主题，制作系列多语种微视频产品，营造强大的宣传声势和舆论氛围。

2月27日，中国网《中国3分钟》栏目针对境外舆论关注焦点，发布专题节目《修宪：合理合法的现实选择》，从中国国家主席制度的历史演变切入，清晰阐明修改宪法部分内容是中国步入新时代后的必然选择，直接回应国际舆论的疑虑，反响强烈。该期节目发布72小时内帖文阅读量超过1366.8万，视频播放量达37万次，超过7.4万名网友参与互动。众多网友留言，表示对中国本次修改宪法的支持和理解。

同时，中国网连续多年独家网络直播国务院新闻办公室新闻发布会，并对重点场次提供中英双语实录服务，是唯一担此重任的中央重点新闻网站。2018年，中国网圆满完成各类重要活动网络直播665场，完成13场新闻发布会的英文实录，翻译字数约20万字，页面浏览量超过150万；通过自主研发移动直播平台“新闻眼”，完成各类移动端直播活动898场；在Facebook平台开设“China Q&A”专题账号并推出原创栏目“新闻发言人”，对权威新闻发布活动进行深度加工，累计推出12期节目，相关贴文阅读量近1000万，视频观看量达43万，累计互动量约1.8万。

为纪念改革开放40周年，中国网策划7集系列微电影《走出无限可能——生活，这40年》，通过两家人跨越40年的温馨故事，展现改革开放以来中国在民生、教育、医疗、科技等多个方面的巨大变化，谱写出中国人民坚持中国特色社会主义道路，为美好生活不断奋斗的壮丽画卷。视频贴文在Facebook平台阅读量超过4706万，视频播放量超过357万，在境内各视频平台播放量也突破420万次。

（三）多语种微视频成绩夺目，品牌栏目日渐成熟

经过多年积极探索，中国网已在多语种微视频国际传播领域取得重大突破，初步构建起较为完备的产品体系，形成了鲜明的特色优势。

中国网中英双语微视频评论栏目《中国3分钟》，始终坚持以“娓娓道来讲故事、端庄大气做外宣”为已任。经过近四年深耕，已成长为具有较强国际影响力的品牌栏目。2018年，《中国3分钟》栏目共制作发布节目54期，覆盖《宪法》修正案、国务院机构改革、中美贸易摩擦、庆祝改革开放40周年等热点话题，在Facebook平台帖文阅读量超过4.9亿，视频播放量超过2249万；其中，21期节目帖文阅读量突破千万大关，4期节目帖文阅读量突破2000万次，8期节目视频播放量超过100万次；每期节

目均被雅虎（Yahoo！）、著名数字媒体Business Insider、美国广播公司（ABC）、福克斯广播公司（FOX）、美国全国广播公司（NBC）等220余家境外媒体转载，覆盖海外受众超过8000万人，并在腾讯视频、蜻蜓FM等境内新媒体平台播放量突破千万，境内外舆论反响强烈。

《中国3分钟》栏目的快速成长和影响力的持续提升获得各方的高度认可。其中，《回归20载　“一国两制”为香港插上双翼》获得“第28届中国新闻奖融媒短视频三等奖”；《中国3分钟》创作团队在2018年度国家广播电视总局网络视听节目内容建设专项资金扶持项目案例评审中获得“优秀内容管理项目”类资助。

以《中国3分钟》为引领，中国网还推出了一系列定位明确、特色鲜明的多语种微视频栏目，逐步形成通过《中国3分钟》阐述中国观点，通过《Hi中国人》讲述中国故事，通过《中国范儿》展示中国形象，通过《何以中国》介绍中国艺术，通过《碰词儿》推介中国特色话语体系，通过《彭瑞话中国》（西文）、《阿拉伯人“心”体验》（阿文）、《老外开讲》（俄文）等栏目促进中外文明互鉴的微视频产品矩阵。

2018年，西文微视频栏目《彭瑞话中国》共发布19期，阿文微视频栏目《阿拉伯人“心”体验》共发布17期，俄文微视频栏目《老外开讲》共发布6期。相关贴文在海外社交媒体平台累计阅读量达2100万。这些节目均由外籍记者担纲主持，针对不同语言、国别受众，主动设置议题，创新表达形态，实现差异化、精准化对外传播。

（四）海外社交媒体账号快速成长，国际话语空间持续扩大

中国网树立以效果为导向的对外传播意识，推动海外社交媒体账号精细化运营。截至2018年底，中国网在Facebook、Twitter、YouTube、Instagram、LinkedIn、VK等6大国际主流社交媒体平台开设账号10个，覆盖英、法、俄、阿、日、西、德、韩等8个语种，账号总粉丝数达5035万。

2018年，中国网各海外社交媒体账号以重大主题报道为重点，积极探索海外社交媒体传播规律，策划发布《洞察两会》《上合组织防务安全合作成就与现实》等帖文2万余条，权威阐释中国立场，全年累计阅读量超过9亿次，视频累积观看量超2亿次，累计互动量超8800万次；推出“中华文化古迹名录”系列移动直播，带领全球观众走近秦始皇兵马俑、避暑山庄、金山岭长城等名胜古迹，感受中华传统文化魅力，吸引近2000万人在线观看。

中国网在海外社交媒体平台的快速成长受到广泛关注，成功跻身国际意见领袖之

列。2018年，中国网LinkedIn账号蝉联“年度最in海外传播奖”。

（五）践行“移动优先”战略，产品布局日益完善

2018年，中国网继续积极践行“移动优先”战略，22个多语种客户端产品下载用户累计超过200万，覆盖190多个国家和地区。其中，中阿双语“礼拜助手”APP，集服务功能与新闻资讯于一体，提供每天5次礼拜时间提醒服务，方便穆斯林群众完成朝觐功课，并设置“朝觐报名”“朝觐事务”“中国清真寺”和“穆斯林故事”等板块，对外介绍中国的宗教政策，积极促进中外穆斯林的友好交流，用户数量已达60万。

除了传统的新闻类产品外，中国网还积极开展多项跨界融合尝试，打通线上线下连接渠道，开拓全新的网络外宣工作阵地，取得可喜的成绩。

为积极响应习近平总书记关于“探索网络议政、远程协商”的重要指示精神，中国网组建专门团队开发运营“议库”APP，为各级政协组织和政协委员提供“网络议政”的全套解决方案。该平台提供提案征集、民意征询、调查调研、智库咨询、数据检索、线上线下互动等多项服务功能，助推协商民主的多层制度化广泛发展。目前，“议库”APP总下载量已达20万，注册政协委员2000余人，委员提案数据超过3万条。

（六）适应媒体生态发展趋势，积极加入新技术、新平台、新业态

中国网积极适应媒体生态新变化。截至2018年末，在秒拍、快手、抖音等平台开设账号33个，粉丝累计超过1360万，累计上传视频近4万条。其中，“中国网直播”今日头条账号粉丝数已达623万，累计上传视频近3800条。

同时，中国网积极运用AI、大数据等新技术手段，推出移动交互产品。2018年全国两会期间，中国网AI产品《来刷脸！1秒解锁专属你的政府工作报告关键词》运用人工智能技术识别用户特征信息，为每位读者生成个性化的《政府工作报告》关键词海报，吸引了全球超过150万用户。新加坡《联合早报》发表文章，称赞该作品“不失乐趣，能吸引年轻人点击”。

此外，中国网还推出《中国何以奇迹》、《90秒带你看懂四十年之变》（英文）等系列动画微视频，运用新语态、新表达展示中国发展成就；推出《改革开放40年大事记》（英文）系列信息图，以时间为线，引导海外网民准确了解中国发展历程；推出《中国有数》系列产品，以数据为证，直观诠释中国道路选择的合理性；推出“中国暖”栏目，通过移动端传播“暖新闻”，传递正能量。

二｜中国网新媒体工作案例

中国网《中国3分钟》栏目自2015年7月创办以来，始终坚持以“娓娓道来讲故事、端庄大气做外宣”为己任，不断开拓创新。经过三年多的耕耘和探索，已具备较强的国际影响力，成为对外讲好中国故事，传播好中国声音的重要外宣平台。

（一）2018年总体报道情况及传播效果

2018年，《中国3分钟》围绕重大主题和重要议题主动策划，持续发声，全年共制作发布节目54期，覆盖《宪法》修正案、国务院机构改革、中美贸易摩擦、庆祝改革开放40周年等热点话题，在Facebook平台帖文阅读量超过4.9亿，视频播放量超过2249万；其中，21期节目帖文阅读量突破千万大关，4期节目帖文阅读量突破2000万次，8期节目视频播放量超过100万次；每期节目均被美国广播公司（ABC）、福克斯广播公司（FOX）、美国全国广播公司（NBC）、著名数字媒体Business Insider等220余家境外媒体转载，覆盖海外受众超过8000万人，并在腾讯视频、蜻蜓FM等境内新媒体平台播放量突破千万，境内外舆论反响强烈。

同时，《中国3分钟》大力拓展海外落地传播渠道，成功实现在英国普罗派乐卫视、中国国际航空公司国际航线等渠道和平台落地播出，并与美通社、京港地铁达成战略合作。

《中国3分钟》栏目屡获殊荣。《回归20载　“一国两制”为香港插上双翼》获得第28届中国新闻奖融媒短视频三等奖；《中国3分钟》创作团队在2018年度国家广播电视总局网络视听节目内容建设专项资金扶持项目案例评审中获得“优秀内容管理项目”类资助。

（二）两会主题策划：主动设置议题、彰显道路自信

2018年全国两会期间，《中国3分钟》围绕中国社会治理、《宪法修正案》审议、监察体制改革和国家机构改革等热点议题，连续发布5期节目，在Facebook平台帖文阅读量达5351万次，视频播放量超过138.6万次，获得各类网友互动达31万次。

2月7日发布的《中国为什么能保持社会的安全稳定？》指出在中国共产党的带领下，中国不断取得新的发展成就，才使得当代中国以最低的成本获得最大程度的社会安全稳定。节目引发强烈反响，72小时内帖文阅读量达1091万人次，视频播放量超过53.3万次，超9.5万名网友参与互动，众多海外网友留言分享在华生活体验，以亲身经

历证实中国社会的安全稳定。

2月27日，《中国3分钟》针对境外舆论关注焦点，发布专题节目《修宪：合理合法的现实选择》，从中国国家主席制度的演变历史切入，清晰阐明修改宪法部分内容是中国步入新时代后的必然选择，直接回应国际舆论的疑虑。节目发布72小时内帖文阅读量超过1366.8万，视频播放量达37万次，并有超过7.4万名网友参与互动。众多网友留言，表达对中国本次修改宪法的支持和理解。

（三）中美贸易摩擦主题策划：旗帜鲜明、立场坚定

2018年4月以来，中美贸易摩擦不断升级。《中国3分钟》紧跟事态发展、不断调整策划方向，陆续制作《中美贸易战：中国带着信心与定力应战》《中国经济稳中有变　不变的是发展本身》等6期节目，既揭露美国政府发动贸易战背后的政治目的，又表明中国的一贯立场和坚定决心。6期主题节目在Facebook平台帖文阅读量达9336万人次，视频播放量超过460万次，并有近23.2万名网友参与互动，引发热烈讨论。其中，7月10日发布的《中美贸易战开打：中国有韧劲应对“持久战”》在Facebook平台72小时帖文阅读量达2070万次，视频播放量超过103万次，被213家境外媒体转载，海外受众超过8200万人，传播效果尤为突出。“德国之声”（Deutsche Welle）、新加坡媒体“亚洲新闻台”（Channel News Asia）引述使用《中国3分钟》栏目观点，使“中国声音”得到进一步扩大传播。

（四）庆祝改革开放40周年主题策划：以小见大、由点及面

为了庆祝改革开放40周年，《中国3分钟》陆续发布《一样的高考　不一样的40年》《40年改革　中国军队变化有多大？》《浦东新区：制度变革才是真正的奇迹》《〈复联3〉火爆背后：中国电影市场经历了什么变迁？》等10期节目，选取恢复高考、军队改革、浦东新区建设、影视产业发展等具有代表性的角度，反映40年来中国人民不懈奋斗的光辉历程和各领域的发展变迁，相关帖文在Facebook平台总阅读量达9104万，视频观看量达435万，互动量达220万，外国网民纷纷留言赞叹改革开放40年来中国各领域取得的巨大成就。

（五）服务地方外宣主题策划：发挥品牌优势，对外讲好中国地方特色故事

《中国3分钟》充分发挥自身国际传播品牌栏目的特色优势，主动参与地方外

宜，结合当地重要活动陆续发布《青年+创意：长沙致力打造国家创新创意中心平台》《上合新东道主青岛：百川共聚　向海而兴》《丝博会："一带一路"上的"使者"》《2018中国民营企业500强峰会》等专题节目，平均每期帖文阅读量超过1516万，播放量达86.5万，互动量达5.4万。在海外网友的留言中，赞美之词比比皆是。

（中国网）

国际在线

一 | 国际在线新媒体工作综述

（一）积极落实“头条工程”，圆满完成各项重大宣传报道

2018年，国际在线积极实施头条工程，推动习近平新时代中国特色社会主义思想深入人心。打造品牌栏目“春风习习”，并推出“学习有道”多语种系列动画短视频。截至2018年底，“学习有道”在海内外各平台总点阅量超过5000万、互动量超过20万次。

同时，国际在线围绕我国主场外交活动，做好上海合作组织2018年峰会、中国国际进口博览会的报道；紧紧围绕中央战略决策和重大部署，做好党和国家领导人出访、全国两会、改革开放40周年等重大报道。重点制作推出《习近平主席出席APEC领导人非正式会议　访问巴新、文莱和菲律宾》等领导人相关活动专题及大型主题宣传专题等。认真做好《博鳌亚洲论坛2018年年会开幕式》等大型直播报道。

（二）融媒体产品“爆款”纷呈，动漫和短视频成为主力产品

2018年，国际在线创新组织机制，围绕“短视频”发力，筹建了“‘强国路上’网评融媒体工作室”。通过创新宣传理念、话语体系、运行机制，拓展传播渠道、方式方法，提高专业化精准化水平，利用不同传播媒介、多样表达方式，促进网评工作以一种崭新的面貌出现。工作室原创的《“一带一路”一起走》《买买买，中国人在全世界都买了啥》等数个融媒体产品，均成为阅读量破5000万的“爆款”。

为首届中国国际进口博览会打造的互动短视频产品《相约进博会》，在海内外多

平台的访问量超过3亿，总互动量超过800万，微博话题阅读量突破1.7亿，话题讨论量达到315万，成为有效引导网络正面舆论的"现象级"产品。围绕进博会推出《大猫动漫丨进博展品总动员》，视频中多处加入抖音"神曲"，适应受众的注意力需求和变化，用网友喜闻乐见、容易接受的方式开展舆论引导。该视频在国际在线新闻微博阅读量达5164万，转发、点赞、评论均突破1万。

围绕"一带一路"五周年推出的5分钟动漫音乐短视频《"一带一路"一起走》，在国际在线新闻微博阅读量达5271万次，点赞和转发1万次，评论1.1万条。

（三）智库队伍不断壮大，"外"的特色不断强化

2018年，国际在线组建的智库队伍已包含来自60多个国家的400多个专家。充分利用多语种资源优势，全方位用"外"的视角看中国、聊中国、谈中国、评中国，讲好中国故事，成为在外宣任务中及时发声引导舆论的重要力量。

其中，"外媒看中国"栏目借外嘴说话、借外媒发声，以图文报道的形式，就国内重大活动、热点事件，以及正能量的中国故事，反映外媒和外国网友对中国的正面评论，共集纳原创编译稿件100余篇。"老外街访评"以街采视频的形式，借由"外嘴说"的方式，展现外国友人对于中国发展的积极评价。"老外在中国"多语种微视频则围绕"改革开放40周年"这一主题，讲述40名外国人在中国的经历、体验和感悟，展现中国改革开放40年间的发展、变化和成果，在互动平台共获得5000万的阅读量。"海外大V中国行"系列活动以外籍记者、驻华外交官和境外智库、媒体等"外"的视角为切入点，以短视频、H5、微纪录片等新媒体方式为主要传播手段，以海外社交媒体和移动端报道为主要传播平台，获得了良好的国际传播效果。

（四）移动客户端下载过千万，第三方平台矩阵已成体系

2018年，国际在线运营的ChinaNews多语种移动新闻客户端全面升级内容分发体系，推出"发现""关注"频道，用户可根据个人喜好关注感兴趣的主题，快速、精准地获取新闻信息，在12月已经完成300个主题的设置，下载量突破1300万，激活量超过400万，其中，海外用户突破80万。在2018世界新媒体大会中，ChinaNews荣获"2018年度国际传播力"奖项；在2018世界移动互联网大会中，ChinaNews荣获"年度最佳海外传播创新APP"奖项。

此外，国际在线不断拓展在第三方平台及社交媒体的布局，尤其重视海外社交媒体的布局，以拓宽传播渠道，提升融媒体产品海外影响力。截至2018年底，社交媒体

账号共119个，涉及43个文种，境外社交平台粉丝达8107万，粉丝总量达1.48亿，有效提升了国际在线融媒体产品及报道在海外的传播实效。

（五）全力推动网站改版，积极谋求实现高质量发展

2018年，国际在线策划推动网站全面改版升级。以“目标站位高、媒体颜值高、内容质量高、团队素质高、运行效能高”为标准，以“精品化”为主线，策划实施精品系统工程、形象系统工程、移动升级计划等工作，确保2019年国庆节前，网站以崭新面貌改版亮相。

（六）技术服务能力“迭代升级”，有效支撑新媒体业务发展

国际在线充分利用多年来在信息管理发布、多媒体采集制作等方面形成的专业能力，积极引入大数据服务，强化网站建设运维能力，提升技术支撑能力，实现国际在线多语种网站的网络融合、应用融合、服务融合。2018年，国际在线在技术方面不断“迭代升级”，继续推进自主研发的信息管理平台的建设完善，完成了IMP+AMP信息平台的三级等保备案。以IMP的支撑能力为基础，完成“中华云”二期的15个客户端迭代、维保及管理工作；完成中法、中阿、中泰等8个客户端的开发、迭代和上线工作。此外，航拍团队在云南、泉州、承德、哈尔滨等9地拍摄63次，支撑了台内视听内容的生产。

二 | 国际在线新媒体工作案例

国际在线注重发挥多语种资源优势，借由“外眼”“外嘴”介绍中国，讲述中国，推出“老外”系列微视频产品。

国际在线推出以“改革开放40年”为主题的40集系列多语种微视频《老外在中国》，主角是来自世界各国的外国人，视频内容涵盖民生、文化、创新、生态环保、科技进步等方面。通过他们在中国的经历、体验和感悟，以他们的独特视角，展现中国的改革开放、发展与包容，利用小故事，展现大时代，向世界展示一个全面、真实、立体的中国，在更多领域、更广范围内传播好中国故事，让海外网友和民众更好地感知中国、了解中国、理解中国，切实提升国际在线的国际传播力和海外影响力。

本系列微视频共包括中、英、法、俄、日、西班牙、阿拉伯、葡萄牙等共28个语

种，在国际在线Facebook多语账号进行了全覆盖式的展播，海外社交平台达到了550万覆盖量，仅新浪微博话题阅读量就达到7300万，国内视频浏览量突破5000万，达到了良好的传播效果。

（国际在线）

中国经济网

一 | 中国经济网新媒体工作综述

（一）以政治建设为统领，坚决做到“两个维护”

中国经济网充分发挥网络媒体的优势，全方位、多角度地宣传阐释习近平新时代中国特色社会主义思想和党的十九大精神，结合社会经济热点，推出《评新而论·中国经济再出发》《展望2018中国经济下半场》《将改革开放进行到底》等一系列网络专题专栏，发挥了较好的舆论引导作用。

为应对经济下行压力挑战，汇聚推动中国的磅礴力量，中国经济网联合中科院预测科学研究中心在京举办“中国时间”年度经济新闻盘点活动。为深入贯彻落实习近平总书记在网络安全和信息化工作座谈会上的讲话精神，促进平等、团结、互助、和谐的社会主义民族关系，中国经济网与西藏网信办合作，积极推动“西藏头条”系列新媒体产品落地。在2018年第八届首都民族团结进步表彰大会上，中国经济网“西藏头条”项目组被评为“民族团结进步先进集体”。

（二）立足经济，主题宣传出新出彩

1. 多角度展开“改革开放40周年”主题报道

围绕改革开放40年来我国在经济领域取得的成就，中国经济网积极参与贯穿2018年的“壮阔东方潮　奋进新时代”大型报道活动。网站邀请权威专家对高质量发展、现代经济体系建设、三大攻坚战、供给侧结构性改革、乡村振兴等十个方面的问题进行解读。网站先后组织中央和地方媒体90余名记者开展《风从海上来·改革进行时》

主题活动，全面展示了首批14个沿海开放城市改革开放的生动实践。中国经济网还发起“老外的中国映像”创意短视频大赛，发动在中国工作、学习、生活的外国友人拍摄上传短视频作品，让世界认识真实的当代中国，影响较广。

2. 积极投身“大江奔流”主题报道，144小时不间断直播进博会

中国经济网在手机直播客户端中经云端进行了《目睹人间奇迹，感受壮美三峡》手机视频直播，并同步在中经网微博、经济日报客户端、今日头条、腾讯等多平台发布。直播仅在今日头条的播放量就达到121.4万，进入了今日头条媒体直播周榜前十，留言破35.9万，网民反响热烈。

首届中国国际进口博览会期间，开展长达144小时的媒体深度融合报道。本次融合直播6天内访问人数累计达到426.8万，充分展现了深度融合报道的传播力和影响力。网站记者直播的“舌尖上的进博会：一个吃货的国际化之旅”，带着网民一起逛吃逛喝，顺便还讲解了很多食品安全知识，形式新颖又接地气，引来众多围观。中经网还首次采用视频专线的形式对韩全程直播习近平主席进博会主旨演讲，制作的新闻片《韩国中小企业齐聚上海》及《通关中国·短视频》在韩国经济电视台播出。

3. 获中宣部、国务院扶贫办肯定，脱贫攻坚报道影响力提升

中国经济网脱贫攻坚研究中心2018年参与多项国家层面重要扶贫事务：承担第四届全国扶贫日核心活动——“决胜2020”脱贫攻坚展——主要视频策划制作及展览文案包装任务，制作的主题宣传片《决胜2020》在展览大厅的巨幅屏幕上滚动播出，国务院扶贫办领导同志给予好评；作为唯一媒体进入2018年中国脱贫攻坚报告专家组，承担部分任务；作为唯一媒体参与2020年脱贫攻坚总结工作专班，承担部分工作；脱贫攻坚研究中心制作推出的“大国治贫”系列微视频报道，用微视频的形式展示中国创新性的扶贫模式以及取得的扶贫成果，得到广泛传播。

4. 做好防控金融风险舆论引导

为引导网友正确看待经济发展中遇到的困难和问题，坚定发展信心，中国经济网制作了“金融深一度”和“财经三分钟”视频节目、“经点问答”互动栏目，获得中央网信办有关部门肯定。“风险防控看金融”专题报道汇总防控金融风险相关信息，及时发布政策解读和评论稿件。该系列报道共制作完成短视频54条、专稿300余篇、图解13篇。

（三）移动化稳中求进

1. 手机端、微信、微博稳定增长，短视频逐渐培育

2018年，中国经济网推出的内容在腾讯企鹅、今日头条、新浪微博、手机百度、阿里UC等各大移动平台均有良好表现，各平台粉丝数稳定增长，传播力、影响力显著提升。手机端全年PV流量54.09亿，对比2017年29.1亿，增长85.9%。

中国经济网官方微信稳居财经媒体第一方阵，总用户215万，同比增长23.5%，全年阅读量2.7亿，转发1064万次，在全国数千万资讯类微信公众号中排名第32位。中国经济网官方微博后来居上，微博账号粉丝数稳步提升，突破200万，实现跨越式发展。2018年7月起，在新浪微博发布的财经媒体账号影响力排行榜上，中国经济网官方微博连续数月排名第一，最终获得“微博2018最具影响力财经媒体”第一名。

中国经济网已在抖音、快手开设短视频账号并发布作品，初步掌握短视频创作规律，用户量加速积累。

2. “中经云端”初露锋芒

作为经济日报媒体融合项目，中国经济移动云平台（简称“中经云端”）自2017年7月份内部试运行以来，经过200多场各类报道、会议、活动的视频直播，逐渐积累经验，不断迭代更新。平台独创的“全景新闻+多端融通+移动视频直播+云导播”的新媒体传播形式所带来的优势，在各大活动现场和主题报道中初露锋芒，获得用户的普遍认可。中宣部领导同志对“中经云端”给予了肯定和鼓励。鉴于“在媒体融合发展中对新业态、新模式、新技术的创新和突破，对经济和社会发展有较强影响力”，网站被中国经济传媒协会评为“2018中国创新经济媒体”。

（四）国际化迈上新台阶

1. 与巴基斯坦合作再上层楼

2018年，中经网在巴基斯坦合作的电视台播出节目同比增长254%，收视率不断提升。

在6月1日举行的上海合作组织首届媒体峰会上，在中央领导同志的见证下，中经网与巴基斯坦合作伙伴签署《合作备忘录》，共同致力于巴基斯坦瓜达尔资讯产品和网络服务平台的开发运营。

11月16日，由中国驻巴大使馆主办，中经网与巴中学会承办的“第四届中巴经济走廊媒体论坛”在京成功举行。中经网推出“中巴经济走廊（CPEC）传播金锚

奖”并倡议成立CPEC即时信息交互网络系统，获巴驻华大使肯定及与会媒体的积极响应。

受中国驻巴使馆委托，中经网多次承担巴基斯坦主流媒体代表团来华访问的接待活动。

2. 举办首次中国国际进口博览会首尔研讨会

2018年12月4日，中经网与韩国最具代表性的经济团体韩国贸易协会在韩共同举办“中国国际进口博览会首尔研讨会”，近300名韩企人士报名参会，多家韩企、韩媒获颁“中国国际进口博览会贡献奖”。进博会首尔研讨会取得了丰硕的成果：中经网与韩国贸易协会签署《合作备忘录》；由中经网发起并撰写的《首届中国国际进口博览会参会韩企调查报告》现场发布。研讨会后，中经网主办了“中国国际进口博览会传播交流会”，就中韩领导人提出的共同开发第三国市场建言献策。中经网与韩国经济电视台节目不断有突破。

（五）多元化继续探索

1. 全国食品安全周系列活动影响广泛

作为国家级媒体中最积极、最深入参与中国食品安全风险交流和公众科普的机构，中国经济网联合多方力量，在国家有关部委的指导和参与下，自2011年起连续八年发起和推动全国食品安全宣传周活动，为社会各界建立了参与食品安全社会共治、食品安全风险交流和食品安全科普的平台。李克强、汪洋、张高丽等同志多次对全国食品安全宣传周作出重要批示，引起全社会广泛共鸣。2018年食品安全宣传周期间，除了承办常规活动，中国经济网首次举办了中小学校长食品安全研讨班，邀请了革命老区、国家级贫困县的几十位中小学校长，把食品安全宣传教育工作往深处做。

2. 连续四年承办海峡两岸暨港澳互联网发展论坛

11月8日，中国经济网与港澳合作伙伴共同承办的“海峡两岸暨香港、澳门互联网发展论坛”在乌镇互联网国际会展中心举行，该论坛迄今已连续举办四届。在论坛间隙，中国经济网策划组织了两场品牌官沙龙。

3. 发布《金融信息服务行业监管调查分析报告》

2018年7月，中国经济网承办的“2018中国金融信息服务发展高峰论坛”在京召开，论坛邀请了行业主管部门、学界智库、领军企业和相关媒体的代表，来自中国人民银行、中国银保监会、中国证监会、中国互联网金融协会的相关领导围绕“服务金

融　防范风险”话题进行了发言。论坛上发布了由中国经济网防范化解金融风险工作室制作的《金融信息服务行业监管调查分析报告》，报告以金融信息服务类企业作为主要调查对象，对金融信息服务业的创新现状进行分析，并就完善金融信息服务监管提出了政策建议。

4. 提高信息服务和技术服务水平

2018年，中国经济网技术中心继续为中国商飞、西藏网信办等提供技术服务，为全国两会、进博会等重点时段做好网络安全保障。服务期间，各项目网站运行安全稳定，信息发布顺畅。中国经济网还作为支撑单位执行了中央网信办移动局的专项任务。中国经济网舆情研究所继续为中宣部、中央网信办、国家市场监管总局、国家药监局、中纪委等党政部门提供舆情信息服务。

二 | 中国经济网新媒体工作案例

2018世界物联网博览会（以下简称物博会）9月15—18日在江苏无锡举行，此次物博会以“数字新经济　物联新时代”为主题。

在物博会的报道中，中国经济网创新使用“全景+新闻”的形式打造“全景看物博”的独特体验，使物博会的报道更立体、更直观。

作为典型的互联网及融媒体产品，“全景+新闻”使无人机航拍、全景摄像技术、实景3D技术、空间定位等多种类、多元化信息通过互联网进行联网协作。产品以720度的全景图片为主要元素，高达1.2亿像素分辨率单场景展示，配合文字、图片、语音、视频等形式，快速、新颖地将现场体验与内容信息第一时间传递给观众，使之获得更为深入的沉浸式体验。此次创新也是博览会线下实用技术与线上新闻传播融合的经典应用。

一个成熟的融媒体产品，应当遵从互联网产品的特性和规律。首先要让产品具有“交互互动性”，没有“交互互动性”的新媒体产品容易让用户产生单向感，而“交互互动性”的新概念是传统的平面媒体和电视媒体短期内无法去实现的。所以，在融媒体产品设计、策划、实施之初，优先的理念是要与用户互动、交互，并让用户可以多端体验和参与其中。正是基于“交互互动性”的理念，“全景+新闻”在新闻报道中发挥出了它独特的魅力。

“全景看物博”融媒体产品一经推出后，在短短三天的时间内阅读量突破240

万。无锡市委宣传部长在新闻发布会上肯定道，“中国经济网利用新技术制作全景航拍产品，可实时浏览展馆，提供‘身临其境’的观展体验。”

（中国经济网）

“全景看物博”专题二维码

中国青年网

一 | 中国青年网新媒体工作综述

2018年，中国青年网共获得各部委荣誉表彰30余次、感谢信13封；中央领导对中国青年网的舆情专报批示达43次，位居中宣部全国直报点第一位；“走进热血边关”网络媒体国防行荣获“中央网信办2018年网上重大主题宣传和重大议题设置精品项目”；“青蜂侠”团队被国家广电总局推选为“年度重大主题宣传团队”奖。共计10个专题、图文作品荣获中央网信办“五个一百”正能量精品奖项；获得“2018微博最具影响力媒体奖”；荣获中国互联网协会颁发的“2016—2018年度互联网行业自律贡献奖”。

（一）唱响网络主旋律，发出时代最强音

中国青年网作为中央重点新闻网站，始终牢牢坚持团结稳定鼓劲、正面宣传为主，旗帜鲜明、理直气壮地开展正能量传播，弘扬正气、凝聚人心，为构建清朗网络空间提供持续的动力。

1. 深刻领会解读习近平新时代中国特色社会主义思想。中国青年网始终以宣传解读习近平新时代中国特色社会主义思想为内容建设之魂，深入做好主题宣传、主线宣传、成就宣传、典型宣传，全年运用音视频、VR、H5等推出习近平新时代中国特色社会主义思想解读文章900余篇，中国青年网原创《党旗所指就是团旗所向》等350余篇被全网转载。独家高效推出的《90秒告诉你：习近平的“只争朝夕”》《这就是我的国》等新媒体产品，阅读量超过千万人次。在传播习近平新时代中国特色社会主

义思想和社会主义核心价值观的基础上，中国青年网紧跟时代潮流，充分运用“两微一端”、短视频、动漫、H5等全媒体形式讲好中国故事，实现青春正能量的及时传播、精准传播和有效传播。

2. 聚焦主线主业，全媒体传播党团声音。凝心聚力做好习近平总书记重要活动报道，围绕7月2日习近平总书记同团中央新一届领导班子成员集体谈话，推出大头条《党旗所指就是团旗所向》、青头条《牢记党关怀　建功新时代》、中青网评《谱写新时代实现中国梦的青春篇章》，全网转发后社会影响广泛。围绕共青团主责主业，刊发原创1500余篇，取得了把方向、强引导、重服务的良好成效。全团首次开展的22届“中国青年五四奖章”直播访谈全网累计观看人次超过8000万；依托“11115N”全媒矩阵，全团联动、全网覆盖、全端传播做好团十八大报道，采访团代表110余人，转发相关稿件1460篇，近20篇原创被全网推送，总阅读量超过8000万。

3. 发力重大节点，弘扬爱国奋斗精神。围绕两会、团十八大、互联网大会、国庆等重大主题，采用动漫、一镜到底、VR等形式，打造富有吸引力和感染力的新媒体产品。中国青年网“青蜂侠”“担当”“青小小”“青旗”等短视频栏目在国庆期间持续发力，保持刷屏热度，不仅出现多个500万+点击量的爆款，还频繁成为人民、新华、央视等中央重点新闻网站官微的转载来源。针对国庆热点事件策划推出《五湖四海游客齐聚天安门　熬夜等看国庆升旗告白祖国》《国庆不回家#考研生每天学习11h+#：你的梦想值得如此努力！》等180篇原创短视频报道，累计播放量近2亿，转评赞超百万。同时，在微博开设的#祖国，我在这里爱你#国庆话题，阅读量突破4600万；#两高校学子山顶歌唱祖国#国庆话题，阅读量突破908.9万，讲述青年爱国故事，弘扬青春奋斗精神，传递暖心正能量。

4. 关切社会热点，彰显青年靓丽风采。中国青年网紧跟社会热点，聚焦青年关切，持续打造青年栏目精品。国庆期间，《今年国庆假期，这些瞬间让我们热泪盈眶》等多篇独家原创成为国庆期间主流舆论的旗帜性作品，成为引导青年表达爱国心、报国情和强国志的爆点式新闻，成为中央新闻网站和主要商业网站的重要信源。发动青年学生广泛参与“同唱一首歌 · 我爱你中国”活动，推出《震撼视频！百所高校学子同唱一首歌：我爱你中国！》，刷屏互联网，并被山东卫视、安徽卫视等多家中央媒体和省级卫视报道，汪峰、人民网等“大V”纷纷点赞和转发。紧紧围绕“侠之大者，为国为民”“90后已经开始失去了”等主题，以图文报道、音视频、微文、H5等全媒体形式，推出“金庸逝世”系列报道，着力展现金庸先生的侠义精神和人格高度，积极引导青年不负青春使命、勇担时代重任。

5．打好舆论斗争，捍卫英雄先烈形象。中国青年网厉兵秣马，切实担负起捍卫国家舆论安全的职责使命。每当发生对青少年思想意识和价值观产生重大影响的重大舆情时，在意识形态斗争的关键时刻，中国青年网勇于、善于、敢于亮剑发声。在抨击“暴走动漫”侮辱英烈的斗争中，全网多部门联合作战，刊发系列报道，撰写网络评论和舆情专报，开展嘉宾访谈，设立微博话题，主动出击，顶住了6000万暴漫粉丝围攻反扑，引发了主流媒体集中发声的大合唱，赢得了捍卫《英烈保护法》的遭遇战，壮大了网上主流思想的舆论场。

（二）突出团媒优势，持续激发青春正能量

中国青年网奋力推进团中央本级“青年之声”、团委门户等平台的内容生成及运营工作，安全运营中国共青团网、西部计划官网、青少年爱国主义网及共青团领域相关子频道，在原创内容建设、人员队伍建设、社会效益和经济效益建设、品牌影响力建设等方面均取得了新的成果。

1．深化青年之声，做好青年思想引领。高举旗帜引领，助力青春梦想，探索“青年之声”与青年重点工作互联互通。青年之声高举旗帜，主动设置议题，以习近平新时代中国特色社会主义思想和党的十九大精神为指引，把握重大事件和时间节点以及青年关心和关注的热点焦点，围绕新春走基层、全国两会、清明祭英烈、五四青年节、团十八大、进博会、互联网大会等重大主题，策划推出思想引领类话题。团十八大期间结合习近平同团中央新一届领导班子成员集体谈话，及时推出《习近平总书记的十点要求　你Get到了吗？》，结合2018年新年贺词推出《“幸福都是奋斗出来的”新的一年你准备好了吗？》，结合五一劳动节推出《#五一劳动节#争做新时代的奋斗者》等一系列话题，在全国范围内得到青年网友的广泛关注支持。

2．发挥团组织优势，推出正能量精品。中国共青团网微博粉丝达到75万，微信粉丝突破2万，抖音粉丝110万，“青年之声”微信粉丝20万＋，微博粉丝15万。共青团移动端的运营，实现了比较完美的自转，配合产品内容和视频内容，取得了微博阅读总量3.6亿次，单条阅读量3000万的突破。共青团网抖音拓展了新的传播渠道，创立60天，播放量突破1.5亿，点赞量突破1010万的成绩，单条千万播放、百万点赞的作品6条，国家公祭日的策划成为当日正能量话题榜头名，为中国青年网前有“青蜂侠”、后有“担当”、左有“青小小”、右有“三甲医生”、犀利有“中青微评”、接地气有“扎根”的海陆空全方位精准打击的短视频矩阵，再加一枚利器。

（三）发力移动短视频，打造产品新经济

中国青年网紧跟网络传播新技术、新方式应用实践，在重大主题报道中，创新思维，联动作战，精准发力，实现传播效果最大化。

1．强化创新团队，优化短视频发展规划。顺应互联网传播移动化、社交化、视频化的趋势，发挥大数据、云计算、虚拟现实、人工智能等新技术的先导引领作用，努力营造倡导创新、包容失败、鼓励试错的氛围，持续推进三人小组机制，在公共管理技术支撑平台化的基础上，以事业部运营的方式孵化项目，争取试点开展战略项目的资本化运作，推出以用户为中心，满足用户刚需、解决用户痛点的网络文化产品，提升创新效能效率，延长网站价值链、产业链和生态链。中国青年网领风气之先，启动“短视频辉煌工程”，创立“青蜂侠”短视频品牌。创立伊始，中国青年网便喊出了“不争分只夺秒”的口号，从日均生产三五条、日均播放数百次起步，到今天短视频矩阵日均生产40条，每月播放12亿次，被清华、北大、复旦等八大新闻学院评为“未来传播项目”，成为业界现象。接下来拟推出短视频辉煌工程“金凤计划”，一只以“青蜂侠”为凤首凤身，以“担当”“青旗”为两翼，以“扎根”“青小小”为两足、以“三甲医生”等垂直品牌为长尾的金凤凰将一飞冲天。

2．创新内容产品，布局新兴前沿产业。中国青年网始终坚持思想立网、互动活网、服务强网、产业兴网理念，坚守原创优先战略。每周一三五的早策划会雷打不动，策划精准到题，计划到天，落实到人。全网上下始终高举原创优先的大旗，锻造比较优势，推动技术、资本和内容融合，坚持以新闻为核心、以用户为中心、以服务为重心打造产品。依托三人小组的中青看点单点突破，瞄定知识电商和活动撮合的中青校园崭露头角，自主舆情品牌中青远雁实现破冰，服务小微创业企业的青创邦不断完善，产品矩阵初步形成。持续运营大学生村官网、第一书记网、校园通讯社等网站，深入研究AI、VR、NB-Iot、5G、区块链等前沿产业做前瞻性布局，建立场景链接，实现持续互动。全网注册用户、粉丝数量突破6800万，多个平台订阅用户呈快速增长趋势。产生百万级UV的原创报道与日俱增，原创力指数稳步提升。

（四）持续加快技术转型，全面强化技术保障

中国青年网通过强化人才培养、优化内部培训、规范流程管理、加强实战演练等方法解决技术问题，打造技术产品，不断取得技术新突破。

1．全力确保运维安全。圆满保障了中国青年网各个业务的平稳运行和对外业务拓展，出色完成了全国两会等重大会议的安全保障和开发工作；通过加固TRS、https

改造、模板清理等手段大大加强了中国青年网内部系统的安全等级；利用自身技术积极开展对外业务，成功申请了网信办项目智能移动采编系统。

2．持续优化技术保障。顺利完成网站和域名备案更换、TRS系统迁移、重要业务数据备份等运维工作，完成头条、一点等20余个接口，五个一百网络正能量评审后台，OA系统移动端等开发工作，完成TRS系统提升、网页模板及压缩提速、网页瀑布流改造等优化工作，极大提升了网站发布效率和访问速度。

3．通力打造技术产品。自主开发的中国青年APP和青青OA、五个一百评审平台、三下乡投票系统等多个系统顺利上线，大大提升了中国青年网在产品研发方面的能力，锻炼队伍的同时也加强了技术储备。同时，内部加强技术培训和互动交流，陆续开展云平台、微信小程序、人工智能等技术培训，为今后中国青年网的快速发展奠定坚实的技术基础。

（中国青年网）

中国西藏网

一 | 中国西藏网新媒体工作综述

2016年9月以来，中国西藏网深入学习贯彻落实中央关于推进媒体融合发展的决策部署，以打造“一个形态多样、手段先进、具有竞争力的新型涉藏主流媒体”为目标，与《中国西藏》杂志在内容、渠道、平台、经营、管理等方面，开展专业涉藏传统媒体和新媒体的融合建设，取得一定成效。2018年，刊网加快融合步伐，持续推进一体化建设工作，通过产品创新、平台建设和渠道推广，不断巩固和扩大涉藏宣传工作阵线，切实提高涉藏宣传传播力、引导力、影响力、公信力，主要开展以下工作：

（一）创新理念，深化内部机制融合

转变传统思维模式是媒体转型发展的前提，《中国西藏》杂志刊网将“传统媒体思维向互联网思维转变，互联网思维向融合思维转换”作为机构理念，同时抓住“涉藏定位特色”与“组织流程再造”两条主线，实施西藏网融媒体项目整体方案建设，推动刊网内部资源重组，形成融合化发展机制。首先在人员队伍整合方面，杂志以资深编辑居多、网站以年轻员工为主，通过采编业务综合培训和战役性报道中的多次实践磨合，逐步实现了刊网人员一起策划、一起采访、一起审稿，人员融合不断深化；其次在业务流程改造方面，为促进效率最大化，杂志社改变原先“一次采集、一次发稿”的方式，根据新闻的特点来安排采写任务，兼顾刊、网、新媒体平台多方的呈现方式，不断优化流程，逐步实现了统一策划、一次采集、多元加工、多端发布、全方位推广的工作机制，实现了涉藏新闻资源合理配置。流程优化对提升内容生产效果明

显，视频生产实现了翻倍增长，H5、图解稿件成为常态。第三在人才激励机制方面，通过借鉴互联网公司考核模式，加大新媒体考核力度，建设科学合理的激励机制。在传统奖励优秀稿件的基础上，设立优秀新媒体作品奖，每半年评选一次；鼓励杂志记者、编辑义务向网站发稿，非采编部门人员向网站投稿，新的考核指标对采编人员除了“量”的考核，还加入各平台点击、评论情况等用户反馈参数综合评分，以传播效果倒逼工作转型与质量提升。

（二）推出特色融媒产品，做好精准化、个性化涉藏传播

中国西藏网的刊网融合发展始终紧扣涉藏专业定位，将《中国西藏》杂志积累30年的品牌特色延伸至互联网，形成独具涉藏特色的差异化战略定位。2018年，中国西藏网结合涉藏主题，持续推出了《画说西藏》、手绘《扎西一家》、音频《听，见雪域》、虚拟现实H5《扎西则玛的朋友圈》、H5《坐着火车去拉萨》等生动鲜活的特色融媒体产品，获得年轻受众关注，涉藏特色浓郁，辨识度高，已形成内容品牌。网民评价“用这种形式（手绘）介绍西藏的风土人情，有使人身临其境的感觉。真好！”陆续在中国西藏网微信公众号开设“活佛查询”“手绘西藏”“藏℃”“藏音悦”等独家内容板块，其中“活佛查询”可即时在手机端获知相关权威信息，有很强的专业性和服务性；同年6月，中国西藏网入驻喜马拉雅平台，推出广播类节目《藏语播报》，以三种藏语方言向西藏及四省藏区农牧民群众提供时效音频内容；内容产出之外，刊网还联合发起了目标读者群需求偏好的田野调查。2018年7月，中国西藏网以“新媒体时代下藏区群众阅读方式”为课题，赴西藏及四省藏区22个市县农牧区、寺庙、学校、医院、党政机关、援藏机构、企业、工厂等各阶层行业展开调研，通过发放问卷、单位座谈、社区访谈、牧区入户等形式，掌握一手情况，为刊网进一步适应用户分众化趋势和个性化需求，改进涉藏宣传形式和内容，建立数据分析模型，提供科学有效的决策支撑。

（三）建设新媒体矩阵，借助第三方平台拓宽传播渠道

为弥补自有平台缺口，2018年，《中国西藏》杂志刊网在原有电子杂志、网站、手机WAP页、“两微”矩阵（即多语种、多频道媒体微博及中、藏两个语种微信公众号）的基础上，进一步完成了中、藏、英、法、德各语种APP移动客户端建设工作，形成了更系统、多元、完备的移动化传播矩阵，为持续做大做强正面宣传和培育传播力打下基础。在自建平台之外，为尽可能拓宽涉藏内容传播渠道，中国西藏网先后进

驻喜马拉雅FM、企鹅号、优酷号、网易号、大鱼号、趣头条等第三方平台，借助商业平台优势，重点投放原创图文、图集、音视频等融媒体作品，原创内容到达率大幅提升。《中华大藏经 藏文对堪本》《乔治·夏勒：伤害自然就是伤害自己》《京城藏味：酥油茶 甜茶》等视频作品，累计观看超过10万人次。

（四）适应融合事业发展，培养全媒型、专家型人才

媒体的核心优势是人才优势，中国西藏网把涉藏全媒体人才培养摆在突出位置，加快打造涉藏宣传全媒型、专家型、复合型人才。首先是着力推动现有采编人员融合转型。要求刊网编辑记者自觉拥抱全媒体趋势，以全媒体记者的标准要求自己，培养自身突破传统界限的思维与能力。通过专题培训、实战演练、业务研讨、观摩交流等方式，如举办"《中国西藏》通讯员队伍2018年度新媒体业务培训班""刊网骨干人员商业网站、大型技术国企学习调研活动"，重点引导其向全媒体记者、全媒体编辑、全媒体管理人才转型。其次是出台灵活、开放的管理机制。将刊、网不同体制的干部进行统一融合管理，只要能力出色，就大胆使用，安排到重要岗位。提供公平公正的竞争平台，让优秀骨干留得住，激发更大的创造力。最后是积极探索媒体融合培养模式。从《中国西藏》刊网融合发展的实际人才需求出发，培养和引进产品策划、程序员、设计师等各类专业人才，构建融合媒体多元人才队伍。

（五）积极适应对外宣传融合化发展趋势

把握国际传播领域移动化、社交化、可视化的趋势，在构建涉藏对外传播话语体系、让外国人乐于接受和易于理解上下功夫，不断提升对外传播效果。2018年，中国西藏网持续加强境外社交媒体宣传报道，根据推特、脸书、YouTube各平台运营规律，采用不同受众、不同稿件的方式做差异化推送，主动关注关心涉藏话题成员，并及时与网友互动，努力使传播效果最大化。开辟多语种专栏《扶贫》《西藏故事》等，通过英文、德文、法文翻译推送鲜活的涉藏史实、藏族人物小故事，以客观讲述的方式，向海外读者提供可读性高、感染力强的作品，坚持不懈讲好西藏发展变化故事。加大多语种涉藏融媒体产品策划，在外文子网和海外社交平台脸书、推特推广传播。2018年制作推送班禅相关原创视频12个，文化民俗类原创视频24个，多语种图解8个。

二 | 中国西藏网新媒体工作案例

《扎西则玛的朋友圈》是中国西藏网打造的具有浓郁涉藏风情的系列产品。通过虚拟抠像技术，结合朋友圈播报的H5形式制作完成，重点突出交互性、趣味性。其中，《扎西则玛的朋友圈——我们这五年》围绕十九大重大报道主题，以藏族女主持自述的形式，通过查看手机“朋友圈”，从一张张照片和一段段视频展示“朋友圈”里个人经历，以小见大，展现西藏自治区十八大以来的发展成就，以及人民享受的发展红利。作品发布以来一直受到藏区干部群众及同行的关注、好评，在中央网信办主办的优秀融媒体产品评比活动中得到较高评价，同时被第十一世班禅额尔德尼转发、点赞。后续中国西藏网又推出了《扎西则玛的朋友圈——总书记来信啦》，类似产品在藏区收到较好的反响，被认为是涉藏宣传的一大突破。

（中国西藏网）

《扎西则玛的朋友圈——我们这五年》融媒体作品二维码

央 广 网

一 | 央广网新媒体工作综述

2018年，央广网完成博鳌亚洲论坛年会、上海合作组织峰会、中非合作论坛峰会、首届中国国际进口博览会、第五届世界互联网大会、世界智能大会、数字中国峰会、中国改革开放四十周年等重大主题报道任务，不断提高新闻舆论传播力、引导力、影响力、公信力，巩固壮大主流思想舆论阵地。

截至2018年11月，央广网、央广新闻客户端全年PV总量311080946，UV总量228586303，日均PV1000260，日均UV735004；发布稿件503827篇，制作网络专题100余个，完成新闻短视频报道120余个；央广新闻微信公众号发稿4000余篇，阅读量超10万的推送达20余篇；中央人民广播电台、央广网新浪微博发稿10000余篇，超100万阅读量的博文达120余篇，超1000万的博文10余篇，海外社交媒体账号推送贴文7400余条；向中宣部上报舆情信息8100条，获采用374条；向中央网信办上报舆情约稿267条，编发《舆情摘报》135期。

2018年，央广网荣获2017年度中宣部舆情信息工作优秀单位，第四届世界互联网大会乌镇峰会先进单位；最高人民检察院、全国总工会、文化和旅游部（原国家旅游局），国家市场监督管理总局（原国家食品药品监督管理总局）致函感谢央广网对宣传报道的支持。

央广网作品《十九大代表说丨王民：要把自己放在既重要又平常的位置》荣获第二十八届中国新闻奖三等奖。央广网《十九大融媒体专题》被评为国家广电总局“2018年度网络视听节目内容建设专项资金扶持项目”重大宣传项目优秀案例。《习声回响》荣获中国广播电影电视社会组织联合会组织全国性广播行业年度创新案例评选“2018中国广播创新融合十佳案例”第一名。

2018年央广网全平台覆盖人群数达6800万人次，发布内容覆盖大小屏日均累计达2.1亿人次。“央广网”微博、“中央人民广播电台”微博账号互动总量超540万次，大小屏覆盖人群逾3.2亿；“央广新闻”微信公众号、央广网微博及其他央广网自媒体号，粉丝数达1800万。具体细分数据如下：央广新闻客户端用户数560万；央广新闻微信号用户数71万；央广网微博用户数320万；中央人民广播电台用户数350万。

（一）新媒体形式总汇

1．时政品牌栏目《习声回响》。新媒体形式包括“手绘动画”“声漫”“微视频”“图解”等多种新媒体传播形式。

2．2018年全新推出《嗨！七点出发》《数描40年》《奋斗的中国人》《街访评》等新媒体品牌栏目。

3．微视频专栏《数描40年》。为纪念改革开放40周年，央广网特别策划数据新闻短视频栏目《数描40年》。《数描40年》以手绘“动”漫视频形态讲述改革开放四十周年中国的发展变化，本系列出品8期，内容涵盖改革开放40年来衣食住行、教育、环保、文化等8大领域共计40个大数据。相继推出《数描40年|衣食住行里的“数字密码”》《数描40年|对外开放进行时》《数描40年|想改变命运？掌握她就可以》《数描40年|我们的征途是星辰大海》《数描40年|原来我们都是你的守护者》等多期视频，聚焦改革开放40年来中国经济发展、对外开放、教育事业傲人成绩单。《数描40年》系列通过严谨的数据内容与清新的画面表达，将四十年来我国各个领域的惊人发展成就以“手绘”形态进行视觉表达，漫画中加入手推动画来进一步丰富产品的表现力，在清新与诙谐中，让人过目不忘。

4．融媒体大型报道《奋斗的中国人》。2018年5月央广网推出《奋斗的中国人》大型融媒体专栏，聚焦扶贫攻坚、科技创新、区域发展、文化创意、对外开放等多个领域，视野拓展到“创新型国家、制造强国、教育强国、体育强国、文化强国、人才强国、贸易强国、科技强国、质量强国、航天强国”等多个维度，挖掘这些领域“有故事、能奋斗”的中国人。从5月至12月，推出PC端、客户端全媒体专题，系列人物报道，“夜听——听见奋斗·看见你”音频产品、客户端直播等多形式报道，用“奋斗”讲好中国故事，传递正能量，激发千千万万普通人参与到中华民族伟大复兴的伟业中来。《奋斗的中国人》专题及两微一端台总浏览量超过6000万、访问人次1334

万，其中#奋斗的中国人#微博话题阅读量922万，转发28万，点赞 1.6万，#奋斗的中国人 李子璇#话题阅读量突破4000万。《奋斗的中国人》融媒体专栏通过对各领域代表人物的专访，通过领导人关于“奋斗”、关于“中国梦”的有力语言，通过生动呈现多行业奋斗者工作场景的直播，展现了一代代中国人奋斗的精神风貌，向网友传递了正能量。

5．微视频访谈《街访评》。央广网、央广新闻客户端围绕重大主题和社会热点话题，打造“街访评”特色网评专栏，栏目采用2—3分钟原创短视频的形式，以街头采访的形态，针对重大网评话题发表观点见解，增强移动端传播效果和舆论引导力量，发挥主流媒体的舆论引导作用。2018年，央广网将围绕习近平总书记系列重要讲话、重要活动、2018年全国两会、改革开放40周年等主题和社会热点话题推出“街访评”节目，加大正面宣传力度，树立清朗的网络风气。如：2018年6月9日，青岛迎接上海合作组织元首峰会的到来。此次峰会是继2012年北京峰会后上合组织再次回到它的诞生地中国，也是在上合组织实现首次扩员后的一次盛会。上合组织青岛峰会前夕，央广网就此特别策划制作了《街访评丨你好“上合”》短视频。由央广网前方记者走进校园，将话筒交给来自俄罗斯、乌兹别克斯坦、吉尔吉斯斯坦、哈萨克斯坦、塔吉克斯坦、印度和巴基斯坦等国的十余位自上合组织成员国的留学生们，请他们讲述对于“上合之合”有哪些心声和期待。2018年10月1日，新中国迎来69周岁生日。在这欢度国庆佳节之际，央广网、央广新闻客户端策划制作了《街访评丨幸福是奋斗出来的，为中国点赞！》的短视频。视频通过街头随机采访路人，展现了百姓多元化的假期生活，有人选择去首都天安门，向祖国致敬；也有人选择出游，赏遍祖国的大好河山；还有人选择回家，给家人最温情的陪伴；仍有人选择坚守岗位，贡献出自己的绵薄之力。人们正在用自己的方式为祖国献礼，为新中国点赞。

（二）本年度重点报道内容

2018年，央广网将重大时政报道及重大主题报道作为工作的重中之重，完成了习近平总书记系列国内外活动和2018全国两会报道、上合组织青岛峰会、马克思诞辰200周年、汶川地震十周年特别报道、“中非合作论坛北京峰会”“大江奔流”“新时代·幸福美丽新边疆”“库布其沙漠治理经验报道”“诚信建设万里行”、首届中国国际进口博览会等一系列重大宣传报道任务。

2017年8月—2018年4月，央广网完成《站在新起点 展望新征程》专栏十九大项目主题理论解读报道任务，以“理上网来·喜迎十九大”“理上网来·辉煌十九大”

主题撰写系列理论文章22篇，及时解读习近平总书记系列重要精神引领十九大舆论，打造权威专家解读理论传播高地。

两会期间，央广网推出的《政府工作报告速读神器》、动画短片《150秒速览“高颜值”政府工作报告》当日超过150万人次观看，《120秒“跑”进两会》《谁不说咱家乡好》等两会各微视频产品在各平台覆盖超过8000万，浏览量超过1000万。财经创新短视频《110秒见证行进中的中国》，传播量超过500万。央广新闻客户端开设《街访评》栏目，以每期3分钟左右的短视频产品表现老百姓对重要时政和主场外交活动的关切，全年累计推出12期街访评节目，获得中央网信办推荐，栏目总浏览量超过200万。新浪微博平台推出原创短视频《春节期间走亲戚之#春节灵魂三问攻克秘笈#》阅读量达500万，登上微博热搜榜前10，两微平台转载量超100余家。

央广网全年围绕改革开放40周年宣传报道主题，做好《创新中国》《奋斗的中国人》《阳光跟帖》专项报道项目，采访50位奋斗中国的代表人物，推出图文、短视频、声漫、直播等多形式的报道，各端口阅读量超过2000万；策划《为温情加一度》《改革开放四十周年金句》等图说、图文产品，弘扬暖人暖事，引导网民理性发声，传播正能量。

二 | 央广网新媒体工作案例

央广网孵化的《嗨！七点出发》2018年6月1日正式与网友见面，栏目融合音频、视频、短评、图文等多维元素，打造短平快的轻阅听体验。产品注重内容创新，“特色板块+趣味点评+优质播报+清新范设计”成为产品吸引年轻受众并有力引导舆论的四大特点。同时在业务模式上，创新尝试“工作室”模式，年轻的内容团队不断优化产品结构、风格特色，使得《嗨！七点出发》在新媒体早新闻产品中独树一帜。推出半年来，各平台累计阅读量已突破2亿，收获多个10万+。

（一）板块内容丰富，打造短平快的轻阅听体验

内容布局上，《嗨！七点出发》栏目设置了若干版块，分别以不同侧重点带来昨日今晨的国际国内热点要闻，为听众和读者打造最新鲜、营养丰富的新闻早餐。资讯板块主要分为《七点聚焦》《七点国内》《七点国际》，主打时事要闻、社会新闻、国际大事，穿插一句话点评，让硬新闻严肃的同时也带点儿活泼，发挥主流媒体的舆

论引导作用。

《每日·一习话》版块，特别摘选出习近平总书记系列重要讲话中的古语和典故，进行解读与古语释义。《每日话题》板块，特别摘选出了近期富有话题性的社会事件，客观陈述事实，搜集整理网友评论，发挥主流媒体的舆论引导作用。

（二）趣味点评，打造“小清新”的新闻早餐

《嗨！七点出发》是一款依托微信这一新媒体，面向年轻受众的新闻早餐产品。除了在色彩、版面设计与图片视频元素等方面更贴近年轻人的视觉偏好外，《嗨！七点出发》在内容上采用“小评论+表情”的形式，让新闻“活”起来。

除此之外，《嗨！七点出发》还在每条新闻间添加了供音频使用的“串词”，使听音频的受众在听觉上更加舒适。

（三）优质播报，探索新的声音表达

与普遍新闻早听类节目不同，《嗨！七点出发》栏目主播播报的语言风格更明朗、诙谐，在严谨的新闻编排中和年轻受众轻松愉快地“聊新闻”。

（央广网）

中国军网

一 | 中国军网新媒体工作综述

（一）围绕主题主线，强力奏响主旋律，彰显姓党为军本色。

紧紧围绕年度重大主题，聚焦重大网宣任务和热点话题，大力宣传习近平新时代中国特色社会主义思想和习近平强军思想，集中力量、突出重点、彰显特色，呈现良好传播效果。

一是主题宣传亮点纷呈。紧扣学习宣传十九大精神、“传承红色基因　担当强军重任”主题教育和庆祝改革开放40周年重大主题主线，精心策划组织网上宣传活动。中国军网推出“学习强军”频道，对习近平强军思想进行创新呈现和深度解读。“学习强军”频道以文字、图片、音视频、H5、VR、沙画、动漫等多种形式，立体打造适宜网络传播的系列融媒体创新产品，截至2018年12月31日，频道共刊发稿件4000余篇。2018年12月26日，中国军网完成各项对接工作顺利入驻“学习强国”平台，并在中国军网首页右上端重要位置开设“学习强国”端口；强军网搭建学习十九大精神、主题教育竞答闯关平台，开展“学习标兵评比”竞技活动，将内外网打造成学习十九大精神、学习习近平强军思想的红色阵地和实践舞台。

中国军网作品《新时代·新寄语丨沙画版2018新年贺词：习主席说了这么多“知心话”》《新时代·新寄语丨一图速览习近平主席2018年新年贺词》被中央网信办全网推送；中国军网大型网络专题《学习十九大　奋进新时代》自上线后，保持网站首页重要位置常态更新，点击量超过4000万，《用重大主题宣传检验“品牌成色”——中国军网十九大报道亮点呈现》获全国党报网站高峰论坛“优秀案例奖一等奖”。围绕庆祝改革开放40周年，中国军网重磅推出《从迎外部队看40年我军的变化》《40年，中国军队走出国门的步伐》《外军眼中的中国军队》等大型策划，阐述中国军队改革成果，展现习主席擘画的强军兴军之路。

二是重大任务出新出彩。紧跟时政热点，聚焦全国两会、汶川抗震救灾10周年、建军91周年、北京香山论坛和珠海航展等重大宣传任务，整体布局、多点发力，制作大型网络专题100余个，推出《图解两会丨这一刻，世界聚焦中国》《陆地、海洋、天空，军网记者与你携手看世界》《汶川重建　巨变十年间》《第十二届中国国际航空航天博览会》等一系列重磅作品。《“八一通道”两会系列访谈》获第28届中国人大新闻奖网络作品新媒体三等奖；《军报纪念建军90周年特刊·阅兵专号：沙场点兵》《你收到的是1927年8月1日发来的包裹》分获第二十八届中国新闻奖融媒创新类、融媒互动类二等奖。

三是舆论引导及时有力。实时关注网络热点，积极回应网友关注，不断创新传播方式。这一年，国家和军队的大事、要事、喜事频传，退役军人事务部成立、武警部队改革、全军首次面向社会招考非现役文职人员、“时代楷模”王继才、扫雷英雄杜富国等事件和英模，引发网友强烈关注。中国军网推出《成立89天，军网记者带你探访退役军人事务部》《开山岛要不要守？网友的提问，王继才用一生作答》《血染雷场！他们的芳华在“死亡之地”绽放》等作品，有力回应了网友关注。

四是爆款产品不断刷屏。8月1日，庆祝建军91周年军报记者微博话题“我和军队的不解之缘”上线，短短15天，阅读量达14.9亿，总量达15.8亿，创下微博话题阅读量的新纪录。为全面立体报道呈现王继才先进事迹，先后三次派出7名记者赴开山岛，综合运用各种新媒体传播手段，制作发布图文、漫画、微视频、H5和VR等各类作品17件。军报记者微博话题#开山岛上写大爱##致敬祖国守岛人#阅读量达9000多万；短视频《走一走王继才的“巡岛路”》《王继才：我这一生，亏欠父母妻儿，但对国不能亏》在“快手”平台每条播放量均达140多万，成为热搜榜新秀之星；VR作品《VR视角，带你走一走王继才的巡逻路》点击量超过100万。中国军网在中央网信办第三届“五个一百”网络正能量精品评选中有35项作品获奖，不断汇聚起强军兴军的好声音、主旋律、正能量。

（二）推进深度融合，重拳出击打重点，平台建设取得新突破。

立足内外网建设实际，注重多维度、全方位、一体化发展，着力实现网系、网站、网路、网端迭代创新。

一是大力提升中国军网和国防部网影响力。中国军网下大力推动内容创新，以文字、图片、音视频、H5、VR、沙画、动漫等多种形式，立体打造适宜网络传播的系列全媒体创新产品，持续提升品牌影响力，综合排名进入全国主要新闻网站10强、移动端进入5强。国防部网以制作《上海合作组织青岛峰会》《国际军事比赛-2018》《练兵备战·锻造精兵劲旅》等大型专题为牵引，着力打造国防政策、军队建设及军事交流合作的权威信息发布平台，获评“2018年度中国最具动员力党务网站”。

二是开新破局创建强军网。按照军委决策部署，紧抓快赶、稳步推进强军网建设。2018年3月26日，在习主席批准创建一周年之际，举行强军网上线开通仪式，军委张又侠副主席出席讲话，对强军网建设提出“四个平台”的目标要求。6月份，为提高全网连通率、内容吸引力，组织力量赴基层调研指导，推动全军除新调整组建单位外全线开通本级强军网。8月份以来，紧紧围绕军委机关网站改版、“军营拉歌会”“军婚大事”“就业创业服务岛”等重点项目，深入研究论证，加速丰富内容，不断推动强军网建设质量跨越提升。

三是改版升级壮大移动端。坚持移动优先战略，解放军报客户端在用好军报资源基础上，注重二次创作包装，打造传播力更强、传播面更广的栏目产品，重启“端端看两会”“中国精兵”栏目，新开“夜读”栏目，推出H5、微视频等新媒体产品230部，采写发布原创稿件1200余篇，重大节庆纪念活动制作专题72个，客户端下载量年增长110万，累计达1244万。国防在线客户端、国防部发布微博紧密跟踪第七届世界军人运动会筹办、第五届全国学生军事训练营等大型国防军事活动，发布2000余条军训权威信息、40余期电台节目、300余期焦点话题，拍摄16大课目的军事技能教学视频及百余组军事理论课程，全网总播放量达1.8亿次。2018年2月份，国防在线客户端上线5个月就登上了中国主流媒体APP传播力榜第11位，截至2018年年底国防在线客户端下载量突破1422万。国防部发布微博获新浪微博年度军事峰会“微博2018最具影响力军队新媒体”奖。军报记者微博微信除搞好重大任务宣传报道外，更加关注军营、关注基层、关注兵趣，开拓运营“起床号”“熄灯号”两档栏目，朝六晚九准时播报军营资讯；开展“#军营课间操#”“#军旗猎猎90年#”微博话题，举办“强军颜值”表情包大赛，深受广大官兵和网友喜爱。“军报记者”微博在全国党报微博用户量排名第4、传播力排名第6，粉丝达到4578万，获新浪微博年度峰会“微博2018最具影响力军队新媒体”奖；军报记者微信获“2018年度中国最具影响力政务新媒体”，中国军网微信获“2018年度中国优秀政务新媒体”。

四是持续发力做强短视频。中国军网八一电视以军事短视频生产快反能力建设为抓手，打造推出众多“网红”短视频精品佳作。习主席向全军发布训令，当晚即推出开训MV《决战》，被中央电视台、人民日报等数百家媒体转发，全网播放量过亿；习主席提出强军目标5周年之际，推出短视频《强军　强军》，在中央网信办组织的中央主要新闻网站两会融媒体作品评选中荣获第一；发布南海阅兵MV，在军报记者微博单账号播放量超过1000万；制作推出网络剧情短片《我的青春献给谁》，被人民日报、新华社、央视新闻等媒体平台相继转发，发布24小时播放量即突破1000万；朱日和阅兵MV《生来倔强》，在2018年度优秀网络视听作品评选中荣获“年度优秀短视频”，短视频《行走》获评2018全国党媒“十佳创意短视频”。10月30日，中国军网入驻抖音、快手短视频平台，上线7个小时粉丝量突破100万，获赞达105.3万，创下政务抖音号最快涨粉纪录；2018年11月政务抖音号排行榜显示，中国军网仅入驻1个月即名列第2；2018年12月，快手直播平台数据排行榜显示，中国军网获“最佳快手政务号”。截至2018年年底，中国军网在抖音、快手双平台粉丝数达450万，点击量破10亿。

五是提升国际传播影响力。中国军网、国防部网英文版聚焦军队大事要事，加大对外原创、编译、回应力度。创新开通“双语Bilingual”专栏，开启“双语时代”公众号。中国军网、国防部网英文版已成为国内外英文媒体选取转发中国军事英文新闻权威来源。

二丨中国军网新媒体工作案例

2018年8月1日，解放军新闻传播中心网络部庆祝建军91周年“我和军队的不解之缘”上线，迅速引爆网络。短短15天，阅读总量达14.9亿，创下微博话题阅读量的新纪录。

正如有人所说，纪录就是被用来打破的！一年前，建军90周年之际，原解放军报社网络传播中心微博话题#军旗猎猎90年#阅读量达4亿。时隔一年，由4亿到14.9亿，跨越的奥秘就在于“我和军队的不解之缘”九个字直抵人心，引发万众共鸣，就在于亿万炎黄子孙拥有同一个中国梦，同一个强军梦！

“我和军队有着不解之缘，对军队怀有深厚感情。”“爱我人民爱我军。”习主席饱含深情的话语道出了广大网友的心声。

“只因军人二字，我必使命在肩。”

“我爸爸是军人，也是我心中最强大的存在。”

“我是兵妈，为了儿子能成为一个顶天立地的男子汉，只能把心疼的泪水默默往肚子里咽。愿中国军人都平平安安的！”

在八一建军节这个特殊的日子，这些来自军营、来自校园、来自社会各界、来自世界各地的跟帖留言，诉说的是军心，折射的是民意，是一个国家、一个民族对国防的炽热情怀。

14.9亿阅读量，数据洪流的背后是改革的伟力、融合的威力。时针回拨，八一建军节前大约一百天，一个融报纸书刊、广播电视、网络新媒体、出版发行等业态于一体的军事新闻传播巨舰——解放军新闻传播中心，在改革大潮中亮相问世。这是中国军事新闻史上崭新的一页，也是一次开拓性、创新性、革命性的实践。

（中国军网）

中国新闻网

一 | 中国新闻网新媒体工作综述

（一）精心组织重大主题宣传报道，做好社会热点引导

1. 全面加强和深化关于习近平总书记的网上宣传报道

中国新闻网统筹各方资源，精心策划，持续加强内容形式创新，做好习近平总书记重要活动、重要讲话的网上宣传。2018年，全网结合重要节点、重要会议活动，利用文字、图解、音频、视频、直播、动漫等全媒体报道方式做好习近平总书记重要活动、重要讲话的报道和解读，在网站新媒体平台“头部区”重点展示推送。据统计，网站2018全年刊发关于习近平总书记主题报道6267篇，其中原创报道835篇，保持了全年报道的热度。

为了更好地集纳和展示关于习近平总书记重要活动、重要讲话的报道，中国新闻网开设了《近观中国》网络专题、专栏，强化了全媒平台集中呈现，并通过“两微一端”进行精准化推送。网站从新生代网民的阅读偏好出发，积极创新表现形式，加强可视化报道，提升内容吸引力和传播效果。“两会”期间，特别推出的融媒体产品《习近平两会同期声》，用习近平总书记讲话原声，结合图片、视频内容，综合回顾习近平总书记两会期间重要论述，各平台传播效果突出。一年以来，中国新闻网在“两微”平台推送关于习近平总书记重要活动、重要讲话相关内容280余条，扩大网络辐射范围。中新英文网全年刊发相关主题英文报道2500余篇，在海外社交媒体平台推送相关稿件5500余篇次，向合作海外华文媒体推送关于习近平总书记原创稿件420余篇，提升了相关报道内容的对外传播效果。

2. 精心组织重大主题报道

改革开放40周年主题报道贯穿全年，中国新闻网立足自身特点，加强内容策划，开设“壮阔东方潮 奋进新时代”大型中英文融媒体专题，全年发布中英文报道4100余篇，中国新闻网官方微博开设#改革开放这四十年#话题标签，持续推送相关内容，加强与网友的互动，阅读量达到1.3亿。持续创新报道形式，推出多种形态的新闻产品。其中，12集系列视频微纪录片《中国改革镜像》以典型人物的故事为切入点，以主人公口述方式，反映改革开放四十年以来中国在生态保护和精准扶贫领域取得的巨大成就。10集短视频系列专题片《改革开放再出发》，从经济、科技、民生、法治、文化、国际合作、乡村振兴、民族团结、生态建设、华侨华人十个方面展示改革开放四十年来的伟大成就，寄语新时代发展新篇。可视化产品方面，手绘《一列长长长长长长的火车，穿越40年时光隧道》以百姓乘火车出行角度看中国变化，在网站多个平台端口发布，传播效果良好。精心策划推出《40年来，他用相机记录自己家庭的变迁，很多画面你家也有》《1978—2018，中国人记忆中最经典的40首金曲》等多条微信特稿，引发网友广泛共鸣。

2018年，中国新闻网还圆满完成了领导人高访、全国两会、博鳌亚洲论坛、上海合作组织峰会、中非合作论坛以及首届中国国际进口博览会等重大会议、活动类主题报道。

3. 积极开展舆论热点引导

2018年，对于引发社会广泛关注的重大问题，中国新闻网及时传递权威声音，澄清谬误，稳妥有力地引导舆论热点，为国家建设和发展提供有力的舆论支持。中美经贸摩擦引发全球关注，中国新闻网持续跟进核心议题，及时刊发官方权威信息，坚持以我为主，进行主动舆论引导，坚持专业、理性发声，积极“借嘴说话”，推出有理有力有节有针对性的解读分析报道，在各个平台端口展示，并重点通过海外社交媒体平台推送，积极引导和影响国内国际舆论场。截至年底，中国新闻网官方微博开设的#贸易摩擦#话题标签阅读量达到5200万；在海外社交媒体推送涉中美经贸摩擦主题中英文稿件1040余条。此外，中国新闻网策划推出的“透视中国经济”系列报道，对经济滞胀、消费降级、税负增多、社保征收增负和外资撤离等各类错误论调予以驳击，唱响中国经济光明论。系列稿件累计获转载1000余次，传播效果良好。

4. 有效提升网络国际传播能力

2018年，中国新闻网立足自身特色，面向华侨华人、港澳台同胞这一“海外中国”群体加强国际传播，阐释中国道路，展示中国方案，传播中国文化。

中国新闻网加大与海外华文媒体的合作，并引导海外华媒向移动端聚集，为他们转型发展提供平台技术支持。截至目前，已有50家海外华媒与中国新闻网展开深度合作，网络外宣阵地共建效果初显。2018年，中国新闻网加强海外社交媒体账号的内容建设，脸书、推特平台主要账号粉丝总量较2017年同期增长230%。对于国际广泛关注的涉华热点话题，在海外社交平台及时推送，及时回应，维护国家形象。2018年，中国新闻网牢固树立“四个意识”，强化导向管理，把准社会发展关键点，用贴近网民的形式宣传科学理论、阐释方针政策、传播主流价值，主流舆论的传播力、引导力、影响力、公信力持续提升。在第28届中国新闻奖评选中，中国新闻网的视频访谈作品《权威专家解析印军非法侵入我国领土的背后》荣获网络访谈类一等奖，网站记者参与创作的《“十九大十九问”系列报道》荣获国际传播类一等奖。

（二）着力打造融媒体生产与传播体系，占领移动端传播主阵地

2018年，中国新闻网坚持“移动优先”战略，全网的内容、产品、技术、市场资源持续向移动业务倾斜，各平台更紧密融合协作，释放更多潜力，激发更多活力。

2018年初，中国新闻网成立了融媒体中心，全面统筹各平台资源，打造更加流畅高效的“一次性采集，多形态生成”的融媒体生产与传播体系，充分发挥融合报道优势，追求采编资源利用的最大化、传播效果的最优化。2018年全网内容原创率提高8个百分点。融媒体中心策划推出“社会37度”“民生调查局”等品牌栏目，坚持平实的“中新风格”，聚焦热点民生话题，采用新媒体手段进行呈现表达，赢得多方好评。中国新闻网持续加强图解、动漫、手绘、H5等可视化报道手段的应用。全年制作图解、动漫、H5等新媒体创意报道260余篇。春节期间，推出H5制作《大江南北小新来拜年　这些方言吉祥话你听得懂吗》，借用“答题”这种火爆形式，集纳地方方言、民族语言录制的新春祝福语，网络反响热烈。

2018年，短视频成为行业风口，中国新闻网顺势而为、集中发力，加强采编人员视频制作技能培训，全年制作推出视频类稿件21800余条，其中短视频6840余条，业务增长迅猛，数量、质量双向提升，精品频出。其中，《马航MH370家属见面第一句话：好好活着》《袁隆平：我还有两个梦》等短视频稿件播放超千万次。网站品牌栏目“微视界”栏目全年推出46期报道，《台湾青年：台籍空姐首飞记》《西城洋大爷》等播放量突破400万。中国新闻网持续发展移动视频直播业务，全年开展直播570余场，播放量超百万直播达21场次。针对改革开放40周年主题，着眼“变迁”，推出《秀水街从路边摊到老外打卡圣地》《义乌国际商贸城：从“鸡毛换糖”到小商品之

都》等14场次系列直播，传播效果不俗，社会反响好。

2018年，中国新闻网着力加强“两微一端”平台建设，中新网移动客户端全年进行近千项技术优化，增设语音播报、历史阅读、更换皮肤、截屏划重点、超大字体显示等功能，客户端已具备图文、直播、视频、语音、互动、专题等多种模块组合，2018年客户端新增用户1200万。“两微”平台同步加强内容和栏目策划。微博平台注重话题的运用，加强与网友互动，截至年底，中国新闻网官方微博粉丝数达4300万。微信平台统筹母媒体各部门采编资源，原创内容供给有力，持续输出精品内容。《这，就是中国》系列微信稿件，充分展现中国各地的自然人文特色与改革开放以来的发展成就，多篇稿件阅读数达“10万+”，受到各地网友欢迎，形成品牌传播效果。中国新闻网微信公众号全年“10万+”稿件较上一年增长72%。一年来，中国新闻网产品形态进一步丰富，平台建设成效显著，移动端传播覆盖力持续增强。

二 | 中国新闻网新媒体工作案例

2018年适逢中国改革开放四十周年，在此背景下中国新闻网精心策划制作了《中国改革镜像》系列短视频项目。项目围绕扶贫和生态，分为《中国改革镜像：40年扶贫扶志》和《中国改革镜像：40年倾力护生态》两个系列。每个系列包括6集，总计12集，每集3—4分钟，全片配中英文双语字幕，在境内外各平台端口推出。

《中国改革镜像》系列短视频节目立足自身特色，小切口表现大主题。12集节目所涉省份11个，东南西北广布，打破了个例效果的局限性，尤其是通过集束“点”的力量，让扶贫和生态治理两个主题都产生了“面”上的升华。其中扶贫系列选取福建连家船民上岸发展养殖、四川凉山“悬崖村”青年直播大山生活成网红、西藏江孜推广种植藏红花让农牧民脱贫、院士到田间指导云南拉祜族民众种植经济作物、甘肃陇南蜂农发展电商告别“货郎担”、河北林业专家带动村民沙荒地种梨致富六个典型事例。生态系列则关注河北塞罕坝三代务林人造林奇迹、内蒙古库布其沙漠治理、湖南河长借助APP实现“掌上治水”、煤城徐州老矿区成功生态转型、青海可可西里巡山队20年守护无人区、陕西延安农民植树千亩扮绿荒山六个典型事例。视频由当事人现身说法，娓娓道来“讲故事”，让节目本身“接上地气”，更具可看性。除了故事主人公，还通过当地政府官员来彼此印证，让节目呈现内容更为真实可信，同时表明生态与扶贫两项工作，只有在政府支持引导和民众个人努力结合后才能产生好的效果。

在节目制作过程中，广泛协调和借助母媒体中国新闻社广布各地的分社采编力量，每一个选题都有大量实拍，同时为更好呈现不同视角，大量启用航拍，更具视觉冲击力。

《中国改革镜像》系列节目在中国新闻网PC端和移动客户端同步播出，还被推送到境内社交媒体微博平台，以及境外社交媒体脸书、推特、优兔平台。新浪秒拍平均单期播放量超过100万，总播放量超过1000万。如反映库布其沙漠治理的《沙海植绿》一集，单条播放量超过330万。系列视频在境外社交媒体平台推送后，也取得了较好反响。其中，扶贫系列的《院士下田》一期节目在推特播放量达到1.6万。系列节目还获加拿大新动力传媒、澳洲雪梨视频、加拿大多伦多网上电视、日本文华电视台、匈牙利联合报、欧洲时报、美国星岛电视、缅甸金凤凰、阿根廷华人网、意大利欧联网以及澳门广播电视台等境外媒体采用，提升了国际传播效果。

（中国新闻网）

中青在线

一 | 中青在线新媒体工作综述

（一）生产优质内容，夯实主流价值观的“定海神针”

我们坚信，优质内容在今天依然充满力量。无论是关注、报道青年榜样，传递其家国情怀，还是依靠创意吸引用户眼球，注入奋斗精神内核，中青在线精选“食材”，精心“烹制”，始终致力于为青年提供优质“营养餐”。2018年推出的多个重磅产品正是其中的代表，这些作品围绕重大历史节点或奋斗青年典型，夯实主流价值观，取得了极佳的传播效果，在青年群体中好评如潮。

致敬改革开放40周年的MV产品《青春的回答》，歌手在镜头中逐一亲历恢复高考、小岗村“大包干”、希望工程、港澳回归、加入WTO、北京奥运会、“9・3”阅兵、党的十九大等重要历史时刻，让青年人“穿越”体味时代变迁。MV总浏览量达7亿。

微视频《巡逻王》，反映西藏山南军分区边防某团六连戍边故事，战士们用脚步丈量国土，将美好芳华献给祖国的国防事业。该视频播放量达400多万。又如，《梁家河全景VR带你走近青年习近平》H5作品，利用VR全景技术，再现了总书记在梁家河的工作生活，加入总书记的生动原声，用户身临其境，作品点击量超过600万次。

（二）开展线上线下活动，增强主流价值观“落地”能力

依托活动带动青年，是正能量传播的重要途径。2018年，中青在线面向青年群体，举办了丰富多彩的线上线下活动。这些活动充满家国情怀，活力十足，参与的青

年感同身受，更容易产生共鸣。

2018年5月4日，一辆从北京开往上海的“复兴号”，飞驰在广袤的中国大地。这是中青在线与报社多部门联手，为首批年满18岁的“00后”打造的“‘五四’成人礼”现场。腾讯新闻、B站、QQ音乐等20余家主流平台参与直播。活动中，年轻人共同演唱歌曲《强国一代有我在》；和西藏边防战士一起面向国旗宣誓，报效祖国；诵读青年马克思撰写的《青年在选择职业时的考虑》。科学家杜祥琬、奥运冠军杨扬、航天员王亚平等，也在演播室中讲述奋斗故事。该活动总传播量超两亿人次。

共青团十八大后，中青在线联合共青团中央宣传部打造“青年大学习”网上主题团课，线上线下联动。该系列作品每期聚焦一个主题，紧扣习近平总书记讲话精神，致力于打造新鲜的权威解读内容。截至2018年年底，“青年大学习”网上主题团课已推出20期，总点击量超过4.2亿，访问人次突破1.7亿，单期作品点击量最高超过3500万，也已成为广大青年和团干部的“学习宝典”。

（三）借力而行，放大主流价值观表达音量

当前，流量明星对青年群体的影响力和号召力是巨大的。不少流量明星也在努力经营“正能量”“奋斗型”的人设，希望获得主流媒体的青睐。近年来，中青在线努力运用并调动流量明星的积极性，借力而行，打造主流价值观产品。从传播效果上来看，明星的带动作用明显，相关产品的传播力和影响力均大幅提升。

2018年我们推出的《榜样阅读》音视频节目，充分挖掘诵读经典+明星效应的正能量，倡导“青年爱阅读　阅读有价值”的理念，邀请朱一龙、王丽坤、张一山、张继科、武大靖等青年文体偶像阅读中国经典文学作品，结合自身经历分享感悟。节目播放时长超过129.6亿分钟，微博话题阅读量26亿次。这增强了我们打造“文化IP”的信心，通过明星效应增强主流价值观栏目黏性，逐步培养出活跃度高的“粉丝”，提升引导青年的有效性。

（四）进一步转换表达方式，拓展主流舆论场域

我们发现，在当代青年的话语体系中，调侃式的表达方式更受欢迎，需要创造共同的语义空间，消除表达上的隔阂。

目前，B站、抖音、快手等短视频平台聚集了大量青年。B站偏重各种深度的亚文化圈子，内容专业度高，志同道合的青年在圈子中获得认同感，亦可观看各种教程，进行学习；抖音、快手则更为大众化，接地气，发挥娱乐功能，疏解用户压力。中青

在线转换表达方式，积极拥抱以上平台，努力用青年喜爱的方式输出价值观，贴近用户心理。

2018年下半年，中青在线开始探索运营抖音和B站，并取得初步成效。12月我们推出了《40秒40年》系列短视频，每期时长40秒，专供抖音这样的短视频平台。该系列短片分别从玩具、通信、服装、支付和音乐角度，展现祖国40年的变化，内容接地气，对抖音用户来说具体可感，能够引起共鸣，总播放量已超3300万次，转发、评论、点赞等互动均表现不错。

以上是中青在线2018年的主要工作情况。2019年，中青在线将继续深化“融媒小厨”机制，继续做好精品内容创制，同时探索以短视频为主要特色的移动平台建设，用青年喜闻乐见的方式影响青年，打造中青在线平台的传播力和影响力。

二 | 中青在线新媒体工作案例

《青春的回答》MV由共青团中央出品，中青在线主力承制，是共青团为致敬改革开放40周年精心打造的文化产品。该片采用网络流行的“穿越”手法，让歌手进入历史照片中穿梭，使静止的老照片“活起来”，带领观众重温改革开放40年的经典时刻。

制作团队历时4个月，辗转北京、上海、深圳等多地拍摄、录制。团队召开了10余次大型策划会，小型头脑风暴不胜枚举。考虑到中国青年报社拥有数量不菲的经典摄影作品，而这些影像恰恰是时代的注脚，因此决定制作一款以老照片为依托、并让歌手能与之深度互动的MV。作品邀请了青年喜爱的歌手许魏洲演唱，让歌手进入《小平您好》《大眼睛苏明娟》等历史照片中穿梭，由歌手动作或场景中的元素引导出下一幅照片，使静止的画面“活起来”，带领观众重温改革开放40年的经典时刻。

MV运用了专业电影级的拍摄与制作模式，还原历史画面时采用了QTAKE现场数字图像处理技术。为了让演员在历史照片中的形象更加真实，摄制团队从服装、道具、人物造型等细节进行了大量考证，从1977年的准考证到同年高考题目，从小岗村的“生死状”、煤油灯到桌椅文具，无一不打上了深深的时代烙印，使得画面更加逼真地将人物呈现在历史环境中。

中央网信办对MV进行了全网推荐，今日头条、百度新闻、腾讯新闻、天天快报、一点资讯等对MV进行了置顶推荐。2018年12月7日上线，截至年底，超1000家平台关注和报道了《青春的回答》MV，阅读量突破7亿次。

微博平台共发布信息212万条，总阅读量超4亿，MV播放量突破2356万。微博APP对MV进行了开屏推荐，相关话题进入热搜榜三甲。话题#青春的回答#阅读量5156万，话题#许魏洲青春的回答#阅读量5460万，话题#许魏洲请回答1978#阅读量1.2亿，话题#纪念改革开放四十年#阅读量1.2亿。

QQ音乐、酷我音乐、酷狗音乐、网易云音乐、虾米音乐、咪咕音乐等音乐平台发布MV及歌曲音频，并全部配置首页重点资源位置进行推广。

抖音、快手、央视视频、爱奇艺、腾讯视频、B站、优酷、好看视频、PP视频、豆瓣、凤凰视频、咪咕音乐等主流视频网站发布MV。其中，快手短视频平台首页置顶推荐，并由官方账号直接推荐。

线下推广同样效果良好。上海外滩之窗花旗大屏、长沙万达双塔大屏、重庆观音桥大屏等城市中心标志性建筑推出MV相关内容展示。

（中青在线）

人民日报媒体技术股份有限公司

一 | 人民日报媒体技术股份有限公司新媒体工作综述

（一）创新运营理念——全国党媒信息公共平台

全国党媒信息公共平台是人民日报社认真贯彻落实以习近平同志为核心的党中央关于推进媒体深度融合发展的指示要求，着眼于系统性提升党媒内容生产能力、舆论引导能力和可持续发展能力，在人民日报中央厨房建设取得阶段性成果和经验的基础上，规划建设的新一代平台体系。中央厨房要解决媒体集团内部融合问题，全国党媒信息公共平台则要推进媒体行业融合。

平台化是媒体融合发展的大势所趋。2017年8月19日，党媒平台建设正式启动了。12月15日，平台正式命名为全国党媒信息公共平台。

全国党媒信息公共平台致力于推进媒体行业融合，可以概括为："百端千室一后台"，打造一个共享的技术后台，从而构建起面向全国党媒的人才共享、内容共享、技术共享、渠道共享、盈利模式紧密协作的公共平台。全国党媒的优质内容通过"算法推荐"推送到各个平台。同时，全媒体新闻平台运行机制和技术也已推广到全国27个党媒和县级融媒体中心。

目前，党媒平台入驻机构单位共计260家，覆盖全国29个省、自治区、直辖市，其中中央级媒体14家，省级媒体48家，地市级媒体150家，区县级媒体27家，其他机构21家。

党媒平台与125家完成正式协议签署的入驻单位开展了技术对接工作，其中接通个性化推荐并完成上线的单位有92家，实现平台优质内容的精准投放；同时有103家媒体机构与党媒平台后台内容池打通，为平台推送输出原创内容。作为党媒平台技术支撑核心，中央厨房产品体系的运营分析与推荐系统完成对接相关推送端口101个，有效保障了平台正常运行；全国党媒“融合号”和“党媒平台”客户端也投入使用并不断更新。

1. 积极拓展对外合作与运营创新

截至2019年4月，党媒平台已在今日头条、一点资讯、搜狗搜索、今日十大热点、趣头条五个聚合类内容资讯平台开设了“党媒推荐”频道，集中推荐展示入驻单位聚合文章；在头条号，一点号、百家号、搜狐号、企鹅号、网易号等内容资讯平台及抖音、微视、哔哩哔哩、腾讯视频等视频平台开通了党媒平台官方账号，推送平台稿件；平台与搜狗达成打造新型技术赋能平台战略合作，与中国宋庆龄基金会共同发起的媒体融合公益基金也已正式启动。

新中国69周年华诞之际，人民日报全国党媒信息公共平台携手共青团中央宣传部，在腾讯微视推出“寻找最美城市名片”主题互动活动，倡导网友在归乡路上、旅行途中，用影像记录祖国的绿水青山，传递传统文化，分享中华美食。活动实现多平台互动，触发网友广泛参与、深度互动。历时一周时间，截至2018年10月8日，活动总访问量逾2000万，点赞总数逾50万。

2018年改革开放40周年之际，由人民日报全国党媒平台发起，联合哈啰出行、趣头条等多个品牌在全国范围内开展“致敬40年——庆祝改革开放40周年”大型互动活动，从出行方式、信息传播、生活服务等多个方面描绘改革开放40周年的巨变。哈啰出行“致敬40年，改革在路上”主题单车，以中国红为底色，辅以“复兴号”和珠港澳大桥元素，展现了改革开放40年以来公共交通的飞速发展，出行方式和道路交通的不断升级。改革开放主题定制单车一经推出，立即升级为新一代“网红”共享单车，吸引一大批用户争相扫码骑行。用户可以通过扫描主题车上人民网微博的二维码，说出与改革开放的故事。用户还可通过哈啰出行APP弹窗或活动中心参与，一起见证#改革印记#。

2019年1月，人民日报全国党媒信息公共平台联动百余家全国党媒，以“2019，我们都是追梦人”为主题，发起“奋斗者追梦计划”征集活动，结合线上传播与线下活动，广泛传播各行各业奋斗者的追梦故事。全国党媒平台及入驻的200余家各地党媒，通过官网、微博、微信、客户端发布征集令，并对作品进行集中展播，展现奋斗者的新风貌。“2019，我们都是追梦人”活动计划于9月收官，届时全国党媒平台将评出“年度十大奋斗者”，献礼新中国70周年华诞。2019年1月25日政治局集体外出学习中，习近平总书记全面听取了中央厨房和全国党媒平台的汇报，并在人民日报全国党媒平台发起的“2019，我们都是追梦人”大型联动报道中，现场连线滦平扶贫驻村第一书记、人民日报评论员吕晓勋。

2. 未来重点推动地方媒体融合

人民日报全国党媒信息公共平台作为推动行业融合的自主可控的新型媒体平台，一直致力于帮助全国党媒做大做强。平台将在拓宽网络全渠道、加强地方媒体联动、提供融媒体中心支持等方面持续发力，未来会重点推动地方融媒发展。

一是拓宽地方党媒渠道平台。党媒平台尝试与今日头条等互联网平台建立合作，实现地方党媒内容的个性化推荐分发。未来，还将开拓更多的互联网渠道，促进优质内容的全渠道推广落地，同时，党媒平台还连接各地党媒客户端，帮助各个党媒终端实现个性化内容推荐，提升用户体验。

二是加强地方党媒联动合作。党媒平台将努力推动各地党媒从“单打独斗”转向“合纵连横”。在内容方面，平台已建成一个共通的内容池，入驻媒体可以自由选取对方优质内容，丰富内容样态。在联动活动方面，平台将充分发挥好联系沟通的作用，汇集用户、搭建起强大网络、壮大报道声势与影响力。

三是增强地方党媒技术支撑。目前，党媒平台已经为入驻单位提供内容分析、渠道分析、媒体热度等服务，通过对重要数据进行监测以及大数据分析，帮助各地媒体对自己的内容、用户等要素进行分析，增强议程设置能力、提供信息增值服务、帮助科学民主决策。未来，还将充分挖掘、收集大家在技术方面遇到的困难，并着力帮助大家解决。

（二）“中央厨房”为地方媒体提供技术支撑

人民日报媒体技术股份有限公司致力于全行业的融合。人民日报“中央厨房”是可复制、可推广的。2018年，人民日报媒体技术股份有限公司已经在全国各地协助近30个兄弟党媒或县级宣传部门成功建设“中央厨房”或县级融媒体中心。

1. “中央厨房”助力地方媒体深度融合

经过多年的摸索与实践，媒体融合已经从形式上的“合”转入全方位的“融”。人民日报媒体技术股份有限公司旨在利用互联网、大数据、人工智能等先进技术，助力生产模式从“封闭式生产、单一单向传播”向“全媒体汇聚、共平台生产、多渠道分发”的新型媒体融合生产发布方式转变，进入媒体融合深度发展阶段。

（1）建设技术平台：技术平台是支持服务创新，扩大宣传影响力，更好引导、服务群众的核心支撑。按照IT项目建设管理办法，主要包括业务调研、系统分析、系统设计、技术研发、部署实施、服务保障等六个阶段的任务。同时，按照统一规划，进行系统迁移，部署，建设机房基础设施等。

（2）资源整合：整合、拓展宣传渠道，扩大宣传覆盖，提升传播力、影响力。对内，将体系内部渠道通过整合打通、连接等方式进行整合。内容发布统筹安排，报、网、端、微协同发声，把孤立渠道联网成片，实现新媒体优先发布，报纸深度报道，全媒体全天候立体化覆盖的传播局面。联合中央媒体、有影响力的行业媒体向外借力，把取得的成就进行广泛宣传，努力营造良好氛围。

（3）提升内容产品创意水平：加强内容策划和创意，借助于技术手段如H5、视频加工等工具，同时加强美术设计，引入技术支持如前端开发、动画制作等，丰富内容形态，增加内容科技含量，赋予内容吸引力和感染力。

（4）组建全媒体中心：把体系内的相关宣传职能部门、媒体机构进行职能合并、重构，组建全媒体中心，增加人员招聘等。实现人员、传播渠道、信息内容共享，创新体制机制，实现资源效用最优化和宣传效益最大化。设计全媒体中心运行机制，为全媒体中心正常顺利运转保驾护航。

（5）运营推广体系建设：全媒体中心建设过程中及建成后的相关事项，需要持续推进，包括：第一，与党媒平台、人民网等中央媒体合作，如进行重大活动、重大新闻的联合宣传策划报道和渠道合作、全媒体传播和实况转播、场地合作等；第二，全媒体中心运营模式升级，机制优化、业务创新等。组建业务运营团队，以提升全媒体中心经济效益和社会效益为核心诉求，构建统一业务运营体系，旨在提升全媒体中心的传播影响力和公信力。

2. 整合“媒体+政务+服务”

区县级融媒体中心的建设，要从自身定位出发，首先整合区域宣传渠道，打造自身强大的主流舆论阵地。以“统筹策划、一次采集、多种生成、多元发布”为核心思想，充分考虑区域内原有报纸杂志、电视节目和网络新媒体的不同流程特点，建设覆盖全区域的融媒体工作平台，发挥统筹调度与协同生产能力，建设立足本区县、辐射全国的全媒体平台，为自身形象的正面宣传起到决定性作用。

在平台建设中，还要全面对接各级服务，建设高效的综合服务平台，通过与政务服务、民生服务的对接，为群众日常生活中“政务咨询、统一办事、移动民生、文化交流、党团建设、社区便民”等方面提供扎实的服务，做各区县群众的城市生活入口和综合服务平台。为区县群众民生、企业发展提供高效、精准、可靠的服务能力，打造一个为民排忧解难、为民办事、与民互动的重要平台。

同时，区县级融媒体中心作为区域内信息整合的资源池，民情交互的舆论场，民众心声的发声器，可以通过搭建覆盖全区的信息传递的通道，整合区域内各委办局、社区、街道、企事业单位的宣传人员，打造一个区域网格化信息管理体系，一方面能将党和国家的宣传思想准确的传达下去，并及时接收反馈，发挥引导群众的作用；另一方面则收集群众的声音，连接党委政务，提供反映问题和诉求的渠道，提升政府效能，打造社区信息枢纽。

融媒体中心信息化技术平台的建设，可根据不同区县现有媒体运行情况，与本地空间改造相结合，提高区域媒体生产效能，达成区域信息整合展现、舆情内容充分监测、统筹任务指挥调度的目标。

二 | 人民日报媒体技术股份有限公司新媒体工作案例

2018年1月29日，在媒体技术公司数据新闻与可视化实验室支持下，中央厨房金台点兵和学习大国工作室围绕“军人依法优先”主题，推出短视频《谁是站到最后的人》，引起强烈的舆论反响。该作品创新形式，通过实验测试的方式，以小见大，由浅入深，以探究勇气的含义作为视频的主题，抓住了“战场上军人优先”的情感点，通过层层递进的情绪引导激起网民对军人身份的理解与认可。

短视频推出前夕，互联网爆出高铁列车上一批军校学员将购票的座位让给没有买到坐票的乘客一事。一时间，关于“军人该不该让座”以及“军人该不该优先”的话题，激发了网友们的热烈讨论。此时，《谁是站到最后的人》短视频的推出，从侧面对此问题作了巧妙回应——“让军人依法优先，就像在战场上他们优先一样”。

截至2018年2月4日，视频全网播放量已超1亿次，并被人民日报、人民网、中央电视台、国防部网站、中国军网、中央人民广播电台、中国日报等百余家媒体机构在网站、官方微博、微信公众号、客户端等新媒体渠道纷纷转发。不同平台的网友积极点赞，留言称这个作品展现了军人精气神，传播了社会正能量。

（人民日报媒体技术股份有限公司）

短视频《谁是站到最后的人》二维码

新华社新闻信息中心

一 | 新华社新闻信息中心新媒体工作综述

（一）优质内容与先进技术赋能

为了更好地为县级融媒体中心提供内容支撑和服务，新华社发挥通讯社主业优势，精选通稿线路、图片线路、新媒体专线、短视频专线、视频直播线路等稿件，应用“现场云”技术整合社内“两微一端”和社外优质内容资源，依托全媒体采编发系统和全媒体供稿系统，开通集文字、图片、图表、漫画和音视频于一体的多媒体发稿线路“县级融媒体专线”，通过供稿网站、RSS、FTP等互联网接口，实时推送至用户内容生产系统或发布端。

2018年11月，新华社联合搜狗公司在第五届世界互联网大会上发布全球首个合成新闻主播——“AI合成主播”，运用最新人工智能技术，“克隆”出与真人主播拥有同样播报能力的“分身”。这不仅在全球AI合成领域实现了技术创新和突破，更是在新闻领域开创了实时音视频与AI真人形象合成的先河。此外，由新华社和阿里巴巴合资成立的媒体人工智能科技公司新华智云自主研发完成了中国第一个媒体人工智能平台——媒体大脑，旨在用智能技术赋能媒体，利用人工智能技术高效地完成短视频内容制作，是该技术首次在媒体领域集成化、产品化、商业化的应用。

目前，“AI合成主播”媒体大脑视频智能生产平台均已广泛应用于新华社的视频及融媒体产品生产中，不仅在日常报道中提升电视新闻的制作效率，降低制作成本，还在突发报道中快速生成新闻视频，提高报道时效和质量。

除此之外，新华社推出的现场云直播平台也是助力各级媒体融合向纵深发展的有效工具。现场云是新华社投入巨资开发的直播平台，用一台手机，就能完成新闻直播，有“国社神器”之称，目前是中国最大的现场新闻聚合平台，实现了各地新闻的全国、全球传播。

现场云作为新华社与3000多家入驻机构的信息交互和集散平台，将所有用户联成一体，形成有效互动和有效传播。去年组织的关于长江经济带的现场云直播联动报道，共邀请27家媒体发起31场直播报道，全网浏览量超过3亿次。

铁岭日报运用现场云直播的《零下27度，小伙赤膊工作，满满的正能量！》，用手机拍摄，取得了超乎意料的传播效果，这段报道被新华社、人民日报、人民网、央视新闻、新华视点、今日头条、腾讯、新浪、网易等多家媒体以多种形式进行传播和转发，全网点击量超过2000万。铁岭市领导都深受触动，将这个小伙子树为“铁岭好人”。铁岭日报社长在交流中表示，地方报纸就像一只小小鸟，怎么飞都飞不高，但自从搭上了新华社现场云，效果就完全不一样了。

（二）实用经验分享与业务培训

新华社作为国家通讯社，一直以来把深入贯彻落实习近平总书记的要求部署放在首要位置，除了打造县级融媒体专线这一精品供稿线路，以优质内容保障主流声音占领基层舆论阵地外，也围绕县级融媒体中心建设的需求，致力于加强融媒体人才的交流和融媒体人才队伍的培养和培训。

基于基层融媒体中心迫切的培训需求，新华社设计了针对县级融媒体中心建设的综合业务培训计划，突出多形式并举、多层级课程设计，多方位体验实践的特点，以此作为新华社不断提高用户服务水平和服务能力的重要抓手，希望帮助媒体用户切实提高媒体融合质量。同时，新华社还积极探索建立“新华社县级融媒体中心联盟”，整合各自传播平台和优质内容，共同推进媒体融合纵深发展，推动成果共享共赢。

2018年10月以来，新华社积极开展多场县级融媒体培训，为培养县域采编人员的新媒体理念、互联网思维，我社采取“走出去、请进来”的双重培训模式，重点培训全媒体采编意识与各种技能，为融媒体中心高效运行提供人才保障。累计邀请县级融媒体中心人员到新华社等单位进行专题培训百余人次。多次邀请社内外专家学者到安徽、贵州、山东、湖南、宁夏等地开展实地专题培训，累计培训各地宣传部门、县级融媒体中心及宣传思想文化系统各单位工作人员千余人次。

二 | 新华社新闻信息中心新媒体工作案例

贵州石阡县是新华社定点扶贫县，新华社组织专门工作组多次赴石阡实地走访调研，本着“节约、先进、实用”的建设理念，打造石阡融媒体中心。

在石阡融媒体中心的设计过程中，工作组本着数字化、在线化、移动化、协同化、数据化、智能化、开放化、现代化的理念进行设计建设运营，旨在将融媒体中心打造成全县意识形态工作的总控中心，承担起监控、管理、指挥、处理、指导、协调等职能。

在项目建设上以勤俭节约、先进实用为原则，坚决反对华而不实、浮夸豪奢，反对搞形象工程、参观工程。在建设节奏上，分阶段分步骤有序开展，先核心后全面，先实用后高级，做到常改常新，不求一步到位，不贪大求全。

2018年11月，石阡融媒体中心正式挂牌成立，以移动互联网终端和渠道建设为主攻方向，兼顾运营广电、报纸、电台、网站等传统渠道。同时，为了实现融媒体中心真正承担地引导群众、服务群众的作用，新华社还在石阡进行了多场融媒体产品策划制作及融媒体中心运营培训。

石阡融媒体中心成立以来得到了石阡县委领导的充分肯定和好评，为建设石阡县经济社会发展提供强有力的思想保障和舆论支持，为石阡县加快脱贫攻坚营造良好舆论氛围。

（新华社新闻信息中心）

新华社技术局

一 | 新华社技术局新媒体工作综述

当今时代的媒体融合，技术是不可或缺的因素，媒体融合即是内容的融合、也是技术的融合，技术已然成为媒体的核心竞争力。在当今“智媒”时代深化媒体融合，新华社的“中央厨房”需要有一个技术支撑体系，打好底层技术基础，配好硬件设施，为采编发供各项业务稳定运行提供可靠的技术保障。

自2016年10月开始，新华社通过建设面向互联网的技术支撑体系来再造采编发流程，进而实现体系融合。在建设过程中，努力发挥技术创新在重塑采编流程、变革创新机制中的支撑作用，借助中宣部媒体融合发展项目，着力推进采编流程再造，构建了面向互联网的新华全媒新闻服务平台、新华全媒智能内容管理平台、新华全媒业务管理平台，通过技术平台增强新华社内部资源融合，进而发挥资源优势，提升整体竞争力。

新华社的技术平台建设的特点是体系复杂、布点众多、国内国外并重，需要将总社与分社的业务需求纳入统一的技术框架中，增强协同式生产和数据支撑报道能力；该技术后台以采编为核心，以在线扁平化指挥为纽带，以数据为驱动，串联起通讯社业务各环节与“采编发供管馈”全流程：

采集：互联网数据、采编平台稿件、机器人写稿、无人机采集，数据汇聚到统一的数据服务平台。

编辑：从分社到总社、从传统媒体到新媒体，稿件、产品全流程加工制作平台，重大新闻题材的融媒体加工、无人机素材的产品加工。

发布：一键签发多渠道，打通社外、社内各个渠道。直接对接全媒体供稿库、微博微信、三大海外社交媒体、新华网、新华社客户端。

供稿：与原有卫星供稿平台相互互补，形成天地一体供稿格局，面向新闻用户以9种技术手段提供服务：API、RSS抓取、FTP推送、iframe嵌入等。

管理：通过业务管理平台，对报道任务进行在线的策划、管理和指挥，对采编全流程进行数据收集、统计、评估，对落地采用情况、传播影响力效果进行定量评估。

反馈：用户意见通过全媒体供稿系统反馈到采编平台，供编辑记者参考。

通过三大技术平台的贯穿，汇聚新华社内部资源，再造采编流程，实现“一体化指挥、一次性采集、N次加工、梯次生成、多元适配、多渠道发布、全终端传播、全媒体覆盖”的新型采编发供流程，支撑新媒体产品加工、全媒报道平台的创新深化和新媒体新闻产品源头端策划生产，支撑“网上通讯社”业务，推动新华社传统媒体与新兴媒体融合发展向纵深推进。

（一）新华全媒新闻服务平台

“新华全媒新闻服务平台”完全采用互联网开源技术架构，采用Spring、Sol、Hadoop、Storm、MySQL、Mongodb、RabbitMQ等开源组件，以用户体验为中心，用户问题为导向，进行针对性的开发和设计，实现了大数据智能推荐搜索、用户画像、在线咨询、RSS互联网推送、移动发布等供稿服务，实现了文图视频自动关联，打通了供稿最后一公里，为新华社供稿用户提供了智能化的全媒体融合互联网供稿服务，引领新华社供稿服务跻身于世界先进水平。

平台于2017年5月投入运行以来，用户在线人数不断增长。通过自主研发，快速迭代，9月、10月陆续推出了英文版、日文版，确保了新华社内外并重和国别战略的顺利推进，为新华社在媒体融合发展时代继续保持传播优势地位，发挥舆论引导主力军作用，提供了强有力的技术支撑保障。

（二）新华全媒智能内容管理平台

“新华全媒智能内容管理平台”是以新闻信息生产流程再造为核心、基于互联网技术构建的新闻业务支撑平台，是推动新华社媒体融合发展，建设“网上通讯社”的基础支撑性工程。

该平台从2016年10月份开始建设，已经在新华社全部编辑部、全部国内分社和主要海外分社上线，每日服务超过5000名采编人员，新华社采编技术平台完成升级换代，为采编业务改革提供了有力支撑，为新华社战略转型打下坚实基础。

该平台实现了选题策划、报道资源实时调度、多媒体素材采集、稿件N次编辑加工、多渠道一键签发、稿件落地统计及影响力效果评估、全媒体资源整合共享等功能，功能完备、强大，技术架构先进、成熟，在业界达到国内领先、世界一流的水平。

（三）新华全媒业务管理平台

“新华全媒业务管理平台”通过大数据技术推动和支撑总社与国内外各分社采编业务管理与决策的信息化和数据化，是一套贯穿策划、采集、编辑、发布、反馈全流程，集智能采编策划、专题多维度剖析、多语种跨渠道传播分析和影响力评估、数字版权监测于一体的媒体大数据智能分析服务平台。与国内外同类媒体相比较，该平台全部采用开源组件，全流程与采编业务深度融合，提供精细化业务场景。

该平台汇聚全球互联网数据，利用大数据智能处理技术，为采编人员分析新闻线索和新闻热点，提供专题多维度分析，精确定位新华社新闻报道在各类媒体上的媒体采用信息，评估新华社稿件在全球互联网的传播效果，判定疑似侵权数据，是新闻信息生产全流程不可或缺的重要环节，是构建“数据”驱动采编决策和传播效果分析评估的重要组成部分。

平台上线以来，通过PC、手机、大屏等多种终端，为新华社各业务部门提供7×24小时服务，年访问量超过500万人次。

二｜新华社技术局新媒体工作案例

“新华全媒新闻服务平台”项目是完全基于互联网技术架构的全媒融合供稿服务技术体系，将大数据智能推荐、即时通讯、APP客户端等技术运用于通讯社供稿服务，开创了通讯社供稿服务的新时代，引领新华社供稿服务跻身于世界先进水平。

广泛应用互联网大数据技术，首次实现一个平台上发布新华社文字、图片、音视频、新媒体等全媒产品，实现文图视频等关联聚合，提供了RSS、FTP等多种供稿方式，满足不同用户的使用需求。通过快速迭代，完成中文、英文、日文版开发，完成日本专线的开通，配合一带一路建设推出意大利语、泰语等供稿产品，确保了新华社在媒体融合发展时代继续保持传播优势地位，发挥舆论引导主力军作用，提供了强有力的技术支撑保障。

新华全媒新闻服务平台正式上线以来，新供稿用户在线人数不断增长，与老系统相比，用户登录次数增长28.1%，浏览次数增长22.6%，稿件下载次数增长18.5%。新供稿系统上线后运行稳定，实现零故障。腾讯、网易等重要用户更一致认为，新华社的供稿技术改革走在了国内新闻单位的前列，更好地满足了用户用稿技术需求。

（一）问题导向，全力以赴，确保系统按时上线，解决“供稿最后一公里”

原有系统架构陈旧，资源互相隔离，已经无法继续支撑全媒体供稿需求。系统从2016年8月底启动开发到2017年3月1日试运行，6个月的时间完成了10万多行代码500多个功能模块的开发，经历了3个大版本的更新，每一次都是一次新的涅槃。2017年5月1日新华全媒新闻服务平台正式上线。用户使用后反馈“页面简洁，板块合理，位置合理，更加智能，拓宽了交流渠道，满足个性化需求，解决了‘供稿最后一公里’”。

（二）精心安排，周密部署，圆满完成十九大等重大报道的供稿运维保障任务

按照互联网产品迭代思路，项目组“边开发边运维”，针对用户使用供稿平台的意见和建议进行针对性的优化迭代的同时，细化运维和应急保障任务，建立7×24小时统一运维值班机制，及时解答、解决用户使用问题。圆满完成了“十九大”“建军90周年阅兵”“金砖国家峰会”“一带一路峰会”“十三届全运会”等重要报道的供稿任务，系统运行稳定，经受住了重大报道的实战考验。

（三）自主掌控，快速迭代，完成英文日文版系统上线

为尽快为海外用户提供供稿服务，技术团队自主研发，开发代码2万余行，中英日联合版本顺利完成开发上线试运行，有力地支持了日本专线的开通，标志了新华社完全具备了自主迭代开发和运维部署的能力。

（四）创新设计，技术领先，运用多项最新技术实现全媒体融合

为满足用户全方位的选稿、用稿需求，系统采用了互联网、大数据等最新技术手段，突破性地解决了供稿用户长期以来存在的痛点和难点问题，深受用户好评。

1. 智能搜索、关联推荐，为用户提供更智能选稿服务

新供稿系统针对用户在使用老系统中普遍反映的无法文图视频无法关联的问题，通过技术创新，实现了相同专题稿件的自动聚合和相关稿件的自动推荐，支持按分类、线路栏目、稿件类型、地区、语种等多维度智能搜索和筛选，为用户提供更智能化更精确的选稿服务。

2. RSS互联网供稿，实现与用户互联网无缝对接

用户采编系统可以直接接入新供稿RSS系统，可以方便地实时接收所订阅的线路和栏目中的稿件。目前已经对接了数十家RSS用户，新华社签发的所有稿件第一次可以“直通”用户网站。

3. “在线交流评论”，架起与用户沟通的“桥梁”

用户只需点击页面上的“咨询”按钮，即可与采编人员建立即时消息通信，在线咨询问题。用户可以通过“评价”功能，给稿件评价留言，打通了用户和新华社的交流渠道。

4. 供稿大数据，实现对用户用稿行为精准分析

运用大数据技术分析用户点击、浏览、下载、搜索等各种行为数据，获取用户的用稿情况，浏览量下载量，统计用户的关注点，生成用户画像，全面了解用户的栏目分类偏好、集中访问的时段等信息，为下一步更针对性地开展采编运营服务提供数据支持。

5. 供稿移动客户端，实现“零距离”供稿模式

移动端用户可以在任何时间、任何地点，利用碎片化的时间随时查看新华社最新的稿件预告、改撤稿、本地推荐等重要稿件消息，收藏感兴趣的稿件。用户直接通过手机就能获悉当天的报道重点，统筹当天版面安排，深受用户好评。

（新华社技术局）

中央电视台新闻中心新媒体新闻部

中央电视台新闻中心新媒体新闻部新媒体工作综述

（一）融合传播让“头条工程”彰显新意，主流舆论阵地进一步巩固

2018年2月19日，央视新闻客户端上线“传习录”时政融媒体频道，为集纳习近平总书记相关时政报道的专有平台，成为央媒移动端开办时政频道的先行军，被写入中央电视台诞生60周年大事记，被中国网络视频满意度排行榜评为“网络特色栏目十强”。与图文版《联播》频道，《时政V观》一起构成重要移动端时政报道矩阵，成为时政微视频的在线资料库。

在集中发力建设自有平台时政报道水平的同时，也在社交平台深耕内容，组建时政微视频和时政特稿团队，坚持“重理论”的“轻传播”，力求在润物细无声中展现总书记高瞻远瞩的领袖思想，将时政报道向着更细腻，更友好，更朴实的方向演进。“母亲节”时刊发特稿《习近平和母亲》，讲述习近平与母亲的日常点滴，借助“节日流量聚合”效应，24小时揽获10亿阅读量。之后通过央广民族中心和国际台、CGTN多语种平台以超过20类语言分发，在国际舆论场也取得较大反响。

央视新闻客户端也在不断优化推送机制，在数十秒内实现“极速推”，7×24小时对接时政新闻部、军事新闻部，全力保障时政报道“第一落点”。元旦配发V观版《新年讲话》，外访期间配发《阿联酋骑士飞行队空中表演　欢迎习近平到来》《“英托利”迎接习近平》，考察东北三省期间，9月27日21点10分04秒，央视新闻全网首发《独家V观｜习近平：党中央毫不动摇地支持民营经济发展》，发稿速度比绝大多数的央媒的文字报道还要更快。两会期间配发《历史时刻——中国国家主席宪

法宣誓纪实》阅读量达到8000万。

（二）恪守“内容为王”，深耕微视频创作，品牌价值进一步凸显

移动用户的不断增长催生了庞大多样的内容需求，传播链中的内容价值得以凸显。2017年央视新闻新媒体精心打造的《初心》系列微视频，成为全网传播的现象级时政微视频，获得当年的纪录片最高奖及中国新闻奖一等奖荣誉。

2018年央视新闻新媒体坚持在原创微视频发力，上合组织青岛峰会，推出上合“歪果仁”系列视频《上合“歪果仁”之青岛一家人》《这群“歪果仁”，爱上这片海》，关注在青岛生活的上合相关国家的外国家庭和外国留学生，视频生动活泼，在各平台播放阅读量超500万。

中秋节期间，推出老家的味道征集和微纪录片《碗里的乡愁》，以“碗里的美食”为切口，以“乡愁”为核心要义，勾勒味觉的记忆和对故土的思恋。

国庆节期间，制作完成快闪《不一样的快闪　一样的告白》，在央视新闻客户端、央视新闻微博、微信等平台，及今日头条、央视影音、中国科技馆等地播出，登上新浪微博热搜榜，点击量超1000万。

港珠澳大桥通车，策划了一系列针对不同平台特性的产品。微视频“穿越港珠澳之说你不知道”“穿越港珠澳之通关攻略”“穿越港珠澳之我怎么这么好看”“桥”等四个系列20多条，分别从人物故事、服务信息、工程揭秘等角度成片，包含竖版视频、记者体验、一镜到底等多种形态。其中《桥|港珠澳大桥岛隧总工程师林鸣：我们走的每一步都是第一步》从总工程师的第一视角讲述了大桥背后的故事，展现了大桥所体现的中国智慧及其联通粤港澳三地的历史意义，点击量200万。抖音平台发布了5条60秒内竖屏视频，轻剪辑、大信息量，累计点击量1108万。

（三）强化移动直播特色，用户“同场感”进一步增强

2018年央视新闻移动直播继续保持了在新媒体新闻直播领域中的绝对优势。全年累计进行2516场移动直播，总时长近17万分钟，累计触达68亿用户，累计有12亿用户在线观看。

2018年，在保持移动直播时效性的同时继续推进了直播内容的广度和深度，最大程度实现对新闻现场的全覆盖。大到两会、高访、中非论坛等时政内容，小到交通出行、柑橘丰收。从抗灾演习，到台风、地震的营救；从文物发掘的海底，到火箭飞驰的天空；从遭受空袭的阿富汗居民，到中国维和英雄的飒爽英姿等等，凡是有新闻现

场的地方，就有央视新闻移动直播的镜头。

始终坚持移动直播必须具有同场感，根据移动直播的特点和网友的阅读偏好及用户画像，调整直播时长和互动形式，将24小时大直播转为多点并发，多角度呈现，用更符合互联网生态的手段，传播主流声音。

（四）入驻抖音等合作平台，内容产品的制作能力和传播效力进一步提升

2018年，抖音、快手等短视频平台发展迅猛，央视新闻新媒体顺应发展趋势，以合作入驻的方式在抖音、快手等竖版短视频平台多战地耕耘，拓展传播渠道，提升内容产品的制作能力和传播效力。

抖音产品《我爱你中国》竖屏短视频引刷屏效应，截至2018年10月7日18：00，该话题下总视频数超过1.2万条，参与作者近万人，话题播放总量超2亿，点赞数近千万。

庆祝改革开放40周年大型政论片《必由之路》播出期间，央视新闻新媒体在微博和抖音俩平台发起的话题征集带来75.5亿次用户参与，成为总台成立迄今融合能力的代表产品。

（五）智能化技术深度落地，人机协同，传播影响力进一步扩大

2018年，央视新闻新媒体深入贯彻落实习总书记关于媒体融合要充分应用信息革命成果重要指示，大刀阔斧进入深度融合，引进3D、VR（虚拟现实）、MR（增强现实）、AR（混合现实）等智能化技术，不仅仅局限于进行简单的功能叠加，而是做到了以技术为驱动，融合产品内容和形式，创新出更丰富的产品样态，且更具个性化和交互性。

推出VR视频《穿越港珠澳——第一视角体验超级工程》，以大桥工程师朱翼翔第一视角为带入点，720度全景视频穿越大桥；今年八一建军推出的《上甲板、看舰炮……VR视频带你一睹“中华神盾”海口舰真容》、围绕库布齐退耕还林成就制作的《巨变库布其！VR视频带你领略从沙漠到绿洲》，也都取得不错的传播效果。

在互动类产品方面，共计打造出《踏浪青岛　聚焦上合》《星空》、清明节特别报道《中国，如你所愿》等37条H5融媒体产品。H5互动产品《测测你的“土味”指数》围绕日常生活中常见的但未曾关注过的农作物冷知识设置问题，测试用户对土里生长的农作物的知晓程度，生动有趣，参与广泛。

2018年年底策划创作“央视主播拜年啦”人工智能语音互动H5产品，开启央视新闻智能语音设计。该产品于2019年2月15日中午11时在央视新闻各新媒体端正式上线，72小时内用户总浏览量达到3392.2万，总互动量244.4万，总计送出主播原声祝福超2142.4万次。

（六）台网融合取得新进展，全媒体格局进一步确立

2018年，中央广播电视总台按照“台网并重、先网后台、移动优先”的战略要求，将优势资源集中向新媒体端倾斜。央视新闻新媒体依靠三台融合组建契机，在平面、音、视频领域全面发力，积极打造“三微一端一网一平台”矩阵化内容输出平台，联动总台旗下五十余个新媒体账号，实现捆绑、轰炸式宣推，由央视新闻负责内容牵引，“一键触发”，实现全平台触达。

对总台外合作渠道，化被动为主动，通过平台聚合激发融合活力。2018年，央视新闻新媒体先后与新浪新闻、网易新闻、触电新闻、看看新闻、澎湃新闻、封面新闻、一点资讯、凤凰新闻、ZAKER等二十几家影响力较大的媒体平台建立了长效沟通机制，竭力争取头部商业平台的开机页、banner图等多种优质曝光资源，实现了对优质内容的全网分发和推荐。

与他平台的聚合为央视新闻带来良好的品牌效应。2018年1月，在充分调研市场风口后，央视新闻新媒体分别与花椒视频和西瓜视频合作，发起两场央视新闻专场直播答题。当天直播答题结束后，央视新闻移动网的移动端APP在苹果应用商店新闻分类榜单排名由30上升至13，创造历史最佳。

（七）克难而进，县级媒体融合打通最后一公里

矩阵号是央视新闻移动网的重要组成部分，也是央视新闻移动网“平台属性”的最明显体现。自2017年2月19日上线以来，矩阵号平台致力于凝聚优质报道资源、聚力传播精品、打造优良信息平台，取得了较为亮眼的成绩。

截至12月20日，矩阵号共入驻402家，包括239家地方电视台、28家台内机构、31家人大代表团和政协以及诸如中国航天科技集团、公安部交管局等104家其他媒体和机构，矩阵号共发起直播11515场，累计发稿近41万余条。大量视频入选央视新闻微博微信、客户端，同时多条视频在新闻频道中呈现，真正实现大小屏融合，两屏互动。

为了展现40年来中国社会发生的巨大变化，央视新闻新媒体联合60家矩阵号，

共同打造大型特别报道《新山海经》，以祖国各地的大好山川河流和海洋为依托和串联，用新媒体直播的方式看山河湖海中的新气象，累计触达近1000万。通过这样的项目带动多个省市县矩阵号，取得了非常好的传播效果和影响力，并进一步拓展了资源合作可能性。

2019年2月19日，中央广播电视总台宣布，基于央视新闻移动网的平台应用，在客户端“央视新闻+”开设“最前沿县级融媒体”入口，打造“全国县级融媒体智慧平台”。目前已有329家县级融媒体中心矩阵号入驻平台。未来，总台将从节目研发、技术支撑、内容分发、媒资共享等方面，为县级融媒体中心进行全方位赋能，形成渠道丰富、覆盖广泛、传播有效、可管可控的融媒体移动传播矩阵。

（八）技术保障能力进一步增强

2018年，央视新闻新媒体切实加强技术运维工作，不断优化完善网站建设优化用户体验，重视网络安全管理，为事业不断发展壮大提供有力保障。

央视新闻移动网2018年6月底，完成了公有云到私有云的迁移工作，实现了技术自主可控。央视新闻客户端完成大小20余次迭代升级或优化，新增了实时本地天气预报、优化地震频道、优化了联播频道、电视+频道，新增了专题频道、台风频道。

在系统操作行为方面，逐步进行身份标识、口令限制、访问控制和管理等工作；逐步核查和关闭了服务器外网风险端口，规范数据库管理操作，避免数据信息泄露。

在安全服务层面，陆续新增了VPN登录认证服务产品、防篡改及DDOS服务；启用了堡垒机等，一定程度上加强了外网对系统入侵的可能性，同时对内部人员操作进行了统一管理。

（九）事业发展与队伍建设面貌一新，各项管理进一步加强

除了在内容、技术、平台方面的融合发展外，央视新闻新媒体还注重构建适应融合发展的体制机制。一面加强人才引用与激励机制，招募具有大数据、云计算等复合背景的新闻人才，鼓励员工轮岗，多轮次员工技能培训，最大程度上发挥部门同事的主观能动性，逐渐形成以业务为导向的部门文化。

在2018年上海首届国际进口博览会报道中，央视新闻新媒体创新出一套新的移动新闻直播的生产流程。

一是创新推出“馆主”概念，以“馆主探馆”形式发起多路直播。开启八馆六日并发直播，利用“碎片化”的信息发布形式汇集成完整的重大报道。

二是有意识打磨优质新媒体PGC团队。活动中4人成组，组内完成出镜直播、编导、摄像、导播、采访、发稿、视频剪辑、海报制作、H5运维等前后期采编播各项工作，平均日发稿2篇、海报1组、直播1—2场、3分钟内短视频1—3个，1分钟内抖音快剪视频1－2个，形成一套新的移动新闻直播的生产流程（小团队配合作战，大团队互相补位），打通了一条新的“一次采集、多种产品、分平台多轮次传播”的新闻生产通路。大大提升新媒体团队生产优质内容和设置议题的能力。

（中央电视台新闻中心新媒体新闻部）

中国搜索信息科技股份有限公司

中国搜索信息科技股份有限公司新媒体工作综述

在庆祝改革开放40周年重大主题宣传中，由国务院新闻办公室主办、中国搜索承办的“记录美好时代”融媒体传播活动通过跨界融合传播改革开放故事，在国内外两个舆论场产生重大影响。传播活动持续时间长、融合产品种类多、涵盖传播载体广、受众覆盖群体大，是中国搜索深度融合、内外并重的成功探索。

（一）用平台思维实现互联网+媒体+活动

中国搜索从2014年起开始承担“解读中国”项目。该项目旨在用新媒体短片的形式，对外讲好中国故事、传播好中国声音。为了对改革开放40周年进行融媒体报道和推广，由中国搜索提议，经中宣部批准，“解读中国”纪录片项目创意升级为“记录美好时代”融媒体传播活动，得到中宣部领导和新华社领导的高度重视和支持。

2018年9月20日，“记录美好时代”融媒体传播活动在京启动。活动是中国搜索在融媒体领域探索方面走出的关键一步。之所以被称为“融媒体传播活动”，因为其核心并非传统意义上的纪录片，而是打造一个面向全体网民的改革开放成果展示平台。活动内容包括：邀请全球30位知名纪录片导演探访改革开放标志性地点并拍摄制作纪录短片，举办主旨为讲好中国改革开放故事的系列研讨会和圆桌论坛，以及新媒体平台用户创作短片上传展示，微博话题讨论互动等。

通过这个活动，中国搜索为传统媒体和新媒体搭建了平台。一系列中英文融媒体产品充分利用素材，突出新媒体时代的融合特色，实现了一次采集、多次生成、全媒体展现。相关报道以短视频、图文互动、微话题、H5等形式，在国内主流媒体的官网、微博微信账号以及海外社交媒体账号等陆续推出。

通过调用全网优质资源，以多项先进技术为保障，打通国内国际传播出口，实现线上线下联动，“记录美好时代”融媒体传播活动开创性地将正能量报道与中国软实力的推广相融合，以小切口大视角的叙事方式讲好中国故事，彰显了中国搜索强大的舆论引导力和多维度、多层面的媒体融合能力。截至2018年9月底，中央新闻网站、商业门户网站、地方新闻网站等400余家网站平台对本次活动进行了报道，浏览量突破2亿次，实现了互联网+报道+活动的创新。

（二）以用户思维激发受众共鸣

国内外受众对改革开放的认识程度截然不同，为了讲好改革开放40年来的发展故事，活动系列报道从叙事方式到内容安排都进行了“定制化”处理。

对国内受众而言，改革开放40年承载的不仅是国家的发展轨迹，也是每一个中国人的记忆。“记录美好时代”融媒体传播活动将“个人命运与国家命运结合”作为重要报道思路之一。为了讲好个人与国家命运交织发展的故事，活动短片摄制团队前往10多个省市区，深入工厂、农村、企业、政府部门、高校、非政府组织实地采访50余人，挖掘了典型人物的典型故事。在纪录短片基础上推出的50集“60秒短视频”，成为国内社交平台“爆款”：截至2018年12月31日，仅抖音观看量超1.8亿次，点赞破1186万，留言近115万，转发超130万人次。

然而，讲好中国故事不能仅仅是打动国内受众，更要让西方受众愿意看、能看懂、看得清，才真正达到了传递中国声音的目的。为此，“记录美好时代”活动的系列海外报道，多采用西方受众偏好的“讲故事”手法；纪录短片主讲人以及数十位采访对象也都是“洋”面孔，比如美国前驻华大使芮效俭、哈佛大学教授傅高义、基辛格中美关系研究所主任戴博、联合国科技顾问杰克·芬斯特施托克。他们从各自亲历的角度，讲述中国改革开放的故事和世界性意义，对西方受众来说，活动所传递信息的可信度进一步增强。

截至2018年9月底，“记录美好时代”吸引了美国DISCOVERY探索频道、英国BBC、日本NHK等国际知名媒体的导演和制片人参加，受到俄罗斯卫星通信社、美国多维新闻网等外媒关注报道。其中，《BBC历史杂志》刊发9000余字文章积极评价中国的改革开放；2019年上半年，BBC全球频道还将播出《中国改革开放的故事》60分钟纪录片版。《纽约时报》《每日电讯报》等多家海外媒体网站转发了英国记者安德鲁·穆迪撰写的相关报道《人类历史上的转折点》，文章具体介绍了“记录美好时代”相关纪录短片的创作过程、内容及其在中国和西方引起的反响。

（三）用社会化思维整合PGC+UGC

“记录美好时代”融媒体传播活动通过PGC（专业生产内容）和UGC（用户生产内容）的交互，让受众真正参与到传播活动的主要环节，并在潜移默化中接收和认同报道传播的信息，同时也极大丰富了报道内容。

在为期两个月的传播活动中，“记录美好时代”推出的纪录片在多个国内外新媒体平台和多家国外主流电视媒体播出。活动启动当月底，在人民日报、新华社、CGTN等中国主流媒体的脸书、推特、优兔等海外社交媒体平台账户群推送的相关图文报道，海外点击量超过4000万次；在Tik Tok、Instagram等海外主流移动端推送的传播活动视频，点击量突破670万次。

值得一提的是，新华社媒体集群联动报道了本次活动。新华社旗下七大报刊集群《新华每日电讯》《瞭望》《半月谈》《参考消息》《经济参考报》《中国证券报》《上海证券报》对活动进行突出报道，并推出整版公益广告。新华社客户端、新华社微博微信法人账号、新华网对活动进行重点展示。新华社2000多块户外屏幕播出了活动精彩视频，覆盖人群超过1亿人次。

此外，亿万网友还通过活动中英文网络专题页面的参与通道，拍摄、上传个人生活变化和身边故事，同知名导演们一道运用纪录短片、微视频、微互动、轻应用等融媒体形态，展现真实、鲜活、生动的纪实影像，更好地参与到了解当代中国、认知当代中国的互动中来。相关微博互动话题激发全国各地政府、媒体和网友“晒变化”“说故事”“为改革开放点赞”的热情，《郑州：四十年的华丽转身》《石家庄：四十年的翻天覆地》《这是南京最动人的样子》等网友上传的个性化内容，成为接力展示中国变化的精彩注脚，互动话题浏览量接近1亿次。

重大主题、超大规模、全球影响、融合传播……“记录美好时代”不仅成为改革开放40年传播活动的亮点，而且充分展示了中国搜索作为国家级搜索引擎平台的强大实力。

（中国搜索信息科技股份有限公司）

中国新闻出版传媒集团

中国新闻出版传媒集团新媒体工作综述

2018年，作为中国新闻出版传媒集团新媒体建设的重要和基础平台——新闻出版资讯服务云平台实现了上线运行，经过几年来的不断努力，集团的媒体融合取得了阶段性成果，实现了纸媒与网媒的较为密切配合，优势互补。目前，中国新闻出版传媒集团已经建立起了包括中国新闻出版广电网、按照不同专业领域设置的由14个微信公众号组成的微信矩阵，以及中国新闻出版广电报官方微博、今日头条号等构成的新媒体传播格局。作为面向新闻出版广电行业的媒体，集团的媒体融合发展工作从意识培养、制度建设、模式探索等方面都在不断推进，努力探索适合自己的媒体融合发展之路。

（一）营造氛围，转变观念，从“要我做”变成“我要做”

要做好融合转型，转变传统纸媒的旧有传播观念，提高融合意识是基础和前提。身为传统媒体，在融合过程中如何让大家转变原有的思想观念，培育全体人员特别是采编人员的融合意识，是众多传统纸媒在转型融合过程中都十分重视又倍感困难的事情。作为有着几十年历史的行业媒体，我们从融合转型之初就重视通过各种方式组织大家学习习近平总书记的有关重要讲话，学习报业同行的先进经验（包括《中国新闻出版广电报》上报道的报业同行经验），走出去实地考察了解兄弟报业的融合发展实际情况，请包括来自今日头条等在内的新媒体专家来集团讲课。

从2018年开始，在集团每周进行的选题会和评报会上，由负责新媒体业务的部门每月进行集团微信公众号矩阵的月度数据统计分析和制作发布内容的点评。这些数据分析和点评，不仅给集团新媒体之间的内容生产和制作提供了真实宝贵的读者和用户反馈，也为传统媒体选题和编辑策划提供了参照。通过每月定期的分析和梳理，培养了大家关注数据背后的新媒体传播规律的习惯，逐步强化了纸媒采编人员自觉运用新媒体的意识。

（二）完善制度，鼓励融合，抢行业新闻第一落点

在转变意识和制度保证的共同作用下，集团全体采编人员密切配合抢行业新闻第一落点提升新媒体影响力的热情不断提高。不但微信矩阵大号“中国新闻出版广电报”继续强化重要资讯和信息的及时发布，微信矩阵其他面向行业各领域的公众号也纷纷行动及时推送各领域相关重要资讯。如第一时间发布原国家新闻出版广电总局、国家新闻出版署的重要通知公告等行业管理信息，发布中国出版协会、中国记协等行业协会的重要信息等，微信公众号“中国新闻出版广电报”推送的“中国出版协会公布2017年十大出版人物”，微信公众号“印业独家”推送的《2018年“3·15”质检活动即将展开，将对35家图书印制批质量不合格单位“回头查”》等都得到了较好的传播效果，也得到了相关部门的好评。重要新闻的行业首发率也越来越高。中国新闻出版广电报微信公众号粉丝比去年同期增长了27.1%；中国新闻出版广电报微博和今日头条号的粉丝数均显著增长。记者提供重要资讯的意识和积极性也大为提高。2018年度记者为微信公众号“中国新闻出版广电报”提供重要资讯条数比2017年增长了44%。

（三）行业细分，内容专业，满足不同行业融合报道需要

与许多综合媒体不同，作为行业媒体，中国新闻出版传媒集团一直在融合过程中探索适合行业媒体的融合报道模式和格局。

行业媒体具有专业性强，报道内容与读者和用户工作关系紧密，是行业主管部门与全行业信息沟通的重要纽带和桥梁，是指导行业工作的重要传播渠道。对于重要的和与行业发展密切相关的国家和行业主管部门发布的重要信息，集团明确要求先网后报，在确保内容准确无误前提下，第一时间在新媒体平台上发布，体现行业权威媒体的权威性和时效性。如：2018年5月30日，国家新闻出版署公布2018年向全国青少年推荐百种优秀出版物目录，记者第一时间和微信公众号“中国新闻出版广电报”的编辑进行沟通，及时发回资料并协商好现场照片拍摄要求，保证了微信内容的及时制作

完成，最后这篇文章做到了行业内首发，阅读量迅速超过两万。2018年11月19日，记者第一时间提供的“国家新闻出版署公布65种编校质量不合格出版物并责令30日内收回”的消息和名单在微信公众号“中国新闻出版广电报”上全网首发后引起行业巨大关注，阅读量迅速突破五万。由《中国新闻出版广电报》印刷导刊编辑部负责运作的微信公众号“印业独家”，对行业主管部门在印刷领域发布的重要信息和举办的重要活动做到了事先策划，力争第一时间发布，充分利用图片、视频、H5等多种形式手段，在印刷领域同行中阅读量名列前茅，并被中宣部印刷发行局上报为中宣部管理的信息化平台中的重点项目，同时给予资金支持。

对“两会”、全国书博会、北京国际图书博览会、国际书展主宾国等行业和相关领域重大展会活动，集团都会协调上会记者以及集团微信矩阵各相关公众号，分工合作，密切配合，现场新闻、重要资讯先网后报及时图文并茂地制作推送。随着内容的时效性和独家性不断加强，微信内容被其他公众号转载的频率也日益提高，如《“全民阅读”第五次写入政府工作报告 代表委员这样解读》发出不久被转载22次，《两会开展全民阅读，代表委员认为还应做好这些事》被转载12次。

由于纸媒和新媒体部分编辑分属不同部门，对于报纸策划的重大选题和深度报道，新媒体都会及时与记者和版面编辑沟通，在新媒体平台编辑时加入更多图片、视频等元素，丰富报道的手段和效果。许多记者也开始给新媒体提供与纸媒不一样的报道版本，利用新媒体的更大容量进行更加详细全面的报道。纸媒和新媒体编辑记者同在一个部门的，如印刷导刊编辑部，则更加充分发挥了“你就是我，我就是你”的优势，将纸媒的报道和新媒体的报道同步策划，资源共享，一次采访，纸媒和新媒体多平台制作，将内容资源优势高效率发挥，使传播效果最大化。如2018年1月26日《中国新闻出版广电报》印刷导刊发布的《最美印刷工作者评选》第一季和5月12日发布的第二季，在微信公众号上经过数据整理、归纳，进行统一归类后推送，阅读量迅速突破25000和10000。

集团的活动部门也充分运用新媒体平台与活动内容相结合，以扩大影响，提高与读者和用户的互动效果。如集团和全民阅读媒体联盟共同组织的“红沙发访谈”“书香中国万里行”“大众喜爱的50种图书”推荐等活动，都是通过中国新闻出版广电网、中国新闻出版广电报微博进行活动嘉宾访谈的直播报道、读者推荐投票、网络专题宣传、视频网站直播等新媒体手段来最大限度扩大活动影响和传播效果。集团主办的“妈妈导读师亲子阅读大赛”更是依托新媒体平台进行参赛家庭的前期征集和初选投票，其中2018年9月30日进行的黑龙江赛区决赛选手的网络投票环节参与投票人数超过了20万。

目前，中国新闻出版传媒集团已经建立起以中国新闻出版广电网为基础，以微信公众号“中国新闻出版广电报”和中国新闻出版广电报微博、今日头条号等为两翼，以专业领域微信公众号群为延伸的新媒体传播格局。以微信公众号中国新闻出版广电报为首的微信公众号矩阵包括了“版话儿”“印业独家”“好书品读”“中国出版”等14个微信订阅号和服务号，范围涵盖出版、传媒、广电、印刷、发行、版权、全民阅读、农家书屋等全行业各领域，每个细分领域都有对应的公众号，专门服务于相关领域读者和用户。负责这些新媒体的既有集团专门的新媒体业务部门，也有纸媒的采编部门和活动部门。根据内容和业务需要，这些新媒体号和平台既可以平时单独运作发布符合自己特色的内容，又可以在需要时由集团指挥共同推送相同的内容，形成宣传合力。

（四）搭建平台，整合技术，为未来融合发展做准备

作为正在融合转型的行业媒体，面对纸媒市场下行的大趋势，中国新闻出版传媒集团也在探索规划自身的未来发展模式。就新媒体的基础建设而言，经历了近3年的建设，2018年集团的新闻出版资讯服务云平台正式上线运行。随着新平台的运行，集团新媒体工作在平台保障方面有了良好的基础，记者供稿的积极性也显著提高。2018年通过新系统平台在网站上发布的原创稿件数量达到了上千条。目前，该系统的二期规划已经逐步进行，目标是实现商业化运作，服务行业需要，实现盈利。

2018年，集团还整合了原来分散的技术人员力量，将原纸媒所属的技术人员和新媒体部门的技术人员合并组成新的网络运维部，集中技术力量，满足集团日益提升的网络运行和维护需求。同时制定了针对新增加的网管工作的量化考核办法，重新整理和制定了相关岗位职责和要求的制度文件，为集团技术保障工作质量和效率的进一步提高提供了制度保障，也为集团下一步的融合转型理顺了技术管理体制。

（中国新闻出版传媒集团）

《国际新闻界》杂志社

《国际新闻界》杂志社新媒体工作综述

在技术作为主要驱动力的推进以及相应的社会环境作为加速技术发展与应用的社会土壤下，新媒体本身发展出诸多新形态，通过与社会交织也呈现出许多新现象，这两者均成为学术界进行研究的主要对象。整体来看，《国际新闻界》2018年新媒体研究的文章在主题上既有诸多以智媒时代为主题的研究，也增加了一定程度上的赛博格时代的研究方向，呈现出具体主题交织而包容，整体方向重视理论与现实基础又聚焦时代前沿的特色。

（一）研究主题：从智能化时代到数字文化/赛博格时代

从研究主题上来看，《国际新闻界》刊登的既有议题里深耕创新的文章，如彭兰从智能时代技术给内容行业带来的影响为切入点的思考，从内容生产、内容分发以及内容消费三个层面进行分析，描绘了智能化技术提高内容生产的信息采集加工等底层流程的自动化程度与运作效率，内容行业借助算法进行内容分发带来的匹配能力优化以及潜在的公共性问题，以及用户的内容消费在社交环境中面临个性化与社交化的融合，自身消费内容同时也生产内容的状态（彭兰，2018）。从一个行业的前端到终端展示了技术对于我们的影响，提醒我们保持对技术效果的警醒，作者所展示的思考新媒体技术与社会交互作用的逻辑也可以为我们进一步的分析提供借鉴。这种宏观层面的探索与更具体化的新媒体现象研究其实异曲同工。比如蔡雯、朱雅云总结依靠算法分发内容的新闻聚合平台如何作用于新闻编辑业务发展变革，讲述了新闻聚合平台对数据的强调、更强化的用户中心理念、对内容体验效果的重视和线上线下结合的运营方式等等，总结新闻聚合平台取代了新闻编辑的部分职能，但新闻编辑也得以从事更具创造性的工作（蔡雯和朱雅云，2018）。或者是有学者采用多因素设计控制实验探究政务微博拟人化互动的传播效果等等（张放和王盛楠，2018）。这些其实是从宏微观的不同层面，接合新媒体与既有行业之间相互作用产生的新问题，进行分析梳理的研究主题。同时，面对传播新现象以及诸多前沿问题，传播学界也回溯中国传播研究的历史，对过往的研究成果进行总结和反思，以期对未来研究提供更多指导。比如在第二期的“反思传播学”专栏中，杂志刊登了国内传播学界一些知名学者的一系列文章，这些文章体现的是如何应对新的传播现象，厘清有价值的研究主题、建立有效的研究范式，对中国传播学的发展在四十年的节点上进行历史性反思，希望能有所创新的共同思考。其中包括刘海龙提出因为理想中的身体在场的交流类型正被大众传播所打破，我们正体验着身体在传播中重要性下降带来的空虚感，以及基于这样的现实要回顾关于身体与传播的思想史寻找理论资源并且讨论身体问题与传播研究的未来，从而思考如何向前推进有现实意义与学术价值的传播研究（刘海龙，2018）。杨国斌则选择从研究视角上强调我们已有的概念，比如“新媒体”，其中“新”预设了线性的发展观，“媒体”容易使我们忽略一些非媒体但仍然是传播学研究的现象和问题，主张要意识到这些概念中的遮蔽性，转向宏观意义层面上的“数字文化研究”（杨国斌，2018）。他所提出的“数字文化”范围广泛，但提醒我们不要拘泥于概念，要去发现被遮蔽的问题，要去把数字文化研究与社会紧密联系，从数字文化的现象出发，深入到社会问题的根源。这种从理论资源层面的反思，看似是对历史的总结，其实也是保证能够对前沿问题的分析秉续既有理论脉络和研究成果，得出具有社会意义与理论价值洞察的必要步骤。

（二）研究对象：深化既有话题、探索前沿性问题

从研究对象上来看，微博、微信依然是各种研究视角的聚集点。其中微信的研究数量呈上升趋势，微博研究数量则相对较少。现实生活中我们也能感受到技术的迭代以及平台本身的建设效果、政策规制等因素的影响下，相比微博，微信的影响力与覆盖力在不断强化。

此外我们也能看到基于现实发展的新传播现象的研究，这方面的典型代表便是游戏。2017年中国游戏用户规模达到5.38亿人，游戏市场实际销售收入达到2036.1亿元人民币，游戏在社会中的影响力不容小觑。《国际新闻界》除了一些零散的游戏研

究之外，也在第五期组织了游戏研究的专栏。具体来说，研究者们有的通过游戏问题直接触及技术带来的对人本身的反思，这方面的关键词是“身体”。比如有学者基于现实中虚拟现实游戏的发展，提出玩家的身体经验会如何被影响的问题，帮助我们理解游戏如何型塑人的身体经验（周逵，2018）。也有学者试图跳出游戏研究中游戏学和叙事学的传统路径，用身体姿态现象学来开辟游戏研究新路径的尝试（章戈浩，2018）。实际上，涉及人、技术和世界三者之间复杂关系的“身体”议题，也正引起学者们越来越多的关注，游戏其实也是这股研究意识兴起的一个体现。也有研究者们采用经典的研究方法和理论视角审视游戏问题，比如研究游戏玩家的结盟合作行为继而继续网络社会中社群研究的命题，或者采用批判话语分析（CDA）来研究《人民日报》37年对游戏报道样本分析，历时性分析游戏报道话语实践的内容以及与社会实践的互动（何威和曹书乐，2018）。也有研究者采用政治经济学的分析路径，讨论电子游戏中的美术劳动体现出来的创意劳动和资本之间的博弈，劳动者又如何发挥自身的能动性适应新的环境和角色（黄佩和杨丰源，2018）。以对游戏问题的研究不难看出，在前沿性问题的分析和研究上，一方面可以援引跨学科的理论资源，为研究新的传播现象纳入更多的方法和理论视野，另一方面也可以沿用既有的传播学视角，对一些经典问题加以阐释，这其实显示了前沿性问题可以作为既有研究的持续发展以及拓展新研究可能性的交织地带的潜力。

同时关于直播现象的研究也引人注目。2017年短视频迎来了爆炸式的发展，而2018年，短视频依然热度不减，因为其庞大的流量能力而在业界吸引了大量资本和注意力。面对直播搬运的超越空间的视频界面，我们很容易想到的问题是，“直播”是否真的使原本泾渭分明的“情境”消失了？进一步思考的话，以直播为代表的媒介形态变化又如何通过媒介情境的再定义作用于当前的社会互动系统？周勇、何天平借由对梅罗维茨“媒介情境论”的再审视，通过研究认为“社会情境”的随机性、“社会角色”的假定性、“社会行为”的普遍中区化共同构成直播媒介再现当代社会互动关系的主要特征，指出以直播为代表的媒介形态进化并非导致了情境的“消失”，而将既有的社会情境肢解成了一个个“自主”的新情境（周勇和何天平，2018），为我们从技术与社会关系的角度下理解直播提供了补充。而面对直播的火爆，有研究者通过技术考察和内容分析回答网络直播如何满足受众需求的问题，在技术视角下，网络直播意味着一个发达的传播与反馈系统，营造了“同步性、同一感”的独特体验；在文本样态上，研究通过数据挖掘工具搜集了相关报道文本，采用范畴化编码提炼出“生活流、猎奇、功用”三个主要类别，并从理论上赋予其满足受众的依据。最后，技术与内容的融合形成了具备“仪式感”、“既视”和“同步记录”特征的场景系统，受众正是沉浸其中才获得了不同程度的满足感（王建磊，2018）。这样的研究等于是更具体地再现了直播如何被受众接受的过程。但直播在实际发展中所面临的一个重要问题便是伦理规范和政策引导问题，刘锐、徐敬宏探讨了中央各部委、地方政府、自律联盟、直播平台、媒体和公众如何在网络视频直播的政策网络中互动，分析了不同逻辑和思路在直播管理问题上的统合和博弈，为实际的管理问题提供了借鉴（刘锐和徐敬宏，2018）。

与这些技术效应相伴的重要传播现象，还有其他诸多仍待进一步研究的议题，比如粉丝文化，有研究者探究网络社区的构建以及维系，胡岑岑通过对百度贴吧“太阳的后裔吧”进行持续观察，将粉丝在网络社区中的交流实践划分为信息性交流、情感性交流、生产性交流和仪式性交流四种，总结认为这些交流实践既是粉丝文化的重要体现，也是网络社区形成的重要前提，所以交流实践成为理解网络粉丝社群的一个切入点（胡岑岑，2018）。

但要说明的是，这些看似分散的研究对象，其实都可以被纳入杨国斌所谓的“数字文化”之中，而且从理论分析的脉络和侧重点来看，互联网文化与政治依然是新媒体研究的一个重点。社交媒体作为连接现代人与互联网的一个重要存在，与网络社会和现实环境诸多方面联系复杂，因而也为学者们的研究提供了丰富的切入视角。

（《国际新闻界》杂志社）

《新闻大学》杂志社

《新闻大学》杂志社新媒体工作综述

《新闻大学》期刊于1981年5月在上海创刊，是由国家教育部主管、复旦大学主办、复旦大学新闻学院主编的新闻传播学术刊物。期刊面向全国新闻传播学界、业界，与港、澳、台及外国新闻院系、新闻研究所均有学术交流。主要读者对象为海内外新闻传播院校的师生、新闻传播研究者、有志于理论探索的新闻从业人员和广大新闻传播爱好者。主要栏目有新闻理论、传播学、新闻业务、新闻史、广播电视、媒介经营管理、新媒体研究、新闻教育等。自1999年起，对录用稿件实行专家匿名评审制度。

2018年《新闻大学》期刊为16开本156页，双月刊，逢单月出版。是全国新闻核心期刊与人大复印资料的核心来源期刊，是中国人文社会科学论文与引文数据库首批来源期刊，也是中文社会科学引文索引（CSSCI）来源期刊、北大中文核心期刊与RCCSE中国核心学术期刊（A类）。

2018年本刊共发稿97篇，万字以上的论文约为75篇。中国学术期刊影响因子年报（2018版）提供的影响因子（复合JIP）为1.619，他引影响因子（复合JIF）为1.544，影响因子学科排序为5/48。

《新闻大学》一直以来紧扣新媒体发展的时代脉搏，高度重视新媒体研究发表工作，推动学界、业界在新媒体领域的学术交流和学科发展。期刊自2010年起开设新媒体研究栏目，2015年起强化编辑力量充实优化内容，目前新媒体栏目已经实现常态化发展，围绕新媒体传播的学术前沿，积极组织专题稿件，刊登名家新秀精品力作，在新媒体学术领域颇具影响。

2018年《新闻大学》的新媒体栏目共发表新媒体研究论文13篇，除了新媒体栏目外，期刊的其他栏目也涉及新媒体研究的交叉内容，综合起来期刊所发表的新媒体研究主题论文超过30篇。这些论文呈现出如下三个鲜明的特点：第一、选题前沿、内容丰富。论文主题涉及新媒体研究的前沿发展、网络理政和网络政治参与、“后真相时代”的网络谣言、农村移动传播、网络新闻从业者、手机与家庭传播、社交媒体信任度、亚文化网络迷群等多元丰富的领域，体现出对当前新媒体前沿领域话题的高度关注与积极推动；第二、论文作者既包括新媒体研究领域的资深专家学者（如喻国明、魏然、李良荣等），也包括诸多的年轻学者、甚至是研究生，期刊也围绕新媒体研究建立了一批学术研究活跃的作者库和专家审稿库，并积极扶持年轻学者，推出学术新人；第三、注重经验研究，方法科学扎实。《新闻大学》所刊登的新媒体研究论文提倡立足中国本土的经验研究，鼓励研究者扎根中国田野，运用质化、量化或数据挖掘的多元方法收集经验材料，探讨中国新媒体发展中的“真问题”。2018年期刊新媒体栏目中发表的有关中国农村的手机和微信群使用、手机与亲子沟通等论文都体现了这一研究特色。

2018年《新闻大学》刊登的新媒体研究论文取得了较高的学界和社会反响。其中魏然教授等撰写的《语境、演进、范式：网络研究的想象力》一文（第三期）被《新华文摘》观点摘编以及《人大复印资料》全文转载；喻国明教授等撰写的《“后真相”时代网络谣言的话语空间与传播场域研究——基于微信朋友圈4160条谣言的分析》（第二期）经中国知网查询已经被下载6400多次、被引用11次。

（《新闻大学》杂志社）

《新闻与写作》杂志社

一 | 《新闻与写作》杂志社新媒体工作综述

《新闻与写作》是北京日报报业集团主办的新闻传播类专业期刊，刊物坚持以科学性、理论性、学术性和思想性为追求，不断提升在同类期刊中的竞争力和吸引力，被纳入全国新闻核心期刊、全国中文核心期刊、CSSCI（扩展版）来源期刊。

作为紧贴业界的专业学术期刊，《新闻与写作》编辑部着眼于学界、业界共同关注的热点、难点和焦点问题，重点关注在推进媒体融合发展中，媒体的传播手段创新、建设的探索及思考，积极策划选题，组约优质稿件，做到理论与实践相结合，提供最前沿的学术理念指导、精品案例及实务指导，为刊物巩固核心期刊地位、强化品牌影响力打下了基础。

与此同时，《新闻与写作》立足自身定位，抓住发展机遇，积极提供高质量的新媒体内容服务读者。《新闻与写作》的新媒体建设，主要依托于微信公众号。编辑部自2014年6月开始运营微信公众号，以打造传媒人的学习平台为目标，影响力不断扩大。2018年，“新闻与写作”微信公众号继续加大知识干货及垂直领域的内容推送，共计发布文章420篇，其中原创内容达138篇，用户规模突破22万人。同时，“新闻与写作”微信公众号利用千聊直播平台，共开设“微课”（公开课及系列课）共计10次，并成立相关微信群，实现了线上线下的联动，收到了良好效果。

在新媒体研究方面，《新闻与写作》发挥理论指导实践的作用，重点围绕我国新媒体的整体发展概况与发展态势，对相应的热门与焦点现象进行了全面的分析，对新媒体未来的发展给出相应展望与建议。同时紧盯传媒业界的发展前沿，积极策划专题来反映2018年的传媒发展现状和融合创新实践中的遇到的困境。

2018的专题栏目重点体现了技术驱动媒体融合的发展过程，即新技术为具体的新闻工作带来了工作方阵、方式、方法的全面变化。比如，在《网络视听“下半场”》中体现了新型视听传播何以为“新”，新媒体开拓了一个视听传播新时代，我们即将进入一个全新视听世界；在《主流媒体传播力构建》专题中了解网络传播的规律，在互联网思维方式中，运用跨界思维、社会化思维、平台思维，主流媒体通过新媒体传播手段的创新，提高新闻舆论传播力、引导力、影响力、公信力。在封面专题《智库：媒体智慧转型新路径》中，梳理了当前智库发展的现状与难点，讨论媒体与智库融合的路径与模式，并通过当前传媒领域在智库方面建设的案例，探索媒体功能与智库功能融合的问题、经验与趋势。《算法“双刃剑”》这个专题中，通过全面算法如何重塑新闻业、如何规避算法推荐引起的窄化效应、主流价值观如何通过算法工具体现以及算法技术下的价值传播等话题展开讨论，以期推动建设健康的网络内容生态环境、形成对行业的导向与引领。

在理论前沿栏目中，着重梳理2018年互联网和新媒体发展的整体情况，在此基础上对中国新媒体发展现状及未来进行展望，并站在实践前沿的视角，以理论性分析探索新媒体的发展规律及背后的衍变机制，洞察新媒体所需人才的基本素养，寻找新媒时代新闻教育的有效路径。比如，在《智能互联与数字中国：中国新媒体发展现状、展望》一文中，全面梳理了2017—2018年我国新媒体的整体发展概况与发展态势，对相应的热门（如网络直播、短视频、内容知识付费等）与焦点现象进行了全面的分析，并对新媒体未来的发展给出相应展望与建议。这在很大程度上给广大新闻业界与学界提供了知识参考，具有现实的指导意义。

在“专栏”板块中，我们策划了许多媒体融合方面的选题，选题的文章多由全国著名的新闻传播学领域的学界顶尖级学者完成。这些论文，既贴近了最新的媒体业界的实践，又从业界的成功实践之中总结出了一系列理论成果，这些理论成果反过来又给全国的媒体同人提供了可参考的理论指导，为传媒业界在实现变革与创新中有可参照的“学术地标”和“行动指南”，帮助媒体在提高传播力、引导力、影响力、公信力上起了很大的作用，为整个中国的媒体融合战略的实现，贡献了学术期刊应尽的力量。

在“案例方法”栏目中，紧跟时代要求，将传统媒体优秀的融媒体案例及新媒体的新技术、新成果、新作品都纳入到“案例方法”栏目中。在实践的基础上洞悉规律，站在理论层面探索新媒体的传播方法，了解融合新闻的制作技巧，寻找新媒体时代新闻报道的创新路径。

在“写作讲坛”栏目中，学习新媒体的语言文字规律，保持传统文字报道优良习惯，精进新闻业务能力。在新闻消息、通讯、评论、深度报道、系列报道及新闻核实、采访、语言辨析、角度、细节等方面给予关注，并邀请学界新闻实务方向教授、业界资深媒体人、总编辑撰稿，为读者提供新闻写作干货，成为刊物特色栏目。另外，该栏目紧跟前沿脚步，加入非虚构写作、特稿写作、数据新闻等新的新闻表达方式，让知识类的内容更具实践价值。

二 | 《新闻与写作》杂志社新媒体工作案例

本杂志在2018年第4期策划了专题：我的“大脑”我做主——主流媒体的智媒之路。该专题的策划背景，来自于一则新闻事实。2018年3月2日，新华社“媒体大脑”从5亿网页中梳理出两会舆情热词，生产发布了全球首条关于两会内容的MGC（机器生产内容）视频新闻——《2018两会MGC舆情热点》，将人工智能在新闻报道领域的应用推入深度领域。曾经，传统媒体需要依靠商业技术平台的历史因此而改写，新华社在智媒时代的主动创新，让主流媒体的“大脑”终于能自己做主了。

本专题主要围绕新华社的“媒体大脑”和“现场云”这个实践来探讨。我们专门邀请了著名的中宣部媒体融合专家组成员、中国人民大学新闻学院教授宋建武老师撰写了题为《媒体智能化应用：现状、趋势及路径构建》的学术论文，同时约请了新华社相关负责人分别撰写了《“媒体大脑”提供了怎样的深度融合模式》《“现场云”：新闻移动化在线生产新模式的探索》两篇应用传播学的论文，我们还邀请中国政法大学的王佳航教授撰写了《“AI+”时代新闻业的三个转向》，对未来传媒在人工智能领域的发展作了前瞻性探讨。

（《新闻与写作》杂志社）

《网络传播》杂志社

一 | 《网络传播》杂志社新媒体工作综述

2018年，《网络传播》杂志作为中央网信办唯一公开发行期刊，在多个维度履行职责。第一位就是坚持政治办刊，坚定政治导向，确保安全发刊。杂志围绕网信事业和我办工作的重点、要点，集中采编力量，做好重要事项、重要活动的报道。对“全国网信工作会议”“全国宣传思想工作会议”“第五届世界互联网大会”“2018国家网络安全宣传周”以及“首届数字中国建设峰会”等重要会议、重大活动做全方位、多角度报道。

2018年，杂志加大融媒体发展的力度，形成了以微信公众号为核心，兼顾新浪微博、一点资讯号、网易号、搜狐号、大鱼号、今日头条号、人民号、新华社现场云、百度百家号、腾讯企鹅号、快手政务号等11个新媒体账号的多端一体的新媒体传播矩阵。融媒体注重丰富报道手段，创新报道形式，运用图解、H5、短视频、主题曲、数据新闻等多种手段，丰富了内容的表现形式，增强了用户黏性。2018年，新媒体增加了发稿频率，平均每天发布2—3次，最多时候一天发布5次。发稿频率增加的同时，发稿量也大大增加，平均每天发布4条。2018年，各新媒体平台在粉丝数增长和阅读量增长方面也取得了一定的成绩。2018年增长率为44.6%，阅读量过万文章共15篇，过3万文章共5篇，过10万文章共2篇，单篇文章最高阅读量达17万+；新浪微博粉丝达13万+，过万微博有91篇，过2万微博有40篇，过3万微博有11篇，过10万微博有2篇，单篇微博最高阅读量达16.8万+；人民号单篇文章最高阅读量达31万+；今日头条号单篇文章最高阅读量达7万+。

杂志还注重打造品牌栏目，在新媒体平台创办“学习时间”“传媒论道”“爆款秀”等多个品牌栏目，策划了智能传播、中央厨房、区块链、企业责任、县级融媒体中心、短视频、中国新闻奖获奖作品等系列选题。在新浪微博账号上开设了多个话题专栏。截至目前，#网信风向#栏目阅读量达43.3万，#传播君观察#阅读量达20.2万，#论道传媒#阅读量达11.3万。

2018年的线下活动注重迭代升级，快速成长，共举办了五次活动，两期网络传播沙龙，三场系列研讨会，共产生新媒体稿件21篇，邀请高端嘉宾40名，吸引观众近千人。在原有沙龙基础上，在开场视频、物料设计、场地选择、互动环节和观众邀请等方面都进行了创新尝试，并不断复盘提升，拓展对外合作新可能，不断提升《网络传播》杂志的影响力。

作为中央网信办的类机关刊，杂志主要在三个“加强”上发力：加强与办内各职能部门的沟通交流，全力做好舆论配合；加强同各地网信部门的联系衔通，为当地网信工作提供舆论支持；加强对网信行业、企业的采访、报道，全面充分地呈现新形势下中国网信事业的鲜活生态和蓬勃生机。

作为中央网信办主管的网信刊物，杂志必然、也必须明确政治定位，紧紧围绕总书记关于网络强国的重要思想，紧扣中央网信工作精神和我办工作方略，守住报道的红线、底线和边线，行使媒体职责，守好网信舆论“阵地”。

二 | 《网络传播》杂志社新媒体工作案例

2018年11月7日—9日，第五届世界互联网大会在乌镇举办。大会以“创造互信共治的数字世界——携手共建网络空间命运共同体”为主题，来自76个国家和地区的政府代表、国际组织代表、中外互联网企业领军人物等1500名嘉宾齐聚乌镇，纵论网络空间大势大计，为推进全球互联网发展治理进程注入新动力、作出新贡献。

《网络传播》杂志在大会期间，前后方团队精诚合作、无缝衔接，以互联网思维进行素材采集，用融媒思想指引新闻报道，取得了优异成绩。会前绸缪布局，下好先手棋、打好主动仗；会中创新呈现，前后联动，实现融媒报道。

融媒传播思路、前后方通力协作。会前，《网络传播》杂志组建“乌镇战队”微信工作群，把全体成员分为前方素材采集团队和后方编辑发布团队。前方记者分赴各论坛和发布会现场，用手机等移动设备全方位获取图片、文字、视频、音频等采访素材，第一时间发到“乌镇战队”群，并与后方团队即时沟通现场亮点及报道思路；后方团队则根据素材快速转制，迅速出稿，经三审三校后发布。

11月7日下午，世界互联网领先科技成果发布活动举行。活动前夜，前方团队把即将发布的15项领先成果拍照发回后方，后方借助图文识别小程序等智能软件，迅速转成文字，并编排好文本；发布会当天，前方团队多角度拍摄现场图片和视频，并实时传回后方制作，基本做到发布会结束，稿件同步完成推送。当天，《网络传播》杂志推送的原创稿件《震撼！2018世界互联网15项领先科技成果重磅发布》刷屏朋友圈，微信阅读量达1.3万余次，微博视频浏览量达3万余次。

稿件短里谋深，立意守正出新。在充分传递主流价值的同时，大会期间，报道团队立足网信行业，围绕自身属性进行了有深度、有特色、有新意的报道。

11月7日，第五届世界互联网大会开幕当天，国家主席习近平向大会发来贺信，引发热烈反响。贺信内容翔实，寓意深刻，对网信行业的发展具有重要指导意义。为彰显新时代主流媒体的传播力、引导力、影响力、公信力，营造良好舆论氛围，发出权威声音，《网络传播》杂志报道团队第一时间转发有关贺信的权威报道，同时学习贺信内容，领会精神并组织延伸报道策划。利用自身优势资源，与全国网信系统、重点新闻网站、网信企业相关负责人快速联动，热议贺信内容，领会贺信精神。后方团队连续两天工作至凌晨，对内容进行精编和审核，最终形成的报道稿件观点权威、角度独特、内容丰满，在确保政治安全、内容安全的前提下，具有较强的可读性，传递了主流声音。《16位“网信领军人物”热议习近平致世界互联网大会的贺信》发布后，被包括世界互联网大会官微在内的70余家微信公众号转载，好评如潮。

数据透视峰会，直观形象传播。杂志与数据公司合作，创新性地从大数据视角观察和梳理世界互联网大会的报道情况。每天发布各大新闻网站、社交媒体上涉及大会的报道数据，以热词云图、数据表格等可视化形式呈现大会的方方面面。既创新了杂志自有报道的形式，也提升了发布稿件的传播力，还客观反映了网络媒体对本届世界互联网大会积极报道的盛况。

大会期间，《网络传播》杂志共发布相关稿件共计40篇，被140家微信公众号转载。杂志自有新媒体平台（新浪微博、网易号、一点号、百家号、人民号、大鱼号、企鹅号）上，第五届世界互联网大会期间阅读总量近8万。

（《网络传播》杂志社）

北京日报报业集团

一 | 北京日报报业集团新媒体工作综述

（一）构建报、网、端、微深度融合的五大系统

北京日报报业集团从顶层设计上精心谋划媒体融合工作，构建报、网、端、微深度融合的五大系统，建立结构扁平、分工明确、反应迅速的新型主流媒体集团组织架构。

1．重构发布系统。改变过去以报纸为主要产品、新媒体是报纸附属品的状况，将报、网、端、微整合到同一发布链条上，以移动端新媒体为中心，建立全天候融媒体发布系统。从发布端入手，全面优化资源配置，一手整合传统媒体的发布资源，持续巩固北京日报、北京晚报影响力，推进媒体供给侧结构性改革；一手整合新媒体的发布资源，确定重点产品、重点方向，打造在区域内有影响力的新媒体品牌及产品传播矩阵。

2．整合生产系统。科学合理整合集团传统媒体和新媒体采编人力物力资源，从体制上打破原有各报各新媒体的界限，打通北京日报、北京晚报两大编辑部，将他们工作领域相同、职能相近的采编部门进行整合，提高采编资源配置效率，在公共稿库基础上实现“一次采集、多种生成、多元发布”；实行项目制，建立工作室工作机制，发挥协同作战优势，统筹利用好各类资源、传播技术和呈现手段；保留理论周刊、七日谈、纪事、北京论语、五色土等一些特色品牌的固有团队。

3．建设数据与技术系统。建设1个数据库和6个技术系统。1个数据库即基于北

京日报、北京晚报60多年历史积淀的全媒体内容数据库（含公共稿库）。6个技术系统即具有线索收集、报题选题、采访调度等功能的报道指挥系统；全面打通报、网、端、微的采编系统；在复合出版系统上开发建立多渠道智能定时轮转发布系统；统一的全媒体考评系统；新闻热点采集、传播效果跟踪分析反馈系统；多形态的广告管理制作系统。

4．强化营销与推广系统。将传统报纸广告经营转化为报业融媒体经营，加大新媒体产品营销推广力度，强化纸媒广告刊发+新媒体宣传+落地活动打包的融媒体策划方案，提升主流媒体市场竞争力。

5．创新考核评价系统。围绕全天候融媒体生产需要，重新设计考核评价体系。融合新媒体与报纸端的考核指标和评价标准，按照适当的比例权重，建立新媒体与报纸相结合的考评体系，新媒体部分的考评将日常的单篇传播率与新媒体的阶段性成长评价结合起来。

（二）构建“2+3+X”产品体系

近几年，京报集团下决心全力推进供给侧结构性改革，对一些严重亏损、生存困难和影响力弱小的报刊不再打“强心针”，而是果断关停，目的就是整合资源、攥紧拳头，加快建设新型主流媒体。2017年关停了《京华时报》《娱乐信报》，2018年又进一步收缩战线，将《北京晨报》《京郊日报》和《北京文摘报》有序关停，并着手启动发行和印务的整合工作。实践证明，供给侧结构性改革有效整合了生产要素，实现了“瘦身健体”。我们将整合后的资源和采编力量转场融媒体，围绕融合发展优势核心项目重新配置资源，进一步催化了融合质变。

按照北京市委赋予的使命、定位和任务，京报集团举全社之力打造龙头产品——北京日报客户端，推陈出新上线北京日报客户端2.0版，努力使之成为集团内容聚合分发平台、融合发展核心载体，带动集团“2+3+X”的产品体系构建。

“2”就是指报纸端方面，重点办好《北京日报》和《北京晚报》。按照“意识形态的核心阵地、舆论引导的重要平台、市委领导各项工作的得力抓手”3个战略定位，坚持以内容为王，做精做强北京日报；秉持“生活、味道、价值”理念，做深做活北京晚报内容，更好地服务中心工作、服务百姓生活，持续巩固北京晚报在首都市民中的影响力。“3”就是指新媒体发布端方面，集中力量办好“北京日报”“长安街知事”“艺绽”3大新媒体品牌。“北京日报”客户端定位“新闻+政务+服务”，逐步将其发展为习近平新时代中国特色社会主义思想的学习传播平台、全面从严治党的教育平台、市委市政府政务信息权威首发平台。“长安街知事”主打时政新闻，逐步将其打造成在全国领先的时政类新媒体。“艺绽”立足北京全国文化中心定位，打造成“新闻+服务”“新闻+商务”的文化消费类新媒体产品，并尝试公司化运作和资本注入。“X”就是鼓励各部门的采编人员在不同垂直领域的创新，以各报官网、官微和“北晚新视觉”“识政”“长安观察”“京呈”等原创新媒体，构成党报集团新媒体基础生态圈，为融合发展提供源源不断的活力。

北京日报客户端目前开设热点、时事、城事、清风北京、锐评、学习、民声、视觉、艺绽、体育、天下、看报、深读、京味、视频、直播、北京号等18个频道，实现了新媒体内容全天候、全领域、全形态覆盖。

（三）构建全天候融媒体采编流程

为推进媒体深度融合，京报集团改变原有采编流程，把办报力量转移到全媒体生产上来，不再以单个报纸或新媒体来组织生产流程，而是围绕全天候融媒体生产传播特点，把所有产品的全部采编环节都放在同一流程中有序协同工作，新闻线索实时互动、新闻策划随时展开、新闻采编全天候进行、融媒体矩阵梯次传播，实现不同介质媒体在不同时段面向不同用户群的分工协作。

集团整合所有新媒体部门，成立融媒体中心，将北京日报客户端，长安街知事，北京日报微信、微博，北京晚报微信、微博，京报网，视频直播等新媒体发布端口体化运营。

以先端后报的理念确立全天候融媒体采编流程，带动采编部门资源整合、转型发展、融合传播，将《北京日报》《北京晚报》和集团重点新媒体策采编发统一纳入24小时全天候生产传播链条。

（四）以“中央厨房”为抓手，推进技术应用和资源整合

京报集团“中央厨房”既是全天候融媒体指挥平台、媒体融合展示平台，又是一个集中指挥调度、协调报网端微的工作平台。“中央厨房”建设对深化集团内部资源整合，加快推进体制、机制、流程和观念的转变，在首都媒体格局中不断做强做大党报集团的影响力、传播力，实现媒体深度融合具有重要意义。

软件方面包括1个数据库和6个技术系统。

硬件方面，京报集团中央厨房设施建设完成并正式启用，成为京报集团推进技术应用和资源整合的抓手和纽带。目前，《北京日报》《北京晚报》的采前会、编前会、策划会以及集团融媒体中心策划会等采编会议，集团重大新闻报道的策划、指挥都在这里完成。北京日报客户端、长安街知事、日报晚报微信微博、京报网等集团新媒体产品的策采编发也都在中央厨房办公区进行。

（五）以北京日报客户端为平台，联动激活一盘棋

北京日报客户端2.0版自2018年10月9日正式上线以来，在内容建设、运营推广、机制创新等方面持续发力，发展势头良好，到2018年底成功跨入百万级客户端行列。

集团融媒体中心、日晚报各采编部门、京报传媒和客户端各频道，不断抓住契机采制重点报道、策划特色活动，打通客户端、微博、微信、平台号和各大应用市场，集体联动协力推广，创下高关注新闻密集日单日下载超过5万的纪录，并且客户端的日活指标处于同类客户端前列。

京报集团以北京日报客户端为内容聚合分发平台，协同长安街知事、艺绽、日报晚报微博微信和平台号等构建起移动传播矩阵，2018年总订阅量超过 6000 万，单篇阅读量100万+的稿件上千篇，总阅读量超过80亿，使党报的优质内容、主流声音传得更开、传得更广、传得更远。

二 | 北京日报报业集团新媒体工作案例

5月2日，中共中央总书记习近平考察北大，北京日报记者及时捕捉到在总书记的座谈会上，作为学生代表发言的北大学生宋玺，曾赴亚丁湾、索马里执行护航任务，是个极具故事性的正能量励志青年。后方编辑收到记者的线索后，采编联动，迅速收集整理有关宋玺的故事，精准发掘人物身上的细节和亮点，综合运用图片、动图、精美的版式进行报道，是时政报道的一次形式创新。

该报道在北京日报官方微信首发，迅速10万＋，点赞量6000，并被人民日报、央视新闻、新华社多家央媒转载。在习总书记考察北大之时，在五四青年节来临之际，发掘出宋玺这位励志的青年人物，以创新的时政报道形式、富有感染力的报道使她的

事迹为公众所熟知，有效地弘扬了社会正能量。后来，宋玺被评为2018年北京榜样年度人物。

（北京日报报业集团）

《习近平点赞的这位北大女生，有多不简单？》新媒体作品二维码

北京新媒体集团

一 | 北京新媒体集团新媒体工作综述

2018年，“北京时间”在重大主题报道、主流价值传播、垂直领域突破、多平台影响力拓展等方面进行了一系列探索，在内容生产、手段创新方面又有新的突破，有效提升了“北京时间”的内容传播力、影响力、引导力和公信力。具体表现如下：

（一）“北京时间”网站及APP不断优化迭代，用户下载量和日活跃用户数持续增长，商业变现能力不断增强

2018年，伴随产品不断升级，重大新闻报道、原创新闻和深度报道不断加强，“北京时间”门户网站访问量和访问深度持续增长，继续保持浏览量在互联网新闻网站中居较高水平。北京时间网站及APP的4.0版本都已完成改版及上线，累计迭代十余个版本，增加了政务大厅、用户社区、等级成长、积分商城等一系列功能，商业化变现能力提升约10%。目前，“北京时间”APP下载用户数突破500万，日活峰值超过100万。

（二）“北京时间”圆满完成全年重大新闻事件相关报道

在庆祝改革开放40周年、2018博鳌亚洲论坛、上海合作组织峰会成员国记者北京行、2018中非合作论坛北京峰会、首届中国国际进口博览会等多次重大报道中，多次取得全网流量第一的佳绩，日均UV均可达百万量级，且所有报道未出现安全事故。

（三）“北京时间”发稿时效跻身互联网第一梯队，日常策划体现党媒特色

“北京时间”APP要闻推送在多次新闻事件中时效居全网第一，在多数新闻事件中时效排在全网前五名；全年累计报道重大时政新闻（如全国两会、上合峰会等）50余次，阅读人次超4230万；累计报道热点新闻事件180余次，观看人次超1.2亿，并搭建各类新闻专题879个，围绕重大报道搭建并运营专题32个；精编综合稿1968条；独立策划内容超过60篇。对热点事件均有立场鲜明、来源规范、视角新颖的策划，体现出较强新闻专业水平。

（四）“北京时间”短视频品牌“时间视频”已迈入全国泛资讯短视频领域第一阵营，暖视频成为品牌特色

经过一年多的运营，“@时间视频”微博公众号粉丝达203万、微博MCN粉丝总数近400万，相比2017年同期，粉丝增长率提高近600%。日均发布各类短视频50条左右，日均阅读量2000万+，同比增长30%，周视频播放量1亿+，同比增长20%。继续位列泛资讯短视频第一阵营，日均影响力超过98.9%媒体领域博主，平均每天都有原创话题成为微博热搜。

（五）“北京时间”倡议并发起、组建“新时代网上正能量直播矩阵”，唱响主旋律，弘扬正能量

在北京市网信办的指导下，“新时代直播矩阵”和“时间直播矩阵”不断发展壮大，有效发挥了北京时间的原创带动作用。目前，参与“新时代矩阵”直播的单位已近30家。截至2018年12月底，共发起直播397场，总在线观看人数达到3.1亿人次，点赞数突破1.3亿次。

（六）“北京时间”作为北京主流新媒体平台影响力日益扩大

政府部门纷纷入驻北京时间、开通时间号，发布官方声音。2018年以来，北京市组织部以及北京十六区组织部、国家大剧院、市网信办网评处、平安北京、安贞医院等政府和市属机构的时间号定期发布内容，截至2018年12月31日，共发布稿件3216篇。其中北京市组织部携北京十六区组织部的政务时间号还形成“时间矩阵”，发布优质内容。

（七）北京IPTV各项业务持续快速发展

2018年北京新媒体集团积极推进北京IPTV市场发展，通过不断提高平台影响力，提升用户体验、增加内容的数量、质量，让产品更贴合用户需求，实现北京联通侧用户数突破200万，北京电信侧用户数突破20万。北京IPTV用户数较去年同比增加30%以上，实现了用户数、收入、利润都超过30%的增长。

二 | 北京新媒体集团新媒体工作案例

2018年10月，在中央网信办移动局、公安部宣传局以及北京市网信办的指导下，北京新媒体集团（北京时间）联合人民日报新媒体中心共同举办了“温暖的力量”暖视频征集活动。活动面向全网征集那些给人带来温暖、感动、激励等正面感受的短视频，记录动人的瞬间，传递温暖的力量。活动于2018年10月23日启动，仅两个月的时间，共征集到1万多条暖视频，其中微博平台的话题阅读量达27亿，讨论量达73万；快手平台的“暖视频”活动参与量达7.2亿；北京时间网站上暖视频活动阅读量达1.1亿，在寒冬刮起一股“暖风”。

这次“暖视频”主题的征集活动是中国互联网第一次面向全网不限题材、不限设备，全方位征集正能量短视频的活动，也是网络视听领域第一次全网范围的线上征集活动，是迄今为止全国规模最大、覆盖省份面积最广、参与人数最多、作品正能量最高的全国性民众自主参与规模最积极的活动之一。

2019年1月4日，“温暖的力量”颁奖典礼在北京成功举行，共选出100条年度温暖短视频，颁布温暖榜样、温暖卫士、温暖天使、温暖传播者、温暖当事人、温暖记录者六大奖项。颁奖典礼汇聚了视频行业的中坚力量，促进了业务交流、良性竞争和共同发展。

（北京新媒体集团）

北京青年报

北京青年报新媒体工作综述

（一）北青新媒体势在必行

1. 北青的创新基因

《北京青年报》作为北京团市委机关报，始终致力于打造一份贴近青年人的综合性报纸。自创办以来，北青报坚持以超前的办报理念，不断推陈出新，引领中国报业改革。20世纪90年代初，北青报推出“青年周末”“新闻周刊”两个以深度报道见长的拳头产品，打开报纸零售市场，同时使用大标题、大照片形成独树一帜的“浓眉大眼”风格；1995年，北青报又率先推出“广厦时代”“汽车时代”等产经专刊，广受读者欢迎；新旧世纪交替之际，北青报提出“有新闻的地方就有我们”，并推出跨千年百版等重头报道，成功由小报向主流大报迈进。可以说，创新已经成为北青报基因的一部分。因此，面对新的挑战北青报也早已跃跃欲试，非常有信心打造一款属于青年人的主流新闻客户端。

2. 北青发展新媒体的优势所在

事实上，在正式打造客户端之前，北青报就已经开始主动适应移动互联网时代的节奏和要求。官方微信、官方微博、视频直播等新媒体传播方式早已掌握熟练，并成功推出团结湖参考、政知系列、深一度、教育圆桌等有影响力的新媒体产品，北青即时新闻的身影屡屡出现在各类突发、热门新闻事件中，在业内具有较高美誉度。

与此同时，作为北京团市委机关报，北京青年报也始终坚持发挥新闻媒体宣传报道和舆论监督的职能，不断推出一系列重头报道，引领社会舆论，推动社会进步。

“杜保良事件”报道、“金晶护火炬”事件、长江垃圾倾倒案追踪等系列报道，都曾引发舆论热潮，影响力巨大。

（二）北青新媒体的前期调研工作

1. 官微、官信率先试水

为提前适应新平台，2018年北京青年报社部分部门率先开始在媒体融合方面作出探索和尝试。在新闻报道的实际操作过程中，更加强调移动优先战略，优先将新闻报道通过自有新媒体产品进行推送，以适应新的新闻生产方式和传播规律。

2018年全国两会期间，北京青年报官方微信、官方微博等各类新媒体产品对党和国家机构改革等重要议题进行及时推送，实现会议重要内容的全覆盖，其中的专题访谈报道“两会访”，通过图文、视频等新媒体手段加以传播，大大提升了传播力。在“红墙意识”主题宣传中，北京青年报新媒体产品不仅制作图文推送，更专门拍摄制作了《红墙边，白塔下，有一群快乐的老木匠》等多个视频作品，在微博、微信、腾讯企鹅号、头条新闻等多个平台同时推送，获得了良好传播效果。

2. 参观考察友媒，学习经验并思考自身特色

除了自我摸索之外，2018年北京青年报专门派出调研人员前往兄弟媒体学习参观。一方面使报社员工更加了解客户端平台运营与报纸生产的不同，另一方面也使北青报更加清晰自身产品定位。

2018年10月，北京青年报社内部开始征集客户端宣传语。最终，“让现在告诉未来”成为北青融媒的“卷首语”。对比今日头条“信息创造价值”、澎湃新闻“专注时政与思考”、新华社“新主流新体验”等宣传语，北青融媒的气质乃至价值观已经初步显现出来。

（三）北京头条的技术实现

1. 技术团队搭建

确定打造新闻客户端后，搭建技术团队成为当务之急。为使客户端既能保证技术上的可行性，使用户获得良好体验，又能尊重新闻生产的一般规律，适合采编人员使用，北青报在打造技术团队方面采用了“新旧结合”的方式。一方面调用北青网现有技术人员，另一方面积极引进外界技术人才，成立了专属于北青融媒体的技术团队。一方面保证了客户端的及时上线，另一方面也避免了技术外包可能产生的“水土不服”、维护困难、信息安全等问题。

2. 需求分析及背后逻辑搭建

在客户端打造初期，北青报融合采编系统与技术团队两方面人员，就客户端频道划分、功能设计等问题积极沟通，协同合作。作为新闻生产的专业团队，报社记者、编辑就北青融媒的功能设计提出了许多贴近实际又颇具特色的建议，而技术人员则从技术实现领域不断完善、细化了各部分需求。最终，客户端运营逻辑在双方不断努力下成功搭建，成为一款既符合读者阅读习惯，又满足采编生产需求的产品。

3. APP技术实现及维护

2018年9月1日，北青融媒新闻客户端（即“北京头条”）开始启动试点内测，同月中旬内测扩大到全编辑部。

经过此次内测，北青融媒App功能架构与技术迭代基本完成，并上架IOS/Android双端主流应用市场20余个。

（四）举报社之力打造新媒体

1. 个别部门开始尝试APP试运行

9月内测初期，北京青年报深度部率先参与APP运营。期间，该部门编辑记者同时兼顾报纸、新媒体，主动改造生产流程，将原先以报纸产品为中心的生产流程改造为以APP产品为中心。简单地说，就是早动手（每天7点开始启动内容生产）、抢先手（以秒为单位监控稿件进度）、多面手（滚动生产快讯、短稿、长稿、图表、视频等不同类型的产品，同时兼顾报纸版面需求）。

除此之外，深度部还建立了APP编辑的标准流程，从0开始培养APP编辑。安排专门人员学习稿件抓取、修改、审核、发布、置顶、轮播、推荐、弹窗等操作，以满足APP的更新要求。

此外，小规模内测的主要功能还在于协助技术人员完善客户端。通过不断测试找到后台前台的漏洞，提出需求和修改建议，由技术人员不断修改完善。

2. 采编流程的改革

总体来说，9月初的小规模内测进展较为快速。虽然不可避免出现了诸多的技术问题、协作问题等，但也能迅速推出解决方案，并不断磨合不断调整。

基于第一阶段内测的顺利进行，9月17日北青报开始启动全面内测，编辑部所有部门全部加入。测试伊始，各部门首先认领了各自的频道，并开始按照APP的生产模式改造原有报纸生产模式。最终经过一个月内测，客户端实现市场同类产品的基本运营水平，开通频道24个，全部由北青报编辑部各部门进行更新维护，其中有6个频道频道是应部门主动要求开通的。

除此之外，报社采编流程开始调整，从过去以报纸为中心的传统线性模式向融媒体全终端生产模式转变。由内容中心集纳北青集团下属所有媒体记者采写的稿件以及从外部采购交换抓取的稿件，经过严格的内容审核以后，供APP、微信公众号、微博、网站、报纸等各新闻产品的编辑团队选用，实现策、采、编、发播一体化。

3. 新媒体时代的坚守

需要强调的是，在采编流程不断调整的同时，北青报仍坚守对内容质量的严格要求。在内容中心模式之外，各部门仍保留了原有编辑团队，负责对记者稿件进行初审，并不因为新媒体稿件求快的特点，放松对质量的监管。热点事件追踪中，坚持做到交叉信源彼此印证，避免出现个别自媒体以“网传”做事实、片面报道等问题。

（五）北青+北京头条

1. APP正式上线

2018年12月26日，北京青年报社融媒体平台“北京头条”正式上线。北京市委常委、宣传部部长杜飞进出席启动仪式。上线仪式上，北青报社负责人介绍了“北京头条”功能开发情况。

平台不仅整合了《北京青年报》《北青社区报》《法制晚报》、北青网、法晚网等北青系媒体资源，还融合视频直播、社交功能、生活服务等多种功能，力争打造一个以年轻人为主、辐射更广泛人群、在全国具有重要影响力的新型主流媒体平台。其中，“即时新闻”“深度报道”“青流视频”“文化直播”“社区OK家”成为平台的五大特色。

2. 采编团队调整，全员进入“新”节奏

随着客户端上线，报社采编团队也作出相应调整。大部分采编力量被划入北京头条内容中心或产品中心。其中内容中心侧重于传统图文信息的生产，设立了推荐、政知、评论、北京、国内、国际、财经、文化、体育等综合频道以及时尚、汽车、房产等专业频道，由各频道负责相关新闻的采写、编辑、审核、发布、评论管理，共400名采编人员。产品中心主要负责创新产品的生产，包括直播、视频（短视频）、动漫、内容开放平台等。

北京青年报主报的编辑、排版工作交由专门的报版中心，不另设记者岗，改由频道推荐、报版编辑自选模式。

3. “精而美”北青报纸改版

2019年1月1日，《北京青年报》迎来改版，从“浓眉大眼”变身为“眉清目秀”。

新改版的《北京青年报》保持了与北京头条客户端的联动，排版更加精致紧凑、内容也更加精练扎实。为保证报纸质量，报社在设定考核标准时，专门设立了频道最低工作量指标，要求各频道每月必须保证供应报版中心足量的优质稿件，否则将会影响该频道绩效考核。通过这一举措，北青报社在完成新媒体转型的同时，也实现了传统媒体的升级。不少读者反映，相比改版前，新的北京青年报更加漂亮、好看、耐读。这也正是北京青年报对此次转型的自我要求：在实现内容生产不止于纸的基础上，保证报纸“精而美”的高品质。

截至目前，北京头条已经上线5个多月。自平台上线伊始，客户端就依托北京青年报多年积累的经验、优势，推出了多篇有影响力的作品。其中两会期间“小龙虾学院”相关报道、起底白马会所、甘肃女童受伤事件等刷榜各大社交平台，收获百万以上阅读量，为扩大平台影响力奠定了基础。

除上述作品外，各频道还积极推出子品牌。除政知系列、深一度等老牌“明星”，新近打造的Qnews、15楼财经等新媒体品牌也初具规模，影响力与日俱增。这些子品牌大多着眼于细分领域，除在客户端及时更新外，还积极入驻各大新闻平台，为扩大北青影响力作出了不可忽视的贡献。

（北京青年报）

千 龙 网

一｜北京千龙网新媒体工作综述

（一）发展五大业务体系

1．新媒体生产传播业务体系。运用中文、英文两个语种发布新闻信息，发展了文字、图片、音视频、网络评论、网络访谈、网络直播、手机直播、微视频、动图、动画、漫画、图表、表情包、H5、VR等多种形态原创生产传播手段，建立基于PC端的网站、基于移动端的手机千龙网和北京客户端、基于社交平台的微博和微信公众号的新媒体传播体系，各终端平台共设置北京、经济、文化、教育、科技、中国、国际等60多个频道，成为海内外网民全面了解北京重要新闻信息的主要网络窗口。

2．网络社区业务体系。建立基于PC端的京华社区、基于移动端的京华社区客户端的网络社区布局，开展网民自媒体信息平台服务。

3．智库业务体系。千龙智库是首都高端智库首批14家试点单位之一，担当“智囊团和思想库”角色，突出网络智库特色，开展网络舆情分析研究，为上级部门和领导科学决策提供参考。

4．社会服务业务体系。与社会组织、高校、社区等合作，提供联办活动、网络公益、网络素养教育培训实践等方面的服务。建立网络素养学院，开展网络素养教育实践服务，编写《网络素养标准评价手册》，推动培育“中国好网民”，被中央网信办社会局纳入“推进中国好网民工作”传播平台。开展互联网公益传播和活动。

5．政务新媒体承办业务体系。为多个党政机构和企事业单位提供包括网络传播、承办协办网站和新媒体等方面的服务。

（二）构建多层面传播终端

1．全网层面自主传播终端。北京客户端、手机千龙网与PC端千龙网实现内容的“你就是我，我就是你”的“融为一体、合而为一”发展。推动树立“在编辑系统首先直接向客户端发稿”的意识，即：在编辑环节就树立移动互联网思维，按照移动互联网传播特点做活标题和内容，带动PC端千龙网的标题和内容活起来。官方微博“千龙网中国首都网”集聚全网各类采访活动和内容，建成为持续活跃的社会化传播渠道和社交类应用平台，成为网站新业务的服务入口和用户来源。官方微信公众号“千龙网”加快拓宽社会化传播渠道。网络社区平台“京华社区”加快建成移动社区，适应社群正在发生从物理空间熟悉人社群向网络空间陌生人社群深刻转变的形势，树立网络社会意识，优化群组结构，丰富群组功能，加强网络社群建设，提升吸引互动能力，升级技术基础设施，加强社区治理。北京地区网站联合辟谣平台加强全网和商业网站、通讯社、报纸、广播、电视、社会机构等各类辟谣内容的汇聚，努力建设有影响力的网络“众筹式”辟谣平台。全网层面传播终端之间加强互联互通、推进资源共享、融合生产传播。

2．部门层面自主传播终端。网站各部门立足定位，树立移动互联网思维，做准做活标题和内容，做好领办的网、微、端频道栏目内容。打造千引视听、千龙图像、兔爷动漫等一批各具特色的垂直移动终端。

连接外部传播平台。利用网外机构开办的技术平台，通过入驻今日头条号、企鹅号、一点资讯号等社会平台，在抖音平台开通账号，扩大用户规模，提升传播效果，扩大主流舆论在移动端的覆盖面和影响力。

3．承办协办外部传播终端。承办北京市委组织部微信“北京组工”、北京市政府外事办微信“北京外事”、北京市政协微信“北京政协”、北京市南水北调办微信“南水润京城”、北京市西城区委组织部微信“西城组工”、“中国网络文学＋大会”微信、“北京十月文学月”微信等，承办北京市委社会工委网站“北京社会建设网”、北京市禁毒教育基地网站“北京禁毒在线”、北京网络视听节目服务协会网站“北京网络视听节目服务协会”等，协办北京市委讲师团网站“宣讲家网”。

（三）建立统分结合的组织指挥运行机制

对内部组织机构和策采编发流程进行“疏解整治促提升”，实行大部门体制改革，明确统分职能，构建统分结合的工作方式。

融媒体采编指挥调度中心（总编室）：总编室加挂“融媒体采编指挥调度中心”牌子。融媒体采编指挥调度中心在全网导向和宣传任务统筹、全网层面传播平台管理和融合发展、全网层面重点报道选题策划和采编发指挥调度、全网原创内容数据等方面“统”起来。

统一管理日常沟通协调工作，主持召开全网每日早班通气会，做好集中通气；建立线上工作群——“全网采访动态群”，汇聚全网每日采访动态，加强动态沟通。统一管理运维千龙网首页综合要闻区、手机千龙网首页综合要闻区、北京客户端首屏综合要闻区、官方微博“千龙网中国首都网”、官方微信“千龙网”、网络社区平台“京华社区”“北京地区网站联合辟谣平台”等全网层面自主传播终端。统一管理全网在今日头条、一点资讯等社会化平台开设的账号。统筹重大主题和重点战役级报道策划报道协调工作，灵活机动组建融合报道“快速反应部队”，即编即用、联合战斗，推动全网平台终端协同发力、形成报道和声合力，进一步实现“一个报道资源、多兵种联合参战、多种创意策划、多样态生产、多平台传播”。统筹全网质量测评工作，通过人工和技术相结合方式对全网内容质量进行实时评估，加强网络生态治理。

其他分类部门：设置多个专业采编部门，按业务领域或内容样式和形态分类建设，形成时政中心、产经中心、文化体育中心、北京重点新闻报道中心、北京千引视听发展中心、北京兔爷动漫发展中心等专业采编部门。时政中心、产经中心、文化体育中心聚焦垂直做强所涉领域和行业业务，体现专业特色。北京重点新闻报道中心、北京千引视听发展中心、北京兔爷动漫发展中心聚焦打造网站原创文字、图片、音视频、动漫内容产品。设置一个单列机构——千龙智库，按照首都高端智库建设管理办法设置，聚焦发展网络智库业务，立足于首都政经社会发展策略和舆论动向研究，加强与决策部门、权威研究机构互动，做强舆情业务，壮大“网络意识形态舆情”产品，壮大适应新需求的商业舆情产品，积极承接项目研究报告、课题研究业务等。设置一个特色业务部门——网络素养学院，落实中央网信办全国争做中国好网民工程推进会精神，聚焦发展网络素养教育社会化业务，构建在线教育服务平台，实施“网络素养教育七进工程”（进企业、进农村、进机关、进校园、进社区、进军营、进网络），开展多主题的“网络素养课”活动，编写“网络素养标准评价手册”。

实行“部门联产承包责任制”。各部门领办千龙网、手机千龙网、北京客户端的频道栏目，负责本部门微博、微信公众号，推动部门内部形成融合策划、融合生产、融合传播、融合服务发展格局。

（四）打造多样式多形态内容产品

内容产品致力于在“准、新、微、快、互、深、源”上下功夫。准，就是准确真实、全面客观、表述规范。新，就是话语表达新、呈现形式新、用户体验新，写“新话”，话语表达力求亲切化大众化生活化，力求引发用户共鸣和给用户情感上的触动；不断创新样式和形态，让产品活起来、动起来、多维起来；优化阅读和使用体验，满足多种体验的需求，追求用“新”迅速吸引和凝聚人群的效果。微，就是微言大义，多提供短小鲜活、吸引力强的微内容、微信息。追求微言大义、微包大义、微图大义、微音大义、微视大义、微画大义等。快，就是快速采集、快速传播，重视首发首播，增强快速反应、快速回应能力，建立即时采集、即时发稿的报道机制，抢占第一时间、第一落点，即采即播、即拍即传，用好微博、微信等传播平台，努力在传播中通过“先拔头筹”赢得优势。互，就是互动，将互动思维渗透到采编发各个环节，吸引用户提供新闻线索、报道素材，加强网民参与和互动评论，打造社群化、兴趣化、生活化、知识化UGC互动产品，团结和凝聚人群。深，就是深度，发挥专业化生产、信息采集核实、分析解读等方面的优势，加强信息资源的挖掘和加工，深耕信息内容，推出思想性强、观点鲜明的深度报道和评论言论，发展“深阅读”产品。源，就是源头，重视首创，树立“发源地”意识，打造“话题策源地”，注重挖掘“话题因子”设置话题和议题，努力打造“引领性”产品。

二 | 北京千龙网新媒体工作案例

2018年，千龙网策划了庆祝改革开放40周年系列融媒体报道。音画片《中国，开“门”大吉》被今日头条、抖音、一点资讯、快手、爱奇艺、新浪、搜狐、凤凰网、360、中国搜索、看了吗视频等转发。H5《见证40年｜“同地新旧影像”看北京》被中央网信办《网络传播》杂志微信公众号“爆款秀”专栏刊文《太有创意！千龙网H5“指尖穿越术”带你回到40年前的北京》予以评赞。与人民日报新媒体中心联合制作《北京一分钟》视频宣传片，阅读量一小时超10万。与市委网信办、人民日报新媒体中心联合推出《这里是北京》微信图文传播，在人民日报公众号和千龙网官网、客户端、官微同步发布。协助市对外友好协会在马克思故乡德国特里尔市举办“2018北京印记”摄影图片展，图片由千龙网记者拍摄提供，从魅力中轴、人文北京、活力北京、冬奥北京和京津冀协同发展等多个角度，向世界讲述北京日新月异的发展变化。

（北京千龙网）

“庆祝改革开放40周年”融媒体报道专题二维码

津云新媒体集团

津云新媒体集团新媒体工作综述

为进一步推动传统媒体和新兴媒体融合发展，整合天津市新媒体资源，着力打造国内一流、在全国有影响力的新型主流媒体，2018年，根据天津市委部署和天津市委宣传部要求，依托北方网新媒体集团，整合天津日报社、今晚报社等单位的新媒体资源，组建了天津津云新媒体集团。

在融合过程中，将天津日报的天津网、微博和微信，今晚报的今晚网整体并入津云；撤并“新闻117”“前沿”“问津”三个客户端，组建“津云”客户端，与北方网的网站、双微、头条号等一体化运营，形成载体多样、渠道丰富、覆盖面广的新媒体传播矩阵。本着“移动优先”的理念和轻前端、大后台、富生态的设计思路，津云客户端定位于“新闻+政务+服务+互动”的智能化新媒体，开设了“津云号”，收录了天津全市党政机关、高校和行业组织运维的近2000个自媒体信息。“津云·云上系列”着眼天津各级媒体和政务的大融合，共有180家单位入驻平台，入驻单位涵盖了政府、高校、医疗卫生机构、国企等。此外，还有41家海外华文媒体也入驻了“津云·云上海外”，影响力覆盖全球100多个国家。

（一）媒体互联促进融合爆款频现

从2018年4月起，津云新媒体集团与天津日报、天津广播电视台、今晚报之间，建立了高效的融合对接机制，保持着实现信息互通、资源共享、内容共建的合作模式，共同策采或素材直供，相关内容在津云客户端首发，利用新媒体平台的移动传播优势，有效提高了新闻报道的传播力与影响力，《津云调查》《网罗天下》《公仆走进直播间》《百姓呼声　同城问政》等一系列媒体融合项目应运而生。同时，传统媒体从事新媒体业务的员工与津云签约，传统媒体的专业采编优势和新媒体的技术优势、资金实力充分结合一起，明显提高了新闻原创能力和传播力，带动了产品样态的创新，短视频、动新闻、短音频、机器人写稿、无人机采集、虚拟现实等技术也实现较大突破。

同时启动的还有津云融媒体工作室的培育工作。该项目鼓励传统媒体人在做好本职工作的同时在新媒体领域开展内容创新。不同工作室有不同的内容定位和建设方向，形成差异化、垂直化的矩阵和良性互补的生态。推出“工作室＋”的合作机制，打造工作室间互为补充、协同联动的工业化内容生产模式。目前，已建成了60个融媒体工作室，覆盖来自天津日报、广播电视、今晚报及四所高校和北方电影集团等单位近600位一线新闻人或者新闻传播专业师生。一年来，各工作室持续推出视频、音频、H5、图文等新媒体作品2300余件，其中不乏优秀作品。如2018年12月“津云·记忆天津工作室”推出的短视频《天津解放70年·向老兵致敬》，工作室采访了亲历“天津解放”的老战士，将口述资料与老照片相结合，运用新媒体的方式讲述老故事，使报道更加入脑入心。

（二）一支用脚步丈量全国的记者队伍

津云新媒体组建特稿报道组，对全国新闻进行舆论引导。在改革开放四十周年、自贸区建设五周年、库布其沙漠治理、“一带一路”倡议五周年等主题宣传、热点突发事件，以及守岛英雄王继才、臊子书记宋鹏等先进典型人物的报道中，津云记者坚持走出去、沉下去、蹲得住，深入基层和新闻现场，锻炼脚力、眼力、脑力、笔力，发表了如《鄱阳湖雨霖港岸边一年埋葬三头江豚　谁来守护“微笑天使”？》《把日子过成诗：80后设计师返乡让小山村华丽变身》《坚守库布其20年的植树人：梦想家园变成绿洲》和纪念抗战胜利73周年的《太行山上背尸人》等优秀稿件。7月，普吉岛发生沉船事件，两名特稿记者第一时间赶往事发地，发回了大量现场救援稿件，既有特写、专访，也有深度调查，同时配以大量短视频和现场直播，传播效果明显。10月，深入甘肃省陇南市宕昌县沙湾镇大寨村采访的津云视频团队，在天津大学援甘干部宋鹏获得全国脱贫攻坚奖创新奖之际推出的《臊子书记》微视频，成为全网转载的爆款产品。

（三）丰富产品形式，改善表达方式

在媒体融合的过程中，津云新媒体在产品化生产方面实现了较大突破，坚持创新探索，使新闻呈现形式愈加多元和立体，充分运用视频、音频、H5、漫画、动新闻、读图、游戏、AR、VR、无人机等新媒体表现手法，以用户为中心，推出包括围绕改革开放40周年，浓缩天津发展，展示中国变化的H5作品《一座城，40年展览馆里有你的天津故事吗？》，通过七里海鸟叫声配合问答互动操作增强网民环保意识的答题H5作品《听，七里海的小情歌！》，把“时代楷模”张黎明为党和人民的事业而奋斗的感人事迹展示得淋漓尽致的漫画作品《黎明，出发！》等在内的一批具有极强互动体验、访问量破千万的爆款新媒体产品，在网民中广受好评。

为进一步抓住短视频这一风口，2018年4月起，津云组建微视频创作专班，围绕中央大政方针、天津市委中心工作以及社会民生热点，常态化地制作短小精悍、主题鲜明、创新表达的短视频作品。津云微视专班已创作短视频作品近250部，产生了较好的传播效果。其中，短视频作品《如斯青春》和《臊子书记》获得2018年度天津新闻奖一等奖。短视频作品《如斯青春》以习近平总书记给南开大学8名新入伍大学生回信一周年之际为契机，派出摄制团队前往8名新入伍大学生所在部队进行拍摄，全景展现8名新入伍大学生携笔从戎的生动故事和成长历程。作品刊播后在各平台的播放量总和超过1亿次，同时在天津市高校和全社会青年中也引起强烈反响，对于有志青年积极响应党和国家的号召，踏上了保家卫国的征程，有极强的号召力。短视频作品《臊子书记》进一步贯彻落实习近平总书记提出的“打赢脱贫攻坚战，实现全体人民共同富裕”的重要讲话精神，派出摄制团队远赴甘肃省陇南市进行拍摄，用镜头讲述了天津大学“80后”青年教师宋鹏利用“互联网+扶贫”为偏远山村打造脱贫之路的故事。作品刊播后被30多家中央新闻网站、省级网站、商业网站，以及共青团中央、教育部双微等多个机构的微博、公众号进行了积极转发，总传播累计访问人次过亿。

此外，津云微视还开通了抖音新媒体官方账号，2018年7月开通至今，制作的73个短视频作品，累计播放量5000万，点赞244.3万。

（四）升级迭代为发展提供技术保障

津云新媒体集团肩负媒体责任的同时，也是一家具备媒体属性的互联网科技公司，其媒体融合产品伴随着媒体发展需求不断升级迭代。媒体人更了解“媒体人”的工作需求，津云媒体融合产品在发展过程中经历了7次重大技术突破创新，坚持每年

版本持续平滑升级，目前产品已输出到全国74家合作伙伴，并为其系统的安全平稳运行提供重要的技术支持和保障。

2017年3月，津云中央厨房平台一期工程正式启动运行，依托作为津云新媒体集团前身的北方网新媒体集团的技术优势，充分运用大数据、云计算和人工智能等先进技术，实现了播、视、报、网、端的全媒体融合，使报业、广播、电视各自具备的视、听、图文的内容资源优势和网络媒体的技术传播优势形成互补，在内容生产和传播覆盖上形成合力。为了实现全媒体融合，津云利用当前最先进的软件开发模型和自主研发的软件架构，着力打造了业务管理平台。整个平台涵盖了80余个重要功能模块，重构了全媒体业务流程，从根源上实现了全媒体的深度融合。津云“中央厨房”依托大数据分析技术打造的决策指挥平台，实现了基于业务管理平台的选题策划、指挥调度、任务分配、事件管理、资源监控等功能。借助该系统，实现对常规新闻、重大专题、重大事件的策划，实现对重大突发事件的组织指挥和采访调度，真正实现了融媒体的报道理念。

1. 构建精准的用户画像

津云大数据汇集各媒体用户信息和资料，运用人工智能技术给内容和用户打上更多、更细的标签，达到用户信息需求和媒体信息的智能化匹配；再以智能推送为传播手段，实现信息传播的“千人千面”，在海量信息中为用户筛选有效信息，提高信息获取效率。

2. 开发AI人工智能机器人“天天”，增加用户体验，打造机器人IP

“天天”是津云新媒体通过人工智能算法将用户画像、用户行为与自身新闻、服务进行精准匹配的高新技术产品。主打便民服务，能够根据用户喜好，匹配对应新闻和活动，支持讲笑话、聊天等功能，让用户享受一对一聊天的个性化服务。

3. 提供舆情数据和民生热点分析

津云中央厨房指挥中心的“民生统计”“民生趋势”“民生关联”“民生热点地图”可视化场景以及津云中央厨房业务管理平台的“民生热点”功能模块，可对数据按照行业类型进行汇聚并进行实时监测。为采编人员提供丰富的选题线索，同时起到对正面舆情积极宣传，对负面舆情及时把控的作用。

（五）规划区域媒体整体布局

县级融媒体中心来整合多种媒体形态，优化全部媒体资源。在县融媒体中心这样一个整体架构下，广播电视、报刊网站、两微一端等多种媒体形态和终端共同构建起各具特点、优势互补的新媒体矩阵，形成宣传舆论引导的合力。可见，县级融媒体中心建设，绝非原有各分散媒体的简单叠加、修修补补，而是县级媒体的体制改革、机制创新、资源整合、流程再造和传播网络重塑，是近年来基层宣传系统一次最重要的改革，是县级媒体一次颠覆性的变革，其影响可谓深远。

津云新媒体集团积极参与到县级融媒体中心的探索和尝试之中，率先展开了天津市的区级融媒体中心实践。依托津云中央厨房的技术优势和内容优势为天津市各区建设区级融媒体中心。基于津云中央厨房打造的区级融媒体中心，将实现“策、采、编、发、评、互动”的全流程，进一步推动空间、技术、业务、经营、机制、体制、渠道、资源、管理等方面深度融合，使区内形成融合发展的宣传格局。依托津云中央厨房完成融媒体中心机构设置、流程再造、人员整合、平台搭建、新媒体阵地建设、业务培训等重点工作，建立“一次采集、多格式生成、多终端发布”的融媒体采编流程。系统提供多样式个性化编发平台，可同时满足外采记者、传统编辑、新媒体编辑、电视台编辑和报纸编辑的个性化需求。实现再造新闻生产流程，实现信息内容、技术应用、平台终端、人才队伍的共享融通，从而节省采编成本，提高新闻产生效率。同时，津云中央厨房为各区打造移动客户端统一出口，作为区内新闻发布平台。作为区内权威信息发布交流大平台，依托中央厨房平台优势和媒体融合后的强大采编力量，传播权威的政府声音、发布及时的区内动态、讲述精彩的天津故事。移动客户端同时又是区内各委办局提供移动政务、信息发布与互动的平台，有效整合政府和媒体生产的内容，同时融入互动功能。主播直播功能主要为记者提供与网友直播互动平台，记者通过主播直播功能实现现场直播新闻、与网友互动，并可查看实时互动评论和打赏情况，既发挥权威主流媒体新闻总汇的作用，也能发挥新兴媒体个性化服务的功能。

目前，津云新媒体集团已为全市十三个区建设融媒体中心，并承接了贵阳等县级融媒体中心的建设工作。

（津云新媒体集团）

长城新媒体集团

长城新媒体集团新媒体工作综述

（一）围绕中心、服务大局，“四力”显著提升

集团坚定不移把握正确舆论导向，始终坚持从源头严格把关，把讲政治、讲导向贯穿到新闻宣传报道的策划、创作、刊播全过程，覆盖到各终端和各采编人员，进一步严格阵地管理，推动意识形态工作责任制贯穿到宣传思想工作全过程，让正能量更强劲、主旋律更高昂。

不断加快深度融合发展，深耕内容建设，坚持差异化、移动化、分众化传播，主题报道出新出彩、融媒体精品爆款迭出、典型宣传声势强劲、舆论引导有力有效，为新时代全面建设经济强省、美丽河北营造了良好的舆论氛围。

1. 主题宣传有亮点，网上正面宣传成效显著

聚焦河北省委、省政府中心工作，在打好全国“两会”、省“两会”重大宣传报道战役的同时，深入开展庆祝改革开放40周年、京津冀协同发展、规划建设雄安新区、筹办北京冬奥会、精准脱贫等重大主题宣传。在全国“两会”期间，《总书记，您来过的河北这些村，乡亲们有话对您说》《春天里的河北》等3部新闻作品获中宣部书面表扬；《河北省积极践行总书记的嘱托 提前一周供暖受到群众欢迎》《跨越几千公里，东峰书记向一个新疆女孩许下约定》《感谢贫穷的女孩王心仪》与《网民问政：不让一个孩子因贫困失学》系列访谈及稿件，《“一带一路”河北实践》系列报道以及1篇舆论监督内参等获河北省委、省政府主要领导7次表扬或批示。2018年，集团21篇次受到中宣部、国家广播电视总局和河北省委、省政府领导表扬、批示，被

中央主要新闻网站（客户端）转发及中央、河北省委网信办推送1700余篇次。

2. 新媒体宣传有特色，现象级产品层出不穷

集团重点培育打造移动直播品牌“长城全直播”，在全国“两会”、省“两会”等重要时间节点、大型会议活动，以及突发事件、社会热点报道中，抢占媒体传播新高地，系列主题直播活动引发强烈反响和广泛好评。融媒体爆款产品不断涌现，截至2018年12月底，集团打造了“阜平之变：积极践行总书记的嘱托”系列报道、《庆祝改革开放40周年 · 地标① 燕郊》等传播力过千万的爆款产品（话题）31个。

3. 典型宣传有声势，弘扬新时代“正能量”

积极选树典型，聚焦精准脱贫，从多角度、多侧面报道各地、各部门涌现的先进典型和经验。推出“打赢脱贫攻坚战 · 产业扶贫河北样本”“扶贫路上书记忙”“五级书记抓扶贫”等系列典型报道10余个。集团重点打磨的稿件《从小苇子沟到百万新村 深度贫困的“8公里”如何跨越》，全方位、多角度深入报道了河北省深度贫困村精准脱贫的路径探索，稿件被新华社客户端转发后浏览量破百万，引发社会各界关注。

4. 网上引导有提升，抢占话语制高点

重点培育“渤海潮”网络评论品牌，评论员队伍不断壮大，作为主流媒体积极发声，占领网上舆论阵地，弘扬主旋律，汇聚正能量。该栏目被中央网信办评为“全国十大优秀评论栏目”。

（二）抓好阵地建设，发挥堡垒作用，构建媒体传播新格局

作为河北省三大主流媒体之一，长城新媒体集团不断拓展宣传阵地，全面推进“一网六平台”建设，逐步构建起横向到边、纵向到底的媒体传播新格局。

1. 搭建“六位一体”融媒体传播矩阵，实现“广覆盖”

依托集团“中央厨房”全媒体平台，着重打造时效更快、分众更细、覆盖更广、互动更强、风格更接地气的新媒体传播新业态，搭建“网、报、端、微、视、屏”六位一体的融媒体传播矩阵，占领舆论引导主阵地，构建舆论引导新格局。

2. 构建三级新媒体宣传网络，实现全省新媒体影响力最“深”

集团以“一流记者站”的市级节点为抓手，以县级融媒体中心为着力点，集中力量推进省市县三级新媒体宣传网络建设。以承德市、武强县、正定县等建设为试点，通过与集团“中央厨房”联结，实现当地新媒体资源的有效整合和高效使用，摸索出了一套行之有效的市县宣传网络节点建设经验，为全面建成省市县三级新媒体宣传网

络奠定了坚实基础，着力将中央和河北省委、省政府方针政策、决策部署宣传贯彻到基层一线。集团为中宣部融媒体中心试点——武强县融媒体中心建设提供的技术服务已投入使用。

3. 拓展“问政河北”平台覆盖面，推动各级领导干部走好网上群众路线

整合各地、各部门互动渠道，拓展入驻单位的数量规模，以网上“晒政、问政、理政、惠政”为核心，开展舆论引导、政策解读、互动交流，积极了解网民诉求、回应网民关切、帮助网民解决问题。截至2018年底，已有1000余家单位入驻“问政河北”平台，帮助网友解决问题4000余件，搭建起党委政府与人民群众沟通互动新桥梁。

（三）技术引领、数据支撑，多项技术全国领先

集团紧跟信息化发展趋势，始终保持新技术敏感性和前瞻性，瞄准前沿先进技术、实用技术，以技术更新业态，以技术丰富表现，以技术促进融合。

1. 借助技术手段全面升级改造中央厨房系统

充分发挥既懂采编业务、又懂技术的优势，升级改造中央厨房系统，该系统在流程、业务衔接和多媒体处理等方面均达到国内媒体行业领先水平，优化了策采编发流程，提升了工作效率和水平。

2. 新版客户端上线，持续深耕“移动优先”战略

依托人工智能及大数据技术，集团自主研发的“长城24小时”客户端3.0版本启动上线，在智能化、信息流化、交互体验、信息聚类、媒体号等方面取得突破，实现了千人千面的精准传播，为集团移动优先战略提供了强力支撑；自主研发的基于手机的移动直播、导播系统，为专业化网络直播提供技术支撑，应用效果优良。

3. 深化数据应用，实现差异化的舆情信息“精分析”

完成舆情监测系统的部署和调试，2018年底，该系统已初步具备舆情监测、预警、数据分析等功能，通过大数据汇聚、挖掘与分析，为媒体单位提供新闻宣传的热点分析和选题参考，为党政机关、企事业单位提供网上舆情分析和监测研判，助力提升社会化治理水平。

4. AR/VR等前沿技术引领新媒体发展

在全国“两会”宣传报道工作中，集团推出了VR虚拟现实技术，实现全景直播；使用AR增强现实读报功能，推出平面报纸与视频动画结合的创新内容产品；自

主研发人脸识别和图像融合技术产品，大大提升访问量。

（四）优化产业布局、完善经营政策，全力推进经营创收工作

2018年，集团克服底子薄、基础薄弱等诸多困难，在经营工作层面主要围绕“优势传统领域深耕做大、新媒体经营项目大胆探索、产业引导资金项目重点突破”的思路展开，通过对标先进、扬长补短，不断完善经营政策，优化经营管理，释放经营活力，管控经营风险，持续增强主营业务盈利能力，实现了经营管理工作的稳步健康发展。2018年，集团总收入同比增长76.47%，净资产收益率20.3%，国有资本保值增值率122.61%。

1. 优化管理机制，进一步激发经营主体活力

在保证国有资产保值增值、子公司完成集团下达的经营任务并依法依规经营的前提下，进一步下放子公司的经营权、用人权及分配权，激发经营主体活力。

2. 完善产业布局，新媒体主营业务优势明显

不断提升服务水平，积极推进新媒体业务，在政务服务、行业专题宣传、地方站网络服务、频道运营等方面成效明显。新媒体业务在集团总营收中的占比由年初的27%增至年底的50%左右。

3. 利用活动平台，做大品牌影响力

成功举办2018中国国际（河北）茶文化博览交易会，期间参观人数超15万人次，现场成交额和合同签约额总计约9800万元；成功举办“新时代　新长城”2019长城新媒体资源分享暨战略合作发布会，包含17家河北省直厅局主要负责同志和18家厅局分管负责同志在内的600余人参加，发布会上集团与11家单位签署战略合作协议，结为战略合作伙伴，助力携手共赢。

4. 提升全媒服务，凸显重点项目带动作用

申报河北省2018年度“十大文化产业项目”，推进2018年度文化产业发展引导资金项目和三级网络建设。重点策划“5 · 18廊坊经洽会”全媒体特刊、“改革开放40周年”大型经营活动、河北省旅发会特刊、石家庄通航大会等活动，努力打造集团经营工作中的样板项目。

（五）理顺体制、激活机制，顶层设计全面优化

集团坚定不移深化企业内部改革，着力体制机制创新，加快建立现代企业制度，充分发挥人才积极性、主动性、创造性，激发各类要素活力，全面优化集团顶层

设计。

1. 人事制度改革重点推进

一是探索建立了以业绩和能力为导向、以个人贡献率为核心、以激励为目的、适应互联网新媒体特点的薪酬制度，打破原有的工资结构，推动绩效考核机制进一步科学化。二是在人才队伍方面，一方面加大专业人才引进力度，先后实施了中层正、副职岗位的竞聘上岗，专业岗位公开招聘上岗，建立起适应新媒体传播规律的融媒体采编队伍，筑牢了集团创新发展的根基；另一方面，加强对现有人才选拔、培养力度，分两批完成了科级岗位竞聘，60名科级干部已赴岗位，其中“90后”占比21.7%，“80后”占比65%，“70后”占比11.7%；研究生学历占比16.7%，本科学历占比81.7%，实现了集团干部队伍的年轻化、专业化。三是不断深化与中国传媒大学战略合作，通过问诊把脉，为集团机构改革和健康持续发展提供了科学依据和参考。

2. 全面加强现代企业制度建设

在企业法人治理结构、组织管理架构、职责定位分工等方面，开展了一系列核心制度研究和编制工作；建立健全各项规章制度，制定、修改、完善了采编三级审稿、经营管理、财务开支管理、公文处理等88项制度，为各项工作标准化推进提供了依据。

（六）突出重点，创新方法，切实加强党的建设

集团按照“围绕中心抓党建，抓好党建促发展”的工作思路，坚持守土有责、守土负责、守土尽责，扎实推进党风廉政和反腐败斗争各项工作深入开展，打造风清气正的干事氛围。同时，重点在智慧党建、特色党建、人文党建方面下功夫，集团“大党建”工作格局进一步形成。

1. 严格落实责任，抓好党风廉政建设

一是制定党风廉政建设工作要点和任务分工方案，层层传导压力，压紧压实主体责任。二是组织开展6次廉政教育活动，强化思想建设，促进干部职工廉洁自律。三是加强重点领域监督力度，通过“发现问题—整改—提升”，推进体制机制不断完善。四是扎实开展作风纪律专项整治，通过自查整改，全面深化作风建设。

2. 创新方式方法，基层党建有声有色

一是打造智慧党建。充分利用新媒体传播手段，推出全媒体、融媒体党建产品；开通专题专栏、党建公众号等，打造“网、报、微、端”一体化党建工作新模式，有效拓展党建工作空间。二是打造特色党建。开展党建工作“回头看”、支部书记培训

等一系列活动，提升党建工作的科学化、规范化水平，依托活动创新，为党建工作注入活力；开展了“六争”主题实践等一系列活动，切实增强党员职工的责任意识和担当意识。三是打造人文党建。不断完善职工之家、党员之家等企业文化建设，打造“家文化”；开展“省直职工健步走”、“五四”主题演讲、趣味运动会等一系列活动，增强职工凝聚力和向心力。

（长城新媒体集团）

山西日报社

山西日报社新媒体工作综述

2018年，山西日报紧扣中央关于推进媒体融合发展的决策部署，启动全面深化改革，全面推动传统媒体和新兴媒体在内容、渠道、平台、经营、管理等方面深度融合，不断提升传播能力、业务能力和创新能力。目前，山西日报已由单一纸媒发展成为集报纸、微博、微信、客户端、手机网站、PC网站、手机报等多种传播形态的新型媒体矩阵，覆盖人群超过1000万。

（一）内容生产

1. 融合传播效果初步显现

融媒体内容生产能力提高，在网络空间影响力逐步提升。2018年1月24日至1月31日，山西省十三届人大一次会议、山西省政协十二届一次会议在太原举行。山西日报新媒体与山西新闻网组织骨干力量，联合山西省人民政府门户网站、山西媒体智慧云平台，就省长楼阳生向大会作的政府工作报告，及时推出一批高质量新闻图解。其中，用“10个‘新’、4个数字”，对山西过去五年的“成绩单”和未来五年的发展规划条分缕析，通过主要数据、工作节点做了简洁、直观的介绍；对2018年经济社会发展的10项主要任务，提取10个关键词，逐一进行深度解读。山西日报客户端以图文形式对人大会开幕式进行了直播，并在山西日报客户端、微信同步推出了14组图解和2个动漫。山西省委网信办评价这组图解和动漫“及时、简洁、明了、鲜活、生动”，通知省内网络媒体进行了全网推送。2018年省“两会”期间，山西日报新媒体和山西新闻网共推出了17组图解、6部动漫、5个H5作品，官方微信累计阅读量逾30万，相关微博阅读量逾百万；这些作品有影响、有力度、易传播，产生了刷屏效应，引起了强烈反响。山西日报新媒体有机融合报网端、原创首发、全媒参与，以动漫、图解、视频、话题、专题、快讯等丰富形式，同步传递大会声音、提炼报告亮点，全媒体矩阵传播效果凸显。另外，山西日报新媒体坚持制作每周一期的原创视频栏目《News秀》，到2018年底共制作227期。这些技术先进、形式多样、制作精良的融媒体产品在互联网广泛传播，进一步提升了党报党端在互联网上的引导力、传播力和影响力。

2. 与省级“中央厨房”加强内容合作

随着信息技术的发展和网络的崛起，新兴媒体正在影响和改变着传统媒体的话语权，推进媒体深度融合发展是党中央着眼“两个巩固”作出的重大战略部署，也是山西省委重点推进的重大改革任务。2017年，山西省委书记骆惠宁亲自领办媒体融合这一改革事项，山西省级“中央厨房”平台建设就产生于这样的大背景下。以内容、渠道、平台、经营、管理深度融合为宗旨，以提高媒体新闻传播力和市场竞争力为目的，以聚合省报、台媒体信息资源以及为县级融媒体中心建设提供技术支撑为基础，助推全省媒体深度融合。

在内容合作方面，山西日报新媒体与省级“中央厨房”进行了诸多尝试。基于媒体定位，坚持特色发展，强化用户意识，把供给和需求有机结合，更多的推出原创，开发个性化新闻产品，不断提高信息服务水平。围绕省里重点工作和重大主题宣传报道，统一策划、协作联动，推出类型丰富的新闻信息产品。精选省级“中央厨房”融媒体产品和山西广播电视台拆条视频，丰富山西日报全媒体平台内容。按照增强脚力、眼力、脑力、笔力的要求，推动采编人员自觉深化“走转改”，深入基层一线抢独家、抓“活鱼”，多次推出读者和受众爱读、爱看、爱传的优秀作品。

（二）媒体融合

1. 山西日报融媒体中心建设扎实推进

2018年2月12日，骆惠宁书记听取省级媒体融合工作专题汇报时，对省级中央厨房项目建设和报台媒体融合工作提出五点要求。山西日报报业集团及时传达贯彻，并坚定不移执行。集团及时调整项目建设思路，按照最大化共建共享省级中央厨房系统功能的原则，对在建和拟建项目进行认真梳理，确定融媒体视频采编系统、媒体大数据库、统一指挥调度系统、人民网舆情监测系统和传播力反馈分析系统、统一认证转码拆条等底层业务系统、基础云资源等，都可以依托省级中央厨房实现，不用再单独建设。

2018年以来，在融媒体中心建设方面，山西日报主要做了以下的工作：4月份，完成了山西日报数据机房的私有云改造；5月份，完成207平方米的融媒体中心指挥报道大厅物理空间改造，设备调试和人员培训工作也于5月25日完成；6月中旬，山西日报客户端完成升级改版，增加了语音播报等诸多特色功能；6月底，先后完成融媒体系统内容发布管理、运营分析与推荐、视频直播服务、渠道分发和传播、媒资管理等系统部署；7月下旬，开通了报社与省级中央厨房专线，实现了山西日报与省级中央厨房对接，数据可以实现互联互通；8月2日，山西日报报业集团与杭州凡闻科技有限公司签署战略合作协议，双方致力于共同推进新闻大数据中心建设，更好地盘活历史核心数据资产，助推省内媒体深度融合发展。

2018年，山西日报融媒体物理空间改造项目已全部验收、山西日报融媒体平台私有云完成全部扩容、山西日报融媒体平台项目功能均已部署完毕、山西新闻网网站发布系统及视频数字报论坛等功能模块全部进行了升级，并同时对山西日报数据机房进行了扩容、同时完成报业集团采编大楼的内网采编到融媒体中心的光纤铺设和安装调试、与杭州凡闻科技有限公司合作建设的大数据中心已完成大屏数据呈现。

与此同时，根据报网端采编发流程的特点，开发了采编联动平台、报纸版面智能化设计、新媒体内容发布管理、渠道分发和传播、运营分析与推荐、领导决策支持等系统。

目前，山西日报融媒体平台项目建设的三大核心，包括策划系统、采编系统、媒资系统已全部投入使用。策划系统可以实现新闻热点和新闻线索的发现，为报道提供参考；采编系统，进行内部稿件（图、文、视）的三审三校流程；媒资系统是成品稿件的汇聚平台，涵盖了全网的媒体数据，包括新华社电稿、人民网网站数据、全国互联网白名单的新闻稿、山西日报及集团各子报子刊的见报稿件、省级平台推送的视频拆条新闻、凡闻科技推送的互联网数据。所有稿件实时更新，并可一键签发到报纸、网站、客户端、微博、微信。

2. 山西日报客户端3.2.0版完成升级改版，4.0版正在紧锣密鼓地布局

山西日报客户端立足党报、坚持政治家办网、执着“读者为天”、致力“悦读新闻”，4年来一直是山西日报新媒体强势打造的一款“明星产品”，在2016年6月全新上线的三期基础上，2018年6月中旬，山西日报客户端3.2.0版完成升级改版，增加了语音播报和本地视频直播功能，有效拓展了党报这两大利基市场，尝试了以新的内容组织方式、内容呈现方式及新的内容分发逻辑，提高内容传播效率，增强内容传播的效果，给读者最好的用户体验、最便捷的浏览方式，使党报宣传报道活起来、动起

来，创新手段，讲好“山西故事”。同时，山西日报客户端4.0版正在紧锣密鼓的规划中，未来的新版客户端将算法推荐技术应用到新增的“推荐”频道；开通“山西号”内容资源聚合平台；应用人工智能技术，新增智能交互模块；并新增了AR等新技术在客户端的应用。

未来升级的4.0版本将以全新面貌和全新技术不断拓展新闻传播的时度效，将呈现开放、协作、共享、智能化为特征的内容产业新生态。

（三）多元经营

1. 精心培育高校市场

自2016年4月22日，山西日报客户端“晋青春”频道在山西大学举行上线启动仪式以来，截至2018年底，累积在山西大学、太原理工大学、山西传媒学院、山西财经大学、中北大学等20多所院校进行了推广，就报社与高校宣传报道、人才交流培养、社会实践、理论研究、科研成果转化等方面深度合作进行研讨，并签订了战略合作协议，2018年，重点落脚点在精心培育高校市场，充分发挥了“晋青春”频道的纽带作用，培育高校学生对山西日报品牌的忠诚度，延伸党报受众链。

2. 新媒体经营稳步推进

山西日报新媒体平台市场推广和运营工作均由新媒体公司承担。经过4年探索与发展，目前，经营稳步向前，收入迈上新台阶，截至2018年底，营业收入305万元。

（1）政务信息入驻山西日报客户端

依托山西日报党政资源，打造权威政务发布平台，为各市县提供综合信息发布渠道，该平台可自动定位用户位置，并显示所在市、县信息。目前，人行太原支行，运城、晋中、晋城、朔州四市，灵石县、静乐县、阳城县、沁水县四县已成功入驻山西日报客户端，并取得良好的效果；政务信息入驻山西日报客户端年收入157万元。

（2）商业广告取得较大突破

2018年以来，山西日报新媒体重点服务了电力、联通、移动、中行等驻晋央企，进出口银行等国家政策性银行，农行、招商、平安产险、民生银行、晋金所等金融企业，京东、汾酒、黄河京都大酒店、北美、水善汇等服务业企业，拓展了百度、长治县城乡统筹振兴试验区等广告客户，报网端微联动宣传取得一定成效；商业广告累计年收入148万元。

（山西日报社）

山西广播电视台

一｜山西广播电视台新媒体工作综述

（一）山西广播电视台新媒体工作概况

1. 山西广播电视台新媒体传播目前以“两微”为主

全台节目生产部门100%开设了微信公众号，微博账号覆盖率2/3。截至2018年底，全台认证官方微信（含栏目）31个，微信用户超过850万，年阅读总数超2亿次，清博指数统计结果显示传播指数名列省内主流媒体第一，在全国处于较好水平。“山西新闻联播”“人说山西好风光”两个微信号用户规模均在百万以上，其中“山西新闻联播”微信公众号跻身年度全国五百强（新榜指数），位列省级卫视新闻节目微信传播指数第一名，山西卫视微信平台在权威榜单“融媒体影响力排行榜之中国各省卫视20强”中位列前10。

在微博平台，全台有部门认证账号20个，用户数400万，另外还有个人认证微博账号20余个，用户规模近百万。

2. 头部聚合平台逐步成为新的传播渠道

全台1/3的部门开设了头条号和抖音账号。百家号、企鹅号、一点资讯、趣头条等聚合平台也是重要的传播通道。头条号五个大号（山西广播电视台、山西新闻联播、都市110、山西广电文娱、黄河电视台）日均视频播放总量500万以上；总粉丝规模近500万。

黄河电视台抖音号200万粉丝，获得全国十大省级媒体号，在2018全国媒体抖音号影响力排行榜中位居19名。

3. 客户端建设开发进行中

由我台媒体融合领导组办公室负责开发的山西新闻客户端，将作为省委省政府在移动互联网领域的喉舌、用户获取山西时政信息的主要渠道和重要窗口，以发挥时政新闻资源优势，为精准用户提供最具价值的时政参考为定位，通过新载体、新手段传达政令、引导舆论。该客户端已于2018年10月进入内测阶段。由我台黄河电视台（频道）负责筹备、开发的文化民生服务类客户端（“黄河+”），整合民生新闻和文旅节目资源，强化资讯服务功能，将民生服务和文化精髓从电视拓展至移动互联网，打造以文化和民生资讯服务为主的移动端产品，培育深度融合、整体转型的试点。

4. “中央厨房”完成部署投入使用

由山西省委宣传部牵头，山西广播电视台联合山西报业集团共同出资5000万、由我台控股的山西云媒体公司进行省级媒体云平台建设，2018年6月份正式投入使用。台内600平方米演播厅改造升级为融媒体新闻高清制播中心，新建150平方米融媒体指挥调度中心（二级平台），一二级平台也实现了融通共享，为我台新媒体发展奠定了坚实的基础，还为县级融媒体中心提供了技术支撑。

（二）山西广播电视台新媒体发展主要做法

1. 重大、权威信息实时发布，抢第一落点

对于总书记讲话、活动等重要宣传指令，我们确保20分钟内在移动端落实发布；对于省委省政府的决策部署、重要会议，我们在遵循宣传纪律的同时，做到电视新闻播出后第一时间完成新媒体发布，台官方微信公众号是省内时政移动端首发平台，重要时政新闻可实现电视播出后两小时左右以图文方式发布；权威部门的权威信息（如组织部、纪检委、气象台等）做到微信矩阵30分钟内有发布、微博实时更新。

2. 主题报道新媒体化呈现，强化用户体验

重大主题报道从策划阶段就强化融合传播，比如全国、全省两会、能博会等重大主题，从策划阶段就综合考虑了移动端传播，专门组织移动端原创内容生产。

针对不同的传播平台的传播特点和用户结构，我们对新媒体内容多元化处理，标题个性化提炼，传播点分类总结，增强传播效果。微信适合图文化传播，我们就把视频新闻图文化处理，山西台官微的动图已经成为传播LOGO，深受用户喜爱；微博话题设置易于引发传播的话题热点，年阅读量超过亿次；今日头条长于叙事化表达，我们就在标题创作中加大信息量，收到了显著的效果；抖音小视频侧重生活类，我们就

在内容选取中试水重点挖掘民生社会类信息，两个主打社会新闻的频道抖音号都收获了百万级以上的粉丝。

3. 主动出击回应社会关切

对于各类网络谣言，主流媒体的公信力是辟谣利器。针对朋友圈和自媒体传播的各类不实信息，特别是误导民众引发舆情的各类推文，我台多能第一时间汇集权威部门声音，融合广播电视播报与两微等新媒体平台渠道，及时、密集发布，引导网络舆论，稳定社会情绪。

2018年3月，一篇内容为“临猗县苹果滞销恳请爱心传递”的网络推文引起网络关注，临猗县苹果滞销、果农生活困难的图文触目惊心。我台广播记者深入临猗县调查发现：这是一出利用公众爱心，大打悲情牌，进行商业营销的闹剧。调查报道播出后，本台官微第一时间与临猗县委宣传部等部门联系，进行了深入采访并在报道内容中加入法务解读，并采写了一组稿件，就报道中有关问题澄清事实、提出解决方案，帮助当地政府发表了声明，一周后，营销信息下架，悲情闹剧落幕。结果体现的是媒体与政府、媒体与网民的深度互动，效果体现的是媒体舆论监督和社会服务功能的深度转换。

4. 打破原有体制，组建跨部门团队进行全媒体报道

针对我省重要宣传任务，我台打破原有部门、频道频率的人员划分，组建跨部门跨平台专项报道任务团队，统一安排部署进行全媒体报道。

2018年9月，“太原能源低碳发展论坛　中国（太原）国际能源产业博览会”在太原召开，我台承担了此次宣传报道任务。以新闻中心、综合广播为主，抽调黄河频道、科教频道、其他频率的骨干记者参与其中，在完成传统电视端、广播端直播报道任务的同时，台媒体融合领导组办公室统一协调，以山西卫视频道新媒体为主力，通过网络直播、即时图文、精选短视频等新媒体方式，在全台新媒体矩阵发布，共推出图文200多篇，触达用户近千万，推出精编短视频48条，单平台观看量315万次，其中16条突破10万，短视频《开车行驶一公里，相当于把一袋垃圾扔到路上！》单条播放量达33.8万，能博会宣传片播放量达51.5万。新闻中心开发“太原论坛能博会的轻便APP”，将参会、文旅、住宿等服务信息全部包罗进去，成为与会者手机上的“会议秘书”，点击量超十万。真正做到“网上网下同频共振”，借助移动互联网将节能环保理念送进千家万户。

二 | 山西广播电视台新媒体工作案例

2018年4月中旬，多位听友给山西交通广播《880帮帮您》节目发来一篇微信推文《果农急哭！7旬老人40斤苹果仅卖12元，每斤仅0.3元！产地深度走访，4000万斤苹果滞销，与时间赛跑，恳请爱心传递！》。也在这几天——2018年4月19日新浪微博“微舆情”平台发布的全国“农产品滞销周榜数据”上，“临猗苹果滞销”因持续引发舆论关注，高居榜单第一名。

作为本土媒体，栏目组给予了高度关注。但随着现场调查的开始，营销推文里那一个个煽情的料点迅速变成一个个谎言。

营销推文里有一位图文并茂反复出现的77岁的“主角”，他叫刘长福，视频中说自己的两个儿子都在外打工，年迈的老两口在家，靠打理几亩果园维持生计，记者采访中发现他的儿子在本村的村委会当会计。采访中，老人介绍说，在拍摄视频当天，是有人教他这么说的。

还比如同样被广为传播的《临猗县人民政府关于某电商对临猗苹果的义卖证明》，我们联系到这个营销的策划人杜晓，他也亲口承认对文件做过手脚，还对采用这样的网络营销手段不以为意……

通过调查，我们发现了这种悲情营销手法已经成为微商电商们的常用套路：故事软文+悲情视频+特写图片+官方证明+新媒体刷屏。

4月29日起我台相关报道陆续推出，并同步在山西交通广播的微信里进行推送。但在电商微商们的高调反击面前，几乎不堪一击：四期推文加起来才两万多的点击，而营销文几乎篇篇10万+。

直到5月7日临猗县政府官网发表声明才让整个事件的舆情开始“反转”。

这次针对临猗苹果“悲情营销”案例是我台全媒体融合报道的一次典型探索和多维度实践，报道参与部门和台媒体融合部门就本案例进行了全面总结和深入探讨，我们共同得出这样的思考：

（一）融合传播，我们不能只做搬运工

《起底电商悲情营销临猗苹果系列》，选题策划、采访、稿件撰写、播出发布，整个制播过程我们都做了两微一端的同步网络推广，交通广播作为50多万用户微信公众号，我们预计这个事件会迅速成为传播热点，但交通广播和网络发布几天后，累计阅读量仅有2万多。

抛开粉丝结构等因素，最重要的原因就是内容传播力受限，网络热点、爆款产品的要素缺乏。适合广播播发的电话连线、口语化文稿、现场报道等方式在互联网端成为传播短板，融合传播绝不仅仅是将广播电视的节目内容复制搬运到互联网。留出互动接口、大图片、短音频、故事化表述等特点需要被放大，“悲情营销”案例的内容传播手段值得我们传统媒体人借鉴。

第一轮传播和预期效果有距离，如何转换表达方式和传播角度、把内容资源吃干榨净、打出融合传播组合拳成为新的思考。令人欣慰的是，我们的思考在第二轮传播实践中收到了显著效果。

（二）融合传播，我们是政府决策的推动者

《临猗苹果》系列报道是在4月29日播发的，形成网络传播热点是在5月7日，热点的高潮是临猗县人民政府官方网站的声明：“网传内容有诸多夸大失实之处，给当地果农的整体利益，造成不好的影响。”

引起政府重视、形成舆论热点是源于台官微的深度介入和台总编室的统筹调度。消息发布3天后，台官微进行了深度整合，并增加了法律解读，以微信预览方式发送给了临猗县委宣传部部长，既体现我们主流媒体的社会责任，又给当地政府留出处理和响应时间。临猗县委县政府当天给予我台回应，并于5月7日在当地政府网公开发表声明。

政府发声、回应关切，还原了真相、保护了品牌，网络热点事件获得理想的处理结果。

（三）融合传播，我们是舆论场上的主力军

在声明发布后，国内、省内主流媒体纷纷发声，人民日报、新华社、中央电视台、央广网、北京青年报、澎湃新闻、凤凰网、中国新闻网都进行了集中报道，悲情营销微信公众号都下架了此类消息，并做了诚信经营的公开表态。至此，悲情营销黯然落幕，临猗苹果直面市场。

回首整个传播过程，悲情营销发端于网络，传统媒体介入调查，通过主流媒体在网络端的翔实报道形成热点并正面引导，推动政府公开回应，被各级主流媒体热切关注，再次成为网络传播热流。主流媒体在互联网舆论场上的影响力、传播力彰显无遗。

（四）深度融合，从我、从我们、从大家开始。

这组起底、声讨“悲情营销”的报道中，最早跟进的主流媒体是国家级媒体，而近在眼前的本地其他媒体却遗憾缺位。

从“3.14的姐被劫”，到“7.19和市长一起爆红网络”，再到“网传太原警察打人”24小时反转，我们山西广电的新媒体实践和融合传播探索也颇多亮点。

我们有数量保障的采编队伍、有严谨的工作作风、有扎实的专业素养，我们也需要从那些反面角色中汲取正面参照：融合不能是单打独斗，融合需要内容生产各方参与、融合需要我们的组合拳、需要长尾效应。

（山西广播电视台）

内蒙古日报社

一 | 内蒙古日报社新媒体工作综述

2018年，内蒙古日报社深入贯彻落实全国、自治区宣传思想工作会议精神和中宣部媒体深度融合现场推进会精神，积极探索以“中央厨房”为核心，按照“移动媒体优先、深度融合、转型发展”战略，进行策、采、编（译、转）、发（播）、评的流程再造，推行频道制，设置运营部和政情、思想、财经、文化、地方、视图、服务、专题8个频道，建立一体化运作机构和新的媒体融合考核评价体系，形成“一次采集、多种生成、多元传播”的融合生产管理体系。

（一）汉文网端并举效果好：两微一端一网覆盖主流舆论场

从报网互动到先网后报再到移动优先，是内蒙古日报社近年来依托最早的“新媒体”——网站，继而进行媒体融合所走的一条正确路线。2014年媒体融合元年，内蒙古日报社创建了“你好·内蒙古”客户端，这是全国省级党报最早创建的客户端之一。2018年以来，内蒙古日报官方“两微一端”全部归口到内蒙古新闻网运营，依托“两微一端一网”，着力开展移动优先融合转型工作。

内蒙古新闻网于2003年正式开通，是经国务院新闻办批准、内蒙古自治区党委宣传部主管、内蒙古日报社主办的国家一类新闻网站，内蒙古首家重点新闻网站。

作为内蒙古日报社融媒体时政业务线上重要的内容生产发布端口，内蒙古新闻网开设新闻频道23个，打造以本土新闻为主，各类新闻信息承载汇集的航母，是内蒙古地区覆盖面最广、信息量最大、浏览人数最多的综合性新闻门户网站。内蒙古新闻网与内蒙古客户端、内蒙古日报官方微博、微信，以及内蒙古日报头条号、百家号、抖音号等联动配合，实现了多层次、全方位、立体式传播体系，覆盖了内蒙古主流舆论场。

内蒙古新闻网新闻中心专门设置了网络运营部，在发布流程上严格遵守三审制度，由科组长一审、部门主任二审、总编辑终审，确保每一条稿件发布的安全性。

2018年，内蒙古新闻网共发布新闻15万多篇，策划制作专题专栏100多个，发布网评文章24626篇，全网2018年页面访问量2729.7万，IP量1014.4万；全网用户量1925.3万，日均点击量74788。

2018年，内蒙古日报官方微博设置“领航新时代”“脱贫攻坚”“庆祝改革开放四十年”“暖视频”“APEC会议”等2000余个话题，全年共发博文5万多篇，单篇阅读量最高达到300万。

2018年内蒙古日报微信公众号传播指数905.51，全球影响力超越了99%的公众号，总阅读量2468万+，位列全国省级党报前8位。

内蒙古客户端用户数超过9万，由23个频道组成。另有31个旗县入驻云端。2018年共发布稿件8万+，专题策划近1000个，为宣传内蒙古提供了广阔的平台。

（二）蒙文媒体移动优先见成效：中国蒙古语新闻网深度融合结硕果

中国蒙古语新闻网作为内蒙古日报社蒙文媒体主阵地，主动适应媒体融合发展要求，加快推进蒙文编辑部深度融合转型发展步伐，基本实现移动优先深度融合的要求。

内蒙古日报蒙文媒体深度融合以1+7、1+2、1+3的模式为原则（1+7是蒙文报+中国蒙古语新闻网、呼陆客客户端、蒙文报微信、短视频、抖音、佤盾客户端、自媒体；1+2是客户端+微博、微信；1+3是蒙文报+内蒙古生活周报、内蒙古少年报、索伦嘎杂志），以编委会、中心、频道、栏目为运行机制，以跨部门、跨行业、开放式工作室为融合试点，力求全面深度融合转型。

蒙文媒体结合受众的多、精、快、准的核心需求，结合手机流阅读特点，从选题到采访、写作、包装等方面精心策划，从而加强了原创度、垂直度、活跃度。2018年中国蒙古语新闻网蒙文媒体点击量5万以上的文章有16篇，10万以上的文章有5篇，20万以上的文章有1篇。《国徽下的新牧民》荣获第二十六届内蒙古新闻奖一等奖、第二十八届中国人大新闻奖网络作品新媒体三等奖；融媒体作品《总书记回信了——习近平总书记给苏尼特右旗乌兰牧骑回信纪实》荣获第三十届全国蒙文报刊新闻奖一等奖。

2018年，内蒙古日报社蒙汉文“两微一端一网”，以“中央厨房”为核心，在“移动优先、深度融合、转型发展”战略的引领下，媒体融合取得实效。下面介绍亮点、特色、特点、观点。

（三）亮点频闪：深度融合创新，新媒体报道出新出彩

深度融合转型，需要不断创新。就媒体管理而言，完善了《内蒙古日报社融媒体传播效果分析制度》《内蒙古日报社新媒体运营评价制度》等16项新闻业务管理制度，建立了全融媒体考核、评价、奖励三大体系和融合编委会、媒体融合协调会、编前会、采前会四个层级的策划指挥调度体系。

2018年，内蒙古日报社围绕全国和全区两会、推动经济高质量发展、打赢脱贫攻坚战、庆祝改革开放40周年、库布其沙漠治理、第十五届中国·内蒙古草原文化节、扎实推进民族团结和边疆稳固等重大主题，创新融媒体深度报道模式，各环节紧密衔接，多角度、多平台、多渠道、深层次进行了宣传报道，形成了强大的舆论宣传声势。

其中，2018年全国两会期间，各媒体累计刊发文字稿11951篇，图片3042幅，视频441个，音频68个，H527个，新媒体总阅读量2640万+，报道数量创历史新高。《加油吧，内蒙古！》《奋斗吧，内蒙古！》《人民代表人民选，人民领袖人民爱》新媒体产品，点击量均超500万+。

（四）特色鲜明：“创意+策划”模式提升了新媒体产品质量

2018年，内蒙古日报社深入开展“新闻舆论工作质量提升年”活动，提升了新媒体报道水平。

精品创作方面，各媒体在《人民日报》、中央人民广播电台、中国国际广播电台、央视蒙古语频道等中央媒体累计发稿37篇，10万多篇自采报道被各级各类纸媒和新媒体转载；11件新媒体产品点击量达到100万+。《永远的“红色文艺轻骑兵”》新媒体作品获得第二十八届中国新闻奖首次设立的媒体融合奖三等奖。

创意策划方面，建立1+4策划模式，即内蒙古日报编委会+蒙文党报融合编委会、汉文党报融合编委会、媒体融合部、都市类媒体策划会，各媒体每半个月策划1次，形成全社新闻舆论策划的完整体系。“创意+策划”模式提升了新媒体产品质量，各媒体推出的《草原曙光》《党报联盟·靓点》《早间语音播报》《周末赏识》《塞北

屏》《四季之歌》等一批创新传统媒体+新媒体栏目，阅读量稳中有增，影响力逐渐扩大。

（五）特点突出：加快深度融合转型　加速主力军向主阵地挺进

以手机、平板为载体的移动智能设备，成为“万物互联”的基础。在这一背景下，需要构建移动媒体优先发展战略来适应受众场景的变化，加快融合转型，提升党报融媒体“四力”水平。

加快将主力军向主阵地挺进。内蒙古日报社完成了蒙汉文党报业务线深度融合转型，将主力军向主阵地挺近，实现了80%以上的主力采编队伍投入到了新媒体上的目标，形成了一支队伍服务报、网、微、端的工作格局。

媒体融合项目稳步推进。在媒体融合项目建设上打出系列组合拳，“草原云”融媒体平台项目论证通过专家评审，进入实质性实施阶段，39个试点旗县区全部完成融媒体中心挂牌任务，牵头组建的内蒙古自媒体联盟开始运作。

打造名栏目品牌，建设工作室。内蒙古日报社打造《北国风光》《学习论理》《牧野》《内蒙古·故事》等名栏目和“大青山”“呼陆客”“索伦嘎”“经济涮锅”等全媒体名品牌。建立了大青山工作室、呼陆客工作室、石榴记工作室、猫爪工作室、蛙声视频工作室等5个工作室。

强化“借筒”传声，国际传播能力不断增强。借力境内外主流媒体，扩大战略协作，与蒙古国《商报》社合作创办了索伦嘎报纸，上线了索伦嘎报纸PC版和APP，与蒙古国网络联盟、布里亚特共和国《真理报》、布里亚特共和国传媒集团、中国日报内蒙古英文网等建立全面合作关系，实现了宣传报道在境外落地。

外宣活动丰富多彩。策划举办了“首届索伦嘎新年晚会”“索伦嘎2018·中蒙网络春节晚会”“走进内蒙古·感知70年——全国边境外宣期刊采访活动”“我所熟知的内蒙古”“蒙古国汉学家讲坛”“追梦人”等系列主题采访活动，有效传播中国观点及主张。成功举办了第三届“索伦嘎媒体日”和第二届“索伦嘎媒体论坛”，两大活动正在成为中蒙媒体务实交流的新平台。

二丨内蒙古日报社新媒体工作案例

蒙古语短视频新闻《绿色的呼唤》紧扣绿色生态这个主题，深入贯彻习近平“绿水青山也是金山银山”的生态文明理念，精心组织全片结构，构思、剪裁画面素材，为受众生动、真实地讲述了沙区人民吃苦耐劳、一往无前的“蒙古马精神”和“守望相助、百折不挠、科学创新、绿富同兴”的感人故事，是新媒体实践中不可多得的少数民族文种制作的优秀作品。

2018年7月，内蒙古日报社蒙文融媒体记者接到短视频新闻《绿色的呼唤》采访报道任务后，做足“大战”前的准备，组织采编人员连续开会策划，查阅大量资料，深入库布其沙漠腹地收集素材、采集画面。

在连续七天、行程数千公里的采访中，他们采访当地牧民、企业家、科研人员、政府领导等近30人，搜集大量资料，录制了数百分钟的素材。在后期制作中，他们在大量素材中披沙拣金，制作了9分多钟的成品，在中国蒙古语新闻网、《呼陆客》客户端、内蒙古日报蒙文报微信公众号上同时发布后立刻受到受众关注，浏览量、转发量、点击量一路飙升。

短视频新闻《绿色的呼唤》具有鲜明的融媒体作品的优势和特点。

一是作品既具传统新闻的要素，又突出新媒体优势。记者紧紧围绕库布其沙漠治理模式这个主题，进行了全面、深入、细致的采访，在交代新闻的来龙去脉后，突出了新媒体视觉语言的优势，注重运用历史和现实的画面交替烘托气氛、描绘环境、介绍背景，镜头语言运用流畅，使得作品画面优势突出，视觉冲击力很强。突出了人与自然和谐相处的重要性，以及库布其人治理沙漠带来的巨大生态效益和社会效益。

二是作品注重内在逻辑，故事和事件贯穿始终。作品注重运用一个个生动的故事和人物，将大道理融于一个个接地气的小故事之中。讲述库布其人不怕困难、艰苦奋斗，用30年时间，让库布其沙漠的三分之一披上绿装，使沙区10万农牧民脱贫致富。通过真实、生动的事例，平实地阐释了这样一个道理，库布其沙漠的成功治理，是习近平生态文明思想指引下的完美实践，是总书记“绿水青山就是金山银山”理念的生动诠释。

三是作品解说生动、接地气。由于记者深入沙区采访，目睹了故事中的环境、场景，亲身感受了沙区人民不畏艰难、治理生态的感人精神，所以在解说时语气自然就带着感情，带着地气，打动人心。

在现场采访时，由于记者与采访对象一起摸爬滚打，彼此就像熟悉的亲人乡邻，采访对象在面对话筒时，自然也就愿意倾吐自己的心声，从而显得不造作、原生态。

四是作品社会效果显著，受众反响强烈。作品播出后，很多读者和观众纷纷跟帖评论，给予好评。如一位受众这样评论道：“作品《绿色的呼唤》给我们这样的启示，生态文明建设是一场攻坚战，更是一场持久战。没有守望相助的精神支撑，没有矢志不渝的接续传承，很难取得实效、获得成功。这是实现生态优先，绿色发展、建设绿色家园最深厚的精神底蕴。”

作品发布后，引起全社会广泛关注，国内国际众多媒体平台争相转发，让世人重新认识到中国的沙漠治理情况和沙漠生态带来的经济和社会效益。

（内蒙古日报社）

扫码观看短视频新闻《绿色的呼唤》

辽宁日报社

一 | 辽宁日报社新媒体工作综述

（一）深化改革，全员真正向移动端转移

2018年5月，辽宁日报在全国省级党报中率先启动全员融媒体改革，重组编采机构，重新调配资源，改革用人制度。此次改革，推进去行政化和扁平化管理，实行主编负责制，鼓励中层干部和优秀人才充实到采编一线，增强采编人员职业归属感。在改革过程中，打通平台，打通部门壁垒，依托传统媒体中生产优质内容的主体力量，赋予其新要求、新元素。坚持传统媒体和新媒体优势互补、一体发展，辽宁日报编辑部一支队伍服务报纸和客户端两个平台，按照移动优先策略，以中央厨房一期工程建成、全媒体采访报道指挥平台投入使用为牵引，以“原发性、独家性、原创性”为业务价值观，更新生产方式，拓宽传播渠道，开发新闻产品，提升融媒体报道能力。辽宁日报融媒体编辑部全员向移动端转移，编辑部10个中心分别开设并运营客户端频道。

此次改革，最大的特点是减少了领导干部职数，强化了业务导向。编辑部原来的36个部门减少至25个，编辑部中层干部从原来的68人减少至27人。调整下来的原中层干部全部转聘为首席记者或首席编辑。与此同时，制定相应的考核机制和激励机制，对10个业务中心主编和所有首席记者、首席编辑实行量化考核，进行升降级动态管理，真正实现“干部能上能下、人员能进能出、薪酬能增能减”的目标。改革运行以来，新闻生产效率和质量明显提高，队伍精神面貌和战斗力显著提升。

2018年下半年以来，辽宁日报融媒体生产精品频出，爆款产品呈现“井喷”状

态。其中，“最美大学生丁慧”由辽宁日报客户端首发，在全国产生强烈反响，总点击量超1亿人次；“最美司机张善哲”为辽宁日报融媒体独家报道，并持续追踪，仅辽宁日报自有新媒体平台点击量就超3000万次，全国近百家媒体跟进报道，感动了无数网友；“桓仁40年不修办公楼”报道，在全国庆祝改革开放40周年主旋律报道中角度独特，采访深入，传播生动，凸显了辽宁党员干部的好作风、好形象。

全员融媒体改革激发了编采队伍的新闻生产与创新能力。在2018中国民营企业500强峰会的报道中，辽宁日报融媒体推出8分钟重磅视频《山海关不住　投资向热土》，直面“投资不过山海关”的夸张言论，以巧妙视角展现辽宁的丰厚资源、骄人历程和为改善投资软硬件所做的努力。视频恢宏大气，提振精神，将“投资已过山海关、辽宁再度受青睐”这一主题贯穿报道中，发布后引发强烈反响，网友热情点赞、留言。“山海关不住”成为年度金句。该报道成为辽宁日报年度经典“战役”，得到省委、省政府领导和省委宣传部主要领导的多次表扬和肯定。

（二）以中央厨房为中枢，再造党报传播优势

2018年，辽宁报刊传媒集团（辽宁日报社）“中央厨房”一期工程建设完成，融媒体指挥中心投入使用。2018年10月10日，辽宁日报融媒体编辑部率先入驻办公。

“中央厨房”一期工程建筑面积近1400平方米，集成引入大量新技术，构建全新的采编管理平台。中央厨房在媒体融合过程中发挥支点和枢纽作用，使集团各媒体实现从“相加”到“相融”的转变。启用新的融媒体采编平台，在全集团层面改革传统纸媒纸刊的生产方式、生产流程，打破纸媒、新媒体及各部门、各子报子刊网站之间的壁垒，推进集团各媒体统一策、采、编、发、存，实现“新闻资源一次采集、多次利用、多介质发布”。通过中央厨房，还可以实现报道策划、指挥调度、事件监控、采访定位、舆情分析、效果评价等功能。

“融合”真正成为宣传工作的新方式。在“庆祝改革开放40年”大型战役性报道中，在全媒体指挥中心统一指挥下，新媒体平台推出了形式多样的原创报道。系列短视频《庆祝改革开放40年微视频丨我的故事》、系列图解报道《辽宁改革开放40年辉煌成就》、系列H5产品《时间的风景》以及《新闻纪实短视频丨一幢楼和一个县》《H5画中画丨那些年，我们一起走过的时光》等。《庆祝改革开放40年微视频丨我的故事》报道，用镜头讲述改革浪潮中个人亲身经历和成长的故事，呈现辽宁改革开放40年的生动画面。故事的主人公有鞍钢集团跑销售的项目经理，有瓦轴搞风电轴承研究人员，有经历城市转型的阵痛后开辟一片新天地的村书记，有见证国内信息技术蓬

勃发展的软件技术员等等。这些微视频小视角大主题，收到了良好的社会反响。

桓仁县40年“官不修衙”的新闻，在指挥中心调度下，既有文字记录，也有新闻纪实短视频呈现。视频《一幢楼和一个县》的报道，以独特视角，反映桓仁改革开放40年的历史进程。一幢不变的老楼与一个县40年的巨变相映照。现场采用移动拍摄、采访拍摄、航拍等多种拍摄手段。稿件和相关视频经辽宁日报客户端、微信公众号、微博等新媒体平台发布后，被人民网、中国共产党新闻网、新浪网、搜狐网等门户网站和今日头条、快资讯、一点资讯等上百家新媒体平台转载。这条“硬新闻”迅速成为网络关注的热点。

借助中央厨房，辽宁日报不断深化新闻资源建设工作，开发新闻源，积极开展和各单位各部门的战略合作，邀请外部单位将本单位的新闻信息生产和发布工作纳入中央厨房。通过这一项目，建设影响力广泛的新闻信息服务、党务信息服务和政务信息服务平台。

（三）围绕中心工作，构建6大融媒体产品体系

辽宁日报新媒体运用新技术、新机制、新模式，生产互动式、服务式、体验式新闻信息，经过几年的努力，形成并巩固了6大融媒体产品体系，分别是“振兴图话”可视化产品、“吾纸镜”视频产品、“正午微播”“夜读”音频产品、H5互动展示产品、无人机航拍产品和直播产品。

这些融媒体产品生产，最大的特点就是聚焦党中央决策部署和省委、省政府中心工作，创作过程中很好地吸收了传统媒体的策划优势，逻辑清晰，杜绝了新媒体产品碎片化和庸俗化倾向。

辽宁日报新媒体创作的H5产品《春风春雨度关东》在2018年荣获第二十八届中国新闻奖二等奖，这是东北首个媒体融合奖项，全国仅4家省级党报获媒体融合二等奖以上奖项。该产品以习近平总书记对辽宁的亲切关怀为主线，在传统图片、文字的基础上融入视频、音频、背景音乐等新媒体传播手段，将习近平总书记两次参加辽宁代表团审议、到辽宁考察等重大事件以时间轴的形式呈现在一个作品中，实现了新闻性、互动性、传播性的融合，创新了时政新闻报道的表达方式。作品创意新颖、形式活泼、现场感强，一时间在朋友圈形成刷屏之势，取得了很好的传播效果。

2018年10月28日，在习近平总书记到辽宁考察调研并主持召开深入推进东北振兴座谈会1个月之际，辽宁日报新媒体推出原创产品《一镜到底|嘱托·奋进——学习贯彻习近平总书记考察辽宁和深入推进东北振兴座谈会重要讲话精神“月报告”》，一

张长图，一幕长镜头，视频、切换图、卷轴等相互转换，清晰、生动地呈现出一个月来辽宁全省上下认真贯彻总书记重要讲话精神的实际行动，有力量有气势，社会反响良好。

“振兴图话”可视化图解是辽宁日报新媒体产品体系之一。“振兴图话”注重“图”的创意，更重“话”的表达。它不是简单的文本拆解和数据的提炼，而是更加注重文字的再创作和舆论的引导，为辽宁振兴发展鼓与呼。

2018年，辽宁日报新媒体制作的图解《向总书记报告——辽宁贯彻落实“三个推进”这一年》《干出一片新天地干出一个新辽宁》《辽宁落实“三个推进”大事记》等，从数万字的文件中提炼要点、归纳整合，以读者乐于接受的逻辑方式和阅读习惯重新排列组合，真正实现“一图读懂”，收到了良好的传播效果。

与此同时，我们还将新媒体语言和直观图解方式转化运用于传统报纸版面，实现了新媒体到传统报纸的逆向转化。2018年1月3日，辽宁日报首个图解新闻通版《三年攻坚　辽宁“五大区域”齐发力》刊发，充分发挥图形、图表直观、简洁的阐释和美化作用，并充分运用数字的聚合作用简化文字，整个版面重点突出、形式新颖、简洁明快。图解新闻版至今已刊发多期，成为传播省委、省政府中心工作的一个有效载体，在政府公务人员群体、广大读者甚至省外新闻同行中产生良好反响，一些报纸版面被政府公务员收藏，省委办公厅领导将其贴在办公室墙上，以便在日常工作中使用。

2018年，辽宁日报新媒体制作的音频、视频、H5等宣传功能不断提升，这在两会以及其他重大战役报道中体现尤为突出。

2018年辽宁省两会，辽宁日报新媒体生产20多种近百个全媒体产品，综合运用图文、图解、音频、视频、H5等多种手段立体化报道两会。图文直播《直通两会·厅局长专访》《图解2018省政府工作报告》、音频《省两会特辑》、视频《小男说两会》、H5互动产品《两会知识小考场》《32页的政府工作报告，哪一句最令代表们印象深刻》等全面上线。这是辽宁日报在历次重大报道中制作新产品最多的一次。

2018年全国两会期间，辽宁日报新媒体推出视频节目《直通北京》系列报道、H5《向总书记报告——辽宁贯彻落实“三个推进”这一年》、图解《政府工作报告中的辽宁元素》、快闪《别眨眼！60秒快闪带你秒懂2018政府工作报告》、音乐MV《音乐MV来了，辽宁大学生唱响“我爱你中国”》等等，六大融媒体产品形态都有体现。

内容为王，受众为本。辽宁日报在深化媒体融合过程中，不断创新内容产品形态，提升原创融媒体产品生产能力。

音频节目关注辽宁的风土人情，讲述辽宁好故事。全民读书节特别节目《夜读》，以融媒体手段报道宣传全民读书节，选读经典篇章。《正午微播·两会特辑》，关注两会热点，传递两会声音。视频节目策划推出《新时代辽宁精神公益广告宣传片》系列报道，视频团队走进企业、学校、社区、农村，感受新时代辽宁精神。无人机航拍《向世界叫响辽宁文化》大型策划，利用无人机等设备航拍辽宁47处58座辽金古塔，以融媒体思维进行平面报道创意，推出多款视频产品，实现立体传播，引来辽宁人民出版社、沈阳出版社的出版意向，省文艺精品基金资助举办摄影展，被新浪、搜狐等重要门户网站转发，各媒体平台阅读点击逾10万次。

二｜辽宁日报社新媒体工作案例

为深入践行习近平总书记“坚持创新为要”指示精神，为庆祝改革开放40周年营造浓厚舆论氛围，2018年12月10日至13日，辽宁日报新媒体研发推出H5产品《时间的风景》系列报道，将优质创意、先进技术、权威内容深度融合，立足本地、放眼全国，以图片回顾的方式展现改革开放辽宁经济社会发展所取得的辉煌成就，在新媒体舆论场产生强烈反响。

在内容选择上，从省档案馆、省地方志办公室查阅大量图片、文字资料，以10年为一个时间节点，将辽宁改革开放40年划分为“1978—1988万物生长”“1989—1998激情燃烧”“1999—2008筑梦奋进”“2009—2018未来已来”4个时期，确定了近80个最能代表辽宁改革开放成就的历史事件和图片，以及辽宁在改革开放40年中勇于突破、敢为人先的数十个“首次”创举，以此唤起人们对过去40年的历史记忆，激发广大读者奋进新时代的家国情怀。

在页面设计上，封面选择不同时期的火车头作为创作主元素，代表着行进中的中国40年来发生的翻天覆地之变。随着时代的推移，4个H5产品分别以黑白电视机、电影胶片、画板和具有科技感的时光穿梭器为载体进行图片展示，并以报纸版面、广告牌、平板手机等为载体展现辽宁在全国产生重大影响的“首次”创举，在用视觉效果呈现年代感的同时，全面展示辽宁改革开放取得的成就。

在技术创新上，为增强读者在观看时的互动性、参与性和操作性，封面首次采用图片擦涂的形式进入观看模式，立意主题《时间的风景》渐次显现，增强了读者的认知感，趣味性十足；图片展示过程中分别运用图片抖动、时间轴动画、照片颜色渐变、拼图拖拽等效果，使读者在观看每一期产品时都会产生不同的视觉体验，返回技术器的嵌入更为读者反复浏览、随时跳转提供了便利；同时，背景音乐分别选择最符合当时时代精神、传唱度最高的经典歌曲《在希望的田野上》《春天的故事》《走进新时代》《不忘初心》作为背景音乐，瞬间将读者带入到图片事件所发生的历史年代中，使得读者在欣赏这款H5产品时得到视觉、听觉上的双重享受，唤醒珍贵的时代记忆，令人回味无穷。

产品创新主旋律报道表达方式，以先进技术为支撑、以优质内容为根本，充分体现出技术与内容的深度融合。4期产品集信息传播、用户体验、差异化互动、社交分享等多重功能为一体，聚焦读者和用户的思想共鸣点、情感共通点、价值共生点，唱响主旋律、弘扬正能量、振奋精气神，为受众带来全面立体、身临其境、震撼人心的沉浸式阅读体验。产品通过辽宁日报新闻客户端和微信公众号发布后受到广大读者的高度认可和喜爱，普遍认为产品以新颖的视角全面展现了改革开放40年的波澜壮阔，创意独特、技术精湛，互动性强、参与度高，是一个有高度、有情怀、有意义的融媒体产品。

（辽宁日报社）

扫码观看H5作品《时间的风景》

吉林日报社

吉林日报社新媒体工作综述

2018年，吉报集团顺应新闻传播方式新变化、媒体融合发展新趋势作出重要调整，坚持创新驱动，推进“移动优先”战略，推进吉报数字采编发平台暨“中央厨房”建设，新媒体事业蓬勃发展。吉林日报荣获“中国报业协会报业融合发展创新单位”等多项荣誉。

（一）在建设新型主流媒体和媒体集团大格局中，积极推进媒体深度融合

1. 强基础，突出“中央厨房”标配和技术驱动思维，实施“三平台共建、一体化融合”

2018年上半年，吉报集团以互联网时代省级党报整体转型为课题进行了大调研，对作为省级党报自身的总体发展情况特别是融合转型情况，有了更深层了解和更深刻认识。经过深入思考与慎重研判，报社从顶层设计、战略布局、资源匹配、资金支持、团队建设等各方面，推动信息内容、技术运用、平台终端、人才队伍、管理服务共享融通，实现“中央厨房”、数据平台和全省党媒公共服务平台的一体化建设。

“中央厨房”一期已建设完成，同步建设的吉报数据平台和全省党媒公共服务平台一期工程在技术、空间上高度协同、集约优化。投入2500万元左右，阶段性验收专家组评价认为设计理念和技术结构居于业内领先水准，技术投入实现了高性价比。新的中心机房采用国内最先进的技术理念和云管理模式进行搭建，该机房数据结构直接

对标、对接省政务服务和数字化建设管理局最新标准规范，也成为首批适配“吉林祥云”技术标准的机房。吉林省党媒融合云——“吉朵云”使用国内政务云主流标准，安全和属性上满足“数字吉林”业务承载要求。一体化融合平台对全集团全媒体的立体化支撑效能已经显现，有利推动和支撑了流程再造和采编结构性重组。

2. 理顺体制机制，调整考评激励措施，彰显“一支队伍，两个平台”融合发展优势

由报社社委会高位统筹融合工作，成立媒体融合发展领导小组及其办公室，紧密围绕主流媒体建设任务布局工作。改革管理体制、变革运行机制、再造生产流程以及对人才队伍的激励机制创新等方面制定标准，打造标杆。在流程上实现吉报采编部门间、吉报与系列报刊间、传统媒体与新兴媒体间的新闻资源互通共享、全天滚动、广域覆盖，构建策、采、编、发、评一体化管理的核心生产线与新型传播体系。实施全新《吉报融合采编流程大纲》，并通过调整考核、评价标准等手段让传统采编人员转型为“提笔能写，对筒能讲，举机能拍”的全媒体记者。

吉林日报记者全面“转场”到新媒体当中，既为报纸供稿，又为新媒体供稿，强调移动优先。2018年8月，吉林日报彩练新闻客户端改版之后，以吉林日报采访部门或记者为单位承办栏目，在新媒体优先的原则下，第一时间为彩练新闻客户端提供原创稿件。经过不断试行探索，吉报集团推出全新的记者采写任务绩效考核办法，以新媒体考核为主，以报纸考核为补充，全面引进稿件传播指数考核，增加对报社记者的新媒体工作数量和质量的考核。同时，报社增加100万元新媒体稿费投入，激发记者积极性，促进内容生产上的新媒体化转变，增强产品的内容竞争力。通过这些举措，吉林日报新媒体内容生产能力显著提升，彩练新闻客户端原创新闻比例大幅提高，改版后4个半月内，作者署名为“吉林日报全媒体记者”的稿件为3572条（吉林日报记者稿件全年共5457条），是改版前的2倍以上。彩练新闻客户端每天发布的原创稿件常态保持在30条以上。

（二）坚持“移动优先”，不断优化全媒体矩阵，提升优质内容生产与舆论引导能力

1. 整合资源，建立全媒体中心，把融合发展持续向纵深推进

吉报集团“报、网、微、端、手机报、户外屏”六位一体终端体系业已形成，截至2018年12月有客户端4个、腾讯微信公众号55个、新浪微博公众号16个、网站13家，在聚合类平台目前开设较有影响的平台号30多个，以矩阵形态实现了吉报融媒

“一指轻按，一直陪伴”。

2018年，吉报集团设立融合型运营的一线业务机构，建立全媒体中心，集中统一运营吉报官方两微一端、手机报、吉报官网等平台，带动全报社新闻产品的新媒体化，并与报社事业发展高度协同。依托彩练新闻客户端、大吉网和吉报官微、手机报，加速吉报移动端策采编发核心生产线建设和新闻产品研发推广能力，目前新媒体刊发图文、视频总量常态保持在纸质稿量的5倍以上，助推省级党报的内容表达和传播水平从“纸”端向“指”端实现整体跃升。

2. 改版彩练新闻客户端，迅速占领新兴传播阵地

吉报集团以打造具备“四力”的本地重点融媒体产品为目标，一年时间里，从产品规划、体制机制、自主技术、内容提升、推广运营等方面，以具有区域影响的融媒体产品为目标对彩练新闻客户端进行了全面改造。2018年8月17日，彩练新闻客户端全新改版上线，内容生产能力全面升级，传播能力显著提升。

改版以后，彩练新闻客户端全年发稿数量34073条，平均每月推送稿件约2800篇，相当于吉报的320块版。全年完成12场视频在线直播，27场图文直播，共制作30余个专题，既出现了单篇阅读量达到20万+的新闻爆款，也有转发量达到8万+的H5作品《生态吉林　总书记一直的牵挂》。“彩练新闻”刷新了用户对于“党媒”的理解，更加充分地讲好吉林故事，稿件多次被人民日报客户端、新华社客户端等中央级新媒体转载，用户数实现翻倍增长，牢固树立了“吉林掌上第一新闻源”的优势地位。矩阵中微信用户数增长21%，微博用户数增长27%。吉报集团在庆祝改革开放40周年大型主题宣传活动中，突显媒体融合发展的优势，多渠道、多终端打造《壮阔东方潮　奋进新时代——庆祝改革开放40周年》专题报道，在2018年12月27日，得到中宣部通报表扬。

截至2018年年底，彩练新闻客户端用户数量增加两倍，日活数据明显提升，产品成型了，功能增强了，内容好看了，影响力渐显，成为省内新媒体的“头部媒体”。2018年，伴随彩练新闻的发展，大吉网、吉林手机报等也一体推进，在微博、微信、今日头条、腾讯等以及抖音等短视频平台，吉林日报新媒体产品更加丰富，传播格局更加完善、更加科学。

3. 开展政务媒体合作平台，全力建设“学习强国”吉林学习平台

2018年，吉报集团的政务媒体合作平台覆盖越来越广，与吉林省政府、省委组织部、省直机关工委、省农委、省科协、吉商联合会等政府部门和机构合作，开展新媒体内容运维。目前，“学习强国”吉林学习平台建设有条不紊推进。按照省委宣传部

的统一部署，由媒体融合办公室与全媒体中心精心论证，出台相关工作执行方案，全面谋划“学习强国”吉林学习平台的PC端、移动端建设任务。在栏目设置上，立足吉林实际，主要推出了“今日吉林”“好好学习”“吉林智造”“生态吉林”“文化吉林”“品牌吉林”“文明实践”“吉林人物”等栏目。特别是反映吉林省脱贫攻坚、环保攻坚、冰雪经济等大量报道，得到了“学习强国”平台推荐、转发和有关人士的好评。

（三）促进系列报刊向线上平台转型，增强新媒体服务社会能力

1. 促进全集团系列报刊融合发展

在媒体融合大潮中一个都不能少，为了促进全集团系列报刊形成融合合力，吉报将融合发展作为对系列报刊考核管理的重要内容，近一个时期以来系列报刊在新媒体和融合平台建设方面成绩可圈可点，有的还走在了全省甚至全国前列。

吉林手机报累计读者数量已突破百万，是吉林省规模最大的手机媒体，也是吉林省内唯一全网通信运营平台（移动、电信、联通）全部开通的手机报。文摘旬刊推出“全民阅读媒介融合建设工程”。吉林朝文报流程上实现了“先网后报”，工作机制上实现了记者编辑“全员办网”，网络阅读日流量在50万次以上。城市晚报、今日财富报等近两年通过调整充实班子和融合型采编力量，新媒体、全媒体建设都取得长足进步。房地产报、北方法制报网站一直是省内权威的专属行业网站。

《吉林农村报》（吉林日报农村版）是吉林日报报业集团所属系列报刊，是吉林省唯一服务“三农”的专业党报。在办报和媒体融合发展方面，以“服务三农、沟通城乡”为宗旨，在做好做深做精传统媒体的同时，充分利用第三方平台，积极实践媒体融合发展，初步形成“报纸、网站、微信、今日头条平台（头条号、抖音号、西瓜视频号、火山号）、百家（百度平台）”官方新媒体矩阵。目前，吉林农村报账号入驻“今日头条”平台，粉丝量16.2万，发布各类稿件1万多篇，累计阅读量4200万。头条号爆款文阅读量分别为311万、267万、150万；抖音号爆款短视频播放量分别为1374.1万、1105.4万、589.3万。“今日头条”平台《吉林农村报》官方账号创办的“‘12316专家’涉农短视频”荣获第二十七届吉林新闻奖媒体融合奖项新媒体“品牌栏目”二等奖。目前已发布200多条，70%的阅读量都达到了数千至数万。如《今年种玉米、大豆国家咋补贴》，阅读量36万，播放20万。7月24日，在“抖音”短视频平台《吉林农村报》官方账号正式加V认证，目前，粉丝量达3.8万，发布短视频作品606个，半数以上作品的播放量达50万以上。其中，9月2日发布的《世界各国GDP变

化及预测，感受中国速度、中国发展，展望中国未来》创造了播放量588万、点赞量13.6万、评论量1.3万的好成绩。

创刊于1993年8月19日的《东亚经贸新闻》是吉林日报报业集团主管、主办的综合类报纸。东亚经贸新闻所属的吉和网是吉林省唯一一家集网络媒体传播和电子商务交易为一体的平台和最大的互联网综合信息服务网站。吉和网与东亚经贸新闻的工作机制和管理模式是高度融合的，日均浏览量已达200万次，媒体覆盖率、影响力、信息传播速度位居吉林省首位，其中吉林省本土覆盖率达75%以上。作为优秀的地方网站，根据艾瑞网权威数据，吉和网排在全国地方网站第10位，东北地区门户网站第1位，多次进入中央网信办“中国地方城市新闻网站传播力榜”前3位。

2. 增强新媒体服务社会能力

2010年，面对互联网巨大冲击，东亚经贸新闻报社直面问题，快速转型，长春羿尧网络公司应运而生。2012年，长春羿尧网络公司再下一棋，吉和网上线。2017年，长春羿尧网络公司走出里程碑式的重要一步——11月27日，羿尧网络成功登陆新三版。2018年，在吉林日报社社委会、编委会的正确领导下，相关部门的支持下，吉和网在认真履行网站社会责任，积极打造清朗的网络舆论空间同时，转型运营平台，以平台为方向，增强媒体服务社会能力，取得了骄人成绩，打造宣传吉林、展示吉林重要窗口。积极贯彻落实健康中国战略，促进吉林省健康吉林建设，吉和网打造了基于全平台、全媒体效应的智慧医疗平台——云医汇。云医汇是互联网+医疗+服务+宣传的有效结合，是智慧医疗的一次创新。其中包括政策宣传、科普辟谣、科普供稿、在线挂号、在线义诊五大功能。2018年，平台挂号有200多万用户，为患者解答问题上万次，累计阅读500余万，微博话题累计阅读高达767.7万。增强媒体服务社会能力，欧亚汇APP上线即取得骄人成绩。2018年12月，“欧亚汇”经过近一年筹划正式上线，上线一个月就取得全国APP综合排名1113名，实体商业APP排名第3名的成绩，“欧亚汇”现拥有会员70万人。

在今后的工作中，吉报集团将继续落实中央和吉林省委媒体融合发展重大战略部署，按照“办报为根、融合为本、经营为要、党建为魂”总体工作布局，推进媒体融合向纵深发展，加快主力军进入主阵地步伐，不断扩大主流价值影响力版图，建设面向东北亚讲述中国故事、吉林故事的重要舆论阵地。

（四）技术驱动，技术赋能，彩练新闻实现自主重大技术迭代升级，打造发展新动能

2018年，吉报文化传媒公司先后成立吉报赢鱼科技有限公司、吉报猎人科技有限公司，开始在互联网、虚拟现实和人工智能方面进行实质性的探索。从2018年7月份开始，吉报赢鱼团队深耕彩练新闻APP后台技术，实现了彩练新闻技术的自主开发和持续迭代。

彩练新闻APP全新开发后，重新调整了新闻架构，重点提升视频和直播功能。与知名的视频应用方案提供商“趣看”合作，引入领先的视频和直播技术，该技术也被应用于澎湃新闻、上观新闻等国内优秀的新媒体产品，在吉林省党报官方客户端的融合型应用助推了新型主流媒体新平台建设。

前进中的彩练新闻，战略层面在发展中越发规划明确：一是确立坚持原创、深耕本土的发展方向，发挥吉林日报在本地内容资源上的优势。二是强调内容与技术双驱动，把传统媒体一向是短板的技术提到重要位置，组建自己的技术团队，并向大数据、人工智能等未来新媒体标配且能驱动产品成长的技术领域延伸。

（吉林日报社）

吉林省新媒体协会

吉林省新媒体协会新媒体工作综述

2017年，根据中央和省委的部署和要求，由吉林省互联网传媒股份有限公司（中国吉林网）联合吉林日报社、吉林人民广播电台、吉林电视台等8家单位筹备发起成立吉林省新媒体协会。经过精心筹备组织，由吉林省委宣传部批复同意，吉林省互联网信息办公室审查同意，吉林省民政厅审批同意，吉林省新媒体协会2017年4月18日正式成立，是东北地区首家省级新媒体领域网络社会组织。

（一）强化团结引领，构筑“网上网下同心圆”

引领带动“网络大V”听党话、跟党走是打造“红色大V”的关键。积极开展“大V”培训，提升“大V”政治素养，共同构建网络同心圆，是吉林省新媒体协会的重要工作目标之一。在建党96周年之际，协会党支部举办首期“新形势下新媒体的责任与担当培训班暨网络名人‘同心向党’座谈会”。通过培训和交流，参会“网络大V”的政治意识、责任意识得到明显提升。党的十九大期间，协会党支部组织30余名“网络大V”观看开幕会，聆听总书记的报告，并通过多种传播形式为十九大点赞，吸引了众多网友的积极参与。《吉林省网络大V点赞十九大省新媒体协会为祖国打call》一文通过新媒体渠道传播阅读量达132万+。

协会党支部还组织13名骨干会员参加了在中国传媒大学举办的“吉林省互联网企业负责人及新媒体人士培训班”，并赴新浪微博参加了“网络大V回娘家”活动，“大V”们积极参与新浪微博话题“共筑网络强国梦，吉林网信同心行”的传播推送，总计阅读量达1190万+。

吉林省新媒体协会党支部成立当天启动“大V红网工程”，聘任首批20名网络大V成为吉林省首批“红色大V”，他们走进“新时代e讲堂”和长春市绿园区丰和社区，用“网言网语”宣讲习近平新时代中国特色社会主义思想和党的十九大精神，并通过开展各种形式的线上线下互动，激发网友参与，多形态多平台的传播实现全网阅读量2000万+。

（二）放大网络声量，打造“红色大V”矩阵

不断释放网上正能量，营造清新清朗的网络空间是协会党支部的工作重点。协会党支部自成立以来，一大批粉丝众多、社会影响力巨大的“网络大V大号”通过微博、微信、头条号、抖音等多个UGC全网传播平台，不断推动正能量网络传播，“讲好中国故事、吉林故事”的网络声量不断放大，积极引导网络正向舆论的效果不断彰显，“红色大V矩阵”初步形成。协会组织新媒体人士积极参与“精彩吉林，相约世界外交部全球推介吉林”线上宣传活动，全网综合阅读量达4000万+，让来自全世界的万千网友了解吉林、赞美吉林，极大地提升了吉林在海内外的知名度和美誉度。

扫黑除恶专项斗争开展以来，吉林省新媒体协会联系范围内的网络大V和新媒体人士在扫黑除恶宣传发动、线索征集工作中，以高度的政治自觉和行动自觉，围绕中心和大局积极发挥正能量发声作用，通过协会引领部署，参与活动的大V联合覆盖粉丝超过1200万用户，在社交媒体平台带动大量网友互动讨论、转发、点赞，原创话题累计阅读量贡献度超过100万；网络大V认真策划，主动发声，在社交媒体平台展示出扫黑除恶吉林亮剑气势声量，与党委政府官方宣传渠道工作形成强大合力和全效360度同频共振之势。

（三）不断传递爱心，擦亮“网络公益”项目品牌

网络公益活动是协会党支部开展的品牌项目，目的是引领新媒体人士倡导志愿精神，积极参与公益行动，激发其公民意识、社会意识和责任意识。吉林部分地区遭受严重洪灾，协会党支部组织号召新媒体志愿者第一时间将100箱矿泉水等救灾物资运往灾区，吉林麦当劳等企业也捐助数万元爱心善款，积极救助灾民。新媒体志愿者联盟通过“新春走基层”“公益吉林行”“慰问‘感动吉林人物’”等常态化活动，不断引领新媒体从业人员投身志愿服务，积极融入社会公益，获得社会各界的好评。“吉林省新媒体志愿者联盟系列活动”入选由中央网信办、民政部公布的“网络社会

组织品牌项目”名单，成为东北三省唯一入选的省级品牌项目。

吉林省新媒体协会党支部不断加强协会党建工作，强化协会党支部的政治功能，为协会健康发展、形成网上正能量保驾护航。“网络大V”成为吉林省新媒体人士中的“领跑者”，“红色大V矩阵”正不断吸引更多人的加入，众多新媒体人士或成为入党积极分子，或表达积极向党组织靠拢的强烈意愿；协会品牌项目日渐成熟，参与“公益吉林行活动”的新媒体志愿者达150余人次，直接受益群众达1000余人次，网络传播受众达900万人次；协会先后组织30余位“网络大V”参与中央统战部、中央网信办等培训、考察、媒体行等活动；协会积极参与重要节点主题宣传，配合党委政府中心工作，宣传文章网络传播总阅读量达1亿+。截至目前，协会会员中有3人当选省政协委员，2人担任市县级政协委员，6人成为各级劳动模范、青联委员、新阶联会员。

（吉林省新媒体协会）

黑龙江广播电视台

一 | 黑龙江广播电视台新媒体工作综述

（一）黑龙江广播电视台媒体深度融合做法与经验

在融媒发展实践中，黑龙江广播电视台立足实际，确立了深度融合思维与一体化发展理念，通过打通大屏小屏、线上线下，构建了广播、电视传统平台与网络广播电视台、龙广听友网、微信、微博、APP联合发声的全媒体平台矩阵和融合传播格局；确定了移动优先战略布局，举全台之力重点打造了一个基于本地特色的融合信息资讯服务、城市生活服务和产业拓展为一体的区域综合型平台，即“无限龙江”应用类手机客户端，将其打造成龙广电又一强势传播渠道；鼓励全台各频率、频道、部门在媒体融合发展中，各显身手，百花齐放，既有自己的特色新媒产品，还要不断提升为新媒提供优秀内容的能力。

1. 在融媒体宣传报道上，加快媒体移动化布局，重大会节报道通过全平台融合传播，做优、做强、做大了主流舆论

（1）积极拓展新媒平台和载体容量，构筑全媒体新语态。

黑龙江广播电视台“新闻夜航”微信公众号拥有粉丝超165万，在全国2200多万个公众号中位居全国地方媒体类微信公众号的第1名，位居全国所有电视栏目类微信公众号的第1名，连续19个月问鼎全国所有微信公众号发稿量冠军。此外，自制视频约3200条，分别在今日头条、爱奇艺等9个平台投放，全网累计播放量2.7亿次。交通广播微信公众平台粉丝近百万，位居全国民生类排名前三强、全国省级及以上广播电台前三强。黑龙江卫视微信公众号粉丝186万，官方微博粉丝297万，今年两次荣登

“泽传媒”卫视官博全国榜第一名。卫视频道积极打造《更龙江》短视频项目，2018年制作原创作品62部，全网流量1.9亿。

（2）在重大主题宣传报道上，打造第一强音，建立最强矩阵，融媒体宣传取得全新突破。

2018年，我台树立融媒传播思维、用户思维，构建融媒体传播新矩阵，更好地树立主流舆论。

其一，打造第一强音，扛起引领新媒传播新旗帜。2018年全国两会期间，全台网站、手机客户端微博微信公众号累计推送两会相关报道及文章1456篇，阅读和转载量超过200万次，创历史新高。龙视新闻联播微信公众号推出的H5产品《默默守护，它伴随你我一生，它的名字叫宪法》《奋斗吧！我的龙江》等“爆款”产品刷屏朋友圈。中宣部《阅评快报》、总局《收听收看》表扬了我台融媒宣传做法。2018年9月，总书记视察黑龙江，龙视新闻联播公众号9月28日17：32率先推出了《习近平在黑龙江考察　首站来到建三江》比新华社公众号还早4分钟。《无限龙江》新闻客户端第一时间转发央视新闻联播习总书记视察东北三省的消息，全网传播量达到199万，直接带动《龙视新闻联播》全国新媒体影响力由17位提升到12位。

其二，发挥融媒体传播优势，舆情引导有力。2018年初，在冰雪负面舆情蔓延的情况下，交通广播举办“百城百台走进大美龙江”活动，通过交通广播微信号及全国各城市台微信端等渠道，展示龙江旅游美景和服务良好形象，对于扭转龙江冰雪旅游负面舆情起到了重要作用。在我省出现非洲猪瘟疫情、吉林松原发生地震等舆情热点时，我台“龙视新闻在线”“新闻夜航”等微信号，及时发布权威报道，以正视听；交通广播与省委办公厅建立了“重大舆情通联群”，为上级及时处置和科学决策提供了参考和依据。

其三，积极拓展新媒平台和载体容量，构筑全媒体新语态。2018年，我台积极开拓“今日头条”“抖音”等新的传播领域，创立“龙广电”头条号和“抖音”号。哈洽会期间，“龙广电”头条号共发布文章和视频920篇，累计获得阅读量240万；“龙广电”抖音号发起了“玩嗨　哈洽会”挑战活动，总播放量突破950万。都市频道打造由新闻夜航微信公众号、抖音、一直播、各大视频平台组成的“微微一抖”新媒体矩阵。

2. 在“融”内容制造上，紧密结合新技术催生新产品，促动了传统广播电视节目向中高端迈进

（1）创新应用融媒体演播室，让新闻内容“活”起来。

2018全国两会报道过程中，我台在北京搭建了全新融媒体演播室，使用“全景大

屏+前置虚拟+虚拟体感触发”的技术模式，把工作、生活场景通过虚拟手段植入演播室，伴随主持人的“挥举”动作，采访环境瞬间变在了工厂里、森林边、河流旁，这种随意切换场景的大屏前置虚拟和代表委员访谈巧妙地融合起来，使访谈和会场传真等节目变得更加生动。我们还利用前置虚拟技术设计了一个机器人“小智”，通过主播与机器人“小智”对话互动，让刻板的报道“鲜活”起来。新技术、新思维结合内容的传播让受众耳目一新，大大提升了节目的可视性。

（2）传统优势节目、活动纷纷开辟新媒传播渠道，借助新媒体技术实现强劲升级。

为实现与新媒受众的强度链接，黑龙江卫视在与北京卫视、河北卫视合办的中国首台冰雪主题跨年晚会中，借助各大媒体公众号进行预热宣传，并在卫视频道、腾讯网上同步播放跨年冰雪盛宴；龙广音乐台举办的“年轻的朋友来相会”单身交友活动，单场次视频直播即达420万+观看流，成为哈尔滨市单身交友派对的翘楚之作；与此同时，我台品牌节目也积极布局融媒，除了微信领域，还与爱奇艺、腾讯、二更、蜻蜓、喜马拉雅等音视频新媒体进行广泛合作；老牌节目《行风热线》建设的“党风政风热线”APP上线，全面走向广播、电视、“两微一端”全媒体播出格局，全省11万党员成为首批活跃用户。

3. 在体制机制再造上，创新内部管理，实施拆围墙战略推进资源重组结构调整

为了更好适应融媒转型，我们还积极推进体制机制转变，打破思维禁锢与机制束缚，重新审视并调整顶层设计，打造高效的决策流程、建立灵活的激励机制、培育强大的风险承担能力，使系统制度与新媒体转型更加匹配，更适于融媒发展。

近年来，我们对运行机制、管理体制、组织架构、资本构成等进行了多次有针对性的调整，改革人力配置、人才选拔、劳动分工、收入分配等制度，通过深化机制改革与制度创新，逐步建立起适应传媒规律、市场规律的运营管理体系，提高效能与活力；全面推进节目评估体系、目标管理体系、财务管理体系、人力资源管理体系、战略管理体系、会员用户体系、全媒体技术体系等体系建设，保驾事业产业跨越持续发展；逐一构建了节目监听监看平台、数据研发应用平台、战略智库平台等，为全台事业产业发展提供服务保障；完善了绩效考核管理办法、法律事务管理办法、宣传资源联动管理办法、大型活动规划，以及《品牌建设实施方案》《节目创新工作方案》等规章制度，有效提升了台与集团管理效能。

（二）黑龙江广播电视台媒体深度融合路径与措施

下一步，黑龙江广播电视台将重点围绕“移动优先布局”，全力推进龙广电内容、技术、经营、平台、管理的创新融合发展，循序渐进整体推动广播电视媒介与新兴媒介融为一体、合力发展，努力实现龙广电构建以融合传播和应用为目标的区域性生态级媒体平台的融媒发展目标。

1. 大力推进内容创新，着力提升竞争优势

作为推动我台融合发展的主要路径，内容创新、融合将主要通过内容产品创新和内容生产方式创新两方面实现。具体操作中确立移动优先战略，通过打造移动端新媒产品矩阵以及融合型节目体系建设，实现多重媒体介质和属性的跨界整合，孵化出更多、更能满足用户、客户多元化市场需求的新媒产品和服务。

（1）根据移动端用户阅读、收看、消费习惯，推进内容产品创新。

根据移动互联时代的新闻消费习惯，我们将加大生产适合移动端载体、适合碎片时间浏览、能够配合多种使用场景的移动端新闻产品；提高无限龙江APP、新闻夜航、黑龙江卫视、龙广交通台等重点微信公众号以及其他新媒体平台和微信公众号的原创内容生产质量，并增加频次；丰富原创内容和新媒产品与社交网络紧密对接、互动的手段，充分调动、激活粉丝参与热情，增强用户黏性。

（2）根据融媒内容生产方式、流程、分发特点，推进生产方式创新。

根据总局“坚持内容为王，构建面向多渠道、多终端传播的节目资源体系”的要求，重构龙广电内容生产流程，重新调整节目设计理念、生产运作方式、制度管理体系，向融合型节目体系全面转型。一是确立融媒产品生产为主方向。以能够对接垂直领域生态的节目类型作为融媒内容生产的具体方向，即能够在线上和线下充分延伸，满足跨地域性，适合网络及多平台、多终端传播，部分节目还能拥有构建节目产业链和营收的能力。二是创新融媒产品开发方式。鼓励各生产部门采取自主原创、联合制作、联合开发、委托制作等方式，创新节目模式和内容，以内部孵化方式为基础，同时加强深化与外部机构的合作，生产更多符合移动互联时代用户消费需求的节目、产品。三是重构融媒内容生产组织架构。挖掘龙广电主持人、采编人员潜力，聚焦核心优势，系统化打造龙广电的超级主持人IP，对已具有品牌优势且具有市场转化力的优秀主持人，鼓励其利用自身IP影响力内部创业，组建工作室、市场化公司进行融媒运营；各频率、频道都要为新媒打造节目内容，拥有新媒播出渠道。各频率、频道、网络广播电视台、龙广听友网继续打造融媒体形式的活动和比赛，实现传统广播电视与新媒体在内容、活动等方面的双向进入。根据新媒体用户阅读收看习惯，形成从策

划、采集、编辑、制作到多渠道分发的一系列融媒内容生产流程；建立突发事件快速反应机制，对各类突发事件形成可快速操作的融媒报道模板。

3. 大力推进技术创新，着力补上传播短板

我台将通过融合新技术不断改变提升媒体信息的内容表达、传播和应用方式，构建以“媒体信息数字化、媒体传播网络化、媒体产品融媒体化”为标志的融媒体技术范式。今年将重点做好三个工作：一是全力开展融合媒体生产传播体系的建设工作。实现全媒体汇聚、共平台生产、多渠道分发等功能，为全台节目生产提供“制、传、播、管、存”的全方位服务，实现“一次采集、多种生成、多元传播”，有效丰富节目制作手段，扩充节目素材来源，提升节目制作效率，充分实现“移动优先”发展战略，为不断扩大我台节目影响力、媒体传播力、宣传覆盖率提供全面的技术保障。二是做好对现有基础生产平台的升级改造工作。以保证我台技术架构由传统媒体体系向融合媒体体系的平稳过渡。升级改造工作包括正在进行的广播、电视双主控改造，即将启动的电视播出系统高清化改造等。具体工作包括：启动融合媒体生产技术平台建设，继续做好广播、电视主控系统的改造项目建设，稳步推进电视播出系统高清化和节目播出全高清化，做好重点高清化演播室的更新改造，龙塔调频发射系统改造及异地备份系统建设，全台媒资系统升级改造工作等。三是紧跟互联网思维，紧密结合互联网新技术催生新产品。如，创新应用融媒体演播室，使用“全景大屏+前置虚拟+虚拟体感触发”的技术模式，让新闻内容“活”起来；综合运用图文、视频、动画、直播、VR、H5等技术，推出刷屏社交网络的融媒体直播项目和产品，让新闻传播“动”起来。

二｜黑龙江广播电视台新媒体工作案例

黑龙江网络广播电视台在改革开放四十年纪念日之际，特别推出纪念改革开放四十周年特别节目《大地飞歌》，一起翻阅祖国的记忆，感知时代的变迁。在40期节目中，邀请各行各业的年代嘉宾或代表性家庭，与主持人一起讲述年代故事，回顾当年生活中的点点滴滴，以及改革开放给生活给时代带来的种种变化。同时回忆当时最流行的歌曲，乘着歌声的旋律，穿越回那一个个激情燃烧的岁月，追忆黑龙江这片热土四十年的波澜壮阔、四十年的累累硕果。

《大地飞歌》产品内容全面、脉络清晰、逻辑简洁，画面恢宏大气，彰显改革

开放40周年重要性。结合黑龙江广播电视台文体频道、APP端、PC端、微网站、进行了台网互动式全方位立体报道，将致敬改革开放40周年这一主题利用融媒体发挥到极致。

融媒体产品一经推出，立刻引起受众强烈反响，得到了受众的好评和认可以及非常高的社会反响，多次被同行媒体转载，也得到了上级主管部门的表扬与肯定。专题发布视频稿件300余条，文字稿件300余篇，点击量达百万余次。

（黑龙江广播电视台）

《大地飞歌》特别节目二维码

上海报业集团

一 | 上海报业集团新媒体工作综述

（一）主力军集聚发力主战场，做精做特综合性日报，做强做大互联舆论阵地，新媒体舆论矩阵位居国内新媒体第一阵营

1．解放日报、文汇报、新民晚报不断做精报纸。2018年末，根据市委、市委宣传部关于三大报社改进提升报纸特色的批示意见，三大报社积极守正创新，围绕改进头版报道、增强定位特色、突出“辨识度”等方面落实工作，不断向纵深推进。解放日报以突出党报姓“党”，突出市委机关报定位特质，进一步加强和改进对市委市政府重点工作的宣传报道，努力打造媒体融合新环境下的“精品党报”。文汇报坚持“全国人文大报”定位，从改进头版面貌、增设人文栏目、新开特色专版等方面着手，担负起全国人文大报在人文领域发声、占领制高点的使命任务。新民晚报突出姓“民”定位，“上连党心、下接民心”，在向群众靠近上持续下功夫，提供更多更好的文化和信息服务。

2．2018年，集团各媒体努力汇集主力军，发力互联网主战场。至年底，集团拥有网站、客户端、微博、微信公众号、手机报等各类新媒体形态，240个端口，新媒体稳定覆盖用户超过4.3亿。集团所属12个移动客户端，下载总量超过2.64亿；微信公众号164个，粉丝总数950多万；微博账号49个，粉丝总数1亿；PC端网站14个，覆盖用户数5600多万。

（二）集团各媒体进一步推进深度融合，深入践行集团近年布局的“三二四”战略

1．三大报着力打造符合特色定位、传承历史文脉的新型主流媒体品牌。解放日报社完善融媒体指挥中心工作流程，同时，跨频道、多“兵种”柔性组合成为融媒体报道标配；优化栏目主编负责制，特别是“上海一周”“申言”等栏目，围绕市委中心工作，在互联网上传开声音，凸显影响力；加强人才多元配置，深化绩效考评配套改革，突出“优劳优得”，使媒体深度融合最终体现为提升舆论引导引领能力。上观新闻APP下载量已达到1000多万。文汇报社按照“全国人文大报”定位，于2018年1月18日正式启用融媒体指挥中心，正式迈向深度融合。报社从重塑采编发一体化流程，构建全新奖惩、稿酬、绩效等新机制，规范完善新媒体采编三审制度，打造先进移动采编平台等四个方面着手建设。至年底，文汇APP下载量达到482万。新民晚报社继2017年8月成立融媒体指挥中心以来，牢牢树立“先端后报”、互联网产品思维、全员协同作战突出姓“民”等观念，继续再造采编发流程，打造“一天到晚看新民”的品牌美誉。2018年推出微信端“新民早报”和客户端“上海时刻”视频新平台等，采用项目制方式，实现人员跨部门柔性组合，尽快打造出互联网影响力。至2018年底，新民APP下载量达到840万。

2．澎湃新闻向平台级媒体、界面 · 财联社向具国际影响力主流财经媒体进发。澎湃新闻坚持原创，深耕内容；坚持创新，做大平台。截至2018年底，澎湃新闻客户端下载量已达到1.46亿。2018年以来，澎湃新闻继续做大问政平台、视频平台、问吧平台，包括中央部委、省级、副省级的地方政府部门在内的政务号近万家入驻“问政”平台，日均点击量稳定在2200万左右。2018年，澎湃新闻上线“上海”频道，加强本地时政类报道；上线消费者权益保护平台“澎湃质量报告”平台和全球专业创作者开放平台“湃客”平台。2018年7月，澎湃新闻推出新媒体整体解决方案“澎π系统”，实现线索收集、舆情分析、内容审核发布、智能分发、广告发布、后期监测等新媒体全流程需求，迈出建立和输出自主知识技术体系的坚实一步。

界面 · 财联社在原创新闻能力、品牌影响力、网络传播力等方面在国内同行中居于领先地位。界面 · 财联社自年初完成并购整合以来，启用全新呼号“界面 · 财联社”，旗下拥有界面新闻、财联社、蓝鲸财经、摩尔金融等新媒体产品，致力打造“中国彭博”，增强上海作为经济中心城市辐射带动能力。界面 · 财联社所属客户端下载量约4500万。

3．在国际新媒体、财经服务领域、个性化资讯、市民生活领域挖掘纵深影响

力。在国际新媒体领域，上海日报“SHINE”积极拓宽对外传播渠道，SHINE日活用户已达50万；上海日报与《洛杉矶时报》、加拿大《地铁报》开设有海外落地版面。第六声（Sixth Tone）拥有用户50万。在财经服务领域，摩尔金融拓展知识付费用户渠道，目前原创研投文章超过10万篇，累计付费用户超过10万人。在个性化资讯领域，唔哩于2018年4月份获得市网信办颁发的“互联网新闻信息传播平台服务”许可，并通过内容广告平台等特色服务已实现单月收支平衡。在市民生活领域，新闻晨报积极落实“移动优先”新闻晨报于11月初启动整体转型，步入周到产品主导的新时代。

同时，澎湃新闻与趣头条达成包括战略投资、战略合作在内的多项合作协议，正在履行相关审批程序。

此外，2018年11月28日，根据娱乐周刊市场日益衰退的情况，集团对《申江服务导报》作出休刊处置。

（三）主流媒体对重大主题宣传浓墨重彩，充分彰显舆论引导力，宣传主旋律正能量

集团各媒体充分发挥融合报道优势，新闻宣传报道工作成效显著。2018年，解放日报、文汇报、新民晚报、新闻晨报、澎湃新闻、界面·财联社等主流媒体共有67篇作品荣获上海新闻奖，5篇作品获得中国新闻奖。集团主要媒体获得中宣部、市委宣传部阅评表扬220余次，并多次获得中央领导、市委市政府领导批示肯定。一批优秀采编人员获表彰，6名优秀采编人员获评上海长江韬奋奖；上海日报外籍专家毕韦西·穆克基（Bivash Mukherjee）获评上海市白玉兰奖。

解放日报·上观新闻采编人员全维度策划进博会系列报道，报纸上做强头版、特刊，网络上加强直播、短视频、H5融媒体，“从进博会看全球贸易中国新坐标”等系列报道有力加强网上的引导作用。2017年4月28日视觉版《御马之术，看门道》还于2018年获得权威视觉奖——报纸设计大赛单项大奖。文汇报社从人文视角发出独家声音，获得充分肯定；推出“文化视点”栏目，系列报道从人文视角解读经济、社会现象，受到中宣部、市委宣传部阅评表扬。报社加强微视频领域拓展，成功举办全国大学生网络文化节、We爱·第二届两岸青年短片大赛等活动。新民晚报增强“姓民”定位，《挑战社会深层价值观的网络直播应该禁止》等三篇内参均引起相关部门的高度重视。同时，系列微纪录片《十分上海》在新媒体各渠道获得超过百万次播放量。报社2018年迎来原创短视频爆发式增长，月均数量超过210条。上海日报策划《外籍人士在上海》融媒体系列报道，详解“喜欢上海的理由”。新闻晨报围绕上海“四大

品牌”建设，推出“上海品牌制造者”系列人物专版，弘扬申城品牌工匠精神和与时俱进的创新追求。澎湃新闻则被越来越多的中央部委和地方政府选作重大主题宣传的首选阵地之一；澎湃新闻在2018年全国“两会”上获得七次提问机会。界面·财联社则成为由中宣部组织的“新时代·新平台·新机遇——‘一带一路’大型网络主题活动”指定报道媒体之一，并参与其他重大经济报道。

二｜上海报业集团新媒体工作案例

首届进博会期间，解放日报·上观新闻推出的新媒体产品数量多、质量高，图集、短视频、H5等形式多样，丰富多彩。

上观新闻推出大量融媒体产品，这些产品中不乏《【进博视图】志愿者马金虎：在“进博会”日行4万步》这样点击量爆棚的超高影响力稿件，也有“进博视图”“进博话语”这样的连续性系列作品，还有《【独家视频】普京的校友和战友卡尔波夫说：明年进博还想来！》等独家新闻。既有《延时摄影十倍加速：看进博会首个专业观众日》这样的趣味快讯，又有《预计大客流将至，上海警方根据预案力保安全》这样的深度报道，还有《100%伊比利亚橡果火腿“踏入”进博会》这样的现场体验。

上观还尝试新闻拍摄与抖音发布并行的方式，在上观新闻抖音号上发布根据新闻视频改编的抖音短视频26条，《在展馆遇见比尔·盖茨》等均获得了很高的浏览量。

（上海报业集团）

解放日报社

一 | 解放日报社·上观新闻新媒体工作综述

（一）融合转型靠什么

解放日报的融合发展，经历了从“起步跑”到“加速跑”的渐进式过程。2013年，根据市委宣传部部署，制定新媒体发展5年规划，大力发展新媒体，推进传播形态创新。2014年1月1日“上海观察”客户端正式上线。同年10月，全媒体采编平台上线，从技术上打通了报纸和新媒体内容生产流程，实现了新闻信息一次采集、多种生成、多元传播。2015年4月，解放网试行频道负责制，牵引带动纸媒、客户端、网站三大平台一体化发展。报社鼓励各采编部门积极探索发展新媒体，“伴公汀”“微观上海”等一批有影响的微信公众号相继涌现。

2015年10月，按照市委深度融合整体转型的改革要求，报社制订改革方案，提出“一个目标”：“十三五”期间，解放日报社要成为以互联网传播为主要渠道、以报纸传播为重要依托的新型媒体机构；“一套机制”：建立适应互联网内容生产规律的新的采编架构、流程，配套建立合理有效的薪酬激励机制；“两大产品”：解放日报着力成为互联网环境下的精品党报，“上海观察”着力成为上海市委在互联网权威发布的第一平台、上海市民及城市利益相关者了解上海的第一选择。2016年3月1日，解放日报深度融合整体转型改革正式实施，解放日报和“上海观察”（后改名为“上观新闻”）同时改版。

贯彻中央精神，按照中宣部和上海市委的决策部署，报社全方位推进融合改革。也正是因为有了上级部门的顶层设计、规划引导、政策制定、资源扶持、指导支持，方使解放日报深度融合整体转型之路得以一步步扎实推进。

（二）“脱胎换骨”如何做到

拉一支“小分队”做试验并不难，但要完成一次彻底的革新，就必须完成队伍的整体转型。对原先业务流程和操作模式已经驾轻就熟的采编人员，需要转变甚至颠覆他们的工作状态；许多运转多年的体制机制，也要发生重大变化。有人质疑，这样的“脱胎换骨”，能做到吗？我们清醒地认识到，如果没有充分的思想共识，改革是难以推进的。

2012年起，报社每年安排全员培训，邀请学界业界专家围绕新闻生产、媒介融合、传播格局变化趋势等进行深度交流，引导采编人员转变观念，学习新知识，积极主动拥抱互联网。

整体转型之初，报社领导多次牵头召开座谈会，充分沟通改革要求，让一线采编人员直接参与到改革方案研究和制订过程中，并从中了解他们的所思所想，或予以采纳，或加以引导。

从“要我转”到“我要转”，除了取得广大采编人员的理解和认同，更要充分调动起员工的积极性。改革后，栏目成为最基本的内容生产单元，既负责向上观供稿，也负责向报纸供稿。报社面向全体采编人员公开招标栏目，反响相当热烈，收到一百多个申报方案。领导班子逐一听取申报人的方案设想，经过精心比选，首批上线70多个栏目。两年多来，或优化或淘汰或新创，目前有栏目60多个。2017年以来，报社又通过竞标推出《法治》《公共空间》《运动+》等一批试点栏目，给予栏目主编在策划、采编、人员调配、稿酬分配等方面更大自主权。报社以影响力和美誉度为导向，定期对栏目进行考核。

这些举措，进一步实现了采编流程的扁平化，促进了内容质量和采编效率的提升，最重要的是调动起了人的积极性。

（三）架构机制能撼动吗

改革需要刀刃向内，必然经历阵痛。报社明确，但凡不符合“四个力”要求的体制机制，都要大刀阔斧予以改革，不惜触碰既得利益。持续几十年稳定下来的组织架构，该撼动就要撼动！真刀真枪改革，就是要做原先以为“不可能”的事，闯出一条新路。除前面提到的栏目制改革外，报社融合改革带来的机制性变化，主要体现在以下几个层面：

1. 改架构

报社将所有采访力量全部迁入上观，一支队伍服务报纸和客户端两个平台，“部门制”改为“频道制”。除保留要闻编辑部、新闻编辑部、专副刊编辑部三个纸媒编辑部外，其余部门全部迁移上观，组建起适应互联网传播形态的政情、财经、区情、城事、视觉等九大频道。频道设总监，加强重点策划和导向把关，采编人员通过全员竞聘上岗。同时，还新设立了上观编辑中心、视觉中心、数据新闻中心、运营技术中心等多个新媒体采编部门，为融合发展及融媒体产品生产创造了条件。

采访力量整体迁移至上观，解决了之前报纸和新闻客户端两个产品采编队伍分离、效率较低等诸多转型中的问题，提高了资源使用效率；扁平化的组织架构，让采编指挥靠前，加快了新闻反应速度。

2. 改流程

贯彻“网络优先”原则，对传统采编流程进行改造，努力让采编链动起来、快起来、转起来。启用融媒体指挥中心，发挥“中央厨房”功能，为深度融合打造高效运转的“大脑”。中心负责每日重大新闻、重要舆情监控研判及相应采编决策；负责讨论策划重大选题和重要产品及传播推广；负责分析评价内容质量控制和传播效果。中心每天召集两次策划会，实行分管老总和值班长轮值制度，指挥统筹报社采编资源，及时应对重大舆情、突发事件，积极做好舆论引领，用实战不断完善一体化采编流程。

3. 改机制

内容建设是根本，机制改革是动力。根据市委深改组审议通过的改革方案，报社开展采编专业职务序列改革和首席岗位评聘，极大激发了采编人员积极性，增强了队伍的归属感、认同感、责任感。专业职务序列为采编人员设置四档1～10级岗位序列，为一线采编人员建立了一条长期、稳步、可预期的晋升通道。

围绕传播力和影响力两个核心指标，报社以鼓励多出优质作品为导向，积极推进稿酬考核制度改革，建立同一考核平台，突出同岗同酬、多劳多得、优劳优得，强化绩效激励，让一部分率先适应互联网转型的记者编辑脱颖而出。

4. 强技术

互联网产品基因是技术，报社加大技术投入，加快新技术应用，加强自主开发为主的技术人才队伍建设。目前包括技术总监、产品经理以及开发运维工程师等各类技术人才，均采用自主招聘模式引进。两年多来，“上观新闻”APP版本迭代20多个，系统发布400余次。

（四）“党报+互联网”，加出了什么

转型改革之初，外界也有很多不一样的声音。有人担心，传统党报转型，是不是就不要报纸了？有人质疑，党报转型总是会带着党报的烙印，会不会跟新媒体趋势格格不入？

按照上海市委“脱胎换骨、腾飞发展、深度融合、整体转型”的改革要求，报社明确，在推进融合改革过程中，要坚持传统媒体和新媒体优势互补、一体发展，毫不动摇地继续办好解放日报、毫不迟疑地向新媒体实现整体转型。在融媒体采编一体化运作机制的推动下，报社着力加强内容建设，报纸、客户端和社交媒体同频联动，探索主流内容的互联网传播，以优质原创内容吸引读者。

对报纸端来说，新媒介环境下的党报，应该也可以更好看、更耐看。解放日报传承党报近70年的优良传统，进一步突出“党”字，努力传播权威声音；突出“新”字，做深做透新闻；突出“学”字，提升思想性、知识性。为此，报社着力强化重大主题报道、深度调查报道、特稿、专副刊等“耐读”产品的生产；优化言论、理论，强调启发性、现实针对性、可读性；加强版面设计和策划，以精益求精的工匠精神努力打造互联网环境下的精品党报。

对新媒体端来说，“上观新闻”充分发挥市委权威新媒体发布平台的优势，打造时政报道和言论品牌，在互联网舆论场上发挥主流媒体的舆论引领作用。如《@康平路》《伴公汀》等栏目，努力以最快速度发布权威信息，力求提供最及时解读。特别是先后开设的《韩正一周》《李强一周》栏目，以适合互联网传播的表达方式，梳理、阐释市委主要领导每周工作重点和重要言论，为各界了解市委中心工作、决策思路提供权威生动的读本。

报社聚焦上海中心工作，在打响“四大品牌”、优化营商环境、长三角高质量一体化发展等重点工作上加强策划，深入解读，深度挖掘。围绕舆情热点，通过解释性报道、新闻评论等多种形式及时发声、引导舆论，体现了党报和党报新媒体的理性、权威及公信力。

转型之前上观每天更新稿件20多篇，现在每天增至近百篇，原创稿件占七成左右。随着上观稿件“蓄水池”的扩容，报纸选稿的余地越来越大，加上编辑精耕细作，版式力求出新出彩，读者普遍反映“解放日报变得越来越有看头了”。

（五）改革向纵深推进，如何留住人才

媒体竞争关键是人才竞争，媒体核心优势是人才优势。习近平总书记指出，要

加快培养造就一支政治坚定、业务精湛、作风优良、党和人民放心的新闻舆论工作队伍。对党报而言，融合发展、建设新型主流媒体，关键在人，核心也在人。

上观实施的栏目制改革，就是为了突出采编人员在报社的主体地位，“我的栏目我负责”，采编人员的角色意识从被动转为主动，工作积极性、创造性大大增强；同时，推动资源向采编人员集中，分配向优秀人才倾斜。通过采编专业职务序列改革和首席岗位评聘，鼓励优秀采编人员回归采编一线，不当主任当首席，形成了行政序列和业务序列的双向有序流动。2017年5月获聘的第二批16名首席人员中，有6人为原来的部门主任或副主任。首席记者编辑的“球星”作用凸显，首席岗位人数占全部采编人数的8%，好稿数占好稿总量近30%。新的考核激励机制，使采编人员参与改革的获得感大大提升。

改革为人才成长搭建了发展平台，激发了采编队伍工作干劲、创造活力，报社也形成了你追我赶、奋勇争先的业务氛围，大家探索互联网传播规律的热情高涨，自信心大大增强。越来越多“90后”加入党报队伍，报社采编人员平均年龄36岁，队伍更加朝气蓬勃。

二丨解放日报社新媒体工作案例

首届中国国际进口博览会2018年在上海举办，这是全国乃至全球的一大盛事。我们提出的“铺天盖地”计划，就是要让进口博览会的宣传从天上到地面、到地下实现全覆盖。

（一）将大客流交通工具作为主题宣传和品牌推广的阵地

这个案例中，我们选取的宣传载体都是大客流交通工具和集散地。

7月25日，首列“上观新闻带你看进博会”主题专列在上海地铁2号线上投运。在进博会倒计时20天之际，4列“上观新闻带你看进博会”主题专列在上海地铁2号线和10号线上全部投入运营。

10月10日，“‘复兴号’进口博览会主题宣传列车”在上海虹桥火车站首发每天运行2列，往返京沪之间。

此外，我们在虹桥火车站、虹桥机场先后推出了“上观新闻带你看进口博览会”专题展览，抢占了虹桥火车站候车厅、贵宾室，虹桥机场旅客到达通道等重要位置。

我们还与东方航空合作“空中看进博”，在其空中WIFI首页设置上观新闻进博会专题，将关于进博会的最新资讯推荐给旅客。

（二）重大活动宣传中媒体品牌的巧妙植入

上观新闻运营团队策划这个“铺天盖地”计划的初衷，就是要在这场“家门口”的重大活动中，把“上观新闻带你看进口博览会”的理念深深植入用户心中，进而提升解放日报和上观新闻的品牌影响力。

从进博会地铁专列外车的上观新闻吉祥物小狮子，到车厢内上观Logo、Slogan、App二维码的大量露出展示；从“复兴号”高铁专列车厢内桌贴、车门贴、海报、座椅头枕片等上观Logo的露出，到首发列车上乘务员发放的解放日报定制礼品；从火车站、机场的上观吉祥物小狮子“充当”的“导览员”，到东航班机上“空中看进博”的丰富专题报道，都是对解放、上观品牌一次次的曝光和展示。

（三）手绘漫画让地铁车厢变成“网红打卡”地

专列一大亮点，是解放日报·上观新闻用几十幅原创手绘漫画来普及关于进口的各种“冷知识”。漫画设计别致、绘制精巧、内容寓教于乐，从创意到绘制，都是由上观新闻自己的视觉团队独立完成。不少网友都纷纷与漫画合影，并给上观新闻的编辑传来照片，这是上观品牌内容一种独特的展示方式。

（四）线上线下融合，强化用户互动

地铁专列的另一大亮点，在于我们融合线上线下，提高用户的参与度，为网友们创造了一个“名留地铁”的机会。

今年6月，我们通过App和微信线上征集网友对进博会期待与祝福的留言，最终收获了近千条，其中包括吴敏霞、刘翔、曹可凡、蔡骏、毛卫宁、孙甘露、廖昌永、杨志刚、叶辛、谷好好、史依弘、茅善玉等知名人士的留言。我们从中精选了100多条留言，连同网友的姓名一同印在地铁专列车厢内。有网友把朋友圈截图发给上观编辑：“坐地铁找到自己的名字和留言，家门口的盛会，我也参与一把！”

数据是最好的例证，大客流保证了品牌海量的曝光。以地铁为例，自7月至11月的4个月，带有解放日报和上观品牌的4列进博会专列在线下有超过900万人次的曝光量，线上曝光量超过千万。进博会主题高铁列车也至少覆盖旅客近10万人次，再加上沿途停靠站点的传播，宣传效应非常集中。

来自APP和微信后台的大量用户反馈，是用户黏性提升的有力佐证。自7月至10月，每次我们“铺天盖地”计划的一环落地后，就有许多上观用户和微信用户给编辑发来了自己坐上地铁专列、高铁专列的照片和留言。而解放日报·上观新闻品牌在所有这些人流密集交通枢纽和工具上的露出与曝光量，让我们真正做到了一场用户“看得到”“记得住”“有传播”“有影响”的品牌活动。

（解放日报社）

上海广播电视台

一｜上海广播电视台新媒体工作综述

2018年，上海广播电视台、上海文化广播影视集团有限公司（以下简称：SMG）进一步加强了对下属新媒体的管理与规划，做到导向正确、信息安全，充分发挥传统媒体在专业采编、信息资源、自身品牌和经营业务产业化等方面的优势，依托新闻报道、专题节目、纪录片、影视剧、演艺作品等优质作品内容生产能力，配合全台深度融合整体转型战略，做好优质内容新媒体传播，打好组合拳，全力统筹协调、促进新媒体发展。

在新媒体报道中，SMG推出了庆祝改革开放40周年、首届中国国际进口博览会等重点报道，围绕主题主线，进一步创新融合报道形式，实现网上网下相互呼应、同频共振。同时，SMG继续重点打造四个新媒体产品：看看新闻Knews、阿基米德APP、第一财经新媒体传播体系和Bes TV平台。

二｜上海广播电视台新媒体工作案例

作为上海广播电视台融媒体中心全力打造的一款融媒体产品，“看看新闻Knews”始终以“互联网视频新闻领先品牌”为核心目标，不断强化新闻、视频、直播三大要素，夯实“大屏”“小屏”互动互哺的融合传播核心优势。2018年，“看看新闻Knews”以习近平总书记关于新闻舆论工作重要讲话精神为指引，聚焦主战场、唱响主旋律、抓好主业务、打造主力军，驰而不息开展网上正面宣传，多管齐下推进人才队伍建设和网络舆论主阵地建设，使“看看新闻Knews”的品牌传播力和影响力持续加强，互联网舆论引导力显著提升，在全国传统广电媒体转型产品中的领先优势得到继续巩固和进一步增强。

（一）以融合传播为引领，网上正面宣传声势浩大、爆款迭出

依托上海广播电视台融媒体中心电视新闻生产与网络内容生产互哺共振、互联共通的融合传播优势，“看看新闻Knews”不断探索短视频、轻直播这些互联网视频传播手段在优化时政报道、传递正能量方面的方法手段，围绕全年各项重大主题报道，推出了一系列样态多元、创意新颖、视角多维、内容鲜活的新媒体报道，形成强大互联网宣传声势。

1. 夯实“大屏”“小屏”融合传播优势，精心做好重大时政视频新闻的互联网化再加工、再传播

2018年全国两会期间，“看看新闻Knews”以41场视频直播全景式“纵览”大会空前盛况，215条短视频产品小切口“横观”两会无数精彩瞬间，发挥出这套“长枪短炮”组合拳的乘法效应，全网总浏览量突破1000万，获得国家广电总局“两会专报”的专题点评表扬。

2018年5月底，为配合2018年度长三角地区三省一市主要领导座谈会在上海召开，“看看新闻Knews”在网端首发5集《向更高质量再出发》长三角一体化发展特别报道，同时“反哺”大屏，与东方卫视《东方新闻》、《东方夜新闻》、新闻综合频道《新闻透视》等主要新闻栏目同步联动，真正使新闻作品从“相加”走向“相融”。

2. 发挥短视频全网较高传播度的优势，精心策划制作推出一系列“主题硬度高、视频语态软”的短视频产品

在贯穿全年推进的改革开放40周年宣传中，“看看新闻Knews”精心做好宏观“主流叙事”的生动“民间表达”，打造了一批小切口折射大时代的短视频作品。其中，“看看新闻Knews”重点参与“生逢1978，我的故事”主题报道活动，负责其中16个人物故事以及群像集锦总结篇的拍摄及制作工作，细腻讲述16位人物的精彩人生故事，折射改革开放40年波澜壮阔的时代进程，广受各方好评，全网总浏览量突破1700万。

为纪念马克思诞辰200周年，“看看新闻Knews”打造4集《真理的力量》系列产

品，大胆创新采用“动画短片+小游戏”的强交互形式，以轻松化、趣味化、知识化的网言网语，生动讲述马克思主义中国化的故事，不仅受到中央党史和文献研究室、上海市委党史研究室的充分肯定，更获得广大年轻用户的积极转发，全网浏览总量达5100万。

3. 聚焦视频直播优势，精心打造一批高热度、强互动、年轻态的优质网络直播项目

2018年11月，“看看新闻Knews”全力做好首届中国国际进口博览会的网端宣传，充分发挥主场优势，与东方卫视、上视新闻综合频道并机推出为期6天、总时长21.5小时的《新时代，共享未来——首届中国国际进口博览会特别报道》大直播，通过场内场外两个演播室对接、80 多次直播连线、演播室权威专家访谈加上虚拟短片演绎等多种报道形式，高规格、大体量、全景式呈现了首届中国国际进口博览会的盛况，同时，将直播精彩片段切分出195条短视频进行全网分发，全网总浏览量1300万。网友纷纷跟帖留言为进口博览会点赞，发表评论：“祝贺进博会隆重召开！”“欢迎世界各国朋友来上海共谋发展”“愿中国越来越好”，在互联网上持续形成舆论热潮。

与此同时，“看看新闻Knews”深耕短视频生产，重磅推出一批精品力作，在网上持续产生“刷屏”效应。其中，《上海，不夜的精彩》短视频以唯美恢宏的4K高清画面、细腻隽永的叙事方式，展现了升级改造之后的黄浦江核心景观带的夜景，展现上海璀璨魅力。短视频不仅在进博会开幕前夜压轴推出，还在11月5日开幕式主会场内作为暖场宣传片播放，上海之美，深受各方广泛赞誉，全网总浏览量突破3亿。

4. 成功独家网络直播专访俄罗斯总理梅德韦杰夫，为2018年第四场主场外交作出地方媒体的应有贡献

2018年11月5日，“看看新闻Knews”还成功对俄罗斯总理梅德韦杰夫进行近50分钟的独家网络专访，并通过“看看新闻Knews”移动客户端对外全程直播。专访中，梅德韦杰夫对中国成功举办首届国际进口博览会表示祝贺，称俄罗斯将十分期待与中国继续扩大经贸合作空间。此次独家专访，也是俄罗斯政府首脑首次接受中国地方网络媒体的专访直播报道，俄罗斯电视台对此进行了同步直播。

（二）以队伍建设为根本，打造网络舆论阵地的传媒铁军

媒体竞争关键是人才竞争。一年来，“看看新闻Knews”不断强化新闻队伍建

设，紧密结合自身新媒体主业，通过“互联网+阵地建设”“互联网+党员教育”“互联网+管理服务”等多种方式，培养造就一支政治坚定、业务精湛、作风优良的互联网新闻舆论主力军，为壮大主流舆论阵地、凝聚网上正能量筑牢人才根基。

一是提升队伍凝聚力。7月，“看看新闻Knews”在上海市委网信办、市社会工作党委的具体指导下，主办“党的最强音 网络正发声”大型主题党日活动，邀请了上海市31家互联网企业党建工作联席会议成员单位及主要新闻网站共同参与，通过典型案例分享，共同探讨媒体融合大趋势下的新媒体传播策略，通过有温度、有力度、内容扎实、形式多样的党建活动，队伍向心力得到进一步增强。

二是增强队伍战斗力。聚焦主业，“看看新闻Knews”正以优秀作品和项目为抓手，分阶段实施“菁英计划”，推出“大K计划”和“小Q计划”，进一步激发骨干员工的积极性，盘活人力资源的高效运作，推动和加强人才队伍建设。

三是激发队伍创新力。坚持人才战略，打造学习型员工，通过一系列业务培训和专家讲座，解决员工尤其是年轻员工本领不足、本领恐慌、本领落后问题，形成人才梯队、筑牢人才根基，激发队伍创新力。

（三）以技术创新为驱动，持续推进智媒体舆论阵地建设

随着互联网技术升级迭代，智媒体时代正加速到来。2018年，“看看新闻Knews”持续聚焦“AI+媒体”领域，加大新技术运用力度，探索智能+智慧+智库的“智媒体”移动客户端的建设路径，为舆论阵地的转型升级做好技术储备。

“看看新闻Knews”着力拓展与科大讯飞、华为等国内顶尖互联网技术应用公司的合作空间，进一步探索语音识别、人脸识别等人工智能技术在互联网视频新闻传播中的运用和发展方向，为“看看新闻Knews”移动客户端未来的迭代升级持续注入新的基因和活力。

当年8月，作为首批18家成员单位之一，“看看新闻Knews”正式入驻SMG科创“智能媒体实验室”，将与其他成员单位一道通过优势互补、联合研发适应融合媒体业务场景和生产需求的新技术产品，扩大智能创新技术在节目内容生产中的应用。此举，不仅是“看看新闻Knews”移动客户端向智媒体客户端迈进的重要举措，也标志着融媒体中心推进“深度融合整体转型”改革，在技术体系、产业形态和价值链领域再迈重要一步。

未来，“看看新闻Knews”将进一步守正创新、奋勇作为，不断发挥“大屏”“小屏”互动互哺、融合传播的独特竞争力，运用新技术、适应新需求、打造新

语态，着力增强传播的生动性、有效性，在与网友的平等互动、共享中巧妙实现议题设置和舆论引导，使互联网舆论阵地上的主旋律更响亮，正能量更充沛。

（上海广播电视台）

东 方 网

一 | 东方网新媒体工作综述

（一）以内容建设为根本壮大主流舆论

首先，做强主题宣传。东方网坚持用事实说话、用数据说话，以小切口来折射大时代。在庆祝改革开放40周年的报道中，东方网策划推出的“40年40人”“中国留学生的40年”等专题报道，通过一幅幅穿越时光的图片，一帧帧生动感人的画面，一句句情真意切的留言，见证了这些改革亲历者的努力和付出，记录了中国在改革开放道路上的探索和进步。

第二，贴近热点话题。2018年，东方网打造了“纵相新闻”品牌，立足深度报道、聚焦热点事件、直击突发新闻，做到大事在现场，热点有观点，变化有解读。2018年8月14日上午，纵相新闻抓住当日热点，采写《蔡英文“过境”美国被“一个中国”包围，可这家85度C居然……》一稿，引发刷屏效应，72小时微信阅读量突破280万。国台办等相关部门也予以关注。舆情压力下，涉事企业针对不当行为进行回应。蔡英文也不得不回应。

第三，扩大报道视野。东方网在做强上海本地报道的同时，不断放大报道的全国影响力。2018年5月9日，东方网联合江苏、浙江、安徽主流新媒体集团共同倡议加强长三角网络宣传合作，建立联盟机制，做强网上正面宣传。2018年6月5日，长三角四地主流新媒体共同启动“长三角改革开放再出发”采访活动。东方网正筹划成立北京记者站。东方网还通过美国站、加拿大站和中东站等海外频道以及“美国头条”“加拿大头条”和“点知天下”（即“香港头条”项目）等境外APP，拓展新媒体外宣。

第四，坚持移动优先。东方网充分运用融媒体平台、短视频、微传播手段，制作适合移动互联网传播的个性化、可视化、互动化的内容，增强吸引力和感染力。2018年，东方网组建了短视频团队，筹建了短视频公司。通过不到一年的建设，短视频业务全面融入东方网“中央厨房”，丰富了东方网全媒体报道能力。

第五，强化内容管理。一是领导带头，率先垂范。无论是重大报道，还是日常宣传，都要负责、尽责、担责，细化安全措施，确保内容安全、播出安全和技术安全。二是全员覆盖，细化流程。宣传纪律体现到新闻报道各个平台、各个终端、各个产品、各个环节、各个岗位，修订了内容管理手册，新版规章制度数目增加了近4倍。三是把握规律，提升能力。切实应对技术驱动、算法推荐引发的管理难题，创新管理模式，做好新媒体新应用新平台的内容管控。

（二）以移动终端为优先深化媒体融合

首先，打造新型移动平台。借助大数据、人工智能技术，通过用户全网获取、内容海量聚合、需求深刻洞察、场景有效匹配，实现海量内容与海量用户的精准对接。2015年以来，东方网全力打造东方头条产品。截至2018年末，东方头条月覆盖用户超过3亿，移动设备安装量超过8000万，日活用户350万，跻身中国新闻网站第一阵营。东方头条项目上线以来，依托精准的流量广告运营模式，形成“内容+广告+发行”良性的媒体经营生态。

其次，不断丰富产品矩阵。东方网在做大做强PC端的新闻网站、移动端的翱翔和东方头条的同时，还持续布局输入法、浏览器、系统工具、垂直类论坛等线上产品，积极拓展社区信息苑、户外智能终端和城市导报等线下载体，形成新的传播格局和优势。

第三，初步建成内容“中央厨房”。截至2018年末，东方网已经形成一个基于PC的新闻网站；两个基于手机的新闻客户端，翱翔和东方头条；以及基于社交平台的微博微信等第三方面平台的新媒体布局。翱翔新闻客户端以上海本地新闻资讯服务为主。东方头条新闻客户端主打大数据和技术算法。目前东方网有微信公众号24个，粉丝总数45.4万；官方运营微博账号5个，粉丝总数442万。此外，东方网多个原创内容品牌开设抖音号、今日头条号、企鹅号、网易号、百家号，东方网新媒体矩阵向更多平台延伸。

（三）以技术为引领加快业务创新

首先，加强业务支撑能力。近年来，东方网不断加强对自有知识产权软件产品研发的投入。截至2018年末，东方网已拥有139项软件著作权以及31项技术专利，一系列互联网内容管理与互动产品，在电子政务市场具有一定的产品占有率。东方网推进以“大数据”和“云计算”为基础的“中央厨房”自主研发。“中央厨房”项目为东方网旗下“翱翔”“东方头条”等新媒体产品提供了强大的数据支撑。

其次，强化网络安全保障能力。东方网的IDC中心通过安全等级保护三级测评，自2000年建网以来，一直为上海众多重要政府部门及文化媒体单位提供IDC托管、电子政务、电子商务平台建设、网站建设等各类技术增值服务。2018年，东方网自主研发建成内容审核平台，将内容审核平台与“中央厨房”融合，形成海量内容下可靠可信的审核发布机制。

第三，瞄准前沿技术的研发能力。东方网与高校合作研究内容分析核心算法，在新闻话题聚类、热点分析等方向进行了技术积累。东方网正在布局目标检测、人脸识别、自然语言处理等领域，不断优化算法推荐技术，探索区块链应用。东方网将在人工智能应用领域中选择与新闻媒体相关度高的自然语言和多媒体处理领域，专注于对智能写作等人工智能应用层的算法研究、数据训练以及人才培养，建立适用于新闻媒体的AI开放平台以及专注于深度研发智能写作产品。

（四）以政务服务为两翼优化产业布局

长期以来，东方网充分发挥公信力强的媒体优势和互联网的技术优势，积极开展政务服务，截至2018年末，东方网已覆盖上海62%的政务类网站，拥有遍布上海的线下社区信息苑。东方网与各级政府机关、委办局合作，联合运营的微信公众号已达60余个。发挥媒体和社区的优势，东方网“政务网宣+技术服务+社区落地”的政务服务体系初步形成。

第一，优化政务服务内容。通过积累及持续投入，2018年以来，东方网政务类业务服务及技术能力已得到大幅提升。从原本较为单一的建站模式，发展为以网站为窗口，以业务为主导，以前沿技术为核心的服务模式。先后围绕党务、政务公开，为各党工委、各委办、各区开发部署了多项重大系统。做好上海人大、市政府、市政协等各级政府机关门户网站群建设和运维工作。在承接多个区级政务公开项目的基础上，积极对接上海市大数据中心，拓展全市政务平台建设。

第二，积极推进县级融媒体中心建设。2018年，东方网中标松江融媒体中心项目。目前，东方网正全力开发上海市级融媒体平台，为各区融媒体中心提供统一的云服务、云资源和云工具集。此外，东方网还加强融媒体建设战略布局，积极“走出去”。

第三，承建中国国际进口博览会智慧服务云项目。东方网建设的“一个智能门户”和“十大管理信息系统”，得到中国国际进口博览局和参展方一致好评。

第四，推动社区信息苑与社区文化中心深度融合。东方网将公共数字文化产品送到三级街镇及四级居村，为社区居民提供更好的文化配送服务和公共服务，深受居民的欢迎和喜爱。

（五）以资本为驱动助推媒体发展

2009年10月，东方网被中央外宣办列为重点新闻网站首批转企改制试点单位。2012年完成转企改制，此时，东方网就将眼光瞄准了资本市场，2013年引进战略投资者，增发了2.57亿股融资5.4亿元。2015年，在新三板挂牌。2017年3月，借助新三板这个平台，完成了定向增发股票1.4亿股的工作，融资4.9亿元。从资本市场融到的10亿多的资金，为东方网进一步增加内容生产、技术升级的投入，夯实了基础。

2018年，东方网重点推进“三个一批”专项工作。在投资管理方面，推进完成了上海东方网视讯有限公司（1站视频）的设立，补足了东方网在短视频领域的短板；完成了数字社区公司的股权回购，使其成为东方网全资子公司，加快了数字社区的转型发展，完善公司智慧社区业务战略布局。在资产处置方面，积极推进东方票务及东方书报亭的清算关闭工作，目前上述两家公司均已成立清算组，股东层面也已完成相关决策；黄浦小贷与滨江小贷正在推进审计评估工作；其他拟转让退出的公司也在积极沟通协商中。

2018年以来，东方网积极推进资产重组工作，为后一阶段的资本运作打下了坚实的基础。

（六）以党管媒体为原则确保正确方向

东方网党委始终牢牢把握坚持和加强党的全面领导的原则，牢牢把握坚持党要管党、从严治党的方针，以党的政治建设为统领，将党建工作融入东方网的改革发展大局中，统筹抓好党的组织工作、统战工作、精神文明创建工作和群众工作。

二｜东方网新媒体工作案例

为了充分发挥东方网宣传特色和优势，进一步加强支部联动，在上海市委宣传部、市委组织部、市纪委等部门的指导下，由东方网总编室、媒体、政务、数字社区等六个党支部为基础，成立联合编辑部，于2018年5月打造东方网“红色之声”微信公众号。“红色之声”立足上海红色文化传统，彰显“党的诞生地”红色品牌，同时也充分发挥了基层共产党员的积极性和创造性，是东方网党委努力探索党建新模式的一次勇敢尝试。

东方网各党支部每月定期召开党支部编辑策划会，各支部将宣传报道与支部生活、党员学习相结合，各支部党员按部门属性分工合作。整合网站各支部力量、统筹协调红色公众号以及党建频道发布内容，推进“红色之声”微信公众号运营和发展。“红色之声”已经推出了“改革开放亲历者说”“浦东开发开放亲历者说”“上海解放69周年”“马克思主义传进中国”“寻访上海红色场馆的镇馆之宝”“党员家风”“纪念陈云诞辰113周年”“上海红色电影之旅”“党员初心”“新时代力量”“给共产党员荐书”“‘宣言’系列文章”等系列文章。

10月，由市党建服务中心、东方网联合开展的党员“一日一课”首场学习实践活动启动。东方网红色之声党员“一日一课”学习实践活动由数字社区支部牵头，充分发挥支部优势，旨在通过“走、学、动、说”等灵活多样的党课形式和新型信息传播手段，联结和打通上海的这些红色印记，形成独特的党组织主题党日活动资源。活动一经推出受到广泛响应，有效丰富了基层党支部组织生活，增强了基层党组织凝聚力和党员活力。

12月中下旬在上海150余家东方社区信息苑开展了“红色文化进社区”活动。活动以红色历史为基础，采用问答形式向公众传递红色文化；同时，也邀请到了各类学者参与到社区讲座中，为居民讲述红色故事。据统计，活动大约有1万余名社区居民直接参与。

此外，东方网还组织了《2018上海书展》线下推广、“红色之声每日答题”网民互动、《红色之声答题》微信小应用开发等活动，不断满足网友了解红色文化的需求。

（东方网）

新华报业传媒集团

一 | 新华报业传媒集团新媒体工作综述

2018年，新华报业传媒集团加大媒体融合发展和新媒体建设力度，进一步强化纸媒、网站、手机报、移动客户端、微博微信、户外屏等六大传播平台，形成多介质、全方位、立体化的传播格局。集团拥有新闻网站9个：3个国家一类新闻网站——中国江苏网、新华报业网、扬子晚报网，以及视觉江苏网、新华日报财经网、大学生村官网、南京晨报网、江苏经济网、江南时报网；移动新闻客户端6个："交汇点新闻""扬子头条""扬眼""爱南京""新华财经""新华V视"；江苏手机报1个；微媒体账号109个。2018年，集团对新华日报、中江网、交汇点和相关微媒体实行"四端融合、一体运作"，在深度融合的组织架构和采编流程下，深入贯彻报社党委关于"服务提升年"的各项要求，加强内容生产和传播渠道建设，在提升传播效果上取得较大突破。

（一）新媒体特色产品精彩纷呈，注重"原创力"提升

在深度融合的组织架构和采编流程下，2018年各项新闻宣传充分发挥全媒体优势，内容生产提升党报首位度，传播渠道突出移动优先，精心策划组织，加强融合传播，特别是重大主题报道，彰显了"重、深、新、活"的特色，在提升传播效果上取得较大突破。

重大活动统筹安排。2018年，几乎所有重大主题都进行了全媒体策划、一体化传播。交汇点设立各类专题超过100个，中江网也推出了大量专题、专页。各媒体资源

共享、渠道互通，产生了“1+1>2”的融合倍增效应。

2018年是改革开放40周年。为全面展示江苏改革开放的壮阔历程和伟大成就，激励全省深入贯彻习近平新时代中国特色社会主义思想，进一步推进思想大解放，推动改革再出发，新华日报推出“史诗40年！江苏改革开放再出发”大型全媒体行动，以“2+10+N”的开放式报道格局，引发广泛关注。

12月13日国家公祭日的宣传，在编委会的统一组织策划下，实现了报、网、端、微共振共鸣的宣传效果。新华日报的6个特刊版面上，共印了16个二维码，可扫码观看新媒体内容。二维码数量之多，前所未有。

在习近平总书记考察江苏一周年之际，新华日报整版刊发长篇通讯《奋进在高质量发展的新征程上》，交汇点以相关内容为基础，推出专题《喜讯捎给总书记》，以富于创意的短视频、H5、长图、动图、微信图文、电子海报、网页专题等形式，反映一年来总书记到过的地方和全省的新景象、新变化。此次报道，通过集团各类媒体的传播和省内外新媒体平台的转发分发，累计阅读数达1.3亿次。元旦报道中，新华日报推出通版特别策划《点赞2018　畅想2019》，以奋斗为主题，集中反映我省20位改革先锋的新年寄语。同样的内容，交汇点制作了H5互动产品，中江网策划了H5长图，几个微信公众号也作了推送。这种统一采集、分别加工、多端发布的方式，充分发挥了全媒体的整体优势。

“行走运河11城”全媒体新闻行动，被江苏省有关部门评价为“堪称经典”；“一带一路”江苏“漂流瓶”等融媒体产品，创新了国际传播方式，扩大了外宣影响。采访部门在完成报纸采写任务的同时，积极为交汇点、中江网供稿，其中被“交汇点”首页采用的稿件每月从400多篇到600多篇不等，全年共计6233篇。此外，视频生产能力明显提升，视觉中心全年拍摄和编辑原创视频2000余条，在交汇点运营的“江苏24小时”，30%的新闻已经有视频内容同步推出。

精心策划创意产品。2018年，“交汇点”制作H5超过110个。由“交汇点”推出的公安部“正能量”系列产品，包括建党节、国庆节和烈士纪念日H5和视频，中央网信办两次全网推送，公安部三次发来感谢信。“交汇点”策划推出的《“数”说四十年——重读新华日报·大数据里看江苏》系列短视频，充分利用新华日报的历史数据，包括版面、关键词统计等，彰显了党报的独特优势和鲜明特色，发布后产生广泛影响。江苏省两会报道中，“交汇点”策划的“90后追梦人”微博话题，登上微博热搜同城榜第一位。中国江苏网全年制作H5共132个，海报147张，获中央网信办全网推送稿件22篇，推送数量在2017年的基础上翻了一番。中江网制作的H5产品《习近平新时代中国特色社会主义思想三十讲》被中宣部舆情要报刊发推介；策划的“大型网络系列发布·江苏改革开放进行时”，上线仅1个月浏览量就达到1.1亿；制作的庆祝改革开放40周年网上展馆，观众点赞和留言数超过42万。

（二）融媒体提高党报首位度，强化“出精品”理念

传统主流媒体通过深度融合，实现转型发展，新华日报强化“出精品”理念，更好地担负起新型主流媒体使命责任。

1．精准构筑周刊方阵。新华日报在原有《思想周刊》和《人文周刊》的基础上，2018年又相继推出《科技周刊》《文艺周刊》和《经济周刊》。《科技周刊》先后聘请12位院士大咖为科学顾问，围绕省委重大科技创新战略，聚焦世界科技前沿、江苏科技创新和日常科技生活，在科研主管部门和高校院所、高新区等相关单位产生巨大影响，得到中国科协领导表扬。《文艺周刊》深度关注江苏文艺精品创作和艺术生产，采访一批名人大家，推出一批高质量的艺术评论，唱响了当代江苏文艺最强音，在江苏文艺界获得了很好的反响。《经济周刊》紧扣“深度、专业、贴近”三个关键词，把握经济大局，着眼经济大事，注重深度解读，突出财经特色，有力地提升了党报经济报道的分量和影响。现在，新华日报从周一到周五每天一个周刊，形成了“经济橙”“思想红”“文艺紫”“科技蓝”“人文青”的各具特色、相得益彰的周刊方阵，既有外在的版面之美，又有内在的思想之美，周刊方阵增加了党报的深度与厚度，为各类读者提供了分众化、特色化的“精神大餐”。

2．凸显党报优势协同传播。为贯彻江苏省委十三届四次全会精神，经过精心酝酿和筹备，2018年8月起，由新华日报社总编辑亲自带队，历时70天，行程超过5000公里，和江苏13个设区市市委书记进行了面对面独家访谈，并在新华日报特设《总编辑与市委书记面对面》专栏，相继刊发13个头版头条，每一篇都对各市情况理性探讨、深度把脉，有思考、有见地，充分彰显了党报主流媒体的责任担当和服务意识。同时，集团旗下扬子晚报、中江网、交汇点客户端以及所有微信公众号矩阵协同、立体传播，在全省引起广泛关注和积极反响。基层党员干部普遍认为，这组报道使各地在推进高质量发展中互学互鉴、比拼赶超，体现了党报不可替代的独特优势。

3．关注重要节点表达更创新。重要节点集团报道都统一采集、分别加工、多端发布的方式，充分发挥了全媒体的整体优势。交汇点针对重要节日节庆，先后推出“我们的节日”系列专题，二十四节气系列海报、短视频，H5作品《建军节，我们一起来当兵！》《中国农民丰收节，请欣赏这幅江苏乡土风情画》《经典国庆照惊

艳了时光，邀您一起点亮中国心！》等。在国际传播方面，交汇点推出“洋笔书江苏”“老外到我家　非遗带回家”等专题，通过国际化视角，呈现更加丰富多元的江苏故事，感受江苏传统技艺和文化，有效助推江苏文化走出去。

4．依托平台呈现形式更多样。“交汇点”策划的“90后追梦人”微博话题，登上微博热搜同城榜第一位。由中国江苏网承建推出的“习近平新时代中国特色社会主义思想网络知识竞赛”活动，答题人次超过208万。为更好地学习实践新思想，按照省委宣传部部署，中国江苏网负责承建中宣部“学习强国”江苏平台，网站主要负责人和有关同志赴中宣部学习培训，多次修改完善方案，各项工作加快推进，目前向全国平台的稿件推送工作已经开展，反映江苏干部群众学习实践新思想、反映江苏推进高质量发展的融媒体报道已开始发布。

5．联动分发实现传播更广泛。交汇点与中央和其他省市媒体联动，充分运用秒拍、抖音等多种分发平台，推出一系列稿件和新媒体产品。和人民日报微信公众号合作的《这里是江苏》，充分展示了江苏经济、文化城等方面的成绩。“大江奔流——来自长江经济带的报道”专题，沿江11省份主流媒体联动，共话长江建设和保护。

中国江苏网联合上海东方网、浙江在线、中安在线等长三角三省一市主流新媒体，推出“奋斗新时代——长三角改革开放再出发”大型采访报道活动，及时报道长三角一体化发展的最新谋划和进展，全景式展现了长三角发展新态势。

（三）通过多种手段优化运营工作，持续扩大新媒体影响力

集团全媒体平均每天浏览量达1.1亿次，交汇点用户突破1900万，日活60万。中江网的用户数和活跃度也有新的提升。与此同时，积极引入外部合作主体，集聚外部优质资源，建立常态化合作机制，在平台化方向上迈出了新的步伐。

1．分众传播，精准投放。全媒体采访部演变为新媒体内容生产和运营的主体，体现了“你就是我，我就是你”的深度融合要求，在主力军进入主阵地的道路上迈出了坚实的步伐。在“交汇点”上除了原有的分包栏目，以采访部门为责任主体开设了“江苏有戏”“经济369”“生活+”“新智库”“科教”等一系列栏目。与此同时，全媒体采访部还开设了“北京西路瞭望”“江东观潮”“新华夜归人”“jiangsunow”等一系列微信公众号。其中，“北京西路瞭望”是在新华日报迎来80周年华诞之际诞生，伸出敏锐触角探知来自江苏最前沿的声音，瞭望长三角政情，紧跟全国热点的时政类微信公众号，全年发布原创稿件514篇，总阅读量超过350万，在各级党政干部中的品牌效应日益彰显。“新华夜归人”多次推出重点报道版面集纳。

2. 品牌赋能，惊艳蝶变。交汇点2018年推出的江苏品牌赋能计划，整合全球范围内的高端资源，汇聚起擦亮江苏区域品牌、行业品牌、企业品牌的智慧和力量，实现小品牌向大品牌、区域品牌向全国品牌、中国品牌向世界品牌的惊艳蝶变。截至目前，已有中石化江苏石油分公司、徐工集团、红豆集团、扬子江药业、江苏悦达集团、江苏银行、南京银行、苏盐集团、苏酒集团等数十家企业进驻。

3. 活动丰富，辐射更广。集团联合中共江苏省委省级机关工委在徐州共同开启了“学习路上 · 与你同行”大型系列主题党建活动，获得社会高度评价。为策应大运河文化带建设，中江网等媒体联合有关市级媒体推出“首届大运河文化带江苏8城市新年行走”活动。在全省13市推出“城门挂春联　江苏开门红”活动，联合省书协20多位书法名家将对联佳作挂到城门上，成为江苏新春新民俗。联合省政府办公厅开展“文旅融合看江苏”全媒体采访活动，开展“聚焦乡村旅游　助力乡村振兴——2018全国重点媒体江苏大型网络行”活动，连续6年服务昆山进口交易博览会、连续5年成为江苏科技创业大赛唯一战略合作媒体，积极参与中国首届进博会活动，这些都为网站带来了效益，提升了影响。由扬子晚报社和江苏省文化发展基金会主办的“我们走过40年”诗歌大赛在业内外引起强烈反响。

4. 特色产品，擦亮品牌。新媒体政务发布创新出拟人化动漫短视频苏小吉IP。在全省党委政府新闻发言人培训班上，“苏小吉@您”受到积极评价，成为各方关注的重要创新案例之一。目前总点击量已经过亿。交汇点公开课以“交流思想、汇聚智慧、点亮未来”为宗旨，邀请全球和国内顶尖专家、学者授课，向用户传播社会主义核心价值观，传递先进理念思想，开启“智识”新领域品牌栏目，点击观看人次近亿。中江网“马克思主义 · 青年说”系列活动作为全省乃至全国理论宣传创新的一个品牌，入选人民网评出的媒体深度融合探索与突破优秀案例奖。2018年，中江网负责运维的网站网群达到了144家，成为省内党政网群第一平台，形成自己的特色发展优势。

（四）建成全媒体指挥中心，技术升级助推深度融合

投资9000多万的全媒体指挥中心于2018年底开始运行。全媒体指挥中心项目形成新闻生产的“策、采、编、发、控、传、馈”的完整闭环，为新媒体融合保驾护航。

全媒体指挥中心在生产流程上，实现一体化运行和可视化管理。全媒体指挥中心实现可感、可看、可用等各项功能，包括视频会议、移动实时指挥、报题选题、大数据分析、直播、H5等。通过对现有中央信息厨房进行整体升级和流程再造，在稿件形态上，强化了高清视频、H5、VR/AR、机器人写稿、数据新闻等内容；在内容来

源上，形成了OGC/PGC/UGC（职业生产内容、专业生产内容、用户生产内容）的内容生产生态圈；在呈现形态上，支持纸媒、网站、APP、电子阅报栏、数字报、手机报、微信、微博等多种传播媒介。

全媒体指挥中心在提供新媒体融合技术支撑这一功能上主要包含三个方面。一是引领集团融媒体发展。项目规划不仅要满足集团媒体融合发展需要，而且立足于适度超前，在技术选用、业务模式、数据模型等方面要领先一步，推动集团融媒体创新发展。二是满足省内媒体融合需求。可满足市级媒体入驻，并能与规划建设中的县级融媒体中心实现业务协同，为全省媒体融合事业提供支撑。三是为省级媒体融合技术探路。将充分利用成熟的最新技术，尤其是大数据和人工智能，不仅解决集团自身问题，还要积极探索，为省级媒体融合的技术发展探路，形成经验。

全媒体指挥中心建设注重创新，做到了“四个更”。一是更全面。融合一体化、移动优先、功能更多，是国内首家支持全媒体、全流程、全要素统一管理的指挥中心系统。二是更开放。生态合作化，面向多域，多用户入驻，有更好的集成和扩展能力，打造内容合作、技术合作生态圈。三是更经济。投入合理化，吸取长处，量身定制。有效节约投资，更好地服务于集团媒体融合业务。四是更实用。遵循云平台建设的先进理念，将大数据、智能分析、直播点播、云非编、高清视频转码等能力模块化，能够为不同的系统快速提供个性化支持，与业务需求紧密结合，支持模块独立升级和替换。

二丨新华报业传媒集团新媒体工作案例

为庆祝改革开放四十周年，交汇点新闻客户端精心策划和制作了融媒体产品《“数”说四十年——重读新华日报·大数据里看江苏》系列短视频。

首先，突出小角度、大主题。系列作品主题重大，紧扣改革开放四十周年的重要时间节点，通过回望40年，从大数据里感受江苏巨变，用视频故事反映江苏发展的精彩华章。该系列共11集短视频，采编人员分赴全省各地采访典型案例、典型人物，通过分布在各地各行各业的一个个普通人的故事，来反映40年里江苏人经历的变化。涵盖了江苏经济社会发展、百姓生活等各个方面，并通过一系列重要数据和关键词，反映江苏全省上下改革开放40年来所做的努力，以及自身的亲身经历，见证了江苏大地上发生的精彩蝶变。

其次，形式新颖。系列短视频不仅仅是普通视频的简单呈现，而是在视频新闻的基础上，通过多种新媒体化的形式进行创新呈现，内容翔实丰富。主要表现在：①数据的可视化呈现。40年来，新华日报对江苏改革开放进行了海量报道，从这个巨大的新闻信息数据库中，交汇点记者深入挖掘、筛选有代表性的关键词，并对相关数据进行分析，用图标、图示和动画等多种形式进行可视化呈现。数据和关键词并非只是用来证明观点的材料，它们相互之间的逻辑关系也是佐证江苏发展成就的无言观点。②过去的版面和当今的故事互为呼应。在数据可视化呈现之外，借用新华日报的“老版面”增强了系列短视频的权威性和历史感。系列短视频对新华日报以往报道中的人物故事、经典场景等进行新媒体再现，展现改革开放40年来江苏各方面翻天覆地的变化，反映了时代的进步。同时，通过摄像机镜头讲述与关键词相关的有代表性的凡人故事，数字与故事、历史交相辉映、相辅相成，勾勒江苏改革开放40年的轮廓。

再次，理论性强。系列短视频有较强的理论体系，主要围绕十八届五中全会提出的“创新、协调、绿色、开放、共享”等五大发展理念和江苏省委十三届三次全会提出的坚持经济发展、改革开放、城乡建设、文化建设、生态环境、人民生活六个“高质量”展开。与一般反映40年成就报道不同的是，这组作品还紧扣十八大以来的重要发展理念，将理论藏在故事当中，隐于数据的背后，更容易打动普通群众。同时，系列短视频通过引用专家观点或采访相关行业的研究专家，通过他们的观点来提供理论支撑，增加系列短视频的理论高度。

此外，系列短视频强化网友的互动表达。改革开放四十年来，绝大多数的读者既是见证者又是经历者，对这四十年来身边发生的巨变充满深深的情感。编辑人员通过筛选与大众切身相关的关键词和各方面的发展数据，运用简洁的表达形式将每一个方面都凸显出来，读者能由此直观地感受到数据背后的变化。视频拍摄对象也是来自大家身边的普通人，让读者更有亲近感。整体画面真情流露、流畅自然，激发了观众极大的互动热情。

11部短视频在报网端微多个融媒体平台发布，实现了信息的多次传播。播出后，受到了广泛的好评，从角度到呈现方式都体现出创新精神。视频被省内外广为转发，并被中学历史老师当作辅助教材用在课堂教学中。截至2018年底，全网阅读量超过1.4亿，网友点赞量和评论数接近30万。这样的传播效果，进一步表现了党报集团在移动端的舆论影响力。

（新华报业传媒集团）

江苏省广播电视总台

一 | 江苏省广播电视总台新媒体工作综述

（一）江苏广电总台媒体融合发展情况

近年来，江苏广电总台系统谋划媒体融合发展，累计投入超过4亿元，完成了从平台端到制作端到采集端到播出端的软硬件改造，大大改变了广播电视节目的呈现形式。同时，强化传统媒体渠道与移动渠道的互通和联动，从相加到相融不断深化资源、平台、流程、产品上的多种融合，在媒体融合上取得了实质性进展，走在了全国前列。

1．移动优先战略。江苏广电打造了客户端、网站、手机电视、IPTV、移动电视等新媒体集群。2013年，网络传播部倾力打造的荔枝新闻客户端上线，自发布以来，在技术创新、内容运营、媒体影响力等多方面不断创新，稳定发展，取得了瞩目的成绩。截至2019年6月30日，荔枝新闻客户端下载用户已突破2200万，在中央网信办主办的全国《网络传播》杂志“新闻网站APP传播力排行榜”中始终位居前列，跻身江苏新媒体传播格局领军阵营，成为全国省级广电新闻客户端中的佼佼者。2017年8月，作为展示江苏、感知江苏的大外宣窗口，集资讯、交流、互动为一体的综合性平台，“我苏”客户端上线后强势出击，充分发挥深耕江苏，全方面地展示最江苏的人文风貌、提供最有用的资讯内容，汇聚最共情的互动活动，发挥政务信息发布优势，与荔枝新闻协同作战，进一步提升了江苏广电总台在新媒体领域的传播力、影响力、引导力、公信力。

2．创新技术驱动。江苏广电总台推进“荔枝云平台”常态化应用，其中公有云平台部署内容云、广告云、移动云报道、云互动、云直播等应用服务产品；私有云平台面向台内融合新闻生产业务及频道的节目生产制作与播出。同时，深度整合最新的信息传播技术，充分运用4G传输、流媒体传输、移动直播、无人机采集、全景拍摄等技术，实现内容从可读到可视、从静态到动态、从一维到多维的多媒体化展示形式，积极探索新技术新媒体下的传播新形态，不断丰富新媒体传播样态，深化与用户的互动。

3．深化体制机制改革。组建了“融媒体新闻中心”，全面整合电视新闻、广播新闻、新媒体新闻等不同业务板块。“融媒体调度指挥中心”投入常态运作，实现了新闻融合传播的流程再造，推动了所有内容制作发布的云端化，真正打破内容流动的部门壁垒，促进内容资源的深度融合，为新闻报道和节目体系化的集成创新创造条件，提供保障。

4．优质内容极致创新。荔枝新闻在时政报道上，不是照搬广播、电视的报道，而是充分发挥“80后”“90后”互联网“原住民”的作用，跳出老框框，用创新方式呈现，利用漫画、长图、动图、超链接、短视频等多种可视化表达手段，让“硬”的时政报道也取得好的传播效果，十九大主题报道总点击量超过8000万次，国家公祭日相关重点稿件点击量超2000万次。

5．融媒人才培养。网络传播部坚持“对外引进”和“内部快速培养”的双轨道并行机制。2017年以来，总台启动融媒人才学习提升计划，通过组织“走出去”观摩和“引进来”学习，确定了常态化培训。同时，完善薪酬激励考核，打破编制内外人员身份差异，实现按岗定薪、同岗同酬、量化考核、多劳多得的分配模式；实现管理骨干和业务骨干双通道管理，出台了系列激励机制，使员工获得最大化的提升空间。

（二）最后“一公里”下沉，媒体融合再升级

基于强大的技术研发能力和系统维护能力，江苏广电“荔枝云平台”被江苏省委宣传部指定为江苏省县级融媒体中心建设的唯一技术支撑平台。

2018年9月，江苏首家依托“荔枝云”完成建设的县级融媒体中心在江苏淮安市洪泽区率先落地，洪泽区融媒体指挥中心在2018年11月投入使用，“蟹都洪泽”APP在2018年12月7日正式开发完成。江苏广电总台按照要求，全面提升对外服务能力，积极开展县级融媒体中心建设的支撑服务，目前江苏广电总台助力全省县级融媒体中心建设全面推进，南通、扬州、淮安等多地的县级融媒体中心方案已完成设计并签约，开始落地实施。

二丨江苏省广播电视总台新媒体工作案例

王继才英雄事迹，荔枝新闻、我苏客户端联动全台力量，架设专题、推出直播、开发产品，多角度、多维度对王继才的英雄事迹加强组织报道。专题“唯愿此生长报国——守岛英雄王继才”集纳报道128篇，总点击量超400万。H5产品《今天起，我来守护开山岛》以6个小故事讲述王继才一生，参与互动量达413291，取得了非常好的传播效果；短视频《王继才原声重现丨一岛，一生！我的32年......》整理了近百条总台关于王继才事迹的视频报道，点击量超50万；数据H5产品《你能为一件事，坚守多久》以明确直白、具有冲击力的数据突出体现王继才一生的奋斗轨迹，并以“分享你的坚守故事”引发网友共鸣，取得了非常好的传播效果；系列漫评正式上线，推出系列评论5篇，其中《词说漫话王继才·奋斗篇》采取海报形式，融合创意字、手绘漫画和评论文章，点击量达166755。

（江苏省广播电视总台）

浙江日报报业集团

一 | 浙江日报报业集团新媒体综述

（一）以改革促发展，激发融合创新活力

2016年以来，浙报集团抓住发展“窗口期”，以改革的力度推动媒体融合，以“中央厨房”建设及常态化运行为牵引，数据驱动传播，智能重构媒体，不断创新体制机制，完善深度融合顶层设计，以浙江日报、浙江在线新闻网站、浙江新闻客户端“三端”为主体的媒体深度融合发展取得突破。

第一，在组织机构上进行重组，建立内容生产一体化体系。浙报集团以浙江日报、浙江在线、浙江新闻客户端的深度融合为突破口，重新梳理和优化重组采编发流程，推动形成“一次采集、多种产品、多媒体传播”的工作格局。以采编部门合并重组为契机，采用“大编辑中心+垂直采编部门”模式，打造一支具备全媒体采编播技能的合成军。原来分属报、网、端的采编人员整合成一支采编力量，传统媒体和新兴媒体的采编流程、技术支撑、考核管理全面一体化，新闻生产主体打破体制壁垒，实现一体化融合。

第二，按照“中央厨房”的功能定位，建立完善工作机制，细化考核、人力资源配套措施。为确保改造后的采编流程和策采编发网络紧密结合、无缝衔接，浙报集团初步建立起一整套制度保障体系。融合后的全媒体各部门作为一个整体实行全面预算管理。按照“分层分类、以块为主”的原则，对各单位（部门）的人权、事权、财权，实施扁平化管理，既确保集团采编资源的深度统筹，又充分释放内容生产主体和市场主体活力。由各部门对采编人员进行KPI（关键绩效指标）二级考核。

第三，以全媒体指挥监测中心为枢纽，实现报、网、端、微、视融通的一体化采编流程。设立集团全媒体指挥监测中心、“三会”制度，统一指挥配置报、网、端、微、视采编资源，实现全媒体、全流程、全天候新闻采编发布和传播效果监测。通过在线数据分析，提供实时舆情分析及反馈。运用每周编委扩大会议和编委会专题研究相结合的机制，统一协调部署集团各媒体日常新闻宣传。

第四，落实移动优先战略，打造新型传播格局。浙报集团通过“移动优先”战略，打造“浙江新闻”“浙江24小时”等优质资讯客户端和垂直类新媒体产品，形成微信、微博、新闻网站、客户端等新媒体680多个的全媒体格局。至2018年年底，“浙江新闻”移动客户端下载量已超过1900万，在全国省级党报客户端中排名前列；“浙江24小时”联手微软小冰，为全国首个引入人工智能机器人的客户端，强化了算法推荐、数据融合、精准推送和人机交互，建立起聚合+原创+智能机器人驱动场景式应用的新模式；浙江在线的日均PV达2000万，浙江手机报的用户也超过1000万。不含上市公司板块，全集团媒体产品覆盖普通用户超过1.04亿。

第五，在提升影响力公信力上下功夫，全面强化内容精品化水平。2017年，“习近平总书记在浙江的探索与实践”大型主题报道，规模空前、传播力影响力空前，全网传播量达到8000多万。2018年，围绕改革开放40周年、“八八战略”实施15周年等重大选题，发挥全媒体融合优势，浙报集团推出一系列融合产品与爆款佳作。2018年，浙视频生产视频新闻3511条，全网播放量总计33.6亿。2018年8至10月，浙报集团与省委网信办、浙江省档案馆等部门单位联合推出《改革开放40年老物件征集》《“改革开放40年档案寻访”主题活动　寻找浙江记忆》《庆祝改革开放40年　晒出你的影像　述说你的变化》等多个不同形态的主题活动，其中“改革在身边　我是见证者”网络众筹活动推出系列新媒体产品29个，整体品牌曝光达到2.4亿。《非公有制企业党建》杂志推出特别策划——“纪念改革开放40周年·我为两新党建打‘call’”大型视频展播季活动，收到了来自全国22个省（区市）组织部门推荐的近300名两新党组织书记的热情参与，活动相关报道网络总点击量破千万。

第六，强化互联网思维，大力推动融合传播力建设。浙报集团自主研发以用户为核心的传播力指数考核评价体系，2017年起将之作为融合传播效果评估和团队考核的重要依据。传播力指数考核评价体系从阅读指标、互动指标、转载指标三个维度，为新闻产品传播效果评估和绩效考核提供明确量化指标。

第七，把技术创新作为驱动，为融合发展提供有力支撑。率先研发建成的融媒体智能化传播服务平台“媒立方”，采用云计算、大数据等最新技术，集舆情研判、统一采集、多种生成、多元分发、效果评估于一体，统筹采访、编辑、审核、传播、评估，不仅为新闻报道、舆论引导提供有力支持，而且为实现跨媒体、跨业务提供了统一平台，进而促进团队融合、业务融合、数据融合。在“媒立方”项目成果基础上，研发完成浙江省首个媒体云——“天目云”。目前意向使用“天目云”融媒体技术解决方案的省厅级部门、地市媒体、县级融媒体中心及省外媒体已达100多家。

第八，借鉴互联网创新型文化，建立内部孵化制度体系。出台新媒体创新孵化管理办法等系列制度，积极鼓励采编人员参与新媒体创新。每年按营业收入2%提取专项研发经费，投入新媒体产品及技术研发。2016年以来，投入相关资金超过4000万元，扶持33个融媒体项目。政已阅、涌金楼、话图侠等一批新媒体产品，有力抢占了党报集团在移动端的宣传阵地；醉乡里、掌上诸暨、鹿城警民服务平台等项目推出符合地方特色的“新闻+服务”，在党报集团渠道下沉的过程中抢占先机；医直播、浙江公告、小时视频、知留学等项目在教育、医疗、生活方式、法律服务等方面多点开花，极大扩展了党报集团对用户的服务范围和影响力。

（二）推进“品质化品牌化智能化智慧化”，媒体融合提质增效

2018年年底，历时半年调研和讨论，凝结着浙报集团集体智慧的《浙江日报报业集团三年发展规划（2019—2021）》正式印发，提出大力推进“内容品质化、媒体品牌化、传播智能化、服务智慧化”的“四化”目标。

1. 始终围绕提高“四力”这一根本任务，打造更有力量的党报品牌

浙报集团紧紧围绕提高新闻舆论传播力、引导力、影响力、公信力和竞争力这一根本任务，进行媒体融合的深度推进。媒体融合绝不是放弃报纸，而是强调要办精品党报。浙报集团以提升内容品质为核心，推动内容传播由拼海量转为拼质量，由聚流量转为聚人心，由比广度转为比深度，把权威性、公信力做大做强，进一步把握话语权、重塑竞争力、覆盖新群体、焕发新活力。重点提升鲜活新闻的采写能力、重大典型的发现能力、热点问题的引导能力，做到触及重点、解剖难点、提出观点，充分体现深度、锐度，增强浙江日报舆论影响力、引导力。新设置深度、人物、亲历等版面，努力在深度报道上做文章，坚持问题导向、主动设置议题，推出符合互联网规律、具有专业观点和个性特色的深度报道，培育《涌金楼》《美丽乡村》《浙商故事》《基层走亲》等重量级栏目。同时，进一步推动舆论监督报道，在推动浙江全省改革发展中努力发挥建设性的作用。

2. 以产品建设为核心，内容和技术双轮驱动，加强头部产品培育

新三年的思路是从强技术到强产品的转变，更加重视内容与技术的有效融合。目前，集团按照“一核多平台多集群”的思路，确定浙江新闻客户端作为“一核”的组成部分，与浙江日报深度融合。同时，发展“多平台”：以“浙江在线”为基础，构建具有党媒特质，侧重区域门户服务、政府服务、新媒体技术服务的传媒平台；以钱江晚报为基础，构建侧重都市生活服务的传媒平台。

此外，在权威信息发布领域、对外宣传领域和数字浙江建设领域分别布局了三大产品平台——

“起航号”聚合平台，以“发布为基础、互动为核心、服务为根本”，融合党政新媒体优质内容，形成一个服务党委、政府决策部署实施的新媒体聚合平台和智能指挥平台。

“国际新媒体联盟”，以聚合传播平台、联盟技术平台、传播能力和品牌建设为抓手，打造具有强国际影响力的外宣新媒体品牌和联盟。

“数说浙江”数字化传播平台，联合百度百科探索产品端呈现新形态，以数说形式为城市赋能，生动展现包括经济、文化、社会、生态等多领域的数字浙江建设成果。

3. 从重流量到重活跃，从重营收到重效率，以提高质量为导向，注重有效传播，提高智慧服务为核心的融媒体收入在营收中的比重

三年规划中提出，到2021年，媒体互联网用户和月活跃用户分别比2018年增长30%和100%。浙报集团将更着重于提高活跃度和用户质量要求。一是优化传播力评价体系，从过去对数量和流量的考核，转向对用户质量和活跃度的考核。二是强化数据的分析应用，设立了数据发展管理机构，对全集团的用户数据和对外传播数据进行管理和统筹，分析和应用。三是加大对个性化推荐技术的投入，不断深化基于用户数据的个性化传播链研究，努力做到“千人千面”、精准推送。

在经营效率提升方面，聚焦产业创新，激发发展新动力，着重强调各垂直领域的专业性，加快理念转换、动能转换、结构转换、效率转换，提升新媒体收入的比重。如加快推进浙江在线舆情智库服务项目建设，建立“舆情研判+策划+活动+舆评”系列化服务，实现突破性发展。加强智慧医疗服务建设，以“浙二好医生”项目为依托，逐步打造覆盖就医全流程的互联网医疗平台。充分发挥红色基因，提升服务拓展空间，加快建设政务党务聚合平台。进一步优化旅游新媒体平台建设，打造乡村游AI产品平台。加强智慧法律服务，在浙江法制报的公共法律服务自助机、法律问答人工

智能机器人、批量案件一站式处理平台等业务基础上，继续做大做强。

（三）由深融到全融，加快构建一体化发展新格局

从新媒体布局和实践来说，浙报集团正在加快构建“大媒体、大融合”的一体化发展新格局。

首先，进一步强化移动优先战略，构建快速反应、全程在线的内容生产机制。2018年年底，浙江日报和浙江新闻客户端的采编团队进行了新的调整。在报端融合的前提下，形成了新的采编分离。即由浙江日报全媒体采访部门来负责多元内容采集和制作，由浙江日报要闻编辑中心和数字编辑中心来分别负责报纸和客户端的编辑。以多层次培训为抓手，通过技能针对性强、专业化程度高的定制化学习教育，重点引导采编人员努力向全媒体记者、全媒体编辑、全媒体管理人才转型。切实增强采编人员“四力”，走得更远、下得更深、写得更专，加快形成快速发稿、滚动发稿、多样发稿的全媒体素养；推动编辑人员加快形成多种生成、多元呈现、多端分发的全媒体技能，真正实现移动优先、融合发展。

其次，进一步加大视频、直播等多元场景的投入，丰富新闻产品线。浙报集团着眼5G和人工智能布局，加大对视频生产与传播的投入。继续以新闻类短视频、视频直播等原创新闻生产为主攻方向，以全媒体视频影像部为集团视频内容生产的排头兵和专业队，集中全力生产视频精品；力争实现全集团媒体的“视频标配化、直播常态化”。目前从总部到分社，都配备了相应的视频设备、无人机设备等，分社还配备了高规格的独立演播厅，能实现在线直播和访谈。

再次，进一步加强媒体内容的参与性，引入党政新媒体资源，加强议程设置能力，形成全员媒体的势能。浙报集团发挥新媒体技术先发优势，面向集团内外整合资源、拓展合作，从内部采编、技术、运营的融合，走向与社会资源的大融合。一是建好用好中宣部“学习强国”浙江学习平台，使之成为全省党员干部学习贯彻习近平新时代中国特色社会主义思想的新平台、新阵地。二是优化“起航号”党政新媒体聚合平台，使之成为深耕本省、关注国内外热点的权威新闻发布平台。以起航号来说，2018年12月27日上线当天，已经吸引了300余家党政新媒体入驻。

最后，进一步深化评价体系改革，以用户为中心，以数据为驱动，建设全效媒体。基于大数据和人工智能等技术手段，生产效率全环节提升，传播效果全流程把握，传播效能全方位提升，内容、信息、社交、服务等各种功能可集于一身。目前，浙报集团的媒立方系统，集舆情研判、统一采集、中央厨房、多元分发、传播效果评

估于一体，实现了内容的社会化智能化生产和分发。下一步对于浙报集团来说，一是进一步优化媒立方平台的使用场景，更好地进行用户行为、传播效果的描绘；另一方面则通过“天目云”的输出，形成与地方媒体的双向连接，并通过媒体云连接地方政务云、商务云，形成更丰富的服务业态。

二｜浙江日报报业集团新媒体案例

2018年是改革开放40周年，浙江日报报业集团联合中共浙江省委网信办共同主办“改革在身边　我是见证者”改革开放40周年大型网络众筹活动。

活动充分凸显网络优势，发动各市网信办、阿里巴巴集团、银泰百货、杭州市地铁集团、浙商博物馆等省市各方力量，立足于改革开放“见证者”的视角，全网众筹网友身边老物件和物件背后故事，通过H5、短视频、海报等新媒体产品及系列报道进行全阶段征集及传播，同时择取优秀的网友投稿进行线下落地展示，推出一趟“改革号”时光地铁专列和一间只存在七天的“四十年时光”快闪店，通过全民参与，线上线下紧密联动，充分展现普通个体在大时代中的变化，反映出改革开放以来经济社会的进步发展。

活动分为三个阶段。一是征集阶段，众筹挖掘“在身边”的故事，以网络众筹这种全民化、新潮化的方式，邀请大众共同参与。通过征集普通人身边的老物件和故事，邀请大家共同分享自己这些年的深刻回忆，以身边事讲述深远情怀。众筹过程中大量应用H5、视频、电子邀请卡、电子海报等系列新媒体产品，据不完全统计有29个。

二是地铁展示阶段。通过源于网友的优质内容，不仅做好全网式的线上传播扩散，还选择与大众更为贴近的线下承载体进行呈现和投放，既持续调动了大众参与积极性，又增强了曝光度。

在地铁阶段，专门打造的“改革号”时光地铁专列以“80年代”“90年代”“00年代”“10年代”以及“四十年不曾改变”为主题，进行了全车6节铺满车厢的全景式海报包装，展示了包含交通出行、饮食娱乐、学习教育、个体创业等承载着近200个“我是见证者”网络众筹图片故事。地铁作为人流量巨大的通勤工具，不同年龄段的乘客在搭乘这趟专列中都能追忆40年间的身边变化，感受改革就在身边。

三是快闪店阶段。打造的“四十年时光”快闪店通过来源于网友的老物件老故事，实现了改革开放年代记忆的全还原。同时充分利用国庆期间的喜庆氛围和巨大人流量，在商圈核心地段，通过新潮的快闪店形式吸引受众，以充满情怀的老物件陈设和故事击中人群，感知时代变化。

截至2018年10月9日，活动共收到来自18763人的网络众筹物品、图片及故事；满载年代故事和情感的“改革号”时光地铁列车上线10天搭乘人数超过34万，限时7天开放的“四十年时光”快闪店总人流量超过10万；微博话题“改革在身边”阅读量达1.7亿，讨论数近12万；抖音话题#改革在身边#参与量达28.9万；整体内容传播量超3202万，收获网友留言超13万条；据不完全统计，“改革在身边 我是见证者”网络众筹活动整体品牌曝光达到2.4亿。

整体活动中较强的UGC互动，不仅收获良好口碑，更是吸引了众多主流媒体“自来水”来争相自发报道；线下，还通过银泰天猫电子大屏，在浙江省内多个地市进行活动展示，在活动期间内吸引了更多观众前往“改革号”地铁及“四十年时光”快闪店参观。

（浙江日报报业集团）

扫码可查“改革在身边 我是见证者”改革开放40周年大型网络众筹活动情况

浙江广播电视集团

一 | 浙江广播电视集团新媒体工作综述

（一）对内，坚持“稳中求进，变中求新”，不断以内部打通强化优势集成，更好拓展集团广播电视全媒体传播

浙江广电集团立足自身发展实际，在坚持频道制运营的前提下，组建集团深化媒体融合领导小组，制定媒体融合整体方案，配套出台“深化融合传播机制建设工作方案”，努力抓好新媒体产品、融媒体运作、全媒体传播，奋力“守住大屏、拓展小屏、实现跨屏”，加快主力军向新媒体主阵地挺进。

1．融媒体中心运营机制建设日趋完善。2017年9月，集团“中国蓝融媒体中心”正式投入使用。浙江卫视新闻中心、浙江之声新闻中心、新蓝网新闻中心、电视公共新闻频道、浙江新闻广播等“三中心两频道”及集团总编室、科技管理部、融媒技术中心、资源研究开发中心等单位和部门相关人员相继入驻，开展集中办公，逐步构建起常态化新闻报道融合传播指挥调度机制，融合传播的内生性机制逐步成型，内源性动力不断强化。通过融媒早会制度，“三中心两频道”集中讨论、研究、确定重点题材融合报道事项，新闻线索不对称问题得到有效解决，确保主要宣传阵地在重大事件和热点话题上不失声、不缺位；鼓励各业务单位采用立体采集、资源共享的生产流程，逐步联通以往封闭的“信息孤岛”。2018年，集团进一步做实“三中心两频道”新闻融合核心圈，完善融媒早会制度，加快构建以中国蓝融媒体中心为基础平台的常态化报道台网联动和融合传播指挥调度机制，推动各宣传单位形成立体采集、资源共享的生产流程，在庆祝改革开放40周年、全国“两会”、第五届世界互联网大会、首

届进博会等重大宣传报道战役中以战促融，取得明显效果。

2．主题报道融合传播渐成规模。集团所属各广播电视频道立足自身特色，加快推进媒体融合发展，相继设立新媒体部、多媒体部、策划运营部等各类专门部门，配备专业人员，承担本频道新媒体产品的开发、运营和采编发布任务，以新媒体平台充分赋能广播电视传统优势。在重大主题报道中，各频道立足浙江特色、大台站位，充分把握新媒体环境下各类用户的内容需求和视听习惯，努力提供台网适配、网台联动、正确好看的内容服务，集团新闻宣传不断呈现“网微端屏，相互联动”的融合传播特征。其中，《大地的回响》《中国共产党为什么能》《“八八战略”15年》《还看今朝》《乡村振兴战略大家谈》《之江擂台》《向人民报告》等重大主题宣传，在集纳型分发、立体化传播上取得良好成效。浙江卫视作为浙江省新闻主平台，依托“中国蓝新闻”微信公众号，积极探索重大主题报道的社交化传播，全年阅读量“10万+”的主题报道推文突破60篇，已成为浙江省重大主题宣传社交化传播的有效阵地，有效增强了集团广播电视在新媒体语境下的宣传传播力、引导力、影响力。

3．融合传播平台矩阵不断壮大。集团以“中国蓝新闻”“中国蓝TV”、音频“喜欢听”客户端和“中国蓝新闻”公众号为龙头，全面布局各频道移动新媒体，努力实现浙江广电新闻内容的跨屏落地、多端传播，为广大网民和用户提供优质的新闻、综艺等信息内容。“中国蓝TV”“中国蓝新闻”“喜欢听”三大客户端安装量超7000万，被评为“年度最具影响力广电融媒体平台十强”。同时，各广播电视频道新媒体也已成为内容传播的重要阵地，电视钱江都市频道重点打造的“钱江视频”，半年时间日均点击量近200万；电视经济生活频道整合原创视频和新媒体内容，推出“浙样红TV”，社会反响良好；电视民生休闲频道《1818黄金眼》官微收获270多万粉丝，大量原创内容形成指数级扩散；浙江之声创制短视频，发力“可视化广播”，交通之声、城市之声等官微均进入全国电台头部阵营。2018年，集团所属各频道“三微一端”共计230余个，粉丝总量近8000万，具有浙江广播电视特色的集团融合传播体系建设取得阶段性成果。

（二）对外，坚持“共商共建、共享共赢”，打造省市县同向发力的融媒传播平台，助推全省广播电视融合发展

浙江广电集团集团坚决贯彻中央和浙江省委的决策部署，倡导践行“融合一家亲，广电共同体”理念，立足广电特色、当地需求，充分发挥集团在平台、资源、技术、人才等方面优势，在推进全省媒体融合中努力发挥主平台、主引擎的作用，带动

全省广播电视共同走好融合发展之路。

1．打造“中国蓝云”自主省级平台。集团投入近3亿元建成拥有自主知识产权“中国蓝云”，打造推进市县融媒体建设的主平台。国家广电总局来集团调研考察后，认为“中国蓝云”特色鲜明、优势明显。一是技术高标准。“中国蓝云”平台集成了30多项融媒生产和服务工具，提供全业务、全流程、定制化、智能化融媒生产的技术支撑，可以为全省市县融媒体中心建设、广播电视节目制播、平面媒体采编业务和新型媒体研发运维等，提供“一站式”服务。二是业务模块化。“中国蓝云”平台上的所有业务模块，均采用标准化设计，并根据技术发展实现迭代升级。县级融媒体中心可以根据自身实际，各取所需，选用不同的技术工具和业务模块。“中国蓝云”平台配备了较为完善的节目拆条、脸部识别、语音识别、智能编目功能，以及各类互联网数据、在线新闻线索汇聚、传播力分析和综合考评等新兴技术，为各种融媒产品的研发生产提供最新技术支持。三是安全等级高。“中国蓝云”平台的核心系统通过了最严格的网络安全等级保护测试，并通过集团自有的高速广电专用网传输，既确保省市县之间的网络联通，又与外网隔离，为跨区域交互、多业务生产、同平台运营，构筑了安全高效的信息传输体系。四是接入成本低。市县媒体可以通过“租户”形式，便捷接入“中国蓝云”，实现真正意义上的低成本“拎包入住”。

2．组建全省融媒联盟“蓝媒号”。2018年4月，集团依托“中国蓝云”技术平台和“中国蓝新闻”客户端，成功组建的浙江省广电融媒联盟“蓝媒号”正式上线，在打通集团新闻融合传播、公共文化服务“最后一公里”的同时，更好放大县市媒体的融合传播能力，为拓展县市对外宣传提供更快捷、更有效的移动传播平台。截至2018年底，浙江省已有86家市县区广电机构和一大批省市机构政务号“拎包入住”，加盟“蓝媒号”，并有效建立起了直通基层记者的新闻指挥系统与24小时快速反应机制，省市县广电共同打造了“蓝媒头条”“蓝媒直播”“蓝媒视频”和“蓝媒行动”四大新媒体品牌，日均发布市县区新闻近千条，其中视频稿件量占60%以上，合作举办活动直播700多场，内容涵盖各地重点工作、重大工程、民生新闻等，有效壮大主流媒体融合传播声势。2018年全国“两会”期间，“蓝媒号”广泛发动全省三级广电记者，第一时间收集、播发来自各地的“微心愿”600多条，成为连接会内、会外的重要信息通道；2018年全年，省市县三级联动精心策划组织的《“蓝媒号”陪您看村晚》《和春天有个约会》《丰收浙江》等系列直播近80场，单次直播最高点击人次达1500万，参与互动用户突破100万，传播影响力日益扩大。

3．服务市县融媒体中心建设。集团牢固树立全省广电“共同体”理念，充分发挥平台、资源、技术、人才等方面的优势，以中国蓝云平台为支撑、融媒体技术中心为主力，立足“共建共享、开放共赢”原则，通过“整体代建、部分代建、轻量级接入”等多种模式，共同推进市县融媒体中心建设。2018年7月，由集团主导实施的丽水广电融媒体技术平台全面完成，成为浙江省首个省市合作建成启用的市级广电融媒体中心。该项目的建成启用，标志着集团探索省市县共建广电融媒体中心合作模式取得实质性成果，为浙江省加快推进市县媒体融合发展开辟了新途径、提供了新样板。2018年集团还相继合作建成启用青田、临海等项目，并与瑞安、余杭、黄岩等40家市县机构达成合作协议。同时，一大批政务号也与“蓝媒号”实现全链接。集团在省级自主可控平台打造和县级融媒体中心建设的探索实践，也引发了多方关注，国家广电总局给予充分肯定，表示将支持集团“具有全国示范意义的省域样板”。2018年10月，集团参与了由中宣部组织、国家广电总局牵头的“全国县级融媒体中心建设标准”制定工作。作为主要起草单位之一，起草制定了《县级融媒体中心省级技术平台规范要求》《县级融媒体中心建设规范》等一系列行业标准和准入规则。集团的“基于多级区域的省市县融合媒体集群平台”项目，也荣获国家广电总局2018年度科技创新奖一等奖。

与此同时，浙江广电集团还积极推进与大型新兴媒体平台和新经济实体的联合。目前已与华为、腾讯、新浪、移动、深圳华侨城等实力单位签立战略合作协议，在内容联制、品牌宣传、版权营销、市场推广、用户数据等方面开展深度合作，致力构建新时代背景下更大意义、更高层面的大媒体大传播大格局。

二 | 浙江广电集团新媒体工作案例

2018年，浙江广电集团以自主开发的“中国蓝云”为技术依托，以新蓝网、“中国蓝新闻”客户端为平台，成功打造全省广播电视融媒体联盟——“中国蓝新闻·蓝媒号”（以下简称“蓝媒号”），合力构建内容共享、渠道共享、技术共享、数据共享的融合传播协作体系。2018年，共有86家市县广电机构入驻“蓝媒号”，有效实现平台、资源、技术等共建共享，进一步做强做大全省广电机构新媒体矩阵。

（一）做强“蓝媒头条”，唱响主流媒体声音。集团与各入驻广电机构积极开展选题联动，依托遍布全省的记者编辑和通讯员队伍力量，发挥采编协同快发优势，共同打造“蓝媒头条”，及时发布权威、鲜活的市县区新闻资讯。如《全球首次直升机跨海架线作业在舟山启动》《全国首颗以县域命名的商业遥感卫星“德清一号”发射升空》等一批内容鲜活的主题报道均实现了新媒体首发，较好抢占了市县区主流宣传内容网络“第一落点”。据统计，“蓝媒号”日均发布市县区新闻超过1000条，已成为各市县中心工作发布的重要网络载体。

（二）做活“蓝媒直播”，彰显广电特色优势。依托“中国蓝新闻”客户端，开展常态化移动直播“蓝媒直播”，为全省各市县区广播电视提供技术自主可控、操作使用灵活的网络直播平台，实现了广电优质直播内容与移动互联网优质渠道的成功嫁接。如2018年12月，北仑、长兴、德清、台州等地依托“蓝媒号”，在最高人民法院、浙江省高级人民法院的指导下进行了“决胜执行难”移动直播，3场直播平均观看量均超过200万次，每场全网平均点击量达1000万次，成为时政报道的正能量“爆款”。据统计，2018年“蓝媒号”共计开展“蓝媒直播”近750场，已成为“中国蓝新闻”客户端重要的常态化内容来源。

（三）做精“蓝媒产品”，充分融入网媒思维。“蓝媒号”秉持“内容为王”的理念，引入VR虚拟现实、手绘动画、短视频、H5页面等先进技术，服务融媒体创作，打造“蓝媒产品”。如“512”地震十周年之际，“蓝媒号”制作推出H5产品《十年青川“浙”样情》，采用“用户划动手机屏幕擦除画面”的互动效果，生动展现震后十年重建之路；嵌入其中的视频报道合集《他们曾千里援川　见证“浙川”两地情》，由余杭、瑞安、嵊州等多路“蓝媒号”记者专门制作，充分挖掘抗震救灾、后续工作中的浙江元素，展现了浙江人民大力支援灾区建设的无私奉献精神。长兴、义乌、奉化等浙江省内多地广电机构纷纷热情参与其中，进行立体联动传播，经社交平台转发后，相关报道点击量均在3万次以上。

（四）做优“蓝媒行动”，精准服务用户需求。“蓝媒号”积极探索以新闻生产为基础、以用户关系为核心、以用户需求为指向的“蓝媒行动”运营模式，探索“新闻+政务”“新闻+公益”“新闻+电商”开发，努力让广播电视融媒特色服务的触角，垂直更深，延伸更广。如联合浙江省农业厅、全省各地50家市县区广电台发起的“庆祝改革开放40年 · 丰收浙江”融媒行动，数百位“蓝媒号”记者和民间拍客深入田间地头，寻访乡村变迁，推出了包括直播、航拍、全景视频、H5产品等在内的一系列融媒报道，在展现丰收浙江美丽画卷的同时，还有力推介特色乡村旅游，助力各地农产品网络营销，彰显了主流媒体的责任担当。

（浙江广播电视集团）

中国江西网

中国江西网新媒体工作综述

作为江西日报社加快媒体融合转型步伐的排头兵、主阵地，中国江西网精心做内容，发力移动端，对接资本市场，强化融合发展，成功挂牌新三板，传播力和产业发展排行均步入全国省级新闻网站第一方阵。2018年，网站影响力和传播力持续增强，第九次获得中国新闻奖，2018年上半年传播力排位全国省级网站第七；“法媒银平台”建设继续叫响全国；中国江西网（大江传媒）产业经营继续保持高速成长的态势，完成收入1.78亿元（含信息日报），总收入较去年同比增长62%，产业发展继续稳居全国省级网站第一方阵；与信息日报的融合发展工作也取得了积极进展。

2018年，中国江西网按照向移动端拓展、向地市拓展、向省外拓展、向资本市场拓展等“四个拓展”的发展战略进行谋篇布局，各项工作亮点突出、精彩纷呈，主要工作亮点如下：

（一）影响力继续保持省级网站第一方阵

发展壮大网上正能量，让网络空间清朗起来，一直以来都是中国江西网所追求的目标和使命。近年来，狠抓内容建设，弘扬主旋律，先后打造出了备受肯定的“发掘和推送网络典型人物”“失信被执行人曝光台”等两大“江西经验”，得到多位党和国家领导人的充分肯定，受到各方的好评。2018年，策划的网络专题《开放的中国：美丽江西秀天下》获得第二十八届中国新闻奖三等奖，这也是网站第九次获得中国新闻奖。在2018年第五届世界互联网大会上，《世界互联网发展报告2018》和《中国互联网发展报告2018》蓝皮书发布了2018年上半年省级新闻网站综合传播力榜单，中国江西网在全国省级新闻网站综合传播力榜中排名第七位。

（二）“法媒银”平台建设继续叫响全国

2018年3月9日和10月24日，“法媒银”平台作为工作创新机制的典型，两度写入了最高人民法院的工作报告，接受了党和国家领导人及全国人大代表的审议。2018年5月，江西日报社和江西省高院共同启动了以“不忘初心　共筑诚信”为主题的“法媒银进基层”系列活动，全年开展活动24场，覆盖范围包含了全省的校园、机关、社区、农村、铁路、地铁、院线、金融机构等，这一创举得到最高法院的点赞；2018年有10多个外地省份来赣取经“法媒银平台”建设，并在当地落地生根；截至2018年12月底，平台数据库共纳入23.9万名失信被执行人，重点曝光4.36万名，限制飞机41.93万例，限制火车17.59万例，网友通过平台查询失信名单达1250万人次。

（三）重大项目助力产业发展跃上新台阶

2015年7月28日，运营中国江西网的江西大江传媒网络股份有限公司（证券代码833072）正式挂牌新三板，成为“江西互联网第一股”，江报传媒集团也借此成为全国第三家挂牌新三板的省级党报集团。挂牌以来，大江传媒业绩持续保持高速增长。2018年，网站传统PC端业务稳步提升，培育的多个重大项目助力产业发展跃上新台阶。发力的项目主要有“赣鄱云”、舆情监测、互联网游戏、大江高科综合电商项目等，在整个利润构成中，占比逐年扩大。大江传媒2017年度总收入首次突破亿元大关；2018年，总收入超过1.6亿元，较上一年同比增长60%以上，产业发展继续稳居全国省级网站第一方阵。

（四）“赣鄱云”建设省内全面开花

在2018年5月10日全国文化体制改革座谈会上，中共中央政治局委员、中宣部部长黄坤明对由江西日报社开发的“赣鄱云”媒体融合全省“一张网”模式给予高度评价；中宣部常务副部长王晓晖对“赣鄱云”建设经验作出重要批示，并在中宣部《宣传工作》进行了经验介绍。江西日报社依托中国江西网旗下的江西手机报，自主研发推出了“赣鄱云”融媒体智慧平台，成功地解决了江西各地媒体融合无足够经费、无技术平台、无安全保障、无专业人员等问题，让江西的媒体融合发展驶入了快车道。2018年底，“赣鄱云”中央厨房平台已在江西省内外全面开花，用户总数超过5000

万，已建成45个市、县（市、区）融媒体中心，并成功跨出江西，援建了新疆“克州云”中央厨房。

（五）新媒体主导传统媒体融合发展效果显现

2018年，是中国江西网与信息日报融合发展的关键一年。一年来，我们坚持信息日报与中国江西网的深度融合，加大内容生产的战略转型、产业生态的重新构建、加快新媒体矩阵的建设。在内容和用户群的定位上，采取“细分市场小而优”特色发展思路，不再追求“大而全”，而是精准定位。通过在内容、用户、运营、融媒体等四个方向的调整，直面融合问题，解决媒体融合发展的“痛点”。经过一年的融合发展，成功实现了网站和报纸在品牌影响力和经营收入的双赢。2018年，信息日报全年总收入1430万元，总收入增长同比增长28%，利润增长1000多万元，实现全年盈利。信息日报发行量稳步提升，成为江西省发行量最大的报纸之一，新媒体用户已经达到580余万，其中客户端下载量180万，成为江西省第二大新闻客户端。

（六）新媒体矩阵平台日益壮大

建好移动平台，拓宽渠道，圈住粉丝，打造网友喜爱的全媒体传播平台，是新闻网站责任和担当。为顺应移动互联网的发展趋势，中国江西网在发展新媒体、推进媒体融合的过程中，始终秉承以用户为中心的理念，将继续实施移动优先战略，加大全媒体矩阵建设力度，新媒体平台内容建设持续发力，新媒体用户超两千万，创下全省多个第一。其中，江西手机报彩信用户1000万，全省第一；微信矩阵粉丝超500万，其中大江网微信粉丝数超过168万，是全省粉丝最多的媒体公众号，深受广大粉丝的喜爱，影响力在全国地方省级新闻网站传播力微信榜中稳居前五，跻身中国微信500强；微博矩阵粉丝超过900万。按照区域新媒体新动能的战略，去年重点打造的“江西头条”移动云平台，是以中国江西网PC端为后台的融媒体平台，采用前端独立、后台统一、一键生成、多级放大、多次传播的“江西头条”APP矩阵。平台已推出江西头条、地方头条和行业头条等38个APP，下载数超过360万。今日头条、抖音、百家号、网易、一点资讯、大鱼号、搜狐号等自媒体平台，拥有数320万粉丝量。

此外，还承建了江西发布、江西宣传、江西党建微平台、赣鄱统战、文明江西、江西执行、江西人社、江西放心消费315等政务新媒体平台，粉丝规模突破350万，成为江西最大的政务微信公众号运营团队。截至2018年底，江西省委组织部的“江西党建微平台”粉丝52万、江西省委网信办的“江西发布”粉丝28万、省委宣传部的“江西宣传”粉丝84万、省文明办的“文明江西”粉丝137万、江西省高院执行局的“江西执行”15万、江西省人社厅的“江西人社”粉丝60万、江西省消保委的江西放心消费315粉丝10万。值得一提的是，江西发布、江西宣传、江西党建微平台、赣鄱统战、江西人社、文明江西成为2017—2018年度江西省十佳政务微信公众号，其中不少公众号在全国行业系统影响力稳居前十，如文明江西在全国文明系统公众号排名第一，赣鄱统战在全国统战系统公众号排名前三，江西党建微平台挺进全国党建政务微信公众号前六。

（七）推出了一批现象级爆款作品

在重大主题报道中，中国江西网坚持正确的舆论导向，加强策划，创新传播手段，打造出了一批“叫得响、立得住、传得开”的现象级融媒体作品，推出百万级阅读量作品超过50余件。值得一提的是，在2018年的全国两会报道中，《热烈祝贺习近平全票当选国家主席　一起来为中国加油》《中国，跳一跳》两个融媒体产品获中宣部表扬。爆款H5作品《十九大报告学习词典》写入省委书记刘奇在2018年全省宣传思想工作会议上的讲话。《十九大报告学习词典》自推出以来，得到中宣部新闻局肯定，还获得“中国报业十九大融合传播优秀作品”排名第一，在2018年，省委书记刘奇多次在公开场合表扬该作品，并写入其在2018年全省宣传思想工作会议的讲话中。截至2018年底，该作品已被分享1311多万次，全网总阅读量超过3.2亿人次。

（中国江西网）

江西网络广播电视台

一 | 江西网络广播电视台新媒体工作综述

江西网络广播电视台作为江西广播电视台在新媒体平台的阵地，2013年由国家新闻出版广电总局批准成立，以“搭建平台、整合资源、融合产业、共赢发展”为思路，集合了江西广播电视台旗下10个电视频道、9个广播频率等相关资源和网台原创新闻及短视频内容，不断深化推动广播电视媒体的融合发展，形成了一个以互联网、IPTV、云平台、移动客户端、微博、微信及头部媒体矩阵等各类新媒体形式为中心的融媒体平台，覆盖广播电视、电脑、手机等多种媒体形态。作为江西的省直重点新闻网站，江西网络台已成为江西省互联网第一视听门户，是具备强大传播力、引导力、影响力、公信力的新型主流媒体。

（一）加强创新创优建设打造互联网主流媒体

江西网络广播电视台策划推出了一系列在全国有影响力和传播力的产品和活动，用“网言网语”传播中国好声音，讲好正能量故事，强化网友参与感、互动性。

2018年，江西网络广播电视台认真做好了“深入学习贯彻习近平新时代中国特色社会主义思想和党的十九大精神”、“纪念改革开放四十周年”、江西省两会、全国两会、十四届省委六次全会、“聚焦‘放管服改革’ 曝光‘怕慢假庸散’”等重大主题宣传工作，成效显著。其中微信融媒体产品《国务院机构改革方案来了！新部门亮相，7大看点揭秘！》、《@所有中国人，快来看，未来美好生活图景这里全都有！》、融媒体直播节目《两会“网”约车》系列报道、“大江奔流——来自长江经济带的报道”等受到中宣部表扬；与人民日报联合制作《江西一分钟》引爆全网，24小时内的播放量超1500万；“聚焦‘放管服改革’　曝光‘怕慢假庸散’”共发稿200多篇，总点击量超过2亿次。截至2018年12月21日，江西网络广播电视台共刊发原创报道2720多篇，原创网络评论1215篇，完成赣云直播253场，制作新媒体产品294个。

2018年是江西网络广播电视台新媒体产品的“爆发年”，产品质量、数量都处于历史最高水平。其中，《昼夜奋战　不负青春》《留住乡愁》得到了中央网信办的高度赞扬；《傩面新生》《柴桑少女的新春旧事》《江西奉新：300年热闹一回》《社区好书记　百姓贴心人》《小小工资单里的改革密码》《互联网+河长制　智慧“大脑”来治水》等短视频获得了江西省委网信办的充分肯定；江西网络广播电视台开设的“台面”抖音号，10天内“台面”抖音号获得204万用户点赞、4500万播放量，吸粉5万。爆款抖音小视频《在俄罗斯遇到一群可爱的中国人》单期视频点赞量就达到170万，播放量4000万。江西网络广播电视台制作的短视频《江西一分钟》在人民日报微信公众号首发不足1小时点击量破10万+，人民日报旗下所有平台以及腾讯、秒拍、今日头条、优酷视频、爱奇艺、搜狐、新浪、澎湃新闻、梨视频、哔哩哔哩及省内主要媒体等纷纷转发该视频，获得了巨大积极的社会反响。

（二）江西网络广播电视台加快现代传播体系建设

2018年，江西网络广播电视台完善全媒体内容产品的报审发布流程，通过强化以手机江西台APP为核心的平台布局，实现两微两端及头部媒体矩阵的全覆盖和广电媒体内容产业的融合。一方面，充分利用三大运营商的系列优惠政策、深化台网联合直播和视频内容优势，让手机江西台影响力和用户下载量全面攀升。另一方面，通过与新技术、新应用的结合，提升内容生产和分发的效率，让江西广播电视台各频道频率及江西网络广播电视台生产的电视节目、融媒体直播、原创新闻及短视频内容覆盖和影响力实现最大化。

截至2018年12月，江西网络广播电视台全网的矩阵平台用户总数达到1397.34万。其中，手机江西台APP下载量超220万，日活用户达26.3万；微博微信粉丝数254.9万，网台的抖音粉丝12.2万，手机报业务用户4.9万，头部媒体（新华社现场云、人民号、央视新闻+、今日头条、企鹅号、百家号、大鱼号等平台）总粉丝数共有905.34万，在头部媒体推送的内容累计阅读量达27.3亿次，推送的视频累计播放量达42.5亿次，稳居江西主流新媒体平台覆盖第一。

（三）“赣云”引领江西县级融媒体中心建设热潮

2018年，江西广播电视台集全台之力，由江西网络广播电视台承办，打造了支撑县级融媒体中心建设的省级平台——赣云融媒体平台。“赣云”平台严格按照中宣部、国家广电总局发布的《县级融媒体中心省级技术平台规范要求》和中宣部、国家广电总局发布的《县级融媒体中心建设规范》规划建设，作为江西广播电视台媒体融合建设的“头号工程”，赣云融媒体平台实现了县区落地、内容拓展、渠道覆盖三方面的全面齐头并进，后发制人在全省取得了突破性进展。

“赣云”融媒体平台能够高效实现全省覆盖、互联互通，为省域内县级融媒体中心的业务开展提供海量全媒体资源及领先技术支持，达到“全省汇聚、全球发声”；能真正实现省、市、县区，乃至乡镇街道四级宣传统筹管理、内容舆情监测、省域通联协作、媒资交换交易、系统培训指导等功能。“赣云”平台不仅具有较高的扩展性和安全性，技术架构先进、性价比高，而且拥有等保三级安全体系，充分保证用户访问业务的平稳运行。同时，“赣云”融媒体中心基础平台已经实现了省内省、市、县三级广电媒体内容垂直一体化整合，为全省广电媒体的内容协作提供了强大的技术支撑。

江西已有超30个市县（区）融媒体中心接入“赣云”融媒体中心，首批包括新余市、宜春市、湘东区、铅山县、永修县等9家融媒体平台已建成上线。

二｜江西网络广播电视台新媒体案例

2018年，江西广播电视台集全台之力，由江西网络广播电视台承办，打造支撑县级融媒体中心建设的省级平台——赣云融媒体中心。作为江西省新一代媒体融合云平台，自“赣云”项目启动以来，江西网络广播电视台就秉承高品质、严要求、适度超前的标准，打造一个基于互联网和大数据技术的主流媒体自主可控平台，能够支撑全省万级新媒体产品、千万级新媒体用户，是江西新媒体管理、产品汇聚、内容融合、移动政务服务的综合云服务平台。

作为媒体融合建设的“头号工程”，赣云融媒体平台在江西广播电视台各部门的倾力帮助下，实现了县区落地、内容拓展、渠道覆盖三方面的全面齐头并进，在全省取得了突破性进展。

在传统媒体云平台的基础上，赣云打造出新型移动新媒体音视频内容产品矩阵，建设了一个汇聚新闻报道、政务服务、舆情分析、智慧城市和广电媒体资源的强大系统，实现“全省汇聚、全球发声”的聚变式媒体融合发展，进一步提高江西广播电视台的传播力、公信力、影响力和舆论引导力，更好地服务江西经济和社会发展。“赣云”平台有互联网民营企业所没有的核心资源支持，这个核心资源就是我们主流媒体的公信力，我们在党和政府、在社会各界、包括在人民群众中的公信力，这是我们主流媒体打造新型的互联网平台的主要支撑点。

此外，江西网络广播电视台已与江西省政府政务服务办、省高速公路联网管理中心、专业电商平台达成合作意向，将在“赣云”接入政务服务、高速公路路况信息、视频购物等一百多项便民服务项目。

目前，江西已有超30个市县（区）融媒体中心接入“赣云”融媒体中心，首批包括新余市、宜春市、湘东区、铅山县、永修县等9家融媒体平台已建成上线。这些市县级融媒体不仅是一个单纯的中央厨房，而且是一个在“赣云”平台的大型技术和运营平台支持下的各个县级的融媒体端口，这就是江西广播电视台构建现代传播体系的一个重要基础。

下一步，赣云融媒体平台将加快在江西地市县区的覆盖进度，同时在核心技术功能引领、优质资源内容引入、政务服务及智慧城市拓展上下功夫，始终保持核心功能江西领先、特色功能全国领先。

（江西网络广播电视台）

安徽日报报业集团

安徽日报报业集团新媒体工作综述

（一）抓“点”，打造报网微端一体运作的全媒新平台

媒融合发展，首先要有可融的媒体业态。报业集团在媒体融合发展中，始终坚持从最短的短板补起，从最薄弱的基础做起，把提升党报传播力、引导力、影响力和公信力作为根本目标，把安徽日报新媒体建设作为首要任务扎实推进。

1. 快马加鞭地“建”，夯实融合发展基础

2014年7月，根据省委推进媒体融合发展的要求，安徽日报旗下新媒体“中安在线网”（2000年建成），升级成立“安徽新媒体集团”。2017年初，报业集团确立了“深化改革成果、坚持错位发展、推动优势互补、实现多方共赢”的媒体融合发展原则，在剥离原有积累后，较为薄弱的基础下，加快新媒体业态建设。2018年1月18日，安徽新闻网视觉安徽频道、安徽日报客户端、安徽日报新版微博微信、安徽日报新闻大数据中心于正式上线，2018年10月18日，安徽新闻网正式上线。在融媒体传播格局上，初步构建了报刊端、移动端、PC端“三端俱全”，报、网、端、微、数“五位一体”的全方位传播业态，在舆论引导力上，实现了全天候传播，在传播影响力上，取得了全领域覆盖，媒体融合发展掀开新的一页。

2. 实实在在地“融”，理顺融合发展机制

作为媒体融合发展的后发者，安徽日报融合发展注重吸取兄弟媒体的经验做法，采取边建边加边融的模式，努力在机制上解决好从相加到相融的问题，最大化破除融合发展机制上的障碍。在新媒体建设初期，集团多方鼓励对新媒体有热情的传统媒体

编辑记者投入到新媒体建设的调研论证工作中，在思想上统一到新媒体的谋划上；在新媒体建设中，向全报社征求新媒体的名称、栏目设置、页面呈现等，让思维落实到新媒体的工作上；在新媒体建成后，以前只负责安徽日报发稿的各部门，在承担传统党报发稿的同时还承担了新媒体有关栏目、频道的供稿任务，以实际的参与让思路由传统办报转移到融合发展上。

3. 务求实效地“用”，呈现融合发展效果

无论是新媒体的建设，还是媒体的融合发展，最后的目的都是好用、用好。为此，安徽日报把融合发展的着力点放到“报网微端”媒体形态的运用上，在宣传报道中注重提升报道时效、做大主题宣传、创新话语体系、加大权威发布，党报新闻宣传传播力、引导力、影响力和公信力得到显著增强。2018年在习近平总书记视察安徽两周年系列策划中，重点推出H5作品《我带总书记回访安徽》、微视频《这两年，我奋斗，我幸福！》融合文字、图片、视频和动画，增加内容的丰富性和交互性，被广泛转发、分享，产生很好的传播效果；2018年全国两会期间，专门开设《两会天天报》《两会直播间》等栏目，全媒体播报大会信息，全端口多频互动，在《新闻战线》“全国两会”全国省级媒体传播力排行榜中综合排名第五；2018年9月底开始，推出纪念改革开放40周年专栏“勇立潮头看江淮”系列报道。用16个版面和16个融媒体产品，生动展现了安徽16个地市改革开放40年来先行先试的探索轨迹、创新实践和发展硕果。作品在传播渠道和传播形式上均进行了积极探索和大胆创新，为主流媒体在融媒体时代做好重大主题宣传积累了经验。一经推出就产生热烈反响，受到广泛好评。中国记协网以“安徽日报‘勇立潮头看江淮’生动展现40年巨变”为题对这组报道进行了大篇幅图文推介；2018年5月25日，首届世界制造业大会在合肥召开。安徽日报以VR探馆、主播出镜等体验式报道形式全景直播大会盛况，策划推出《一张宣纸的奇妙旅行》，采用下拉式长幅连环画，中间贯穿动画、动图等，用拟人化的手法，通过一张出口的宣纸，引出安徽在制造业方面取得的各项重大成绩。形式创新丰富，故事性、艺术性、新闻性兼具，增强了重大主题报道的吸引力、感染力。2018年，《为了总书记的嘱托》特刊和《学报告看安徽》等系列报道，在中国报业十九大融合传播峰会上分获“中国报业十九大融合传播优秀作品报道类十佳”和“中国报业十九大融合传播优秀作品”奖。

（二）扩“面”，构建采编发管集中调度的媒体新矩阵

在巩固和深化安徽日报新媒体中心改革成果的同时，着力推动“五位一体”的传

播新格局，推动集团层面的媒体融合向纵深发展。

1. 强化顶层设计，明晰发展目标。

研究制定了集团2018—2020年媒体融合发展指导性规划，制定出台集团《2018年融合发展工作方案》，努力构建集团层面的深度融合发展格局。争取用2—3年的时间，在2020年前达到或者超过全国省级党报媒体融合发展平均水平，基本建立“报、网、微、端全媒体传播，采、编、发、管全过程调度，人、财、物、技全要素保障”的传统媒体和新兴媒体深度融合发展的新格局。

2. 把握阶段目标，明确重点任务。

围绕实现“快速传播、移动传播、全媒传播、分众传播、互动传播、权威传播”六大传播功能性目标，在2018年融合建设的基础上，充分汲取先进地区全媒体融合发展建设运行经验，集中精力、调度资源，推进集团级融合平台建设。按照“指挥调度中心、资源聚合平台、对外合作窗口”的总体目标，研究确定集团融媒发展中心的功能定位、技术设计、系统架构，统筹集团资源调配，形成集团级“专业化分工、矩阵化传播、规模化运营”的指挥调度平台。同时，探索运用项目制、内部市场化、虚拟组织、跨部门合作等新型管理机制，真正实现全集团的深度融合。目前，集团融媒发展中心已经在建，预计2019年年中建成。

3. 推动机制创新，强化工作落实。

注重以科学机制保障平台建设，用机制创新推动资源融合。集团专门成立“融合发展推进办公室”，在集团党委直接领导下开展工作，采取“推进办+责任单位”模式，组织、协调、督促各项融合工作有序推进。建立由推进办统一协调，“两办”（编委办、总编办）、“三部”（安徽日报理论部、评论部、记者部）、“四大中心”（政治新闻中心、经济新闻中心、文化新闻中心、视觉新闻中心）、其他各部门各单位联动的“1+2+3+4+N”的内容生产工作机制，统筹安徽日报及集团其他媒体的内容生产，确保各项工作有序推进、落到实处。通过一个阶段的努力，党报集团传播力和影响力有了显著提升。安徽日报推动“策采编发”的深度融合初步实现重大新闻融合策划和多平台分发、全矩阵推送；新安晚报全力打造文化产品“徽派”；安徽商报优化“报网微端”发稿机制；安徽日报农村版创新考核机制；安徽法制报打造“法苑书香”“微视频制作品牌”；徽商传媒打造“影像力”短视频工作室，集团深度融合呈现多点开花、全面推进的喜人局面。

（三）建“云”，布局融通内外全域聚合的党媒新传播

传统媒体深度融合也不能只在自家“室内游泳池”里打转转，必须勇敢跳入互联网的汪洋大海，眼光向外，内外并举推进融合。

1. 努力探索内外融通新格局

2018年8月全国宣传思想工作会议上，中央提出把媒体融合进一步延伸到县区，打通最后一公里，形成中央、省、市、县区四级布局。新布局对我们省级媒体的融合工作提出了新要求，在推进自身融合的同时，要关注媒体格局的深层变化，要思考在新布局中的角色和定位。面对新形势，要求我们不但要做好自身融合转型发展，还要眼光向外，要立足自身、内外并举。通过融合转型，构建全媒体融合传播格局，把以前单一载体的业务模式转换到融合传播格局下，实现新传播平台转换，推进媒体深度融合。顺应互联网环境下开放、共生的传播趋势，立足党媒的职责使命，重构核心用户链接，构建新型主流媒体集团。

报业集团坚持开门办报、开放融合的发展思路，进一步积极探索与基层宣传部门、新闻媒体、平台公司、技术公司以及党政机关、学校、企事业单位合作，实施党媒赋能、党报赋能，实现内外融通、合作共赢、可持续发展。

从基层基础抓起、走点面结合路径，充分发挥省级党委宣传部门在本地区推进全域型媒体融合发展中主导作用，努力实现由点到面、由面到云的媒体传播新突破，推动形成“统一领导、内外联动、优势互补、同频发声”的内外融通、全域聚合的党媒融合传播新格局。

在充分调研基础上，制定县县融、社区融、乡镇融、校校通、思政融、名企融等党媒云子平台项目的政治安全和内容把关制度、设备设施和技术标准并全面推广，争取实现安徽省全域县级媒体和乡镇、社区、学校、大型国有企业的“网融合”，积极构建“报团发声、高台传播、权威定调、合作共赢”的全媒、全域传播矩阵。

2. 合作推进共建共享新模式

安徽日报报业集团在媒体融合发展中注重突破各自为战、单兵传播的局限，抢抓有利机遇，积极争取上级支持，主动担当作为，着力打造“安徽党媒云”工程，构建省域专业主流的“聚合态、网融合、云传播”的共建共享共赢新模式。

2018年，报业集团在充分调研论证、友好协商基础上，首批与黄山市、铜陵市签署了共建安徽党媒云——“县县融”平台合作协议，正式启动了由省委机关报与市县区委宣传部共同推动的省市县三级媒体全面进行互联、互通、互融的融合进程，明确

了高质量建设县级融媒体中心与深化党委机关报融合发展兼顾的“以融促建、建融并举、深度融合”实践路径。根据合作共识，报业集团将与黄山市、铜陵市共创党媒传播新格局，共建三级融媒新平台，共享融媒平台云服务，加强工作互商、网络互联、媒体互融，努力走出一条务实管用的媒体融合发展新路子。

2019年1月18日，安徽党媒云——“社区融”平台正式上线。该平台以安徽党媒云为依托，“策划为先、信息共享、一次采集、多端发布”，实现全省数千个社区的深度融合与合作共建。打通省级党报融媒体平台与基层社区沟通的最后一公里，赋能社区自媒体平台，丰富权威主流新闻信息，实现信息资源共享，打造安徽社区新闻资讯服务第一平台。

2019年2月14日，安徽党媒云——“乡镇融”平台正式上线运行。该平台专门为全省广大乡镇党委、政府量身打造，为乡镇提供综合性的新闻资讯服务，上线当日已有灵璧、泗县、埇桥区3个县区的60个乡镇签约入驻。平台立足“报、网、微、端”互动，打通乡村舆论宣传“最后一公里”。乡镇融平台是党报集团面向农村打造的全媒体立体化传播矩阵，对加大“三农”宣传力度、推进乡村振兴战略、弘扬社会主义核心价值观、占领农村网络舆论阵地等，具有重大作用。

2019年2月21日，安徽党媒云——“校校通”平台正式上线运行。该平台专门为全省教育系统、高等院校以及广大教育机构量身打造的新平台，为广大受众提供综合性的新闻资讯服务。上线当日，全省有近百所学校、教育机构率先入驻。安徽党媒云校校通搭建一个开放共享的宣传平台、展示平台、交流平台和资源聚合平台，提供新闻宣传、形象推介、活动直播、师生培训、研学服务、舆情分析等综合性服务。着力打造全省教育系统综合性、权威性的主流新闻传播阵地和平台，全面提升全省教育系统在新闻舆论上的传播力、引导力、影响力和公信力。

（安徽日报报业集团）

安徽新媒体集团有限公司

一 | 安徽新媒体集团有限公司新媒体工作综述

2018年以来，安徽新媒体集团精心组织重大主题新闻宣传，发力原创内容生产，全年共有32件原创作品被中央网信办安排全网推送，4件作品荣获第三届全国“五个一百”网络正能量精品奖，充分发挥了党媒主力军、主阵地的作用，弘扬了新时代主旋律，唱响了安徽好声音。

集团持续打造融媒体产品矩阵，H5、短视频、航拍、手绘漫画、数据新闻等形式的融媒体精品不断涌现。集团媒体承接运维了省直50多家政务新媒体，全年共完成“安徽道德模范与身边好人进校园”等118场网络直播，采编队伍得到了极大的锻炼，中安在线网站进入中国互联网信息中心发布的《网站信息生态指数榜》全国省级新闻网站综合排名前十。

（一）强化责任担当，大力唱响新时代主旋律

2018年，安徽新媒体集团紧紧围绕学习宣传贯彻习近平新时代中国特色社会主义思想和党的十九大精神这一主线，紧扣纪念改革开放四十周年这一主题，在深入推进媒体融合发展，巩固壮大主流舆论方面持续发力，先后圆满完成省“两会”、全国“两会”、新春走基层、全国两会、习近平总书记视察安徽两周年、2018世界制造业大会、长三角改革再出发、中国农民歌会以及纪念改革开放四十周年等一系列重大主题宣传活动。

1．突出抓好习近平新时代中国特色社会主义思想和纪念改革开放40周年网上宣

传。中安在线通过页面调整，增设“双头条”的报道形式，及时、准确、突出地做好习近平总书记重要活动稿件的转载，做好省委省政府重大部署、重要活动、重点工作稿件的集纳编发，第一时间将中央及省委的声音传播开来。围绕纪念改革开放40周年，集团各媒体共同开展了“我与改革开放共成长”网络征文活动。集团多次组织采访小分队，采访社会各界人士，推出了“党代表们说变化”“厅局长访谈”“徽忆·四十年”等系列原创报道，确保纪念改革开放40周年专栏天天有、稿件日日新。推出的大型专题《小岗大道》以习近平总书记视察小岗重要讲话为纲，设立“小岗大道”“小岗之路”“小岗之问”“小岗之光”“小岗之梦”五大板块。运用动画、视频、图表、动态地图、VR等多媒体叙事方式，全景展现小岗村的改革之道。

2．大力唱响现代化五大发展美好安徽建设网上主旋律。集团各媒体聚焦省委省政府重大决策部署和现代化五大发展美好安徽建设实践，扎实做好“安徽好人”“榜样”等典型宣传，让“好人天天见”“好人成为网红”。先后制作《十九大召开一年来》《精准扶贫　安徽打响“脱贫攻坚战”》《“讲忠诚严纪律立政德”专题教育》《奋斗新时代——长三角改革开放再出发》《安徽政务服务“一网、一门、一次”改革进行时》等专题40多个。集团“网报端微视”同频共振、矩阵传播，强化融媒体元素和可视化视角，推出了一大批适应新媒体传播形式和规律的优秀作品和视频产品，最大力度放大所属媒体的叠加效应，形成高潮迭起的宣传态势。为宣传安徽发挥了积极作用。值得一提的是，在全国“两会”上，本集团成为18年来唯一受邀采访李克强总理记者会的安徽媒体。

（二）坚持创新至上，持续提高原创新闻生产能力

内容生产能力是媒体的核心竞争力，集团通过深化“三项学习教育”和“走转改”活动，完善完善月度、年度优秀稿件评审机制，改进新闻产品创作生产绩效考核等举措，引导和鼓励集团媒体采编人员适应分众化、差异化传播形势，创作更多“粘泥土、冒热气、带露珠”的网络新闻产品。

1．加大原创内容产品生产能力。集团各媒体的稿件长期依赖于省内传统媒体供稿，在发布时间上就落后一步。集团党委把加强原创内容生产能力作为未来发展的重中之重，在人员招聘、设备采购、后勤保障等方面予以优先考虑。仅从数量上看，2018年集团媒体原创新闻作品比上一年增长了2倍。从质量上看，原创作品的更是涵盖了文字、图片、动漫、视频、图表等多种表现形式，实现全媒体、立体化传播。2018年集团媒体创作生产媒体融合新产品共计452篇，其中《H5：两会30秒》《手

绘：两会连环画》《系列漫评：研习之路——重温习近平总书记视察安徽时嘱托》等10余件作品阅读量均破到百万。

2．精心办好原创品牌栏目。评论是新闻媒体的旗帜和灵魂，体现着媒体的观点和态度。集团旗下中安在线网站始终坚持正确的政治方向、舆论导向和价值取向，敢于亮剑，激浊扬清，重点打造“中安时评”栏目和“宛新平”“万钧客”评论品牌，扎实做好网评工作，2018年累计推出评论文章6000余篇，其中原创评论文章2500余篇，《徽评两会：写好“三严三实”新答卷》《“一带一路”为世界打造更加美好的未来》《新时代是奋斗者的时代》《互联网在中国，风华正茂》《“东方之约”携手各国共享“中国机遇”》等多篇原创评论被中央网信办安排全网推送。

3．精心做好民生和热点新闻策划宣传。重点策划和推出了“移风易俗过新年”“老兵的风采”“高温下的劳动者”“城事·图片故事”“最美劳动者”“无奋斗不青春”“国庆走一线”“江淮风暴——记者一线看执行”“秋收看秋事”等系列原创报道，得到了社会和网友的广泛关注，取得较为广泛的社会影响。

（三）突出视频直播，着力输出优质视听新闻

短视频和直播已成为当下传播的热门载体，集团高度重视“新势力”在网络传播中的作用，在探索短视频和直播节目的表现方式，提升视频内容播放量方面进行了许多尝试。

1．加大视频节目创作。对中安在线网站的网视频道进行了全面改版，大幅提升短视频新闻占有比例。先后策划创作了《两会访谈》《两会V记录》《家味》《全面建成小康社会一个都不能少》《徽忆·40年》《奋斗新时代 改革再出发——厅局长访谈录》等，在省内视频新闻方面短时间内形成较大的影响力。

2．加强新闻视频直播。全年完成网络直播118场，包括承担省政府新闻办组织的75场新闻发布会的图文及视频直播，观看人数累计7000万；承担省政协8场月度专题协商会的图文直播、网络议政、新闻宣传等工作，累积有180多万网友参与问卷填写，超过1000万人次观看会议现场图文直播；还有《安徽省道德模范与身边好人进校园》《安徽文化名家进高校和“非遗”进校园》《安徽文化论坛》《全国高校学习新思想千万师生同上一堂课》《我们在一线》和《带你去看世界制造业大会》等35场直播，大大提高了活动的影响力。

3．加快视频航拍应用。积极把握网络传播新技术新业态，及时立成了航拍工作室。7月份，按照省委宣传部要求，派出12支工作队承担《八百里皖江全景录》的航

拍工作，全体工作人员冒着酷暑，每天早出晚归、连续作战，圆满完成了此次航拍拍摄以及部分后期制作工作，得到了省委宣传部的充分肯定。目前，集团航拍机构健全、航拍队伍稳定、航拍技术成熟，已经成为省内视频航拍领域的尖兵。

（四）革新传播机制，集聚多元传播力量

围绕“中央厨房”建设，集团不断优化内容生产流程，构建新型采编机制，实现了采编力量统一调试、信息一次采集、多元生成、多端发布，新闻线索发现和采编水平有了质的飞跃，传播能力得到有效加强。

1．打造传播矩阵。以中央厨房建设为抓手，着力整合集团所属主要传播平台，打通各平台交流机制，形成新闻传播多位一体、矩阵输出。目前，已整合形成中安在线网站、中安新闻客户端、安徽手机报、安徽先锋手机报、安徽发布微博微信、安徽省政府发布微博微信、中安视频、徽喜鹊工作室、徽镜映像工作室、安徽航拍工作室等十位一体传播矩阵。

2．突出融媒传输。充分发挥集团中央厨房整合分发作用，大力推进“策采编发”一体化统筹，着力实现“网报端微视”同步发声、矩阵传播。目前，集团已实现新闻生产一次采集、多种生成、多元传播目标，形成了各端口、各平台对外新闻传输聚合呈现态势。

3．强化视觉传播。发挥互联网技术优势，打造“云图库”视觉传播项目，提升集团媒体原创图片集中管理、分渠道传播的效率。截至目前，共拍摄并发表各类图片新闻130组、原创图片2000幅，在“奋斗新时代——长三角改革开放再出发”大型采访活动、第七届中国农民歌会、改革开放四十周年、“建设美好庄台，助力脱贫攻坚”等重大主题宣传和“车轮上的八月”“高温下的坚守”等自主策划宣传报道中形成亮点，确保了原创图片报道天天呈现、日日鲜活，取得了广泛影响和良好的社会评价，为提升集团各媒体的传播能力发挥了积极作用。

二 | 安徽新媒体集团有限公司新媒体工作案例

2018年6月，为大力弘扬积极健康的政治文化，营造风清气正的政治生态，着力打造一批融政治性、思想性、艺术性于一体的廉洁文化精品，省纪委办公厅印发《关于开展“安徽廉洁文化精品工程”作品征集展播活动》。

“我叫李廉洁，为廉洁代言”系列作品就是安徽新媒体集团积极响应此次征集展播活动而创作的。接到任务后，主创团队经过反复讨论，最终确定采用系列网络漫画的表现形式。为避免简单的说教，漫画在内容上采取“具体的案例+廉洁贴士”的方式构成。主创团队还创造了一个虚拟人物“李廉洁”，他作为廉洁的代言人，对发现的违法违规现象会严肃指出，并给出自己的态度。该系列作品旨在教育广大党员和行使公权力的公职人员正确对待和处理公与私、义与利、廉与腐、俭与奢、苦与乐、亲与清的关系。

该系列漫画主要围绕插手人事安排、公款送礼、小圈子、迷信活动、个人事项报告、超标准公务接待、婚丧喜庆事宜、权色交易等关键词进行创意创作，设定相应的场景，语言和漫画风格的“网感”很强，符合“网生一代”的阅读习惯。该系列漫画在中安新闻客户端发布后，在移动端有效地宣传了廉洁文化的正能量。同时，该系列作品被安徽纪检监察网作为安徽廉洁文化精品工程参评作品予以专题展播。

（安徽新媒体集团有限公司）

福建日报社

一 | 福建日报社新媒体工作综述

2018年，报业集团党组认真学习贯彻习近平新时代中国特色社会主义思想和党的十九大精神、全国宣传思想工作会议精神，坚定不移推进媒体深度融合，确立移动优先发展战略，在推进媒体深度融合方面取得新突破。不断强化顶层设计和运作，报、网、端、微一体化运作，拓展重大主题报道，创作一批传播效果良好的融媒体产品，巩固发展《新福建》等新媒体阵地，做大做强网上正面宣传，主动占领互联网舆论主阵地。主要工作亮点有以下几个方面：

（一）建设推广《新福建》，推进“一县一网”“一县一端”布局

2016年3月，福建日报社与人民日报社、人民网开展技术合作，研发建设党报移动互联网新媒体——《新福建》新闻客户端。《新福建》于2016年8月正式上线，截至2019年4月底，下载量已超过725万。

《新福建》新闻客户端集新闻资讯、政务发布、生活服务多项功能于一体，每天24小时滚动推送党报集团等主流媒体新闻并进行互动，同时拥有省直各部门政务发布、一县（市）一端、办事窗口接入、其他新媒体入驻等四大平台，大大丰富了信息量、增强了服务性和实用性。2018年《新福建》先后完成5次迭代更新，新增浮动横幅、图片长按下载功能，优化了推送功能和缓存机制，还与党媒平台提供方建立联系渠道，积极沟通党媒频道SDK使用及优化逻辑架构和冗余代码，整体优化陈旧的静态库，完成党媒频道接入《新福建》需求。

《新福建》“一县一端”布局县市区，截至2018年底，共有福州、漳州、泉州、三明、宁德、平潭等设区市的鼓楼、福清、漳浦、长泰、泉港、沙县、福安、古田、东侨、蕉城、平潭等福建五市一区的近20个县（市、区）入驻。“一县一端”的入驻平台设置了各地的政务、经济、教育、生活、民生、文化、旅游等频道。另外省海洋与渔业厅、省国土厅、省体育局等16个厅局机构入驻“政务发布”平台。

东南网通过“一县一网”工程，结合定制开发，打造示范项目，2016年在省委网信办指导下，建成顺昌、松溪、永泰、周宁、柘荣等8个新闻网站。2017年省委网信办下达《关于进一步推进一县一网项目建设工作的通知》，以“一县一网”为抓手，推动寿宁、政和、涵江、邵武、三元等县级新闻网站数据迁移进福建新闻数据中心。“一县一网”项目进一步推动了东南网在福建省内影响力从地市一级向县域延伸，将各个县网建设成为与东南网联结在当地不可或缺的网络宣传平台。

（二）以融媒体中央厨房为基础，深化融合机制改革，改造报网端微全媒体采编流程

为推动媒体深度融合和转型发展，实现报网端微全媒体融合报道，福建日报社启动采编体制机制改革，整合福建日报、东南网、新媒体中心（报业新媒体公司）的新闻采编力量，建设福建日报新媒体新闻发布的统一平台和出口，实现纸质福建日报与网上福建日报两翼并重。

2017年7月，福建日报社启用融媒体指挥中心（中央厨房）作为全媒体采编业务指挥、调度、协调中心，建立采编“三会”制度，通过“三会”形成信息总汇、一体策划调度，集中传统媒体和新兴媒体的采编力量，一次采访、多次生成、全时覆盖的内容生产发布机制。在推进媒体融合发展中，福建日报社把着力点放在报网端微一体化运作上，主要体现在报道内容组织和采编结构重组两个方面，通过创建报网端微一体的采编平台，以提高党报在互联网上的议题设置和舆论引导能力。

在内容组织上，主要是抓住重大题材、重大活动和事件等，以中央厨房为平台，进行报网端微统一策划与组织。编委会提前召开报网端微各环节参与的策划会，从文字、图片、视频、音频到即时报道、滚动报道、版面呈现等，进行全方位多端口策划，协同作战。《新福建》和福建日报官微、微信公众号以滚动、专题播报等形式推送新媒体报道；《福建日报》则以评论和深度报道为主，适时推出专刊特刊或大联版形成报道强势。如：2018年首届数字中国建设峰会在福州举行，集团党组高度重视、提前部署，编委会制定了全媒体报道方案，统一指挥一体运作。峰会期间共派出60多

人的全媒体报道团队，展开图文、视频、直播等立体报道。峰会期间（5天），《福建日报》以平均每天5个彩色版面充分报道，共刊发图文稿件25个版200多条；精心打造创意融媒体产品，推出多款H5产品，“两微一端”上与峰会、数字中国、数字福建相关的报道累计达200多篇，东南网发稿近600篇。

在采编结构重组上，主要是以福建日报记者站为龙头，整合报网驻地机构和人员，创办依托于《福建日报》的地方观察周刊和网端地方频道，有效扩大了党报地方报道优势和宣传平台，拓展了党报发展空间。

（三）实施新一轮技术提升，升级改造中央厨房系统

福建日报社融媒体指挥中心（中央厨房）软件以自主研发为主，2018年以中央厨房系统扩容升级改造、构建新媒体统一采编平台、完善系统安全建设和强化全媒体信息传播能力等方面作为建设重点。在原融媒体传稿系统平台的基础上，增加对《新福建》系统管理后台的反编译，实现了对稿件资源的统一管理；针对融媒体统一资源库系统管理的理念，在新传稿系统、推送系统、传稿前置系统中进行开发，完成统一资源库系统的搭建；稿酬系统方面已经完成新媒体稿分、新媒体好稿管理的相关开发。另外，还完成了整个系统的数据交换及接口建设，通过接口服务的方式实现前端数据展现与后台业务处理分离。

网络安全建设方面，2018年完成了上网行为管理、远程接入设备、虚拟化安全平台设备、网页防篡改软件、安全狗软件的采购和部署实施。服务器扩容建设方面，在2017年集团统建的云平台基础上，采用超融合技术进行扩建，将新旧平台整合成统一云平台基础。本次通过统筹资源建设统一云平台，为集团内、外网提供稳定、可靠、节能、灵活扩展的计算与存储资源，进行网络安全隔离，进一步提高共享共建的水平、层次和效益，有力强化全媒体信息传播能力。

（四）部署县级融媒体中心统一技术平台

福建日报社抓好县级融媒体中心建设，2018年，融媒体指挥中心（中央厨房）统一技术平台已建设有中央厨房办公场所和具有自主知识产权的全媒体内容管理系统、稿源库系统和传稿系统、图片和音视频库系统，实现对新闻素材“一次采集、多种产品、多媒体传播”。可通过云平台的方式部署到县级融媒体中心，通过融媒体稿库系统、融媒体传稿系统、融媒体采编管理平台系统，内容数据库和用户数据库系统等基础系统，为县级融媒体中心提供服务，实现图文稿件、音视频内容等新媒体资源在统

一平台。按统一数据标准进行采集、传输、存储、编辑、审核，分发到县级新闻网、《新福建》“一县一端”本地频道、官方微信和县报（乡讯）编排系统，实现报（乡讯）网端微的技术平台融合。还可连接舆情监测、第三方传播效果评估系统以及后续大数据的深度挖掘，并为报（乡讯）网端微采、编、发、存的稳定运行提供三级网络安全等保。同时，全面梳理福建日报报业集团与县级融媒体中心的全业务流程对接，避免各县级融媒体中心各自建设形成信息孤岛带来的重复建设、高成本、低效率、难维护、安全隐患等问题。

福建日报社县级融媒体中心统一技术平台目前已在龙岩市武平县级融媒体中心使用，在泉州市丰泽区、宁德市蕉城区试用。

二｜福建日报社新媒体工作案例

2018年，福建日报与省直机关联合举办多项网络答题活动。“新时代　新政策——学习十九大精神”“学好监察法　践行十九大”“学习习近平新时代中国特色社会主义思想和党的十九大精神”等网络答题活动，合计参与人数超800万人次。

“新时代　新政策——学习十九大精神”网络答题活动由福建日报社与省纪委、省直机关工委合作举办，活动时间为2017年11月20日至2018年1月20日。活动在《新福建》开设答题平台和活动入口，上线关于十九大精神和新修订党章的答题题库，组织全省党员学习十九大精神和新修订的党章，并且设置有奖问答环节。活动共吸引来自全省99个县（市、区）222个单位的人员参与答题，累计答题数超过340万人次，为学习宣传贯彻十九大精神和新修订的党章营造了良好的氛围。

“学好监察法　践行十九大”网络答题活动由福建省纪委监委、省直机关工委联合福建日报社开展，迅速掀起学习宣传监察法的热潮。本次网络答题在《新福建》新闻客户端开设答题平台和活动入口，上线新修订的监察法答题题库，并且设置基础答题和擂台赛等有奖问答环节，答题者可参加闯关答题赢流量活动，增加活动的参与性与交互性，提高学习效率。活动开展2个月超过365万网友参与答题。

（福建日报社）

福建省广播影视集团

一 | 福建省广播影视集团新媒体工作综述

（一）加强网络阵地建设取得新成效

2018年，集团所属福建网络广播电视台（海博TV），经过几年的发展，影响力逐渐增强，全年累计发布资讯17万条、网络专题96个，推出网络直播246场。海博TV下载量超过130万。集团各频率、频道所有的广播、电视节目都实现了在福建网络广播电视台网站和海博TV移动客户端同步直播、重点节目可点播回看整期视频或经过碎片化处理的短视频。

集团各频率频道及品牌栏目分别在微博、微信、抖音、今日头条等平台建立官方账号，共计120多个，粉丝数、订阅数达1100多万。集团逐步形成以新闻客户端“海博TV”为核心，众多微信公众号和官方微博号为侧翼，与今日头条等商业平台合作的新媒体矩阵。在全国两会等重大活动报道中，集团所属新媒体平台账号针对不同用户群体，推出不同定位、不同表现方式的融媒体产品，实行精准化传播。重要报道则通过集团所有新媒体平台账号合力推送。福建网络广播电视台（海博TV）与集团各频道频率在重大事件报道中建立“传统节目录制＋新媒体网络直播”的合作机制，录制电视节目时，进行网络直播，还可以提供网络报名、投票等配套互动功能。在多次防抗台风等突发事件报道中，集团广播、电视、新媒体平台同步开展大时段直播报道，传播主流媒体权威声音。交通广播、都市广播等广播直播间通过微信等直播平台，已实现广播节目的视频直播常态化。

（二）探索体制机制创新取得新突破

2018年，集团以新闻资源的整合、互通、共享、传播为着眼点和突破口，强化互联网思维，践行“中央厨房”理念，围绕一个主题，一体策划、集中采集、多种生成、多元传播，满足广播、电视和两微一网一端的传播需要，实现跨媒介融合传播。

2018年11月9日，集团融媒体资讯中心正式授牌，整合新闻中心、新闻频道、公共频道、新闻广播频率和福建网络广播电视台五大优势平台资源，以推进团队、流程、平台的融合为重点，打通技术壁垒，建立“中央厨房”，实现“台、网、端、微”一体化运作，增强生产能力，提升工作效能，扩大传播效果。目前，融媒体资讯中心正加紧建设全媒体演播室和“中央厨房”，为深化融合提供必要的技术保障；制定、运行新闻总值班室制度，打造共享、联运、高效、初步融合的新闻生产体系；机构上先立后破，设立综合部、主编办、特别报道部、融媒采访部、记者部（新闻外联部）、技术部和融媒体公司等直属部门、单位，根据实际情况，做到“成熟一个，合并一个，撤销一批”。建成后的融媒体采访部，每个记者都要成为涵盖电视端、电脑端、手机端生产线上的全媒体人才，有专职报道时政、财经、民生等类别之分，无具体隶属某个栏目，真正形成一支队伍，统一指挥、统一调度、统一管理。正研究制定适应融媒体发展的绩效考核、经费保障和用人机制，积极争取省里相关补助经费，每年拨付的公益新闻宣传经费和媒体融合专项补助经费，倾斜用于融媒中心公益宣传和技术平台建设；增设新媒体端的绩效考核，不仅考量片子质量和制作难度，还要设立传播效果指标，既强调“多劳多得”，又体现“多传多得”，对转发量最高、评论数最多、点赞最高、涨粉最多的内容产品，给予充分肯定和物质奖励。

（三）原创融媒体产品影响力取得新提升

集团坚持内容为王，不断提升融媒体产品品质，运用新技术，推出众多优质融媒体产品。一是网络直播。集团在网站和移动客户端推出自制的网络视频直播节目，利用4G移动网络传输信号，正在实现对全省各地突发事件、大型活动、交通路况、娱乐综艺、生活服务等多种内容的直播，大大提高了内容的时效性和公信力。如在2018年全国两会报道中，推出了9场网络直播《海博微直播——人大代表面对面》，总浏览量超过300万次。二是短视频。集团多个频道、频率、网台均推出短视频节目，这些节目时效性强，音质画面效果好，受到了广大网友的肯定。其中，与人民日报新媒体联合制作的《福建一分钟》，被新浪、腾讯、搜狐等门户网站转发，点击量突破1000万，其质量和效果受到福建省委主要领导的充分肯定。与福鼎市茶业发展领导小组联合出品的微电影《最美的样子2》，获2018年度好莱坞音乐传媒奖最佳外语短片音乐提名奖，是2018年唯一获该奖项提名的中国影片。都市广播推出情景喜剧类短视频《惊喜剧场》，剧情以都市广播办公室故事为蓝本，融入了对当下社会的问题、热门话题的思考。第一期播出时便收获10万+的点击率，已成为被较多关注的广播办视频平台。三是H5。2018年以来已推出数十件H5产品，用网友喜闻乐见的形式，传播重要信息。其中，省两会期间推出的H5《2018福建政府工作报告的数字style》，以互动小游戏的形式简洁呈现报告中的信息，不仅受到网友好评，还被福建省人民政府网站转发。

二 | 福建省广播影视集团新媒体工作案例

2018年，福建广播都市生活频率与新媒体传播有进一步融合，记国运之变化、立时代之潮头、发社会之先声。2018年12月18日，正好是福建都市生活广播开播18周年，主创团队巧妙以“重返18岁”为创意出发点，通过新媒体形式带人们重温自己的18岁，推出了新媒体互动创意H5《重返18岁——987私家车广播18周年特别企划1978—2018年的那些回忆》。

该制作，年代落脚点为1978年—2018年，以此方式回顾改革开放40年的社会变迁。设计中就加入了大量的互动体验，精选每一年份最具代表性的图片，每张图片都细致说明，每一年份均有简短有意思的文字总结。受众在选择自己的出生年份、性别等基础信息后，程序以影像回顾的方式展示其18岁当年的大事，背景安排为当年最流行的歌曲，完成一次听觉视觉的共同穿越。

后台数据显示，“重返18岁”H5链接共计直接打开次数67万余次，源于设计中加入了大量的互动体验，将特定年份和用户18岁年份进行匹配，用户进入的是一段真正属于自己的回忆旅程，更容易产生共鸣。程序末端还为每个体验用户设计了一段专属于自己的年代寄语，又激发了用户主动“晒”到朋友圈进行二次裂变。

我们还精心制作了一条微信推文，采用的是如今年轻人喜闻乐见的行文方式，旨在激发年轻群体的参与欲望，同样收到了很好的数据，打开次数达到233277次，分享次数15297次。用户将自己满满的年代回忆发布在评论区，通过阅读评论，人们再一次感受改革开放给每一个中国人的生活带来的积极变化。

（福建省广播影视集团）

扫码可看H5作品《重返十八岁》

大 众 网

一 | 大众网新媒体工作综述

（一）以改革思维引领媒体融合，“海报”重装出海

1. 以“中央厨房”模式，建设融合传播矩阵

集团以大众网、山东手机报、海报新闻客户端、微博微信矩阵、众播为主要产品，建设“报、网、端、微、视”全媒体融合传播矩阵，其中，山东手机报拥有200余份专刊，发行范围覆盖全山东，用户规模超过3700万，建立起覆盖省、市、县三级立体传播网络，基本实现全省党员领导干部全覆盖，成为传播各级党委政府声音，对广大干部群众开展信息服务、舆论引导、组织动员的快捷传播手段；大众网微博矩阵、微信矩阵粉丝数量双双超过1000万；“众播”短视频年推出300多场直播和1000多条短视频产品。

在内容生产中，集团始终把正确的政治方向、舆论导向、价值取向贯穿媒体融合发展各环节全过程，通过“中央厨房”模式运作，尤其是在重大主题宣传、重要新闻报道中，记者编辑协同推进，线上线下深度融合，实现了“新闻递进策划、原创一次采集、编辑多次生成、渠道立体传播”。

2. 打造内容精品，再获中国新闻奖

集团坚持以匠心打造精品，以品质塑造品牌。2018年，有5件作品、1名个人在2017—2018“五个一百”网络正能量精品评选中获奖。大众网再获中国新闻奖二等奖，目前已有13件作品获得中国新闻奖，继续保持省级新闻网站夺奖纪录，以获奖评论《于欢案直播，让公众在身临其境中感受到公平正义》为代表，集团各媒体在热点

舆情事件中敢于亮剑、勇于发声，在大是大非面前头脑清醒、激浊扬清，尽显党网高度和担当。

2018年，大众网综合传播力持续位居省级新闻网站前列，在中央网信办主管的《网络传播》杂志2018年上半年榜单中，大众网位居省级新闻网站综合传播力榜单第四。

3. 擦亮党网底色，做有价值的“爆款”产品

网络空间存在“尖叫效应”，哗众取宠的内容容易引起围观，但做有价值的“爆款”，是集团内容建设的不懈追求。2018年，在上合组织青岛峰会、儒商大会2018、尼山论坛、改革开放40周年、新旧动能转换等重大主题报道中，我们不断创新融媒报道形式，推出了短视频、手绘长卷、动漫、H5、表情包等一系列创意独特的爆款产品。以有创意的方式，生产有价值的内容，传播有热度的信息，不断满足网友的文化需求。

4. 推进媒体整体转型，打造移动端旗舰平台

2018年12月12日，承载着集团向移动端深度转型、拓展全国影响力重任的海报新闻客户端上线，它整合聚合了新锐大众、山东24小时、山东手机报、大众论坛、齐鲁壹点等大众报业集团媒体集群强大资源；聚合山东广播电视台“闪电”融媒新闻资源，上线一个多月来，海报新闻始终贯彻“速度　深度　温度”的理念，在全国热点事件及山东重大新闻中权威发布，及时发声，迅速引起全国关注。

海报新闻是山东省新媒体大平台在移动端的出入口，是山东省筑牢移动端新闻舆论主阵地，实现媒体深度融合发展的关键一役和重要一环，它将带动集团整体转型，向全国范围输出影响力，争夺话语权。

（二）运营转型升级效益凸显，产业布局实现突破

2018年，集团经营战线全线发力，在经济环境下行压力不减、行业竞争愈加激烈的背景下，依然逆势上扬、保持较高速增长态势：2016年集团实现收入2.21亿元；2017年实现收入3.18亿元；2018年实现收入3.34亿元。

1. 数年培育逐年创新，打响网媒集团特色IP

我们不断创新优化“互联网+行动、+产品、+平台”营销模式。“全省百万网友植树大行动”开展十年，发动数千万网友植树数百万棵，成为知名公益品牌；“新青年之夜”开办五年，市场收益和品牌价值不断提升，成为我省跨行业演艺活动的亮眼IP；“光明行”原创公益活动开展五年，让近1000位白内障患者重见光明，成为集团

践行社会责任，积极参与援藏援疆的有力诠释。品牌联席会、地产峰会、金融高峰论坛、舆情管理论坛等等，经过多年培育创新，一系列深具网络媒体特色的品牌活动、产品和平台，不断产生溢出效应，实现社会效益和经济效益双丰收。

2. 分公司支撑作用明显，区县战略加速推进

从2010年8月19日第一个直属管理的地方分公司——日照分公司落地，到2013年9月22日第一个县域频道——博兴工作室开办，九年来，网媒集团深耕地市、扎根区县的决心愈加坚定。全省已有多个县级新闻中心陆续上线，2019年上半年将实现全面覆盖。

通过分公司和县级新闻中心的建设，推进集团传播力、影响力的战略延伸，推进营收能力的有效提升，让我们的根扎得更深，让我们的路走得更宽。如今分公司对集团发展的支撑作用越来越强。2015年，分公司已经成长为集团第一运营主体；2018年，分公司营收已占据考核主体的半壁江山。

3. 推进山东手机报业态创新，筑牢传播体系的“大后方”

手机报曾是炙手可热的媒体产品，也是受移动互联网冲击最猛烈的产品。很多媒体顺应“大势”，放弃了手机报，但网媒集团“应势而动”，将手机报越做越强。这个“势”，是手机用户群体逐年增长，是主流媒体必须抢占的移动主阵地，是媒体职责所在、企业效益所系。这块阵地，只能抢，不能放！

集团进一步细分手机报市场，推出行业报、高校报等产品，创新推出视频手机报、短信公众号等新业态，为增强手机报用户黏性、实现3700万用户向海报新闻引流探索多种路径，开创了手机报发展新的春天。目前，山东手机报依然是集团利润率最高的产品，更是集团亿级网友生态圈和立体传播矩阵建设强有力的“大后方”。

4. 扶持子公司做大做强，释放全局效能反哺集团发展

电子政务和电子商务是集团最具互联网基因的业务板块，也是开拓全国市场的重要突破口。2018年，山东省互联网传媒集团全力支持大众信产、大众海蓝积极开拓电子政务、电子商务市场空间。

大众信产公司高质量建成了省网上妇联云平台、省工会新媒体宣传平台等，打造了历下区融媒体中心这一县级融媒体中心“样板间”；大众舆情监测云平台入选我省大数据优秀产品和应用解决方案，2018年10月，在吉林、深圳成功签单，实现省外业务“零”的突破。

大众海蓝继续向专业电子商务技术服务商转型，深耕区域电商领域，以推进山东电商“百千万”工程为总抓手，搭建畜牧、非遗等行业电商服务平台，汇聚山东电商

资源；积极融入一线电商生态圈，与阿里巴巴、苏宁等国内主流电商平台的合作越来越密切，具备了可快速复制化拓展的能力。

我们始终关注大鲁网络、半岛网络、日新传媒三家子公司的发展，配合他们在各自不同领域深耕开拓，努力推动资源开放共享互通，释放更大产值。

（三）激活技术新动能，为融媒发展打造核心竞争力

1. 锻造技术研发“核心竞争力”

互联网时代，谁掌握了先进技术，谁就掌握了打开未来之门的“金钥匙”。2018年，集团大刀阔斧推进技术改革，成立集团技术委员会，将技术开发部整合至信产公司，成立融创中心，开发部门肩负着新媒体大平台和海报客户端自主研发，以及集团在新技术新应用方面探索等重任，是集团改革创新的探路者、先行者。整合近半年来，融创中心的研发能力迅速提升，自主完成了海报客户端、省妇联云平台、县级融媒中心系统等研发建设。

2. 积极承担重大项目建设任务

2018年，网媒集团深度参与“儒商大会2018”，承建的“选择山东”云平台精彩亮相，让我省“双招双引”走上“云端”。建设多个省级门户网站项目，为进一步整合党委政府信息传播平台、拓展政务服务迈出坚实步伐。我们自主研发的融媒体“中央厨房”获山东省计算机应用成果一等奖，并升级成为“大众云”融媒体平台，实现了“一次采集、多元生成、多端发布”流程，成为省内第一个开放式媒体融合平台，为报业集团“齐鲁智慧媒体云”和新媒体大平台建设提供了解决方案。借助正深度参与的省重大项目可视化督导云平台建设，我们进入电子政务领域的政策障碍即将破解。2018年网媒集团和大众海蓝公司还双双获评“高新技术企业”。

3. 为内容呈现和网络安全保驾护航

打造“爆款”内容产品，需要内容和技术的双线发力，2018年，集团设计呈现团队顺应互联网发展趋势，紧盯新技术新应用，不断推出刷屏佳作，特别是儒商大会手绘长卷和海报新闻整体UI设计，以巧妙构思和精致创作，得到了省委领导和广大网友的一致好评。数码设计团队还基于个人兴趣、爱好推出原创视频节目《V笑谈》，每周一期至今已有两年。

网络安全是媒体事业的前提和基础。2018年，大事要事多，网络安全风险加大，特别是在全国两会、儒商大会等重大节点，山东省互联网传媒集团依靠自身技术团队力量，防范各类网络攻击，确保内容安全、平台安全、数据安全。

（四）上市梦想矢志不渝，资本运作迈出坚实一步

1. 择机重启上市工作

自成立以来，网媒集团推进上市、打通资本市场的梦想和努力从未衰减，2018年以来，集团调整上市节奏，集中精力进一步规范同业竞争和关联交易，做大做优公司业绩。集团连续三年保持收入和利润高增长，以更高的标准、更实的作为和更强的实力，为择机重启上市充分蓄力。

2. 资本运作打造事业腾飞新引擎

互联网行业更新换代极快，竞争压力巨大。如果完全依靠自己培育和原始积累，势必无法适应行业的快节奏。因此，通过增资扩股，获得资本溢价资金，然后通过参股、控股等方式收购优质标的公司，实现跨越式增长是集团必须突破的“一课”。

2018年，在大众报业集团党委的大力支持下，网媒集团经过多轮谈判磋商，实现对大众云学教育科技公司参股，迈出了资本运作坚实一步，双方将发挥优势，深度进军“在线教育”市场。同时，集团对大众信产公司的增资扩股也即将启动，推进信产进行混改，实行骨干员工持股，激发企业发展活力。

2019年，在山东省加快推进媒体深入融合发展的大背景下，随着海报新闻客户端上线、新媒体大平台即将落地、县级融媒体中心和新时代文明实践中心建设启动等一系列重大工程、重大项目的实施，山东省互联网传媒集团将迎来前所未有的战略机遇。我们将在大众报业集团的大力支持下，深入贯彻落实习近平总书记对大众日报创刊80周年的重要批示精神，以及省委省政府和大众报业集团党委有关要求，加强改革创新，加快推进全员转型、全领域转型、全方位转型，以时不我待只争朝夕的精神状态，开创事业发展新局面。

二 | 大众网新媒体工作案例

在2018年全国两会报道中，大众网以全国视野山东视角，全力向移动端“微传播”倾斜，在做好“融”文章上显示出强大的原创生产力：主推“短视频+直播”报道形式；创新可视化、差异化表达，打造千万级传播产品；牢牢把握“准、快、深、融”的四字诀定位，发挥报、网、端、微、视全平台亿级用户生态圈优势，通过“中央厨房”运作，前后方协同推进，线下线上深度融合，实现了“新闻递进策划、原创一次采集、编辑多次生成、渠道立体传播”的两会报道模式，PC端、移动端总点击

量、阅读量超过1.5亿人次。

（一）新闻递进策划：前后方协同作战，立意出新、主题鲜明、核心突出，及时传递最新议题和新时代奋斗强音

大众网派出了12人前方报道团队，采访了近80名代表委员，前方团队与后方数十名采编人员联动，推出了200余篇原创报道、30场直播、29篇原创评论、33个子专题，实现PC端和移动端各平台的无缝对接。

两会报道整体贯穿了习近平新时代中国特色社会主义思想，以此为指导搭建框架布局新篇，并根据两会实际的新情况、新特点，进行递进式策划。如在山东团首次全团开放报道中，通过现场发快讯第一时间占领网络舆论场，在总书记到山东团参加审议报告后第一时间推出融媒体的发言代表回访，在当天新闻联播和新华社播发详细报道后，再进行表达方式创新推送，进一步策划推出“京鲁连线——践行总书记嘱托，我们是幸福的奋斗者”系列报道，“习近平总书记在山东团重要讲话精神网上学”系列网评、理论文章，确保了总书记到山东团消息始终保持网络最强音，在网上掀起学习总书记讲话的持续高潮。

扫码查看2018两会专题报道《春天的故事》

（二）原创一次采集：记者个性化表达、编辑可视化呈现、立足抓独家报道，用评论占据舆论场

2018全国两会报道中，大众网持续进行内容创新、形式创新、表达创新，通过记者专栏实现深度报道的个性化，通过短视频突出可视化，通过提前策划实现新闻角度的独家化，抢占传播先机。

在原创报道上，重点围绕习近平总书记来山东团和山东团开放日两个重大主题策划新闻报道，对总书记重要讲话精神、代表建言献策的声音精准传播，在可视化呈现

上，力推“短视频+直播+个性专栏”模式，“众播”栏目对山东团开放日、两会开幕、部委记者会、部长通道、代表通道、委员通道等重要节点进行直播，全平台刊发短视频近50个，其中自主直播30余场，还开设了“姜洋有约”“兆辉时间”“阳哥追热点”等特色栏目。

网站重点打造了理论评论原创栏目“微观”，围绕热点话题，聚合主流声音，“一网打尽”媒体观点，呈现和反映权威、主流媒体的评论焦点。推出“总书记在山东团重要讲话精神网上学”专区，以大众网评论员名义刊发《打造乡村振兴的齐鲁样板》《奏响山东“经略海洋”的新乐章》《红色基因为山东走在前列注入文化自信》等评论，得到省委网信办全省推送，彰显了大众网在重大主题宣传报道中高度的责任意识和担当意识。

（三）编辑多次生成：听说读视、交互联动，推出千万用户阅读的现象级传播案例，刷爆“朋友圈”

在报道中网站全力向融媒体表达、微传播倾斜，编辑针对海量信息和原创报道进行发散式创作、微端化呈现，重磅推出了集H5、音频、视频、微海报、图集等呈现形式的10余款融媒体产品，累计推发近100期。

其中，音频互动H5《大众网邀您读讲话》，邀请用户学总书记讲话、读讲话，包括录音读讲话、上传得分数以及分享PK等，兼顾趣味性和传播性，累计超过1000万人次阅读参与，刷爆“朋友圈”。《两会同期声》场景还原视频直播影像，《读你三样》编辑将每天两会重点资讯读出来给网友听，这种视听形式成为快时代生活节奏下网友了解两会内容的很好选择，利用碎片时间“听”两会。在常规编发新闻的同时，编辑创新推出“微海报”，将新闻内容通过“图片+二维码”的形式率先在移动端发布海报，累计推发近百张，网友直接扫码即可阅读本网观点，形式新颖，主题鲜明，受到网友的一致认可。

扫码查看音频互动H5《大众网邀您读讲话》

（四）渠道立体传播：海报文化、精准推送、全网推广，在传播山东声音、流量引导、拉动用户转换方面取得显著效果

人人传播、多点传播、时时传播，在全国两会报道中，大众网各媒体平台无缝连接、深度融合，“报、网、端、微”串联各大产品线，“微海报”“微视频”抢占移动端，用户扫码看新闻成为常态。

山东手机党媒平台——山东手机报充分发挥新型主流媒体作用，让党的主张成为网络空间最强音，将党中央的声音传遍齐鲁大地。短信版、彩信版通过开设专栏、编发快讯等方式，“准、快、微、精”即时播报，每天向全省3700万读者精准推发，260余篇报道将最新资讯传递到用户指尖上。此外，广泛植入客户端WAP链接，带动新闻浏览量和客户端用户大幅增加，《一文读懂国务院机构改革》总点击量超过1000万。

此外，网站还大力推动优质内容全网分发，提升传播力。外联编辑加大集群推广和点点推广的力度，大众网原创稿件累计被转载300余篇。《直击山东代表团开放日：全团会议首次向中外媒体开放》《山东要走在前列，刘家义谈干劲、底气》《【众说】让农民富、农村美！田园综合体或成乡村振兴的风口》等原创稿件被中国网、海外网、光明网、中国搜索、网易、搜狐、凤凰、新浪、一点资讯客户端、东方网、红网等国内重点新闻网站及商业网站转载推荐；《全国政协委员侯一筠：发挥山东海洋优势，打造国家级科技成果转化平台》《全国政协委员张国俊：建议取消“私家车”强制年检》等文获中国网专题首页、凤凰网主站首页推荐。

（大众网）

山东广播电视台

山东广播电视台·闪电新闻新媒体工作综述

（一）做大做强“闪电”品牌，全面构筑媒体融合“新闻高地”

2018年，“闪电新闻”客户端秉承广电基因、坚守齐鲁特色、融合时代潮流、紧跟技术大势，定位更清晰，内容更丰富，结构更优化，特色更鲜明。截至2018年底，“闪电新闻”客户端直播超过5800场，用户装机量突破680万，主要传播力指标稳居山东地区第一位。

第一，以“闪电号”为抓手实现全平台流量叠加。“闪电新闻”客户端“闪电号”整合地市台视频、图文资源，实现各种媒介资源、生产要素有效聚合，并根据内容质量与属性在腾讯新闻、快报、QQ浏览器、手Q、微信看一看等产品做精准化分发，实现了全平台流量叠加，壮大了主流媒体的影响力。截至2018年底，共吸引390多家省市县三级广电媒体机构及政务机构入驻，发稿近12万篇，阅读量突破1.1亿，矩阵传播凸显县级融媒力量。

第二，塑造闪电（青年）融媒学院品牌。融媒学院是由融媒体资讯中心与青年团山东省委、山东大学新闻传播学院共同发起，致力于打造一个集人才培训、内容创新、产品输出、渠道共享、技术研发为一体的融媒人才培养专业机构。自4月下旬以来，学院已经先后在山东大学、山东传媒职业学院举办3期新媒体实战运营培训班，就短视频运营及IP的全平台推广策略、闪电新闻直播及操作规范、图解新闻选题及制作、微信公众号运营、H5技术的创新应用以及案例分析等课程进行了深入交流，覆盖1000余人次，通过年轻化的内容创作孵化，反哺客户端内容生产。

第三，跨平台联动报道提升影响力。在全省新旧动能转换大会、2018全国两会、上合峰会以及“5 · 12”汶川地震纪念日宣传中，“闪电新闻”客户端不断创新宣传手段，作为第一信源与多家商业平台机构开展联合出品、共建专题、栏目IP扶植、同步push等合作，成为业内兄弟媒体争相复制的新模式。闪电新闻积极拓展新媒体朋友圈，与腾讯新闻建立战略合作，与今日头条达成内容联合运营深度合作，与新浪新闻实现IP品牌《飞吧山东》的资本扶持合作，实现了跨区域跨平台联动报道。

第四，斩获多个奖项和排行榜冠军。2018年2月，闪电新闻荣获央视新闻移动网最具影响力账号、重大报道特别奖、优秀原创短视频报道奖、十佳矩阵好通联四项大奖。4月获得“2018全国两会百度内容生态最具影响力媒体”；“2018年5月新浪看点人气热文榜”第1位；今日头条“2017年度媒体头条号”奖；在腾讯发布的媒体传播指数榜单中，齐鲁网持续蝉联山东地区TOP1；CNNIC网站信息生态指数2018年6月榜，齐鲁网荣获西方新闻网站指标第三名；媒体行业观察大V刚刚讲过发布的2018年第三季度省级广电APP综合实力榜闪电新闻荣获第一；11月25日闪电新闻闪电号平台荣获广电新媒体订阅栏目周榜第一；今日头条全国媒体直播榜，三次入围前三甲；11月份，三次入围央视新闻矩阵号内容精品榜TOP5，其中两次TOP1。

（二）自主研发核心技术，发挥“中央厨房”平台优势，充分掌握融合主动权

“中央厨房”是推进媒体深度融合的标配和龙头工程，也是媒体融合系统工程的大脑和中枢神经。我台在2015年底启动“中央厨房”建设，项目投入1.3亿，总面积超过6269平方米。“中央厨房”由新闻调度指挥系统、新闻线索汇集系统、记者移动办公系统、新闻生产系统、新闻发布系统、媒资存储系统等十大系统组成。各系统互相支持无缝连接，优化再造新闻生产流程。

融媒体工作平台“中央厨房”定位于国际水平、国内领先，由为FOX、CNN设计过多个演播室的美国“点击春天”团队进行整体工艺设计。最为关键的新闻调度指挥系统、网络基础系统等核心技术，则由我台技术研发团队根据工作实际需要自主研发，目前已获得14项软件著作权证书，并得到国家广电总局专家鉴定的认可，具有创新性，达到国内领先水平的全国省级媒体平台。近一年来，广电总局、中央台多位领导表示，山东台的融媒体平台和机制建设，走在了全国省级媒体最前列。

“中央厨房”基本架构为：一个统一品牌，多个内容生产主体，服务于多块屏幕、多个终端。即围绕山东广电这一品牌，多个新闻生产主体参与到“中央厨房”中

来，生产的新闻产品以不同样态在客户端、微博、微信、齐鲁网、山东卫视、齐鲁频道、公共频道、国际频道、新闻广播、交通广播等多个终端分发。该模式的显著特征是共平台生产机制，以“中央厨房”指挥中心为“大脑”，统一调配资源，一次采访、分类制作、定向推送、多屏分发。最大优势在于整合资源，提高效率，实现内容生产全流程统一管理和新闻资源多级开发、集约化制作。“中央厨房”在党的十九大之前全面投入使用，该平台启用时间、技术水平、功能布局均走在全国同行业、同类平台前列。

（三）围绕中心，服务大局，实施立体化、移动化、创新化战略，全面提升重大活动报道引导力、传播力

2018年，闪电新闻客户端精心策划多项重大报道专题，全力以赴推进媒体融合发展，坚持移动优先，全面提升重大活动报道引导力、传播力。

上合组织青岛峰会，既是闪电新闻面临重大国际宣传的一次大考，也是充分彰显融媒体报道队伍战斗实力的一次机遇。各平台统一指挥，协同作战，充分发挥主场优势，统筹全部优势资源和骨干力量，调动所有宣传途径、渠道、手段，派出8路记者分赴青岛峰会重要会场，充分发挥直播连线优势，与人民日报合作推出了系列直播《在青岛，观上合》，发起了国际拍客系列直播《八国拍客祝福青岛》；邀请国际关系学院罗英杰教授做客演播室，第一时间深度解读峰会热点；齐鲁网、“闪电新闻”客户端启动“72小时不间断直播”、“闪电号外”作品《合光焰　点亮青岛》、H5作品《这场海上焰火与灯光秀，凭什么惊艳了世界》、移动专题《和合情　齐鲁风》、图解报道《习近平总书记在山东系列图解》及短视频报道《习近平总书记引用经典，大都出自儒家经典》等，一经推出，便在朋友圈“刷屏”。其中，《听“岛”和合之音》荣获全国党媒优秀短视频奖。截至6月10日，总发稿量达到360多条，其中视频报道170多条，全网总阅读量达5.2亿，被转发1600多万次。

2018全国两会期间，搭建北京微型“中央厨房”，融媒报道亮点纷呈。推出特别节目《直通全国两会特别报道》，打通济南与北京两个“中央厨房”演播室，第一时间、第一现场，视频连线、深度解读，主持人实现穿越时空的对话互动。在部长通道、代表通道中，闪电新闻记者三问“法治中国”，关键时刻有力发声，正面对话国家部委主要领导，彰显主流媒体责任担当。另外，在技术方面，引入AI智能大数据分析和动漫播报，运用H5、VR、图解、动漫等形式，让两会报道更加鲜活、生动、立体。3月5日，“广电时评”刊发《多元表达　融合传播　各电视台“两会”报道如何

出“新”》。3月8日，总局《收听收看日报》两会专报专门表扬《小齐妹的两会足迹地图》短视频专栏。

外交部山东全球推介活动上，闪电新闻客户端作为官方指定新媒体发布平台，通过移动直播、短视频、H5、图文、图解、产品线上线下结合等形式，推出掌上VR全景旅游云平台《惊艳！720度游遍齐鲁，给世界一个不一样的山东》、系列图解稿件《这里活力迸发，开放包容 省委书记刘家义这样向世界推介山东》《都是“蓝朋友”，听俄罗斯、韩国、赞比亚大使聊聊咱山东》《世界级山东，这样show出国际范儿！》、开幕式8分钟宣传片、3分钟创意短视频《听，来自齐鲁大地的海岱交响》等一系列原创新媒体产品，通过形象、生动的作品与全球网友互动，向世界介绍新山东、展示新形象，全网点击量突破17亿，燃爆朋友圈。

此外，还圆满完成了尼山世界文明论坛、儒商大会2018、青年企业家创新发展国际峰会、首届全国工商联主席高端峰会、推进新旧动能转换项目落地观摩会等重大宣传任务。

坚持直播、短视频双核驱动，通过聚合优质内容，矩阵传播凸显融媒力量闪电新闻客户端以新闻的可视化表达为追求，坚持直播、短视频双核驱动，不断尝试动漫、数据、图表、H5、VR等形式进行创新性报道。

（山东广播电视台）

大 河 网

一 | 大河网新媒体工作综述

2018年大河网络传媒集团旗下各媒体终端——大河网、大河客户端、豫直播、手机报、大豫网、河南一百度等，共监测发表作品数65294篇次，转载媒体13557家，转载次数467295次，评论1063846次。

本机构作品在各渠道广泛被转载。其中通过网站转载438805篇次，占所有转载量的93.9%；通过电子报纸转载15012篇次，占所有转载量的3.21%；通过移动APP转载13436篇次，占所有转载量的2.88%。

2018年本机构作品在网站上传播量较大，各网站转载438805次，2018年3月23日至2018年7月24日网站传播量有明显上升，且起伏较大，在全年中较为活跃。2018年6月29日达到全年网站转载量最高，当天新增转载量3173篇次。从全年来看，当年8月至10月，网站传播量较为低估。2018年本机构作品在电子报纸上转载量较为平稳3月22日达到传播峰值，当天新增转载量526篇次。

2018年作品在移动APP中传播较为起伏，1月26日之前为传播、转载低谷期。4月20日至7月27日为传播、转载活跃期，于7月26日达到峰值，转载133篇次。

移动APP渠道下的转载媒体排行前三名为网易新闻客户端APP（11953篇次）、搜狐新闻客户端（825篇次）、光明网客户端（543篇次）。央广新闻客户端APP、澎湃新闻客户端APP、和讯新闻客户端APP紧随其后。

根据监测，按网站分类来看，新闻网站转载本机构报道106623篇次；政府类网站转载81976篇次；商业网站转载48818篇次；一般网站转载229878篇次。

据监测，IT Bear科技资讯网占据转载排行榜第一位，为19517篇次，占比4.18%；大河网转载排行第二位，为17051篇次，占比3.65%；百度转载排行第三位，为16516篇次，占比3.52%；搜狐第四，为15513篇次，占比3.32%；人民网第五，为13147篇次，占比2.81%；网易第6，为13074篇次，占比2.8%；河南一百度第7，为12378篇次，占比2.65%；网易新闻APP第8，为11953篇次，占比2.56%；中国网为第9，发11577篇次，占比2.48%；新浪第10，为11053篇次，占比2.37%。

根据报道内容的地域分布来看，有关河南的报道在河南本省热度最高，地图颜色最深，其次是北京和广东出现频次较高。按地域转载数排行，全国性媒体转载河南新闻次数最多，达183586篇次，占比39.29%，河南省第二，120247篇次，占比25.73%；北京市48466篇次，占比10.37%。其次为广东、上海、香港、山东、浙江、湖北、江苏。

按转载媒体数排行，北京有1882家网站转载河南新闻，位列第一；河南有1608家网站，位居第二；广州第三，有749家网站。

按转载文章数排行，河南以120247篇次遥遥领先。第二名为北京，转载我机构文章48466篇次。具体情况如图。

2018年大河网络传媒集团生产10万+作品300篇以上，包含文章、图片、H5、视频等融媒体产品。

据监测，2018年网络集团的纸媒10万+作品排名前十的为：

《范冰冰被指逃税国税总局关注》大河报

《上半年我国经济同比增长6.8%》大河报

《各级领导干部不得限制向审计机关提供资料》河南商报

《必须给全国人民一个交代》大河报

《听取河北雄安新区规划编制情况的汇报》河南日报

《始终把人民群众身体健康放在首位》河南商报

《解决“四风”问题不能搞成“半拉子工程”》河南商报

《前10个月我国外贸进出口同比增长11.3%》河南日报

《国务院机构改革十大关键词》河南日报

《疫苗管理拟实行全程信息化追溯》河南商报

2018年，大河网络传媒集团原创视频作品全国播放总量平均达320万次/日。仅豫直播平台视频生产总量近4000条，包含1500余个视频作品和2000余场直播。《97岁豫剧大师马金凤向戏迷朋友们拜年问好》《河南新郑：一市民救助濒危麝香鸭 列入濒危物种红色名录》《河南商丘：出租车意外着火　3辆洒水车及时灭火》等一系列反应河南正能量、中原传统文化、民生新闻有关的作品播放量均突破十万加。

二 | 大河网新媒体工作案例

2018年11月2日，第二十八届中国新闻奖正式揭晓，由河南日报报业集团出品、大河报大河客户端制作的原创音乐微电影《旗》名列其中，荣获中国新闻奖三等奖，成为河南唯一获奖的融媒短视频作品。在50个媒体融合获奖产品中，《旗》是唯一一个以大型快闪方式生产的作品。原创音乐微电影《旗》，讲述了4个河南人的故事：幻想做指挥家的小姑娘、在郑州奋斗10年的都市女白领、背负即将退役压力代表河南参加比赛的武术少年、为脱贫攻坚不遗余力的驻村第一书记。他们演绎的既是4个普通人物的故事，也是一亿河南人的缩影。他们奋斗的身影，在新郑机场T2航站楼、郑州东站汇合，巧遇两次“快闪”活动，与众人共同加入到《歌唱祖国》的动情演唱中。

据大河舆情研究院数据统计，截至2017年10月21日8时，微电影《旗》，累计获得68个有效信息源（含网站及各类新媒体平台）刊发、转载，全网累计阅读量为3183万人次。

（大河网）

郑州报业集团

一 | 郑州报业集团新媒体工作综述

为贯彻落实习近平总书记关于媒体融合重要讲话和全国宣传思想工作会议精神，2018年8月31日，“融汇贯通”——郑州市16个县级融媒体中心集中签约暨启动仪式在郑州市政府新闻发布厅举行，郑州报业集团与郑州市5市1县、6个市辖区、4个开发区集中签署框架协议，按照全国宣传思想工作会议要求合力推进县级融媒体中心建设。融合成效如下：

（一）融出了全媒体型记者队伍，解决了人员分流问题

通过学、研、练等多种方式，引导现有人员从单一的文字、摄影记者到文字、图片、音频、视频、VR运用及制作的全技能记者转变。

（二）融出了新的IP资源，复活了传统媒体的影响力

以“郑州晚报”为IP，郑州报业进行了多层次、多元化的开发，不仅衍生出了以“郑州晚报”为名字的“两微一端”，还以郑州晚报为主体进行了多元化的投资，现在的“郑州晚报”已不仅仅是一张报纸，不仅仅是一个新媒体，更是一个教育品牌、地产品牌、四星级酒店品牌和电商网购品牌，综合收益逆势上扬。

（三）融出了新的传播平台，提升了党报集团的传播力

传播重心从以纸端向指端、移动端转变。盘活整合现有资源，以新技术、新手

段、新设备、新思路打造了新的平台和渠道，除了旗下各媒体的官方微博、官方微信和客户端等百余个“两微一端”新媒体外，还催生了“冬呱视频”、“ZMG动新闻”和“郑直播”等新的传播形态。郑州报业集团由过去传统的单一的纸媒，变身为集报纸、广播、电视、网络、新媒体功能于一体的全媒体、融媒体。还与新浪、网易、凤凰、今日头条、北京时间等大的直播平台建立了良好的合作关系，实现“借船出海”，把本土化的内容传向全国乃至全世界，打破了地方媒体传播的区域限制。初步建成了具有一定实力和传播力、公信力、影响力的新型媒体集团，在新闻传播和舆论引导中唱响了主旋律、打好了主动仗，守住了主阵地，在郑州、在河南乃至全国的影响力明显提升，受到中央有关部委，河南省委、省委宣传部，郑州市委、市委宣传部领导和社会各界的肯定。

（四）融出了多元化之路，提升了经济效益，发展壮大了事业产业

媒体传播力、影响力的提升，有力地拉动了郑州报业集团的多元化经营，带动了经济效益的提升。郑州报业集团围绕新闻产业投资的各类公司目前有40多家，总资产突破50亿，2016年利润突破1.6亿元。采编人员的收入大幅提升，初步实现了“要回地盘、找回尊严”的郑报梦。

（五）融出了品牌影响力

郑报融媒投入使用以来，近千家媒体机构点赞考察，获评“年度最具创新媒体”。

郑州报业集团敢闯敢试、真融真试，实现了真正的全媒体融合，受到中宣部、中记协的高度关注和肯定，已有近千家媒体（包括报业、广电、自媒体）通过多种形式考察交流，并受到复旦大学、中国传媒大学、暨南大学、郑州大学等高校传媒研究机构的关注。

2017年6月全国报业版权大会上，“郑报融媒”被评为“中国报业最具原创力媒体”；2017年7月全国党报网站高峰论坛上，郑报融媒又荣膺媒体融合优秀案例一等奖；2018年4月26日，郑州报业集团凭借在报业创新、媒体融合和产业转型上的战略性尝试，在媒体融合发展中作出的有益实践，荣获“中国报业整合发展创新奖”。

二｜郑州报业集团新媒体工作案例

2018年11月3日，郑州国际马拉松在郑州鸣枪开跑。作为郑州首届“专属”的马拉松赛事，奉行“高起点　高标准　高品质”“大平台　大视野　大传播”“有活力　有文化　有温度”的郑马没让广大跑友失望，至少吸引3万多名外地人员到郑参赛或参观旅游，带来直接经济收入超过2亿元。同时，郑马也以其独特的文化内涵成为郑州的又一张名片。专业马拉松赛事评判机构也给出了当年的最高分9.8分（满分10分）。

一场精心策划、周密筹备的马拉松赛事最终得以在超高的人气中完美进行，前期宣传功不可没，而H5作品《和黄帝跑郑马》无疑是宣传亮点之一。

本作品以人文始祖黄帝为“串场”人物，带领列子、韩非、杜甫等一系列名人，在与各人对应的历史文化情境中一一出场，背景再配以二七塔、千禧塔等反映郑州不同时期经济社会发展成就的新老地标建筑，文案幽默诙谐、想象力非凡，画面设计层次丰富、精致耐看，图文互动珠联璧合，妙趣横生。

这件H5作品在“郑马”的新媒体宣传中，肩负的是“打知名度”的任务。有趣的表达、有趣的呈现，是扩大传播的不二之途，所以作者选取了郑州“最大牌”历史名人黄帝，以“跑马”为纽带组成“郑马天团”。所有人物选择、场景设计的标准都是趣味性和影响力。

时尚有趣的形式和表达，借助网络的翅膀，传递出了七朝古都郑州的独特魅力，也成就了作品本身强大的传播生命力和转发影响力。最终，“瞬间刷屏”的传播效果凝聚成“郑马”的超高人气。

（郑州报业集团）

湖北长江云新媒体集团

湖北长江云新媒体集团新媒体工作综述

（一）统筹规划，聚焦县级融媒体中心建设

由省委省政府主管、省委宣传部主办、湖北广播电视台承办的长江云平台，正逐步成为全省县级融媒体中心建设的省级支撑平台，通过“1+N”（“1”指长江云，“N”指“云上市县系列”）模式，催生、带动、助推各地县级融媒体中心成长壮大。

2018年11月19日，中共湖北省委《关于加强和改进党的新闻舆论工作实施意见》（鄂发［2018］35号）明确指出要“研究制定长江云移动政务新媒体平台引领性发展计划”“依托长江云平台扎实抓好县级融媒体中心建设”。在全国59个县级融媒体中心试点地区中，湖北赤壁、鹤峰、宜都、保康等四个县（市）入围，充分显示中宣部对湖北寄予的期望。央视《焦点访谈》聚焦媒体融合纵深发展，赤壁成为唯一点名的县级融媒体中心，由长江云支撑的云上赤壁成为县域融媒建设重点。

（二）迭代升级，推进平台向生态演进

为推动长江云平台从2.0平台型向3.0生态型演进，2018年3月，中国记协、湖北省委宣传部、中国传媒大学联合召开长江云平台研讨会，省委常委、宣传部部长王艳玲，中华全国新闻工作者协会党组书记、常务副主席胡孝汉，中宣部副秘书长明立志出席会议并讲话。来自中国人民大学、中国传媒大学、复旦大学、武汉大学、华中科技大学等高校的学界专家和来自人民日报、新华网、中央广播电视总台、中国日报

等央媒的业界专家集思广益、建言献策，总结媒体融合湖北模式“长江云”的发展经验，进一步明确长江云的未来发展方向。

5月，首届长江云共享大会在襄阳召开，探索由共建向共享的融合发展路径。全省120个云上系列客户端承建单位公共组建成立长江云平台运营合作体，《运营合作体直播积分体系》试运行，2018年底前，共发起330余场联动直播活动，促进云上系列互助宣传，实现宣传效益最大化，全面提升云上单位运营水平和积极性。大会当天，运营合作体还与人民日报、新华社，签订了战略合作协议。强化与央媒的合作机制，将全省优质稿件推向全国。

通过梳理各云上系列的运维情况，制定《长江云运营周报》，涵盖客户端内容运营、用户发展和新闻通联等方面，得到各运营单位的一致好评。

（三）创新融媒传播，讲好中国故事

坚持全媒体要素融合，全行业资源共享，长江云探索一体化策划、全平台共振、立体化传播，不断提高传播力、影响力。2018年《大国赤子　深潜人生——中国核潜艇之父黄旭华》等三件作品获得第28届中国新闻奖。

全国两会期间，长江云开通“云端联动报两会”，覆盖全省市州县区117个“云上系列”客户端，上接天线、下接地气，获得中宣部《两会宣传舆情通报》和《新闻阅评》的点名表扬。由长江云策划发起，联合湖南红网、贵州当代先锋网、青海网台等媒体制作推出新媒体创意H5《老乡喊你吃饭了》。作品紧扣今年两会习近平总书记在内蒙古代表团谈脱贫攻坚的讲话精神，通过饭桌上10道天南地北的当地菜肴及特产绽放五年来精准扶贫的成效。3月19日，中宣部《两会宣传舆情通报》和《新闻阅评》再次点名表扬长江云。

（四）开展国际交流合作，有效进行海外传播

长江云新媒体集团依托湖北网台国际频道，在YouTube、Twitter、Facebook、海外OTT、TVB Anywhere、ITalk TV等海外媒体和社交平台上发布，通过多语种网页端及客户端、境外OTT合作机构等构建立体化、互动式融合传播格局，让湖北声音传播海外，覆盖美国、加拿大、巴西、英国、法国、德国、意大利、澳大利亚、荷兰、西班牙、葡萄牙、希腊等160多个国家和地区，服务海外收视人群，占领海外宣传阵地，有效提升湖北广电节目海外传播力度。

“外交部2018湖北全球推介会”实现全平台全网全覆盖式传播，总阅读量达5.84

亿人次。全球100多家媒体转载《灵秀湖北》《湖北，从长江走向世界》两个短片，160多个国家和地区实现湖北全球推介立体化、互动式融合传播。同时，两个短片7月14日—21日在非洲ST Rise频道连续播出一周，覆盖10亿非洲观众。2018年7月非洲“湖北传媒周”活动在埃及开罗、南非约翰内斯堡和开普敦举行。长江云网络专题“江与河的对话”，通过120个云上系列客户端同步播发，总点击量超过1000万。

（湖北长江云新媒体集团）

湖南红网新媒体集团

一 | 湖南红网新媒体集团新媒体工作综述

（一）提高站位，习近平总书记系列报道占据舆论制高点

红网牢固树立“四个意识”、做到“两个维护”，不断提高政治站位，把宣传阐释习近平新时代中国特色社会主义思想作为头等政治任务。

持续开设《在习近平新时代中国特色社会主义思想指引下——新时代、新作为、新篇章》报道专栏，在头版头条、首页首屏等显著位置发稿1100余篇，做到报道天天有、内容天天新。红网PC端首页改版并调整，严格对标人民网的头条大通栏，时刻新闻头焦、首屏头条等舆论制高点，按照湖南省委宣传部、湖南省委网信办的要求和调度，及时转载相关稿件、图解、视频并在红网双首页、时刻新闻客户端重要版块予以推荐。并进一步规范管理，切实落实网络意识形态工作责任制，将红网县市区手机报统一头条内容为“习近平总书记重要讲话、重要活动、重要会议等有关报道”。利用红网云技术一键分发习近平总书记头条报道至湖南14个市州、122个县市区，确保习近平总书记系列重要讲话精神及治国理政新理念新思想新实践始终占据舆论制高点。

2018年以来，先后制作推出了《上海合作组织青岛峰会》《中非合作论坛北京峰会》《牢记总书记嘱托——十论深入学习贯彻习近平总书记对湖南工作的重要指示精神》等一系列专题，转载刊发了1000多篇新闻报道。围绕习近平总书记一系列重要论述，编发了500余篇红评、专家解读、述评文章。围绕习近平总书记大兴调查研究之风、意识形态工作的一系列重要论述，从科技发展、经济结构调整、作风建设、文化建设，到一带一路、改革开放等重要报道，策划、编发500余篇红评、专家解读、述

评文章。紧跟习近平总书记报道的每一个重点、热点，精准发力、精准解读，营造良好的舆论声势。

（二）围绕中心，重大主题宣传声音嘹亮

围绕中央决策部署和湖南省委工作要求，加强议题设置，创新话题传播，唱响服务大局好声音。一是围绕党中央重大决策部署兴起舆论宣传热潮。红网紧紧围绕全国两会、庆祝改革开放40年、“三大攻坚战”、“一带一路”倡议等中央重大决策，推出“砥砺奋进的五年”“改革开放40年”“脱贫攻坚看成效”“大江奔流”等主题宣传。全国两会宣传，红网率先制作专题《习近平的“下团组”时间》等，推出爆款H5《两会H5|政府工作报告里的高频热词，湖南这样奋斗》，被人民网全国党媒平台头条推荐，被业界称为融媒体传播创新的一大亮点。二是围绕湖南省委省政府重要政策举措加强宣传解读。紧扣湖南省委省政府创新引领开放崛起发展战略和建设富饶美丽幸福新湖南的奋斗目标，推出“迈向高质量　六稳在湖南”“湘西湘南承接产业转移”“开放崛起五大行动”“民营企业有力量”“智能制造看长沙”等专题报道，充分展示湖南推动高质量发展的新形象。同时，精心组织脱贫攻坚、产业项目建设年、生态文明建设、巡视整改、扫黑除恶等重大战役报道，持续开设“精准扶贫在三湘”“产业项目建设巡航”“守护好一江碧水”“扫黑除恶进行时”等重大主题宣传50多个，有效塑造湖南创新开放的形象。三是围绕民生热点，主动创新策划正能量报道。积极推出“农民丰收节”“凌晨三点的长沙”“高温下的劳动者”“火车司机”等正能量系列报道，影响力大，传播效果好，营造了积极的主流舆论声势。

1. 服务群众，媒体担当充分彰显

一是网上群众工作特色鲜明。2018年共发布红网问政大数据12次，回复总数达61938个，比2017年全年（35503个）增长74.6%，是2016年全年（27626个）的三倍。领导留言认领方面，目前，在红网认领网民留言的领导人数为374人，县区覆盖率100%，市州仅剩1个市长暂未认领网民留言。市州、县区两级的综合认领率为99.6%。一大批网民反映的问题得到妥善解决，为地方党委政府与网民良性互动构建了一个有序渠道。协助完成的《涉湘舆情专报》“2018年第三季度全省网民留言办理情况通报”，呈报给省委主要领导阅，获家毫书记批示肯定。

二是“互联网+精准扶贫”亮点突出。2018年3月31日，青春扶贫录——青年助力网络扶贫活动正式启动，活动通过网络直播的形式，对扶贫技术、扶贫活动、扶贫故事等进行实时在线直播。用优秀青年代表的一言一行和榜样的力量，时刻影响和教育

广大青年，最广泛、最深刻地动员他们参与到扶贫攻坚中来，成为湖南扶贫攻坚的新生力军。项目先后获得“2018网络扶贫创新优秀案例”和“2018网络公益年度创新项目奖”。

制定“2018红网精准扶贫品推公益行动”方案，整合湖南出版投资控股集团、中南出版传媒集团资源，依托红网时刻LED联播网，通过网站、时刻、户外大屏、室内小屏等多介质优势，以新闻、专题、广告、H5等多形式，投入总价值5000万元的媒体资源，利用6个月时间，对全省42个贫困县的旅游景点和特色产品分批进行免费包装和广告宣传，助力精准扶贫，带动县域经济发展。

2. 强化引领，舆论引导卓有成效

打造“红评”“红观”“品读”评论专栏。围绕全国两会、芙蓉人才计划、共舞长江经济带、书香湖南、三大攻坚战、洞庭湖治理等话题积极组织评论引导，2018年全年共推出原创评论8000多条，让党和政府的声音占领网络空间。2018年4月，在省委网信办的具体指导和支持下，湖南红网新媒体集团重点打造了“观潮的螃蟹”为主平台的第三方微信公众号，打造党委政府中心工作的第三方诠释平台和新媒体时代网上舆情危机管理和舆论引导的重要阵地。内容除在公众号上发布，还同步在红网、时刻新闻以及百家号、企鹅号、头条号、新浪看点、网易号、大鱼号、搜狐号等新媒体客户端进行推荐，形成了强大的社会影响。迄今为止，已经刊发评论、深度报道原创文章共300多篇，总点击超百万次，特别是针对“陈杰人案”“长沙房价”“城市管理乱象”等社会热点，刊发了一系列高质量的评论，有效引导了舆论，获得了湖南省委、省政府、省委宣传部、省委网信办、省直机关以及市州县领导干部的高度关注和一致好评，平台影响日益增大，高质量的舆论引导作用已经凸显。

根据湖南省委部署，在时刻新闻客户端开启了互动留言功能。在运营工作中，陆续形成一整套管理机制，并针对用户体验方面逐步完善了功能需求。跟评内容在保障安全的基础上正在不断提质，为进一步的保障新闻跟评安全，打造时刻新闻跟评信息内容安全的多重防护管理体系，根据红网互动栏目相关管理规定，制定了时刻新闻跟评审核管理办法，每日24小时审核值班（含全部节假日）。

在舆论上以红网互动中心的工作人员对重点报道进行维护和跟评引导，并逐步建立了一支由阅评员、核心网友、评论作者、跟评编辑、各口线采编人员共同组成的跟评队伍，积极引导舆论。

栏目得到了各方首肯，目前时刻跟评已经逐步成为湖南新闻互动的主平台、湖南政民互动的新兴舆论场，成为有红网特色的重量级互动栏目。

（三）积极探索，媒体融合成效显著

遵循中央和省委的部署安排，我们大胆解放思想，守正创新，全力首先实现红网自身的融出特色、壮大自我，构建起全国特有的双网（互联网、移动互联网）、四级（省、市、县、乡镇/街道）、四屏（电脑屏、手机屏、户外大屏、电梯小屏）的树型传播体系，成为服务湖南各级党政和民众的全媒体主流传播平台，湖南移动互联网新闻资讯供给平台和湖南县级融媒体中心建设主体平台。

1. 分站体系进一步延伸

红网面向各街道打造的“社区云”平台，为街道社区提供资讯、便民等各项服务，参与的街道超过40余家，真正打通了服务群众、引导群众的“最后一公里”。红网长沙分站与天心区携手开启构建省、市、县、街道四级联动新媒体平台。随后，又在芙蓉区建立直营分站，红网分站体系由省、市、县三级逐步向乡镇/街道四级延伸。四级分站体系是红网扎根湖南的基础，是红网服务好各级党委政府的触角，是红网纵深融合发展，真正实现“服务群众、引导群众最后一公里”的有力抓手。

2. 传播矩阵进一步拓展

在“网、报、端、微、视、屏”六位一体传播矩阵的基础上，红网传播矩阵进一步扩展，以红网云为技术核心，为各党委部办托管承建的红星网、红星云、三湘统战网、湖南长安网、湖南人大网、法治湖南网、湖南文明网等平台开展运营服务，尤其“红星云”平台，覆盖230万用户，为全年4亿+学习人次提供了技术保障，县级融媒体云平台全面对接红星云，在方便基层干群学习知识的同时，利用该系统线上发布事项、线下跟踪服务，将党的组织优势转化为群众获得感，破解基层党建难题。

2018年，红网时刻LED联播网初步实现了立足省会长沙，辐射市州和县市区的三级联播体系布局，共拥有省内大屏资源75块，长沙市内电梯小屏800余块。

在长沙，红网时刻LED联播网户外大屏已形成“城市中心+高速路口+高铁+机场+加油站”的传播格局，传播力全面覆盖长沙城区。市州则以“品牌联营、管理输出”的方式，完成了怀化、娄底、永州、岳阳、益阳、邵阳、常德、张家界、湘西9个市州，江永、茶陵、衡南、南县、沅江、安乡、衡山、桃江、临湘、靖州、澧县、双峰、华容、平江共14个县的户外LED大屏合作联营。重大主题宣传报道中同步LED联播网千屏直播已成为红网融合传播的特色亮点。

3. 融媒业态进一步优化

红网是最具互联网基因的新媒体，一直致力于融媒体时代更好引领网络舆论的有益探索。红网对虚拟云演播、AI短视频、微视频、动漫、动图、H5、手绘、快闪、海报等新技术新手段充分运用，实现了新闻作品的融合创新，增强传播力和到达力，极大提升了传播效果。在全国“两会”、改革开放40年、一带一路倡议五周年等重大会议和主题报道上，抢占传播制高点，取得了显著的成效，形成了融媒体报道的独特风景。

2018年，红网全力推进“红视频”战略转型，与人民网、梨视频等合作，兼顾和涵盖了与县市电视台的深度融合需求，提供强大的视频信息资源，解决县级媒体生产能力不足、用户黏性不强的短板。围绕庆祝改革开放40周年这条主线，红网在视频化全员转型上迈出融合发展的实质性步伐，直播、独播、户外联播成新业态。推出《我们湖南》《你好，40年》《红色印记》《年夜饭》等为代表的精品力作，被中央网信办《网络传播》杂志予以推荐。承担“中非合作论坛”直播任务，受到组委会致信感谢以及各方好评。

4. 技术融合进一步升级

2018年6月，红网自主研发的“红网云”正式上线，实现了红网内部全平台联动，实现了采编流程的再造。特别是红网云一键分发功能，实现了重要稿件同步推送，辐射至湖南14个市州、122个县市区，使主流声音迅速抢占舆论制高点。

围绕县级融媒体中心“新闻+政务+服务”的平台功能，通过与阿里巴巴、腾讯、索贝、凡闻、58集团等国内互联网知名专业公司深入合作，完成了技术的升级迭代。红网云系统升级改造成融媒体中心技术平台，已被省委正式确定为我省县级融媒体中心建设的两家省级技术平台之一。平台包含融媒体采编系统、融媒体素材管理系统、可视化指挥系统、音视频制播系统、舆情监测系统、问政互动系统、党建服务系统、公共服务系统、电商服务系统、数据分析系统、报刊管理系统、新媒体传播插件系统等12个子系统。通过一级部署多级应用模式，可实现“策、采、编、审、发”一体化，实现“台、报、网、端、微、号”深度融合，实现省、市、县、乡镇、街道（局办委）四级传播和管理。

此外，虚拟云演播、虚拟现实和增强现实技术、AI短视频、微视频、动漫、动图、H5、手绘、沙画、无人机、航拍、连环画、网络直播、在线访谈等新技术新应用新手段的广泛运用，推动内容生产的融合与创新。

5. 融媒体建设进一步加快

围绕县级融媒体中心建设，红网一刻也没有停歇，在向上对标、自身研究、外出调研等的基础上，形成了红网《湖南省县级融媒体中心建设方案》。力求接地气、融出新气象。截至目前，全省已有70余个县市区与红网达成县级融媒体中心建设的合作协议，其中20余家已上线运行，目前，红网已建成打造武冈市、永顺县、雨花区、望城区等不同属地、不同发达程度、不同融合需求的融媒体中心建设样本。

二｜湖南红网新媒体集团新媒体工作案例

2018年，红网全推出的《你好，40年》融媒体新闻片，节目总点击超2000万，被中央网信办全网推荐，并得到中国记协网阅评表扬。这也是红网“红视频”战略转型成效的一个生动注脚，彰显了红网强大的原创新闻视频生产能力。

该节目选取伴随着改革开放成长起来的人群为记录主体，通过主人公的真实讲述，记录个人、行业的成长，见证改革开放40年时代大潮的辉煌成就。

节目涉及农业、旅游、餐饮、戏曲、科研、制造、教育、出版、路桥、医疗等多个行业，每期一个行业，一个人物。主人公平凡而又各有代表性，他们中有“山不倒，导游干不倒”的导游，有“我自豪，农村一年一个样”的种粮大户，有“我的中国梦，就在这一卷卷焊丝上”的科研工作者等等；《你好，40年》的讲述方式实现了个体故事与时代大潮的有机融合，让个人命运有着时代的背景注解，也让改革开放的伟大成就有了真实而具体生动的故事诠释。

《你好，40年》除节目主体本身，制作了全套VI包装，制定了完整的播出编排与预热推广方案，制作了配套的10秒短视频，通过微信朋友圈进行前期预热。节目除了在红网全平台推广播出外，积极做好网台联动，在湖南卫视、经视等电视台播发预告新闻；与主要央媒、商业网站平台联动，通过人民网、人民日报客户端、腾讯、搜狐、新浪、今日头条、天天快报、微博、西瓜视频等展开全平台分发。时刻新闻客户端总播放量达102万，全网播放量2000万以上，在社会各界引起巨大反响。

随着节目的播出，红网、时刻新闻还对每一期节目配发系列评论进行解读，多侧面地深度挖掘报道主题的内在意义，以增强报道深度，彰显主题的深刻性与时代性。

（湖南红网新媒体集团）

扫码观看融媒体新闻片《你好，40年》

南方新闻网

南方新闻网新媒体工作综述

2018年以来，南方网在省委宣传部和南方报业传媒集团的坚强领导下，深入贯彻落实习近平新时代中国特色社会主义思想和党的十九大精神，深入学习贯彻习近平总书记对广东重要讲话和重要指示批示精神，始终坚持正确的舆论导向，按照“深度融合，加快转型”的战略部署，凸显核心意识，高举旗帜，以新媒体产品为突破口，紧密围绕习近平总书记视察广东、全国两会、粤港澳大湾区建设、庆祝改革开放四十周年等重大事件节点，为广东广大党员干部带领人民群众奋力实现“四个走在全国前列”凝心聚力，充分发挥出了我省网上宣传主渠道、主阵地作用。

这一年，南方新闻网紧紧围绕广东省委、省政府中心工作，深入贯彻“深度融合，加快转型”的战略部署，坚持正确的舆论导向，不断加强内容创新，主题宣传精彩纷呈，热点引导深入有力，特别是在习近平总书记考察广东、改革开放40周年、全国“两会”、省“两会”、粤港澳大湾区等主题宣传上，浓墨重彩，精品不断，亮点纷呈。全年推出中英文双语大型专题40多个，音视频产品60个，H5产品100多个。推出的《沿着总书记指引的道路奋勇前进》《以新担当新作为开创广东工作新局面》《奋进新时代　开启新征程》《奋力实现“四个走在全国前列”》等大型双语专题反响强烈；推出的《新时代属于每一个人　改革开放与我》《广东一分钟》等新媒体产品，大力弘扬主旋律，网聚正能量，社会反响强烈，多爆款被国家网信办全网推送，为广东在全面建成小康社会、加快建设社会主义现代化新征程上走在前列提供强大的精神支撑。

这一年，南方新闻网进一步提高对外传播能力，多款融媒体爆款“出海”唱响广东主旋律。“粤非颂”融媒体系列报道主题曲《One for all and all for one》（中文名：粤非颂），获得人民日报客户端、广东广播电视台、东方网等30多家国内媒体网站转发，更被美国全国广播公司网站、中东通讯社、津巴布韦新闻网、塞拉利昂新闻网等200多家境外媒体相继转发，覆盖超1000万人群。《安家》项目微纪录片《“洋”老广的一天》在南方网、南方+和英文网等平台线上同步推出，微纪录片及相关专题报道还被美国全国广播公司、美国福克斯新闻、美国雅虎新闻网、日本共同社、韩国韩联社、西班牙Europa Press通讯社、印度《新德里时报》、斯洛伐克TASR通讯社等约1000家境外媒体相继转发，还被部分媒体转载至Facebook、Twitter等社交媒体平台，截止10月30日下午，相关报道点击量超1亿，在境内外引起强烈反响。

这一年，南方新闻网持续发力，“粤评”品牌效应凸显网上舆论宣传引领旗帜。南方网紧紧围绕学习宣传贯彻习近平新时代中国特色社会主义思想和党的十九大精神及习近平总书记视察广东和关于广东工作的重要批示精神，结合广东新实践，以原创内容为抓手，不断创新网络评论、理论宣传的理念、内容、体裁、形式、方法、手段，积极引领导向，凝聚共识、汇聚力量，“粤评”品牌效应凸显。2018年共推出36个系列网评专题，共发布2600余篇原创文章，其中小视频60余件，漫画30多幅，H5作品12件，超过200件作品被中央网信办全网推送，推送数量在地方新闻网站中名列前茅。全新改版的南方网评，栏目定位更加清晰，品牌意识更加浓烈，重点评论更加突出，新媒体特色更加凸显，品牌建设为全国网评发展提供“南方经验”，中央网信办在“全国主要网站网评管理及地方网评工作会议”上指定南方网评作为全国典型介绍南方网评在打造网评品牌上的先进经验。重点项目顺利推进，被上级部门委以宣传重任。11月29日，中宣部宣传舆情研究中心在“学习强国”平台工作会议上正式确定广东为试点，随即广东省委宣传部要求南方网理论频道承建“学习强国”平台广东站点“广东学习平台”的编辑部并负责协调各地市宣传部、省直试点单位搭建供稿、沟通、编审并向全国平台送稿机制。

这一年，南方新闻网始终坚持创新驱动发展，重点发力，攻坚克难，形成新的增长点，促进网站高质量发展。通过一年的攻坚克难，系列权威核心平台已初具规模，以参与“数字政府”建设为契机，带动网站数据业务发展，变“内容服务单腿走路”为“内容服务+平台产品双擎驱动”，变人力密集的粗放型增长为技术和产品集约型的高质量增长方式，充分凸显南方优势。

（南方新闻网）

广西日报社

一｜广西日报社新媒体工作综述

2018年，广西日报社旗下各新媒体平台总浏览量爆发式增长，总量达25.7亿次，不断壮大具有强大凝聚力和引领力的社会主义意识形态；同时，以“广西云”融媒体生态系统为基础，为全区各县市区融媒体中心建设提供全区一体化的技术、经验、人力支持，打造县级融媒体中心建设的“广西模式”；将“广西云”融媒体生态系列发展融入数字广西建设大格局中，推动媒体与地方经济社会共融发展，打造“高服务性、高成长性、高质量型、高潜力型”的“两性两型”广西云，为建设壮美新广西增添了新动能。

（一）强信心、聚民心、暖人心、筑同心，跑出媒体融合发展的“加速度”

为全力应对媒体格局的深刻调整和舆论生态的重大变化，近年来广西日报社大力建设“广西云”融媒体生态系统，积极推动旗下报网端微从相“加”的全媒体传播矩阵，发展成为媒体形态、传播形态和产品形态相“融”的新型融媒体生态系统。

在2018年全区宣传思想工作会议上，自治区党委书记鹿心社强调，要建好、管好、用好广西日报“广西云”，打造辐射东盟、具有区域性国际影响力的融媒体品牌，这为广西日报社推进媒体深度融合指明了方向。一年来，广西日报社奋力推进“广西云”升级、提质、增效、抓点、扩面，力争再造一个广西日报。

“建”字当头，实现党端“全覆盖”。这一年，我们过得很充实，走得很坚定。

2018年4月，广西日报客户端升级为广西云客户端，打造“新闻+党建/政务+服务”全区性掌上门户平台，与广西日报、广西新闻网一起，构成“党报+党网+党端”于一体的自治区党媒体系；至11月底，又全面开通14个设区市的市级分端和111个县（市区）的县级分端，提前7个月构建起“1+14+111”党端矩阵，将新思想及时传播至千家万户、街头巷尾、田间地头，打通移动互联网时代新闻舆论阵地建设“最后一公里”。作为自治区党委机关报，广西日报已经形成报网端微齐备、立体多样传播的“广西日报媒体方阵”，除了广西日报——我区最具传播力、引导力、影响力、公信力的党报，还打造了“掌上广西日报”——广西云客户端，“网上广西日报”——广西新闻网，并在微博、微信、头条号、企业号、抖音等多个平台立体传播，将传播触角伸向全国和东盟国家地区。

“管”字为本，巩固壮大“正能量”。这一年，我们守得很稳健，做得很用心。2018年，第二十八届中国新闻奖首设媒体融合奖项。广西日报创作的融媒体作品《柳州融水突围记丨广西日报记者“失联”数十小时，在穿越40处塌方后发回灾区最新画面！》获得评委们高度评价，荣获中国新闻奖融媒体短视频项目一等奖。全国两会，“广西云”的融媒体作品三次获得中宣部表扬，视频作品《小女孩西西眼里的南向通道》获人民日报社颁发的2018全国两会融合报道十佳作品评选第一名。在广西每年一度的“壮族三月三·八桂嘉年华”活动中，广西日报创作的国际版《广西尼的呀》在国内外100多家媒体集中推送，掀起“桂风壮韵”热潮。庆祝改革开放40周年、广西壮族自治区成立60周年，报社各媒体平台累计刊发相关作品2.45万篇（件），新媒体及网站总阅读量4.67亿次，精心策划的“60”系列主题报道，特别是重磅推出的广西日报60个版纪念特刊、南国早报60个版纪念特刊、广西日报60个版“海外专版”大气登场，60封“海外家书”燃烧乡情，知名侨领纷纷来信来电“感谢广西日报为桂籍海外侨胞提供了一个倾诉乡情、感恩故乡、寄语壮乡的好平台”。中宣部《新闻阅评》评价广西日报社的自治区60大庆宣传报道“有分量、有影响，内容厚重丰富，感情充沛激越，形式多姿多彩”。

“用”字着力，延伸平台“价值链”。这一年，我们干得很卖力，拼得很起劲。在“广西云”融媒体生态系统支撑下，“广西机关党建在线服务平台”正式上线，打通“新闻+党建”对接平台；“新闻+政务”不断拓展，八桂国防、八桂警事、广西文艺界、乡村建设等一批“广西号”陆续开通，近30家政府网站交由“广西云”运营维护，广西政府网在2018全国省级网站绩效评估中从原来第九名上升至第五名。

（二）一朵云、一个端、一张网、一盘棋，激活服务基层群众的“最末梢”

当前，县级融媒体中心建设是我国、我区媒体深度融合发展的一项重大任务。一年来，广西日报社切实把思想和行动统一到自治区党委的战略部署上来，切实增强机遇意识、危机意识、使命意识，以高度的历史担当顺应潮流、把握大势、主动作为，以指导、参与县级融媒体中心建设为契机，深入实施“广西云”融媒体生态系统2.0版本建设，为全区媒体深度融合推动提供模式、技术、运营、人才等方面的支撑。以“广西云”融媒体生态系统为省级技术及运营平台支撑，目前全广西县级融媒体中心正积极融入“一朵云”、共建“一个端”、织成“一张网”，把县级融媒体中心建设成为主流舆论阵地的重要平台、服务群众的重要途径、接受群众监督的重要渠道，更好满足全区各族人民群众对美好生活的需要，打造县级融媒体中心建设的“广西模式”。

融入“一朵云”——近5个月来，广西日报社和广西广电网络公司加强协作，为全区首批县级融媒体中心建设提供技术、经验、人员等全方位解决方案，指导物理空间建设，搭建融媒体采编系统，强力推动县域媒体资源整合。截至2018年12月31日，全区已有31个县级融媒体中心挂牌，占总数的28%。

共建“一个端”—— 2018年，“广西云”为来自全区111个县市区的218名学员分6期进行新媒体技能培训，提前7个月实现14个设区市和111个县开通广西云客户端市、县级分端，形成“1+14+111”的“党端矩阵”，实现党端全区全覆盖。2018年7月，鹿心社书记在广西日报调研时表示：“我是广西云客户端的忠实读者”，对客户端建设发展作出了重要指示。针对全区媒体深度融合需求而开发的广西云客户端5.0版本将很快上线，为全区媒体及机构企业共融一体提供强大的内容平台支撑。

织就“一张网”—— 广西日报与全区各市日报、电视台，各县（市、区）县级融媒体中心共建广西主流媒体联盟，织成全区各级党报、党台、党端共同形成的“一张网”，团结起来做大事，联合起来谋发展，用“一张网”聚集海量用户，形成现代传播体系，为党媒事业的发展壮大提供运营支撑。“广西云”指导建设的武宣县融媒体中心构建了五级全媒体网，集新闻传播、舆论引导、政务发布、便民服务等功能于一体，撬动县域用户这个移动应用最大的“增量群体”。2019年1月21日起，广西云客户端携手全区20多个县级融媒体中心推出大型直播《壮美广西 · 我们的年夜饭》，把最有地方特色、最富乡土气息的地方年菜展示出去，“一张网”效应初步显现。

形成“一盘棋”——我们把握好县级融媒体中心建设的辩证关系，充分认识到这项工作既是全国“一盘棋”、广西“一盘棋”，必须做好，又要推动并融入党委、政府工作“一盘棋”，争取支持。下一步，我们将共同开发建设各区市县的政务服务、电商、民生服务、智慧社区平台等民生事务，利用“广西云”的平台影响力和渠道粘合力，为建设数字广西搭建媒体融合平台。

（三）高成长、高增长、高潜力、高质量，汇聚建设壮美广西的“新动能”

2017年，“广西云”融媒体生态系统中央厨房开始运行；2018年，广西云客户端重磅上线；如今，县级融媒体中心的推进建设、数字广西重大战略任务的深入实施，又为“广西云”融媒体生态系统的升级发展提出了新的要求，赋予了新的使命，提供了更大空间。广西日报将以更大决心、更大气魄、更大力度深入实施大数据战略，加快“广西云”的升级改造，把“广西云”融入数字广西建设大格局中，全面加快广西云客户端5.0版本上线，将媒体发展纳入“互联网+”经济社会发展新形态中，打造“高成长、高增长、高潜力、高质量”的“两性两型”广西云，为建设壮美广西增添新动能。

1. 推进“四圈深融”，驱动“高成长”

升级改造“广西云”融媒体生态系统，构建“四圈环流”融媒体矩阵。“广西云”将从单一的媒体策、采、编、发系统加速成长升级，拓展党媒服务范围，提升党媒服务价值，打造一个支持全区媒体深度融合、集纳全区各党政机关企事业单位声音、联结全国主流媒体及重要互联网企业、拓展东盟国家地区媒体朋友圈的“四圈深融”融媒体矩阵，扮演好党媒作为治国理政重要资源、重要手段的角色作用，借助党媒的平台优势、信息优势、传播优势，发挥更大的媒体宣传、政企互动、百姓参与等功能。

“四圈环流”融媒体矩阵由核心圈、紧密圈、协同圈、共建圈四部分共同组成。

核心圈：包括广西日报传媒集团旗下的广西日报、南国早报、广西云客户端、广西新闻网等，构建“党报+党网+党端”为一体的新型主流媒体，引导全区媒体融合转型发展。进一步推动集团部门机构整合，推动集团报、网、端、微各媒体形态一体化的策采编发流程再造，以引领、引导全区媒体融合发展为目标指向，推动人员队伍结构调整、技术体系升级改造。

紧密圈：广西日报传媒集团将以升级后的“广西云”融媒体生态系统为基础架构，以建设广西云客户端市县分端为重点，联手全广西14个设区市及111个县（市区）融媒体中心，在广西组建“1+14+111”为一体的融媒体矩阵，在广西各级、各层加强和改进党的新闻舆论工作，将党的声音传入最基层，进一步巩固拓展舆论阵地，厚植党的执政基础，推进县域治理能力现代化。

协同圈：与人民日报、新华社、中央电视台等央媒以及各省级党媒，在全国两会、自治区成立60周年等重大报道中，结成报道联盟，内聚外合、纵横联动，在媒体联合报道的南向、北联、东融、西拓上下更大工夫，在全国唱好广西声音、讲好广西故事。

共建圈：推动“广西云”云飘海外，在柬埔寨、泰国、老挝、越南等东盟国家地区，创新方式，积极作为，共建“广西云”海外融媒体中心。通过日常的报纸稿件互换、共建客户端频道以及重大报道中的联合策划、共同直播报道，向东盟国家地区展示广西新形象、新风貌、新作为，以媒体力量推动广西—东盟的交流合作，促进互利共赢。

2. 继续沉淀用户，保持“高增长”

2018年，“广西云”传播力持续出现爆发性增长，各新媒体平台阅读量均呈现井喷之势：广西日报约4.5亿次；广西新闻网达10亿+；南国早报9.5亿次；南国今报突破1.7亿次。广西日报法人微博在2018年长居全国省级党报微博影响力排行第一，南国早报官方微信跃升中国微信500强榜单第177位，“广西云”传播力影响力不断提升。同时，我们正与腾讯、百度、今日头条等有实力的互联网企业一起，加强协作，拓展功能，形成聚合放大效应，共同转化用户生产力，不断拓展党媒发展平台。互联网这个“最大变量”正在变成广西日报社党媒事业发展的“最大增量”。我们将进一步将互联网的基因注入党媒事业，努力推动广西日报社媒体内容、品牌、管理、服务、经营的互联网化，“再造一个广西日报”。

3. 拓展智慧服务，培育“高潜力”

如今，“广西云”已成为全国媒体融合升级的样本之一，未来我们将深挖媒体数据的潜力价值，发挥媒体在数据产业运营等方面的潜能，深度融入“数字广西”建设战略。继续承办好“广西机关党建在线服务平台”和“智慧南湖社区”等信息服务项目，深挖智慧党建、智慧政务、智慧社区、智慧旅游、智慧生产等方面巨大潜力，主动融入“数字广西”建设，着力打造“24小时不打烊”网上服务，让人民群众有更多获得感。

4. 大力淬炼精品，强化“高质量”

在以移动互联为代表的信息技术快速革新中，广西日报社率先入局，利用移动传播规律，以内容优势赢得了发展优势。我们将进一步运用新思维，驾驭新载体，采取新手段，不断提升内容生产水平，出品更多群众喜爱的高质量融媒体精品，牢牢占据新时代舆论传播主阵地的同时，以“广西云”技术引擎撬动体制机制的深度变革创新，将广西日报社迅速打造为形态多样、手段先进、具有竞争力的新型主流媒体。

二 | 广西日报社新媒体工作案例

2018年全国“两会”期间，广西代表团以全团名义，向十三届全国人大一次会议提交了《关于加快建设中新互联互通南向通道的建议》，建议把中新互联互通南向通道建设纳入国家战略。为响应这一重大主题，打造一款易于传播、更接地气的融媒体产品成为当务之急。考虑到宏观角度的报道较多，但真正能令普通人印象深刻、易于理解和接受的作品较少，主创团队决定在切入角度上做好文章。五天时间内，从创意到化为现实作品，立意巧妙的动画视频作品《小女孩西西眼里的南向通道》新鲜出炉。

首先，该作品以小见大，出其不意。从一个广西小女孩“西西”的视角，向大家介绍了她眼中的中新互联互通南向通道，以及南向通道给她的家庭和自己的生活带来的影响，童言童语却折射出“大文章”，将宏大的主题成功落地。

其次，动画风格活泼清爽，文案详略恰到好处。“彩蛋”童谣朗朗上口、深化主题。“东盟南，中亚北，南向通道跨山水。火车呜呜往前飞，富了西南富西北。政策的东风使劲吹，老百姓也有新作为。都说赶上好时代，百尺竿头还看谁。”视频在余韵绕耳的童谣中结束，耐人回味，引人遐思。不失为“点睛之笔”。

该作品坚持正确的舆论导向、政治站位，围绕中心、服务大局，传播正能量和产生了良好的社会效应。作品及时响应了广西代表团的议案，发布后产生较大社会影响，对南向通道的宣传起到了积极的推进作用。成为广西云践行四力，讲好广西故事，传播广西声音，占领主流舆论阵地的融媒精品之一。

该作品获评2018全国两会融合报道精品展示优秀融媒作品十佳。作品发出后迅速在朋友圈刷屏，2小时内在广西云客户端、微博等媒体平台点击量破万。其他省区市的媒体同行纷纷点赞广西日报新媒体对人大代表团议案响应及时、迅速，立意新颖、创意独特。同时，该作品在“全国党媒携手拥抱新时代——2018全国两会融合报道精品展示”评选活动中，该作品获评“优秀融媒作品十佳”，并位列第一。该活动由人民日报全国党媒信息公共平台、人民网、人民视频联合主办，共收到全国近25个省、自治区、直辖市的党媒单位选送的融媒体作品160余件。

（广西日报社）

广西广播电视台

一 | 广西广播电视台新媒体工作综述

广西广播电视台拥有两网（广西网络广播电视台网站、北部湾在线）、一端（广西视听移动客户端）、广西IPTV等新媒体平台，建设完成了融合媒体调度指挥中心、电视制播私有云系统、“中国—东盟云”融媒体平台。截至2018年，广西IPTV平台、基础用户已超过450万。

（一）建设完善融媒体调度指挥中心，加快基础大数据建设

2018年，广西广播电视台建设完成融媒体调度指挥中心和电视制播私有云系统。融媒体调度指挥中心拥有大数据舆情分析、大数据新闻线索汇聚、新闻生产调度指挥地图、新闻生产流程监控模块等功能。电视制播私有云系统主要用于支撑承载融媒体调度指挥中心和融合媒体新闻生产系统等两套软件系统。广西广播电视台大投入进行硬件支撑平台建设，为推进媒体融合，建立全新的“采、编、发”工作流程提供了技术基础，为融合新闻生产和其他电视业务提供服务。

广西广播电视台加快基础大数据系统建设，挖掘各新媒体平台上的数据资源，将新媒体数据分析用于指导内容生产和内容分发。目前，基础大数据系统已完成广西电信IPTV全网及广西视听移动客户端页面的探针部署，可实时对广西电信IPTV收视情况、广西视听移动客户端页面访问情况等数据进行采集计算和数据展示，可初步对用户观看行为，如观看时长、观看节目类型、行为路径等进行数据分析，为新媒体平台的运营提供帮助。

（二）建设完善“中国—东盟云”项目，推动对外传播立体化发展

中国—东盟云是根据东盟国家媒体发展现状，构建轻量化、可定制的媒体融合生产模式，建立新型国际化的采编发技术体系，提升东盟当地媒体融合以及信息化水平。依托这个平台，将在东盟国家建立移动端内容快速推送模式，创新移动端外宣新闻产品，构建移动传播矩阵，实现“多国采集、多元传播、覆盖东盟、全天滚动”的战略目标。2018年7月，“中国—东盟云”项目正式建成，项目第一期工程建设完成多语种全媒体采编审播发一体化系统（支持越南语、泰语和英语）、融合媒体生产中心和私有云平台等部分核心子系统，研发移动采访APP、全媒体广播系统、视频微直播系统、微信矩阵等媒体融合产品。同时，构建跨境数据交换体系，贴合境外受众的阅读习惯开设越南语、泰语、缅语、柬语、老语等五个语种的境外社交媒体账号，建立“社交媒体首发、全媒体跟进、融媒体传播”的传播格局，形成境内和境外多媒体联动的立体化外宣新模式，推动东盟新闻生产模式转型创新。

目前，广西广播电视台正在逐步完善“中国—东盟云”的各项功能，提供更好的支撑服务。台驻东盟国家工作站记者可以在当地实现快速采访、编辑、推送稿件。全媒体移动采访同时面向东盟国家记者，为他们提供融合服务，新闻资讯实时分发到Facebook、推特等。

（三）以内容为抓手，加快新媒体平台建设

1. “广西视听”移动客户端上线播出

“广西视听”移动客户端正式上线，成为积极整合全台原有APP资源建设的最新移动客户端。通过“广西视听”，用户可以随时随地收听收看广西广播电视台所有直播频率频道的实时内容。这标志着广西广播电视台在传统媒体与新媒体融合发展方面取得了新进展，迈出了新步伐。

“广西视听”移动客户端全面覆盖安卓和苹果平台，在手机、电脑等屏幕呈现，集视听于一体。目前开设的频道包括：新闻、壮美广西、精品栏目、新资讯、东盟之窗、好听声音等。广西广播电视台《讲政策》《广西新闻》《八桂新风行》《凡事说理》《第一书记》等王牌节目在APP中均可看到、听到，让用户足不出户就可领略壮美广西，尽览天下风情。

2. 加快建设广西网络广播电视台

广西网络广播电视台整合短视频、网络直播、微博、微信等用户喜爱的平台和业态，通过音视图文、H5、移动直播、互动游戏等形式，着力打造小切口反映大主题的

"现象级"报道精品。

3. 建设北部湾在线

北部湾在线是立足广西、面向东盟的多语种外宣新闻网站，于2010年5月正式对外发布，2016年，升级为国家一类新闻网站。通过音视图文手段，采用中、英、越、泰等语言发布，同时整合广播、电视的多媒体资源，制作丰富的、面向东盟的多媒体节目，实现在广播、互联网和手机网上跨平台发布多媒体信息。

（四）实现重大主题、重大活动的采编发联动、多平台传播

广西广播电视台围绕采、编、发环节进行流程再造，新闻采制生产逐步向全媒体运作方式转变，打破原来各部门各为自己的节目供稿的采编播模式，转变为网屏优先的全天候图文视频生产。实现"一次采集、多种生成、多元传播"。

2018年，全国两会、自治区两会、自治区成立60周年、东博会、三月三、2018丝路品牌万里行等重大主题宣传报道都实现了台网联动，新媒端以微视频做主打，VR、H5、图文等各种报道形式，内容传播短精快，形成宣传合力，实现重大主题、重大活动的采编发联动、多平台传播。其中，广西网络广播电视台对自治区成立60周年的宣传报道，除了在网站及客户端开设专题，将广西广播电视台大量丰富内容集纳、碎片化播出的同时，在传统端播出前推出微博微信话题宣传推文"壮美广西"，截至2018年12月11日微博话题阅读量接近500万。

二 | 广西广播电视台新媒体工作案例

中国—东盟多语种融媒体国际通用云平台——东盟云项目（简称：中国—东盟云），根据东盟国家媒体发展现状，构建轻量化、可定制的媒体融合生产模式，建立新型国际化的采编发技术体系，提升东盟当地媒体融合以及信息化水平。同时，该平台可为东盟国家媒体定制个性化的融媒体产品，进一步深化与东盟各国媒体进行全方位合作，对推动东盟国家信息化发展水平，加快当地媒体融合发展步伐，提升当地媒体传播能力起到重要作用。依托这个平台，还将在东盟国家建立移动端内容快速推送模式，创新移动端外宣新闻产品，构建移动传播矩阵，实现"多国采集、多元传播、覆盖东盟、全天滚动"的战略目标。此外，利用东盟云的大数据分析系统收集东盟国家的舆情，实时掌握各国的媒体动态。中国—东盟云项目获得2017年度中央文化产业

专项资金扶持。

中国—东盟云项目全面整合东盟国家的信息资源，开展融合传播，输出中国文化，为东盟国家开创全媒体内容生产流程，实现信息内容、技术应用、平台终端、人才队伍的全面共享融通，成为广西广播电视台以及东盟国家媒体内容产品生产和发布的融媒体采编中心和信息枢纽。依托这个平台，将建立“社交媒体首发、全媒体跟进、融媒体传播”的传播格局，推动东盟新闻生产模式转型创新，全面提高我国媒体的国际影响力和传播力。同时，本项目全面支撑广西广播电视台多语种内容生产和聚合，开设越南语、泰语、缅语、柬语、老语等五个语种的境外社交工具账号，面向东盟宣传广西，并与北部湾之声外宣频率、国际频道、北部湾在线·新媒体以及《荷花》双语杂志形成多媒体联动的立体化外宣模式，全面开拓在东盟外宣影响力，促进广西打造面向东盟的西南中南地区开放发展新的战略支点。

中国—东盟云实现中国与东盟国家信息交流的无缝对接，实现各国新闻信息的资源共享，有利于更深入的了解东盟国家的经济、政治、文化发展现状，对加强“一带一路”网络空间及全面合作起到积极推动作用。

（广西广播电视台）

海南日报报业集团

一｜海南日报报业集团新媒体工作综述

（一）海南日报“两微一端”影响力不断提升

2018年，在一系列重大报道发布，如海南房地产实施全岛限购、59国人员来琼旅游实施免签入境、习近平总书记宣布党中央支持海南全岛建设自由贸易试验区等等，海南日报新媒体绝大多数发布保持领先。

在关注年初海口罕见堵车、省“两会”、全国“两会”、博鳌亚洲论坛年会、庆祝海南建省办经济特区30周年、宣传自贸区自贸港各项政策落地、聚焦首届海南岛国际电影节方面，海南日报新媒体报道都可圈可点。

尤为值得一提的是，在对本土知名音乐人“强哥”创作低俗歌曲《菠萝买不起》、外嫁女返琼掀起攀比歪风等事件报道中，海南日报新媒体精心策划、率先发声，弘扬了正气和正能量。

2018年，海南日报“两微一端”阵地不断拓展。截至2018年12月31日，海南日报微信公众号关注人数为62万人，海南日报客户端下载用户突破51万人，均比去年有了大幅增加。海南日报新浪官方微博粉丝达到725万人。2018年，海南日报微信公众号诞生了超过30条“10万＋”稿件。

2018年6月，人民网研究院公布了《2018全国党报融合传播指数报告》，海南日报微信公众号在全国近380家党报办的微信公众号中名列第十，海南日报新浪官方微博跻身“党报微博粉丝量、文章平均阅读量TOP10”。

2018年11月3日，海南日报官方抖音上线，上线10天后，即诞生了第一条抖音阅读超100万的新闻。据统计，2018年，海南日报“两微一端”推送稿件数量超过5万篇，没有发生政治差错。2019年1月，新榜发布“2018中国微信500强”名单，海南日报微信公众号跻身榜单，名列430名。

（二）创设“创意工坊”，打造了大批爆款新媒体产品

从2018年1月开始，海南日报新媒体在以往探索和实践基础上，组建了虚拟团队“创意工坊”。

2018年1月25日，海南日报新媒体“创意工坊”推出了处女作——创意手绘H5《睡在我上铺的兄弟》，作品当天在海南及复旦大学校友会刷屏，阅读量很快超过10万＋。

随后，海南日报新媒体“创意工坊”在博鳌亚洲论坛年会、纪念海南建省办经济特区30周年等一系列重大报道中集中发力，创意制作的《“海南号”时空穿梭机》《学习口袋书——海南新的重大历史使命和战略定位读本》等，均收获了阅读量10万+的成绩。其中，H5《“海南号”时空穿梭机》阅读量超过了50万。

2018年，海南日报新媒体“创意工坊”创意制作了一批微视频，其中微视频《五十六个民族祝海南生日快乐》引起广泛关注，发布当天，作品被多家网站、客户端、微博和国内超过20个微信公众号转载，视频浏览量超过300万人次，国家民委微信公众号当天也予以转发。

为纪念中国改革开放40周年，2017年12月18日，新媒体部“创意工坊”推出年度作品《图书馆奇妙夜》，首次尝试以“3D＋VR”搭载H5，以年轻人喜闻乐见的“密室逃脱”游戏形式，创新彰显了海南改革开放40周年取得的成绩，产品发布后阅读量迅速突破“10万＋”。

2018年，在国内召开的相关行业峰会上，海南日报“创意工坊”案例两次获奖。

（三）推进集团媒体融合工作，经营大幅增收

2018年，新媒体部参与起草了集团推进媒体融合机构设置方案，起草了新媒体考核方案，并做了大量工作。与此同时，新媒体部紧密联合海南日报深读融媒工作室，推出了一大批“动起来”的深读版，除了搭配传统的文字、图片、图表外，这些深读大都搭载了短视频和H5。新媒体部还调集精干人手，深度参与海南爱心扶贫网的建设工作。

在配合经营方面，2018年，海南日报新媒体部取得了喜人的成效，我们倡导“做

不像广告的广告”理念，在纸媒硬广不断下滑的形势下，既要接广告，又不能因为接广告而严重影响用户体验，我们精心打造的创意文案植入式广告，赢得了客户和用户的赞赏，经营人员全年创收超过470万元。

此外，新媒体部还配合集团多家经营单位，在集团金秋车展、美丽乡村发展大会、啦奥门、奔跑海南等活动中，提供了包括直播、开机页及“两微一端”报道、H5开发等诸多支持。我们还利用客户端开机页、微信底部广告等，为推进海南日报及其子报子刊发行鼓与呼。

二｜海南日报报业集团新媒体工作案例

2018年是海南建省办经济特区30周年，为纪念这一重大历史事件，《超级H5丨“海南号”时光穿梭机》应运而生。这一H5以一位白领“穿越”回到1988年，见证30年来海南发生的18个重大历史事件的奇妙旅程作为主线，通过动画、音频、视频、文字解说等形式进行内容呈现，以此献礼海南建省办经济特区30周年。

首先，该H5选取海南建省办经济特区30年以来18个海南省具有代表性意义的历史事件作为素材。从1988年4月26日海南省人民政府揭牌开始，以历史时间为序，展示了海南建省办经济特区30年来的改革发展轨迹以及取得的成绩，让用户在体验中激情怀旧。

其次，设计制作全面融合了新媒体的形式手段。设计上，该H5采用一图到底的长图作为呈现方式，用户向下滑动，会依次看到展现了不同时代特点的元素，长图中建筑、街道、行人、车辆等全部是原创手绘而成。用户在“穿越”的过程中，可以听经典音乐，可以欣赏历史老照片，可以点击观看习近平主席出席博鳌亚洲论坛2018年年会发表主旨演讲视频……历史与现实通过丰富全面的新媒体手段形成交叉。

最后，互动性强。和当前所有的刷屏级创意产品一样，该H5同样具有很强的互动性。用户只有在“穿越”过程中点击完成18处设置的触发任务才能打开穿越之门重回2018年。回到2018年画面上是一位趴在电脑前睡着的白领，屏幕提示可以“再次穿越”重新看一次，也可以“点击祝海南生日快乐”。点击后者，便可连接到海南日报客户端，分享阅读“五十六个民族同胞祝海南生日快乐”创意微视频。首尾呼应，环环相扣，真正做到了将宏大主题放在一个喜闻乐见的故事框里，讲好中国故事。

《超级H5丨“海南号”时光穿梭机》作为“创意工坊”生产的现象级产品，推出当天刷爆海南朋友圈，当天超过50万人次点击参与了“穿越”体验。2018年4月17日出版的《中国新闻出版广电报》专门剖析推介了这一H5，国内多家媒体同行将该H5作为新媒体产品的学习案例。

（海南日报报业集团）

海南广播电视总台

一 | 海南广播电视总台新媒体工作综述

2018年海南广播电视总台进一步拓宽新闻宣传手段和途径，海南广电新媒体平台的传播力和品牌影响力取得显著提升。

（一）稳步推进媒体融合，“两微一端”影响力不断提升

海南广播电视总台高度重视，积极推进媒体深度融合工作，按照“优先发展移动媒体、再造策采编发流程、抓好中央厨房建设、强化全媒人才培养”的要求，加大资金投入、技术升级、内容创新、媒体融合的力度，完善策采编发流程和内容生产体系，打造适应媒体深度融合的核心媒体矩阵。

2018年，海南广播电视总台旗下拥有1家网台（海南网络广播电视台）、1家网站（蓝网）、两个手机客户端（视听海南APP、海直播APP）和一个微信微博集群（含28个微信公众号、28个官方微博，以及多个头条号、抖音号等）。

2018年，海南网络广播电视台推出自办栏目《新媒体时间》，针对台风、高考、体育赛事等重点热点新闻，在网台、视听海南客户端、海南IPTV、网台微信公众号等平台，同步实现8场“海视直播”。同时推出原创短视频，讲好海南故事，如《沙画师挥抹指尖梦　她的青春与沙共舞》《为海南拿下亚运会冠军——毕焜》《滑板少年张然》《琼式月饼：匠心工艺　心手传承》等获得较好传播。运用航拍等技术制作视频《航拍海口千亩荷塘》《不同视角看海口火山荔枝园》《海口生态新名片　凤翔湿地公园》等增加表现形式，提升传播力。

手机客户端方面，2018年，海直播APP全面改版升级，大大优化了页面设计、功能优化、操作体验等，同时推出拳头直播品牌《依凡在直播》，全年共完成近200场直播，得到社会的广泛关注及相关政府部门的高度重视。其中2018年12月11日《直播：海口交警严查电动车违章，车主现场耍赖》单场直播围观达366万人次，单场涨粉18万，在今日头条全国媒体直播周榜及月榜蝉联第一。

微信公众号方面，影响力最大的是《直播海南》微信公众号，目前粉丝数量已经将近50万，无论是10W+的爆文数量，还是整体的点击量，在海南媒体号中一直排名第一。每月的10W+爆文屡见不鲜，在全国民生类公众号排名中多次挺进前十名，在权威平台新榜全国排名中，《直播海南》微信公众号在全国全类别公众号榜单排名第99位。截至2019年5月，《直播海南》微信公众号先后23个月入选新榜500强微信公众号榜单。此外，海南广播电视总台、海南卫视、三沙卫视、海南新闻频道、海南交通广播、海南新闻广播等微信公众号的粉丝、阅读量和影响力也在持续提升中。

头条号方面，目前，《直播海南》头条号累计阅读量8020.5万、累计视频播放量1亿！2018年，《直播海南》头条号发力直播，多场直播观看人数突破50万，其中两场直播分别以260万和156万观看人数闯进头条直播单日全国前十榜单，最高排名全国第6名！如今，《直播海南》头条号粉丝已经增至68万多，并且粉丝量还在以平均每天三千多人的数量持续增加，预计10月份《直播海南》头条号的粉丝量将突破百万。

（二）及时号准新闻脉搏，大型热点事件集中发声

2018年，对全省两会、全国两会、博鳌亚洲论坛年会、海南建省办经济特区30周年庆祝大会等大型活动和时政活动海南广电进行了新媒体策划统筹。

在春节期间，推出H5《这就是海南》阅读量达15.4万。H5《寻梦环岛记》阅读量7万。

全国两会期间，推出H5产品《全国两会　你最关注哪些热点？》《用奋斗创造幸福生活》《你有新的绿色能量产生　请尽快收取》，及时传递两会动态，聚焦美好新海南建设。

2018博鳌亚洲论坛年会期间，制作了《跳一跳，看一看，不一样的海南外事侨务》《@所有人　7封来自海南的信函》《坐上邮轮看海南看世界》《岛屿怎么建？这几节课，你一定要听！》《中国礼　海南Feel》共5个H5产品，总阅读量超56万+。

为庆祝建省30周年，贯彻落实习近平总书记重要讲话精神，制作了H5《习近平2018博鳌金句》阅读量3.8万。H5《【有声电子书】主持人带你学习习近平总书记重

要讲话精神》阅读量22.6万。H5《滑动30年　回顾海南精彩瞬间》阅读量15.2万。H5《今天是你的生日，听我们的祝福》，以自采微视频的方式，集结9名各国政要和知名学者，为海南建省办经济特区30周年送上生日祝福。为“在建设海南自由贸易试验区和中国特色自由贸易港实践中勇当先锋、做好表率”专题活动召开特别制作H5《我要签名立志：勇当先锋　做好表率》阅读量11.2万，制作这一系列的H5刷爆了海南人的“朋友圈”，可以说达到了裂变式传播效益，社会影响面广，赢得受众好评。

与人民日报合作推出微视频《海南一分钟》在人民日报微信公众号首发，一小时后点击量破10万+，随后秒拍视频及腾讯视频进行转发，三小时后点击量突破250万+，宣传覆盖面广，宣传效果突出。

此外，还策划推出《确认过眼神　我已pick三沙的美》《报志愿选专业有点慌？学长学姐有话说》《最燃世界杯　每日赛程海报》等产品，全力拓展新媒体内容运营的新思路、新模式。

二 | 海南广播电视总台新媒体工作案例

2018年4月10日发布的微信推送《<久久不见久久见>｜国家主席习近平在博鳌亚洲论坛年会开幕式主旨演讲中提到的这首海南民歌这么好听！》，荣获2018年海南新闻奖一等奖。该作品时效性强，迅速抓住了传播的重点，一推出即被刷屏，并迅速被省内国内其他媒体转发。第一天阅读量就超过10万+，并且一直呈爆发式增长，目前，阅读总量已达37万+。

（海南广播电视总台）

重庆华龙网

一丨重庆华龙网新媒体工作综述

《百姓故事》在第二十八届中国新闻奖评选中分别获得网络专题和新闻名专栏一等奖，成为首家获此殊荣的地方新闻网站。在重大主题宣传方面，多次获得市委市政府主要领导及上级部门肯定。2件作品获得第三届“五个一百”网络正能量精品称号；全国两会期间推出的“两会早点听”系列、总书记参加重庆团审议后的“号外”融媒体作品及专题《推动重庆各项事业沿着总书记指引的方向奋力前行》，得到中宣部全国两会阅评表扬；收官融媒体作品《原创声漫/童言童语共话美好新时代》除入选《网络传播》杂志地方网站融媒体作品推荐榜外，还在全国党媒拥抱新时代2018全国两会融合报道精品展示活动中获得优秀融媒体作品TOP10称号。在2018首届中国智博会期间，通过各平台累计发布智博会相关稿件近2300条，累计阅读量达7000万，策划推出了融媒体报道《约否？“智博会”即将开启，这封山水邀请函请收下》等一批技术创新、流量突破百万的作品，多次得到市委主要领导肯定。

（一）渠道建设全面扩充，传播力互动性表现突出

在传播渠道建设上，持续深化客户端、手机报、数字阅报屏“三个一千”工程，积极为区县融媒体中心建设提供整体解决方案，有效整合全市新闻宣传资源，在传播力、互动性以及创新性上有突出表现。全国唯一省市县全覆盖的新媒体矩阵重庆客户端集群下载量超过1000万，集群“1+39”模式获得中央网信办中国网络空间研究院和《网络传播》杂志的高度评价，作为媒体融合经验向全国推广。此外，数字阅报屏已

经实现所有区县全覆盖；手机报开设了品牌栏目，在推出自己原创栏目的同时带动移动端流量的提升，并成立“苞米俱乐部”，让手机报读者有了自己的活动圈，增加用户粘着度。

（二）抢抓短视频风口，构建主题报道生态格局

2018年，伴随着短视频的兴起，新闻报道与短视频形式的结合成为了媒体发展的一个良好切入点。为了更好地发展短视频新闻，华龙网运用“短视频+”模式，积极发挥短视频新闻社交性强的优势，加强用户黏性，利用“短视频”做好重大主题报道，将抽象性、概念性较强的内容做得生动活泼，让受众在不知不觉中受到感染，起到“润物细无声”的作用。

在2018首届中国智博会期间，策划推出《小蓝莓的奇妙探馆之旅》，第一次运用3D建模技术，通过真人与拟人化科技产品的互动，生动展现了智博会上的一系列“黑科技”；在改革开放40年主题报道上，策划拍摄《重庆一分钟》。整部视频从小面火锅、轻轨索道讲到中欧班列、火箭上天等等，网络点击量超过1400万。又比如将短视频和文化建设相结合，通过短视频挖掘传统文化特色、传承价值，将传统文化的另一面通过新鲜、潮范、不逾矩的方式进行深层次的文化输出，形成“短视频+文化建设”模式。华龙网摄制20集《微川剧》系列微纪录片，将川剧经典剧目浓缩在5分钟内的短视频里，吸引更多网友关注经典传统文化，同时摄制百集系列微讲座《巴国传奇》，传承巴渝文化；创意微视频节目《宝物会说话》，将文物收藏和文化旅游有机结合。

（三）“互联网+”政务宣传更进一步，融媒体晚会受热捧

2018年，华龙网先后承办5场网络晚会，即重庆市互联网界年度盛典、重庆市3.15消费维权网络晚会、重庆市6.5环保宣传网络晚会、6.1少儿文艺网络会演、11.9消防安全。

“重庆市3.15消费维权网络晚会”在曝光消费潜规则、揭露消费陷阱的同时，还教会消费者如何维护自身合法权益。本届晚会在展示案例内容时，加入了时下流行的动画和脱口秀等表现方式，网络红人邓先森和果子哥哥强势加盟，在案例中以搞笑配音的方式揭秘消费圈套，以幽默风趣的方式地给出消费提示，让晚会有了新“口味”。共有超过56万人次观看本次直播。此外，重庆电视台公共农村频道、全市的网络媒体、98块户外LED屏以及各区县电视台也播出了本次晚会，赢得了网友的广泛关注。

重庆6.5环保宣传网络晚会主题为“点击六五 我是环保行动者”。晚会全长约47分钟，共13个单片，内容包括环保新闻调查、环保科普课堂等丰富的节目形态，聚焦重庆生态文明建设，展示打造山清水秀美丽之地的具体做法。晚会用“山之青”、“水之秀”、“天之蓝”、“城之美”和“环保行动者”五个篇章，构成了一份精致的重庆“生态旅游攻略”，让网友了解重庆美景的同时，也能听到这些美景背后的环保故事。

（四）重视技术创新传播，用技术创新驱动媒体融合

目前，华龙网已经在做从新闻生产到跨平台传播的生产线建设，初步实现了全媒体生产的自主技术能力，主要体现在三个方面：一是基础支撑能力。提供公有云、私有云、混合云等云计算服务，与国内顶尖的安全技术厂商合作，制定了安全防护、安全监测等云安全一体化解决方案，为支撑未来各项业务的开展奠定了良好的基础。二是平台支撑能力。主要体现在直播、人工智能（语音识别、语义分析、智能推荐）、VR、360全景等方面，通过自研和合作引入的方式，在云端提供多元化的先进生产工具，丰富媒体内容的展示形态。三是掌握应用能力。从线索发现、新闻生产到跨平台传播，初步实现了全流程全媒体生产能力建设，同时，通过对生产全流程环节的数据追溯性建设，结合大数据分析能力，实现管理和生产力提升的反哺。

二｜重庆华龙网新媒体工作案例

华龙网通过在媒体融合方面不断的探索，联合重庆39个区县，打造了全国唯一省市县全覆盖的新媒体矩阵——重庆客户端集群平台，并将其作为重庆市及区县融媒体中心的最终成果和首要载体，形成了市、区县共建，平台共创，数据共享。

（一）以一个客户端集群为核心，搭建“龙头+龙身”的架构

重庆客户端集群平台由40个客户端组成，形成“1+39”“龙头+龙身”的架构，“龙头”是“新重庆”客户端，起到新闻内容生产的标杆和示范作用；“龙身”是全市39个区县客户端，是新闻内容的力量源泉。在技术上形成统一平台、统一数据、统一服务标准，这样既克服了区县技术人才短缺的困境，又保证了整体集群的安全稳定。40个客户端看似独立，实则相通，为统分运营打下了良好基础。经过4年的发展

和探索，重庆客户端集群已初具规模，总下载量达到1400万。

（二）布局市、区县两级结构，让数据实现上下通行

在实践中，华龙网充分考虑到了区县融媒体中心属地化、本土化的优势，将本土特有的资讯、政务、生活服务等信息数据尽量汇集、下沉，形成自身特有的小生态圈。以客户端为主要平台，整合了当地各级政务资源，社会资源、媒体资源等，并扩展为本地智慧政务、智慧城市建设的首要入口，作为集群平台的上行数据池。市级层面，由新重庆客户端牵头，制定相应的技术规范标准、运营合作标准，联动和整合市级政务、新闻、宣传、商家等资源，将市级的信息数据形成共享云，提供给40个客户端应用。在一个云平台上，市级和区县级的数据能充分共享，上下通畅。

（三）搭建全新统分运营体系，实现共建，共创，共享

重庆客户端集群平台在坚持统一性的同时，在内容、运营上采取“统分运营”的模式，即各区县客户度在产品设计、功能布局、新闻内容、运营推广、招商广告等方面根据自身的特点自主运营、自担风险、自负盈亏，同时也参与重庆客户端集群联盟借助整体平台实力开展的统一主题内容策划、宣传推广运营活动。“统分运营”模式，既保证了平台的安全性、技术的先进性，又保持了区县媒体的独立性、多样性、积极性。内容上，实现共享互推，让好的稿件在更多更好的平台发布，形成倍增效应；在活动推广上，实现全市联动，借助1000万用户的平台，活跃度达到量级级提升。统计表明，全市联动统一发稿较单个客户端发稿，阅读量增长25倍、推广影响力增长33倍。全市联动统一招商，极好地整合集群各客户端的数据、资源、流量等，能突破地域的影响和限制，撬动全国市场，极大提升市场竞争力、品牌效益和张力。同时集群积极探索收益反哺区县的商业新模式。具体为，由华龙网专门成立招商小组，负责集群的招商工作。所得运营收益，集群每个成员共同分享。牵头方华龙网收益占比50%，并负责市场、平台维护、管理等；40个客户端收益占比50%，各个客户端按点击量分配收益。通过运营的不断提升，来反哺各个区县的成本支出，达到良性循环。

（重庆华龙网）

重庆广电数字传媒股份有限公司

重庆广电数字传媒股份有限公司新媒体工作综述

（一）固基础，加强新媒体技术平台建设

新媒体技术平台是重庆广电新媒体的支撑性平台，具备内容集成与管理、版权管理、用户管理、支付体系、大数据服务、广告管理、多屏互动等功能。基于“一云多屏”架构的新媒体技术平台，能够支持IPTV、网络广播电视台、手机电视、互联网电视等多种业务的运营。2018年完成了技术平台安全等级保护测评工作，通过预防性措施提前封堵系统漏洞，并对平台上现有功能进行了完善，简化首页功能入口、精简用户操作步骤，完善“我的”里面订购、收藏、观看记录、搜索等相关功能，同时实现针对整个平台上内容的统一搜索，方便用户快捷搜索内容，提升了用户体验；完成了各SP与IPTV平台对接，成功实现了各SP内容注入广电IPTV平台，保证了去SP化工作的顺利实施。

目前通过新媒体技术平台下发的点播节目已经超过10万小时，平台具备每天100小时的节目收录能力和300小时的节目转码能力，卫星头端系统可完成平台130多套高标清直播节目的自主接收和实时处理，并实现编码前、后和终端信号的实时监看和码流分析。

（二）各项业务开展情况

1. 视界网业务

公司依托视界网开展新媒体经营性业务，并实质承担网络平台宣传职责。

（1）网络平台宣传工作方面：

①舆论导向实现零事故。截至2018年11月，完成全市两会、全国两会、智博会等7次一级响应重大报道任务，开展《推动重庆各项事业沿着习近平总书记指引的方向奋力前行》《壮阔东方潮奋进新时代》《见行动》《看效果》《扫黑除恶》等38次网络主题宣传，实现舆论导向零事故。

②活动品牌形成影响力。围绕市委市政府中心工作，策划推出“发现重庆之美”活动品牌，联合市级相关部门和各区县共同组织实施系列大型主题宣传，每项活动网民互动均达到百万级，其中“最美乡村”网民投票超1200万，“最美河流”活动获市委常委、宣传部长张鸣肯定性批示，市委宣传部、市委网信办同意全程担任“发现重庆之美”系列活动指导单位。

③队伍建设取得新进展。遵循网络内容生产和传播规律，按照UGC模式，一是筹建万名通讯员队伍，平均每月推送原创稿件近1200条；二是组建万名小记者队伍，截至10月，全市中小学生报名注册已近7900人；三是发展千名主播队伍，前10月完成网络直播412场，单场直播实时在线最高74180人，回看浏览量最高133805次；四是实施人才培训和节目创优计划，年轻记者编辑主播原创作品参评第21届重庆新闻奖，获得一等奖1件、二等奖1件、三等奖1件。

④传播实效稳定提升。2018年前10月，视界网群日均访问者人数（IP）超80万（含移动端重庆手机台注册用户），日均页面浏览量（PV）近700万，同比增长均超过两位数。微信公众号、新浪微博官方账号、抖音号、头条号、百家号、企鹅号、趣头条号等第三方账号活跃用户70万，日均阅读量近300万。

（2）网台经营工作方面：一是配合总代公司，主动应对区县媒体改革转型，联盟业务总体履约；二是积极探索付费投票新业态，其中放心年货收入25万，最美乡村收入121万，最美河流收入26万；三是努力开拓市场，新增地产等两个商务频道。截至10月底，合同收入近740万，完成全年创收计划75%。其中，区县联盟代理费收入487万，商务频道代理费收入63万，活动营销收入172万，节目制作收入18万。

2. 手机电视业务

鉴于移动互联网时代已经来临，从2017年起公司逐步将手机电视业务从网络广播电视台业务中剥离出来，作为面向未来的重点业务进行培育。目前公司手机电视业务主要由三块构成：一是与区县电视台合作发展的重庆手机台。重庆手机台主推“全民直播”，百名主播团队每天24小时直播重庆。截至2018年6月，手机台注册用户达到38万。二是与重庆电信合作发展的“渝眼”客户端。该客户端以IPTV内容为基础，通过融入甩屏播放、圈层互动、想家视频通话等多种功能，随时、随地在电视与手机之间实现语音与视频的跨屏互动。截至2018年6月，“渝眼”客户端注册用户达到32万户。三是与中国移动咪咕视讯基地就全国移动手机用户通过流媒体或视频下载的方式观看影视、娱乐、体育等视频内容合作发展的重庆手机电视，其中公司主要负责内容的组织、发布和推广，咪咕视讯基地负责平台的建设、开通及运营维护。中国移动咪咕视讯业务全场景有效用户数已经达到8300万，市场空间巨大。截至2018年10月，咪咕视讯项目已经产生 42.42万元的收入。

3. IPTV业务

2018年，公司在IPTV产品线上全面开花，通过进一步丰富内容、强化运营、提高服务，实现用户数与营业收入超预期发展。

（1）业务布局方面：公司在稳固电信业务的基础上，加强了同联通业务的对接与合作，目前双方已完成基础包近2万小时的内容下发和增值业务教育产品的内容注入、下发，并完成了增值业务联合运营协议的签署，该协议的签订为增值业务的良性发展提供了法律保障。

（2）业务发展方面：一是通过将内容合作方的页面技术开发、测试和适配以及日常运维工作、UI界面、制作、运营等工作统一纳入到我公司服务平台上进行，实现了对内容合作方的规范化操作管理。二是完成了去SP化工作，解决了历史遗留下来的计费点过多、内容无法排重、用户订购体验较差的业务发展困境，为影视增值业务的大力发展奠定了良好的基础。三是完成了IPTV基础包的内容招标工作，通过引入国内一线CP，构建起了由优酷土豆、爱奇艺、腾讯、华视网聚等头部内容组成的内容矩阵，重点打造影视融合包产品。四是开辟了电竞、体育专区，板块于9月底上线，仅两个月时间，体育赛事直播就达245次，电竞赛事直播达到28次。其中包括“王者荣耀周年庆典”“S8全球总决赛”等电竞类高规格直播赛事。五是引导学而思完成上线，教育产品在原有WE学堂基础上，再添一线品牌产品。六是进一步丰富和完善媒资信息，将媒资库里近4万小时内容重新归类，实现对内容的多维度精确搜索。七是结合BI大数据系统，10个影视产品每天及时的出具收视数据和运营报告，实现用户画像，最大化提升运营效率和推广资源。

（3）业务推广方面：一是强化大屏媒体属性狠抓策划能力，保证每个产品每周一个日常专题，每月两到三个大专题，节假日及突发性事件专题紧密跟进。截至11月，各产品上线专题总量超过300个。二是加强线上线下活动策划，开展了一系列活动促销、事件营销以及节假日促销活动，吸引新用户，稳定老用户。三是有效整合媒体资源，将电视端大屏推广与电脑端网站推广同步进行，调动用户参与热情，增强产品吸引力。

4. 互联网电视业务

2018年，公司互联网电视业务迈出实质性步伐，公司组建专门的OTT事业部，负责全国OTT业务的合作、引进、落地、推广、结算。目前公司已与央广、国广等集成播控牌照方达成战略合作协议，能够通过其互联网电视集成播控平台面向全国上亿用户实现内容运营。

（三）抓热点，大力实施产品创新

2018年，视界网以建设重庆市新时代文明实践中心和发展微视频业务为契机大力实施产品创新。

1. 重庆市新时代文明实践中心

重庆市新时代文明实践中心由市委宣传部和重庆广电集团主办，重数传媒公司承办。经过长达数月的深入调研，反复修改项目方案10余稿，撰写上报文件数十份，勾画技术框架十多种，最终形成有创意有深度可执行的文案，并很快得到宣传部的项目审批回复。目前，公司正积极收集传习相关版权内容，包括中央党校、中央“三报一刊”、重庆中特中心、重庆党校等图文、视频资料，已经初步形成每日发布视频约9000分钟，新闻条数约一万条的庞大内容数据库。重庆市新时代文明实践中心预计将在年内上线。

2. 微视频大赛

发动市内102家单位申报作品2026部，其中市级有关部门报送作品65部、区县报送作品405部，并联合高校影视传媒专业，建立重庆高校创作联盟，将影响力从西部地区扩大到山东、江苏、福建、山西、河南、安徽、广西、浙江、上海等地。2018年共选送27部优秀作品参加国家广电总局2018“弘扬社会主义核心价值观共筑中国梦”主题原创网络视听节目推选展播活动。经过总局审定，微电影《爸爸的滋味》《红色电话机》、纪录片《迟到的重逢》《独脚潘》、专业类节目栏目《中国式扶贫助力人类命运共同体》5部作品获优秀奖，获奖数量全国排名第四。

（重庆广电数字传媒股份有限公司）

重庆都市传媒

一 | 重庆都市传媒 · 上游新闻新媒体工作综述

2018年，上游新闻从重庆晨报分化独立，升格成为重庆市新的独立新闻单位，下载量达到1500万，日活用户增加到72万，日均发稿量1600条，日均访问量550万，全年阅读量过百万的稿件达超过200篇，综合用户数超过4000万。

2018年，上游新闻产品质量提升迅猛，品牌影响力持续上升。荣获第十三届中国传媒大会“中国传媒融合发展年度影响力新闻APP”大奖；《上游新闻：在迭代中加速 在创新中引领》在2018年中国报协全国传统媒体融合发展征集活动中被评为“十佳案例”；获2018传媒中国年度报业融合创新十大最受关注的新闻客户端、年度报业融合创新品牌实战案例20佳。

（一）“主力军”上“主战场”

2018年1月，上游新闻正式成为重报都市报整体转型融合发展的主平台，同时向上海、西安、成都和武汉等重点城市和地区派出常驻记者，参与国内热点和新闻，300多名采编人员进入“主战场”，通过“主流化”“视频化”“智能化”“互动化”“四轮驱动”，深度推动融合发展。

1. 主流化：内容向上生长，让正面声音占据主战场

做大做强主流报道，是上游新闻作为主流媒体应当承担的职责和使命。上游新闻明确提出“内容向上生长，服务向下生根”。在信息泛滥、多元传播背景下，主流媒体更要发挥专业优势，依靠精品力作凝聚用户、赢得市场。

2018年全国两会，上游新闻推出多款以机器人小游、AR、短视频、H5、动画图解等为表现形态的新媒体产品，总阅读量2100余万。5次被中宣部大会表扬或阅评表扬。视频《春天的声音|山城人民热议习总书记在重庆团的重要讲话》，图解《向总书记汇报　请总书记放心》，H5《@所有人！你有一封来自重庆的邀请函》《两会时间|首场“部长通道”和首次“委员通道”亮相，看看他们说了什么》等一批产品，“叫好又叫座”。

2018年首届中国国际智能产业博览会，上游新闻以技术创新和内容创意为驱动，从“多媒介融合”“用户需求为导向”“加强视频传播”“重视用户体验”四个方面进行了大胆尝试。《带你了解智博会》报道，多媒融合，H5、视频、海报、长图、小游戏等多种产品，通过不同的媒介渠道传播，效果显著；《智博会百科》系列H5产品，让用户在互动中了解智博会内容，阅读300多万；短视频系列报道《智慧改变生活》，受到全国网民围观，“智能化生活”一时成为热点话题，点击量达316万；H5产品《你爱智博会有多深，做套题了解一下》，重视用户体验，得到多方好评，阅读量500多万。智博会整体新闻宣传工作受到市委领导表扬肯定。

2018年，上游新闻向上海、武汉、西安、成都、黑龙江等地派出常驻记者，参与报道国内热点新闻，进一步提升上游新闻的影响力和覆盖范围。

2. 视频化：探索转型短视频，拥抱5G时代

传统报纸的媒体人做视频，有优势，但短板也非常明显。

优势在于报人有新闻理念，知道拍什么视频新闻性强，会受到用户喜爱。2018年，上游新闻推出1.2万条视频，以及《上游脱口秀》《上游早上好》《财经早知道》《上游记录》等几档固定化日播栏目，这些栏目中有的已经连续推出了530多期，并拥有了一群固定粉丝。

短板在于人才队伍。上游新闻影视中心现有50多名记者编辑，但还远远不够。所以在现有队伍基础上，加大全员培训，要求年轻采编人员全都掌握基本的拍摄、编辑和上传技巧，提升视频原创内容占比，全面加强用短视频讲出好故事的能力。

上游新闻的视频化探索，在2018年初步取得成效。《走进重庆8D魔幻城》系列融媒体报道，共推出70余期，通过视频手段，让用户亲身体验了一把重庆的魅力，阅读800万+，对推广重庆形象宣传起到积极作用；智博会期间，上游新闻承担了现场直播41场，32场图文直播，围观人数超过500万人次；推出了《以平凡致敬不平凡，时代楷模杨雪峰追记》《第一书记扶贫日记》《不能忘却的勇士——“11.27”渣滓洞最后的脱险志士孙重》等一批专题视频，赢得用户好评。

3. 智能化：探索人工智能在生产环节的应用

移动传播时代，要充分运用新技术新应用创新传播方式、表达方式，增强新闻产品的互动性、生动性，增强“四力”，满足不同用户的阅读需求，扩大宣传效果。

上游新闻一直在探索如何将人工智能应用到各个环节，通过智能应用，促进内容生产效率和审核效率呈几何数级增长。上游新闻提出了“未来编辑室”概念，包括线索选题研判、记者调度、谣言识别、编辑辅助、审核把关、传播路径追踪、用户互动等环节，均尝试通过智能技术和大数据应用，提高效率和准确率。

2018年上游新闻的两会报道，在技术上，第一次运用智能机器人进行语音搜索，第一次把AR技术运用于视频制作；在新手段上，第一次使用4D成像技术，第一次用动画制作H5产品；在开启新思维上，第一次使用街采手段，第一次运用游戏传播两会新政。多次被中宣部、市委和市委宣传部领导肯定，很多产品的阅读量达百万，是一次效果明显的提升“眼力”“脑力”“笔力”的尝试。

4. 互动化：增强与用户的互动连接

媒体融合转型，很重要的一个任务，便是重新建立用户连接。上游新闻上线之初，就开通了活动频道，通过线上互动，增加用户联系，2018年，共策划并举办了130多个线上活动。《九童圆梦》活动，参与人数突破70万，活动专题浏览量突破400万，直接拉动装机下载超过15万；《重庆首届最美教师》评选，参与人数突破200万，累计投票数突破3000万票，直接拉动装机下载超过20万；《校园之春》活动，吸引全市80万高校学生参加，网络浏览量突破800万。

此外，上游新闻通过积分策略和内容优化，鼓励用户分享转发内容，发表评论观点。目前上游新闻用户累计分享文章50余万次，发表评论240多万条。

作为主流媒体，只有往下扎根越深，围绕中心工作落实的能力才越强。2018年重庆两会，上游新闻推出H5《跳一跳，为重庆加油》互动产品，凭借其游戏元素、互动设计，共吸引188974人为重庆点赞。

用户表达观点、参与传播的需求，会在新技术、新场景下得到进一步释放。习近平总书记明确提出“全员媒体”概念，意指在移动互联网时代“人人都有麦克风”。作为主流媒体，应当搭建平台，为用户表达提供载体，提供服务。

用户与媒体发生的连接越多，媒体就越懂用户，就越能服务好用户，这是良性循环。

（二）地方媒体“办端”，需处理好六个关系

习总书记提出，打造新型主流媒体，要统筹处理好传统媒体和新兴媒体、中央媒体和地方媒体、主流媒体和商业平台、大众化媒体和专业性媒体的关系。厘清各种关系，找准几类媒体在各个传播节点的定位，有利于各类媒体找准发力点、明确关键点，融合发展才会事半功倍。

2018年，上游新闻在实践和探索中，对理顺辩证关系的必要性和重要性，深有感触。办新媒体的确需要互联网思维，而互联网思维不是一句空话，它很具体、也很实在。具体创办和发展客户端过程中，上游新闻也曾产生过碰撞与交锋。经过梳理归结，有六个关系需要认真把握。

1. 多和少

这是指内容发布数量。新闻客户端其实是“重资产”项目，它包括较大的内容量，通过频道划分，吸引和链接最大范围的用户，让更多的用户能在客户端内找到感兴趣的内容。内容量上不去，用户找不到感兴趣的内容，就可能永远放弃这个平台。

作为主流媒体，尤其是团队作战的机构媒体，过去沉淀的人力资源、组织架构、指挥体系，在区域内必须打造综合型、门户级、平台型客户端。其他媒体机构，尤其是小规模团队，在转型之初，则不要轻易上马客户端。要办，就一定要考虑好办端所需的巨大内容量、审核量，以及由此衍生的大量人、财、物和技术成本。

上游新闻上线之初清晰定位做重庆地区门户级、平台型客户端，现通过31个频道，日均为用户提供内容1600余条，比过去报纸的稿件供应量增加数倍，24小时持续提供信息。随着用户数量增加，上游新闻频道数量和内容发布量，还会进一步增加。

2. 快和深

这是就新闻报道传播的时效和品质而言。移动优先，唯快不破。移动互联网时代，对新闻时效提出了更严酷的要求，“抢新闻”名副其实。过去读者买不买报，就看头版制作，决定时间基本就是0.1秒。现在新媒体，更是与时间赛跑。特别是重大时政新闻或突发新闻，快与慢的0.1秒之争，谁先发用户就先看谁的，也就先转谁的，谁的内容就会被病毒般扩散。长此以往，用户就会对你形成依赖。

但光快也不行。用户的信息需求是多方面的，除了希望在第一时间掌握“快新闻”，对于新闻背后真相、逻辑链条、来龙去脉，他们也乐意“打破砂锅问到底”，对有深度、有思想的精品报道也会追捧。所以，仅“快”是不够的，还必须兼顾“深”。

“速度往往是思考的最大敌人”。新闻报道要真正做到快而深，实则非常难，

这极大地考验记者、编辑的业务知识和专业水平。但“快而深”的趋势和需求客观存在，所以从这个意义上讲，未来新闻行业的门槛会提高。

3. 庄和谐

新媒体对传统新闻业的表达方式、话语体系产生了强烈冲击。过去，新闻庄重有余而活泼不足，犹记当年，人民日报曾因头版标题用了“给力”一词，引来一片讨论，部分人认为主流大报放下了身段，用“网言网语”来表达观点、写新闻，个中透露的信息耐人寻味，甚至传递了某些强烈信号。这些年来，轻松活泼的话语方式，深深地冲击了过去的新闻表达方式，板起面孔教训人、说教式报道、文件化的陈述方式，越来越不受用户待见。新型主流媒体，应该吸收这个时代最好的表达方式，精选在群众中喜闻乐见的表达风格，并在生产和传播中加以运用。同时也要反对那些在网络世界沉渣泛起、低俗化、负面化的东西，这是主流媒体的职责所在。

4. 内和外

作为省市级媒体，在处理报道选题上要把握空间上的省（直辖市）内和外关系。过去办报行政区域划分色彩很重，可以“关起门办报”。而今用户看新闻，对新闻来源地域性特征没有过去敏感，新闻“七性”中，“接近性”的需求没有过去强烈。也就是说，只要是好内容、好新闻，用户都会看，不管新闻事发地与用户本人有多远。所以，新时代办新媒体，既要关注与用户比较接近的新闻，对距离他空间远的重要新闻也要涉及。

上游新闻创办之初，便提出“立足重庆，影响全国”的定位，希望我们的客户端，既要关注重庆，也要影响全国。“立足重庆”，是因上游新闻种子用户、核心用户以重庆地区为主，市场伙伴也大都在重庆。“影响全国”，是由移动互联网时代新闻传播的特点决定的，互联网打破了时空限制，新闻不再依靠车轮发行。全国重大事件中，上游新闻要参与要发声，让重庆用户了解全国资讯；同时又要建好上游新闻传播矩阵，将重庆故事传向全国，满足各地用户了解重庆的需求。

5. 原创和转载

原创是核心品牌，是主流媒体的生命力，是服务用户的专属能力。上游新闻平台内容现在每天的原创率在20%左右，同时上游新闻也在白名单范围内认真筛选优质内容，提供给用户。实际上，现在用户习惯已经被改变，对于谁是新闻发布者关注度在降低。新闻事实、故事本身，则是用户关注的重点。在不遗余力地加大原创新闻同时，对合作伙伴的优质新闻，也要及时转载。“英雄不问出处”，其实，在用户那里，好新闻他们都乐意接受，不管这个新闻是不是你的原创。所以，原创与合规转载，在平台型新闻客户端上，应该可以形成双轮驱动的良好格局。

6. 消耗时间和效率提升

有论者认为，用户打开客户端一般有两个目的。一个是为“杀时间”，主要是觉得无聊，想在客户端消遣娱乐，打发时间；一个是为“用时间”，就是让时间更有价值，想通过客户端获得知识，充实自己。

更多的时候，用户的这两个需求其实是同时存在的，他们需要消遣，也需要自我提升。办客户端就要遵循这一规律。提供的稿件、制作的产品，要“软硬兼施”，既有提升能力水平的硬知识、硬新闻，也可以适当穿插一些一扫而过、令人愉悦的“快销品”。

总之，现在手机APP数量不计其数，每个APP都想从用户那里占取一点儿时间，但用户的时间有限，每天常使用的应用屈指可数。所以，主流媒体首先要提升用户获取信息效率，当用户在应用内，能够更高效地获得自己所需的好内容时，才可能花更多时间在你的平台上。

二 | 重庆都市传媒 · 上游新闻新媒体工作案例

清明节之际，上游新闻以捍卫英雄烈士形象主题宣传为载体，精心策划推出“家书寄哀思 · 缅怀先烈传承家风”系列融媒体报道。系列报道从策划初期，就进行了全媒体布局，让系列报道的宣传上形成波浪式推进态势。

第一波浪：文字，心有猛虎，细嗅蔷薇。

3月30日，上游新闻推出《邹容16岁时两封家书首度公开：人人畏死何谈杀身成仁》，4月2日，上游新闻推出《聂荣臻家书首度曝光，表侄追忆聂帅：一生勤俭，为江津发展献言献策》。6篇文字报道中，先烈们“走下神坛”。以聂帅为例，他在家书中建议“改进包装把江津米花糖做成品牌”的故事，极大增强了贴近性，引起重庆网友关注。网友们纷纷留言：“身为江津人，此时此刻无比自豪！缅怀革命先烈”。该报道上游阅读达到21万。

第二波浪：视频，史料多元再现，击叩人心

前期6位先烈家书的报道在清明节前夕冲击读者、用户的心灵。同时，视频以史料的多元展现和人物访谈为主，再加上家书朗诵主题班会视频产品向人们展示新生力量的传承与希望，看到先烈为国家之振兴的革命精神得到延续。让新闻的舆论效果推到一个新高潮。

第三波浪：H5，新包装，新闻站上舆论新高点

4月5日，上游新闻推出H5产品《清明·家书寄哀思》，芳菲三月，杨柳微垂，伴着深情悠扬的钢琴曲，轻触那封带着红色印泥的家书，呈现出邹容、刘伯承、聂荣臻、梁伯隆、江竹筠、郭济民等6位重庆人熟知的先烈家书，耳边则响起重庆少年学子们朗朗的阅读声。

“活起来”的家书，不仅拉近了先烈与用户情感的距离，更体现了年青一代对先烈遗训的传承，产品深受用户尤其是年轻用户的喜爱，上游阅读达到26万，舆论效果再上一新台阶。

为了做好“家书寄哀思·缅怀先烈传承家风”系列报道，上游新闻报道组细心雕刻每环节的细微之处，包括可视化产品的片头，几易其稿。我们牢记作为党媒的使命，加强正面宣传的主导性，向社会传播暖新闻。我们的不忘初心，得到社会各界强烈反响。整组报道，上游新闻阅读数108万，被国内各大新闻网站转载，全网阅读超过1000万，2000多位网友发表评论，2万多网友为报道点赞。

网友“秦汉风月”读完邹容家书，在留言区写下缅怀诗句——“烽烟变换百余年，至今谁记革命军。热血殷殷出巴蜀，落笔锵锵泣神州。纵使当年身不死，青史流芳多一人。”

（重庆都市传媒·上游新闻）

四川日报社

一｜四川日报·川报观察新媒体工作综述

2018年，川报观察深耕主流舆论场，立体传播正能量，聚力建设“四川云”，在系列重大主题宣传、重要会议活动、重点舆论引导、重大突发响应中打硬仗打胜仗，高规格高质量完成系列新媒体报道传播任务，全年发稿5.2万余条，平均阅读量成倍增长，单稿最高阅读量突破千万，单条视频最高播放量3.1亿次；成功推出“四川云·21183+N”工程，实现147余个县区观察上线，进一步发挥四川党端和四川政经新闻第一端的功能和作用。

（一）深耕主流舆论，立体传播正能量

2018年高规格的重大主题宣传、大型主题采访、重要会议活动、突发新闻事件层出不穷，川报观察全程参与，高标准、高强度、高质量完成各项报道任务，创新手法、立体传播正能量主旋律，持续优化提升原创内容网上呈现和有效传播，带来客户端阅读量的显著增长，全年总发稿量突破57000多条，年阅读量上亿次，且逞逐月上升趋势；微信日均阅读量也从去年的1.42万次增加到2.4万次，日活达10%；300多条原创稿实现10万+。多个爆款新闻产品和持续不断的优质内容生产，使川报观察在全川各阶层中的影响力与日俱增。

（二）坚守舆论主阵地，传递核心思想

2018年年初，总书记春节前来川视察，川报观察在严守报道纪律的同时，精心

策划，大胆创新，事前营造气氛，开设《@悬崖村》专栏，与悬崖村“网红主播”连线，事中推出《领袖和人民在一起》等专题，总书记视察视频和调研首日综合报道双双突破10万+，精心包装《总书记披上了大凉山彝家人的查尔瓦》《总书记磨过的豆花、炸过的酥肉，对四川人来说，就是故乡》《总书记打的酥油茶，里面用了哪种茶》《700多年历史，总书记在战旗村买的布鞋有故事！》等系列紧跟总书记视察足迹的原创策划报道，被中纪委、团中央、新华网等央媒和地方政务新媒体大量转载，单日累计阅读量超过500万。《这是一本总书记送给四川人民的精美相册，请珍藏！》《30秒瞰四川》等融媒产品报道刷屏朋友圈，三河村、火普村航拍视频、总书记披查尔瓦报道仅在腾讯分发渠道点击量就突破千万。

（三）做强主题新传播，打造多个全网爆款

省委书记彭清华履新四川，川报观察在确保书记报道全网首发的同时，迅速在客户端上开设“政声”频道，充分发挥川报新闻独家原创深度优势，在重要工作节点独家梳理书记理政思路和省委重大部署，重磅推出可视化报道及系列H5产品。

“5 · 12”汶川特大地震十年报道期间，川报观察主导策划组织《川越十年》全国党报党端大型联动采访，携手人民日报新媒体中心推出视频产品均成为爆款。为庆祝改革开放40周年，川观联手人民日报推出《四川一分钟》微视频，4天点击量即破千万。原创动画《川宝说球：当省委全会遇上世界杯》成为“爆款”产品。在特大暴雨、川航客机、金沙江断流等重大突发报道和会议报道中创新表达。

（四）技术全面提升，底部支撑“四川云”

提前布局，全面进军县级融媒体中心建设。致力于媒体平台建设，为基层政府的信息传播解决“渠道痛点”。2018年以“轻开发”的形式成功推出“四川云 · 21（市州）183（县区）+N”工程后，目前已实现147余个“县区观察”上线运营，多个省级部门、行业系统集体签约入驻，大大拓宽了宣传报道领域，加深加强了对全川受众的吸附力，舆论阵地建设卓有成效。以此为基础，携手各级各地各部门，推出川报观察自有的“区县融媒体方案”。2018年10月起，按照中央、省委和集团对县级融媒体中心建设的要求和需求，川报观察技术板块不断加强和各级各地各部门沟通对接，完善川报全媒体集群区县融媒体中心建设方案，全面进军县级融媒体中心建设，目前已成功打造米易县级融媒体中心等多个范例。

夯实基础，“数据池”助力特色小程序开发。将四川省的省市县一级的媒体及

机构共计1165个网站，7000余个栏目链接全部自主采集完毕，并且对网站和链接进行了标签化处理，为后期融媒体中心建设或垂直机关做区域或机构专属的“媒体聚焦”“横向城市（机构）对比”“区域（机构）早晚报”等特色栏目提供最基础的数据保障。成功和腾讯新闻等头部平台做了技术对接，为川报观察的全渠道分发打下基础，打通更多技术变现通道。同时结合不同应用场景，适时进入小程序开发领域，一方面为川报观察主端和各县级融媒体中心打造“无处不在”的全流量入口，另一方面为川报观察与其他头部应用更加便捷的互联互通提供快捷方式。

（五）不断推陈出新，开拓融媒新方向

在媒体融合进程中，加大技术投入，力争技术引领，强化“移动主导、可视传播、平台聚合、智能驱动”的创新思路，实现宣传报道的全方位突破。

从天上看新闻，是四川日报“航拍四川”团队的最大特色。正因紧随“无人机航拍”这一新技术，该团队现已成为全球无人机大会的唯一合作媒体，航拍新闻行业的领先者。2018年在通用航空上又获突破，“川报号”直升机是国内首台常态化运行的全媒体直播飞机，在7月汛情中开创性进行了应急空中报道，并在“川跃四十年　再瞰新天府”等大型报道中亮相。

在AR（增强现实）新闻、三维动画等新领域，川报观察实现了与报纸的新闻联动，四川日报全年刊发AR动新闻30多条。读者只要用手机上川报观察客户端的AR功能，就可以扫描报纸看到更多相关视频、动画，新闻感染力大幅增强。

2018年的数字新闻领域，川报全媒体集群的“MORE大数据工作室”声名鹊起。借力于更广阔的大数据视野，H5动图等更视觉化的呈现形式，凭借成熟的数据生产流程和NAS存储系统，该团队全年发布作品近百篇，拓展出一个信息服务的新领域。其代表作《四川省88个贫困县2017电商扶贫全景》获全国奖项，川报全媒体集群“以数据新闻为抓手推进媒体融合的实践”，被评为“2018年度中国报业融合发展优秀案例”。

二｜四川日报·川报观察新媒体工作案例

2018年6月29日—30日，中共四川省委十一届三次全会举行。结合2018俄罗斯世界杯的热点，川报观察推出独家策划——《3分钟动画：当省委全会遇上世界杯》，

川报观察原创卡通形象“川宝”（谐音川报）化身足球解说员，为大家解读省委全会公报。客户端浏览量破百万次，全网点击量破2000万次，实现了四川21市州的户外主要大屏、成都地铁等大屏全覆盖，成为四川省委全会特别报道中的“爆款”产品。

（一）精准把握两大热点，亮出“省委全会+世界杯”反差萌

四川省委全会召开时，正是2018俄罗斯世界杯火热进行时，通过蹭世界杯的热点，川报观察精心策划了不一样的省委全会解读类动画产品。

1．把握省委全会的重要节点。此次省委全会要制定出台两个影响四川未来发展的行动纲领和战略部署式的决定，备受关注。该视频一方面解读了全会的新提法新名词，一方面充分展示了21市州的定位、特色，配合全会的新闻报道，具有全省、全国范围内的关注度。

2．把握世界杯的热烈氛围。不管你是真球迷还是伪球迷，都很难忽略世界杯的存在，川观的用户也不例外。该视频推出之日，恰逢世界杯第一场淘汰赛开赛，既及时回应了用户对家乡的关注，又与全球热点相呼应，一经推出便引发广泛关注。

3．利用标题巧设悬念。“当省委全会遇上世界杯”，标题简单明了又切中要害，打破了大家惯常的认知，将毫不相关的时政和体育相结合，让人忍不住地点进去一探究竟。

4．预判时间差，专业文案引入专业指导。了解到省委全会举行的初步时间安排可能恰逢世界杯这个全球热点后，抓住这个时间点，川报观察提前一个月开始策划，着手创意爆点、基础动漫形象设计、文案准备工作。在文案准备过程中，考虑到足球赛场与经济区战略要巧妙融合、恰到好处不冒靶的专业性，专门引入成都足协的人士当“场外指导”。

（二）创新制作文案动画，突出“全会解读+足球解说”专业性

川报观察借力世界杯热点，创造性开展省委全会的新闻报道。文案兼顾专业与有趣，视觉设计精美。

1．打点精准，专注公报和决定的一大亮点。面对此次全会精神中的众多亮点，川报观察在设计产品时作了区分，有准确全面的摘要式“一图读懂”，也有解读式的系列动画。该产品则只选择了其中一个点，做深做精，即之前已经在省委书记调研中透露出来的“一干多支、五区协同”的战略规划。考虑到川报观察的市州用户众多，“一干多支、五区协同”区域发展新格局备受关注，我们决定在此基础上用信息量极

大的视频动画形式来做延伸解读，最终取得了良好的传播效果。

2．语言风格贴近真实球赛解说。该动画的配音文案将足球解说术语和市州简介相融合，风格既专业又亲民，“过去赛季里成都表现惊人，是四川队的头号得分手。”“德阳、绵阳两位助攻型中场，常常送上精准传中……”有网友评价“这波热点蹭得不尴尬，文案灵。”此外，在为每个市州设计的独立详情页里，除了“个人收入（GDP）”“个人技能（市州定位）”等，其中“荣誉”一项更是综合了市州特色和网友评价等奇思妙想，设置“最佛系队员”“最高冷气质奖”等趣味奖项，引得不少网友会心一笑，表示“原来我老家还可以这么萌！”

3．“排兵布阵”有理有据。在安排“一干多支、五区协同”的阵型时，考虑到各市州的实际位置和功能定位，经多方咨询、探讨，我们选择了类似“343”阵型这样以中场为核心辐射前后场的阵型。足球阵型配上四川地图，“锋线”“中场”“后防线”一目了然，进一步加深了用户对“一干多支、五区协同”这一新提法的理解，更易入心入脑。

4．原创卡通形象，设计制作精美。该视频采用川报观察原创的熊猫卡通形象“川宝”贯穿始终，身着不同颜色球衣的川宝，在赛场上奔跑、踢球、举起奖杯、介绍球员等，萌感十足，让产品更加亲民。同时，视频背景音乐中加入了球赛中必备的欢呼、哨声等动感音效，给人身临其境的参与感。

（三）全媒体矩阵推送，扩大“渠道分发+自来水”覆盖面

该融媒体产品充分利用川报集团的媒体集群优势，积极利用多平台多渠道发布，配合社交媒体的分享推广，将影响力提升到最大化。

1．利用集群优势，多平台推送。四川日报全媒体集群四川在线、四川日报官方微博微信等平台合力推荐，川报观察、封面新闻等自有的多平台推送，第一时间形成刷屏之势。

2．多渠道分发，商业媒体聚合推广。川报观察将该产品分发给腾讯、搜狐、百度、UC等多家合作商业媒体重点推荐投放给用户，形成周边推广合力。

3．配合视频产品，川报观察同时制作发布了便于社交媒体分享的10秒预告小视频和带有二维码的宣传海报，借此形成了朋友圈的刷屏之势。不少领导干部、普通用户、媒体同行纷纷转发打call，为川报观察当起了“自来水”。

（四川日报·川报观察）

封面新闻

一｜四川日报报业集团·封面新闻新媒体工作综述

2018年，封面新闻全网传播上亿的爆款不断产生，获得中国新闻奖、全国十大“最具影响力主流媒体新闻客户端”等奖项，连续三届入选“全国百强报刊”；智媒体建设处于国内报业集团的“C位”，自主研发的AI产品和应用更加成熟和多元；封面新闻客户端用户数超过1480万，封面新闻移动传播矩阵总用户规模超过4500万；封面新闻-华西都市报品牌价值达186.75亿元，排名“中国500最具价值品牌”第262位；封面新闻经营收入同比增长81%并实现盈利，封面-华西收入逆势增长，扭转了连续6年的持续下滑；华西都市报团队整体迁入封面传媒，把封面新闻作为融合发展主阵地、主战场、主平台、主驱动，让主力军在互联网主阵地上唱响主旋律。

（一）打造现象级传播平台：坚持“正能量、年轻态、视频化”

封面新闻始终旗帜鲜明地坚持正确政治方向、舆论导向、价值取向，实施“移动优先、视频优先、故事优先”的传播策略，生产“正能量、年轻态、视频化”原创优质内容，获得巨大的传播空间和良好的传播效果，成为现象级传播平台，传播力、引导力、影响力、公信力不断提升。

2018年全国两会期间，封面新闻推出“我AI中国　主播有画说”内容产品，结合习近平总书记考察四川的指示，展示了四川美丽山川人居，将一系列数据、一个个实例通过AI手段，辅以生动的手绘和实景画面，全网阅读量破亿，获得中宣部阅评点名表扬，被称为“全国两会报道中的亮点”。

封面新闻《超燃！俯瞰超级工程“川藏第一桥”159米隧道锚世界第一》直播通过航拍+实景连线等，向全国网友展示了超级工程兴康特大桥。1.5小时的直播，以震撼的画面、详尽的采访和多元的互动吸引众多网友在线观看，获得2018年中国新闻奖首设的媒体融合奖直播奖。封面新闻培育出了西部第一、全国领先的直播视频平台，年产直播超过1000场，年产视频超过10000条，兼具强大的制作能力、平台影响力和用户聚合力。

依托华西都市报20多年历练出的国内一流专业记者团队，封面新闻和华西都市报投入大量的人力物力，用传媒匠人精神，打造具有全国影响力的正能量“头部新闻”。2018年推出“成都司机寻女24年”系列报道，获得全网2亿+阅读量，并助推“帮王明清找女儿”成为一场全社会参与的公益行动。纪念汶川地震十周年系列报道，封面新闻从个体生命入手，讲述汶川地震中青少年幸存者的成长故事，十段短视频故事全网观看量近两亿，引发强烈共鸣。

（二）强化技术引领：持续探索人工智能运用

封面新闻坚持技术引领，以封面新闻APP为核心产品，用人工智能技术重构新闻信息生产与传播全流程，持续优化升级七大类21个智媒体产品，形成智能+产品矩阵。

1. 核心产品封面新闻APP

封面新闻APP在2018年5月4日完成4.0版本大迭代，对产品架构、用户体验、内容展现和智能技术应用进行了全方位重构。产品架构方面，重构了新闻资讯内容展现与交互框架，实现了“视听读聊”全场景沉浸体验；用户体验方面，搭建了用户积分体系和完善了用户运营体系，增强用户黏性；内容展现方面，突出重点原创图文、直播、视频，让用户可以更多形式的资讯；技术创新方面，通过敏感词检测、自动分类、事件聚合、一键分发、算法升级、搜索优化等创新拓展，推动“AI+媒体”变革进程。APP4.0上线后与前一个版本对比，使用量增加了77.6%，新注册用户有近2倍的提升，在用户沉淀上也效果显著。

2. 七大类21个产品

基础产品：包括封面推荐算法、封面数据、封面云、封巢系统等。封巢系统是针对媒体内容、营销、运营、管理等一体化流程重构的全套智能解决方案，兼具智能延展平台、智慧内容平台、智识管理平台功能。

内容产品：包括小封写作、小封播报、封面视频、封面直播、封面VR、封面AI

记者、封面AI主播。其中小封2016年12月发出首条稿件，在青川地震报道中8秒成稿1300字，2018年世界杯期间推送资讯600多篇，全网总阅读量超过2亿，每月发稿量6000篇以上。

营销产品：包括封面AI营销、封面云商等，利用大数据、算法能力等，加注营销场景应用，丰富媒体活动营销形态和改进用户体验。

智识产品：包括小封魔镜、小封图灵等，基于深度学习的AI视频识别算法、图像识别算法、人脸识别算法等，提升视频自动标签的精度和速度。

智库产品：包括封面指数、封面舆情等，旨在建设大数据+舆情的新型智库媒体，为政府、企业等提供决策参考。

UGC产品：包括青蕉社区、青蕉拍客、封面号等。青蕉社区是封面新闻全力打造的青年视频社交项目，旨在进行社群运营，挖掘“00后”青年原创短视频生产能力。

未来产品：封面智联。封面智联将积极发展未来智能社会信息传播应用，布局未来商机，抢占未来发展制高点。

（三）影响+资本+产业探索：“三环联动”盈利路径

2018年，封面传媒充分运用封面新闻客户端平台，积极探索“影响变现+资本支撑+产业支撑”三环联动的盈利路径，经营总量同比增长81%。

1. 实施影响变现

2018年，封面新闻已同14家商业平台达成版权内容合作。除基础产权包外，封面新闻还与多家头部平台开内容定制产品合作，包括与腾讯合作《视野》、与头条合作《底稿》、与新浪合作《锐视频》、与UC合作《炯炯视频》。定制产品上线后在各合作平台反响良好，产出多条千万级播放量的爆款短视频。

2. 推进资本运作

2018年5月，封面传媒与四川文化产业股权投资基金签署战略合作协议，共同推进封面传媒Pre-A轮融资，后续还将开启A轮、B轮融资，推动资本运作进程。2018年11月，四川日报报业集团与新华文轩出版传媒股份有限公司正式签署战略合作关系，新华文轩将通过资本运作，助力封面传媒由融媒体向智媒体的飞跃，助推封面传媒的产业发展，开启封面传媒登陆资本市场的新征程。

3. 探索产业支撑

构建信息服务产业生态，打造封面智库、封面舆情等产品，建设大数据+舆情的新型智库媒体，为政府、企业等提供决策参考。封面智库作为“一带一路智库合作联盟”唯一官方指定媒体，依托封面新闻舆论影响力和大数据资产积累，举办了C21论坛、四川品牌大会、经济影响力人物评选等系列活动和论坛。封面舆情打造了一系列舆情产品，包括舆情监测预警系统、舆情分析研判系统、舆情处理解决服务方案、舆情素养提升服务方案、正面舆情引导服务方案等产品，已经先后为多个政府部门提供舆情监测、舆情报告等服务。此外，封面还积极开展技术输出服务，强化“封面云”应用商业价值，推广“封巢智媒体”，积极介入智慧城市建设、区县融媒体中心建设等领域，搭建智慧智能的政府服务产业生态。

拓展“互联网+”和“文化+”产业链，以封面传媒作为主体，以新业态新经济为主入口，以互联网产业和文化产业为主范畴，结合自身优势，在互联网金融、大数据、人工智能等领域的互联网版块，以及文创、会展、赛事、旅游等领域的文体旅板块拓展新增量，构建具有广阔市场前景的泛文化生态产业平台。

（四）加大市场运营：构建开放合作生态平台

1. 大力推动社会化生产

为了推动社会化生产，封面新闻加大了PGC、UGC等内容多元平台的运营。PGC生产系统通过打造封面号等封面新闻自媒体平台，以及建立包含政府部门、公益机构、专业媒体等上万个机构的PGC发布名单，为用户提供更多优质原创内容。2018年入驻封面号的自媒体数量已近十万个，涵盖检察、公安、共青团、文教等多个系统政务机构。UGC生产系统以视频化表达、智能化引领为特色，以青蕉社区等移动社区为载体，开展全球拍客征集等活动。封面新闻还与今日头条合作成立了西南首个内容创业孵化基地，挖掘和培养优秀的内容创业团队，2018年已经有262个优秀内容团队入驻。

2. 与知名企业、高校紧密合作

封面传媒积极与第三方进行合作，与诸多知名技术企业、高校建立了紧密的合作关系。与微软、北京师范大学共同发起成立全国首个关注AI+媒体的实验室——人工智能与未来媒体实验室，致力于人工智能与传媒技术相融合的创新研究，探索AI+媒体的未来，建立世界领先的人工智能及媒体技术研究与合作平台，促进媒体行业的整体转型；与中国移动视频产业研究院共同设立5G智媒体视频实验室，研究5G视频标准规范应用；与中译语通共同成立CGI大数据研究院，推出专业行业大数据产品——CGI（封面译见全球指数），目前已经形成《四川上市企业CGI榜》《中国企业出海CGI榜》《Panda热搜CGI榜》等；与百度、中国人民大学新闻学院共同成立区块链媒

体实验室，以百度区块链技术为基础，研究在媒体行业的应用和市场效应。此外，封面传媒还与阿里巴巴集团旗下的阿里巴巴（中国）教育科技有限公司共同成立淘宝大学华西分校，这是淘宝大学在西南地区成立的唯一一家官方直属分校，立足川渝地区，将淘宝大学优质课程带进分校，为本地政府、企业等搭建完整电商人才培养体系。

（五）创新体制机制：主力军进入主阵地

封面新闻、华西都市报的融合之路，经历了2017年建好平台、整合资源的1.0版相加阶段，2018年进入了深度融合、整体转型的2.0版相融阶段。在融合路径上，封面新闻与华西都市报选择的是“111战略”——一支队伍、一个平台、一体运营。2018年，华西都市报员工整体迁移到封面传媒，班子成员全部参与封面传媒管理，做到以封面新闻为主战场、主阵地、主平台、主驱动，组织架构、管理架构、考核机制等实现一体化运营。这样的融合发展路径，破除了一直以来传统媒体和新媒体生产“两张皮”的问题，在互联网化的同时，真正实现了媒体融合从“相加”到“相融”，从“你中有我、我中有你”转变为“你就是我，我就是你”。

在生产机制上，建立以新媒体为中心的生产机制，进行内容生产的产品化探索。打破传统媒体以部门为单元的生产机制，建构若干产品单元，围绕产品生产需求组织、配置资源，引导记者、编辑向产品经理转变，以产品思维创新生产机制。

在生产流程上，以“封巢智媒体”为平台，从数据可视化大屏、PC工作台、手机移动端“三屏合一”的智慧内容平台向产品生产、产品营销、产品管理的“三品合一”智慧管理平台迭代进化，将内容、营销、管理的专业化生产流程重组为集采集、管理、传播、考核四大环节为一体的集约化、数字化、智能化全流程，将“前方记者+后方编辑”的传统生产，升级为“数据支持+智能写稿辅助+融媒呈现+全网推流”的多线程、智能化协作。

在绩效考核上，建立符合融合发展特点的考核体系，以互联网传播效果为重要标准，体现移动优先、视频优先、故事优先，所有记者稿分都由封面新闻按照网络传播效果确定分值，报纸版面不再体现记者稿分。

二 | 四川日报报业集团 · 封面新闻新媒体工作案例

2018年是“5 · 12”汶川特大地震十周年，作为四川最具影响力的媒体融合平台，封面新闻精心策划，推出“十年 · 成长”融合报道专题，着力讲述10年巨变故事，探寻这10年对四川、对中国乃至于对世界的意义。

《十年成长》专题集纳了纪念“5 · 12”汶川特大地震十周年系列报道作品，本专题提前谋划，在“5 · 12”前一个月推出，通过图文、视频、H5、直播等多种形式，报道了安康家园、18位抗震救灾优秀少年、志愿者、记者等数十个人物十年成长的故事。有祭奠逝者的直播，有成长故事，也有视频故事、动画作品、评论文章、记者手记等，专题内容丰富，分类细致，交互性强。

在报道角度上，将落脚点放在震中少年的十年成长，他们从废墟中爬出，回归校园，毕业择业，在见到更广阔的世界后，又各自开始不同的新生活。既有个体命运的微观、又有十年灾区重建的宏观，把灾区少年的命运深深嵌在大时代、大家国中，他们的10年，是灾区在震后走进未来的缩影。

在报道手法上，文字报道和视频呈现相得益彰。通过一次次深入对话采访，再一起回访昔日的灾区实地拍摄。通过影像记录，通过文字描述，记录下当年的灾区孩子们平静心中有爱和现实相互交织。没有大开大合的情感宣泄，在采访对象看似平淡的叙述中，经历了巨大灾难后，选择继续热爱生活的故事得以呈现。

十年追踪，两个多月精心筹备，100多人采访报道团队齐心打造，近30个成长故事，20余个精制视频，展现四川青年勇敢、坚韧新面貌，引来全网超5亿网友关注点赞。多篇作品被新华社、人民日报等党媒以及各大门户网站转载。在“5 · 12”汶川特大地震灾区发展振兴成就展上，封面新闻制作的这十个短视频出现在“最美面孔‘5 · 12’新闻人物今昔”展示部分。

（四川日报报业集团）

四川新闻网传媒集团

一｜四川新闻网传媒集团新媒体工作综述

（一）与时代发展融合，建设具有强大社会动员功能的新媒体阵地

《四川手机报》已成为新形势下打造移动传播主阵地、构建舆论引导新格局、增强党的新闻舆论传播力、影响力和针对性的重要工具。《四川手机报》编辑发布平台一直加强核心技术创新升级，研发出了一项更加适应新媒体宣传格局的“手机报可视化指挥系统”。该系统将四川手机报聚合成一个全省手机报用户发送基地，通过地图、图示化等直观展现形式，让指挥人员可以有目的、有范围的“指哪发哪”，实现手机报内容全省联播、各地通播、定点直播。

川网集团打造的“四川发布政务新媒体矩阵”，用户达到2300万，覆盖上亿人群，连续四年在全国省级政务新媒体综合影响力中居省级第一，成为全国政务新媒体“领头羊”。其中，“四川发布”微博通过“短、实、活、新”的特色，在移动互联网及时权威发布、舆论引导，充分利用微博的“舆论广场”特点，与网民深入互动；“四川发布”微信政务平台，深度解读四川省内最新发布的各类党政、民生类信息，展示四川新变化、新发展，打造一站式微信办事和查询平台；“四川发布网”作为四川省新闻办、网信办的官方网站，集信息发布、政务服务、舆情引导三位一体，吸引了省内21市州和50多个省级部门入驻，以新媒体手段真正实现全域、全天候、全媒体信息发布。

作为省级政务新媒体，四川发布紧紧围绕中央及省委中心工作和意识形态工作要求，始终坚持“团结稳定鼓劲、正面宣传为主”的舆论导向。同时，为避免“千网一

面”，又应当树立本土意识，以本地为依托，发挥本地特色，实施本地化战略，成为本地对外宣传的窗口。2018年，四川发布结合新春、“5 · 12”汶川特大地震10周年和改革开放40周年等重大时间节点，构建起国家、省、市、区（县）4级联动机制，紧跟重大时政热点、踩准重要时间节点，与全国以及本省政务新媒体矩阵及国内知名互联网企业进行联动，策划主题品宣活动，多维度展示和宣传四川，吸引全球各地更多的人来四川投资、工作、旅游。通过创新报道和创意策划把中央精神和四川实践有机地结合了起来，搭建起四川对外沟通交流的桥梁和纽带，让世界更好地了解四川，让四川更好地走向世界。

（二）与信息服务融合，扩大主流价值影响力版图，打造新型主流媒体

习近平总书记指出，通过流程优化、平台再造，实现各种媒介资源、生产要素有效整合，实现信息内容、技术应用、平台终端、管理手段共融互通，催化融合质变，放大一体效能，打造一批具有强大影响力、竞争力的新型主流媒体。整合平台资源，是为了创造产业价值最大化，它的本质是体现“1+1>2”的价值增值效应。充分整合多种平台资源，实现网站自身的品牌化发展，将成为省级网络媒体发展的必然趋势。2018年，川网集团下辖四川新闻网充分整合平台资源，主打新闻栏目和特色服务，注重形成品牌新闻和品牌言论，积极发挥融媒体传播优势，举办参与性广、互动性强、体现社会公益性和带有明显地域性的大型活动带动网站线上、线下人气，扎实做好主题宣传，让正能量更强劲，让主旋律更高昂，切实提升网站的影响力。例如，在2018年汶川地震十周年之际，四川新闻网一是组织探访汶川地震10周年网络主题活动，引发全国范围的广泛参与及关注，二是组织策划有温度的“十年邮爱”线上线下活动，感恩之举引爆网络，三是充分发挥线上整合优势，精心策划大型新闻专题《汶川 · 十年》，融媒体手段全方位、立体式展现。通过系列精心策划，充分利用媒体融合的整体宣传效果，整合全国PC端、客户端、微信、微博、直播等多平台资源，全方位运用融媒体报道手段，通过图文、视频、H5、直播、VR等多种融媒体手段，大力弘扬了“万众一心、众志成城，不畏艰险、百折不挠”的抗震救灾精神，全面展现了汶川特大地震灾区抗震救灾、恢复重建和发展振兴的不凡历程，充分展示了灾区人民的感恩情怀，突出了砥砺奋进、展望未来的信心与决心。

2018年，四川新闻网传媒集团收购了现使用的手机报业务相关技术平台（原上海新动手机报软件平台），该平台为全国10个省份的手机报运营公司提供手机报编辑及发送服务。收购该平台后，可通过手机报业务覆盖用户数量达1.2亿人以上，集团借此

契机开始进行手机报业务的全国范围布局，打造手机报业务的全国一张网。同时手机报还积极做好县级融媒体中心建设工作，推出了“一县一报”平台及产品，并对其进行了技术改造和创新升级。目前，实现了编、审、发及后期数据监测分析的一体化、标准化。确保内容在发送前，可以利用用户标签自建用户的各项维度，可以对发送后的点击行为进行统计，实现近似算法推荐的效果。在发送中，可以利用可视化调度系统，在大屏上监测到内容下发情况。在发送后，也可以通过追踪信息传播路径、监控信息传播效果进行用户分析等。目前，四川手机报的县级融媒体“一县一报”平台已和全国13个省份展开合作。

同时，作为用户数量全国排名第一的四川手机报，已将客户端、WAP网站、航拍、H5、短视频、直播、互联轮胎等多种形式综合运用到了手机报日常内容运维中，使手机报成为移动互联网时代的弹出窗口。通过这个弹出窗口，可以把任何有趣、有用的信息，以文字、图片、视频、H5等多种形式推送到用户面前。尤其是短视频手机报的推出，更是将手机报原有的点对点直达的传播优势与短视频这种新的表现形式相结合，在媒体行业开创了“无须下载客户端即可点对点推送短视频的”先河。短视频手机报是短信点对点直达的传播优势，与移动互联网新技术、新形式的完美融合，既发挥了手机报直达用户、覆盖面广、弹窗推送的优势，又使得内容形式深受用户喜爱。这在全国手机报行业，甚至在整个媒体行业都是具有开创性的。例如，在2018年防汛救灾应急宣传中，四川手机报发挥“精准发送、点对点直达”的优势，在用户不需要主动下载任何软件的情况下，第一时间向全省群众特别是灾区群众发送灾情预警、道路交通信息、抗洪救灾动态进展，同时融合了短视频、直播、新媒体互动等多种方式，覆盖用户超2000万人次。

（三）与资本力量融合，形成兼容理念、技术、人才优势的新媒体产业

川网集团通过转企改制，完成股份制改造，通过引入战略投资者吸引资本，先后打造了“省政府客户端暨四川发布平台”“四川手机报新业态聚合平台”“川网社区移动互联网媒体融合平台”“四川省文化创意成果网络展示和交易平台”等重点项目，逐步完成了由单一新闻网站向互联网信息综合服务企业的战略转型，产业、收入、利润逐年稳步上升，国有资产迅速增长。截至2017年12月31日，川网集团总资产增长到5.25亿元，营业收入1.67亿元，净利润4323万元。

川网集团上市后，我们将借助资本力量提升核心竞争力，进一步扩大企业业务规模，提高业务经营能力，切实将川网集团打造成为全国知名、省内一流的新兴互联网

企业。川网集团将全面贯彻落实党的十九大、省委十一届三、四次全会和全国、全省宣传思想工作会议精神，继续以主流新媒体集团的定位发挥“头羊效应”，带动省内主流新媒体发展实现多点突破，助力全省国有文化企业转型升级和文化强省建设。

二 | 四川新闻网传媒集团新媒体工作案例

2018年是汶川特大地震10周年。5月3日—8日，由中央网信办网络新闻局信息传播局指导，四川省网信办主办，四川新闻网传媒（集团）股份有限公司承办的以“奋进·巨变·展望”探访汶川地震10周年网络主题活动在成都开展。活动期间，共吸引了全国43家网络媒体深入基层实地探访和感受灾区的巨变和灾区人民幸福的生活，推出上线专题20个，刊发各类稿件共计1043条，微博话题#512汶川地震十周年#累计阅读4794多万，讨论回复量达3.5万。活动稿件被人民网、新华网等17家中央新闻网站，千龙网、澎湃新闻、大众网、华龙网、浙江在线、红网等18家部分援建省（市）主要新闻网站和搜狐、新浪、网易、腾讯等商业网站以及四川省内媒体、相关市县媒体同步推送，形成了强大的报道声势。

（四川新闻网）

“四川发布”

一丨“四川发布”政务新媒体工作综述

2018年，全国政务新媒体历经了生产系统的质变，四川政务新媒体不断进化升级，持续领跑全国。作为四川省委省政府的官方政务新媒体，“四川发布”不断探索“互联网+政务服务”，在四川省政府新闻办、省政府信息公开办的指导下，以“互联网+党务政务公开+政策解读+政务服务+智能传播”为出发点，构建起用户达2300万的“两微多端”政务新媒体矩阵，初步建设成为省委省政府政务信息公开的总发布、四川媒体优质内容信息的总集成、四川各级各部门民生服务的总服务、舆论引导应对的总指挥和媒体融合创新的总平台。

（一）立体布局，全力推动政务新媒体的阵地建设

2018年，“四川发布”从“探索渠道”向“赋能平台”转化，立足“移动优先”，全面升级自身阵地建设。同时，充分发挥四川政务新媒体领头羊的职责，建立并完善横跨省、市、县三级及多个垂直领域的政务新媒体矩阵，进一步提升矩阵影响力。

1. 阵地布局“移动”政务新媒体

“四川发布”积极抢占宣传主阵地，实现“三微一网多端”的政务新媒体阵地布局。目前主要有政务微博“@四川发布”、政务微信“四川发布”、政务客户端“四川发布”、政务微视频“四川发布”、四川发布网，并入驻“人民号”“头条号”等客户端集群和IPTV电视终端，覆盖人群过亿。

其中，“@四川发布”微博通过“短、实、活、新”的特色，与网民深入互动，目前粉丝稳定增长已近 800 万。“四川发布”微信深度解读四川省各类党政、民生类信息，打造一站式微信办事和查询平台。“四川发布”客户端是集对外宣传、建言献策、政务服务等综合功能的一体化网上政务服务平台，目前顺利实现升级迭代，上线3年多来累计下载量超过百万。四川发布网集信息发布、政务服务、舆情引导三位一体，以新媒体手段真正实现全域、全天候、全媒体信息发布。“四川发布”政务微视频第一时间将重要信息通过视频呈现，是与网友最为鲜活的互动平台。

2. 矩阵建设从“相加”到“相融”

2018年，“四川发布”在矩阵建设方面加快从“相加”到“相融”步伐。以“四川发布”政务客户端为龙头，推出了全省政务新媒体矩阵大厅——“发布系”，通过“发布系”为全省政务新媒体提供最权威的发布平台，各级各部门有序入驻，推进了四川网上政务和聚合矩阵的建立，四川政务新媒体矩阵的传播格局已然形成。

（二）“三大”功能，深耕政务新媒体核心价值

2018年，“四川发布”紧紧围绕着政务新媒体的核心价值，着力在“权威发布”“办事服务”“政务互动”三大功能上下功夫，全面推进政务新媒体占领舆论正能量的高地。

1. 脚踏实地干“政事”

2018年，“四川发布”围绕中心，服务大局，以“权威发布、温馨便民、应急引导”为核心定位，精心策划实施重大主题的移动端宣传报道，大力宣传省委省政府决策部署，遵循互联网传播规律，积极探索政务新媒体发展新模式，坚持内容创新、产品创新、机制创新，用政务新媒体的语言讲述好四川“政事”，真正构建起党委政府与群众沟通的桥梁。

做好全省重要会议、重点工作、省委省政府重大活动等的宣传。2018年，“四川发布”提前布局，加强统筹协调，强化选题策划，深度聚焦全国两会、省两会、省委全会、省委经济工作会议、四川省民营经济健康发展大会等全省重点会议的宣传报道工作，做好庆祝改革开放40周年重大主题活动的宣传。

移动互联网发展到今天，内容的发布已经突破了简单的互联互通模式，党务政务信息的传播也要求明晰的定位和优质创新的内容来掌握用户需求，提升用户体验。2018年，“四川发布”积极拥抱互联网发展的新形式新技术，深耕权威信息发布的表现形式创新，运用直播、动图、漫画等可视化形式，推出一批精彩纷呈的新媒体产

品，提升党务政务信息传播的接受度和覆盖率。策划《东方风来——庆祝改革开放40年手绘漫画系列》专题，以活泼可爱的画风点赞四川城市发展、生态文明建设等方面取得的成就；推出《壮阔东方潮 奋进新时代——庆祝改革开放40年》专题，微博发起“40年·40城”活动，联动全国40座城市，以动图海报的创新形式，带网友一览全国壮美山河，获得大量用户好评。

同时，在重大主题活动宣传中，“四川发布”积极探索政务新媒体选题策划制度，将任务层层分解，步步落实，分阶段组织实施采访报道，让主题党务政务信息发布更丰实饱满。

重点打造品牌栏目。围绕省委省政府中心工作，立足政务服务，“四川发布”整合优势资源，设立“跟省长三学”“新闻发布会直播”“微访谈”“问吧”等独家特色栏目，增强党务政务信息发布的体系化和实效性，形成权威信息的聚合渠道。依托省政府常务会，将会前省长主持的“学法、学政策、学知识”相关内容进行专题策划和发布，持续更新“跟省长三学”系列栏目；围绕省委省政府出台的重要文件，权威解读省政府规章、规范性文件、省政府常务会议定事项、重要规划以及有重要实质性突破的政策性文件；2018年，“四川发布”共推出28场省委省政府的重要新闻发布会、重大会议、重大活动，成为四川党务政务信息对外发布的第一网络窗口。此外，“四川发布”还通过全平台搜集网民意见，整理网络热议的话题，第一时间在线访谈，通过视频图文的形式对外权威发声。

发挥应急引导“指挥棒”的作用。在复杂多元的互联网舆论场，“四川发布”实时关注本地舆情信息，建立完善应急引导制度，在重大主题宣传、重大突发事件等方面，充分发挥权威、准确的平台公信力作用，通过“快、准、稳”的信息发布，有效引导网络舆论走向，成为四川互联网舆论场中的“定盘星”。2018年12月16日12时46分，四川省宜宾市兴文县发生5.7级地震，“四川发布”立即形成双线作战的应急报道小组，记者在前线及时发回灾情实况，后端联动消防、公安、电力等多个部门，通过微博、微信、客户端等全平台，持续发布200余条稿件，对灾情、救援情况等信息进行实时直播，并及时遏制了“众人合力救出一名群众”这一谣言信息的扩散。政府公信力的建设牵扯到政务信息公开透明的每一个环节，在如今的互联网大环境下，公众对于信息的认知、权利的认识日渐提升，作为政府政务信息公开的重要出口，在应急引导中，“四川发布”注重网民呼声，充分把握程序的公正与社会多方意见与观点的平衡，注意运用具有亲和力的语言和形式形成正面引导，推动政务信息公开和舆情引导信息在有序和健康的网络空间中发声。

2. 开拓创新谋“服务”

2018年，“四川发布”充分发挥政务微博、微信、移动客户端等新媒体平台灵活便捷的优势，提升服务水平，做好“办事服务”工作，从侧重单向信息发布的第一阶段，向发布灵活多样、注重互动服务的第二阶段转变。通过“四川发布”微信矩阵，将各平台入口统一到一个界面，实现四川各厅、局、市、州办事服务功能的聚合，打通了便民服务最后一公里，为群众和企业开展办事服务提供便捷有效的通道。

同时，“四川发布”客户端也不断探索完善自身平台服务功能建设，升级推出“一站通”服务功能，汇集数十项办事服务功能，为企业和个人提供高考查询、预约挂号、公厕查询、法援查询、驾照扣分、知识产权投诉举报等查询和办事服务，用户通过APP就可以完成预约，部分事项实现网上受理、多级联审、快递送达的“全程网办”，打造第一贴心服务平台。

3. 求真务实做“互动”

2018年底，国办《关于推进政务新媒体健康有序发展的意见》指出，要充分发挥政务新媒体互动性强优势，不断强化互动等功能。

一直以来，“四川发布”听民意、聚民智、解民忧、凝民心，对于公众留言提问及时处理反馈，与社会民意实现互动。2018年，“四川发布”充分利用政务微博、微信的互动功能，引导舆情、回应关切，问题涉及交通、教育、社保、就业等方面。其中，通过微博内容、评论和私信回复热点、舆情和网友咨询1500余条，通过微信留言回复网友相关咨询750余条。同时，“四川发布”积极建设权威信息咨询平台，以技术运用为支撑，在“四川发布”客户端开设“问吧”栏目，实现沟通、便民的价值，引导网民有序、有效参与公共管理。

（三）“大数据+”探路政务新媒体发展未来

2018年，“四川发布”立足“智能化+大数据”，建立起覆盖十余个民生领域的政务信息大数据库，充分运用技术手段，对四川全省各级各部门的政务新媒体运维提供决策参考。同时与各级政务新媒体深入对接，召开全省乃至全国性的行业发展大会，共筹共建政务新媒体生态圈。

1. 建设服务“互联网+政务”的数据大智库

从2014年起，在四川省政府新闻办、省政府信息公开办的指导下，“四川发布”联合知名国内新媒体研究机构，立足“互联网+政务服务”，通过技术创新，建立覆盖十余个民生领域的政务信息大数据库。连续五年，“四川发布”通过“政务数据大智库”全面掌握全省各级各部门政务新媒体运维情况，并以此对新媒体行业发展进行科学分析。

2018年，“四川发布”继续围绕四川省直部门、市州和区县政务新媒体的运营情况撰写发展研究月报、季报和年报。报告以四川省直部门、市（州）、县（市、区）、省级群团组织和十一类职能部门（群团）的政务新媒体为分析对象，综合若干指标，对全省政务新媒体进行深度考察和分析。

此报告全面反映四川政务新媒体发展现状，厘清四川政务新媒体发展脉络，为职能主管部门、运营部门和有关人士提供参考，以期提升四川政务新媒体传播力、引导力、影响力、公信力。

2. 召开服务“党务政务公开”的政务新媒体大会

2018年9月28日，在四川省人民政府新闻办公室、四川省人民政府信息公开办公室指导下，“四川发布”联合新浪微博成功举办“由发布到服务”为主题的首届西南地区政务新媒体（微博）学术论坛。国内知名政务新媒体专家学者、西南地区政务新媒体代表、四川各级政务新媒体相关负责人及新浪微博平台等近200人参会，共同探讨政务新媒体线上发布、政府宣传、社会化服务的最优实现途径。本次论坛是西南地区首次举办的政务新媒体（微博）学术论坛，对2018年中国西南区政务微博的实践发展作出专题总结和分析，西南各级政务新媒体代表通过大会共商行业发展未来。

2018年11月30日，由四川省政府新闻办、四川省政府信息公开办指导，“四川发布”成功举办“微政四川——2018政务新媒体年会”。这是“四川发布”连续五年成功举办全省政务新媒体大会。全国优秀政务新媒体代表，知名行业专家，四川省各省级部门、市（州）、县（市、区）的相关负责人以及政务新媒体运营人员等200余人参会。会议以“守正创新”为主题，发布《2018四川政务新媒体大数据报告》，总结2018年以来全省各地各部门政务新媒体运营成果，深入交流政务新媒体管理运用经验。

通过举办全省和全国性的政务新媒体大会，四川各级政务新媒体在资源链接、新媒体技能培训、政务功能协作、专业人员孵化、服务平台升级等方面进行了深度探讨，“四川发布”引领全省政务新媒体矩阵，充分发挥集群效应，共筹共建政务新媒体生态圈。

二 | “四川发布”政务新媒体工作案例

2008—2018，十年涅槃，如今的四川大地经贸繁盛、文旅兴旺、科教振兴、社会和谐，处处彰显着健康向上的力量。回望十年，是什么创造出这场巨变？作为四川政务新媒体的“领头羊”，“四川发布”把镜头对准了“对口援建”的每一个平凡人、对准了举国体制下国家意志的强大优越性、对准了中华民族万众一心的精神基石。

2018年5月12日，汶川特大地震十周年，“四川发布”策划、制作并发布了“援来一家人”感恩主题海报，海报覆盖所有汶川大地震的极重灾区，向所有对口援建四川的全国各兄弟省市发出感谢。同时，“四川发布”充分运用全国政务新媒体矩阵，集结19个省市、上百个账号参与跨省大联动，向全国网友发出感恩接力。

在极短时间内，@上海发布　@北京发布　@广东发布　@重庆发布　@山西发布　@吉林发布　@江西发布　@湖南微政务　@安徽发布……上百家全国政务新媒体参与转发、暖心回应感恩信息，近百万网民，源源不断通过微博热评共同回忆感恩瞬间。该策划内容在新浪微博“@四川发布”上的单条阅读量突破3343万次，转发互动量达到8.5万次，由“@四川发布”主持的话题#512援来一家人#阅读量突破7900万，“四川发布”这条信息进入当天的微博热搜榜，并占据微博新时代榜的第一位，成为“汶川特大地震十周年”主题报道的现象级产品。

汶川大地震十周年的对口援建成功实施，是中华民族万众一心、战胜自然灾害的伟大创举。抓住这一主题，“四川发布”策划的“援来一家人”大型宣传报道，突破宣传价值，撬动了中华民族的核心意识。

这一张全网共鸣的海报，体现出国家意志的强大优势；这一次上亿级的现象级联动，是一次对中华民族使命感、凝聚力和自信心的锤炼和共鸣。

（四川发布）

《“5·12”汶川特大地震10周年特别报道》二维码

成都市广播电视台

一 | 成都市广播电视台新媒体工作综述

2018年，成都市广播电视台全面贯彻落实中央《关于推动传统媒体和新兴媒体融合发展的指导意见》，深入学习贯彻习近平总书记在全国宣传思想工作会议上的重要讲话精神，坚持“移动优先”，全力实施媒体融合发展战略，推动全台战略转型升级。

全台把推动媒体融合发展作为一场不容回避的“自我革命”，列为“一把手”工程，立足既有的“党媒基因、内容特长、技术优势、渠道资源、产业基础”，遵循“系统规划、全面布局、错位发展、突出重点”原则，经过反复深入研究，在全台三级层面已有73个“两微一端”平台的基础上，重新细化制定了《成都市广播电视台推动媒体融合发展三年行动计划》。

《三年行动计划》立足突出“移动优先”和“视频化”特色，立足构建立体、联动的融合传播格局，立足打通从“信息首发”到“网稿分发”、从“舆情收集”到“舆论引导”的一体化、全链条功能，提出了“一个总体目标”，即：利用3年时间，建设总用户规模上亿级的全国标杆级新媒体阵地，打造全国一流的新型主流视听集团，成为综合实力全国领先的融媒体产业建设主力军；明确了“四条战略路径”，即：融媒体平台建设、融媒体内容生产、融媒体技术服务、网络视听产业发展；规划了“十二个重点建设项目”，即：“神鸟资讯”时政融媒体矩阵、“看度”融媒体新闻直播矩阵、“西望成都”海外传播融媒体矩阵、“云上新视听”短视频内容工厂、“听堂FM”音频内容聚合平台、“食不可挡”美食服务融媒体矩阵、“橙视传媒”融媒体技术服务平台、“天府TV”全媒体集成分发平台、“天府TV”网络音像（视听）审核播控平台、“天府TV”数字版权综合服务平台、中国成都·青松谷网络视听小镇等。此外，《三年行动计划》还设计了“五项改革措施”，即：优化顶层设计、重构生产流程、创新考核体系、强化技术研发、拓展融资渠道；配套落实了“三大保障机制”，即：组织保障、人才保障、资金保障，确保系统构建“一体化、智能化”的全媒体传播体系和全产业生态链。

（一）在内容生产平台方面，明晰了“神鸟资讯”客户端和“看度”客户端的目标定位和差异化竞争

一是坚持内容为王。借鉴“侠客岛”模式，把“神鸟资讯”客户端打造成具有全国影响力的高端时政类社交化党媒。按照“集成、深化，提升、渲染”的宣传工作要求，将“神鸟资讯”客户端从拼海量向拼质量转变，从聚流量向聚人心跨越，主打时政特稿和言论评论，着力在品质上追求专业权威和深度解读，充分发挥新闻综合频道独特的信息资源优势，做强、做优、做精中心工作报道。已面向全国，布局了“北京新闻中心”，打通了国家各部委采访通道，并强化与央视《新闻联播》的联动合作，全面构建上宣、外宣联动机制，力争勇立话语潮头，成为内容型的党媒旗手。二是专注新闻直播。对标“澎湃”，把“看度”客户端打造成全国首个以新闻直播为主打的24小时5G移动音视频资讯发布平台。已完成了“看度”与公共频道之间在平台、渠道、技术、队伍和信息资源方面的整合和优化，着力朝着移动化、视频化、服务化方向，以直播的时效性和互动性增强用户的黏性，在传播上注重快捷精简、在服务上注重垂直细分；已实现了全天24小时不间断地提供网络视听内容产品，按照以每日单场直播次数不少于3场、全年直播场数达到1500场的频次，力争在众多直播类新媒体客户端中尽快脱颖而出。

（二）在管理运行机制方面，明晰了全媒体内容生产组织架构，推动采编人员加快向“两微一端”转移

一是实施“台网端微”统筹指挥。在台级层面，为切实发挥“中央厨房”在媒体融合传播中的“大脑和枢纽”作用，已全面升级改造“融媒体大数据生产调度中心”，构建传统广播电视和新媒体叠加融合的立体传播分发矩阵，并规划建设汇集全台各类新闻信息素材资源的“新闻信息池”，以期实现全台各频道频率“两微一端”新媒体对信息素材的共享共用，第一时间抓取和生产制作符合自身定位和特色需求的融媒体内容产品，使之真正成为全市重大突发事件和重大主题宣传的全天候应急生产

指挥调度中心。二是创新策采编发“扁平式”管理。在频道频率层面，已逐步构建和推行“议题策划、选题采访、分类制作、精准推送、多屏分发”的融媒体“一体化”生产全流程；正在实施“策采编发”数字化多媒体改造和内容审核管控模式的转型升级，各频道频率新组建的融媒体编委会已能做到24小时在线上移动指挥调度，同时运用“编采合一、台网合一”的节目（产品）“三审”机制，破除了传统广电媒体的“采编审”壁垒，实现全天候移动无缝对接，确保稿件先端后台、移动首发，共享融通。三是改革员工绩效考核和激励机制。在采编人员薪酬体系改革方面，我们已打破过去以频道频率端栏（节）目生产量及其收视率升降作为主要权重的考核评价方式，转而提升采编人员在新媒体端发稿所获薪酬的权重，以新媒体端的产品质量、到达率、互动率和社会效果作为加分项，重新设计了稿件考核计分体系，以及采编人员的晋级标准，大力鼓励在新媒体端的产品原创、独家和首发，促进采编人员加快转变媒体融合的思想理念和生产技能水平。

（三）在智能化建设方面，积极开发以新技术为引领的智慧运用场景，打造自主可控的新型传播平台

一是积极探索内容生产的“智能化”。电台的“听堂FM”已与科大讯飞等国内领先语音技术企业签订战略合作协议，瞄准前沿智能语音技术，将其应用到内容生产环节；同时主动接驳喜马拉雅、蜻蜓等大型互联网平台的技术和流量，为筹备中国首家移动互联网城市电台做好支撑。二是积极探索终端产品的“智能化”。经济资讯服务频道“云上新视听”正在携手国内头部的内容产业服务商“新榜”公司，在生产流程中嫁接“新榜”的大数据分析、智能标签、智能分发等技术手段，实现海量短视频的精准推送和协助选择，为共同打造全国最大的全媒体视频内容工厂做好支撑。三是积极探索技术产品运用“智能化”。橙视传媒正在积极运用自主研发的大数据分析系统、新闻智能选题系统，以及轻量级移动采稿 APP 度客、融媒E管家智能管理系统等智能化技术工具，为第一时间全网抓取新闻线索和热门话题，进行报道议题议程设置做好支撑。四是积极探索海外传播的“智能化”。我们以成都首档落地海外的电视外宣栏目《西望成都》为依托，已经建立完成“西望成都”基于YouTube、Facebook、Twitter、Instagram的自媒体矩阵，并与栏目海外合作媒体凤凰卫视欧洲台、美洲台、台湾中天亚洲台、香港卫视“手拉手”，为利用其自有的海外新媒体账号开展城市营销做好支撑。

（四）在全国全球布局方面，充分发挥我台独有的技术和资质优势，打造全国一流的融媒体产业服务商

一是加快融媒体技术输出的全国布局。依托成都市委宣传部直接领导下的“成都市市县媒体垂直融合服务中心”，我台橙视传媒科技公司正在全国范围内整合战略合作资源，积极包装推广已成全省“标杆”的“金牛模式”，承接国内更多县级融媒体中心及智慧城市建设的技术及运维服务。二是加快天府TV集成分发全球布局。利用“天府TV内容集成分发系统”已经建设形成的850个CDN分发节点、30T出口带宽基础，持续提升“跨媒介、跨渠道”的“全网全球全屏”传播覆盖能力，力争在内容量、点击量、活跃度等方面实现更大突破。三是加快音像审核播控平台全国布局。以成都为总基地和总枢纽，我台音像出版社正在积极拓展全国各地宣传部门、网信部门、新闻出版、广播电视机构及互联网内容传播平台的内容审核服务业务，已在山东枣庄设置点位，云南、陕西、贵州、重庆、上海等地也在同步推进。四是加快版权综合服务平台全国布局。汇聚网络视听内容版权及渠道资源，我台音像出版社已在全国范围内联系了数家以数字版权为切入点的线上线下文化产权交易平台、交易所，正在提供数字版权内容登记、评估、交易、维权、投融资等服务。

（五）在视听产业发展方面，以“视听小镇”规划建设为核心载体，构筑全国网络视听产业新高地

充分发挥连续多年承办中国网络视听大会集聚的优势和影响力，整合各类政策、资本、技术等资源，已与四川天府新区成都管委会签订战略合作协议，抢抓成都“三城三都”建设机遇，对标韩国首尔媒体城、英国BBC曼彻斯城特媒体城，规划建设全球一流的网络视听产业高地——“中国成都·青松谷网络视听小镇”，助力成都建设全面体现新发展理念城市。“小镇”选址天府新区科学城青松湿地，规划占地3000亩，紧靠天府大道，毗邻兴隆湖，位置优越、有山有水；定位于“国际视界创意硅谷、中国视听文化景城”，以会展为龙头，开创功能区新模式，依托优裕的行业政策和完善的产业布局，全域生态、景城互融。已初步编制了以网络视听产业和数字文创产业为纽带、网络视听科技为体验、视听文化创新为引擎，以网络视听内容生产、融媒体互娱服务、视听版权交易为核心，集创意、制作、宣发等多功能于一体的产业规划方案。其前景引人期待。

二 | 成都广播电视台新媒体工作案例

2018年，我台整合全台资源，推动新媒体客户端“看度”启动全新升级，目前“看度”以每分钟一条的内容生产能力，为用户提供最及时的要闻发布、最热点的民声汇聚、最权威的应急引导、最贴心的公共服务。“看度”客户端已累计下载275万次，注册用户110万，日均访问20万，成为中心工作宣传和突发事件舆论引导的重要网络阵地，我们将力争在未来三到五年时间内，将“看度”打造成用户超千万的全国领先新型主流移动媒体平台。

（成都市广播电视台）

多彩贵州网

一 | 多彩贵州网新媒体工作综述

（一）工作措施及主要成绩

1. 打牢基础，网站“四力”强劲勃发

多彩贵州网在“中央厨房”的统筹调度下，全网原创力、传播力、影响力、公信力得到显著提升。多彩贵州网PC端PV点击率达7190万余次，同比增长55%，原创栏目“多彩播报”PV量501万，同比增长159%；多彩贵州网官方微博粉丝数达到598万，阅读数达1.6亿人次，同比增长83%；多彩贵州网官方微信关注用户突破100万人，阅读数达4200万人次，同比增长152%；众望客户端下载数突破40万，同比增长95%。23篇原创稿件被中央网信办全网推送，多彩贵州网获“中国新媒体最具影响力50强”“全国政务新媒体（发布）最具影响力品牌50强”荣誉称号、名列中国新闻网站传播力榜第十五名。

2. 流程再造，催生内容生产新动能

2018年，多彩贵州网配合机构重组和流程再造建立了整套内容生产机制。《多彩贵州网新闻作品评优办法》《多彩贵州网内容中心编辑差错扣罚制度》《多彩贵州网侵权行为管理办法（修改稿）》《多彩贵州网审读阅评制度》等十余项制度的修订与建立，规范了新闻采编发布的标准；各端屏首页、首屏的集中管理调配，既激发了采编人员策划报道、提升内容生产效率与质量的主观能动性，又极大提高了多彩贵州网准确把握新闻“时度效”的工作水平。

3. 技术提速，全媒体发布平台全面升级

2018年，伴随人工智能、VR、AR等技术的持续进步，顺应新时代下新媒体领域巨大的发展，多彩贵州网自主研发完成了视频管理平台、科普中国2018年百万公众网络学习工程系统、2018年高考网博会系统等10余个业务综合系统、移动直播和通讯员APP等6个应用程序APP、“多彩贵州网在线投票系统软件”、“多彩贵州云客户端软件”等10项计算机软件著作权的申请、完成直播技术支撑61场。此外，通过紧锣密鼓的研发，多彩贵州网顺利完成宣传文化云融合数据中心、宣传文化云融合管理平台和多彩贵州云APP的项目研发工作及30余个已有数据平台资源联通整合，实现了新闻推送、内容管控和舆情跟踪处置一体化，逐步实现省直宣传文化系统数据整合、协同、开放、共享。

4. 队伍建强，提升采编人员“四力”素质

2018年以来，多彩贵州网为采编队伍策划多场交流培训，培训内容覆盖“数博会报道经验讨论”“如何写好新闻报道”“规避侵权”“搭建专题”等主题内容，协助采编人员了解并掌握多项业务技能和新闻法规知识。除此之外，为不断加强采编队伍的思想政治建设、提高业务素质和品德修养，多彩贵州网策划组织“忠诚、敬业、守正、创新”主题学习教育，要求公司采编人员通过学习教育、自查阶段、谈心阶段、整改阶段等阶段，切实解决思想、道德、素质、责任等问题，不断增强脚力、眼力、脑力、笔力，努力打造一支政治过硬、本领高强、求实创新、能打胜仗的宣传思想工作队伍。

（二）工作特色及亮点

1. 聚焦主责主业，守好网络意识形态主阵地

多彩贵州网恪守“党网姓党”，巩固和壮大主流思想舆论。一是深入宣传习近平新时代中国特色社会主义思想、党的十九大精神和习近平总书记在贵州省代表团重要讲话精神，开辟“网上讲习所”专栏，策划推出了“在习近平新时代中国特色社会主义思想指引下——新时代新气象新作为”“牢记嘱托·感恩奋进”“领航新征程——学习贯彻党的十九大精神”“脱贫攻坚‘春风行动’”“壮阔东方潮　奋进新时代”等多个专题，推动学习宣传贯彻工作不断往深里走、往实里走、往心里走。二是精心策划，扎实开展重大主题、重大会议、重大活动、重大典型宣传报道工作。2018年全国两会，共刊发相关报道1202篇；进行图文、视频、微博直播14场；推出10个网刊报道、融媒体报道12期，高清组图及图刊12期；官方微博开设的全国两会话题阅读数超

1000万，系列短视频阅读超300万，微端系列H5作品阅读超300万，各个端、屏全国两会相关报道和策划累计浏览量达4000万；两篇新闻作品获中宣部点赞、八篇报道获中央网信办推送。在省两会宣传报道中，共发稿934篇，其中原创报道252篇，阅读数超过2000万次，被省委宣传部授予新闻宣传工作先进集体荣誉称号；省十三届人大一次会议期间，推出的H5融媒体产品——“穿民族盛装，我为贵州代言”，活动上线仅6天时间，拍照“为贵州代言”的网友就超过240万，H5网页浏览次数累计突破430万。三是强化外宣，承办了“新时代 新梦想”网络媒体新春走基层活动、“美丽中国长江行——共舞长江经济带·生态发展看贵州”网络主题活动，推出大量精彩报道，稿件在PC端和移动端浏览量过亿。

2. 打好舆论主动战，网评工作进入新局面

2018年，多彩贵州网始终把“成风化人、凝心聚力”当作光荣使命，积极承担引导本地网上舆论、推进意识形态工作的重任。各端屏发布网络评论19908篇，其中原创评论7594篇。“黔哨”“爱说”两大栏目改版，整体评论系统性、个性化显著增强。重要报道节点策划推出漫评、音频评论、系列评论等多元化形式网评，积极探索采用更清新、更活泼、更多变的语言风格。同时多彩贵州网承办了“贵州省网络文化素养培训基地”，作为贵州省网信办“千人计划”的具体执行机构，为贵州省网军建设提供了重要平台，网评基地培训工作已开展4场，并探索建立了网络文化教育培训基地培训流程。

3. 源头发力开拓创新，视频生产力大幅提升

在音视频占主流的新时代下，多彩贵州网不断创新、主动出击，视频生产力焕发新机。共完成各类直播160场，制作中央扶贫广告（贵州）8部，宣传片、广告片、微电影20余部，微视频1067条，音频节目300余期。在重大宣传报道中，启用了全新视频演播厅，实现演播厅连线直播报道，利用虚拟演播厅制作相关深度报道节目，成为贵州省内唯一一家运用这类新技术进行报道的媒体。同时，多彩贵州网围绕贵州大扶贫、大数据、大生态三大战略行动、改革开放40年等重大主题，积极策划拍摄制作系列微视频，充分展示党中央和省委坚决打赢脱贫攻坚战的信心决心，做好40年来贵州人民始终艰苦奋斗、顽强拼搏的精神，生动记录我省改革开放的奋斗历程、伟大成就。

4. 把好舆论监控关口，争取舆论斗争主动权

多彩贵州网是中宣部舆情局网络舆情直报点，按照“围绕大局、关注大事、把握大势”的要求，积极开展网上舆情监测工作：2018年，多彩贵州网舆情服务部共向

中宣部报送舆情信息1424条，向省委宣部报送舆情信息1183条；同时，舆情部还向业务单位报送舆情监测日报788期共6403篇，共发现涉业务单位敏感舆情5530条，并根据业务单位需求设立专项监测98个，实时通报相关情况；积极结合我省的重大宣传活动开展舆情专项监测，撰写相关舆情专报：《舆论高度关注谌贻琴当选贵州省省长》《“数”精彩　看贵州　2018数博会告诉世界未来正在走进》《以生态为名　谋全球发展　贵州生态文明建设成效获社会点赞》等均获得省委宣传部好评。2018年5月23日，省委宣传部特别授予多彩贵州网有限责任公司“2017年度舆情信息工作先进单位”荣誉称号。

5. 组织7项大型活动，增进网上网下交流互动

2018年上半年，多彩贵州网组织了“2018尼泊尔——多彩贵州文化创意周”“2017年度贵州全面深化改革优秀案例评选”“2018百万公众网络学习工程活动”“2018年贵州高考网博会”“‘新时代　新梦想’网络媒体新春走基层活动”“美丽中国长江行——共舞长江经济带·生态发展看贵州”“‘多彩贵州宣传文化云’上线仪式”7次大型活动，多形式、多渠道、聚合地向国内外广泛传播贵州好声音，展示贵州经济社会发展的强劲态势、向好趋势，提升了公司的知名度与良好形象。

其中，“2018尼泊尔——多彩贵州文化创意周”活动全面深入地展示了贵州优秀传统文化、当代文化创新成果、充满活力与自信的当代贵州形象以及中国文化的独特魅力，尼泊尔副总统、中国驻尼泊尔大使等领导出席活动。此外，新华社、中新社、尼泊尔当地报纸等国内外媒体的关注和报道，真正将多彩贵州的名片“带出去”。

“新时代　新梦想”网络媒体新春走基层活动和“美丽中国长江行——共舞长江经济带·生态发展看贵州”网络主题活动，邀请40余家中央新闻媒体和全国各省市地方重点新闻网站的百余名记者走进贵州，足迹遍及贵阳、安顺、毕节、铜仁、遵义、贵安新区等地，采访团队推出了大量精彩的报道，稿件在PC端和移动端的浏览量过亿。

“多彩贵州宣传文化云”上线仪式邀请到中央网络安全和信息化领导小组办公室副主任、国家互联网信息办公室副主任杨小伟和省委常委、宣传部部长慕德贵，省政府副省长卢雍政出席。全国50余家媒体对活动进行了报道，截至6月30日，通过百度词条搜索“多彩贵州宣传文化云”“宣传文化云”等关键词共有相关信息2000余万条。

6. 重视版权意识，拓展内容信息共享“朋友圈”

2018年，多彩贵州网积极应对网站内容建设中版权问题。对内，定期发布版权索

赔黑名单，统筹组织全网各端屏自查自删相关内容，编写印发《防止侵权指南》，建立完善《多彩贵州网侵权行为管理办法》，组织培训采编人员提高版权意识。对外，积极外联拓展，与国家网信办公布的可供网站转载新闻的新闻单位进行合作洽谈，与50余家“白名单”网站签署内容互换合作协议，扩大了本网可转载新闻来源范围。

7. 深入对接高校，推动“校媒联动”

多彩贵州网积极与省内各大高校开展深入对接，与贵州大学、贵州医科大学等10余所院校初步达成人才、信息、技术等方面合作意向，与贵州民族大学、贵州师范学院等院校正式签署“校媒联动”合作协议，充分利用高校及媒体的资源优势，在教学、舆论宣传、人才培养、信息服务与开发、科学研究与成果转化、管理咨询与文化产业发展等方面开展多渠道、深层次的合作，建立一个长期的“共同建设、共同使用”合作交流平台，促进双方共同发展。同时，多彩贵州网制定“校园记者站”“师资互换”等协议落地方案，不断加快“校媒联动”合作进程。

8. 多平台齐头并进，各项事业全面开花

截至2018年10月，多彩贵州网负责运维的多个网群平台，齐头并进，各项事业全面开花。贵州文明网各端屏发稿2万余篇，其中被中国文明网PC端、“文明中国”微信公众号采用共计140余篇。贵州省人民政府网站发布稿件23178篇。孔学堂英文网站完成搭建，进一步强化了孔学堂的宣传手段和渠道，整体提升了本网全球传播的发展态势，向全球展现中国优秀的传统文化宝藏及贵州精神文明建设成果。贵州省直机关党建网自2017年8月1日改版至今，共计编发稿件5730篇，PV访问量超百万次。贵新发布网站及客户端平台完成51场直播的专题和稿件综合支持。贵州·国家生态文明试验区网发布稿件5100余条新闻。

二 | 多彩贵州网新媒体工作案例

多彩贵州网积极响应贵州省全面推动传统媒体和新兴媒体融合发展的战略部署，落实贵州省委坚定不移推进大数据战略，联合全省宣传文化系统单位，对接资源，举全省之力，共同打造“多彩贵州宣传文化云”。“多彩贵州宣传文化云”横向联通12家省直宣传文化单位数据系统，纵向接入9个市（州）、贵安新区以及88个县级融媒体中心的数据应用，实现了省、市、县三级宣传思想文化数据的“聚通用”，成为贵州宣传思想文化系统最大的“中央厨房”。

（一）强化顶层设计，构建媒体融合新格局

为不断适应新闻舆论发展新态势，推进传统媒体和新兴媒体融合发展，打造新型主流媒体，提升和促进我省主流媒体的核心竞争力、传播力与影响力，2018年3月，贵州省委宣传部牵头作为云长单位，在整合全省宣传思想文化系统平台和大数据资源的基础上，以“行政聚合，企业运作”为原则，启动建设覆盖全省、统一平台、统一架构、统一资源、统一接入、统筹利用的宣传思想文化数据共享大平台，打造全国首个联通全省各级宣传文化系统的跨地域、跨层级、跨部门、跨业务的大数据平台项目——“多彩贵州宣传文化云”。同时成立了以贵州省委常委、省委宣传部长慕德贵为组长的项目建设工作领导小组，全省省级宣传文化系统内单位均作为项目共建单位，统筹资源、因地制宜推动媒体融合发展，初步建立起共建共享、协同合作、资源互通、优势互补的协调配合机制和应用体系。2018年5月26日，“多彩贵州宣传文化云”正式上线运行，成为全国省级层面第一朵覆盖整个宣传文化系统的云平台。

在建设过程中，贵州省委宣传部高度重视项目建设，认真抓好省级顶层设计，去年7月、10月连续召开全省媒体融合推进会议和全省县级媒体融合发展大会，相继出台《关于打造贵州省现象级新型主流媒体的实施意见》和《关于加强县级融媒体中心建设的实施意见》，明确以“多彩贵州宣传文化云”为省级统一技术平台，推进全省新闻媒体实现深度融合、整体转型。2018年8月、11月，省委常委、省委宣传部长慕德贵部长两次主持召开“多彩贵州宣传文化云”平台建设工作推进会，听取平台建设情况汇报，从加强顶层设计与路径规划，强化组织领导，健全工作机制，提供政策支持，给予资金保障等方面进行统一安排部署，全面推进项目建设向纵深发展，现已形成了快速推进、重点突破、整体联动、三级共进的良好态势。

慕德贵部长多次强调，并将项目建设归纳为：“多彩贵州宣传文化云”是贯彻落实习近平网络强国战略思想的具体实践，是积极响应省委省政府“大数据”战略行动和落实《关于进一步推动媒体深度融合发展的总体方案》的重要抓手，是贵州省宣传文化系统与大数据、互联网融合发展进程中的一件大事。要进一步深化认识，加快形成全省宣传文化系统资源共建共享局面，推动媒体融合发展；要进一步明确目标和功能，力争在贵州打造西部一流、全国知名的互联网新型主流媒体，培育出2至3个现象级融媒体产品；要进一步整合资源，汇聚力量，各展所长，实现尽快迁云、应融尽融，率先规范相关技术标准，实际解决平台建设过程中的基础性难题；要努力实现社会效应与经济效益的有机统一，进一步厘清平台定位与基础架构，明确利益联结机制，以社会效益为核心，继续推动平台“聚、通、用”建设，尽快实现平台的统筹应

用与有效服务。

（二）加强统筹规划，构建融媒体省级平台

“多彩贵州宣传文化云”主要由基础设施层、平台层、应用层和指挥中心构成。其中基础设施包括机房、网络、云计算、云存储。平台层包括数据开放平台、协同指挥平台和版权交易平台，在平台层的基础上建设指挥中心。

1. 基础设施层

基础设施包括机房、网络、云计算、云存储等都成，该部分基础设施依托云上贵州公司、电信运营商、腾讯、华为等在黔计算中心的基础设施平台。

2. 平台层

（1）数据开放平台。“多彩贵州宣传文化云”数据开放平台，梳理全省宣传文化系统数据目录，向全省宣传文化系统单位及公众开放数据与提供服务。数据开放平台是“多彩贵州宣传文化云”数据汇聚后的成果展示与数据运用平台。“多彩贵州宣传文化云”汇聚、存储全省宣传文化系统数据，在法律规定与允许的范围内共享与开放已汇聚数据。开放的数据类型包含基础数据与加工数据，基础数据有社教、新闻、宣教、文明、文艺、文产、外宣、影音等，加工数据通常为数据汇聚后的分析类数据。开放数据的展现方式包括已梳理的规范数据、数据集、API接口等形式。

（2）协同指挥平台。协同指挥平台实现统分结合、上下联动、纵横协管的宣传文化系统省市县三级协同管理要求，大屏系统实现可视化数据实时调度展示以负责决策要求。

（3）版权交易平台。通过版权交易平台实现三大功能。一是快速出证，对上传的内容作品进行人工智能判别后自动生成相应的证书；二是版权交易，省内各新闻出版单位通过使用交易平台获取授权，获得授权后即可正规化、合法化使用授权；三是数据追踪，建立内容产品使用情况及后期交易结算版税服务，对每一次交易或授权记录进行存证，然后通过大数据实时计算或大数据离线计算等技术生成相应的报表。

3. 应用层

应用层面向全省宣传文化单位及公众提供统一应用服务，针对全省宣传文化系统单位，主要提供服务为：一体化采编应用、大数据应用、新闻内容服务、文化资源服务、版权服务、业务支撑应用、数据智能应用、安全服务、管理服务等内容。全省宣传文化单位无须建设复杂烦琐的应用系统，可通过“多彩贵州宣传文化云”提供的应用与服务迅速打通横向和纵向数据。

4. 指挥中心

“多彩贵州宣传文化云”指挥中心由指挥系统、可视化系统和大屏系统等相关硬件组成。指挥中心用于综合展现全省宣传文化系统数据，主要实现对“多彩贵州宣传文化云”的接入与共享实时数据、全省互联网信息传播数据、指令任务执行数据、涉黔舆情数据等信息集中呈现。为省委宣传部实现对全省宣传文化系统单位的资源高效调度与协同指挥提供辅助决策作用。

目前，“多彩贵州宣传文化云”在全省的建设工作进展顺利。已经完成了技术支撑平台的搭建；建立了数据资源目录、数据采集和管理标准；搭建了数据汇集中心、数据治理中心、数据融合分析中心等底层系统；开发完成了媒体传播洞察监测系统和基于人工智能的“数据大脑”等应用系统；完成了多数市州的宣传文化云系统和县级融媒体中心的深度对接；基本完成省级平台及市州节点整体建设工作，协同指挥平台、宣传文化云门户、宣传文化云指挥中心、县级融媒体中心省级平台已基本完成建设工作，数据交换平台已完成部署工作且已汇聚全省各级融媒体中心及各级媒体发布的内容数据近百万条，初步形成了全省内容数据的共享交换中心支撑项目各系统的数据应用和各媒体单位数据共享诉求。

目前，省直单位宣传文化系统应用接入12家单位，21个应用，实现省直宣传文化单位100%接入，汇聚数据总量为655334条。全省各市州均通过“多彩贵州宣传文化云”技术平台进行数据推送接入，实现全省市州全覆盖，汇聚数据总量为633021条。接入全省88家区县县级融媒体中心数据，实现全省县级溶媒中心数据100%接入，汇聚数据总量为88024条。

（三）提升能力建设，打造对外传播新境界

在各级宣传文化系统单位的支持下，“多彩贵州宣传文化云”正在建设成以数据的聚合、融通、应用为主线，覆盖全省、统一平台、统一架构、统一资源、统一接入、统筹利用的宣传思想文化数据共享大平台，打造覆盖全省各级宣传文化系统的跨地域、跨层级、跨部门、跨业务的大数据平台。

新闻生产方面。“多彩贵州宣传文化云”是全省宣传思想文化系统最大的“中央厨房”，针对内容的策划、采集、编辑、分发、监测等各个环节，重构和改造采编流程，提升新闻产品生产能力、聚合能力和传播能力，实现报纸、电视、电台、互联网、“两微一端”等多种传播媒体的信息共享，汇聚各媒体记者、编辑、各单位通讯员以及PGC（专业/专家生产内容）、UGC（用户生产内容）等多样化内容生产，实现

一个内容多种创意、一个创意多次开发、一次开发多种产品、一种产品多个形态，推动内容资源的跨平台、跨组织传播。还将建立快速新闻和舆情响应机制，支持新闻推送一体化，内容管控一体化，舆情跟踪处置一体化，使用科学手段监测网络舆情、管理网评队伍，建设舆情应急响应框架，开发快捷的宣传任务发布、反馈及评价平台，使用短信通知、客户端推送等手段及时通知新闻及舆情处置相关人员，缩短新闻舆情响应周期，提升新闻舆论工作效率。

数据整合方面。省级宣传文化单位将应用系统迁移到多彩贵州宣传文化云平台上或直接使用多彩贵州宣传文化云技术应用服务，依托平台提供的资源和服务，将集成媒资存储库，为全省各媒体提供海量数据存储，提供宣传大数据素材支持，各媒体可在多彩贵州宣传文化云上直接生产内容，通过自己的发布端进行发布。这样做的好处在于在业务工作中就实现了数据的聚合，同时保证了数据聚合数据的标准化，为下一步数据的融通和应用打下坚实基础，真正做到新闻媒体数据的共建共享。

县级融媒体中心建设方面。2018年7月，贵州省委省政府两办印发《关于进一步推动媒体深度融合发展的总体方案》中，提出了贵州县级融媒体中心建设的进度表，要求“全省宣传思想文化系统平台接入多彩贵州宣传文化云，新闻资源共建共享率达到100%；县市融媒体中心建设试点先行、全面推进，2019年3月底前建成率达到100%”。为确保这一任务如期完成，一方面制定了全省县市融媒体中心系统平台的建设的省级标准，加快建成县级融媒体中心省级平台；另一方面通过技术下沉、人才下沉、数据下沉的方式，帮助各县市融媒体中心做好对标工作，加快推进系统平台的建设，满足进行内容生产的策、采、编、审、发流程需要，提供海量媒体资源，促进新闻内容生产效率和提升新闻内容质量，打造县市一级主流声音的传播平台。

技术应用方面。“多彩贵州宣传文化云”省级平台技术研发团队及核心技术全部由多彩贵州网提供。启动建设伊始，就按照统一建设、统一调度、共建共享的模式采用成熟的大数据技术进行搭建，通过自主研发，以提供平台级的存储计算服务能力为核心，在技术融合、业务融合、数据融合等多个方面架构拥有独立知识产权的平台及系统，合理集成多种技术手段支持大数据聚合平台的建设，相继建成多个平台及应用。其他共建单位也基于业务需求，各自发挥自身技术优势，共同形成了一个共建互补的庞大技术研发团队，为提升我省媒体深度融合能力提供了坚实的技术支撑。

传播效果方面。依托“多彩贵州宣传文化云”平台、全省各新闻媒体新媒体传播矩阵，其影响力、传播力均呈现与日俱增的趋势。无论是《贵州日报》今贵州APP下载量突破百万、多彩贵州网各端屏浏览量突破亿级、用户超千万的省级新媒体传播力，还是点击量破千万的“智慧黔南”APP、粉丝量突破30万的黔东南广电微信矩阵等市州级媒体，通过聚合全省媒体的数据资源，一个上接中央媒体、下通县市融媒体中心的千万级主流移动新媒体平台正初步形成。项目的建设，通过互联网、大数据等信息化技术，为我省建设具有强大凝聚力和引领力的社会主义意识形态、提高新闻舆论传播力引导力影响力公信力、培育和践行社会主义核心价值观、建设多彩贵州民族特色文化强省、推广贵州新形象、加强宣传思想文化战线党的建设等工作提供有力保障。

（多彩贵州网）

云南日报报业集团

一 | 云南日报报业集团新媒体工作综述

2018年以来，云南日报报业集团认真学习贯彻落实习近平总书记关于媒体融合的系列重要指示精神，特别是“1 · 25”重要讲话精神，聚焦时政新闻主产品，以问题为导向，围绕丰富报道内容、拓宽报道途径、创新报道表达、引导舆论导向、提升传播效果等方面进行了一系列探索，取得了一定成效。具体有以下几个方面：

（一）让时政宣传入脑入心

长期以来，会议报道、领导活动、政策发布占据了省级党报新闻报道的大量篇幅，这些内容通常都有很强的政治性、程序性和官方色彩，以致呈现出的大多是一些僵硬、冗长的稿件，让阅读者看起来费劲、不愿多读。

云报党政新闻客户端积极探索，对此类稿件进行二次包装。对单一的会议新闻报道做加法，对过于冗长的时政报道做减法，形成一批有新媒体特色的时政稿件，但单一的稿件如何在传播浪潮中不被快速遗忘？为此云报党政新闻客户端策划上线了一批具有党政新闻特色的报道栏目。让此类时政新媒体稿件抱团取暖，形成宣传阵势。曾多次受到省委主要领导表扬的“云报观察”是客户端招牌栏目。每期“云报观察”选取省内重大新闻事件、重要会议等题材，通过新媒体语言对传统的报道题材进行重构。该栏目充分利用集团平台优势和资源，聚焦时政热点和舆论焦点，同时美编对内容进行二次包装，从而使“云报观察”栏目稿件既有深度，又有力度，还有温度。

经过一年的摸索，逐步形成以云报党政客户端为核心、两微为辐射点、10余个新闻品牌产品组成的传播矩阵，先后后推出了“云报观察”“云报头条”“云报图解”“云报图画”“云报漫谈”“雲知道”“乐活云南”“早安云南”等一批具有生命力的全新栏目。新闻策划、品牌打造、整合传播能力不断提升，原创内容占发布内容的三分之二以上，新闻产品品牌效应不断扩大。

（二）让时政宣传更具生命力、传播力

在日常操作中，针对一些“高大上”的时政选题，想方设法找到与用户相连接的共鸣点，再配以新颖的呈现手法和话语方式以及具有“科技感”的可视化处理，增强交互体验，努力把产品做得更加贴近用户。过去一年，云报党政新闻客户端多次大胆尝试，取得了较好的传播效果。

1．打出感情牌。一个硬邦邦的题材如何做得温暖感人？云报新媒体小编紧紧抓住一个“情”字，“跟你讲政治，不如和你谈感情！”，只要感情足以动人，就能撬开用户心扉。巧用心思，找到宣传核心重点和受众情感的链接点，以小见大、用情感人，用故事代替材料，用情感交流代替核心观点抒发，让政治宣传贯穿在润物细无声的读者阅读中得以贯穿。

2．抓住用户情怀。爱国情怀、文艺情怀、念旧情怀……这个时代特别需要情怀。我们也看到，在不少商业广告中，植入情怀，广告立马就变得柔软动人，甚至会成为爆款，引发舆论热点。同样的，在一项重要时政报道中介入情怀，报道立马变得具体传播力和感染力了。

（三）拓展舆论领地，扩大党媒影响力

云报党政新闻客户端上线以来，联合云南省委高校工委先后举办了“厚植爱国情怀，坚定理想信念”“中国梦　青年梦”“新时代　新气象　新作为”“学习新思想　奋进新时代”党的十九大精神进高校在线答题活动等多次知识竞赛，让青年学子通过参与答题增长才识，激发青年学生关心时事政治的热情，促进广大青年学子将个人的理想信念同国家的前途命运紧密联系在一起，将个人的成长同云南的跨越发展紧密联系在一起，成功探索出在新时期如何做好思想政治教育工作的有效途径。通过多次组织线上知识竞赛的云报党政新闻客户端争取到不少大学生用户群体，拉新拉活用户同时培养出大批青年学子为忠实用户，成为云南省党政宣传和年轻受众群体的重要链接平台。

活动以云报党政新闻客户端为答题平台，全省70多所高校青年学子同台竞技，增长才识，历练本领。以此传承中华优秀传统文化，弘扬社会主义核心价值观。

二丨云南日报新媒体工作案例

云南是全国脱贫攻坚主战场之一，融媒体报道产品《西畴精神，写在石漠上的壮美史诗》聚焦脱贫攻坚一线，围绕一个“情”字，多角度、多形态地呈现出云南省文山州西畴县脱贫攻坚的感人故事。作品主题鲜明，有高度、有深度、有温度，充分体现了主流媒体的正向价值引导。该作品精益求精，前期采访和后期制作周期仅2个月。在云南日报见报特稿的基础上，融媒体产品进一步拓展整理西畴县自然、人文、地理等各个方面的素材，把文字、图片、动态图示、视频、音频融为一体，可视化信息流顺畅、信息层次丰富，融入了强烈的感情色彩，体现出了较强的交互性、沉浸性和体验的友好性。后台数据显示，该产品点击量超过10万+，用户平均浏览时长达3分30秒，收到了非常好的传播效果。

逐层递进的阅读体验。为了增强产品的吸引力和可读性，产品第一章节以“绝境”为题，借鉴了国家自然地理科普式的叙述表达方式，结合动态示意图、照片、图示、文字、音乐，形成了较强的吸引力，在激发用户阅读欲望的同时，使其身临其境体会到西畴县自然条件的恶劣。随后三个章节分别围绕“造地”“凿路”“新生”三个关键词，逐步递进，从三个不同角度和层面，对西畴精神进行全方位剖析、深层次展示。同时，整个产品融入了强烈的感情色彩，能够加深用户对脱贫攻坚战场上“西畴精神”的理解认识，增强钦佩感、认同感，鼓舞人心、发人深思，潜移默化中达到宣传、学习、传播西畴精神的目的。

较高水准的技术呈现。在制作中，设计人员将4个章节内容统一打包到一个页面内，用户只需载入一次页面资源即可。不但节约了计算资源，还能让用户的互动感更强。制作过程中，设计人员编写了40多个控制函数，JS代码近2000行，突破了多个技术瓶颈。

追求极致的细节表达。在文案的编排上，反复打磨、精益求精；在图片和视频的选择上，精挑细选、优中选优，从数以千计的材料中选取了最适合的素材进行加工制作。在页面的制作中，编辑和设计人员密切沟通，通过代码编写、可视化设计等手段，使细节呈现更加细腻、精致。读者反馈，细致入微的表达呈现能够带来强烈的情感共鸣，提升整个产品的质感。《西畴精神，写在石漠上的壮美史诗》发布后，在全省范围内引发强烈反响，得到省委、省政府、省扶贫办、文山州等有关领导的表扬和肯定，文山州专门下发通知要求在全州范围内开展学习。

（云南日报报业集团）

西藏日报社

一｜西藏日报社新媒体工作综述

西藏日报新媒体中心2014年年底成立，起先主要运维“西藏日报”微信号，没有独立的办公平台，只有两名人员。近年来西藏日报新媒体队伍不断壮大，目前共有在职人员27人，2018年入驻崭新的办公平台，发展出“两微一端一抖”媒体矩阵。西藏日报社新媒体中心全体人员牢记党的新闻舆论工作职责和使命，围绕新闻宣传中心工作，强化互联网思维，在人少工作量大的情况下，积极探索西藏特殊区情下的媒体融合发展道路，不断提高我区新媒体平台宣传工作水平和舆论引导能力。目前，初步实现了新闻网络实时播报，采用VR、直播、短视频、音频等报道手段，真实还原新闻现场，让新闻用户一目了然。同时，充分利用新媒体的人才力量，发挥本部门编辑记者的策划、播音主持、采编、摄像、剪辑等技能，创作出更多更好的新媒体产品。

由西藏日报客户端、全媒体“中央厨房”、藏汉文媒体和新媒体工作平台、多功能音视频演播室四个建设内容组成的西藏日报社媒体融合首期项目投入运行。该项目的实施启动，实现了自治区党政新闻客户端零突破，2018年是“西藏日报”藏汉双语客户端发力提升的关键年，在原有直播、图集、视频等15个频道基础上，新开设了读西藏音频频道、10秒西藏短视频频道，创立了青稞视频品牌、青稞电台音频品牌，全年发稿3万多条。

全媒体“中央厨房”彻底改变报社传统采编流程，实现稿件“一次采集、多种生成、多元传播”，确保数据科学分类、有效管理、互通共享、安全存储。

多功能音视频演播室是以先进技术为支撑，运用最新技术对音视频素材进行采集、编辑、加工制作，充分实现虚拟现实、3D、H5等技术，其功能作用与电台、电视台无任何交叉，总面积近300平方米的演播室，包括一个高端访谈区、配音室、导播间、访谈室和视频剪辑室。

为有力促进西藏日报社媒体融合进程。新媒体中心积极探索新媒体传播规律，一个部门支撑起“策采编发赈”各个环节，2018年在人员紧缺的情况下成立策划组，着力打造原创新媒体产品，产品形式涵盖直播、VR、H5、短视频、音频、专访、图集等，从可视化新闻到深度解读，2018年共制作发布近200篇原创产品。

在西藏“两会”期间，推出了多篇H5产品，其中《H5 | 春天的来信！》《H5 | 我看到了幸福的模样！西藏家庭私藏照首发》内容深刻；《视频 | 快来和扎西平措等明星挑战最炫手指舞，为中国点赞！》《布达拉宫广场上的快闪！青春，冲啊！》《美人中的美人，我爱你！（我们在拉萨街头随机采访了几个人，有视频）》《高考在即，拉萨中学霸气视频流出！》《西藏孩子首届吐槽大会，老爸老妈接招吧》《泪目！西藏的爸妈：“我的孩子不在身边”》等一系列短视频，总阅读量达20万+，其中《视频 | 泪目，你有多久没说妈妈我爱你》这条稿件被人民日报客户端采用，阅读量达到100万+。

不断提高新闻舆论传播力、引导力、影响力、公信力。2018年，西藏日报微信公众号粉丝由年初8万增加到14万多，总阅读量1384万次，推送稿件2210条，其中10万+3条，5万+11条，1万+170多条，西藏日报微信公众号全年8个月排名全区政务微信公众号第一名。

西藏发布微信平台截至2018年7月，上半年阅读量392万，稳居全区政务微信公众号前三名，粉丝关注人数从2018年2月的12万人增加至13.5万多人。

西藏找工作关注粉丝大幅增加，由2.5万人增加到3.8万人，因是服务型微信公众号，用户黏性强，每条平均阅读量达到3000次以上，头条平均阅读量都在6000次以上。

西藏日报客户端增设频道，开设了《青稞电台　习近平谈治国理政》《对话——40年改革开放　40年辉煌西藏》《两会访谈　市长专员来了》《两会漫话履职》《平凡之路　致敬西藏劳动者》《西藏人物》《创青春》《卓玛星期五》等原创音视频栏目专题，针对众多主题宣传活动积极开设专题《纪念改革开放四十周年》《新时代　新作为　新篇章》《“四讲四爱”主题教育活动》等65个。

从两个人的部门到队伍不断壮大，西藏日报新媒体为了适应部门发展、员工成长，在部门内部重设机构、成立四个组分别为统筹策划组、微信编辑组、客户端编辑组、办公室，分组之后，分工明确，极大提升了工作效率，在日常办公中各组各司其职，不断提升产品质量，增强平台影响力，并为鼓励职工积极进取，充分调动组员工作积极性设置组长岗位。

设立各项规章制度，大到绩效考核办法，小到器材登记制度，这些规章制度的设立让新媒体的各项工作实现规范化、标准化。

二丨西藏日报社新媒体工作案例

视频作品《泪目，你有多久没说妈妈我爱你》被人民日报客户端采用，阅读量达到100万+，小时候母亲是我们最亲密的人，慢慢地我们长大，社会圈子不断扩大，原先母亲充当的各种角色被其他人代替，和母亲的联系越来越少，加之西藏特殊的地理环境，很多在藏干部、进藏务工人员面临常年和家人分隔两地的局面，短片以“你有多久没有说妈妈我爱你”这个问题展开话题，唤起采访对象与母亲的感情，采访对象面对镜头，流露真情，让镜头前的用户感同身受。

这篇稿件属于新媒体中心节日常规策划，在5月12日母亲节前，这篇稿件的三个主创人员，策划制作出一部关于母亲节的短片，选择采用街采这个在内地已经较为成熟，在西藏还比较新颖的采访方式，确定主题和形式，利用几天的时间随机街采，采访对象包括学生、在藏干部、进藏务工人员、游客等等，设定“你有多久没有说妈妈我爱你”为中心问题，设置给母亲打电话的环节，最后剪辑呈现出5分25秒的短片。

案例成功的原因存在以下几点：

第一，事前策划。在节日前主创人员召开策划会，讨论策划形式、内容、主题通过讨论在短时间内确定了采访方向，具体实施步骤。

第二，问题设计巧妙。“你有多久没有说妈妈我爱你”“妈妈，我爱你”是小时候我们常说的一句话，但是随着年龄的增长，我们组建自己的小家庭，为人妻、为人母，与母亲的关系渐渐疏远，在母亲节这一天，一个问题唤起“我”与母亲间的记忆。

第三，采访引导到位。在采访中记者善于引导对象，面对镜头采访对象没有紧张感，而是顺其自然流露出真情实感。

第四，简单的文案、背景音乐增强情感的渲染。在5分25秒的短片里没有过长的文字描述而是简单几句“你有多久没有说妈妈我爱你”“希望有空就回家不是一句空话”指戳人心，视频全程搭配贴近情景的音乐以及童声朗诵“游子吟”增强了感情的渲染。

（西藏日报社）

西藏广播电视台

一｜西藏广播电视台·中国西藏之声网新媒体工作综述

2018年，西藏广播电视台中国西藏之声网围绕各项重点内容开展了一系列宣传报道工作，做到了主题鲜明、亮点突出、报道及时、形式新颖，圆满完成既定任务，各项工作有序推进，现将工作汇报如下：

（一）全面打造、重点突破，新媒体矩阵优势凸显

2018年，中国西藏之声网结合当前网络宣传形势，确立了移动客户端“中国西藏之声”重点发力，藏、汉、英三个PC端网页同步推进的模式布局。2018年上半年对客户端进行全新改版，7月正式上线，新客户端采用栏目订阅模式，界面大气简洁，用户体验良好。截至2018年12月底，“中国西藏之声”移动客户端装机量突破60万次，较去年新增10万余次，全网日均点击量达50余万次。

（二）更新及时、内容丰富，日常宣传常做常新

一是围绕“在习近平新时代中国特色社会主义思想——新时代新作为新篇章”“改革开放40周年”“脱贫攻坚”“乡村振兴战略”“建设美丽新西藏”“‘四讲四爱’主题教育实践活动”“大众创业万众创新”等主题开展各项宣传报道工作，每日及时转载更新新闻稿件。截至2018年年底，中文编辑部共计转载更新发布稿件26440条，其中音视频稿件6294条。在完成好日常新闻宣传报道同时，汉语编辑部严格落实中央和自治区网信办各项指令，共计刊发各类稿件10527条。藏语编辑部转

载、编译文字稿共计11576条，配图201张，音频1967条，视频2742条。英文编辑部更新稿件11153条，编译稿件1600条，剪辑音频310条。

二是在完成好各项日常宣传报道任务的基础上，三语种（藏、汉、英）相互联动，精心策划，制作推出了《2018年春节、藏历新年》《纪念改革开放40周年》《2018全国两会》《第五届国家网络安全宣传周》《2018年西藏自治区“两会”》《3·28农奴解放纪念日》《新时代·幸福美丽新边疆》《新时代·好网民》《2018中国西藏旅游文化博览会》等22个专题。继续做好《领航新征程》《“四讲四爱”群众教育主题实践活动》《民族团结》《精准扶贫》《藏家小康路》《援藏特别报道》《建设美丽西藏》《创先争优强基础惠民生》等专题内容更新发布工作。其中，藏文网页推出的《第21届世界杯》专题是西藏媒体中唯一的藏文版世界杯专题，受到广大网民的热烈欢迎，也收到自治区宣传部相关领导和台领导的表扬。截至目前，藏、汉、英三语种专题共刊发图文、音视频稿件3864条，点击量达1383312次。专题设计新颖，内容丰富，贴近群众，做到了导向正确，重点突出，形式多样，内容丰富，取得了良好的宣传效果。

（三）提升质量、精心策划，原创稿件亮点突出

2018年，中国西藏之声网集中力量，加强原创网络稿件采、编、发工作，选派精干记者深入田间地头、农村牧区，配合自治区重大宣传活动，采制了一大批有血有肉、接地气、有灵魂、有影响力的好稿件。截至目前，共计刊发《西藏首届“中国农民丰收节”开幕》《“2018云上达孜文化旅游创意大赛”在拉萨达孜圆满落幕》《网络扶贫双语手机捐赠　助力群众脱贫致富》等藏、汉、英语原创稿件919条，点击量达662208次。其中，《神山脚下的“牦牛运输队”》《奋进中的普兰边贸市场》《身残志坚奔跑在助人路上》《嘎玛米久的创业梦》《美丽比如不再遥远》等原创稿件入编党的十九大新闻报道《砥砺奋进　雪域巨变》系列丛书，《勒乡：脱贫奔小康道路上　小小茶叶唱主角》等稿件入编自治区党委网信办汇编《新时代幸福美丽新边疆——网络媒体西藏行》丛书。藏文编辑部原创短视频《千年水磨》、消息《擦擦文化的传承与发展》在第十九届全国藏语广播电视优秀节目评析会上分获二等奖，采写的图文消息《藏戏文化的发展》获三等奖，原创论文《浅论汉藏新闻翻译过程中极易出现的错误及其产生的原因》获一等奖。

中国西藏之声网原创融媒短视频《拉孜姑娘创业记》荣获第二十八届中国新闻奖三等奖和中共中央宣传部宣传教育局、中共中央网信办网络传播局、中央广播电视

总台央视新闻等部门主办的第一届“你好，新时代！”青年创意微视频大赛最佳摄影奖，共两项大奖。这是我区首个融媒体作品获得中国新闻奖，中国西藏之声网也成为第一个获得此类殊荣的西藏互联网新媒体。

（四）巩固优势、把握趋势，音视频特色持续发力

2018年，网站推出特色栏目《V观西藏》，并策划了系列网络纪录片《西藏街头》，讲述西藏嘻哈青年的人物故事，通过耳目一新的题材、适合网络传播的形式、由点到面、见微知著，向外界展示新时期西藏社会全方位的大发展，展现新时期西藏文化的兼容并蓄、欣欣向荣，展现改革开放40年来，西藏文化持续发展、繁荣和开放，新时期在党中央与各级政府的关心关怀下，西藏青年展现的活力自信与个性追求。中国西藏之声网联合西藏自治区党委网信办继续打造品牌活动“拍遍西藏——第三届‘西藏拍客’网络影像节”，截至活动结束，共征集到来自全国各地的音视频作品2000余张（部），活动规模和参赛作品质量较上届都有显著提升。

二 | 西藏广播电视台·中国西藏之声网新媒体工作案例

“西藏拍客”网络影像节已经成功举办三届，活动规模和影响力逐年提升。该活动已成为西藏网络影像创作者交流经验、展示作品的最权威平台，也成为具有影响力的西藏品牌网络活动。2018年12月7日，拍遍西藏——第三届“西藏拍客”网络影像节颁奖典礼在拉萨圣地天堂洲际酒店西藏厅顺利举行，标志着持续8个月的影像节圆满结束。

拍遍西藏——第三届“西藏拍客”网络影像节由西藏自治区党委网信办主办、西藏广播电视台中国西藏之声网承办，活动面向广大热爱西藏的影像创作者，通过网络广泛征集涉藏优秀影像作品，并通过网民投票和专家评选的方式评选出制作精良、创意新颖的作品，以拍客的视角展现改革开放40年来，特别是党的十八大以来，在以习近平同志为核心的党中央坚强领导下，在全国人民无私援助下，在区党委团结带领下，西藏各族人民艰苦奋斗、自力更生，开创了西藏自治区社会进步、经济发展、民族团结、生态良好的和谐局面，全面展示西藏独特的民族文化和新时代我区各族干部群众的良好精神风貌，打造西藏网络文艺精品力作。

（一）参与积极、良性互动，征集评选稳步有序

影像节作品征集历时半年，收到来山东、湖北、四川、江苏等国内拍客，区内各地市拍客以及来自西藏大学、西藏民族大学等学生拍客的摄影作品2000余幅，视频作品50余部。作品网络展映和投票期间，有效投票超过18万张，在线观看影展超过32万人次，参与人数较上届活动增长了4倍。通过持续两周的展映和评选，共有21件作品分别获得最佳摄影作品、最佳创意作品、网络人气等奖项。此外，新媒体中心还向所有入围拍客颁发了“中国西藏之声网特约拍客”聘书，鼓励拍客积极向中国西藏之声网投稿，用自己的视角讲述西藏故事。

（二）科学规划、双线联动，活动宣推创新不断

拍遍西藏——第三届“西藏拍客”网络影像节启动以来，新媒体中心利用线上、线下利用不同的传播特点，采取有针对性的宣推手段，全方位提升活动影响力。线上方面，新媒体中心充分研究网络受众收视习惯，制作推出了手机端宣传片《青春来袭——西藏拍客VLOG》，各大网络平台累计点击量超过20万次。在影像节形象识别设计与LOGO设计方面，打破常规，大胆创新。为突出影像节的格局、定位、传播等特点，新媒体中心组织设计抽象版、概念版、征集版、颁奖典礼版等多版海报和宣传制品。利用HTML6等新媒体手段制作影像节官方网页，并在PC端和“西藏之声网”APP显著位置展示。线下方面，新媒体中心积极组织开展进校园活动，在拉萨师范高等专科学校举办影像节推广和学术交流活动，现场有近300名师生积极参与。协调自治区党委网信办发函七（地）市，要求其积极开展影像节宣传，并推广中国西藏之声网客户端和“西藏拍客”网络影像节品牌，认真组织征集各类优秀作品。

（三）准备充分、注重细节，颁奖典礼流畅大气

新媒体中心调动大部分人员，提前筹备、分工合作、分步实施，顺利完成了颁奖典礼活动。此次颁奖典礼包含颁奖、文艺节目表演、VCR播出等环节，台下包含现场网络直播、入场红毯、实时伴随性墙绘等诸多环节，每个环节分工明确、衔接流畅。节目内容、拍客代表发言正能量十足，整个颁奖典礼做到了零瑕疵，拍客代表多次盛赞影像节：“这就是西藏的奥斯卡奖”。新媒体中心还组织成立了10人的内容直播团队与技术中心统一步调、通力合作，依托新华网云直播平台，成功实现拍遍西藏——第三届“西藏拍客”网络影像节颁奖典礼视频、图文的网络在线直播，让广大网络受

众第一时间了解观看此次颁奖典礼的最新动态。活动还吸引了中新社、中国日报、西藏日报、最心灵等媒体参与报道，第一时间发布《拍遍西藏——第三届“西藏拍客”网络影像节圆满落幕》《第三届“西藏拍客”网络影像节呈现雪域视觉盛宴》等广播、电视、网络稿件十余条，进一步提升了影像节的影响力。

（西藏广播电视台·中国西藏之声）

陕西西部网

一丨陕西西部网新媒体工作综述

2018年，西部网短视频《修复时光》荣获第28届中国新闻奖“融媒短视频”类三等奖；西部网6件作品荣获陕西新闻奖；《穿越千年的小精灵》荣获2018年“弘扬社会主义核心价值观　共筑中国梦”主题原创网络视听征集推选活动优秀节目；西部网《蓝直播》获国家广电总局网络视听节目重点推广和扶持项目；专题《这里的故事最陕亮》、图片故事《大山里的“万能”校长》和《陕亮故事：“95后”小伙带着爷爷奶奶航拍中国》等作品上榜第三届全国“五个一百”网络正能量精品评选。

（一）以融合创新推动重大主题报道出彩出新

2018年，西部网圆满完成了《平“语”近人——习近平总书记用典》《治国理政》《新时代　新气象　新作为》《全国、陕西两会》《庆祝改革开放40周年》《陕西追赶超越》《首届中国国际进口博览会》《2018国家网络安全宣传周》《第五届世界互联网大会》《秦岭违建整治》《公祭黄帝典礼》《丝博会暨西洽会》《杨凌农高会》《舆论环境整治》《陕粤港澳经济合作周》《陕西扫黑除恶进行时》等重大主题宣传。

1. 推出微产品矩阵，打造重大主题宣传“网红”产品

10月11日，为庆祝改革开放40周年，由中央网信办移动网络管理局与陕西省网信办共同指导，人民日报社新媒体中心和西部网联合制作的短视频《陕西一分钟》和微信《这里是陕西》，在人民日报微信微博首发，通过众多微信微博转发，迅速刷屏朋

友圈，总阅读量超过千万，成为当天“网红”作品。

2018年陕西两会，西部网以高质量的报道内容采编为根本，通过深度解读、在线访谈、数据新闻、故事化等方式，让两会新闻更贴近用户。西部网、陕西头条同步推出2018年陕西两会专题《请人民阅卷》，首发稿件621篇，浏览量超过1800万次，两场开幕大会直播观看人数超过20万，其中省十三届人大一次会议开幕，1小时50分钟直播，陕西头条在线观看人次突破10万+。西部网推出11个微产品，图解新闻《2017陕西答卷》《我为蓝图添一笔》等都成为陕西朋友圈里的“网红”，《思维导图丨2018陕西两会政府工作报告》《动画两会丨陕西过去这五年》、微视频《奔跑吧！陕西》等，被广泛转发。陕西头条今年专门制作“陕西省两会电子手册”，首次被印上会议资料，为出席两会的代表委员提供信息服务。

第三届丝博会暨西洽会，西部网、陕西头条同步推出“第三届丝博会暨西洽会”专题，发布原创报道33篇，策划制作了图解、H5、全景VR、微视频等微产品，搭建丝博会访谈室，开展在线访谈11场，进行移动直播8场超过16个小时。

2. 多手段、多地域融合传播，拓展重大主题宣传影响面

为庆祝改革开放40周年，西部网、陕西头条打通PC端、移动端、微博微信、订阅号及抖音等全媒体平台，策划《40年40城40人》大型融媒体特别报道，开设“40年高光时刻”及“40年华彩历程”栏目，用图片、文字、数据、图解等梳理陕西改革开放40年大事要事，反映三秦大地沧桑巨变；走进40市县及开发区，对话主政者，专家谈解读，用无人机、微视频等点面结合，展现城市发展变化；“40人”板块中，对10位政府、企业及行业典型人物专访，把镜头对准10位改革亲历者和10位普通人，遴选10幅儿童画，以“未来陕西”为主题，反映新一代对陕西发展和美好生活的期盼。此次报道还采用网络直播、在线访谈、图片故事、无人机航拍、VR全景、微视频等手段，形成整体传播产品。

3. 打通矩阵式直播通道，增强重大主题报道互动性

“蓝直播”依托陕西网络广播电视台、西部网、陕西头条，立足陕西，采用先进直播技术打造的事件类直播平台，服务于我省主题宣传、重大活动、新闻事件、新闻发布、文化活动、群众体育等众多类型，开展正能量、特色化直播。2018年，《中国青年好网民巡回宣讲活动》《改革开放40周年陕西交通发展成就》《第八届陕粤港澳经济合作活动周》《首届进博会上的陕西》《第25届中国杨凌农业高新科技成果博览会开幕》等重大主题宣传及正能量直播600场，“蓝直播”已成为西部网内容生态一部分。

4. 助力脱贫攻坚，让重大主题宣传报道落地

2018年，西部网充分发挥网络媒体优势，首发、原创“脱贫攻坚 扶贫扶志扶智”稿件730多条，转载稿件36000多条。先后策划专题《陕西脱贫攻坚倒计时》《脱贫攻坚 陕西在行动》《陕西脱贫攻坚看产业》。依托西部网、陕西头条“专家谈”栏目，发布稿件《发挥统一战线的三个特长 促进全面脱贫早日实现》《魏延安：如何让年轻人留在农村从事农业》等稿件。“陕西脱贫攻坚热线”已收到网友的建议意见304条，259条已经回复。同时推出《陕西脱贫攻坚融媒体特刊》，以H5手机画报形式、“短平快”风格，让网友迅速了解陕西脱贫攻坚的努力与成果。

8月，由西部网联合中天集团举办的“2018小水滴助学行动”成功举行，50名贫困家庭的应届大学生每人领到了5000元的助学金。从2012年至今，已累计帮扶700名贫困大学生顺利入学。

5. 顺应国际传播态势，构建面向全球的融合传播格局

在第八届陕粤港澳经济合作活动周的宣传报道中，西部网全面打通西部网PC端、陕西头条客户端、微博微信、订阅号及“Discover Shanxi”等传播渠道，突出移动传播，推出手机专题，直播深圳推介会，整合发布全媒体内容，全面报道活动周重点会议、活动及陕粤港澳经济合作亮点。重点新闻在“Discover Shanxi”外宣平台以及Facebook各发稿46条，实时对陕西推介活动的内容进行主题发布，重点聚焦陕西对外开展经贸合作相关内容，并@国内外媒体大号，进行内容互动、转载。

同时，《发现陕西》英文频道先后拍摄了《雁园里的皮匠》《玩转面塑》《艺术狂想曲》《瓶小子》等系列短视频；清明节10余万用户通过《发现陕西》了解了黄陵祭祖盛况；策划“丝绸之路起点，我的第二故乡”组织千名留学生深入陕西各个地市，感受当地的自然风光以及风土人情，已开展16期活动，走访了陕西的11个地市，考察了40多个4A以上重点景区，覆盖800—1000名在陕外国留学生。第二届“外国人眼中的陕西”主题影像展在12月展出，征集挑选500余幅在陕外国友人反映陕西风光、文化、城市、生活、人文等的摄影作品展出。

6. “请进来走出去”，线上线下结合，彰显陕西新形象

省委网信办主办、西部网承办的“中华文明凝心铸魂之旅”2018全国网络媒体主题采访，来自全国50余家网络媒体、100多名采编人员现场报道戊戌年（2018）年清明公祭轩辕黄帝典礼。从5月10日—14日，由中央网信办网络新闻信息传播局主办，陕西、福建、新疆、重庆、广东等五省区网信办协办、西部网承办的“新时代·新平台·新机遇——‘一带一路’大型网络主题活动”在陕西举行，来自中央主要新闻网

站、省级重点新闻网站、财经科技媒体以及“一带一路”“自贸区”研究专家等70余人组成的采访团聚焦第三届丝博会，探访陕西自贸区、空中丝路建设，充分利用互联网新媒体传播渠道和手段，进一步提升陕西美誉度和吸引力、彰显陕西追赶超越新形象。

4月，“苏陕协作·2018年陕西特色农产品南京宣传推介周”在江苏举行。西部网充分发挥媒体资源优势和协调组织能力，活动期间，邀请陕西、江苏、中央和网络大V、网红主播，协调全国省级新闻网站刊发新闻稿件和信息千余篇，现场直播50余场次，微博话题浏览量超过3500万人次，宣传推介周综合传播量达到1.5亿人次。

7. 用心用情讲好陕西故事

2018年，西部网《世相》栏目发布了《治沙“疯子”张应龙：相信神木也有“世外桃源”》《话剧<柳青>：让人民作家回到他爱的地方》《改革开放亲历者肖云儒：我的心一下被燃烧》《爷爷不是老师，但佳县人都喊他“先生”》《32年迎来送往，3000张站台票是他看世界的方式》等一批讲述陕西人或质朴或默默奉献或坚韧的图片故事，他们身上的崇高精神广受赞誉。同时推出“陕西守艺人”系列策划，如《传承自父亲的老油坊，是我人生的希望之光》《一场大火后，她带领600羌州绣娘从头开始》《陕南人也“吃早茶”，古羌族精致料理》《他把古老的藤编一年卖了4000万》《20多年前，靠它南郑出了批万元户》等一系列稿件，揭秘古老手艺背后的感人故事，受到广泛的关注和全国范围内媒体的争相转载报道。

8. 顺应互联网分众化传播，推动专业化内容生产

西部网还邀请50多位年轻新锐的专家学者、政府官员和经济界人士组建“头条专家团”，定期发布经济、文化、旅游、农业、电商等发展专家谈，借助“智库”提供深度思考和解读。同时，西部网针对用户需求和专业化生产，组建“秦视听”“五味什字”“蓝直播”“吼秦腔”“咪嘀音频”等专业内容生产工作室，拓宽应用场景，尝试专业化服务。

（二）把握“时度效”，用权威声音加强舆论引导

热点难点抢抓第一落点，在一系列突发事件中，首发权威报道占领舆论高地，澄清谣言，切实起到传播事实、稳定民心、凝聚人心的作用，实现主流媒体的责任与担当。2018年，西部网针对“米脂伤害学生”“西安公交持刀伤人”“购房摇号关系户”等突发和热点事件，及时快速发布权威消息。对非法微整形、健身房预付卡

打水漂、酷骑单车退款难等问题进行调查，引起相关部门重视、回应或解决。针对网传“略阳滑坡十人被埋”“小区门口抢小孩”“西安售楼部停止网签”等多起网络谣言，反应迅速，首发客观准确报道，以正视听。

“民生热线”作为陕西网络问政的先行者，建立“热线云”，搭建政府和用户顺畅互动桥梁，与全省400多家省市县三级党政部门建立问政渠道，开通7年收到网友留言10万多条，反馈3万余条，把民众呼声传递上来，促进建言献策、释疑解惑、化解矛盾。2018年，《民生热线》收到有效留言16777条，3588名网友合理地表达出了他们的求助、意见和建议，全省有13个厅局、13个地市区、96个县区（开发区）及400余基层单位，对2898件网友的留言进行了调查、反馈或解决，众多单位回复率达到100%。

（三）以媒体融合为核心，打造新型主流媒体

1．坚持移动优先，拓展传播渠道。西部网已形成“客户端、手机站、微信微博以及订阅号等”较为完整的移动传播，移动传播力在全国同类新闻网站排名第一阵营。2018年初，《陕西头条》3.0上线，这是《陕西头条》适应智能化需求的一次大版本升级。《陕西头条》“陕西号”也已上线，面向全省各级党政机构、企事业单位、媒体等开放平台。西部网在微博微信和今日头条等第三方平台建立官方账号和订阅号等平台建立“微传播体系”，“陕西忒别忒”“娃呀”“秦视听”“吼秦腔”“咪嘀”“蓝直播”“五味什字”等20多子号形成微信矩阵，“秦视听”“西部网”等头条号、百家号等，与网站和客户端形成深层的联动。

2．组建全媒体团队，创新报道手段。西部网建立全媒体记者团队，通过图文视频报道、专家评论观点、图表动漫解读、用户交流分享等手段，全方位深入主题报道和新闻现场，并注重运用互动直播、图解数读、动漫视频、无人机航拍、全景VR、H5画报、RAP说唱等创新报道方式，在内容制作、传播形态、特色挖掘、互动模式等方面进行探索。

3．注重技术研发，提升功能服务。西部网、陕西头条、定格客户端等很多应用实现自主研发，集合图文、音频、视频、点播、直播、互动、VR等全媒体功能应用，实现了全媒体新闻融合传播“闭环”体系，目前，西部网大多新媒体产品已实现PC、手机、双微等全平台多渠道传播。

二 | 陕西西部网新媒体工作案例

西部网、陕西头条客户端在“庆祝改革开放四十周年”这个宏大的主题报道上，敢于从内容、形式及采访手法上进行创新，实现了“正”与“新”的探索。在新闻专题的策划中，将四十年翻天覆地的全景变化进行了抽取提炼，以“时间+地点+人物”构成专题的整体逻辑结构，这些抽取的点代表了一个时期、一个地方、一个群体四十年的变化和四十年的故事。专题有跨时空全景报道，有西安市这样的“大城故事”，也有“小人物”的岁月静好，还有改革开放典型人物的“肺腑之言”。

《纪念改革开放40周年——40年40城40人》融媒体特别报道，在线上方面，开设专题在集纳设置上既有时代纵深感，又有领域横向的跨度。例如“高光时刻”及“华彩历程”板块，用图文、数据、图解等梳理陕西改革开放40年大事要事；对话主政者，专家谈解读，展现城市发展变化；对政府、企业及行业典型人物专访，把镜头对准改革亲历者和普通人，反映改革开放40年沧桑巨变。在线下采访方面，先后组织采访团，调研采访了陕西、陕北、陕南、关中的典型代表地区，如榆林神木、安康旬阳、宝鸡陈仓及西安经开区等地，融合采访团包含专业的编辑记者及网络大V、抖音达人等，在采访中，互动直播、人物图文故事、航拍微视频、微访谈、VR全景漫游以及微博微信及抖音等手段和平台被统一纳人，实现传播效果最大化。

采访团为避免以往走马观花式看点看人采访过程，根据采访稿件类型、拍摄及采写用时需求进行了“和而不同”的分组采访，以实现各自优势，形成合力。

肖云儒、王立彬等典型人物图文采访，体现了时代变迁的纵深，区县书记区长的视频访谈对百姓关心的发展思路阐述清晰。航拍微视频及VR等新内容激起当地群众对家乡变化的自豪感。微博、微信及抖音等碎片化信息的直播展示了采访过程，增加了围观读者的互动感与趣味感，最终实现分享的最大化。另外，与当地官方微博、微信的互动互转，微博话题“40年40城40人”阅读量213万，陕西头条客户端4场碎片化“视频+图文”直播，累计在线观看人数超过100万人次，让传播效果最大化，真正实现了主题报道不再单一面孔，覆盖人群不再局限于机关单位，让人民群众记住40年峥嵘岁月，感悟到改革者们奋斗的艰辛。

（陕西西部网）

甘肃省新媒体集团

一｜甘肃省新媒体集团新媒体工作综述

甘肃新媒体集团2018年10月28日成立以来，在共享融通中寻求发展，有效地整合甘肃日报社社属各类媒体资源，深入推进体制机制改革，重构媒体运行架构，推动组织机构一体化、传播体系一体化，使主力军尽快走向主战场，实现甘肃日报社采编、运营人员的全媒体化，影响力和传播力持续扩大。

（一）甘肃新媒体集团组建成立及推进融合发展之路

1. 新媒体集团成立过程

以习近平新时代中国特色社会主义思想和党的十九大精神为指导，根据甘肃省委和省委宣传部推进媒体融合和新媒体建设有关精神，甘肃日报社经深入调查研究和科学论证，于2018年7月16日形成《甘肃日报社关于成立甘肃新媒体集团的工作方案》，7月23日向省委宣传部呈报《甘肃新媒体集团组建方案》，8月13日获得省委宣传部批复同意，10月28日正式组建完成。从策划设计、招标建设、队伍组建到挂牌成立，仅用了3个多月时间。体现了新时代、新思维、新效率、新作风。

2. 新媒体集团助力县级融媒体中心建设

甘肃新媒体集团积极响应中央和省委有关精神，助力县级融媒体中心建设。投资成立了甘肃九色鹿融媒体技术有限责任公司。九色鹿技术公司依托甘肃新媒体集团现有资源，与拥有强大技术力量与内容优势的中央媒体、国内知名技术公司等强强联合，用3个多月时间，在2019年3月29日建成上线甘肃省省级移动新媒体平台“新甘肃云”（甘肃省县级融媒体中心省级技术平台），为“全省一张网”内实现数据共享、技术共享、用户共享，实现省市县媒体纵向共通共融、媒体与政务信息共通共融，建立甘肃全域性融媒体共享生态圈奠定了坚实基础。

（二）甘肃新媒体集团实现功能

甘肃新媒体集团以深化体制机制创新为突破口，以打造“新甘肃”客户端等主流新媒体为核心，利用云计算、大数据技术、整合优势资源，建设覆盖全省新闻和政务信息系统的区域性生态级全媒体融合平台，实现六大功能。

1. 打造强大的新型主流媒体

以移动新闻客户端为龙头，打造知名度高、覆盖面广，立足甘肃、辐射全国，具有强大区域影响力的主流媒体矩阵。

2. 实现政务信息的互通互融

以新闻客户端为平台，通过再造内容生产流程、拓展信息传播渠道，促进新闻信息生产模式转型升级，实现省市县媒体和政务信息的纵向共通共融

3. 进行舆情动态检测和研判

及时、全面地监测境内外新闻网站、论坛、报刊、广播、电视和微博、微信等舆情，进行数据的抓取和分析研判，为省委省政府及各地党委政府全面掌握舆情动态做好正确舆论引导提供分析依据。

4. 建设全媒体信息数据平台

建设全媒体数据中心，将传统纸媒、网站、新媒体及政务信息进行广泛聚合，构建基于云计算、大数据技术的内容收集、挖掘、分析、检索、调用、推送平台，形成数据交易生态体系和与服务生态体系，发挥融合创新资源优势和运营能力，为地方政府提供政治、经济、文化等方面决策的数据支持，充分满足客户更大规模、更具弹性、更加快速的突发业务部署要求。

5. 拓展政务服务和民生服务

充分整合优势资源，为全省各级政府、单位提供网站和新媒体运营维护服务，搭建“新闻+服务+社群”的整体框架，上线政务服务板块，打造民生服务接口、延伸电商渠道，聚合社区自媒体，提供政策咨询、办事预约等服务。

6. 持续加强互联网产品打造

持续打造H5、VR、音视频等各类新媒体产品，不断提升传播效果。积极开展对外合作，以外包、参股、控股等形式，联合省内优势互联网企业，进一步拓展业务，服务用户，为全省媒体融合工作贡献力量。

二 | 甘肃省新媒体集团新媒体工作案例

以“新闻+党建+政务+服务”为核心的甘肃第一新闻党端——“新甘肃”客户端是甘肃新媒体集团的主打产品。这不仅是新闻发布平台，也是媒体聚合平台、政务服务平台。通过与阿里云合作，新甘肃拥有海量的空间，面向全省各级党政机关，以及社会团体、高等院校、主流媒体的官方发布等政务新媒体，集中入驻，打造甘肃最具公信力和影响力的媒体聚合平台，可支持2000家以上单位入驻，5000万以上日均访问量，超20万人同时在线访问，100家以上县级融媒体入驻。

目前，新甘肃客户端共有栏目159个，其中首页上导航22个，中导航10个，陇新闻102个，音视频3个，县融媒4个。“新甘肃”客户端同步推出的甘肃移动新媒体信息聚合系统“甘肃号”，截至目前，已经有130多家单位和机构开通入驻。

“新甘肃”客户端上线以来，在原创稿件发布方面，以新甘肃·甘肃日报和新甘肃·每日甘肃网记者采写的稿件为主，工作日日均刊发原创稿件40余篇左右，单篇文章最高点击量3万余次，做到了时政稿件全网首发，突发新闻即时播报。

在重大主题宣传报道方面，客户端创新方式方法，全方位策划报道。在甘肃省庆祝改革开放40周年全媒体大型采访活动、庆祝新中国成立70周年百名记者下基层、省两会、全国两会等重大主题宣传报道中，采访团队与编辑团队前后呼应，密切配合，采用图文、视频、直播等形式，实现了信息快速呈现与规模集纳。特别是新甘肃的图文直播报道，可以实现5分钟之内迅速发布、直播活动日均发稿百余篇（件）。

在呈现方式方面，新媒体团队不断加强对新媒体产品和最新业态的研究学习与实践，采用H5、图解、VR、AR、手绘、新闻海报等方式，雕琢新闻作品，实现融媒体产品在数量、形式和质量方面不断推陈出新，新甘肃的影响力迅速扩大。

在省两会报道中，新甘肃客户端推出了报道专题，开设十多个栏目，新甘肃和每日甘肃网联合推出了80多件两会融媒体产品，获得了网友广泛关注点赞；全国两会期间，新甘肃客户端开设相关栏目24个，发布稿件1000余篇，推出两会报道H5融媒体产品40余期、海报98幅。经过紧张筹备和包装制作，2019新甘肃网络春晚于大年三十在新甘肃客户端及国内各大网络平台广泛传播，当天点击浏览超过388万人次，这是新甘肃客户端传播能力不断增强的集中体现。

（甘肃省新媒体集团）

甘肃省广播电视总台

一 | 甘肃省广播电视总台新媒体工作综述

（一）主题主线报道积极运用融媒体手段，媒体融合全面提速

近些年来，甘肃省广播电视总台广播、电视新闻中心大胆创新，充分运用新媒体网络、微博、微信公众号等载体，实现了多元互动、跨屏传播、转型升级、融合发展的新媒体融合发展模式，强化表达创新，语态创新，着重打造优质融媒体新闻内容，更好地围绕大局，服务中心。尤其是在党的十九大、省第十三次党代会、全国全省“两会”、脱贫攻坚、新春走基层、转变作风改善发展环境建设年、庆祝改革开放40周年、“5·12”汶川地震十周年、敦煌文博会、首届药博会等重大主题、时政活动、突发事件、重要会议等主题主线报道中，策划先行、创新求变，积极采用全媒体报道方式，调动编辑记者充分运用互联网思维提升新媒体报道品质，在全媒体平台推出《祁连山下三代治沙人构筑“绿色长城”》《改革开放四十年——数说甘肃》《全省、全国两会系列报道》《祁连山关键区综合科考》《5·12十周年重返灾区》等一批主旋律、正能量、大事件的融媒体新闻产品，在微信微博等社交媒体端做碎片化、预告性等动态报道提高新闻受众黏性，增加阅读量，为2018年全省重大新闻报道营造了很好的舆论氛围。特别是在党的十九大召开期间，电视《甘肃新闻》栏目在国家新闻出版广电总局发展研究中心与泽传媒联合发布的“全国省级卫视新闻移动传播力排行榜”位居全国第四名。2018年12月，《甘肃新闻》栏目被国家广电总局发展研究中心、泽传媒评为十佳“广播电视移动研究传播突出贡献奖”。

（二）“大小屏”融合，打破传统新闻传播“壁垒”，发出融媒体新闻“最强音”

一是内容创新：“内容+”融媒体产品层出不穷。新闻媒体融合的关键是内容，甘肃省广电总台将“内容+”作为媒体融合的关键词。在新闻内容上把大的内容变成小的碎片，把重的表达形式变为轻的表现手法，把严肃的内容转换成轻悦的素材，把充满了时政气息的信息传播转换为饱含情怀的情感传播，把机构行为转变为虚拟的人格魅力体。2018年，甘肃省广电总台更加重视新媒体小屏直播与大屏的有机结合，充分利用“央视新闻+APP”“新华社现场云”“视听甘肃”等小屏直播平台，发起融媒体直播106场，总点击量超1600万次。推出新媒体新闻视频产品3597条，全网点击量1100万次。在紧扣新闻热点的同时，适时地策划发起现场直播，策划发起的《诗词快闪献礼五四青年节》新媒体直播，点击量达到了132.9万次，形成了当日的现象级事件，成为当天多个社交平台传播量最大的新闻事件。在重大节点节庆期间，新媒体直播更是“吸睛能手”，策划的《5·12十周年重返碧口重灾区》新媒体直播点击量49.1万，入选央视512十周年专题首页。与全国10省市联合推送的大型景观直播《中国此时此刻》兰州现场直播，点击量232.9万次。“视听甘肃”客户端、丝路明珠网PC端、手机WAP网页等三端累计发稿12万多条，网站历史累计浏览量突破6500万次。全年共完成网络直播200多场次，累计点击量达到210多万次。其中，10月11日《2018中国（甘肃）中医药产业博览会盛况》的网络直播，在客户端“视听甘肃”24小时内点击量突破15万次，累计点击量31.3万次。通过媒体融合发展，实现新闻从有限供给到无限发布，从单项传播到双向互动，从单纯报道到新闻+服务+舆情管理的立体式多功能传播阵地转变，不断创作满足受众多元需求，体现鲜明价值引领的新闻产品，畅通宣传渠道，提升引导能力，壮大主流声音，传播正能量，唱响主旋律。

二是“大数据+”：融媒体报道的新思维。大数据已经突破技术的范畴，而跃升为一种思维方式，成为推动媒体融合发展的关键引擎，在电视新闻报道中，从选题策划、内容生产、共享推送、评论反馈、舆情调查等方面有着广泛的应用。在2018年全国两会报道中，总台新闻新媒体首次将新闻热点的大数据和统计相结合，捕捉电视、网络、新媒体等平台众多数据样本，结合当日两会新闻热点、热词，将获取的数据带入新闻采访中去，在报道流程中从以往的制定采访选题的规定套路变为紧跟新闻热点话题的动态新闻追踪报道，在内容上真正做到了受众关心的就是我们关注的，策划推出的《代表委员访谈》《数说两会》《两会观察》电视+新媒体产品在多平台推送，引起全网反响强烈，互动率创历史新高。

（三）突发事件新媒体首发抢占先机，网络报道能力得到提升

2018年，各宣传单位与丝路明珠网注重资源整合，充分发挥新媒体优势，对突发事件进行了即发即报、滚动播报，力求与新闻事件同步，先声夺人，发挥了主流网络媒体良好的舆论引导作用。先后对甘肃通报折达公路质量问题及整改进展新闻发布会、暴洪泥石流、“11·3”兰海高速重大交通事故等突发事件进行了报道。2018年，电视新闻中心在“央视新闻+APP”“视听甘肃APP”共发起新媒体直播7场，直播总时长超过480分钟，点击量共计203.2万次。其中，在《舟曲滑坡崩塌堰塞湖抢险》《陇南文县暴洪泥石流》等突发应急报道中，电视新闻中心记者通过总台视听甘肃手机客户端第一时间向外界发起移动直播，这也是电视新闻中心首次打破电视播出窗口限制，进行的大时段突发应急报道。公共频道采制的新闻稿件《文县山体塌方致6人被困　消防成功救援》在今日头条新闻客户端发布后，点击量达到1.4万人次，《武山出现50年不遇特大洪水》在今日头条新闻客户端点击量达到107万人次。交通广播发布的文章《【视频】昨晚的雨有点大，兰州多处雨流成河！》图文视频总播放次数达126万+。

（四）深度开发融媒体节目栏目，推动品牌力提升

近年以来，各单位积极探索“大屏”+“小屏”的跨屏联合直播报道形式，深度开发融媒体节目栏目，取得了良好的播出效果。交通广播全力打造了《1035帮帮忙》《“帮忙侠——甘肃失物招领平台公益联盟”》等栏目通过微信公众平台+热线电话全天候收集各类寻人寻物求助信息，并在广播节目以及微信、微博平台及时发布；策划推出的融媒体节目《5号店》在甘肃交通广播省内14市州地面辐射人群+50万+活跃平台粉丝用户的受众的优势资源下，创新生产出能够嫁接多种品牌的互联网节目产品秀。目前5号店微信客服号的粉丝沉淀达到5000人，微店收藏买家人数达到5150人，微店等级三颗钻石，浏览总数626580次，营销客户总数达到1732人，实现了微利营销，使其成为一档传统广播与互联网嫁接设计应用而生的互联网节目，不仅聚合了受众群，也得到了广告客户的青睐，成功的创造了甘肃本土广播嫁接互联网的商业运作模式，达到了良性循环发展。电视新闻中心在央视新闻+APP、视听甘肃APP、《午间20分》《新闻晚高峰》栏目同步策划发起的大小屏跨屏融合直播《枣乡农民喜迎丰收节——临泽小枣首次走出国门》《月圆嘉峪关：守望长城　祝福祖国》《黄河畔“花村”：有花有曲有乡愁》，经融媒体平台播出后，点击量和阅读量大幅增加，凸显了新媒体报道准、快、活的特色。

（五）视听主打　移动优先——移动直播搭起大小屏通道

加快媒体融合发展，必须顺应互联网传播，移动化、社会化、视频化、立体化的大趋势，抓紧时机，依托新技术新平台，发挥传统媒体自身的优势，使移动端成为新闻传播不可缺的信息出口。总台新闻新媒体将互联网移动直播重点打造为年度品牌产品，如今已成为总台新闻传播的新形态、新业态，直播新闻报道已成为常态化报道。视听甘肃（丝路明珠网）充分利用总台报道资源，与各宣传单位及全省各市州县积极沟通、通力合作，在网络直播领域全面发力，实现网络直播常态化，对第三届敦煌文博会、丝绸之路国际旅游节、首届药博会、兰州国际马拉松赛、伏羲大典、兰州交通大学喜迎建校60华诞、2018全国交通广播记者“走进金张掖”大型主题采访报道、2018年全国滑翔伞定点联赛（甘肃永靖）、第八届少儿车模大赛等重大活动和赛事，通过现场直播、微视频、图片、文字、弹幕互动等形式有机结合，实现了全媒体直播，进一步增强了时效性、可观性和互动性。先后策划推出《诗词快闪献礼五四青年节》《酒钢里的“钢铁侠”》《探访临夏非遗文化》《第三届丝绸之路（敦煌）国际文化博览会开幕式暨高峰会议》《今晚<绝色敦煌之夜>带你穿越千年　领略敦煌神秘石窟艺术》《甲子荣光——兰州交通大学将举行建校60周年纪念大会》等网络直播275场次，累计点击量达到210多万次。通过这些涵盖时政新闻、社会热点、大型文艺体育活动等方方面面的直播活动，实现了对重大新闻事件和重要活动的立体式直播常态化，受到了社会各界的高度好评和赞誉，充分展现了全省各地群众丰富多彩的日常生活和良好的精神风貌。

（六）加大与各大门户网站及客户端交流合作，微博微信公众号阅读量、粉丝量屡创新高

目前，甘肃省广电总台新媒体平台不断升级，广播电视媒体的原创内容、权威报道、深度解读、评论言论等优势加速向互联网延伸，加入“全国电视新闻融媒体联盟”，入驻“央视新闻移动网”，积极推进与各市州县的新媒体合作，促进资源共享。视听甘肃（丝路明珠网）升格为国家批准的重点新闻网站，“视听甘肃”客户端获得互联网新闻信息发布及直播的许可。视听甘肃（丝路明珠网）先后与今日头条、百度百家号、腾讯企鹅号、凤凰新闻客户端等互联网媒体及平台建立合作关系，充分运用各大新媒体平台的新闻资源，加强网站、客户端、微信、微博互动，在直播窗口开展互动交流，开创融合报道新模式，大大提升了网站新闻宣传的影响力。视听甘肃（丝路明珠网）自2015年上线运营以来，与中央及省级多家媒体及行业进行了广泛深

入的合作，其中与中央及主要商业媒体合作的有人民日报、央视、新华社、腾讯、微信、百度百家号、今日头条、新浪微博、抖音等；与天津台“津云”、广东台“触电新闻”等省级及省内单位建立了合作关系；为实现全省广电媒体优势互补、联合抱团发展，2018年甘肃省各市州县台陆续入驻视听甘肃（丝路明珠网），截至年底共有近50家兄弟台成功签约入驻，这一资源的整合，带动和促进了甘肃省广电媒体行业的转型升级，形成了“大屏传播+网络传播”的双平台效应，有力地提升了全省广电媒体的渗透力和影响力。电视新闻中心《甘肃新闻》矩阵号荣获2017年度移动融媒体优秀新闻奖“优秀合作矩阵号”“重大特别报道奖”奖项。据统计，目前总台共有14家单位，创立了14个微信公众号，其中，总台有12个微信公众账号获得了省委网信办“互联网信息服务许可证”。最具代表性的甘肃交通广播微信公众平台现拥有50万+的订阅用户，是省内订阅人数最多的微信互动平台，也是粉丝活跃度最高的微信公众平台。官方微博粉丝量达20万+，位列全国省级以上电台交通频率微博榜20强。另外，交通广播要求各节目及主持人，均开设双微（微博、微信），形成融媒矩阵。其中，新浪认证微博有22个，累积粉丝近35万，有效提升粉丝黏性。

二 | 甘肃省广播电视总台新媒体工作案例

7月1日，甘肃省陇南市文县遭遇强降雨，引发山洪泥石流灾害。记者赶到灾区时，看到的是村庄房屋、农田、道路、电力通讯等设施都严重受损，满目疮痍。7月9日，记者在甘肃陇南文县暴洪泥石流抢险救灾现场发起《泥石流袭击甘肃文县 “生命线”正在抢通》新媒体移动直播，点击量123万。直播中，记者走进受灾村民的家里，探访灾情；还呈现了当下村民的生活状态，大家互帮互助一起做饭；同时记者专门拍摄了抢通道路的现场，电话连线了受困村庄的干部；介绍了当地的山洪灾害监测预警系统，通过大数据监测平台第一时间能获取预警信息，全县4万多人无一伤亡。直播不仅讲述文县灾害，还反映了我国近年来灾害监测预警系统的不断完善。

（甘肃省广播电视总台）

新疆都市消费晨报社

一 | 新疆都市消费晨报社新媒体工作综述

2018年是《都市消费晨报》找准自身定位、采编内容和形式全面转型之年。在报道方向上，采编全面转向以重大主题报道和主旋律报道为主；在报道形式上，更加突出移动端、可视化，继续探索党媒融合的具体经验。

（一）原创产品制作能力大幅提升带来过10亿流量

2018年1月1日—11月20日，都市消费晨报五大主要发布平台（新疆头条APP、微博、微信、今日头条号、企鹅号）累计发布稿件超过5.2517万条，其中原创稿件（产品）共3.8351万条，较上一年同期增加1.5万条，增幅达60%；各主要平台总点击浏览量达9.86180707亿次，加上未统计的其他转发平台，预计传播数据超过10亿次，较上一年同期增加6亿次，增幅达150%。

流量大幅增加，“爆款”稿件也频频出现，更是有了亿级产品。至11月20日共产生4325条流量过万稿件，550条十万+稿件，39条百万+稿件，7条千万+稿件。目前正在进行的、由《新疆都市消费晨报》官方微博发起的“纪念改革开放四十周年”话题#疆遇四十年#，阅读量达1.6亿，讨论429.7万人次。

至2018年11月20日，共制作发布原创视频类内容2163条，日均生产原创视频6条左右；共开展各类移动视频直播135场，较2017年同期增加47场，增幅53%，总播放量达1.54327124亿次，较去年同期增加超过1亿次，增幅230%。

在其他新媒体制作方面，至11月20日，共计运用3D翻转、快闪、多重时间轴、游戏、传递计数、问答及上传图片等各类互动效果制作H5共42件（UI设计共487幅），数量已与去年全年持平，总浏览量是去年全年同类产品的2.86倍；共计制作长图及组图新闻76件，共837幅，其中手绘作品共48件，共696幅；此外还制作了255幅各类海报，动图（GIF）及10s朋友圈小视频作品共6件、54幅，PPT制作共30件。以上制图（含长图、组图、手绘、海报、GIF）数量合计是去年的1.9倍。

流量的增长也带来了新用户（粉丝）的加入，2018年五个主要平台（新疆头条APP、微博、微信、今日头条号、企鹅号）的总粉丝量（用户量）为196.0529万人，较去年增加约46万。

（二）用好新媒体平台和形式，全力做好主题报道

2018年，都市消费晨报努力由都市类新媒体向党媒新媒体转型。按照“让人眼前一亮、心中一动、为之一振、耳目一新”的要求，都市消费晨报在所属新媒体各平台上着重对主题报道进行布局、策划和包装，让严肃的政治信息通过通俗易懂的方式传播，大量使用短视频、移动直播、H5等新媒体手段进行主题报道，讲好新疆故事，为团结稳定鼓劲，壮大正能量，营造良好的舆论氛围。

都市消费晨报在新媒体端推出了《讲习所》《壮阔东方潮　奋进新时代　庆祝改革开放40年》《幸福是奋斗出来的》《脱贫攻坚　我们在路上》《辽阔疆域　无限风光　新疆是个好地方》《云游新疆》《第一书记日记》《民族团结一家亲》《柯柯牙系列》等30余个主题报道策划、19个主题报道专栏，在APP开设“访惠聚”“新疆好地方”“民族团结一家亲”三个重大主题报道频道，共发布文字、图集、视频、直播等内容近3万条，占全年发稿总量的一半以上。其中，《云游新疆》等系列报道得到了自治区党委宣传部及自治区网信办、自治区访惠聚办公室的表扬和认可。其中“访惠聚”频道获“访惠聚”驻村工作好新闻一等奖；纪念改革开放话题#疆遇40年#更是获得超1.6亿次的阅读量，成为现象级主题报道产品。

在重大会议和节日报道中，都市消费晨报也求实创新，努力做到让人耳目一新。2018年1月的自治区两会报道中，我们推出H5《来自新疆人民会堂的一封信》《2017新疆都做了些啥？2018要怎样干》等新媒体新闻产品，在朋友圈形成极强的互动传播效果。

在2018年亚欧博览会，都市消费晨报在全疆媒体中率先尝试用抖音报道这一盛会，先后推出《新疆焉耆县的降糖辣椒，糖尿病人的首选保健蔬菜》《告诉你尉犁县的馕跟别的地方的馕有什么区别》等抖音视频，短小精悍的视频播放量过百万。

在长线主题报道中，都市消费晨报更是表现出策划独到、手法新颖的特点。都市消费晨报从2018年5月开启了“新疆是个好地方”系列报道，至11月20日全平台以文字、图片、视频、直播等形式共发布稿件2337篇。在“新疆是个好地方”主题宣传栏目下，着重策划推出《最美家乡河》《我和草原有个约定》《无限风光在路上》等六大系列报道，共发布稿件78篇，39个视频、19场直播。其中，《最美家乡河》图片征集收到了来自新疆各地摄影爱好者近170组300余幅河流摄影作品，活动得到网友的一致好评。《无限风光在路上》选择了有无限风光的特色公路对沿途风光、旅游景点、风土人情进行直播和文字系列报道，其中赛里木湖—果子沟高速公路的直播浏览量达到了200万人次。

为了给微博话题#疆遇四十年#带来更高的参与度，都市消费晨报积极与新浪方面沟通、协调和争取，让迪丽热巴等新疆籍明星参与到#疆遇四十年#话题讨论中来。为了让话题更饱满，编辑在全网搜集大量历史资料，丰富话题，包括儿时游戏记忆、城市新老照片对比、交通变化等，全面立体地展示了改革开放四十年新疆的发展变化。至11月22日共发布内容15篇，话题阅读量1.6亿。该话题在11月15日当天，话题综合排行榜位列全国第一，在11月15日至18日这周综合排名都保持在全国第二的位置。

7月，都市消费晨报与自治区网信办合作推出“云游新疆”系列报道，由中心采编人员对新疆旅游新产品、新线路、新业态、新产业、新活动等方面进行深度报道，由自治区网信办向全网推广。至11月20日，共发布稿件45篇，其中30篇实现了全国100家左右主流媒体全网推送，累计浏览量超过了2.5亿人次。其中《网红公路一日见四季，自驾新疆独库跨天山！》和《百名儿童画新疆风物，邀您到新疆来！》达到了5300万的浏览量。

（三）短视频已成新闻主要报道手段

深入推进新闻视频化，提升视频团队技术业务水平，理顺现有工作流程，一手抓质、一手抓量，是2018年都市消费晨报发展战略中的重中之重。

2018年，都市消费晨报将原来的图片视频部和技术与数据分析部中部分人员合并，组建了亚心视频部，专业从事视频新闻产品的生产。

围绕自治区党委宣传部和经济报各项安排，亚心视频部拍摄制作了《新疆南疆小村庄的红火中国年》《“江侠医”的援疆行》《幸福是奋斗出来的：新疆舞者菲罗拉，我用舞蹈谱芳华》《从初中毕业生到享受国务院政府特殊津贴！记新疆军区某部二级军士长刘加平》《航拍给你看：新疆鄯善沙山脚下种稻子》《我以为火星通了公

路 原来这里是新疆独库南线风景》等百余部主题类短视频和专题视频、系列视频。这些视频均以讲故事的手法，大量采用无人机航拍、延时摄影等拍摄技巧，控制表达时间，非常适用于手机端播放和传播。一经发布即获得网友和相关单位的好评。

2018年，都市消费晨报与腾讯新闻合作推出“新疆高度”“疆味”两档专题短视频栏目，着力展现新疆大美风光及美食文化，助推新疆旅游文化宣传。亚心视频部作为这两档栏目的供稿主力，结合多地航拍素材，精心剪辑制作了一批高质量的短视频供栏目输出，已初步形成特色品牌。截至11月，已制作发布新疆高度及新疆味道系列短视频30部。

都市消费晨报努力研究新的传播形态，占领视听内容新的传播阵地，于6月启动了抖音、微视等碎片化视频平台的同步推送工作，认证开通抖音官方账号“新疆是个好地方”，至11月20日共发布抖音190条，播放总量348.0462万次，点赞总量达282.5165万次，评论总量达4.9355万次，其中播放量十万+视频84条，百万+共8条，千万+共2条。

都市消费晨报要求要闻、社会、文体、交通等部门的记者，凡是能够视频化的选题，都要以视频表达或配发视频。在相关制度的配合下，记者在日常采访中已形成“约视频”和自拍视频的良好习惯，大大提高了中心原创视频的生产能力。如11月15日在抖音平台发布的《#正能量 风雪天司机被困高速，民警的一句“有我们在，别害怕”让司机大哥瞬间流下感动的泪水！》视频，播放量达1099.6万，点赞总量为33.3万，评论总量1.4万。该视频就是由文字记者在采访中约请来的。

（四）移动直播常态化，直播选题多样化

2018年，都市消费晨报加大了移动直播的考核力度，各采访部门都积极参与到移动直播的选题策划及实施中来，更多的记者开始参与移动直播的选题策划及直播工作。

都市消费晨报的移动直播技术保障能力也得到了长足提高，能够克服各种复杂信号环境开展实时、延时直播报道，移动直播呈现常态化发展态势。至11月20日，都市消费晨报实施各类移动直播135场，较2017年全年增加47场，总播放收看量达1.5亿人次。

直播的选题内容也日趋多样化。从突发雨雪天气《记者深入三十里风区 直击八级大风》到各类节日活动《端午佳节看龙舟竞速博斯腾湖》，从交通出行《“五一”“鸟瞰”乌奎高速 听高速交警说路况》到高考解题《乌鲁木齐八中名师

点评2018高考数学试卷》，从旅游推介《新疆喀拉峻五月花海中看牧民剪羊毛 听草原歌者边走边唱》到重点工程施工现场的《跨越100个天池！看新疆跨度最长的铁路桥合龙》，从新闻人物《沈建佳：173名各族孩子的“爸爸”》到天象科普《带您到阿勒泰看超级月亮、蓝月亮、红月亮》，这一年，都市消费晨报的移动直播触角已延伸至各个新闻第一现场。

2018年1月，都市消费晨报联合央视新闻移动网、腾讯新闻等移动端APP，发起了全国联动直播《带您到阿勒泰看超级月亮、蓝月亮、红月亮》，累计观看人数超过7800万人次，创下开展移动直播近三年来的最高流量。在央视新闻移动网“矩阵的力量”好新闻评选中，都市消费晨报获得三项荣誉——移动融媒体优秀直播奖、“最快成长账号”奖、亚心视频部副主任陈峰获“十佳矩阵号编辑”奖。

二 | 新疆都市消费晨报社新媒体工作案例

2018年天象开门大戏在1月31日晚上演视觉盛宴，“月全食”和“超级月亮”“蓝月亮”时隔百年后“组团”亮相。当日19时30分—23时30分，新疆晨报记者在夜空纯净的阿勒泰地区第二高级中学观测点，与新疆天文学会的专家一道，联合十家国内主流直播平台，通过多机位画面，利用专业设备，对此次特殊天象进行了长达5个小时的多机位实时移动直播，与全球数千万网友分享了当日的天象奇观。

阿勒泰地区作为本次直播的实施地，是因为当地全年良好的自然环境以及旅游知名度，也有着得天独厚的天象观测条件，基础天文教育设备也较为完善。阿勒泰生态环境好，光污染少，具备优良天文观测条件，在此地开展重大天文现象直播，也有助于提升当地旅游知名度。

本次直播提前一个月策划，组织专业直播技术团队，提前三天到场做前期准备，设计制作了直播海报提前预热，与新疆天文学会专家紧密配合，配备TVU直播4G背包、专业导播台、移动直播摄像机等直播设备，通过多机位、多角度、多画面切换穿插进行直播，前后方导播、记者、编辑配合默契，确保了长达5个小时的直播画面流畅稳定，内容清晰丰富，网友互动积极，设备专业，解说权威生动，各项准备充分。

直播特邀天文学会多位专业人士全程解说，主播记者及嘉宾与网民始终保持紧密的互动，通过网络化的语言，时时在线解答各类网友问题，直播期间穿插当地旅游文化视频短片，主播与嘉宾喝奶茶、品美食、聊天文、谈旅游。

除了看月亮、听知识外，还在严寒户外实地播报了当地各族师生对天文观测的热情；同时邀请阿勒泰地区有关领导作为特别嘉宾为阿勒泰代言，从不同角度向全球网友翔实介绍了阿勒泰地区丰富的旅游和人文资源，推介新疆旅游。

本次直播紧贴传播热点，普及了科学知识，倡导了科学精神，调动了天文科学热情，展现了阿勒泰地区优质的生态环境以及极佳的天文观测环境，体现了当地政府对生态文明、对校园科技文化教育的高度重视，同时宣传了当地丰富的旅游及特色文化资源，在新年开局之时展现了新气象、新面貌。

直播继续保持了“一次采集、多元传播”的优势以及与各主流直播平台建立的密切合作关系，合作发布平台达12家之多，多平台直播的总数据超过7600万人次。

其中，央视新闻移动网、腾讯新闻客户端为重点联动发布平台，通过多画面、分镜头的形式对本次直播画面进行了全网推送，其中，央视新闻还同步联动全球各地媒体开展此次直播，实现了直播画面的全球性传播，两家平台的在线收看数据就超过了5000万人次。

晨报直播画面还得到了人民日报法人微博、人民直播的重点推荐，取得了过千万人次的在线收看量；此外，今日头条、北京时间客户端、晨报官方微博、ZAKER新闻客户端、新浪网等平台都对直播进行了重点推荐，播放数据均过10万+，实现了全网传播的最大化覆盖，有力地展现了新疆形象。

这既是一次罕见的天文科普报道，更是一次通过热点事件宣传和展示新疆各项事业发展的难得契机。直播紧贴传播热点，普及科学知识，倡导科学精神，展现生态文明，反映基础科技教育，宣传旅游资源；直播内容知识性强、互动性强，传播范围广，在新年开局之际，大大提升了“新疆是个好地方”的品牌知名度，更反映了新疆团结稳定、和谐发展、生态文明的发展大局。

（新疆都市消费晨报社）

兵团日报社

一丨兵团日报社新媒体工作综述

（一）坚持政治引领、党性立网，着力提升新媒体舆论引导力

为筑牢党性立网根基，兵团日报社着力抓好新媒体运营、管理各项制度建设，引导采编人员遵纪守法，按规章制度办事。按照中央网信办的统一部署和兵团网信办的要求，结合中央关于加强网络媒体建设管理的各项政策法规，以及兵团日报相关规章制度，制定报社新媒体《岗位职责及工作流程》，修订完善报社《新媒体工作手册》，精细化设置新媒体9类岗位，详细规定职责和工作内容；制定报社新媒体《采编工作条例》《三审三校制度》《差错管理办法》《信息内容安全技术保障工作条例》等16项规章制度，科学系统地制定各新媒体终端及新闻产品的编辑规范、安全发稿管理、处罚措施，把依法依规办网落到实处，有效提高网站管理水平和编辑业务水平。

（二）坚持创新驱动、内容兴网，新媒体报道浓墨重彩有声有色

兵团日报社坚持把内容建设作为系列新媒体建设的根本，鼓励采编人员把作品作为立身之本，坚持重大报道策划先行，创新视角、创新表达、创新形式，围绕全党全国全区全兵团重大时间节点，在各传播终端隆重推出《在习近平新时代中国特色社会主义思想指引下——新时代新作为新篇章》《不负总书记殷殷重托，发挥好兵团特殊作用》《学习贯彻习近平总书记在民营经济座谈会上的重要讲话精神，毫不动摇支持民营经济发展》《新时代再出发——改革开放40周年》《兵团深化改革进行时》《向

南发展，风好扬帆正当时》《兵团赤子李永康》《老红军姚云松：一生奉献报党恩》《塔里木大学60周年》《新时代 · 幸福美丽新边疆——兵团新篇章》等39个专题专栏，充分呈现兵团日报独家权威报道及兵团网原创报道。这一系列报道有温度、有高度、有品质、接地气，精彩纷呈，在兵团产生重大影响。

兵团日报社信息网络中心大力加强原创能力建设，把原创能力作为新媒体和从业人员的核心竞争力，2018年全年精心策划制作推出100多件有影响力的原创新媒体作品和产品，唱响兵团好声音，凝聚改革共识，提倡新时代奋斗精神，汇聚起强大正能量。其中，文字代表作品有《关于<共产党宣言>，习近平为何说“真理的味道非常甜”？》《新疆兵团党委正式建立法律顾问制度，首次聘任法律顾问》《央网记者谈兵团印象：现代科技历史文化令人震撼》等；H5代表作品有《兵团赤子李永康：忠诚干净担当的好干部，生死不变初心的英雄树》《老红军姚云松的最后一笔党费》《五一劳动节，致敬新时代的奋斗者》《这，就是塔里木大学！》等；微场景H5代表作品有《我们合家团圆他们为国守边，元宵节为“生命界碑”点赞》《清明节：缅怀先烈，致敬英雄》等；图解代表作品有《兵团连队职工社会保险新政九问》《“数读”2017年兵团党员队伍情况统计》《“重走”老兵路，重温兵团“军”的历史》《这些名品带你认识“舌尖上的兵团”》《2019年前三季兵团为企业减负5.7亿元》等；开展视频访谈20多场，制作微视频作品20多件，推出的融媒体代表作品有《中秋沙画视频|坚守，为了万家团圆》《国庆献礼|几代兵团人的爱国情怀》《中国农民丰收节|这份来自兵团的大礼包，请查收》《心儿醉了~这些新疆歌曲，根本听不够》《兵团日报记者带你逛PLUS版“进博”》等；推送700多期《兵团手机报》，增设“热点透视”“悦读时光”“绿洲美文”等新栏目，推出《聆听花开的声音，三八妇女节》《我们的博物馆》等特刊。

2018年，兵团日报社信息网络中心组织开展多场新媒体互动活动。其中，“党的十九大”网络知识测试活动吸引超过14万人次参与。承办2018年度兵团“最美家庭”评选活动的网络投票和推广工作，累计参与投票人数为10人次。策划开展“兵团知识接力赛”系列H5传播活动，推出《赶快来闯关，兵团知识接力赛》《听，歌声里的兵团！》H5互动界面，知识性趣味性俱佳，引起广泛关注和参与。

全年报道亮点频现、精彩纷呈，覆盖各终端广大用户，带动兵团日报社新媒体关注度和影响力显著增强，2018年累计覆盖用户约500万人次。

在网信工作上，兵团日报社认真落实兵地协调联系联动机制，兵团日报社信息网络中心负责人积极参加自治区新闻舆情预警协调联动工作小组全体会议，把好政治方向，坚持正确导向，把党管意识形态落到实处。紧盯网上涉兵团舆情动态和网民重大关切，编印上报9期《兵团网络舆情监测与分析》，并得到兵团主要领导的批示。

兵团日报新媒体持之以恒坚持内容兴网，大力加强内容建设，成果丰硕。2018年，兵团日报新媒体采写制作推出的网络专题《不忘初心，牢记使命，深入贯彻党的十九大精神》、评论《“八千湘女”惹谁了》、H5《传承红色基因 发挥特殊作用》等一批网络专题、新闻作品、新媒体产品先后在新疆新闻奖、兵团新闻奖（2017年度）评选荣获1个一等奖，1个二等奖、3个三等奖。

（三）坚持融合发展、科技强网，新型主流媒体建设迈上新台阶

兵团日报社目前已建成以兵团网、兵团理论网、兵团日报客户端、兵团手机报为主体的核心矩阵，在新浪微博、腾讯微信和企鹅号、今日头条号、百度百家号、网易号、搜狐号、抖音等平台上注册账号，形成新媒体、融媒体传播辐射型矩阵，同步发力，同频共振，把宣传报道的触角、宣传思想工作的着力点和落脚点覆盖到整个网络空间。

在信息系统和基础设施建设上，按照中央推进媒体融合发展部署要求，兵团日报社建成、验收并正式启用兵团日报“一体化全媒体新闻采编系统”（亦称“中央厨房”）。2018年下半年，启动少数民族语言文字全媒体采编及发布平台建设，逐步完善报社“中央厨房”集中指挥、采编调度、高效协调、信息沟通等各项功能，逐步实现管理扁平化、功能集成化、产品全媒化。同时以“中央厨房”这个龙头工程为依托，着力深化报社内部体制机制改革，拓宽传播平台载体，推动传统媒体和新兴媒体尽快从相“加”迈向相“融”，着力打造形态多样、手段先进、竞争力强的兵团新型主流媒体。

在网站建设上，兵团日报社信息网络中心对兵团网首页、首屏、头条、要闻区作了改版，形成更鲜明、更集中、更突出的新闻聚焦，增强了重大报道的宣传效果。创办推出兵团首个理论宣传网络平台——兵团理论网，旨在深入宣传习近平新时代中国特色社会主义思想、以习近平同志为核心的党中央治疆方略和对兵团的定位要求，深入宣传党的理论，深入宣传丝绸之路经济带核心区建设、中巴经济走廊建设、兵团向南发展等理论和实践问题，深入宣传兵团党政军企合一的特殊体制，为兵团改革发展稳定提供强大理论支撑和智力支持，致力把兵团理论网建设成兵团日报社的一块新媒体“金字招牌”和“兵团网上理论宣传重镇”。

兵团日报社信息网络中心牢牢把握网民阅读终端向手机端转移聚集的现状和趋

势，果断实施移动优先战略，把加强客户端建设作为移动端新媒体建设的重中之重来抓，在深入调研基础上实施兵团日报客户端改版升级，面向广大网民特别是青少年，主动承担起举旗帜、聚民心、育新人、兴文化、展形象的使命任务。同时，开通“兵团号”系列新媒体平台账号，具体包括人民日报人民号、腾讯企鹅号、今日头条号、百度百家号、网易号、搜狐号、抖音号等，充分运用新技术新应用，创新传播方式和手段，通过做优内容、做精产品、增强互动聚拢用户，占领互联网技术制高点、信息制高点、舆论制高点，不断增强意识形态领域主导权和话语权，使互联网这个最大变量变成事业发展的最大增量。

为推动报网融合发展，兵团日报社实施人才交流融合，组织报社信息网络中心、记者部、视觉中心等部门通力合作，在《兵团日报》和各新媒体平台同步推出《融媒体热头条》专栏，成立“兵团最前线融媒体工作室”“图解兵团工作室”“一线观察工作室”“印迹兵团工作室”“图解兵团工作室”“学习兵团工作室”等一批跨部门融媒体工作室，持续推出有影响的融媒体报道，通过二维码、超文本链接等技术手段，实现了报纸与网络内容互联互通。

二 | 兵团日报社新媒体工作案例

2018年，兵团日报社基本建成“网端报微号”五种网络媒体，其中，网站、客户端、手机报3类自主创新型网络媒体为核心矩阵，微博、微信、头条号等社交媒体平台的13个账号为辐射型矩阵，把宣传报道的触角、宣传思想工作的着力点和落脚点覆盖到整个网络空间。“网”就是兵团网、兵团理论网。兵团网的定位是办成“网上的兵团日报”，建成兵团日报系列媒体的大数据中心、资料中心、新闻信息集散平台。兵团理论网的定位是办成兵团“网上理论宣传重镇”，兵团日报社系列网络媒体的一块“金字招牌”，主要面向兵团领导干部和知识界群体。“端”指的是兵团日报客户端，定位是面向手机用户，办成“掌上的兵团日报”，让用户随时随地能接收到重要、新鲜的新媒体报道，传播有温度、有高度、高品质、接地气的时政、生活类信息，以质与量取胜。“报”指的是兵团手机报，定位是开展面向兵团广大领导干部、职工群众的时政、政策内容精准传播。“微”就是系列微博、微信账号，把兵团日报、兵团网的声音推送到国内主要社交媒体平台。“号”就是在今日头条、百度、腾讯、搜狐、网易、抖音等新媒体平台注册运营的头条号、百家号、企鹅号、搜狐号、网易号、抖音号等，这是一个能够带来较大传播增量的成长型板块。充分运用新技术、新应用，创新传播方式和手段，通过做优内容、做精产品、增强互动聚拢用户，占领互联网技术制高点、信息制高点、舆论制高点，不断增强意识形态领域主导权和话语权，使互联网这个最大变量变成事业发展的最大增量。

（兵团日报社）

兵团广播电视台

一｜兵团广播电视台新媒体工作综述

新疆生产建设兵团广播电视台是国家广播电视局批准的省级电视台。近年来，兵团广播电视台党委高度重视新媒体建设，2014年7月，兵团广播电视台成立了新媒体中心，下设新闻编辑部和技术维护部，有兵团在线网、爱新疆APP、新疆兵团卫视微信公众平台、兵团广播电视台新浪微博等新媒体发展矩阵。新媒体中心成立以来，在台党委领导下，始终坚持正确的舆论导向，以正面宣传为主，及时传递兵团党委各项决策部署，讲好兵团故事，提升新媒体公信力、影响力。

（一）2018年度工作亮点

2018年，新媒体中心在兵团广播电视台党委的领导下，坚持正确舆论导向，着力推广宣传新疆和兵团，不断扩大各平台影响力。2018年，兵团在线网经过精心的策划和筹备，顺利进行改版。新疆兵团卫视微信公众平台多次在“泽传媒”全国卫视微信公众号点击排名进入前20名，并数次进入前10名。

新媒体矩阵基本情况如下：2018年，兵团在线用户数突破28万人。新疆兵团卫视微信公众平台粉丝数76000人，2018年，图文页阅读次数累计365万人次。2018年，兵团卫视新浪微博关注人数125670人，持续保持活跃更新。

回首2018年，新媒体中心全体人员牢记职责使命，把握宣传主题基调，努力做好兵团特色新媒体。

1．2018年是中国改革开放40周年，配合全媒体宣传，新媒体中心在兵团在线网、爱新疆APP和各平台推出专题页面进行报道，开设“壮阔东方潮 奋进新时代”专题，发布视频消息和图文消息上百条，并被多家媒体转载转发。

继续开设“新时代新作为新篇章”相关专栏，2018年，新媒体中心在兵团在线网站等各平台继续设立专题页，发布相关视频稿件和图文消息700余条，多角度全方位地展示兵团各地这一年来的“新”，多次被其他媒体转载转发。2018年底，还配合开设“新时代新作为新篇章·一百天”子专栏，展示兵团各行各业奋战一百天的成效成果。

2．2018年9月23日，是首届中国农民丰收节，兵团广播电视台联合东方卫视进行了现场直播，新媒体中心配合前方记者的报道，在各平台发布多篇有关直播的推送稿件。为了营造丰收节气氛，新媒体中心抓住契机，正式上线了兵团卫视的抖音官方号。丰收节前后，兵团在线网上传有关内容视频54条，图文消息5条；新疆兵团卫视抖音号共发了17条有关内容短视频，点击量105965，获赞数8956。新疆兵团卫视微信共发送相关内容稿件25条，点击为23793。在首个中国农民丰收节，兵团广播电视台新媒体还与人民网人民视频进行了初次合作，不少兵团丰收的场景登上了人民网人民视频。

3．2018年也是兵团深化改革的关键期，新媒体中心在兵团在线网、爱新疆APP个各平台也做了主题页面，配合全媒体中心的专题，推出《打赢兵团改革攻坚战》《改革结硕果》等，涉及兵团十四个师、一百多个团场的报道，全面展示兵团深化改革的好做法、好典型，并对成果进行了盘点。除图文消息和短视频外，还利用图解的形式进行了宣传，在每天的网站和各平台推送中，“访惠聚”驻连工作队的消息也占据了相应位置，通过图文、短视频展现“访惠聚”工作队在住村工作的成果。

二｜兵团广播电视台新媒体工作案例

2018年9月23日是首个中国农民丰收节，为全力宣传报道好丰收节，全面展现兵团农业大丰收，各族职工群众的喜悦，兵团广播电视台发挥融媒体平台作用，通过电视、广播、新媒体，多渠道、多形式进行宣传报道，向全国观众展现多彩的、现代化的丰收兵团。

兵团广播电视台新媒体中心更是发挥自己的优势，在兵团在线网推出《丰收兵团》专题页，通过《聚焦·丰收》《丰收·味道》《壮观丰收》《延伸阅读》等板块，展现兵团的丰收图景。为配合做好此次《丰收中国》直播活动；新媒体中心从直播筹备、直播准备、直播预演等环节入手进行了网站、微信同步推送，推出了《大型直播带你看兵团彩棉》《机采棉就是这么高调霸气》等内容，同时也尝试用手机抖音、腾讯视频等平台进行宣传，效果明显。

在首个中国农民丰收节，兵团广播电视台新媒体与人民网人民视频进行了初次合作，人民网联动10地进行的丰收节大直播用到了兵团广播电视台新媒体提供的视频。

网连中国，多地联动，全国各地的网友都看到了兵团葡萄丰收的盛况。除了在直播中露脸的六师葡萄外，四师水稻、六师葡萄、六师军户农场啤酒花的丰收场景都登上了人民网人民视频。

（兵团广播电视台）

（编辑　魏明　方楚楚　卢嘉琦　赵鑫　刘钊颖）

区域进展

北京市推进媒体融合发展工作综述

2018年，北京市媒体融合取得了突破性进展，在提升新闻舆论工作能力和水平上有了大幅度提高，主要表现在：《中国媒体融合发展报告（2019）》蓝皮书课题取得重大进展，迈上新台阶。2018年蓝皮书课题组足迹踏遍全国19座城市，深入50多家媒体集团和互联网企业调研，掌握了很多一手情况。在此基础上，蓝皮书聚焦媒体融合的真实生态和生动实践，梳理出我国媒体由相加迈向相融的新特征，出版10年以来成为国内起步最早、历时最长、成果最多、积累最厚重的媒体融合工具书、实用卷。除了理论指导外，北京的媒体融合进程也如火如荼。在北京市委的领导下，经过4个多月的努力，北京各区级融媒体中心已于2018年7月21日前全部挂牌成立，市级传统媒体的新媒体客户端陆续上线，“1+2+17+N”的媒体融合布局初步形成。

一｜蓝皮书成为媒体融合理论的前沿阵地

北京记协作为全国最早开展“中国媒体融合发展年度报告”项目调查研究的单位，从2010年开始连续10年公开出版了9本蓝皮书，其宗旨在于通过对传媒业的新形式、新进展、新成就的持续梳理，以及对国内外情况的综合比较，及时总结先进的经验、模式、案例，为传媒行业锁定融合标杆，并深入研究其中的不足，给出应对方案，让传媒人了解自己的目标方位和使命责任，让全社会关注、促进传媒行业的良性发展。

10年过去了，《媒体融合蓝皮书》也逐渐成为媒体融合理论的前沿阵地。《中国媒体融合发展报告（2019）》课题组探访了全国19座城市，深入50多家媒体集团和互联网企业调研，掌握了很多一手情况。除了情况、数据、观点更新外，又首创了媒体融合3.0的概念，提出了“整体融通”的融合发展理念，梳理了2018年度媒体融合的十大新成就、新动能、新挑战、新趋势，为新时代融合催生全息、全效、全员、全程新型主流媒体谱写新的篇章。

除了对中国媒体融合大潮全景记录外，《媒体融合蓝皮书》还开创了一套科学、完整、翔实、可见的评价体系，每年评选“中国媒体融合发展排行榜”和“媒体融合年度领军人物”，旨在表彰在中国媒体融合发展中具有创新思想和卓越领导力、作出突出贡献的代表人物，以及具有示范效应和领先优势的媒体机构。蓝皮书在原有两个榜单上首次加入了“融合指数”，在对19个城市调研基础上，结合公开数据，由专家组提名、打分。

《中国媒体融合发展报告（2019）》出版后，引发了学界、业界、社会的广泛关注，人民网、央广、北京日报、中新社等50多家媒体对此进行了报道，仅“北京时间”一家点击量就近百万。

二 | “1+2+17+N”的媒体融合布局初步形成

推动县域媒体体制机制创新，是中宣部提出的重要决策部署。北京市高度重视，认真落实，统筹谋划，全力做好区级融媒体中心建设这篇“大文章”，着力打通基层宣传“最后一公里”。北京媒体融合发展规划目标是打造“1+2+17+N”的传播矩阵，包括一个融媒体指挥调度系统、两个市级新媒体平台、17家区级融媒体中心和若干“京字号”新媒体平台，充分发挥主流媒体示范引领作用，强化责任担当，真正唱响主旋律、弘扬正能量。

2018年7月1日，北京17个区的融媒体中心全部实现了挂牌运行，媒体融合的布局初步形成。北京各区媒体融合发展程度不一，实际情况也不尽相同，各区创新体制机制，因地制宜，推动区内媒体转型升级。

一是机制融合先行，构建全媒体运行模式。通过建立融媒体指挥调度、总编辑协调、选题报送、每日会商、分级审核，实现平台、内容、渠道等要素的紧密结合。例如，海淀、昌平等区着力打造“中央厨房”，有效提升融媒体新闻生产效率。

二是强化流程再造，重构采编发网络。各区结合自身的情况，以符合自身需求的“中央厨房”建设为龙头，打破原有部门框架，实现“一次采集、多次生成、多元制作、多媒传播”的格局。例如，东城区重塑采编发流程，形成线索整理、选题确定、任务分发、现场采集、产品制作、产品推送和落地反馈七大业务流程。

三是加快渠道融合，促进资源有机整合。各区重组广播、电视、报社等发布渠道，从传统发布端向手机端全面迁移，重点打造形式多样、功能齐备的新媒体矩阵；整合区内党政机关微信公众号，成立媒体联盟，形成统一发声、整体传播、规范管理的工作矩阵。

另外，传统媒体的新媒体客户端也百花齐放：2018年8月27日，集电视台、广播电台、新媒体集团三方优势，整合新闻类节目资源，北京广播电视台融媒体中心成立；10月9日，北京日报客户端2.0版上线；10月31日，新京报APP上线运营；12月26日，北京青年报社融媒体平台“北京头条”正式上线。自此，北京市级媒体已逐步从传统发布渠道向移动互联转型，融媒体格局初步形成。

下一步，北京市委宣传部将在中宣部的统一指导下，对区级融媒体中心建设加强统筹、加大力度、加快速度，协调市级部门主动对接，研究服务保障措施，加强与市级媒体平台的联动配合，推动各区在“内容为王、移动优先、技术支撑、流程再造”上敢闯敢试，探索创新，努力打造面向移动互联网、区域特色鲜明的融媒体中心。

（北京市新闻工作者协会）

天津市推进媒体融合发展工作综述

天津市委加大媒体融合力度，以做大做强和发挥主流媒体作用为出发点、落脚点，从媒体管理运行体制机制这一关键处、要害处破题，以自我革命的精神，大刀阔斧推动全市媒体资源实质性整合，组建天津海河传媒中心，努力打造报网声屏一体发展的新型主流媒体，扩大主流价值影响力。2018年4月，市委常委会审议通过海河传媒中心组建方案，以筹备组形式进入实质性运行阶段；同年11月，正式挂牌运行。

一｜天津推进媒体融合的工作举措

（一）坚持高点站位、强力推动

1．把中央精神贯穿媒体改革全过程。市委以习近平新时代中国特色社会主义思想为指导，深入学习贯彻习近平总书记关于媒体融合的一系列新思想新观点新论断，特别是深刻领会把握“推动媒体融合发展，是要做大做强主流舆论、巩固全党全国人民团结奋斗的共同思想基础”“互联网已经成为舆论斗争的主战场，要把主力军放在主战场”“坚持一体化发展方向，加快构建融为一体、合而为一的全媒体传播格局”等重要要求，自觉把推动媒体深度融合作为旗帜鲜明讲政治、树牢“四个意识”、坚决做到“两个维护”的具体行动，以时不我待的精神状态和前所未有的工作力度，谋划推出媒体改革举措，巩固壮大主流思想舆论阵地。

2．“一把手”亲自上阵。天津市委书记李鸿忠同志对媒体融合既“挂帅”又“出征”，两年多来，先后到市委宣传部、网信办、中央和市级新闻单位、津云“中央厨房”等现场调研座谈，多次作出批示指示，主持召开5次市委常委会会议和市委书记专题会议，就天津媒体深度融合的方向、模式、路径等重大问题进行专题研究、作出决策，确定改革时间表、路线图，坚定不移地推动改革任务落地落实。

3．抓好顶层设计。经反复调研论证，2018年4月，市委审议通过《天津海河传媒中心组建方案》，确立了“紧密型、两分开、融媒体、集约化”12字改革原则和目标，对市级所有重要新闻舆论阵地实行集中领导管理，深入推进采编经营两分开、两加强，重塑符合融媒体发展规律的策采编发流程，构建报网声屏端集约化发展的媒体新格局，力争用三到四年时间打造成符合习近平总书记指示要求的新型主流媒体和传媒行业旗舰，以实际行动答好媒体融合的新时代考卷。

（二）坚持整合资源、调整结构

1．领导架构“合六为一”。撤销天津日报社、今晚报社、天津广播电视台、天津广电传媒集团4个正局级和中国技术市场报社、天津报业印务中心2个副局级机构，整合为一套班子、一个法人、一个行政指挥系统、一个宣传策划中心。局级领导职数由8正、32副，大幅削减为2正、11副。原“两报一台”3家主要新闻单位撤销独立法人建制后，转为去行政级别的3个事业部，实现“报纸无社、广电无台”运行。内设机构由改革前的117个压缩至57个，处级干部职数由改革前的433名压缩至197名。

2．整合采编力量。将原“两报一台”所属新媒体采编人员、平台、项目等资源整建制划入北方网，组建津云新媒体集团。打破传统的“块块制”业务架构，本着先易后难原则，对原来散落在不同媒体不同部门的采编资源进行逐步整合，实行按照业务条线垂直设置的“中心制”，统筹采编业务，目前已完成体育中心、文艺中心组建。对核心的新闻板块，由分管宣传策划的副总裁牵头，召集3个事业部和津云新媒体统一策划新闻宣传，目前已实现天津日报、今晚报新闻业务的统一，广播、电视的新闻业务也已分别完成整合，将来逐步与两张报纸的新闻业务实现完全整合。

3．优化调整媒体结构。不保护落后，对已失去受众的传统媒体不打“强心针”、不做“人工呼吸”，主动关闭《中国技术市场报》《渤海早报》《采风报》《球迷》《假日100》《范儿》《育儿》《智力》《今晚经济周报》《今日天津》等10个子报子刊，关闭国际频道、高清搏击、时代风尚、时代美食、时代家居、时代出行6个电视频道，调整区县联盟、音乐2个广播频率定位，停更合并天津网、今晚网、今晚海外网、天视网、天津广播网5个新闻网站和“新闻117”“前沿”“问津”3个新闻客户端。

4．整合经营资源。聚焦主责主业，全面清理无关主业且亏损严重的经营性公司，关闭51家企业，裁减安置冗员563人，确保海河传媒中心瘦身健体、轻装上阵。统筹海河传媒旗下8个主要媒体的广告经营业务，成立广告联盟，对外“一盘棋”招商运营。下一步，将组建由海河传媒中心出资的平台性公司，统一开展广告、新媒体创新服务、文化产业、楼宇经济、资本运作等所有经营性业务。

（三）坚持流程优化、平台再造

1．以高效运行机制为核心。建立统一的宣传策划和指挥调度系统，在统筹导向把控、选题策划、指挥调度、议定事项等方面发挥主导作用。实行重大宣传“周会商”、新闻采编“日例会”制度，中心领导班子每周召开一次协调会，就上周重大宣传任务落实、本周重大报道选题部署等集体研究会商；由分管宣传策划的副总裁每天主持召开3个事业部和津云新媒体采前、编前例会，组织当日重点报道的全媒体采编发布。建立采访、编辑、技术“全媒体联动、全天候响应”机制，信息内容、技术应用、平台终端、管理手段等全要素打通，一支团队全流程协作，提高新闻生产效率，以内容生产流程的一体化实现媒体融合发展的一体化。

2．以融媒体工作室为纽带。落实“人在哪儿，重点就应该在哪儿”要求，创新形式、大力推动传统媒体主力军挺进主战场。2018年，跨媒体、差异化组建了61家融媒体工作室，鼓励传统媒体采编人员以项目制的柔性方式自由组队，开展内容创新。建立工作室效果评价激励机制，以月度为单位，以作品实际传播效果为依据，从三个维度进行评价，根据发稿数量给予基础资助；根据爆款作品访问量实行优劳优酬，积金池内上不封顶；根据带动下载情况，给予额外奖励。通过“基础资助+爆款优酬+额外奖励”形式，不到一年时间，吸引了571名传统媒体一线编辑记者加入，推出优秀新媒体作品近两千件。

3．以统一技术平台为支撑。建设津云“中央厨房”，作为全市信息数据资源汇集、开发、应用的总集成、总平台，成为“一朵云”。2017年3月，投资1.74亿元的津云“中央厨房”一期建成运行，集纳各主流媒体优质资源，前端通过指挥中心对新闻生产全流程指挥调度，后台通过大数据抓取、热点分析、云稿库、网络问政、用户画像、内容管理等业务模块，为前端管理决策提供强大内容和技术支撑。加强技术原始创新，自主研发了新闻发布管理系统、媒体融合技术平台等核心技术产品，目前已拥有60余项技术专利和著作权，输出到全国74家媒体用户。2018年，此项创收突破5000万元。

（四）坚持政治引领、党建保障

1．发挥党组织领导核心作用。把媒体改革作为加强党对新闻舆论工作全面领导和加强媒体党建的重要内容，同步推进建立健全党组织架构，完善党建工作制度。海河传媒中心党委书记同时兼任3个事业部党委书记，确保改革中始终坚持正确的政治方向、舆论导向、价值取向。

2．发挥政治优势。市委宣传部主要负责同志多次与涉及改革单位领导班子谈心谈话，主持召开海河传媒中心筹备工作座谈会，面向各媒体处级以上干部集中宣讲改革方案，讲清楚改革的背景、模式和工作要求，引导媒体领导干部统一思想、提高认识，身先士卒推动改革。海河传媒中心党委深入组织习近平新闻思想全员学习研讨，到天津新闻事业的发源地开展“媒体人寻踪溯源”特色党日活动，引导干部职工强化“一家人”理念，顾全大局、增进共识，支持改革、融入改革。

3．处理好改革发展稳定的关系。改革既有空前力度、大刀阔斧，又精心设计、稳慎操作，不回避历史遗留问题、不回避干部职工关心关注的现实利益问题，对各类可能发生的不稳定因素做最充分的打算，谋定而后动，务实求实、蹄疾步稳地推动改革。将解开思想疙瘩与解决现实利益问题紧密结合，坚决保障职工合法权益，确保改革过程中人心不乱、队伍不散、工作不断，为改革深入推进营造稳定环境，实现了“改革千军万马，没有杂音噪音”的良好效果。

二 | 媒体融合的阶段性成效

海河传媒中心改革受到境内外高度关注，中心挂牌以来，已接待全国人大、中宣部、国家广电总局、光明日报、上海、湖南、四川等中央部门、中央媒体、兄弟省市以及新加坡、泰国、越南等国家20余个学习考察团组。

（一）主流媒体形成主流强势，正面宣传质量和水平明显提升

通过改革，促进了传统媒体与新兴媒体在差异定位中实现优势互补，在共融互动中实现共荣共生，主流媒体作为党的新闻舆论战线的直属部队、主力部队，成为主旋律和主流舆论更加坚实的引领者、引导者。各媒体在重大主题宣传中开展立体化、全方位、矩阵式报道成为常态，特别是在2018年天津举办的“第二届世界智能大会”宣传中，相关主题连续数日位居网络热搜榜前列，媒体融合催化的集群效应凸显。改

革不仅改体制机制，也改作风文风。各媒体全面改版升级，推出了一批精品栏目，天津日报“津门凭阑”成为面向全市干部群众统一思想、凝聚力量的评论品牌；电视理论节目《大家说理》连通名家“大家”与百姓“大家”，推动党的创新理论“飞入寻常百姓家”；电视舆论监督节目《百姓问政》在卫视频道常态播出，成为党委政府与人民群众的连心桥；原创电视相声节目《笑礼相迎》着力弘扬优秀传统文化，打造让年轻受众悦耳悦心的规范、专业的相声平台，线上线下同步热播，被广电总局评为广播电视创新创优节目；津云新媒体成为“网络为主、移动优先”的受益者，第一时间受权发布本市重大时政新闻、第一时间开展重大突发和热点事件报道和舆论引导，发出权威声音，成为一支颇具成长力的媒体新锐，2018年单篇传播量过千万的作品有7篇，其中，反映获得习近平总书记回信的南开大学8名新入伍大学生成长故事的短视频《如斯青春》、反映扶贫干部利用互联网帮助偏远山村脱贫故事的短视频《臊子书记》2个作品，传播量累计均过亿次，成为爆款产品。

（二）内容优势转化为发展优势，人气流量迅速攀升

2018年，海河传媒体中心旗下天津电视频道组本地市场份额37.76%（同比增长7.79%），天津日报发行量18.01万份（同比增长2.88%），2019天津春晚收视率2.65%（同比增长126%），津云客户端、北方网、IPTV等津云系列新媒体覆盖本地和国内用户达2000万人（同比增长22%），这几组指标均超过改革前各媒体历史最高水平。海河传媒中心首次以“媒体全家福”形式整体亮相天津融媒体粉丝嘉年华活动，三天时间吸引了40万人的线下流量，彰显了品牌影响力。

（三）整体经营形势不断改观，新媒体收入强劲增长

通过抱团取暖、整合经营，海河传媒中心整体经营趋向平稳。特别是天津日报、今晚报、每日新报等报纸经营恶化的势头得到遏制，预计2019年广告刊发量和收入有望实现双双止滑、稳中有增。与此同时，新媒体版块成为海河传媒中心重要经济增长点，2017年津云新媒体集团组建的第一个财务年度，实现新媒体业务营业收入2.37亿元，2018年达到2.8亿元，同比增长18%。

（天津市新闻工作者协会）

河北省推进媒体融合发展工作综述

2018年，河北省新闻战线紧紧围绕中央和省委、省政府重大决策部署，把握时度效，唱响主旋律，打好主动仗，为新时代全面建设经济强省、美丽河北提供了有力舆论支持。

一｜强基固本、整体推进，新媒体建设取得新突破

河北省高度重视新媒体建设，全省各级各部门密切配合，协调联动，为新媒体建设发展奠定坚实的基础。

一是推进媒体深度融合，不断提升传播力引导力影响力公信力。河北日报报业集团深入实施移动优先战略，围绕建立一支队伍、两个平台的一体化运作机制，完成中央厨房二期工程，进一步打通报网端微，推进一支队伍办报办新媒体，有效提升了集团媒体传播力引导力影响力公信力。河北日报客户端3.0版全新上线，下载量达到1250万，注册用户超过450万；官方微信加强选题谋划和呈现方式创新，订阅用户突破50万；官方微博强化党微特色，聚焦报道重点，目前粉丝总量突破350万。两微一端居全国省级党报前列。集团全媒体覆盖用户达4200万，有效占领网上舆论阵地，被中国报协授予“中国报业融合发展创新单位”。

河北广播电视台IPTV业务保持快速发展势头，用户规模突破1500万，位居全国第二，创造了业界瞩目的“河北现象”和“河北速度”。新媒体中心，拥有包括河北网络广播电视台（PC网站）、冀时客户端、即听客户端等在内的全平台数字媒体，网站及客户端用户量超过200万。同时部门还搭建管理河北广播电视台微博微信矩阵，涵

盖330多个优质账号资源，总粉丝量超过3000万，深度覆盖全省用户。

长城新媒体集团依托集团“中央厨房”全媒体平台，着重打造时效更快、分众更细、覆盖更广、互动更强、风格更接地气的新媒体传播新业态，搭建“网、报、端、微、视、屏”六位一体的融媒体传播矩阵，占领舆论引导主阵地，构建舆论引导新格局。

《共产党员》杂志推出了全国首家党建类融媒期刊。通过扫描二维码实现了“可读、可听、可观看、可互动、可分享”的五大功能。使作品由一次性传播升级为裂变式传播，真正实现了纸媒、网媒和移动媒体的互联互通，走在了全国党刊界前列。

二是强化顶层设计，注重典型示范。加强了“河北发布”政务融媒体平台、“网信河北”新媒体矩阵建设。“河北发布”政务融媒体平台围绕中心工作，深化政民互动，打造省级政务新媒体品牌。目前，发布信息超过8万余条，推荐阅读量超过10亿次。“网信河北”作为河北省网信办官方微信公众号，创新研发了网络舆论引导指挥调度技术系统，建设了覆盖省市县各级各领域新媒体的“网信河北”矩阵，全面建成“网信河北”舆论引导指挥调度中心。“网信河北”微信公众号粉丝数达99万，全省网信系统网信账户开通率达100%，覆盖人数达2600万人，河北是唯一运用技术系统加强网信账号建设，开展舆论引导的省份。

三是注重强强联合，着力打造新型主流媒体。河北《共产党员》杂志不断加强传播手段建设和创新，借助移动传播，推动党的声音进入各类用户终端。2018年6月，《共产党员》杂志通过入驻《人民日报》客户端“人民号”，全网域推送基层党建典型百余个，其中半数以上浏览量突破100万，《传奇“天使”乞国艳》《李志则：带领乡亲奋斗30年，人均收入增长20倍》《魏县防贫出大招》等4篇文章单篇浏览量突破1000万，被业界称为新媒体传播的河北“红色冲击波”。

二 | 围绕中心，服务大局，唱响时代主旋律

河北省新闻战线牢记总书记的殷切嘱托，自觉肩负壮大主流思想舆论的责任与担当，保持创新驱动的勇气与智慧，向着建设让党放心、让人民满意的新型主流媒体的目标加速迈进，不断提高传播力、引导力、影响力和公信力，把党的声音传得更响更广更远。

一是重大主题宣传浓墨重彩。河北日报、河北广播电视台、长城新媒体集团等省

直主要媒体围绕学习宣传贯彻习近平新时代中国特色社会主义思想，加强宣传策划，统筹安排部署，开设“在习近平新时代中国特色社会主义思想指引下——新时代新作为新篇章”专栏专题，推出动态报道、反响报道、专题访谈、理论文章等各类报道500多篇。通过理论专论、精品消息、新闻图片、系列通讯，以及视频、H5等全媒体形式，充分反映全省各地学习贯彻习近平新时代中国特色社会主义思想和党的十九大精神的扎实进展和成效。

二是重要节点报道亮点涌现。河北日报、河北广播电视台围绕学习宣传习近平总书记对河北工作的重要指示精神，结合“2. 23”习近平总书记考察雄安新区规划建设一周年、“2. 26”京津冀协同发展战略实施四周年、雄安新区规划纲要批复、建党97周年等重要时间节点，撰写系列评论，推出专栏专题报道，全面展示各地各部门的工作思路和举措成效。长城新媒体集团深入开展庆祝改革开放40周年、筹办北京冬奥会、精准脱贫、全国两会等重大主题宣传。在全国两会期间，《总书记，您来过的河北这些村，乡亲们有话对您说》《春天里的河北》等3部新闻作品获中宣部书面表扬；《河北省积极践行总书记的嘱托　提前一周供暖受到群众欢迎》、《跨越几千公里，东峰书记向一个新疆女孩许下约定》、“网民问政：不让一个孩子因贫困失学”系列访谈及新媒体作品、《“一带一路”河北实践》系列报道获省委、省政府主要领导7次表扬。2018年，长城新媒体集团21件新媒体作品受到中宣部、国家广播电视总局和省委、省政府领导表扬和批示肯定，被中央主要新闻网站（客户端）转发及中央、省委网信办推送1700余篇次。

三 | 注重人才队伍建设，着力打造新媒体团队

2018年，河北省进行了五个方面的探索，收到明显成效。

一是坚持党管媒体，党管人才，配强干部队伍。河北省各级媒体在选人用人上坚持德才兼备，以德为先，坚持任人唯贤、事业为上、公道正派的原则，着力把信仰坚定，为民服务、勤政务实、敢于担当、清正廉洁的好干部选拔到各级领导岗位。努力打造风清气正的干事氛围。

二是切实加大财政补贴扶持力度。推进《省委办公厅省政府办公厅关于加强对各级新闻媒体财政支持的通知》精神的落实。要求各级各部门要加大对新闻媒体的支持保障力度，列入本级年度财政预算，确保足额保障。让媒体从业人员集中精力干

事业。

三是加大专业人才引进力度。省直主要媒体先后实施了中层正、副职岗位的竞聘上岗，专业岗位公开招聘上岗，建立起适应新媒体传播规律的融媒体采编队伍，筑牢了新媒体创新发展的根基。200多名优秀的年轻同志走上基层管理岗位。500多名重点院校高学历专业人才加入新媒体团队。

四是大力培养人才，提升队伍素质。实施“千人培训计划”工程，通过“请进来”“走出去”等方式，加强与业界学界的互动，实现理论与实践结合，努力打造一支政治过硬、本领高强、求实创新、能打胜仗的新闻宣传人才队伍。2018年省记协和全省各媒体组织举办各类培训班50多次，累计培训新闻从业人员12000人次。

五是强化激励，打通人才晋升“双通道”。河北广播电视台选聘了一批首席、资深和特聘人才（记者、编辑、主持人和工程师），拓宽了专业人员发展路径。在频率频道探索建立工作室和项目组，激发干事活力，为下一步深化改革奠定了基础。河北日报推进全员融合，成立河北日报全媒体编辑中心，修订《河北日报全员全媒体绩效考核办法》，奖励标准进一步向媒体融合产品倾斜，增加原创稿件考核权重，引导发布时序上先端后报、先网后报。

（河北省新闻工作者协会）

山西省推进媒体融合发展工作综述

2018年，媒体融合行至纵深阶段，山西各级各类媒体深刻领会、准确把握习近平总书记关于推动媒体融合发展的重要论述精神，按照中央和省委决策部署，在山西省委宣传部统一领导下，结合省情、市情和媒体实情，创新顶层设计，相继成立了领导机构、制定了发展规划、布局了融媒体产品，在平台建设、组织架构、考评机制等改革方面进行了大胆的探索和尝试。目前，初步建成了省级中央厨房，市级媒体融合探索迈出关键一步，县级融媒体中心建设开展得如火如荼，借助山西媒体智慧云平台，通联中央驻晋新闻单位，山西形成中央（驻晋）省市县四级主流媒体深度融合、同频共振的发展格局。

一 | 向媒体融合大洋更深处挺进

面对互联网飞速发展、数字技术快速发展、传播业态快速迭代，面向新媒体、强化移动端，把纸上的生产优势转化成网上生产优势，把内容优势转化成传播优势，把文字产能转化为全媒体产能，成为山西媒体基因重组、转型发展迫切需要研究的命题，借媒体融合的“催化”作用，山西向媒体融合大洋更深处挺进！

（一）新兴传播载体发展迅速，融媒体格局初步形成

思想解放的程度决定了融合发展的力度，思想认识的高度决定了融合发展的深度。近年来，山西各级各类传统媒体善于识变、主动应变、积极求变，在坚持办好传统报纸、电台、电视台的同时，加快“两微一端”、手机网站、手机报等新媒体平台

建设，“传统媒体阵地+新媒体平台”成为标配，融媒体传播矩阵初步形成，构建报台网、客户端、微博、微信、手机网站、手机报、微视频等新的传播体系和格局。

（二）用户规模逐步扩大，传播力不断提升

融媒体背景下，各媒体用户规模井喷式增长，媒体传播力不断提升。大同新闻网粉丝数超过20万，山西广电新媒体IPTV用户超过200万，山西晚报新浪微博粉丝超过720万，山西日报网络覆盖人群超过1200万。2018年山西省两会期间，山西日报新媒体和山西新闻网共推出17组图解、6部动漫、5个H5作品，官方微信累计阅读量逾30万，相关微博阅读量逾百万；这些作品有影响、有力度、易传播，产生了刷屏效应，引起了强烈反响。在2018年历次重大战役性报道中，各级各类媒体不断深化传播技术和手段创新，移动直播、H5、动漫、短视频、图解等新颖的传播技术和手段被广泛运用，推动主流媒体的传播力、引导力、影响力、公信力得到稳步提升。

二 | 守正创新，勇立融合潮头

在人人都有麦克风的全媒体时代，山西省、市、县主流媒体手握“金话筒”勇立潮头，顺应时代大势，守正创新，“融”出未来的媒体融合“大合唱”正响彻三晋大地。

（一）“全省媒体一朵云”的顶层设计具有创新性

2017年，省委宣传部组织山西日报、山西广播电视台等省级媒体负责人和骨干力量，先后多次赴人民日报、新华社、人民网，华为、腾讯和上海、浙江、湖北等媒体调研学习，多次召开推介会、推进会、论证会研究顶层设计方案，确定了“以内容、渠道、平台、经营、管理深度融合为宗旨，以提高媒体新闻传播力和市场竞争力为目的，以建设省级‘中央厨房’平台、省报、省台和各市县主要媒体融媒体中心为架构，以整合全省媒体信息资源为基础，以打造新闻类客户端为突破，以逐步开发信息内容智慧服务和媒体产业聚集为持续，助推全省媒体深度融合，努力走出全省媒体融合改革新路径并进入全国第一方阵”的媒体深度融合发展思路。

为此，在省委宣传部指导下，由山西日报社和山西广播电视台共同出资成立了山西云媒体发展有限公司，专门负责建设运营山西媒体智慧云平台，即省级“中央厨房”。从设计上聚合全省各级媒体资源，横向涵盖报纸、广播、电视、网媒，纵向覆

盖省市县三级媒体指挥调度、内容聚合分发，可以支撑全省新闻单位全媒体采集、全品类生成、全终端传播，助力全省媒体传播能力、业务能力和创新能力的提升。

2018年7月底，省级“中央厨房”初步建成投入运行，初步实现了与山西日报、山西广播电视台的“通”和“用”。为山西日报、山西广播电视台融合发展提供技术支撑，着力打造技术支撑平台；实现中央（驻晋）省市县四级媒体资源互联互通，着力打造信息汇聚平台；围绕中心工作、重大宣传任务，生产融媒体作品，一次采集、多种生成、多终端呈现、多群体送达，着力打造内容生产平台。同期，在山西推动县级融媒体中心建设中，省级“中央厨房”又承担起了县级融媒体中心省级技术平台的重要使命；各级主流媒体和山西媒体智慧云平台以技术创新为引领，运用5G、大数据、云计算、人工智能等新技术应用推动媒体融合向纵深发，山西媒体融合发展取得可喜的阶段性成果。

（二）市级主流媒体融合发展树立“新标杆”

2018年，长治日报社整合了日报、晚报、网站、移动终端信息资源，完善充实到全媒体中央控制室，初步实现旗下所有新媒体平台的日常稿件编采和信息发布，实现了新闻的“一次采集、多次生成、梯次发布、循环传播”；大同日报传媒集团组建了全媒体编辑委员会，负责管理旗下12个部门，对大同日报、大同晚报、新媒体统筹调度，统一进行版面制作和广告分配，各部门承担相应经营任务，采用“特色小灶”式融合，即日常各自为战，若有重大活动时临时组建项目小组，日报、晚报、全媒体根据自身特色，分工合作，该模式放大了宣传效应、共享了媒介资源、节省了人力成本，取得了良好的传播效果；2018年10月9日，晋城市新闻传媒集团揭牌成立，太行日报社和晋城广播电视台两家市级媒体融合迈出关键一步，初步实现了人员融合、架构融合、渠道融合、平台融合、管理融合，探索出一条市级媒体融合发展新路，为市级主流媒体融合发展树立起“新标杆”。市级主流媒体一曲守正创新，“融”出未来的媒体融合“大合唱”正响彻三晋大地。

（三）扎实推进县级融媒体中心建设

2018年8月，习近平总书记提出“要扎实抓好县级融媒体中心建设，更好引导群众、服务群众”。省委宣传部组织市县两级相关部门负责同志深入学习研讨，开展专题培训，全面准确吃透中央精神，确定39个县（区、市）2018年启动县级融媒体中心建设。山西日报、山西广播电视台共建的山西媒体智慧云平台，承担起山西县级融媒体中心建设省级技术平台的重要职能。目前，山西媒体智慧云平台已开始为试点县级融媒体中心建设提供全方位的服务。长治市长治县（现更名为长治市上党区）、朔州市怀仁市列入中宣部县级融媒体中心试点县。截至2018年12月31日，山西2018年首批启动建设的39个县（区、市）融媒体中心全部揭牌。

三｜融合发展再现“百花齐放”“百家争鸣”

（一）资源有效整合，形成发展合力

目前，山西日报融媒体平台三大核心，策划系统、采编系统、媒体资源系统全部投入使用；同时山西日报报业集团已初步理顺山西新闻网管理体制，将其由山西日报传媒（集团）公司划归山西日报报业集团直接管理，山西新闻网采编业务将纳入山西日报统一指挥、管理考核，实现报、网、端三端融合，形成发展合力。山西广播电视台微信公众号订阅号近千万，央视新闻+山西广播电视台矩阵号发稿量央视之外高居第一。山西日报、山西广播电视台等主流媒体，重塑策采编审发评流程，优化整合各平台力量，以内容生产为根本，策划推出一批具有传播力、引导力、影响力、公信力的优秀融媒体产品，主力军进入主阵地，着力建设具有较强影响力、竞争力的新型主流媒体。

（二）创新推广模式，媒体影响不断提升

为了不断扩大覆盖面和影响力，山西全省特别是省级各媒体克服经费紧张等客观因素，积极创新推广方式、拓展推广渠道。山西日报客户端在全国首创“人民日报”和省级党报在线原版呈现，与人民网“地方领导留言板”联通，借力人民日报客户端、人民网等中央媒体平台推介山西日报客户端。2016年4月以来，山西日报与省高校工委、省教育厅合办山西日报客户端频道“晋青春”频道，协助教育系统共同做好高校思想政治工作，不断提升党报在大学生中的覆盖力影响力。目前，山西日报客户端下载量158万，日均活跃量6.2万，已成为省内用户最多、影响力最广的本土类新闻客户端。2018年春节期间，太行日报承办了晋城市多项“两节”文化公益活动，以“公益”“文化”为主打，树立了太行日报新媒体的良好形象，广受领导和群众赞誉。

（山西省新闻工作者协会）

内蒙古自治区推进媒体融合发展工作综述

内蒙古自治区地处祖国正北方，内连八省，外接俄蒙，是边疆少数民族欠发达地区。在舆论生态、媒体格局、传播方式发生颠覆性变化的信息时代背景下，内蒙古自治区进一步深化媒体融合，做大做强主流舆论，抓好基层融媒体中心建设，努力做好上接天线、下接地气、凝心聚力、对外融通的新闻舆论工作。

一｜传统媒体深度融合向纵深推进

（一）以制度建设促进融合纵深发展

内蒙古自治区不断创新工作思路、拿出新招实招，印发《关于加强和改进党的新闻舆论工作的实施方案》，特别制定了《关于开展“新闻舆论工作质量提升年”活动的意见》，提出以“融合工程”“管理工程”“指挥调度工程”“创新工程”等六大工程为抓手，在全区新闻舆论战线开展为期三年的“新闻舆论工作质量提升活动”，重点围绕突破性工作和创新性工作设定了21个考核指标，进行量化考核。同时，内蒙古自治区还创新管理系统，研发建设了新闻舆论工作指挥调度平台，实现了对重点工作的实时调度、重要信息的不间断追踪监测和新闻资源的汇聚比对，提升新闻舆论工作指挥调度的精准化水平，内宣、外宣、网信部门拧成一股绳，在统一指挥调度下协同开展工作。

2018年内蒙古新闻舆论工作质量提升活动，以新闻作品质量提升为主题，着力全方位推动媒体融合向纵深发展，做大做强主流舆论。实施近一年来，自治区媒体新闻作品质量提升显著。内蒙古广播电视台成立了“雷蒙团队”“融媒体研发团队”等策划团队，推出的《奋斗的滋味》等系列报道得到中宣部点名表扬。广播《全区新闻联播》节目年平均收听率从2017年的0.32增长到现在的1.37，《新闻天天看》微信公众号到2018年连续5次进入中国微信月榜500强，《都市全接触》微信公众号阅读量从年初每周20万人次增长到目前每周100万人次。

（二）以重大主题宣传报道挺进主阵地

紧紧围绕中央大政方针和自治区党委中心工作，精心策划主题宣传，逐项制定方案，开展融合传播，切实壮大主流舆论，为自治区改革发展稳定提供了有力舆论支持。2018年内蒙古自治区继续深化习近平新时代中国特色社会主义思想宣传报道；全力做好贯彻落实习近平总书记关于内蒙古重要讲话精神宣传报道；充分展示习近平生态文明思想在内蒙古的生动实践；组织做好脱贫攻坚宣传；统筹做好庆祝改革开放40周年各项宣传报道；精心策划各项重要会议活动的宣传报道等。

特别是内蒙古自治区协调中宣部将库布其沙漠治理成效经验作为全国践行习近平生态文明思想的重大典型，组织中央媒体深入库布其沙漠腹地进行集中采访，并用一个月的时间持续推出形式创新的全媒体报道，政治站位高、声势规模大、报道效果好、传播手段新，中央和自治区媒体包括新媒体共刊播、编发各类报道约16100多篇（条），中央主要媒体在重要版面时段就刊播重点报道370多篇，得到了王沪宁等中央领导同志和中宣部及社会各界的赞誉。

二 | 县级媒体融合创新发展

（一）周密部署，推进有力

内蒙古自治区认真学习、深入领会习近平总书记在全国宣传思想工作会议上的重要讲话精神，按照中宣部上海会议精神和自治区党委宣传部的部署安排，在充分学习借鉴湖北“长江云”、浙江长兴县等先进经验，在广泛调研的基础上，先后印发自治区七部委联合出台的《中国内蒙古自治区委员会宣传部等关于加快推进旗县级融媒体中心建设的方案》《关于做好内蒙古自治区旗县级融媒体中心建设推进工作的通知》，提出了我区旗县级融媒体中心建设的工作原则、主要任务、进度安排和保障措施等，推动自治区级与县级媒体合作，打通媒体融合“最后一公里”，即由内蒙古日报社建设　内蒙古自治区“草原云”平台，组织盟市媒体、旗县融媒体中心入驻，打造自治区、盟市、旗县三级联动的融合平台。真正做到自治区、盟市、旗县三级融媒体“同频共振、同向发力”，形成三级媒体互动、互融、共享、共赢，达到1+1大于2的叠加效应，这是一种可探索的全新媒体深度融合模式。

（二）因地制宜，注重实效

在搭建制度框架的同时，内蒙古自治区按照“分批推进、试点先建”的工作原则，2018年，在全区103个旗县（市区）中选树39个旗县作为融媒体中心建设试点。39个试点的选树充分考虑了自治区东、中、西部，农村、牧区、农牧结合地区、城镇、城乡等不同类型旗县（市区）的媒体现状。自治区抽调主要新闻媒体中蒙汉兼通的，具有较强融媒体业务素养的正处级干部、网络技术人员、新媒体产品创意策划人员和文案设计撰写人员，组建4个融媒体中心建设推进小组，下沉各盟市、各旗县，协助建设融媒体中心试点。结合各地的媒体资源实际，避免盲目追求“高大上”，不搞重复建设和“一刀切”，因地制宜，量力而行，把指导帮助试点旗县做强主流舆论阵地、取得媒体融合发展的实际成效，作为试点建设的最终目标，扎实推进边疆民族地区基层媒体融合工作。2018年10月自治区宣传部组织召开全区旗县级融媒体中心建设推进现场会，与推进小组、39个旗县（市区）签订试点建设责任状，进一步明确任务目标，夯实责任。

（三）精心谋划，环环相扣

在县级媒体融合工作中，内蒙古自治区力求尊重客观规律，形成制度闭环。中宣部召开全国深化文化体制改革座谈会后，自治区宣传部立即组织带领各盟市宣传部长赴江西分宜调研学习先进经验。同时开展全区基层主流媒体情况摸底调研，在充分了解各地融媒体中心建设重点、难点的基础上，根据实际需求为每一个旗县融媒体中心量身定制建设方案。39个试点融媒体中心挂牌成立后，自治区又及时制定建设工作质量评估标准，于2018年年底进行试点建设工作质量测评，同时要求试点旗县对融媒体中心建设工作展开自我评估并提交自评报告及融媒体新闻产品。39个试点旗县（市区）融媒体中心的正常运转产生了强烈带动作用，内蒙古自治区基层融媒体建设发展在科学规划与实践中加快了步伐。

（四）能融尽融，服务创新

以包头达茂旗、鄂尔多斯东胜区为代表的试点旗县，大胆创新，先行先试，按照“更好引导群众、服务群众”要求，坚持能融尽融、服务基层，以全程、全息、全员、全效融合统筹传统媒体、新兴媒体、平台载体、数据信息、行业部门等资源，推动各项工作持续向好向优发展，最终将融媒体中心打造成集“主流舆论阵地、引导服务窗口、监管评价渠道、指挥调度中心、数据信息平台、智慧城市大脑”六大功能于一体的更具凝聚力和引领力的新型主流媒体平台。

鄂尔多斯市东胜区在自治区旗县一级率先上线综合性门户新媒体平台“美丽东胜”APP，推动各类要素资源向移动端集聚，实现教育、引导、服务、联系群众“零距离”，并围绕其组建27个全媒体平台形成拳头型前端，吸纳124个部门和自媒体公众号形成声量维度，组建起网格员、通讯员、信息员、网评员四支垂直运维队伍，形成立体式全媒体传播矩阵。“美丽东胜”APP上开通政务服务和便民服务板块，以注册用户数突破10万为阶段目标，集成政府41个单位131项一次性办结行政审批服务，实现39项零跑腿网上办结，办结时效提速30%以上。东胜融媒体中心还开发意识形态阵地网格化管理软件，对区域内10大类意识形态阵地实现坐标化、动态化、数字化、全员化管理，融媒体中心线上监管，兼职网格员上下联通，深入落实“望闻问切”要求，群众来访逐年下降，2018年人数和批次分别比2016年下降50%和41%。东胜区还打通两个中心资源，以融媒体中心为依托，新时代文明实践中心建立了志愿服务菜单库，精准谋划落实志愿服务项目。

（内蒙古自治区新闻工作者协会）

辽宁省推进媒体融合发展工作综述

2017年以来，辽宁记协坚决贯彻落实中央关于推进媒体融合发展的决策部署，按照中国记协的统一安排，将工作重心向新媒体和媒体融合倾斜。由中共辽宁省委办公厅印发的《辽宁记协深化改革方案》，在记协的改革措施中将“建立联系新兴媒体运行机制，扩大服务有效覆盖面”作为一项重要举措。在记协领导机构人员构成和运行机制上，全省理事会中新兴媒体代表占比由上届的不足1%提高到10%以上，常务理事中新兴媒体代表由上届的不足1%提高到15%以上。在2018年第二十七届辽宁新闻奖评选中，增设了媒体融合奖项，取得了良好的效果。在第二十八届中国新闻奖评选中，由辽宁日报社选送的新媒体作品《春风春雨度关东》获得了二等奖。2019年第二十八届辽宁新闻奖评选中，媒体融合奖项正式列入其中。

（辽宁省新闻工作者协会）

黑龙江省推进媒体融合发展工作综述

在黑龙江省委宣传部领导下，黑龙江省新闻工作者协会团结引领全省主流媒体，在外部环境逼迫和内部改革需求的压力下，不断自我革命、重新规划，努力行稳致远，加大媒体融合推进力度，助推黑龙江省宣传思想工作再上新台阶。

一 | 强化顶层设计，全省主流媒体上下齐心同频共振

2018年是黑龙江省主动推进媒体融合发展的关键年；是以“内容+移动互联网”转向以“移动互联网+内容”的战略年；是打破块状结构、打通生产端与分发端、尝试多介质内容、技术、经营、平台、管理走向一体化的转折年。全省主流媒体融合发展工作有序进行，主要表现在：

（一）省级主流媒体融合工作进展迅速

以“中央厨房”建设为抓手，以“全面融合、整体转型”“你就是我，我就是你”为核心进行全媒体一体化融合改革。

黑龙江日报报业集团建设了总面积1000平方米、共有56名工作人员的集团“中央厨房”，对原有组织架构进行调整，按“新媒体编辑部”模式运行，以“两微一端”等方式呈现，实现了报、网、端、刊、博、微“全渠道”覆盖传播。

黑龙江广播电视台做大做强“无限龙江”移动客户端，充分发挥所属微信公众号、微博影响力，形成传统媒体与新兴媒体优势互补、一体发展的格局，所属各类新媒体粉丝量达880万。2018年，“新闻夜航”微信公众号粉丝已达170万，年发“10万+”

文章613篇，总阅读量达到2.5亿，全国总排名第7，创造了全国地方媒体微信公众号的最好成绩。

（二）市（地）、县级主流媒体融合发展各具特色、进展明显

哈尔滨日报和哈尔滨广播电视台着力推进传统媒体与新兴媒体由“相加”到“相融”迈进，通过流程优化、平台再造，把各类媒介资源、生产要素、传播通道有效整合，实现内容产品、技术应用、平台终端、管理手段、人才队伍的共享共融。

佳木斯日报依托全媒体“中央厨房”平台，通过对全网数据的抓取、分析，强化多元内容融合生产，实现了“一次采集、多种生成、多元发布”；伊春日报获得“金长城传媒奖·2017中国传媒融合发展十大创新力地市党报”“2018年中国报业融合发展创新单位”等荣誉；大兴安岭融媒体荣获“2017—2018年度中国报业新媒体项目创新30强”。2018年12月，哈尔滨市宾县、双鸭山市宝清县2个县级融媒体中心中宣部试点县已经挂牌，完成“物理整合”，并逐步向“深度相融”迈进，其他24个县级融媒体中心省级试点县的建设工作也在全面铺开。

（三）全省新媒体平台品牌建设稳步推进

目前，省市县三级媒体拥有新闻客户端和微博、微信公众号400余个，其中，粉丝量超过5万的60余个，超过20万的25个，超过100万的7个（其中，黑龙江交通广播110万、东北网微博124万、“新闻夜航”150万、黑龙江卫视176万）。

（四）优秀融媒体作品广泛传播

省级主流媒体运用新思维、采用新手段、推出新产品，在重要会议、重大活动和重大主题宣传时，制作推出一系列积极正面、传播广泛、深有影响的融媒体作品。省委省政府重要政务活动新闻、重要经济社会民生新闻等，阅读量达30万以上的作品层出不穷，有效传播了党和政府声音。

市级各媒体积极适应受众特点，在融媒体产品制作上狠下功夫。哈尔滨日报2018年发布各类图片超过50万张，视频内容生产超过20万分钟，直播超150场，各类H5、动漫、微视频、抖音、全景作品总浏览量达1.5亿次，其中《登上国庆日的报纸头条》H5产品浏览量超1500万；哈尔滨广播电视台客户端“掌上蓝网”主打本地新闻资讯，集全媒体、全推送于一体，受到当地群众喜爱，截至2018年末，总下载用户量超过10万；佳木斯日报积极采用H5、VR、无人机等新媒体技术，内容产品从可读到可视、

从纸端到指尖，满足多终端、多体验的用户需求。双鸭山广播电视台客户端“双鸭山手机台”开办了“点播回看”“图文快报”“热点浏览”“公示公告”等栏目，在当地有一定影响力；大兴安岭日报、黑河日报、鹤岗日报等新媒体按照“政务+服务+民生”的宗旨，切实增强新闻的贴近性、即时性、服务性，为公众提供便捷丰富的资讯服务，受到当地群众好评。

二 | 因地制宜，各媒体融合形态异彩纷呈

2018年，黑龙江日报报业集团、黑龙江广播电视台、哈尔滨日报报业集团、哈尔滨广播电视台在媒体融合发展中最具代表性，它们的亮点是：

（一）黑龙江日报报业集团：新媒体与纸媒共同成长

《黑龙江日报》主打两大产品：《黑龙江日报》客户端和纸质《黑龙江日报》。黑龙江日报客户端2.0版设置13个频道56个栏目。人员实行一岗双责，负责客户端频道的运营管理更新和纸质稿件的采编出版，所有自采稿件均实行网络优先发布原则。形成了全媒体矩阵，移动端粉丝总量超过3500余万。它的创新主要在于：一是运用“产品思维”推动新媒体产品的“二次创作”。2018年“两会”期间，在北京设立两个新闻中心，在远程采集和现场编发的基础上，实现了大数据分析和融媒体产品生产。二是通过融媒体创新让报道更具感染力。充分运用HTML5、VR、Flash、动漫、互动游戏、秒拍等新媒体技术。三是通过分享互动制作创意十足的互动融媒体产品。《中秋追月晒团圆》产品点击量达到111万次。四是引入直播使全媒体采访更立体。2018年推出庆祝改革开放40周年的“40年40人”全媒体大型直播采访活动。五是凸显品牌力量。连续三年举办“龙江最牛群主评选”活动，参评群主都是《黑龙江日报》聚拢的优秀网民。

（二）黑龙江广播电视台：管理创新，全员压向融媒体一线

黑龙江广播电视台守正创新，立足主流媒体的根基做融合。龙视新闻联播微信公众号推出的H5产品《默默守护，它伴随你我一生，它的名字叫宪法》《奋斗吧！我的龙江》等“爆款”产品刷屏朋友圈。二是拆除围墙，以媒体人的思维进化促融合。改革人力配置、人才选拔、劳动分工、收入分配等制度，通过深化机制改革与制度创

新，逐步建立起适应传媒规律、市场规律的运营管理体系，提高效能与活力；全面推进节目评估体系，目标管理体系、财务管理体系，人力资源管理体系、战略管理体系、会员用户体系、全媒体技术体系等体系建设，保驾事业产业跨越持续发展。三是大胆试水，凭借充分的媒体实践检验融合。2018年初，在冰雪旅游负面舆情发生后，交通广播举办“百城百台走进大美龙江”活动。第29届哈洽会期间，H5“手机哈洽会，点赞赢红包”获得36万的点赞；“龙广电”头条号共发布文章和视频920篇，累计获得阅读量240万；“龙广电”抖音号发起了“玩嗨　哈洽会”挑战活动，总播放量突破950万。四是为实现与新媒体受众的强度链接，黑龙江卫视在与北京卫视、河北卫视合办的中国首台冰雪主题跨年晚会中，借助各大媒体公众号进行预热宣传，并在卫视频道、腾讯网同步播放跨年冰雪盛宴。

（三）哈尔滨日报报业集团：以打造新媒体产品为硬核

哈尔滨日报报业集团的创新之处在于一是技术驱动内容产品质量的生产能力不断提升。哈尔滨日报报业集团以融媒体平台建设倒逼机制流程再造，以技术赋能激发了全媒体内容生产能力的提升。移动优先、视频优先已成为团队的行动自觉，能生产新媒体产品的编辑记者数量在不断转化增长，拥有新媒体技术含量的内容产品不断生成，全媒体产品线初步形成。二是新媒体营收从成长期进入变现期的变现能力不断提升。各新媒体平台以优质内容生产为牵引，一手抓拉新，做大流量；一手营销平台影响力，以流量导入优质客户，新媒体平台矩阵营收能力完成“从零到一”的成长期，开始进入“一加零”的变现期。新技术驱动营收能力持续提升，新媒体矩阵营收模式从“硬广+微店”等单一渠道，向“平台直播+新技术产品（H5、短视频、形象宣传片）+线上线下互动活动+首页窗口流量计费+新媒体平台代运维”格局转变。三是以“用户第一”的理念对接市场运营资源的服务能力不断提升。依托集团品牌影响力，进一步整合集团内容、渠道、人力等资源，主动对接市场需求、服务社会资源，打造多个现象级、大体量的服务产品，实现产品从单一传播向全案营销，服务方式从单兵操作向集团作战，服务效果从客户单向反馈到社会评价认知的新跨越，初步形成了哈尔滨日报报业集团“城市推广服务商”这个新IP。“媒体资源对接服务需求”项目收入占集团总收入比重超过60%。四是以机制体制和流程再造激发员工内生动力的创新能力不断提升。哈尔滨日报报业集团坚持问题导向，着力深化改革，重点推进体制机制和工作流程的改造，初步形成了与融合转型需求相匹配的新机制，激发了员工的内生动力，提升了员工的创新能力。

（四）哈尔滨广播电视台：流程再造，最大限度地抢占用户资源和话语权

2018年4月1日，哈尔滨广播电视台融媒体中心宣布成立。打破现有声、屏、报、网、微、端平行运作的架构，以“一次采集、多种生成、多端传播”为目标，哈尔滨广播电视台融媒体中心通过“运行理念再造、运作流程再造、管理机制再造、节目形态再造、传播效果再造”，最大限度地抢占用户资源和话语权。通过一系列新闻事件直播、独家选题策划、新闻活动策划等形式，哈尔滨广播电视台媒体融合实现了新突破、新跨越。

（黑龙江省新闻工作者协会）

上海市推进媒体融合发展工作综述

上海深入学习贯彻习近平总书记关于媒体融合发展的重要讲话精神，加强整体布局、推动改革创新、聚焦主攻方向、全力抓好落实，不断深化深度融合整体转型战略，推进媒体融合向纵深发展。目前，上海新媒体已形成亿级平台1家（澎湃新闻）、千万级平台7家（上观新闻、阿基米德、百视通、东方头条、界面新闻、财联社、唔哩头条）、百万级平台10家（文汇、新民、看看新闻、翱翔、第一财经、第一财经周刊、上海日报SHINE、周到上海、东方购物、东方体育），日覆盖用户超6亿。2018年，上海14家主要媒体原创内容数量、总传播力、总影响力分别同比增长29.2%、235.7%、90.8%，上海媒体在全国新媒体原创内容数量、总传播力和总影响力前十名排行榜上均占半壁江山。

一 坚持深度融合，推动整体转型，布局互联网舆论新阵地

上海在推进媒体融合向纵深发展进程中，着力推动传统媒体的工作理念、工作平台、队伍结构、采编流程和产品形态等一揽子融合转型。决策层面，形成思想共识，加强整体规划。上海市委准确把握新闻传播规律和互联网发展规律，按照媒体融合发展需要，提出“深度融合、整体转型，脱胎换骨、腾飞发展”十六字方针。市委宣传部、市委网信办组织各大媒体集团、主流媒体研究制定上海媒体融合“十三五”发展规划，围绕“转型、提升、壮大”三个关键词，确定各主流媒体融合发展的工作布局和战略目标。执行层面，重组媒体集团，夯实融合基础。2013年10月，解放日报报业

集团和文汇新民联合报业集团整合重组为上海报业集团，解放日报社、文汇报社、新民晚报社恢复独立建制。2014年3月，原上海文化广播影视集团与上海广播电视台、上海东方传媒有限公司合并，改制设立国有独资上海文化广播影视集团有限公司。2015年12月，东方网成功在新三板上市，成为新三板新闻网站中经营规模和资产体量最大的企业。操作层面，深度融合发展，“相加”到“相融”。2016年3月，解放日报在全国党报和上海媒体中先行一步，在组织架构、采编流程上启动30多年来最大规模的改革，把全部采编力量转入新媒体产品“解放日报·上观新闻”，一支队伍服务“网、报”两个平台。同年6月，上海广播电视台电视新闻中心整体转型，成立融媒体中心，打造以“原创+视频聚合”为特性的新闻客户端“看看新闻Knews”和24小时互联网视频新闻流“Knews24”。2017年1月起，东方早报的新闻报道、舆论引导功能全部移至澎湃新闻，实现整体融合转型。2018年，文汇报的“文汇”、新民晚报的“新民”等客户端跟进深化融合。资金层面，强化财政支撑，探索以资本为纽带加快融合发展。加强财政投入、拓宽资金来源渠道。一是直接财政投入。对解放日报、文汇报、新民晚报主要以财政补贴为主，对创新项目每年给予专项扶持资金；二是一定程度的市场化，澎湃新闻吸引到上海国资入股；三是积极的市场化，界面新闻以基金方式引领发展。2018年，加大对“主流媒体发展新媒体专项资金”投入力度，扶持主流媒体发展新媒体项目9个，微信公众号20个。

二 坚持移动优先，聚力技术研发，集中资源建设平台级新媒体

上海推进媒体融合发展，着力推动科技创新与应用，主动开展云计算、大数据、智能技术等关键技术研发，加快打造新型传播平台，做到精准生产、精准传播、精准服务。抢占网络信息技术制高点，集中力量进行技术攻关。在信息处置管理方面，充分应用机器人写稿、AI主播、智能编审等技术；在影像识别、语音识别等领域，探索知识图谱、用户画像、算法推荐等技术研发；在新闻采编和分发等领域，开展人工智能、5G技术、无人机、区块链等关键技术研发和应用。重点扶持优势项目，集中资源建设平台级新媒体。上海报业集团初步形成了“三二四”媒体融合格局（以上观、文汇和新民为标志的传统主流媒体的互联网主阵地，以澎湃、界面为标志的现象级互联网新媒体，以第六声、摩尔金融、唔哩、周到为标志的互联网细分市场项目），坚定

推进现代新型主流媒体集团建设；上海广播电视台着力打造百视通平台和看看新闻、阿基米德、第一财经三个重点新媒体产品，突出新闻、财经、娱乐等特色内容，努力成为国内同行业领先品牌；东方网重点推出翱翔、东方头条等客户端，着力打造全国最具影响力的互联网文化公司。

三 坚持内容为王，放大主流声音，强信心、聚民心、暖人心、筑同心

探索主题报道、重大宣传任务的融合传播新方法，通过多样化传播方式、分众化互动服务方式、大众化生活化话语表达，不断增强新闻舆论工作的针对性、实效性。建设“中央厨房”，做到一次性采集、多媒体呈现、多渠道发布。采用媒体内容大数据支撑的“中央厨房”式的生产流程，前端采集一体、终端发布多元、传播全天进行、效果实时监测，统筹新闻采集、生产、分发、接收、反馈全流程，凸显发布时效性，提高稿件利用率，扩大发布受众面。形成量化评估体系，从“领导评”转为“用数字说话”。上海在全国率先实施新媒体阅评制度，对内容导向进行监看督查和深度分析。从2016年7月起，市委网信办根据10家中央媒体和14家上海主流媒体原创内容发布情况，建立媒体传播影响力数据分析平台。目前，平台监测615个新媒体产品，覆盖全国3亿多个传播渠道（包括25个新闻客户端、246个新闻网站、1200万个微信公众号、3亿新浪微博账号）。加大新媒体评奖力度，激励更多好作品。上海市记协配合市委宣传部、市委网信办等部门，积极服务媒体融合发展，在上海新闻奖评选中加大新媒体作品的评奖力度，通过新闻评奖的导向作用，促进新媒体及其人才队伍的建设发展。在2018年评选出的第二十七届上海新闻奖获奖作品中，共有30件网络新媒体作品，占获奖作品总数的四分之一。

四 坚持采编为本，改革体制机制，转变“写而优则仕”格局

上海在媒体融合发展进程中，以专业职务序列改革为突破口，全面加强新闻专业人才队伍建设。探索建立科学的采编专业职务序列，努力将优秀采编人员留在业务一

线，加快培养“拿起笔会写，拿起摄像头会拍，拿起话筒会讲”的全能型记者，加快推动现有人员向全媒型、专家型媒体人才转型。确立采编人员主体地位。遵循互联网行业特点，整合内部机构、优化薪酬制度、健全容错机制，资源向采编人员集中，分配向优秀人才倾斜，着力解决传统媒体和新媒体“两张皮”弊端。鼓励决策者积极作为，吸引集聚骨干人才，使优秀采编人员享有较好待遇、专心采编业务。搭建成长平台。强调实绩，不论资排辈，营造采编能手能脱颖而出的做事氛围。比如，实施采编专业职务序列改革以来，上海报业集团首席岗位共聘任63人，平均年龄38.6岁，最小的27岁。淡化行政色彩。增强采编人员职业归属感，引导担任行政管理职务的优秀采编人员回归并扎根采编一线。改革以来，上海报业集团共有17人从中层管理岗位转到业务一线。

（上海市新闻工作者协会）

浙江省推进媒体融合发展工作综述

2018年是全面深入贯彻党的十九大精神开局之年，又是改革开放40年的庆祝之年，也是浙江省记协新媒体专业委员会成立后首个工作年份。面对新时代新形势新任务，在中国记协和浙江省委宣传部的具体指导下，作为全国率先成立的首个新媒体专委会，充分发挥新媒体专业委员会政治引领、培训交流、自律维权、服务联络的职能作用，团结引领新媒体及其新闻信息传播工作者，深入贯彻落实中央关于推动传统媒体和新兴媒体融合发展的战略部署，切实履行职责使命，逐步完善工作机制，着力扩大服务覆盖面，努力在新时代展现新气象新作为。

一 开展学习贯彻习近平新时代中国特色社会主义思想专题教育培训

一年来，浙江省记协新媒体专业委员会把学习宣传贯彻习近平新时代中国特色社会主义思想和党的十九大精神作为工作主线，推动全省新媒体及其新闻信息传播工作者提高政治站位，加强政治学习，力求在学懂弄通做实下功夫，通过研讨班、读书会，巡回宣讲等形式、原原本本学、带着问题学、结合系列讲话学，务必使总书记关于意识形态工作是党的一项极端重要工作、新闻舆论工作“五个事关”等重要论断入脑入心，使新闻舆论工作“48字”职责使命和新闻工作者“四向四做”要求耳熟能详，增强做好新形势下新闻舆论工作的政治自觉、思想自觉和行动自觉。2018年，我们联合有关单位共举办各种形式的培训班、研讨班、学习会20多场，新媒体从业人员直接参训者达1000多人次。

二 | 组织策划纪念改革开放40周年重大主题采访活动

一年来，我们紧紧围绕“浙江是中国革命红船的起航地、改革开放的先行地、习近平新时代中国特色社会主义思想的重要萌发地”这个浙江最大的实际，带领广大新媒体新闻工作者深入发掘、深情讲述、深度呈现浙江作为“三个地”的好故事。组织开展了一系列“八八战略再深化、改革开放再出发”主题采访活动。同时，组织开展“庆祝改革开放40周年——浙江新媒体广东行”“一带一路西北行”“浙江新媒体东北行”等采风活动，推出了一大批接地气、有影响、融合创新的优秀作品。这些沾着露水、带着泥土芳香的报道，通过新媒体渠道和端口推送、传播，迅速形成了舆论声势，引发了社会共鸣。

三 | 做好浙江新闻奖新媒体作品评选工作

2018年，浙江省记协在广泛调查研究、征求意见的基础上，首度将新媒体作品作为重要组成部分纳入浙江新闻奖评奖体系，共设新媒体新闻专题、新媒体评论、新媒体调查报道、新媒体访谈、新媒体品牌栏目、数据新闻、短视（音）频、新媒体界面设计等8个子项，80个评奖名额，大幅提高了新媒体作品获奖比例，以激励广大新闻工作者创制优秀新媒体作品。首届评选，共评出73件获奖作品，其中一等奖16件、二等奖25件、三等奖32件，涌现了一批优秀新媒体作品。在第二十八届中国新闻奖媒体融合报道奖评选中，我省有4件作品获奖，其中二等奖3件，三等奖1件，呈现了新闻评奖改革工作的成果。

四 | 开展新媒体专题调研

2018年我们把调查研究作为谋事之基、服务之道，先后就“新媒体发展与新闻队伍建设”“县级融媒体中心建设”等课题开展专项调研。面对面倾听基层呼声和要求，认真梳理总结基层最困惑、最关注、最期盼的问题，形成了调研成果。其中《着力探索发展重点推动县级媒体深度融合——浙江省县级融媒体中心建设情况调研报告》受到了业界的关注和上级领导部门的肯定。

五 拓展新闻道德建设和新闻行业社会监督工作的有效覆盖面

2018年，我们结合新形势新情况，一方面稳步推进新闻道德建设向新媒体领域延伸，初步建立了“新媒体负面清单制度”和典型案例评议制度，协助省委网信办公开曝光自媒体传播有害信息典型案例。另一方面，继续强化新闻行业社会监督，将社会监督触角向网络媒体、自媒体延伸；并聘请了一批富有工作经验、热心新闻事业、办事公道的新媒体特约评论员，对新兴媒体进行了阅评监督。

六、转变工作职能，加强自身建设，提高服务水平和本领

2018年，我们继续深化省一级建立新媒体专业委员会试点工作，把它作为深化记协改革、创新转型的“牛鼻子”和突破口，进一步转变工作职能、工作方式、工作机制，主动把工作重心和服务对象转向新媒体及其新闻工作者。2018年年末，我们抓住浙江记协进行换届的有利时机，进一步强化完善联系新媒体从业人员的工作机构和运行机制：一是在新一届理事会中新兴媒体占比由过去的6%提高到了25%；常务理事会中新兴媒体代表占比由过去7%提高到了30%；主席团成员中增设了一线岗位人员和新兴媒体代表各1名；二是调整省记协内设工作部门，增设新媒体工作部，由一名副秘书长兼任该部门主任；聘请了3名省记协新媒体专业委员会兼职副秘书长；三是省委宣传部批准了专项工作经费立项申请，每年有了持续稳定的经费。这些都为新媒体专委会工作正常开展和活动项目运营提供了保障。

（浙江省新闻工作者协会）

安徽省推进媒体融合发展工作综述

2018年，安徽省各级记协履职尽责、担当作为，有力推动形成省直媒体为龙头、市级媒体为中坚、县级媒体为支撑的全省媒体融合发展格局。

一 | 推进媒体融合发展新举措新机制新进展

（一）推动融媒体精品生产

改革安徽新闻奖评选，将各媒体在微信、微博、客户端等新媒体平台推出的动漫、微视频、H5、VR、图说等作品纳入评选范围，引导激励新媒体产出更多有思想、有温度、有品质的精品力作。

（二）助力县级融媒体中心建设

协助召开全省县级融媒体中心建设专题座谈会、媒体融合暨县级融媒体中心建设现场推进会、媒体深度融合工作推进会；协助组织我省新闻单位调研江西日报社“赣鄱云”平台运营和新余市融媒体中心、分宜县融媒体中心建设情况。

（三）搭建新媒体从业人员交流平台

探索团结服务新兴媒体的组织形式，将我省新兴媒体从业人员纳入安徽记协联系服务范围，为我省新媒体事业发展提供组织保障。积极推荐新闻工作者参加新媒体专业培训。在省记协主办的《安徽新闻界》开设“媒体融合”专栏，及时刊发好做法、好经验，助推媒体融合发展。

省级层面：安徽日报客户端、安徽日报新闻大数据中心、安徽新闻网建成运行，安徽日报法人微博、官方微信传播力影响力逐步提升；新安晚报“大皖”客户端、安徽商报“无线合肥”客户端、安徽法制报“村里”普法客户端等新媒体平台建设初具成效。安徽广播电视台建成融合媒体平台指挥调度系统，构建了以“海豚视界”客户端等为代表的新媒体传播矩阵，覆盖面影响力逐步扩大。安徽新媒体集团设立集团融媒体中心，初步建成“一厨一室”（“中央厨房”和徽喜鹊工作室）、升级“三工程”（中安在线传播力提升工程、中安新闻客户端升级改造工程、《安徽手机报》改版优化工程）、搭建“三朵云”（政务服务云、媒体服务云、安全服务云），迈出了打造新型主流网络媒体集团步伐。市场星报社启动“星立方”融媒体平台建设，坚持以《市场星报》和《安徽画报》“两报”为基础、安徽财经网和“掌中安徽”客户端“一网一端”为两翼、微信微博矩阵和星视频VR“一阵一频”为突击队，逐步构建起“六位一体”融合传播格局。

市级层面：芜湖市整建制合并芜湖日报报业集团、芜湖广播电视台，组建全省首家市级传媒集团。多地党报、广播电视台建立融媒体新闻调度指挥中心，构建移动端优先、采编播一体的新机制新流程。

县级层面：睢溪、宁国2县市入选中宣部重点联系推动的县级融媒体中心名单，全省61个县（市）融媒体中心全部组建。

二 | 新闻单位推进媒体融合发展的创新与经验

（一）安徽日报报业集团

1. 融合传播格局初步形成

安徽日报客户端、安徽新闻网、大数据中心等融媒体端口上线运行，初步构建了报刊端、PC端、移动端“三端俱全”的融合传播体系。统筹调配集团资源，加快推进集团融媒体发展中心建设，按照“指挥调度中心、资源聚合平台、对外合作窗口”的工作目标，着力打造专业化分工、矩阵化传播、规模化运营的指挥调度平台，努力推动实现全集团的媒体深度融合。

2. 融媒体新闻产品亮点纷呈

全媒体报道成气候有突破，“勇立潮头看江淮”系列报道得到中宣部阅评（第450期）高度评价。安徽日报重点推出“中山路1号”等一批新媒体频道公众号，创新推进一批现场直播、H5、VR、动漫、抖音、微电影等新媒体作品，《记住这个春天》等一批作品实现“200万+”量级传播，一大批作品实现“10万+”点击。世界制造业大会期间，安徽日报精心制作融媒体产品4个，累计阅读量近千万。安徽日报全国两会融合报道项目获2018年度中国报业融合发展优秀案例奖。

3. 报业整体转型破题

坚持媒体融合发展和传统报业深度转型齐头并进，全面启动、有序推进“县县融”“社区融”“乡镇融”“校校通”等融合项目。报业大厦信息网络改造、私有云建设、网络安全加固、安全态势感知等一系列基础项目初步建成，安徽视觉中心数据库项目建设进展顺利，目前入库图片已达50余万幅，为融合发展提供了先进技术支撑、可靠安全保障和丰富后备资源。

（二）安徽广播电视台

1.优化策采编发全流程

上线运行“海豚云”融媒平台，推动全台频道频率资讯内容互联互通、共建共享，并组建成立全省广电（县域）融媒体联盟，进一步放大内容、平台、渠道优势。完成全媒体指挥调度中心、海豚视界客户端云平台、基于智能技术为基础的“本台私有云”、全媒体融合互动演播室、4K超高清融合生产制作平台等多个省内一流的融媒体汇聚、制作和发布技术平台建设。

2.构建移动传播矩阵

优化升级“海豚视界”“海豚TV”“达耳闻（海豚听听）”等新媒体平台，现有1个网站、1个应有程序、20个公众账号，共计22个服务项目获批互联网新闻信息服务许可。安徽卫视、安徽交通广播微信公众号分别位居省级卫视和交通广播榜单前列，安徽广电报社“最美”系列融媒体报道荣获“中国报业融合发展优秀案例”，安徽音乐广播电商平台荣获2018中国广播创新融合十佳案例。

（三）安徽新媒体集团

1. 打造传播矩阵

着力整合集团所属主要传播平台，打通各平台交流机制，形成新闻传播多位一体、矩阵输出。目前，已整合形成中安在线网站、中安新闻客户端、安徽手机报、安徽先锋手机报、安徽发布微博微信、安徽省政府发布微博微信、中安视频、徽喜鹊工作室、徽镜映像工作室、安徽航拍工作室等十位一体传播矩阵。

2. 突出融媒体传播

充分发挥集团“中央厨房”整合分发作用，大力推进“策采编发”一体化统筹，着力实现“网报端微视”同步发声、矩阵传播。目前，集团已实现新闻生产一次采集、多种生成、多元传播目标，形成了各端口、各平台对外新闻传输聚合呈现态势。

3. 强化视觉传播

发挥互联网技术优势，打造“云图库”视觉传播项目，提升集团媒体原创图片集中管理、分渠道传播的效率，确保原创图片报道天天呈现、日日鲜活。2018年原创新闻作品达10000余篇，多件新媒体产品点击量超过100万。

（四）芜湖传媒集团

2018年9月29日，安徽省首家市级传媒集团——芜湖传媒集团正式挂牌成立。芜湖传媒集团共拥有客户端、网站、微博、微信公众号、手机报等5种新媒体形态，“今日芜湖”客户端作为新媒体的核心产品，目前装机下载量已超85万。坚持报、台、网、端、微协调生产、资源共享、共同发力，形成立体宣传格局，进一步强化了“新闻滚动、内容联动、媒体与受众互动”的报道格局，实现了舆论引导能力和可持续发展能力双提升。充分发挥传统媒体内容制造优势，按照移动优先原则，以今日芜湖客户端为主体平台，完善绩效和目标考核、稿费发放、好稿评选制度，鼓励记者第一时间向新媒体供稿。积极推动县级融媒体中心与芜湖传媒集团融平台（芜湖云）共建共享，进一步提高效率、降低成本，巩固壮大资源效应和全媒体宣传能量。

（安徽省新闻工作者协会）

福建省推进媒体融合发展工作综述

2018年，福建省紧贴媒体融合发展的趋势，强化互联网思维，扎实实施“一报一台一网（端）”工程（重点扶持福建日报、东南卫视、东南网、新福建客户端发展），建设新型主流舆论阵地，媒体融合发展取得明显成效。

一 | 以强烈的政治自觉推动媒体融合发展

建省从巩固党的执政基础、牢牢把握正确政治方向的高度，以强烈的政治自觉推进媒体融合发展，加强扶持力度，加大资源投入，谋划发展蓝图，有力部署实施。由党委宣传部门牵头，网信、发展改革、财政、广播电视、新闻出版等部门和主要新闻单位参加的联席会议定期研究部署重要事项。2018年11月，召开全省县级融媒体中心建设推进会，全面推动县级融媒体中心建设。各新闻单位抓住中央、省委推进媒体融合发展的良好机遇，将融合发展作为参与新时期新闻竞争、转型发展的主要着力点，确立移动优先战略，积极探索实践。

在合力推动下，福建省、市主要新闻单位融媒体发展态势喜人，全媒体矩阵不断壮大，布局进一步优化，影响力进一步扩大。福建日报社拥有新闻客户端3个，微信号96个、官方微博30个、新闻网站10个、抖音号10个；“两微一端”及抖音号总用户数达2600多万。《新福建》客户端获评2017—2018年度中国报业技术产品（项目）优秀奖，在2018全国党报自有APP传播力排行榜中位列第六位，在省级党报中位列第三。福建省广播影视集团整合广播、电视、网站等多个部门，成立融媒体资讯中心。形成了以新闻客户端“海博TV”核心，120个官方微博、微信公众号、头条号、抖音号为侧翼的全媒体矩阵。海峡卫视《今日海峡》脸书账号粉丝数超过120万，入岛传播影响力为大陆同类脸书账号最高。福州新闻网在中央网信办发布的全国城市新闻网站排行榜上位居第16位。“厦门广电”官微获评全国地方广电微信号最具影响力前10名。三明市尤溪县微信公众号“福建微尤溪”影响力长期居全国县级媒体微信公众号影响力前列。莆田广播电视台微博影响力连续三个季度位居全国城市台第一。2018年，福建省所有县（市、区）融媒体中心挂牌成立。

二 | 融媒体平台建设逐步完善

福建各媒体将平台建设作为媒体融合的重点，注重技术建设、内容建设、用户开发的深度融合，以技术融合带动业务融合、组织融合和机制体制融合，着力建设智能新型融合传播平台，为下一步深化融合发展和开发信息传播、信息服务多种功能提供坚实的基础。

福建日报社改造全媒体采编流程，建成融媒体指挥中心（中央厨房），报网端微一体运作，可以实现一次采访、多次生成、全时覆盖的内容生产分发。福建省广播影视集团投资8000万元加快建设具有国际先进水平的全媒体演播室和融媒体指挥中心，进一步完善“中央厨房”及其配套系统，突出信息汇聚、网络互动等功能。福州日报社构建了以大数据、云计算为引擎的融媒体指挥中心。厦门广电集团融媒体中心正式启用，2018年开展120多场直播。漳州市闽南日报社加快实施“闽南日报社融媒体系统工程”；漳州电视台、漳州人民广播电台启用融媒体直播中心。福州、龙岩等建立集网上办事、政民互动、资讯服务等于一体的市级网上公共服务平台。

2018年12月，福建广电网络县级融媒体省级平台正式上线，为破解县级融媒体中心建设“最后一公里”提供良好条件。

三 | “新闻+”功能不断开拓，融合产品精彩纷呈

在媒体融合的探索中，主力军上网的正面效应正在凸显，传统媒体的强大原创能力、权威性、深度解读能力等优势在新兴媒体得到呈现；各地各新闻单位更新新闻理念，拓宽报道领域，服务经济社会发展作用更明显；报网端微百花齐放，涌现出一批

创新性强、传播广、点击量高、口碑好的融媒体作品。

2018年全国两会报道中，福建日报新媒体平台将重要政务报道与群众的生产生活紧密联系起来，用心调制网友“熟悉的味道”，官方账号社交传播力迅速爆发，总名次位居全国第三。2018年5月，东南网开展改革开放40周年“福建影响力”案例征集活动，面向全省征集政府职能转变、重大改革试点、生态文明建设等五方面的典型案例，筛选展示44个优秀案例，为进一步深化改革开放提供借鉴。省广播影视集团“广电哥”微博传播力排行全国四强，新媒体产品《两会“微”观察》被中宣部新闻局列为2018年全国“两会”报道亮点。都市广播频率推出的情景喜剧类短视频《惊喜剧场》，以都市广播办公室故事为蓝本，融入对当下社会的问题、热门话题的思考，推出后迅速得到较多关注。福州广电台的特警系列短视频引爆网络热点，点击量破亿，被浙江传媒学院收入教学案例。2018年10月，厦门广电集团成功承办第七届厦门网络文化节成果展示，这场网络年度大秀规格高、网络元素强、互动频繁。武平县融媒体中心举办“元初客家欢”乡村春晚网络直播，观众达1.2亿人，其中海外观众22万人。

各地各新闻单位顺应信息传播革命趋势，积极采用传播新技术，探索拓展政务服务、“新闻+”功能，融媒体造血功能不断加强。《新福建》客户端邀请省海洋与渔业厅、省国土厅等16家厅局机构入驻“政务发布”平台，“一县一端”有近20个县（市、区）入驻，设置政务、经济、教育、生活等频道。福建日报与省直机关联合举办“新时代　新政策——学习十九大精神”等网络答题活动，参与人数超过800万人次。福州日报开展“千屏千号”建设，入驻“掌上福州”客户端的党政部门微信号达200个。泉州晚报社联手移动公司等打造“泉州通”客户端，为市民提供“好看、好玩、好用”的无线城市资讯生活服务，成为党委、政府与民众沟通的新平台。三明市沙县融媒体中心与政府部门共同组建“助农联盟”，与邮政公司合作，帮助销售当地农副产品。湄洲日报社在融合发展中，拓展文化、旅游、体育等产业，倡议发起中国报业旅游联盟，成功举办了多个综合性文体活动。“e龙岩”平台提供免费的名师课堂、图库图书、文艺交流等。宁德与浙江部分县市开展跨省微信联盟，新闻信息扩大传播力、影响力。平潭网积极服务打造平潭国际旅游岛、深化两岸文化交流等。

四 | 全媒体新闻队伍建设成效明显

各地各新闻单位顺应融合发展趋势，多措并举加强队伍建设，着力打造适应事业发展的全媒体新闻队伍。各新闻单位推动现有采编力量向全媒体转型。福建日报社调整完善用人机制考核、考核激励机制，建立全媒体内容生产的培训、实习、轮（转）岗交流机制，加强全媒体编辑骨干培养，建立能够适应党报整体转型融合发展所需要的全媒体采编队伍。省广播影视集团通过加强学习、专题培训、业务研讨、绩效考核倾斜等方式，重点引导现有人员向全媒体记者编辑、全媒体管理人才转型，打通传统媒体和新媒体人才使用通道，推动名记者、名编辑、名评论员、名主持人到新媒体平台上去“施展拳脚”，成为传播正能量的“网红”。

为激励新媒体从业人员立足岗位建功立业，鼓励各新闻媒体向全媒体转型，福建新闻奖2018年首次将媒体融合作品纳入评奖，评选31件获奖作品。省记协举行专题培训，请新媒体奖获奖人员讲述打造精品的心得体会，研讨打造精品的方法途径。

各地为新闻单位招收媒体融合人才探索实行特事特办。南平市将新闻传播学列入急需人才目录，对市级新闻单位招考融媒体人才实行先面试后笔试的特殊办法。

福建宣传部门强化部校共建，推动高校新闻院系和主要新闻单位互派挂职干部，支持厦门大学新闻传播学院成立“马克思主义新闻观理论研修班”，在厦门大学、福建师范大学开设国情教育课，强化马克思主义新闻观教育，为媒体融合事业培养输送合格的后备全媒体人才。

（福建省新闻工作者协会）

江西省推进媒体融合发展工作综述

江西新闻战线深入贯彻落实习近平总书记关于推动媒体融合发展、做大做强主流舆论的重要论述，在巩固已有的媒体融合实践成效基础上，扎实推进传统媒体和新兴媒体优势互补、一体发展，让主力军进军主阵地，大力推动形成立体多样、融合发展的现代传播体系，更深入、更广泛、更有效地为党发声，着力发挥新媒体传播优势，推动媒体深度融合发展，抢占新闻舆论制高点，打造更多的江西特色、江西品牌、江西名片。

一 | 基本情况

面对全媒体时代的广阔空间和巨大挑战，江西省各主流媒体积极探索媒体融合发展的新路，进入了质效并重、深度融合、多元发展的关键时期，推动媒体融合向纵深发展。江西日报社制定了融合总体方案，确定融合发展的工作布局和战略目标，按照“报、端、微、云”四位一体的融合思路，全面整合江西日报、江西手机报APP、江西日报微信微博、赣鄱云，在组织架构、采编流程、考核机制等方面启动媒体深度融合改革，让党报、党端同频共振。江西广播电视台制定《关于进一步加强和改进宣传工作的实施意见》，对“打通内部渠道，深化台网融合”“加强开放合作，壮大传播矩阵”“打造融合精品，做强融合传播”作出明确规定，在全台主要新闻单位实现新闻选题日报共享制度，鼓励各内容生产单位组建新媒体运营团队，在节目版权、绩效鼓励等方面给予政策支持，打通内容汇聚、生产、传播、存储、共享的交互端口。

根据中宣部统一部署，按照省委部署要求，2018年9月省委宣传部制定下发《关于加快推进县级融媒体中心建设的实施意见（试行）》，明确提出，到2019年6月"实现全省县级融媒体中心建设全覆盖"，并在分宜县召开了现场推进会，对全省县级融媒体中心建设作出具体安排部署。2018年底，在省公共文化资金中安排1000万元，对25个贫困县融媒体中心建设予以重点支持。分宜县、贵溪市县级融媒体中心已纳入中宣部重点支持推动的县级融媒体中心名单。其中，分宜县在2018年全国文化体制改革经验交流会上，就县级融媒体中心建设做典型发言，受到中央政治局委员、中宣部部长黄坤明同志的充分肯定。中宣部内刊《宣传工作》、简报《每日要情》先后4次介绍我省有关经验做法。

二 | 亮点和特点

近年来，我省深入贯彻落实中央部署要求，在中宣部的精心指导下，立足实际、深化改革、先试先行，在媒体深度融合方面做了一些有益探索，取得了一定的成效。

（一）省级主流媒体融合不断向纵深发展

1. 江西日报社：让主力军进军主阵地。

（1）集全社之力上打造客户端上的"江西日报"。江西手机报改名江报客户端，频道重新设置，对应江西日报各采编部门，将党报政治素养高、业务能力强的采编人员全员转型全媒体记者编辑，让主力军进军主阵地，并实行先"端"后"报"原则，报社所有采编人员须先完成"江报"客户端定额考核任务。同时，江报客户端突出视频传播，跟踪吸收引进5G、VR、人工智能技术等，优先以视频特别是短视频的方式呈现新闻，推出适合在移动端的H5、短视频、动画等。

（2）重新再造新闻采编机制。加快新闻反应速度，提高新闻传播效率，强化新媒体"三审三校"，确保导向正确。

（3）构建全媒体报道平台。建设融媒体"中央厨房"项目的软、硬件平台，成功打通江报APP和全媒体采编系统，建立起全报社共享稿库，优化再造新型采编审发流程，实现了报端一体化运作并初见成效。此外指挥报道中心、全媒体采编资源库、大数据、移动采编等功能都将陆续投入使用，与媒体融合相适应的技术体系逐渐成形。

2. 江西广播电视台：加速挺进互联网“主战场”。

（1）全面推进“移动优先”战略。江西广播电视台鼓励频道频率独立运营移动端自媒体号，通过实践逐步积累运营经验。截至2018年12月，江西网络台全网矩阵平台用户总数达到1397.34万，手机江西台APP下载量超220万，日活跃用户达26.3万。江西网络台在头部媒体推送的内容累计阅读量达27.3亿次，共有42件原创作品获得国家网信办全国全网推送。2018年11月份，一条揭露假乞丐的短视频仅在《都市现场》“抖音”平台的点击量就突破八千万。

（2）深度整合内部资源渠道。江西广播电视台强化“一次采集、多种生成、多元发布、多平台互通、多渠道融合、一键删除”的融合生产方式，打通内容汇聚、生产、传播、存储、共享的交互端口。江西网络台集纳全台10个电视频道、9个广播频率的广电节目、活动直播、原创新闻及短视频内容，全台主要新闻单位实现新闻选题日报共享制度，电视新闻中心和广播新闻中心实现重要时政稿件的直接共享。通过全台各类媒介资源、生产要素、运营渠道的相互借力，形成了“大屏带小屏，小屏回大屏，多屏联受众”的良性发展态势。

（3）搭建全媒体中心，协调重大宣传。在重大新闻宣传活动中，通过搭建全媒体中心，加强融媒体产品的策划和实施，提高新闻稿件的多平台编发效率，使重大主题报道的规范性、时效性以及内容质量得到了全面提升。2018年全国两会期间，包括江西网络台、手机江西台的H5产品《总理给咱老百姓发红包》、微信策划《国务院机构改革方案来了！新部门亮相，7大看点揭秘！》《@所有中国人，快来看，未来美好生活图景这里全部有！》等4档新媒体产品在内的9大宣传亮点获得中宣部通报表扬。

（4）常态化直播聚拢人气。2018年以来，江西广播电视台加大新媒体投入，购置4G全媒体直播车，通过手机江西台、头条号、百家号等平台，开展融媒体活动直播300多场，直播常态化成为全台聚集人气、扩大影响的助推器。都市频道“赣鄱执行利剑”全媒体网络回看点击量突破8000万，其中第三场《浔城攻坚》不仅吸引2500余万网友在线观看，还吸引了全国11个省的法院领导和媒体同行现场观摩，在线关注数据在全国同步进行的决胜执行难全媒体直播中位列第一。

（5）集全台之力打造“赣云”融媒体中心。通过高密度的升级改造，不断提升全台智能化基础设施的硬实力、“数据+算法”的软实力和人际协作的巧实力，建成了能够支撑江西全省万级新媒体产品、千万级新媒体用户的综合云服务平台，在技术功能上始终保持核心功能全省领先、特色功能全国领先。江西广播电视台与联通江西分公司达成战略合作，共同创建中国联通全国唯一的5G联合实验室。

（6）加强对外开放合作。2018年，江西广播电视台统一了江西省内三大运营商的IPTV呼号，主动参与省直部门和市县区的新闻传输、智慧城市、政府网站、电子政务、便民服务平台等建设。

3. 各设区市积极探索推进媒体融合发展工作。

（1）新余市融媒体改革经验入选了中宣部2018年典型案例和“改革开放40年地方创新40案例”，还被列入中宣部县级融媒体中心培训教材向全国推介，吸引了全国460多个市、县（区）来新余市考察交流。所辖的一县（分宜县）一区（渝水区）、一报（新余日报）一台（新余市广播电视台）全部完成了融媒体机构改革，在全省率先全面建成县级融媒体中心，市级融媒体中心全部启用。积极探索中央、省、市、县、乡、村“由下而上”六级联动传播渠道，依托中央厨房采编系统，有效解决省市县乡村五级稿件采写编发，以及现场直播、活动互动等技术问题。2018年端午节期间，分宜县融媒体中心直播洋江镇举办龙舟竞渡和端午民俗活动，在线观看人数达400多万，中央电视台新闻直播间进行了连续直播。

（2）抚州市以“资源通融、内容兼融、宣传互融、利益共融”为目标，以抓工业项目的手段抓县级融媒体中心建设，全市对县级融媒体建设投入资金约达5000万元，并将融媒体运营经费列入县区财政预算。同时，将临川晚报社从抚州日报社剥离，人财物全部划转到新成立的全媒体中心，明确为市委宣传部的直属事业单位，这一改革从根本上改变了以前新媒体事业只是各媒体的副业、点缀、从属的地位。

（3）九江市对新媒体发展“扶上马、送一程”，九江广播电视台专门出台规定，新媒体从业人员2016年至2018年的工资不按频道频率制来自负盈亏，而是由本台发放。九江日报社新媒体中心与九江新闻网联合对全市16个县、市、区进行了“飞越新九江”航拍，以“VR全景报道+AR视频”的形式，与《九江日报》的县市区报道融合互动。

（4）萍乡市坚持移动优先战略，加快推进各级媒体深度融合，初步形成了宣传部门统一指挥管控、市直媒体全媒体采编、县区平台有效支撑的媒体融合发展格局。

（5）宜春市投入3000万资金建设覆盖市县乡三级的市级融媒体中心，重构全市媒体“策、采、编、发、评”流程，实现“三个打通”：媒体内部打通、市属媒体横向打通、与上级媒体互动和县乡服务渠道延伸的纵向打通。

（6）吉安市各县（市、区）实行“一把手”负总责，成立领导小组，并把融媒体中心建设列入常委会重要议题进行研究部署，形成了党委宣传部负责牵头，各有关部门和单位协同配合的工作局面，确保了各项工作落实到位。市委宣传部“扶持先试”，下拨近200万元专项资金支持各县（市、区）融媒体中心建设，各县（市、区）财政共安排专项资金近1000万元，用于平台搭建、设备采购和人才引进。

（7）景德镇市在重要会议、重大活动、重要节点中采用“中央厨房”模式，市委宣传部协调市属各媒体统一推出新闻报道和融媒体产品。2018年南非约翰内斯堡举办中国陶瓷文化展期间，集中市属四家主流媒体优势力量和平台，采用直播+全媒体报道的形式进行，手机客户端的阅读量均突破100万人次。

（二）突出抓好县级融媒体中心建设，市县媒体融合发展不断探索新道路

根据中宣部的统一部署，江西坚持把加快县级融媒体中心建设作为一项重要改革任务，摆上议事日程，出台相关文件，推出系列举措。

1．注重高位推动。在2018年下发的《中共江西省委关于加强和改进党的新闻舆论工作的实施意见》中，又再次作出明确部署安排。省委省政府的高度重视，不断从省级层面研究探索、部署推动，为推进全省县级融媒体中心建设提供了重要保证。

2．做好整体规划。省委宣传部多次召开县级融媒体建设专题会议进行座谈讨论，组织有关单位负责同志赴人民日报社、新华社等中央新闻媒体和部分兄弟省份进行学习考察，深入全省各地县级融媒体中心开展实地调研，切实理清发展思路，在认真学习贯彻中宣部有关要求的基础上，2018年9月制定下发《关于加快推进县级融媒体中心建设的实施意见（试行）》（赣宣发〔2018〕9号），从总体要求、基本原则、工作目标、主要任务、工作保障、组织领导等六个方面，对全省县级融媒体中心建设作出整体安排部署，明确提出到2019年6月“实现全省县级融媒体中心建设全覆盖”的工作目标。

3．制定评估办法。在推进我省县级融媒体中心建设的过程中，我们提出要注重功能导向，探索制定了《江西省县级融媒体中心建设指导手册（试行版）》，对县级融媒体中心业务平台、空间平台、技术平台、传播平台、传播效果评估、规范招标流程等方面提出指导性要求，由县（市、区）自行选择技术领先、标准统一、功能完备、安全可靠、服务优质、价格合理的技术平台，积极推动县级融媒体中心规范化、标准化建设。经过考察，我们委托新华社中国搜索信息科技股份有限公司对我省各县级融媒体中心建设情况进行综合评估，会同中国搜索制定了《江西省县级融媒体中心评估办法（试行）》，并成立了由宣传部门、新闻单位、高等学校和科研院所等有关

人员组成专家委员会，多次召开专家评审会，对评估办法进行了反复讨论，通过标准化、客观化的量化数据进行综合评分。同时，根据分数进行排名，试行“以奖代补”政策，支持省内县级融媒体中心建设。从2019年起对各县级融媒体中心建设情况进行评估和排名，排名结果作为以奖代补的重要参考，对在年度综合评价指标排名前20位的县（市、区）融媒体中心，每年分别奖励30万元，该政策拟试行2年。

4．加强统筹协调。为保障县级融媒体中心建设如期实现全覆盖，我们建立了省级统筹指导、市级协调推进、县级具体实施的三级工作协调推进机制。即由省委宣传部负责统筹指导、督导检查、通报情况；由各设区市党委将县级融媒体中心建设列入工作重点，市委宣传部负责协调推进，从市级层面协调解决县级融媒体中心的机构设立及人、财、物等问题；由各县（市、区）党委把县级融媒体中心建设作为落实党的意识形态工作责任制的重要内容，列入常委会工作要点和重要议题进行研究部署，县（市、区）主要负责同志负总责、党委宣传部负起牵头责任，从而推动县级融媒体中心建设不断取得进展、取得实效。

5．向贫困县倾斜。2018年11月，召开全省贫困县县级融媒体中心建设专题辅导推进会，针对全省25个贫困县（市、区）（含已脱贫的8个），邀请中央和省直媒体负责同志和相关领域专家学者从政策阐释、经费使用和技术支持等多个方面进行专题辅导。2018年底，在省公共文化资金中安排1000万元，对25个贫困县融媒体中心建设分别给予40万元一次性扶持资金，予以重点支持。

6．鼓励基层创造。在推进媒体融合发展过程中，全省各市、县新闻媒体充分发扬改革创新精神，针对融合发展中存在的问题，坚持功能导向、效果导向，立足自身实际积极探索新模式、新道路。全省各县级融媒体中心在守牢新闻主业同时，积极做好政务服务，将融媒体中心、信息化中心、新时代文明实践中心三个中心的功能有机融合。如分宜县以人员融合、机构融合倒逼媒体融合，重构县级媒体建设与运行机制，并安排县融媒体中心记者到基层担任乡村宣传员，打通宣传思想文化最后一公里。贵溪市通过整合宣传部、新闻中心、电视台资源，建立全新的融媒体中心组织架构、管理体制、工作流程、绩效制度等，实行全员绩效考核制度，媒体综合传播力不断增强。高安市打造自媒体“统一战线”，把在本地具有较大影响的高安百视通、高安在线、中国高安、高安信息网等多家社会自媒体全部纳入高安市融媒体中心，实行“统一办公、统一调度、统一发布”管理模式。遂川县成立以县委书记为组长的媒体融合改革发展工作领导小组，在人、财、物等方面给予大力扶持，做到了“要人给人、要钱给钱、要场地给场地”，在较短的时间内实现了县域媒体的全融合。

（三）高度重视培训工作，为媒体融合发展提供人才支撑

1．2018年11月17日—23日，在复旦大学举办2018年第一期全省马克思主义新闻观暨县级融媒体中心建设专题研修班。各设区市委宣传部分管领导或相关业务处室负责人、部分已建成县级融媒体中心所在县（市、区）委宣传部负责人或县级融媒体中心负责人和南昌大学、江西师范大学、江西财经大学新闻院系教师共60人参加培训。

2．2018年12月23日—29日，在浙江大学举办第二期全省马克思主义新闻观暨县级融媒体中心建设专题研修班，各设区市宣传部门及部分新建成或尚未建成县级融媒体中心所在县（市、区）宣传部门共66名学员参加培训，并在新华智云、浙江日报、长兴县融媒体中心等地开展现场教学活动。

（江西省新闻工作者协会）

山东省推进媒体融合发展工作综述

一 | 围绕中心，服务大局，媒体融合深度发力

6月12日—14日，习近平总书记在山东视察并发表重要讲话，山东广播电视台融媒体资讯中心精心准备，周密策划，对山东卫视、公共频道以及主要新闻栏目作出特别编排。6月14日、15日连续两天在山东卫视推出特别节目《亲切的关怀　巨大的鼓舞——在习近平新时代中国特色社会主义思想指引下》，全景式呈现“总书记走过的地方”，通过直播连线深入采访山东干部群众的认识体会。上合组织青岛峰会期间，充分发挥主场优势，多路记者实时呈现大会盛况，主题报道鲜活生动，评论引领旗帜鲜明，专家解读鞭辟入里。自6月8日起连续三天，在卫视推出上海合作组织青岛峰会特别报道“青青之岛，和合上合”，第一时间传递上合组织青岛峰会最新动态，邀请国际关系学院罗英杰教授做客演播室，深度解读峰会热点。闪电新闻客户端、齐鲁网启动“72小时不间断直播”，推出“闪电号外”等H5作品，截至6月10日，总发稿量达到360多条，其中视频报道170多条，全网总阅读量达5.2亿。外交部山东全球推介活动上，由融媒体资讯中心制作的开幕式8分钟宣传片一经推出，媒体争相转载，网友纷纷点赞，形成现象级传播。3分钟创意短片《听，来自齐鲁大地的海岱交响》汇聚81种反映山东特色和成就的声音，展示“岱青海蓝”山东新形象。视频在今日头条总推荐量130万+，腾讯视频总播放量203.8万。2018全国“两会”期间，搭建北京微型“中央厨房”，打通济南与北京演播室，推出特别节目《直通全国两会特别报道》。融媒报道亮点纷呈，引入AI智能大数据分析和动漫播报，运用H5、VR、图解、动漫等形式，让两会报道更加鲜活生动。

2018年，大众报业集团对全省“双招双引”大会、青年企业家创新发展国际峰

会、尼山论坛、外交部山东全球推介会、儒商大会、全国工商联主席高端峰会、全省推进新旧动能转换项目落地第一次现场观摩会、2018年香港山东周等一系列重大活动成功地进行了全媒体报道。浓墨重彩地报道“改革开放四十年”，寻找小切口，做好大文章，这一系列报道，全部采用策采编发一体、报网端微一体、全媒体立体化即时性报道模式，新闻舆论的传播力、引导力、影响力、公信力大大增强，多次受到省委主要领导表扬肯定。

2018年，在青岛市委宣传部支持和指导下，由青岛市广播电视台策划制作出品的6分15秒青岛城市形象宣传片《中国青岛，倾倒世界》6月2日在蓝睛客户端首发，随后迅速引爆网络。从6月6日—10日，在青岛广电新闻中心音乐广场演播室开设蓝睛《上合直播间》共推出8场直播，包括《人文上合》《上合组织国家留学生眼中的青岛》《丝路协创中心》《青岛建筑企业在海外》《当上合峰会遇见青青琴岛》《随央视驻站记者走近印度、巴基斯坦》《走近“青岛号”中亚班列》《上合组织大家庭》等。全网单场直播观看量超过5万次，总观看量超过100万次。

二 | 深化改革，明确思路，充分发挥记协沟通服务职能

2018年，我省记协依据省委办公厅发布的《山东省新闻工作者协会深化改革方案》对我省记协的工作进行了改革调整。一是为增强代表性、广泛性，对记协理事、常务理事人员比例做了调整，增加了一线岗位人员和新兴媒体代表在常务理事和理事中的占比。二是组织成立了新媒体工作委员会，并设立了领导班子，负责开展各项经验交流和业务合作活动。在2018年底，我省记协新媒体工作委员会领导班子召开工作会议，细化工作分工，理顺工作程序，并参照《中国记协新媒体专业委员会规则》制订了工作规则草案，进一步明确新媒体工作委员会的性质、职责和工作机制，下一步我省记协将依托新媒体工作委员会这一组织平台，更好地对接中国记协和我省省委的相关工作，更好地服务我省广大新媒体工作者，充分发挥山东省新闻工作者协会新媒体工作委员会的职能，为我省新媒体平台建设和工作交流建立沟通渠道，着力打造形态多样、手段先进、竞争力强的新型主流媒体，更加关注县域媒体融合发展，推动县（区、市）融媒体中心建设。

同时，为克服新闻工作者新媒体运营的“本领恐慌”，我省新闻“两会”在2018年开展的各项教育培训活动中，着力加强了媒体融合发展方面的业务指导和经验交

流，邀请有关专家学者授课辅导，进一步拓宽拓深媒体融合发展的工作理路，将媒体融合经验分享与马克思主义新闻观、“三项学习教育”活动有机结合，理论与实践并行，取得了不错的效果。

2018年底，我省新闻两会依据新修订的《中国新闻奖评选办法》，在山东新闻奖的评选类别中增设媒体融合奖，为充分发挥媒体融合奖的导向示范作用，报送单位广泛覆盖我省各条新闻战线，不仅鼓励省市党报、广播电视台和新闻网站报送作品，同时积极对接下属企业媒体、专业报、晚报都市报、高校报等工作委员会积极推送作品，让优秀的媒体融合作品能脱颖而出，引领我省媒体融合的深度发展。

三丨积极探索，鼓励创新，新媒体产品全面开花

当前，各种传播平台和新媒体技术层出不穷，应接不暇，以习近平总书记为核心的党中央深刻把握时代发展大势和社会信息化趋势，作出推动传统媒体和新兴媒体融合发展的重大战略部署。2018年，我省各新闻媒体以深入贯彻学习党的十九大精神为指引，以习近平总书记视察山东、改革开放四十周年、上海合作组织青岛峰会等重大主题宣传活动为抓手，全力以赴推进媒体融合发展，坚持移动优先，全面加强传播手段和话语方式创新，推进新媒体建设，提升新闻作品影响力，升级舆情产品，实施精品战略，全面构筑媒体融合“新闻高地”。

2018年12月12日，大众报业集团新媒体产品“海报新闻”客户端正式上线，这标志着山东媒体融合发展进入全新阶段。“海报新闻”以“立足山东、全国一流、面向世界”为目标，逐步接入闪电新闻等省级及各市优质客户端，打通县域融媒体中心平台建设，打造在全国具有强大传播力影响力、在行业具有重要话语权主导权、在全省具有强大辐射带动作用的移动互联平台，为新时代现代化强省建设提供强大舆论支撑。客户端上线后，着力做好内容生产、技术升级、全网分发和运营推广，通过整合原有客户端、手机报等资源，下载用户达到1050万，复合用户数量近5000万，传播力影响力不断增强，出现多篇点击阅读量过千万、2000万的新闻报道和短视频。

山东广播电视台“闪电新闻”客户端2018年实现新突破。以闪电号为抓手，坚持“直播”“短视频”双核驱动，闪电新闻客户端与官方微信、微博构建起移动传播矩阵。客户端用户装机量突破2200万，已入驻“闪电号”平台的政务号、媒体号、自媒体号390余个，年发文量近12万篇，阅读量突破1.1亿，影响力居山东媒体类APP榜

首。发挥直播优势，实现直播流程化、常态化。打造“闪电连线”融媒品牌，全年直播超过5800场。策划推出“八国拍客祝福青岛”直播、“决胜执行难”直播、“电商竞逐 十年沉浮”闪电号接力直播、“乡村振兴 齐鲁样板”直播等，提升媒体影响力。12月5日客户端发起《万人送别23岁烈士王成龙，父母现场失声痛哭》直播，在今日头条观看数破1000万+，超过澎湃新闻、封面直播、央视新闻，创造今日头条单场直播之最，引发全社会强烈关注。突出视频特色，打造短视频爆款。客户端每天推出精品短视频140多条，电视节目碎片化短视频300多条。潍坊抗洪抢险期间，短视频《弥河坝决口20多米，寿光这位村主任开着重型卡车冲了进去》推出10天，在今日头条、腾讯视频总点击量超过一亿，成为全网正能量热点。

2018年9月，青岛报业传媒集团掌控传媒自主研发的“媒立方”中央厨房项目展开试运行，2019年4月，该项目被评为2018年度中国融媒体新锐品牌，为国内城市融媒体技术平台发展提供了“青岛方案”。这是“媒立方”平台第二次在国家级行业盛会上折桂。

2018年底，作为省内首家嵌入式中央厨房——“最泰安中央厨房指挥中心”建成，完成了泰报全媒体格局的最后一块拼图，初步确立了内容生产和传播比较优势，媒体矩阵用户总数突破 600 万。

2018年8月29日，在爱济南新闻客户端上线5周年活动仪式上，由济南12345市民服务热线与济南日报报业集团联合打造的济南市掌上12345在爱济南正式上线。

2018年我省县域融媒体建设也在积极拓展中，各县区新闻单位依托当地有利的媒体资源，或自主研发，或联通省市媒体平台，打造适应当地媒体生态的融媒体产品。12月28日，山东省首家中宣部重点联系推动的全国59个县级融媒体中心之一——“宁津县融媒体中心”，正式揭牌成立。此外，城阳区、环翠区、新泰区、黄岛区等县区也都积极与山东广播电视台闪电新闻客户端、大众报业集团海报新闻客户端完成内容连接，打通了县域融媒体平台与省市融媒体平台的传播壁垒，在内容生产和传播效力上显著提升。

2018年，我省各新闻单位重点打造融媒体传播矩阵，着力打破传播平台间的壁垒，全面铺开报、网、端等多平台传播路径，讲好山东故事，传播齐鲁文化，新锐大众、天下泉城、叮咚FM、蓝睛、齐鲁壹点、51听、青岛观、爱城阳等新闻客户端已逐步迈入正轨，内容生产和传播方式更加适应当前的舆情舆态，传播力和影响力逐步提升。

（山东省新闻工作者协会）

河南省推进媒体融合发展工作综述

2018年，河南省省直省会媒体融合发展在全国处于第一方阵，县级融媒体中心建设走在全国前列。项城市、汝州市是中宣部重点支持推动的县级融媒体中心建设试点县，特别是项城市融媒体中心建设的做法在全国引发关注，中共中央政治局委员、书记处书记、中宣部部长黄坤明同志实地调研后给予肯定。

一｜思想高度重视，坚决推动改革发展

河南省新闻工作者协会对标中央要求，结合河南实际，加快推动媒体深度融合发展。省内主流媒体不断强化互联网思维和一体化发展理念，坚持移动优先，推动各种媒介资源、生产要素有效整合，加快实现信息内容、技术应用、平台终端、管理手段共融互通，推动传统媒体向网络空间全面迈进，大家方向明、思路清、信心足。

一是主动求变应变。面对推进媒体融合的紧迫任务，主流媒体居安思危、求新图变。河南日报报业集团在全国省级党报里，第一批创办网站，第一个推出报网融合专栏“焦点网谈”，第一个创新手机报的营销模式，形成“河南标准”，第一个托管运维省级政府门户网站，第一个创办可以上网的户外党报阅报栏。濮阳日报社自我加压，报社党委实行“1+5”模式工作推进机制，即1个宏观层面的全面深化改革工作领导小组，5个微观层面的工作小组，全力推动改革发展。郑州、洛阳等地所属媒体也都积极适应新形势，多措并举，改进创新，在深度融合、转型发展上取得突破性进展。二是坚持强思想稳队伍。河南广播电视台广泛开展“五每”主题教育活动，号召全台广大职工坚持说的每一句话，做的每一件事，录制的每一个镜头、声音，制作

的每一个节目，开发的每一个项目，从每一个人做起，都要坚持正确导向，都要有利于宣传事业产业发展，让每一个广电人坚持正确导向、敢于创新担当。南阳市委宣传部按照“四向四做”要求，组织全市新闻战线认真学习习近平总书记有关新闻舆论和媒体融合发展的重要论述，锻炼提升脚力、眼力、脑力、笔力。信阳日报社把对党忠诚、听党指挥作为第一位要求，紧贴媒体融合发展重要内容，加强教育培训，提升新闻从业人员思想观念和业务水平，引导编辑记者向全媒体记者转型。郑州广播电视台完善各项考核制度，拉开奖励性绩效工资档次，重点向采、编、播一线骨干倾斜，激发员工改革发展的内生动力。三是引导鼓励。河南省新闻工作者协会2015年起就设立了河南新闻奖移动媒体新闻作品奖项，这在全国各省市区中是第一个把移动媒体作品纳入到新闻奖评选之中。2018年将移动媒体新闻作品改为媒体融合奖项。

二丨推进媒体融合向纵深发展，不断巩固壮大主流思想舆论

在推进媒体融合过程中，河南省新闻工作者协会配合省委宣传部注重牵头抓总、统筹协调，坚持“抓两头，带中间”，不断优化媒体布局，推动形成以省直省会媒体为龙头，县级融媒体中心为基础，带动其他省辖市媒体加快深度融合的省、市、县三级媒体差异化融合发展的路子。省直媒体方面，不断深化体制机制改革，破除部门之间藩篱，推动人、财、物等资源向互联网汇聚，加快主力军向互联网主战场挺进，积极打造具有强大影响力、竞争力的新型主流媒体。市级媒体方面，立足本土资源，重点办好新闻客户端及微博、微信等新媒体平台，积极打造在区域内具有强大影响力的新媒体传播平台。县域媒体方面，省委宣传部联合省委网信办、编办，省人社厅、财政厅、省记协等8个单位，出台《河南省加强县级融媒体中心建设实施方案》。各县（市）全面加快对所属媒体机构、媒体从业人员、采编发流程的整合融合，积极组建县级融媒体中心，打通宣传思想工作“最后一公里”。截至2018年4月底，全省已挂牌县（市）融媒体中心69个，其中，2/3已建成或即将建成采编中心，41家完成了与省级技术平台的数据对接。

（一）省市主流媒体主动拥抱互联网

积极打造以传统媒体为龙头，号、端、网为补充的全媒体传播矩阵。河南日报报业集团拥有河南日报客户端、大河客户端、河南手机报、大河报微博4个千万级用

户平台，覆盖用户总数超过2亿。河南广播电视台重点打造的“河南新闻”“猛犸新闻”“交广领航”等客户端下载量均突破400万。河南广播全媒体矩阵粉丝总量超过7000万。洛阳日报、平顶山日报、驻马店日报、漯河日报推出掌上洛阳、掌上鹰城、天中云报、漯河发布等客户端。洛阳广播电视台坚持“台网融合、多元传播”的发展思路，建成“广、电、网、端、微”相融合的传播格局。周口广播电视台着力打造“周口手机台”和“爱周口”等客户端，融合本地电视、广播和报纸新闻资源，提供查询、缴费等多种服务，受众超过百万，活跃用户保持在20万以上。实现“借船出海”，提高新闻宣传传播力。

（二）积极重塑采编发流程

河南日报报业集团于2018年6月上线新版“中央厨房”大河云3.0版，经由“中央厨房”生产的网络稿件超过5万余篇。河南广播电视台成立全媒体新闻中心，建设大象融媒体集团新闻岛“中央厨房”，推动全媒体业态在新闻宣传、管理机构、经营业务、产业发展、技术平台等多方面融合。郑州报业集团打造郑报融媒体“新闻超市”，推进采编人员全介质、全流程的实质、深度融合，构建了编委会管总、采编发主战、多渠道传播、大平台支撑、大数据考核的现代传播架构和运营考核体系。

（三）融合生产能力明显提高

各媒体注重发挥内容优势，不断改进文风和作风，相继推出一批有思想、有温度、有品质的融媒体作品，提升了新闻宣传的传播力、引导力、影响力、公信力。2018年习近平总书记视察指导河南4周年之际，河南日报策划推出的特刊《奋斗新时代　春意满中原》，运用了全景VR、照片流等前沿技术，成为朋友圈刷屏之作。河南广播电视台在2019年河南省两会新闻宣传中，利用微直播的方式，开创了省级电视台直播代表委员通道的先河，吸引网民关心关注全省两会。濮阳早报尝试用视频形式报道新闻，《看见濮阳》视频报道每期点击量均过百万，其中《励志女孩视力0.04，看黑板靠放大镜》的报道，点击量超过1000万。开封日报精心制作了《一条街见证时代发展》等短视频，点击量超过千万。商丘电视台微直播自2016年建立以来，已完成直播300多场，粉丝68万余人，成为商丘最具影响力的直播平台。

三｜努力创新体制机制，激发改革发展活力

2018年，河南省建立“三层推动”工作机制，强力推进整合资源，做大做强主流媒体。一是建立联席会议制度。每季度召开一次联席会议，协调对接、研究推进媒体融合发展中，尤其是省直省会媒体、县级融媒体中心建设有关体制机制改革、人员队伍建设等方面的重大改革项目、重点工作任务。二是建立工作协调例会制度。每两个月召开一次工作协调例会，确定重点工作的组织实施、督办推进，重点推动省直主要新闻单位深度融合工作。三是建工作专班，建立月报告、月汇总制度。有针对性地调控引导、指导督导，高质量推进媒体融合发展。在三层机制的推动下，形成了党委宣传部门牵头，编办、财政、人事、广电、记协等部门积极参与、协同配合的工作格局。

河南日报报业集团还整合旗下大河网、河南手机报、河南一百度等多家新媒体和子公司，组建大河网络传媒集团，按照省管国有骨干企业管理。河南广播电视台整合旗下4家传统媒体单位和8个媒体公司，组建河南大象融媒体集团，拥有14类主流媒体业态和38个媒体传播平台。济源市大胆探索，实施“九大再造”，将济源日报社和济源广播电视台整合成一家传媒集团，优化资源配置，形成发展合力。信阳日报社改革绩效考核办法，凡是不经融媒体平台刊发的稿件，一律不得见报、不计工作量；被多个平台多次采用且点赞率高的，重复计入工作量，提升记者采写融媒体稿件的积极性。

河南日报报业集团所属的大河网络传媒集团注重实施“优质内容”和“先进技术”双轮驱动，加大技术研发人力财力投入，已获得软件企业资质证书、信息安全ISO27001认证等各类行业与技术资质认证30多项，其开发的大河号、大河云等一批应用型技术软件，不仅满足自用，还实现了对外输出。河南广播电视台与华为、腾讯、阿里巴巴合作成立全国广电行业第一家大数据公司——河南中原云大数据集团有限公司。

在平台建设上，各媒体坚持移动优先，构建了涵盖报、刊、台、网、微、端等多种形态的全媒体矩阵，同时，积极打破采编部门的机制壁垒，加速采编流程优化和采编平台建设，建立以新媒体生产和传播为核心的一体化运行机制。河南日报报业集团拥有千万级用户的新媒体平台4个——河南日报客户端、大河客户端、河南手机报、大河报微博，集团所属媒体覆盖用户总数超过2亿，搭建了具有完全自主知识产权的“中央厨房”；主要都市类媒体大河报构建了所有采编资源统一调度使用、7×24小

时常态化运行机制，实现了采编发流程的深度再造。河南广播电视台建设大象融媒体集团“新闻岛”，推动全媒体业态在新闻宣传、管理机构、经营业务、产业发展、技术平台等多方面融合，所属全媒体精准覆盖用户超过7000万，正在加快整合电视、广播的采编力量和优质节目资源，组建广电全媒体新闻中心，推动深度融合；承建的全省县级融媒体中心技术支撑平台正在加快推进，建成后将实现全省县域媒体新闻信息的互联互通，建成涵盖新闻信息、新闻线索、新闻资讯等多种信息资源的“蓄水池”。郑州报业集团积极打造郑报融媒体“新闻超市”，构建了编委会管总、采编发主战、多渠道传播、大平台支撑、大数据考核的现代传播架构和运营考核体系。

在内容生产上，各媒体主动顺应分众化、差异化、互动化的传播趋势，积极推进内容供给侧结构性改革，不断提升媒体转型发展的核心优势。党的十九大宣传等重大主题宣传报道中，省直主要媒体在策划推出“小薇系列”融媒体产品《新时代　新征程》《春光的春光》等一批融媒精品，讲好了出彩河南故事，中宣部多次提出肯定表扬；推出短视频《让爱快速抵达》《我和第一书记》等爆款产品，以小切口反映大主题，用小故事书写大时代。庆祝改革开放40周年宣传报道中，河南广播电视台对九集电视政论片《改革开放永不停步》进行再编辑、再加工，推出数十期V视频《画像40年》，放大新闻传播的“长尾效应”；民生频道制作的微视频《城市“蜘蛛人”》，荣获中央广播电视总台等主办的青年创意微视频大赛特别推荐奖；系列微视频《中国精神》《中国奋斗》《中国幸福》点击量突破5000万+。习近平总书记全国两会期间到河南代表团参加审议的宣传报道中，河南日报客户端推出“号外”《总书记来到河南团》的权威消息，比传统媒体报道提前近20个小时；策划推出H5《这趟河南的“荣耀”列车，从五年前的那个春天驶来》、时政脱口秀短视频《问“侯”两会》等融媒体报道，融出了两会报道新气象；河南广播电视台推出《向总书记汇报》专题片，通过回访习近平总书记视察指导河南时去过的地方、见过的人，生动呈现河南5年来的发展变化，全网点击量达到2260万次。

在服务拓展上，省直媒体利用自身技术优势，主动整合党政部门信息资源，对接党政部门技术平台，积极拓展“新闻＋政务＋服务”运行模式，从单纯新闻宣传向公共服务领域拓展，提升造血功能。河南日报报业集团成立政务运维服务中心，为省人大常委会、省人民政府，以及数十家省直单位代运维官网和新媒体平台，深度参与省政府督查室、省民政厅、省互联网违法和不良信息举报中心等几十个部门的政务网络和新媒体平台建设，与70多个市县部门签署“智慧政务”合作协议。在技术战略上，河南日报报业集团组建自己的技术团队，自主开发一批应用型技术软件，不仅满足自用，还实现了对外输出。河南广播电视台与华为、腾讯、阿里巴巴合作成立了全国广电行业第一家大数据公司——河南中原云大数据集团有限公司，为省直部门提供电子政务和数据管理服务；与省人社厅签署战略合作协议，共同服务河南劳务市场，打造的重点项目“打工直通车”，在全省建立了3712个就业工作站，通过平台求职人数超过20万人次。项城市融媒体中心以综合性、服务性为主打，将融媒体中心建设运行与服务群众结合起来，着力打造“新闻+政务”“新闻+文化”“新闻+服务”模式，拓展经营渠道，增强服务效能。

（河南省新闻工作者协会）

湖北省推进媒体融合发展工作综述

近年来，湖北记协积极引导全省主要新闻媒体坚持以习近平总书记关于新闻舆论工作系列重要论述为指引，贯彻落实党中央关于媒体融合发展的决策、部署和要求，积极探索融合发展路径，努力构建全媒体传播体系，不断提高传播质效，牢牢控制传播制高点。

一 | 坚持一体化发展方向，构建全媒体传播格局

湖北记协进一步强化网络与新媒体专委会的职能，积极引导各主要媒体始终坚持一体化发展方向，以“融为一体、合而为一”为目标，通过平台再造、流程优化、资源要素整合，实现了全媒体平台一体化、流程一体化、考评一体化。

（一）平台一体化

湖北日报传媒集团大力推进“中央厨房”建设，包括全媒体指挥中心平台、融媒体新闻采编平台、大数据平台等三大平台，为推动媒体融合发展、一体化运行提供软硬件支撑。全媒体指挥中心在全媒体策划组织、指挥调度等方面发挥重要作用。融媒体新闻采编平台分为PC端和移动端两个版本，能同步处理文字、图片、音视频等各类稿件。大数据平台应用于网络热点事件及舆情监控、自采报道传播力数据统计等。湖北广播电视台正式组建运行了融媒体新闻中心，探索建立台（集团）驻市州融媒体记者站、工作站。全台各新媒体平台总用户数达5386万，《长江新闻号》等四个账号进入全国短视频移动播放量“TOP1‰账号”，“湖北新闻”“湖北之声”分别进入全国

省级电视和广播移动传播前十强。长江云技术平台走在全国前列，2018年荣获全国广电技术最高奖——广播影视科技创新奖一等奖。联合全省120多家成员单位成立长江云平台运营合作体。

（二）流程一体化

湖北日报全媒体指挥中心实行一体化策划调度，根据报、端、网、微各平台传播特点，统一指挥调度配置采编资源。对新媒体平台，建立了与传统媒体同尺度、同标准的策、采、编、审、发流程。每逢重大报道，组建集团各媒体参加的全媒体报道专班，统一指挥调度报、端、网、微全媒体报道。湖北广播电视台成立新媒体集团编委会，落实内容生产三级审稿制、端口负责制，规范集团内容生产运营。建立台（集团）驻市州融媒体记者站、工作站，推进形成台（集团）内各频道和省市县新闻力量统一部署、统一调度的宣传报道机制。

（三）考评一体化

全省各媒体按照报（台）、端、网、微“一体化”要求，制定了全媒体考评考核办法，对各平台稿件实行一体化考评考核既考评党媒职能、导向质量，也考核传播效果。采编人员工作绩效从全平台获得，所有传播产品一体考核，一体计分。

二丨坚持移动优先战略，牢牢掌握传播制高点

省记协通过举办新媒体培训班和座谈会，引导全省各级各类媒体坚持移动优先策略，让主流媒体借助移动传播，牢牢占据舆论引导、思想引领、文化传承、服务人民的传播制高点。

（一）打造移动媒体矩阵，实现新闻传播移动优先

湖北广播电视台跳出自身媒体融合“小圈子”，着眼本省各级媒体大融合，与湖北省内市、县上百家媒体机构（含地方广电、报社、网站）联合，高效建设全省117个“云上系列”移动客户端，汇聚全省各地网站和“两微一端”产品8112个，把全省的主流媒体“抱成团，结成片，连成网”。以“统一指挥、统一信源、分级策划、统一标准”为基础，形成“多元采集、多样编辑、多种产品、多端分发”的省市县三级

媒体融合新闻生产运作流程和常态化的信息协作联动机制。全平台移动优先，有力抢占第一时间权威发布的制高点，最大化传递主流价值正能量。湖北日报传媒集团根据机关报、市民报两类媒体不同功能、特性，以湖北日报、楚天都市报为核心，打造移动传播集群。目前，集团新媒体用户超过5500万，其中“一端两微”平台用户超过4000万。集团重点打造的湖北日报客户端达到500万、湖北日报官方微博粉丝348万，官方微信粉丝96万；楚天都市报“看楚天”客户端影响力、活跃度等指标，居全国传统媒体自建客户端前十强。楚天都市报官方微博粉丝超过1300万，微信粉丝127万。武汉广播电视台、长江日报报业集团、各地市级党台党刊均比照省级媒体形式，构建本媒体的移动媒体矩阵。全省各移动媒体矩阵通过相互协作，组成一个覆盖全省的移动媒体矩阵，相互协作，相互守望，相促相长。

（二）打造网上政务大厅，实现政务移动优先

湖北媒体积极践行习近平总书记关于走好网上群众路线的重要指示精神，通过长江云、湖北日报全媒体中心等平台，构建党政部门权威信息发布、老百姓“办事”和“问政”双向互动的移动平台。一是政务信息公开的移动化。省、市、县三级1941个政务部门入驻长江云，第一时间在移动端发布党务政务信息，履行信息公开义务，解决传统网站“网址难记、真假难辨、信息难查”的痛点。网民通过手机端访问占比超过90%。二是群众问政的移动化。荆楚网（湖北日报网）“网络问政-民生热线”栏目实名入驻单位2000余家，搭建起各级政府及其部门与网友之间的连心桥；楚天都市报持续开展“楚天法律援助行动”品牌活动，5年来接待来电来访8000余人次，妥善处理各类纠纷案件3000余件。长江云平台设置“民声”24小时移动互动窗口，群众可以通过手机“一键问政”。长江云后台与各地党委政府和公用事业单位联通。网民对问政的“回复速度”“满意度”的指标进行评价，相关部门的排名实时公布。对市民关切的热点民生问题，提至首页“强力督办”，并融合打通“党风政风热线”广播栏目和“电视问政”栏目，形成全方位、全时段、全媒体、常态化的市民问政体系。

（三）打造网上办事系统，实现民生服务移动优先

“让数据多跑路，让群众少跑腿”。湖北日报传媒集团在湖北省人民政府门户网推出“一网覆盖、一次办好”办事系统。与省普法办共同运营湖北法治网，通过“宪法荆楚行”“最美警察评选”等活动，进一步提升湖北安全度和湖北幸福度。长江云先后与思拓、亚信、七牛云等数十家团队进行深度捆绑，对接全省各类民生服

务资源，打通了市政、水务、公积金等58类152项民生服务接口，将智慧城市建设和移动互联平台融为一体。同时，长江云还承建了“省食药安全政民互动平台”“云上社科移动平台”“省政法网上为民服务平台”等多个“智慧湖北”信息化建设项目，成为网民“口袋里的办事窗口”。长江日报新闻客户端核心频道“武汉城市留言板”有121家单位在线驻守，日均接受600条网民反映问题，全年受理办理群众诉求20万余件。

三 | 坚持用好信息革命成果，提升融合传播时度效

媒体融合发展中，湖北坚持用好信息革命成果，大胆运用新技术、新机制、新模式，形成优质内容与新媒体传播方式的有效融合，实现宣传效果的最大化和最优化。

（一）培养全媒体人才

省记协举办新媒体技术培训班，直接培养新媒体骨干79人，并下发文件，要求各级各媒体构建新媒体人才培训体系。湖北日报传媒集团推动全员“转思维、转观念、转作业方式”。通过近年来一体化的人员培训、策划引导、考核倒逼，使存量人才报业采编人才逐步提升成为提升全媒体采编人才。湖北广播电视台保持人才流动，做到员工能进能出。一方面大力培养存量人才，实施两轮基层员工双向选择，落岗人员进入“人才交流池”进行为期三个月的培训，培训不合格者解除劳动关系。一方面大力引进互联网专业人才，如引进了“3551光谷人才计划”创新型人才曾珍同志，并委派其担任孵化器公司总经理。

（二）用好新媒体手段

省记协发挥好新闻评奖的导向作用，在评奖总数大幅下降的情况下，增加了新媒体稿件的设奖指标，鼓励各媒体使用新媒体手段。全省各主要媒体结合互联网传播的特点和要求，综合新媒体技术和手段，实现新闻“从可读到可视、从静态到动态、从一维到多维”的升级融合。在报道形式上，加强直播、弹窗、弹幕、3D动画、VR等产品打造，建成网络讲习大课堂，实现线上360度全景交互。在2018年全国两会报道中，湖北日报共推出网络专题、图文直播、短视频、VR、现场访谈、H5、融媒体海报、微信、微博话题、九宫图、图解新闻、互动小游戏等168个新媒体产品，综合浏

览量超6亿，产生良好传播效果，中宣部《舆情通报》肯定“湖北日报融合传播亮点突出”。长江云开通“云端联动报两会”，覆盖全省市州县区117个“云上系列”客户端，上接天线、下接地气。

（三）打造新媒体精品

湖北始终坚持“内容”是基础，是根本，以内容为王，打造一批新媒体精品。省记协结合精品生产，专门举办研讨会，与省委宣传部新闻阅评组合作，专门就新媒体精品生产推出新闻阅评。在7月12日举行的外交部湖北全球推介活动中，《湖北日报》创建的微博话题“湖北从长江走向世界”，以极具吸引力的内容，在活动当日登上微博话题热搜榜前三，总阅读量达7.4亿；65条短视频总浏览量达1400万；原创H5产品内容各具特色，且通过邀请受众参与的方式吸引用户融入传播链条，总浏览量超千万；原创微信文章《你好，我叫湖北》总阅读量超过110万。湖北广播电视台实现全平台全网全覆盖式传播，总阅读量达5.84亿人次。全球100多家媒体转载《灵秀湖北》《湖北，从长江走向世界》两个短片，160多个国家和地区实现湖北全球推介立体化、互动式融合传播。同时，两个短片7月14日—21日在非洲ST Rise频道连续播出一周，覆盖10亿非洲观众。

（湖北省新闻工作者协会）

湖南省推进媒体融合发展工作综述

2018年，湖南各级主流新闻媒体主动顺应媒体融合发展潮流，不断进行自我革命和自我革新，通过不断集聚自身优势力量，打造了一批新型传播平台，创作了一批有思想、有温度、有品质的融媒体精品佳作，培养了一批全媒体人才，着力扩大了主流价值影响力版图，让党的声音传得更开、更广、更深入，探索出了具有湖南特色的媒体融合发展道路。

一｜以平台建设为突破，着力构筑媒体深度融合传播矩阵

媒体融合时代，只有打造一批自有、自主、自控的媒体融合平台，把主动权、控制权、主导权牢牢掌握在党媒手里，才能确保主流声音最大化，思想导向不偏航。湖南各级党委和主流媒体始终清醒地认识到这一点，把媒体融合平台建设作为媒体融合基础性工程和主要突破口抓紧抓实，加快“三端多微”建设，着力构筑差异发展、立体融合的移动互联网传播矩阵。湖南日报社以“新湖南”建设为抓手，加大报网端微融合力度，构建了以《湖南日报》的权威深度原创、“新湖南”的快捷及时互动和新媒体产品打造、华声在线的海量聚合推广、《三湘都市报》的生动鲜活切入的立体多样的报道格局，《湖南日报》重要消息100%在新湖南首发。目前，新湖南客户端累计下载量已突破2000万，日发稿量800条以上，日活跃量160万，在首届中国新媒体发展年会上荣获“最具影响力主流媒体新闻客户端”称号。以“新湖南”为核心的湖南日报社新媒体矩阵，覆盖总用户超过4000万人，以移动传播为主体的新型主流媒体传播体系初步建立。湖南广播电视台建成湖南卫视与芒果TV“一体两翼、双核驱动”的全

媒体发展格局，各媒体充分运用芒果TV和官方微信、微博、移动客户端等新媒体平台进行融合传播。芒果TV互联网电视用户超1.2亿，手机APP用户超6.8亿，日活跃用户超过6500万，跻身全国视频网站第四，海外用户规模超1600万。湖南红网新媒体集团构建起“网、报、端、微、视、屏”六位一体，省市县乡镇（街道）四级覆盖，电脑屏、手机屏、户外大屏、电梯小屏四屏传播的树型现代传播矩阵。红网传播影响力在全国地方新闻网站中稳居前三。各市州也纷纷打造自主可控的新媒体平台，“掌上长沙”“新株洲”“掌上衡阳”“云邵阳”“湘潭在线”“今日永州”等一批新兴媒体已成为当地新闻传播的主渠道，其中“掌上长沙”下载量已突破1000万。2018年，全省4800多个政务微博和1000多个政务微信的新媒体传播矩阵已然成型、效果凸显，形成层次分明、优势互补、功能多样的新媒体传播格局。

二 | 以内容建设为抓手，始终坚持唱响时代最强音

做好媒体融合发展工作，必须牢牢抓住内容创新这个根本，遵循内容为王的新闻规律，把握好时度效，从拼海量向拼质量转变，从聚流量向聚人心跨越，以内容优势赢得发展优势。2018年，湖南各级主流媒体围绕中央决策部署和省委省政府中心工作，通过加强传播手段和话语方式创新，推出更多有思想、有温度、有品质的融媒体精品力作，以更强的传播力、引导力、影响力、公信力，在互联网上做大做强正面宣传，让党的创新理论“飞入寻常百姓家”，让网络空间的主旋律更响亮、正能量更强劲。《湖南日报》联合新湖南客户端，在2018年全国两会报道中推出的“跳一跳，为新湖南打call”H5产品、创意视频短片《<刘海砍樵>来了！把韵味湖南唱给你听》，将游戏、动漫、戏曲等元素融入内容产品，极大地丰富了内容形式，成为“爆款级”产品。新湖南客户端全年共刊发各类新闻14万条，开设融媒体专题近百个，累计点击量近30亿。得益于创新表达和方式，在第28届中国新闻奖评选中，湖南日报社获得1个一等奖、3个二等奖，其中融媒体作品两件，创报社历史最好成绩。芒果TV先后联合湖南广播电视台所属各电视媒体制播新闻大片《我爱你，中国》《赶考路上》和纪录片《我的青春在丝路》《四十年四十村》等，其中，《我的青春在丝路》被国家广电总局列为重点扶持项目，《我爱你，中国》两季节目在芒果TV累计播放量突破7000万次，打造了主流新闻片的“湖南现象”。湖南红网新媒体集团充分运用虚拟云演播、AI短视频、微视频、动漫、动图、H5、手绘、快闪等新技术新手段，实现了新闻

作品的融合创新，打造的《小蟹观两会》《时小刻两会课堂》《汉字寻根》《你好，40年》等成为现象级作品。2018年，在全省两会、“湘西湘南承接产业转移”“开放崛起五大行动”“青春扶贫录”等重大主题宣传以及“迎战雨雪冰冻天气”“益阳洞庭湖下塞湖矮围拆除”“守好网络舆论阵地”“促进长沙房地产市场健康平稳发展”等系列重大舆论引导中，省内各级主流媒体大力开展融媒体宣传引导，形成了官方媒体与自媒体、传统媒体与新媒体等同频共振的舆论传播格局，让宣传引导更加深入人心，凸显了主流媒体在舆论引导方面的中流砥柱作用，得到了湖南省委省政府的高度肯定。

三 | 以队伍建设为核心，努力培养适应新时代的全媒体人才

湖南省记协和各级主流媒体始终把队伍建设摆在推动媒体融合发展工作的核心地位，在发现人才、引进人才、培养人才、使用人才、留住人才等方面不断探索新方法、新模式，一大批“提笔能写，对筒能讲，举机能拍”的全媒体记者正涌现出来。

（一）通过人才制度和薪酬制度改革，进一步改进新媒体一线采编人员配置。如湖南日报社进行薪酬体系改革，在薪酬待遇上向新媒体中心倾斜，新媒体从业人员薪酬在报社采编人员薪酬基础上上浮15%。湖南广播电视台以集团化改革为契机，采取传统电视和互联网人才的齿轮型配置，大力推行工作室制度。工作室的资源配置、节目创意、流程把控、人事财务完全独立，由平台兜底工作室创新风险，形成了良性的竞争与淘汰机制，大批内容制作明星团队集聚湖南广播电视台，打造了《歌手》《我是大侦探》等一批现象级内容生态。湖南红网新媒体集团出台《红网采编人员职业技术阶梯设置和评定办法》，实施职业技术阶梯评定，搭建了员工职业发展的专业通道。

（二）不断拓展业务培训。湖南省记协积极向中国记协争取新媒体类培训班调训名额，争取的调训名额主要面向省内新闻单位新媒体部门一线采编骨干和优秀新闻工作者代表，实现优质教育培训资源的效果最大化。湖南日报社把每名采编人员纳入教育培训范围，不定期邀请学界、业界知名专家为报社全体采编播管岗位以及部分经营岗位的员工进行媒体融合发展培训，推动全员转型。湖南广播电视台常年举办芒果训练营，通过常态化、制度化的业务培训和实施创新“飚”计划、芒果青年说等机制，为全媒体人才的脱颖而出创造了良好环境。湖南红网新媒体集团启动“红课堂”计

划，全年培训21场。各市州和县区主流媒体也在不断加强媒体融合队伍建设，先后选派大批新媒体部门一线采编人员到省内外知名新闻院系学习培训。

（三）不断加强实践锻炼。湖南省记协深入践行“走转改”，创新开展“记者在项目”活动，组织20名省直媒体中层骨干编辑记者到20个产业园区和企业进行为期一年的挂职锻炼，学业务、学方法、学作风、做宣传，助推项目开展，锤炼脚力、眼力、脑力、笔力。湖南日报社推动传统媒体人把“受众”变成“用户”，在实践锻炼中强化“用户思维”，把一线编辑记者从“笔杆子”锻造成为“全能新闻战士”。湖南广播电视台在打造芒果TV过程中，投入大量传统媒体人才，经过与互联网人才的混搭学习，已成长为具有全媒体运营素质的人才队伍。湖南红网新媒体集团定期开展市州分站一线编辑记者到总部跟班学习活动和总部各部门间互相观摩学习活动，培养了大批具有全媒体实战经验的“青年后备军”。

（湖南省新闻工作者协会）

广东省推进媒体融合发展工作综述

2018年，广东省深入贯彻落实习近平总书记关于宣传思想文化工作的重要思想和媒体融合发展的重要讲话精神，按照省委工作要求，紧紧围绕“融为一体、合而为一”的总目标，坚持守正创新，汇聚优势资源，加快推进媒体深度融合、整体转型的步伐，不断巩固壮大党的新闻舆论阵地。

一｜加快整体转型步伐，着力打造功能互补的移动传播体系

广东坚持一体化发展理念，推动信息内容、技术运用、平台终端、人才队伍、管理服务共享融通，积极引导省市各媒体把资源、技术、力量向移动端倾斜，初步形成一个定位精准、功能互补、具有较强影响力的移动传播体系。

南方报业传媒集团狠抓党媒宣传平台、立体传播平台、数据服务平台建设，融媒体中心采编发平台不断迭代升级，先后成立了南方+编委会、报网端产品研发中心、音视频部、版权工作部，引领报网端在内容生产、产品研发、综合运营方面开展创新。集团现已成功实施南方日报改版改革，推动了报、刊、网、端深度融合，带动南方杂志、南方农村报、南方周末报系、南都报系的融合向纵深发展。

羊城晚报报业集团加快推进媒体深度融合步伐，加速推进中央厨房升级，优先发展移动客户端，精心布局移动传播矩阵，着力创新新闻产品，积极推进新闻主阵地从纸媒向云平台转变，现已形成“一个内容生产中心、多个渠道终端出口”的立体传播格局。2018年以来，集团全媒体指挥中心在实践中不断细化融合生产和传播流程，初步建成了“资源通融、内容兼融、宣传互融”的新型媒体，入选“2017—2018年度中

国十佳融媒体中心”，获颁“中国报业融合发展创新单位”。

广东广播电视台实施以IPTV、OTT为主的大屏和以移动客户端为主的小屏“双轮驱动”策略，着力打造触电新闻APP、粤听APP、荔枝台APP、无线广东等移动客户端；与此同时，积极推进广播、电视融媒体中心建设，通过重塑采编发流程、平台优化再造，推动形成“一次采集、多种生成、多元传播、全方位覆盖”的新模式。该台现拥有触电新闻系列产品、大数据系统、广电舆情监控系统等完整的融媒体产品体系，在自主创新上做好了充分的布局。截至2018年底，触电新闻客户端累积下载用户达5479万，全年日均活跃用户数 352万，连续两年入选“全国省级广播电视台APP市场指数榜”十佳。

南方财经全媒体集团着力推进全媒体指挥中心建设。目前，集团已构建了由21财经APP、投资快报APP等4个APP客户端，21经济网、21财搜网、财富动力网等17个网站，44个微博、49个微信公众号组成的全媒体矩阵，报、台、网、端、微、屏全部资源打通，形成全媒体立体传播格局。各媒体采编、经营人员业务范围涵盖了传媒行业从信息采集、内容编辑到产品生产、传播销售一条龙的业态，形成了完整的行业生态闭环。

全省扎实开展县级融媒体中心建设工作，研究制订了县级融媒体中心建设工作方案，重点推进全国试点开平、四会两地县级融媒体中心建设工作。2018年，全省已有14县1区完成挂牌并投入运营。

二 | 坚持正确舆论导向，不断加强舆论引导新阵地的建设

各省市级媒体牢牢把握正确舆论导向，把媒体融合意识贯穿新闻报道始终，突出优势定位，创新方式方法，积极构建新传播话语体系下的生产样态和传播形态，有效提升了新闻舆论传播力、引导力、影响力、公信力。

南方报业传媒集团顺应移动互联网发展大势，坚定不移实施移动优先策略，推动采编、经营、管理的主力军全面进军融媒体主阵地。2018年，“南方+”全年发稿67万条，下载量突破5000万，日活跃用户达到百万级。“南方号”入驻机构超过5000家，合办频道106个。南方+全年营收突破1亿元。南都APP、南方周末APP也有长足进步。

羊城晚报报业集团以“羊城晚报”+“羊城创意产业园”的“双品牌、双平台”

为发展方向，在媒体融合工作中不断创新。截至2018年底，集团报、网、端、微全媒体总用户量超7000万。其中，羊城派客户端累计下载量超过4000万，全年发布资讯超过8万条，推出近百场直播，策划传播重大主题宣传逾百个，推出数百个新媒体产品。此外，集团与酷狗、荔枝FM、腾讯新闻、UC合作，进行日常化的内容入驻、生产合作，实现对大平台用户在政治方向、价值取向、舆论导向等方面的正确引导。目前，集团在酷狗、荔枝、淘宝头条等第三方端口上的合作内容产品的月均流量超过2亿+。

广东广播电视台围绕“新闻立台、综艺兴台、影视旺台、经营强台”的核心目标，整合优势资源，坚持移动优先，初步形成了以触电新闻APP（电视）和粤听APP（广播）为代表的新媒体传播矩阵。截至2018年12月初，触电新闻累计下载量已经达到5400万，日活跃用户近400万，累计点击量365亿。粤听上线一年，用户下载量达160万，平台上的版权音频总时长超50万分钟，拥有超过16.5万会员用户。南方新媒体公司的核心业务IPTV，其广东用户总数已超过1400万。

南方财经全媒体集团坚持移动优先策略，打造以21财经APP为核心的新媒体矩阵。目前，21财经APP下载量6200万，月活跃用户数900万。新媒体矩阵分别新设了“一带一路”频道、“大湾区观察”栏目等，及时发出主流声音。集团大力整合资源，与经济领域相关部委办局开展战略合作，取得权威资讯第一发布权。与珠三角、港澳财经媒体合作，通过资源共享、合作开发、联合推广等方式，立足将21财经APP打造成最权威的财经信息发布平台。

三 | 加强技术驱动，着力增强新媒体平台的竞争力

广东深入推动技术能力提升，通过运用互联网技术和信息化手段，不断实现新媒体平台发展的移动化、数据化、智能化，实现从提供信息资讯服务向提供数据知识服务的角色转型。

南方报业传媒集团大力实施“提升技术能力、服务融合转型”工程，设立集团技术委员会，召开集团技术大会，制定中长期技术发展战略和规划布局，建设集团中央数据库、集团智能化管理系统、集团基础架构云、集团总体网络安全防护体系，成立了媒体大数据应用试验室、5G媒体大数据应用实验室两个国家级的实验室，技术赋能对集团媒体融合的引领作用不断增强。

羊城晚报报业集团在稳步推进全媒体传播平台建设的同时，还打好“文化产业”牌，利用羊城创意产业园的独特优势，充分发挥传媒专长与园区文化互联网龙头企业相融合作，走出了一条独具特色的媒体融合之路。2018年，羊城派发布跨越式升级版本4.0，通过内容聚合、用户自定义、编辑推荐、LBS技术、专题集纳等方式，将羊城派的新闻和社交服务内容组合成更适合用户个性阅读的模式。

广东广播电视台积极探索运用4K、5G、大数据、云计算、物联网、区块链、人工智能等新技术，通过技术赋予视听节目内容更多新形态。2018年10月12日，广东广播电视台综艺频道调整为4K超高清播出，成为全国首个省级电视4K超高清频道。此外，通过自主研发关键核心技术，广东广播电视台已初步建立一支完备的互联网技术团队，拥有全屏新闻客户端、大数据智能推荐、手机直播、融媒体生产管理平台和广电舆情监测等核心技术。目前，触电新闻开发了双项核心技术，获得35项软件著作权、2项技术专利和49个注册商标。

南方财经全媒体集团全媒体指挥中心一期完成建设并投入使用，初步建成集六大功能于一体的全媒体指挥平台。2018年3月，集团在全国媒体中首个上线“人工智能虚拟主持人”，并在智能机器人写稿、大数据分析、视频自动合成制作等领域积极开展实践探索，努力提升新闻生产效率和传播效果。

四 | 深化内容生产供给侧改革，精心打造融媒体产品

广东始终坚守传播优质内容和引领思想价值高于一切，加强产品创意赋能和全媒体传播创新，在生产更多集“内容+技术+美学+灵感”的新媒体产品上下功夫，以内容优势赢得发展优势，不断唱响主流舆论的“南方声音”。

南方+浓墨重彩宣传报道广东贯彻落实习近平新时代中国特色社会主义思想的生动实践。全年共发布学习贯彻习近平新时代中国特色社会主义思想的宣传报道稿件69179篇，集中报道习近平总书记重要讲话和重大活动报道952篇，并先后推出《新时代新气象新作为》《沿着总书记指引道路奋勇前进》等大型专题，做强做大南方特色，形成主流舆论强势。2018年，围绕全国两会、庆祝改革开放40周年、粤港澳大湾区建设、港珠澳大桥通车、防御“山竹”台风等重大新闻事件，南方+生产出一系列主题鲜明、内容翔实、形态创新的爆款产品。

羊城派充分运用网上舆论平台，生产正能量、主旋律、接地气的作品，弘扬主

旋律，激发正能量。2018年，羊城派14个频道全新上线，包括财经频道，科教频道，“金羊号”矩阵频道，深圳、珠海、汕头、佛山、韶关、梅州、惠州、东莞、中山、江门、茂名11个地市频道。全年稿件发布总量超过8万条。2018年全国两会期间，羊城派推出互动体验型 H5产品《广东好拼》全面展示广东在乡村振兴中取得的发展成就，全网流量突破2000万。在由人民日报全国党媒信息公共平台、人民网、人民视频联合主办的“全国党媒携手拥抱新时代——2018全国两会融合报道精品展示”活动中，该作品入选“评委特别推荐作品”。

广东广播电视台强化互联网思维，大力推进内容生产供给侧结构性改革，创新推出一批口碑好、点击高、传播广的融媒体产品。《广东新闻联播》在泽传媒发布的全国两会报道“移动传播总榜”中，已连续多年排名第一。触电新闻制作的融媒体产品《砥砺奋进》MV，全网点击量达到1.2亿，线下覆盖人群近1亿人次。在2018年台风“山竹”的报道中，广东广播电视台依托触电新闻，联动全国34家合作媒体及平台，先聚合再分发，累计推送4600条报道，全网点击量近3亿人次。

五丨加强全媒体人才培养，大力推进高素质人才队伍建设

全省有针对性地组织开展专题培训、观摩交流、业务研讨、实战演练，加快采编、经营、管理人员向全媒记者、全媒体编辑、全媒体管理人才转型，不断夯实媒体融合队伍根基。

南方报业传媒集团先后遴选多批“南方名记者”培育对象，不断加强培养全媒体人才，取得显著工作成效。2018年，南方+与南方著名记者赵杨工作室打造的时政类脱口秀短视频节目——《两会TALKS》第二季上线，全网阅读量突破5000万；与南方著名记者吴哲全网首发《一图读懂2018广东政府工作报告》，阅读量超80万；与南方著名记者肖文舸等推出《H5|南方+直播答题，考考你读懂政府工作报告了没！》，阅读量超百万。依托公安系统、医疗系统、民政系统优质的新闻资源，南方+与南方名记洪奕宜推出“出警”“洪记鉴证”等品牌短视频栏目，屡获网络热转；与南方著名记者曹斯推出关注抑郁症患者MV《81899120》、聚焦中国首个医师节MV《相信》，广泛凝聚正能量；与南方名记李强工作室共同制作推出的《宝贝回家》系列寻亲短视频，前三期在全网均获得千万流量。

羊城晚报报业集团积极推动体制机制改革，根据全媒体新闻产品的生产流程来制

定架构，设置全媒体采编中心、全媒体分发中心、全媒体运营中心三大中心。全部采编人员按职能分别归入三个中心。2018年，集团先后分三批选派近40位一线骨干采编人员赴英国、美国学习，不断提升队伍新媒体业务能力和素养。

广东广播电视台充分发挥“黎婉仪财富管理工作室”“马志丹工作室”“尹铮铮工作室”“谁语争锋文化创意工作室”“任永全工作室”等多个由优秀评论员、记者、主持人领衔的工作室的示范引领作用，不断培养优秀全媒体人才。

南方财经全媒体集团大力推进高素质全媒体专业人才的引进和培养，积极推动优势人力资源协同合作。全年组织和安排集团干部职工参加各类综合培训和业务培训共计21批次，合计218人次。

（广东省新闻工作者协会）

广西壮族自治区推进媒体融合发展工作综述

2018年，广西壮族自治区党委、政府深入学习领会习近平总书记关于媒体融合的重要讲话精神，深入贯彻落实党中央关于推进媒体融合的决策部署，坚持把媒体融合发展作为提高主流媒体传播力引导力影响力公信力的基础工程，作为维护意识形态安全的重大任务来抓紧抓好，广西媒体融合工作顺利推进，成效明显。

一 积极适应全媒体时代发展大势，加强媒体深度融合组织领导

2016年自治区党委、政府办公厅印发了《广西推动传统媒体和新兴媒体融合发展的实施意见》，对全区媒体融合发展工作进行了全面部署。2017年自治区党委宣传部制定《广西壮族自治区党委宣传部关于推进全区媒体深度融合工作方案》，对推动广西媒体深度融合工作作了具体安排。各市党委宣传部、自治区各主要新闻单位根据自治区党委宣传部的部署，结合各自实际，先后成立媒体深度融合工作领导小组，统筹推进本地本单位的媒体融合工作。

二 找准广西特色媒体融合发展之路 写好全区各级媒体融合发展大文章

广西以“三个坚持”为发展方向，探索形成了极具地方特色的媒体融合发展之

路。一是坚持顺势而为，全力推进媒体深度融合，形成省级媒体云平台带动基层新闻媒体融合发展的良好局面；二是坚持以强带弱，集中优势力量做强“广西云”“广电云”，使之成为辐射牵引全区各级媒体融合发展的强大引擎；三是坚持长远发展，朝着融为“一朵云”、共建“一个端”、织就“一张网”、形成“一盘棋”的目标稳步迈进。

（一）自治区级媒体融合做深做强

初步建成“广西云”融媒体生态系统。“广西云”是广西日报社实施传统媒体与新兴媒体融合的重大工程。2017年启动，2018年建成一期工程投入使用。聚合全区报群、网群、端群、微群。“广西云”已建成四大物理空间：全媒体指挥监测中心、发布厅、融媒体传播创意中心和融媒体演播厅。可支持500家网站进驻，200个APP集中部署，5000名编辑记者同时在线工作，支持5000万以上日均访问量，50万人以上同时在线访问。“广西云”全媒体指挥监测中心（中央厨房）是广西日报社的指挥中枢，新闻采写、编发一体化，内容生产和发布实现“一体策划、一次采集，多种生成、多元发布，全天滚动、全域覆盖”。“广西云”客户端2018年4月升级上线，短短7个月就开通广西全部14个设区市和111个县级分端，构建起“1+14+111”党端矩阵，打通服务群众“最后一公里”，将党的创新理论及时传播至千家万户、街头巷尾、田间地头。

初步建成广西广电融合媒体云平台（简称“广电云”）。“广电云”是广西广播电视台、广西广电网络公司两家单位，本着“联合承建、各司其责”的原则，开展广西广电融合媒体云平台项目的建设，打造可覆盖服务自治区、市、县三级广电媒体，具备“新闻十政务十服务”功能的融合媒体云平台。2016年启动，2018年7月26日，“广电云”正式上线运营。依托“广电云”平台，开展综合信息服务，融入现代服务业。建成“广电云”与政务、商务、教育、医疗、旅游、金融、农业、环保等相关行业合作与融合，参与智慧城市、智慧乡村、智慧社区和智慧家庭建设。

（二）市级媒体融合范围不断扩大

全区14个设区市积极探索传统媒体和新兴媒体融合发展之路，不断拓宽市级媒体在管理、平台、内容、技术等方面的融合范围和力度，形成了各有特点的三种情况：

1．打破不同媒介壁垒，建立全市层面统一的融媒体中心。比较有代表性的是钦州、梧州。钦州市将钦州日报社、钦州市广播电视台合并，组建钦州新闻传媒中心，为市委直属管理的相当正处级财政差额拨款公益二类事业单位，由市委宣传部代管。梧州市整合报纸、广播、电视等传统媒体和互联网、“两微一端”等新媒体资源，建立梧州市融媒体新闻中心，建设梧州市“融媒小厨”。整合后的机构在内容生产、经营上有了一定的改善，但是因为资金、人才、机制等方面的原因，这些机构整合目前只实现了简单相“加”，人员、业务、管理相“融”还远未形成，面临着不少先行者遇到的困难和矛盾，这些地区敢于吃螃蟹的勇气值得肯定。

2．不改变媒介格局，在原有媒介内部拓展增量。这是大部分中央媒体及省（区、市）推进媒体融合的常用做法，也是我区目前大多数地级市采取的市级媒体融合路径。如南宁市在南宁新闻网原有力量的基础上，整合南宁日报、南宁晚报资源，打造移动客户端“南宁云”，对重大活动进行融合报道。柳州打造以柳州日报、柳州晚报、柳州新闻网为主的“两报一网”。右江日报、北海日报、河池日报初步建成多媒体数据采编发“中央厨房”，等等。

3．媒体融合停留在“+互联网”初级阶段，与“互联网+”仍有距离。部分市建设全媒体平台的定位仅仅是实现网上看报纸、听广播、看电视，对媒体融合的认识停留在“+互联网”初级阶段，与媒体相融的“互联网+”相去甚远。媒体深度融合的理念还需进一步强化、力度还应进一步加大。

（三）县级融媒体中心建设迈出实质步伐

按照中央扎实抓好县级融媒体中心建设的总体部署和自治区党委的工作要求，在自治区党委宣传部指导下，2018年以来，广西各地充分认识县级融媒体中心建设的重要意义，以高度的责任感、使命感、紧迫感，只争朝夕、改革创新，坚持问题导向、实践导向、效果导向，扎实推进县级融媒体中心建设，大力打造新时代基层主流舆论阵地。2018年10月17日，自治区党委宣传部制定印发《关于推进县级融媒体中心建设的通知》，确定路线图、绘好时间表、下达任务书。2018年10月30日，自治区党委宣传部在百色靖西市召开县级融媒体中心建设现场会，解剖靖西经验，探索具有普遍性的县级融媒体中心建设发展路径。截至2018年12月31日，广西已有29家县级融媒体中心挂牌成立。29个新组建的县级融媒体中心按照“一体策划、一次采集、多种生成、多元传播”的要求，破除各媒体单位自成一体的藩篱，设立统一的新闻采集、编辑等部门，集中指挥调度，推动采编发流程再造，实现融媒体中心全媒体传播。同时，“广西云”融媒体生态系统与“广电云”充分融合，搭建全区统一的策采编发系统，实现县级融媒体中心新闻产品的融合策划、采集、制作和发布。

三｜不断提升品牌竞争力，创优工作再上新台阶

广西云、广电云是自治区推进媒体深度融合发展的重大项目，对于全区媒体实现转型升级，提升综合实力和竞争力有着重大意义。2018年，广西日报各新媒体平台总浏览量爆发式增长至25.7亿次，优秀融媒作品层出不穷，涌现出《改革开放看广西》等“三个过亿”和《爱广西的一百个理由》等“五个过千万”的爆款作品，短视频作品《柳州融水突围记》荣获第二十八届中国新闻奖媒体融合奖项一等奖，“广西云”传播力影响力不断提升。

（广西壮族自治区新闻工作者协会）

重庆市推进媒体融合发展工作综述

2018年，在中国记协的指导下，在重庆市委坚强领导和市委宣传部的直接领导下，重庆市记协认真学习贯彻习近平总书记关于新闻舆论工作重要论述精神，适应媒体融合新形势，着眼新闻队伍建设，加强政治引领、推动创新实践、深化沟通交流，促进广大新闻工作者不断提高做好新时期新闻舆论工作的能力水平，持续为推动媒体融合发展助力加油，取得了明显成效。

一 坚持在政治引领上下功夫，为媒体融合发展提供“营养液”

2017年，在中国记协成立80周年大会上，习近平总书记专门发来贺信，寄望中国记协“深化改革，开拓创新”“保持和增强政治性、先进性、群众性”。习近平总书记的殷切期望为记协助推新时期新闻队伍建设提供了根本遵循。一年来，重庆市记协以习近平总书记指示要求为遵循，以高度的责任感、使命感，积极作为、开拓进取，系统组织全市新闻单位采编骨干培训、深入开展“走转改”“新春走基层”活动、精心策划“好记者讲好故事”、严格标准评选重庆新闻奖等，把广大新闻工作者更好地凝聚在党的旗帜下，为推动媒体深度融合发展提供了“营养液”。根据重庆市委宣传部统一部署，全程参与《重庆市加强区县融媒体中心建设实施方案》起草修订完善工作，坚持正确方向、集约发展、移动优先、“媒体+”理念4条原则，按照试点先行、全面推进、完善提高“三步走”战略，明确整合媒体机构、建设采编中心、统筹技术平台、打造全媒矩阵、提供综合服务、开展群众活动6大重点任务和加强党的领导、完善工作机制、加强政策保障、强化队伍建设、严格规范管理5条要求，为把区县融媒体中心建设成为主流舆论阵地、综合服务平台和社区信息枢纽，提高区县媒体传播力、引导力、影响力、公信力，促进基层宣传工作更好地服务党委和政府中心工作、更好地服务群众生产生活，指明了政治方向和目标任务。11月7日，潼南区融媒体中心正式挂牌，标志着重庆市区县融媒体中心建设进入新阶段。为适应区县融媒体中心建设对人才队伍的需要，重庆市记协专门设立培训部，参与承办第1期全市区县新闻单位采编骨干融媒体轮训。轮训深入贯彻全国宣传思想工作会议和全市宣传思想工作会议精神，邀请国内媒体融合知名专家、中央媒体和市属媒体资深记者编辑，精心设计集中授课、实地考察、微课分享、分组讨论、作品展评等多种教学方式，历时一个半月，培训250名采编人员，为重庆市区县融媒体中心建设培养了第一批骨干力量。同时，组织重庆媒体参评中国新闻奖，首摘“双桂冠”——报送的网络专题《绝壁上的天路》、专栏《百姓故事》双双获得一等奖，创下重庆参评最好成绩。组织第十届重庆市“十佳新闻工作者”评选，坚持向基层倾斜、向一线倾斜，首次实现全市媒体全覆盖。

二 坚持在改革创新上求突破，为媒体融合发展添加“催化剂”

习近平总书记强调，党的新闻舆论工作必须创新理念、内容、体裁、形式、方法、手段、业态、体制、机制，增强针对性和实效性。市记协按照总书记要求和市委部署，顺应时代大势，结合自身实际，积极探索创新，持续为媒体深度融合添加“催化剂”。重庆市记协在过去两年自主探索评选媒体融合奖实践的基础上，对标中国新闻奖新设置，首次采用“国标”组织重庆新闻奖媒体融合奖评选，分短视频、移动直播、创意策划、栏目品牌、报道界面和融合创新6个奖项，评选出30件获奖作品，引领了媒体融合发展潮流。同月，借中国记协书记处书记季星星来渝调研之机，召开市属媒体深化改革调研会，邀请市属媒体负责人、一线记者代表座谈交流，为进一步深化媒体融合发展做好思想发动。完成《新时代主流媒体舆论引导力提升研究》课题，对推进主流媒体引导力的提升进行深入调研，为更好地服务媒体起到积极的助推作用。首次探索编辑出版画册《成大河者　其源必长——范长江与重庆》，集中展示我市新闻界开展职业精神传帮带、加强职业道德建设的鲜活故事，中国记协党组书记、常务副主席胡孝汉给予高度评价。重庆日报报业集团举办上游新闻战略发布会，将重庆晚报、重庆晨报、重庆商报三张都市报的400余名业务骨干整体融入上游新闻，倾力打造新型主流媒体，迈出了革命性转型的关键一步。华龙网联合重庆39个区县，打造全国唯一的省市县全覆盖的“1+39”客户端集群平台，建立市区县共建、共创、共享机制，有效提升了市场竞争力、品牌效益和张力。重庆广电集团（总台）整合电视新闻中心、广播新闻频率、视界网、移动客户端等集团所属新闻机构，成立融媒体新闻中心，组建全新编委会，建设融媒体指挥调度中心，实行“统一指挥、统一采编、统一产品、统一考核、统一运营”，形成“1+N”传播格局，推出了一大批受众喜闻乐见的融媒体产品。召开“新闻工作者增强‘四力’”专题座谈会，组织长江韬奋奖获奖者、中国新闻奖一等奖获奖单位代表、重庆市“十佳新闻工作者”获奖代表，畅谈践行“四力”心得体会，为“四力”教育实践活动的开展作了有益探索。全年，出版6期《重庆新闻界》，推送166期455条《我是渝记》微信公众号，在主阵地展示了担当作为。

三 坚持在沟通交流上做文章，为媒体融合发展注入“润滑油”

坚持实施走出去、请进来战略，持续增进交流互鉴，下大力推动我市新闻工作者走出家门、参观见学、开阔视野、拓展思路，为媒体融合发展注入“润滑油”。组织媒体记者参加中记协在京开展的媒体融合专题培训班，学到了前沿知识、开阔了思维视野。接待台湾广播电台协会新闻代表团来渝访问，就两岸广播媒体交流合作、生态文明建设等进行互动与交流，增进相互了解。同月，派员参加全国少数民族地区报纸好新闻评选，交流了评奖方式和评选经验做法。组织媒体和高校师生参加《新时代如何加强新闻宣传》专题讲座，增进了媒体记者和高校师生对党的新闻舆论宣传工作的理解认同。参加在京举办的学习贯彻习近平新时代中国特色社会主义思想培训研讨班和新媒体采编骨干专题培训班，进一步提升了媒体记者的理论素养和专业能力。接待尼泊尔新闻代表团来渝访问，就“一带一路”“多媒体融合”“高山脱贫模式”等议题进行广泛交流和探讨。派员赴武汉参加中国青年新闻记者学会历史陈列馆揭牌仪式，向与会代表介绍《范长江生平纪念展》做法，推介画册《范长江与重庆》，受到媒体同行的赞誉。同月，组织市中国新闻奖、长江韬奋奖获奖代表，赴京参加研讨班，进一步深化对党管媒体、融合发展的理解认同。全年，积极在中国记协网、中国记协微信公众号、全国三项教育学习通讯杂志等平台推荐重庆媒体记者参与媒体融合实践的心得体会，发表文章10余篇，扩大了重庆媒介影响。

（重庆市新闻工作者协会）

贵州省推进媒体融合发展工作综述

2018年以来，贵州深入学习贯彻习近平总书记的重要讲话精神，全省新闻界以省主要新闻媒体采访力量迁入融媒体中心率100%，中央厨房建设率100%，移动端首发率100%，复合型、全媒体新闻采编人员占比100%，全省宣传思想文化单位接入多彩贵州宣传文化云、新闻资源共建共享率100%，县级融媒体中心建成率100%等“6个100%”机制倒逼省内媒体转型升级，采取“抓两头带中间”方法全面推进媒体深度融合，形成了快速推进、重点突破、整体联动、三级共进的态势。抓好“上头”，一是建设多彩贵州宣传文化云，简称“多彩云”；二是推动省级党报集团和党刊集团整体合并；三是加强融媒体中央厨房建设；四是全力打造2—3家省级现象级新型主流媒体。抓好“下头”，即强势推进县级融媒体中心建设。带动“中间”，即整体提速推动市级融媒体全面进步。要求全省88个县的融媒体中心全部建成挂牌，2019年5月底将全部投入实际运行。

一｜抓好“上头”，顺势而为占领舆论阵地制高点

坚持抓好省级顶层设计，2018年7月、10月省委宣传部连续召开两个全省大会，从政治高度、全局角度、战略深度统一安排部署。一是打通省级主要媒体，聚指成拳，共同推动之路。聚力建设全国省级层面第一朵覆盖整个宣传文化系统的云平台——“多彩贵州宣传文化云”。2018年5月数博会期间，多彩云正式上线。省主要媒体贵州日报当代融媒体集团的天目云、贵州广播电视台的动静云，均先行一步与多彩云实现信息内容、技术应用、平台终端等共融互通。在此基础上，我们明确省主要

媒体分片区支持县级融媒体中心建设，有力破解了系统工程点多面广与建设单位力量不足的矛盾，迅速高效完成县级媒体转型升级。二是强力推动省级党报集团和党刊集团整体合并，组建贵州日报报刊社和贵州日报当代融媒体集团。按照“指挥中心”+“采访中心、编辑中心、技术中心”思路建立融媒体中心，推进采编专业职业序列改革，努力融出新面貌、融出新动能、融出新作品。三是着力抓实“中央厨房”建设这一龙头工程，印发了《关于进一步推动媒体深度融合发展的总体方案》。贵州日报、当代贵州引进建设“天目云”平台，打造融媒体创意产业园。贵州广播电视台打造媒体深度融合创新示范基地、动静学院，专访“老干妈”创始人陶华碧的短视频两天播放量超1.1亿次。目前，省主要媒体的“中央厨房”都已建成并投入运营。四是全力打造省级现象级新型主流媒体。出台了《关于打造贵州省现象级新型主流媒体的实施意见》，实施新媒体用户井喷计划，划拨资金、制定政策支持动静、天眼新闻等APP打造现象级新媒体，力争用两年时间，推动至少2家媒体APP下载量突破500万、各平台总覆盖人数突破2000万。

二 | 抓好“下头”，强势推进县级融媒体中心建设

采取时间表、路线图、工作量、责任人“四定”措施，超常规推进建设场地、机构改革、人员培训、经费保障“四落实”，确保2019年3月底全省88个县基本建成融媒体中心，5月底前进一步调试完善后投入实际运行。一是高位推动。省委书记孙志刚同志专门作出批示要求。明确县级融媒体中心建设为县委书记“一号工程”，县委宣传部副部长兼任融媒体中心主任。划拨2000万元资金补助各县融媒体中心建设。二是整体推进。出台《关于加强县级融媒体中心建设的实施意见》，明确多彩贵州宣传文化云为省级统一技术平台，明确4家省主要媒体分四个片区支持参与县级融媒体中心建设。三是示范引领。在桐梓县组织召开了全省县级融媒体中心建设现场推进会。举办了全省县级融媒体中心建设专题培训班。中宣部重点联系推动的桐梓县、盘州市融媒体中心均建成运行。

三 | 带动“中间”，整体提速推动市级融媒体全面进步全面过硬

贵州坚持合力抓整体提升，推进“中间”市州融媒体中心建设，做大全省融媒体增量。一方面，统一平台强硬度，以多彩贵州宣传文化云建设为抓手，倒逼市州媒体深度融合整体转型。另一方面，统一标准强深度，对市州融媒体中心建设提标杆、定标尺。目前，贵阳市投入1200万元，省市县三级共建市级融媒体中心。遵义市将市级党报党刊党台合并组建遵义市新闻传媒中心，2019年 3月底将正式挂牌。黔东南州将市级党报党台整合组建黔东南州融媒体中心。市州的发展实践充分证明，媒体融合发展前景广阔，大有可为。

四 | 发挥优势，聚力融合贯通强化“四大功能”

贵州是全国首个国家大数据综合试验区，大数据与实体经济深度融合，为多彩云建设提供了丰厚土壤。我们突出数据聚通用主线，着力强化“四大功能”。一是融汇数据打造“聚合器”。有效整合报、刊、台、网等媒介资源，接入网信、文化、文产等业务板块数据。目前，14家省直宣传文化单位，部分市州和县级融媒体中心均已接入，汇聚了110万条数据。二是链接平台打造“连通器”。完成一期建设，建成工作协同平台、数据开放平台，统一API网关，联通联动省、市、县三级平台65个，推动内容资源跨区域传播。三是应用场景打造“推进器”。接入的各平台统一架构、统一资源、统一接入、统筹利用，实现新闻推送一体化、内容管控一体化、舆情跟踪处置一体化。全国两会期间，多彩云首次亮相全国平台，省内媒体通过平台共享数据资源、共同推送重点报道。四是技术支撑打造“服务器”。为县级融媒体中心提供线索汇聚、图形图像视频编辑审核、内容生产监控与互联网传播分析等应用技术服务，打造全省宣传文化系统信息枢纽。

（贵州省新闻工作者协会）

云南省推进媒体融合发展工作综述

2018年是改革开放40周年，隆重庆祝改革开放40周年是党和国家政治生活中的一件大事，也是贯穿全年的重大主题宣传任务。按照中央和省委的统一安排部署，云南网、云报党政新闻客户端、云视网等紧密围绕改革开放40周年重大主题宣传报道，结合学习贯彻习近平新时代中国特色社会主义思想和党的十九大精神，提前谋划、精心组织、系统推进，开设专页、制作专题，充分利用网站、微博、微信、手机报等全媒体平台，通过图解、微博微信稿件、视频、海报、动漫、H5等形式多样的融媒体产品，强化新媒体报道呈现，创新表现形式，"硬新闻"使用"软手段"报道，主动阅读率实现明显上升，受众人数不断增加，通过全方位、多平台、立体化的传播，唱响网上主旋律，为云南省决战脱贫攻坚、决胜全面小康、实现高质量跨越发展凝心聚力。

一 40周年重大主题报道中强化融媒体呈现，实现规模化、完整化、系列化

（一）浓墨重彩声势浩大开展改革开放40周年重大主题宣传

云南网开设长期专栏，及时刊发云南省相关稿件，抓好重要时政报道；搭建"壮阔东方潮　奋进新时代——庆祝改革开放40周年"重点专题，集纳呈现全国和全省各地40年来的巨变，链接了"伟大的变革——庆祝改革开放40周年大型展览网上展馆"；重点开展了纪念改革开放40年"40年40人（群）"宣传，采用代表人物视频访谈的形式，讲述40年来各行各业杰出人物的奋斗故事，展示云南改革发展成就；组

织实施了云南宣传贯彻党的十九大精神暨纪念改革开放40周年“新时代 云岭春潮澎湃”长联征集活动、庆祝改革开放40周年“无偿献血 大爱无疆”主题征文活动、“我与改革开放共奋进”网络征集大赛等一系列活动。同时，着力创新呈现形式，用H5、720云视频等技术手段，通过微博、微信等融媒体平台，全面展示改革开放四十年来云南省城市建设的蝶变历程，充分展示改革开放40年来特别是党的十八大以来云岭大地的生动变革，展现新时代云南脱贫攻坚上取得的丰硕成果，树立云南建设的榜样力量。

云报党政新闻客户端围绕庆祝改革开放40周年重大主题报道，开设专题专栏，对集团各媒体报道进行集纳和二次呈现；策划制作了《回眸40年，改革开放云南记忆》，编辑查阅了云南日报1978年—2018年40年的版面，从每一年选出一个具有代表性、象征性的重大事件，以时间轴的方式，采用一镜到底的技术手段，再现了改革开放40年的云南记忆，给人恢宏大气、震撼人心的感受；策划制作的《一分钟四十年》，则是以从卫星地图看昆明的创意，把40年昆明沧海桑田般的变迁浓缩到一分钟的微视频中，让重大主题报道融入更多现代传播元素，令人耳目一新，印象深刻。

（二）新媒体平台齐发力，掌上获取40周年资讯更便捷

云南网微博围绕庆祝改革开放40周年主题，在及时做好我省有关庆祝改革开放40周年重点事件报道的同时，在报道呈现内容上突出微博传播的特性，有意识地选取一些图文结合、漫画、短视频、音频等形式多样的作品，注重现在与过去的对比，国家与地方、点与面的结合，以短小、精练的微博稿件传递了大量有关改革开放40周年的报道内容。截至2018年末，云南网官方微博共推送相关消息300余条，阅读量平均每条为6000人次，总阅读量达180万余人次。

云南网官方微信公众号除注重做好整合发布新华社、人民网等中央重点新闻网站关于改革开放的重要综合报道外，云南网微信与人民网联合推出了40周年重点宣传视频《云南一分钟》以及云南一分钟微信整合稿件，各平台的播放量突破千万次，截至2018年末，云南网官方微信共推送改革开放40周年相关稿件179条，总阅读量达77万。

为全面做好改革开放40周年重大主题报道，云南网于2018年下半年推出“改革开放40年40人”大型融媒体系列采访报道，通过选取我省最有代表性、最有开放特色的部门、行业、企业和地区的代表性人物，以视频+图文为主的人物微纪实方式，对云南各个行业的改革开放见证者进行拍摄，并通过视频、海报、文字等方式在云南网各

平台全面推送，用网友喜爱的形式，讲述人物故事，以小见大，以人物诉说成长，以成长刻画行业，以行业串联年代，以年代描绘改革开放40年的变迁。该系列短视频制作完成后，以微信海报、微信稿件、微博稿件的形式进行分发，规模化、系列化、完整化的短视频报道，适宜移动端传播，取得了较好的传播效果，备受业内外好评。

（三）"云南一分钟"短视频点击量破千万次，成为现象级传播案例

云南网2018年重点打造了新媒体视频团队，通过引进人才、强化业务学习培训，显著提升了云南网视频制作水平。在省委网信办的关心指导和支持下，实施了《云南一分钟》短视频以及《这里是云南》微信图文制作项目，通过全景式展现我省改革开放40年来发生的巨大变化和取得的辉煌成就，叙事视角独特新颖，视听语言丰富多彩，短短50天在各平台的播放量就超过5000万次，更是得到了中宣部及省委宣传部阅评组的高度评价。视频和微信图文推出后，短时间内刷屏各大平台，成为爆款产品，很好地宣传推介了大美云南。

《云南一分钟》视频，既是积极参与全国庆祝改革开放40周年活动的重要内容之一，更是向全国人民推介宣传云南的重要窗口。项目启动以来，云南网高度重视，以高度的政治意识、大局意识、责任意识实施此项目。在省委网信办网络新闻信息传播和网络评论工作处具体指导下，由云南网总编辑牵头，常务副总编辑领衔，抽调精兵强将迅速组成项目小组，统筹安排策划团队5人、节目编导2人、脚本文案2人、视频拍摄4人、后期剪辑2人、配乐1人共同投入到项目当中，全力以赴确保高标准策划、高效率推进，完成好视频和微信图文的制作。

据不完全统计，截至2018年底，《云南一分钟》在人民日报和省内各平台的实际观看量接近6000万次。其中通过人民日报新媒体中心各平台传播点击量约4635万次，微博阅读量584万，微信阅读量1210万，客户端阅读量1112万，腾讯视频播放量107万，秒拍视频播放量806万，快手视频播放量816万。云南网PC端、官方微信、微博对《云南一分钟》和《这里是云南》进行同步推送，总点击播放量超过11万次。《云南一分钟》短视频在发出当天，除云南网自身转载外，还得到了省内各媒体、自媒体的广泛关注和同步推送，吸引了社会各界大量的关注和朋友圈转发。在省委网信办的积极协调下，《云南一分钟》短视频同步在省内15个机场显著大屏位置进行循环播放，观看量超过1050万次；并于10月9日—29日在云南卫视每天5次滚动播放，实际观看量超过300万人次，另外，视频还在七彩公交频道和云南卫视播出，有效辐射受众5638万人次，推介人和景明的云南，传播大美云南新形象。

二丨聚焦脱贫攻坚，通过新颖的形式深入开展宣传报道

由省委宣传部、省扶贫办主办，云南网承办的“云南扶贫热线”微信公众号开通一年多来，结合云报APP“云扶贫”栏目、云南网PC端和手机端“扶贫”栏目，不间断做好脱贫攻坚政策宣传，讲好云南扶贫脱贫故事、总结好先进扶贫经验举措，制作了大量网络专题、H5、视频等报道，创新开设“寻访云南”“影像故事”“驻村工作队员的一天”等栏目，不断丰富脱贫攻坚宣传报道的内容和形式，拓宽新闻报道的传播途径和方式，扩大报道覆盖面，提升传播影响力。截至目前，“云南扶贫热线”推送稿件余2536篇，订阅人数近20万，阅读人次500余万，成为总点击人次近千万的“大V”级公众号，同时还实现了通讯员队伍全省88个贫困县的全覆盖，为全省打赢打好精准脱贫攻坚战务力营造良好的网上舆论环境。

同时，“云南扶贫热线”在线下还组织了“脱贫攻坚的大理实践”2018全国网络媒体行活动，邀请了中央、省内外主流媒体20余家，对大理脱贫攻坚工作卓有成效的5个“摘帽县”进行深度采访报道，在全国范围展现以大理为代表的云南脱贫攻坚成绩。此次媒体行活动共发布新闻稿件316篇，覆盖了全国近20个省（市），阅读人次超过600余万，为下一步持续举办此类活动树立了样板。

云报党政新闻客户端围绕脱贫攻坚等重点工作和省委省政府重大决策部署，积极组织策划、开设专题专栏，推出了一大批新媒体产品。比如，配合《云南日报》关于西畴精神的重大主题宣传，策划制作了《西畴精神——写在石漠化上的壮美史诗》新媒体产品，形式新颖、传播力强、令人印象深刻，获得集团内外的一致肯定，报道点击量超过10万+，网民平均停留时间长达3分10秒，创造了云报客户端产品平均停留时长的记录。此外，开设了《跨越发展争创一流　比学赶超奋勇争先》专题，微博、微信同步推送，并就云南省脱贫攻坚等主题，制作推出了一批云报观察、云报图解、雲知道、H5页面等新媒体产品。

三丨用好新媒体，做好少数民族文化宣传工作

为了更好地对内凝聚少数民族同胞力量，对外展示少数民族文化形象，达到“团结人民　鼓舞士气　成风化人　凝心聚力”的效果，云视网在云南省委网信办指导

下，结合自身特点和优势，在工作中运用新媒体进行少数民族文化传播的探索和实践，积极利用新技术、新应用、新平台，创新少数民族文化传播方式，逐步探索出网络直播、短视频、融媒体互动、H5互动、动画、漫画、图表、评论、少数民族语言音视频节目、客户端、小程序、海外传播等十多种创新传播方式，推动少数民族文化传播在新媒体的创新发展和规范发展，取得了较好的传播效果，为更好进行少数民族文化的有效传播提供了有益借鉴。

云视网升级传统的少数民族文化传播方式，建设少数民族文化宣传新媒体集成平台，形成了少数民族文化传播新局面，2018年，云视网的少数民族文化推广新媒体互动吸引全云南16州市全部参与，传播效果辐射全国乃至国外：发起的少数民族文化直播点击2000万人次以上；推广的少数民族文化短视频点击1300万人次以上；百度搜索相关报道页面1000万篇以上……累计辐射人群5000万人次以上，极大地传播了我国的少数民族政策、少数民族文化以及少数民族幸福生活，倡导全社会关心和参与少数民族事业发展，传播和放大正能量，真诚回应了习近平总书记“各民族都是一家人，一家人都要过上好日子”的殷切期待。

很多少数民族同胞居住在边远地区，路途远路况差，云视网新媒体团队每次从昆明出发前往采访，平均花费在路上的时间超过10小时，路上有时遇大雨塌方，有时遇大雪封山；到采访现场有时在烈日下拍摄，有时在暴雨中直播；上车在摇晃的车厢里整理素材发稿，晚上时常还要赶路转场。虽然报道条件艰险，但每当看到少数民族同胞践行“幸福是奋斗出来的”精神，努力拼搏终于过上幸福的美好生活，一切的辛苦疲劳都是那么的微不足道，报道团队都在为少数民族同胞现在的新生活感到无比开心，也更深深感到了责任：怎么在新媒体时代讲好少数民族故事，传播好少数民族文化，让少数民族同胞能便捷的接收到主流信息，并将少数民族文化又快又好的进行传播？这是摆在新媒体工作者前面的课题，也因此，前方报道团队和后方编辑团队不断思考、讨论、探索、实践，在工作中探索出一些办法，更好的服务了少数民族文化在新媒体的传播。

2018年，云视网推出的反映景颇族同胞“绿水青山就是金山银山”生活的短视频《共生·“山老怪”到幸福来》，从全国100多家党媒机构、200多部参选作品中脱颖而出，获得人民日报全国党媒公共平台评选的“全国党媒年度十佳短视频”；组织的“看美丽乡村　庆改革开放”大型主题直播临沧佤族村寨翁丁村的直播则荣获中央网信办移动局评选的“最佳创意奖”。

此外，在民生新闻报道方面，云南广播电视台新闻频率策划并推出了《2018年春运·温暖回家路》《昆明理工大学“男子天团”亮相云南人才风景线》《在捞鱼河公园拥抱自然》《云广带您逛南博》等户外直播活动，采取“直播间访谈+记者现场拍摄及采访”形式，前后方联动，有效丰富了直播画面，改变了直播间节目镜头呆板、画面单一的不足，直播形式进一步丰富，网友接受度和传播效果得到大幅提升。“五一”劳动节期间，昆明信息港推出了“春城记·劳动之美”系列原创报道，刊发了《把最美的年华献给春城环卫事业——记昆明掏粪工人陈德明》《昆百大领班张伟：繁华背后有他们的坚守》《85后昆明市育婴技师状元李向连》《叉车吊车工杨金方：坚守18年 从基层工人变"大牌"技术员》《社区民警张志明：用真情换真心 做群众的“贴心人”》等多篇原创稿件，在昆明信息港城市门户网、微信公众号、官方微博、彩龙社区等多平台通过开设新闻专栏、微博话题、活动话题等形式联动推广，仅一个月时间，稿件阅读量达92.58万人次，取得了较好的传播效果。

2018年云南省坚持传统媒体和新媒体优势互补、一体发展的原则，树立“内容为王、平台为基”的发展理念，建立了较为完善的、符合媒体融合发展趋势的体制机制，按照中央厨房的理念，整合记者、编辑力量，细化各块分工，强调新媒体首发，逐步实现前端采集共享、中端编辑加工调度、后端发布呈现，实现图文、动画、音视频综合呈现，采编体系、传播体系互联互通，形成一体化流程，形成一次采集、多次生成、多元发布、多级放大、多渠道融合、多平台互动的融媒体报道体系，有效提升了媒体竞争力，牢牢把握住了主流媒体的舆论引导力，进一步扩大了主流舆论阵地。

（云南省新闻工作者协会）

西藏自治区推进媒体融合发展工作综述

西藏自治区新媒体坚持媒体融合发展的大方向，以内容建设为基础，扎实推进正能量传播，创新传播方式、技术和手段，重点围绕习近平新时代中国特色社会主义思想、改革开放40周年、脱贫攻坚、“四讲四爱”等重大主题开展了卓有成效的网上宣传引导工作。各级新闻网站和新媒体平台传播力、影响力、引导力、公信力不断提升，用户基础不断扩大。

西藏属地备案网站总数为1854个，占全国的0.025%。其中，政务新闻类网站298个，占区内网站总数的16%。主要包括4家自治区主要新闻网站、七地市门户网站和74个县（区）级政府新闻网站。

一｜区内主要新闻网站概况

中国西藏新闻网、中国西藏之声网、牦牦TV、快搜西藏4家网站是区内主要新闻网站，分别由西藏日报社、西藏广播电视台、西藏传媒集团主管主办。地市新闻网站中，中国西藏林芝网和昌都报已取得互联网新闻信息服务许可。

（一）中国西藏新闻网

中国西藏新闻网是西藏日报社全媒体阵营中的基础平台，是西藏做强“读西藏”品牌的重要环节。2018年，中国西藏新闻网围绕重大主题，推出“西藏与祖国同行——纪念改革开放40周年”“神圣国土守护者幸福家园建设者”等大中型专题46个，其中34个中文版专题专栏、11个藏文版专题专栏、1个英文版专题。网站中文版日均发稿200多条，藏文版日均发稿100多条，英文版日均发稿8条。在2018年10月份中国互联网信息中心发布的《网站信息生态指数榜》中排名第26位，网站影响力日益提升。面对媒体创新发展的大势，中国西藏新闻网改版完善了新闻、政务、西藏生活圈、生态、法治等8个频道，重点打造了品牌栏目“视觉周刊”，全年共推出40余期。“西藏自治区政府新闻发布会”栏目作为与自治区政府外宣办合作的一个重磅栏目，得到区外宣办充分认可。

（二）中国西藏之声网

立足移动优先的大趋势，2018年中国西藏之声网确立了移动客户端“中国西藏之声”重点发力，藏、汉、英三个PC端网页同步推进的模式布局。目前，客户端装机量突破60万人，年均增长10万人。全网日均点击量达50余万次。同时，中国西藏之声网对PC端网页进行改版，围绕重大主题，立足打造“听西藏”品牌，汉语编辑部转载更新发布稿件42792条，其中音视频稿件6294条；藏语编辑部转载、编译文字稿共计25360条，音频1967条，视频2742条；英语编辑部更新稿件11153条，编译稿件1600条，剪辑音频310条。开设《纪念改革开放40周年》等藏、汉、英三语种专题22个，共专题点击量达138.4万次，取得了较好的宣传效果。为增强“四力”，提升原创稿件采写能力，2018年，中国西藏之声网多次选派精干记者深入基层一线采访，共计刊发《西藏首届“中国农民丰收节”开幕》《“2018云上达孜文化旅游创意大赛”在拉萨达孜圆满落幕》等藏、汉、英多语种原创稿件919条，点击量达66.3万次。

（三）牦牦TV

立足于打造“看西藏”品牌，2018年牦牦TV新闻版块共发稿20079条，其中转载12371条、原创5556条，总阅读量4454.6万次、日均浏览量11.2万次，访客来自北京、四川、青海、江苏、甘肃、浙江、广东、湖南、西藏等全国各地。2018年，牦牦TV共进行米林藏医药文化旅游节、拉萨禁毒日长跑活动、那曲赛马节、林芝旅游节、日喀则文化节等5场直播活动。

（四）快搜西藏

快搜西藏“一网一端”是西藏传媒集团重点打造的项目之一，2018年，快搜西藏“一网一端”更新稿件104000条，与2017年同期相比增长了2万条，总浏览量1538万人次，其中，客户端总浏览量731万人次，快搜西藏网总浏览量807万人次。目前，

“快搜西藏”客户端装机量已突破160万，其中安卓用户111万，苹果用户近50万。

（五）中国西藏林芝网

中国西藏林芝网是由林芝市委宣传部主管、中国西藏林芝网管理中心承办的政务新闻网站，是西藏获得互联网新闻服务资质的2家地市政务新闻网站之一，也是全区较有影响力的地方新闻网站。2018年，中国西藏林芝网共发稿4600篇，总点击量为73万。

（六）昌都报网站

昌都报网站是由昌都市委宣传部主管，昌都报社主办的介绍昌都新闻资讯的门户网站，是西藏获得互联网新闻服务资质的2家地市政务新闻网站之一。2018年，昌都报网站共发稿1750余篇，总点击量达294.9万次。

（七）74家县级新闻网站

2018年，全区74县网群共推出新闻专题301个，中文网站共更新10万条稿件，藏文网站更新3829条稿件，网群总流量为4474万，其中藏文综合网总流量为338万。访问量在10万人次以上的县级政府新闻网站有73个，其中50万以上的有8个，100万以上的有3个。已经成为西藏面向区外受众群体最大的信息服务平台，西藏本地影响力最大、流量最高、覆盖面最宽、访客较为活跃、服务层面较广的政府网络信息平台。根据国务院办公厅《全国政府网站发展指引》和自治区对全区网站建设的具体要求，2018年对74县政府新闻网站进行了改版，目前拉萨市城关区政府新闻网、日喀则市亚东县政府新闻网、阿里地区普兰县政府新闻网改版已完成。改版后的网站适应PC+移动端浏览，同时增加了“给书记留言”“给县（区）长留言”“办事服务”“政务咨询”“民意征集”等互动栏目。

二 | 新媒体发展概况

2018年，全区新媒体发展呈现出新闻政务类微信公众号稳步发展、客户端异军突起、微博账号整体势微、内容建设不断推进的形势。西藏日报、阳光西藏等微信公众号影响力稳步提升，逐渐形成品牌效应。快搜西藏、中国西藏之声、西藏日报3个新闻客户端逐步成为移动端新闻门户。

（一）微信公众平台发展概况

2018全区微信公众平台矩阵形成规模，西藏日报、阳光西藏、西藏发布、最心灵等自治区主流媒体微信公众号和平安拉萨、拉萨交警等地方政务微信公众号形成了稳定的影响力，内容运维不断规范，受众数量稳步增长，阅读量和互动量不断提高，成为传播西藏正能量的重要窗口。

1．西藏日报。2018年，立足于创新发展，西藏日报微信公众号进行了栏目、专题等的创新，开展了形式多样的主题活动，开设了“高原明珠”“八廓街的故事”等多个专题，开展了“西藏4校全国示范！快来为母校点赞吧”“藏式表情包”等多项活动，开设了“送流量”“电子报”等自定义菜单。西藏日报微信公众号粉丝由年初的8万增加到14万多，总阅读量达1384万次，推送稿件2210条，其中阅读量10万+的稿件3条，1万+的稿件170多条，多篇稿件被人民日报客户端转载，西藏日报微信公众号全年有8个月排名全区政务微信公众号第一名，成为目前西藏微信公众号中唯一的互联网稿源新闻单位。同时，为提升平台服务能力，增加用户黏性，西藏日报微信公众号开设了职称政治考试查询、交通违章查询、西藏社保采集等多个政务窗口。

2．西藏发布。西藏发布微信公众号自2015年开通运营以来不断做大做强，成为全区影响力较大的微信公众号。2018年，西藏发布微信公众号阅读量超498万，稳居全区政务微信公众号前三名，粉丝关注人数增至13.5万余人，每条稿件平均阅读量达到3200余次。

3．最心灵和阳光西藏。“最心灵”和“阳光西藏”是西藏广播电视台官方微信公众平台。在2018年的政务微信公众号排名中，“阳光西藏”多次高居榜首，其粉丝量已近31万，年阅读量达1060万次，作为全区为数不多的藏汉双语微信公众号，“阳光西藏”在广大农牧区群众具有较大影响力。

（二）官方微博发展概况

数量较少、运维不稳定、受关注度低、影响力不足是目前西藏新闻政务微博的主要问题。根据新浪政务微博西藏总榜，较有影响力的新闻微博账号主要有西藏发布和拉萨发布。西藏发布新浪微博目前拥有粉丝5.5万，2018年共发稿670条。拉萨发布新浪微博拥有粉丝20.4万，2018年共发稿761条。

（三）手机新闻移动客户端发展概况

2018年，西藏日报、西藏广播电视台大力推动移动优先战略，全力打造新闻客户端，“西藏日报”“中国西藏之声”“快搜西藏”3个主要新闻客户端成为网民了解西藏资讯门户的重要窗口。

1．西藏日报。2018年是西藏日报藏、汉双语客户端发力提升的关键年，在原有直播、图集、视频等15个频道基础上，新开设了读西藏音频频道、10秒西藏短视频频道，创立了“青稞视频”视频品牌和“青稞电台”音频品牌，全年发稿3万多条，开设了《青稞电台　习近平谈治国理政》《对话——40年改革开放　40年辉煌西藏》等多个原创音视频栏目专题，针对众多主题宣传活动积极开设《新时代　新作为　新篇章》《“四讲四爱”主题教育活动》等65个专题。

2．中国西藏之声。2018年，中国西藏之声客户端进行全新改版，于7月正式上线，新客户端采用栏目订阅模式，界面大气简洁，用户体验良好。目前移动客户端装机量达到60万余次，较2017年新增10万余人次，日均活跃用户5000多人，日均点击量超过5万人次，客户端发布至今总点击量超过3亿次。

3．快搜西藏。快搜西藏是西藏上线较早、发展较快的新闻客户端。2018年，快搜西藏共发稿64601条，与2017年同期相比增长了2万条。快搜西藏客户端总浏览量达731万人次。截至目前，快搜西藏客户端装机量达160万，其中安卓用户111万，苹果用户近50万。

（西藏自治区新闻工作者协会）

甘肃省推进媒体融合发展工作综述

甘肃省高度重视、积极推动传统媒体和新兴媒体融合发展工作，全面贯彻落实中央关于媒体融合发展的决策部署，以深化改革推进深度融合，以只争朝夕的精神推动落地落实，在推动媒体融合中展现了新面貌、实现了新作为。

一 | 组建新媒体集团，打造强大新型主流媒体

甘肃日报报业集团以所属媒体采编资源为依托，从融媒体实验室团队建设和产品创新入手，推动组织机构、传播体系一体化，采编、运营人员全媒体化，仅用3个月时间，于2018年10月28日组建成立甘肃新媒体集团，同时上线甘肃第一新闻党端——“新甘肃”客户端，以“新闻+党建+政务+服务”为核心，构建了属于甘肃的APP，可支持2000家以上单位入驻，5000万以上日均访问量，超20万人同时在线访问，100家以上县级融媒体中心入驻。

甘肃新媒体集团通过新媒体稿件的策划、采编、集纳和打造，采用H5、图解、VR、AR、手绘、直播等方式，相继推出了150余款新媒体产品，实现“信息共享、一体策划、一次采集、多元生成”。在庆祝改革开放40周年全媒体大型集中采访报道中，客户端图文视频直播浏览量达104.5万人次，主持的#陇原四十年#新浪微博互动话题浏览量达7700万人次，最高日关注量在全国30余个省级话题中位居第三位。

二 | 推进“大小屏”联动，创新媒体传播手段

甘肃省广电总台遵循手段创新、内容创新的发展理念，按照“视听主打、移动优先”的战略定位，深耕细作“视听甘肃”，运用新媒体网络、微博、微信公众号等载体，推进平台建设开发、栏目节目策划、制作转型创新和新媒体直播应用，着力构建多元互动、跨屏传播、转型升级的媒体融合发展模式。

主题主线报道，注重“大屏”+“小屏”的有机结合。电视《甘肃新闻》栏目，在国家新闻出版广电总局发展研究中心与泽传媒联合发布的“全国省级卫视新闻移动传播力排行榜”位居第四名。《5·12十周年重返碧口重灾区》新媒体直播点击量49.1万，入选央视5·12十周年专题首页。与全国10省市联合推送的大型景观直播《中国此时此刻》兰州现场直播，点击量232.9万次。《中国（甘肃）中医药产业博览会盛况》的网络直播，在客户端“视听甘肃”24小时内点击量突破15万次，累计点击量31.3万次。以内容建设为根本、以技术平台打造为支撑，将互联网移动直播打造为品牌产品，通过现场直播、微视频、图片、文字、弹幕互动等形式，先后策划推出《诗词快闪献礼五四青年节》《酒钢里的“钢铁侠”》《探访临夏非遗文化》等网络直播275场次，累计点击量达到210多万次，实现了对重大新闻事件和重要活动的立体式直播常态化。甘肃省广电总台加入全国电视新闻融媒体联盟，入驻央视新闻移动网，并加大与各大门户网站及客户端交流合作。视听甘肃（丝路明珠网）跻身国家重点新闻网站，视听甘肃客户端获得互联网新闻信息发布及直播许可。甘肃交通广播微信公众平台拥有50万+的订阅用户，官方微博粉丝量达20万+，位列全国省级以上电台交通频率微博榜20强。

三 | 建设县级融媒体，打造集约高效媒体格局

在县级融媒体建设层面，制定下发了《甘肃省加强县级融媒体中心建设工作方案》，坚持正确方向，集约发展、移动优先，“媒体+”理念，因地制宜原则，按照中央部署和省委要求，实行统一启动，重点推进，从2018年11月起，全面启动69个县市的融媒体中心建设工作，要求2019年3月底前，完成69个县市融媒体中心的整合和挂牌。其中，25个纳入国家重点任务的县市，2019年6月底前，完成与省级技术平台的对接；其他县市于2020年6月底前完成与省级技术平台的对接，在2020年6月底完

成全部建设任务。同时，省委宣传部领导和直属单位负责同志，对13个市州的25个重点县实行了分片抓点推进。2018年12月18日召开了县级融媒体中心建设现场推进会，省委常委、省委宣传部部长陈青在会上强调，要扎实抓好县级融媒体中心建设，更好地引导群众、服务群众。要让县级融媒体中心成为新时代主流媒体方阵中的重要方面军，进一步强化党的喉舌意识和主业意识；要让县级融媒体中心成为“媒体+政务+服务”的重要平台，打造“指尖上的政务服务中心”，要让县级融媒体中心成为面向群众提供全方位、定制化信息的重要枢纽，发挥好信息、电商、健康等社会服务功能。

紧盯目标建阵地，科学推进促融合。按照“统一建设、分级运营、融合联动、分头输出”的原则，由省委宣传部牵头，甘肃新闻媒体集团负责积极搭建以移动互联网技术、云计算及大数据为支撑的省级移动新媒体平台，以“云”端统一供给中央厨房、传播平台、大数据为保障，贯通省、市、县三级，实现用户、技术、数据、传播平台的互联互通，形成“全省一张网”。2018年12月18日，甘肃省首个县级融媒体中心——玉门市融媒体中心正式揭牌，建成了覆盖城区的免费WIFI，推出了“新闻资讯+应用服务”的综合信息服务平台“爱玉门”APP，新开设的行政审服务平台也同时投入使用，成为全国57个融合媒体发展重点建设示范点之一。继玉门市之后，华亭市投资196万元实施了市广播电视台全台网高清数字转换建设项目，改造建成了400平方米的县级融媒体采编指挥中心大厅，同时启动了华亭传媒大厦建设项目，并以此为基础积极推进融媒体中心的建设。

（甘肃省新闻工作者协会）

宁夏回族自治区推进媒体融合发展工作综述

一｜新媒体新闻宣传工作

（一）深入开展习近平新时代中国特色社会主义思想和党的十九大精神的网上宣传

将习近平新时代中国特色社会主义思想和党的十九大精神的学习宣传贯彻作为首要政治任务，认真落实重要稿件的网上推送和传播要求，确保各网络平台首页首屏头条及时呈现报道。围绕统筹推进“五位一体”总体布局、协调推进“四个全面”战略布局、习近平总书记来宁视察并主持召开东西部扶贫协作“银川会议”、纪念长征胜利80周年等重大主题，设置“治国理政1000天”“绿水青山就是金山银山”“反腐肃纪年度观察”等议题，开展主题宣传18次、专题宣传30余次，累计发稿（或推送稿件）8100多篇，160余篇稿件被中央网信办全网推送，取得了良好的社会反响。自治区党委网信办被中央网信办评为2017年“扶贫攻坚看成效”重大主题宣传先进集体。

（二）着力讲好宁夏故事，服务自治区经济社会发展

各级各类新闻网站、传统媒体“两微一端”、政府网站开设专题专栏，围绕自治区第十二次党代会重大部署，主动设置议题、做好网上宣传。认真开展“深化走转改，见证新发展”“深度聚焦党代会，深化拓展走转改”集中采访活动，推出一大批深度报道和调研成果。围绕经济繁荣、环境优美、人民富裕、民族团结策划实施“新时代　新梦想”网络媒体新春走基层、第十四届全国网络媒体宁夏行、“网络名人看

宁夏”“壮美黄河行”等网上主题宣传，累计发布（转载）作品1.8万篇，阅读量超过3000万人次。精心策划实施自治区60大庆网上宣传，组织全区各级新闻网站及新媒体平台共开设专题专栏32个、微博话题8个，发布稿件5300余篇，阅读量超过1500万，社会反响积极。其中，中央网信办全网推送重点稿件近70篇。大型政论片《家园》视频及相关稿件被人民网、新华网、腾讯网等100余家网站及新媒体平台推送（转发）4200余条，央视网及各终端收视人数为1500万，收视次数为1600余万。

（三）深化网络文化建设，着力传播社会主义核心价值观

开展“争做中国好网民工程”“晒家风家训，弘扬传统美德”等网上活动，着力培育积极健康、向上向善的网络文化。组织“讲好宁夏故事、记录时代精彩”社会主义核心价值观主题微电影征集展播活动，各地各部门围绕移风易俗、爱岗敬业、诚实守信等主题创作微电影220部、微电视剧130部，不断加强网上社会主义核心价值观建设，弘扬主旋律凝聚正能量。《无“礼”的幸福》《匠心筑梦》《邻里》等一批优秀作品脱颖而出，受到好评。央视新闻官方微博发布的银川“最美女孩”扶老人过斑马线秒拍视频，点击量超过2300万。

二 | 新媒体宣传管理工作

（一）落实基本规范，夯实属地管理责任和网站主体责任

组织开展中央新闻网站宁夏频道、自治区新闻网站、商业网站、传统媒体“两微一端”及自媒体账号等排查统计和备案管理工作。加强互联网新闻信息服务许可管理和网络直播业务备案工作。按照“谁主管谁负责”原则，强化各级网信部门属地管理责任，指导各级网信部门建立健全内部规章制度；按照“谁主办谁负责”原则，开展属地网站主体责任检查，督促主要新闻网站、商业网站建立健全并严格落实总编辑制度、内容管控制度、7×24小时值班制度，加强内容发布、导向管理和信息安全保障。

（二）强化网站地方频道清理整顿，督促网站及两微一端落实管理责任

开展商业网站地方频道清理整顿工作，排查梳理各类网站200余家，对微博、微信公众号进行属地管理。约谈涉嫌违规的网站30 家。大力推进域名、IP 地址属地化和

精细化管理，整治“未备案，先接入”行为，强化互联网站备案管理和“黑名单”管理制度，细化备案审核流程，受理新增网站备案2840 件，变更备案申请2135 件，注销网站3065 个。发现未备案网站578 个，处罚了3 起未备案网站提供接入的行为，全区备案主体达8683 个，备案的网站总数共10606 个。

（三）深入开展“清朗”专项行动，加强网络生态治理

积极开展以“净网”“清源”“固边”“秋风”“护苗”等五个专项行动，进一步净化我区网络空间。加大举报工作力度，向中央网信办上报举报信息360 件，移交公安机关线索10 件。制定印发《宁夏网络评论工作管理考核办法（试行）》《宁夏网络正能量传播激励办法》，推动区市县三级网评员队伍建设，充分发挥各级网评员及各新闻网站的积极性，激发各级各类互联网内容生产者的创新活力，广泛凝聚各方力量，努力形成多主体供给格局，促进宁夏网络正能量作品创作生产和传播。

三丨主流媒体融合发展工作

（一）宁夏日报报业集团

集团紧紧围绕“一条主线、两个抓手、两大工程、四项改革”（即围绕深入学习宣传贯彻习近平新时代中国特色社会主义思想这条主线，以改革攻坚和转型发展两个抓手，实施主流舆论引导和媒体深度融合两大工程，实施体制改革、事业单位分类改革、内部管理改革和法人治理结构改革四项改革）目标任务，敢于自我革命，改革融合转型取得了历史性突破。前后40多次修改完善宁报集团媒体融合发展改革方案相关内容，推动改革破冰前行。2019年1月2日，自治区党委深改委会议研究通过《宁夏日报报业集团媒体深度融合发展改革方案》。2019年1月9日，自治区党委办公厅、自治区政府办公厅印发《宁夏日报报业集团媒体深度融合发展改革方案》（宁党办［2019］35号），从顶层设计上彻底解决了改革融合转型思路不清、目标不明、措施不实、保障不力的问题，为集团长远发展奠定了决定性基础。

坚持守正创新，在深度融合中推出更多融媒体精品力作。紧扣中央、自治区党委和自治区党委宣传部工作重点，以深化宁报改革为契机，报网微端共同发声发力，策划组织了纪念改革开放40周年、自治区成立60周年、全国全区两会等重大战役性报道，综合利用H5、VR、短视频、手绘等手段，应用新技术打造“现象极”

融媒体产品。其中，全国两会期间宁报集团全媒体矩阵发布稿件4300多条，视频385个，新闻图片近1000幅，累计浏览阅读量212万余人次，取得了良好的新闻效益和社会效益。H5作品《换个姿势看宪法改了啥》等4组作品被中宣部（新闻局）《舆情通报》《新闻阅评》表扬。宁夏新闻网开办的“人民领袖在两会”专区受到中宣部表扬。

坚持融合发展，在多方筹措2000多万元资金建成融媒体智能传播平台基础上，争取1300万元项目资金用于整合新媒体资源，扩充全媒体智能传播平台功能，升级集团“中央厨房”。集团全媒体指挥中心建成使用，全媒体智能传播平台上线运行，形成“报纸刊物—网站—微信微博—移动客户端—智能传播—媒体生态云”多向立体传播集群，为占领舆论引导新高地提供强大的技术支撑。宁报集团五市融媒体中心全部挂牌运营，横向打通各个媒介，纵向联通五市全媒体融合框架初步完成。推动融媒体工作室建设，集聚骨干力量，用品牌战略提升融媒体传播力引导力影响力公信力。

（二）宁夏广播电视台

该台牢牢把握宣传舆论主旋律，坚持改革创新发展总基调，以宁夏广播电视台新闻移动网为新媒体传播主力平台，通过红枸杞客户端、宁夏网络广播电视台网站、宁夏IPTV、官方微博微信等，实现了所有节目特别是新闻节目的移动化传播，新闻报道从电视端到PC端再到移动客户端的内容汇聚和融合生产，实现了跨屏互动、多屏共享。采编制作环节普遍采用移动直播、VR、H5等融媒传播技术，无人机采集、虚拟现实等技术从无到有，一批“现象级”融媒体产品令人耳目一新。

聚焦整合资源，坚持移动优先，推进媒体深度融合发展。目前已形成一网一台两微两端一平台（宁夏广播电视台新闻移动网、宁夏网络广播电视台、官方微博微信、红枸杞客户端、都市阳光客户端、宁夏IPTV集成播控平台）的融媒体传播矩阵。与湖北、河北、江西等网络台联合策划H5作品《老乡你吃饭啦》分离传播量超1500万，受到中宣部通报表扬。充分利用微博微信扩大影响力，广电台官方微博拥有粉丝量58万人，宁夏交通广播微信、微博现有粉丝量近60万，发稿量2000余篇，阅读量达3000余万人次。

围绕庆祝自治区成立60周年和改革开放40周年设置主题专栏，微信微博、红枸杞新闻客户端、今日头条相关报道点击阅读量超过300万次。全国两会期间，在北京设立“宁夏广播电视台全国两会融媒体新闻中心”，北京银川联动，全方位多角度报道两会，新媒体矩阵共推送微博、微信、短视频、H5等新媒体产品480多篇，点击量超过40万次。自治区成立60周年庆祝活动期间，宁夏网络广播电视台新闻网站开设“庆祝宁夏回族自治区成立60周年、宁夏60大庆特别直播、【答题有奖】宁夏60年进行时、测测你知道的、【献礼自治区六十大庆】穿越时光画廊，带你看遍60年宁夏记忆”等 4 个专题专栏，刊发原创自采稿件 508 篇。红枸杞新闻客户端发布稿件434条，阅读量共计6555102次。其中《回放：宁夏回族自治区成立60周年庆祝大会暨大型群众文艺表演》深受网民喜爱，截至9月26日点击量高达141万次，创红枸杞客户端点击量历史新高。网络台多屏发力，全程播报，对重大新闻活动的网络宣传和报道实现了网站、手机站、客户端、微博、微信全覆盖，形成了正面宣传声势，营造了庄重浓厚的网上舆论氛围。

（三）华兴时报

华兴时报根据统战类时政媒体的定位，根据媒体融合发展要求，立足报社实际，逐步完成了全媒体传播渠道的构建工作。在办好华兴时报的基础上，先后建设了官方网站华兴网，开通了微信、微博官方号，初步形成线下有报纸线上覆盖PC和手机移动端的一报一网两微一端传播格局。将报纸主要内容迁入网站、移动端的同时，根据媒体服务对象特点，对网站、微博微信官号的内容进行了拓展和延伸，并有效发挥互联网强时效、大容量、超链接、图文、音视频多样呈现的优势，在报社大型策划报道、重要会议报道中，借助新华云、网易号、头条号等进行全方位发布渠道，与报纸形成了有效互动和优势互补。2018年，自治区政协建设了面向全区政协系统及政协委员的“履职通”手机客户端。为华兴时报精准、有效传播政协相关报道内容提供了移动客户端。初步形成了华兴时报社全媒体传播格局。

全媒体传播渠道搭建完成后，华兴时报按照移动优先战略要求，对内容采编、发布流程进行了重新改造与构建。在队伍建设方面，在原有的文字、摄影记者的基础上，培训新增无人机、视频记者，新增新媒体、视频编辑等。在部门重构上建立了全媒体编辑中心，包括文字、图片、视频等多工种编辑，根据网站、微信、微博、履职通、报纸不同媒体特点，对内容进行分类编辑分类发布。在传播机制上，基本实现了一次采集、多次发布，先网后报、先短后长的传播机制。并逐步完善与媒体融合发展相适应的考核激励机制。鼓励记者一稿多写，培养编辑成为多媒体编辑。目前，华兴时报社正在进行融媒体采编平台的改造升级，平台建成后将更加有利于采编流程的优化和工作效率的提升，为进一步推动华兴时报社媒体融合发展奠定良好的基础。

（四）银川市新闻传媒集团

该集团整合银川日报社和银川市广播电视台，坚持一体化发展方向，通过流程优化、平台再造，利用各种媒介资源、生产要素，催化融合质变，不断提升主流舆论引导效果。目前，新媒体有“两网两端+微博微信抖音矩阵”：银川新闻网、银川广播电视网，银川发布客户端、银川手机台，微博微信平台30多个，抖音号3个，总粉丝量达到200万以上。其中，银川发布新媒体平台的定位是：银川市第一政务新媒体及重要的对外宣传平台，目前银川发布APP下载量40万左右。着力推进“内容创优、移动优先”，以中央厨房为核心，实施全媒体策划、全媒体联动，实现全媒体策划精细化，全媒体联动常态化，实现集团各部门、全环节，全部通过“中央厨房”进行调配，真正把“中央厨房”用起来。H5作品《十九大银川代表话心声》《文物守护者》，短视频《跟我看，跟我听，银川城市八字发展理念》社会反响热烈。这些新闻产品各有特色又相互融通，充分展现了全媒体传播的优势。重大活动、重大事件将移动直播作为“标配”，特色栏目《直播银川》每天18：00都会在银川发布客户端同期直播，市民在下班途中通过手机就可以观看《直播银川》。精心策划大型电视政务公开直播节目《电视问政》有效地推动了政府部门作风转变，推动了群众反映问题的解决。

（宁夏回族自治区新闻工作者协会）

新疆维吾尔自治区推进媒体融合发展工作综述

2018年，新疆各级主流媒体认真学习贯彻落实习近平总书记在全国宣传思想工作会议上重要讲话精神，学习贯彻中宣部媒体深度融合工作推进会精神，进一步加强主流媒体建设、推进媒体融合发展。新疆主要媒体正积极探索在内容、渠道、技术、经营、管理等多个方面的深度融合，构建全媒体传播格局，传统媒体与新兴媒体优势互补、此长彼长的态势逐渐凸显。

一｜加强顶层设计，打通“报网端微屏”

为贯彻落实好以习近平同志为核心的党中央关于媒体融合发展的战略部署，自治区党委加强顶层设计，明确了“一报一台一网（云）一刊”的发展思路。自治区党委宣传部将媒体融合发展和县级融媒体中心建设作为重要政治任务，摆上重要议事日程，加大工作力度，各项工作稳步推进。

2018年11月24日，自治区将新疆经济报社、《今日新疆》杂志社、天山网（新疆新媒体中心）并入新疆日报社，成立新疆报业传媒（集团）有限公司，翻开了新疆媒体融合发展新的一页。新成立的新疆报业传媒集团积极推进媒体融合，整合原新疆日报社数字传媒中心、新疆经济报社新媒体中心，整合天山网、亚心网、新疆日报网等网站，整合天山网、新疆头条等客户端，新疆日报微信、天山网微信、天山网微博等40多个新媒体平台，组建新的新疆新媒体中心，通过聚合同类资源，完成内容管理系统升级改造项目将实现各语种、各平台的全面融合，突出鲜明特色，打造具有影响力的新媒体集群。自治区党委宣传部从实际情况出发，决定集中力量由新疆报业传媒集团统一建设自治区级融媒体技术平台，为全疆县级融媒体中心建设提供技术能力支撑、基础资源支持和内容生产服务。

2018年11月23日，新疆人民广播电台、新疆电视台合并成立新疆广播电视台。新疆广播电视台以机构改革为契机，建成包括融媒体汇聚、生产、发布、指挥调度及安全系统的一体化平台，打通广播电视节目内容资源的共享通道，实现广播电视和网站内容、记者外采回传、4G直播等各类信息的多源汇聚。指挥调度系统可实现通过实时定位系统和舆情数据分析，对新闻线索和各地记者通讯员进行统一调度；内容生产系统融合音视频、图文、直播、微博微信等多媒体编辑工具，实现多元生产。同时整合虎鱼网、新疆新闻在线网，强化音视频内容生产，进入全疆广播电视“一张网”，扩大广播电视音视频的传播力、影响力。

与此同时，新疆各地州市也加快推进媒体融合工作，整合当地党报、广播电台、电视台及重点新闻网站资源，建设融媒体中心。2018年，乌鲁木齐晚报集团、乌鲁木齐广电集团、昌吉日报社分别建成融媒体中心，融通报网微端，为实现新闻产品的一次采集、多元生成、多渠道发布搭建了指挥平台。新疆较偏远的克孜勒苏柯尔克孜自治州利用江西援疆资金和江西日报社赣鄱云技术，建成克孜勒苏日报社融媒体中心“克州云”，对各县（市）所属的广播频率、电视频道、“零距离”微信公众平台等进行整合，为下一步推进媒体融合做软硬件准备。

按照党中央工作部署，全疆各县市在自治区党委的统一安排下积极推进县级融媒体中心建设工作。目前，新疆已有库车、拜城、柯坪、阿合奇和奇台等5个县级融媒体中心挂牌成立。

二 | 全面推进转型，重构“策采编发”

2018年，新疆主流媒体纷纷整合内部组织架构，设立全媒体或融媒体机构，统筹采编资源，合理布局内容生产，拓宽传播渠道。以新媒体为牵引，推动编辑记者强化融合发展思维，人人做全媒体记者，大量推出新媒体产品。

2018年，新疆日报社建成“中央厨房”，新疆日报社学习人民日报媒体融合“中央厨房”经验，建立一套统筹社内采访力量、编辑力量和技术力量的运行机制，建立融媒体统一生产体系和一体化管理体系，在内容、资源、渠道、人员、设备等多个层面进行整合管理，集中调度，实时沟通，打造新型全媒体内容生产平台和沟通机制，实现采编流程的全面转型。

新疆广播电视台在“中央厨房”生产流程下，为全媒体记者和编辑配备的轻量级、移动化媒体采编全流程管理工具——葡萄APP，满足即时性视听图文内容和在线直播的采、编、审、发和状态跟踪，具备基于地理位置信息和任务管理流程的指挥调度功能，能够基于大数据开展全网热点收集、传播效果分析和绩效管理考核，智能便捷。

原新疆经济报社新媒体中心全面推进采编内容和形式转型。在报道方向上，采编全面转向以重大主题报道为主，进一步向自治区权威新媒体角色转型；在报道形式上，更加突出移动化、可视化。中心完善了部门结构和管理考核体系，加大培训学习力度，培养“全能”策、采、编、发团队，对外开拓了更多宣传平台资源，生产和创新能力得到进一步提高，为更好地整合媒体资源、推动媒体融合发展奠定了坚实的基础。

原天山网建立全流程打通的完整的媒体融合体系，配套了完整的运行机制，包括总编辑协调会、编前会等，每周召开作为中央厨房日常运行的最高决策机构的总编辑协调会，部署当周重要宣传任务，讨论重大报道选题，考评一周传播效果，协调采编对接联动。建立了重大、突发事件应急报道机制，专人实时监控、随时调度，第一时间进行融合采集、加工、生产和传播。

三｜原创能力提升，“爆款产品”频现

2018年，新疆各主流媒体深入宣传习近平新时代中国特色社会主义思想和党的十九大精神，用全媒体（报纸+网站+两微一端、广播电视+网站+两微一端）的方式，大量使用短视频（含抖音）、移动直播、H5等新媒体技术手段进行主题报道，讲好新疆故事，放大正面宣传效果，不断提升新闻舆论传播力引导力影响力公信力。

《讲习所》《壮阔东方潮　奋进新时代——庆祝改革开放40年》《幸福是奋斗出来的》《我爱你中国　新疆靓了》《脱贫攻坚　我们在路上》《辽阔疆域　无限风光　新疆是个好地方》《云游新疆》等上百个主题报道策划，多角度、多维度反映时代主题，触发时代共鸣，讲述新疆经济社会的发展变化，以及普通老百姓点滴生活的变迁，形象地描绘改革开放参与者、奋斗者、见证者的心路历程与难忘记忆，唱响“新疆是个好地方”主旋律。

短视频成各媒体主要手段，且生产量不断提升。《新疆南疆小村庄的红火中国年》《“江侠医”的援疆行》《航拍给你看：新疆鄯善沙山脚下种稻子》《我以为火星通了公路 原来这里是新疆独库南线风景》等百余部主题类短视频和专题视频、系列视频。这些视频以讲故事的手法，大量采用无人机航拍、延时摄影等拍摄技巧，很接地气，一经发布即获得网友的好评。

2018年，新疆各主流媒体移动直播技术保障能力也得到了长足提高，能够克服各种复杂信号环境开展实时、延时直播报道，移动直播呈现常态化发展态势。2018年1月，新疆经济报社新媒体中心联合央视新闻移动网、腾讯新闻等移动端APP，发起了全国联动直播《带您到阿勒泰看超级月亮、蓝月亮、红月亮》，累计观看人数超过7800万人次，创下开展移动直播近三年来的最高流量。

流量大幅增加，“爆款”稿件也频频出现，新疆主流媒体全年生产了一批弘扬正能量的网络爆款新闻。如《他在北京聊两会，却“嗨”爆了新疆朋友圈！》《15年前福建老板帮他渡难关，再见面时72岁喀地尔又哭又笑》《新疆商户“组团”给海口滞留旅客送食物，大家学会了说“亚克西”》等。纪念改革开放话题#疆遇40年#更是获得超1.6亿次的阅读量，成为现象级主题报道产品，在11月15日当天话题综合排行榜位列全国第一。

2018年10月新疆主流媒体利用新媒体平台同步推出“柯柯牙”主题宣传，通过文字、动图、视频等形式反映新疆各族人民通过团结奋斗、艰苦创业、无私奉献的精神铸就柯柯牙治沙奇迹。《柯柯牙，32年书写新疆版“塞罕坝”荒漠绿化奇迹》《原来新疆也有长城！就在柯柯牙！》《绿色长城——柯柯牙》等10篇原创稿、原创视频被中央网信办全网推送，人民网、中国网、中新网、新浪网、搜狐等近百家网站转发，点击量超过100万次，《我为柯柯牙种树》H5，在朋友圈发出后，网民广泛转发。

新疆主流媒体的融合发展之路已经历了“你是你我是我”的第一阶段和“你中有我我中有你”的第二阶段，诞生了一批网络新闻媒体。目前正开始进入顺应互联网传播移动化、社交化、视频化、互动化趋势的“你就是我，我就是你”深度融合的第三阶段。

（新疆维吾尔自治区新闻工作者协会）

新疆生产建设兵团推进媒体融合发展工作综述

2018年，兵团各主要新闻媒体和14家省市党报、13家广播电视台不断改革创新管理机制，配套落实政策措施，积极投身媒体融合发展，举全力书写媒体融合发展的“兵团答卷”。目前，融报纸、杂志、电台、电视台、网站、户外屏幕、手机报、微信、微博、客户端为一体的兵团主流媒体立体传播格局正在构建。

一 | 以融合发展之姿积极适应媒介技术发展

当前，兵团媒体融合正处于从“相加”向“相融”加速奔跑的关键阶段，兵团各主要新闻单位主动适应变革，大力推动变革，以自我革命的勇毅担当深入推进媒体融合发展。2018年，兵团日报社充分运用兵团网、兵团理论网、兵团日报客户端、兵团手机报、兵团日报微博微信等系列新媒体阵地，积极讲好兵团故事、传播兵团声音、塑造兵团形象，凝聚起改革创新、高质量发展的磅礴力量。兵团广播电视台在原兵团在线网的基础上，完成兵团广播电视台、网络电视台一期建设，实现了兵团卫视、兵团之声在线直播、点播、回看和微信、微博平台、爱新疆手机客户端的信息发布平台建设，依托公有云服务搭建“昆仑云”平台。2018年9月底完成私有云搭建，10月底完成公有云系统的部署，正式上线运营，“昆仑云”平台——融合媒体中央厨房即将面向兵团媒体单位提供融合媒体云服务。

二｜以多元方式培养全媒体人才

新闻媒体的核心资源是人才，媒体融合发展的关键因素也在人。兵团日报坚持不懈开展学习型媒体建设，努力实施人才强网工程，引导新媒体采编人员开展形式多样的学习活动，创新开办“微课堂”，开展“微学习”，使报社新媒体采编人员在研习式、互动式学习中，日益坚定正确政治方向、舆论导向、新闻志向、价值取向，打好新闻业务根底、理论路线根底、法律法规纪律根底、政策根底、知识根底、群众观点根底。同时探索建立与之相适应的激励约束机制，研究设计了更加科学合理的考核评价体系、职级晋升制度、薪酬分配办法，完善用人体制、优化人才环境，以此推动报社融媒体事业从相加阶段迈向相融阶段，打造具有兵团特色和强大影响力、竞争力的新型主流媒体。2018年，兵团广播电视台全媒体中心进一步深化岗位薪酬改革，积极探索全新的量化绩效考核管理模式，按能力业绩定岗定薪，并在采编部门试行，实现岗位层级能升能降、薪资能高能低、人员能进能出。部门为每个人员设定合理的、可量化的工作目标，按月度、季度和年度进行阶段性考核评级，考核结果与薪酬、晋升、淘汰挂钩，形成以绩效为导向的评价体系。在建立科学合理化的考核机制的同时，兵团广播电视台进一步加大对采编播人员的培训力度，推动采编播人员不断掌握新知识、熟悉新领域、开拓新视野，实现由单一型向全媒体型，具备采、编、播、设计、整合以及新媒体传播的技巧和能力人才要求转变，一批全媒体型编辑、记者、主持人、技术人才迅速成长起来。这批人才队伍在重大的报道中能为电视采编拍摄，能为广播做连线，能为新媒体提供图片、短视频。目前兵团广播电视台正通过“四力”教育，努力打造一支政治过硬、本领高强、求实创新、能打胜仗的全媒体优秀人才队伍。

三｜以内容创新唱响时代强音

兵团日报社坚持把内容建设作为新媒体建设的根本，鼓励采编人员把作品作为立身之本，坚持重大报道策划先行，创新视角、创新表达、创新形式，围绕全党全国全兵团重大时间节点，在各传播终端隆重推出系列专题专栏，充分呈现兵团日报独家权威报道及兵团网原创报道。兵团日报社信息网络中心大力加强原创能力建设，把原创能力作为新媒体和从业人员的核心竞争力，2018年全年精心策划制作推出100多件有影响力的原创新媒体作品和产品，唱响兵团好声音，凝聚改革共识，提倡新时代奋斗精神，汇聚起强大正能量。2018年，兵团日报社信息网络中心组织开展多场新媒体互动活动，“党的十九大”网络知识测试活动吸引超过14万人次参与，承办的2018年度兵团“最美家庭”评选活动网络投票和推广工作，累计参与投票人数为10人次，策划开展“兵团知识接力赛”系列H5传播活动，推出《赶快来闯关，兵团知识接力赛》《听，歌声里的兵团！》H5互动界面，知识性趣味性俱佳，引起广泛关注和参与。2018年，兵团广播电视台创新报道形式，在新春走基层、全国两会、改革开放40年、兵团深化改革、向南发展、访惠聚、民族团结一家亲、脱贫攻坚等主要宣传报道工作中，积极发挥全媒体优势，推进媒体融合创新，强化主流舆论引导，培育核心竞争力。以图文、音频、短视频、H5等可视化、易传播的形式，向全国人民展现兵团社会稳定、经济发展、民族团结、民生改善等各方面的情况，传播好了兵团声音，讲述好了兵团好故事，向人们展示了一个真实、奋进的兵团。在首个农民丰收节期间，兵团广播电视台全媒体中心电视、广播、新媒体共同发力，推出直播、短视频、专版、专栏等形成强大的宣传报道声势，收视率、点击率直线攀升，特别是“丰收兵团”系列短视频广受欢迎。

四 | 以平台建设促进媒体深度融合

在信息系统和基础设施建设上，按照中央推进媒体融合发展部署要求，兵团日报社建成、验收并正式启用兵团日报“一体化全媒体新闻采编系统”。2018年下半年，启动少数民族语言文字全媒体采编及发布平台建设，逐步完善报社“中央厨房”集中指挥、采编调度、高效协调、信息沟通等各项功能，逐步实现管理扁平化、功能集成化、产品全媒体化。同时以“中央厨房”这个龙头工程以依托，着力深化报社内部体制机制改革，拓宽传播平台载体，推动传统媒体和新兴媒体尽快从相“加”迈向相“融”，着力打造形态多样、手段先进、竞争力强的兵团新型主流媒体。兵团日报社信息网络中心牢牢把握网民阅读终端向手机端转移聚集的现状和趋势，果断实施移动优先战略，把加强客户端建设作为移动端新媒体建设的重中之重来抓，在深入调研基础上实施兵团日报客户端改版升级，面向广大网民特别是青少年，主动承担起举旗帜、聚民心、育新人、兴文化、展形象的使命任务。同时，开通“兵团号”系列新媒体平台账号，具体包括人民日报人民号、腾讯企鹅号、今日头条号、百度百家号、网易号、搜狐号、抖音号等，充分运用新技术新应用，创新传播方式和手段，通过做优内容、做精产品、增强互动聚拢用户，占领互联网技术制高点、信息制高点、舆论制高点。为推动报网融合发展，兵团日报社实施人才交流融合，组织报社信息网络中心、记者部、视觉中心等部门通力合作，在《兵团日报》和各新媒体平台同步推出《融媒体热头条》专栏，成立“兵团最前线融媒体工作室”“图解兵团工作室”“一线观察工作室”“印迹兵团工作室”“图解兵团工作室”“学习兵团工作室”等一批跨部门融媒体工作室，持续推出有影响的融媒体报道，通过二维码、超文本链接等技术手段，实现了报纸与网络内容互联互通。胡杨网站新闻信息采集部利用现有采编发大平台架构，加强稿库建设，顺应互联网传播移动化、社交化、视频化趋势。积极发展微信、微博、APP、VR新闻、短视频业务，发挥新兴媒体传播特点，创新采编流程，推动新闻生产模式转型，提升全媒体内容制作能力，实现信息一次采集、多种生成、多元传播，注重将内容优势向新兴媒体渗透、转型、升级，以内容优势赢得发展优势。2018年8月28日，网站开通微博“兵团号”“兵团胡杨网站”以及“兵团号”“兵团发布”微信公众号。2018年年底，胡杨网微博发稿260多篇，累积阅读量15万+；兵团号微博发稿288条，累积阅读量25万+。

（新疆生产建设兵团新闻工作者协会）

（编辑　王雷亭）

人才建设

清华大学新闻与传播学院新媒体人才培养工作概况

适应学科发展趋势，依托清华大学独特的多学科综合背景和丰富的人力资源，注重学科、课程、生源和师资的交叉综合是清华大学新闻与传播学院的基本特色。学院的教学与科研平台与清华大学的信息科学、文学、艺术、经济管理以及多种人文社会科学、自然科学学科融合交叉，在综合背景下，形成新闻学、国际新闻与传播、影视传播、新媒体传播、媒介经营与管理等领域的教学和科研特色。

2018年清华大学新闻与传播学院新媒体传播教学及科研工作在多个方面都取得了显著成绩。

一 | 先进、一流的融媒体实训平台投入使用

2014年8月18日，中央全面深化改革领导小组第四次会议审议通过了《关于推动传统媒体和新媒体融合发展的指导意见》。在中央深改小组第四次会议上，习近平总书记提出着力打造一批形态多样、手段先进、具有竞争力的新型主流媒体，建成几家拥有强大实力和传播力、公信力、影响力的新型媒体集团，形成立体多样、融合发展的现代传播体系。

响应习近平总书记号召，为满足培养融媒体现代传播体系建设的人才需求，学院多方筹措资金，克服困难，于2018年9月27日建设完成了具备省级融合平台核心功能的融合媒体实践教学平台。该平台投资1200万元，实体空间使用面积400平方米。平台集融媒指挥、内容生产、传播运营、技术支撑平台于一体，可实现教学科研示教、各专业学生实践实习、校园媒体运营等多种功能。融合平台组建了一套融媒“新闻+”

运营模式，以新闻生产为基础，以用户关系为核心，以用户需求为指向。从融媒的结构框架来看，建成了一个融媒体智慧调度中心、一个融媒体采编中心，构建了一套融媒体多元传播服务矩阵，建设了一个融媒体的技术服务平台。

融媒体平台的建设助力学院的融媒体教学提升到了一个全新的高度，为新媒体传播提供了课程、科研、培训等方面的数据、实践基础。该平台可以完成数据挖掘与可视化、新闻报道策划、媒体运营等多门课程的实训。在满足教学的同时，该平台也起到了良好的示范作用，2018年全年有20余家高校、媒体单位来学院参观、交流，该平台的建设、使用过程为相关单位提供了宝贵的学习、借鉴经验。

二 | 智媒培训班开班授课

2018年被称为人工智能技术规模应用的拐点，人工智能技术在媒体行业也被广泛应用。机器写稿、机器人播报等人工智能技术纷纷登台，人工智能正在尝试从实验室走向实践。为探索智媒发展的未来方向，深入推进传统媒体和新兴媒体深度融合，不断提高新闻舆论传播力、引导力、影响力、公信力，2018年春季起，清华大学新闻与传播学院开办“智媒EE（Executive Education）”高级管理培训项目，助力媒体融合从相“加”阶段加快迈向相“融”阶段。2018年3月23日，首期“智媒EE（Executive Education）”高级管理培训项目在新闻与传播学院成功开班。

培训班课程内容涵盖传统文化与中国发展、社会分层与社会流动、人工智能与产业发展、精品内容创制、媒体深度融合、非虚构写作、视听AI智媒连接、技术创新应用、短视频与社交、5G视频时代、算法推荐、4K技术、AR/VR、区块链、新营销、视频云与大数据等全行业焦点、热点。

三 | “人文清华”讲坛举办六场大型演讲

“人文清华”讲坛（简称讲坛）是由清华大学发起、清华大学新闻与传播学院承办的大型思想传播活动，邀请当代人文、社科大家阐述经典学说、独特思考和重大发现，以公众演讲为核心，辅以深度访谈、各种人文社科类内容，形成综合性的内容生产与新媒体运营平台。

讲坛是清华大学新闻与传播学院的一个新媒体教学与实践平台，由教师和学生组成项目组，在专业人员的帮助下完成全媒体、全流程、全品类的整合传播工作。在新媒体时代，讲坛以全媒体、全品类、全流程为传播策略。每期讲坛围绕一位嘉宾，进行一场深度访谈，举办一次大型演讲，并以此为内容集合，持续生产多媒体产品，运营维护新媒体矩阵。

讲坛覆盖了主流传统媒体和门户网站，腾讯、网易、搜狐等直播媒体平台，爱奇艺、优酷、腾讯等视频网站，微信、微博、今日头条、一点资讯、秒拍、抖音、喜马拉雅等自媒体平台，在线教育平台以及相关内容的书籍出版。

讲坛建立了中央厨房的工作机制，把内容集合加工成不同媒体需要的品类，以适应全媒体传播的需要。目前产品类型包括大型演讲、直播活动、新闻稿件、电视节目、书籍专著、图文推送、长短视频、超短视频、创意H5、在线课程、词条产品、搜索指数等。

截至2018年底，“人文清华”讲坛共举办19场演讲，通过网易新闻、凤凰新闻、腾讯新闻、腾讯视频、搜狐千帆、中国青年报、中青在线、中教之声、学堂在线、今日头条、未来网、CIBN等12家平台进行直播，累计观看651.1万人次；“人文清华”讲坛在今日头条、一点资讯、腾讯企鹅、网易号、腾讯视频、爱奇艺视频、QQ公众平台、秒拍、YouTube、喜马拉雅FM等10个内容平台共计发布视频4142条，音频294条，累积覆盖人群近5.4亿人次，可统计的自主传播内容总播放量超1.77亿人次，发布图文稿件1704篇，可统计的自主传播稿件阅读量357万人次，两项合计，可统计的视频、图文总点击、阅读量超过两亿人次，覆盖总人群（指触达）超过16亿人次；各自媒体平台用户接近55万人；“人文清华”海外账号，覆盖美国、日本、加拿大、等30多个国家和台湾、香港地区。

四 | 融合媒体实验平台建设

为满足融媒发展的人才培养需求及融媒教学的实践需要，清华大学新闻与传播学院于2017年12月开始从规划建设、资金筹措、施工建设到投入使用，历时8个月，完成了融媒体实践教学平台的建设工作。建设之初通过调研、研讨等方式不断对融合媒体平台的建设模式和未来发展方向进行多方位的思考和讨论，最后集思广益，完成了现有的集媒资（媒介资产）管理系统、融合采编系统、信息发布系统、可视化终端显示为一体的融媒实训平台。

2018年9月27日，清华大学新闻与传播学院未来媒体实验室及融媒体实践教学平台投入使用。该实验室以媒介融合为内核，整合了学院实验中心的软、硬件资源。该实验室不但满足了当下的融媒教学需要，也为未来的媒体大数据的开发利用奠定了发展基础。

融媒体实践教学平台由内容展示平台、内容运营管理平台、硬件服务平台三部分组成。

（一）内容展示平台

展示平台由PC端“清新传媒”网站、移动端“清新传媒”APP及实验室大屏展示端三部分组成。“清新传媒”网站、移动端“清新传媒”APP，展示了清新学子在实践教学中的优秀作品，呈现了清新学子眼中的世界；大屏展示则显示了当前实验室研究项目及跟踪数据的图形化展示效果，实现了大数据的可视化处理功能。

（二）内容运营管理平台

内容运营管理平台采集了学院的多个实践教学项目的音、视频及图片素材、作

⊙ 内容管理平台功能模块

品，并对这些数字资源进行了整理、发布，实现了“一次采集、多元生成、多渠道传播”的工作路径。该平台完全再现了当前媒体运营的真实环境，真刀真枪地让学生在实践中学习媒体运营的管理经验。通过该平台将学院的所有媒体实践项目整合到了统一的平台进行管理、运营、展示。

（三）硬件服务平台

融媒实践平台配备了4K标准的前期拍摄设备45台、后期编辑系统20台、超融合服务器3台以及信息安全管理系统一套。拍摄及编辑设备的配备满足了今后相当长一段时间的作品创作需求。与之配套的超融合服务器集计算、网络、存储和服务器虚拟化等资源和技术于一身，即提高了管理效率又满足了虚拟化桌面的需求，解决了实验室空间和时间的开放难题。

实验室及平台落成后，受到了师生的广泛好评，并在此基础上开设了《融媒体前沿》《社会化媒体应用》《媒体数据挖掘》等多门本、硕课程。实验室及平台也在业界起到了一定的示范效应，自落成至2018年底已有近20家高校和相关单位到学院交流、考察，并对建设成果给予了称赞。

（清华大学新闻与传播学院）

中国传媒大学新媒体人才培养工作概况

中国传媒大学坚持“结构合理、层次分明，重点突出、特色鲜明，优势互补、相互支撑”的学科建设思路，充分发挥传媒领域学科特色和综合优势，形成了以新闻传播学、戏剧与影视学、信息与通信工程为龙头，文学、工学、艺术学、管理学、经济学、法学、理学等多学科协调发展，相互交叉渗透的学科体系。

中国传媒大学致力于高层次、复合型创新人才培养。建校60多年来，学校培养了大批信息传播领域高层次人才，为党和国家的传媒事业以及经济社会发展作出了重要贡献，被誉为“中国广播电视及传媒人才摇篮”“信息传播领域知名学府”。

2018年是我国信息传播领域转型与发展的重要时期。随着信息技术的快速发展，以网络直播、视频拍客、短视频分享等为代表的新形式、新平台层出不穷，不仅影响了业界生态，也使新闻传播教育进入了转型与创新的重要时期。中国传媒大学以新闻学院、电视学院、新媒体研究院和传播研究院为阵地，顺应时代变化，在新媒体人才培养方面取得了丰硕成果。

一 | 新闻学院新媒体人才培养情况

（一）专业方向建设方面

新闻学院是全国最早开展新闻学专业教育的机构之一。目前，本科专业设有：新闻学、传播学、传播学（媒体市场调查与分析方向）、网络与新媒体（媒体创意方向）、新闻学（数据新闻报道方向）。硕士研究生专业有：新闻学、传播学（传播研究方法）、传播学（传播心理学）、舆论学、广播电视学（播学）、新闻与传播（新闻实务）、新闻与传播（媒体市场调查与分析）。博士研究生专业有：新闻学、传播学（传播研究方法）、传播学（传播心理学）、广播电视学（广播新闻）。顺应媒体融合的发展趋势，新闻学院的专业教学秉承“宽口径、厚基础、强能力”原则，努力培养能够适应现代媒体发展现状和趋势的新闻采编专业人才。

在媒体融合和专业创新方面，新闻学院领跑全国数据新闻报道教育，2014年开办数据新闻实验班，2016年成为国内第一个面向全国招生的数据新闻报道本科专业方向。该专业方向以培养“懂数据的新闻人”为宗旨，经过学院师生近4年的努力，数据新闻已从实验班变为数据新闻方向，每年吸引上千名学生报考数据新闻的自主招生。

2018年，新闻学院改革数据新闻实践项目课程向媒体融合方向发展，以生产融媒体作品为导向，采用模块化建设模式，设置工作坊模块、软件学习模块和导师专项指导模块，每个模块单元都分别生产团队协作的数据新闻作品。在2018年中国第三届数据新闻大赛上，新闻学院学生参赛的3个作品，分别获得2个一等奖和1个三等奖。

（二）融媒体教学实践方面

2018年，新闻学院将院报《新传时报》和院刊《新闻视野》进行整改，将采编流程纳入课程，引导学生讲好学院故事。

2018年，继续组织“两会报道团”，组织师生团队与中国青年网、人民政协网进行协同报道，让学生切身参与报道流程，承担报道责任，发挥专业知识和创新能力，创作符合传媒市场需要的高质量作品，获得中央网信办等主管部门的好评。

创建数据新闻专业公众号“白杨数新观察”，以实践为导向，登载学生的作业作品，鼓励学生撰写数据新闻经典案例分析以及如何进行数据新闻生产的相关软件工具应用文章。公众号设置三个固定栏目，分别是信息类《一周资讯》、内容类《作品分享》（国内外数据新闻经典作品学习体会）和工具类《干货分享》，都以原创为主。不定期栏目《白杨数说》主要登载学生的作业作品。公众号每周定时推送至少三篇文章，每篇文章平均阅读量在150人次左右，目前累积总用户数652人。公众号是数据新闻专业方向学生融媒体内容生产、输出的一个平台，学生撰写的作品分享成为阅读量较高的公众号文章。

建立白杨·数享会及其微信群，以线上线下互动传播为导向，扩大数据新闻专业的社会影响力和知名度。白杨·数享会是线下活动，邀请数据新闻领域的各界人士到学校与学生交流互动，目前已邀请上海上观新闻、新华社未来媒体研究院、网易数读主编和iartisit软件技术人员与学生交流分享。白杨·数享会微信群以社群传播为主，将数据新闻专业的动态信息、学生优秀作品和各类有价值的学术文章在社群中推荐，借助口碑传播、群体传播达到扩散和覆盖的目的。从“白杨数新观察”的后台数据看到，分享人数和阅读量成正比，每次线下活动预告、线下活动内容的在线直播和公众号文章通过转发到白杨·数享会，都获得了较高的关注和广泛的传播。

（三）实验室建设方面

新闻学院努力契合全球传媒生态变革的趋势，将智能化、数据化等创新传媒技术贯穿到学院专业实验室的整体建设中，结合5G通信、人工智能、超高清影像、数据新闻等前沿应用，构造面向未来新闻业竞争与传媒教育的新型一体化教学与科研平台。新闻学院“5G智能媒体新闻传播实验室”和“数据新闻实验室”，将全面推进新闻学院教学实验手段的现代化，做大做强中国传媒大学新闻传播教育，用主流价值导向驾驭“算法”，旗帜鲜明地增强主流舆论引导能力，推动我国智能化关键核心技术自主创新在新闻传播教育中的应用研究，探索将人工智能运用在新闻采集、生产、分发与反馈的新一代传媒教育平台之中，全面提高中国传媒大学新闻教育的国际化水平。通过该实验平台，新闻学院将能够实现传统优势资源和创新专业要素的有效整合，实现新闻传播教育与我国新型主流媒体平台的同步发展，实现新闻传播创新教学理念与智能媒体技术的互通共融，同时通过加强与传媒业的深度合作，推动新闻传播教育在理念、报道方式、传播技术和表现样态方面不断革新与进化，培养具有智能思维、数据思维、全媒体整合创新能力和实操能力的新一代新闻工作者。

（四）国际交流方面

2018年7月9日，The 3rd Media User Experience International Forum在新闻学院举办。该活动包括高峰论坛和国际工作坊。高峰论坛由中、美、日、韩的高校专家分享媒体设计与用户体验的前沿观点。国际工作坊包含媒体用户体验、冬季奥林匹克用户体验、老龄化数字产品用户体验、城市再生四个主题。本活动邀请首尔国立大学新闻传播系教授、SIGCHI国际学术会议主席、韩国智能新闻写作的缔造者李俊焕博士、新华网融媒体未来研究院副院长王晨博士等学界、业界专家前来指导，有来自全校13个专业的学生参与。工作坊主要探讨了在人工智能和大数据的技术背景下，智能媒体环境中如何重构人与媒体的关系，以用户为中心的智能媒体的新闻生产、新闻服务模式和评价策略，活动以对话式新闻为主题，通过工作坊的教学模式师生共同创造新的对话式智能语音服务产品。“用户体验与未来媒体”国际工作坊是新闻学院自2015年起举办的融媒体国际交流项目，已与韩国首尔国立大学、韩国国民大学、日本千叶大学、美国南达科他州立大学等国际一流学校开展多次国际交流。项目着重在全新的媒体环境下阐明智能媒体用户体验的理念，带领学生探索未来媒体的发展方向，进而促进融媒体教学和实践的“产学研”集成式发展。

2018年10月，新闻学院邀请美国西北大学新闻学助理教授Stephanie Edgerly进行了题为“媒体多元化时代的新闻消费”的讲座，与新闻学院师生分享了她在新媒体时代青少年获取信息的渠道和对新闻感兴趣的方式方面的研究成果。

2018年11月，新闻学院举办第四届“双一流”海外学者项目智能媒体用户体验工作坊，邀请新华网融媒体未来研究院王晨副院长前来授课，她演讲的题目是“智能媒体用户体验测评”。

2018年12月，亚洲新闻与传播协会（AIJC）主席Ramon Tuazon就“亚洲视角下的媒介研究”与新闻学院师生进行分享。主要内容涉及媒体在新媒体传播时代面临的困境。

2018年12月，美国纽约州立大学传播系教授洪俊浩以“‘后冷战时代’的国际传播与国际政治：新格局和新特点”为题，与新闻学院师生交流分享，内容涉及在新的传播格局下，以CNN和CGTN的移动端为例，说明新媒体的介入对国际传播内容产生的影响。

（五）新媒体人才培养成果

2018年7月新闻学院新闻学数据新闻报道方向学生首次参加第三届全国数据新闻大赛，在50支决赛队伍中脱颖而出，斩获两项一等奖、一项三等奖，新闻学院詹新惠副教授获得优秀指导老师奖。

2018年“两会”期间，利用融媒体实验室硬件平台，基于新闻学院传统优势实践教学品牌“两会报道团”，组织师生团队与中国青年网、人民政协网进行协同报道，让学生切身参与报道流程，承担报道责任，发挥专业知识和创新能力，创作符合传媒市场需要的高质量作品，获得中央网信办等主管部门的好评。新闻学院“两会报道团”学生参与制作的两部作品《一位人大代表的扶贫心愿》《人大代表眼中的共享经济新坐标》随中国青年网专题报道入选第29届“中国新闻奖网络专题奖”。

二｜电视学院新媒体人才培养情况

2018年电视学院在新媒体教学、科研、实践、人才培养以及立足融合传播平台的社会服务创新方面，主要完成以下工作。

（一）围绕教育教学主线，开设新兴专业

电视学院顺应媒体融合趋势、紧跟业界发展，于2018年成立了网络与新媒体专业。该专业面向互联网前沿发展，基于视听传播、新媒体出版等专业建设的传统优势，旨在培养坚持正确政治方向、具有较高政治素养、具备扎实的新闻传播学科专业背景，系统掌握网络与新媒体专业基础理论、基本技能，具有一专多能知识结构，拥有全球化、信息化传媒视野的卓越人才，使学生适应数字信息时代和移动传播时代的行业需求，拥有新媒体竞争力。

为办好网络与新媒体专业，学院广泛调研学界、业界前沿发展，充分发挥在广播电视、编辑出版等专业建设方面的优势，组建了高水平、高质量的师资队伍，不断更新理念和内容，创新手段和方法，专业综合改革成效突出。

首先，在教学理念方面，该专业立足国家战略，坚持“立德树人”，实施“课程思政”，始终将马克思主义新闻观贯穿教学实践全过程，培养学生树立正确的世界观、人生观、价值观。其次，在教学内容方面，该专业关注业界前沿，与实践结合紧密，由教师带领学生，讲授新媒体理论、传授新技术方法，研创践行马克思主义新闻观的融合传播精品力作，并将优秀成果推向社会，强化其辐射力和影响力。此外，在教学方法方面，该专业强调因材施教，通过新型课堂教学法、跨学科合作机制和特色课程体系不断提升教学质量，在教育教学中成果显著，更好地满足了网络新媒体时代对于人才综合能力的需求。

（二）发挥科研实践优势，推出优秀成果

首先，在科学研究方面。学院科研团队主动适应互联网和移动传播的发展局面，以科研论文和重要项目为载体，开拓科研领域、推出优秀成果。2018年度，电视学院合计发表各类论文107篇，梳理新现象、预测新趋势，在新媒体领域产生了一定的学术影响力。在项目研究方面，曾祥敏教授成功申报国家社科基金重点项目《移动互联网背景下主流媒体新闻视听传播变革研究》；徐培喜教授成功申报国家互联网信息办公室科研项目《推动我国优秀代表进入互联网领域重要国际组织和关键技术社群研

究》；付晓光副教授成功申报北京市社科基金青年项目《新时代网络空间治理的实践创新研究》，依托项目产出了一批科研成果。

其次，在实践创新方面。学院将新媒体创新实践与教学科研紧密结合，将研究所得的最新理念注入实践活动，推出了一批具有创新意义、引领意义的精品力作。学院持续关注中国记协组织发起的中国新闻奖评选以及“好记者讲好故事”活动，由师生团队对中国新闻奖获奖作品、“好记者讲好故事”活动的丰富素材进行融合编辑，汇编《新媒体展示手册》，通过文字内容结合二维码的编辑方式呈现每个优秀案例，并将其用于课堂教学、指导行业实践，强化了好记者、好作品的传播力与影响力。此外，在2018年，为视障人士释读电影的“光明影院”项目在电视学院应运而生。它将社会责任教育、公益情怀教育与视听专业教育融会贯通，由师生志愿者为视障朋友制作无障碍电影作品，送到全国盲协、盲校、社区和图书馆，构筑了一条直抵心灵的“文化盲道”，成为立足新闻院校、服务社会公益的创新之举，获得了较好的社会反响。

（三）强化社会服务功能，打造创新平台

电视学院紧跟国家战略方向，顺应业界前沿发展，立足新媒体领域，实现了高校资源与政府机构、行业前沿的合作共赢。在政策研究、标准制定、战略咨询等方面，为政府决策、社会发展和行业进步提供多层次、立体化、全空间的专业支持，成果显著，并产生了一定的社会影响力。

首先，在平台搭建方面。学院教学科研团队依托2017年正式成立的“国家突发事件舆情应对研究中心”，以大数据等新技术为支撑，为中宣部、北京市委宣传部等党和政府机构提供舆情报告，凭借学术研究和专业分析，助力国家和北京市开展舆情应对与舆论引导工作。2018年，学院以“国家突发事件舆情应对研究中心”为依托，以“智能融媒体教育部重点实验室”为平台，成立了“国家突发事件舆情应对研究中心融媒体平台”。该平台与“中国广电融媒云”有机结合，通过“云搜”产品工具，获得海量电视资讯，广泛用于新媒体研究与实践。该平台还能实现国内热点舆情事件的实时在线监测，为国家和地方政府、企业和高校提供信息搜集、舆情管理、趋势分析以及应急方案等智力服务。

其次，在创新服务方面。学院教学科研团队始终保持与业界前沿的紧密互动，围绕国家媒体融合发展的战略重点，立足现有平台，广泛探索县级融媒体中心的发展途径和模式，为全国多个省市的区域融媒体中心建设提供经验和指导，重点针对河北长城新媒体集团新媒体改革、海口市融媒体中心建设，撰写了有针对性的《研究报

告》，所提出的改革与建设方案，受到媒体的高度肯定。此外，团队师资还担任了人民日报、新华社、中央广播电视总台等主流媒体的评委、评议专家、专家组成员，参与其举办的新媒体研讨会，为主流媒体的转型创新献计献策。同时，学院还为北京市委宣传部舆情管理部门，以及其他省市媒体举办了多次专业培训，针对媒体融合环境下的新闻舆论工作创新，提供具体的智力支持。

三 | 新媒体研究院新媒体人才培养情况

（一）学科体系

新媒体研究院的研究生培养主要分为网络新媒体技术、移动多媒体方向、移动媒体视频节目创作三个方向，三个方向涵盖新媒体内容、技术、管理等内容，开设的课程主要包括：新媒体技术基础、移动媒体政策与管理、网络视频、新媒体影视与微电影创作实务、移动媒体视频选题策划与节目创作等。学习过程分为课程学习、科研训练、中期考核、实践与实习、毕业创作五个环节。

为贯彻落实多学科协调发展、相互交叉渗透的学科体系建设要求，2018年新媒体研究院进一步加强了三个方向的教学和科研工作，深化新媒体交叉学科教学科研培养方式。教学环节工科学生的课程体系由80%工科课程+20%文科课程组成；文科学生的课程体系由80%文科课程+20%工科课程组成。科研环节通过工科、文科交叉，探索大数据创新应用模式，收获良好科研效果；通过艺术与科技结合，创新无人机、VR拍摄应用研究，取得良好社会反响。在交叉学科教学科研的培养模式下，学生能够在扎实掌握新媒体基础理论的同时具备较强的互联网技术技能，并具有新媒体应用的基本能力，满足社会对复合型人才的迫切需求。

经过近年稳步发展，新媒体研究院研究领域已基本覆盖新媒体产业链的各环节和主要支撑技术领域，同多家国际新媒体教育、科研机构建立了合作研究机制和人才交流机制，形成了移动媒体研究中心、数字电视研究中心、媒体融合研究中心、国际互联网传播研究中心、中传联通大数据研究中心、军民融合研究中心、一带一路研究中心这七个“中心”，在“创新”“人才”“知识”“孵化”四大引擎的带领下持续开展深入的新媒体理论研究、行业应用研究和产品创新研发工作。

新媒体示范基地是新媒体研究院与外界交流合作的窗口，一直承担着新媒体研究院相关科学研究、对外宣传科研成果及与外界合作交流的重要作用，2018年新媒体研究院更新升级示范基地系统，进一步增强新媒体示范基地的服务能力，重点提升新媒体国际国内的新进展以及同我校合作伙伴单位的协同创新成果。

（二）科研成果

科研工作是新媒体研究院的工作重心。新媒体研究院承担并高质量完成了一批国家级、省部级和横向重点项目工作，取得了一批高水平科研成果，并获得各国家各部门高度认可，获得若干重要奖励。最近五年该院及学科科研经费达2000万左右，主要科研项目集中在互联网技术研究、5G研究、媒体融合研究和国际传播研究等方面。

媒体融合项目中新媒体研究院与政府主管部门、媒体机构密切合作，共同协调促进科研成果和高技术研发成果的应用转化，在提升项目成果的理论支撑水平、技术创新能力和决策参考价值等方面贡献突出。媒体融合项目目前已和中国联通、中国移动、新浪及腾讯开展长期合作，对中央广播电视总台、新华社、人民日报等多家单位和部门进行媒体融合专项效果评估。

5G研究立足国家网络安全战略布局及网络技术发展趋势，将5G网络技术底层作为研究根据，以宏观的传媒全局视野和广电未来发展为主要研究方向，旨在探讨、预测未来5G环境中传媒业发展趋势，为学界及业界提供更翔实的理论参考和决策依据。

国际传播研究针对亚洲、非洲、拉丁美洲等地区和国家的主流新闻媒体和传播机构从业人员，开展全面涵盖新闻业务各领域、各环节的，专业性强、体系化的新闻领域培训工作，意在提升亚非拉各国媒体的业务水平和专业素养，从而让亚非拉各国媒体深入了解中国特色社会主义文化和中国特色社会主义新闻观，将中国民主开放、文明重信、谦虚包容的大国形象更加真实客观的呈现至世界舞台，推动“一带一路”沿线国家的共同进步、实现共同发展。

互联网技术研究依托于新媒体研究院的互联网学科背景，将互联网技术演进及应用作为主要研究对象，旨在运营互联网大数据算力能力为媒体传播提供基本数据支持和科学参考依据。主要项目包括广电无线网络新媒体业务支撑平台研发与技术演进研究、EPG数据信息传输安全技术研究及应用试验等。

四 | 传播研究院新媒体人才培养情况

2018年传播研究院新媒体传播教学及科研工作在多个方面都取得了显著成绩。

（一）“融媒体数字实验室”投入使用

“融媒体数字实验室”是传播研究院下设的教学科研平台。在人才培养方面，“融媒体数字实验室”充分利用研究院目前的资源，培养学生上机操作数据分析应用软件的能力、普通VR制作编辑能力、新媒体大数据的应用分析基础，加强学生的调查法、访谈法和实验法训练，为媒介机构培养合格的有理论知识和实操经验的新型的应用型融媒体人才。

在学术研究方面，“融媒体数字实验室”借助研究院的数据资源和分析处理能力，提升教师和研究生的科研水平。主要在受众的跨屏收视行为、网络接触行为、融媒体传播和效果评测方面，与媒介大数据分析应用相结合，推进研究，争取获得高质量的研究成果，加强研究院在本领域的学术领先地位，积极创新发展。

在服务社会方面，“融媒体数字实验室”利用研究院的相关支持，以及传媒大学丰富的学生资源和专家资源，为管理部门、内容制作机构、播出机构、广告营销商等相关机构提供一定的管理决策参考，以及内容播前预馈和播后效果评价，对受众的融媒体接触行为进行分析，对融媒体运营策划方案提供了支持。

（二）优化师资，鼓励教师积极参与新媒体实践

传播研究院鼓励教师积极参与新媒体实践，搭建社会服务平台。研究院教师与教育部在线教育研究中心、海淀区知好乐培训学校、中国传媒大学附小、掌阅科技、央广总编室等机构合作，开展产学研合作和研究，深入探索新媒体的运营和发展，社会评价良好。

研究院还鼓励青年教师直接参与学界、业界的一线业务交流，沉浸式体验新媒体实践。2018年，研究院推荐青年教师参加了刺猬公社举办的暑期高校研学营、北京师范大学举办的计算传播学2018年年会、北京市哲学社会科学教学科研骨干研修班、双一流学科青年教师国际媒体创新研修班等活动，促进研究院教师了解学界业界关于新媒体的最新研究动态，直接与前沿实践研究相对接。

（三）向留学生展现中国新媒体发展成果，提升国家形象

研究院向来注重留学生教育与中国国情教育的结合，2018年研究院组织国际留学生参加了第十届北京国际电影节“一带一路”系列讲座和中秋节中国文化活动，组织留学生参加“非洲英语国家媒体学者工作坊”、参访人民日报社新媒体中心和客户端

与中央厨房、北京周报社、《中国与非洲》杂志社、新华网、央视CGTN、五洲传播中心和四达时代等媒体，并与业界人士进行专题交流座谈。

（中国传媒大学）

复旦大学新闻学院新媒体人才培养工作概况

一｜新媒体教学概述

复旦大学新闻学院推出形式多样、内容丰富的新媒体课程、前沿讲座和专精化的新媒体人才培养方案。据统计，2018年度本科生阶段共计推出6门新媒体相关课程，研究生阶段共计推出18门新媒体相关课程。在专业硕士培养方面，学院作为2010年全国首批获国务院学位委员会及教育部授权招收“新闻与传播”专业硕士的高校，开设四大方向，其中专门开设新媒体传播方向，实现跨学科交叉融合，培养适应社会需要、高质量、国际化的复合型新闻传播人才。在传道授业解惑之余，业界领军人物的新媒体讲座成为学生的“第二课堂”，也已形成包括“技术与人类未来系列”“上海新媒体实验中心学术讲座”“媒体人说”“走进新闻传播”四大品牌讲座，为学生提供面对面对话大咖、了解行业趋势的宝贵机会。

（一）开设新媒体特色课程

复旦大学新闻学院所开设的新媒体相关课程体现了关注新技术和数据以及跨学科交叉融合的特点。最有代表性的有《媒介技术导论》《数据分析与可视化》《媒介融合》等本科课程，以及《新媒体技术导论》《计算新闻传播学》和《网络数据挖掘》等研究生课程。

（二）建立全国首个新媒体专业硕士培养点

作为国内第一个新媒体传播专业硕士项目，复旦大学新媒体传播专业硕士项目通过创新培养体系、革新课程设置、推动产学结合、服务业界学界，在国内探索出了一条新媒体传播高端人才培养的新路。

1. “3+3”本硕贯通，跨学科选拔优秀人才。复旦大学新媒体传播专业采用“3+3”本硕贯通模式，全部采用推免直研的方式，面向全国，在本科四年级的学生中选拔对新媒体传播有兴趣、有基础、有创意的优秀学生。项目在招生上跨越文理，打破学科界限，从基础上形成各专业背景的学生相互交流、激荡思想、促进创新的氛围。

2. 文理科交叉融合，创新设计课程体系。新媒体专硕面向迅猛发展的新媒体前沿设计课程体系，注重文理融合，致力于培养复合型人才。项目的课程体系分为基础、新闻、商业和数据四大模块，其中近一半的课程与信息学院、计算机学院、管理学院等其他院系合作开设。以数据挖掘、分析和可视化为主要特色的《网络数据挖掘》《数据新闻与可视化》《计算新闻传播学》《新媒体用户行为分析》等系列课程是全国乃至全球首批开设的实验性课程。新媒体专业让文科生能够懂技术，让理科生可以谈情怀，创新的课程体系与世界前沿同步跃动。

3. 产学研联合培养，无缝对接业界前沿。复旦新媒体专硕通过系统的制度建设与链条打造，通过与国内外优秀新媒体机构的深度合作，采取新媒体传播前沿讲座、业界参访、学术沙龙与工作坊、海外参访等多种方式，使本专业学生在学习的整个过程中与新媒体业界保持“链条式”的无缝互动。先后参访澎湃新闻、阿里巴巴、腾讯集团、网易传媒、浙报集团等，与多家新媒体机构建立了学术沙龙与前沿工作坊机制，并带领学生走出国门，赴美国纽约城市大学进行为期两周的暑期课程学习。既面向国内学界业界前沿，更放眼全球业界学界前端。

4. 实践性特色凸显，积极探索“产品化”模式。复旦新媒体专硕项目鼓励学生好学力行，积极实践，创造产品，实现价值。集体创办“复旦新媒体”微信公众号；参与发起成立复旦大学可视化实验室，并举办首届全球青年可视化高峰论坛；所完成的数据新闻作品多次刊载于澎湃、腾讯、新浪等知名媒体平台，并荣获首届全球华文网络互动新闻大赛两项金奖、两项银奖，以及第二届中国数据新闻大赛二等奖等。

5. 举办前沿工作坊，积极服务业界学界。依托新媒体专业硕士的人才培养模式，复旦大学新闻学院积极开展公益性社会服务，通过举办多期前沿工作坊为新媒体业界学界培养大数据背景下的紧缺人才。2015—2018年已连续举办四期数据新闻工作坊，为全国新闻媒体、兄弟院校培养了上百名数据新闻与可视化人才；曾与香港城市大学数据挖掘实验室联合举行首期新媒体数据挖掘工作坊，培养新媒体数据挖掘实务人才；先后与新加坡联合早报等联合举办全球华文互动新闻大赛、高校数据新闻报道大赛等活动，促进了学界业界的互动交流，推动了国内新媒体前沿业务的发展。

（三）复旦大学上海新媒体实验中心

复旦大学上海新媒体实验中心作为中共上海市委宣传部与复旦大学共建新闻学院的重点项目，是新闻学院高峰学科建设中“一体五翼”格局的主体平台。中心主体空间建设已于2017年6月竣工，主要承载学院在新媒体方面的教学、科研、创新实践与公共服务的功能。

中心总面积2043平方米，一楼包含功能实验战区、数据采集分析场、创新展示体验室、可视化传播实验坊、广播数据直播间共同构成媒体融合实践平台，二楼为新媒体教学空间和研究项目孵化空间，包含彭博教室、无界教学空间、公共讨论区、创新工作室，用于开展各类教学科研与创新服务活动，支撑新媒体产品研发与成果推广。

在教学方面，复旦大学上海新媒体实验中心依托特色功能区域，定制打造《数据与财经新闻》《微电影微视频》《信息可视化》《视听技术与应用》等新媒体课程。一楼演播厅与央视CGTN、凤凰网联合制作多部采访短片，广获好评；在科研方面，中心致力于打造新媒体数据高地，与上海市委网信办、今日头条等签署共建“数据墙”，对新闻终端产品实现数据式回放、过程式解剖、全景式分析，内部各类定制化软件分析系统面向全院教师24小时开放使用。依托中心平台资源，每年平均产出20个新媒体课题项目，领跑国内新媒体领域科研成果，为新技术新趋势的发展贡献智力产出；在社会服务方面，努力传播知识、分享资源，连续举办四期“数据新闻工作坊”“智媒—青年领袖”高级研修班等多主体全方位的讲座培训；在业界合作方面，中心与腾讯、澎湃新闻、网易等新媒体巨头建立战略合作联盟，共同挂牌成立工作室，邀请新媒体机构的从业者担当导师，传授学生新媒体的前沿趋势课题，共建实习基地，引导大学生就业。

二 | 科研概述

（一）复旦大学信息与传播研究中心

中心就新时代新媒体背景下主流媒体转型、媒介融合与中国城市化发展的主题，调研了北京、上海、银川、杭州、惠州、长兴等15座各类城市的主流媒体以及政府微博、微信、新闻客户端在数字传播环境中的基本状况、转型举措、媒体融合经验等。2018年底已完成研究报告15万字，提出了中国城市公共传播网络数字化的三种模式，调研报告及其依托于此的研究成果获得学界、业界很大反响，为主流媒体实现整体转型提供了具有启发意义的借鉴。

在数字研究方法探索创新的国际合作方面，中心与伦敦国王学院数字人文系签署合作协议、共同主办数字研究方法国际工作坊，2018年与当代著名哲学家、人类学家、科学与技术研究“巴黎学派”领军人物布鲁诺·拉图尔主持创建的巴黎政治大学媒介实验室达成合作意向，巴黎政大媒介实验室加入我中心与伦敦国王学院数字人文系合作的数字演进方法国际学术工作坊，推进算法、大数据、可视化和数字人文的跨学科方法论创新研究。在数字城市研究方面已经形成了与德国汉堡大学媒介历史研究中心、澳大利亚麦考瑞大学媒介历史研究的“港口城市与传播”三方合作项目，重点推进“数字城市”数据库建设。与澳大利亚墨尔本大学公共文化研究中心持续合作举办“可沟通城市”年度国际论坛（2017年至今），聚焦数字时代的地理媒介，有关数字时代国际可沟通城市学术联盟的倡议汇聚了来自世界多个国家“数字城市”的跨学科顶尖学者。

中心与知名信息科技公司字节跳动（旗下拥有今日头条、抖音等新技术产品）、知名短视频分享平台快手、知名互联网科学文化社区果壳、聚焦数字内容产业的垂直媒体刺猬公社、国内领先的IPTV新媒体视听业务运营商百视通等业界翘楚以多种方式深度合作，不仅共同举办或应邀参与新技术相关高峰论坛、展开合作研究，还参与面向公众的文化传播活动，着力促进新技术之于中国社会发展的积极影响。

中心与解放日报社、《新闻记者》杂志社三家机构，就融媒体产学研合作计划签约，协力开展媒体深度融合实践与学术研究的多层次合作，推进媒体融合不断深化，树立媒体转型的标杆模式，搭建融媒体实践交流和展示的平台，加快全媒体人才的培养与前沿技术的应用，积极拓宽主流舆论传播渠道，讲好“中国故事”和“上海故事”。2018年在中华全国新闻工作者协会新媒体专业委员会指导下，联合举办了以“伟大时代·城市记忆”为主题的全国融媒体产品大赛。

（二）复旦大学国家人文创新研究中心

2018年复旦大学国家人文创新研究中心在完成了第一个国家社科基金重大项目“国家形象建构与跨文化传播战略研究”的基础上，争得了新媒体研究方面的第二个国家社科基金重大项目“网络与数字时代增强中华文化全球影响力实现途径研究”。

2018年，中心确立了将“数字人文”作为中心重要的基础研究方向。2018年10月，与美国著名的学术机构美国国家人文中心共同在美国的北卡召开了“数字人文：技术拓展与社会介入”国际学术研讨会，《数字人文：媒介驱动的学术生产方式变革》一文已正式发表；“数字出版物的版权法研究译丛（第一辑，共四本）”已完成编撰，于2019年5月底将正式出版。此外，中心的学术期刊《数字人文研究学刊》也已经完成编辑，即将由复旦大学出版社正式出版。

（三）年度科研成果

2018年，新闻学院教师在新媒体研究方面获得重要纵向科研项目立项3项，其中国家级重大项目1项，“网络与数字时代增强中华文化全球影响力的实现途径研究”，省部级项目2项，分别为教育部重点基地重大项目“媒介哲学：新技术、城市化背景下的中国传播理论与范式创新研究”以及教育部一般项目“公众对‘人工智能’的认知与态度形成机制研究——基于风险传播与媒介效果模型的考察”。

三 | 社会服务

新闻学院致力于打造连接国家、业界、社会的高端智库和社会服务平台，形成了多功能智库矩阵，其中包括马克思主义新闻观教学与研究平台、传播与国家治理研究中心、信息与传播研究中心、复旦大学上海新媒体实验中心、中宣部智库平台、复旦大学传媒与舆情调查中心、国家文化创新研究中心等多个智库平台。2018年度在研委托、决策咨询项目近20项，完成各类舆情报告咨询报告120份，其中有5份咨询报告得到中央领导批示。

（复旦大学新闻学院）

武汉大学新媒体人才培养工作概况

数据新闻是全球媒体应对大数据时代变迁所做的关键革新。武汉大学镝次元数据新闻研究中心在此背景下应运而生，定位于“以数据新闻为核心”，融合新闻学、信息学、统计学、计算机科学、艺术设计等多学科的创新实验室。

自2015年初起，镝次元数据新闻研究中心开始持续追踪中国数据新闻发展情况，承担武汉大学“中国数据新闻发展研究”青年学术团队项目、湖北省“数据新闻试验教学改革”项目和教育部“中国政务数据传播研究”项目等多项课题，发布由中国社会科学文献出版社出版的《数据新闻发展蓝皮书》和《中国数据新闻作品年鉴》，并以多种方式推动中国数据新闻业界和教育界的数据共享、专业建设和人才培养。

一 构建数据新闻同业者与爱好者平台，引入国外社区文化与极客精神

为了构建专业交流、学习、共享的平台，镝次元率先在国内发起了一系列“数据·媒体·算法沙龙”。

沙龙在微信群中进行，每两周开展一次，至今已举办65期。沙龙邀请国内外数据新闻领域的研究学者和业界领军者作为分享嘉宾，与相关领域的教师、学生、从业者、爱好者分享案例、交流经验、跟进数据新闻领域的最新发展与动态，搭建国内外数据新闻同业者交流的空间。来自美联社、路透社、财新网、新华社、NICAR、哥伦比亚大学、密苏里大学的众多专家都曾作客镝次元沙龙。

科技对传媒业带来冲击的同时也是机会，镝次元线上沙龙以“开放、共享”的理

念，将数据新闻爱好者集结在一个学习型社群里，跟同行们共同学习成长，成为记者的“转型之窗”，媒体从业者带着想象力和创造力探索数据新闻领域，体验多学科融合的魅力。这一形式也突破了文章推送单向的传播方式，实现了跨地域、跨时间的双向互动。作为高校课程教育的补充，在线沙龙以校外新媒体课堂的方式，将相关专业的知识持续输出，特别是前沿专家来自实务最新的思考和经验，更有效地解决了知识更新的成本和效率问题。

二 | 开展数据新闻培训，将数据新闻理论与实践相结合

镝次元推出专门针对媒体人、研究者以及爱好者的数据新闻培训课程。区别于其他数据分析课程和技术课程，镝次元从学习者的切实需求出发，从基础到进阶，从理论到实践，更大程度满足了学习者从零开始学习数据新闻的需求，一步步打破对技术或数据的陌生感和距离感。

镝次元数据新闻培训从2016年开始展开。2018年1月，镝次元数据新闻培训走入高校，在武汉体育学院近30名老师参加了此次培训。此外，镝次元还为成都报业集团、西安报业集团、深圳报业集团、广州南海区、嘉兴日报集团等提供了更为定制化的培训课程。

此外镝次元还与全球数据新闻培训机构NICAR展开合作，将NICAR培训引入中国，同时是其中国微信的运营方。

三 | 开展数据新闻大赛，打造数据与媒介论坛，搭建专业者交流与合作平台

由于数据新闻跨行业、跨学科和高速发展的特点，其理论建设和业界探索需要学界和业界的共同推进，也需要不同学科领域的积极跨界融合。镝次元发起了中国数据新闻大赛，全国近30多所高校、1000多人，200多个团队参赛，共有200多个作品产生。这一比赛极大地推动了数据新闻在学界和业界的认知和共识。

2016年7月，镝次元于北京举办了首届“数据与媒介发展论坛”，这也是国内第一个数据与媒介发展论坛。

在2018年的数据与媒介发展论坛中，论坛主题从探讨“数据新闻的概念和案例”，走向了更为深入的“数据新闻生产与消费”领域，发布了《2016～2017中国数据新闻蓝皮书》，对媒体所面对机遇和挑战（例如数据技术与智能媒体），人才、技术与内容，数据传播案例等方面进行了研究和讨论，并从具有代表性的中国数据新闻媒体案例出发，关注数据新闻的新闻价值、传播效果、市场前景和评价标准等。

在此次论坛上，镝次元联合发起数据与媒介发展联盟，与新华网、财新网、澎湃、网易、腾讯、武汉大学、人民大学、复旦大学等国内知名媒体和高校联名成立了“中国数据与媒介发展联盟”，共同推动数据的开放、共享，旨在建立业界和学界交流平台，推动数据新闻的理论研究和数据媒体的前沿实践；建设数据新闻的标准和评价体系，规范提高数据在媒体使用中的方式和质量；同时探索媒体转型路径，帮助从业者提高优化知识结构。

（武汉大学）

四川大学新闻学院新媒体人才培养工作概况

作为我国改革开放后第一批成立的三个新闻学专业点之一，四川大学新闻学院在全国建立了首个“网络与新媒体”二级学科，并于2015年开设网络与新媒体本科专业，与原有的硕士、博士方向组成完整的网络新媒体教育层次。学院办学坚持与国家社会和行业发展需求相适应，面向中华文化全球传播的时代需求，扎根西部，放眼世界，以建设成为国内一流的新闻传播专业为目标，旨在培养具有马克思主义新闻观和文化创新能力、掌握现代信息传播技术、适应融媒体转型发展的全媒体人才。2018年度，网络与新媒体专业招收本科生59人、硕士研究生7人、博士研究生5人。

学院设有传播学与新媒体教研室，负责网络与新媒体专业的教学与科研工作，开设《网络新闻与文化传播》《网络与新媒体信息采编》《网络与新媒体产品策划》《移动媒体软件开发》《文化产业与新媒体应用》《全媒体整合传播》《新媒体与中国传统文化艺术》等特色课程，注重全面培养学生在信息技术基础、内容生产、产品设计运营、社会调查研究和文化传播领域的专业知识和技能。在满足本专业教学需求的同时，这些特色课程吸引了来自软件学院、艺术学院、公共管理学院、历史文化学院的同学选修。

依托中宣部、教育部首批“部校共建”机制与平台，学院坚持围绕“一核两驱”深入推进“部校共建”新闻学院建设，加强院地合作、院企合作，不断完善协同育人和实践教学机制。与腾讯大成网共建的“四川企鹅新媒体学院”于2018年将自主建立的新媒体运营完整课程体系从本科教育延伸到新闻与传播专业硕士和博士教育阶段。学院继续与喜马拉雅FM共建西部最大的音频新媒体科研、教学、内容创新与创业实践基地——“声音双创基地”，专注人才培养、成果转化。学院的网络与新媒体教育已经形成了以高质量科研成果为支撑，面向实践、面向业界的特色人才培养定位。

2018年学院的传播技能实验室改名为传播科学与技术实验室，这是学院网络与新媒体教育的特色设施，现有实验用房12间，分别为：新媒体创意、传播认知科学、数字采编、效果测试、视觉传播、小型演播室、演播厅等分实验室。主要应用于摄影摄像技术、数字媒体技术、网页技术、移动终端技术、特效技术、新媒体舆情传播机制等创新教育，培养学生将新闻客户端移动新型信息传播、广电、广告、出版等各类媒体同互联网、云计算、虚拟现实、空间信息、智能终端等领域科技进行融合发展和创新，实现新兴媒体业态下的创意创新和智能展现，培养新媒体时代下熟悉新媒体产品创新创意、内容运营和舆情分析引导的新型数字媒体创新创业复合型人才。设备的平均使用频率为15机时/周，截至目前，累计使用人次数2500多人次，累计使用机时450，受益师生覆盖1200多人。

作为17所中国新闻奖推荐高校单位之一，学院积极参与中国新闻奖报送工作，由学院报送的人民日报新媒体矩阵作品《刻度上的五年》荣获第28届中国新闻奖三等奖（“国际传播”）。

（四川大学新闻学院）

暨南大学新闻与传播学院新媒体人才培养概况

一｜融合新闻人才培养的基本目标

新媒体时代融合新闻人才培养的基本目标为：全媒型、复合型、专家型、创新型。教学改革的初衷不仅是全媒体时代新闻人才培养需要回应教学模式探索与实践创新问题，也是新闻传播学类专业面对新的国家战略和人才战略必须回应的专业内涵思考与拓展问题。

二｜融合新闻人才培养的“四维融合”模式

为了强化新媒体时代的融合新闻人才培养，暨南大学新闻与传播学院依托国家级实验教学示范中心、国家级大学生校外实践教育基地、广东省协同育人平台、广东省虚拟仿真实验教学中心，聚焦新闻传播学类专业（新闻学、广播电视学、网络与新媒体）的人才培养改革，探索新媒体时代融合新闻人才培养的“四维融合”模式与实践。具体来说，以转型时期的重大社会议题为实践对象，通过文理融合、新旧融合、内外融合、知行融合“四维融合”，分别回应融合新闻人才培养的复合型、全媒型、创新型、专家型“四种能力”体系，同时建设“教学空间”、“特训空间”、“沙龙空间”和“实践空间”的协同机制，保障“四维融合”模式落地的长效运行机制。

融合新闻教学团队在国内较早探索融合新闻教育的理念与实践，于2010年“媒介融合元年”启动教学改革，经过2年的模式研究以及7年的实践检验，目前建成广东省融合新闻教学团队，形成了融合新闻人才培养的“四维融合”模式与实践。“四维融合”主要从知识结构、课程体系、教学形式、专业素养四个内在关联的维度出发，分别回应融合新闻人才的四种基本能力素养——复合型、全媒型、创新型、专家型。“四维融合”的基本内涵及其互动逻辑体现为：一是基于学科逻辑的“文理融合”，解决知识结构交叉问题；二是基于全媒逻辑的“新旧融合”，解决课程体系设计问题；三是基于协同逻辑的“内外融合”，解决教学形式改革问题；四是基于实践路基的“知行融合”，解决专业素养提升问题。

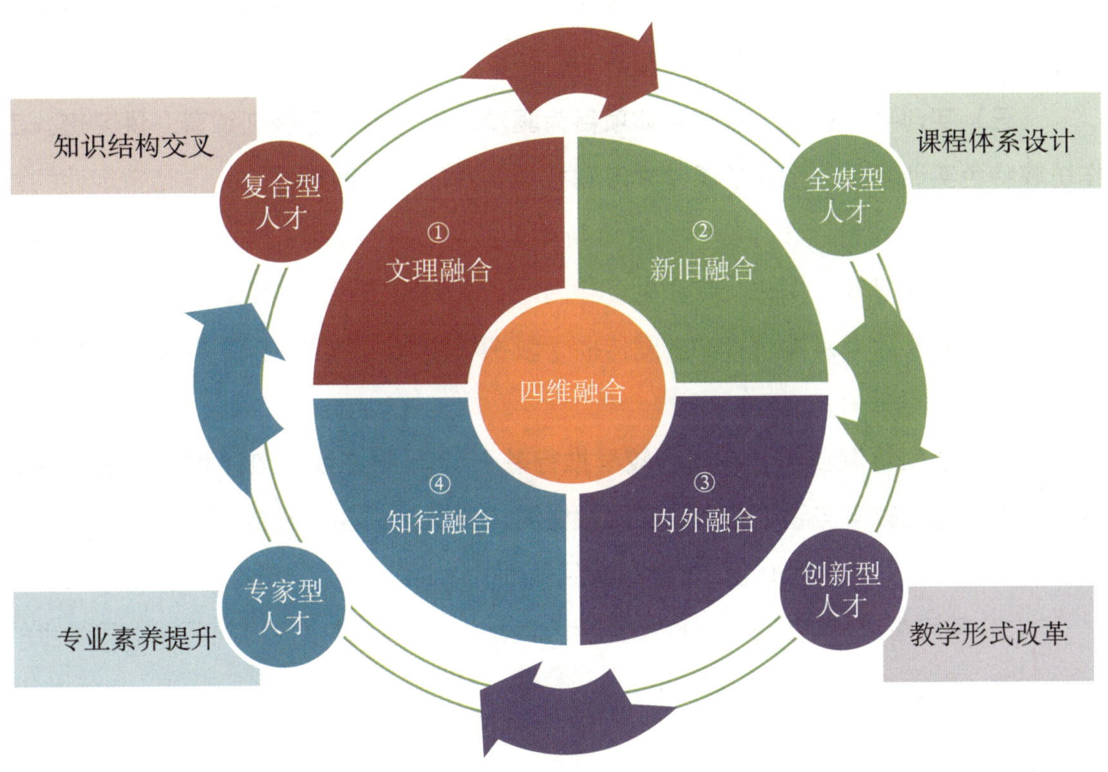

⊙ 融合新闻人才培养的“四维融合”模式

三 | 融合新闻人才培养模式的创新点

暨南大学融合新闻人才培养模式主要创新点体现在四个方面，包括理论模式创新、实践形式创新、实训平台创新、协同机制创新。

（一）理论模式创新，提出“四维融合”教学模式，具有一定科学性、实践性和应用性。“四维融合”教学模式体现在教学环节设计、教学模式构建、教学机制创新三个层面，相关教改文章刊载于《中国教育报》（理论版）、《中国大学教学》等学术刊物。

（二）实践形式创新，创建“我行我动”主题社会实践品牌，聚焦重大社会议题，实现项目策划、社会调研与融合报道的“协同作战”。2008年创建“我行我动”主题社会实践品牌，关注重大社会议题的融合报道，如2012年“喀什、林芝深度采访行”，2013年“海疆万里行”，2014年“走进广交会”，2015年“寻访东江纵队”，2016年“重走红军长征路”，2017年“香港回归祖国20周年系列报道”，2018年“港珠澳大桥现场连访”……11年来，“我行我动”共出版17本系列丛书，2018年被《人民日报》特别报道，“喀什林芝深度采访行”获全国大学生社会实践一等奖，《逐梦世界——广交会传奇》获广东省“五个一工程奖”。

（三）实训平台创新，以融媒体项目为驱动，打造系列品牌训练营、讲习班、工作坊等特色实训平台，搭建从课堂学习到社会实践的“特训桥梁”。作为常规性的课程项目，开设系列特色工作坊——数据新闻工作坊、VR新闻工作坊、无人机新闻工作坊、融合新闻报道工作坊，专注融合新闻产品开发与实践。连续举办十二年的“南方准记者训练营”项目被教育部新闻传播学教指委评为“中国新闻学与传播学教学改革创新项目”。

（四）协同机制创新，在国内较早推行基于SPOC的在线开放课程跨校区应用实践，实现了线上教学与线下教学的实质性协同。团队重视在线开放课程建设，目前建成国家精品在线开放课程1门，教育部精品视频共享课1门，广东省精品在线开放课程3门，充分利用在线MOOC开展SPOC教学活动，打破空间壁垒，促进不同空间学生的实时互动，教学效果良好。

四 | 融合新闻人才培养模式的主要成果

暨南大学新闻与传播学院立足于“四维融合”教学模式，建成广东省融合新闻教学团队，形成“五大成果体系”。

（一）基于“融合主线·新媒体+”理念的课程建设成果体系

建成国家级融合新闻类课程3门，包括教育部“马工程”重点教材《新闻编辑》，教育部精品视频公开课《微博：“微写”与“博识”》，国家精品在线开放课程《数字营销》，以及广东省精品在线开放课程3门。其中《数字营销》在线选课人数累计超过10万人，进入“学习强国”平台。

（二）基于“求实·知行·明辨·批判”理念的学生实践成果体系

“四维融合”教学模式重在培养学生求实、知行、明辨、批判的四种能力。“求实、知行、明辨、批判”铺设了一种全方位的能力体系。“求实”强调专业报道能力，“知行”强调社会调研能力，“明辨”强调融合策划能力，“批判”强调问题反思能力。在“四维融合”教学理念指引下，依托多种学习项目和实践项目，学生在实践项目开发、社会实践丛书、专业竞赛获奖等方面取得了系列标志性成果。

本成果创办了“我行我动”实践育人品牌，出版《逐梦世界——广交会传奇》等19本社会调研丛书，广东省教育厅“我的中国梦”主题教育活动优秀成果奖21项。学生成果获中国新闻奖一等奖、全国大学生社会实践一等奖、广东省“五个一工程奖”、国大学生“挑战杯”二等奖等61项省部级以上奖励。

（三）基于“实践导向·教学相长”理念的教师队伍建设成果体系

甘险峰担任教育部“马工程”重点教材首席专家，刘涛获第三届全国高校青年教师教学竞赛一等奖，新闻实践作品获中国新闻领域最高奖——中国新闻奖3次，其中2次获一等奖，入选教育部青年长江学者、国家“万人计划”青年拔尖人才。谷虹、喻季欣获广东省“南粤优秀教师”称号。

（四）基于“公共传播·融媒叙事”理念的融合新闻作品成果体系

制作融媒体10万+作品52个；省部级以上（含国家一级学会/协会）获奖23个；自媒体《黎贝卡的异想世界》推文篇篇10万+；融媒体视频《我的大桥我来唱！港珠澳大桥首支双语MV！》全网播放量超过5000万+；新媒体创意作品《绿色挑战管》获第五届中国大学生新媒体创意大赛一等奖（国家一级协会中国音像与数字出版协会主办）；融媒体作品《我的祖先叫炎黄》获第三届全国大学生网络文化节二等奖（教育部主办）；融媒体视频《无痛分娩难吗？》播放量超过800万，登上新浪微博热搜；互动游戏作品《不良PUA调查实录》登陆橙光游戏平台，阅读量350万+；VR新闻作品《漆木精华》、H5新闻作品《潮州木雕》《金漆木雕》等系列作品被广东省博物馆官方签约和采纳。

（五）基于“万众创新·服务社会”理念的创新创业融媒成果体系

学生在粤港澳创办11家传媒公司；4个创业项目获广东省“挑战杯·创青春”创业大赛银奖；黎贝卡创办的融媒体品牌“黎贝卡的异想世界”影响巨大，被誉为媒体界“奥斯卡”的“新榜大会”评为“2017年度影响力新媒体”。陈嘉瑞创办的薪传公司承接百余项政府公益传播项目，融媒体视频《天平》获中央政法委主办的第二届微电影微视频比赛一等奖。

（暨南大学新闻与传播学院）

南京大学新闻传播学院新媒体人才培养工作概况

新闻传播学院现有“新闻传播学”一级学科博士学位授权点，下设三个系科、六个研究所，并拥有国家级传媒教学示范中心、国家级双创示范基地文创平台、中国南海研究协同创新中心传播学部、《中国网络传播研究》（CSSCI来源集刊）、江苏省哲学社会科学研究基地（社会舆情分析与决策支持研究基地）等重要学科平台。2016年以来，学院先后被评为江苏省一级学科重点学科与江苏省优势学科，并曾荣获国家级教学一等奖、南京大学教学成果特等奖、江苏省教学成果二等奖。

一 | 人才培养工作和成效

南京大学2009年起实施 “三三制”本科教学改革，将本科人才培养过程划分为：大类培养、专业培养、多元培养三个阶段；三条发展路径为专业学术类、交叉复合类、就业创业类。

2017年，“三三制”人才培养改革实现本科招生从院系大类到学科大类的转变，让学生进校后对专业有深入了解再作出选择。

学科大类引入竞争机制，促使学院更加重视本科教学。学院在2017年调整了本科人才培养方案，在传统教学基础上，引入大量新课程，对接媒介发展前沿，如实践中的马克思主义新闻观、新媒体应用入门、新媒体传播、事实核查、可视化新闻设计、数据新闻、计算传播、整合营销传播、数字营销新趋势、新媒体广告等等。

二 | 教学改革

（一）教学改革立项、进展、完成等情况

2018年获得两项南京大学“十三五实验教学改革研究”课题立项：分别是《南大家书》音频工作室实践教学探析（重点课题）和校企合作培养融合型传媒人才（一般课题）。

（二）开设“双创”课程

2018年学院 “双创”课程实现“零”突破，新开设和新申报并获得通过的创新创业课程共4门，分别是：短视频创意与制作、未来编辑部—新记者、电子商务创新创业实务、全民主播。

（三）特色教学实践活动

1．2017年12月31日—2018年1月7日，学院组织宁港澳大学生非遗项目的实践与创意训练营，吸引7所港澳高校近40位大学生参加。新华社、人民日报、人民日报海外版、光明日报、新华日报、南通日报、江海晚报、人民网、海外网新浪新闻、网易新闻、新华网等报纸和网站发文超过30篇。

2．2018年7月2日—26日，学院组织第九届“南京—港澳”大学生微电影训练营，主题是“古丝绸之路”。新华社客户端 、人民日报海外版、人民网、环球网、中国青年报、新疆日报、江苏国际在线等媒体报道了这次活动。

3．2018年7月17—24日，南大新闻传播学院与人大新闻学院、香港大学信兴学院合作，师生一行15人，对第29届香港书展进行报道。本次报道共发布图文作品27篇，视频3份，浏览量超过3万人次。

4．2018年8月5—11日，学院组织20名学生前往韩国首尔进行广告访学。本次访学，学生共发表8份“韩国广告360”调研报告。

5．2018年7月9—15日，学院组织江苏溧水石头寨村社会实践活动，实践成果“乡村振兴”大学生知识扶贫社会实践团获得南京大学社会实践优秀团队。

（四）指导学生媒体实践

2018年，学院开设“未来编辑部”实践课程，由7名教师指导学生开展校园媒体

实践，包括南大新传、新天地、新记者、家书、大学英雄、南大创意传播、NJU核真录、新潮等；参与学生超过200人，除本院学生外，还吸引了南大其他院系的本科生和研究生参与，甚至有外校的学生加入。南大将校园媒体实践纳入课程，各个媒体结合专业定位不同，有老师指导，有利于学生出精品，学生的作品在各类比赛中多次获奖。

（南京大学新闻传播学院）

黑龙江大学新闻传播学院新媒体人才培养概况

一 | 精神引领：深化马克思主义新闻观教育

2018年，在部校共建新闻传播学院的平台上，学院全面推进马克思主义新闻观教育入课堂、入头脑。在“马观”课程建设、师资培训及实践应用中，采取了诸多举措。

（一）加强马克思主义新闻观课程建设

2018年7月，学院启动《马克思主义新闻观》精品资源共享课程建设，开发在线微课程《与时俱进的马克思主义新闻观》和《习近平关于新闻舆论工作的重要思想与中国特色社会主义新闻理论》。《马克思主义发展观视野下的卓越新闻传播人才培养研究》研究项目入选2018年度黑龙江省高等教育教学改革研究项目。

（二）开展马克思主义新闻观实践活动

学院将马克思主义新闻观实践活动与党建工作及学习专业实践活动紧密结合。学院在以“三微一端”为载体的全院上网的基础上，开设了官方抖音APP账号和火拍视频APP账号，制作集社会主义核心价值观与寓教于乐于一体的10—15秒的短视频，受到广大师生的一致好评。“大新闻传播学院”公众平台截至供稿前已连续推送1629期，关注人数近7千人次，学院内关注覆盖率达到100%，单篇推送文章阅读量峰值达到12000余人次。2018年学院制作的731纪念馆的视频《黑盒》，点击阅读量达到60万次。2018年，黑龙江大学新闻传播学院获得全国新时代高校党建“双创”工作样板支部称号和黑龙江省高等学校“百优”党支部称号。

二 | 教学转型：培养体系改革与教学内容建设并重

（一）坚持成果导向，开展新媒体新闻教育实践教学转型

2018年，在教学实践中，学院积极贯彻新文科“工程教育”理念，以“学用”对接为目标，坚持以学学生为中心，坚持成果导向，大力推动“课赛”一体化策略，全面深化新闻教育实践教学转型。学院要求教师给学生布置实践性创新性作业，以任务驱动教学，以参赛作品来考核学生的学习成果。鼓励学生参与学术创新项目研究、专业性创新创业竞赛等各类创新创业实践。关于哈尔滨领事馆记忆项目获挑战杯银奖；《融媒视域下东北地区特色农产品信息媒介传播渠道研究》申获2018年国家级创新训练项目；纪录片《满语一瞬》获得2018年中国大学生计算机设计大赛三等奖；广告学专业学生在大广告赛等重大赛事上获多项大奖。其中，由教师韩净指导、学生雷雯雄和李锐创作的广告作品《一起陪伴，来自星星的孩子》获得第27届金犊奖影片类金奖和2018年度最佳金犊奖。

（二）全面加强课程建设，大力夯实教学根基

2018年，学院启动精品资源共享课程建设工程。马克思主义新闻观、传播学概论、广播电视策划、新媒体广告、新媒体互动创意与设计等12门必修课及新媒体类课程首批入选。建设期为3年。旨在通过着重建设一批教学理念新、师资队伍强、教学内容与教学资源丰富、教学方式多样、教学质量高的高水平在线开放课程，带动学院本科课程的整体提高。

全力推进“课程思政”建设。马克思主义新闻观、媒介伦理与法规及播音主持研究三门课程入选学校思政建设试点课程项目。

大力开展“互联网+教学”尝试，开辟课程建设新路径。学院开展“慕课”建设，新闻写作、网络与新媒体概论等课程入选专业课程“慕课”教学改革立项，《新媒体运营极速客》网络课程已上线。以“今日头条”合作开设的《新媒体理论与实务》课程继续开设，有近百名学生活跃在头条的视频创意播放平台上。

三｜人才培养：新媒体流程与内容生产的统一

2018年以来，移动互联网应用呈现全新的态势，学院将教学重点及时调整为“全国意识，全网思维”，紧紧把握“短视频风口”和“微博二次崛起”的契机。

（一）全力支持学生“以产品对接平台”

教学实践中不拘一格，倡导学生将自己的创意成果放到主流媒体的融合平台上，与用户面对面，直接闯市场。教师瞄准网络与新媒体前沿，按行业需求更新课程内容。补足摄像等技术短板，打通后期等技术瓶颈，大强度实训“策划思维”，打通新媒体素养的“任督二脉”，综合提升学生策划、采访、拍摄、编辑以及运营等新媒体技能。

学院老师带领学生推出的《“数”说中俄博览会》可视化展示，以大数据热词排行榜的形式在第四届中俄博览会主会场惊艳亮相。坚持“与新媒体同行，与问题同在”的教学思想，组织教学的新媒体形态，相继依托网站、博客、微博、微信等公众平台在教学中开展纪录片视频的实践和应用。“我的建筑记忆”系列视频播放次数达7万。

传播学专业的新媒体编辑课程，任课老师创设官微“学府路74号”，将学生按标签内容分为生产小组，创造了相关主题短视频“我在黑大等你”播放次数116万；“一带一路上的留学生”播放次数60万，《世界读书日——大学生体验盲文书制作》短视频被@中国青年报转发。2018年4月22日，策划创作的《黑盒——为了不能忘却的记念》短视频，被@共青团中央、@来去之间 以及全国近百家共青团系统微博转发，形成了全网传播效果。2018年6月12日“@学府路74号”策划的#世界无童工日#主题视频得到@联合国 官方微博的点赞。

（二）强化协同育人，推动“校·媒”合作

2018年7月，学院与腾讯网、东北网联合举办黑龙江企鹅新媒体学院“讲好龙江故事”创意夏令营。夏令营期间安排营员聆听学术讲座、深入媒体现场考察，进行新媒体内容创作等，让优秀大学生体验和感受龙江文化魅力，培育研究兴趣和创新精神，激发创新潜力。此次夏令营，探索了“校·媒”合作、实践育人的新形式。

五 | 教学管理：硬件设施保障与管理方式创新

在本科人才培养计划修订、专业人才培养方案及修读指南制定基础上，学院建成了高清数字演播中心、数据传播实验室，保障人才培养的开展。

同时，学院出台相关政策措施，在制度建设方面保障教学的正常开展。如考试中“在实践中学习，在实践中考核”。采取考试方式改革，以实践作业评定成绩，改变以往笔试的传统方式。深受学生欢迎。即按教师结合学生提交的材料最终认定成绩，激发了学生新媒体内容生产的创造性与活力，也有助于总结课程的经验，为后续的课程改革提供必要的数据支持。

（黑龙江大学新闻传播学院）

兰州大学新闻与传播学院新媒体人才培养概况

近5年来，新媒体技术加速发展，虚拟现实（VR）与增强现实（AR）、人工智能、大数据与数据新闻等新技术不断涌现，媒体融合向纵深推进。在这样的时代背景下，新闻与传播学院顺应媒介技术发展潮流和社会对融媒体人才的需求，不仅设立了培养新型融媒体人才的新工科专业，还建立了新型融媒体实验平台。

学院成立了数字媒体实验平台——融合新闻生产实验室+校园媒资管理与发布系统。该平台承载新闻传播各专业的内容创意生产+新媒体发布两项功能，是当今媒体行业数字化内容生产与发布系统在校园内的实验室化，是服务教学、科研与社会发展的有力保障，对承担教学任务具有极重要的价值和作用。融合媒体实验室基于BS架构建成40台计算机同时在线的云编辑平台，可同时存取、编辑、发布全媒体内容，有力提升新闻传播学科课程的实验教学能力，并实现不同专业、不同年级、不同层次学生的实践（实验）需求的全面覆盖，存储与发布系统实现数字化的传媒内容生产、存储及多平台推送功能。

新闻学子“重走西北角”是兰州大学新闻与传播学院的品牌特色教学实践活动。2010年，为响应新闻战线“走基层、转作风、改文风”活动，探索新时期新闻学教育的新路子，强化实践教学环节并对新闻学子进行高质量的专业训练，让广大新闻学子更好地认识西部、认识中国，培养他们的家国情怀和使命担当，兰州大学新闻与传播学院率先在全国新闻院校中开展了“重走中国西北角——新闻学子接力采访实践教学活动。

这项活动以兰州大学新闻与传播学院的学生为主体，同时吸纳国内其他新闻院校的新闻学子，利用寒暑假，深入基层，深入群众，深入生活，去采访记录，去体察感悟。他们迎风雪，冒严寒，顶烈日，趟泥水，进社区、访农家，以此拓展新闻学子的视野，提高他们的实战能力和竞争力。

截至2018年9月，香港《大公报》发表我院“重走中国西北角”实践教学作品54篇，新华网、人民网及中国甘肃网发表“重走中国西北角”实践作品合计1229篇，并出版了三本作品集。目前，这项活动成为在我国新闻学界与业界具有重大影响的品牌实践教学活动。

（兰州大学新闻与传播学院）

（编辑　石璐）

制度文件

微博客信息服务管理规定

（2018年2月2日）

第一条 为促进微博客信息服务健康有序发展，保护公民、法人和其他组织的合法权益，维护国家安全和公共利益，根据《中华人民共和国网络安全法》《国务院关于授权国家互联网信息办公室负责互联网信息内容管理工作的通知》，制定本规定。

第二条 在中华人民共和国境内从事微博客信息服务，应当遵守本规定。

本规定所称微博客，是指基于使用者关注机制，主要以简短文字、图片、视频等形式实现信息传播、获取的社交网络服务。

微博客服务提供者是指提供微博客平台服务的主体。微博客服务使用者是指使用微博客平台从事信息发布、互动交流等的行为主体。

微博客信息服务是指提供微博客平台服务及使用微博客平台从事信息发布、传播等行为。

第三条 国家互联网信息办公室负责全国微博客信息服务的监督管理执法工作。地方互联网信息办公室依据职责负责本行政区域内的微博客信息服务的监督管理执法工作。

第四条 微博客服务提供者应当依法取得法律法规规定的相关资质。

向社会公众提供互联网新闻信息服务的，应当依法取得互联网新闻信息服务许可，并在许可范围内开展服务，禁止未经许可或超越许可范围开展互联网新闻信息服务活动。

第五条 微博客服务提供者应当发挥促进经济发展、服务社会大众的积极作用，弘扬社会主义核心价值观，传播先进文化，坚持正确舆论导向，倡导依法上网、文明上网、安全上网。

第六条 微博客服务提供者应当落实信息内容安全管理主体责任，建立健全用户注册、信息发布审核、跟帖评论管理、应急处置、从业人员教育培训等制度及总编辑制度，具有安全可控的技术保障和防范措施，配备与服务规模相适应的管理人员。

微博客服务提供者应当制定平台服务规则，与微博客服务使用者签订服务协议，明确双方权利、义务，要求微博客服务使用者遵守相关法律法规。

第七条 微博客服务提供者应当按照“后台实名、前台自愿”的原则，对微博客服务使用者进行基于组织机构代码、身份证件号码、移动电话号码等方式的真实身份信息认证、定期核验。微博客服务使用者不提供真实身份信息的，微博客服务提供者不得为其提供信息发布服务。

微博客服务提供者应当保障微博客服务使用者的信息安全，不得泄露、篡改、毁损，不得出售或者非法向他人提供。

第八条 微博客服务使用者申请前台实名认证账号的，应当提供与认证信息相符的有效证明材料。

境内具有组织机构特征的微博客服务使用者申请前台实名认证账号的，应当提供组织机构代码证、营业执照等有效证明材料。

境外组织和机构申请前台实名认证账号的，应当提供驻华机构出具的有效证明材料。

第九条 微博客服务提供者应当按照分级分类管理原则，根据微博客服务使用者主体类型、发布内容、关注者数量、信用等级等制定具体管理制度，提供相应服务，并向国家或省、自治区、直辖市互联网信息办公室备案。

第十条 微博客服务提供者应当对申请前台实名认证账号的微博客服务使用者进行认证信息审核，并按照注册地向国家或省、自治区、直辖市互联网信息办公室分类备案。微博客服务使用者提供的证明材料与认证信息不相符的，微博客服务提供者不得为其提供前台实名认证服务。

各级党政机关、企事业单位、人民团体和新闻媒体等组织机构对所开设的前台实名认证账号发布的信息内容及其跟帖评论负有管理责任。微博客服务提供者应当提供管理权限等必要支持。

第十一条 微博客服务提供者应当建立健全辟谣机制，发现微博客服务使用者发布、传播谣言或不实信息，应当主动采取辟谣措施。

第十二条 微博客服务提供者和微博客服务使用者不得利用微博客发布、传播法律法规禁止的信息内容。

微博客服务提供者发现微博客服务使用者发布、传播法律法规禁止的信息内容，应当依法立即停止传输该信息、采取消除等处置措施，保存有关记录，并向有关主管部门报告。

第十三条 微博客服务提供者应用新技术、调整增设具有新闻舆论属性或社会动员能力的应用功能，应当报国家或省、自治区、直辖市互联网信息办公室进行安全评估。

第十四条 微博客服务提供者应当自觉接受社会监督，设置便捷的投诉举报入口，及时处理公众投诉举报。

第十五条 国家鼓励和指导互联网行业组织建立健全微博客行业自律制度和行业准则，推动微博客行业信用等级评价和信用体系建设，督促微博客服务提供者依法提供服务、接受社会监督。

第十六条 微博客服务提供者应当遵守国家相关法律法规规定，配合有关部门开展监督管理执法工作，并提供必要的技术支持和协助。

微博客服务提供者应当记录微博客服务使用者日志信息，保存时间不少于六个月。

第十七条 微博客服务提供者违反本规定的，由有关部门依照相关法律法规处理。

第十八条 本规定自2018年3月20日起施行。

国务院办公厅关于加强政府网站域名管理的通知

（2018年9月6日）

各省、自治区、直辖市人民政府，国务院各部委、各直属机构：

域名是政府网站的基本组成部分和重要身份标识。近年来，各地区、各部门高度重视政府网站工作，网站建设管理水平逐步提高。但在政府网站域名使用管理方面，仍存在责任不清、管理不严、使用无序、命名不规范、注册审批制度不完善等问题，影响了政府网站的权威性、规范性和安全性。为深入贯彻习近平新时代中国特色社会主义思想和党的十九大精神，落实党中央、国务院关于加强网络安全建设的决策部署，促进政府网站健康有序发展，现就加强政府网站域名管理工作通知如下：

一、健全政府网站域名管理体制

（一）落实政府网站主办单位域名管理责任。政府网站主办单位要按照“谁开设、谁申请、谁使用、谁负责”的原则管理政府网站域名。一个政府网站原则上只注册一个中文域名和一个英文域名，如已有多个符合要求的域名，应明确主域名。不得将已注册的政府网站域名擅自转给其他单位或个人使用，闲置的域名要及时注销。

（二）强化政府网站主管单位域名监管职责。政府网站主管单位要将域名管理作为网站监管工作的重要组成部分，加强统筹协调和业务指导，统一审核把关域名的注册、变更和注销工作。把域名管理情况纳入常态化抽查范围，加大对不按流程注册、注销或擅自出租、出借、转让域名等违规情况的通报问责力度，造成严重后果的，要对分管领导和有关责任人依法依规进行严肃处理。非垂直管理的国务院部门，如要求受其业务指导的省级、地市级政府部门开设网站，并使用其分配的域名，应承担网站监管主体责任。

（三）建立政府网站域名协同管理机制。中央网信办、中央编办按照职责分工做好政府网站域名监督和安全管理工作。工业和信息化部加强域名行业管理，做好政府网站开办主体互联网信息服务（ICP）备案工作，对域名服务进行监督。公安部做好政府网站域名日常安全监管工作。政府网站主管单位要完善与本级网信、机构编制、工信、公安部门的协同机制，加强沟通合作，做好重要信息通报共享。对于发现的违法违规行为，工信、公安部门要按职责分工依法打击查处。

二、进一步规范政府网站域名结构

政府网站应使用以“.gov.cn”为后缀的英文域名和“.政务”为后缀的中文域名，不得使用其他后缀的域名。不承担行政职能的事业单位原则上不得使用以“.gov.cn”为后缀的英文域名。县级以上地方各级人民政府和国务院部门开设的政府门户网站，要使用“www.□□□.gov.cn”结构的英文域名，其中□□□为本地区、本部门名称拼音或英文对应的字符串（下同）。省级、地市级政府部门开设的网站，要使用本级人民政府门户网站的下级英文域名，结构为“○○○.□□□.gov.cn”，其中○○○为本部门名称拼音或英文对应的字符串（下同）；实行垂直管理的国务院部门的基层单位网站，要使用国务院部门门户网站的下级域名，结构为“○○○.□□□.gov.cn”。政府网站的中文域名结构应为“△△△.政务”，其中△△△为网站主办单位的中文机构全称或规范化简称（下同）。

政府网站各栏目、频道、专题、业务系统等原则上使用同一级域名，其中政府门户网站的栏目等使用“www.□□□.gov.cn/…/…”和“△△△.政务/…/…”结构的域名；部门网站（包括省级、地市级政府部门，以及实行垂直管理的国务院部门的基层单位网站）的栏目等使用“○○○.□□□.gov.cn/…/…”和“△△△.政务/…/…”结构的域名。

三、优化政府网站域名注册注销等流程

（一）严格政府门户网站域名注册、注销审核。省级人民政府和国务院部门注册或注销政府门户网站域名，要经本地区、本部门主要负责人同意后，报国务院办公厅备案，并向国家域名注册管理机构提交政府网站域名业务申请基本信息表，“.gov.cn”英文域名的注册管理机构为中央网信办中国互联网络信息中心，“.政务”中文域名的注册管理机构为中央编办政务和公益机构域名注册管理中心。地市级、县级人民政府注册或注销政府门户网站域名，要经本地区主要负责人同意后，向上一级人民政

府办公厅（室）提交政府网站域名业务申请基本信息表，逐级审核后，由省级人民政府办公厅向国家域名注册管理机构提交政府网站域名业务审核表。国家域名注册管理机构依法依规对信息进行核验，核验通过后3个工作日内完成注册或注销工作。

（二）严格部门网站域名分配、收回审核。省级、地市级政府部门申请或注销部门网站域名，要经本部门主要负责人同意后，向本级人民政府办公厅（室）提交政府网站域名业务申请基本信息表，逐级审核后，报省级人民政府办公厅批准，省级、地市级人民政府门户网站按照审批意见分配或收回本级政府门户网站域名的下级域名。实行垂直管理的国务院部门的基层单位网站的域名，由国务院部门门户网站进行分配或收回管理。

（三）及时报备政府网站域名信息变更情况。政府网站域名持有者变更，需经政府网站主管单位同意；联系人等注册信息发生变更的，要在变更后的20个工作日内向政府网站主管单位报备。政府门户网站域名相关信息变更的，政府网站主管单位要通知国家域名注册管理机构更新信息。

（四）统筹推进政府网站集约化与域名规范工作。政府网站集约化后，网站仍然保留但域名不符合要求的，应按流程重新申请域名，域名调整情况在网站首页醒目位置公告3个月后，注销原域名。业务系统、办事平台原则上不再作为独立网站运行，应尽快将相关信息和服务整合迁移，原域名按流程注销。

四、加强域名安全防护及监测处置工作

（一）加强域名解析安全防护。要积极采取域名系统（DNS）安全协议技术、抗攻击技术等措施，防止域名被劫持、被冒用，确保域名解析安全。应委托具有应急灾备、抗攻击等能力的域名解析服务提供商进行域名解析，鼓励对政府网站域名进行集中解析。自行建设运维的政府网站服务器不得放在境外；租用网络虚拟空间的，所租用的空间应当位于服务商的境内节点。使用内容分发网络（CDN）服务的，应当要求服务商将境内用户的域名解析地址指向其境内节点，不得指向境外节点。

（二）加强域名监测处置。加强对政府网站域名安全的日常监测和定期检查评估，及时发现域名被劫持、被冒用等安全问题，健全完善处置机制，提高应急响应处置能力。加大对政府网站域名安全问题的统筹协调力度，发现被冒名申请注册顶级域名（如“.cn”“.net”“.com”）等情况，政府网站主管单位要及时协调工业和信息化部、公安部和国家域名注册管理机构进行处置。国家域名注册管理机构要健全安全管理和技术防护措施，加大对全国政府网站域名运行的日常监测力度，并将监测情况

通报政府网站主管单位；加强政府网站域名解析数据备份与分析，定期开展政府网站域名服务应急演练，保障解析服务的稳定性、安全性和可靠性。

各地区、各部门要对本地区、本部门行政机关及其内设机构、承担行政职能的事业单位持有的域名进行全面梳理，清理注销不合规的域名、网站已关停但仍未注销的域名，以及被用于非政府网站的域名。其中，域名为“.cn”“.政务”的，集中反馈至国家域名注册管理机构进行注销，域名为其他顶级域名的，由域名持有者联系相应的注册机构进行注销。政府网站域名清理情况请于2019年4月30日前书面报送国务院办公厅。

公安机关互联网安全监督检查规定

（2018年09月15日）

第一章　总则

第一条　为规范公安机关互联网安全监督检查工作，预防网络违法犯罪，维护网络安全，保护公民、法人和其他组织合法权益，根据《中华人民共和国人民警察法》《中华人民共和国网络安全法》等有关法律、行政法规，制定本规定。

第二条　本规定适用于公安机关依法对互联网服务提供者和联网使用单位履行法律、行政法规规定的网络安全义务情况进行的安全监督检查。

第三条　互联网安全监督检查工作由县级以上地方人民政府公安机关网络安全保卫部门组织实施。

上级公安机关应当对下级公安机关开展互联网安全监督检查工作情况进行指导和监督。

第四条　公安机关开展互联网安全监督检查，应当遵循依法科学管理、保障和促进发展的方针，严格遵守法定权限和程序，不断改进执法方式，全面落实执法责任。

第五条　公安机关及其工作人员对履行互联网安全监督检查职责中知悉的个人信息、隐私、商业秘密和国家秘密，应当严格保密，不得泄露、出售或者非法向他人提供。

公安机关及其工作人员在履行互联网安全监督检查职责中获取的信息，只能用于维护网络安全的需要，不得用于其他用途。

第六条　公安机关对互联网安全监督检查工作中发现的可能危害国家安全、公共安全、社会秩序的网络安全风险，应当及时通报有关主管部门和单位。

第七条 公安机关应当建立并落实互联网安全监督检查工作制度，自觉接受检查对象和人民群众的监督。

第二章 监督检查对象和内容

第八条 互联网安全监督检查由互联网服务提供者的网络服务运营机构和联网使用单位的网络管理机构所在地公安机关实施。互联网服务提供者为个人的，可以由其经常居住地公安机关实施。

第九条 公安机关应当根据网络安全防范需要和网络安全风险隐患的具体情况，对下列互联网服务提供者和联网使用单位开展监督检查：

（一）提供互联网接入、互联网数据中心、内容分发、域名服务的；

（二）提供互联网信息服务的；

（三）提供公共上网服务的；

（四）提供其他互联网服务的。

对开展前款规定的服务未满一年的，两年内曾发生过网络安全事件、违法犯罪案件的，或者因未履行法定网络安全义务被公安机关予以行政处罚的，应当开展重点监督检查。

第十条 公安机关应当根据互联网服务提供者和联网使用单位履行法定网络安全义务的实际情况，依照国家有关规定和标准，对下列内容进行监督检查：

（一）是否办理联网单位备案手续，并报送接入单位和用户基本信息及其变更情况；

（二）是否制定并落实网络安全管理制度和操作规程，确定网络安全负责人；

（三）是否依法采取记录并留存用户注册信息和上网日志信息的技术措施；

（四）是否采取防范计算机病毒和网络攻击、网络侵入等技术措施；

（五）是否在公共信息服务中对法律、行政法规禁止发布或者传输的信息依法采取相关防范措施；

（六）是否按照法律规定的要求为公安机关依法维护国家安全、防范调查恐怖活动、侦查犯罪提供技术支持和协助；

（七）是否履行法律、行政法规规定的网络安全等级保护等义务。

第十一条 除本规定第十条所列内容外，公安机关还应当根据提供互联网服务的类型，对下列内容进行监督检查：

（一）对提供互联网接入服务的，监督检查是否记录并留存网络地址及分配使用情况；

（二）对提供互联网数据中心服务的，监督检查是否记录所提供的主机托管、主机租用和虚拟空间租用的用户信息；

（三）对提供互联网域名服务的，监督检查是否记录网络域名申请、变动信息，是否对违法域名依法采取处置措施；

（四）对提供互联网信息服务的，监督检查是否依法采取用户发布信息管理措施，是否对已发布或者传输的法律、行政法规禁止发布或者传输的信息依法采取处置措施，并保存相关记录；

（五）对提供互联网内容分发服务的，监督检查是否记录内容分发网络与内容源网络链接对应情况；

（六）对提供互联网公共上网服务的，监督检查是否采取符合国家标准的网络与信息安全保护技术措施。

第十二条 在国家重大网络安全保卫任务期间，对与国家重大网络安全保卫任务相关的互联网服务提供者和联网使用单位，公安机关可以对下列内容开展专项安全监督检查：

（一）是否制定重大网络安全保卫任务所要求的工作方案、明确网络安全责任分工并确定网络安全管理人员；

（二）是否组织开展网络安全风险评估，并采取相应风险管控措施堵塞网络安全漏洞隐患；

（三）是否制定网络安全应急处置预案并组织开展应急演练，应急处置相关设施是否完备有效；

（四）是否依法采取重大网络安全保卫任务所需要的其他网络安全防范措施；

（五）是否按照要求向公安机关报告网络安全防范措施及落实情况。

对防范恐怖袭击的重点目标的互联网安全监督检查，按照前款规定的内容执行。

第三章　监督检查程序

第十三条 公安机关开展互联网安全监督检查，可以采取现场监督检查或者远程检测的方式进行。

第十四条 公安机关开展互联网安全现场监督检查时，人民警察不得少于二人，并应当出示人民警察证和县级以上地方人民政府公安机关出具的监督检查通知书。

第十五条 公安机关开展互联网安全现场监督检查可以根据需要采取以下措施：

（一）进入营业场所、机房、工作场所；

（二）要求监督检查对象的负责人或者网络安全管理人员对监督检查事项作出说明；

（三）查阅、复制与互联网安全监督检查事项相关的信息；

（四）查看网络与信息安全保护技术措施运行情况。

第十六条 公安机关对互联网服务提供者和联网使用单位是否存在网络安全漏洞，可以开展远程检测。

公安机关开展远程检测，应当事先告知监督检查对象检查时间、检查范围等事项或者公开相关检查事项，不得干扰、破坏监督检查对象网络的正常运行。

第十七条 公安机关开展现场监督检查或者远程检测，可以委托具有相应技术能力的网络安全服务机构提供技术支持。

网络安全服务机构及其工作人员对工作中知悉的个人信息、隐私、商业秘密和国家秘密，应当严格保密，不得泄露、出售或者非法向他人提供。公安机关应当严格监督网络安全服务机构落实网络安全管理与保密责任。

第十八条 公安机关开展现场监督检查，应当制作监督检查记录，并由开展监督检查的人民警察和监督检查对象的负责人或者网络安全管理人员签名。监督检查对象负责人或者网络安全管理人员对监督检查记录有异议的，应当允许其作出说明；拒绝签名的，人民警察应当在监督检查记录中注明。

公安机关开展远程检测，应当制作监督检查记录，并由二名以上开展监督检查的人民警察在监督检查记录上签名。

委托网络安全服务机构提供技术支持的，技术支持人员应当一并在监督检查记录上签名。

第十九条 公安机关在互联网安全监督检查中，发现互联网服务提供者和联网使用单位存在网络安全风险隐患，应当督促指导其采取措施消除风险隐患，并在监督检查记录上注明；发现有违法行为，但情节轻微或者未造成后果的，应当责令其限期整改。

监督检查对象在整改期限届满前认为已经整改完毕的，可以向公安机关书面提出提前复查申请。

公安机关应当自整改期限届满或者收到监督检查对象提前复查申请之日起三个工作日内，对整改情况进行复查，并在复查结束后三个工作日内反馈复查结果。

第二十条 监督检查过程中收集的资料、制作的各类文书等材料，应当按照规定立卷存档。

第四章 法律责任

第二十一条 公安机关在互联网安全监督检查中，发现互联网服务提供者和联网使用单位有下列违法行为的，依法予以行政处罚：

（一）未制定并落实网络安全管理制度和操作规程，未确定网络安全负责人的，依照《中华人民共和国网络安全法》第五十九条第一款的规定予以处罚；

（二）未采取防范计算机病毒和网络攻击、网络侵入等危害网络安全行为的技术措施的，依照《中华人民共和国网络安全法》第五十九条第一款的规定予以处罚；

（三）未采取记录并留存用户注册信息和上网日志信息措施的，依照《中华人民共和国网络安全法》第五十九条第一款的规定予以处罚；

（四）在提供互联网信息发布、即时通讯等服务中，未要求用户提供真实身份信息，或者对不提供真实身份信息的用户提供相关服务的，依照《中华人民共和国网络安全法》第六十一条的规定予以处罚；

（五）在公共信息服务中对法律、行政法规禁止发布或者传输的信息未依法或者不按照公安机关的要求采取停止传输、消除等处置措施、保存有关记录的，依照《中华人民共和国网络安全法》第六十八条或者第六十九条第一项的规定予以处罚；

（六）拒不为公安机关依法维护国家安全和侦查犯罪的活动提供技术支持和协助的，依照《中华人民共和国网络安全法》第六十九条第三项的规定予以处罚。

有前款第四至六项行为违反《中华人民共和国反恐怖主义法》规定的，依照《中华人民共和国反恐怖主义法》第八十四条或者第八十六条第一款的规定予以处罚。

第二十二条 公安机关在互联网安全监督检查中，发现互联网服务提供者和联网使用单位，窃取或者以其他非法方式获取、非法出售或者非法向他人提供个人信息，尚不构成犯罪的，依照《中华人民共和国网络安全法》第六十四条第二款的规定予以处罚。

第二十三条 公安机关在互联网安全监督检查中，发现互联网服务提供者和联网使用单位在提供的互联网服务中设置恶意程序的，依照《中华人民共和国网络安全法》第六十条第一项的规定予以处罚。

第二十四条 互联网服务提供者和联网使用单位拒绝、阻碍公安机关实施互联网安全监督检查的，依照《中华人民共和国网络安全法》第六十九条第二项的规定予以处罚；拒不配合反恐怖主义工作的，依照《中华人民共和国反恐怖主义法》第九十一条或者第九十二条的规定予以处罚。

第二十五条 受公安机关委托提供技术支持的网络安全服务机构及其工作人员，从事非法侵入监督检查对象网络、干扰监督检查对象网络正常功能、窃取网络数据等危害网络安全的活动的，依照《中华人民共和国网络安全法》第六十三条的规定予以处罚；窃取或者以其他非法方式获取、非法出售或者非法向他人提供在工作中获悉的个人信息的，依照《中华人民共和国网络安全法》第六十四条第二款的规定予以处罚，构成犯罪的，依法追究刑事责任。

前款规定的机构及人员侵犯监督检查对象的商业秘密，构成犯罪的，依法追究刑事责任。

第二十六条 公安机关及其工作人员在互联网安全监督检查工作中，玩忽职守、滥用职权、徇私舞弊的，对直接负责的主管人员和其他直接责任人员依法予以处分；构成犯罪的，依法追究刑事责任。

第二十七条 互联网服务提供者和联网使用单位违反本规定，构成违反治安管理行为的，依法予以治安管理处罚；构成犯罪的，依法追究刑事责任。

第五章 附则

第二十八条 对互联网上网服务营业场所的监督检查，按照《互联网上网服务营业场所管理条例》的有关规定执行。

第二十九条 本规定自2018年11月1日起施行。

（编辑 方楚楚）

发展综述

2018年中国新媒体行业发展综述

匡文波　周　倜　黄琦翔　张一虹

2018年，新媒体行业的发展仍然保持强劲的态势，用户拥抱新媒体的热情依然高涨，但在火爆行情的背后，也发生了一些问题，多个行业经历短期震荡。本文首先介绍2018年新媒体行业发展的总体情况，再分别从多个热点视角关注2018年新媒体发展的动态，接着梳理2018年舆情事件，最后对新媒体行业未来发展进行展望。

一 | 2018年新媒体行业发展概览：用户、行业与技术

2018年，新媒体行业依然保持高速发展，用户热衷于追赶新潮酷炫的新媒体，包括短视频、知识付费等领域广受关注，同时新媒体技术不断迭代更新，呈现出多元化、智能化、场景化趋势。

（一）用户：积极拥抱新媒体

在用户方面，尽管网民增速逐渐放缓，但新媒体仍然能吸聚海量用户，停留在虚拟世界的时间不断增长。并且，随着各类新媒体的不断推陈出新，用户面临更多有趣、新潮、酷炫的选择。

首先，在用户基数层面，2018年，互联网和移动互联网用户数量继续攀登，但增

速有所放缓。根据中国互联网络信息中心（CNNIC）的统计[①]，截至2018年12月，我国网民规模为8.29亿，全年新增网民5653万，互联网普及率达59.6%，较2017年底提升3.8个百分点；我国手机网民规模为8.17亿，全年新增手机网民6433万，网民中使用手机上网的比例由2017年底的97.5%提升至2018年底的98.6%。2019年4月，腾讯首席执行官马化腾在《未来五年发展与趋势》的演讲中提及："未来几年，中国互联网行业将面临一个转折点。过去一二十年，互联网高速发展，但在未来几年网民增速将放缓。"中国互联网发展前二十年依靠流量红利，但随着网民增速放缓，流量红利将进一步转向技术创新红利。

其次，在用户使用时长层面，尽管新媒体行业面临网民增速放缓和注意力稀缺等问题，但是用户在新媒体平台上停留时间不断增长。根据Quest Mobile的统计[②]，移动互联网的人均单日使用时长突破341.2分钟，较2017年12月增加63分钟。根据腾讯公司的统计[③]，2018年，资讯消费的人均时长仍在不断增加，人均每天用于所有渠道资讯的消费时间达到76.8分钟。特别值得关注的是，三四线及以下城市人均单日使用时长增长均快于一二线城市，另外在绝对值上也实现了反超[④]，说明该市场近年来得到快速发展，仍然具有一定发展空间。

最后，在媒体选择层面，用户面临海量选择，截至2018年12月，我国市场监测到的移动应用程序（APP）在架数量为449万款[⑤]。随着BAT和字节跳动等互联网巨头布局或投资各个领域，开拓了教育、医疗、制造等服务，用户应用的许多新媒体产品都从属于这几家大型互联网巨头。尽管如此，用户不会过分关注这些产品的来源，而是产品的体验性和趣味性。

（二）行业：创新发展与监管治理齐头并进

2018年，新媒体行业在资本和技术的推动下持续实现创新发展。这一年，中国互联网领域迎来20年发展历史中的第四次上市潮，全年上市的公司总数达到42家。BAT和新兴巨头字节跳动通过布局或投资的方式进入不同领域，延伸自身边界，不断拓展自己的版图，包括社交、教育、金融、电商、知识付费、医疗、制造、企业服务等。

---

① 中国互联网络信息中心（CNNIC），第43次中国互联网络发展状况统计报告，2019年2月。
② 宋建武. 融合平台——媒体融合发展的基石. [EB/OL]. http://www.sohu.com/a/165827917_157267
③ 宋建武. 融合平台——媒体融合发展的基石. [EB/OL]. http://www.sohu.com/a/165827917_157267
④ 宋建武. 融合平台——媒体融合发展的基石. [EB/OL]. http://www.sohu.com/a/165827917_157267
⑤ 宋建武. 融合平台——媒体融合发展的基石. [EB/OL]. http://www.sohu.com/a/165827917_157267

其中，短视频、知识付费行业广受关注。另外，一些知名的新媒体平台吸聚了大量企业与政府部门入驻，逐渐形成了“两微一抖”和“两微一端”的传播格局。传统媒体融合的进程继续加快，全国掀起县级融媒体中心建设热潮。

与创新发展齐头并进的是，2018年，政府对新媒体监管的力度持续提升。新媒体技术为整个国家和社会的发展和治理带来机遇，但另一方面新媒体自身也衍生了不少问题。这一年，政府频频出台相关政策，是监管从严的一年，包括原国家新闻出版广电总局、国家网信办、全国“扫黄打非”办公室、工业和信息化部、公安部、文化和旅游部、国资委、证券监督管理委员会等相继出台一系列政策、意见、通知对新媒体内容传播、信息服务、网络运营商、资本市场等方面进行规范。不仅如此，国家相关部门还对一些热门的新媒体平台、网站开展专项治理运动，其中“两微”、短视频和游戏行业是2018年政府治理、监管聚焦的重点。

（三）技术：多元化、智能化、场景化

新媒体强大的创新能力得益于技术为其不断提供新的创造空间。近年来，人工智能、VR/AR、区块链、5G等科技逐渐被引入新闻传播领域，多元化的技术为新闻传播带来了新的可能性。12月10日，工信部宣布已向中国电信、中国移动、中国联通发放5G系统中低频段试验频率使用许可。12月28日，中央广播电视总台开建我国第一个基于5G技术的国家级新媒体平台，并连同多家企业共建“5G媒体应用实验室”，以大数据、人工智能技术为5G新媒体平台建设和业务生产赋能，形成“4K+5G+AI”的战略布局。

“人工智能+新媒体”带来的是媒体的智能化发展趋势，机器生产、个性化传播、新闻算法成为学界和业界关注的重点。2018年3月2日，新华社“媒体大脑”发布史上首条关于两会的MGC（机器生产内容）视频新闻《2018两会MGC舆情热点》，用时仅15秒。12月7日，新华社发布全球首个合成新闻主播——“AI合成主播”，实现了实时音视频与AI真人形象合成，在全球范围内首开先河。百度等公司也推出了人工智能写作辅助平台，可提供纠错、提取信息等辅助工作。

多元化技术应用，特别是5G技术商用化进程的加速，让场景化传播逐渐成为现实。斯考伯在著作《即将到来的场景时代》首次提及“场景”这个概念，是基于特定时空、行为和心理的环境氛围的总称。理想状态下，场景化传播能够基于每一个个体用户的实时状态进行特定信息和服务匹配。目前在新媒体领域，大数据、人工智能等技术的应用使个性化传播成为事实，而5G时代的到来以及物联网的广泛应用，将进一

步打破媒介的时空边界，形成一个又一个传播场景。

科技的发展不仅为新媒体领域带来了发展机会，也给监督管理、伦理道德、法律法规等方面带来了挑战，如何在现行传媒生态中智慧、合规地运用新科技是学界和业界都要进一步重点探讨的问题。

二 2018年新媒体行业发展热点议题：政务传播、融媒体、短视频、智能化媒体、知识付费

2018年，新媒体领域的业界实践如火如荼，政务新媒体进入一个新阶段，传统媒体持续推进融媒体进程，“两微一抖”影响力持续提升，包括大数据、云储存、人工智能等在内的技术运用达到一个新的高度。笔者将分别从政务传播、融媒体、短视频、智能化媒体和知识付费五个方面对2018年新媒体行业发展热点议题进行剖析。

（一）政务传播与社会：深度链接

政务传播指的是以各级党政机关、部门及有官方背景企事业单位为主体的内容发布。近年来随着新媒体的深入发展和普及，政务传播进入官方媒体发布与新媒体平台发布共存的阶段。政务媒体不是简单地从官方渠道迁移至新媒体平台，而是深度嵌入网络社会中，参与信息的发布、收集、反馈各个环节，在引导、疏导、引领舆论方面发挥着重要作用。

2018年不论是在数量上还是在参与度上，新媒体政务传播都已经进入了一个新阶段。截至2018年12月，我国在线政务服务用户规模达3.94亿，占整体网民的47.5%，共有政府网站17962个，经过新浪平台认证的政务机构微博达到138253个。“两微一端”政务新媒体的覆盖面已非常广泛，党委、政府、法院、检察院等机构纷纷开设政务微博，其中，政府开设的政务微博数量最多，共开通93215个，在所有机构中用户对公安领域关注度最高。截至2018年12月，各级党政机关开通政务头条号78180个，较2017年底增加7286个。[①]根据抖音公布的数据，截至2018年12月，入驻抖音的政务账号有5724个，他们发布25.8万个短视频，累计获赞43亿。[②]深度参与方面，以宁夏

① 宋建武. 融合平台——媒体融合发展的基石. [EB/OL]. http://www.sohu.com/a/165827917_157267

② 宋建武. 融合平台——媒体融合发展的基石. [EB/OL]. http://www.sohu.com/a/165827917_157267

银川为例，以“问政银川”政务微博矩阵为例，自建立以来在反映社情民意、凝聚民心、汇聚民智、正确引导舆论方面发挥了不可替代的作用，2018年1月1日—12月31日，经“@问政银川”转办事项共计17832件，办结17487件，办结率98.06%。目前，银川市通过493个政务微博构建的矩阵，搭建起了党委政府与群众的“连心桥”。①随着“两微一抖”格局的形成，短视频也变成重要的传播阵地，影响力较大的政务新媒体账号如天津交警、中国消防等机构也充分发挥新媒体优势，以更加平行的视角在普法、案件通报、知识传播等方面与民众进行互动。在看到新媒体推动政务传播促进民意表达和社会治理的同时也应该警惕舆论审判施压司法、群体极化、谣言攻击、网络暴力等现象。

（二）媒体融合与发展：提升“三力”

在2018年8月21日召开的全国宣传思想工作会议上，习近平总书记强调，要扎实抓好县级融媒体中心建设，更好引导群众、服务群众。自此，全国掀起县级融媒体中心建设热潮。截至2018年9月4日，全国已有超过120个的县级融媒体中心成立。②2018年11月14日，习近平总书记主持召开中央全面深化改革委员会第五次会议，审议通过了《关于加强县级融媒体中心建设的意见》，提出“要深化机构、人事、财政、薪酬等方面改革，调整优化媒体布局，推进融合发展，不断提高县级媒体传播力、引导力、影响力”。由此，县级融媒体中心建设工作迎来发展关键期和机遇期。

此外，传统媒体也在持续推进媒体融合进程，主流媒体与商业媒体进一步合作，共同建设新的媒体生态。根据人民网发布的《2018中国媒体融合传播指数报告》，主流媒体通过建立传播矩阵扩大了主流价值影响力版图，中央级媒体继续领跑。2018年12月，抖音上经过认证的媒体账号有1344个，累计发布短视频超过15.2万个，累计获赞超26亿③，截至2019年2月初，人民日报抖音账号的粉丝量超过1000万，央视新闻、浙江卫视、人民网、中国网直播在抖音平台上的粉丝量都超过500万。④主流媒体积极推动党的声音直接进入各类用户终端，努力占领新的舆论场，让党的声音传得更开、传得更广、传得更深入。此外，新华社直播和移动报道平台“现场云”等也是融媒体建设的重要成果，并在一定范围内形成了重要影响力。

---

① 宋建武. 融合平台——媒体融合发展的基石. [EB/OL]. http://www.sohu.com/a/165827917_157267
② 宋建武. 融合平台——媒体融合发展的基石. [EB/OL]. http://www.sohu.com/a/165827917_157267
③ 宋建武. 融合平台——媒体融合发展的基石. [EB/OL]. http://www.sohu.com/a/165827917_157267
④ 宋建武. 融合平台——媒体融合发展的基石. [EB/OL]. http://www.sohu.com/a/165827917_157267

不论是县级融媒体中心的建设还是传统媒体和商业媒体的合作之路，都面临人才、资源共享、技术兼容等问题，融合之路道阻且远。

（三）短视频平台：崛起与扩张

2018年新媒体领域最抢眼的热点是短视频的强势崛起，短视频平台是顺应网民越来越碎片化的阅读形态而生的，2017年以来短视频行业全面爆发，2018年依然热度不减，并逐步出现寡头发展的趋势。《2018中国网络视听发展研究报告》统计显示，截至6月，综合各个热门短视频用户的规模达5.94亿，占整体网民规模的74.1%，占网络视频用户的97.5%，合并短视频应用的网络视频用户使用率高达88.7%，用户规模达7.11亿。快手、西瓜、抖音、火山等平台迅速走红并收割了大部分流量，经过激烈角逐，抖音成为2018年现象级产品，据抖音官方消息，截至2018年10月，抖音国内日活跃用户突破2亿，月活跃用户突破4亿，并继续保持高速增长。①

短视频应用迅速实现了向三、四线城市下沉的过程，并走向海外市场，2018年上半年，包括Tik Tok和Musical.ly在内的抖音海外产品已经覆盖150个国家，月活用户超过1亿，据Sensor Tower的数据显示，2018年一季度抖音下载量达4580万次，超越Facebook、YouTube、Instagram等，成为全球下载量最高的iPhone应用，成为最成功的出海产品之一。②

短视频类平台的快速崛起也为监管带来了难题，用户信息的泄露、隐私侵犯、低俗内容的泛滥、缺乏有效的把关人和审核机制等也为这个行业带来了重重危机，政府部门的监管和整治成为常态，国家网信办、国家版权局等部门先后对各平台提出约谈和整改要求。

（四）智能化媒体：创新与局限并存

自图灵发表《计算机器与智能》以来，有关人工智能应用的呼声持续不断。近年来，人工智能技术在媒体领域的应用实践如火如荼，媒体和人工智能技术的结合已经从早期概念阶段脱离出来，进入了真正产品形态阶段，出现了包括机器人写稿、智能推荐、智能语音识别、程序化创意、视频自动剪辑、人工智能主播等应用，创新和重塑信息生产和传播的各个环节。在信息内容生产方面，机器人记者、程序化创意等能

---

① 宋建武. 融合平台——媒体融合发展的基石. [EB/OL]. http://www.sohu.com/a/165827917_157267

② 宋建武. 融合平台——媒体融合发展的基石. [EB/OL]. http://www.sohu.com/a/165827917_157267

基于算法自动生成新闻或广告内容；在信息分发方面，智能推荐系统能依据目标用户群体或媒介场景的不同个性化分发信息。此外，2018年最受人们关注的人工智能媒体事件是搜狗与新华社在第五届世界互联网大会上联合发布的全球首个全仿真智能AI主持人。

随着技术在信息传播领域辐射的速度、深度和广度日渐提升，技术逻辑和算法价值观成为2018年学界和业界关注的热点议题之一。今日头条和快手因平台在算法主导下传播低俗不良内容而遭到“点名”和“约谈”，引发了关于“算法是否有价值观”的论争。世界上所有的算法都由人主导形成，受到人的意志的影响和控制，所以关于算法对信息传播的影响，将是一段时间内业界实践无法回避的一个重要问题。

值得注意的是，目前智能化媒体的“智能水平”只停留在弱人工智能阶段（Artificial Narrow Intelligence，ANI），具有一定局限性。人在信息生产和传播过程中依然扮演着主导者和决策者的角色，“人机协作”是智能化媒体目前发展阶段的主要特征。随着信息生产和传播各个环节智能化升级的逐渐完成，倘若不同智能技术和数据壁垒相互之间能够进行打通，形成闭环，才可能为机器决策和主导创造良性条件，才可能出现真正意义的“智能化媒体”——目前业界实践距离达到强人工智能阶段（Artificial General Intelligence，AGI），仍有一定差距。

（五）知识付费：稳中求变

“知识付费”和“知识变现”是近两年的热词，自知识付费元年2016年以来，知识付费的概念不断深入人心，知乎Live、得到APP、在行一点（原“分答”）、喜马拉雅FM、荔枝微课等付费平台百花齐放，用户和产业规模不断扩张，总体上形成了较为成熟的产业链，行业内正在寻求新的横向（复购）和纵向（联合扩张）发展机会。

根据艾瑞咨询的统计显示，2018年知识付费用户规模达2.92亿人，预计2019年知识付费用户规模将达3.87亿人。2018喜马拉雅123知识狂欢节期间，喜马拉雅平台内容消费总额高达4.35亿。目前知识付费产品形态多样，包含音频、图文、视频直播及录播、一对一咨询或在线问答等产品形态，其中音频类产品最受青睐。[①]

知识付费是在当下急速变化的社会环境中，人们摆脱知识焦虑的一种方式。知识焦虑的实质是信息焦虑，而知识付费的本质就是将知识变成产品或服务，以实现商

① 宋建武.融合平台——媒体融合发展的基石.[EB/OL]. http://www.sohu.com/a/165827917_157267

业价值。同时，知识付费也有利于人们高效筛选信息，激励优质内容的生产。然而，在各类知识付费产品蓬勃发展的同时，部分平台也存在通过贩卖焦虑和紧张情绪销售"知识"产品、知识鸡汤，产品同质化严重、质量良莠不齐等现象，知识付费平台要想获得长足的发展，这些都是值得深入探讨与研究的问题。

除此之外，笔者也关注到2018年新媒体领域的一些其他热点，在动漫游戏（ACG）领域，"旅行青蛙"和"恋与制作人"等游戏的走红，显示了这个市场的发展潜力；在产业层面，作为二次元文化重要集散地的AcFun平台出现资金危机被快手收购等。

三 2018年舆情热点及传播特质：基于微博和微信平台的分析

2018年，笔者综合运用大数据分析和问卷统计等不同研究方法的优势，对"两微"的舆情热点进行总结和分析。其中微博数据来自第三方机构提供的关于舆情传播、用户行为的监测资料，并在此基础上进行了个案的大数据分析；微信群数据无法在公开渠道获得，所以笔者从微信用户的角度切入，开展了关于"新媒体使用"的网络问卷调查，问卷中设计了"对不同媒体的信任度""每天阅读新闻使用的终端"等问题，反向补充微信特别是微信群的舆情传播现状。舆情数据统计时间为2018年1月1日—12月31日，问卷调查时间是2018年11月10日—12月8日，经过匿名投票、数据检索、专家讨论等若干环节，在2018年的所有舆情中筛选出了122个网民关注度最高的舆情热点。

（一）社会类舆情最易引发关注

调研通过投票在122个舆情热点中评选出了2018年度十大网络舆情案例（多选），评选结果如下：

表1 2018年十大网络舆情案例

序号	月份	事件	投票票数（总人数：20138）
1	4	中美贸易摩擦	19254
2	4	原北大教授沈阳性侵学生高岩事件	13573
3	4	美国商务部禁止美国公司向中兴出售零件七年	9968
4	5	空姐搭乘滴滴顺风车遇害	15264
5	5	崔永元揭明星“大小合同”涉偷漏税	16874
6	7	长生生物等疫苗造假事件	19002
7	8	乐清女子乘坐滴滴顺风车遇害事件	13521
8	8	山东寿光泄洪事件	15489
9	8	“昆山宝马男子砍人反被杀”案件	8963
10	12	华为孟晚舟事件	18652

笔者将这122个舆情热点事件进行了类型划分，共分为社会、政务、灾难、企业和娱乐五类舆情事件，其中社会类69件，热点舆情最多，成为网络舆情的高发区；另外还有企业类28件，娱乐类10件，灾难类8件，政务类7件，可见2018年热点舆情涉及的范围广泛。

同时，不同类型舆情事件的特点差异大。

一是社会类舆情事件涉及面广，涵盖违法犯罪、民生、教育、医疗卫生等众多公共问题，因此传播范围、关注人群、舆情热度等特征较为复杂。总的来说，涉及与人们切身利益息息相关的公共议题较易引发高度持续关注，热度消散较慢，如长生疫苗事件热度时间横跨7月和8月。此外，带有情绪性、争议性的公众人物的言论也容易引起不同观点的争议，引发大范围关注，如俞敏洪发表的关于女性的不当言论。而违法犯罪相关的舆情则因为犯罪事件本身骇人听闻，带有强烈的反常性，在传播中契合人们的猎奇心理，因此传播快、热度高，同时也更容易引发夸大甚至谣言，如空姐搭乘滴滴遇害事件等。

二是政务类舆情事件在传播中呈现主流媒体引导、社交媒体广泛参与的特征。这类事件往往依赖官方渠道、传统媒体发布较为权威的信息，传统媒体在政务类舆情传播中依旧占据相对较高的地位。同时，政务类舆情事件虽然热度一般不会很高，但通常能够引发较为稳定持续的关注，在涉及国际重大问题时，也会有较多意见领袖参与讨论。

三是灾难类舆情事件呈现出典型的本地化倾向，鲜明地体现为以事发地点为中心、通过网络信息节点向外辐射的舆情散播特征，如福建碳九泄露事件等。

四是企业类舆情事件的传播以垂直专业化媒体、意见领袖的带动为主，这些具有相对专业背景的传播主体往往在舆情传播中起到较为关键的推动和引导作用。

五是娱乐类舆情事件具有爆发快、热度高、消散快的特点，这是因为娱乐明星自带流量和话题属性，会给舆情带来爆点，但这种热度无法持久。

（二）“两微”是许多重大舆情的发源地

笔者还将这122件舆情热点的“首次发布来源”进行了统计，例如2018年的舆情热点——山东寿光泄洪事件，最早是由新浪微博的用户发布的消息。经统计，122件舆情热点中首次发布源为新浪微博的共计37件（占30.3%），微信共计发布15件（占12.3%），新华社共计发布23件（占18.9%），国外媒体发布了9件（占7.4%），商业网站/APP发布9件（占7.4%），新闻网站/APP发布9件（占7.4%），传统媒体发布13件（占10.7%），部委网站等其他渠道发布7件（5.6%）。可见新浪微博和微信平台为舆情发布的主要源头，共计占比42.6%，接近一半。

此外，新华社作为传统媒体代表，也成为重要的信息首发源和引导舆情客观、理性发展的坚实力量。122件热点舆情中有23件是由新华社首发的。这些信息主要是国内外重大事件，如7月份泰国普吉岛游船翻船事件等突发灾害、事故等。新华社首发新闻之后，会在微博和微信平台上引起更多关注和广泛讨论。由于受众对新华社的信任度高，新华社第一时间发布权威信息并及时进行解读后，促进了后续网络舆情走向总体上按照客观、全面、理性的路径发展。这与“两微”平台首发舆情多朝着片面化、情绪化、博眼球的负向演进形成了鲜明反差。同样是首发信息，通过主流媒体与“两微”不同信源的对比，得出的启示是，首发信息源质量和权威性对整体舆情走向有着重要影响，因此，打造真实客观、具有权威性的网络舆情发布平台异常重要。

（三）“两微”是谣言主要传播平台

经统计，首发于微博和微信的年度舆情热点中超过一半以上的为负面舆情，其中有10件是由于误传、谣言或虚假事实造成。如发生在2018年1月份的“紫光阁地沟油”事件是由于歌手PG One的粉丝群误将批评其歌曲内容不良的《紫光阁》杂志理解为“中餐饭馆”，并试图以“紫光阁地沟油”为字眼在微博上买热搜的方式对其进行抹黑。这场闹剧“霸屏”虽只持续了短短几天，但这一乌龙事件已经让我们看到粉丝在应援偶像时失去理智，使得娱乐资本操纵舆论。而一旦微博热搜榜可以进行买卖，那么就会失去热搜的真实性，从而成为获取利益的重要渠道，最终使得网络平台失去公众的信任。

再如，“中国游客被瑞典警察扔墓地”事件和重庆公交车坠江事件，从被曝光到查明结果的过程中在微博和微信中遭遇了多次反转，受众的情绪被片段式的事实带动、宣泄。更有诸如“二更食堂”等自媒体为了蹭热点、增流量发表了诸如《托你们的福，那个杀害空姐的司机，正躺在家里数钱》等不当言论，完全忘记了自身的责任担当。

此外，问卷调查显示，微信、微博成为了解新闻时事的第一信息源，尤其是拥有庞大用户群体的微信，更是成为社会舆论的新引擎。那些年逾50岁但仍在经济、社会资源上占优势地位的“前网络一代”也拥有了自己的“两微”（特别是微信）并积极发声，对社会舆论起着重要影响，“银发族”已成为网络谣言的最大传播者和受害者。因为这一群体最关注食品、健康类信息，而这些领域正是谣言最集中的地方。由中央网信办违法和不良信息举报中心主办的中国互联网联合辟谣平台自2018年8月29日正式上线以来，健康、食品、社会类虚假信息、谣言位居前三名。2018年7月，中国健康传媒集团发布《2017年食品谣言治理报告》显示，2017年食品谣言传播最多的渠道是微信，占比高达72%；其次是微博，占比21%。

谣言在“两微”中的快速传播是由于“两微”侧重于群体传播和人际传播，特别是微信，用户之间是强关系，用户黏性和信任度比微博强。调查显示，用户对微信信息的信任度为63%，对微博信息的信任度为36.8%，远高于对报纸（20.7%）、广播（12.6%）、电视新闻（34.2%）的信任度。因此微信群和微信朋友圈常常成为谣言滋生的“温床”，加之用户自身对谣言的净化能力较弱，导致谣言总是能在微信里广泛扩散。总体上，作为社交媒体的“两微”平台的舆情生成、传播天然具有碎片化、情绪化、非理性倾向，负面舆情占比高，谣言传播广。

四 | 展望未来：创新与守正

2018年也是我国新媒体快速发展的一年，无论是各类手机应用的高频率下载与使用，还是新媒体发展所带来的内容与效益的高关注度，都实现了历史的突破。这其中不仅体现出技术的进步带给人们生活的巨大改变，也反应出民众的网络媒介素养在日益提升，比如对网络谣言的甄别能力、对网络出版版权的愈加重视、对舆情风暴的理性对待等，都是随着新媒体的深层次融合应用而得到进一步发展。展望未来，新媒体事业仍天地广阔值得作为，也需要在创新中秉守阵地。

（一）政务新媒体有突破也需整合

随着抖音、微博等新媒体平台在公众之间的火爆口碑，以及媒体融合事业的不断推进，越来越多的带有政府组织背景的媒体账号入驻，这些官方账号包括以“平安北京”为代表的各地公安账号、以“中国消防”为代表的各地消防救援总队（支队）账号、以“北京发布”“杭州发布”为代表的各地各级政府机构的账号等等，总的来说这些政务新媒体在一定程度上充实了官方话语与民间话语的对接方式，弥补和更正了少之又少还“高高在上”的官方舆论通道和舆论形象，在全方位展现工作政策动态、实时性发布权威信息和更亲民、轻松地引导舆论方向等方面作出了突破性的贡献。例如，共青团中央官微2019年4月11日下午发布两张视觉中国网站提供的中华人民共和国国旗和国徽图案的截屏，质问“国旗、国徽的版权也是贵公司的？”，引发了“视觉中国版权门”事件，再度引起了对规范版权运营的关注。新媒体的确为政府信息公布、监管等提供了延伸的话语平台，但也应意识到新媒体更重要的是为政府和民众提供切实的互动平台，应充分利用政务新媒体更积极及时地回应民众关切，展现部门业务现状，而不是无病呻吟地发布些与部门事务毫不相关的心灵鸡汤或是千篇一律地蹭热点，否则，不仅是给政府工作人员增加了负担，还得不到公众的认可，无法达到科普、沟通等效果。而且许多政务公众号从上至下只是为了“完成任务”式的建立，没有实质性的特色内容展示，给受众以重复混乱之感，因此也有必要整合政务新媒体的业务，凸出权威、特色通道的建设。

（二）建立有效的网络预控机制和个人网络信用体系

在新媒体建设中应将预防为先的思路贯穿始终，针对热点舆情特别是负面舆情事件大多首发“新媒体平台并在其上集中传播的现状，应打通对新媒体舆情实时监测的信息渠道和系统接口；通过对舆情事件的时间、地域、分布、网民关注和参与情况等的多维度分析，有效识别舆情演变敏感点和危险点；通过设置智能优化、动态完善的舆情指标、预警阈值，科学确定舆情重要、紧急程度和等级划分的标准，提升重大舆情在萌芽期的有效识别率，为及早预控抢占先机、打下基础。

同时，在合法合规的前提下创新新媒体平台治理思路，结合个人信用体系建设，提高全社会促进网络健康发展的主动性、积极性与前瞻性。配合国家正在研究建立的互联网领域失信黑名单制度和联合惩戒机制，激发个人守法意识，对网上恶意造谣传谣等失信行为，形成普通个体能够深刻感知、引以为戒、常记于心的有效制衡和惩处机制；促进互联网企业主动加强信息内容管理制度、用户注册和审核机制、网络信用档案、技术甄别手段建设。

（三）促进人工智能技术，完善立法保障

互联网企业和各级政府可以试用通过如设置关键词、情感识别等人工智能技术手段增强对谣言和负面舆情的识别率，主动规避网络负面情绪的风险，树立正确的发展观、技术观、产品观，避免因舆情事件管理不力而带来的地方和业务部门的发展风险和损失，获得最大国家、地方利益的可持续发展。着力加强人工智能技术建设，积极运用在对负面内容、风险舆情的发现和管控之中，相信先进的技术方式更能有效防范和破解网络引导难题。同时，重视互联网立法，在互联网服务商的责任、保护个人隐私、数字签名、网络犯罪和保护未成年人、网络实名制度等方面作出明确的法律规定，塑造网络舆情健康发展的制度环境与基础保障，便于依法依规治理。同时对舆情治理可能衍生的问题也要提早采取防范措施，如韩国网络实名制曾引起大范围用户数据泄露，而2018年Facebook的用户数据信息大规模泄露事件也提醒人们，不仅要在信息流通环节重视秩序，在信息保存管理环节也应该充分重视用户权益，保证互联网网民的隐私安全。

（作者：匡文波，中国人民大学新闻学院教授，博士生导师。周僩，中国人民大学新闻学院博士研究生。黄琦翔，广东外语外贸大学新闻与传播学院讲师，广州国际城市创新传播研究中心研究员。张一虹，中国人民大学新闻研究院博士研究生。）

专家综述

一 | 积极推动中国新媒体持续健康发展

黄楚新

当今世界，伴随新兴信息技术迅猛发展，互联网尤其是新媒体已经渗透到人们生产生活的各个领域，对全球的政治、经济、文化等都产生了深刻影响，新媒体在变革信息传播生态与格局的同时，亦在加速影响着中国的发展进程。党的十八大以来，以习近平总书记为核心的党中央高瞻远瞩，统筹谋划，为我国新媒体发展做了周密细致的顶层设计和全域布局，有效指导和引领新媒体的前进方向，新媒体发展步伐不断加快，成效显著。

（一）技术创新持续升级，助力实现智能互联

技术因素作为新媒体发展的核心驱动力，在其迭代升级过程中，技术发展愈发趋向成熟，对新媒体发展的支撑作用也更为有力，在优化用户体验的同时，推动我国加速迈向智能互联时代。

2013年，中国4G移动通信正式启动，加上以3G为基础的移动互联网的深度渗透，新媒体发展迎来新契机，“两微一端”的蓬勃发展使中国新媒体发展进入“微传播时代”，8月，中国工业和信息化部发布《信息化和工业化深度融合专项行动计划（2013—2018年）》，11月，国家发改委发布《关于组织开展2014—2016年国家物联网重大应用示范工程区域试点工作的通知》，国家战略的出台有效强化了技术对新媒

体发展的支撑作用。

2014年2月，习近平总书记主持召开中央网络安全和信息化领导小组第一次会议时提出，建设网络强国的战略部署要与“两个一百年”奋斗目标同步推进，向着网络基础设施基本普及、自主创新能力显著增强、信息经济全面发展、网络安全保障有力的目标不断前进。

2016年4月，习近平总书记主持召开网络安全和信息化工作座谈会时提出了关于建设网络强国的重要思想，同年，机器人写稿开始出现在新闻生产领域，腾讯、今日头条等表现突出。

2017年3月，“人工智能”首次被写入政府工作报告；7月，国务院发布《新一代人工智能发展规划》，将人工智能上升到国家战略；12月，工信部发布《促使新一代人工智能产业发展三年行动计划》。2017年“两会”报道中，新华社、人民日报、光明日报等推出智能交互机器人参与新闻生产。与此同时，AR/VR、无人机等技术深入变革改造传统新闻产品形态，“浸媒”时代到来。

2018年3月，由新华社和阿里巴巴共同研发的国内第一个媒体人工智能平台“媒体大脑”正式上岗，其基于大数据、人工智能、云计算、物联网等技术，具有新闻线索寻找、报道策划、采访、生产、分发、反馈等多重新闻报道功能。11月，新华社联合搜狗发布全球首个合成新闻主播——AI合成主播，开创新闻传播领域实时音视频与AI真人形象合成的先河。

2019年两会期间，以短视频、H5、动画等为代表的多元表达有效丰富了信息传播样态，5G、4K技术首次被应用到新闻报道中，尤其是5G的高速率、低时延、大容量等特点为新媒体发展提供了重大机遇。同时，首个AI合成女主播“新小萌”参与了两会报道，成为人工智能与传媒业融合并付诸规模化应用的典型案例。

（二）媒体融合加速推进，传播生态愈发丰富

2012年是我国《推进三网融合总体方案》规划的试点阶段的最后一年，按照国务院规划，2010—2012年是以推进广电和电信业务双向阶段性进入为重点的试点阶段，2013—2015年是总结试点经验全面推进三网融合的推广阶段。

2013年，面对新媒体的高速发展态势，国家广播电影电视总局下发了《广电总局关于促进主流媒体发展网络广播电视台的意见》，要求将网络广播电视台提升到与电台电视台发展同等重要地位。

2014年是我国媒体融合战略元年，8月，中央全面深化改革领导小组审议通过了

《关于推动传统媒体和新兴媒体融合发展的指导意见》，我国媒体融合发展被提升到全面深化改革重要组成部分的战略层面。随着媒体融合转型步伐加快，主流媒体基于其传统形态，积极发力“两微一端”，开始大举进入新媒体领域，以人民日报为例，其通过推出“中央厨房”，对新闻生产进行流程与机制再造，一场涉及媒体理念、传播方式、经营机制等全链条的媒体融合革命就此开启。

2015年，借力国家战略部署，我国媒体融合开始从局部渠道拓展向整体产业融合转变，“互联网+”成为各大媒体集团转型的重要方向，媒体融合也逐渐从被动走向行业自觉。基于虚拟现实技术、场景与数据使用的可视化新闻成为媒体内容生产的集中爆发点，其也因符合新媒体传播规模和用户需求而备受欢迎。各类媒体走向融合的大势所趋，加上国家的战略布局，吸引资本流入媒体融合领域，上市挂牌、收购等资本运作方式成为传统媒体融合发展的重要路径。

2016年，媒体融合步入提速升级阶段，“互联网+”成为媒体深化融合的重要引擎。在中央电视台、经济日报、解放军报、中国青年报等中央级媒体的带队示范作用下，地方媒体积极加入，通过借鉴经验，结合各自特色找到了合适的融合发展道路，并不断加快改革转型步伐，成效突出。2月19日，习近平总书记在党的新闻舆论工作座谈会上发表重要讲话，指出“融合发展关键在融为一体、合而为一”。此时的媒体融合也不再局限于传统媒体与新媒体的项目合作，开始通过整体共建、合资成立公司推动媒体融合发展升级。

2017年，媒体融合开始步入系统性创新时期，涉及推行理念、传播内容、组织机构、产品形态、版权保护等多个方面，同时，相关行业联动也是媒体融合及新闻传播业态革新的关键一环。在此过程中，传统媒体开始找到发挥优势的突破口，以重大主题报道为契机，通过策划报道，牢牢把握舆论引导权，有效提升了传播力与影响力，如《人民日报》客户端利用建军90周年这个重要时间点，推出了H5产品《快看呐！这是我的军装照》，引发大量网民参与，产生了良好社会反响。

2018年，中央广播电视总台、辽宁报刊传媒集团、辽宁广播电视集团、大连新闻传媒集团、天津海河传媒中心等相继组建成立，以集团化形式推动媒体深度融合愈发成为共识，集团化运营除了在运营规模、运营成本上具有突出优势，其在开拓新兴市场方面亦具重要价值。

2019年，我国媒体融合发展进入攻坚阶段。习近平总书记在主持中共中央政治局第十二次集体学习时指出，全媒体不断发展，出现了全程媒体、全息媒体、全员媒体、全效媒体，信息无处不在、无所不及、无人不用，导致舆论生态、媒体格局、传播方式发生深刻变化，新闻舆论工作面临新的挑战。推动媒体融合发展、建设全媒体成为我们面临的一项紧迫课题。

（三）产业增长动力强劲，盈利热点不断凸显

依托新兴信息技术的快速发展，新媒体在全球经济增速放缓背景下呈现出强劲发展态势，有力推动着产业结构转型，成为我国经济发展过程中新的增长点。且在新媒体产业发展过程中，其与实体经济的联系愈发紧密，加之面对我国互联网庞大的存量与增量市场，新媒体产业增长动力有增无减，随着新型商业模式被探索运用，产业发展中的盈利热点也不断涌现，为新媒体发展带来勃勃生机。

2014年，随着我国互联网产业快速发展，中国互联网企业掀起海外上市热潮。新浪微博拆分上市，最高融资额达3.28亿美元，成为世界范围内首家上市的中文社交媒体；猎豹移动、途牛、京东等不同类型的12家互联网公司在美国纽交所或纳斯达克上市；阿里巴巴在纽交所上市，融资250亿美元，创造了规模最大的IPO交易纪录，阿里巴巴也因此成为仅次于谷歌的世界第二大IT公司。这一方面反映出国际市场对中国互联网发展潜力的持续看好，另一方面也可以看出中国互联网企业在产品研发、经营模式、品牌打造等方面的创新突破。

2015年，随着国家对新媒体产业的扶持力度加大，一系列力度较大的利好政策相继出台，包括《关于推动传统出版和新兴出版融合发展的指导意见》《2015年扶持成长型小微文化企业工作方案》《关于大力推进大众创业万众创新若干政策措施的意见》《关于积极推进“互联网+”行动的指导意见》《促进大数据发展行动纲要》《中华人民共和国电影产业促进法（草案）》《三网融合推广方案》，为我国新媒体产业发展提供了有效助力。

2016年，随着新商业模式兴起，网红经济、共享经济等为代表的新互联网经济发展方式有力促进了经济增长，同时也愈发深刻地影响着社会发展。作为2016年二十国集团主席国，中国首次将数字经济列为G20创新增长蓝图中的一项重要议题。10月，习近平总书记在主持中共中央政治局第三十六次集体学习时强调，加快数字经济对经济发展的推动，做大做强数字经济，拓展经济发展新空间。

2017年3月，“数字经济”首次被写入国务院政府工作报告，以数字经济为重要突破口，中国经济的国际影响力和引领力也在逐步增强。内容创业、知识付费等作为互联网产业的重要经济增长点，推动我国数字经济进入黄金发展期。

2018年，得益于短视频的高速发展以及新型商业模式不断被探索开发运用，新媒

体产业发展迎来新的机遇，尤其面对规模巨大的用户群体，新媒体行业追求流量变现的冲动更加强烈。

2019年，随着数字乡村建设被提上日程，对农村地区的挖掘深耕将是新媒体产业未来发展的一个重要增长极，尤其是受通信资费下降、基础设施建设更加完善等因素激励，新媒体产业发展将为网络扶贫、推动农村经济发展提供有力支撑。

（四）重视网络空间治理，营造良好发展氛围

2013年，面对日益增多的网络完全挑战，中央决定成立国家安全委员会，完善国家安全制度和国家安全战略。同时，国家有关部门在全国范围内开展规范互联网新闻信息传播秩序专项整治行动，国家互联网信息办公室也要求网络名人承担更多的社会责任，传播正能量，并提出“七条底线”。最高人民法院和最高人民检察院公布了《关于办理利用信息网络实施诽谤等刑事案件适用法律若干问题的解释》，为惩治利用网络实施诽谤等犯罪行为提供了明确标尺。

2014年，中央网络安全和信息化领导小组的正式成立，习近平总书记亲自担任领导小组组长。这一年，我国网络治理行动力度加大，互联网行业法制化进程加速，相关法规条例相继出台。8月，国务院下发《国务院关于授权国家互联网信息办公室负责互联网信息内容管理工作的通知》，使互联网监督管理执法主体更明确，效率更高。同月，国家网络信息办公室颁布了《即时通信工具公众信息服务发展管理暂行规定》，对加强微信中谣言传播等问题的管理起到重要作用。另外，《关于在新闻网站核发新闻记者证的通知》《关于进一步完善网络剧、微电影等网络视听节目管理的通知》及《补充通知》《关于审理利用信息网络侵害人身权益民事纠纷案件适用法律若干问题的规定》等相继出台，这一系列法规条例为营造清朗网络空间提供了重要保障。

2015年，中国的互联网治理力度达到前所未有的程度，在网络立法、行政监管、技术控制等领域采取了多项新举措，推动中国互联网治理进入新的发展阶段。国家互联网信息办公室于4月发布《互联网新闻信息服务单位约谈工作规定》，通过“柔性”举措强化对互联网的管理。7月，十二届全国人大常委会第十五次会议表决通过了新的《国家安全法》，人大常委会还初次审议了《中华人民共和国网络安全法（草案）》，通过网络立法“刚性”规定确保网络安全。另外，版权保护也成为新媒体领域的重要关注点。

2016年，依法治网依旧是中国互联网治理的主线。其中，《网络安全法》的通

过对国家网络安全的管理具有里程碑式的意义。之后，《国家信息化发展战略纲要》《国家网络空间安全战略》《关于办理电信网络诈骗等刑事案件适用法律若干问题的意见》相继发布，通过法律法规和战略谋划的形式强化对互联网的依法治理。《互联网信息搜索服务管理规定》《移动互联网应用程序信息服务管理规定》《互联网广告管理暂行办法》《网络表演经营活动管理办法》《关于加强网络视听节目直播服务管理有关问题的通知》《互联网直播服务管理规定》等部门规章和规范性文件保障了对互联网的专项管理。

2017年，我国互联网治理保持严管严控，通过约谈、整改、下架等方式，强调平台履行主体责任，进行自纠自查，促使平台治理进一步规范化。与此同时，通过发布施行《关于进一步加强网络视听节目创作播出管理的通知》《网络视听节目内容审核通则》《关于进一步规范网络视听节目传播秩序的通知》《互联网新闻信息服务管理规定》《互联网新闻信息服务许可管理实施细则》《互联网论坛社区服务管理规定》《互联网跟帖评论服务管理规定》《互联网群组信息服务管理规定》《互联网用户公众账号信息服务管理规定》《互联网新闻信息服务新技术新应用安全评估管理规定》《互联网新闻信息服务单位内容管理从业人员管理办法》等文件有效提升互联网专项管理的体系化与科学化水平。

2018年，我国互联网治理进一步规范化，《关于严格规范网络游戏市场管理的意见》《微博客信息服务管理规定》《加强网络直播答题节目管理》《关于进一步规范网络视听节目传播秩序的通知》《最高人民法院关于互联网法院审理案件若干问题的规定》《关于进一步加强广播电视和网络视听文艺节目管理的通知》《具有舆论属性或社会动员能力的互联网信息服务安全评估规定》等政策规定相继出台，确保了网络生态的健康发展。

（五）推动全球网络合作，提升对外传播能力

十八大以来，我国高度重视同世界其他国家的网络互联互通，并不断拓宽交流合作渠道，这既为我国新媒体发展提供了良好机遇，同时也有助于我国媒体在世界范围内走得更远更深入，进一步提升对外传播能力和国际影响力。

2014年，是中国网络信息安全国家战略的开局之年，也是中国互联网扩大开放、同世界进行深度互动的一年。习近平总书记在巴西国会演讲中提出了我国治理国际互联网的基本诉求：“建立多边、民主、透明的国际互联网治理体系。”11月9日，第一届世界互联网大会在浙江乌镇举办，表明中国在世界互联网领域的主导权不断增强。

2015年，我国新媒体的国际传播影响力不断提升，国际国内两个舆论场的互动连通能力显著增强，依托新媒体，创新表达方式、讲好中国故事的表现突出。如习近平总书记与奥巴马的“庄园会晤”“瀛台夜话”在海外社交媒体引发广泛关注，传播效果良好。12月16日，习近平总书记出席第二届世界互联网大会开幕式并发表主旨演讲，强调互联网是人类的共同家园，各国应该共同构建网络空间命运共同体，推动网络空间互联互通、共享共治，为开创人类发展更加美好的未来助力。

2016年12月，国家网信办发布《国家网络空间安全战略》。2017年3月，外交部和国家网信办共同发布《网络空间国际合作战略》，这两份文件的连续发布，正表明了我国积极参与全球互联网治理并贡献中国方案和中国智慧的态度。

2018年，中国新媒体通过加快海外布局及合作彰显中国发展理念与成就，并在交流互鉴过程中致力于提升对外传播能力。1月，阿里云与马来西亚合作，借助阿里云的人工智能技术为马来西亚解决交通治理、城市规划以及环境保护等问题。4月，腾讯云泰国数据中心开始向泰国本地及周边地区提供人工智能等技术及产品，助力泰国数字经济发展以实现经济社会转型。另外，新华社于2018年1月正式发布其英文客户端，为我国的国际传播能力建设提供了新抓手。

新时代背景下，面对互联网信息技术的快速迭代升级以及全球经济社会发展环境愈发复杂的现状，我国新媒体发展应不忘初心，坚持守正创新，尤其在新中国成立70周年这一重要时间节点，更要牢记使命，以网络强国、数字中国建设为着力点，多措并举推进新媒体发展继续走向前进，助力打造美好生活，为2020年全面建成小康社会提供强大驱动力。

（作者：黄楚新，中国社会科学院新媒体研究中心副主任兼秘书长，中国社会科学院新闻与传播研究所新闻学研究室主任，研究员，博士生导师，中国记协新媒体专业委员会委员。）

二 | 2018年新媒体教育发展报告

曹三省　王嘉贤

新媒体作为各类新兴科学技术和非技术创新运用于信息传播领域而产生的传播新

形态、新方法和新系统，代表了一种开放的、动态的、宏观的信息传播形态创新的趋势与潮流。当前，新媒体除广泛应用于信息传媒领域之外，也给教育领域带来了不可忽视的变革与创新。

2018年9月10日，全国教育大会在北京召开。中共中央总书记、国家主席、中央军委主席习近平出席会议并发表重要讲话。习近平强调，要坚持党对教育事业的全面领导，坚持把立德树人作为根本任务，坚持优先发展教育事业，坚持社会主义办学方向，坚持扎根中国大地办教育，坚持以人民为中心发展教育，坚持深化教育改革创新，坚持把服务中华民族伟大复兴作为教育的重要使命，坚持把教师队伍建设作为基础工作。全国教育大会在深化教育改革创新、优先发展教育事业、以人民为中心发展教育等重要精神，为在我国教育领域内进一步深化新媒体应用，用新媒体、融媒体、全媒体思维提升教育领域的服务能力等方面，给出了明确的方向指引并产生了强大的推动作用。由此，我国教育新媒体在2018年内步入了进一步深化融合、蓬勃发展、砥砺奋进的新时期。

（一）我国新媒体教育发展的两大特点

2018年我国新媒体教育领域内的发展具有以下两个主要特点：

一是在教育新媒体深化融合发展的背景之下，随着各级政府及主管部门在教育信息化上的投入力度不断加大，教学信息量持续增大，教学活动时间不受限制，空间也不限于教室和实验室，教学效率不断提高。按照《教育信息化十年发展规划》中所设定的目标，到2020年，所有人都能够在信息化环境下获得优质教育资源，各级学校都将提供宽带上网支持。同时政府还鼓励教育机构建设“大规模开放在线（MOOC）”促进远程学习。①

较为典型的情形是，新媒体使得教育和教学不再局限于传统的校园和教室，诸多新手段和新模式已经被广泛运用于实践，如微信群、网易公开课、知乎直播、知识型短视频等。新媒体的影响已经从教育技术不断扩展到教育模式的创新和学术研究的讨论。

二是越来越多的新媒体技术得以在教学和学习中获得广泛而深入的应用，教师和学生开始身处富技术环境之中开展学习与研究。

① 余胜泉. 推进技术与教育的双向融合——《教育信息化十年发展规划（2011—2020年）》解读. [J]中国电化教育, 2012(05):5—14.

自2016年起，O2O在线教育模式开始普遍兴起，发展至2018年，在线教育已经成为互联网和新媒体发展的一个重要领域，同时也成为全面提升我国国民素质的一种有效方式。2018可谓沉浸式教育技术取得进一步突破的一年，以VR/AR领域此前所积淀的技术创新和产业动能为基础，结合在职业教育、高等教育、通识教育、体验教育等领域内的现实应用需求，沉浸式教育逐渐形成了“VR+教育”领域内的一种不可忽视的推动力量。

（二）“VR+教育”

2018年，教育部办公厅根据《教育信息化“十三五”规划》的总体部署，印发了《2018年教育信息化和网络安全工作要点》，文件中对虚拟现实这一新兴技术在教育领域的应用提出了具体要求，即明确要求全国高校、中小学、职教等深入推进信息技术与高等教育教学深度融合，推动大数据、虚拟现实、人工智能等新技术在教育教学中的深入应用。①

在中央部委层面，工信部指导成立了虚拟现实产业联盟（IVRA）孵化生态系统，教育部学校规划建设发展中心指导成立了全国高教人工智能与虚拟仿真研究院，中国科协指导成立了中国电子学会虚拟增强现实技术分会。此外，地方政府如江西省政府设立的中国（南昌）虚拟现实VR产业基地、贵州省政府成立的北斗湾VR小镇、深圳市政府设立的中国VR研究所、青岛市政府设立的青岛（中国）VR/AR产业创新创业孵化基地、福州市政府设立的东湖VR小镇等，都投入了大量资金、人才和政策资源推动VR教育行业的发展。

2018年，AR、VR以及MR逐渐走进校园，我国广大教育工作者纷纷开始转变意识，作出了不少积极的探索与尝试，将传统课堂结合AR和VR等新媒体技术，沉浸式的学习环境带给学生们更加愉快的学习体验。和传统教育相比，VR+教育的优势具体以下有四个方面：

首先，“VR+教育”可以降低成本。在传统教育实践过程中，当教师遇到某种稀缺资源，例如医科教学中的人体资源，不是每一个学生都可以拥有这些珍贵的资源来学习和实践。而在“VR+教育”场景下，将真实人体用高精度VR模型的方式替代，可以显著降低医学实操实验的成本。除此之外，在不同的学科领域中都存在的一种情形是，传统实验过程中不可逆的操作，可通过VR系统进行反复操作并进行数据分析，

① 深入推进教育信息化被列入教育部2018工作要点.[J]中小学信息技术教育,2018(04):4.

减少了材料的损失。

其次，“VR+教育”可以帮助学习者提高学习效率、增强学习兴趣与动力。传统媒体的教学形式，如文字或图片，其表现力和信息传达能力都是有限的，这使得传统教学的效率较为低下，学生学习积极性不高。而VR教学则以可视化的形式、高度的沉浸感和显著的趣味性，将枯燥乏味的知识以更加生动有趣的方式呈现，教学效率大大提升，激发了学生的学习兴趣，其寓教于乐的学习方式深受学生和家长欢迎。

再次，“VR+教育”场景下的特定产品和应用，可以避免实验操作的安全隐患。例如在化学领域内，很多课程与实验中涉及有毒、易燃、易爆的试剂和药品，而通过运用VR展现的方式，模拟真实的化学变化，则可以在所开展的教学实验中大幅降低实际风险。2018年内，教育部对教学科研实验室安全工作作出了一系列重要部署，而从某种意义上说，VR新媒体技术的应用，是可以对实验室安全建设起到独特作用的。

当前“VR+教育”领域内也面临着一些困难和挑战。由于资金来源有限，大多数高校无法承担作为VR系统标准配置的高端头显（Headset）的费用，而低端的硬件的质量和体验都存在头晕、设备发热耗电等问题，不利于教学体验的提升。在当前教育领域中，四十多人以上的用户同时连接、下载VR内容常常会发生延迟、卡顿等现象，用户体验较差。此外，目前VR内容领域内的创意创新资源较少，有限的VR新媒体内容易被盗用，国内在该领域内的版权意识也是有待进一步加强的。①

（三）“AI+教育”

2018年，除VR教育之外，人工智能（AI）在教育领域所引发的新媒体技术创新也发挥着重要的作用。传统的“互联网+教育”通过网络资源提供各种各样的课程提高教育的质量，但这样的方式缺乏智能化与个性化服务能力。国家《新一代人工智能发展规划》明确指出，要在中小学阶段设置人工智能相关课程、推进建设人工智能领域学科，培养复合型人工智能人才。此外，教育部《关于“十三五”期间全面深入推进教育信息化工作的指导意见》提到了未来五年对教育信息化的规划，明确表示鼓励探索STEAM教育、机器人、创客教育等新模式。②

---

① 王斌，颜兵，曹三省等.VR+:融合与创新.[M]北京:机械工程出版社,2016.

② 解读国务院印发的《新一代人工智能发展规划》,STEAM教育理念贯穿其中.[N]乐智STEAM教育,2017.

"AI+教育"，即人工智能与教育的深度融合，它是AI技术对教育行业赋能的产物，其本质上是人工智能对教育工作的协助，改善教师和学生教学和学习中低效和重复的工作，解决传统教育中受教育成本高、教学效率低、资源分配不公平等问题。语音识别、人脸识别等快速发展的AI技术被运用在教育行业之中，教育的个性化、智能化在2018年内已经开始得到充分体现，相信未来十年将是AI影响教育的十年。

据不完全统计，2018年我国有44家领军企业参加了"AI+教育"领域的投资。截至2018年6月，中国在线教育用户规模达1.72亿，较2017年末增加1668万人，增长率为10.7%；在线教育用户使用率为21.4%。①

德勤发布的《人工智能适应教育白皮书》指出了人工智能教育的现状：目前人工智能教育产品主流的趋势愈加明显。此外，人工智能不断推动教师和学生的地位和角色发生变化，过去以教师为中心的教育模式将会越来越少，而是会重新构建以学习者自身为中心的网络化、数字化、智能化、个性化教育系统，人们的自主学习能力将会大幅度提升。

除去积极的一面，"AI+教育"目前也在面临以下困难：一方面是目前技术受限，当前的人工智能技术距离真正意义上的"强人工智能"还有一定距离。另一方面，AI技术还带来了其他隐患：所谓的教育并不是简单地传授或学习知识本身，传统的教师"教书育人"，其中"教"的知识是基本，而"育"也是极其重要的部分。在传统的学校中，师生之间的互动能够培养学生人际交往的能力，帮助学生塑造健康积极的人生观、世界观、价值观，而人工智能无法补充这些德育方面的缺失。AI的存在使得获取知识更加便捷的同时，可能会使学习者失去主动探索世界的好奇心以及质疑权威的勇气。

（四）大数据引发的教育新媒体创新

除了虚拟现实和人工智能之外，大数据也在教育领域发挥越来越重要的作用。人们在使用新媒体的同时，每天都在产生大量的数据，这些数据是繁杂的，但有着重要的现实意义。在教育新媒体视角之下，可以通过收集学习者在利用网络学习时交互的数据，从而对学习者进行特点分析。其目的是识别高风险学生群体（即学习有困难的学生群体）、测评影响学习过程的因素，构建更高效、个性化的教学方法。通过大数据获取每个人的学习习惯，实行持续的学习评价和绩效评估，数据驱动的学习领域发

① 《2018中国职业教育技术展望:地平线项目报告》发布. [J]教育学报,2018,14(02):72.

展正是在利用这些海量数据资源的成果。

问题在于，利用大数据进行教育改革，是建立在大量有效数据的基础之上的，这需要通过对学习者的动作、语言、情绪甚至大脑活动进行监测，而新媒体在信息传播方面具有交互性、共享性和广泛性等特点，各种商业信息的泄露、网络虚假信息和个人信息的泄露等现象层出不穷，因此对于信息安全造成了很大困扰。①

纵观2018年教育新媒体发展，新媒体不仅影响着教育技术的发展改变知识传教的方式，而且还在对人们的教育理念产生着不可忽视的影响，从而改变教育的方式。

当然，新媒体环境下的教育领域也在面临着若干问题和挑战。

首先，当前在某种程度上存在着过分夸大新媒体技术教育功能的现象，甚至陷入把教育创新技术变成单纯技能培训的误区。对此，教育技术、信息化相关的研究、开发和实践应发展“以用户、教学为中心”的思维，而不是“以技术为中心”。未来新媒体教育信息化的相关企业应当将销售硬件和产品等核心业务，转向服务方向。

另外，不少传统授课教师往往没有参与在线学习资源的开发，而新研发的产品缺乏实践应用，一开始可能不能准确满足学校的需求，不能切实提高学生的学习效率，这就导致了资金和时间上的浪费，甚至也会因为不合理的新媒体教育产品降低了教育的质量和效率。

最后，新媒体带来了信息传播形式和能力的改变，一方面，它给人们更大的便利性和更好的体验，另一方面新媒体的管控不如传统媒体严格，利用新媒体进行学习不免会面临信息过载且真假难辨、价值导向偏离正轨等问题，青少年辨识能力有待发展，稍有不慎便会被网上信息误导。当然，中国教育者和家长不应该一味抵制新媒体教育方式，应当正确地引导并且帮助青少年具备这项核心能力。毕竟在当前的网络文化生态之中，青少年是重要的参与者，因此要避免传统的宣传陷阱，突破固有思维的禁锢，才能利用新媒体学习知识、发展能力、贡献社会。

（作者：曹三省，中国传媒大学协同创新中心副主任，教授、博士生导师。
王嘉贤，中国传媒大学协同创新中心新媒体研究院硕士研究生。）

① 梁恩光. 新媒体环境下的信息安全问题概观. [A]第25届中国数字广播电视与网络发展年会暨第16届全国互联网与音视频广播发展研讨会论文集,2017:4.

三｜增强与克制：智媒时代的新生产力

彭 兰

智能化技术在媒体行业的应用，不只是带来生产与分发模式的变革，更会带来生产力的变革。技术对人力的增强，会造就新的生产力，帮助人达及过去不曾到达的新领域与新境界，也会给内容产业带来深层影响。但面对技术带来的各种可能性，我们也需要有对风险的更明确判断与警惕，技术应用的克制，技术伦理的约束，对于智能生产力这种新“核能”的安全释放至关重要。

（一）增强：智媒时代新生产力的多线程作用

新媒体时代的海量信息，已很难完全用人工方式来完成处理，智能技术对人力的增强，成为必然。各种智能化新内容生产力在多个“线程”上的引入，将带来生产能力的增强，并从多个环节、多个层面带来内容生产模式与生产思维的改变。

1. 信息采集力增强：从“人”到“物”的多层面贯穿

智能化技术可以从两个方面增强内容生产者的信息采集力，同时拓展支持新闻报道的信息类型与信息来源。

其一是用“物力”增强“人力”，以扩张信息采集边界。一方面，智能设备和传感器等，可以成为人的器官的延伸，在人的感官不能达及的层面，“人”借“物”力可以获得更强的信息获取与判断能力。另一方面，未来也可以做到以“物”知“人”，即通过智能设备、传感器等数据，更好地理解人的行为与状态、人所处的社会环境等。这些都会为媒体的新闻生产带来新的资源与新的思维。

其二是用“虚拟”增强“现实”，以实现对社会的多面描摹，丰富我们对社会的认识。

虚拟世界的数据正在成为现实世界的映射与延伸，过去记者用常规方式采集的现实世界的信息，可以从某一特定时空下的形象、现场、行为等角度反映新闻事实，而虚拟世界的数据特长在于，它可以用量化的方式反映个体的持续状态、行为轨迹、心理状态、生理性反馈等过去媒体较难采集的信息，也可以从宏观反映公众的意见、情感、情绪，以及社会的整体环境、持续状态等。它们与现实世界信息的结合，可以从更多侧面勾画个体、群体与社会。

因此，通过传统的新闻采访和今天的数据采集分析两种手段的结合，通过现实世界数据和虚拟世界数据的双重采集，媒体可以丰富新闻报道的视角与内容。显然，虚拟世界的数据不应成为人的采访信息的替代，新闻记者在现场的到达与观察，仍然是不可缺少的。

当媒体人在机器帮助下获得更强的采集力时，他们不仅需要保持原有的专业判断力，也需要增强自己的信息筛选与过滤力。否则，增强的信息采集力不是一种真正的“增强”，反而可能是对媒体人能力的削弱。

2. 智能加工力增强：全媒体贯通+挖掘力提升+新文本模式

内容的自动化生产，是智能化技术在媒体的一个典型应用。未来它的发展或将主要沿着如下几条线索延伸:

（1）自动化内容生产的全媒体贯通

文字新闻的智能化写作目前在一些内容生产机构已经进入常态化使用，批量化的自动写作，可以在某些突发事件（如地震）的实时反应、行业报道的快速生成、小众化需求的满足等方面，辅助或解放人力。

在图片方面，智能拍摄、智能优化、智能配图甚至图片的智能化合成等，都已经在实践中得到应用。

与此同时，随着移动视频市场需求的迸发，与视频生产相关的智能化应用将成为新一轮开发重点。视频的智能化生产技术，主要解决的应用包括图片的短视频化、同主题视频集锦生成（如进球集锦）、视频化行业新闻、活动报道视频新闻的自动生产、数据新闻的视频化、智能化导播、自动字幕生成、视频封面的智能化生成、智能编目等。与视频一样，音频的智能化生成、编辑、识别等应用，也有市场的动力，技术上也越来越成熟。

（2）从劳动密集型加工向智能挖掘的发展

在初期，智能化内容生产主要还是在探求通过机器的力量来代替人力完成那些劳动密集型内容的加工，而下一步，智能化内容生产的目标是要借助机器力量来进行信息的深度挖掘，以增强人的分析力、预测力、提炼力等。

（3）智能化加工驱动的新文本与优化模式

智能化信息加工能力，也会在内容的文本层面带来一些变化与新特征，例如：

强背景文本：智能化的数据采集和分析能力，可以扩张新闻背景的广度与深度，增强背景在文本中的分量。例如，可以从新闻要素（如某个特定人物）出发，快速生成其关系网络与背景资料，增强内容的阐释力，甚至可以从背景资料中发现更多的新闻线索。

强证据文本：数据分析可以为观点论证、判断验证提供更充分依据，例如对“首个”“第一次”这样的判断，可以直接提供数据支持。

交互式文本：更多互动手段将被引入内容文本本身，在互动中完成内容生产。

除了这些新文本特征外，进行式优化也会成为内容生产中的一种常态。内容生产并不会因进入分发环节而结束，而是在分发和消费中不断优化，例如风格优化、路径优化等。而数据分析也可以从已有报道引发的用户关注点中挖掘新的报道选题，使内容不断延伸，形成更长的报道链条，为报道带来更大的增值。

3. 信息整合力增强：拯救碎片化信息

今天无论是内容生产者还是消费者，都在受到海量、碎片信息的困扰。而机器的海量信息搜索能力和智能分析能力，可以为碎片内容的整合提供新的可能。下列媒体常见的信息整合方式在未来也会日益智能化。

相关文章的自动配发：相关文章配发有助于补充、延伸核心内容，智能化技术在未来可以在更广泛的信息源中获取更有价值的配发内容。

多媒体的智能组合：目前智能化技术已经可以自动寻找适合文字的配发图片，未来的智能配发图片，或许不仅仅从内容的匹配度出发，还会从用户阅读心理需要出发来进行分析。除了图文外，多媒体的智能组合技术也将越来越普及。

专题的智能化聚合：专题是解决信息碎片化的一种重要模式，一度也是新闻网站竞争的重要手段。在移动时代，专题虽然还存在，但还没有找到适配移动端的最优模式。而对用户来说，集成化的信息获取仍是必要的，或许智能化技术可以为新闻资讯专题的生产提供更高效、低成本的方式。

4. 核查与判断力增强：新“把关者”+新机制

移动时代，虚假信息和不良信息数量激增，信息核查与判断的任务也变得更为艰巨，智能化技术在信息核查的某些方面优于人，它可以成为一种新的“把关者”，人机力量的协同可以更好地对抗虚假信息、不良信息。机器也可能带来信息核查的新思路与新机制，例如：

来源分析：通过对信息来源的分析，来判断信息可靠性或质量，这是人进行信息核查的一种主要方式，而智能技术的数据处理能力，可以在这方面大大提高核查的广度与效率，特别是通过对传播路径的溯源来追查信息源头。

语义分析与模式识别：通过对文本语义分析或对声音、图像中的一些模式特征的识别来发现虚假信息或不良信息，也将是自动化信息核查的一种主要方式。虽然机器也可能出现误判，有害信息的文本特征也会不断变化，但通过人工的辅助，以及机器的不断学习，未来的分析与识别准确度会不断提升。

交叉验证：对与同一对象相关的不同来源的信息进行交叉核实，也是信息核查的一种重要方式，机器在这方面也有一定优势。

演变跟踪：对一条信息从产生到传播到变异的过程进行跟踪分析，这是机器审核的特长，这不仅可以帮助人更好地判断信息源头，也可以发现带来信息变异的那些关键节点以及信息发生的改变。

5. 协同力增强：分布式生产的基础

未来的时代，内容生产将越来越走向分布式、协同化，智能技术则可以提升不同生产主体之间的协同能力。

专业化生产内容（PGC）与用户生产的内容（UGC），两者在今天缺一不可，很多时候它们可以相互补充。但如何将不同来源的相关信息整合在一起，在今天仍然是一个难题，未来智能化协同平台将是解决这一问题的重要手段。

区块链也可为协同生产提供更具信用保障的新模式。在新闻信息生产领域，通过区块链方式，可以让每个生产者提供的内容都被所有节点保存下来，且新闻生产过程全程可溯源、内容永久记录，在传播过程中如内容被篡改很容易被发现，如果出现假新闻，也容易追踪，这也对假新闻的制造者形成约束。它的去中心化模式也可以推动协同生产、编辑与审核，在开放中维护内容质量。

未来，物联网资源与人力的结合，将带来“人—物”的协同工作，这也有待这一领域智能化平台的开发。

6. 分发力增强：多维坐标关联内容与人

智能化算法分发，主要解决的是人与内容的关联问题，目前，算法主要以个性作为基本关联维度，未来，算法也会在一些方向上不断增强。

（1）算法中的“个性化算力”增强

目前的个性化算法，主要是分析用户当下的需求意愿，但这带来的问题是，算法会过于拘泥于用户的短期行为，形成正反馈效应，将人们约束于信息茧房当中，因此，未来的算法除了要准确定位用户当下需求外，还需要能预测需求的自然转化方向，或者激发用户的新需求。

（2）算法中的“关系增强”

未来算法还需要充分考虑用户的多重“关系”，包括社交关系、社群归属、社会归属等。这不仅意味着将关系作为内容推送的参考依据，更意味着通过内容来实现人的关系连接与社群、社会的整合。

（3）算法中的“场景增强”

未来，场景也会成为智能分发的主要参考维度。构成场景的要素主要包括：空间与环境、用户实时状态、用户生活惯性、社交氛围等。人们在一个特定场景下，会有共性的行为特征，也会有个性化的需求。这些都是场景分析的算法需要解决的问题。算法分发，不仅可以为不同场景下的用户提供更精准的内容匹配，也可以为服务和商业模式的开发提供新可能。

（二）克制：新生产力应用的原则与伦理

智能化技术有助于促进内容生产能力的增强，但在此过程中，我们也需要增强对技术风险的判断力。保持对技术应用的克制，守住基本的伦理边界，才能尽力减少风险，才能使机器对人力的增强真正造福人类自身。

1. 减法思维：“增强”时代的“产能”克制

智能化技术应用可能会加剧信息过载的问题。信息过载会带来内容总体的“价值密度”变小，有价值的内容被淹没在过量的内容中，用户发现有价值的内容的成本反而上升。内容过载，也会带来用户注意力的进一步分散，以及思考专注力的下降。信息增多，人们对环境的了解并不一定增多，反而容易陷于信息焦虑症之中。

智能化生产力的引入，应该是致力于解放人，让信息更好地为人服务，而不是让人成为信息的奴隶。因此，在有足够产能的情况下，更需要克制和减法思维。

以智能化来促进“信息减法”，一是需要更好地分析公共环境与用户需求，为用户制作更有专业度、更有营养的内容，减少不必要的内容生产；二是要进一步优化分发算法，适当减少人与内容的连接。

与此同时，当我们在强调通过智能技术来实现人与人的全方位连接时，也需要注意防止过度连接给人带来的压迫感与负担，在社交产品设计中也需要一定的减法思维，适度减少连接。

2. 数据伦理：“数据权力”的自我克制与制度约束

在智能化内容生产中，数据成为一种基础设施，也成为一种权力基础，对掌握核心数据及处理能力的企业或个体来说，基于数据伦理进行自我克制或受到制度约束，对于保障这种基础设施的合理使用至关重要。

一般而言，数据伦理至少需要包括数据权力的约束、数据质量的评估、数据伦理的审计、数据采集中的个人权利保护等方面的考虑。而对于媒体的数据应用，还需要从新闻真实性等角度提出更高的要求。数据采集、加工、分析等各个环节的偏差，都有可能使得数据成为“后真相”的另一种推手。智能化加工技术，也越来越容易在图片、音频、视频等方面做假，形成“深度伪造”。如何避免数据失真带来的媒体报道失真，如何辨识与对抗数据力量对媒体客观性的干扰，都会成为媒体所需要考虑的另一种数据伦理。

3. 算法伦理：风险判断与技术克制

从新闻传播角度看，需要重点关注的与算法相关的风险与问题包括：

（1）“算法黑箱”风险

算法黑箱是目前人工智能应用领域备受关注的问题之一。算法黑箱主要与人工智能领域的“深度学习”技术相关，也就是说当机器在进行自我学习和自主决策时，可能会产生黑箱。对于机器带来的黑箱，算法的可解释性是一个重要制约方式。

当然，并非所有算法都是基于深度学习技术和机器自主决策，也不是所有算法都会产生“黑箱”。从已经公开的分发算法来看，它是有明确的可解释的模型与参数的。应该说，目前内容分发的算法更多的还是基于人的认知框架和价值观作出的模型，人主导了算法以及结果，技术带来的黑箱并不多。

今天的分发算法更多的是因为没有被公开而引起了人们对分发原理的困惑，那些对公共传播具有权力与影响力的平台，需要更好地保证算法的透明、公开和可解释，以便让人对其合理性作出判断。

（2）马太效应与拟态环境的畸变问题

算法分发，可能使某些内容传播效果被放大，而另一些内容被算法遮蔽，如果不及时得到纠正，这种马太效应会越来越强。虽然并非所有内容都具有同等的价值，但它们都应该有被曝光的机会，特别是对那些“延期报偿”但具有重要的公共价值的内容，应该尽可能增加其分发面。避免马太效应，也可以更好地尊重用户的多元化需求特别是小众需求。

与马太效应相关，算法也可能会造成信息环境这一“拟态环境”的整体的不平衡。虽然拟态环境不可能完全反映真实的世界，但它至少要努力体现现实环境的多样性。减少算法构建的拟态环境的畸变，也应是媒体在应用算法时的一个重要考量。

（3）算法偏见问题

有研究者指出：“人类文化是存在偏见的，作为与人类社会同构的大数据，也必然包含着根深蒂固的偏见。而大数据算法仅仅是把这种歧视文化归纳出来而已。”①

---

① 张玉宏，秦志光，肖乐.大数据算法的歧视本质[J].自然辩证法研究，2017（5）：81-86

算法在某种程度上继承和放大了人类的偏见，基于算法的内容生产与分发也可能会同样带有某些偏见，这也会影响到算法所构建的拟态环境的均衡性。在应用算法时，媒体也需要提高对算法偏见的识别与防范能力。

（4）“算法囚徒”问题

“信息茧房”这一问题虽然根本上不是算法造成的，但算法有可能会强化它。算法也有可能使人在其他方面成为囚徒，例如个人成为平台的“囚徒”，以及人沉浸于个性化算法带来的“幸福感”中失去自制力。

算法看上去是为个体提供人性化服务的，但是它其实也可能是对个体进行控制的另一种手段。尼尔·波兹曼在《娱乐至死》中警告的两种力量①正在“合体”，一直看着“你”的“老大哥”，也可能正是将“你”带向“幸福沉迷”的工业技术。

要摆脱这样一种危险，技术的应用者需要在产品开发与运营中有更多的自制，而用户也需要有面对算法的新媒介素养。

智能技术进入传媒业，可以在某些方面增强人的能力，也可以将人从一些简单、重复的劳动中解放出来，但智能化在媒体中的应用不应该以对人的核心价值与能力的削弱为代价。而人需要更多地了解自身与机器各自的优势与不足，才能在机器面前拥有更多的主动权。对于技术应用的克制，也有助于保持人的主导性地位，使技术真正为人类的福祉服务。

（作者：彭兰，清华大学新闻与传播学院教授、博士生导师，新媒体研究中心主任，湖南师范大学潇湘学者讲座教授。）

① [美]尼尔·波兹曼.娱乐至死[M].章艳译.南宁：广西师范大学出版社，2004：前言.

主题一：融媒体发展

（1）视频内容跨屏传播评估的产品及其发展（吴殿义、周艳），《现代传播》2018年第2期

（2）“互联网+电视”：中国电视融媒体产业的场域空间（高红波），《现代传播》2018年第9期

（3）从“融”到“合”：论电视艺术新媒体化的“四维驱动”（冷凇），《现代传播》2018年第11期

（4）“端口”争夺时代地方主流媒体的新闻生产——以“荔枝新闻”为个案（张婧妍、李宁），《新闻界》2018年第4期

（5）跨学科视野中的媒介融合研究：多重维度与范式（张昱辰），《新闻记者》2018年第6期

（6）“中华优秀传统文化+短视频”整合传播研究（宁海林），《现代传播》2018年第6期

（7）区块链变革与主流媒介的角色担当（喻国明），《新闻与写作》2018年第9期

（8）新闻=真相？区块链技术与新闻业的未来（邓建国），《新闻记者》2018年第5期

（9）VR：具有巨大发展价值空间的未来媒体（喻国明），《新闻与写作》2018年第7期

（10）人工智能：重塑媒体融合新生态（沈浩、袁璐），《现代传播》2018年第7期

（11）后移动互联网背景下的智能媒体发展与管理（卢迪、韩银丽、徐玥），《现代传播》2018年第5期

（12）智能分发环境下门户网站的内容生产创新（付晓静、刘鎏奎），《新闻与写作》2018年第6期

（13）传媒业变革之道：拥抱人工智能（匡文波），《新闻与写作》2018年第1期

（14）人工智能在媒体中的应用分析（范以锦），《新闻与写作》2018年第2期

主题二：新媒体内容生产

（1）智能时代的新内容革命（彭兰），《国际新闻界》2018年第6期

（2）黑箱：人工智能技术与新闻生产格局嬗变（仇筠茜、陈昌凤），《新闻界》2018年第1期

（3）内容生产的供给侧与需求侧：趋势与变化（喻国明），《新闻与写作》2018年第11期

（4）无边界时代的专业性重塑（彭兰），《现代传播》2018年第5期

（5）移动化、社交化、智能化：传统媒体转型的三大路径（彭兰），《新闻界》2018年第1期

（6）移动互联下的内容生产规律与传播规律（匡文波），《新闻与写作》2018年第7期

（7）新媒体内容生态演进的8个方向（丁伟），《新闻与写作》2018年第11期

（8）新媒体时代媒介用户需求的人性之维（张勇军），《现代传播》2018年第7期

（9）新媒体语境下的新闻生产：主体网络与主体间性（曾庆香、陆佳怡），《新闻记者》2018年第4期

（10）我国短视频内容生产存在的问题及其对策（靖鸣、朱彬彬），《新闻爱好者》2018年第11期

（11）短视频：移动视觉场景下的新媒介形态——技术、社交、内容与反思（朱杰、崔永鹏），《新闻界》2018年第7期

（12）论数据新闻的叙事范式（方毅华、杨惠涵），《现代传播》2018年第12期

（13）图像“武器”：“表情包”的话语与意蕴（吴志远），《新闻界》2018年第3期

（编辑　黄笑）

年度盘点

1月

◎ 1月5日，黑龙江省组织“全国百城百台交广记者走进大美龙江”大型融媒采访活动，全国40家电台、120余位交通广播记者走进黑龙江。期间，共发回连线报道130次，微博发布及用户转发超过7000次，APP视频直播、短视频制作观看用户达300万人次。微信微博及视频直播总阅读量过2亿，覆盖全国6亿人口，创下了黑龙江冰雪体验史上和畅行中国系列活动史上的多项第一。

◎ 1月15日，由江苏省委网信办组织的“新时代新梦想”网络媒体新春走基层活动在南京启动。为了深入贯彻落实党的十九大精神和习近平总书记视察江苏重要讲话精神，隆重纪念改革开放40周年，按照中央关于新闻战线“走基层、转作风、改文风”要求，中央网信办在全国范围内统一部署开展“新时代新梦想”网络媒体新春走基层活动。

◎ 国家新闻出版广电总局发布《广播电视台融合媒体互动技术平台白皮书》。这是总局推进广播电视台融合媒体建设发布的第3本白皮书，旨在贯彻落实中央关于加快传统媒体与新兴媒体融合发展的战略部署，指导和规范广播电视台融合媒体用户互动技术的实施应用，促进广电行业融合媒体技术发展。

◎ 1月16日，人民日报社与雄安新区管委会正式签约，共建雄安新区文化传媒平台，雄安媒体中心（中央厨房）同时揭牌运营，“雄安天下”客户端和“人民雄安网”也正式上线。雄安媒体中心由雄安新区党工委、管委会主办，人民日报社支持组建。“雄安天下”是雄安新区官方客户端，由人民日报媒体技术公司开发运维。“人民雄安网”由人民网承建，同时推出9种外语版本。

◎ 1月16日，“守正创新”山东政务融媒体发展高峰论坛在济南举行，论坛发布了山东广播电视台融媒体开放共享平台“闪电云”，旨在与各市、县级广播电视台联手合作，以技术促进融合，以融合促进山东政务融媒体建设与发展。

◎ 1月18日，《文汇报》创刊80周年座谈会在上海展览中心举行。当日，文汇报社融媒体指挥中心正式开通运行，标志着具有80年历史的文汇报实现整体转型。

◎ 1月23日，新华社英文客户端（XinhuaNews）在京发布。这是我国主流媒体中第一款实现智能推荐的英文客户端。客户端依托新华社遍布全球的新闻资源和采编网络，原创内容更加丰富，设置“中国新闻”“世界动态”“高端时政”等栏目，面向全世界英文读者全天候发布新闻资讯。

◎ 1月27日，国家互联网信息办公室指导北京市互联网信息办公室针对新浪微博对用户发布违法违规信息未尽到审查义务，持续传播炒作导向错误、低俗色情等违法违规有害信息的严重问题约谈该企业负责人，责令其立即自查自纠，全面深入整改。

◎ 1月30日，国家互联网信息办公室公开中央互联网新闻信息服务单位相关许可信息，包括：互联网站94个，应用程序50个，论坛14个，博客6个，微博客2个，公众账号292个，即时通信工具1个，网络直播3个，共计462个服务项。

◎ 1月31日，中国互联网络信息中心（CNNIC）在京发布第41次《中国互联网络发展状况统计报告》。报告显示，截至2017年12月，我国网民规模达7.72亿，普及率达到55.8%，超过全球平均水平4.1个百分点。全年共计新增网民4074万人，增长率为5.6%。手机网民规模达7.53亿。

◎ 1月，江西省“赣鄱云”智慧平台物理空间在江西日报社的25楼成型，该中央厨房物理空间按功能划分为互动体验区、中央指挥调度区、媒体融合作业区、视频融合演播区、会议区和休闲区六大板块。竣工之后，全体采编人员正式入驻办公，引起业界高度关注，2018年全年接受国内外参观团上百场。

2月

◎ 2月1日，中宣部在铁路总公司举行启动仪式，对2018年“新春走基层”大型主题采访活动暨春运宣传进行动员部署。从2月初开始，各媒体在重要版面、时段、新媒体平台统一开设“新春走基层”专栏，推出系列报道。

◎ 2月2日，国家互联网信息办公室公布《微博客信息服务管理规定》。《规定》自3月20日起施行。国家互联网信息办公室有关负责人表示，出台《规定》旨在促进微博客信息服务健康有序发展，保护公民、法人和其他组织的合法权益，维护国家安全和公共利益。

◎ 2月8日，国家新闻出版广电总局通报，总局日前联合地方新闻出版广电局等单位，严肃整治网上近期出现的歪曲演绎红色经典、恶意拼接经典卡通形象、散布血腥暴力、低俗炒作明星绯闻隐私和炫富享乐类视听节目。

◎ 2 月13日，国家互联网信息办公室发布消息称，针对当前网络直播存在的低俗媚俗、斗富炫富、调侃恶搞、价值导向偏差等突出问题，根据有关部署，国家网信办近日对网络直播平台和网络主播进行专项清理整治，依法关停一批严重违规、影响恶劣的平台和主播。

◎ 2月13日，天津津云“云上系列”新媒体宣传和服务矩阵举办上线仪式，共有包括各区、委办局、高校、医院、国企等177家单位入驻。

◎ 2月28日，上海报业集团召开“争当打响上海文化品牌的龙头”推进大会暨年度工作会议。会议透露，界面新闻通过换股的方式与蓝鲸·财联社完成整体合并，启用全新呼号“界面·财联社”，致力打造“中国彭博”。

3月

◎ 3月1日，南方财经全媒体指挥中心正式启用，全国媒体首位人工智能虚拟主持人同时上线。这标志着南方财经全媒体集团作为全国媒体融合发展标杆项目，以技术创新推动媒体融合转型的步伐加快。

◎ 3月2日，新华社“媒体大脑”发布史上首条关于两会的MGC（机器生产内容）视频新闻《2018两会MGC舆情热点》，用时仅15秒。

◎ 3月6日，北京市新闻出版广电局表示北京将加大“净网”力度，推进网络视听节目服务网站落实“总编辑内容负责制”，对严重违规行为实行“零容忍”，加强网上境外引进节目的管理。

◎ 3月11日，国家新闻出版广电总局办公厅发布《关于开展2018年“弘扬社会主义核心价值观 共筑中国梦”主题原创网络视听节目征集推选和展播活动的通知》。

◎ 3月17日，爱奇艺更新招股书内容显示，截至2月28日，其付费会员数量为6010万。3月18日，腾讯视频公布了会员数为6259万。

◎ 3月19日，国家新闻出版广电总局印发《国家新闻出版广电总局办公厅关于开展2018年“网络视听节目精品创作传播工程”的通知》。

◎ 3月19日，中国社会科学院国情调查与大数据研究中心和腾讯社会研究中心联合发布的《中老年互联网生活研究报告》显示，中老年人更关心国家大事和养生保健，对互联网和智能手机越认同、对自己越自信的中老年人，受骗的可能性也越低。

◎ 3月21日，中共中央印发了《深化党和国家机构改革方案》，新华社刊发了

《方案》全文，人民网传媒频道梳理了其中涉及传媒领域的机构改革内容：优化中央网信办职责，优化中央网络安全和信息化委员会办公室职责，中宣部统一管理新闻出版及电影工作，组建国家广播电视总局，撤销央视、央广、国际台建制，组建中央广播电视总台。

◎ 3月21日，中央广播电视总台宣布正式成立。中央广播电视总台整合了中央电视台（中国国际电视台）、中央人民广播电台、中国国际广播电台三台资源，旨在讲更好的“中国故事”，传更远的“中国之声”。“三台合一”不到一个月，三台主持人共同主持、共享重点节目资源、共享播发平台等共享方式，释放出强烈的融合信号。

◎ 3月22日，国家新闻出版广电总局下发特急文件《关于进一步规范网络视听节目传播秩序的通知》，针对当下部分网络视听节目非法抓取、剪拼改编的行为，以及各类节目接受冠名、赞助等方面进一步规范管理。

◎ 3月23日，天津市首个区级媒体融合平台——“津云北辰”媒体融合中央厨房上线仪式在北辰区举行。借助该平台，可实现对全区“播、报、视、网”媒体的集中高效指挥、协调和采编调度。津云中央厨房融合了天津日报、天津广播电视台、今晚报、北方网等市级主流媒体的优质资源，实现“播、视、报、网”的全媒体融合，是目前全国唯一实现全媒体融合的省级中央厨房。

◎ 3月28日，B站以“BILI”为交易代码，正式登陆纳斯达克融资6亿美元，B站发行价为11.5美元。

4月

◎ 4月2日，人民网研究院发布2017年中国媒体融合传播指数报告。报告建构了媒体融合传播指数指标体系，对全国296份中央、省级、省会城市及计划单列市的主要报纸、301个中央及省级广播频率、37家拥有上星卫视的电视台的融合传播情况进行考察，分析2017年媒体融合传播的总体水平和特点。报告显示，2017年我国媒体融合传播渠道布局日趋完备，融合传播力水平大幅提升，但“一九”分化格局明显，亟待通过深度融合系统提升传播力。

◎ 4月4日，针对社会舆论强烈关注的“今日头条”“快手”两家网站播出有违社会道德节目等问题，国家广电总局立即会同属地管理部门约谈了两家网站主要负责人，并责令两家网站整改。

◎ 4月12日，为督促网络直播及短视频企业加强平台内容安全管理，全国“扫黄打非”办公室近日召集YY、斗鱼、花椒、映客、六间房、酷六、KK、龙珠、熊猫、天鸽互动和今日头条、快手、爱奇艺、炫一下、微博、哔哩哔哩、荔枝FM、金山等18家互联网公司相关负责人，明确监管要求。

◎ 4月20日—21日，全国网络安全和信息化工作会议在北京召开。中共中央总书记、国家主席、中央军委主席、中央网络安全和信息化委员会主任习近平出席会议并发表重要讲话。

◎ 4月22日，首届数字中国建设峰会在福建福州开幕，围绕“以信息化驱动现代化，加快建设数字中国”主题，来自各省区市和新疆生产建设兵团网信部门负责人、行业组织负责人、产业界代表、专家学者以及智库代表等约800人出席峰会，就建设网络强国、数字中国、智慧社会等热点议题进行交流分享。

◎ 4月22日—28日，江西日报社组织开展了“新时代 新面貌 新作为——第四届全国融媒体看江西”大型采访采风活动，邀请我国知名党网、党端、商业门户近50家媒体先后走进瑞金市、遂川县、鹰潭市、共青城市（赣江新区共青组团），围绕着“生态文明”“精准扶贫”“互联网+”“全域旅游”“乡村振兴”等发展改革领域进行深入采访采风。

◎ 4月24日，国家版权局网络版权产业研究基地在京发布《中国网络版权产业发展报告（2018）》。报告显示，当前我国网络版权产业继续保持快速增长趋势。根据测算，2017年中国网络版权产业的市场规模为6365亿元，较2016年增长27.2%。其中，中国网络版权产业用户付费规模为3184亿元，占比规模突破50%。

◎ 4月，“广西云”客户端升级上线，“广西云”是广西日报社实施传统媒体与新兴媒体融合的重大工程。2017年启动，2018年建成一期工程投入使用。短短7个月就开通广西全部14个设区市和111个县级分端，构建起“1+14+111”党端矩阵，打通服务群众“最后一公里”，将党的创新理论及时传播至千家万户、街头巷尾、田间地头。

5月

◎ 5月1日，国家标准《信息安全技术个人信息安全规范》正式实施。

◎ 5月3日，作为天津首个5G网络开放实验室，中国移动5G联合创新中心天津开放实验室挂牌成立。

◎ 5月4日，中国记协网发布“关于印发《中国新闻奖媒体融合奖项评选办法》的通知”称，为顺应传统媒体和新兴媒体融合发展趋势，更好贯彻落实中央关于推动媒体融合发展的决策部署，充分发挥中国新闻奖对加快推进媒体融合发展的示范导向作用，中国新闻奖自2018年起增设媒体融合奖项，设立6个评选项目，分别为短视频新闻、移动直播、新媒体创意互动、新媒体品牌栏目、新媒体报道界面和融合创新。

◎ 5月9日，微博发布2018年一季度财报。2018年一季度，微博营收达22.13亿元，连续5个季度保持60%以上增速，进入高速增长期。截至2018年3月，微博月活跃用户数增至4.11亿，成为全球第7家活跃用户规模突破4亿的社交产品。

◎ 5月11日，辽宁记协印发《辽宁新闻奖媒体融合奖项评选办法》，设立20个获奖数额，其中一等奖不超过5个，二等奖7个左右，三等奖8个左右。6月，第二十七届辽宁新闻奖媒体融合奖项评选结果揭晓。

◎ 5月25日，2018湖北首届“政能量”峰会暨楚天舆情数据研究院揭牌仪式举行。来自全国各地的400余名专家学者和湖北各级党政机关、企事业单位代表齐聚东湖之滨，共享政务新媒体发展成果。首届峰会揭牌成立了楚天舆情数据研究院。

◎ 5月29日，第三届海外华文新媒体高峰论坛在浙江杭州举行。论坛由人民日报社、浙江省人民政府指导，人民日报海外版、杭州市人民政府主办。来自全球53个国家和地区的165家海外华文媒体负责人、知名侨领和专家学者逾300人参加论坛。论坛以“融合新时代：华文媒体的使命与担当”为主题。

◎ 5月30日，被称为“互联网女皇”的美国华尔街证券分析师和投资银行家玛丽·米克尔（Mary Meeker）公布的《2018互联网趋势报告》中列举了全球二十大互联网公司，其中中国公司占据9席，包括百度、阿里巴巴、腾讯和“今日头条”等。

◎ 5月，重庆市人民政府新闻办公室官方微信“重庆发布”新版上线暨重庆政务新媒体矩阵签约仪式在渝州宾馆举行。“重庆发布”与腾讯、蚂蚁金服、各区县各部门政务矩阵及相关企业签署了战略合作协议，标志着重庆市政务新媒体矩阵全面升级。

◎ 5月，全国省级层面第一朵覆盖整个宣传文化系统的云平台——“多彩贵州宣传文化云”正式上线。中央网信办、贵州省委宣传部、省委网信办有关领导出席活动并共同启动了“多彩贵州宣传文化云”。其数据来源分为两部分，一个为全省各级宣传文化单位，一个是互联网。两部分数据汇聚在数据标准平台进行数据清洗，规范数据标准。最后通过大数据开发平台进行数据融合分析后到达共享中心，提供给全省宣传文化系统使用。

6月

◎ 6月，湖南省“红网云”平台正式上线，实现对电视台、网站、两微一端、报纸等媒体的全面融合，研发融媒体云平台十大子系统，对内建设“中央厨房”，实现红网内部全平台联动，实现了采编流程的再造。

◎ 6月5日，由东方网牵头策划，新华日报报业集团、浙江日报集团和安徽新媒体集团联合主办的“奋斗新时代——长三角改革开放再出发”沪苏浙皖大型新媒体报道活动在沪启动。通过滚动播报、图文、视频等多种形式，见证助推长三角一体化进程。

◎ 6月11日，人民日报社举行仪式，宣布全国移动新媒体聚合平台“人民号”正式上线。人民日报英文客户端2.0版和人民日报创作大脑、人民日报智慧党建平台同时对外发布。

◎ 6月13日，新华社发布了媒体大脑2.0 MAGIC智能生产平台，人民日报也发布了自己的创作大脑。

◎ 6月19日，中国记协发布《中国新闻事业发展报告（2017年）》。这是中国记协连续第四次发布关于中国新闻事业发展总体情况的报告。中国特色社会主义进入新时代，中国新闻事业蓬勃发展。中国记协会同国家广播电视总局、国家互联网信息办公室等部门联合编写《中国新闻事业发展报告（2017年）》，从“新闻从业环境”“媒体转型与融合发展”“权益保护、职业道德建设和新闻评奖”“对外交流合作”等方面，全面反映中国新闻事业的新情况新发展。

◎ 6月20日，移动互联网蓝皮书《中国移动互联网发展报告（2018）》在天津正式发布。蓝皮书全面梳理了2017年中国移动互联网发展状况，分析了年度发展特点，并对未来发展趋势进行预判。《中国移动互联网发展报告（2018）》由人民网研究院组织相关领域的专家、学者、业界人士及政府管理人员撰写。

◎ 6月24日—28日，中国报业第二届融合创新大会、中国地市报研究会理事会年会暨全国媒体看廊坊活动成功举办。活动旨在贯彻落实习近平新时代中国特色社会主义思想，加快推动媒体融合发展进程，聚焦“新时代新气象新作为 构建报业融合发展新格局”主题，来自全国近200家主流媒体、400多名业界人士共谋发展，共话未来。

大会评选出中国报业新媒体项目创新奖30强。

◎ 6月26日，以“智能互联 · 数字中国”为主题的新媒体蓝皮书《中国新媒体发展报告（2018）》在京发布。《新媒体蓝皮书》由中国社会科学院新闻与传播研究所与社会科学文献出版社共同推出，分为总报告、热点篇、调查篇、传播篇、产业篇等五个部分，汇聚国内50多位专家学者的研究成果。

◎ 6月26日—27日，浙江省新闻工作者协会新媒体专业委员会与国家新闻出版广电总局出版融合发展（浙报集团）重点实验室在杭州联合主办“智融 · 2018钱江新媒体发展论坛”，深入研讨媒体融合的现状与对策、新媒体技术在新闻报道中的运用、融媒体作品选题策划、数据在新闻报道中的应用等。

◎ 6月，新疆克孜勒苏柯尔克孜自治州党委宣传部利用江西援疆资金和江西日报社赣鄱云技术，对各县（市）所属的广播频率、电视频道、“零距离”微信公众平台等进行整合，建成克孜勒苏日报社融媒体中心“克州云”，在全疆地州市媒体中率先建成融媒体中心。

7月

◎ 7月1日，北京17个区的融媒体中心全部实现了挂牌运行，媒体融合的布局初步形成。

◎ 7月6日，湖南省首家区县融媒体中心挂牌。浏阳市、江永县、汨罗市和屈原管理区等入驻“新湖南云”，其成员已达102个。当天，湖南日报社浏阳融媒体中心正式挂牌，成为湖南省首家县级融媒体中心。

◎ 7月6日，南国早报客户端在广西云发布厅举行上线仪式。客户端定位于广西民生新闻门户，致力于向用户提供权威、及时、全面的新闻报道，提供有料、有趣、有用的优质内容。

◎ 7月12日，中国互联网协会正式发布了《中国互联网发展报告2018》。《报告》显示，截至2017年底，中国网民规模达7.72亿，其中手机网民规模达7.53亿，移动互联网的快速发展带动了网民规模的增长。2017年手机上网人群占比由2016年的95.1%提升至97.5%，手机已经成为最主要的移动上网设备。

◎ 7月16日，国家版权局、国家互联网信息办公室、工业和信息化部、公安部联合召开新闻通气会，宣布启动打击网络侵权盗版“剑网2018”专项行动，其中，受到资本青睐的短视频是专项整治重点领域之一，包括抖音、快手、西瓜视频在内的短视频应用程序均被纳入重点监管。

◎ 7月19日，新组建的辽宁报刊传媒集团（辽宁日报社）、辽宁广播电视集团（辽宁广播电视台）分别举行挂牌仪式，这标志着辽宁在推进媒体融合道路上又迈出新的征程。

◎ 7月25日—8月1日，中国记协在中国记协网上公示第二十八届中国新闻奖媒体融合奖项初评结果。共100件候选作品，其中，短视频新闻30件，移动直播10件，新媒体创意互动14件，新媒体品牌栏目10件，新媒体报道界面12件，融合创新24件。

◎ 7月25日，澎湃新闻推出新媒体整体解决方案“澎π系统”，涵盖从管理模式到技术平台的全方位一体化解决方案，实现从内容输出到技术输出、产品输出的跨越，迈出了建立自主知识技术体系的坚实一步。

◎ 7月26日，广西壮族自治区新闻出版广电局在广西电视台举行广西“广电云”上线暨融媒产品发布仪式。“广电云”是广西广电融合媒体云平台，是广西广播电视台、广西广电网络公司两家单位，本着“联合承建、各司其责”的原则，开展广西广电融合媒体云平台项目的建设，打造可覆盖服务自治区、市、县三级广电媒体，具备“新闻+政务+服务”功能的融合媒体云平台。

◎ 7月27日，新媒体专委会成立。中国记协新媒体专业委员会成立大会在北京万寿庄宾馆举行。中宣部副部长蒋建国出席成立大会并讲话。他指出，中国记协成立新媒体专业委员会，是贯彻落实习近平新闻舆论工作论述的重要举措，是适应传播环境深刻变化的迫切需要，是深化中国记协改革的实际行动，有利于落实党对新媒体的领导，有利于提高新媒体专业能力，有利于更好地为新媒体从业人员服务。中国记协新媒体专业委员会要充分发挥引领服务作用，强化政治引领，推动行业自律，加强联络服务，打造工作平台。要加强组织领导，强化责任担当，加强统筹协调，主动担当作为，扎实推进各项工作。中国记协主席张研农主持会议。中国记协党组书记、常务副主席胡孝汉当选新媒体专业委员会第一届主任委员。150多名来自新闻宣传管理部门、新闻单位、新闻行业组织、新闻院校、新闻研究机构等代表当选第一届委员。大会通过了副主任委员、顾问、秘书长人选，通过了《中国记协新媒体专业委员会规则》。

◎ 7月28日，厦门广电融媒体中心正式启用。旗下运营有看厦门APP、厦门广电官微、厦门广电官博、厦门广电官方腾讯企鹅号、厦门广电抖音等多个新媒体。2018年开展了125场网络直播。

◎ 7月31日，经中央广播电视总台授权，中国国际电视总公司与中国移动在京签署合作框架协议。根据协议，双方将在5G技术研发、4K超高清频道建设等6个领域发挥各自优势，开展深度合作。

◎ 7月，山西省级“中央厨房”初步建成投入运行，初步实现了与山西日报、山西广播电视台的“通”和“用”，为山西日报、山西广播电视台融合发展打造的技术支撑平台，为中央（驻晋）省市县四级媒体资源实现互联互通打造的信息汇聚平台，为围绕中心工作、重大宣传任务，生产融媒作品，一次采集、多种生成、多终端呈现、多群体送达着力打造内容生产平台。

◎ 7月，经国家新闻出版署批准，由贵州日报社主办、贵州省新闻工作者协会协办的《新闻窗》杂志正式更名为《媒体融合新观察》。更名后的杂志将关注媒体融合进程，报道媒体融合政策，解析媒体融合案例，展示媒体融合成果，服务媒体融合发展。

8月

◎ 8月3日，中国记协评奖办公室在新华网、中国记协网公示第二十八届中国新闻奖媒体融合奖项参评作品。

◎ 8月，山西日报报业集团本着最大化共享省级“中央厨房”系统功能的原则，充分利用省级“中央厨房”视频采编、舆情监测和传播力分析、基础云计算资源等既有的功能，初步建成山西日报融媒体中心，并与省级“中央厨房”实现通和用。

◎ 8月3日，长城新媒体集团与河北省体育局在石家庄签署战略合作协议。双方将共同探索“体育+”融合发展新模式，全方位构建河北体育发展新格局，携手打造河北乃至全国最具影响力的体育新媒体传播与服务平台，助力河北从体育大省向体育强省迈进。

◎ 8月13日，由宁夏回族自治区党委宣传部、自治区党委网信办主办，宁夏新闻网承办的第十四届全国网络媒体宁夏行大型采访活动在银川启动。来自人民网、新华网、光明网等全国70余家网络媒体的120余名编辑记者参加此次活动。

◎ 8月15日，正式上线三周年的新湖南客户端再次改版，全年实现迭代升级12次。

◎ 8月20日，全国“扫黄打非”办公室会同工业和信息化部、公安部、文化和旅游部、国家广播电视总局、国家互联网信息办公室联合下发《关于加强网络直播服务管理工作的通知》，明确规定直播平台需落实用户实名制。文件强调，“对网络接入服务提供者、应用商店未尽到许可、备案手续审核及监管义务造成有害信息传播的，有关主管部门将按照相关法律法规予以严肃查处”。

◎ 8月20日，中国互联网络信息中心（CNNIC）在京发布第42次《中国互联网络发展状况统计报告》。截至2018年6月，我国网民规模达8.02亿，互联网普及率为57.7%；2018年上半年新增网民2968万人，较2017年末增长3.8%；我国手机网民规模达7.88亿，网民通过手机接入互联网的比例高达98.3%。

◎ 8月21日，已于2017年1月1日休刊的《京华时报》的微信公众号整体迁移至微信公众号“长安街知事”，推进全员转型到客户端。

◎ 8月21日—22日，习近平总书记在全国宣传思想工作会议上指出，“要扎实抓好县级融媒体中心建设，更好引导群众、服务群众”。

◎ 8月27日，北京广播电视台融媒体中心成立仪式在北京电视台举行。北京广播电视台党委书记、台长李春良介绍，按照市委、市政府关于推进北京广播电视台进一步深化改革的总体要求，北京广播电视台举全台之力组建成立融媒体中心，全力打造以广播电视移动端音视频为载体的新型主流媒体。

◎ 8月28日，胡杨网站开通微博“兵团号”“兵团胡杨网站”以及“兵团号”“兵团发布”微信公众号。2018年年底，胡杨网微博发稿260多篇，累积阅读量15万+；兵团号微博发稿288条，累积阅读量25万+。

◎ 8月29日，由中央网信办违法和不良信息举报中心主办、新华网承办的中国互联网联合辟谣平台在京正式上线。中国互联网联合辟谣平台设立了部委发布、地方回应、媒体求证、专家视角、辟谣课堂等栏目，具备举报谣言、查证谣言的功能，可以获取相关部门和专家的权威辟谣信息。

◎ 8月29日，由大连报业集团、大连广播电视台、大连京剧院、大连舞美设计中心、团市委宣传教育中心等统合副省级城市11家单位组成的大连新闻传媒集团正式揭牌。组合而成后的大连新闻传媒集团为市委直属事业单位，负责全市新闻事业和传媒产业发展。

◎ 8月30日，由人民日报社、内蒙古自治区党委宣传部合办的第三届党报评论融合发展论坛在内蒙古自治区锡林浩特市举办。本届论坛主题为“全媒体时代，以主流声音传播主流价值”，来自部分中央媒体、全国各省级党报、相关新媒体平台的代表共同探讨党报评论融合发展问题。

◎ 8月，新疆日报“中央厨房”一期项目建成，由人民日报媒体技术公司中标承建的该项目共13个子系统，其中，新疆日报“中央厨房”机房部署的7个子系统，包括领导决策支持系统（大屏）、数字报聚合系统、信息定向采集系统、采编联动平台、总编调度中心、投稿及用户爆料系统、用户平台。

9月

◎ 9月6日，以“智能互联时代的媒体变革与发展”为主题的2018中国网络媒体论坛在浙江宁波成功举行。

◎ 9月10日，由人民日报社联合中共深圳市委、深圳市人民政府、招商局集团共同主办的“构建全媒体传播格局——2018媒体融合发展论坛”在深圳举行。

◎ 9月14日，针对重点短视频平台的版权问题，国家版权局约谈了抖音、快手、西瓜视频等15家重点短视频平台企业。

◎ 9月19日，中宣部在上海召开媒体深度融合现场推进会，认真学习领会和贯彻落实习近平总书记在全国宣传思想工作会议上的重要讲话精神，研究借鉴解放日报·上观新闻整体转型的探索实践，交流各地各媒体的经验做法，推动媒体深度融合，真正实现“融为一体、合而为一”。

◎ 9月20日—21日，中宣部在浙江省湖州市长兴县召开县级融媒体中心建设现场推进会，深入贯彻落实习近平总书记在全国宣传思想工作会议上的重要讲话精神，总结交流各地经验做法，对在全国范围推进县级融媒体中心建设作出部署安排，要求2020年底基本实现在全国的全覆盖，2018年先行启动600个县级融媒体中心建设。

◎ 9月25日起，红网新媒体集团旗下“红视频”出品纪念改革开放40年融媒体新闻片《你好，40年》，至10月9日已播出《资深导游丁石彪：山不倒，导游干到老》等5期节目，讲述资深导游丁石彪、种粮大户阳岳球、餐饮掌柜胡艳萍、湘剧演员李开国、大学教授张清辉的故事，在红网首播后，获得人民网、人民日报客户端、全国党媒平台、腾讯、新浪、今日头条等平台快速转发，融合传播，不断推高了报道的热度，取得了较好的传播效果。

◎ 9月30日，福建省漳州市11个县（市、区）融媒体中心全部实现对外挂牌，成为全省首个百分百完成县级融媒体中心对外挂牌的设区市。

◎ 兵团广播电视台依托公有云服务搭建“昆仑云”平台——融合媒体中央厨房。9月底完成私有云搭建，10月底完成公有云系统的部署，正式上线运营，“昆仑云”平台——融合媒体中央厨房面向兵团媒体单位提供融合媒体云服务。

◎ 9月，重庆广电集团（总台）成立融媒体新闻中心，标志着重庆广电集团（总台）在媒体深度融合发展方面迈出坚实步伐。

10月

◎ 10月1日，国内首个上星超高清电视频道CCTV4K超高清频道在中央广播电视总台开播。

◎ 10月，湖南日报中央厨房正式运行。不仅成为湖南日报报业集团媒体融合的指挥调度中心，也成为全省县级融媒体中心建设的省级技术平台。

◎ 10月8日，秉持“高端时政、深度解读、高度聚合、深耕兵团”的传播理念，新疆兵团日报客户端全新改版上线。新版兵团日报客户端以全新界面亮相，实现栏目定制功能，并推出视频、音频等特色频道，努力打造功能更强、用户体验更优、内容更丰富的权威新媒体平台，实施融合传播、移动优先。

◎ 10月9日，北京日报客户端2.0版上线。

◎ 10月10日—11日，首届中国新媒体发展年会在济南举行。会上发布了“首届中国新媒体年会新媒体影响力排行榜”，湖南日报社新湖南客户端荣获“最具影响力主流媒体新闻客户端”称号。

◎ 10月16日，全国首个省级电视4K超高清频道——广东广播电视台综艺频道4K超高清开播。

◎ 10月16日，“第二届CGTN全球媒体峰会 · 第八届CCTV+全球视频媒体论坛”在重庆拉开帷幕。峰会和论坛由中央广播电视总台下属的中国国际电视台（中国环球电视网，CGTN）和央视国际视频通讯社（CCTV Video News Agency）主办，中国环球广播电视有限公司（CGTN Corp）、重庆高新区管委会和中国传媒大学联合主办。现场，来自70多个国家和地区的100多个媒体与互联网机构近300名代表相聚重庆，就前沿的新闻媒体热点话题与全球媒体未来发展的趋势展开讨论。

◎ 10月22日，新湖南客户端双语频道正式上线，双语微信公众号“HNDAILY”同步上线。

◎ 10月23日—25日新华社刊发三篇文章揭露了自媒体地下“洗稿”产业链、保险自媒体“割韭菜”、自媒体“黑公关”。

◎ 10月23日—26日人民网连发4篇言论批评“自媒体账号乱象”，指出自媒体

“脏臭黑”、没底线、唯利是图，呼吁自媒体空间回归健康有序。

◎ 10月25日，哔哩哔哩与腾讯联合宣布达成战略级合作，合作内容包括动画、游戏等ACG（Animation、Comic、Game）生态链条的上下游。10月初，腾讯曾宣布向B站进行共3.176亿美元现金的投资，增持股份至约12%。

◎ 10月26日，全国“扫黄打非”办公室和国家新闻出版署就微信公众号传播淫秽色情和低俗网络小说问题约谈了腾讯公司，责令其立即下架违背社会主义核心价值观，低俗、庸俗、媚俗网络小说，坚决清理传播淫秽色情等有害内容的微信公众号，切实履行企业社会责任。

◎ 10月26日，新民晚报视频新平台“上海时刻”上线。“上海时刻”自推出以来，原创短视频数量呈爆发式增长，2018年月均数量超过210条，是2017年同期的3倍。

◎ 10月26日，陕西日报社与新浪互联信息服务有限公司在北京签署战略合作协议，双方将充分利用各自优势，增强信息资源共享能力，通过多种形式开展各项合作，优化合作模式，扩充宣传渠道达到共赢。

◎ 10月26日，江苏邳州广电正式举行邳州市融媒体中心成立仪式，徐州市委常委、宣传部长冯其谱、邳州市委书记陈静同志等出席仪式，共同为邳州市融媒体中心揭牌。成立仪式上，邳州市融媒体中心与新华报业集团交汇点云媒签署战略合作协议。

◎ 10月28日，由甘肃省委宣传部、甘肃日报社主办的“2018甘肃媒体融合创新与发展论坛”在甘肃省委党校大礼堂召开。论坛以“新时代新融合新使命”为主题，采取“主旨演讲+高峰论坛+融媒培训”的形式进行，论坛围绕传统媒体与新兴媒体融合发展、县级融媒体中心的建设与实践、融媒体时代的内容营销、媒体技术创新与发展、新媒体的运营与推广等议题展开对话和交流。

◎ 10月28日，由甘肃省委宣传部和甘肃日报社党委主管、甘肃日报报业集团主办的甘肃新媒体集团正式挂牌成立，甘肃第一新闻党端——“新甘肃”客户端同时上线。

◎ 10月31日，全新的新京报APP正式登陆各大手机应用市场，它的上线标志着新京报在媒体转型道路上又向前迈进一大步。

◎ 10月31日，广东省委常委、宣传部部长傅华会见首届海峡两岸网络新媒体大陆行联合报道团一行。海峡两岸网络新媒体大陆行共有两岸50家网络新媒体参与，是两岸新媒体首次大规模合作，也是两岸新闻交流的新尝试。

◎ 10月31日，中共中央政治局就人工智能发展现状和趋势举行第九次集体学习，为我国新一代人工智能的发展和利用作出顶层谋划和设计，明确了我国人工智能发展的方向与目标。

◎ 截至10月底，中国移动围绕5G技术提交发明专利申请近1000件，跃居全球运营商第一阵营，同时预计明年出5G手机及自主品牌终端。

11月

◎ 11月，内蒙古自治区发展和改革委员会对“草原云”融媒体平台项目批准立项。自治区党委宣传部委托内蒙古日报社建设“草原云”融媒体平台，全区12个盟市新闻媒体和103个旗县（区、市）融媒体中心入驻“草原云”平台，汇总全区各级各类媒体信息数据，实现新闻舆论一盘棋、舆情管理一键通，优化传播效果，全面提升自治区、盟市、旗县三级新闻媒体传播力引导力公信力影响力。

◎ 11月1日起，微博的新版客户端暂停对不满14周岁的未成年人开放注册功能。

◎ 11月2日，2018广东互联网大会开幕。广东省、各地市行业主管单位以及来自华为、中兴、腾讯、网易、阿里巴巴、百度、唯品会等知名互联网企业，中国电信、中国移动、中国联通等基础电信运营商，以及来自全球的互联网企业家、风险投资商、创业代表、媒体代表等近千人参与了开幕式论坛。

◎ 11月2日，第二十八届中国新闻奖评选结果揭晓。人民网《两会进行时》成为第二十八届中国新闻奖5件特别奖中唯一的媒体融合奖项。《两会进行时》3月2日下午试播，3月3日首播，到3月15日，累计直播时长达120小时，累计观看达1.38亿余人次。直播首日，各界“围观群众”逾200万，创下中央重点新闻网站两会直播时长和规模的新纪录。

◎ 11月5日，上海广播电视台“看看新闻Knews”对俄罗斯总理梅德韦杰夫进行近50分钟的独家网络专访，并通过移动客户端对外全程直播。这是俄罗斯政府首脑首次接受中国地方网络媒体的专访直播报道，俄罗斯电视台对此进行了同步直播。

◎ 11月7日，新华社、搜狗合作推出的全球第一个全仿真智能虚拟主持人——“AI虚拟主播”首次亮相乌镇，这不仅在全球AI合成领域实现了技术创新和突破，更是在新闻领域开创了实时音视频与AI真人形象合成的先河。

◎ 11月7日—9日，第五届世界互联网大会在浙江乌镇举行。国家主席习近平致贺信，中共中央政治局委员、中宣部部长黄坤明出席开幕式，宣读习近平主席贺信并发表主旨演讲。习近平指出，本届世界互联网大会以“创造互信共治的数字世界——携手共建网络空间命运共同体”为主题。希望大家集思广益、增进共识，共同推动全球数字化发展，构建可持续的数字世界，让互联网发展成果更好造福世界各国人民。

◎ 11月9日，福建省广播影视集团融媒体资讯中心挂牌。集团整合了新闻中心、新闻频道、公共频道、新闻广播频率和福建网络广播电视台五大优势平台资源，以推进团队、流程、平台的融合为重点，打通技术壁垒，建立“中央厨房”，达到一次采集、多种生成、多渠道传播的效果。

◎ 11月12日，国家网信办官方网站发布自媒体账号集中清理整治专项行动情况通报。通报称，专项行动从10月20日起，已依法依规全网处置“唐纳德说”“傅首尔”“紫竹张先生”“有束光”“万能福利吧”“野史秘闻”“深夜视频”等9800多个自媒体账号。

◎ 11月13日，天津海河传媒中心正式宣布成立，为市委直属事业单位，不再保留天津日报社、今晚报社、天津广播电视台、天津广播电视传媒集团有限公司、天津报业印务中心、中国技术市场报社。

◎ 11月14日，中央全面深化改革委员会第五次会议审议通过了《关于加强县级融媒体中心建设的意见》。会议指出，组建县级融媒体中心，有利于整合县级媒体资源、巩固壮大主流思想舆论。《意见》明确了县级融媒体中心建设及今后发展的目标、方向和推进要点。

◎ 11月16日—17日，以“努力实现由融媒体向智媒体的飞跃”为主题的第十三届中国传媒年会在四川成都安仁古镇举办。会上发布了《中国传媒创新报告（2017—2018）》主题报告，发布了中国新闻出版研究院科研课题《报道改革开放新闻作品研究》主要成果，公布了“报道改革开放40年40文”推选结果。

◎ 11月20日，首届全国县级融媒体中心建设高峰论坛在北京举行。

◎ 11月21日，广东省县级融媒体中心建设现场会在江门开平市召开。会议深入学习贯彻全国、全省宣传思想工作会议和中央全面深化改革委员会第五次会议精神，贯彻落实中宣部县级融媒体中心建设现场会精神，总结交流各地县级融媒体中心建设经验做法，部署下一步工作。

◎ 11月22日—23日，推进全国“智慧广电”建设现场会在贵阳召开，中国（贵州）智慧广电综合试验区揭牌，贵州成为国内首个国家级智慧广电综合试验区。

◎ 11月24日，新疆经济报社、《今日新疆》杂志社、天山网（新疆新媒体中心）

并入新疆日报社，成立新疆报业传媒（集团）有限公司。整合天山网、亚心网、新疆日报网等网站，天山网、新疆头条等客户端，新疆日报微信、天山网微信、天山网微博等40多个新媒体平台，通过聚合同类资源，突出鲜明特色，打造具有影响力的新媒体集群。

◎ 11月28日，微博发布的2018年第三季度财报显示，微博月活跃用户达4.46亿，营收达31.39亿元。

◎ 11月28日，在第六届中国网络视听大会上，由网络视听节目版权保护工作委员会委托专门机构联合编制而成的中国视听节目领域首份司法实务白皮书——《视听节目著作权司法保护实务综述及大数据分析白皮书（2013—2017）》发布。

◎ 11月28日—12月1日，第六届中国网络视听大会在成都举行。大会以“凝心聚力 创造美好新视界”为主题，共举办论坛、展交会、年度盛典等活动40余场。中国网络视听节目服务协会在四川成都发布《2018年中国网络视听发展研究报告》，报告显示，截至6月，中国网络视频用户规模为6．09亿，占网民总数的76．0%。

◎ 11月30日，“伟大的变革——庆祝改革开放40周年大型展览”网上展馆在中央广播电视总台央视网全面发布上线。网上展馆以新媒体平台为依托，运用3D模型技术，采取多媒体互动叠加图文、音视频等形式，360度全景展示展览现场，生动再现“伟大的变革——庆祝改革开放40周年大型展览”全貌。

12月

◎ 12月1日，《法制晚报》发布公告称，将于2019年1月1日起休刊，整体向新媒体领域进军。《法制晚报》现有采编团队将与上级单位北京青年报社的采编团队进行有机整合，集中精力打造北京青年报社融媒体平台——“北京头条”客户端。

◎ 12月4日，由北京市新闻出版研究中心主编、社会科学文献出版社出版的《北京新闻出版广电发展报告（2017—2018）》（又名《北京传媒蓝皮书》）发布，展现了2017—2018年北京新闻出版广电业发展的亮点及趋势。

◎ 12月7日，《国务院办公厅关于推进政务新媒体健康有序发展的意见》（以下简称《意见》）近日公布。《意见》指出，到2022年，要建成以中国政府网政务新媒体为龙头、整体协同、响应迅速的政务新媒体矩阵体系，全面提升政务新媒体传播力、引导力、影响力、公信力，打造一批优质精品账号，建设更加权威的信息发布和解读回应平台、更加便捷的政民互动和办事服务平台，形成全国政务新媒体规范发展、创新发展、融合发展新格局。

◎ 12月10日，工信部正式对外公布，已向中国电信、中国移动、中国联通发放了5G系统中低频段试验频率使用许可。这意味着各基础电信运营企业开展5G系统试验所必须使用的频率资源得到保障，向产业界发出了明确信号，进一步推动我国5G产业链的成熟与发展。

◎ 12月10日—11日，中国记协在京举办第二十八届中国新闻奖、第十五届长江韬奋奖获奖者研讨班，学习贯彻习近平总书记在全国宣传思想工作会议上的重要讲话精神，以“增强脚力、眼力、脑力、笔力”为主题，以2018年中国新闻奖获奖作品、长江韬奋奖获奖者新闻从业经验为案例，总结探讨过去一年新闻舆论工作的成绩和新闻工作者的创新成果，为不断提高新闻舆论的传播力、引导力、影响力、公信力提供经验和对策。

◎ 12月12日，“海报新闻”客户端正式上线，标志着山东媒体融合发展进入全新阶段。

◎ 12月12日，“2018数字政府建设论坛暨第十七届中国政府网站绩效评估结果发布会”在北京举办。大会主题为：新时代、新模式、新发展——加快构建高效惠民数字政府。会上通报了第十七届（2018）中国政府网站评估指标和评估结果。全国政府网站运行总数从2017年的2.8万家精简至1.8万家。相比2015年，超70%已完成平台和资源的整合迁移。总体上，政府网站建设管理进入集约化、标准化、规范化阶段，向能办事、办成事、少跑腿迈进一大步。

◎ 12月15日，由中国行业报协会主办的第三届中国产经媒体融合发展高峰论坛在北京举行。论坛发布了《2018中国产经媒体融合发展实践报告》，发起成立了“中国财经媒体版权保护联盟”。

◎ 12月18日，甘肃省首个县级融媒体中心——玉门市融媒体中心正式揭牌，标志着县级融媒体建设的“玉门样本”开启新征程。

◎ 12月24日，2018中国新媒体大会在京召开，100多家新闻单位的新媒体负责人以及新闻院校、新闻研究机构专家学者汇聚一堂，以“增强‘四力’、守正创新、多出群众喜爱的融合精品”为主题，交流媒体融合经验，分享优秀作品创作体会，为开拓新媒体事业献计献策。

◎ 12月25日，新华网在京召开发布会，正式启动视频化战略，将视频业务作为构建内容新生态的战略支点，全面推动新华网向视频化、移动化、知识化、智能化转型。

◎ 12月25日，新华网媒体创意工场正式揭牌。媒体创意工场拥有国际一流技术装备和设施，是一个开放型产品创意平台，旨在打造完备的创意产品孵化体系，加快形成融媒产业生态圈。

◎ 12月25日，一份由共青团中央主管、中国青年报社主办的文学新报——《中国青年作家报》正式创刊，中国青年作家报官方微博、微信等新媒体同时启动。

◎ 12月26日，北京互联网法院一审公开宣判了北京互联网法院挂牌成立后受理的第一起案件——“抖音短视频”诉“伙拍小视频”侵害作品信息网络传播权纠纷一案。

◎ 12月26日，北京青年报社融媒体平台“北京头条”正式上线。整合《北京青年报》、《北青社区报》、《法制晚报》、北青网、法晚网等北青系媒体资源，集中力量向融媒体进军。

◎ 12月27日，第六届中国新兴媒体产业融合发展大会在四川成都举行。大会发布《中国新兴媒体融合发展报告（2017—2018）》。

◎ 12月27日，新华社在成都发布中国第一个短视频智能生产平台“媒体大脑·MAGIC短视频智能生产平台”。这是人工智能技术首次在媒体领域集成化、产品化、商业化的应用，也是国家通讯社面向“5G时代”在媒体人工智能方向上迈出的重要一步。

◎ 12月28日，我国第一个基于5G技术的国家级新媒体平台在中央广播电视总台开建。当天，中央广播电视总台与中国电信、中国移动、中国联通及华为公司在北京共同签署合作建设5G新媒体平台框架协议。

◎ 12月28日，山东省首家中宣部重点联系推动的全国59个县级融媒体中心之一——“宁津县融媒体中心”，正式揭牌成立。

◎ 2018年底，作为山东省内首家嵌入式中央厨房——“最泰安中央厨房指挥中心”建成使用，完成了泰报全媒体格局的最后一块拼图，初步确立了内容生产和传播比较优势，媒体矩阵用户总数突破600万。

◎ 12月，山西各市一批县级融媒体中心陆续揭牌，拉开了山西加快推进县级融媒体中心建设的帷幕。长治市长治县（现更名为长治市上党区）、朔州市怀仁市列入中宣部县级融媒体中心试点县。截至12月31日，2018年山西首批启动建设的39个县（区、市）融媒体中心全部揭牌。

◎ 2018年，宁夏回族自治区政协建设了面向全区政协系统及政协委员的“履职通”手机客户端，为其机关报华兴时报精准、有效传播政协相关报道内容提供了移动客户端，初步形成了华兴时报社全媒体传播格局。

◎ 2018年，江西广播电视台集全台之力，打造支撑县级融媒体中心建设的省级平台——赣云融媒体中心。在传统媒体云平台的基础上，“赣云”打造出新型移动新媒体音视频内容产品矩阵，建设了汇聚新闻报道、政务服务、舆情分析、智慧城市和广电媒体资源的强大系统，更好地服务江西经济和社会发展。

（编辑　王康蓓）

书籍简目

1.《主流媒体对外传播的新媒体策略》

作者：刘滢等

清华大学出版社

2.《数字出版实用教程（第二版）》

作者：黄孝章　周健华　张志林

知识产权出版社

3.《全媒体新闻生产：案例与方法》

作者：窦锋昌

复旦大学出版社

4.《媒介·科技·传播：大众传媒科技传播现状研究》

作者：武丹　钟琦

科学出版社

5.《政务新媒体的模式创新》

作者：禹卫华

上海交通大学出版社

6.《新媒体与社会（第二十二辑）》

作者：谢耘耕　陈虹

社会科学文献出版社

7.《互联网时代的影像新闻研究》

作者：彭华新

国家图书馆出版社

8.《媒介热点透析与前瞻 · 2019》

作者：孙祥飞

人民日报出版社

9.《社交媒体与新中产阶层社会资本的再生产》

作者：郭瑾

社会科学文献出版社

10.《基于信任的网络社区口碑信息传播模式及其演化研究》

作者：邓卫华

科学出版社

11.《价值网视角下的数字出版商业模式创新研究》

作者：张新华

知识产权出版社

12.《媒体多维产业与AI聚变》

作者：谢方

中国广播影视出版社

13.《数字媒体资产价值传播研究》

作者：黄昭文

对外经贸大学出版社

14.《媒体传达新时态》

作者：吴洁

同济大学出版社

15.《新媒体传播学概论》

作者：褚亚玲　强华力

中国国际广播出版社

16.《新媒体写作教程》

作者：喻彬

中国传媒大学出版社

17.《短视频产业研究》

作者：司若　许婉钰　刘鸿彦　著　　隋岩　编

中国传媒大学出版社

18.《大数据视阈下微博舆情研判与疏导机制研究》

作者：王秋菊　刘杰　编

人民出版社

19.《新媒体传播》

作者：刘雪梅　王泸生

暨南大学出版社

20.《迈向智媒体》

作者：李鹏

东方出版社

21.《新媒体环境下的廉政文化传播》

作者：蹇莉

四川大学出版社

22.《出版与融合——新媒体环境下的出版创新思考》

作者：余人　袁玲

科学出版社

23.《电视媒介融合论》

作者：高红波

社会科学文献出版社

24.《美国新媒体教育与研究前沿》

作者：[美] 董庆文　边巍　韦济木　陈卓　著

中国传媒大学出版社

25.《新媒体传播》

作者：刘雪梅　王泸生

暨南大学出版社

26.《中国主流媒体融合创新研究》

作者：段鹏

中国传媒大学出版社

27.《社交媒体新世代的互动传播》

作者：王喆

科学出版社

28.《新媒体与社会舆情》

作者：韩素梅　　总主编：王哲平

浙江大学出版社

29.《自媒体话语权研究》

作者：许哲

知识产权出版社

30.《网络舆情管理学》

作者：彭铁元

湖北教育出版社

31.《新媒体概论》

作者：谭云明

北京大学出版社

32.《双重维度下的主题报道——媒介融合与舆论引导》

作者：叶锡环

浙江工商大学出版社

33.《社交媒体批判导言》

作者：李珮

中国传媒大学出版社

34.《移动互联环境下我国出版业的发展现状及问题研究》

作者：孟晖

上海社会科学院出版社

35.《电视新闻全媒体融合》

作者：钟央

科学出版社

36.《新媒体编播技术与应用》
作者：姚建东　施云青　胡庆喆　黄黎明　刘成邺
清华大学出版社

37.《健康传播：中国人的接触、认知与认同——基于HINTS模型的实证研究与分析》
作者：喻国明
人民日报出版社

38.《走向融媒时代的影视教育》
作者：刘迅
浙江大学出版社

39.《影响的焦虑：基于新媒介影响的阅读考察》
作者：杨沉
安徽师范大学出版社

40.《媒体融合背景下对农电视媒体核心竞争力研究》
作者：陈小娟
中国社会科学出版社

41.《网络舆论引导机制研究》
作者：薛宝琴
人民日报出版社

42.《全球传播政策 从传统媒介到互联网》
作者：徐培喜
清华大学出版社

43.《全媒体新闻作品评析教程》

作者：李军

中国传媒大学出版社

44.《微博主的社会认同建构》

作者：杨桃莲

上海人民出版社

45.《移动互联背景下的网络舆论引导》

作者：牛艳艳

知识产权出版社

46.《移动互联时代的政府形象传播》

作者：黄河

中国人民大学出版社

47.《媒介融合趋势下的新闻传播及其变革研究》

作者：李铁　王慧　徐鹏

中国商业出版社

48.《新媒体内容生产与编辑》

作者：杨嫚　周茂君

西南师范大学出版社

49.《互联网时代媒体平台经济发展的理论与实践》

作者：林翔

国家图书馆出版社

50.《基于社交网络的行为分析和挖掘》
作者：李磊
科学出版社

51.《数据新闻可视化》
作者：许向东
中国人民大学出版社

52.《论网络行政问责——场域分析之视界》
作者：姚莉
浙江大学出版社

53.《媒体融合背景下我国报业转型的发展策略研究》
作者：张帆
武汉大学出版社

54.《社交媒体——原理与应用》
作者：[美]帕维卡·谢尔顿（Pavica Sheldon） 译者：张振维
复旦大学出版社

55.《新媒体：微传播与融媒发展》
作者：黄楚新
人民日报出版社

56.《想象的互动：网络人际传播中的印象形成》
作者：张放
北京大学出版社

57.《数字媒介与创新——传播管理与设计策略》

作者：[美]理查德 · A.格申（Richard A.Gershon）　　译者：谢毅

清华大学出版社

58.《互联网使用与政治参与》

作者：曾凡斌

中国人民大学出版社

59.《互联网思维下的媒体融合》

作者：付晓光

中国传媒大学出版社

60.《新媒体与社会变革》

作者：姜作苏

中国传媒大学出版社

61.《媒体融合背景下媒体人转型研究》

作者：蒋旭灿

浙江大学出版社

62.《新媒体革命2.0：算法时代的媒介、公关与传播》

作者：仇勇

电子工业出版社

63.《移动新媒体写作》

作者：刘晶

武汉大学出版社

64.《网络空间导论》

作者：李良荣　方师师

复旦大学出版社

65.《新媒体跨文化传播的中国实践研究》

作者：肖珺

中国社会科学出版社

66.《网络与新媒体财经报道》

作者：叶青青

复旦大学出版社

67.《社交媒体：原理与应用》

作者：帕维卡·谢尔顿（Pavica Sheldon）　译者：张振维

复旦大学出版社

68.《自媒体传播》

主编：王命洪　丛书总主编：涂涛

高等教育出版社

（编辑　石璐）

附录

中华全国新闻工作者协会简介

中华全国新闻工作者协会（简称中国记协），是中国共产党领导的中国新闻界的全国性人民团体，是党和政府密切联系新闻界的桥梁和纽带。

中国记协前身是1937年11月8日在上海成立的“中国青年新闻记者协会”（简称“青记”）。“中国青年新闻记者协会”成立后即迁往武汉，1938年3月15日更名为“中国青年新闻记者学会”。1938年3月30日，“中国青年新闻记者学会”在武汉召开第一次全国代表大会。“青记”总会设在武汉，在广州、香港、桂林等许多城市设有分会。1939年5月，“青记”总会迁至重庆。1941年4月，“青记”总会和在国民党统治区的各分会遭国民党政府查封，但在香港、延安和抗日民主根据地的各分会仍继续活动。1949年7月，中华全国新闻工作者协会筹备会在北平（现称北京）筹建，作为全国性的新闻工作者组织，与各民主党派和15个人民团体一起参加中国人民政治协商会议第一次全国代表大会。1957年3月，中华全国新闻工作者协会在北京正式成立。

中国记协团结引领全国新闻工作者，坚持正确的政治方向、舆论导向、新闻志向、工作取向，做政治坚定、业务精湛、作风优良、党和人民信赖的新闻工作者，为我们党团结带领人民不断取得革命、建设、改革伟大胜利凝聚了强大舆论力量、营造了良好舆论氛围。

中国记协的主要职能是：深入开展新闻战线“三项学习教育”活动；深入开展新闻界“走基层、转作风、改文风”活动；配合做好重要会议、重大活动新闻中心工作；发挥新闻道德委员会作用，推进新闻行业自律；维护新闻工作者合法权益，开展新闻工作者援助项目；开展中国新闻奖、长江韬奋奖等评选表彰活动；加强对新媒体及其从业人员的联系、服务和引导；开展新闻领域的调查研究和舆情分析研判；加强同香港、澳门、台湾地区和海外华侨华人新闻团体、新闻媒体和新闻工作者的交流与合作；加强同国外新闻媒体、新闻工作者组织的交流与合作；兴办新闻事业，开展新闻教育和培训；加强对地方新闻工作者协会和全国性新闻团体的联系和服务；举办“好记者讲好故事”“新闻茶座”“记者大讲堂”等活动。

在新时代，中国记协高举中国特色社会主义伟大旗帜，坚持以马克思列宁主义、毛泽东思想、邓小平理论、“三个代表”重要思想、科学发展观、习近平新时代中国特色社会主义思想为指导，坚持走中国特色社会主义群团发展道路，保持和增强政治性、先进性、群众性，不断强化政治引领、行业自律、服务功能、对外联络，努力建设“记者之家”，为繁荣和发展中国特色社会主义新闻事业努力奋斗，为实现“两个一百年”奋斗目标和中华民族伟大复兴的中国梦作出新的更大贡献。

中国记协实行团体会员制，包括全国性新闻媒体，省、自治区、直辖市和新疆生产建设兵团新闻工作者协会，全国性新闻团体，主要新闻教育、研究机构，广泛团结全国百余万新闻从业人员，并同世界上100多个国家和地区的新闻界开展友好往来。

中国记协全国理事会由各团体会员单位推举产生，包括新闻单位领导人、新闻界知名人士及优秀记者、编辑、节目主持人等，每届任期5年。中国记协常务理事会在全国理事会闭会期间负责执行全国理事会决议。常务理事会选举中国记协主席、副主席，任命书记处书记。党组和书记处主持中国记协日常工作。

中国记协机关内设4个职能部门：办公室（含机关党委、纪委）、国际联络部、国内工作部（宣传联络部）、台港澳工作部。

中国记协直属事业单位有：中国记协机关服务中心、中国记协新闻培训中心。

全国新闻战线“三项学习教育”活动领导小组办公室设在中国记协。

地方记协简介

地方记协是当地党委领导的地方性人民团体。地方记协按自己的章程，根据本地情况开展工作，省、自治区、直辖市、新疆生产建设兵团记协是中华全国新闻工作者的团体会员，本会同其进行工作联系。

一 | 北京市新闻工作者协会

成立于1983年7月22日。有会员单位136家。协会主要工作有：深入开展“三项学习教育”和“走转改”活动；开展新闻阅评和新闻评奖，编撰《新闻阅评案例汇编》等；开展调查研究和新闻业务交流，编撰《中国媒体融合发展报告》蓝皮书等；开展新闻道德评议；受理、核查社会各界对新闻工作者失德失范行为的投诉举报，并提出处理意见；评选北京市优秀新闻工作者，推荐报送中国新闻奖和长江韬奋奖作品和人选，参与部校共建工作等。

二 | 天津市新闻工作者协会

成立于1957年12月7日。有会员单位30多家。协会主要工作有：编辑出版会刊《天津新闻界》；评选天津市新闻奖、推荐参评中国新闻奖和长江韬奋奖人选工作；每年举办“好记者讲好故事”演讲比赛、纪念中国记者节等活动。

天津市新闻界“三项学习教育”活动办公室设在市记协；不定期组织全市新闻战线的政治理论学习和业务研讨活动；天津市新闻道德委员会办公室也设在市记协，负责受理举报投诉，开展调查研究，进行行风测评。

三 | 河北省新闻工作者协会

成立于1957年4月。有会员单位80多家。近年来，协会先后组织开展了“善行河北巡访行”“美丽中国河北行”“创建文明城市河北行”“新春走基层”等大型采访活动；开展了“以赶考精神做好党的新闻舆论工作”“学习李保国争做好记者”“学习贯彻习近平总书记‘11·7’重要讲话精神　做党和人民信赖的新闻工作者”等主题研讨、征文、培训，连续开展七届优秀新闻工作者、三届“德业双优”新闻工作者、首届“美丽河北·最美记者”推选展示活动；举办了34届河北新闻奖评选；开展了新闻道德评议、打击新闻敲诈和假新闻活动，其活动做法入选学习出版社出版的《宣传工作创新百例》一书。开展了践行社会主义核心价值观、河北省新闻队伍职业状况、媒体融合发展等主题调研活动，连续五年举办新闻界优秀书画作品展，连续组织十七届新闻界乒乓球比赛。主办有《河北新闻界》、河北记者网，运营“河北记协”微信公众号。

四 | 山西省新闻工作者协会

成立于1959年7月。有会员单位187家。协会组织开展山西新闻奖评选、全省优秀新闻工作者评选、新闻理论研讨、新闻工作者培训、编辑出版《新闻采编》、对外新闻交流、组织策划新闻界文体活动等，还担负着“三项学习教育”办公室和省新闻道德委员会的日常工作。

五 | 内蒙古自治区新闻工作者协会

成立于1984年。有会员单位51家。从2011年9月—2013年12月，协会组织开展了新闻采编综合素质培训，覆盖内蒙古各级各类新闻单位，有8252名新闻采编人员参加；每年记者节举办记者节晚会或颁奖报告会；2015年起，每年组织1至2批优秀新闻工作者进高校新闻院系巡讲；举办新闻工作者趣味运动会；开展植树活动，建立“内蒙古记者林”。

六｜辽宁省新闻工作者协会

成立于1982年。有会员单位163家。协会主要工作是配合辽宁省委宣传部做好“三项学习教育”工作，协调媒体做好行业规范、行业整顿、业内维权自律工作，开展辽宁新闻奖评选、辽宁省优秀新闻工作者的评选，组织国内、国际媒体考察、交流活动，组织业内文体活动。

七｜吉林省新闻工作者协会

成立于1978年7月。有会员单位80家。协会积极开展新闻业务培训，举办专题培训和座谈等；重点组织“吉林新闻奖”评选工作和中国新闻奖、长江韬奋奖的推荐报送参评工作；加强行业自律，做好新闻道德委员会工作；认真组织“好记者讲好故事”活动，充分展示新闻工作者风采；组织媒体记者集中采访，不断深化“走转改”；积极开展新闻媒体对外交流合作；推进新闻援助救助，维护新闻工作者权益；开展调查研究，开通吉林省记协网站，编辑记协工作简报。

八｜黑龙江省新闻工作者协会

成立于1957年7月。有会员单位近100家。协会在促进新闻事业发展、加强新闻队伍建设、维护新闻工作者合法权益、开展自律监督等方面做了大量工作。主管并与黑龙江日报报业集团联合主办全国公开发行的省级学术期刊《新闻传播》杂志。每年记者节期间，协会组织媒体与读者、听众、观众大型广场见面会，省城十多家新闻媒体的百余名新闻工作者同市民面对面，咨询、答疑、交流、沟通。该活动成为黑龙江省广大新闻工作者践行“四向四做”的具体实践，也成为持续多年的品牌活动。

九｜上海市新闻工作者协会

成立于1958年，有会员单位70多个。协会下设青年新闻工作者委员会、女记者工作委员会、中央新闻单位和省市媒体驻沪机构工作委员会、新闻摄影工作委员会、企业报工作委员会等分支机构。

主要工作包括：组织全市新闻工作者开展理论和业务学习、培训等活动；组织新闻作品评选和优秀新闻工作者评选；组织优秀新闻工作者和优秀新闻作品研讨交流活动；出版优秀新闻作品集；组织庆祝中国记者节大会、年度“上海十大新闻”评选等活动；协同上海市新闻道德委员会，教育引导监督新闻工作者恪守职业道德；组织上海新闻界与国内外新闻界同行开展新闻交流与合作等。

十｜江苏省新闻工作者协会

成立于1958年11月。有会员单位65家。协会主要任务是通过组织评选优秀新闻工作者和新闻作品，开展马克思主义新闻观和新闻业务的培训、研究，推进行业自律、规范新闻从业行为，维护新闻媒体和新闻工作者的合法权益，激励和引导全省新闻工作者坚持正确舆论导向，提高新闻宣传水平。

十一｜浙江省新闻工作者协会

成立于1949年9月16日。有会员单位近300家。目前已成立新媒体专业委员会、影像专业委员会、基层工作委员会等10多个工作委员会。多年来，协会履行省“三项学习教育活动”协调领导小组办公室工作职责，重点开展了以下工作：开展新闻培训调研，组织浙江新闻奖、浙江飘萍奖评选，加强新闻职业道德建设，维护新闻工作者合法权益，开展境内外新闻交流活动，组织媒体采风和新闻界各类文体活动。

十二｜安徽省新闻工作者协会

成立于1958年6月23日。有会员单位近200家。近年来，协会组织开展了“习近平总书记系列重要讲话精神”“中国梦”“五大发展　美好安徽”等重大主题宣传；深入开展“三项学习教育活动”和“走转改”，举办了“学习习近平总书记党的新闻舆论工作座谈会重要讲话精神专题培训班”“安徽省新闻战线学习贯彻习近平总书记‘11·7’重要讲话专题研讨会”，推出了以“缺什么补什么，干什么练什么”为主题的“大练兵”、五批“走转改”大型联合采访、皖赣闽主流媒体“行走中国最美高铁线”联合采访等特色活动；积极开展新闻职业道德评议活动；向中国记协推荐了高思杰等一批优秀新闻工作者典型。

十三｜福建省新闻工作者协会

成立于1979年11月。有会员单位175家。主要工作有：组织学习培训，抓好习近平新时代中国特色社会主义思想的学习贯彻，引导广大新闻工作者牢固树立马克思主义新闻观，自觉坚持“四向四做”；团结引领广大新闻工作者履行职责使命，紧紧围绕省委、省政府的决策部署开展工作；积极为新闻行业自律培厚道德土壤，推动形成新闻职业道德建设长效机制；推动全省新闻界改革创新，推进媒体融合发展；着眼建设“党的记者工作部”，切实履行服务职能，不断加强自身建设。

十四｜江西省新闻工作者协会

成立于1954年。有会员单位55家。协会在全省新闻界深入开展“三项学习教育”活动，积极组织新闻工作者“走基层、转作风、改文风”；成立了新闻道德委员会，加强行业自律；开展马克思主义新闻观和新闻业务的学习培训，组织好新闻评奖和新闻理论研讨活动；举办“好记者讲好故事”、文艺表演、游泳、乒乓球等活动；积极开展新闻交流、异地采访活动。2009年至2014年开展了“百名记者访台湾”活动。

十五 | 山东省新闻工作者协会

前身为1940年4月成立的中国青年新闻记者协会山东分会。有会员单位276个。协会组织新闻工作者进行教育培训，开展理论研究和业务交流；开展新闻评奖，为多出精品、多出人才创造条件；加强行业管理，开展行业自律，维护新闻工作者合法权益，反映新闻工作者意见和建议；组织开展新闻界对内对外合作交流联谊工作；组织开展文体活动，活跃新闻工作者业余生活。

十六 | 河南省新闻工作者协会

成立于1959年2月。有会员单位143个。协会每年组织“河南新闻奖”和“河南省十佳新闻工作者”评选。还经常举办培训班、学术研讨会、经验交流会、读书疗养班，每年组织新闻工作者到红色革命圣地接受传统教育，同时接待国内外新闻记者来访。协会还组织开展各种文体活动，以增进新闻工作者的身心健康。省记协办有双月刊内部刊物《河南新闻界》。

十七 | 湖北省新闻工作者协会

成立于1958年6月。有会员单位364家。协会认真履行“服务部”、“联谊部”和“管理部”职能，针对新闻工作者中易产生的角色偏差和职业错位，开展“我是建设者”大讨论；2012年7月，在记协系统率先成立职业道德建设委员会；每年邀请中央驻鄂新闻单位，与省直、市州新闻单位，深入省内和新疆、西藏等地采访；开展“也要讲导向”系列培训；开展“自觉做党和人民信赖的新闻工作者”教育实践活动，深入学习贯彻习近平总书记“11 · 7”重要讲话精神，推动新闻工作者践行“四向四做”要求，做党和人民信赖的新闻工作者。

十八｜湖南省新闻工作者协会

成立于1957年。有会员单位96家。自2010年以来，配合省委宣传部每年组织两批省直新闻单位编辑记者到乡镇实践锻炼，至今已派出15批共321名编辑记者到14个市州的27个县市区实践锻炼；每年举办马克思主义新闻观和新闻业务培训班，提高新闻工作者政治素质和业务水平；配合省委宣传部推进部校共建新闻学院，着力培养新闻工作后备人才；与省委宣传部共同组织开展湖南新闻奖和湖南省优秀新闻工作者评选，引领新闻精品创作和人才队伍建设；每年组织开展“好记者讲好故事”活动；积极拓展对外新闻交流；坚持开展自律维权工作，维护新闻工作者合法权益；精心组织开展“湖南媒体精英定向越野挑战赛”“媒体足球邀请赛”等系列文体活动，不断增强协会的凝聚力，努力建设和谐记者之家。

十九｜广东省新闻工作者协会

成立于1956年11月。有会员单位119个。协会每年组织开展广东新闻奖和广东省新闻金枪奖、金梭奖、金话筒奖、金钟奖等评选；开展“好记者讲好故事”演讲比赛和巡讲活动等。开展文化传播、媒体交流、业务培训、理论研讨、新闻道德建设等活动。积极发挥对外联络功能，接待国内外来访的新闻代表团。积极加强中央驻粤新闻机构、兄弟省市自治区新闻单位、省内各新闻单位之间的联络与沟通。加强同香港特别行政区、澳门特别行政区、台湾地区新闻工作者和新闻团体的友谊、交流与合作，积极推动广东媒体走出去，加强国际传播能力建设。与省新闻学会编辑出版《岭南传媒探索》。

二十｜广西壮族自治区新闻工作者协会

成立于1981年11月26日。有会员单位89个。协会组织开展广西新闻奖评选、多种业务培训、新闻业务交流和专题采访及新闻学术理论研讨活动；积极开展“三项学习教育”活动；推动和监督新闻工作者遵纪守法，遵守职业道德，倡导廉洁自律；维护新闻媒体、新闻工作者的合法权益。

《新闻潮》杂志是协会主管主办的一份对外公开发行的新闻理论期刊。是全区广大新闻从业人员探讨业务、交流经验、培养新人的一个重要平台，深受广西广大新闻工作者的欢迎和喜爱。

二十一｜海南省新闻工作者协会

成立于1990年3月，前身是海南行政区新闻工作者协会。2011年起，海南记协每年组织2—3期新闻媒体夜班编辑和一线记者异地采访学习交流活动，且每年交流主题不同。

2015年起，海南记协在全省新闻战线开展“百名新记者 · 重走琼崖革命路”爱国主义革命传统教育活动，新记者重走琼崖革命路，感受琼崖革命23年红旗不倒的艰辛；听琼崖革命老战士后代讲革命故事，重温峥嵘岁月，感受红色情怀，将红色基因注入新闻工作，坚定理想信念，传递给读者和观众更多的正能量。

二十二｜重庆市新闻工作者协会

成立于2002年6月。有会员单位67个。十八大以来，协会扎实开展“走转改”，努力开拓工作新路子。在向全国推出的“三项学习教育”活动进高校、进教材、进学生头脑、“抓源头”的经验和打造“巷子记者”的实践，受到有关部门的肯定后，又率先推出了“新闻奖评选进高校”活动，深受新闻院系师生欢迎。协会还在中国记协成立八十周年前夕，发掘整理了范长江同志生前在渝从事新闻工作史实及实物和场所，开展了“范长江生平纪念展”，并正式向公众开放，成为革命传统教育基地，用革命传统题材发挥出生动的“四向四做”教育作用。

二十三｜四川省新闻工作者协会

1981年3月30日成立。有会员单位126家。协会在重要节点上积极组织、指导新闻单位开展工作。在抗击非典以及汶川、芦山和九寨沟三次大地震和灾后重建工作中，多次召开报、台、网领导和记者座谈会，总结经验。同时，积极为一线记者服务，开展记者援助行动。

协会把内江市范长江故居作为教育基地举办多次专题教育活动；发起并组织全省新闻单位在邓小平同志家乡广安建造“四川记者林”。在四川广电系统，连续数届开展“绿色银屏（频率）”活动。主办《四川传媒通讯》和《记者之家》杂志。

二十四｜贵州省新闻工作者协会

成立于1982年3月。有会员单位184家。随着时代的发展，除了贵州新闻奖评选、全省优秀新闻工作者评选、学术研讨、对外交流和组织策划新闻界社会文化及体育等常规活动外，协会还担负着三项学习教育办公室和省新闻道德委的日常工作，形成了“两会一办一网站（贵州记协网）”的工作格局。

2014年7月，协会创造性地开办了“贵州省新闻职业道德大讲堂”活动，并形成常态化学习授课机制，分期、分批培训全省新闻从业人员。

二十五｜云南省新闻工作者协会

1956年成立。有会员单位100多家。缅甸记者研修班是协会的特色服务。经云南省政府批准，云南省商务厅立项，由中国记协、云南省记协主办。2015年起每年举办一期，每期招收20名学员，已有80名缅甸记者来华研修。

云南媒体人健康行动计划是协会的品牌活动。每年记者节组织广大媒体工作者参与健康运动，已举办乒乓球、羽毛球、足球、自行车、健步行、定向运动等活动，举行大型心理健康讲座和咨询活动，举办大型骑行采访活动。

二十六｜西藏自治区新闻工作者协会

成立于1983年5月23日。有会员单位17家。协会组织全区新闻舆论战线认真学习习近平总书记关于意识形态工作的重要讲话精神，开展“学讲话、找差距、转作风、抓落实”活动，以学好讲话为根本，以查找差距为手段，以转变作风为途径，以抓好落实为目的，统领新闻舆论工作；加强培训工作，每年定期举办1—2期全区新闻舆论战线专题培训班，增强政治意识，提高业务水平；做好西藏新闻奖评选。

二十七 | 陕西省新闻工作者协会

成立于1957年。有会员单位71家。协会着力改进服务媒体的理念和方法，周密策划，努力创新。一是加强马思克主义新闻观教育，采用分片区送培训下基层的方式，努力提升新闻采编队伍的综合素质。二是设立陕西省新闻道德委员会，坚持“一事一办一销号”制度，规范举报投诉案件的查处程序，强化职业道德教育，促进行业风清气正。三是加强社会监督，匡正从业行为，开展“社会评媒体”活动。四是规范和完善新闻奖评审工作，着力实施精品工程和人才工程。

二十八 | 甘肃省新闻工作者协会

成立于80年代初。有会员单位130多家。协会主要工作：一是承担“三项学习教育”活动领导小组办公室工作，采取有力措施，坚持不懈地提高新闻工作者的政治素质和业务能力。二是认真组织甘肃新闻奖、宣传甘肃好新闻、“双十佳”评选工作，促进甘肃新闻界多出精品、多出人才。三是紧紧围绕中央和甘肃省委省政府关于新闻宣传工作的总体部署，积极主动地为甘肃省委省政府工作大局服务。四是践行记协的服务宗旨，坚持不懈地为全省新闻界和新闻工作者做实事、办好事。五是发挥记协独特功能，积极开展与国内以及国外同行的交流与合作。

二十九 | 青海省新闻工作者协会

成立于1958年。有会员单位约60家。协会主要工作：深入开展新闻战线“三项学习教育”活动，组织评选一年一度青海新闻奖，联系中央驻青和地方媒体扩大对外宣传青海，维护新闻工作者的合法权益，组织开展新闻研讨和学术交流活动，组织开展文体活动、异地采访、考察调研、出访活动等。省记协内设省新闻道德委员会，主要对有偿新闻、虚假新闻、不良广告、网络新闻突出问题等进行评议，充分发挥社会各界在治理新闻界突出问题方面的作用。

三十｜宁夏回族自治区新闻工作者协会

成立于1982年8月6日。有会员单位26家。协会把评先和评选优秀新闻作品作为一项重要工作来抓，不断完善评选办法，获奖人数和获奖作品质量逐年提高。同时，积极组织开展新闻理论和新闻业务研讨，推动新闻实践和新闻改革的发展，成立以来共组织研讨活动80余次。协会出版的内部会刊《宁夏传媒》被评为自治区社科类“优秀刊物”。2015年，成立了宁夏新闻道德委员会，引导新闻机构及新闻从业人员自觉承担社会责任，恪守职业道德，遵守法律法规。

三十一｜新疆维吾尔自治区新闻工作者协会

成立于1961年8月8日。有会员单位93家。主要工作是推动新闻工作者坚持正确舆论导向；加强新闻职业道德建设，严格行业自律，开展“三项学习教育”活动；组织培训新闻干部；每年召开地、州、市（师）党报总编辑会议，都市类、专业类、企业类报总编辑会议；组织开展异地采访活动，接待来疆采访的国内外记者团；组织疆内媒体记者出疆、出国参观考察；开展联谊和信息交流；组织新疆新闻奖评奖和各种专项新闻奖、自治区十佳新闻工作者的评选；维护新闻工作者的合法权益；精心打造中国记者节系列庆祝活动。

三十二｜新疆生产建设兵团新闻工作者协会

成立于1984年11月20日，有会员单位30家。协会紧紧围绕兵团党委工作大局，面向基层、服务媒体，团结引领兵团新闻工作者守正创新，为兵团履行好安边固疆的稳定器、凝聚各族群众的大熔炉、先进生产力和先进文化的示范区“三大功能”，发挥好调节社会结构、推动文化交流、促进区域协调、优化人口资源“四大作用”，维护新疆社会稳定和长治久安作出了积极贡献。近年来，兵团记协共有26篇（件）作品先后获得中国新闻奖，张富强、王遐先后获得“长江韬奋奖”，张富强、吴国平、曾治、蒋革、王遐等同志先后获全国优秀新闻工作者称号。

（编辑　卢嘉琦）

新媒体有关法律法规文件目录（截至2018年12月31日）

1．《中华人民共和国计算机信息网络国际联网管理暂行规定》

2．《全国人民代表大会常务委员会关于维护互联网安全的决定》

3．《全国人民代表大会常务委员会关于加强网络信息保护的决定》

4．《互联网等信息网络传播视听节目管理办法》

5．《音像制品出版管理条例》

6．《中华人民共和国计算机信息网络国际联网管理暂行规定实施办法》

7．《互联网IP地址备案管理办法》

8．《互联网著作权行政保护办法》

9．《互联网安全保护技术措施规定》

10．《互联网电子邮件服务管理办法》

11．《互联网视听节目服务管理规定》

12．《互联网医疗保健信息服务管理办法》

13．《互联网信息服务管理办法》

14．《最高人民法院、最高人民检察院关于办理利用互联网、移动通讯终端、声讯台制作、复制、出版、贩卖、传播淫秽电子信息刑事案件具体应用法律若干问题的解释》

15．《通信网络安全防护管理办法》

16．《互联网文化管理暂行规定》

17．《电信和互联网用户个人信息保护规定》

18．《最高人民法院、最高人民检察院关于办理利用信息网络实施诽谤等刑事案件适用法律若干问题的解释》

19.《最高人民法院关于审理利用信息网络侵害人身权益民事纠纷案件适用法律若干问题的规定》

20.《中华人民共和国国家安全法》

21.《互联网广告管理暂行办法》

22.《中华人民共和国网络安全法》

23.《关于加强微博、微信等网络社交平台传播视听节目管理的通知》

24.《最高人民法院、最高人民检察院、公安部关于办理电信网络诈骗等刑事案件适用法律若干问题的意见》

25.《中华人民共和国电影产业促进法》

26.《互联网新闻信息服务管理规定》

27.《关于进一步加强网络视听节目创作播出管理的通知》

28.《互联网论坛社区服务管理规定》

29.《互联网跟帖评论服务管理规定》

30.《互联网用户公众账号信息服务管理规定》

31.《互联网群组信息服务管理规定》

32.《互联网新闻信息服务单位内容管理从业人员管理办法》

33.《互联网新闻信息服务新技术新应用安全评估管理规定》

34.《互联网域名管理办法》

35.《微博客信息服务管理规定》

36.《国务院办公厅关于加强政府网站域名管理的通知》

37.《公安机关互联网安全监督检查规定》

（编辑　方楚楚）